LÉVI-STRAUSS

Cet ouvrage, publié dans le cadre du Programme d'Aide à la Publication 2016 Carlos Drummond de Andrade de l'Institut Français du Brésil, bénéficie du soutien du Ministère de l'Europe et des Affaires étrangères.

Este livro, publicado no âmbito do Programa de Apoio à Publicação 2016 Carlos Drummond de Andrade do Instituto Francês do Brasil, contou com o apoio do Ministério Francês da Europa e das Relações Exteriores.

edições Sesc

LÉVI-STRAUSS

EMMANUELLE LOYER

TRADUÇÃO: ANDRÉ TELLES

Título original: *Lévi-Strauss*

Tradução André Telles
Preparação de texto José Ignacio Mendes
Revisão André Albert, Vanessa Gonçalves
Projeto gráfico e capa Raquel Matsushita
Diagramação Cecilia Cangello | Entrelinha Design
Foto da capa retrato de Claude Lévi-Strauss
feito por Anita Albus em Lignerolles (Borgonha,
França), 1979

Dados Internacionais de Catalogação na Publicação (CIP)

L957L Loyer, Emmanuelle
Lévi-Strauss / Emmanuelle Loyer; Tradução de André
Telles. – São Paulo: Edições Sesc São Paulo, 2018. –
784 p.

ISBN 978-85-9493-080-4

1. Biografia. 2. Lévi-Strauss, Claude. 3. Antropologia.
4. Etnologia. I. Título. II. Telles, André

CDD 920

Edições Sesc São Paulo
Rua Cantagalo, 74 – 13º/14º andar
03319-000 – São Paulo SP Brasil
Tel. 55 11 2227-6500
edicoes@edicoes.sescsp.org.br
sescsp.org.br/edicoes
/edicoessescsp

Às filhas,
a seu pai e padrasto

NOTA À EDIÇÃO BRASILEIRA

Em tempos de radicalização e intolerância contra estrangeiros e minorias, relembrar a vida e a obra de Claude Lévi-Strauss é um modo de confiar na lucidez humana para superá-los.

Nascido na primeira década do século XX, testemunha ocular das duas grandes guerras, da bipolarização entre dois sistemas econômicos, da corrida espacial, das mudanças climáticas e de outros eventos que boa parte dos leitores só conhece pelos livros de história, o então jovem advogado e filósofo encontrou no Brasil povos que sobreviviam com sua própria cultura e organização social às investidas truculentas dos "civilizadores" – investidas que já duram mais de meio milênio e não têm prazo para terminar.

Poucos anos depois dessa experiência, de retorno ao velho continente, ele próprio torna-se vítima da mesma truculência: visado pelas leis antissemitas do regime de Vichy, consegue fugir para os Estados Unidos, mas milhões de outros judeus são dizimados pelo nazismo.

Os dados da vida particular de Lévi-Strauss seriam, por si só, dignos de um livro; acrescente-se ainda o fato de ele ter sido o intelectual que revolucionou os estudos antropológicos e influenciou gerações de pesquisadores das ciências humanas, ainda que exista, entre eles, muitos críticos ao sistema de análise estruturalista que propôs. Haja ou não consenso sobre a existência das estruturas elementares que organizam a vida das sociedades humanas, o repertório de documentos, imagens, objetos, diários de campos, leituras e vivências reunido por Lévi-Strauss ao longo de sua vida foi o ponto de partida para diversos estudos na área, e também para esta biografia de fôlego empreendida pela historiadora francesa Emmanuelle Loyer.

Para o Sesc São Paulo, a tradução da obra vem em momento mais que oportuno, no qual refletimos, tanto nas ações culturais propostas como na sociedade, como viver junto e enfrentar autoritarismos em tempos de violações de direitos humanos fundamentais.

SUMÁRIO

INTRODUÇÃO

OS MUNDOS DE CLAUDE LÉVI-STRAUSS

Eu gostaria, nem que fosse uma vez na vida, de ter me comunicado plenamente com um animal. É um objetivo inalcançável. É quase doloroso, para mim, saber que jamais poderei descobrir do que é composta a matéria e a estrutura do universo. Isso significaria: ser capaz de falar com um pássaro. Mas eis a fronteira intransponível. Atravessar tal fronteira seria uma grande felicidade para mim. Se pudessem me arranjar uma fada boa capaz de realizar um dos meus desejos, é esse que eu escolheria.

CLAUDE LÉVI-STRAUSS,
entrevista a F. Raddatz[1].

A volta ao mundo

Durante muito tempo Claude Lévi-Strauss passou suas tardes em seu escritório, em sua casa, no quinto andar do número 2 da rua des Marronniers, no 16º *arrondissement* de Paris. De forma miniaturizada e organizada, esse gabinete de estudo, com sua magistral biblioteca de ambições enciclopédicas, objetos selecionados, cristais, "curiosidades" e obras de arte, reconstituía o mundo.

Entremos no santuário. Um amplo aposento retangular abaulado junto à janela. Nas paredes, prateleiras repletas de livros, periódicos encadernados, enciclopédias e dicionários. A escrivaninha, uma mesa de madeira escura em estilo hispânico comprada em Nova York, posiciona-se obliquamente, ao fundo; nela, Lévi-Strauss escreve e se acomoda, para ler ou reler, numa poltrona com rodinhas que lhe permite voltar-se para uma secretária de cilindro atulhada de papéis e para uma mesinha de aço, sobre a qual reina uma máquina de escrever (com teclado alemão). Do rádio escoa o indispensável filete de música clássica. Instalado à sua escrivaninha, às vezes com os pés sobre ela e o corpo jogado para trás, Lévi-Strauss tem diante de si uma vasta representação da "Tara" Verde, divindade assexuada do Nepal, arrematada num leilão na casa Drouot nos anos 1950, imagem de serenidade e paz. Um crocodilo tailandês, bem como uma imensa raiz de árvore esculpida chinesa, estampas e guardas de sabre japonesas completam a presença do Extremo Oriente; alguns raros objetos etnográficos, a clava haida, de cedro, que serve para golpear o peixe, citada numa das meditações estéticas de *O pensamento selvagem*, terminam de trazer o alhures para dentro de casa. Sobre a mesa, algumas pedras, entre as quais um cubo de lápis-lazúli, e um punhal. Nenhuma planta. Entre gabinete de curiosidades e ateliê de artista, o escritório e sua ambiência visual e auditiva são uma ode à beleza, onde, no silêncio aveludado da tarde, tudo pode entrar em ressonância, tudo pode unir-se na utopia de uma cabine que contivesse um mundo em miniatura: a biblioteca. De fato, como afirmava Xavier de Maistre em sua *Viagem ao redor do meu quarto*, contemplando esse templo de papel, Lévi-Strauss pode dar a volta ao mundo sem deixar seu gabinete: na parede da esquerda, a África, a Oceania e a Ásia; à sua frente, os periódicos e fichários; à direita, a América do Sul; atrás, na quina, a América do Norte, o restante da parede sendo reservado às enciclopédias e dicionários, que ele pode assim alcançar com uma meia-volta de sua poltrona com rodinhas. "Minha biblioteca era uma maravilha"[2], dirá mais tarde. Com efeito, o mundo inteiro acha-se representado nas paredes e cada obra é posicionada no lugar onde a população concernida estaria representada no mapa. Por conseguinte, a classificação geográfica (por continente) expande-se até atingir uma espécie de anamorfose entre o mapa e a biblioteca – duas representações homólogas que atestam a plenitude e a riqueza do mundo.

A organização sofisticada dessa biblioteca circum-navegadora não deve nos fazer esquecer seu caráter vital: não só os 12 mil livros, como, e acima de tudo, as séries completas de periódicos internacionais, em especial *Man* ou *American Anthropologist*, e milhares de edições especiais fornecem o material necessário à operação científica. Não há conhecimento sem os canais por onde transitam esses dados, esses "*data*", regularmente registrados em fichas. Lévi-Strauss, a exemplo de seus contemporâneos, é um grande trabalhador da ficha, que, a partir do início do século XX, é uma das ferramentas indispensáveis de todo estudo comparativo. Possui um móvel para fichas que contêm, resumidas, todas as leituras efetuadas na New York Public Library aos longo dos anos de guerra, ou seja, milhares. "Durante uma época, nos anos 1940-1950, posso dizer que nada do que se publicava em etnologia me escapava."[3] Périplo do mundo e dos saberes: a biblioteca de Lévi-Strauss é o arquivo de uma prática científica para a qual a exigência de exaustividade continua relevante. No início dos anos 1960, alguns papagaios soltos sobrevoam esse antro do saber. Acabam de chegar da Amazônia, graças a estratagemas complicados, armados, à margem de uma estrita legalidade, por Isac Chiva, assessor de Lévi-Strauss no Laboratório de Antropologia Social do Collège de France. Chiva sabe que seu colega e amigo adora os animais, que viveu na companhia de macacos trazidos do Brasil, que, se dependesse dele, cães, gatos e todo tipo de espécies encontrariam refúgio em seu escritório e transformariam o gabinete de estudo em zoológico. Desafortunadamente, é de fato o que acontece: os papagaios roubam constantemente os óculos do antropólogo e emporcalham tudo. Lévi-Strauss precisa livrar-se deles, assim como de seu sonho de uma vida humana indissociável do mundo animal. Terá o talento de ressuscitar tal quimera através da imersão num mundo que a contenta: o dos mitos ameríndios que recriam animais e humanos participando do mesmo universo.

O mistério Lévi-Strauss

Esse *studiolo* renascentista que é o escritório de Claude Lévi-Strauss nos ensina e surpreende: ele não "bate" com a imagem vanguardista do pioneiro do estruturalismo – essa teoria de elevada altitude comumente associada ao contexto modernista dos anos 1950-1960, que visa reconstituir as condições de exercício do pensamento simbólico por meio de uma nova arte da comparação: não a busca, como se costuma dizer, das invariantes das sociedades que ela estuda, e sim de suas diferenças apreendidas como variações, privilegiando as relações que as fazem passar de uma a outra. O estruturalismo, que originalmente se desenvolveu na linguística e vai se espraiar não só na antropologia, como em diversos espaços do saber (crítica literária, psicanálise, história...), afigura-se igualmente solidário ao triunfo da ciência, bem como à disciplina antropológica que Lévi-Strauss contribuiu para incorporar ao panteão das ciências sociais na segunda metade do século XX na França. Eis o relato clássico da aventura do estruturalismo resumida em seu nome, da qual descobrimos admirados que episódios essenciais se passaram no escritório de um homem do Renascimento...

Quem é, afinal, Claude Lévi-Strauss? Um filho do século, nascido em Bruxelas em 1908 e falecido, 101 anos mais tarde, em 2009, em Paris. Cresceu numa família israelita que percorreu o itinerário clássico da ascensão social à francesa, da Alsácia a Paris. Nesse mundo burguês, profundamente enraizado no século XIX, Claude desenvolveu-se como filho único e mimado, depositário de todas as esperanças de uma família em parte decadente. Seu pai é artista, pintor, assim como dois tios seus. Quando não se dedicam à arte, fazem negócios. Uma extensa parentela, animada, coesa, coerente em seu judaísmo laicizado e patriota, povoa a infância do menino. Excelente aluno, entra nas classes preparatórias literárias no liceu Condorcet, mas desiste de se preparar para o concurso de admissão na École Normale Supérieure, efetuando a primeira dessas guinadas existenciais cujo segredo ele deterá. Torna-se então um universitário diletante, fazendo dois cursos, direito e filosofia, que o levarão à *agrégation** em 1931. É, acima de tudo, durante esses anos, um fervoroso militante socialista, que, sob

* Concurso para obter permissão de lecionar no ensino médio. [N.T.]

os auspícios de Marx e da Seção Francesa da Internacional Operária (SFIO), quer mudar o mundo. Ao contrário de muitos colegas seus, por exemplo o marido de sua prima, Paul Nizan, jamais será um comunista. Incapaz de mudar o mundo, em 1935, abandona o seu próprio. Um convite para ensinar no Brasil permite-lhe estudar os índios, a cujo respeito, em Paris, pensa-se que moram nos arredores de São Paulo... Essa bifurcação existencial e intelectual – troca a velha filosofia pela jovem etnologia – é evidentemente decisiva, inaugurando uma segunda fase de sua vida nos novos mundos, primeiro no Brasil, depois, durante a Segunda Guerra, nos Estados Unidos.

Essas bases biográficas singularizam o itinerário de Lévi-Strauss no século. Que lugar, por exemplo, atribuir ao duplo afastamento dessa primeira metade de vida? O primeiro consiste num distanciamento com relação ao judaísmo originário de seu contexto familiar. Na história das ciências sociais, Lévi-Strauss está longe de ser o único intelectual rompido com a sinagoga, mas como, no seu caso, articulam-se a recomposição de identidade do judeu não judeu e o ineditismo de suas formulações problemáticas e teóricas[4]? O segundo afastamento é o que o distancia da Europa e, ao Velho Continente, opõe os novos mundos brasileiro e, depois, norte-americano, numa triangulação Europa-América do Sul-América do Norte, na qual se engendra, efetivamente, a perspectiva estruturalista. A gênese desse intelectual tipicamente francês, saudado em sua morte como um monumento nacional, passa por um longo período de expatriação, desejada ou compulsória: entre 1935 e 1947, Lévi-Strauss está praticamente ausente da França, correndo as matas do sertão brasileiro de 1935 a 1939, depois, no exílio em Nova York, de 1941 a 1947, instalado como *social scientist*, antes de ser o primeiro adido cultural da França libertada na Quinta avenida. Essa socialização intelectual é excepcional entre os funcionários públicos franceses, que, nessa época, convencidos de serem o centro do mundo, caracterizam-se por um *habitus* caseiro. O certo é que esse coquetel de antigo e novo mundos, filosofia clássica francesa, experiência etnológica brasileira e integração da antropologia norte-americana – por sua vez fortemente impregnada de tradições alemãs – contribuiu para forjar uma personalidade intelectual poderosa e poderosamente original[5].

O retorno ao Velho Mundo em 1947 anuncia o tempo da escrita da obra, que trabalha em seu cerne essa história biográfica transatlântica. Seguem-se tempos de trabalho intenso, ao longo dos quais Lévi-Strauss, instalado em Paris, topa com diversos dissabores, antes de ver-se entronizado no Collège de France, em 1959. Alguns anos antes, em 1955, num arroubo catártico, escreveu em poucas semanas mais de quatrocentas páginas vertiginosas e atravessadas por sua odisseia brasileira: *Tristes trópicos* torna-se imediatamente um clássico do pensamento do século XX e seu autor, famoso no mundo inteiro. É nos anos 1960 que

Claude Lévi-Strauss, agora figura pública da *intelligentsia* francesa, instala a antropologia estrutural no centro dos debates científicos e políticos da época, entre revisão do marxismo e descolonização. O austero cientista, aureolado por uma personalidade secreta e silenciosa, cultivando um lado dândi, orquestra uma verdadeira cristalização estruturalista junto às jovens gerações que julgam nela descobrir sua América. Ao seu lado, Roland Barthes, Michel Foucault, Louis Althusser e Jacques Lacan reúnem-se num "banquete estruturalista"[6]. As ciências humanas e sociais estão no auge de seu prestígio. A filosofia encarnada por Jean-Paul Sartre é maltratada por esses saberes, que gostariam de relativizá-la, como faz o próprio Lévi-Strauss em algumas páginas antológicas no fim de *O pensamento selvagem*. Sua verve polemista contrasta então com a imagem que vai impor-se aos poucos, a de um cientista contemplativo e esteta, alérgico a todo tipo de intervencionismo político e que cultiva sofregamente suas calculadas provocações. Inclassificável politicamente, é visto, após 1968, pelos estudantes da esquerda radical como um empedernido reacionário. E, a fim de lhes dar razão, ingressa na Academia Francesa em 1973.

Tem então 65 anos. Viverá ainda mais de trinta e cinco. Essa longevidade explica espantosas metamorfoses na recepção de sua obra. Enquanto o estruturalismo cai num purgatório de várias décadas, a pessoa de Lévi-Strauss escapa a essa desvalorização intelectual. Nos anos 1980, torna-se uma espécie de monge zen da *intelligentsia* francesa, de luto por todos os seus grandes homens – Raymond Aron, Roland Barthes, Jean-Paul Sartre e Michel Foucault morrem entre 1980 e 1985. Pouco a pouco, o velho homem – depois o ancião – torna-se uma glória nacional, faz-se um pouco distante, reivindicando cada vez mais seu descompasso com relação ao século. Porém, estranhamente, é essa própria distância que lhe permite pousar um dos olhares mais aguçados e subversivos sobre nossa modernidade enlutada. Quanto mais Lévi-Strauss envelhece, mais atual se torna.

As pérolas do colar

O projeto desta biografia está estreitamente vinculado à abertura dos arquivos pessoais de Claude Lévi-Strauss, 261 caixas de papelão depositadas no departamento de manuscritos da Biblioteca Nacional da França, que formam o núcleo referencial deste livro, constituindo seu tesouro – ainda que outros arquivos tenham sido consultados: os do Laboratório de Antropologia Social do Collège de France, bem como, no Brasil, os inúmeros rastros deixados pela universidade francesa em São Paulo e pelas expedições etnográficas realizadas ao Mato Grosso; por fim, em Nova York e Washington, todos os arquivos que dizem respeito à emigração francesa para os Estados Unidos durante a Segunda

Guerra Mundial. Lastreado por esse volume de documentos, novos e não raro consultados pela primeira vez, o empreendimento biográfico se demarca do fio autobiográfico de *Tristes trópicos* ao inseri-lo numa história que almeja renovar seu *status*, sentido e alcance. Não é de hoje que o gênero biográfico deve explicações. Foi Pierre Bourdieu quem, mais frontalmente, formulou a crítica da "razão biográfica", sua ilusão de coerência, sua tendência a racionalizar percursos, exumar "vocações", construir um "sentido" da vida, que precipitadamente transformaram toda e qualquer existência em *Bildungsroman*[7]. Essas pedras no meio do caminho são inegáveis. Não obstante, baseando-se em novos ego-documentos – correspondências, cadernos, memórias, fichas, agendas, preparações de aulas e manuscritos, desenhos, fotografias etc. – suscetíveis de modelizar diferentes contextos que emolduraram a vida da pessoa, o levantamento biográfico permanece, e até mesmo se impõe, como um modo de conhecimento eficaz na história intelectual em sentido lato.

É muito difícil imaginar o jovem Lévi-Strauss: o personagem se congelou precocemente numa gravidade considerada apanágio da velhice. Muito cedo, pareceu velho. Só o frescor de sua correspondência com os pais lembra hoje quem foi o jovem professor que ensinava filosofia às senhoritas de Mont-de-Marsan, seu primeiro emprego. Pois, da primeira metade da vida de Lévi-Strauss, não subsiste nenhuma testemunha, exceto, no Brasil, Antonio Candido de Mello e Souza, que se tornou grande figura da *intelligentsia* brasileira e ainda se lembra do jovem professor barbudo que, em 1935, desembarcou em São Paulo com a mulher para lecionar sociologia. O próprio Lévi-Strauss, no início dos anos 2000, quando o entrevistei sobre seus anos nova-iorquinos para um trabalho anterior, declarou ser a última testemunha desse espantoso mundo do exílio francês nos Estados Unidos durante os anos de guerra[8]. Como alguns índios que conheceu, últimas testemunhas de um mundo extinto de cuja memória integral eles são os últimos depositários, Lévi-Strauss, à sua maneira, tornara-se esse último homem para o mundo de antes de 1940. Em contrapartida, muitos dos que viveram a aventura da antropologia francesa a seu lado a partir de 1960 felizmente continuam vivos. Encontrei-os o máximo que pude. Não sendo antropóloga, foi aliviada desse superego profissional que me apresentei a eles. E a irmandade dos etnólogos me acolheu por sua vez com a benevolência reservada aos que não são de sua igrejinha! Por ocasião desses encontros, tive noção da extraordinária aura profissional que cerca o nome de Lévi-Strauss e que não se mistura à sua celebridade intelectual. Por mil detalhes, o jogo da memória conduzia meus interlocutores ao homem singular que ele foi e à sombra intimidante que ele projetou sobre o conjunto da disciplina.

E, não obstante o tema desta biografia, Claude Lévi-Strauss frequentemente exprimiu o pouco de identidade individual que se atribuía e, por fim, o pouco de estima que tinha pelo "indivíduo" da modernidade ocidental, esse objeto de todas as preocupações e todas as esperanças da filosofia, condenado pelo antropólogo, assim como por parte de seus contemporâneos, como Michel Foucault, a ser pulverizado, a sumir do palco. "Circulem, não há (mais) nada para ver!" O indivíduo, aqui, portanto, será menos uma entidade em si do que uma oportunidade de observar as coisas num nível micro-histórico; não mais um substrato prévio, mas uma escada para o olhar. Assim como o fotógrafo no filme de Antonioni *Blow up* descobre, ao ampliar uma série de fotos, as primícias de outra história, da mesma forma, abrindo o foco sobre o caso Lévi-Strauss, desejei trazer à tona outro ponto de vista sobre a história da cena científica e artística do século XX, de que o antropólogo constitui maravilhoso contraponto[9]. Nisso, espero não traí-lo. E era de fato a uma espécie de *biografia japonesa* que eu queria ter chegado, em referência a essa filosofia "centrípeta" do sujeito que Lévi-Strauss julga desvendar no Japão: "[...] Tudo se passa como se o japonês construísse seu eu partindo de fora. O 'eu' japonês afigura-se assim não um dado primitivo, mas um resultado para o qual se tende sem certeza de alcançá-lo"[10].

Inscrita numa genealogia familiar e disciplinar, esta investigação biográfica pretende-se tudo menos o templo predestinado de um demiurgo. Ao fundo, há uma obra que reconhecemos como magistral. O sujeito Lévi-Strauss nela aparece, mas no fim do percurso, como a soma de experiências, viagens, leituras, em contextos múltiplos visceralmente ligados à história do século. Pois é intrigante constatar a que ponto esse grande "desengajado" da vida intelectual na época do engajamento foi torpedeado pela História, em especial no momento da Segunda Guerra Mundial, em que o antissemitismo no poder na França de Vichy obrigou-o, como a muitos outros, a tomar o caminho do exílio.

O próprio Lévi-Strauss, aliás, dá sua contribuição à defesa e ilustração do gênero biográfico em antropologia. A partir dos anos 1940 pipocaram nos Estados Unidos inúmeras "biografias indígenas", em geral escritas em parceria por um etnólogo e seu informante privilegiado, com frequência um índio parcialmente "civilizado". O etnólogo Leo Simmons, por exemplo, solicitou a Don Talayesva, índio hopi, que escrevesse uma história de sua vida, dilacerada entre dois mundos e desestabilizada por uma crise espiritual que o devolve à sua aldeia natal para lá se tornar "o guardião extremoso dos usos e ritos antigos"[11]. Ao aceitar escrever o prefácio desse texto, Lévi-Strauss celebra a mudança de escala com certo fervor: "[...] o relato de Talayesva consegue prontamente, com desenvoltura e graça incomparáveis, o que o etnólogo, ao longo de sua vida, sonha obter e nunca consegue realizar completamente: a restauração de uma cultura 'por dentro', e tal como a vivem a criança e, mais tarde, o adulto. Um pouco como se, arqueólogos do presente, exumássemos, espalhadas, as pérolas de um colar e nos fosse dado, subitamente, percebê-las enfiadas segundo sua disposição primitiva e docemente colocadas ao redor do jovem pescoço que elas foram a princípio destinadas a enfeitar"[12]. A metáfora do colar de pérolas exprime a excitação de certo modo erótica gerada pela promessa do "sonho científico" que foi o de Lévi-Strauss[13]: reconciliar a descrição de um sistema social e a maneira como ele é refratado e interiorizado por cada um de seus membros, dissolver a objetividade científica nas subjetividades indígenas – sem prerrogativa de uma sobre a outra. A biografia, portanto, seria o lugar onde as articulações entre coerções e liberdades, entre determinações sociais e posicionamentos dos atores, entre o nascimento de um pensamento "genial" sem dúvida, mas também a base coletiva desse despontar, são suscetíveis de aparecer em sua textura delicada e trançada, à imagem das cestarias indígenas que Lévi-Strauss gostava de desenhar em seus cadernos de expedições.

Saber etnográfico e disciplina etnológica: o Outro como objeto

A biografia de Claude Lévi-Strauss é não só a história de um indivíduo, como a de uma disciplina científica de ambições imensas, uma vez que pretende abarcar o homem por inteiro. Seu nome varia segundo as tradições nacionais; na França, Lévi-Strauss vai contribuir para impor o termo "antropologia", embora "etnologia" subsista no uso corrente.

Etnólogos e antropólogos do século XX são herdeiros de um campo muito vasto de curiosidade etnográfica desdobrada em várias cenas desde o Renascimento, quer se trate da exploração espacial dos mundos exóticos, da exploração social do alhures em sua própria terra, ou mesmo do interesse messiânico das ordens religiosas em converter o pagão em cristão. Desde que as viagens exploratórias se tornaram possíveis, todo tipo de pulsões etnográficas irrigou iniciativas de conhecimento tendo o Outro como objeto. Se admitirmos genericamente que a etnologia se constrói como ciência a partir da segunda metade do século XIX, com os trabalhos de Henry Morgan e Edward Tylor no espaço anglo-saxão, de Durkheim e Mauss na França, ela permanece por muito tempo solidária com o regime investigativo da *curiositas*, a coisa inusitada, estarrecedora, que abala e interroga o saber adquirido[14]. Donde os famosos gabinetes de curiosidades que abrigaram a *libido sciendi* de toda a Europa erudita na idade clássica.

Dizer que o escritório de Claude Lévi-Strauss também se assemelha a um gabinete de curiosidades é reconhecer que, tanto nele como na etnologia que ele encarna, coabitam vários regimes de temporalidade do conhecimento: a curiosidade, mas também a exigência da exatidão, a ordem da medida, a coleta propriamente etnográfica de "fatos", a síntese regional do nível etnológico e, por fim, o último estágio da generalização que podem ser as regras de parentesco ou as dos mitos, que se assemelham às leis da física newtoniana: é o que Lévi-Strauss denomina antropologia, assimilando à sua maneira o termo anglo-saxão[15].

Mais que a "vida exemplar" de um teórico que teria exportado a ciência dura para o mundo social, julgo apropriado, ao contrário, apreender em Lévi-Strauss o lugar de tensões múltiplas, e às vezes contraditórias, entre diferentes práticas da ciência e ver em sua biografia uma espécie de arqueologia a céu aberto da disciplina, a partir de seu mais ilustre representante. Pois, por um lado, Lévi-Strauss integra-se ao método da observação, pousando um olhar exterior e distante sobre os outros, tal como Heródoto o inventou; mostra como a antropologia estrutural repousa na descrição contrastiva e no estudo das distâncias diferenciais; por outro lado, sua antropologia é aureolada por afetos, sonhos e pesadelos que o conduzem a outro projeto de conhecimento, o que Daniel Fabre chama de "paradigma dos últimos"[16]. É a ideia (a fantasia?) frequentemente manifestada em seu périplo brasileiro, segundo a qual o etnólogo está diante do "último" índio, informante potencial de todo um mundo, mas também produto derradeiro de uma história apocalíptica cuja tragédia *Tristes trópicos* exprime e pela qual assume, por assim dizer, a responsabilidade.

De um lado, o laboratório que Lévi-Strauss institui como novo local de fabricação científica para a etnologia, fundando em 1960 o Laboratório de Antropologia Social no Collège de France; de outro, seu gabinete de estudo, o antro do pensador humanista, onde o antropólogo, transcendendo os séculos, dialoga com Montesquieu, Rousseau e Chateaubriand, a antropologia do Iluminismo, e mais do que isso, atravessando às arrecuas dois séculos de descobertas, com o explorador Jean de Léry, um dos primeiros descobridores da costa brasileira, cujo frescor do olhar só tem igual Montaigne, companheiro de suas últimas décadas de vida. A modernidade, real, do projeto intelectual de Claude Lévi-Strauss já foi suficientemente enfatizada para não destacarmos, aqui, os arcaísmos assumidos por seu percurso, uma vez que ele pretende abarcar tudo, uma vez que nele se entrechocam diferentes estratos do saber da modernidade ocidental clássica.

A estrutura de uma existência e de uma obra

Lévi-Strauss cultivou uma amizade de vida inteira com o linguista Roman Jakobson. No dia seguinte à sua morte, em outubro de 1982, o antropólogo escreve: "O que pretendemos dizer, com efeito, quando falamos de um 'grande homem'? Não, decerto, uma personalidade unicamente original e cativante; tampouco o autor de uma obra considerável, mas que temos dificuldade em associar à personalidade de seu criador. O que impressionava primeiramente todos os que se aproximaram de Roman Jakobson era, ao contrário, o parentesco cativante entre o homem e sua obra[17] [...], a vitalidade, a generosidade infinda e a força demonstrativa, enfim, uma verve cintilante brilhavam tanto no homem como na obra". Esse "parentesco cativante" entre o homem e a obra vemos igualmente no caso lévi-straussiano, duplicado e confirmado por uma homologia com o próprio objeto da obra, ou melhor, seu substrato etnológico: os ameríndios, ingressados, graças ao etnólogo, na lenda do século, com seus botoques, sua doçura e seu desnudamento, como que um arrependimento e uma esperança. Em fim de percurso, Lévi-Strauss definiu a inspiração profunda da matéria mítica que ele trabalhou em suas *Mitológicas* e desenhou o que constitui um motivo na tapeçaria lévi-straussiana: um dualismo, porém opondo duas partes numa gangorra perpétua que, para os índios, impulsiona o universo.

Essa bipartição desequilibrada é igualmente a forma privilegiada de seu motor intelectual e de sua personalidade profunda: entre a atenção ao detalhe, a empiria rigorosa, o espírito de observação botânica e a energia teórica poderosa, as passionais escaladas em generalidade e as hipóteses ousadas; entre a sabedoria de inspiração budista, o desprendimento com relação ao mundo, a epifania contemplativa da natureza, a felicidade da dissolução do eu e a ação no mundo, a juventude socialista, a fundação de instituições, as responsabilidades profissionais; entre o desejo do entre-si e sua rejeição; entre a abstração sem concessões e uma sensibilidade fremente, à flor da pele; entre o desejo de ordem portador de sentido e a intuição metafísica do não sentido; entre a busca da universalidade e a lógica das diferenças; entre a ciência e a arte. Esta última oposição deu margem a muitos comentários, em especial quando Claude Lévi-Strauss entrou na Academia Francesa em razão de uma obra científica na qual se reconhecia um talento literário que não se sabia direito se era uma vantagem ou desvantagem. Num ensaio recente, Patrick Wilcken julga original pensar em Lévi-Strauss como um "*artiste manqué*"* (em francês no texto) que teria reinjetado na esfera acadêmica uma sensibilidade artística disponibilizada pela não escolha profissional das artes na adolescência, por falta de talento[18]. Isso é não enxergar a força atuante desse dualismo em desequilíbrio e não conceber que Lévi-Strauss, nessa tensão entre arte e ciência, visou o reencontro pertencente ao antigo regime do beletrismo, em que a excelência de um saber não se distinguia da arte com a qual este era exposto. Buffon não entrou na Academia Francesa com um *Tratado do estilo*[19]?

Falar com um pássaro

Enraizado afetiva e familiarmente no século XIX, contemporâneo contrariado do longo século XX, o antropólogo se delicia com as crônicas dos viajantes do século XVI, o viço de um Renascimento que, em sua melhor parte, aceita ser abalado pela visão do primitivo; ao mesmo tempo, é parte integrante dos avanços

* Artista que não deu certo. [N.T.]

científicos do seu tempo e os acompanha com paixão. Não hesita, no entanto, em indicar trajetos regressivos e até mesmo preconizar, a título privado, um "retorno ao neolítico"! Em sua maneira de fazer ciência, nos meandros de sua biografia, mas também em sua filosofia da história – se é que ela existe – ou em seu posicionamento político e ideológico, Claude Lévi-Strauss compõe uma partitura única feita de sobremodernidade – como André Breton, seu amigo, visava a sobrerrealidade – e arcaísmo, numa negação do recorte moderno em suas diferentes declinações (racionalidade contra obscurantismo, ciência contra pensamento mítico, evolucionismo contra tempo cíclico, progresso contra estabilidade etc.). Seu tempo, assim como o desta biografia, avança na duração, mas à maneira de uma espiral, mediante resgates fecundos dos farrapos do passado – "nossa vida sendo tão pouco cronológica"[20] –, em que o antiquíssimo pode parecer mais próximo que o passado recente. E sua obra, por sua vez, "tem uma face voltada para o passado da disciplina que ela coroa e a outra voltada para o futuro que ela antecipa"[21].

Nesse aspecto, o refundador da antropologia parece-me regressar hoje, em nosso século XXI enlouquecido e atônito, aos embates com revoluções tecnológicas que ele não domina. Lévi-Strauss é um homem-mundo pelo itinerário nômade da primeira metade de sua vida; um homem-tempo por sua vida longeva e contrastada e, sobretudo, pelo que chamava de seu "quixotismo", isto é, o "desejo obsedante de reencontrar o passado sob o presente"[22]. Esses tempos múltiplos que nele coexistem estão, assim como a diversidade dos espaços atravessados, no coração de seu "descentramento" filosófico e existencial tão particular: ninguém antes dele levara tão longe o questionamento profundo de nossa trajetória histórica e de seus impasses. Embora não forneça nenhuma receita ou programa, o antropólogo nos exorta a olhar e salvaguardar a diversidade cultural, natural e social como um valor precioso que aponta a contingência de nosso próprio sistema. Em 1976, dava provas de uma espantosa imaginação política, propondo, à semelhança das sociedades exóticas que souberam integrar os não humanos, substituir a definição dos "direitos do homem" pelos "direitos do ser vivo"[23]: o homem como ser vivo e não mais como ser moral, ao lado dos animais, vegetais, minerais, coisas, em vez de separado deles. O pensamento de Lévi-Strauss nos oferece um humanismo efetivamente reconciliado, compatível com nosso antropoceno.

Falar com um pássaro então: o pensador que comumente reduzimos ao da oposição infrangível entre natureza e cultura evoluiu ao longo de todo o seu percurso para *experimentar*, tanto na vida como na obra, a lição de inclusão dos mitos ameríndios, que, lembremos, são para o etnólogo, mas também para os próprios índios, histórias de um tempo em que homens e animais se entendiam...

[... • 1935]

OS MUNDOS SUBJACENTES

O NOME DO PAI 1

Mas enquanto um grande nome não é extinto, ele conserva em plena luz aqueles que o carregaram; e sem dúvida, de um lado, o interesse que oferecia aos meus olhos a ilustração dessas famílias era que, partindo de hoje, é possível segui-las, subindo degrau por degrau até bem além do século XIV e reencontrar as Memórias e correspondências de todos os ancestrais do sr. de Charlus, do príncipe de Agrigento, da princesa de Parma num passado em que uma noite impenetrável cobriria as origens de uma família burguesa e no qual distinguimos, sob a projeção luminosa e retrospectiva de um nome, a origem e a persistência de certas características nervosas, vícios e desordens deste ou daquele Guermantes.

MARCEL PROUST,
No caminho de Guermantes, tomo II[1].

O mundo subjacente: um conjunto de relatos, recordações, imagens, cheiros, sonhos, aversões, inquietudes, posições corporais e espirituais, maneiras de ser e pensar que herdamos ao mesmo tempo que o nome e o dia do nosso nascimento. Um país obscuro ou luminoso, uma terra provedora ou dolorosa feita de lendas familiares peneiradas pela memória social e pela história nacional, da qual podemos ter vontade de nos emancipar mais tarde, mas que, até lá, são a própria intimidade.

A história de Claude Lévi-Strauss, nascido em Bruxelas em 8 de novembro de 1908, não começa, portanto, nessa data. Da mesma forma que se confessa nostálgico de épocas que não conheceu, ele é, assim como qualquer um, constituído de uma história não vivida, porém incorporada. Essa história lhe é oferecida na forma de um sobrenome composto, forjado pela articulação de um destino social e um destino individual: um mundo subjacente judeu-alsaciano, iluminado pelo sucesso de um de seus membros, Isaac Strauss, o bisavô de Claude, cujo pai se apropriou do sobrenome "Strauss" para atrelá-lo ao seu, "Lévi", e engendrar esse sobrenome em forma de criptograma. Sobrenome judaico, israelita mais precisamente, e que carrega consigo a certeza da vocação artística da linhagem. Sobrenome instável também, consolidado tardiamente, e que, em sua fragilidade patronímica, exprime os altos e baixos do franco-judaísmo moderno. Um sobrenome que foi preciso reconquistar, tanto no sentido próprio como no figurado. Alguns zigue-zagues históricos desenharão a onipotente lógica desse sobrenome, entre os cheios e os vazios da vida, suas lendas de papel e seus silêncios.

O HALO DO NOME

"Com esse nome que o senhor tem!"

O episódio remonta a setembro de 1940: derrota, desmobilização em Montpellier. Claude Lévi-Strauss, docente de filosofia, fora nomeado para o liceu Henri-IV em Paris para a volta às aulas daquele ano. Acantonado na zona Sul, dirige-se então a Vichy para obter a autorização para voltar à capital e assumir seu posto: "O ministério estava instalado numa escola comunal e a direção do ensino secundário ocupava uma sala de aula: o responsável me olhou, estupefato: 'Com esse nome que o senhor tem', ele me disse, 'ir para Paris? O senhor não pensou nisso?' Só naquele momento comecei a compreender"[2]. Esse momento de compreensão, como é comum em Lévi-Strauss, é um momento de suspensão e reviravolta. Reviravolta biográfica (como no caso dos milhares de franceses nascidos judeus), mas também intelectual, que o leva de uma forma de ingenuidade histórica à tomada de consciência do caráter a partir daí estigmatizante de seu sobrenome. Sobrenome perigoso, nas novas condições da França ocupada. Sobrenome que, como todos os sobrenomes, classifica e repertoria, mas que, numa conjuntura de identificação policialesca das pessoas, também denuncia. A ironia da história quer que a nova percepção de seu sobrenome, revelada pelo alarme do funcionário, se produza, para Lévi-Strauss, em Vichy, cidade da antiga glória familiar, onde o bisavô Isaac Strauss recebera em 1861 o imperador Napoleão III em pessoa em sua *villa* Strauss, mais tarde convertida numa sucursal da administração burocrática de Vichy.

Menos de um ano depois, Claude Lévi-Strauss deixou a França e se exilou nos Estados Unidos. Recebido em Nova York na nova instituição onde ensinará nos anos vindouros, é energicamente aconselhado a transformar seu nome em Claude L. Strauss. Por quê? "*The students would find it funny*"[3], é a resposta que recebe, por causa dos *blue jeans*! Persistem, portanto, as desventuras do sobrenome, ora trágicas, ora grotescas, sempre significantes: o sobrenome, sua consonância, seu potencial homonímico podem levar uma pessoa ao campo de concentração na Europa em guerra ou, menos tragicamente, a alguma confusão que venha atormentar a autoconsciência do intelectual em formação: "*Lévi-Strauss, the pants or the books?*" é um bordão de sua vida norte-americana do pós-guerra[4].

Não é absurdo pensar que essa experiência do estigma e da mutilação onomástica tornou Claude Lévi-Strauss particularmente sensível à questão e, mais propriamente, ao *problema* do sobrenome. No capítulo 6 de *O pensamento selvagem*, ele interroga o último nível de individuação expresso pela atribuição de um nome próprio. Contrariando alguns antropólogos que consideravam o fato insignificante, algo como um resíduo de inteligibilidade, a teoria lévi-straussiana postula que os nomes próprios têm um sentido. Carregue ele uma marca de identificação clara, confirmando o pertencimento de um indivíduo a tal grupo social, tal clã, tal casta, ou seja ele uma livre criação daquele que nomeia, em ambos os casos nomear é sempre classificar (ou os outros ou a si mesmo) e, logo, sempre significar[5]. A escolha do nome do seu cachorro, por exemplo: "Julgo-me livre para escolher o nome do meu cachorro segundo meu capricho; mas se escolho Médor, vou me classificar como banal; se escolho Monsieur ou Lucien, vou me classificar como excêntrico ou provocador; e se escolho Pelléas, como esteta"[6]. No campo etnológico contemporâneo, Lévi-Strauss construiu, portanto, uma teoria em que a dinâmica classificatória se estende até o nível mais elementar, o do indivíduo portador de um nome que lhe é próprio.

"Claude Lévi, vulgo Lévi-Strauss"

A função antropológica do sobrenome, portanto, é sempre atribuir um lugar na taxonomia do mundo. Essa lógica do sobrenome pode acarretar igualmente um ato positivo de reapropriação, por exemplo através das mudanças de sobrenome possibilitadas, embora numa escala infinitesimal, pela administração do registro civil pós-revolucionário. Na França, "mudar oficialmente de sobrenome, para um cidadão francês, não é coisa fácil"[7]. Para isso, é preciso paciência e motivos sólidos. A lei de 11 de germinal do ano XI (1803) abriu uma janela derrogatória para o princípio da imutabilidade do sobrenome, mas a decisão é da alçada de uma "jurisdição voluntária e constitui um puro favor que a autoridade é sempre soberana para recusar se assim lhe aprouver"[8]. O procedimento a ser seguido é longo, uma vez que o adulto candidato à mudança de sobrenome deve publicar no *Diário Oficial* um anúncio resumindo seu pedido (às suas custas), em seguida fazer uma requisição ao Ministério da Justiça, esclarecendo os motivos de abandono do sobrenome de origem e da adoção do novo, apresentar uma certidão de notoriedade, certidões de nascimento de seus ancestrais, cópias de documentos comprovando sua identidade e nacionalidade. Foi a esse longo procedimento que Claude Lévi-Strauss resolveu submeter-se, como atestam seus arquivos pessoais.

O caso é intrigante e pouco conhecido[9]: aparentemente, ao longo dos anos 1950, a administração se recusa a oficializar o que se tornara o sobrenome corrente, porém na realidade oficioso, de Claude Lévi-Strauss, mediante adjunção do nome "Strauss" a "Lévi" pelo seu pai, Raymond. A lassidão patronímica de antigamente deixou de ser regra; o que era considerado um pseudônimo não é mais aceito, donde múltiplas dificuldades administrativas, acentuadas pela chegada de um segundo filho, Matthieu, em 1957. Eis por que, a pedido de sua mulher Monique e assessorado por uma advogada, Suzanne Blum, "Gustave Claude Lévi, vulgo Lévi-Strauss, professor no Collège de France" requer oficialmente ao ministro da Justiça, em 24 de outubro de 1960, em seu nome e no de seus filhos, Laurent Jacquemin, nascido em Nova York em 16 de março de 1947 (registrado no Consulado com o sobrenome "Lévi-Strauss"), e Matthieu Raymond, nascido em Paris em 25 de agosto de 1957 (registrado com o de "Lévi"), autorização para acrescentar "Strauss" ao seu nome patronímico.

Três argumentos são desenvolvidos: em primeiro lugar, seu pai, nascido em Paris, em 1881, usou constantemente o sobrenome Lévi-Strauss, como atestam inúmeros retratos assinados de próprio punho, pertencentes a Tristan Bernard, Victor Margueritte, Louis Jouvet..., e papéis oficiais de adesão a sociedades profissionais (por exemplo, a Federação dos Artistas). Em segundo lutar, "adotando o nome de Lévi-Strauss, meu pai desejava perpetuar em nossa família o sobrenome de seu avô materno Isaac Strauss, nascido em Estrasburgo em 2 de junho de 1806", violinista, maestro e célebre compositor de valsas. Por fim, o professor do Collège de France explica, baseado em provas, que em toda a sua carreira administrativa e científica sempre usou o sobrenome Lévi-Strauss: "Acrescento que todos os meus trabalhos literários e científicos, ou seja, cinco livros (dos quais um, *Tristes trópicos*, traduzido para nove línguas) e 150 artigos, foram publicados com o sobrenome Lévi-Strauss, a cujo respeito julgo poder dizer, sem falsa modéstia, que não desonrou a irradiação da ciência e do pensamento franceses no mundo [...]. Por fim, a acolhida que o mundo do conhecimento houve por bem reservar aos meus trabalhos, publicados sob um nome ao qual doravante estão ligadas certas teorias e descobertas, confere a esse nome uma existência pública independente da pessoa do portador. O sobrenome Lévi-Strauss tornou-se parte integrante da disciplina científica à qual dediquei minha vida e, ainda que compelido, eu não teria mais liberdade para me desfazer dele". Advertido de que a jurisprudência do Conselho de Estado seria desfavorável tanto aos sobrenomes duplos como aos sobrenomes de consonância estrangeira, Lévi-Strauss previne-se contra esta última objeção acrescentando um parágrafo final à sua declaração: "A consonância estrangeira do sobrenome Strauss poderia fornecer um segundo argumento contra o meu requerimento. Observo então que esse sobrenome foi adotado pelo meu trisavô Loeb Israël, nascido em Estrasburgo em 22 de janeiro de 1754, que adotou o nome Léon Strauss, desde antes do fim do século XVIII, registrando com o sobrenome Strauss seus filhos Maurice e Isaac, nascidos em 1801 e 1806. Um sobrenome usado há praticamente dois séculos por uma família de velha cepa alsaciana pertence, me parece, ao patrimônio onomástico nacional"[10]. O processo tem início em 1960 e a decisão favorável do Conselho de Estado é publicada no *Diário Oficial* de 24 de agosto de 1961. Com isso, todas as certidões oficiais são retificadas.

Essa vexação administrativa seria meramente burlesca se não atravessasse a história das famílias judias francesas na saída da guerra. Na década seguinte, algumas utilizam o direito que na época lhes é concedido de mudar de patrônimo num contexto jurídico favorável. Observemos, a propósito, que a maioria dos judeus que mudaram de nome era de judeus da Europa central e oriental que haviam chegado à França no entreguerras, portadores de sobrenomes de consonância estrangeira e desejosos de apagar o trauma da guerra, ao mesmo tempo prevenindo-se contra o eventual retorno dos maus dias. Raras foram as famílias israelitas a tentar a empreitada. No caso de Lévi-Strauss, seu gesto pode ser interpretado pelos motivos triviais invocados e não destituídos de importância (pequenas humilhações burocráticas recorrentes), mas atesta sobretudo a confusão provocada pela proibição de usar oficialmente um sobrenome que lhe é consubstancial. Mais profundamente, ele nos informa sobre a parte decisiva que a história familiar, em especial a presença eminente de Isaac Strauss, desempenha na fabricação identitária de Claude Lévi, "vulgo Lévi-Strauss". Não se trata aqui, sem dúvida, nem de ocultar sua judeidade nem de reivindicá-la, e sim de inscrever-se numa genealogia prestigiosa do judaísmo francês. Não esqueçamos que, nessa data, ele tem mais de 50 anos e é professor no Collège de France. A firmeza das últimas linhas, a ligeira irritação e o orgulho fremente pela obra realizada sugerem, além disso, que esse processo foi vivenciado como uma forma de negação de nacionalidade (pedem-lhe, aliás, que anexe uma certidão de nacionalidade).

Nesse curioso processo de mudança de nome, a identificação e a filiação são desestabilizadas no momento em que Claude Lévi-Strauss já "fez um nome", magnificando o halo luminoso do nome de seu bisavô paterno, Isaac Strauss. Esse sobrenome que, diz ele, não lhe pertence mais, inscreve-o, porém, numa história secular de emancipação e aculturação dos judeus alsacianos que vieram a se tornar exemplares cidadãos franceses ao longo de todo o século XIX.

UMA GENEALOGIA

Dos arquivos de família conservados por Claude Lévi-Strauss – certidões de nascimento e casamento, correspondências, árvores genealógicas, testamentos, passaportes, cartas – emana um mundo fervilhante que, no fim do século XVIII, vive na Alsácia, fora das grandes cidades, proibidas aos judeus, em localidades como Brumath, Ingwiller e Bischheim, no baixo Reno, ou Rixheim e Dürmenach, no alto Reno. Vemos passar silhuetas de rabinos ou negociantes diversos, caixeiros-viajantes, mascates de roupas baratas, sem falar nos mercadores de cereais ou gado, praticamente todos judeus. A mãe de Isaac Strauss, em solteira Judith Hirschman, era filha de um grande rabino, Rabbi Raphaël, célebre em toda a Alsácia do século XVIII. O mundinho judeu-alsaciano (cerca de 20 mil pessoas em 1784) vive ao ritmo do calendário judaico, fala iídiche e, até a Revolução Francesa, segue os preceitos da lei rabínica. Teoricamente, a propriedade lhes é vedada, mas eles a adquirem eventualmente, como pagamento de empréstimos não honrados que tinham terras como caução. Élie Moch, por exemplo, antepassado do lado materno (mas também paterno), bisavô da mãe de Claude Lévi-Strauss, reconhece num livro de contas ter recebido somas pelo arrendamento de suas terras. Tudo muda com a emancipação concedida aos judeus em 1791. Daí em diante essa comunidade entra numa transição acelerada que a faz passar "do posto mais ocidental do mundo judaico asquenaze a um judaísmo moderno e definido pelo modo nacional"[11].

Em uma geração ou duas, muitos judeus alsacianos emigraram para Paris, passando por Estrasburgo, onde vão integrar-se segundo os cânones de uma vida burguesa citadina, não sem conservar diversos aspectos do leque identitário de origem. A família de Claude Lévi-Strauss segue essa trajetória social plural, que implica prodigiosas transformações nas condições de vida e nos horizontes mentais. Sua árvore genealógica ilustra boa parte da história dos israelitas franceses por sua geografia (da Alsácia a Paris, passando por Bayonne), seus acidentes históricos (a emancipação, o Império e a organização do Sinédrio, a guerra de 1870), seus sucessos econômicos e sociais, a extensão de suas possibilidades, o gradiente variável da identidade judaica numa pátria amada, pois emancipadora. Mas existe um nome que, em meio aos Moch, Lévy, Lévi e Hauser, reluz com um brilho especial na memória do rapaz e de toda a sua família: o de seu bisavô, Isaac Strauss, hoje esquecido, mas cuja memória é revitalizada por seu descendente. Quando Claude Lévi-Strauss começa a evocá-lo nas entrevistas concedidas nos anos 1980, é todo um mundo iridescente de sua infância que lhe é devolvido – um mundo de música e divertimentos, bastante enraizado no século XIX burguês, que, envelhecido, ele reconhece como profundamente seu, mesmo jamais tendo conhecido pessoalmente seu bisavô.

Isaac Strauss: "O Strauss de Paris"

Mas quem é aquele que apelidaram de "o Béranger da música de dança"[12]? Isaac Strauss nasceu em Estrasburgo em 1806. Seu pai, Loeb Israël, transcreveu o próprio nome para Léon e o de seus filhos para Maurice (Moshe) e

Isaac (Isaïe), antecipando-se ao decreto imperial (20 de julho de 1808) que obrigava os judeus a estabelecerem seus sobrenomes e prenomes, declarando--os no registro civil de suas comunas. Era-lhes vedado utilizar os patrônimos do Antigo Testamento e singularizar-se de uma maneira ou de outra: os "Isaïe" tornaram-se então "Isaac"; "Loeb", "Léon"; "Lazare", "Gustave"; "Moshe"; "Maurice" etc. Se parte da infância de Isaac se desenrola em Bischheim, o talento de violinista que ele demonstra muito jovem leva-o, em 1828, a Paris, ao Conservatório Real de Música, na classe de Baillot, antes de ser selecionado, por concurso, como primeiro-violino na orquestra do Théâtre Italien, então dirigido por Rossini: "Minha avó [filha de Isaac Strauss] gostava de contar que, quando tinha 7 anos, acho, beijada na testa por Rossini, fizera o juramento de não se lavar para conservar a marca dos lábios divinos"[13]. A partir dessa época, a irresistível ascensão de Isaac se funda em dois elementos: a criação da música de dança, em especial a valsa, e a concentração mundana e artística ligada a temporadas em estações de águas a partir dos anos 1830. Com efeito, após o período agitado da Revolução e do Império, as danças do Antigo Regime afiguravam-se no mínimo ultrapassadas. Dançava-se muito pouco sob os reinados de Luís XVIII e Carlos X. É Luís Filipe, o rei burguês, que ressuscita as festas suntuosas. Isaac Strauss chega na hora certa, contribuindo para inventar a valsa, à qual se acrescentam polcas, mazurcas, *schottisches*, marchas, quadrilhas, *redowas* e galopes, danças que fazem turbilhonar não só as cortes europeias, como os salões burgueses da capital, sem falar na clientela aristocrática das estações de águas, que, a pretexto de obedecer às recomendações da Faculdade de Medicina, procura sobretudo as ardentes distrações da vida mundana. Isaac Strauss alegra assim os langores dos convalescentes de Plombières e Aix-la-Chapelle, mas é sobretudo Vichy que vai constituir um trampolim em sua carreira. Quando lá chega, em 1843, a estação termal está um pouco abandonada. Alguns anos mais tarde, é novamente *the place to be*: milagre de música e boa gestão administrado pelo espírito ao mesmo tempo prático e entusiasta de Isaac Strauss. Em dezembro de 1847, a pedido do próprio Luís Filipe, sucede ao célebre Philippe Musard (1792-1859), regente dos bailes da corte, mas "não viria a fazer dançar a família real. Os ecos da orquestra foram sufocados pelos mugidos da Revolução"[14]. As diversas mudanças de regime não modificaram a escolha efetuada por Luís Filipe, e o presidente da República, futuro imperador Napoleão III, pode regozijar-se por tê-la ratificado: durante os vinte anos seguintes, Isaac Strauss faz valsar a juventude da capital, bem como as aristocracias, antigas e recentes, do Império e da Europa mundana.

Ele é então uma espécie de deus da festa imperial. Bonachão símbolo do parisianismo triunfante e de seu turbilhão festivo, é conhecido, reconhecido,

Caricatura de Isaac Strauss, diretor dos bailes da Ópera: litografia de Paul Hadol (1835-1875), publicada por Bertauts (c. 1854).

adulado por todos; é uma figura do bulevar, um cliente assíduo da casa de leilões Drouot, um homem que, segundo seus contemporâneos, é de uma urbanidade perfeita, que não conhece inimigos. "Homenzinho de olho inquieto e inteligente brilhando por cima da lente do lornhão, o nariz um pouco achatado por sobre uma boca trocista"[15], sotaque alsaciano jamais perdido, Isaac Strauss faz as delícias dos colunistas e caricaturistas como Gavarni e Cham. Sua gravata branca é descrita pelos cronistas como um sinal da época, como "a bengala de Voltaire, o lornhão de Balzac, a mecha de Girardin ou os óculos de Thiers. A gravata do vovô foi até cantada sobre a melodia bem conhecida de 'La Casquette au père': 'Você viu/ A gravata/ A gravata/ Você viu/ A gravata do seu Strauss?'"[16].

Se Isaac Strauss é saudado como compositor de mais de quatrocentas peças, entre elas a conhecida quadrilha de *Orfeu no inferno*, de Offenbach, se Berlioz celebra em suas *Memórias* o criador de uma "profusão de valsas caprichosas, borbulhantes, com um ritmo novo e uma desenvoltura graciosamente original"[17], ele é igualmente um arranjador que pega os temas da moda e os reformata conforme o gosto da época. Sua fama cruza e consuma o processo de "celebrização" dos maestros: dele, como de Louis Antoine

Jullien ou de Musard, pode-se dizer que o público vai tanto vê-los como ouvi-los. Seu golpe de batuta impetuoso (Strauss quebrava pelo menos duas a cada concerto) e sua regência frenética correspondiam perfeitamente à atmosfera de bacanal que às vezes tomava os Bailes da Ópera na época da Quaresma; as máscaras que escondiam os rostos das mulheres autorizavam muitas audácias... À frente dos Bailes da Ópera, instituição do Antigo Regime que se perpetuou até a III República, Isaac Strauss dispõe de um poder considerável de amplificação das melodias em voga. Além do mais, a publicação pela editora Heugel de uma série de partituras para piano proporciona a si e a seus herdeiros direitos significativos por um período que a lei de 1866 acaba de estender a cinquenta anos após a morte do autor. Em dissonância com a lenda familiar que cultiva a figura do grande artista, Isaac Strauss encarna um êxito excepcional no mundo musical, cujos poderio econômico e força de persuasão, não obstante, superam em muito a legitimidade artística[18].

Se enriqueceu, foi graças ao seu talento musical, seu faro, seu senso dos negócios, bem como à sua proximidade com a família imperial, à qual dedica uma série de peças: *Eugénie Polka* (dedicada à imperatriz), *Marcha imperial* etc. Toda a sua vida se passa sob o signo da expansão imperial, embora sua bisneta Henriette Nizan nos informe de que era franco-maçom, iniciado por seu mestre Baillot. Influenciado pela Declaração dos Direitos do Homem e seu ideal filosófico de tolerância, fraternidade e igualdade, concilia então suas crenças fundamentais com os meandros da política imperial. De seu engajamento franco-maçom, Henriette Nizan conserva "seu avental", objeto insólito "ao lado de um vestido de baile maravilhoso deixado por minha bisavó"[19], como um díptico misterioso do destino de Strauss: tão ambivalente quanto a própria opereta, a qual, segundo seu etnólogo, Siegfried Kracauer, é ao mesmo tempo a revanche social do *outsider* da grande forma operística e o alarido alegre que cobre o silêncio de chumbo da ditadura imperial; a ligeireza da opereta tem a virtude de fazer as máscaras caírem, é uma "mistura de gaiatice e de sátira, de espírito destruidor e subversivo e de terno apego ao passado"[20]. Finalmente, Isaac Strauss é feito cavaleiro da Legião de Honra em janeiro de 1870, data em que pede demissão de seu posto de regente dos bailes da Corte, retirando-se voluntariamente seis meses antes da debacle imperial, na glória de seu "cetro musical": cadência perfeita para uma vida totalmente realizada.

Quando morre, em agosto de 1888, cerca de vinte artigos celebram sua memória, mas na forma curta da nota frívola, da crônica mundana: não se reconhece o grande artista falecido. Na câmara mortuária, o rabino "presta homenagem ao filantropo que foi um dos fundadores da sociedade Alsácia-Lorena e de várias sociedades beneficentes"[21]. Sua solidariedade com a era imperial é tamanha, tanto no plano biográfico como no artístico, que ele parece morrer com ela. A III República, tendo pouca inclinação pela ebriedade dançante e pela causticidade despretensiosa da opereta, prefere valorizar sua segunda vida de colecionador de arte (que é resumida como amor ao bibelô) e seu refúgio de patriarca no palacete de número 44 da rua de la Chaussée d'Antin – derrubado em 1895 para a abertura da rua Réaumur –, adorado pelas cinco filhas e cercado por sua numerosa família.

Esquecido de todos, em especial em razão da homonímia com os "Strauss" de Viena, cuja celebridade europeia ofuscou a sua, Isaac Strauss permanece objeto de um culto familiar. Este é alimentado pela longevidade de várias de suas filhas, em especial Léa, avó de Claude Lévi-Strauss, falecida em 1933, que assegura uma ponte viva com essa herança, cuja glória material e simbólica resplandece com tanto mais brilho na medida em que existe apenas na forma de "farrapos", "resíduos" ou recordações: "Conservo alguns resquícios, como o bracelete que Napoleão III deu de presente à minha bisavó para lhe agradecer a hospitalidade na *villa* Strauss, em Vichy. Essa *villa* Strauss, onde o imperador se hospedou, ainda existe. Tornou-se um bar ou restaurante, não sei mais, mas conservou o nome"[22]. O episódio da passagem do imperador pela casa dos Strauss em Vichy ficou, na crônica familiar, como o auge da proximidade com o Trono, sancionada pelo bracelete constituído de uma jarreteira com broche de diamantes, "de uma grande distinção", como esclarece a sra. Strauss, numa carta de 30 de julho de 1861. Outro arquivo de um mundo duplamente soterrado, pois igualmente perdido, o anel que a jovem rainha Isabel de Espanha deu a Isaac Strauss em agradecimento pela valsa do *Duplo casamento*, oferecida por ocasião de suas núpcias, em Madri, em 1846. A bisneta de Isaac Strauss, Henriette Nizan, recorda: "Um rubi enfeitado com diamantes. Um anel cuja história é todo um símbolo: cem anos mais tarde, eu, a outra Henriette da família [a mulher de Isaac chamava-se Henriette], iria jogá-lo fora por descuido e queimá-lo na estufa de minha casa, quando fugia dos alemães"[23].

Memória familiar

Continuemos a árvore genealógica de Claude Lévi-Strauss, detendo-nos no nível dos avós[24]. Do lado materno, Sarah Moch, em casada Lévy, e Émile Lévy, rabino, após optarem pela França em 1871, como muitos correligionários seus, moram em Verdun, onde nascem suas cinco filhas – Hélène, Aline, Lucie, Louise e Emma, futura mãe de Claude. A guerra de 1870 permanece um momento intenso na vida desses judeus patriotas, registrado no *Album Amicorum* de Sarah, ao lado de textos de poesia, provas de amizade e testemunhos diversos. Esse gênero tipicamente alemão de escrita íntima é rematado

Cartão-postal saudando a estada do imperador na *villa* Strauss, em Vichy, em 1861.

simbolicamente com um poema de Sarah evocando a derrota de 1870 e do seu próprio mundo: "Ouvia-se troar o canhoneio em toda parte/ No momento em que o sol terminava seu caminho/ Vimos acorrer tropas guerreiras/ Todas cobertas de sangue, fumaça e fogo/ Gritarem para os moradores salve-se quem puder/ Está tudo perdido"*.

Do lado paterno, a ilustre família Strauss se une, por intermédio de sua filha Léa (1842-1932), futura avó de Claude, a Gustave Lévi (1836-1890), um dos cinco filhos de Flore Moch, em casada Lévi, e de Isaac Lévi, cuja ascensão social desde Ingwiller, Alsácia (onde ainda nasceu seu filho Gustave), pode ser lida no inventário por morte de Flore, futura bisavó de Claude, em 1892. Esse inventário desenha um cenário burguês clássico com algumas incursões na voga japonesa do último terço do século: uma secretária de nogueira, um relógio de alabastro, porcelana azul e branca do Japão, uma mesa trabalhada em mogno, uma luminária com haste, candelabros de bronze, uma poltrona capitonê, um dossel de cama e prataria. Esse acesso ao mundo burguês se revela igualmente no cartão de Guarda Nacional do Sena de Gustave, avô de Claude, não datado, mencionando simplesmente o endereço, rua de la Victoire, 10, e a profissão, corretor na Bolsa. Passaportes registram viagens. A integração numa vida política local

* No original: "On entendait gronder la canonnade partout / Au moment où le soleil achevant sa carrière / On vit accourir des troupes guerrières / Toutes couvertes de sang, de fumée et de feu / Crier aux habitants sauve qui peut / Tout est perdu". [N.E.]

e a Bolsa circunscrevem o novo mundo parisiense dos avós, um mundo de funcionários, corretores, negociantes de confecção, em que a ajuda mútua familiar era mobilizada para arranjar um emprego, emprestar dinheiro ou disponibilizar seus pistolões. A endogamia familiar é também econômica. Os maus negócios de Gustave na Bolsa e sua morte precoce explicam certa decadência social de Léa, que se tornou uma jovem viúva mãe de cinco filhos – André (1866-1928), Pierre (1873-1912), Jean (1877-1933), Hélène (1867-?) e o caçula, Raymond (1881-1953), futuro pai de Claude.

Na realidade, "seria mais correto falar de uma família em vez de duas"[25]; em primeiro lugar, porque os pais de Claude são primos de segundo grau: são unidos por alguns antepassados comuns, no caso Élie Moch e Esther Dreyfus, mas sobretudo em razão da forte coesão desse microuniverso composto de famílias judias vindas da Alsácia e instaladas em Paris num perímetro em geral restrito. Bem distante do 2º *arrondissement* de Paris (mais local de trabalho e relaxamento, com seus teatros e cafés), é o 16º que concentra muitos desses lares. Assim, a avó materna de Claude Lévi-Strauss, Sarah Moch-Lévy, morava a poucas centenas de metros de sua filha Emma: a primeira, à rua Narcisse-Diaz, enquanto a segunda, mãe de Claude, instala-se, após seu casamento, em 1907, à rua Poussin, num bairro vizinho. A família próxima de Claude Lévi-Strauss compõe-se de uma imensa parentela, incontáveis tios e tias, miríades de primos e primas, mas também tias-avós (mais que tios-avôs, com expectativa de vida mais curta), todos coligados por uma intensa vida familiar governada por um conjunto coerente de ritos, hábitos, ajuda mútua, às vezes de parentesco por substituição.

Ao ler as *Libres mémoires* [Livres memórias], de Henriette Nizan, bem como os arquivos da família Lévi-Strauss, percebemos o valor desse mundo, que não deixa de ecoar nos futuros trabalhos do antropólogo. Por exemplo, é espantoso detectar na correspondência de seu tio-avô Alfred Lévi com sua irmã Palmyre (ambos irmão e irmã de Gustave) a respeito do filho único desta última, René Kahn, rapaz dissipado e em vias de "sair do caminho reto", a posição exata do tio materno descrita por Lévi-Strauss, um século mais tarde, num artigo no *La Repubblica* por ocasião da declaração do conde Spencer, após a morte de sua irmã Diana[26]. Nele, ele vê o ressurgimento de uma função estrutural antiga, intermediária em caso de conflito entre pais e filhos, uma autoridade paterna de substituição, mas num modo não autoritário, espécie de "mãe paterna". As declarações de Alfred correspondem plenamente a essa postura, uma vez que, na ausência do pai, ele oferece seus serviços de intermediário, embora pregando "censuras brandas" e a "força de persuasão" mais do que os "meios enérgicos"[27]. Analogamente, podemos supor a título de hipótese que a reflexão de Claude Lévi-Strauss sobre a organização dos sistemas de parentesco, exposta em todas as suas sutilezas, repousa em parte no modelo bastante refinado de que ele dispunha por experiência: a memória familiar do mundo de seus antepassados (judeus alsacianos rurais do fim do século XVIII, dos quais vem sua família dos dois lados), que praticavam um tipo de casamento entre "primos distantes" capaz de, convenientemente, inserir o indivíduo no grupo social. Não só seus pais eram primos oriundos de primos-irmãos, como ele descobriu mais tarde, sem se admirar especialmente com isso[28], que sua terceira mulher, Monique Roman (oriunda de um ramo Guggenheim por parte de mãe), vinha igualmente desse microcosmo. Isso significava redescobrir *a posteriori* que o tipo de organização estudado nas sociedades primitivas exóticas podia ser encontrado nas sociedades rurais europeias do século XIX, em especial em sua própria genealogia. Não é absurdo pensar que esta, apropriada pela memória familiar, pôde constituir um terreno ainda mais fecundo, na medida em que inconsciente.

Essa memória familiar é fortemente estruturada pelas mulheres, cuja extraordinária longevidade garantiu a transmissão viva entre as gerações. As mulheres é que comandam a correspondência, elo familiar vital, enquanto os pais ainda estão em Estrasburgo e os filhos em Paris. Flore Lévi, bisavó paterna, irriga seu filho com conselhos e preces, recomendações espirituais e pedidos triviais (uma carta inteira sobre chinelos!), uma mistura afetuosa e viva que reencontraremos na correspondência igualmente copiosa de Claude Lévi-Strauss com seus pais. As duas avós do jovem Claude morrem quase centenárias, Léa Strauss (em casada Lévi) em 1932 e Sarah Moch (em casada Lévy) em 1955; a mãe de Claude Lévi-Strauss, Emma, morre em 1984, aproximando-se por sua vez dos 100 anos, ultrapassada apenas pelo filho, que expira com quase 101, único exemplo de longevidade masculina numa família em que os homens costumam se ir cerca de trinta anos antes das mulheres. Guardiã do tempo familiar, Léa Strauss conservava uma coletânea de obituários reunidos num caderno com capa de couro. Nele, encontramos uma série de informações (precisões sobre as datas de nascimento e morte, artigos biográficos diversos) completadas pelo punho de Claude Lévi-Strauss. Nele, com sua fina caligrafia, ele estende as árvores genealógicas até ele mesmo e seus próprios filhos, Laurent e Matthieu. Como um cordel. Esse documento de dupla entrada sugere uma prática corrente do gesto necrológico e genealógico, aqui naturalmente reciclada pela competência do antropólogo do parentesco: um verdadeiro memorial familiar, como existiam muitos na burguesia francesa do século XIX, perpetua a lembrança dos mortos unidos, para além de seu fim, a uma família que se constrói conservando seu rastro para além da destruição e do esquecimento[29].

GENEALOGIA DE CLAUDE LÉVI-STRAUSS

FAMÍLIA MOCH E LÉVY

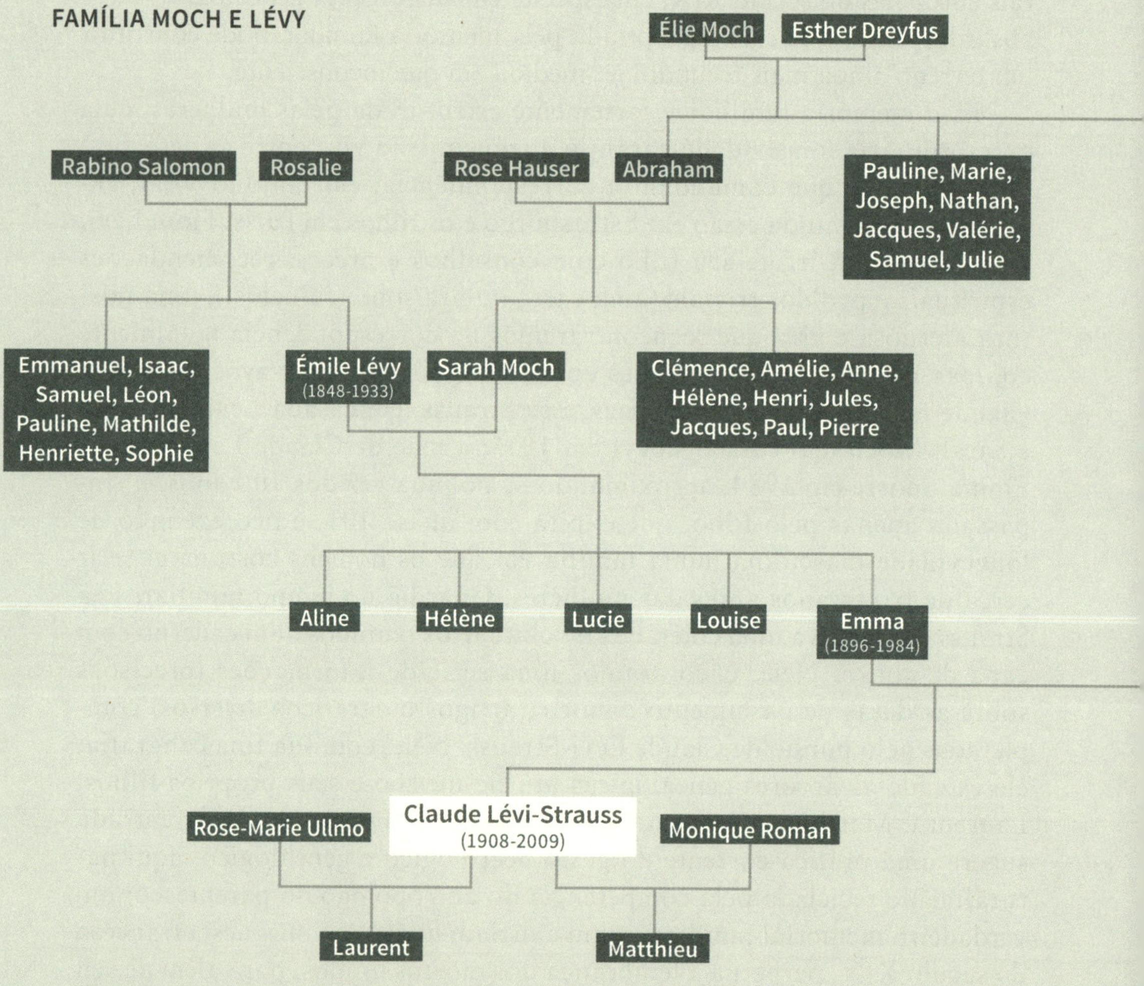

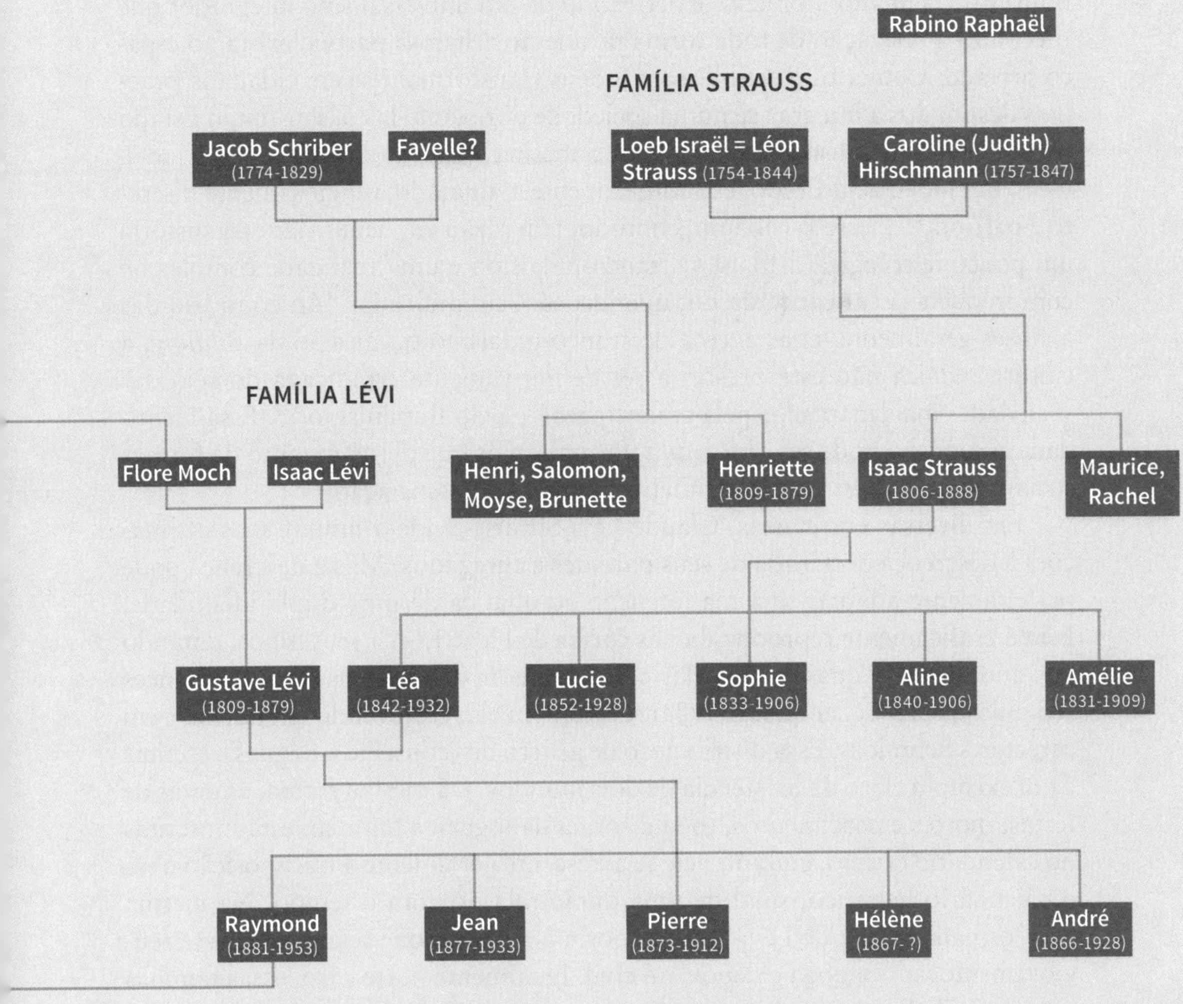

Árvore genealógica: "Seria mais correto falar de uma família em vez de duas". Do lado materno e do lado paterno, a genealogia familiar tem raízes comuns no judaísmo alsaciano do fim do século XVIII.

As "agruras" do franco-judaísmo

A família de Lévi-Strauss ilustra, portanto, o arco histórico da emancipação à francesa, "pelo alto", precoce e derivando de um universalismo integrador que preconiza a relegação de toda forma de adesão religiosa particularista ao espaço privado. Com a III República, os judeus transformam-se em cidadãos israelitas destinados a integrar-se numa sociedade doravante laica. Por fim, o Estado republicano e o consistório partilham a mesma visão do que deve ser o judeu ideal: um judeu aculturado, economicamente assimilado, religiosamente discreto e patriota[30]. Pierre Birnbaum, contudo, tem razão em denunciar essa história um pouco teleológica demais. O franco-judaísmo é uma realidade complexa e com frequência caricaturada ou, quando não, simplificada: "Ao contrário das análises geralmente feitas acerca do franco-judaísmo ou mesmo da *Bildung*, a cultura judaica não está prestes a ser definitivamente erradicada do seio das sociedades mais marcadas pela emancipação e pelo Iluminismo"[31]. Essa identidade compósita pode ser observada por mil sinais que derivam tanto de formas sociais como das estruturas familiares ou redes de associação.

Em diversas entrevistas, Claude Lévi-Strauss tende a limitar suas afirmações à descrença declarada de seus parentes e agregados. Mas a descrença pode perfeitamente adaptar-se à manutenção acrobática de uma dupla identidade. Esta é graficamente reproduzida nas cartas de Flore Lévi a seus filhos, datando dos anos 1860[32]: quase todas elas começam com algumas páginas em francês redigidas pela mãe, enquanto o pai reveza com ela, escrevendo em iídiche e em caracteres hebraicos. Essa distribuição de gênero dos conselhos, línguas e escritas é um exemplo claro da existência de dois mundos. Da mesma forma, as datas de festas, mortes e nascimentos, toda a rotina da logística familiar, estão inscritas no calendário cristão, embora nele se acrescente geralmente a transposição para o calendário hebraico, sinal de uma dupla relação com o tempo. Na mesma veia, os pais de Claude Lévi-Strauss, por mais ímpios que sejam, casam-se religiosamente na sinagoga e depois no civil. Igualmente nesse caso, essas famílias bem assimiladas preservam a prática do casamento religioso, tanto mais que o pai de Emma é rabino. Por fim, a caridade judaica praticada por Isaac Strauss é uma das modalidades clássicas de preservação de uma forma de identidade judaica entre os israelitas assimilados.

Émile Lévy (1848-1933), por exemplo, avô materno de Claude Lévi-Strauss, rabino, exprime não só os dilemas de um judaísmo modernizado, na época da República, como também de um antissemitismo revelado e historicizado pelo caso Dreyfus. É filho de Salomon Lévy, por sua vez rabino em Brumath, portanto oriundo daquele baixo Reno considerado um autêntico viveiro rabínico. Após estudos secundários realizados em Estrasburgo, ingressa em 1866 no Seminário Israelita em Paris, de onde sai com uma tese sobre a monarquia entre os judeus na época arcaica. Em 1871, opta pela nacionalidade francesa. Em 1876, obtém o rabinato de Verdun, onde permanecerá até 1892, tornando-se personalidade respeitada e muito querida pela comunidade. Após várias candidaturas infrutíferas, vê-se nomeado para o grão-rabinato de Bayonne, outro polo do judaísmo francês, em 1892, antes de terminar sua carreira em 1908 como rabino da Associação Cultural de Versalhes, beneficiando-se de uma pensão de 1,5 mil francos após a lei de separação das igrejas e do Estado. Torna-se vice-presidente da Associação do Rabinato Francês e é agraciado com a Legião de Honra em 1930. Paralelamente, é um dos inspiradores do escotismo judaico e colabora na Bíblia do rabinato francês, a qual pretendia ver expurgada para as crianças[33]. O avô Lévy, portanto, perfaz um itinerário quase oficial de um notável do judaísmo. Como seus colegas, vê-se confrontado com o problema da identidade judaica numa sociedade laicizada que concedeu a igualdade cidadã aos judeus. Diversos sermões de seu ministério baionês atacam o duplo obstáculo do estiolamento das práticas religiosas e de uma afirmação identitária tornada impossível e perigosa na França em vias de secularização: "Por um lado, é a indiferença religiosa que nos faz dormir no bem-estar! As liberdades a nós outorgadas pela nossa generosa pátria nos fazem esquecer o que nossos ancestrais sofreram, e por que causa sofreram. Por outro lado, nossos inimigos veem com um olho satisfeito essa indiferença, que, constato, não é senão superficial, e é comum termos nossa origem degradada, nossos direitos ignorados, nossa missão contestada". Na realidade, o antissemitismo do fim do século XIX reforçou o patriotismo dos israelitas franceses e sua identificação de destino com a República. Era um caminho possível para preservar uma identidade judaica, cujo messianismo terminava assim por se converter no amor à República; exibir tal identidade simplesmente como uma crença compartilhada da nação cidadã era também uma maneira de não se expor aos antissemitas. Essa estrada sinuosa era igualmente capaz de satisfazer o forte legitimismo político dos israelitas franceses.

Tal síntese acrobática, contudo, está sempre em equilíbrio instável. Quando interrogado sobre a conciliação entre a atmosfera familiar irreligiosa e a manutenção das tradições judaicas, Claude Lévi-Strauss responde que aquela situação não se dava, decerto, "sem agruras" [34]. E evoca o "grão de loucura" que via em ação do lado paterno: ele "se manifestou de maneira ora trágica, ora burlesca. Um irmão do meu pai, obcecado com exegese bíblica e que tinha um parafuso a menos, se suicidou: eu tinha 3 anos. Muito antes de eu nascer, outro irmão do meu pai se ordenara padre para se vingar dos pais deles após uma discussão. Durante um período, a família teve em seu seio um padre Lévi..."[35]. Os arquivos pessoais de Lévi-Strauss conservam vestígios da existência trágica desse tio que resolveu se suicidar: textos incoerentes rabiscados em 1912, nos quais ele invoca Deus, convoca sua família (em especial sua mãe, uma "mulher admirável") e aspira a morrer em plena lucidez[36]. O que fez no mesmo ano. Claude Lévi-Strauss não explora mais a fundo a textura desse "grão de loucura", mas em ambos os casos – exegese bíblica, sacerdócio – parece claro que os conflitos existenciais revelam uma "tensão entre pertencimento nacional e lealdade confessional"[37] e engendram sofrimentos suficientes para que só a morte seja capaz de lhes pôr fim. Esse minúsculo "grão de loucura" anuncia o que, na escala da História, faz descarrilar o trem bem azeitado da assimilação ideal dos israelitas franceses, da primeira vez com o caso Dreyfus, da segunda com Vichy.

A ARTE COMO HERANÇA

O gesto de Isaac: do culto à coleção

Lendo seus arquivos pessoais, descobrimos, portanto, que Claude Lévi-Strauss parece superestimar a extinção da identidade judaica em seu mundo familiar subjacente e, ao mesmo tempo, subestimar as tensões psicológicas e espirituais criadas pela posição híbrida desse franco-judaísmo dito assimilado. Talvez seja esta uma das razões pelas quais ele não aprofundou uma das particularidades essenciais da vida de seu bisavô Isaac Strauss: seu *hobby* de colecionador. Apresenta-o, porém, como uma espécie de "primo Pons apaixonado por antiguidades, com as quais fazia negócio"[38], acrescentando que ele possuía uma importante coleção de "antiguidades judaicas". Na realidade, o que Claude Lévi-Strauss chama de antiguidades judaicas consiste em objetos rituais judaicos, exibidos na Exposição Universal de 1878, nas galerias do palácio do Trocadéro novo em folha, que – coincidência perturbadora – inaugurava então o Museu de Etnografia. Leiloada por razões financeiras após a morte de Isaac, a coleção foi arrematada pela baronesa de Rothschild, que a cedeu ao Museu de Cluny, não sem provocar a revolta de Édouard Drumont[39]. O jovem Lévi-Strauss lembra-se de, ainda criança, ter sido levado ao interior de uma sala reservada aos objetos de seu bisavô e exibindo seu nome. A coleção conhecida como Strauss-Rothschild era consagrada aos objetos ligados ao culto e às festas religiosas (Shabat, Hanucá e Purim), aos rituais de circuncisão e casamento: livros de preces, púlpitos, caixas de arômatas de prata, cálices de Kidush, castiçais, lamparinas triangulares de bronze, lamparinas para Hanucá, anéis de casamento, *ketubot* (contratos de casamento) do século XVIII[40]. Na escassez de objetos anteriores ao século XVI, vislumbram-se as políticas de perseguição que grassaram contra os judeus na Europa medieval.

O colecionismo de Isaac Strauss inscreve-se numa prática bastante comum nas famílias judias abastadas e, mais que isso, riquíssimas, como os Rothschild ou os Éphrussi. Por que esse gesto colecionador? Como explica Edmund de Waal, distante herdeiro da família Éphrussi e genealogista apaixonado pela coleção de *netsuke* reunida por seu ancestral Charles Éphrussi, era preciso preencher os suntuosos palacetes particulares que se alinham nas imediações do parque Monceau em Paris ou na Ringstrasse em Viena. A coleção pertence então à esfera do esnobismo social, coroando o êxito econômico e transformando-o em capital artístico, metamorfose essencial de uma fortuna de novos-ricos que nada tem de hereditária[41]. Nos anos 1870, no momento em que Isaac Strauss, aposentado, persegue e consuma sua coleção, o gosto das elites judaicas as dirige preferencialmente para as obras-primas da Itália renascentista, governada por banqueiros e comerciantes, ou ainda para a arte japonesa, que conhece um verdadeiro frenesi no período Meiji. Embora Isaac Strauss também colecione obras em conformidade com o gosto da época – quadros de Georges de La Tour, de Van Loo e de Boucher –, o cerne da coleção, seu tesouro, reside indubitavelmente nos objetos de culto judaicos, o que constitui uma originalidade.

Cabe a Daniel Fabre ter esclarecido, em toda a sua plenitude, a significação e o alcance do gesto de Isaac Strauss: "Ele simplesmente inventa a arte judaica. Em primeiro lugar, contrariando o preconceito segundo o qual os judeus não poderiam ter uma arte, uma vez que sua lei religiosa rejeita toda imagem que represente um ente criado por Javé, proibição que sua condição diaspórica na prática teria reforçado. Mas indo igualmente de encontro à comunidade judaica de origem, que nunca reivindicou o domínio de uma arte, no sentido moderno do termo"[42]. Ao batizar sua coleção de "objetos de arte religiosos hebraicos", como são denominados no catálogo da exposição de 1878, Strauss toma "a decisão de metamorfoseá-los em obras de arte. Renomeia-os com uma palavra que os desqualifica e requalifica" e, ao fazê-lo, "desloca radicalmente seu valor e sentido"[43]: objetos litúrgicos, religiosos, agora obras de arte. A propósito, a mesma metamorfose é operada no caso dos objetos católicos. Mais globalmente, o século XX aplicará essa lógica em todas as suas trincheiras[44], mas até lá Isaac Strauss é o primeiro a ter a intuição de uma possível refundação da identidade judaica mediante uma translação do sagrado para o belo, para a arte. Para Daniel Fabre, não resta dúvida de que esse gesto refundador exprime não só a "preocupação de desacelerara desagregação da vida religiosa tradicional", como a de manter uma forma de identidade singular, agora incapaz de se exprimir pela vida religiosa, tampouco pela aparência de rituais mais ou menos preservados. Isso é literalmente o que diz Claude Lévi-Strauss numa entrevista tumultuosa a Victor Malka, em 1984. Enquanto o entrevistador relata para ele de maneira bastante agressiva as palavras de um de seus ex-colegas de liceu, "Lévi-Strauss sabe o que deve ao fato de ser judeu", Lévi-Strauss responde: "É verdade: sei exatamente. Ora meus pais eram completamente irreligiosos, ora tinham essa tendência que me parece característica de muitas famílias judias: o culto ou a religião da cultura. O povo judeu é definido como o povo do livro, e é verdade que cresci numa família do livro. Fui, nesse aspecto, desde a mais tenra infância, impelido a ler, a me instruir e a cultivar uma curiosidade voltada para todos os domínios. Sem dúvida alguma, os valores da cultura eram predominantes no meu meio. *Era isso que era sagrado*"[45].

Se pensarmos bem, essa conversão à estética acha-se igualmente no âmago da Viena *fin-de-siècle* e de sua enigmática eflorescência criativa. Lá, inúmeros artistas e intelectuais judeus abraçam esse novo ideal em resposta a uma identidade dilacerada entre diferentes princípios de pertencimento: participam de uma germanidade que passa à margem do Império Austro-Húngaro (transbordando-o a partir da Alemanha); os vienenses germanófonos de origem judaica são dominados pelo espaço intelectual e artístico alemão, embora sejam minoria em seu Império; são, além disso, confrontados com o antissemitismo virulento do prefeito de Viena, Karl Lüger, e dos cristãos-sociais. Nem verdadeiramente alemães, nem verdadeiramente austríacos, não são mais os judeus do *shtetl*, e sua assimilação, embora incompleta, não lhes garante mais uma identidade estável. Segundo Michaël Pollak, é de fato a escolha da excelência artística e o investimento na vocação artística que lhes permite forjar um estar no mundo mais confortável, uma espécie de patriotismo artístico austro-húngaro que mostrou toda a sua exuberância nos anos 1900[46].

Em Paris, a atitude de Isaac Strauss inaugura esse tipo de metamorfose identitária. E é em sua própria descendência que ela produz seus primeiros efeitos.

A prova pelo nome

Não só a coleção se dispersa após a morte de Isaac, como o sobrenome Strauss está fadado à extinção, uma vez que sua prole é composta de cinco filhas: Amélie (avó de Henriette Nizan), Sophie, Aline, Léa (avó de Claude Lévi-Strauss) e Lucie. Elas se casam com maridos de sobrenome Cahen, Lyon, Schlesinger, Lévi e Hachenbourg, respectivamente.

Mas ocorre um fenômeno interessante, que Henriette Nizan relata com notável intuição: dois descendentes masculinos decidem atrelar a seus respectivos sobrenomes o do ancestral Strauss, numa óptica que *a priori* poderia simplesmente ser qualificada de esnobe[47]. Com os sobrenomes aristocráticos saindo de uso, a duplicação do sobrenome é uma prática frequente de distinção republicana. Aqui, porém, trata-se manifestamente de outra coisa. O genro e o filho de duas filhas Strauss que efetuam essa colagem patronímica são Robert Alphen-Strauss (genro de Amélie, pai de Henriette Nizan) e Raymond Lévi-Strauss (filho de Léa), os dois artistas da família. Um é músico, o outro, pintor, e, com esse acréscimo, ambos, como explicará de resto Claude Lévi-Strauss no dossiê constituído para a mudança de sobrenome, pretendem não só honrar a memória de seu ancestral, como, mais profundamente, inserir-se na linhagem artística delineada pelo avô: "A produção simbólica de Isaac como ancestral dos artistas da família, família imensa em que se constatam os mais diversos ofícios, é uma operação de grande alcance"[48]. No caso de Robert Alphen-Strauss, trata-se de um nome de palco, enquanto no de Raymond Lévi-Strauss o sobrenome composto é transmitido a sua mulher e a seu único filho, Claude.

Algumas sucintas anotações vêm confirmar que, tarde na vida, Claude Lévi-Strauss ratificou esse novo princípio de pertencimento, acrescentando em seus arquivos de família informações de próprio punho que vão todas no mesmo sentido. Além dos mexericos – Amélie teria sido amante do ministro Rouher, "considerava-se na família que Aline era filha deste último" –, elas enfatizam as figuras artistas da vasta nebulosa familiar: Aline Strauss se casa com Maurice Schlesinger, editor de música em Frankfurt. Seu sobrinho-neto se pergunta: "Seria ele aparentado a Élisa Schlesinger, o grande amor de Flaubert (a sra. Arnoux de *A educação sentimental*)?". Mas também, escrupulosamente consignada, esta observação: "Soube pela minha mãe em setembro de 1974 que Henry Caro-Delvaille [tio materno de Claude, igualmente pintor] foi amante de Isadora Duncan". Ou, somando-se a uma árvore genealógica complicada, do lado Moch, estas menções, acrescentadas ao lado de duas descendentes não especificadas: "dançarina da Ópera" e "atriz da trupe de Sarah Bernhardt, morta em turnê nos Estados Unidos". Ou "Édouard Jonas, neto de Sophie [Strauss], grande antiquário na Place Vendôme"[49].

Com o tempo, a glória de Isaac Strauss foi eclipsada por aquela, mais duradoura, dos Strauss de Viena, pela do maestro anterior dos Bailes da Corte, Musard, e, por fim, pelo caráter coletivo da criação operística, que torna delicado o estabelecimento do *copyright* musical (por exemplo, certos trechos de operetas de Offenbach são, na realidade, de Strauss). Mas a importância do gênio tutelar Isaac Strauss para seus descendentes ainda vigora, cinquenta anos mais tarde, no cuidado cioso que Raymond, pai de Claude, dispensa à memória do avô, arranhada durante um programa de rádio dedicado aos Bailes do Império. Numa carta dirigida aos responsáveis pelo programa, após os parabéns de praxe, Raymond escreve: "Reconheci claramente num de seus programas anteriores o *London Galop*, o *Grand Galop de l'Opéra* e a *Nouvelle Sylphide*, mas quem senão um descendente dos Strauss teria conseguido identificar esses galopes e essa polca-mazurca executados sem nome de autor? O que pensar igualmente da atribuição a Musard das quadrilhas extraídas de *Barba Azul* e da canção de *Fortúnio*?". Uma nova carta de gratidão por outro programa sobre Strauss e Vichy vem apagar, num grande arroubo de enternecimento apaziguado, as críticas da primeira: "Graças aos senhores, o sonho por tanto tempo acalentado de fazer renascer em Vichy a lembrança de meu avô Strauss tornou-se realidade"[50].

Em meados do século XX, o avô Strauss ainda era o totem familiar, até que seu bisneto Claude viesse varrer as polcas do Segundo Império injetando no sobrenome da linhagem uma nova glória, mas de um gênero bem diferente.

O senhor foi precocemente seduzido pela opulência do mundo.

ROGER CAILLOIS[1]
discurso pronunciado na recepção de Claude Lévi-Strauss na Academia Francesa.

É delicado reatar com os fios invisíveis da infância. Uma narrativa existe, decerto, em larga escala construída pelo próprio Claude Lévi-Strauss, na esteira de uma série de entrevistas concedidas nos anos 1980; nelas, ele destila "confissões discretas, bastante controladas"[2]; as *Libres mémoires* de sua prima Henriette Nizan, alguns quadros, alguns objetos recolhidos de arquivos permitem completar a descrição dessa infância fulgurante, fascinada pelas artes e estimulada pela descoberta do mundo.

O mundo, para a criança, é seu apartamento, seu bairro, sua cidade, Paris. Cada círculo organiza seu lote de "achados", que são enfiados no bolso e exibidos à noite como o butim do dia, maravilhado. Descobertas de todo tipo, pintura, música, literatura, objetos raros, paisagens urbanas, espetáculo da natureza, metamorfoseiam-se em revelações. O uso sistemático do léxico religioso dá continuidade à metamorfose iniciada por Isaac Strauss: eis o sagrado!

Diante da exuberância da cultura familiar, a cultura escolar faz pálida figura: nenhum professor marcante, nenhum mestre espiritual, em todo caso ainda não; até o *baccalauréat*, um jovem espírito e um jovem corpo imbuídos de sua independência reivindicam uma espécie de autodidatismo. Uma educação burguesa, porém bastante boêmia, uma certa desqualificação e um verdadeiro aperto financeiro conferem aos anos decisivos da infância e adolescência sua marca social original a esse jovem de rosto comprido e grave, invariavelmente iluminado pelo sorriso mais infantil.

PAISAGENS DA ALTA INFÂNCIA

Offenbach, Matzel Kugel, pintura

É a história de um singelo parisiense, embora nascido em Bruxelas, em 28 de novembro de 1908, à rua Van Campenhout. Um cartão-postal anotado de próprio punho oferece a imagem de um terceiro andar de esquina com "ateliê, limoeiro, cozinha e dormitório"[3]. Na rua, um vendedor de cerveja e uma caserna de carabineiros, em frente ao largo Marguerite, no bairro nordeste de Bruxelas. Claude Lévi-Strauss conserva também um desenho de seu pai reproduzindo a cidade vista da janela do quarto onde ele nasceu: uma imagem que, para ele, desempenha a função de "objeto-memória"[4]. Belga, Lévi-Strauss? Não. Esse nascimento se explica pelo acaso das encomendas feitas a seu pai, pintor, por uma rede de amizades bruxelenses. Durante vários meses, o jovem casal e o bebê alojam-se em Bruxelas, para depois retornarem a Paris. Não obstante, esse nascimento excêntrico revela uma espécie de "canal belga", que terá sua importância na vida de Lévi-Strauss, em especial, como veremos, em sua formação política. Sua terceira mulher, Monique, nascida em Paris, é belga. Essa *belgitude* faz sonhar o imaginário francês, em contraponto irônico, trocista, à centralidade e arrogância parisienses. Um tênue desvio de pertencimento, como que uma pequena infidelidade inicial.

"Gustave Claude Lévi-Strauss", tal como indicado na participação de nascimento, integra-se rapidamente à capital francesa, onde estão seus familiares. Segundo o costume, seu prenome é o do avô, Gustave Lévi, morto em 1890, bem antes de seu nascimento. Os pais instalam-se no número 26 da rua Poussin, no sul do 16º *arrondissement*, na direção da porta d'Auteil. É um bairro ainda bastante pitoresco, espremido entre o Bois de Boulogne e o Sena, com ateliês de artistas, bricabraques e um ambiente rural. Lévi-Strauss se lembra de uma chácara na esquina das ruas Poussin e La Fontaine[5]! Nos limites indefinidos da cidade, as poucas ruas que embalam a primeira infância do menino oferecem inúmeros estímulos tanto ao imaginário urbano como aos apetites de natureza; ali fazem-se descobertas; a vida de bairro alia certa folga boêmia a uma população entre burguesa e popular.

O apartamento de toda a juventude de Lévi-Strauss até sua partida da casa dos pais, em 1931, situa-se no quinto andar de um prédio recente, pois data do fim do século XIX, de aspecto bastante opulento, com seu toque neogótico e sua porta de aço e vidro na entrada. Porém, quando se entra no apartamento dos Lévi-Strauss, o ambiente é completamente diferente: convém imaginar um apartamento-ateliê, impregnado da presença das atividades do pai, tubos de tinta, telas, cavaletes; uma sala e três quartos abarrotados de livros, móveis herdados de uma era mais gloriosa, além de um pequeno laboratório de fotografia, onde Raymond se aventura na revelação. A fotografia, que aos poucos se torna sua inimiga mais fiel, já que ele é essencialmente retratista, será objeto de diversos ensaios, discussões às vezes acaloradas, experimentações entre pai e filho, ambos "fanáticos" por aquela técnica ainda bem recente. A criança está de cara em contato com as coisas e instrumentos da arte: "Fui criado em ateliês... bem longe de um *background* acadêmico. Eu tinha pincéis e tintas na mão quando

Cartão-postal, Bruxelas, rua Van Campenhout, com indicações, de próprio punho de Claude Lévi--Strauss, sobre o apartamento onde nasceu.

me ensinaram a ler e escrever”[6]. Podemos caligrafar essa infância cheia de fantasia, entre o “bricabraque artista”[7] do pai e a paisagem gustativa da mãe, que a conservação de algumas de suas receitas nos permite descobrir: “pudim ao gengibre; sopa de abóbora e tomate; torrada com cogumelos; *birnen kugel*; pudim de gabinete; *kugel* alsaciano; carpa doce à moda judaica; costeleta com nabos; molho alsaciano de raiz-forte; frango *scharff*; charlote de maçã; língua bovina; escalopes de vitela com cogumelos”[8].

A mãe, Emma, nascida em 1886, é uma graça de mulher; bonita – mencionam grandes olhos claros –, jovem mãe (tem 22 anos no nascimento de Claude), enérgica, muito orgulhosa do filho e feliz por alimentá-lo com todos os talentos de um *cordon-bleu*. Caçula de uma tribo de cinco meninas, não se dedicou aos estudos, ao contrário da mais velha, Aline, normaliana de Sèvres e licenciada em filosofia. Mas possui ouvido absoluto: é capaz de cantar toda e qualquer melodia, em especial as de Offenbach, que a família sabe de cor[9]. Vinda de uma parentela alsaciana, mas criada em Bayonne, dois bastiões culinários, Emma Lévi-Strauss reproduz a história dos seus nos pratos que prepara, de forte tonalidade judaico-alsaciana. Muito cedo, essa excelente cozinheira, que não segue as regras da cozinha burguesa tradicional, inicia o filho nos prazeres culpados do paladar, que ele cultivará a vida inteira com a competência e a seriedade de um verdadeiro gastrônomo.

Inúmeros quadros do pai representam o menino Claude montado num cavalinho de balanço ou numa pose mais pensativa de garotinho ensimesmado com traços finos e ligeiramente femininos, como os pimpolhos dessa época, cujos cabelos eram deixados compridos. Num outro quadro, outro objeto-memória, o do tio Henry Caro-Delvaille, intitulado *Minha mulher e suas irmãs*, comprado pelo Estado em 1904 e depositado no museu do Luxemburgo, descobrimos as cinco irmãs Lévy, cinco jovens mulheres magnificadas pelo pintor num cenário burguês, uma ocupada em dar de mamar a um bebê, as demais em jogar xadrez. Nascido em Bayonne, Henry Caro-Delvaille casou-se com a mais velha das irmãs Lévy, Aline, e foi em sua casa que Emma conheceu Raymond Lévi-Strauss, pintor ligado a Caro-Delvaille[10], enquanto outro pintor, Gabriel Roby, se casa com uma terceira irmã. O mais conhecido dos dois tios pintores de Claude é incontestavelmente Henry Caro-Delvaille (1876-1928), que "adquiriu grande notoriedade por suas figuras femininas, tratadas com desenvoltura e brilho"[11]. Após a Primeira Guerra Mundial, ele prosseguirá sua carreira nos Estados Unidos, onde, não obstante, não se reencontra com o sucesso. Gabriel Roby deixou muito poucas lembranças. Com saúde frágil e falecido ainda jovem, "a vida foi [para ele] ainda mais difícil do que para o meu pai"[12], lembra-se o sobrinho. Quanto a Raymond Lévi-Strauss, pai de Claude, algumas notícias esclarecem que participa dos Salões de Paris, de 1905 a 1921, com "quadros de gênero e retratos"[13]. Como repetiu diversas vezes, o jovem Lévi-Strauss cresceu, em suma, num meio de pintores, pintores que não são nem artistas malditos nem de vanguarda, nem completamente célebres nem completamente desconhecidos. Aluno de Léon Bonnat, retratista dos meios oficiais da III República, Caro-Delvaille e, com menos sucesso, seus cunhados se inscrevem nas margens da pintura acadêmica. Embora sem tirar proveito da encomenda oficial, obrigados a entrar num mercado doravante estruturado mais pelas galerias do que pelos salões, os três homens cultivam os valores acadêmicos do artesão consciencioso, do trabalho bem-feito, da técnica, da mestria, do esforço, do tempo; inversamente ao *éthos* da vanguarda, que promove a inspiração do momento, a livre apreensão do instante, o efêmero, o gênio etc. Detentores de uma técnica que começa a ser desacreditada pela *art nouveau*, eles registram, com maior ou menor dificuldade, as últimas brumas de outra época, que ainda coexistiu, durante alguns anos, com a modernidade pictórica triunfante. O pai de Lévi-Strauss, mesmo ligado por laços de amizade com Daniel Kahnweiler, futuro *marchand* da arte moderna, amigo de Picasso e grande incentivador da abstração que conhecera na Bolsa quando ambos ainda trabalhavam lá, admirava acima de tudo... Maurice Quentin de La Tour. Como concluiu seu filho, "ele não estava concatenado com sua época"[14].

Quando o garoto não está na rua Poussin ou bisbilhotando nos arredores, levado a algum ateliê de um pintor amigo, integra-se à rotina de uma vida familiar intensa, pontuada por visitas, passeios e almoços semanais na casa de sua avó Léa Lévi, *née* Strauss, à rua Vignon, num cenário que conservou a opulência burguesa herdada da fortuna de Isaac. A culinária de Léa é mais clássica que a de Emma, e há empregados para servir nas grandes mesas de domingo. O jovem Claude se entedia; pega um volume das obras de Labiche, se isola num canto "e ri sozinho"[15]. Dessa grande família, bastante prolífica de todos os lados, Claude Lévi-Strauss é um rebento cuja individualidade impressiona por contraste. Filho único (pois a mãe parece ter sido muito frágil para tentar a aventura de um segundo filho), criança mimada, solitária e ao mesmo tempo cercada de gente, desenvolve qualidades típicas de sua condição: leituras intensivas, em particular de uma edição abreviada do *Dom Quixote*, que ele sabe de cor e recita de bom grado para impressionar a galeria[16]. O *Wunderkind* é também uma criança sensível, disposto a contar histórias e, sobretudo, a escrevê-las. Por exemplo, datando de seus 8 anos e meio: "O carvão e os palitos de fósforo". Trata-se de um diálogo entre um saco de carvão e palitos de fósforo que, reunidos numa cozinha, contam como chegaram ali: o carvão extraído de "sua boa terra da Bélgica" pelos mineiros, os palitos de ripas de um belo pinheiro e "mergulhados no enxofre e no fósforo. Eles morreram em paz, o carvão depois que morreu foi reduzido a cinzas como Napoleão I e os palitos foi jogado [*sic*] na lata de lixo". E no verso: "Se quiserem outras histórias, é só pedir"[17]. Além da fidelidade à Bélgica, encantam a precisão do vocabulário, a poesia com um quê de Ponge, a atenção a objetos e plantas aos quais dá vida, a imaginação material e a conclusão súbita e trágica da história!

Esse universo burguês da infância de Lévi-Strauss, onde ainda se trocam visitas de cortesia e cartões chanfrados, parece voltar com dificuldade à memória do homem idoso, quando ele evoca esses anos, de tal forma esse mundo pertence à época soterrada do século XIX e não sobreviverá à Primeira Guerra Mundial; daí o tom às vezes espectral desses vultos, que aureola os primórdios de uma vida muito longeva.

A guerra em Versalhes: patriotismo e judaísmo

A deflagração da guerra põe um brusco fim a esse pequeno e sereno teatro da infância. O pai, de saúde frágil, é motorista de ambulância. Temendo que Paris seja atacada, Emma e seu filho, acompanhados das quatro irmãs Lévy e seus filhos, juntam-se ao rabino Lévy, em Versalhes. Claude Lévi-Strauss aloja-se então na casa do avô durante os quatro anos do conflito, de 6 a 10 anos, escolarizado no liceu Hoche, e cresce num casarão de mulheres sozinhas. É uma experiência comum da guerra a separação das famílias e, sobretudo, o afastamento duradouro dos pais.

A guerra é vivida num grande sentimento patriótico, ainda mais exacerbado nos israelitas franceses, que o vivenciam frequentemente como uma forma de compensação, de "dívida de sangue" pela emancipação dos judeus; seu engajamento, ao mesmo tempo humano, financeiro e ideológico, é também a seus olhos uma maneira de provar sua lealdade, questionada alguns anos antes pelo caso Dreyfus; ele é o fiador de sua integração merecida e a promessa de sua consumação. Encontramos os vestígios desse patriotismo irrestrito na família Lévi-Strauss, que a ele acrescenta o ardor dos judeus alsacianos, vindos das "províncias perdidas". A avó paterna de Claude, por exemplo, Léa Lévi, *née* Strauss, subscreveu em 1916 um segundo empréstimo para a defesa nacional pagando 2 mil francos-ouro; em 16 de dezembro de 1915, já dera 1,5 mil[18].

Quarenta mil israelitas franceses se engajarão (de uma comunidade total de cerca de 190 mil indivíduos em 1914) e 7,5 mil encontrarão a morte nos campos de batalha, o que constitui uma contribuição relevante à luta nacional[19]. A família Lévi-Strauss não perdeu muitos dos seus, em todo caso, não entre os próximos, exceto um "primo-irmão muito mais velho que eu, brilhante normaliano*". E Lévi-Strauss esclarece, não sem certo orgulho: "Maurice Barrès citou e comentou suas cartas de guerra em *As diversas famílias espirituais da França*"[20]. Igualmente nesse caso, a experiência é comum sem ser banal: a perda de primogênitos brilhantes numa fratria ou numa família faz subir em um grau as esperanças e as apostas de êxito sobre os caçulas, oprimidos ou estimulados por esse peso.

Pois as crianças vivem a guerra à sua maneira intensa. Não é de hoje que os historiadores da cultura de guerra apontam esse fato[21]. A escola, a família, a separação, os lutos, os arroubos patrióticos, tudo lhes fala da guerra. Elas são, por assim dizer, seu alvo, pois o cerne do combate civilizacional em curso é oficialmente seu futuro. Preparam-se para isso e, nesse ínterim, entre sensação de vácuo e ansiedade, vivem suas vidas de crianças sem pai, "ritmada pelas tonitruâncias da grande Bertha**, da qual, no campo, ouvíamos os disparos"[22]. Claude Lévi-Strauss é de fato um desses filhos da guerra de 1914: "Eu mesmo, transportado pelo entusiasmo, fui oferecer várias moedinhas de ouro que eu possuía – minhas economias de criança de 8 anos – para participar do esforço de manutenção do Exército francês. Imensos cartazes conclamavam à solidariedade,

---

* *Normalien*: estudante da École Normale Supérieure, instituição pública universitária de grande prestígio na França, também chamada de "Ulm" (pois localiza-se na rua d'Ulm) e de ENS. [N.T.]

** *Grosse Bertha*: potente peça de artilharia utilizada pelos alemães durante a Primeira Guerra Mundial. [N.T.]

e como na minha família éramos muito patriotas... Nossas origens alsacianas. E depois o armistício, o júbilo e o grande alívio subsequentes. A exaltação durou dias"[23]. Lévi-Strauss se lembra do desfile da vitória, que ele admira de um prédio da avenida de l'Opéra, como "um grande momento de [sua] tenra vida"[24]. Alguns poemas conservados, entre eles um dirigido à avó e encimado pelo desenho de um soldado carregando a bandeira "Honra e pátria"[25], confirmam essa adesão geracional.

Os anos versalheses são, por sinal, ensejo para uma das raras evocações de "judeidade" por Claude Lévi-Strauss, muito antes das entrevistas biográficas dos anos 1980, pois essa "visita" à infância encontra-se em *Tristes trópicos*, publicado em 1955. Ela advém quase inopinadamente, quando o autor analisa as relações entre os vivos e os mortos em meio aos índios bororos, caracterizadas por uma religiosidade profunda, que encerra toda a vida social numa mistura surpreendente de vida cotidiana e gestos sagrados, que lhe evocam a "religiosidade singela nos templos budistas"[26]. O judaísmo de sua infância irrompe então segundo uma pura lógica de oposição: "Essa sem-cerimônia diante do sobrenatural me admirava sobremaneira, visto que meu único contato com a religião remonta a uma infância já ímpia, no período em que, durante a Primeira Guerra Mundial, eu morei na casa do meu avô, que era rabino em Versalhes. A casa, adjacente à sinagoga, ligava-se a esta por um longo corredor interno, no qual não nos arriscávamos sem angústia e que formava por si só uma fronteira intransponível entre o mundo profano e aquele ao qual faltava precisamente esse calor humano que teria sido uma condição prévia à sua percepção como sagrado. Fora das horas de culto, a sinagoga permanecia vazia e sua ocupação temporária nunca era suficientemente prolongada ou fervorosa para preencher o estado de desolação que lhe parecia ser natural e que os ofícios perturbavam de maneira inesperada. O culto familiar padecia da mesma aridez. Afora a prece muda do meu avô no começo de cada refeição, nada diferente assinalava às crianças que elas viviam submetidas ao reconhecimento de uma ordem superior, salvo uma bandeirola de papel impressa afixada na parede da sala de jantar, que dizia: 'Mastigai bem vossos alimentos, a digestão depende disso'"[27].

Ao calor do sagrado bororo opõem-se a aridez e frieza não só do judaísmo, como, efetivamente, segundo Lévi-Strauss, de todo monoteísmo; o universalismo prosélito torna exclusivo o que religiões mais serenas toleram. O sagrado transcendente e angustiante contrasta com uma relação de proximidade apaziguadora com os espíritos[28]. Toda a descrição, inclusive o epílogo medíocre da mastigação, tende a ilustrar uma relação artificial com uma religião reduzida a gestos e ritos que não fazem mais sentido, mas que são preservados porque se é judeu. Claude Lévi-Strauss foi circuncidado, fez seu *bar mitzvah*, mas gosta de evocar esta lembrança: "Quando vivíamos refugiados em Versalhes, nossas mães faziam sanduíches de presunto para nós, que íamos devorar no parque, escondidos atrás das estátuas, para evitar aborrecer nosso avô"[29]. Difícil, portanto, deduzir um "pertencimento sem conteúdo"[30]. Pois, na ausência de um conteúdo religioso, um conteúdo identitário preciso encontra-se constantemente renovado pela violência dos pátios da escola: "Fui chamado de judeu sujo desde a escola comunal primária... E também no liceu. – Como o senhor reagia? – Com socos"[31]. Da mesma forma, uma espécie de sionismo elementar parece debruar a panóplia desse judaísmo nem tão despojado assim: "No liceu, eu tinha colegas judeus e nós julgávamos obedecer a um dever essencial dando dinheiro para que fosse plantada uma árvore, nossa árvore, em Israel"[32].

O caso Dreyfus não estava tão longe. Só se encerrara juridicamente alguns anos antes, em 1906, com a reabilitação do inocente. No imaginário infantil, ele continua a existir sob diversas formas, em especial na forma de uma história edificante, dramaticamente bela e com final feliz. A prima de Claude, Henriette Nizan, por exemplo, dois anos mais velha que ele, o inclui, durante um dos longos verões da guerra que passaram na costa normanda, na aventura de uma peça de teatro: "Eu distribuo os papéis, construo o cenário, fabrico os acessórios, encenamos e reencenamos incansavelmente a história do belo militar [...]. Como é de praxe nos contos de fadas, a última imagem é radiosa: Dreyfus, sorriso nos lábios, cercado de militares em posição de sentido, é condecorado, enquanto, esvoaçando no céu, a República o paramenta com um quepe"[33]. A infância em guerra, aliás, faz teatro de tudo, sob a batuta enérgica de Henriette, apegada ao primo a quem acha tão "bonitinho". "Ele herdara a beleza da mãe", parecia "um gatinho". Horas a fio, eles cavalgam bastões, cantando: "Somos os lanceiros poloneses, somos os lanceiros poloneses, somos..."; mas, junto com o drama histórico, a paixão amorosa também tem seu lugar. Eles representam *Carmen*. "Claude era Escamillo. Eu era Carmen. À guisa de figurino, pegamos todas as fitas das camisolas de nossas mães e assim Claude fez para ele um 'traje de luzes' parecido com o dos toureiros, pelo menos a gente achava, unicamente constituído de dezenas de fitinhas cor-de-rosa"[34].

A OPULÊNCIA DO MUNDO

"De todos os incidentes que marcaram minha infância, nenhum me deixou lembrança mais viva do que meu primeiro encontro com Pierre Dreyfus. No outono de 1918, entrei na sexta série no liceu Janson-de-Sailly. Fazendo uma visita ao diretor – era praxe na época –, meus pais, preocupados com meu temperamento solitário, haviam sido francos com ele. Certo dia, depois da aula, um colega meu que eu só conhecia de vista, moreno e magro, mais para baixinho, aproximou-se de mim e pronunciou estas palavras estarrecedoras: 'O professor me falou para eu brincar com você'. Acho que fui tomado por uma fúria larvada: ousavam atentar contra a minha independência... Contudo, a partir desse dia e durante os doze anos seguintes, Pierre e eu nos tornamos inseparáveis"[35].

Claude Lévi-Strauss, 10 anos: um menino solitário, de aspecto altivo, orgulhoso e cioso de sua independência, com amizades escolhidas e gostos tão sólidos quanto ecléticos, desabrochando generosamente no vasto mundo tão logo transposta a porta do Janson. Com efeito, em contraste com a melancolia do liceu, a educação familiar é livre e repleta de fantasia; exige, decerto, a excelência escolar, mas promete muito em troca. E o pai é seu grande iniciador, por inclinação e ofício.

Uma educação nas artes

Um bisavô compositor e maestro, um pai e dois tios pintores formam uma equação biográfica que Lévi-Strauss associou frequentemente ao seu gosto pelas artes: "Toda a minha primeira infância e adolescência se desenrolaram nessa atmosfera supercalorosa, na intimidade da pintura e da música"[36].

A pintura é o pai: "Resta-me dele a imagem de um homem extremamente culto, com a curiosidade insaciável, cujo interesse não se limitava ao domínio pictórico. Era apaixonado tanto pela música como pela literatura"[37]. Raymond Lévi-Strauss é um homem manso. Não era um pai autoritário, ainda que seu filho se lembre de algumas diabruras (uma trapaça na escola) que provocaram sua ira e uma punição severa. Confiando na instrução que é prodigalizada a Claude, imbuído de grande rigor moral, é, em suma, um homem da III República que, aos domingos, quando as notas foram boas, recompensa o filho levando-o para uma visita ao Louvre. Podemos imaginar pai e filho deambulando no grande conservatório da pintura ocidental, o pai aguçando o olho do filho para a beleza, o resultado artístico, mas também para uma forma de honestidade pictórica, fazendo-o observar questões mais técnicas que denotam sua própria atividade, fruto de seus estudos nas belas-artes. Com efeito, essa educação artística não é apenas uma iniciação à história das artes; impressiona, ao contrário, pela relação muito concreta com a prática artística. Para cada domínio descoberto intelectualmente, o jovem Lévi-Strauss aventura-se simultaneamente a botar a mão na massa da criação. Antes de produzir desenhos de inspiração cubista, fruto de um entusiasmo posterior por Picasso, aprende a reproduzir as formas dos objetos, dos corpos, visando uma grande fidelidade ao modelo; por exemplo, aquele coelhinho que parece despertar, coçar o focinho e sacudir um semblante travesso: é um de seus desenhos que subsiste, arquivo de um aprendizado clássico de ateliê. A anatomia do animal em movimento espanta por sua exatidão e seu vigor. Não saberíamos dizer se o pintor de calças curtas tem talento. "Ele faz sua iniciação"[38], como diria Roger Caillois. Mais tarde, essa inegável competência gráfica traduz-se nos cadernos de viagem, nos croquis, nos motivos de pintura facial e corporal dos cadiuéus, na representação precisa dos botoques, dos estojos penianos, dos tacapes, das facas e dos diademas de plumas que balizam *Tristes trópicos*. Esses desenhos são de próprio punho. Para ser etnólogo, é preciso saber fazer de tudo.

Quanto à música, desempenha papel quase tão importante na vida e obra de Lévi-Strauss. Todas as semanas, seu pai o leva aos concertos Pasdeloup, orquestra associativa e verdadeira instituição, que permite a um público amplo e sem grandes recursos escutar música. Assistem igualmente à orquestra Colonne no teatro do Châtelet. Lévi-Strauss lembra-se de ter sido levado lá bem jovem, "naquele poleiro que aliás não existe mais porque de lá não se via nada – felizmente se ouvia! –, e de ter sido iniciado em todo o repertório de Wagner"[39]. Enfatizemos esse talento de improvisação do pai, decidido a fazer seu filho usufruir das alegrias da música, em especial da ópera, a despeito de seus meios limitados. Wagner é objeto de um culto familiar diferente do votado a Offenbach, mas com o mesmo ardor. O filho comunga dessa paixão, à qual, a despeito de algumas infidelidades, permanecerá ligado a vida inteira: "Wagner desempenhou um papel capital na minha formação intelectual e no meu gosto pelos mitos, ainda que eu tenha tomado consciência disso muito depois da minha infância. [...] Digamos que incubei Wagner durante várias décadas"[40]. Também quer ser um deles; o menino sonha ser compositor, imita os gestos amplos e imperiosos do maestro, tem aulas de violino com um violista da Ópera. A ópera é para ele uma verdadeira paixão, pois combina todas as artes. É o modelo da arte total, de que Wagner é a encarnação mais intransigente no imaginário exaltado do filho pródigo em entusiasmos e inclinações múltiplas.

Com efeito, a música e a pintura não reinam sozinhas na vida do adolescente, que experimenta tudo: escreve um roteiro, compõe um esboço de libreto, tira fotografias. Uma delas exprime claramente a propensão artística do jovem fotógrafo ao descobrir as virtudes espectrais do novo veículo: trata-se de uma encenação com máscara de papel, chapéu-coco e candelabros, declinando numa versão pós-simbolista o tema da dança macabra[41].

"Mil curiosidades"[42]

Ao sair da infância, portanto, toda uma gama de atividades intelectuais e artísticas se oferece à tentação voraz desse jovem disposto a todas as experimentações – escrita, composição musical, pintura, fotografia e, novamente, o teatro: "Os pais de um colega nosso moravam na *villa* Scheffer, um palacete cujos aposentos da entrada configuravam uma espécie de pequeno teatro. Montamos ali várias peças com alguns parentes ou amigos. [...] Representamos assim Labiche, Courteline, Musset e, como não nos faltava audácia, ensaiávamos *Mangeront-ils?* [Comerão?], de Victor Hugo – meu colega Jean Bernard fazia parte da trupe e se lembra disso –, quando morreu o pai de Pierre. Esse luto pôs fim aos ensaios. Paramos definitivamente de encenar comédias"[43].

O que talvez distinga essa infância de uma educação burguesa classicamente desenvolvida em torno desse gênero de atividades, além de sua densidade e multiplicidade, é a paixão que preside a certos interesses guiados com o rigor escrupuloso e a energia obsessiva de um zelote. Por exemplo, o culto dos objetos raros, das "curiosidades exóticas": "Mantenho com eles uma relação das mais íntimas. Desde a infância, coleciono. O primeiro que recebi e que possuo até hoje me foi dado pelo meu pai: é uma estampa japonesa. Lembro-me de tê-la colocado numa caixa, para decorar o fundo, e em seguida, sempre que eu recebia uma recompensa, quando tinha 7, 8 ou 9 anos, ia numa loja da rua des Petits-Champs, chamava-se À la Pagode, comprar móveis japoneses em miniatura ou outros para reconstituir uma casa japonesa dentro da minha caixa. Esse hábito de colecionar nunca me abandonou"[44]. A pulsão colecionadora, a busca do objeto, a estética do "achado" – seja a pedrinha na praia, o fragmento de rocha por ocasião de um passeio ou uma moeda antiga –, em que o acaso é protagonista, supõem uma deambulação no mundo, com todos os sentidos à espreita.

A cidade-capital que acolhe os primeiros anos de Lévi-Strauss é um relicário perfeito para essa sensibilidade fremente e suas curiosidades múltiplas. Adolescente, circula por Paris, vai farejar livros nos buquinistas do cais com seu amigo Pierre Dreyfus, bisbilhota aqui ou ali, flana ou, graças ao ônibus, corre através da cidade, num longo *travelling* que "caleidoscopiza" sua visão: "Quando eu estava no liceu, na época em que todos os ônibus tinham uma plataforma aberta na traseira, eu ficava quieto num cantinho, primeiro à direita, depois à esquerda, para ver desfilar simultaneamente sob meu olhar um lado da rua e seu reflexo nas vitrines. Quando o ônibus se aproximava da calçada, uma rua normal tornava-se uma trilha cujas duas margens ameaçavam juntar-se de maneira angustiante. E quando ele se afastava, a mesma rua se abria como uma avenida com uma largura inesperada. Mas esse fantástico urbano que eu suscitava dessa forma não fazia senão suscitar e transformar um outro, bem real"[45]. No mesmo momento, no início dos anos 1920, outro adolescente de caráter refinado e que aplicava toda a sua energia sensitiva e intelectual em descobrir as belezas da cidade entrega-se às mesmas experimentações visuais. O jovem Vladimir Nabokov, refugiado em Berlim, deleita-se com os prismas dançantes da chuva sobre o asfalto e compartilha com Lévi-Strauss a paixão por essa cultura urbana, que faz da cidade um espetáculo sem igual, um tesouro a ser descoberto, um mistério a ser desvendado, provocando essas alucinações que, mais do que mascarar a realidade, aprofundam-na[46].

Mas o olho aprende a olhar em outras direções. O espetáculo da natureza é igualmente vital para o adolescente, disposto a montar "expedições" que fariam os de hoje sonhar. Não é necessário ir muito longe; no subúrbio, a cidade se transforma e, nas redondezas de Paris, já se está em outro lugar: "Certa vez, aproveitando alguns dias de feriado, decidi, com dois colegas, seguir a pé, carregando um pesado toldo à guisa de barraca, o curso do Sena desde Rouen até o Havre. Ao nosso primeiro despertar, descobrimos que um primeiro meandro nos levara praticamente de volta ao ponto de partida. Desanimados, desistimos. Houve outras viagens, estas de bicicleta e mais bem-sucedidas: castelos do Loire, as Ardenas belgas e Luxemburgo, da costa normanda a Vieux-Moulin [perto de Compiègne] através da região de Bray"[47]. Essas primeiras sensações paisagísticas, essa primeira aula de geografia (a aula do meandro) são seguidas por muitas outras, incluindo desventuras que conferem um ar "trapalhão" às ousadas empreitadas do jovem Lévi-Strauss: "Por volta do meu décimo quarto ano de vida, descobri as pedreiras de Cormeille-en-Parisis. Lá, caí em um buraco de água gípsea e me vi engessado até o pescoço"[48].

UM HERDEIRO SEM HERANÇA

Tudo leva a exagerar o aspecto edênico dessa infância deslumbrada; na verdade, Lévi-Strauss nunca escondeu as dificuldades materiais recorrentes e as turbulências financeiras que volta e meia escureciam o céu da rua Poussin.

Rebaixamento social e excelência escolar

Após 1918, tudo volta a ser como antes, mas nada mais é completamente idêntico. Sem dúvida a família retorna ao seu prédio e ao seu apartamento, agora equipado com um telefone na portaria (descer desabalado os cinco andares e, terminada a ligação, subi-los de volta pensativo ou alegre tornam-se gestos da vida cotidiana)[49]. Esse aparelho de modernidade técnica invade o mundo antigo como um prenúncio da mudança dos tempos. Outro sinal, mais opressivo: a inflação campeia no pós-guerra; o estancamento monetário da dívida pública herdada do conflito provoca, em toda a Europa, em especial na França (menos, contudo, que na Alemanha), uma reviravolta nas hierarquias econômicas e sociais do pré-guerra. Riquezas desmoronam; jovens tubarões fazem fortuna. Como tão bem descreveu Stefan Zweig em suas *Recordações de um europeu*[50], é o esboroamento do mundo estável, das realidades perenes, da temporalidade longa do século XIX. Essa desvalorização acontece igualmente no plano estético, no qual triunfa a vanguarda da modernidade da Belle Époque, empurrando os gostos artísticos e a produção de Raymond Lévi-Strauss para o purgatório das velharias.

Para a família, o rebaixamento social não começara ali e a vida nunca foi materialmente muito simples. Raymond Lévi-Strauss, quando impõe sua escolha profissional, largando o emprego na Bolsa, dá uma espécie de golpe de força que, embora tenha sentido na genealogia familiar, o deixará sempre frágil economicamente. No plano financeiro, o pós-1918 radicaliza uma situação de dependência financeira mais antiga: o casal Lévi-Strauss vive em parte dos direitos autorais de Isaac e da ajuda de um irmão rico de Raymond, corretor na Bolsa, o "tio Jean", que provê parte das necessidades da família, até que ele próprio vá à falência após a crise de 1929[51]. As encomendas de retratos de Raymond diminuem consideravelmente na esteira da guerra até praticamente se extinguirem. Daí o *status* ambíguo dessa infância, burguesa pelo estímulo cultural que lhe é oferecido por um modo de vida singular (não consideram a possibilidade de não passar as férias fora de Paris), em contato com vestígios de uma abastança passada, e ao mesmo tempo constantemente ameaçada pelos problemas de fim de mês. Contam-se os centavos na casa dos Lévi-Strauss, tanto mais que não os há. Conseguir pagar no prazo: essa angústia típica dos lares populares pairou constantemente sobre a criança do 16º *arrondissement*. Outra fronteira social: ter ou não ter empregados domésticos. Nunca houve um na rua Poussin. Eis por que, ao evocar sua mãe, Claude descreve-a acima de tudo como uma "mulher responsável, que durante um longo período deu mostras de uma coragem e abnegação extraordinárias, assumindo todas as tarefas domésticas no lar"[52]. No começo dos anos 1920, antes de adquirirem uma antiga sirgaria nas Cévennes, graças aos subsídios do tio Jean, os Lévi-Strauss passam férias vários anos seguidos com amigos belgas, a família Cahen, numa casa de campo alugada por estes últimos. Emma Lévi-Strauss, em contrapartida, se encarrega dos cardápios e da administração doméstica[53]. Não é difícil imaginar os efeitos dessa forma de ficção social que põe exemplarmente em cena a tensão entre uma condição objetiva (ser responsável pela organização das refeições) e uma subjetividade burguesa (ser hóspede), construída pelo passado, os valores e as amizades.

O fracasso profissional do pai deve ter sido ainda mais doloroso na medida em que se tratava de uma escolha vocacional, e Denis Bertholet tem razão em ver em Raymond um "anti-Isaac Strauss, o homem da decadência"[54]. Observemos, ademais, que o outro artista da família, o violinista e maestro Robert

Alphen-Strauss (pai de Rirette [Henriette] Nizan), volta da guerra sem vários dedos, arrancados por uma granada, o que o impede para sempre de retomar a vida musical. Retorna então aos negócios, de onde vinha, conduzindo-os mediocremente até a aposentadoria. A guerra, portanto, sela o fim da vocação artística prometida pelo sobrenome.

Os filhos da burguesia degradada estariam em melhores condições de produzir excelência e inovação intelectuais? O desejo de reparar a imagem arranhada do pai estimularia um investimento de compensação especialmente eficaz? Com efeito, encontramos histórias similares em dois grandes intelectuais do século, companheiros passageiros ou mais duradouros de Lévi-Strauss. Em primeiro lugar, Raymond Aron. O próprio Lévi-Strauss apontou "diversos paralelismos em [suas] vidas: Versalhes, o liceu Hoche, Condorcet e 'os infortúnios familiares'"[55]. Suas famílias, sem serem ligadas, provêm ambas do judaísmo assimilado, são ambas patriotas e desfrutam de certo conforto financeiro. Em ambos os casos, o pai se recusara a entrar nos negócios para escolher um caminho intelectual (o pai de Aron torna-se professor universitário de direito) ou artístico (Raymond Lévi-Strauss), permitido pela tradicional valorização das coisas do espírito entre os judeus. Em ambos os casos, essa escolha é castigada com o fracasso; o filho Aron é então invadido por um desejo de revanche social com vistas a dissipar a humilhação do pai: "Apagarei suas decepções com os meus sucessos"[56], escreverá. A perda da fortuna familiar na Bolsa em 1929 e a venda da casa de pedra de cantaria de Versalhes ratificam a entrada do filho no mundo do assalariado professoral, desprovido das reservas financeiras tradicionais e aprendendo a viver exclusivamente do que ganha. De sua infância abastada, contudo, Aron conservou, diz ele, certa "leviandade" com relação ao dinheiro, o que nunca foi o caso de Lévi-Strauss. O itinerário social da família de Beauvoir ilustra a mesma história de decadência econômica ligada às consequências da guerra de 1914-18 e redobrada pela crise de 1929. Nesse caso também, a ruptura é dramática, ainda que o choque emocional e a sensação dolorosa da decadência do pai se apresentem de maneira especial em razão do sexo da prole: duas filhas. "Embora apreciasse as mulheres inteligentes, meu pai não tinha nenhuma inclinação pelas literatas. Quando ele declarou: 'Vocês, minhas filhas, não se casarão, terão de trabalhar', havia amargura em sua voz. Achei que era a nós que ele lastimava; mas não, no nosso laborioso futuro, ele via sua própria decadência, recriminava o injusto destino que o condenava a ter filhas degradadas."[57] Em suma, sejam quais forem as diferenças (de economia ou de gênero) das situações iniciais, uma forma de justiça social consuma, nas três histórias, recuperações milagrosas: o capital econômico e financeiro evaporado em uma geração, ou em duas no caso de Lévi-Strauss, é transmutado em capital intelectual (em parte já presente) e sobretudo escolar.

Com efeito, não se brinca com as notas na família Lévi-Strauss: "Aquela atmosfera de tragédia que reinava na casa por causa das minhas notas me oprimia terrivelmente"[58]. Um dado da sociologia intelectual, a busca da excelência escolar nas famílias israelitas como um dos fatores mais seguros da mobilidade social dos judeus, se vê aqui exemplarmente ilustrado. A precariedade financeira acrescenta seu próprio tributo à lógica de superinvestimento no ensino de elite[59]. Esses herdeiros sem herança, ou, pelo menos, dotados de uma "herança de ser e não de ter"[60], esgueiram-se com bastante facilidade nos hábitos do bom aluno. Claude Lévi-Strauss foi um deles, sem se esforçar muito e sem gostar especialmente do liceu clássico dos anos 1920, de configuração marcial, retomando a tradição dos colégios jesuítas, fechado aos rumores do mundo. Raymond Aron rememora o liceu Hoche em Versalhes: "O estilo conservava os vestígios da época napoleônica. Os alunos saíam em fila para o pátio de recreio; na sala de aula, deviam permanecer imóveis e atentos horas a fio. Lembro-me de um professor de alemão que, um dia, deu uma boa nota global a toda a classe porque todos os alunos haviam se comportado de maneira impecável no momento de sua entrada – braços cruzados sobre a carteira"[61]. É o mesmo ambiente em Janson-de-Sailly, onde Lévi-Strauss entra na sexta série, em 1918, e permanece até o *baccalauréat*, obtido em junho de 1925, aos 16 anos e meio. Sua curiosidade irrequieta desabrocha mais fora do que dentro das dependências escolares, ao menos até começarem as aulas de filosofia, que inauguram um ciclo de interesse profundo pela matéria. Essa excelência escolar, muito facilmente negociada, é um dos caminhos possíveis para compensar a desvalorização social. Há outros, mais em conformidade ao gênio improvisador do pai e do filho, em maior sintonia com seu gosto pelas coisas e seu senso do tato, que confere à bricolagem uma dignidade original e ainda mais fundamental em Lévi-Strauss, na medida em que deriva de uma duradoura prática biográfica.

A bricolagem: uma visão de mundo

Essa prática biográfica é igualmente uma experiência social. Quando, em 1988, Didier Éribon interroga o octogenário perguntando-lhe se sua infância foi a de um filho da burguesia parisiense, este último dá uma resposta equilibrada: de um lado, a rica vida intelectual, do outro, as preocupações financeiras. E a bricolagem funciona exatamente como uma válvula de escape para a angústia familiar, que proíbe toda identificação simples com uma infância burguesa tradicional: "Lembro-me das angústias que brotavam em determinados momentos, quando não havia mais encomendas. Então meu pai, que era um grande *bricoleur*, inventava todo tipo de biscates. Durante certo tempo, nossa casa dedicou-se à impressão de tecidos. Gravávamos placas de linóleo, besuntávamos as letras com uma cola que imprimíamos sobre veludo para que neste se fixassem pós metálicos diversamente coloridos que espalhávamos por cima. [...] Houve outro período em que meu pai fabricava mesinhas imitando laca, em estilo chinês. Ele também fez lamparinas com estampas japonesas baratas coladas nos vidros. Valia tudo para garantir os fins de mês"[62].

Dessa estratégia de sobrevivência, todavia, o filho extrai alegrias de criador: inventa seus próprios modelos e se faz de grande costureiro quando é hora dos tecidos; ajuda a laquear as mesas e a casa inteira é invadida por insólitos objetos inspirados nos gostos da moda e dos quais se esperam receitas em dinheiro vivo. É o cenário infantil de uma família burguesa que se tornara boêmia, mais por necessidade do que por gosto.

Essa realidade da bricolagem, essas "*bricoles*" que vemos chegar cedo na vida de Lévi-Strauss são também um dos motivos que acompanharão sua vida e a do estruturalismo para se tornar uma metáfora reflexiva de diversos campos do pensamento contemporâneo. Mas não antecipemos isso e voltemos às lacas e aos veludos, ao bom gosto e à arte da bricolagem, ao conhecimento das matérias-primas, das texturas, dos objetos, das técnicas, de que o adolescente faz aprendizagem na sala de estar da família, num misto de alegria (cria-se o novo com elementos díspares) e inquietude (os recursos são limitados) que talvez seja, para Lévi-Strauss, o próprio lugar do pensamento: "Meu pai era um grande *bricoleur* e eu também. [...] O gosto pela bricolagem não foi simplesmente um passatempo, um *hobby* ou outra coisa qualquer, era a sensação de que eu alcançava algo absolutamente fundamental na criação. [A bricolagem] é ter um problema para resolver. É ter à sua disposição elementos que são fruto do acaso e que não têm nenhuma relação com o problema a ser resolvido. E depois um esforço de pensamento que é: como vou me virar com esses elementos que vêm de vários lugares para resolver o problema específico que se me apresenta agora. E isso me parece essencial no funcionamento do pensamento humano"[63].

Os gostos modernistas do filho

Entre o liceu e a família, a angústia quanto ao dia seguinte e os deslumbres da criação, o menino cresce. Em meados dos anos 1920, enquanto conclui uma boa escolaridade, é engolido pela efervescência modernista que campeia na capital mundial das vanguardas. Em junho de 1923, aos 15 anos, assiste no Théâtre de la Gaîté a uma das primeiras apresentações de *As núpcias*, de Stravinsky. Assombrado, volta no dia seguinte. Aquela noite, ele se lembra, tornou obsoletas todas as suas convicções musicais do passado[64]. Outra experiência musical marcante foi a audição de *Pelléas et Mélisande*, de Debussy, que datava de 1902, novo gênero de drama interior, prosa enigmática, simplicidade aparente de meios orquestrais: "Quando Pelléas e Mélisande confessam mutuamente seu amor [...] sem o menor acompanhamento, a orquestra aquiesce com toda a simplicidade do mundo por meio de um encadeamento que vai, gradualmente, do acorde de tônica à sétima da dominante; na orquestração mágica de Debussy, esse procedimento escolástico assemelha-se à aurora da criação"[65]. Após o Wagner da infância, Debussy e Stravinsky, que ele "venera qual um deus"[66], são conquistas de sua jovem maturidade. Aliando sempre o gesto à palavra, Lévi-Strauss lembra-se inclusive de ter feito, num rasgo de entusiasmo, "para o quarto de um dos [seus] colegas, grandes decorações que eram inteiramente inspiradas pelas *Núpcias* de Stravinsky"[67]. Mas ele também escuta música negra no gramofone da família. A respeito de um livro de Claude McKay, um dos tenores da Harlem Renaissance, ele refere-se, em 1931, às "vozes negras cuja revelação nos foi proporcionada dez anos atrás pelos primeiros discos de *spirituals*"[68]. No que tange à pintura, é a Picasso que ele faz suas devoções a cada semana: "Quando eu tinha 16 ou 17 anos, Picasso foi para mim uma divindade que eu colocava num pedestal ao lado de Stravinsky. Não passava semana sem que eu fosse às grandes galerias de pintura. E quando via o último Picasso na vitrine, eu tinha a impressão de receber uma revelação metafísica"[69]. Na mesma época, o cubismo é igualmente objeto de um primeiro artigo, a convite de um crítico de arte amigo de seu pai, Louis Vauxcelles: "A influência do cubismo na vida cotidiana", cuja recepção por quem o encomendou ignoramos.

De suas confissões sobre suas paixões juvenis, pinçamos a metáfora religiosa que vem espontaneamente, como que uma evidência, traduzir a força da emoção estética: o adolescente de aspecto sério, apertado em seu uniforme liceano, é ávido por terremotos, eletrocução intelectual e espasmos sensitivos. Desse ponto de vista, está em consonância com a sensibilidade da época: a *art nouveau*, segundo Walter Benjamin, outro sismógrafo da cultura moderna, busca os choques perceptivos e não mais as doces alegrias do deleite[70]. Ora, o que faz assim palpitar o filho, o modernismo artístico, é igualmente o que faz periclitar o pai. Nos anos 1920, sua prática pictórica é completamente solapada pela legitimação das vanguardas modernistas de antes de 1914. Ao regressar da guerra, uma rápida visita às galerias o deixa desamparado e aniquilado. Debussy, Stravinsky, Picasso, logo o surrealismo seguido por Lévi-Strauss filho, tudo isso não é mais o mundo de Raymond e, portanto, é muito cedo na vida (ele tem 40 anos) que o pai se vê acometido de obsolescência artística.

Ao mesmo tempo que herda a santificação da arte e dos livros, o filho se impõe ano após ano contra o pai e seu meio, mas numa revolta mansa[71], dádiva para uma curiosidade sôfrega por um mundo que já fracassou nas trincheiras do Somme e oferece à geração de Lévi-Strauss um rosto coberto de cicatrizes.

REVOLUÇÕES [1924-1931]. POLÍTICA *VERSUS* FILOSOFIA 3

O revolucionário, ardorosamente debruçado na proa do navio, descobre subitamente a cada curva do rio perspectivas inteiramente novas, cada uma delas em sua plena originalidade, parecendo não ter nenhum caráter em comum com as anteriores. A realidade que ele percebe e constrói diante de si apresenta-se a seus olhos com a absoluta novidade e a integral plenitude que são as do mistério e do dogma.

CLAUDE LÉVI-STRAUSS, *L'Étudiant Socialiste* (1930)[1].

Aos êxtases estéticos sucedem revelações de outra ordem: intelectual e política. Passando da aceitação feliz à recusa da ordem do mundo, Lévi-Strauss segue não só o percurso clássico da juventude em revolta, como aquele, mais específico, de sua geração, herdeira dos ultrajes e escândalos da grande matança de 1914.

Entre 1924 e 1931, seus anos de escolaridade e estudos coincidem com uma fervorosa militância, em ruptura com o conservadorismo de seu meio. Difícil imaginar o grande antropólogo como militante socialista arengando o público estudantil das cervejarias parisienses, e não obstante... Embora relativamente documentado, esse momento socialista foi constantemente recalcado por Claude Lévi-Strauss na forma de uma ocultação pura e simples ou de uma divisória radical estabelecida entre um percurso militante e um engajamento intelectual, o primeiro sendo reduzido a uma espécie de "pecado de juventude". Mas tudo nos mostra, ao contrário, que a revolução foi de fato uma grande revelação para ele.

Um arquivo resume esses anos: é uma folha em branco em cujo verso o estudante de filosofia fez anotações; no anverso, descobrimos um papel timbrado da Assembleia Nacional, onde Lévi-Strauss é, durante certo tempo, assistente do deputado Georges Monnet[2]. Com efeito, entre 17 e 23 anos, ele parece dividido entre uma formação filosófica ao mesmo tempo densa e superficial, cuja exterioridade, em todo caso, contrasta com a paixão política que parece ressurgir como o avesso da rotina universitária. Se política e filosofia se entrelaçam na vida do estudante, se ambas se alimentam mutuamente de leituras, a diferença não deixa de ser gritante: enquanto a política carbura a todo vapor, a filosofia acadêmica é um resfriador de paixões. O meio de conciliar as duas? Pensar a política. O jovem licenciado em filosofia, alimentado por Marx e Kant, pensa nisso... e sem dúvida não é absurdo imaginar que ele poderia ter se tornado, alguns anos mais tarde, no momento da Frente

Popular, um excelente chefe de gabinete de um ministro da Educação, por exemplo, e depois ser o pensador da esquerda socialista. Era o mais provável.

CONVERSÃO À ESQUERDA E À FILOSOFIA

Em 1924, Claude Lévi-Strauss entra na classe de filosofia, último ano do liceu para os alunos que escolheram um currículo literário, com vistas, para os melhores deles, a integrar as classes preparatórias, uma vez obtido o *baccalauréat*. Essa classe de filosofia, lembra-nos Raymond Aron, é permeada por uma atmosfera crítica, que, seja qual for a opção política do professor, "fomenta normalmente uma afetividade de esquerda". Ela chega a preparar, segundo ele, uma "conversão à esquerda"[3]. O termo cai como uma luva em Lévi-Strauss, posto que a intensidade de sua relação com o mundo, como vimos, não raro abrange um léxico religioso.

Marx, a Bélgica, a classe de filosofia (1924-1925)

Lévi-Strauss contou diversas vezes seu encontro com Arthur Wauters (1890--1960), um amigo dos Cahen, a família belga com a qual seus pais costumavam passar as férias de verão. A cena se desenrola durante o verão de 1924 ou talvez 1925, tendo Lévi-Strauss oscilado no cálculo de sua idade por ocasião dos acontecimentos. A brusquidão, a rapidez e a totalidade do engajamento do ser nessa virada rompem com a vida de antes e evocam uma verdadeira "conversão".

Arthur Wauters, militante mais velho do que o jovem Lévi-Strauss, torna-se o "irmão primogênito", iniciador do socialismo à moda belga. Quando se conhecem, ele já é um valor em ascensão do Partido Operário Belga (POB); pouco mais tarde, torna-se professor de economia política na Universidade Livre de Bruxelas e faz uma carreira política completa: chefe de gabinete no ministério de seu irmão Joseph Wauters, ministro do Trabalho e da Previdência Social, diretor político do jornal socialista *Le Peuple* de 1929 a 1937, data em que por sua vez é nomeado ministro da Saúde Pública no governo Van Zeeland. Em 1940, quando está no poder, não sai dos trilhos como outras figuras da social-democracia, uma vez que se junta ao governo belga no exílio em Londres e termina sua carreira como embaixador da Bélgica em Moscou. É fácil imaginar, no ócio estival, o diálogo apaixonado entabulado entre um adolescente inteligente, inquieto e com pressa de compreender o mundo e um homem ainda jovem, com "aspirações a teórico", que encontra um ouvinte à sua altura: "Eu tinha 16 ou 17 anos, era, acho, o ano da minha classe de filosofia [...]. Então pedi a esse militante que me explicasse do que se tratava [...], ele se dedicou prontamente à minha instrução, fazendo-me copiosas explanações e, sobretudo, fazendo-me ler Marx, Jaurès e muitos outros"[4]. A iniciação ideológica acelerada reveste-se imediatamente de um ensino prático: ele "me fez ir à Bélgica como convidado do POB e, durante duas semanas, um velho militante me ciceroneou em Casas do Povo e cooperativas..."[5]. Em outro texto, Lévi-Strauss chega a dizer que se tornou uma espécie de "pupilo do Partido Operário Belga"[6], reforçando com essa designação o laço que tece com esse país e esse modelo, em que os ideais socialistas se veem acionados através da filiação ao partido de numerosos órgãos econômicos e sindicais.

Com efeito, a descoberta das ideias socialistas opera à maneira da integração numa nova família, a sua sendo parcamente politizada. Como ele lembra, era "uma boa família burguesa que conhecera dias melhores, dotada de um temperamento conservador. Exceto, provavelmente, na juventude do meu pai e de seus irmãos, na época do caso Dreyfuss. Eles contavam ter ido a uma manifestação dreyfusista na qual Jaurès discursava. Aproximaram-se no fim para lhe agradecer e Jaurès deu-lhes uma resposta equívoca: 'Espero', declarou, 'que se lembrem disso'. O que significava: 'Vocês vêm a nós, mas se afastam logo depois'. Era a pura verdade"[7]. O filho compensa a passividade e o legitimismo dos pais com mais entusiasmo ainda, visto que seu engajamento se alia à sua voracidade intelectual.

Em outubro de 1924, Claude Lévi-Strauss entra nessa classe especial que é a classe de filosofia, a qual supostamente coroa o ciclo do liceu, transmitindo aos alunos uma forma de inteligência crítica cuja necessidade foi instituída pelos pais da pedagogia republicana. Especificidade francesa, esse ensino liceano da filosofia está no cerne de fortes expectativas intelectuais e existenciais: momento de graça; revelação; identificação sentimental com o professor etc. Por exemplo, o que seduz o jovem Aron em sua classe de filosofia, apesar de lecionada por um professor sem gênio, é o trabalho, mesmo laborioso, do pensamento a céu aberto... A ideia de que se trata de fazer as perguntas certas em vez de encontrar respostas. De maneira espantosa, não há absolutamente nada disso em Lévi-Strauss. Do ponto de vista escolar, embora faça parte do quadro de honra, seus resultados são satisfatórios, mas não excepcionais: "Progressos muito nítidos; o pensamento ganha em precisão e firmeza; no caminho certo"[8]. Embora seu professor de filosofia, Gustave Rodrigues, seja militante da SFIO* (e futuro presidente da Liga dos Direitos do Homem) e encarne uma sedutora e dupla polaridade filosófica e política, o retrato que seu aluno fez dele, trinta anos mais tarde, é cruel: "No plano filosófico, sua doutrina era um misto de

* Seção Francesa da Internacional Operária, partido político fundado em 1905 que deu origem em 1969 ao Partido Socialista francês. [N.E.]

bergsonismo e neokantismo que frustrava terrivelmente minhas esperanças. A serviço de uma aridez dogmática, discorria com um fervor que se traduzia ao longo de sua aula por uma gesticulação frenética. Nunca vi tanta convicção cândida associada a uma reflexão tão magra". E prossegue abruptamente: "Ele se suicidou em 1940 por ocasião da entrada dos alemães em Paris"[9], revelando os abismos do desespero de um homem cujo engajamento moral parece ter sido pouco compatível com o tratamento leviano que ele acaba de lhe dispensar.

Em todo caso, se política e filosofia estão indissociavelmente ligadas desde essa data, é a política pragmática e a descoberta dos textos teóricos que dominam o magro socialismo bergsoniano oferecido pelo professor de filosofia. Pois a conversão socialista é acompanhada da leitura metódica de textos doutrinais que reverberam na reflexão filosófica do jovem Lévi-Strauss. Em todas as suas entrevistas, ele não só menciona a descoberta de Marx, como esclarece que houve "muitos outros" autores. Quando conhece Claude Lévi-Strauss, Arthur Wauters acaba de publicar *L'Évolution du Marxisme depuis la mort de Marx* [A evolução do marxismo após a morte de Marx] (1924), e podemos nos perguntar se ele não foi menos o mediador do pensamento de Marx do que de suas versões críticas e revisões teóricas, das quais o socialismo belga era ainda mais saturado do que o socialismo francês, doutrinalmente menos vigoroso. Apesar de tudo, Lévi-Strauss, a crermos nele, leu mais Marx do que Bergson. Através de Marx, toda uma tradição filosófica lhe é oferecida, como acontece com as grandes obras portadoras, além de gênio próprio, de motivos de todas as tradições que as precederam: "A leitura de Marx me empolgara principalmente porque pela primeira vez eu tinha contato, através desse grande pensamento, com a corrente filosófica que vai de Kant a Hegel: um mundo inteiro me era revelado"[10].

*Khâgneux**, mas não normaliano (1925-1926)

No outono de 1925, nosso marxista-kantiano entra em *hypokhâgne*** no liceu Condorcet, o grande liceu da Rive Droite, rival histórico das fábricas de normalianos Louis-le-Grand e Henri-IV. No Condorcet, ao contrário das classes preparatórias da Rive Gauche, onde *hypokhâgne* e *khâgne* já são separadas, há apenas uma classe reunindo os alunos egressos do liceu e os que já efetuaram um ano. A *khâgne* é um mundo impressionante. Aron confessa ter ingressado nela com "a timidez e as ambições de um provinciano que chega à capital"[11]. Para o sociólogo Pierre Bourdieu, também ex-*khâgneux*, a *khâgne* é "o lugar

* *Khâgneux*: designação atribuída aos alunos das classes preparatórias para as *grandes écoles* de literatura e ciências humanas, das quais saem funcionários públicos. [N.T.]

** *Hypokhâgne*: primeiro ano da classe preparatória literária. [N.T.]

onde se produzia a ambição intelectual à francesa em sua forma mais elevada, isto é, filosófica"[12]. Como Claude Lévi-Strauss se sentiu em meio a essa aristocracia escolar submetida à concorrência por meio de uma prova (o ingresso na École Normale Supérieure da rua d'Ulm) ultraelitista?

Certa postura e gravidade, além de senso de humor e talentos inusitados, causam impressão junto a seus colegas de classe, entre eles Jean Maugüé, que Lévi-Strauss reencontrará em seguida no Brasil: "Sua silhueta esguia, que diríamos saída de baixos-relevos egípcios, parecia arrastar um tédio incurável. Mas seu rosto severo e meditativo era às vezes invadido pelo sorriso mais inesperado e infantil. Seu prestígio na *khâgne* vinha das figuras que ele costumava desenhar com giz no quadro-negro e que, a nossos olhos, evocavam as cidades estranhas do cinema alemão, como em *O gabinete do doutor Caligari*"[13]. Stéphane Clouet encontrou os boletins escolares de Lévi-Strauss, que atestam boas notas, com alguns pontos fracos que não chegavam a ser comprometedores[14]: "Uma grande sofisticação" em filosofia, escreve seu professor André Cresson, "progressos constantes" em inglês (sr. Travers). "Apesar da qualidade dos resultados, encontramos a menção 'jovem' e 'ainda jovem e um pouco desatento' em francês (sr. Parigot) e latim (sr. Pécher)." A avaliação do professor de história, o sr. Cahen, chama a atenção, pois parece captar a sensibilidade do jovem Lévi-Strauss com a perspicácia benevolente de um diretor de consciência: "Tem valor, se desenvolverá. Sabe muito. Espírito sutil e penetrante. Mas essas qualidades são frequentemente minadas por um rigor geralmente quase sectário, a afirmação de teses absolutas, radicais, e, às vezes, o pensamento sucumbe a um estilo banal, sem precisão ou relevo". Esse mesmo professor de história que julga severamente o estilo do futuro autor de *Tristes trópicos* está na origem do primeiro texto publicado de Lévi-Strauss, uma dissertação sobre Gracchus Babeuf, que viria a se tornar um opúsculo, lançado em 1926 pela Églantine, editora belga de seus novos amigos socialistas. O texto veio a se constituir uma curiosidade na abundante literatura babovista, girando em torno de uma das referências pioneiras e heroicas da saga comunista: "É incontestavelmente a obra de Babeuf que marca a primeira aparição do socialismo na história"[15], escreve Lévi-Strauss. Na época, a figura de Babeuf era monopólio do robespierrismo ideológico; o jovem socialista apropria-se dela com ardor, assinalando a dimensão doutrinal e a atualidade utópica do porta-voz da lei agrária e do comunismo integral. Portanto, embora já com o espírito voltado para outra coisa, para suas atividades políticas, e em certa medida pouco entusiasmado com o ensino que lhe proporcionam, Lévi-Strauss é, de modo geral, um bom *khâgneux*.

Por que decide então abandonar a via régia do concurso sem tentar sequer uma vez? Essa desistência é bastante incompreensível, pois a situação material de seus pais deveria tê-lo impelido à École Normale: o normaliano, ao tornar-se funcionário público, passa a ser remunerado. A sociologia dos normalianos, no entreguerras, não é, a propósito, a da grande burguesia francesa[16]. Parte dessa elite escolar era igualmente movida por motivos materiais. Decerto Claude Lévi-Strauss alegou dificuldades em matemática (em que se diz uma "nulidade"), bem como em grego antigo; decerto parece não aderir ao patriotismo *khâgneux* e recusa a beata santificação da filosofia; sua formação eclética e, afinal, pouco livresca lhe proíbe talvez qualquer afinidade com a visão de mundo do aspirante normaliano. Seu professor de filosofia, ciente de seu alheamento, aconselha-o a fazer outra coisa: "Ele me disse, quando resolvi deixar a *hypokhâgne*: 'O senhor não é feito para a filosofia, e sim para alguma coisa vizinha'. E me sugeriu o direito. Na realidade, seria a etnologia, mas ele enxergou certo"[17]. Essa decisão, que é propriamente uma defecção no sentido em que a emprega o sociólogo Albert Hirschman[18] – estou de saída, fui, não estou mais aqui –, explica-se sem dúvida por causas psicológicas e até mesmo morais: o sentimento brutal da impostura misturado ao de "não estar à altura"[19], a autodepreciação (que não exclui o orgulho manifesto), a recusa a jogar o jogo, o mal-estar diante da competição organizada. Embora esta estimule o jovem Aron, pode muito bem ter desanimado Lévi-Strauss. Essa opção pela defecção não é estranha a seu percurso, que apresenta outros exemplos dela como solução possível: escapatória diante de impasses ou dilemas.

Provisoriamente, essa decisão tem efeitos importantes: o jovem estudante, que no ano seguinte vai se matricular na Sorbonne, num curso duplo de filosofia e direito, ganha tempo livre para a militância política, o que a *khâgne* teria impedido; em contrapartida, o salário de que teria disposto o normaliano lhe é recusado e ele terá de acumular diversos biscates, que, embora lhe proporcionem maior traquejo social, não farão senão recalcar a ansiedade sempre presente na penúria. Por fim, ao afastar-se da rua d'Ulm, Claude Lévi-Strauss demarca-se dos "meninos-prodígio" da *intelligentsia* francesa, os Sartre, Aron, Nizan, Merleau-Ponty e muitos outros. Na geração deles, a École Normale é uma passagem obrigatória. Pouco antes de morrer, Pierre Bourdieu – ele próprio é da geração seguinte –, ao rememorar seus anos de normaliano, desenha um retrato ambivalente das grandezas e vícios do mundo intelectual francês, induzidas por seu modelo pedagógico: o confinamento escolástico num modo monástico (o claustro da rua d'Ulm), a crença espontânea nos poderes intelectuais, a consciência da universalidade de seu magistério, o corporativismo, sem falar na ignorância profunda do mundo social, que abraça com facilidade um radicalismo ideológico irresponsável. Tudo isso é profundamente alheio a Claude Lévi-Strauss. Esse descompasso poderia explicar algumas polêmicas futuras, em especial com Sartre e sua visão tão generosamente encantada do intelectual engajado, à qual a sensibilidade profunda de Lévi-Strauss não podia aderir. Contudo, não radicalizemos tal oposição: se Claude Lévi-Strauss não é normaliano, será licenciado [*agrégé*] em filosofia, como veremos, e se verá secretário de um grupo de estudantes socialistas das diversas escolas normais mesmo sem fazer parte de nenhuma delas, o que faz dele uma espécie de "normaliano fantasma"!

APRENDIZ DE FILÓSOFO E MILITANTE SOCIALISTA

O estudante zumbi[20]

Todos se lembram do célebre e enérgico ataque contra a filosofia desfechado em *Tristes trópicos*: desmontagem da retórica – tese, antítese, síntese – como pilar da dissertação e da reflexão filosófica; crítica da redução do raciocínio a uma "arte do trocadilho", a "rasgos teatrais especulativos". Essa ginástica do pensamento é denunciada como artificial, fácil, sistemática, vã, fútil, perigosa, pois traveste o que pensar significa: "Eu me sentia capaz de, em dez minutos, colocar de pé uma conferência de uma hora, com sólido arcabouço filosófico, sobre a superioridade respectiva dos ônibus e dos bondes"[21]. Seja ridicularizando um malabarismo verbal ou criticando a aridez de uma disciplina que funciona como "vaso fechado", em "estado de exsudação", Claude Lévi-Strauss lembra-se de ter sido um estudante de filosofia que sufocava, sentindo-se forasteiro e estranho, sem nenhum controle sobre a disciplina. A violência dessa diatribe teria sido fruto da lembrança da experiência vivida ou a arma *princeps* da ofensiva antropológica empreendida nos anos 1950 e 1960 para destronar a disciplina-rainha, a "disciplina do coroamento"[22] do ensino francês? Ambos, provavelmente.

Claude Lévi-Strauss foi o "estudante zumbi" que afirma ter sido? De 1926 a 1930, ele transpõe com facilidade as diferentes etapas de seu percurso estudantil, obtém seus certificados (licenciatura, diploma de conclusão do curso), mas essa ausência de passo em falso não vai necessariamente de encontro a uma forma de impostura do bom aluno que se adapta feito um camaleão aos critérios da excelência universitária, sem com isso sentir-se muito envolvido. Em contrapartida, numa entrevista de 1971, confessa ter sido na época um "ardoroso spinozista", acrescentando que "era muito intransigente quanto à ideia e ao lugar da filosofia"[23]. Antes de se desiludir com ela, Lévi-Strauss esteve estreitamente envolvido num projeto filosófico, com o qual, de resto, mantém uma relação ambivalente vida afora.

Na realidade, o sentimento de vacuidade e de certa omissão na filosofia acadêmica é partilhado pelo conjunto de uma geração de estudantes, do qual os mais inovadores tirarão lições distintas. Aron, em suas *Memórias*, denuncia também a espécie de máquina de pensar sem conteúdo que era o ensino filosófico, preservando-se qual uma virgem melindrosa de todo contato com o mundo político e social. Mas é Paul Nizan, em *Les Chiens de garde* [Os cães de guarda] (1932), quem dá forma à virulência da acusação. Claude Lévi-Strauss, embora compartilhe o diagnóstico e a análise "de uma crítica marxista da filosofia institucional", não se identifica com sua verve panfletária, ele que não perde uma oportunidade para isso: "Eu respeitava os professores que ele atacava com tanta violência. Pois nós tínhamos os mesmos professores, com poucos anos de distância. Eu respeitava Brunschvicg, Laporte, Robin..."[24].

Na Sorbonne, reinam na época alguns mandarins, a começar por Brunschvicg, o mais poderoso, mas também Albert Rivaud, Jean Laporte, Louis Bréhier, Léon Robin na filosofia grega, Paul Fauconnet e Célestin Bouglé (dois discípulos de Durkheim) na sociologia, Abel Rey na história das ciências etc. Todos, lembra-se Claude Lévi-Strauss, foram seus professores: no outono de 1929, Brunschvicg deu um curso sobre a *Crítica da razão prática*, de Kant, e Rivaud, sobre os *Princípios* de Descartes e sobre Maine de Biran[25]. Os alunos preparavam-se assim, sob a supervisão de seus professores, para se diplomar em lógica, psicologia (disciplina bastante presente, porém sob forma muito pouco empírica), moral, sociologia e filosofia geral, que se resumia o mais das vezes numa história do progresso filosófico. Como explica o sociólogo Jean-Louis Fabiani, a filosofia era e ainda é uma disciplina marcada pelo "universo do programa"[26], em virtude de sua presença no último ano do liceu e de contatos estreitos entre a escola secundária e a universidade. Por exemplo, o programa do *baccalauréat* prescreve muitos debates internos do campo filosófico. Ora, esse programa é caracterizado por um grande conservadorismo: de 1880 a 1914, variou muito pouco e "sua imutabilidade estimulou a repetição das mesmas formas, contribuindo para retardar a difusão das ciências humanas no ensino secundário"[27]. Na paisagem filosófica da época, o campo dos possíveis limita-se a três opções, que Lévi-Strauss resume claramente: "Ou uma filosofia estabelecida sobre abstrações, ou uma outra estabelecida sobre o eu e a experiência íntima, ou, por fim, uma terceira que afirmava raciocinar sobre uma vasta experiência humana, mas que, na verdade, a mutilava"[28]. Em outros termos, ou uma metafísica enraizada numa tradição espiritualista, ilustrada pelo neokantismo de Brunschvicg; ou o bergsonismo em voga e professado a partir do Collège de France por Bergson, filósofo famoso que extrapolava as esferas acadêmicas (ao qual Lévi-Strauss voltará mais tarde, pagando seu tributo); ou a sociologia durkheimiana ensinada por seus discípulos, que Lévi-Strauss contudo julga enquadrada de modo excessivamente rígido numa doutrina sectária e em categorias que freiam ("mutilam") o impulso para o mundo real. Insatisfação, portanto. Numa ocasião, contudo, vislumbramos uma via de emancipação do ar rarefeito da estratosfera neokantiana: as sessões semanais de psicopatologia promovidas por George Dumas na clínica Sainte-Anne. Muitos estudantes de filosofia assistem assim ao espetáculo da loucura. Nizan, Sartre, Aron as frequentam. Alguns anos mais tarde, Lévi-Strauss igualmente, o qual, embora ironizando o lado mistificador do clínico e daqueles docílimos pacientes, fica assim mesmo muito impressionado ao se ver confrontado com uma doente: "Nenhum contato inicial com os índios selvagens me intimidou mais do que aquela manhã passada com uma velha senhora embrulhada em xales que se comparava a um arenque podre no cerne de um bloco de gelo: aparentemente intacta, porém ameaçada de se desagregar tão logo o invólucro protetor derretesse"[29]. A loucura afigura-se um alhures da filosofia, regido por outra exterioridade: o exotismo, o exotismo mental diante da alteridade da civilização.

Do lado do direito, faculdade que Lévi-Strauss cursa paralelamente, o balanço não é mais glorioso. O ensino do direito não supunha obrigatória a presença dos estudantes e era possível fazer as provas com facilidade aprendendo mecanicamente a partir de anotações, o que permitia ao acrobata da jurisprudência se dedicar, no total e não mais que isso, apenas duas semanas no ano. Lucro máximo em termos de tempo, mas deprimente no plano intelectual, e até, para Lévi-Strauss, ligeiramente desconcertante. Em *Tristes trópicos*, a análise do curso duplo direito/filosofia, frequentado durante três anos, de 1926 a 1929, indica uma espécie de esquizofrenia. O direito, ele sugere, atrai para si herdeiros, uma mocidade ruidosa, alforriada da infância e se preparando para um futuro profissional na sociedade; enquanto as letras e as ciências atraem jovens mais introvertidos e inclinados a um retraimento no estudo: "O estudante que as escolhe não diz adeus ao universo infantil: antes prende-se a ele, de modo a estacionar". As vocações literárias e científicas são "ou um refúgio, ou uma missão"[30].

Para resolver essa antinomia, vivida até o momento da escolha da filosofia, em 1929, Claude Lévi-Strauss acrescenta uma terceira disciplina: a política, forma de engajamento extremo na esfera pública que contrasta com a lógica de retraimento, mas em que se podem investir conhecimentos e reflexões acumulados no estudo e na leitura filosóficos.

A política, uma escola do presente

Entre 18 e 22 anos, o aprendiz de filósofo leva uma vida escandida por curtos e intensos períodos de preparação para as provas – seu tributo à instituição universitária –, sendo o resto do tempo dedicado à política socialista, à militância em todos os seus aspectos, ideológicos, organizacionais e materiais. Eis a vida de verdade! E tudo está por reconstruir.

Com efeito, a criação do Partido Comunista Francês (ou melhor, a Seção Francesa da Internacional Comunista) em dezembro de 1920, por ocasião do Congresso de Tours, sugou inúmeras jovens energias revolucionárias da velha casa socialista. Eis por que Marcel Déat, normaliano então vinculado à biblioteca da rua d'Ulm e logo secretário do Centro de Documentação Social, dirigido por Célestin Bouglé, dedica-se a revigorar a dinâmica dos estudantes socialistas, criando, em 1924, com a ajuda de dois normalianos mais jovens, Georges Lefranc e Jean Le Bail, um Grupo Socialista Interkhâgnal, que se transforma um ano mais tarde em Grupo dos Estudantes Socialistas das cinco escolas normais superiores. Recrutado por Lefranc, Lévi-Strauss, "recém-convertido" e ainda em *khâgne*, adere com entusiasmo. O que se faz lá? Conferências, discussões, prestações de contas, o chamariz habitual da militância estudantil, porém com uma férrea vontade de combater a esclerose doutrinal da SFIO, atuando ao mesmo tempo no interior da corrente socialista. Lá, pronunciam-se palavras heterodoxas, procuram-se modelos novos capazes de explicar o mundo agitado do pós-guerra e concorrer eficazmente com o halo encantado da grande labareda do Leste. Revolucionários, sim; bolcheviques, não. Toda a juventude socialista se aloja nesse interstício. Muito depressa, Lévi-Strauss se insere e atua no grupo como arauto do modelo belga, no qual foi iniciado. Em 22 de abril de 1926, faz uma conferência de apresentação do Partido Operário Belga, partido econômico, compreendendo cooperativas, sindicatos e associações totalmente integrados ao socialismo partidário, ao contrário do modelo francês da carta de Amiens[31].

Ao lado do Grupo de Estudantes Socialistas (GES), o segundo braço da investida da juventude socialista é a revista a ele vinculada, *L'Étudiant Socialiste*, fundada em 1926, publicação dos estudantes belgas patrocinada por Henri De Man e o POB, mas acolhendo de bom grado colaboradores franceses: os do GES, Georges e Émilie Lefranc, Jean Le Bail, Maurice Deixonne, Pierre Boivin, Claude Léwy, a não ser confundido com Claude Lévi-Strauss, que nela assina dezessete resenhas entre 1928 e 1933. Esses jovens, nascidos entre 1905 e 1910, "pobres, sérios, talvez sérios demais para sua idade"[32], participam igualmente da iniciativa do terceiro braço da reconquista da juventude: a Federação Nacional dos Estudantes Socialistas (FNES), criada em 1928 para federar grupos de estudantes na província e conferir plena existência ao *status* de intelectual num partido socialista que pretende se demarcar do proletarismo caricato do bolchevismo francês. Em 1928, a Federação conta com cerca de oitenta membros parisienses, e Claude Lévi-Strauss, que se tornara secretário do GES no mesmo ano, se vê, em 1928, secretário federal da Federação. No verão de 1928, seu próprio endereço, rua Poussin, 26, é aposto como endereço oficial da FNES. Sua militância acha-se então a todo vapor.

Devemos imaginá-lo contaminado pelo vírus da política, instalado nas salas enfumaçadas dos fundos de cervejarias da Rive Gauche – as reuniões aconteciam geralmente no Normal Bar, à rua Claude-Bernard, ou na cervejaria Modèle, no bulevar Saint-Marcel –, em meio a discussões acaloradas, que incidem tanto sobre a tática política do momento (relações dos estudantes socialistas com os "bonzos" da SFIO ou com seus congêneres comunistas) como sobre pontos doutrinais (o marxismo e suas necessárias revisões), questões mais políticas após o Cartel das Esquerdas (participação no poder ou antiparticipacionismo) e revoltas sinceras contra a ordem do mundo herdada da guerra, e que se traduzem por um pacifismo histérico e traços messiânicos. A sala costuma dividir-se entre uma "silenciosa direita", uma "implacável e vociferante esquerda" e o "maciço e prolixo centro dos normalianos"[33]. Os insultos voam: "reformista millerandista", "participacionista camuflado" etc. Num canto, alguns elaboram táticas com vistas ao próximo Congresso da Federação, enquanto outros preparam uma distribuição de panfletos e jornais num Quartier Latin mais uma vez violentamente disputado com os estudantes de direita (e de direito). Com efeito, os anos 1920 veem o retorno do ambiente combativo, pugilístico, dos anos 1900, quando os Camelots du Roi* impunham sua lei no bulevar Saint-Michel. O controle do território do Quartier Latin sempre foi uma questão política essencial na militância estudantil, da geração de Agathon** à de 1968. Donde as "violências rituais", de que se lembra Lévi-Strauss, inúmeras refregas em que a força física é ao mesmo tempo a pedra angular do vigor das convicções militantes, sobretudo diante das provocações das ligas e da obstrução ferrenha dos comunistas.

Claude Lévi-Strauss, portanto, não refuga mais diante do enfrentamento, do trabalho militante de base ou dos abaixo-assinados. Filia-se à SFIO em fevereiro de 1927 na XVI Seção da Federação do Sena, em razão da localização do seu domicílio familiar; recibos de contribuições atestam a renovação da adesão até 1935[34]; lembra-se, além disso, de ter assinado e feito assinar em 1927 manifestos a favor de Sacco e Vanzetti, duas vítimas do que julga ser "um caso Dreyfus requentado": apõe igualmente seu nome na lista dos que protestam em 1927 contra a lei de 7 de março de 1927 relativa às condições da mobilização e preparação do moral em caso de conflito. Dá mostras de um verdadeiro talento de organizador, galvanizador de energias e líder, em especial por ocasião do III Congresso da FNES, realizado em Paris em 1929: "Lévi-Strauss estava de

* Rede de vendedores do jornal *L'Action Française* e de militantes monarquistas que constituem o serviço de ordem e proteção do movimento Action Française entre 1908 e 1936. [N.T.]

** Pseudônimo do jornalista e escritor Jean Bertrand Alfred de Tarde (1880-1925), ligado ao movimento Action Française. [N.T.]

olho em tudo e, mediante criteriosos amálgamas de deputados, logo fez reinar entre todos os congressistas, que não se conheciam mutuamente, uma calorosa intimidade"[35]. Impressiona sua técnica militante acumulada em tão poucos anos. Lévi-Strauss é um virtuose da política, com um domínio notável, para um jovem de 21 anos, dos usos e costumes, do vocabulário, das condições materiais e dos elementos pessoais da experiência política. A precocidade intelectual reveste-se aqui de uma precocidade militante.

Num ensaio totalmente inovador, Wiktor Stoczkowski examina de maneira crítica o primado do marxismo, constantemente reafirmado por Lévi-Strauss, em sua formação teórica, mostrando a que ponto o meio socialista no qual ele evolui com seus camaradas é fascinado pelas ideias de Henri De Man (1885--1953) e pelo movimento planista, do qual *L'Étudiant Socialiste* é um dos órgãos de divulgação na França. Ora, Henri De Man, intelectual belga, figura hoje esquecida, é um dos mais brilhantes pensadores da revisão do marxismo, com um programa de racionalização da economia, de planejamento, de um esboço de federalismo. Sua consciência europeia e sua preocupação em formar novas elites, a importância que atribuiu à falência propriamente moral da civilização ocidental e seu questionamento do catecismo da luta de classes fizeram dele, na época, um dos mais virulentos críticos do marxismo ortodoxo, o que lhe vale a gloriosa manchete outorgada pelo jornal comunista *L'Humanité*, em 5 de fevereiro de 1928: "De Man, o homem que assassinou Karl Marx"[36]! Com muita nitidez, uma cisão geracional opõe, tanto na França como no restante da Europa, o *establishment* dos partidos socialistas, fiel a um marxismo invocatório, aos jovens militantes entusiasmados com o revisionismo de De Man. Claude Lévi-Strauss faz indiscutivelmente parte destes últimos, pois fustiga "a velha doutrina que se estiola" e a necessidade, para o socialismo, de dotar-se de princípios teóricos correspondentes às lutas do pós-guerra. Logo, nada mais natural que, por ocasião da vinda de De Man a Paris, em janeiro de 1928, Lévi-Strauss, na condição de secretário-geral da FNES, o convide para expor suas teses perante os estudantes socialistas. A conferência se dá em 23 de janeiro, na ausência de todas as figuras tutelares da SFIO, Blum tendo se eximido. Comentando as relações de força no seio do socialismo francês, Claude Lévi-Strauss escreve uma carta de agradecimento e admiração ao precursor: "Graças ao senhor, as doutrinas socialistas saem finalmente de seu longo sono". O tom torna-se mais pessoal quando ele explica o que representou para ele a leitura de seu livro, publicado em 1927, *Au delà du marxisme* [Além do marxismo]: "Uma verdadeira revelação", escreve, acrescentando que o "ajudou a sair de um beco que ele julgava sem saída"[37].

A partir desse momento, a amnésia de Claude Lévi-Strauss relativa a seu passado de militante político – que ele subestimou constantemente – torna-se mais compreensível, em razão do percurso tortuoso de Henri De Man durante a Segunda Guerra Mundial. Ao contrário de Wauters, De Man não parte para o exílio e entra numa lógica de colaboração similar à do petainismo francês. Não esperará, contudo, o fim da guerra para reconhecer o seu erro e, em novembro de 1941, deixa a Bélgica para viver recluso num chalé da Savoia, em La Clusaz, até 1944, antes de se exilar definitivamente na Suíça até sua morte, ocorrida em 1953. Após a guerra, foi condenado à revelia a vinte anos de prisão pela justiça militar belga. A memória do renegado encobriu pouco a pouco as fulgurações teóricas do jovem mentor socialista dos anos 1920 e 1930. Não admira Lévi-Strauss ter sentido certa dificuldade em defender uma figura sob todos os aspectos explosiva[38]. Pior ainda, em 1983, o historiador israelense Zeev Sternhell fez do planismo de De Man não só um elemento de colaboração, como um dos laboratórios intelectuais da síntese fascista na França[39]. Por fim, Sternhell considera que o engajamento de Henri De Man em 1940 está em perfeita continuidade com sua cultura política anterior, ponto de vista absolutamente questionável e amplamente discutido por uma parcela dos historiadores, mas que deve ter abalado Claude Lévi-Strauss, ainda mais que outro colega seu, Marcel Déat, incorreu na mesma deriva. Não obstante, cumpre repetir: mais de vinte anos após a publicação do livro de Sternhell, embora seja amplamente aceita a pertinência de sua ressurreição de certo número de posicionamentos intelectuais esquecidos, bem como sua denúncia de uma versão francesa do fascismo que a França do contrailuminismo contribuiu para forjar, parte dos historiadores rejeita seu erro de interpretação que toma as ideologias e movimentos pelo fim para estabelecer uma história teleológica, como se todo socialista heterodoxo dos anos 1930 estivesse fadado a se tornar um colaboracionista de 1940. A definição extensiva do conceito de fascismo e a supervalorização de uma história das ideias são outras críticas que atenuaram a tese essencial de Sternhell. Porém, nos anos 1980 e num clima memorial já bastante obsedado pelos anos sombrios, tornava-se difícil endossar De Man, daí a mais do que compreensível discrição sobre o tema por parte de Lévi-Strauss, salvo por repetir constantemente, sem mais comentários: "Enganei-me redondamente..."[40].

Ao contrário dessa constatação desencantada e posterior, para esses jovens, estudantes socialistas, e para Lévi-Strauss em particular, a política, durante esses anos de formação, no início dos anos 1930, funciona como uma espécie de "universidade paralela"[41], exaltante, exigente, antenada com o mundo político, econômico e social; nela se respira mais à vontade e se comungam ideias enraizadas em realidades; contra as flores da retórica, faz-se o aprendizado de uma fala incisiva, breve, "sem verborragia"[42]. Em suma, é uma escola da vida, pródiga em frutos da terra dos quais o saber acadêmico é, lamentavelmente, avaríssimo.

Estudante atrás de biscates

Como a militância não alimenta seu homem, Claude Lévi-Strauss é levado, pelas razões financeiras já mencionadas, a fazer "bicos" paralelamente à sua vida dupla, já sobrecarregada. Essas experiências alargam mais ainda sua paleta de práticas e recursos e aprimoram sua competência, atestando o inegável talento social do rapaz.

Graças a um conhecido, também militante, é encarregado durante alguns meses de ler os boletins diários do Escritório Internacional do Trabalho ao microfone da Radio Tour Eiffel, transmitida a partir do subsolo do Grand Palais. É a primeira vez, mas não a última, que exercerá a atividade de locutor, ele que, criança, era apaixonado pela técnica radiofônica. Mais tarde, em 1931, faz as vezes de assessor de imprensa de Victor Margueritte, por ocasião da publicação de seu ensaio pacifista *A pátria humana*, que o rapaz deve entregar a uma centena de personalidades parisienses, não sem que "o Mestre" tenha redigido uma dedicatória para cada uma. Isso nos vale, em *Tristes trópicos*, um parágrafo inspirado na aristocracia familiar da literatura representada por Margueritte, valendo-se de toda uma parentela literária (Balzac, os Goncourt, Zola, Hugo) que fascina Lévi-Strauss e lhe dá a impressão de adentrar familiarmente o século XIX[43].

Em descompasso com essa temporalidade do século anterior, uma experiência o enraíza no cerne da política do presente: o jovem militante socialista torna-se, de 1928 a 1930, assessor parlamentar de Georges Monnet, nascido em 1898, deputado socialista de Soissons a partir de 1928. Grande empresário agrícola e jornalista especializado nas questões rurais, defensor do mundo campesino, Georges Monnet é um *outsider* do socialismo, que realizou um percurso singular. Entra na carreira parlamentar sob a bandeira da SFIO, mas cheirando a enxofre. O jovem militante Lévi-Strauss é colocado a seu lado numa posição ambígua, uma vez que é, como dirá mais tarde, "o olho do partido", fiador de uma pureza doutrinal que ele mesmo está longe de representar. Talvez seja por essa razão que os dois homens, que apenas dez anos separam, se entendem tão bem. Claude Lévi-Strauss inclusive participará de algumas festas de família, sendo Georges Monnet, diga-se de passagem, tio de François Furet, que acaba de nascer em 1927. Lévi-Strauss abandona então momentaneamente as cervejarias enfumaçadas para frequentar os corredores da Câmara dos Deputados, cujos costumes, rituais, espaços e retórica logo domina. Em seu escritório na Assembleia, o jovem assessor trabalha ao lado de André Chamson, romancista a quem admira[44], secretário do partido radical, além de travar amplas relações com Marcel Déat, secretário do grupo socialista, que se tornou amigo e mentor ao mesmo tempo. Atuante nas questões rurais, bem como na defesa dos princípios dos direitos humanos e na política cultural, Monnet encarrega Claude Lévi-Strauss de ajudá-lo a redigir seus projetos. Nesse aspecto também, dá mostras de grande eficiência: "Eu tinha redigido de ponta a ponta a exposição de motivos do projeto do Escritório do Trigo; ela foi apresentada assinada por Monnet; e me lembro – embora isso pareça imodesto – que Poincaré elogiara Monnet pela excelência dessa exposição de motivos"[45]. O Escritório do Trigo, organismo que deveria conferir ao Estado o monopólio da compra e venda do trigo, é a retomada de uma ideia de Jaurès datada de 1894. Apostemos que, inscrevendo-se numa perspectiva planista, o projeto agradava ao admirador de De Man, tendo estimulado suas qualidades de rigor e clareza, aliadas à sua competência jurídica. Por fim, o projeto é rejeitado na Câmara, mas a Frente Popular o reapresenta e cria a nova instituição em 15 de agosto de 1936.

Fora dessa política politicante, além da política militante, Claude Lévi-Strauss empreende uma reflexão política através do prisma da razão filosófica. Quando, então assessor parlamentar, mas também licenciado em filosofia, escolhe para sua monografia de pós-graduação um tema sobre Marx, "Os postulados da teoria do materialismo histórico"[46], acha uma forma de conciliar os dois lados. O tema é heterodoxo no campo filosófico acadêmico, muito pouco receptivo, como vimos, à filosofia alemã. Célestin Bouglé aceita-o, ainda que, na prova oral, insira uma questão sobre o saint-simonismo, mais conforme às suas tendências e às de seus colegas. Célestin Bouglé é um dos discípulos de Durkheim, um divulgador e professor em tempo integral mais do que um inovador à semelhança de Marcel Mauss. De temperamento socialista como este último, é um dos pilares dos estudos socialistas no entreguerras: organizador da edição das *Obras completas* de Proudhon, é igualmente autor de uma antologia de Saint-Simon e de uma pequena síntese publicada em 1933, *Socialismos franceses: do "socialismo utópico" à democracia industrial*[47]. Diretor do Centro de Documentação Social, é um personagem importante, futuro diretor da École Normale Supérieure, protetor de todos os jovens sociólogos, bem como dos normalianos. Embora Claude Lévi-Strauss não seja um deles, Bouglé aceita ser o orientador da tese daquele jovem filósofo dotado de um temperamento político e de uma prática aprendida fora da universidade. "Caso aberrante"[48], uma vez que chegou a Marx e às doutrinas socialistas pela militância e não pela filosofia, o percurso de Lévi-Strauss atrai todavia suficiente atenção do homem, a propósito afável, que é Célestin Bouglé, para que este último, poucos anos mais tarde, o recomende a Georges Dumas, que estava recrutando jovens universitários dispostos a partir para o Brasil.

PENSADOR DO PARTIDO SOCIALISTA

A licenciatura, esporte de combate

À energia frenética dos anos anteriores sucede, em 1930-1931, um período exclusivamente polarizado pela preparação para a licenciatura [*agrégation*] em filosofia. No fim, a filosofia prevaleceu sobre o direito, que "o aborrece"[49]. Claude Lévi-Strauss coloca entre parênteses a política e ingressa no convento, por assim dizer, de tal forma esse concurso mobiliza todo o seu ser. Não é, todavia, a metáfora religiosa que Lévi-Strauss convoca para qualificar suas impressões de *agrégatif*, e sim a esportiva. Dessa época, guarda, como todos os que foram aprovados, uma excelente lembrança, com seu "lado maratona que nos coloca diante de um gigantesco programa". Inversamente ao concurso de admissão da École Normale, o exame não lhe parece inacessível: "Era como uma grandiosa *performance* esportiva. E me atirei a ela com gosto, sem que em momento algum tivesse tido a impressão de que a empreitada excedia as forças humanas. Era esporte competitivo, mas que se desenrolava numa atmosfera alegre e saudável"[50]. Quase uma higiene intelectual, que ele casa facilmente com uma resistência física, uma solidez corporal, que surpreenderão em outros terrenos (em especial etnográficos). Claude Lévi-Strauss, apesar de sua figura magra e esguia – mede 1,79 metro quando adulto –, seu rosto distinto e seu aspecto de intelectual, é um rapagão. A escola da política deu-lhe vigor.

Na época, o estágio prático da licenciatura era realizado antes mesmo da aprovação no concurso. Claude Lévi-Strauss vê-se assim, com Simone de Beauvoir e Maurice Merleau-Ponty[51], na classe de Gustave Rodrigues, com quem convivera alguns anos antes em Janson-de-Sailly. Um dava aula depois do outro. Simone menciona esse episódio em suas *Memórias* e escreve a respeito de Lévi-Strauss, seu contemporâneo exato (ambos nasceram em 1908): "Ele me intimidava por sua fleuma, mas lidava com ela com desenvoltura e eu achava muito engraçado quando, com uma voz neutra e semblante de defunto, expunha a loucura das paixões a seus ouvintes...". Quanto a Lévi-Strauss, tem "ainda na memória a imagem de Simone de Beauvoir nessa época: jovenzinha, com uma pele fresca, rosada, de camponesa. Parecia uma maçãzinha"[52]. Vinheta encantadora em prelúdio a alguns duelos intelectuais vindouros.

Chega o grande dia. Dele, os arquivos pessoais de Claude Lévi-Strauss conservam um frágil testemunho na forma do rascunho da dissertação de moral, cujo tema preciso ignoramos[53]. Em todo caso, esse esboço de dissertação é eloquente: o jovem candidato, crítico da retórica superficial do raciocínio filosófico, na realidade domina-a de ponta a ponta. A introdução é redigida sem qualquer rasura. Mostrando grande segurança, é classicamente fundamentada em Kant e apresenta um plano em três partes: os atos, a intenção, o caráter. A dialética é afiada: "Saindo do exterior, alcançamos o interior e, no interior, encontramos a heteronomia", uma vez que, com efeito, o temperamento é determinado pela sociedade que "fez de nós o que somos". Sobre esse raciocínio bem estruturado e um tanto formal, o candidato inova, inserindo elementos provenientes de outras disciplinas, essencialmente o direito, mas também a história (o cristianismo e a Reforma) e a sociologia. Faz, portanto, não sem riscos, em sua monografia de *agrégation*, o que preconiza num artigo elogioso escrito quase no mesmo momento sobre o *Manual de filosofia* de Armand Cuvillier: "Iluminar com todas as luzes, como ponto de partida de toda reflexão, como elementos essenciais de toda solução, essas disciplinas novas em que a experiência e o pensamento colaboram para resultar num aprofundamento libertador da consciência – a psicologia e a sociologia"[54]. Enfim, voltando à monografia da *agrégation*, uma conclusão taxativa, pessoal, que mostra a elevada exigência moral do moço: "Ser moral é ser descontente consigo – transformar-se – não só para aprovar um ideal, mas para realizá-lo em si mesmo como o mártir".

Na prova oral, ele sorteia um tema de psicologia aplicada que deveria tê-lo seduzido, mas que o decepciona. Como um atleta perdendo velocidade, eis que se droga: "Um médico amigo da família me dera de presente uma ampola – morfina? cocaína? – que, afirmava ele, me daria ânimo se eu a ingerisse antes da aula. Para estudar para esse exame supremo, trancavam-nos durante sete horas na biblioteca da Sorbonne. Corri para engolir o conteúdo da ampola num copo d'água e me senti tão mal que tive de passar as horas de preparação estendido sobre duas cadeiras. Sete horas de enjoo! [...] Embotado, compareci sem ter preparado nada e improvisei uma aula que foi julgada brilhante, na qual acho que só falei de Spinoza. Enfim, a droga talvez tivesse cumprido sua função...". Resultado: aprovado em terceiro lugar na *agrégation*, o mais novo em seu nível, aos 22 anos. O cacique* é Ferdinand Alquié. Entre metáfora esportiva e registro cômico, o relato das provas da *agrégation* não consegue ser sério. Ele se conclui com a compra de um tratado de astrologia na saída da proclamação dos resultados, pilhéria do moço, decididamente refratário à racionalidade filosófica.

* No jargão normaliano, aluno aprovado em primeiro lugar ou na École Normale ou na *agrégation*. [N.T.]

A realidade está lá fora. E ela arma surpresas que os planos em três partes são incapazes de antecipar. Justamente no momento em que anuncia a seus pais a auspiciosa notícia, o *agrégé* recém-formado topa com seu tio Jean, arrimo da família, que viera comunicar que estava arruinado. Estamos em 1931 e a crise mundial levou dois anos para atingir as estruturas da economia e das finanças francesas. Moral da fábula da *agrégation*: "Eu soube quase ao mesmo tempo que tinha uma profissão e que a subsistência dos meus pais seria para mim uma constante preocupação daí em diante"[55].

"Transformar o homem para que ele mereça ser libertado". Revolução Construtiva

Durante uma discussão acalorada entre Maurice Deixonne e seu colega Claude Lévi-Strauss, "Deixonne tendo afirmado: 'O objetivo do socialismo é libertar o homem', Lévi-Strauss respondeu: 'E também transformá-lo a fim de que ele mereça ser libertado'"[56]. Declarações exaltadas de jovens *agrégés* de filosofia? Sim, mas igualmente palavras que ressoam com a profunda exigência de autorreforma que comporta seu engajamento socialista.

Pois o corpo doutrinal do socialismo revisado integra essa dimensão moral, essa idiossincrasia espiritual alheia à tradição marxista. De Man, em *Além do marxismo*, vê na busca de igualdade a conversão de um ideal cristão. Analogamente, Lévi-Strauss, admirador confesso desse livro, atenta para a espécie de continuidade existente entre revolução cristã e socialismo, como ele a vê exposta no livro de seu camarada protestante André Philip. Nessa ocasião, reconhece que, "cada vez menos, as razões de interesse econômico são suficientes para embasar a convicção socialista do proletariado"[57]. Justificações de ordem superior são necessárias. Eis por que Wiktor Stoczkowski fala literalmente em uma verdadeira "escatologia socialista"[58], da qual despontam esperanças milenaristas, uma consciência dolorosa e radical da falência da civilização ocidental, que induzem esses jovens ardorosos a uma fraseologia de essência religiosa. Mas se há cristianismo, é o das catacumbas: um novo mundo deve nascer dos escombros, um novo humanismo, um novo homem. A propósito, Claude Lévi-Strauss cita frequentemente nas páginas de *L'Étudiant Socialiste* uma revista amiga, órgão dos socialistas cristãos, *L'Espoir du Monde*. Embora por sua vez seja tecnicamente ateu, ou ao menos agnóstico, ele subscreve esta visão: "A tarefa de hoje é a do profeta e do mártir, realizar em si mesmo – e não só em seu pensamento, mas em sua vida – uma nova ordem"[59].

Na esteira da experiência do GES e da FNES, o núcleo duro dos militantes, estudantes que em grande parte se tornaram professores, decide constituir um grupo que se acomodaria no âmbito da SFIO, à maneira da Sociedade Fabiana no Partido Trabalhista. A ideia, lançada pelo casal Lefranc, é redigir um livro coletivo que seria "um grito de alarme, um manifesto encarregado de apontar os problemas políticos urgentes"[60]. Oficialmente fundado em 1º de março de 1931, o grupo Revolução Construtiva integra-se numa nebulosa geracional que opera à esquerda, mas também à direita, para impor uma reforma moral numa sociedade em que esses jovens militantes não veem senão confusão, competição, exploração, crises, decadência moral... e que um historiador batizou de "os não conformistas dos anos 1930", pois todos insistem, à semelhança do jovem Lévi-Strauss, no esforço primordial de renovação interior[61]. Nessa nova configuração, Claude Lévi-Strauss desempenha um papel ao mesmo tempo central – sua autoridade intelectual é visível e procurada – e marginal, pelo progressivo afastamento dele. Na divisão das tarefas entre os diferentes membros, ele propõe assumir uma parte central do livro, "o esboço de uma metafísica a serviço da Revolução"[62], nada menos do que isso. Por esse título, de um capítulo jamais escrito da história do socialismo revolucionário, avaliamos ao mesmo tempo a ambição intelectual e a "concepção exigente e exaltada do trabalho revolucionário"[63] daquele que, embora sem tê-lo executado, formula seu programa.

"Nós, revolucionários..."

Nessa data, 1931, recém-aprovado na *agrégation*, Claude Lévi-Strauss, 22 anos, é decerto um jovem intelectual revolucionário de seu tempo, mas que já se distingue por certas distâncias tomadas com relação à própria *doxa* revolucionária.

Em primeiro lugar, é um socialista que não admite a ambiguidade, reinante em seu partido, entre uma retórica revolucionária classicamente marxista e uma prática reformista integrada no sistema parlamentar. Ele e seus camaradas da Revolução Construtiva, filhos da guerra de 1914, são integralmente pacifistas e recusam a embriaguez da violência parteira da História. Preocupados acima de tudo com a ação, a "reconstrução", aspiram a uma revolução sem *pathos*, uma "revolução sem lágrimas"[64] que repousaria na criação, no seio da sociedade capitalista, de instituições cooperativas: "Se, dia após dia, nos empenhássemos em construir instituições de espírito socialista, elas se expandiriam pouco a pouco em virtude de sua superioridade, como a crisálida no casulo capitalista, e este terminaria por cair qual invólucro morto e ressequido"[65]. Essa metáfora de história natural já é empregada na época para qualificar o tipo de ruptura desejado com o capitalismo. Estamos mais perto do entomologista Jean-Henri Fabre do que de Lênin...

As preocupações morais desses jovens são igualmente, como vimos, prementes e, no caso de Lévi-Strauss, fundamentais, em contraste com a leviandade filosófica de outras correntes do socialismo revolucionário, totalmente alheias tanto aos apelos da fé como às exigências da ética. Nos anos 1930-1931, um debate importante agita esses meios a propósito da legislação sobre os prostíbulos. É ensejo de uma discussão entre Maurice Deixonne, que acaba de publicar o artigo "Bordels" [Bordéis] em *L'Étudiant Socialiste*, e Claude Lévi-Strauss, chocado com o pragmatismo do camarada, favorável à manutenção dos bordéis desde que uma regulamentação garanta suas condições de higiene e proteja as prostitutas: "Mas o que me incomodou em especial foi o partido que você parece tomar implicitamente pela regulamentação da prostituição e, consequentemente, pela prostituição regulamentada. Ora, há nisso um problema um pouco análogo, em sua posição, ao da Defesa Nacional: contradição absoluta entre a solução abstrata e o dado concreto e as condições atuais [*sic*], mas também oposição de tal forma revoltante entre as duas que ela não pode senão traduzir-se, para nós, numa recusa total, global, das segundas. Ademais, você não acha que um problema desse tipo é acima de tudo um problema de psicologia para os socialistas e estudantes socialistas? Trata-se menos de se, em si, a prostituição é um mal necessário, evitável etc., e sim se nós, individualmente, a aceitamos. Ora, assim colocado como problema de moral prático, penso que o problema não pode comportar senão uma resposta, sobre cujo caráter estaremos, tenho certeza, de acordo"[66]. Resposta de ossatura kantiana feita de uma combinação bem típica de rigor lógico e indignação moral, expressa com grande clareza, não destituída de intransigência. Por ocasião de uma resenha crítica, Lévi-Strauss prossegue e conclui: "Nós, revolucionários, estamos atualmente desprovidos de um sistema de valores morais"[67], o que lhe parece particularmente danoso à causa socialista. Este é sem dúvida um dos terrenos de pensamento sobre os quais ele se sente capaz de construir algo novo, ele, o ímpio radical, atormentado por exigências de salvação. Mas há outras frentes em que seu anticonformismo e sua voz singulares revelam-se ainda mais: na estética e no sentimento da natureza.

Ele não hesita, por exemplo, em defender na imprensa socialista o livro "anarquista e revolucionário"[68] *Viagem ao fim da noite*, publicado em 1933 por um desconhecido, Louis-Ferdinand Céline, não obstante já alçado às nuvens pelo adversário político Léon Daudet. Sem titubear, vê nele a "obra mais significativa publicada nos últimos dez anos", embora a tempere com seus próprios valores literários: Conrad e Pierre Mac Orlan. Seja como for, o jovem crítico não pretende confinar-se à alternativa da época: a estética clássica da Action Française contra a visão dogmática e esquelética da estética marxista. Claude Lévi-Strauss, então muito distante dos gostos clássicos que encarnou mais tarde na vida, afirma, ao contrário, o valor das produções da vanguarda sob todas as suas formas, e sempre com um fervor incontido: admira Meyerhold, "o mais prodigioso gênio teatral surgido em séculos"[69], descobre Vladímir Maiakóvski, "o arauto da Revolução Russa"[70], lê os surrealistas e, sobretudo, Aragon, *O camponês de Paris*. Em Céline, como em Nizan, em Paul Morand ou D.H. Lawrence, está atento às formas novas, em sintonia com o presente da literatura. Eis por que não tem nenhum pudor em aliar seu temperamento revolucionário à sua pulsão vanguardista. Ao contrário, resume nesse momento a grande utopia do século, a aliança da revolução política com a revolução artística e a necessária complementaridade de ambas: "A revolução social, assim como a revolução artística, deve ser pura e simplesmente a revolução"[71]. Pensemos que, nesse mesmo momento, os comunistas estão embasbacados ante o realismo socialista, doutrina estética elaborada por Jdánov que reinará sobre a reflexão artística até meados dos anos 1950. Contudo, mesmo no partido socialista, a despeito da presença eminente de intelectuais sofisticados como Léon Blum, ex-crítico, nem todos comungam essa crença na virtude espiritual e regeneradora da arte que move Lévi-Strauss: "O socialismo, para ser completo, deve se colocar tanto no terreno do espírito como no da economia política... Uma fórmula estética rica e nova é tão prenhe de conteúdos revolucionários como uma reivindicação sindical qualquer"[72]. Como nos primórdios da Revolução Russa, o artista autêntico, para Lévi-Strauss, está do lado dos revolucionários e da luta socialista. Eis por que, segundo ele, é urgente reconhecer seu lugar, seu *status*, sua função ao lado dos outros agentes da revolução. Encontramos efetivamente, nesses textos, em estado de esboço, a formulação de uma verdadeira e ambiciosa estética socialista.

Mais espantoso ainda: o elo, personalíssimo, que, para Lévi-Strauss, une "o sentimento da natureza e o espírito revolucionário". Em várias ocasiões, porém em parte alguma mais explicitamente do que na crítica de *Áden, Arábia,* de Paul Nizan, ele explora essas paragens desertadas pelas doutrinas socialistas: a contemplação sábia e sonhadora de um cosmo maior do que o homem, experiência redentora equivalente ao sentimento do Belo ou da luta por um mundo melhor, e, em todo caso, seu insuperável complemento. *Áden, Arábia* é publicado em 1931. É ao mesmo tempo um choque literário e um pequeno manifesto geracional. Lévi-Strauss, sem ser seu parente, conhece Nizan, que se casou com sua prima Henriette Alphen. Compreende a repulsa de Nizan por uma civilização comprometida e compartilha seu cansaço, embora se demarcando do célebre panfleto em dois pontos. Em primeiro lugar, ironiza "os laboriosos desvios" conhecidos por Nizan – um caminho muito "normaliano", esclarece Lévi-Strauss – antes de descobrir a pólvora: "O capitalismo é o culpado". Ora, muitos homens, inclusive aqueles militantes socialistas destratados por Nizan, "haviam encontrado isso, e de maneira mais meritória. Enquanto ele passeava seu *mal du siècle* por bairros reservados de cidades exóticas, eles dedicavam suas noites às humildes tarefas artesanais da revolução: recrutamento paciente de adeptos, jornais pacientemente encartados, correspondência copiosa para agrupar os isolados..."[73]. Defesa *pro domo* que exige um pouco de humildade do normaliano dissidente. O segundo ponto incide precisamente sobre o sentimento da natureza, tão severamente condenado por Nizan e mais tarde por Sartre, para quem apenas a presença humana significa e redime uma paisagem. Nada mais distante de Lévi-Strauss, já intensamente impregnado da ideia de que uma "filosofia do homem não poderia integralmente ocupar o lugar de uma filosofia do mundo"[74]. Do mesmo modo, prossegue, "para ser salvo"[75], a "luta pela Revolução não basta"[76]: "O contato com a natureza representa a única experiência humana eterna, a única que temos certeza de ser uma experiência verídica – o único valor absoluto atual a que podemos recorrer para adquirir a segurança que nos permitirá engendrar os valores absolutos da organização futura"[77]. Uma voz tipicamente lévi-straussiana já se faz ouvir aqui no jovem filósofo e militante socialista.

No outono de 1931, Claude Lévi-Strauss, ainda um pouco atordoado pelo esforço dispendido na *agrégation*, tenta se encontrar entre filosofia, direito e sociologia. Frouxamente, estabelece algumas estratégias de inserção nas redes universitárias da faculdade de direito. Ao seu amigo Maurice Deixonne, companheiro na Revolução Construtiva e, como ele, jovem *agrégé* de filosofia, afirma querer dar continuidade a uma demanda de Roger Picard por uma revista de direito "sem cor política": "Os colaboradores e leitores são especialistas: professores de direito, economistas etc. Gênero 'tedioso'. Como é possível que um dia eu opte pela filosofia do direito, não me desagradaria estar um pouco – o menos possível – em contato com esses meios"[78]. A filosofia do direito lhe permitiria ingressar automaticamente na universidade e tornar-se um professor universitário que faz política, modelo corriqueiro na República dos Professores, do lado radical mas também do lado socialista.

Ao mesmo tempo, Claude Lévi-Strauss não pretende a sinecura universitária. Na Revolução Construtiva, aspira-se não só a fazer, como a pensar política. Pierre Boivin, por exemplo, amigo de Lévi-Strauss à época, normaliano, *agrégé* de filosofia, espírito lúcido e irônico, tendo feito sua monografia de fim de curso com Célestin Bouglé, amigo infalível e militante socialista de valor, ingressará no gabinete de Jean Zay, ministro da Educação em 1936 (e morrerá brutalmente em 1937). Ele representa sem dúvida um dos horizontes possíveis para Lévi-Strauss, cujo modelo, contudo, tende mais claramente para uma tarefa teórica. Já mencionamos que, no plano do livro a ser escrito, ele se comprometera a dar conta do "esboço de uma metafísica a serviço da Revolução". Não modera a ambição intelectual a ser exigida de si mesmo; escreve, portanto, a Maurice Deixonne que o objetivo do livro é criar "um método que nos permita a elaboração do conteúdo da civilização futura"[79]. Esse tropismo demiúrgico aproxima-o nitidamente de dois modelos: o que representa De Man para o Partido Operário Belga ou, a rigor, Marcel Déat para a SFIO. Ele se veria muito bem nessa época como "o filósofo do partido socialista" e, apesar do distanciamento dessa ambição inicial, o velho homem ainda sentirá o que o fazia vibrar quando jovem: "O partido socialista era um meio muito vivo, no qual era possível sentir-se bem consigo mesmo. A ideia de lançar uma ponte entre a grande tradição filosófica, estou falando de Descartes, Leibniz, Kant, e o pensamento político tal como Marx o encarnava, era muito sedutora. Mesmo hoje, compreendo ter sonhado com isso"[80]. Tornar-se o renovador teórico do marxismo socialista também seria uma maneira de atar seus dois lados, suas aspirações contraditórias, visíveis em suas admirações por seus dois modelos: o poder do pensamento e a preocupação com a ação, a audácia revolucionária de um pensamento da mudança e a recusa das quimeras, os vastos panoramas ideológicos e o empirismo da experiência vivida, a linha geral do rio revolucionário e as perspectivas sempre inteiramente novas que cada meandro proporciona[81].

REDENÇÃO: A ETNOLOGIA [1931-1935] 4

Quem ou o que me levou então a explodir o curso normal da minha vida? Teria sido uma astúcia, um habilidoso desvio, destinados a me permitir acoplar minha carreira a vantagens suplementares que me seriam proporcionadas? Ou minha decisão exprimia uma incompatibilidade profunda com meu grupo social, do qual, não importa o que acontecesse, eu estaria fadado a viver cada vez mais isolado?

CLAUDE LÉVI-STRAUSS, *Tristes trópicos*[1].

Entre 1931 e o começo de 1935, Claude Lévi-Strauss cresce rapidamente. Ei-lo soldado, jovem professor e até mesmo casado. Esses anos vertiginosos rumo à idade adulta ganham a forma de um romance de formação pela diversidade dos mundos atravessados: a caserna, o vilarejo, sem esquecer o lar dos recém-casados, uma série de locais balzaquianos que delineiam uma juventude bem francesa e uma integração profissional tão célere quanto bem-sucedida.

Porém, subitamente, pela graça de um telefonema de Célestin Bouglé, no outono de 1934, vem a bifurcação: ele propõe ao jovem *agrégé* de filosofia partir para o Brasil a fim de fazer um estágio etnográfico, oferecendo-lhe um posto na nova Universidade de São Paulo. O que ele aceita.

Em matemática, a teoria das bifurcações modeliza uma situação na qual uma pequena modificação de um parâmetro físico produz uma mudança radical na organização do sistema. A conversão de Claude Lévi-Strauss à etnologia deriva desse tipo de "bifurcação", um "acidente biográfico" similar a uma doença ou conversão religiosa, que resiste à compreensão das ciências sociais e merece nossa atenção, pois subverte nada menos do que o estado do campo intelectual internacional no século XX. Que sentido dar a essa partida tão brusca quanto imprevisível e que permanece, apesar de tudo, enigmática? Em *Tristes trópicos*, Lévi-Strauss utiliza duas imagens para qualificar esse salto no vazio de 1935: ali, a etnologia é vista como "porta de saída", mas também como "tábua de salvação". Entre defecção e redenção, a etnologia, escolha provisória ou vocacional, todavia não significa necessariamente uma ruptura total com o universo que o constituiu. Ela está à altura de outras rupturas e outros investimentos partilhados por jovens espíritos brilhantes de sua geração. A etnologia é uma das opções possíveis para conciliar a vida e a escrita, a produção erudita e a aventura, o mundo sensível e o mundo racional. É igualmente uma maneira de se exilar de um mundo onde tudo se diluiu muito depressa, com a esperança, talvez, de voltar aureolado de glória, como aqueles adolescentes indígenas que deixam suas tribos a fim de se submeter a provas que, caso delas saiam vencedores, eles converterão em ascendência sobre os seus.

CRESCER

Em 1931, o jovem *agrégé* de filosofia é incorporado como praça numa caserna em Estrasburgo; em 1932, casa-se e assume um primeiro posto em Mont-de-Marsan, seguido um ano depois por uma nomeação para o liceu de Laon, ao passo que sua mulher, igualmente *agrégée* de filosofia, ensina em Amiens. Serviço militar, casamento, inserção profissional e independência financeira: as fases da passagem da adolescência tardia à vida adulta em nossas sociedades são aqui atravessadas em poucos meses. Todavia, essa maneira de entrar energicamente na idade responsável não corta o cordão atado ao núcleo familiar. Esse laço se exprime por uma intensa atividade epistolar, que hoje nos permite reencontrar, em toda a sua pureza, o soldado, o jovem professor e o marido solícito[2].

"Soldado Lévi, 158º regimento de infantaria, CET, Caserna Stirn, Estrasburgo". Cenas da vida militar

Lévi-Strauss, futuro explorador dos ritos e mitos das sociedades selvagens, experimenta um dos grandes ritos de passagem das sociedades ocidentais democráticas, o serviço militar. É igualmente um dos mitos fundadores da República francesa: a mistura social e geográfica desse ano de formação cidadã e militar como alambique da nação.

O jovem soldado chega a Estrasburgo, à caserna Stirn, em outubro de 1931. Está lotado no 158º regimento de infantaria, nos Dispositivos e Transmissões (CET), isto é, rádio, telégrafo, telefone, sinais ópticos. Após alguns meses dessa vida de caserna, consegue, graças às suas amizades políticas, ser designado para uma "sinecura" que lhe permite regressar a Paris na primavera de 1932; será então encarregado da assessoria de imprensa do ministro, no Ministério da Guerra.

Nesse ínterim, contudo, cumpre seus deveres com grande dinamismo e curiosidade. As torpezas e desconfortos da vida militar o oprimem, mas são suportados com humor e certa indiferença, o lhe proporciona a alegria de contá-los em detalhe a seus pais. Tão logo chega à caserna, é submetido a um ditado, a uma redação ("Conte sua vida etc.") e a quatro operações matemáticas "muito difíceis e que só resolvi a muito custo". Sofre com a promiscuidade dos banheiros coletivos e descreve com um mapa e indicações precisas a única cabine razoavelmente tranquila; atenta para a comida e aponta sua má qualidade, mas o encontro com uma parte de sua família alsaciana lhe permite se sustentar, ainda que tenha de suportar o tédio de intermináveis almoços dominicais. Entre as conferências do capitão (com projeção!) sobre doenças venéreas – "numa voz tão confidencial que não escutei nada" –, espetáculos e tardes cinematográficas (documentários sobre os tanques de assalto) e a aprendizagem do morse, o tempo passa sem que ele perceba. Logo recebe sua matrícula: 9835. À sua volta, "ninguém do 16º nem da minha classe social", mas sujeitos simpáticos, três seminaristas, um judeu ex-russo, engenheiro de som na Paramount, com quem tem grandes discussões técnicas; outro judeu, "com ideias políticas saudáveis porém cândidas – comecei sua educação!" (S12). Lévi-Strauss evolui num clima de camaradagem, a despeito das diferenças sociais e intelectuais. Emprega seus recursos táticos e oratórios junto ao capitão, recorrendo à voz da moderação para obter o máximo de vantagens para todo mundo, donde certa popularidade ele nota sem desprazer, ao mesmo tempo cultivando sua discrição. Com efeito, conseguiu um quarto na cidade, à rua Charles-Appell, que lhe permite isolar-se aos domingos e nas raras horas de folga.

Lá, lê assiduamente os jornais – *Le Populaire*, de Blum, que "representa para [ele] alguma coisa como o Bom Deus" (S36) –, romances policiais, vai ao cinema assistir a *Ópera dos três vinténs* em versão alemã, que o entusiasma, mais rica do que a versão francesa, revê *O milhão*, de René Clair, descobre Raimu e Fresnay em *Marius*, extasia-se com o conforto do cinema Paramount, que, de Estrasburgo, o transporta para os Grandes Bulevares em Paris. Ao lado dos clássicos norte-americanos, também gosta de assistir aos filmes soviéticos, mesmo estando consciente, como socialista esclarecido, da apropriação estetizante de que são objeto na França, pois "convém admitir que, ao admirarmos neles a beleza da imagem ou da direção, cometemos um verdadeiro e monstruoso contrassenso. Não são absolutamente obras de arte, e sim fitas didáticas filmadas para a edificação e cooptação de camponeses analfabetos" (S51). Se o cinema é para o soldado Lévi uma distração essencial, a fotografia é objeto, numa discussão iniciada há anos com seu pai, de uma alternância de recomendações técnicas e reflexões teóricas. É o veículo da época, o da modernidade e da ruína do pai, mas também do renascimento artístico possível, com a condição de se compreender sua linguagem: "O que seria detestável, justamente, é que o ajuste fosse preciso em todos os planos. Nas fotos alemãs, o admirável é justamente que um único, com um quarto de milímetro no máximo, seja perfeito. É isso que gera as ênfases e deixa outras partes do objeto mais amplamente tratadas, assim como num quadro. Um acabamento uniforme só daria um mau documentário" (S27); "Parece-me que a fotografia tem como missão apresentar aspectos das coisas que o olho normalmente não é capaz de apreender; aí reside todo o segredo da fotografia de Man Ray" (S32). Os trabalhos práticos continuam. Seu pai lhe envia fotos de flores, que o filho às vezes critica severamente. Os dois têm intermináveis discussões técnicas e comentam as virtudes comparadas da "Korette f/4,5" ou da "SOM Berthiot f/4,5". Lévi-Strauss desejaria dispor de uma câmera fotográfica ou mesmo de uma filmadora, pois a "vida militar é de uma fotogenia prodigiosa, principalmente durante as marchas".

As marchas no campo alsaciano não são nenhum sacrifício para ele, mesmo curvado pelo peso da mochila, do capacete e do mosquetão. Reservam até momentos eventuais de deslumbre em que o esforço físico exalta a captação da paisagem em instantâneos emocionantes: "Demos uma volta soberba, saímos pelo leste, na direção da floresta, depois retornamos ao Reno, maravilhoso, sob um céu plúmbeo com o sol na contraluz; por fim, atravessamos a ponte de Estrasburgo, cujas barcaças multicoloridas e grandes como cargueiros me entusiasmaram" (S18). Mas as marchas não são toda a vida militar. Grande parte do tempo é reservado a ocupações diversas, inspeções, instalações de fios de antenas, e, quanto ao resto, "é o liceu: funcionamento do telefone, esquemas de diversos modelos, sinais convencionais de correspondência etc. etc. Sim, o liceu, salvo que, em toda a minha vida, nunca fui tão sacudido" (S36). Exercícios de aprendizagem de leitura pelo som, manobras de rádio, trabalho de ligação com os aviões: "Estes se comunicam conosco pelo rádio e nós lhes respondemos com a ajuda de enormes painéis de vários metros, com significações múltiplas e técnicas – é uma linguagem própria que trabalhamos diariamente" (S36). Observemos o interesse evidente por essa ginástica linguística feita de codificação e decodificação, que, com o passar do tempo, no entanto, é descrita com certa ironia, demonstrando toda a sua trivialidade. Lévi-Strauss começa a perder a paciência e se cansa de prender seus botões. A curiosa experiência da vida militar vai se tornando menos saborosa à medida que se estende. Com efeito, começa a cansar desse misto de ócio e agitação: "Quase chegamos a desejar que haja guerra para dar uma justificativa à nossa presença!". A dimensão lúdica – o terreno de exercício como campo de jogo – da vida militar que ele apreciava no início agora lhe parece ainda mais pueril, na medida em que virou um crítico da potencial eficácia das operações. Uma demonstração de ligação terra/ar deve ser feita para a instrução dos oficiais, na qual Claude Lévi-Strauss e seus colegas são encarregados da decodificação das mensagens dos aviadores. A operação é ao mesmo tempo bem-sucedida e de certo modo patética. Tudo aquilo se afigura "brincadeiras de bebês". Quanto aos graduados, não estão à altura: "Quando pensamos que todos esses personagens tacanhos e pueris poderiam perfeitamente manobrar homens de verdade numa guerra de verdade!" (S50). A ficção da preparação para a guerra mancha a vida de caserna do militante pacifista e antiversalhês. Dentro de pouco tempo, ele se cansa de brincar de guerrinha, ainda mais que ela está radicalmente fora de seu quadro intelectual. Não quer saber dela nem quer vê-la: "Rosto pacífico da França: nosso campo de exercícios de Cronenbourg, a dois quilômetros de Estrasburgo, está atulhado de galpões de zinco e madeira, que julgávamos ser abrigos de ferramentas ou alguma coisa do gênero. Hoje, a porta de um deles estava aberta e descobrimos com estupefação em seu interior um enorme canhão de 155, montado sobre um eixo dentro de um receptáculo de cimento armado, com trilhos etc., o conjunto tinindo de novo e pronto para funcionar" (S27). Essa imagem do canhão o obseda, como um súbito retorno do real ou uma imagem subliminar do futuro.

Quem é esse rapaz que o crivo do serviço militar nos deixa entrever? Uma silhueta comprida de adolescente robustecido pelos exercícios físicos, encimada por uma cabeça de intelectual que trocou o cigarro por um cachimbo, do qual ele enfatiza a "dimensão colossal do fornilho!" e o fato de que "limpa cuidadosamente o nariz com ele"... Líder, porém cultivando a solidão, apreciando seu conforto, mas igualmente a vida ao ar livre, aceita com humildade as sujeições da condição de recruta sem tentar, ao que se saiba, ser reformado. Ávido de experiências, vê o serviço militar como um alhures social que o desarraiga tanto quanto o campo alsaciano. No entanto, passado um certo tempo, entedia-se definitivamente. Poderoso bordão da vida de Lévi-Strauss e avesso de sua grande curiosidade, esse tédio podia ganhar proporções prodigiosas, de que só a vida intelectual foi capaz de preservá-lo. Embora o jovem soldado tenha deixado os pais pela primeira vez, cultiva com eles uma relação inteiramente especial, que inverte as polaridades afetivas tradicionais: Claude aconselha o pai no que se refere às suas atividades e lhe recomenda que se recicle em direção ao cinema; essa solicitude bem paternal o leva igualmente a tranquilizar amiúde os pais, ainda que, de tempos em tempos, se rebele contra a tirania da correspondência (e da preocupação) familiar(es). Com efeito, basta não escrever durante alguns dias que a angústia aumenta. Isso faz com que ele alimente quase diariamente seus pais com conselhos de leitura, recomendações de filmes em cartaz, reflexões e histórias, por uma espécie de canal contínuo de informações, opiniões, afeição, tudo com grande autoridade e terna cumplicidade.

Dina. A fisiologia do casamento, verão de 1932

De repente, no verão de 1932, surge a mulher. Nada antes, nenhuma menção na abundante correspondência familiar; logo em seguida, o casamento, que Lévi-Strauss torna "oficiosamente oficial" junto aos seus pais. Dina Dreyfus entra de supetão na vida de Lévi-Strauss, isto é, como uma aparição. Sabemos pouca coisa, paira um perfume de enigma sobre o episódio. Onde a conheceu? Lévi-Strauss não fornece a crônica de suas pulsações sentimentais. Assim, vamos às hipóteses: talvez nos bancos escolares da Sorbonne, onde ela também estudou filosofia, a menos que a vida militante socialista os tenha apresentado; talvez na primavera de 1932, quando o jovem soldado está novamente em Paris, talvez antes. Partilham o fervor socialista, pois Dina Dreyfus vem de uma família judia italiana, tendo vivido ao vivo, em Roma, o surgimento da violência fascista nascente, quando em 1922, morando perto da Porta Pia, em cima de um aparelho do partido comunista, assistiu, garota, à pilhagem da sede socialista por um grupo de camisas-negras. Essa marcha sobre Roma vivida com os olhos da infância é um trauma fundador de seu engajamento político, como ela contará mais tarde[3]. É lícito então pensarmos que seus pais são exilados italianos, judeus, engajados à esquerda e refugiados em Paris.

Dela, conhecemos as fotos em preto e branco do Brasil, nas quais, no ambiente de acampamento, parece um pastor com cabelos cacheados, aventureira com um quê de androginia e juventude risonha. Na realidade, a jovem – como a mulher madura mais tarde – irradia uma beleza intensa, realçada por sua elegância ao se vestir, seu cabelo louro veneziano e um delicado perfume; os olhos claros, a voz vibrante com um forte sotaque italiano, possui no mais alto grau o que Madame de Staël chama de "o tato das circunstâncias"[4]. Parece ter marcado todos aqueles que conheceu, em especial seus alunos, hoje únicas testemunhas do que ela veio a ser nos anos 1950-1960, a saber, uma grande dama da instituição filosófica francesa[5]. Antes disso, porém, e embora nunca tocasse no assunto, havia sido a jovem mulher de Claude Lévi-Strauss, oficialmente unida a ele em meados de setembro de 1932 – então com 20 anos –, às vésperas da partida do casal para Mont-de-Marsan, que foi portanto ao mesmo tempo o primeiro local onde ele foi lotado e sua viagem de núpcias!

Com efeito, esse verão de 1932 não é ocupado somente pelos preparativos do casamento, de resto reduzido à sua mais simples expressão; é a hora das estratégias e dos mapas de estado-maior: "Mont-de-Marsan seria aceitável, mas com um carro [...], Alès viria a calhar, se o posto estivesse vago. Guéret isolada demais no que se refere a comunicações com o exterior. Digne também. Saint-Omer fica ao lado de Calais, mas é uma região suja". Outras escolhas consideradas: Foix, Rochefort, Aurillac... E Laon, mas este é um posto duplo e destinado ao colega Kaan e sua mulher. Reina a agitação, compara-se (Boivin é nomeado para Béziers), colhem-se informações, tenta-se falar com os inspetores gerais enquanto o movimento não se encerra. No fim, será Mont-de-Marsan: "Começo a tomar o partido de Mont-de-Marsan, uma vez que não há nada a fazer senão estrear num buraco" (P10).

O Banquete das Landes. Cenas da vida rural

O liceu da província, pois. Para Lévi-Strauss, o liceu Victor-Duruy, com seus tijolos cor-de-rosa e suas pedras de cantaria. "Vi a sala de aula, que dá para o parque; não é grande, e reinarei sobre um pequeno estrado de madeira que tem exatamente as dimensões da mesa preta que repousa sobre ele e onde decerto terei uma cara completamente ridícula" (M3). É a etapa obrigatória do *agrégé* (uma vez em regra com suas obrigações militares). Após anos de soterramento em estudos hiperintelectuais e uma formação sofisticada, os novos jovens professores são largados em capitais de departamento ou de distrito e encarregados de formar os espíritos das classes de filosofia. Esses períodos são uma espécie de parênteses. Há os que têm talento para vivê-los como momentos de felicidade e curiosidade despertada por mundos diferentes, como fará Simone de Beauvoir em Marselha, com suas excursões-maratonas ao maquis de Maures. Quem sabe em que essas nomeações de espíritos brilhantes para a província contribuíram para a vida dos intelectuais desse país?

Mont-de-Marsan é a capital do departamento das Landes, bonita cidadezinha atravessada pelo Midouze. Ao chegar, o jovem casal se deslumbra com tudo: a floresta de pinheiros na orla do vilarejo (além de salgueiros, castanheiras, loureiros), cogumelos perfumados, a amplitude do fluxo e da multidão drenada pela feira bienal, o mercado de gansos e suas centenas de palmípedes em fila indiana, os pregões na rua oferecendo mexilhões e ostras de Arcachon. Aguardando um alojamento, os recém-casados instalam-se provisoriamente num hotel e compram "indescritíveis polainas marrons" para Dina, que a fazem parecer "uma princesa persa" (M20). Após arranjar um apartamento, o jovem casal organiza sua nova vida, regularmente registrada pelo filho, agora marido, nas cartas que não raro Dina prolonga, sempre muito afetuosa, uma "nova filha".

Esse ano em Mont-de-Marsan, para Lévi-Strauss, é o ano dos aprendizados em todas as suas formas: dar as primeiras aulas, organizar a vida material, cozinhar, dominar a vida de província e a vida a dois. O humor alegre que colore toda a correspondência desse ano nas Landes sugere uma bela aliança entre os dois e a descoberta comum de tudo que lhes é caro: os céus das Landes, "de uma sutileza e distinção que raramente encontrei em outra parte, finos e delicados, ao mesmo tempo que suntuosos", os passeios de bicicleta (Dina aprende a domesticar a engenhoca), a festa gastronômica que lhes prodigaliza aquele paraíso e, por fim, a política local, pela qual ambos são fanáticos.

A comida é assunto recorrente, até mesmo maníaco, da correspondência: não só análises precisas e detalhadas dos cardápios da semana, preços, orçamento das compras, como troca de receitas com a mãe, pedidos de informações (e a "sobremesa ameixas-tâmaras-creme de leite fresco, as trufas de chocolate e os croquetes à moda judaica"? [M47]) e o relato de expedições gastronômicas, como a efetuada a Villeneuve-de-Marsan, onde comem "corações de alcachofra com creme e cogumelos e fígados de ganso semicevados ligeiramente cozidos, rosados por dentro: uma maravilha". Lévi-Strauss não deixa de informar aos seus pais que visitou seus amigos de Bayonne, os Mathieu. Acha-os um pouco maçantes, mas o tédio é compensado pelo entusiasmo com que acolhe o almoço (mesmo esquema de Estrasburgo): "Formidável, atordoante: azeitonas com anchovas, linguiças com maçãs cozidas na pedra, pombos-torcazes ao molho que nunca esquecerei na vida, salada, bolos, frutas, café, armanhaque, aguardente de nozes, licor de cassis, sei lá mais o quê, e um vinho espanhol que arranha a goela". Comentário de Dina: "Claude estava muito animado, corado e expressivo, muito bonito de ver, por sinal. Fez muito sucesso junto a Thérèse, que nunca o vira senão grave e severo como ele é na vida cotidiana, mas agora sei o que um pouco de moscatel pode fazer" (M19). Entrementes, Lévi-Strauss vai comprar uma garrafa de moscatel com contrabandistas e a traz cuidadosamente dissimulada na manga de sua capa de chuva.

Outro personagem dessa abundante correspondência, e dessa vez essencialmente viril: o automóvel. Além da atração da beleza tecnológica de que ainda se reveste o registro automotivo nessa época longínqua, é um objeto de desejo pela embriaguez da velocidade, sem esquecer a necessidade, desde cedo proclamada, de um carro no caso de uma nomeação numa cidade isolada. A aquisição, porém, revela-se vital quando Lévi-Strauss se lança na política local. Nesse caso também, um fluxo de informações reverberado pelo pai irrompe nas cartas do filho: falam de carburador, motor, freios, cilindros, carroceria: "O primo de Pierre muito hostil ao mono-seis, motor muito delicado, ele diz. O Peugeot 5 CV não é mau" (M45). Observemos que Pierre Dreyfus, ator eminente nesse assunto de compra de carro, se tornará presidente da fábrica Renault em 1955... "Belíssimos conversíveis 5 CV"; o novo Ford 6 CV é "de cair o queixo", mas caro demais para seu orçamento, que só lhe permite o mais banal Citroën 5 CV, também conhecido como Trèfle. Em janeiro de 1933, Dina e Claude Lévi-Strauss voltam de Paris em seu próprio carro. É dirigido por outros, o que não impede em absoluto o proprietário de se entusiasmar: "Parece que o cabeçote rebaixado é fantástico, permitindo chegar a 75!" (M60). Idade de bronze do automóvel, ainda uma tremenda aventura... Pois é justamente uma aventura, contada amiúde por Lévi-Strauss, que liga sua paixão automobilística ao grande assunto desse seu ano nas Landes: seu investimento no socialismo local. Tendo decidido se apresentar nas eleições cantonais, ele compra um carro, uma vez que há um punhado de comícios programados. Ora, logo no primeiro dia, acompanhado de Pierre Dreyfus e Dina, Claude, ao volante, embora sem habilitação, atira o carro num fosso. Passa uma hora em completa amnésia, ferido na testa, e tem um derrame articular no joelho esquerdo, Pierre Dreyfus vomita sangue e perde a sensibilidade em metade do rosto, Dina sai ilesa. Segundo noticia a imprensa local, estão gravemente feridos, enquanto a Radio Toulouse os dá como praticamente mortos, o que angustia sobremaneira todos os camaradas socialistas do departamento (M70). O carro não está no seguro e o desgarramento da estrada foi sem dúvida provocado por pneus cheios demais. Esse acidente é importante, pois, no relato retrospectivo feito diversas vezes por Lévi-Strauss, ele encerra definitivamente seu engajamento socialista[6]. Ora, ao contrário, essa defecção não desarma de forma alguma o jovem socialista que tão galhardamente se lançara na aventura: "Essa candidatura me diverte muito, ainda mais que sou duplamente inelegível, não tendo nem 25 anos nem seis meses de residência no departamento. [...] Meu concorrente é Milhès Lacroix, senador-prefeito de Dax, 55 anos, reacionário. Vai ser muito engraçado" (M40). Nem elegível, nem eleito, nem portador de habilitação, nem proprietário de um carro! Claro, o acidente lhe vale um pequeno bilhete panfletário, conservado em seus arquivos e intitulado "O comício em Saint-Martin": "Queres governar o tanque do Estado/ E não sabes dirigir a própria cavalgadura/ Ai! Deixaste-a em lastimável estado/ Indo perorar a cidade futura/ Também devastaste a própria figura/ E sentimos muito esse desagradável acidente/ Mas duvidamos de ti e que seja competente/ Senhor professor, é mister falar/ Antes de nos governar, aprende a guiar"[7]. Etc. O acidente não extinguiu nem seu ardor político nem seu ardor automobilístico. Algumas semanas mais tarde, faz seu primeiro exame de motorista e... é reprovado em 13 de março (como Dina depois dele, e tantos intelectuais mais ligeiros com a dialética do que com a embreagem). Fica fulo da vida: "Examinador feroz, sobrenome com partícula nobiliária. Embrenhou-me num dédalo de ruelas com curvas bruscas e várias ladeiras. Julguei-me bastante sensato e prudente mantendo a segunda. Isso não o agradou" (M63). O que representa uma catástrofe, pois volta a dificultar suas atividades políticas, em absoluto abandonadas nesse ínterim.

O que amalgama as duas paixões do momento, automóvel e gastronomia, é efetivamente a política local, na qual Lévi-Strauss decide engajar-se integralmente, após ser convidado por Broca, um colega de Montfort-en-Chalosse, para criar uma nova seção da SFIO: "Alegro-me com esse início de atividade militante, pois a federação das Landes começava a me parecer sinistra! E depois, tem os *foies gras* do camarada!" (M30). A ação de Lévi-Strauss faz parte, aliás, de uma ofensiva de reconquista dessa região de meeiros e grandes propriedades, onde os socialistas podem explorar argumentos de luta de classes que os radicais ocultam zelosamente. Essa nova firmeza no enfrentamento com o radicalismo populista de que Lévi-Strauss dá mostras resultará, alguns anos mais tarde, numa verdadeira presença socialista nas Landes, reforçada pela dinâmica da Frente Popular. Perante cerca de vinte pessoas, ele toma a palavra na nova seção: "Foi uma exposição do socialismo de uma hora e quinze, uma hora e meia [...] Algumas comunas não viam propaganda socialista desde Jules Guesde, há vinte anos". Broca leva-o para visitar sua pequena fábrica de derivados de ganso, mas também de rolhas; Lévi-Strauss está fascinado e se julga de volta ao tempo das confrarias e das corporações de ofício. Seu entusiasmo pela incursão político-gastronômica é proporcional a seu cansaço da "passividade política em Mont-de-Marsan", onde os militantes estão "paralisados por uma política municipal de colaboração com os radicais; e como só há radicais para combater aqui..." (M26).

O rapaz, acompanhado pela mulher, é um azougue. Participa agora de todas as ações, percorre o departamento, discursa, se não para as massas, ao menos para punhados de militantes, empreende uma atividade de propaganda, passa na gráfica depois das aulas: "Agora sou praticamente a Federação, pois diretor de toda a propaganda. A coisa vai ficar feia!" (M59). Essa referência ao mesmo tempo séria e lúdica à política não é sem dúvida exclusividade de Lévi-Strauss. Pensemos em Paul Nizan em Bourg-en-Bresse, e em todos os jovens *agrégés* de filosofia que, quase sempre, se tornam missionários da esquerda na província, contentes, em seu tédio relativo, em investir suas ovelhas no proselitismo socialista ou comunista. Esse modelo, típico do entreguerras, do professor de filosofia militante na vida local é reproduzido com a energia que o caracteriza por Lévi-Strauss, sempre muito voluntarista e entusiasta, confiante em sua capacidade de "sacudir" seu mundo. A conjuntura de crise em 1933 faz pairar a ameaça de queda dos salários dos funcionários. Um abaixo-assinado dos professores é entregue ao diretor do liceu Duruy: "Estava redigido de uma maneira ridiculamente frouxa; interferi e consegui aprovar por unanimidade uma manifestação de solidariedade total aos sindicatos de funcionários. Aliás, embora partidário de uma greve de meia hora, não a propus, sabendo que não seria seguido" (M60).

Seus recursos retóricos e sua cultura militante aguerrida logo lhe granjeiam influência na escala do departamento. Em fevereiro de 1933, é convidado a tomar a palavra na inauguração da escola laica de Saint-Martin-de-Seignanx em nome da Federação, perante o sr. governador, o inspetor regional e o deputado (radical) da circunscrição. "Não é hora de contar piadas." É realmente a República dos Professores descrita por Albert Thibaudet, a quem Lévi-Strauss dedicou uma crítica venenosa em *L'Étudiant Socialiste*[8]. A imprensa local refere-se à "magistral exposição de Claude Lévi-Strauss sobre a escola laica, gratuita e obrigatória". Na realidade, à falta de piada, Lévi-Strauss, ao mesmo tempo que enaltece as virtudes emancipadoras da escola republicana, desenvolve uma crítica vigorosa da concha vazia que é a laicidade radical e propõe uma visão mais articulada da laicidade como "humanismo trabalhista"[9]. Pressentindo que o jovem socialista vai se rebelar, pedem que fale no banquete seguinte. Relato de Lévi-Strauss em forma de *ethnographic account* de um momento da cultura política de esquerda à francesa: "Bela escola feita de vidro, ar e espaço. Discurso do prefeito, do inspetor primário, do diretor, do deputado radical Lassalle, do subprefeito, *Nona sinfonia* entoada pelos guris. Eu estava felicíssimo de não estar envolvido naquela manifestação de união nacional. Após a inauguração, coquetel na prefeitura, depois um banquete para noventa pessoas, muitos proletários (camponeses, funcionários, operários) numa grande sala de madeira toda forrada de ramos de pinheiro. Que banquete! Começamos à 1h40. Às 6h, não tinha terminado! Mas nunca vi nada tão bem degustado e ingerido. Primeiro, sopa, depois embutidos diversos; em seguida, um salmão (não estou exagerando) de 1,5 metro de comprimento que trouxeram inteiro, frio e rodeado de maionese, depois filé com cogumelos e armanhaque, alcachofras recheadas com queijo, perus trufados alucinantes, e salada, bolos monumentais cingidos por fitas, frutas, vinho espumante, café, armanhaque. Tudo regado por vinhos de Saint-Émilion, tinto e branco de primeira ordem. Era inimaginável, no geral mais delicioso e sofisticado do que nos grandes restaurantes. Por isso eu estava um pouco embotado quando me passaram a palavra naquela assembleia de homens bêbados. Proferi um grande discurso sobre o socialismo e a laicidade, que irritou bastante o subprefeito, mas que foi entrecortado por aplausos. Parece que foi bom. Falei três quartos de hora mais ou menos, em seguida Lassalle tomou a palavra para dizer que estava totalmente de acordo comigo; mas ele estava bêbado e não se saiu bem; em seguida, o subprefeito retomou a palavra e – discretamente – me congratulou, fez um brinde a Dina; no fim, os jornalistas de *La France* e de *La Dépêche*. As pessoas estavam no auge da excitação. Lassalle fazia de tudo para conquistar aquele novo e perigoso militante; um velho senhor muito distinto, paletó e calça cinza, veio me dizer com emoção que tempos atrás ouvira um orador da minha idade e do meu partido que era o único comparável comigo, Pierre Laval, que eu iria longe, que ele me lembraria sua profecia dentro de sete ou oito anos" (M54).

A despeito do caráter folclórico voluntariamente enfatizado para entreter os pais, essa experiência de política local lhe deixa uma marca indelével. Mais tarde, explicará a Georges Charbonnier que há "uma diferença não só de grau, como de natureza, entre a gestão de um conselho municipal e a gestão de um parlamento"[10]. Ali, as decisões eram tomadas em função da ideologia do partido no poder, decerto, mas sobretudo das inter-relações pessoais. Para Lévi-Strauss, este é o único nível de uma política autêntica, a escala possível para um conhecimento concreto dos problemas. Em outras palavras, num mundo moderno que multiplica os níveis de inautenticidade, na abstração de decisões em que ninguém controla nada, a noção de "nível de autenticidade" é ilustrada pela ação política local, da qual Lévi-Strauss, sem explicitar o que esta representa de intensamente biográfico, é, evidentemente, fino conhecedor. Ele prossegue, entregando-se excepcionalmente ao jogo da política-ficção num período, 1961, em que, não obstante, cultiva seu perfil de cientista desengajado: se o etnólogo se tornasse reformista, "preconizaria sem dúvida uma descentralização em todos os planos, de modo que o maior número de atividades sociais e econômicas se realizasse nesses níveis de autenticidade em que os grupos são constituídos por homens que têm um conhecimento concreto uns dos outros"[11].

Mas voltemos a Mont-de-Marsan, em 1932-1933. E as aulas em tudo isso? E os alunos? Alguns elementos esparsos delineiam a figura de um professor feliz: feliz em preparar suas aulas e depois ministrá-las aos adolescentes do liceu – cinco de filosofia, dez de matemática elementar – e às garotas do curso secundário, sempre "andando de uma ponta à outra da sala de aula; de modo que à noite [está] esgotado" (M7); ele suspeita que seus alunos não têm noção do valor da matéria-prima que lhes é oferecida, mas eles "escutam e parecem interessados. Minhas explicações de Baudelaire absolutamente improvisadas e, acima de tudo, extravagantes são especialmente fulgurantes". Pois o jovem mentor prepara aulas de filosofia e literatura, o que lhe permite inserir no programa autores de seu panteão pessoal: não só Baudelaire, como Ibsen. Sente um orgulho especial de seu curso sobre o dramaturgo norueguês, que ele começa com um "panorama da situação intelectual da Europa entre 1830 e 1910: pintura, passagem ao impressionismo; música, Wagner; poesia, simbolismo; literatura, Zola. [...] Depois, panorama da efervescência intelectual escandinava". Em filosofia, afirma ter ministrado "bons tópicos sobre a indução e o hábito". Em tese, os alunos devem receber um verniz de cultura científica. Coitado, aquele que mais tarde almejará alçar as ciências sociais ao nível das ciências exatas acha-se no momento completamente ultrapassado e confessa isso com o humor e a leveza que emana de toda essa correspondência: "Tentei uma vez mais compreender a teoria de Einstein, já que está em meus planos explicá-la aos alunos. Espero que eles fiquem mais satisfeitos do que eu. Em suma, vou blefar..." (M31).

Seus ex-alunos se lembram dele e, em 1984, fazem um perfil divertido de seu professor, na época pouco mais velho do que a dúzia de colegiais que o escutavam: "Ele gostava de deambular sem parar durante suas aulas em busca de uma inspiração que nunca lhe faltava. Seus olhos vivos e intensamente escuros tinham a faculdade de nos abarcar num relance, e seu andar naturalmente oscilante lhe permitia, com rara desenvoltura, rodopiar no mesmo lugar com uma prontidão desconcertante. Essa agitação aparente não tinha outro objetivo senão antecipar-se de certa forma ao fio de seu pensamento, em busca do termo mais apropriado, sem jamais recorrer à tentação fácil demais de um jargão esotérico. Sua consciência profissional era impressionante e nós lhe éramos gratos por isso: nenhum impasse quanto ao teor dos programas, deveres corrigidos com zelo e até mesmo condescendência. Ao que eu saiba, nunca nenhum de nós foi objeto de qualquer punição, sequer de uma simples admoestação, ao passo que ele gostava, ao contrário, de estimular, às vezes elogiar"[12]. Nenhum impasse quanto ao programa, tampouco contaminação do ensino, de uma neutralidade ideológica total, por suas convicções socialistas. No entanto, os jovens burgueses de Mont-de-Marsan conhecem as atividades militantes de seu professor, que aumentam mais ainda seu prestígio tingindo-o com um vago cheiro de enxofre[13]...

Momento importante e ritual para o recém-*agrégé*: a inspeção. Lévi-Strauss espera seu inspetor, o sr. Roustan, e prepara em vão "aulas fulgurantes". Finalmente, este chega e é uma aula "bastante metafísica" (M82) que seu jovem colega lhe apresenta, interrompido meia hora mais tarde pelo seu decano, que o parabeniza perante seus alunos. Em seguida, reunião no escritório do diretor, para falar de coisas sérias: os postos vagos para o ano seguinte. Pois, assim como no serviço militar, ele parece ter esgotado os encantos do exotismo de província. Dina Lévi-Strauss também faz a *agrégation*, que, a par de todas as suas atividades, seu marido a ajudou a preparar; é aprovada em julho, aos 21 anos. Após algumas tergiversações, ele é "promovido" para Laon, enquanto sua mulher é nomeada para Amiens.

Em Laon... e retorno

É então outra vida que começa, a vida esquizofrênica, na época do vapor, dos modernos turbo-professores de hoje que, em sua escala, os de ontem já conheciam. Cada um em seu liceu e cidade, Dina e Claude Lévi-Strauss aglutinam suas aulas nos primeiros dias da semana, durante os quais hospedam-se em hotéis, encontrando-se no final das semanas em Paris, onde voltam ao regaço dos pais, uma vez que residem à rua Poussin, no apartamento da família. Para Claude, esse ano e meio em Laon, de outubro de 1933 ao Natal de 1934, data em que é desligado do Ministério da Educação, é essencial, pois acompanha a evolução que direciona seu destino para a etnologia.

Prossegue suas atividades políticas, porém mais em Paris do que em Laon, onde não se demora, "embora a cidade em sua austera rudeza não deixasse de ter atrativos. Sua catedral atarracada e como que de cócoras tem algo que arrebata"[14]. A julgar por seus antecessores e sucessores, Laon é uma espécie de guarnição de província, procurada pelos jovens *agrégés* com pressa de retornar à capital. Louis Farrigoule, vulgo Jules Romains, que ocupou esse posto entre 1911 e 1914, enumera suas vantagens: "O posto de Laon [...] era muito cobiçado por sua proximidade de Paris – 1h44 de expresso – e pela leveza das obrigações que impunha – uma classe principal com cinco ou seis alunos, sem preparatório para as *grandes écoles*, e um horário nada sobrecarregado, convenientemente agrupado, que me permitia morar em Paris, passando duas noites por semana em Laon"[15]. Em 1936, ou seja, um ano e meio após a partida de Lévi-Strauss, é Jean-Paul Sartre que é nomeado para Laon. Ele também é um adepto dos começos de semana: chegando nas noites de domingo, parte no trem das 5h da quarta-feira. Em sua correspondência com Simone de Beauvoir, ele insiste diversas vezes no que chama de "seu ponto de vista laonês": "O da vida lenta e do ócio (da vida de província de antigamente); pois é, é preciso saber se entediar um pouco, sentir o tempo passando lentamente"[16]. Seus colegas farão uma conspiração para obrigá-lo a proferir o discurso oficial por ocasião do cinquentenário do liceu (fundado em 1887): "Foi Boivin, ex-professor em Laon e chefe de gabinete de Jean Zay, quem programou a visita do ministro e que sem dúvida o convenceu a ir a fim de impressionar os colegas", ele explica, brincalhão, a Beauvoir. Laon, Boivin, Sartre, a Frente Popular: esboço de uma imagem de um possível futuro de Lévi-Strauss, intimamente entrosado nesses diferentes círculos (*agrégés* de filosofia, socialismo) e que ficaria ausente da foto. Ele já bifurcou noutra direção.

O professor que o sucede, em janeiro de 1935, Valentin Feldman, é um brilhante filósofo, judeu russo emigrado para a França, que conhecerá um destino trágico: engajado na Resistência, será preso e fuzilado no monte Valérien em 27 de julho de 1942. Era um professor muito simpático, tecendo relações de fraternal cumplicidade com seus alunos, bem diferente do estilo de Lévi-Strauss, rigoroso, benevolente, atencioso, mas numa postura de neutralidade intelectual e avesso a interferir na vida de seus alunos, dos quais se afastava ao fim das aulas. Nem professor amigo, nem professor diretor de consciência. Nem Feldman, nem Sartre. No exercício da profissão de docente de filosofia, um novo modelo se difunde a partir do início do século, no qual o professor, recusando-se a ser um simples repetidor do pensamento dos outros, assume, ao contrário, uma função de produtor intelectual: seu ensino é sua obra; ela pede para ser sustentada por uma fala carismática e não raro subversiva, que faz dele mais que um professor: um mentor, formador, confessor[17]. É o estilo Alain, revisto e corrigido por Sartre. Ora, essa postura é inconcebível para Lévi-Strauss, cuja idiossincrasia profunda a ela se opõe. Sequer suas atividades políticas, muito mais intensas do que as de Sartre na época, são conhecidas de seus alunos em Laon e, de toda forma, não interferem em nada no conteúdo de suas aulas. Ao mesmo tempo, ainda que de maneira retrospectiva, Lévi-Strauss apropria-se do paradigma da "vocação", consubstancial a esse novo modelo, para aplicá-lo à etnologia e dar as costas à filosofia.

BIFURCAR

Um *outsider* da etnologia

Qual é a situação da etnologia francesa quando Claude Lévi-Strauss se prepara para adentrá-la? É um saber em vias de institucionalização, no qual convivem, de maneira passional, uma fé absoluta nas ciências e o interesse artístico de vanguardas fascinadas pelos mundos exóticos, tudo isso iluminado pelo discurso humanista da esquerda ou o reformismo colonial da Frente Popular e estimulado por certa voga mundana. Parodiando Lautréamont, podemos dizer que é o cruzamento do ex-surrealista Georges Bataille e do *chartiste** Alfred Métraux em torno de um objeto pré-colombiano, cuja exposição foi financiada pelo visconde de Noailles, presidente da Sociedade dos Amigos do Museu de Etnografia do Trocadéro, e que reencontramos dez anos depois devidamente etiquetado na arca da ciência do povo, no Museu do Homem.

Essa particularidade francesa, que consiste numa "contiguidade duradoura"[18] entre a etnologia e as vanguardas, foi reiteradamente apontada. Nada igual em outras plagas. Na França, as conexões amistosas e intelectuais são muito fortes entre alguns surrealistas (dissidentes), como Bataille, Leiris, Desnos, Queneau, Limbour, e o meio etnográfico. Todos se encontram, aliás, numa revista, *Documents* (quinze números publicados), que, em 1930 e 1931, torna-se a plataforma partilhada de uma nova visão de mundo. Para James Clifford, essa colaboração repousa numa atitude fundamentalmente "etnológica", na medida em que abala as certezas adquiridas. A guerra de 1914 legou a essas gerações a ideia de uma falência completa da civilização ocidental e, junto com ela, dos paradigmas que a sustentavam: a realidade, a normalidade, a superioridade. Essa fissura profunda na ordem das crenças adquiridas permite não só as incursões do estranho no familiar da cidade – busca surrealista – como o questionamento das evidências, com o aporte de alternativas exóticas que se tornam inspiradores poderosos tanto para as artes como para os meios acadêmicos. Essa *Weltanschauung* compartilhada transparece no abandono, da parte da *Documents*, de todo critério hierárquico entre alta e baixa cultura; a revista

* Estudante da École Nationale des Chartes, especializada na formação em ciências auxiliares da história, como historiografia, numismática, genealogia etc. [N.T.]

procede à maneira surrealista, colando, justapondo imagens ou textos, indo da grande arte ocidental ao motivo da cultura urbana, do artesanato regional à fotografia, do objeto exótico ao filme de Hollywood, da máscara esquimó ao quadro de Picasso. O "documento", evocado pelo nome da revista, permite evacuar a noção de arte em prol de uma recepção nova dos objetos em contexto, preconizada tanto pelos artistas como pelos etnólogos[19]. A amizade de uma vida inteira entre Georges Bataille e o etnógrafo Alfred Métraux, além do percurso de Michel Leiris, entre etnologia e literatura, são exemplos desse tecido amistoso, social e cultural que identifica a etnologia francesa dos anos 1930.

Mas a etnologia também é um saber que pretende se construir como nova disciplina das ciências sociais. Para isso, são necessários instituições e homens. A etnologia do entreguerras se constitui em torno de um quarteto vencedor – Marcel Mauss, Paul Rivet, Lucien Lévy-Bruhl, Georges-Henri Rivière – e de um grande projeto, que transporta e transforma a disciplina: a construção do Museu do Homem sucedendo ao "bricabraque de objetos exóticos"[20] que era o antigo Museu do Trocadéro. Logo, não é descabido contar essa história como o "conto de dois museus"[21].

Pesquisador erudito, professor carismático, socialista, dreyfusista, estilo boêmio, homem "da confusão inspirada"[22] – seus silêncios são célebres –, Mauss construiu para si uma estatura de pai fundador da disciplina. Seus cursos no Instituto de Etnologia, criado em 1925, primeiro polo de edificação da nova disciplina, são assistidos por um auditório composto não só de estudantes, como de eruditos coloniais que alimentam a etnologia com suas informações. Mauss é sobrinho de Durkheim. Forma a primeira geração de etnólogos que irá a campo, o que ele mesmo não fez. Acima de tudo, fornece um arcabouço teórico e uma ambição de conhecimento capazes de instalar a jovem disciplina ao lado da sociologia no panteão das novas ciências sociais. Paul Rivet, por sua vez, é um ex-médico militar convertido à etnologia em território colombiano[23]. Tendo se tornado um americanista de renome, Rivet é um político sagaz, membro do partido socialista e fundador do Comitê de Vigilância dos Intelectuais Antifascistas (1934), muito compenetrado de sua missão de humanismo científico no contexto conturbado da escalada dos autoritarismos e fascismos na Europa dos anos 1930. Embora sem o prestígio intelectual de Mauss, exerce uma ação decisiva na fundação institucional, incentivando a transformação do Museu de Etnografia do Trocadéro a partir de 1928 e tornando-se, em 1937, diretor do novo Museu do Homem, lugar paradigmático da elaboração do saber etnológico na França. Graças a inúmeras amizades políticas, Rivet consegue introduzir a etnologia na agenda política de uma esquerda humanista e reformista. Lucien Lévy-Bruhl, muito esquecido hoje, é na realidade uma "estrela" da época, um intelectual consultado, renomado embaixador das ciências sociais francesas, detentor de uma glória internacional baseada, como é frequente, numa simplificação e radicalização de suas teorias sobre a "mentalidade primitiva". Socialista convicto como Rivet, Lévy-Bruhl traz para a etnologia uma rede política e social que nenhum dos demais protagonistas possui. Rivet costuma recorrer a ele para obter recomendações e apoios[24].

Georges-Henri Rivière é um personagem completamente diferente, oscilante, versátil, sedutor, que contrasta com as convicções inconsúteis do médico militar. E, no entanto, é este último que, farejando no volúvel rapaz – organista amador, aficionado de *jazz* e colaborador de Josephine Baker – um grande museógrafo da etnologia, o contrata como assistente em 1928 a fim de "rascunhar" o Museu do Homem, à espera de sua construção, uma vez que esse projeto está ligado ao da Exposição Universal de 1937[25]. O velho "Troca" e seu estilo ornamental (que data da Exposição Universal de 1878) dão lugar então ao Palais de Chaillot, linhas severas e funcionalismo nos anos 1930, que deve receber o Museu do Homem, por sua vez subordinado ao Museu Nacional de História Natural. Voltaremos adiante a essa construção institucional, que teve efeitos mais do que visíveis na carreira de Lévi-Strauss. Nesse ínterim, a edificação disciplinar se realiza na forma de uma busca maior de cientificidade, em forte contraste com o ambiente amplamente extracientífico e demasiado "mulheres do mundo" que presidia às exposições e aos meios afetados pelo museu do Trocadéro.

Com a chegada de uma geração à maturidade – Alfred Métraux, Marcel Griaule, Michel Leiris, André Schaeffner, Germaine Dieterlen, Denise Paulme, Louis Dumont, Jacques Soustelle[26] –, a etnologia é construída inicialmente como uma ciência de campo, em oposição à erudição de gabinete. A visita às populações exóticas representada pelo sacrossanto "campo" [*terrain*] é uma garantia de saber sério. Permite à jovem disciplina demarcar-se da moeda falsa distribuída pelos inúmeros exploradores da época, cujos relatos estão na moda[27]. Mesmo recente, o imperativo do trabalho de campo se torna central, na forma não de uma temporada prolongada junto a populações, e sim de um trabalho de reconhecimento, compilação de informações e, sobretudo, coleta de objetos[28]. Como lembra Vincent Debaene, reina certo amadorismo quanto às metodologias, uma vez que não existe propriamente um manual, ao contrário da Grã-Bretanha, onde uma sólida tradição etnográfica já está provida desse tipo de obra. Marcel Mauss bem que produziu "Instruções de etnografia descritiva para uso dos viajantes, administradores e missionários"[29] (1926), mas, no atacado, a formação é feita na prática. Daí a celebridade de certas iniciativas, à frente das quais a missão Dacar-Djibuti (1931), dirigida por Marcel Griaule[30]. Transformadas em lugares de memória da etnologia francesa, essas expedições promoveram o trabalho de coleta no âmbito da operação de saber etnográfico. O museu e o campo tornam-se então os dois pilares, intelectual e institucional, sobre os quais se constrói a jovem ciência, ávida por se distinguir dos gabinetes de curiosidades e dos exploradores, mas solidária com uma aventura hoje indigesta, pois se trata da aventura colonial.

Com efeito, o enraizamento amplamente colonial do Museu do Homem foi por muito tempo escamoteado em nome de uma oposição artificial entre a Exposição Colonial de 1931, que seria o representante da quinquilharia exótica, e o Museu do Homem (1938), que encarnaria um humanismo esclarecido e uma ciência democrática. Na verdade, como demonstra com rigor Benoît de L'Estoile, ambos são expressões, decerto distintas, do "gosto dos outros". Na França dos anos 1930, ambos forjam o valor positivo da diversidade humana em nome de um reformismo colonial que reúne os principais defensores da etnologia francesa, uma parte dos administradores coloniais e a maioria da turma socialista. Desse ponto de vista, o jovem militante socialista que é Lévi-Strauss junta-se às convicções de Rivet quando, num artigo de 1929 dedicado a "Socialismo e colonização", assume a herança colonial, ao mesmo tempo que tenciona infletir seu destino: "Colocado diante dessa realidade [o Império colonial], o socialismo, que é ao mesmo tempo vontade organizadora, não saberia adotar uma atitude negativa. Longe de recusar verbas às colônias, devemos ser os primeiros a exigi-las e a pedir que sejam em grande parte destinadas à melhoria da condição indígena"[31]. Rivet tampouco recusa as verbas coloniais do Ministério da Marinha para financiar seu grande projeto museográfico que são as missões de exploração, entre elas Dacar-Djibuti, para a qual uma lei é votada por unanimidade em 1931. Trata-se de conhecer melhor o império para melhor administrá-lo, tal como ensina a doutrina colonial da Frente Popular. Portanto, Rivet não tem nenhuma dificuldade em reconhecer que o Museu do Homem "é acima de tudo um museu colonial"[32], cujas coleções são essencialmente oriundas do espaço imperial. Embora a etnologia houvesse sido associada ao anticolonialismo (de certas vanguardas, das quais ela podia ser próxima, é verdade), "é nebuloso o motivo de ter sido financiada pelos poderes públicos"[33]. Mais que isso, ela é mobilizada para legitimar o império não só na França, como frente à opinião pública internacional (sobretudo os Estados Unidos e a União Soviética), e Rivet pedirá demissão do Comitê de Vigilância dos Intelectuais Antifascistas (CVIA) a fim de sublinhar sua oposição ao anticolonialismo explícito da associação, da qual fora um dos fundadores. Em outras palavras, cumpre reconhecer que a etnologia não é uma ciência auxiliar do colonialismo, e sim uma das emanações desse momento do colonialismo reformador, cujos esforços ela acompanha, neles encontrando seu próprio ganho científico.

Desse mundo que acabamos de descrever, Claude Lévi-Strauss participa apenas muito pouco, ou mesmo absolutamente nada. Ele não pertence ao grupo de estudantes que seguiram o ensinamento de Mauss, ainda que o tenha contatado no outono de 1931, após ter obtido a *agrégation*: "Fui aprovado em julho último na *agrégation* de filosofia. Os estudos etnográficos me interessam muito e eu ficaria feliz se pudesse lhe pedir alguns conselhos. Parto para o serviço militar em torno de 20 de outubro. Se fosse possível para o senhor me receber até lá, eu lhe ficaria muito grato"[34]. Há de fato alguns contatos entre o jovem casal de *agrégés* e o meio etnográfico – Dina parece ter feito um pequeno trabalho no Museu de Etnografia, talvez no âmbito de seus estudos de filosofia[35] –, mas no fim essas frágeis incursões que o acaso dos arquivos nos permite reconstituir provam sobretudo a que ponto Lévi-Strauss, como ele sempre disse, é, nessa data, um *outsider* da etnografia[36]. Dois pontos de contato devem ser assinalados, mas invariavelmente sob o signo da impostura (colonial) ou do pseudônimo: em 1930, enquanto Lévi-Strauss ainda é assistente de Georges Monnet, redige um artigo sobre "Picasso e o cubismo"[37], que será publicado na revista *Documents*, mas assinado pelo deputado; em 1931, seu pai recebe uma grande encomenda para decorar o Pavilhão Malgaxe da Exposição Colonial. Pinta enormes fundos de tela no saguão do Museu de Etnografia, o filho posando aqui ou ali, entre duas silhuetas de mulheres malgaxes ou de administradores coloniais, e ajudando em alguns delicados trabalhos de acabamento. Não é espantoso que esse panorama colonial acolha o primeiro encontro de Lévi-Strauss com o museu que Rivet e Rivière estavam reinventando?

Não pertencendo à panelinha, ele percebe logicamente o convite para a partida como uma ordem divina. Ou mais exatamente, quinze anos mais tarde, já etnólogo estabelecido, reconstrói esse momento de sua existência como um *deus ex machina* numa tragédia clássica. A passagem, célebre, abre o quinto capítulo da segunda parte de *Tristes trópicos*: "Minha carreira foi decidida num domingo do outono de 1934, às 9h da manhã, com um telefonema. Era Célestin Bouglé, então diretor da École Normale Supérieure; ele me dispensava havia vários anos uma indulgência um pouco distante e reticente: primeiro porque eu não era um ex-normaliano, depois, e acima de tudo, porque, mesmo que eu fosse um, não pertencia à sua trupe, pela qual ele manifestava sentimentos muito exclusivos. Sem dúvida não conseguira fazer uma escolha melhor, pois me perguntou abruptamente: 'Continua com o desejo de fazer etnografia? – Claro! – Então apresente sua candidatura como professor de sociologia na Universidade de São Paulo. A periferia está cheia de índios, o senhor lhes dedicará seus fins de semana. Mas precisa dar sua resposta definitiva a Georges Dumas antes do meio-dia'"[38].

O telefonema era um verdadeiro rasgo teatral, do qual *Tristes trópicos* faz o relato magistral. A aparente extravagância da proposta, a brusquidão da demanda e a rapidez indispensável da tomada de decisão, o despropósito ignorante de Célestin Bouglé (não há mais índios na periferia de São Paulo há muito tempo...) concorrem para construir uma ruptura tão radical e imprevista como se tivesse sido provocada por um golpe de sabre: *exit* Europa, olá, Brasil! Na realidade, embora não fosse próximo, Célestin Bouglé já conhecia Lévi-Strauss por tê-lo orientado em sua primeira monografia filosófica. E antes dessa partida, apresentada *a posteriori* como improvisada, o jovem casal recorre a ele para uma bolsa de estudos da Fundação Rockefeller, a fim de irem "estudar etnografia nos Estados Unidos". Bouglé aceitara ser fiador da seriedade do casal Lévi-Strauss junto a Tracy B. Kittredge, um dos emissários da fundação na Europa: "Conheci esses dois jovens quando se preparavam para a *agrégation* de filosofia, na qual foram aprovados; considero-os a ambos inteligentes e trabalhadores. O rapaz, Claude Lévi-Strauss, me entregou, com vistas a um *diplôme d'études supérieures*, um notabilíssimo ensaio sobre o marxismo"[39]. Mas esse tipo de perfil não correspondia à política da fundação, como explicou a Bouglé seu interlocutor norte-americano: "Parece-me pouco provável que possamos considerar suas candidaturas num futuro próximo. Tenho a impressão de que eles ainda estão no umbral de seus estudos etnológicos. Preferimos, em geral, os candidatos mais avançados, que já deram provas de sua capacidade individual no domínio específico das ciências sociais, ao qual eles se destinam"[40]. Primeiro contato com um porvir norte-americano e primeiro fracasso, a partir do qual é possível vislumbrar a alternativa brasileira.

"Vocação" *versus* "razões impuras": por que tornar-se etnólogo?

Por que alguém se torna etnólogo? Entre "concurso de circunstâncias"[41] e "razões impuras"[42], Claude Lévi-Strauss tenta construir a "vocação" da etnologia como uma escolha em que ele seria escolhido e não escolheria: "Como a matemática ou a música, a etnografia é uma das raras vocações autênticas. Podemos descobri-la em nós, mesmo que não a tenham nos ensinado"[43]. Diante dessa necessidade, um certo número de motivações é regularmente invocado: disposições de infância (gosto pelas curiosidades exóticas), a oportunidade profissional da jovem disciplina – "as coisas se mexiam"[44] –, o papel propulsor de algumas leituras etnológicas, entre elas, em 1933, a do livro de Robert Lowie, *Primitive Society* [Sociedade primitiva], que lhe permite entrever a conciliação possível de uma formação profissional e um gosto pela aventura, o modelo de Jacques Soustelle[45], ou, diferentemente, de Nizan, que lhe diz ter sido tentado pela etnologia[46]. A todas essas razões, Lévi-Strauss acrescenta mais tarde um temperamento epistemológico que lhe parece análogo à busca etnológica, o que ele chama de sua "inteligência neolítica"[47]. Em suma, muitas coisas explicam ao mesmo tempo a etnologia e a partida.

O *status* dessa decisão fundamental tanto no itinerário de Lévi-Strauss como no destino da ciência antropológica deriva de uma constelação de razões de ordens diversas, subjacentes a poderosas lógicas socioprofissionais, intelectuais e existenciais, que são menos peculiares a Lévi-Strauss do que ele crê.

Causa espécie rapaz tão bem inserido profissional e socialmente, preso a laços familiares fortes e agora sentimentais, um jovem professor, decerto reticente com a repetição pedagógica, porém engajado na política num momento em que seu partido acha-se numa dinâmica de conquista do poder (a partir da primavera de 1934 e da aplicação da aliança da Frente Popular), suscitar e finalmente aceitar um cargo que o arranca de todos esses possíveis solidamente estabelecidos. Mais tarde, Lévi-Strauss refletirá sobre a dimensão do mal-estar a respeito de sua própria sociedade, que em geral recobre a escolha de ir estudar uma outra. Mas ele mesmo, no limiar do grande salto, não parece em absoluto em desarmonia com seu mundo próximo.

A partida para o Brasil e a escolha da etnologia não se fundam necessariamente na alforria dupla e simultânea dos interesses políticos e filosóficos, ao contrário da radicalidade da ruptura exposta em *Tristes trópicos*. Tudo bem, vemos se exprimir certas reservas por parte do jovem militante com relação aos seus amigos políticos do grupo Revolução Construtiva: julga seus camaradas às vezes demasiado críticos a respeito de Blum, por quem ele cultiva uma verdadeira admiração; além disso, em novembro de 1933, a SFIO, após o congresso tempestuoso de julho, registra a cisão "neossocialista", resultado de divergências ideológicas e da vontade de independência de Marcel Déat e Adrien Marquet. Trinta mil militantes abandonam então a matriz para irem se juntar às fileiras do novo Partido Socialista da França, além de numerosos deputados, senadores e seis federações[48]. Lévi-Strauss, embora muito ligado a Déat, não atravessa o Rubicão, mas sem dúvida se sentiu dilacerado entre duas lealdades, posição instável à qual era tentador escapar por uma terceira via. Contudo, nada sugere que a etnologia tenha sido vivida como substituição ou ruptura; ao contrário, ela pode operar igualmente como elemento de reciclagem política e filosófica. Em vários artigos de *L'Étudiant Socialiste*, Lévi-Strauss afirma que o marxismo, assim como o resto do pensamento filosófico, deve reimergir na realidade! E que é preciso alimentar com o saber "disciplinas fecundas, tais como a etnografia, que não existiam no tempo de Marx e que hoje o marxismo tem todo o interesse em aplicar"[49]. A princípio, portanto, o jovem filósofo e militante tem uma visão de uso muito político da etnologia, o socialismo revolucionário e a empreitada etnológica a seu ver repousando numa crítica comum da civilização ocidental. Em *Tristes trópicos*, a escolha das ciências sociais é claramente relacionada ao "fastio" da filosofia, que o faz agarrar-se à etnografia, ele diz, "como a uma tábua de salvação"[50]. Essa visão, contudo, é bastante atenuada em algumas

PARTI SOCIALISTE (SECTION FRANÇAISE DE L'INTERNATIONALE OUVRIÈRE)

FÉDERATION de la Seine

CARTE D'ADHÉRENT

délivrée au Citoyen Claude Lévi-Strauss

de la Section Paris

Entré au Parti en février 1927 Section de 16e Paris

Le Secrétaire Fédéral Le Secrétaire du C N.

PARTI SOCIALISTE 9, Rue Victor-Massé, PARIS (9e)

Chèques postaux

Feuille de Cotisations 1935

appartenant au Citoyen Lévi Strauss

Fédération de la Seine

Section du 16e

Le Secrétaire de Section : Le Secrétaire général : P. FAURE.

Carteira de membro da SFIO, seção 16º *arrondissement*: filiado ao Partido Socialista em 1927, Lévi-Strauss paga sua última contribuição em 1935.

entrevistas posteriores: "Eu não diria que se tratasse de uma ruptura com a filosofia. Porque, no fundo, fazemos sempre filosofia. Mas uma outra filosofia, que, em vez de partir da introspecção ou da condição humana visada na escala de nosso tempo e de nossa sociedade, se esforçava para tomar como ponto de partida de sua reflexão todas as experiências pertencentes ao homem, por mais distantes que pudessem estar das nossas"[51]. Mesmo no plano da política politicante, Claude Lévi-Strauss, quando parte para o Brasil, não enterra a ideia de uma possível carreira: "Parto para o Brasil e sobrevém o inesperado. Revejo-me, em São Paulo, escutando ansiosamente nas ondas curtas o resultado das eleições, inteirando-me da formação do governo da Frente Popular e da nomeação de Georges Monnet como ministro. Logo fiquei persuadido de que ele me chamaria, que eu também participaria do evento, e me preparei para embarcar no primeiro navio que partisse. Mas nada aconteceu"[52]. Esse continho de fadas cruel, que só apreciarão os que esperaram em vão um telefonema que nunca veio, não prova que Lévi-Strauss, "decepcionado" com a política, tenha escolhido a etnologia, mas que, já engajado parcialmente na etnologia, continuava a pensar na política. Histórias de telefonemas: o de outubro de 1934 lhe permite partir; o de maio de 1936, esperado mas não ocorrido, intima-o a ficar.

Entre as razões alegadas para partir rumo ao Brasil, Claude Lévi-Strauss invoca frequentemente, não sem certa dor na consciência, razões de oportunidade profissional: "As razões que me levaram a ser etnólogo eram, confesso, razões 'impuras': eu não estava nada encantado pela perspectiva que me oferecia a *agrégation* de filosofia e procurei um meio de escapar. Embora o primeiro ano de docência houvesse me divertido, logo, logo... Ora, na época, sabia-se, entre os *agrégés* de filosofia, que etnologia era uma 'porta de saída', e foi Paul Nizan, que eu conhecia pois se casara com uma de minhas primas, que me falou sobre isso um dia. Eu adorava acampar, caminhar nas montanhas, viver ao ar livre, por isso parti"[53]. Por diversas vezes ele explicou como uma espécie de defeito congênito sua incapacidade de repetir uma aula ou uma exposição. É verdade que este é um sério obstáculo a uma carreira de professor, principalmente no secundário. A etnologia lhe permite então escapar da rotina do ensino secundário e passar diretamente à universidade, enquanto todos os *agrégés* de sua geração passam pelo menos dez anos nos liceus de província, depois nos de Paris. Lembremos, a fim de analisar corretamente o contexto dessas razões "impuras", que Lévi-Strauss não é normaliano, sendo consequentemente mais difícil para ele acessar o ensino superior. Certo é que a escolha de uma ciência social nova comportava uma aposta de rentabilidade institucional nos campos de pesquisa "de menor resistência"[54]. Esta, aliás, é uma das razões da forte presença de intelectuais judeus entre os fundadores das ciências sociais, não só na França, como na Alemanha ou nos Estados Unidos. Durkheim, Mauss, Lévy-Bruhl: todos recém-chegados que teriam tido mais dificuldades para transitar nos canais tradicionais. Viktor Karady demonstra como as inovações científicas puderam ser apreendidas como "estratégias de sucesso fora das trilhas exploradas"[55]. É exatamente esta a óptica de Lévi-Strauss no início dos anos 1930, da qual ele tem parcial consciência e que, em todo caso, explicita mais tarde: "A ascensão social dos judeus, no século XIX, coincidiu com a constituição das ciências sociais como disciplinas de pleno direito. Havia então ali um 'nicho' – no sentido ecológico do termo – em parte vago e no qual recém-chegados podiam se estabelecer sem topar com uma ferrenha competição"[56].

"– Razões passionais? – Até mesmo passionais"

A expressão "porta de saída" acaba permanecendo enigmática; trata-se claramente, decerto, de sair do ensino secundário, mas a etnologia, no que implica de ruptura geográfica, pela obrigação de trabalho num território distante, desemboca numa "saída" muito mais global, para a qual a tentação reúne outros filósofos de sua geração.

Nizan largara as amarras da rua d'Ulm para ir saborear as angústias de um périplo rimbaudiano. Ao voltar de Áden, mergulha na militância comunista. Outros partilham a insatisfação de Lévi-Strauss e Nizan a respeito do ensino filosófico. O gosto pelo alhures, o desejo de ver o mundo são outros tantos sinais de uma inquietude comum que percorre o campo intelectual dos anos 1930, não só uma recusa das abstrações áridas, como, mais fundamentalmente, uma melancolia de jovens intelectuais entranhados num mundo que lhes escapa. Em suma, todos aspiram a uma apreensão mais autêntica das coisas e dos seres. Sartre, Nizan, Lévi-Strauss. Cada qual escolhe uma das três "portas de saída" disponíveis nessa data: Sartre, a fenomenologia; Lévi-Strauss, a etnologia; Nizan, a política revolucionária. São as três drogas pesadas dos jovens intelectuais dos anos 1930, que permitem acelerar a vida, dar-lhe sentido e substância, alcançar o âmago das coisas.

A etnologia é uma dessa opções, e não a menos sedutora. Além de estar em vias de reconfiguração e energizada, como vimos, por personalidades, instituições e perspectivas exaltantes, a nova disciplina rompe com a tradição letrada, conferindo dignidade aos objetos triviais e, ao mesmo tempo, adotando uma palavra de ordem ambiciosa: "Tomar como tema o homem inteiro"[57]. Além disso, faz explodir a tradicional divisão do trabalho entre o erudito de gabinete e o observador coletor de dados. Doravante, os etnólogos saem a campo e são incitados a elaborar os materiais que analisarão. Reconciliação do intelectual e do homem de campo, da reflexão enclausurada e da vida ao ar livre, do mundo erudito e do mundo sensível: a etnologia promete transpor essas divisórias rígidas e constitutivas da inteligência ocidental desde Descartes. Pairam sobre seu berço as fadas concorrentes da experiência e do saber. Ser um intelectual e um homem de ação! Nada mais compreensível que um rapaz impetuoso, pouco preocupado em se fechar numa retórica da qual se esquivou, incline-se para a etnologia como uma verdadeira promessa de realização: "tábua de salvação" para Lévi-Strauss, "oportunidade de redenção" para Michel Leiris; o registro religioso traduz à perfeição o nível da expectativa[58].

Muito mais tarde, a respeito do escritor Montherlant, cujo elogio ele deve fazer em seu discurso de recepção sob a Cúpula*, o novo acadêmico faz uma comparação espantosa: "O tipo de experiência que vários membros de minha geração pediram à etnologia foi o que forneceram, à geração de Montherlant, a guerra e depois o esporte"[59]. Lévi-Strauss, em *Tristes trópicos*, chama a atenção para os "alhures" que toda sociedade (primitiva ou industrializada) forja a fim de pôr à prova os membros que "saem", permitindo-lhes assim voltar, aureolados de uma glória e uma legitimidade que não poderiam ser conquistadas de outra forma[60]; em nossas sociedades, a exploração, a façanha esportiva ou a experiência guerreira fazem parte dessas situações excessivas que impõem aos membros que decidem enfrentá-las uma autossuperação, uma exposição ao perigo buscada

* Como é conhecida a Academia Francesa. [N.T.]

pelos jovens espíritos em efervescência. Montherlant, prossegue Lévi-Strauss, considerava o esporte "uma atividade intermediária entre o grande lirismo físico da guerra e a burocracia da paz [...], a guerra representava o equivalente de uma experiência etnográfica levada a seus limites extremos. Em primeiro lugar, pelas provas excepcionais às quais submetia o ser inteiro; e também em razão da congregação humana que ela operava, numa época em que a sociedade francesa mostrava-se menos homogênea do que se julgava e em que essa congregação proporcionava uma deslocalização, cuja oportunidade, na sequência, devia ser buscada mais além". Cada geração inventa seu alhures: para a de Montherlant, foi a guerra; para a de Lévi-Strauss, a etnologia sucede a uma aventura cujo imaginário ela capta, embora recusando sua violência[61].

Para concluir acerca dessa "escolha" da etnologia, que vem satisfazer uma série de expectativas mais ou menos conscientes, ao mesmo tempo muito pessoais e geracionais, digamos simplesmente que a escolha de uma ciência não é da esfera exclusiva do raciocínio científico. Em 1961, a Georges Charbonnier, que o interroga sobre seu percurso rumo à etnologia, Lévi-Strauss explica que a escolha disciplinar de cientistas "duros" pode ter motivações profundas "cuja origem remonta às vezes muito longe em (sua) história pessoal" e "atitudes profundamente motivadas", mesmo nos matemáticos. "Razões passionais?", sugere o entrevistador. "Até mesmo razões passionais."[62]

O ENIGMA DO MUNDO 5

Como um citadino largado nas montanhas...

CLAUDE LÉVI-STRAUSS, *Tristes trópicos*[1].

No umbral da grande partida, podemos esboçar uma descrição provisória da utensilagem mental e da cosmogonia de Claude Lévi-Strauss? Não delinear um sistema filosófico, que não existe, mas presumir um temperamento epistemológico ligado a experiências e descobertas enraizadas profundamente na infância e adolescência?

Sua visão de mundo como um enigma a ser decifrado e sua tendência ao êxtase contemplativo são precocemente constituídas e estão plenamente operacionais em 1935. Elas formam a base de uma personalidade original, que encerra, não sem atritos, uma aspiração exigente de racionalidade junto com um "pequeno delírio íntimo", trampolim de longos devaneios deambulatórios. Isso não mudará. Como um citadino largado nas montanhas, Claude Lévi-Strauss inebria-se com a possibilidade de compreender o caos do mundo e nele pôr ordem. Tarefa suficientemente vital para merecer que a ela se consagre... uma vida.

EPISTEMOLOGIAS

O olhar aguçado por uma constelação de curiosidades cultivadas na infância, o gosto pela coleção, o saber taxonômico (minerais, animais), a arte, as deambulações na realidade urbana em diversas dimensões, a descoberta da natureza – das praias da Bretanha e Normandia às montanhas pedregosas das Cévennes –, Lévi-Strauss forjou progressivamente um esboço de identidade intelectual. Ao sair da infância, após fazer "muitos rabiscos em torno do que somos e do que não somos"[2], adquiriu a convicção, nessa família de vibração artística, de que não estava do lado do poder da criação, mas do lado de seu estudo[3]. Nem pintor nem músico (para seu eterno pesar), o rapaz suspeita de que é no conhecimento que poderá operar, reinvestindo, no ato de compreender, um aspecto demiúrgico e uma sacralidade que não consegue acessar pela via régia da criação.

Ele repetiu isso várias vezes; o conhecimento não serve para nada e deve ser um fim em si: "Procurar compreender é o único meio de se entediar menos na vida. É a melhor, talvez nossa única justificativa"[4]. Livrar-se do tédio, justificar-se, salvar-se. A partir do momento em que conhecer constitui, como veremos, uma espécie de travessia das aparências para alcançar o mistério da explicação em profundidade, é, no fim das contas, normal que a descoberta da verdade se dê no modo da revelação. Desse trabalho racional, podemos esperar muito: ao mesmo tempo grandes alegrias e justificativas existenciais que instalam essa concepção do conhecimento no cerne de um processo de secularização. O saber é redentor, uma vez que é a versão secularizada de uma busca religiosa na qual ele descobre o absoluto.

E ninguém duvida de que o jovem Lévi-Strauss, embora surdo à resposta religiosa e até mesmo "bastante intolerante sobre o tema", tenha ainda assim carregado intensamente dentro de si "o senso do mistério"[5]. Mas seu apetite de inteligibilidade está à altura das expectativas depositadas no ato de conhecimento. Daí a passagem de *Tristes trópicos*, sobejamente comentada, em que ele qualifica sua inteligência de "neolítica": "Igual às queimadas indígenas, ela calcina solos às vezes inexplorados; fertiliza-os talvez, para deles extrair açodadamente algumas colheitas e deixa atrás de si um território devastado"[6]. Por que tal sofreguidão? Porque lhe repugna a repetição, o que ele compreende, vimos, por ocasião de seu segundo ano de aulas no liceu de Laon, porém mais fundamentalmente porque sofre de uma insuficiência estranha ao aplicar duas vezes seu pensamento ao mesmo objeto: "Essa incapacidade se revelava ainda mais incômoda quando eu me via no papel de examinador: pois, sorteando perguntas da prova, eu nem sabia mais as respostas que os candidatos deveriam me fornecer. O pior deles parecia já dizer tudo. Era como se os temas se dissolvessem à minha frente, exclusivamente em virtude de eu já lhes ter aplicado uma vez minha reflexão"[7]. De um lado, a inesgotável riqueza do real à qual suas antenas sensíveis lhe davam um acesso privilegiado e sereno; do outro, o risco de dissolução do real quando, por exemplo, os bordões filosóficos reduzem sua cintilação a algumas vinhetas decoradas. A depressão então espreita: o mundo se furta. A escolha da etnologia é assim justificada pela garantia de um material empírico infinito (o conjunto das culturas) e pela aspiração a "criar um novo elo entre o universo e [ele]"[8]. Podemos imaginar o ardente desejo de abraçar o mundo do jovem Lévi-Strauss, disposto a tudo para finalmente apreendê-lo plenamente, sem que ele se lhe esgueirasse por entre os dedos, como Cina na peça de teatro que ele escreverá alguns anos mais tarde, momentaneamente à deriva na forquilha de seu campo de pesquisas brasileiro: "Eu ruminava que nenhum espírito humano, nem mesmo Platão, é capaz de conceber a infinita diversidade de todas as folhas e flores que existem no mundo e que eu, eu as conheceria; eu colheria aquelas sensações proporcionadas pelo medo, o frio, a fome, o cansaço e que vocês todos que moram em casas bem vedadas e perto de celeiros abundantes não conseguem sequer imaginar. Comi lagartos e serpentes, e desses alimentos cuja ideia lhes dá engulhos eu me aproximava com a emoção do neófito, convencido de que ia criar um novo elo entre mim e o universo"[9].

Compreender o mundo comendo-o, quando não com seus cinco sentidos. Essa íntima convicção da impossibilidade de separar o universo inteligível do universo sensível, e a valorização deste último, é sem dúvida uma das principais heranças de uma infância "opulenta", que alimentou uma verdadeira democracia dos cinco sentidos, bastante notável na vida e, mais tarde, na obra de Lévi-Strauss. "Irrita-me não compreender as coisas que não podemos compreender, sentir-me esquartejado entre duas ordens de conhecimento, o sensível e o inteligível. Desde a infância, senti a necessidade pessoal, autobiográfica, de tentar lançar uma ponte de um ao outro."[10]

As três amantes mais uma...

A reconciliação possível entre o sensível e o inteligível não esgota a natureza intelectual de Lévi-Strauss. Para além dessa ponte, nele o conhecimento sempre deriva de um salto no vazio, de uma ruptura, de uma fratura entre as aparências, o real tal como ele se dá comumente, e a realidade, a base, a rocha da verdade, uma realidade mais real do que o real. Essa disposição específica está enraizada num material biográfico particularmente rico e parece precocemente estabelecida: "No fundo, a invariante na minha história pessoal é ter sempre sido fascinado pelo que parece o mais incompreensível, o mais arbitrário, e tentar descobrir, *por trás*, uma racionalidade"[11]. Mais tarde, Lévi-Strauss pôde exprimir essa necessidade em termos filosóficos, explicando que se tratava, no fim das contas, de uma transposição "para as ciências humanas e sociais [da] distinção filosófica de Locke e Descartes entre qualidades secundárias e qualidades primárias (as qualidades secundárias são enganosas; as qualidades primárias, por sua vez, correspondem à realidade)"[12].

Em *Tristes trópicos*, ele fornece três imagens do que é para ele o processo de conhecimento, cada uma estando ligada a encontros muito precoces com a paisagem, com a psicanálise, com o marxismo. Suas "três amantes", como ele as chama, são apresentadas como pequenos contos epistemológicos que reconciliam seu caráter intelectual e sua vida, ao mesmo tempo forjando a ossatura de uma visão de mundo capaz de elaborar um ambicioso projeto de conhecimento.

A psicanálise, primeiro: é ainda no liceu que Claude Lévi-Strauss descobre os textos de Freud, cerca de apenas dez anos após sua publicação, graças a um de seus colegas de classe, cujo pai, Marcel Nathan, faz parte do grupo de pioneiros discípulos de Freud que formam na Europa da Belle Époque um clube fechado de *gentlemen* (à exceção de Marie Bonaparte, de quem, aliás, Nathan é íntimo). Na época, a psicanálise é mediocremente recebida nos meios médicos franceses, impregnados da psicologia de Pierre Janet. É antes pelas artes e pela literatura que essa nova ciência da psique chega, nos anos 1920, ao conhecimento do público francês. Embora, com a tradução de vários livros de Freud e a publicação de críticas ácidas (especialmente de Charles Blondel), a psicanálise ocasione uma verdadeira "moda", podemos enfatizar aqui a curiosidade universal e a inteligência onívora do jovem Lévi-Strauss. Como a etnologia, a psicanálise está ligada às vanguardas artísticas (o surrealismo principalmente), às quais ela inspira uma abundante produção não só nas artes plásticas, como na literatura, sem esquecer o cinema (*Doutor Mabuse*). Para o estudante de filosofia, a leitura dos textos de Freud torna obsoleta a arquitetura das aulas de psicologia e filosofia do sujeito, as grandes oscilações binárias entre racional e irracional, entre intelectual e afetivo, entre lógica e pré-lógica. A ideia segundo a qual podemos extrair os elementos mais significantes dos comportamentos mais irracionais é um primeiro deslizamento intelectual que ele acolhe muito bem, visto que seu temperamento vai no mesmo sentido: a realidade verdadeira jamais se oferece como tal.

O marxismo, por sua vez, incita a mudar de nível de realidade para gerar a esperança de compreendê-la mais plenamente: "Marx ensinou que a ciência social não se constrói no plano dos acontecimentos, assim como a ciência física não se constrói a partir dos dados da sensibilidade: o objetivo é construir um modelo, estudar suas propriedades e as diferentes maneiras pelas quais ele reage no laboratório, para em seguida aplicar essas observações à interpretação do que se passa empiricamente e que pode estar muito distante das previsões"[13]. A modelização dá acesso a outra ordem do real. A ciência, para Lévi-Strauss, terá doravante o rosto de uma experiência de laboratório e de uma redução cognitiva que colocamos à prova do universo empírico.

Mas a imagem mesma do conhecimento, para Lévi-Strauss, é sua terceira amante e, percebemos nas páginas vibrantes que ele lhe consagra em *Tristes trópicos*, a mais paradigmática: a geologia, disciplina que ele descobre, por assim dizer, por si só, quando, adolescente, percorre as montanhas perfumadas das Cévennes. Com efeito, no fim dos anos 1920, seus pais, embora descapitalizados, conseguiram comprar uma antiga sirgaria, onde a família acampou durante anos. Situada perto de Valleraugue, na aldeia conhecida como Camcabra, fica numa região amplamente deserta, onde os pais encontrarão refúgio durante a guerra; mais tarde, nos anos 1950 e antes da invasão pós-1968, as Cévennes se modernizam, estradas são construídas e, para Lévi-Strauss, deixa de existir a região cujo vazio de homens e a natureza grandiosa imprimiram uma marca indelével em sua própria paisagem mental: lá, ele empreendeu longas excursões, com mapas, barraca de acampamento, escalada noturna do monte Aigoual – uma das provas às quais ele submeteu todas as suas mulheres[14] –, passeios devaneadores na temporalidade geológica ou acompanhamento assíduo da linha de contato entre duas camadas do carste languedociano. Para Lévi-Strauss, o desdobramento progressivo da desordem de uma paisagem rumo à ordem de uma história longa é verdadeiramente o cânone do que significa conhecer. É a busca, através de soterramentos, matas e fissuras, de um "sentido mestre", de um "sentido augusto", que de repente ilumine as imperfeições da realidade sensível numa espécie de êxtase da compreensão: "Que o milagre se produza, como às vezes acontece", escreve em *Tristes trópicos*; "que de ambos os lados da fresta secreta surjam conjuntamente duas plantas verdejantes de espécies diferentes, cada qual tendo escolhido o solo mais propício; e que no mesmo momento vislumbremos na rocha duas amonitas com as involuções desigualmente complicadas, atestando à sua maneira uma defasagem de algumas dezenas de milênios: subitamente, o espaço e o tempo se confundem, a diversidade viva do instante justapõe e perpetua as eras. O pensamento e a sensibilidade acessam uma dimensão nova, onde cada gota de suor, cada flexão muscular, cada arquejo tornam-se outros tantos símbolos de uma história cujo movimento próprio meu corpo reproduz, ao mesmo tempo que o meu pensamento abarca sua significação. Sinto-me banhado por uma inteligibilidade mais densa, em cujo seio os séculos e lugares se correspondem e falam linguagens por fim reconciliadas"[15].

Lévi-Strauss descreve esse momento epistemológico com o ardor e a densidade de um Marcel Proust ao descobrir os mecanismos da rememoração involuntária. Em ambos os casos, sensibilidade e inteligência racional proliferam ao quadrado seus meios e efeitos; a profunda felicidade sentida – doravante um dos alicerces da existência – deriva de um ricocheteio dos espaços e tempos; por fim, a fusão do sujeito e do objeto (aqui a paisagem) resulta numa comunhão de tipo místico, cujo "milagre" é apenas o umbral. A diferença reside no esforço físico necessário no caso da empreitada de Lévi-Strauss, na qual o conhecimento supremo é profundamente um conhecimento pelo movimento (suor, flexão muscular, arquejo), enquanto em Proust é, antes, do âmbito do concurso de circunstâncias e da disponibilidade dos sentidos na hora H.

A montanha é decididamente o cenário ideal do teatro da intelecção em Lévi-Strauss. Isso mudará mais tarde, pois ele trocará seu amor intransigente às Cévennes pedregosas pelo universo da floresta, que oferece os mesmos trunfos e exige esforços menores. Se a floresta é o lugar de maturidade, a montanha, e especialmente a "montanha com vacas", entre 1,4 mil e 2 mil metros, é o da juventude. Ao contrário do mar, cujo encanto é mais "diluído", a montanha é uma "paisagem concentrada", uma paisagem "em pé" que serve de operador de condensação de sentido, ao sabor da ascensão nos desfiladeiros e da descida nos vales enfurnados: "O esforço físico que eu dispendia a percorrê-la era alguma coisa que eu cedia e mediante a qual seu ser se me oferecia. Rebelde e provocante ao mesmo tempo, furtando-me sempre uma metade de si mesma para renovar a outra pela perspectiva complementar que acompanha a subida ou a descida, a paisagem da montanha unia-se a mim numa espécie de dança que eu tinha a sensação de conduzir ainda mais livremente à medida que melhor conseguia penetrar as grandes verdades que a inspiravam"[16].

Esse milagre ofegante do conhecimento está profundamente ligado a experiências de infância e possui igualmente suas virtudes de encantamento; com efeito, assim como no universo surrealista, o temperamento epistemológico de Lévi-Strauss requer uma capacidade de imaginar diferentes estratos de realidade, solidários e hierarquizados, uma vez que o último, englobando todos os outros e lhes conferindo sentido, é A realidade, dotada de uma significação total e superior. Decerto não é essa "*suprarracionalidade*" que os surrealistas têm em mente quando conclamam a "abandonar tudo" a fim de lhe permitir advir. Contudo, em ambos os casos vigora uma operação de desvelamento que, por trás das aparências de superfície, torna visível uma realidade em profundidade, oculta e poderosa.

Outra experiência biográfica inscreve-se nesse paradigma do desvelamento e alimenta a *Weltanschauung* do rapaz, tal como podemos apreendê-la às vésperas de sua partida para o Brasil: a leitura de romances policiais, pelos quais Claude Lévi-Strauss é apaixonado, como indica frequentemente em sua correspondência, parecendo preferir as *detective novels* anglo-saxãs aos romances policiais franceses. Os romances norte-americanos de S.S. Van Dine (vulgo Willard H. Wright) agradam-lhe especialmente, com seu detetive Philo Vance, um investigador amante da arte, com um quê de dândi. Ele os lê tão logo publicados, a partir de 1926, e tem sobre eles uma opinião esclarecida: a propósito do último, escreve que é "o melhor por causa da inversão das convenções do gênero"[17].

Essa paixão pelo gênero policial, nascido no fim do século XIX e que domina a literatura ocidental durante todo o século XX, impondo uma forma narrativa no universo da ficção (romanesca ou cinematográfica principalmente), é um fenômeno de geração. Recentemente, Luc Boltanski mostrou as afinidades entre o romance policial, o romance de espionagem e as ciências sociais que lhes são contemporâneas. Todos os três repousam na construção de enigmas cujo instrumento principal é a investigação, e a instância fundadora, o desvendamento. A ficção policial e a ciência sociológica põem à prova a realidade aparente através de anomalias, contradições, aberrações ou pura e simplesmente do arbitrário, para lhe dar um sentido mais profundo: "A uma realidade de superfície, aparente mas sem dúvida ilusória, embora tenha um *status* oficial, opõe-se uma realidade profunda, oculta, ameaçadora [no caso dos complôs dos romances de espionagem], oficiosa, porém muito mais real"[18]. Ao super-real da solução da investigação criminal, ao rastreamento do complô (da franco-maçonaria, do terrorismo internacional ou de seitas diversas) corresponde, do lado das ciências sociais, um projeto de descrição do mundo social como totalidade que obedece a leis que lhe são próprias.

A leitura intensa de romances policiais sem dúvida contribuiu para alimentar uma epistemologia do enigma particularmente visível em Lévi-Strauss, que não raro usa o léxico dos romances policiais para explicitar sua peculiar ambição etnológica: "De um lado, um repertório quase inesgotável de enigmas, mensagens cifradas a serem decodificadas; do outro lado, porém difíceis de alcançar, certos princípios de inteligibilidade que explicam aparentes absurdos"[19]. Em mais de uma oportunidade, etnólogos elogiarão o "faro verdadeiramente policial" empregado por Lévi-Strauss para desbaratar as transformações dos mitos e os fenômenos de difusão entre espaços culturais diferentes; um método, acrescenta a etnóloga brasileira Manuela Carneiro da Cunha, que "mostra, portanto, afinidades com o gênero do romance policial, artifício que Lévi-Strauss adota em suas duas últimas *Mitológicas*"[20].

O ENGASTE DOS TEMPOS

Se o profundo desejo de conhecer enraíza-se desde cedo, e para sempre, na consciência de Lévi-Strauss, sua maneira de ser no tempo é sem dúvida mais inclinada a variações. É delicado apreender todos os imaginários temporais de que um homem é portador na data X. Tentemos, em todo caso, erguer o pano sobre a estratigrafia dos tempos de que se alimenta não só seu espírito científico, como seu temperamento romanesco.

"Dom-quixotismo"

"O dom-quixotismo, me parece, é, no essencial, um desejo obsedante de reencontrar o passado por trás do presente. Se um dia por acaso um excêntrico se preocupasse em compreender qual foi meu personagem, ofereço-lhe essa chave."[21] O passado *por trás* do presente ou "a padronagem no tapete"[22]. Como se aqui também o âmago da realidade se desvelasse para além dos fracos chamarizes do presente, mas dessa vez com uma volta no tempo. O próprio pai de

Lévi-Strauss era uma espécie de Dom Quixote mal "encaixado" no seu presente, como observa o filho. A família inteira vivia no esplendor de uma fortuna adquirida no século anterior e consumida pelos anos. Não surpreende a criança ter apreendido esse passado numa luz mais real do que um presente deliquescente.

Em 1935, contudo, o jovem professor está plenamente imerso em sua época; está inserido profissionalmente; a política o absorve e conecta a todas as vibrações sociais, ideológicas, culturais de sua época; ele abraça as revoltas, as contestações e os entusiasmos: a revolução, as vanguardas artísticas, Freud, Picasso, Stravinsky, o pacifismo, o desejo do alhures. Como vimos, gosta de Céline e Nizan. Difícil, nessas condições, atribuir ao rapaz que embarca em 1935 (tem então 26 anos) o "pessimismo biográfico" que desenvolverá prolificamente em sua maturidade: a ideia de que teria vivido mais agradavelmente num outro século, no caso o XIX. Não, o jovem tecnófilo, que se extasia ante a fotografia, o cinema, o automóvel, é efetivamente um homem do século XX. O Brasil mudará o jogo. Em outro plano, porém, ele talvez já seja, e permaneça, um homem do século XIX: o da confiança imensa na capacidade do espírito humano de compreender e dominar o mundo. Se o "grande século XIX", assim como a Alsácia do XVIII, estão presentes em seu imaginário, ainda não pesam numa lógica de desvalorização de um presente que ele não apreciaria, uma vez que tudo indica, ao contrário, que ele está solidamente enraizado nesse presente, inclusive de maneira crítica. O passado é suficientemente intenso para que Claude Lévi-Strauss, jovem portador de épocas que não viveu, tenha tendência a ver o deslocamento espacial como uma regressão temporal, um pouco à maneira do rastreio geológico que ele praticava em criança. No momento em que se prepara para atravessar o oceano Atlântico, procurando documentar-se sobre o Brasil e seus habitantes, mergulha com esse propósito na leitura do relato escrito por Jean de Léry no último terço do século XVI; operação mental prévia à partida da Europa, maneira de posicionar-se no limiar do encontro entre dois mundos.

O amor dos primórdios: o século XVI de Jean de Léry

No fim de 1934, quando aceita partir para o Brasil em fevereiro do ano seguinte, Claude Lévi-Strauss faz algumas leituras e pesquisas no Museu do Homem (que, nessa data, ainda é o do Trocadéro). Topa com Jean de Léry e se encanta. A máquina do tempo funciona graças ao "frescor do olhar"[23] do genebrino. Com efeito, Léry partiu de Genebra em 1556 para levar reforços ao almirante de Villegaignon, aquartelado na baía de Guanabara (Rio de Janeiro), confinado em seu forte Coligny e atormentado por dolorosos problemas espirituais: católico, Villegaignon deseja converter-se ao protestantismo e pede a Calvino que lhe envie uma dúzia de homens que possam ajudá-lo a superar sua crise. Entre os portugueses, instalados ao norte e almejando unificar sua presença na costa brasileira, e os índios tupis que, no começo, vivem numa relativa concórdia com os brancos, o pequeno grupo do forte Coligny é acometido de uma febre obsidional. Alguns deles, ao longo dos anos, vão amasiar-se e viver como selvagens. É o que acontece com Jean de Léry, obrigado a se refugiar entre os índios devido à loucura crescente de Villegaignon. Essa estadia nos permite ler hoje sua história, temperada com episódios grandiosos e burlescos, que Lévi-Strauss julga loucamente romanescos: "Que filme ela daria!"[24]. Mas o que o cativa acima de tudo é a espécie de "idílio que se ata entre [Léry e os índios]" e ao qual "devemos essa obra-prima da literatura etnográfica, *Viagem à terra do Brasil*"[25].

Por que obra-prima? Porque "tem o poder de apreender em sua verdade os seres e as coisas ignorando ou rejeitando as convenções". Nada nem ninguém "lhe estraga o olho"[26]. Ao contrário de seu confrade rival André Thevet, autor de *As singularidades da França Antártica*, Léry tem o talento de se emancipar de uma vulgata da descoberta já consolidada após meros cinquenta anos de visita à costa brasileira por parte dos europeus. O século XVI goza da clemência de Lévi-Strauss, disposto a ver nele os primórdios que tanto preza: é o século dos contatos ainda não rotineiros, em que algo da estupefação originária subsiste; no encontro inaugural entre dois mundos, uns e outros se estudam e auscultam com uma inocente curiosidade e igual dignidade. Essa capacidade de observar o Outro, de ser abalroado por ele e explicá-lo segundo um roteiro bem diferente da legenda dourada da modernidade ocidental abordando as terras da barbárie, é encontrada por Claude Lévi-Strauss em Jean de Léry, porém, mais genericamente, no século de Montaigne e Rabelais: "Há em pessoas como Rabelais ou Montaigne um maravilhoso ineditismo do olhar que vai desaparecer depois"[27].

Claude Lévi-Strauss atraca nas praias americanas equipado com esse intermediário literário. Léry é seu breviário. Tudo remete a ele e a seus tupis: um caco, uma paisagem, o espetáculo melancólico da orla. Como que em levitação temporal, o etnólogo, que ele ainda não é, sonha. Como a criança explorando a montanha, como o rapaz imerso na leitura de um romance policial, como o colegial acomodado no estribo do ônibus, esse europeu que aporta no Rio, com Jean de Léry no bolso, sabe que a busca de outra realidade é o caminho mais seguro para a verdade, que, nele, sempre teve o perfume da aurora. "[Sua] leitura me ajuda a fugir do meu século, a retomar contato com o que eu chamaria de uma '*suprarrealidade*', que não é a de que falam os surrealistas: uma realidade mais real ainda do que a de que fui testemunha. Léry viu coisas que não têm preço, porque era a primeira vez que eram vistas e porque era há quatrocentos anos."[28]

II

[1935 • 1947]

OS NOVOS MUNDOS

A FRANÇA EM SÃO PAULO 6

O Brasil foi o grande período de nossas vidas.

FERNAND BRAUDEL, discurso de recepção na Academia Francesa, 30 de maio de 1985.

Claude Lévi-Strauss parte em 4 de fevereiro de 1935 para o Brasil, onde permanecerá exatos quatro anos.

Vive sua viagem, e em parte sua estadia, como uma revisita da viagem transatlântica inaugural, a de Colombo, a do português Cabral, que aporta em Salvador da Bahia, e das dos outros exploradores do século XVI, Jean de Léry à frente (e no bolso, sempre ao alcance da mão). A antiguidade da presença francesa no Brasil é ainda muito perceptível nos anos 1930 e gera uma forma de intimidade, de certo modo ressuscitada pela criação da Universidade de São Paulo, onde ele vai trabalhar e ensinar em francês, a segunda língua dos brasileiros escolarizados.

Com efeito, o início de sua carreira de etnógrafo é entremeado por uma ambiciosa experiência de transplante acadêmico entre a Europa e a América Latina. A fundação da Universidade de São Paulo em 1934 e o envio de professores franceses (bem como, em menor escala, de italianos e alemães) são um projeto ao mesmo tempo exaltante e frágil, uma vez que vinculado a uma série de coerções políticas, institucionais e sociais que oprimem o destino do jovem e novo professor de sociologia.

No que diz respeito ao Brasil, aonde voltará apenas uma vez depois da guerra, em 1985, Lévi-Strauss admite cultivar uma "dívida muito profunda"[1]; não só porque, graças a seus índios, esse país é propício a lhe fornecer o objeto de uma tese futura, mas porque sua fisionomia integral de paisagem do Novo Mundo é para ele um observatório extraordinário. Tudo no país cresce a uma velocidade experimental, o que faz dele, para as ciências humanas, um verdadeiro laboratório. O Brasil torna-se o Eldorado das ciências sociais francesas. Se a "operação Brasil" de Georges Dumas visa enxertar a ciência e as humanidades francesas no Brasil, terá também o mérito de inscrever o horizonte latino-americano na historiografia, geografia e etnologia francesas.

Resultado: quinze anos mais tarde, em 1949, Lucien Febvre, num caderno especial dos *Annales* sobre a América do Sul, incita os jovens universitários a viajar para ver de perto: "Vão até lá. Abram os olhos. [...] Não leiam demais. Olhem muito". É "todo um domínio ainda inexplorado da vida e da experiência dos homens [...] irredutível a fórmulas simplistas"[2]. Lévi-Strauss e o pequeno grupo de São Paulo, composto por Fernand Braudel, Pierre Monbeig e Roger Bastide, em plena euforia da descoberta, terão antecipado esse programa, escancarando os olhos para a realidade brasileira contemporânea, antes, no caso de Lévi-Strauss, de dirigir o olhar para as ilhotas, um pouco mais, um pouco menos preservadas do mundo indígena[3].

RUMO À AMÉRICA

A bordo do *Mendoza*

À desolação que preside as festividades de partida, perceptível sobretudo na descrição gelada do banquete oferecido pelo comitê França-América, seguida pelas últimas recomendações de Georges Dumas, o pai da "operação Brasil" ("Terá de estar bem-vestido!"[4]), sucede a precipitação da partida. Finalmente, em 4 de fevereiro de 1935, Claude e Dina Lévi-Strauss, acompanhados de dois colegas, Jean Maugüé e Pierre Hourcade, embarcam em Marselha a bordo do *Mendoza*. As amarras são largadas na alegria do inverno meridional e com o "prazer quase insuportável que proporciona ao sedento uma água gasosa bebida sofregamente"[5].

O *Mendoza* é um navio misto, metade cargueiro, metade de passageiros, pertencente à frota da Sociedade Geral dos Transportes Marítimos a Vapor, companhia à qual Lévi-Strauss permanecerá ligado por suas inúmeras idas e vindas transatlânticas. Embora admitindo uns poucos passageiros, o *Mendoza* efetua uma longa travessia de dezenove dias, pontuada por várias escalas nas costas espanholas e africanas, durante as quais a embarcação carrega e descarrega o frete. A primeira parte da viagem, portanto, é uma cabotagem auspiciosa, permitindo visitar as cidades onde atracam. A primeira delas é Barcelona, alcançada pela manhã, após terem deixado Marselha na noite anterior. Lévi-Strauss esquadrinha a cidade de táxi, entusiasma-se pela largura de suas avenidas, a beleza da cidade, a presença de uma vegetação abundante (duplo renque de laranjeiras) e Gaudí, cujo nome ele parece ignorar: "Mas o mais extraordinário é a arquitetura: é literalmente demencial"[6], escreve aos pais. Prédios e mosaicos coloridos, igrejas com campanários em forma de flores, casas "de ferro fundido que evocam 'maravilhas' intumescidas e habitáveis"[7]; o rapaz extravasa todo o espanto fascinado daquele que nunca saíra de sua região: "Tudo isso é tão louco que não parece sequer mais arquitetura: eu diria enormes explosões de bom humor"[8]. Os passageiros descem a *rambla* e dirigem-se ao porto. Mais tarde, é Tarragona, disposta em patamares coloridos: mar azul, monte de enxofre amarelo vivo, tonéis de óleo vermelho e magotes de laranjas, carvão preto: "Um quadro admirável". Seu entusiasmo juvenil ocupa toda a carta: são nove passageiros no barco, mas no convés é como se estivessem sozinhos. Seus companheiros de viagem são afáveis, especialmente Jean Maugüé, jovem *agrégé* de filosofia escapado de seu liceu de Montluçon, um espírito brilhante e anticonformista, que partilhará a epopeia brasileira de Lévi-Strauss e contará isso num cativante, e bastante fiel, livro de memórias, *Les Dents agacées* [Os dentes exasperados]. Mas, por enquanto, "deixamos a vida nos levar". Lévi-Strauss, contudo, arrimo de família, não esquece os pais e já os estimula a juntar-se a ele no Brasil, por razões econômicas, como se, em seu espírito, a cidade de São Paulo ecoasse promessas de um Eldorado para europeus arruinados e em plena crise econômica.

Após Dacar, o *Mendoza* se lança ao alto-mar para uma travessia de doze dias até o Rio de Janeiro. Tudo, então, se resume a descobertas e delícias, numa monotonia extática; a sensação noturna das vibrações do motor traz uma "plácida felicidade"[9]. Estranhamente, a travessia do Atlântico, desprovida de toda referência, inverte os valores da viagem. A sensação de imobilidade é tamanha que a embarcação acolhe uma espécie de diaporama, no qual é "a bandeja girante do mundo"[10] que é oferecida à degustação dos espectadores. Lévi-Strauss, em "estado de graça"[11], está concentrado em seu cara a cara com os elementos, do qual nada vem distraí-lo. Nas recordações de Maugüé, ele aparece "deambulando quase sempre solitário no convés do paquete, os olhos certamente abertos, mas todo o seu ser fechado, como se temesse permitir que se perdesse o que acabara de registrar"[12].

O que ele olha assim, com todos os sentidos à espreita? Talvez a movimentação das nuvens ou os "cataclismos sobrenaturais" que são as auroras e poentes, cuja análise, que ocupa algumas páginas célebres de *Tristes trópicos*, escreveu na hora e julgou por bem inserir, quinze anos mais tarde, nesse ponto do texto. Esse pastiche proustiano (um pouco convencional) é um exercício de escritor, por certo; é também, em seu impulso para a apreensão do mundo concreto e de sua faustosa riqueza, uma colocação à prova da linguagem, de sua capacidade de captar e traduzir o real. Como se, na fronteira das "maravilhas" do Novo Mundo que vai descobrir, Lévi-Strauss quisesse exercitar seu olho e sua pena em desvelar o extraordinário, a desmedida, o inefável.

Outro episódio marcante, a meio caminho, é a travessia da "Calmaria" que abre o capítulo 8 de *Tristes trópicos*; zona de bonança em que os ventos dos dois hemisférios convergem e se anulam, gerando um marasmo inquietante, identificado (e temido) pelos marinheiros como a linha equatorial. O ar fica velado, o céu, mais líquido que o mar, por sua vez, mais cinza. As referências sensitivas se invertem, como se um convite a ajustar o foco no limiar, a "última barreira simbólica" que vê a transição definitiva para a América. Esse divisor de águas vivido numa certa febre, por ocasião de uma "noite sem sono passada no convés, a espreitar a América"[13], é também o momento em que sobrevém um devaneio sobre o mito da Idade de Ouro, sobre o século XVI e os primeiros exploradores, sobre o encontro imperial e a "dilacerante provação" que sofrem então o Ocidente, sua experiência, seus saberes, suas crenças diante da descoberta de outro mundo[14]. Lévi-Strauss ainda pode sonhar sua viagem como se Europa e América designassem dois planetas totalmente independentes um do outro.

O perfume do Novo Mundo

O Novo Mundo se anuncia por alguns sinais – a presença de rabos-de-palha e petréis e de uma escolta prateada de peixes-voadores –, mas "se impõe primeiramente como um perfume": uma mistura de pimenta exótica e folhas de tabaco fermentado, um cheiro ao mesmo tempo continental e repleto de deliquescências vegetais, "poderoso acorde" olfativo que virá a evocar, com o passar dos anos, o nome "Brasil". Por fim, após o olfato, é a vista que é solicitada: uma cordilheira imensa avulta ao longo do litoral, a serra do Mar, que o navio vai acompanhar de norte a sul, do Rio ao porto de Santos. A enormidade, a compacidade, a incomensurabilidade que a caracterizam já traduzem a escala do Novo Mundo e a obrigação de adaptar a visão.

No Rio, a decepção. O senso das proporções é ferido por um logradouro que não está à altura de sua reputação: o Corcovado e o Pão de Açúcar são para ele "arnelas perdidas nos quatro cantos de uma boca banguela"[15]. Passeia por essa cidade celebrada por sua beleza, mas que para ele evoca Nice ou Biarritz sob Napoleão III, um misto de intimidade e desarraigamento, a propósito, mais histórico do que geográfico. Primeira constatação desiludida: "Os trópicos são menos exóticos do que antiquados"[16]. Em contrapartida, ele observa verdadeiras diferenças: a articulação entre espaço privado e espaço público é muito mais progressiva do que nas cidades europeias. No Rio, a rua prolonga a casa numa forma de osmose entre exterior e interior. Outra inversão que deve ter lhe agradado: em virtude do terreno acidentado, o Rio conhece uma hierarquia social pela altitude contrária àquela reinante nas cidades meridionais europeias: as burguesias de Marselha ou Nápoles privilegiam as residências no alto, mais frescas e com vista para o mar; no Rio, as favelas se empoleiram nos morros, colinas desprovidas de água e fuziladas pelo sol, enquanto a população mais rica incrustou-se nos vales que cercam os morros, "à maneira de dedos numa luva apertada"[17].

Essa impressão cede lugar à descida maravilhada pelos "trópicos de sonho", ao longo da costa brasileira até Santos. Ali estende-se por milhares de quilômetros um debruado de praias de areia fina sobranceado por uma cordilheira costeira verde-escura e recortado por ilhotas e enseadas desertas, enquanto, de tempos em tempos, alguns pequenos portos sonolentos exibem, em seus palácios do século XVIII, os vestígios de um fausto extinto, o da economia aurífera de Minas Gerais: Ubatuba e Paraty eram as portas de saída do ouro para a Europa. Essa viagem no espaço e, indissociavelmente, no tempo, termina finalmente em Santos e no presente. O ouro atual dessa parte do Brasil é o ouro negro do café, e o porto de Santos é o principal polo de expedição de uma produção que faz a riqueza do estado de São Paulo desde o fim do século XIX.

Em Santos, a pequena trupe de franceses é recebida por Júlio de Mesquita Filho, proprietário do jornal *O Estado de S. Paulo*, uma das cabeças pensantes da grande burguesia paulista e peça-chave na criação da Universidade de São Paulo. São Paulo fica terra adentro, a cerca de cem quilômetros de Santos, percorridos numa estrada esburacada, o Caminho do Mar, que primeiramente vence os oitocentos metros de desnível da cordilheira oceânica. Para Lévi-Strauss, é o primeiro "choque dos trópicos": a mata Atlântica, conservada em suas vertentes virgens, o faz respirar a exuberância viçosa da vegetação. No topo, contudo, o ambiente muda: a oeste, uma imensa paisagem ocre anuncia o grande planalto do Brasil central, que desce em patamares até a bacia do Amazonas qual uma "mesa inclinada soerguida para os lados do mar: trampolim encrespado de mato cercado por um anel úmido de selva e de pântanos"[18]. Observe-se aqui o gosto pela descrição geográfica imagética, à maneira de Vidal de La Blache, que Lévi-Strauss conhecerá no Brasil na pessoa de um de seus discípulos e genro, Emmanuel de Martonne. O planalto despojado, que será doravante a paisagem familiar do Brasil para Lévi-Strauss, a de sua vida em São Paulo, mas também de suas expedições ao Mato Grosso, é visto sob seu aspecto inóspito, feito de despenhadeiros, cristas e barrancos: "Cai ali uma espécie de garoa bretã"[19].

De Santos a São Paulo, no avesso da cordilheira, esparrama-se uma paisagem que se assemelha a "cicatrizes". Nas glebas de terra desmatada, cultivada e depois abandonada, pela ação violenta e efêmera dos pioneiros para avançar por franjas antes de desertá-las, lê-se todo o ciclo da economia cafeeira e, junto com ela, o funcionamento da prosperidade brasileira, na qual os "*booms*" (do ouro, do açúcar, do café, do cacau, da borracha...) encadeiam-se num processo de modernização acelerado e tão caótico quanto a paisagem que deixa atrás de si. Com efeito, o Brasil dos anos 1930 encontrado por Lévi-Strauss sai abruptamente de seu período colonial. A República, que põe termo ao império de Pedro II, foi proclamada em 1889, depois que a escravidão foi abolida em 1888, nem sequer cinquenta anos antes. Essa Primeira República, que se mantém inalterada até 1930, repousa no poder das oligarquias paulistas do café e numa ampla autonomia dos estados, concorrentes porém reunidos numa federação. O *boom* cafeeiro dos anos 1880 transformou os planaltos do oeste do estado de São Paulo, cobrindo-os com fazendas, imensas plantações exploradas em regime de monocultura por trabalhadores quase em estado de servidão e controladas por capatazes designados por grandes famílias de fazendeiros absenteístas. Ao mesmo tempo, o Brasil conhece um grande fluxo de imigração (mais de 3 milhões de pessoas) que se dirige para o sul do país, para os cafezais e a indústria nascente de São Paulo. Ao lado dos italianos, a imigração alemã se especializa na colonização agrícola das zonas pioneiras dos estados do Sul, o Paraná, o Rio Grande do Sul ou Santa Catarina, sem esquecer os japoneses, que começam a desembarcar em 1908 em Santos para trabalhar nas fazendas de café e não raro tornam-se pequenos agricultores, produtores de arroz e hortaliças. Essa comunidade, que se enraizou, é bem visível e ainda muito fechada quando Lévi-Strauss e seus colegas desembarcam nesse recanto de uma América Latina já potencialmente multicultural, onde, em todo caso, é possível passar, como em Nova York, de uma "pequena Itália" (no bairro do Bixiga) a uma "pequena Tóquio", segundo divisões comunitárias bastante legíveis na topografia urbana de São Paulo. Enquanto Rio e São Paulo constroem identidades urbanas distintas – Rio, a cidade dos prazeres, a capital política, e São Paulo, metrópole industriosa –, a vida rural permanece, por sua vez, adormecida à sombra dos vilarejos do interior num ritmo colonial. Contudo, as transformações sociais, econômicas e urbanas colocam em perigo o pacto oligárquico da "República dos Fazendeiros": revoltas rurais, agitação comunista (a epopeia da "coluna Prestes" em 1927), tenentismo dos jovens oficiais do Exército, que se sublevam periodicamente. Em 1930, Getúlio Vargas, novo chefe de Estado, inaugura um pacto político que integra as classes médias urbanas sob a tutela fortalecida do Estado federal. Vargas desempenha uma função de árbitro entre as elites locais e os "tenentes", ao mesmo tempo estimulando o acirramento dos radicalismos, o que confere à década de 1930 uma tonalidade de fortíssima conflitualidade política, antes mesmo que o golpe de Estado de 1937 instituindo o Estado Novo reforce e endureça o novo quadro político. Dessas múltiplas dimensões de um Estado em frenética mutação, os jovens espíritos franceses que chegam a São Paulo no fim de fevereiro de 1935 sem dúvida não sabem muita coisa, mas terão um rápido aprendizado, na medida em que essa conjuntura política e econômica está diretamente ligada à sua vinda para a América do Sul e influenciará de maneira determinante os projetos e a vida de Claude Lévi-Strauss, mais ainda que a de seus colegas.

A miragem paulista

Em sua chegada a São Paulo, os professores franceses são recebidos pelo interventor, o governador do estado de São Paulo, Armando Sales de Oliveira. São hospedados no hotel Terminus, o grande hotel da cidade, e recebidos pela imprensa local; fotos e artigos de boas-vindas: são *personae gratae*.

O Carnaval acaba de começar: "Na mesma noite, saímos em exploração pela cidade. Num bairro popular, uma casa baixa com janelas verdes emitia uma música tonitruante e viam-se pessoas dançando. Nos aproximamos. Um negro que vigiava a porta disse que podíamos entrar, mas para dançar, não para olhar. Dançamos então com aplicação, mas receio que sem a menor habilidade e causando bastante embaraço às mulheres negras que, numa total indiferença, aceitavam nossos convites"[20]. Suas roupas de lã não são apropriadas ao calor do verão paulista e os fazem suar abundantemente...

No dia seguinte, Paul Arbousse-Bastide, um de seus colegas que haviam chegado no ano anterior e titular da cadeira de sociologia, primo de Georges Dumas, que na circunstância faz figura de decano, leva-os para uma volta pela cidade. Lévi-Strauss explicou diversas vezes o valor desses rápidos passeios por uma cidade estranha, a condensação de impressões, surpresas significantes que a retina virgem do viajante apressado armazena. Tais perspectivas podem encerrar intuições que a longa estadia tornará mais difusas. O que ele vê de São Paulo nesse dia? A cidade é tonitruante, múltipla, deixando uma sensação de inacabado, como atestam as fotos que ele tira com sua Leica, reunidas em *Saudades de São Paulo*: prédios em obras, caos urbano, letreiros, mas também um ambiente provinciano, poucos carros, bandos de vacas na rua caminhando calmamente junto a um bonde superlotado, entrechoque de tempos e espaços, um pouco Chicago, um pouco Paris, um pouco Lisboa; negros de ternos brancos cintados, ao lado de outros em andrajos, palmeiras sob o viaduto do Chá, nenhum planejamento urbano, porém grandes avenidas (a São João em construção) que seguem as linhas acidentadas do relevo; o núcleo inicial de São Paulo, quando esse lugar não passava de um centro jesuíta, é um esporão rochoso na confluência de dois rios* que deságuam no rio Tietê. Depois desse passado missionário, a cidade tornou-se o centro comercial e financeiro do novo mercado cafeeiro, cujos negócios se aglutinam no "Triângulo", no coração da cidade moderna. A partir do que Pierre Monbeig chamou de sua "segunda fundação", São Paulo viveu um crescimento vertiginoso, passando de 48 mil habitantes em 1886 para 1,12 milhão em 1935[21]. Três quartos dos paulistanos de então nasceram fora do Brasil: metade da cidade é italiana; conta

* O Tamanduateí e o Anhangabaú. [N.E.]

também inúmeros alemães, japoneses e apenas poucos milhares de franceses. O enriquecimento exponencial é percebido no mobiliário urbano, que empresta uma fisionomia europeia à cidade brasileira: o bonde, os bulevares, a praça da República com seus jardins, o Theatro Municipal, a riqueza consolidada dos fazendeiros, que, graças a alianças matrimoniais e a uma sociabilidade intensa, formam a grã-finagem paulista, instalada nas colinas do Pacaembu ou nos palacetes em estilo neoclássico com palmeiras e jardins de Higienópolis. Homens e lugares protagonizaram os belos dias da Belle Époque. A São Paulo dos anos 1930 conserva seus vestígios ligeiramente descascados, ao passo que a nova riqueza – mais manufatureira do que fundiária, dos filhos de imigrantes – escolhe a região da avenida Paulista para se distinguir. Essa avenida elevada, que divide a cidade em duas, torna-se o cenário eclético de todos os estilos arquitetônicos importados por esses novos poderosos, que exibem seu sucesso despudoradamente: "Os Matarazzo haviam mandado construir uma enorme mansão romana, de linhas simples e geométricas, mas feita de mármore branco. Os Jafet, a despeito da ascendência judaica, haviam multiplicado em torno de uma caricatura de mesquita todos os ornamentos da arte muçulmana. Os Zenz haviam imitado a sociedade britânica, enquanto Thiollier, a quem não faltava certo talento de escritor, residia numa confortável casa burguesa como em Rueuil ou no Vésinet"[22]. O conjunto é dominado por um arranha-céu em construção, o Martinelli, cujo vulto rosado reitera a vocação de Nova York dos Trópicos que a capital paulista almeja encarnar. Portanto, é em São Paulo, e não em Nova York, que Claude Lévi-Strauss vê o seu primeiro *skyscraper*, maneira singular e defasada de descobrir o Novo Mundo urbano pela cópia, e não pelo original.

Pois São Paulo é uma cidade do Novo Mundo e Lévi-Strauss não demora a apreciá-la dessa forma: "São Paulo nunca me pareceu feia: era uma cidade selvagem, como são todas as cidades americanas…"[23]. Selvagem, isto é, com ciclo de evolução curto, passando do "frescor à decrepitude sem parar na antiguidade"[24], tragada pelo ritmo frenético de cidade industriosa. Os paulistas se gabavam de que em 1935 construíam uma casa por hora. Esta é uma das razões que explica a constante mudança de número da casa de Lévi-Strauss, rua Cincinato Braga 212 ou 345, ao passo que morou na mesma residência durante toda a sua temporada no Brasil!

A casa onde se instalam os Lévi-Strauss, logo acompanhados dos pais de Claude, aparece em algumas das fotos do livro *Saudades de São Paulo*. Protegida pela folhagem, destila um encanto colonial e se impõe por suas dimensões e o ferro fundido do portão, embora um pouco enferrujado, que denota um conforto novo, ainda mais realçado pelo Ford estacionado em frente. Essa aquisição brasileira reflete o caminho percorrido. Passar do Citroën modelo "Trèfle" para um Ford é conhecer uma ascensão social com que contavam esses jovens professores, mesmo não sabendo exatamente o que deviam esperar: "Erámos todos pequenos professores nos liceus de província, cujos desejo de evasão e gosto pela pesquisa haviam chamado a atenção de Georges Dumas. Após morarmos em habitações bastante modestas, instalávamo-nos em amplas mansões particulares com jardins, onde nossas esposas eram servidas por empregadas (a primeira em nossa casa era uma mulata muito bonita, da qual tivemos que nos separar, pois, em nossa ausência, pegava os vestidos da minha mulher para ir dançar nos clubes carnavalescos; depois, duas encantadoras irmãs portuguesas, que não tinham, somadas suas idades, 40 anos, que tivemos que contratar juntas pois não queriam se separar). [...] Não estávamos habituados a luxos. Um deles era um alfaiate que vinha tomar nossas medidas e fazer os moldes em domicílio. O preço módico dos gêneros alimentícios e dos serviços nos dava a impressão de termos subido vários degraus na escada social"[25]. Como esclarece *Tristes trópicos*, a viagem é um deslocamento não só no espaço geográfico, como no espaço social: ela desloca e desclassifica – ou reclassifica. O périplo ao Brasil o faz mais rico; aquele que, alguns anos mais tarde, o conduzirá a Nova York o empobrecerá momentaneamente. Esses zigue-zagues sociais pontuarão parte de sua vida, até uma instalação confortavelmente burguesa, um "estilo de vida" ao qual ele aspirava, mas que só alcançará no fim dos anos 1950. Até lá, o Brasil é um país dos sonhos. Fernand Braudel, que chegou semanas depois de Lévi-Strauss, aluga um carro com chofer italiano para ir à universidade!

A vida, portanto, se organiza agradavelmente. Não só as condições materiais são bastante favoráveis, como Lévi-Strauss desfruta do encanto da cidade, da diversidade de seus ângulos, dos "novos espetáculos" que ela oferece ao seu olho aguçado de andarilho. Seu bairro, à margem das zonas ricas do Jardim Paulista, região escolhida como domicílio pela maioria de seus colegas, o arrebata. Próximo da avenida Paulista, ele sobranceia um bairro eclético que desce em direção ao centro, com uma população italiana e negra mais para baixo, ao lado dos matadouros: "Paralela à avenida Paulista, num nível um pouco inferior, a rua Cincinato Braga situava-se ainda no morro, de onde, a certa distância, se descortinava o vasto panorama de um bairro em plena desordem. Eu passeava muito por essa região, fascinado pelo contraste entre construções muito modernas, avenidas ainda provinciais, colinas quase rústicas e uma parte da cidade que conservava seu aspecto de vila"[26]. Essa paisagem urbana da Bela Vista (ou Bixiga) está hoje conservada graças não só a uma fotografia, como a um panorama pintado por Raymond Lévi-Strauss[27], cuja alta silhueta se vê em algumas fotografias. Pai e filho partilham uma nascente sensibilidade com respeito ao fenômeno urbano. São *flâneurs*, farejadores, colecionadores, que fazem um mesmo uso estético da cidade, inclusive das menos graciosas. São Paulo decerto não se deixa admirar com a mesma evidência que Paris, nem hoje nem ontem, mas, como toda metrópole, recicla suas produções e suas modas, das quais uma prática mascate pode inteligentemente tirar proveito: "Nesses tempos, podia-se passear em São Paulo. Não como em Paris ou Londres, passando por lojas de antiguidades. Se não me falha a memória, São Paulo possuía apenas uma, que se chamava, creio, Corte Leal. No lugar das cerâmicas pré-colombianas e dos objetos indígenas que esperávamos ver, havia na vitrine apenas uma porcelana cabila, quebrada aliás. Comprei para minha casa da rua Cincinato Braga quatro ou cinco móveis brasileiros do fim do século feitos de jacarandá maciço, como ainda se viam nas fazendas, e antiquados na cidade. Mas, justamente, não era necessário pedir à cidade outros objetos de contemplação e reflexão que não ela mesma: imensa desordem, em que se misturavam, numa confusão aparente, igrejas e prédios públicos da época colonial, casebres e edifícios do século XIX e outros contemporâneos..."[28]. Decodificação do texto paulista ao qual Lévi-Strauss pretende se consagrar nas funções de professor de sociologia da novíssima universidade da cidade, que são suas agora.

O (PEQUENO) MUNDO DA CIÊNCIA FRANCESA NO BRASIL

A Universidade de São Paulo, criada pelo decreto de 25 de janeiro de 1934, constitui um mito fundador no mundo acadêmico brasileiro, ao mesmo tempo exemplar e embaraçoso. Símbolo da ambição modernizadora paulista, representa igualmente o apogeu da sacrossanta amizade franco-brasileira. Desde o início, a USP é um nicho de projetos, estimuladora de "missões", tanto do lado francês como do brasileiro, que fazem dela uma criação necessária e frágil ao mesmo tempo, em todo caso jamais um lugar de liberdades acadêmicas tal como o concebemos na Europa.

Por que a USP?

Do lado francês, a criação da universidade paulista se insere claramente numa política de iniciativas francesas no estrangeiro, conhecida como "irradiação cultural", no jargão do Quai d'Orsay, num momento em que a França, consciente de seu declínio, pretende investir no *soft power* e fazer uma concorrência eficaz às propagandas autoritárias da Itália fascista e da Alemanha nazista[29]. Criado em janeiro de 1920, o Serviço de Obras Francesas no Exterior (SOFE) é o polo organizador dessa paradiplomacia intelectual, que, na década de 1930, é dirigida pelo mesmo homem, Jean Marx, por sua vez ex-professor universitário, *directeur d'études* na École Pratique des Hautes Études. No entreguerras, a diplomacia cultural desloca-se nitidamente de seu espaço privilegiado, o Oriente Médio, para as Américas e a Europa central. Em 1933, mais de trezentos professores franceses são lotados em duzentas instituições de ensino superior no estrangeiro. Para o Quai d'Orsay, essa estratégia de penetração intelectual no Brasil é ainda mais pertinente na medida em que a influência cultural francesa é tradicional (inversamente proporcional à fraca presença econômica), que, em razão de um mercado de trabalho universitário restrito, não faltam candidatos à viagem e, por fim, que a França dispõe, na pessoa de Georges Dumas, de um "*Monsieur* América Latina" de primeira ordem.

Com efeito, esse nativo das Cévennes, protestante de olhar esfumado, "tomou-se de amores" pela grã-finagem brasileira. É conhecido e admirado por todos, festejado ao longo de todas as dezessete viagens que realiza ao Brasil entre 1920 e 1938, semeando em seu caminho novas instituições: o Instituto Franco-Brasileiro de Alta Cultura, no Rio, em 1922, o Liceu Franco-Brasileiro, em São Paulo, em 1923, a primeira missão destinada à Universidade de São Paulo, bem como as seguintes para a Universidade do Distrito Federal, a do Rio, a de Porto Alegre... Professor universitário, psicólogo, ex-normaliano, Georges Dumas mobiliza a rede política radical e seu rebanho de jovens normalianos sôfregos pela natureza (em especial através da amizade que o liga a Célestin Bouglé), ao mesmo tempo cultivando relações cordiais com a burguesia esclarecida de São Paulo, em nome de uma França laica, herdeira da Revolução Francesa, racionalista, comtiana. Sem dúvida não é irrelevante o fato de esse "conquistador" da ciência francesa no Brasil ser ele mesmo um especialista em Auguste Comte[30]. Acrescentemos a esse retrato que o homem, como se deram conta seus alunos, possui um talento oratório fora do comum e é um animal sedutor, capaz, em relação estreita com seu amigo Jean Marx, de pintar e bordar no espaço latino-americano (com a ajuda de Paul Rivet).

Do lado brasileiro, a criação da USP está fortemente arraigada num clima de crise do sistema oligárquico, simbolizada pela chegada de Vargas à presidência da República em 1930 e pela expulsão das elites paulistas do poder central. Em 1932, uma tentativa de golpe de Estado oligárquica contra Vargas fracassa. A fundação da USP faz parte do painel de tentativas ensaiadas pelos dirigentes das tradicionais famílias de São Paulo, derrotadas no plano militar e político, para retomar a iniciativa no plano intelectual e ideológico, dotando-se de novas ferramentas e promovendo a "equiparação" da juventude paulista ao nível dos critérios de excelência da juventude europeia[31]. Assim, criam-se quase simultaneamente uma Escola de Sociologia e Política (de influência claramente norte-americana), um Departamento de Cultura municipal e a Faculdade de Filosofia, Ciências e Letras (calcada num modelo explicitamente francês), que daria origem à Universidade de São Paulo. Todas essas instituições caracterizam-se por um desejo de revanche menos social (grande burguesia fundiária contra pequena burguesia aliada ao Exército) do que nacional (o estado de São Paulo contra o Estado federal). Embora isso não seja dito com essas palavras, de toda forma é assim que o compreende o cônsul da França, Jacques Pingaud, cujo relatório reflete exatamente os termos da aposta na USP: "A Universidade de São Paulo quer ser um instrumento de imperialismo intelectual paulista no Brasil"[32].

Assim como os franceses após a derrota de 1870, os paulistas, após 1932, leram o Renan da *Reforma intelectual e moral* e almejavam promover uma verdadeira reconquista intelectual[33]. Entre os idealizadores desse grandioso projeto, a família Mesquita desempenha uma função insigne, em especial Júlio de Mesquita Filho, homem de imprensa, dono do grande jornal *O Estado de S. Paulo* (50 mil exemplares diários), apelidado de "leão bonachão" por Jean Maugüé, admirador de seus "olhos esverdeados de bandeirante"[34] e de seu devotamento à missão francesa, "que ele considerava um patrimônio pessoal". Aliado ao cunhado, o governador do estado, Armando Sales de Oliveira, o chefe do clã Mesquita torna-se o mecenas de inúmeros empreendimentos culturais (revistas, editoras, institutos) dos quais a USP é a bandeira intelectual, enquanto o Partido Constitucionalista é o braço político. Em 1937, por ocasião da campanha presidencial, a USP torna-se um argumento de propaganda eleitoral, o que fragiliza a universidade quando, em outubro, o golpe de Estado de Vargas institui o Estado Novo. Seu destino é, então, periclitante. Mesmo assim, ela sobreviverá, e até os dias de hoje.

Embaixadores culturais ou representantes da ciência em marcha?

Os jovens professores desembarcados em 1935 tomam rapidamente consciência desses dados, que os compelem a uma "posição falsa"[35] tanto no plano social como no intelectual: as lógicas de criação da instituição não correspondem necessariamente às ambições que regeram sua expatriação.

Em todo caso, convém notar uma ruptura no recrutamento desses docentes. A primeira missão, de 1934, é composta de professores titulares, de certa idade, reconhecidos e, em grande parte, católicos[36]: Robert Garric em letras, Pierre Deffontaines em geografia, Étienne Borne em filosofia, Émile Coornaert em história, Michel Berveiller em letras clássicas e Paul Arbousse-Bastide, um pouco mais jovem, em sociologia. Seis professores cujas convicções ideológicas não viriam a se chocar com as do meio liberal e católico da oligarquia de São Paulo, além de participarem civilizadamente das atividades extrapedagógicas da vida social paulista. Em 1935, mudança de cenário, que traduz uma nítida ruptura na lógica diplomática do recrutamento de missionários. Dessa vez não se trata mais de "talentos consolidados", e sim de jovens *agrégés* escolhidos à lupa, desejosos de escapar do ensino secundário e de coletar em território brasileiro material para uma futura tese, que lhes permitiria postular diretamente a universidade quando voltassem à França. Profissional, intelectual e socialmente, o perfil não é, em absoluto, mais o mesmo.

Em 1935, ao lado de Claude Lévi-Strauss, vemos então chegarem Fernand Braudel para história, Pierre Monbeig para geografia, Jean Maugüé para filosofia, Pierre Hourcade para letras (com Paul Arbousse-Bastide conservando seu posto). Outra mudança: esses novos docentes são, teoricamente, contratados para três anos (e não mais para um). De todos esses jovens *agrégés* que Dumas foi pescar nos liceus de província, Braudel é o mais avançado, com um trabalho de tese já bem encaminhado. Como se não bastasse, viaja com seu acervo de fichas e seus microfilmes dos arquivos de Sevilha, combustível para sua futura tese sobre o Mediterrâneo no século XVI, que conquista a admiração de Lévi-Strauss. Ao chegar, para alojar esse abundante material, Braudel aluga um segundo quarto no hotel. Quanto aos demais, em especial Lévi-Strauss e Monbeig, pretendem tirar partido da espécie de virgindade erudita da América Latina para tornarem-se especialistas num saber inédito, de valor tão grande quanto sua raridade, que Maugüé chama sarcasticamente de o "fabuloso metal"[37] (ele próprio muito menos seguro quanto ao seu futuro universitário). Roger Bastide, que substituirá Lévi-Strauss em 1938, partiu com um projeto de tese sobre o misticismo medieval, mas a travessia do Atlântico o fez bifurcar. O futuro grande etnólogo do Brasil negro, profundo conhecedor do candomblé da Bahia, é xará de Arbousse-Bastide sem ter laços familiares com ele. Em razão da corpulência de um e da pequena estatura do outro, os alunos não perderam tempo e os apelidaram de "Bastidão" e "Bastidinho"[38]!

Os jovens franceses veem-se desde logo num triplo mal-estar, mais ou menos assumido, que certamente anuviou os anos brasileiros, não obstante tão ricos, de Claude Lévi-Strauss.

Em primeiro lugar, sua situação e sua função não correspondem à ideia que fazem de sua docência e das razões pelas quais vieram ao Brasil. Ao chegarem como "embaixadores" da França no estrangeiro, recebidos como tais pela imprensa local, sumidades paulistas e damas enchapeladas, eles são obrigados a comparecer a algumas reuniões sociais e a pronunciar algumas conferências que extrapolam o âmbito universitário. Lévi-Strauss, por exemplo, fala na primavera de 1935 sobre "A crise do progresso", texto infelizmente perdido, mas cuja temática tem um futuro promissor[39]. Nem por isso Lévi-Strauss, Braudel ou Monbeig tencionam ser semiprofissionais das relações internacionais ou falar em nome da França; querem, ao contrário, trabalhar para construir disciplinas científicas e ensinar novos métodos de trabalho segundo uma lógica internacional, e não nacional[40]. A mudança geracional recorta uma mudança de postura entre o embaixador da cultura francesa e o cientista universal. Para Lévi-Strauss, o sentido de sua vinda ao Brasil deriva claramente da segunda postura, enquanto a ambição institucional deriva da primeira. Primeiro descompasso, ao qual vem se acrescentar um segundo.

Se Lévi-Strauss e seus colegas recusam-se a ser embaixadores da França, tampouco têm vontade de ser identificados como combatentes intelectuais do lado da oligarquia paulista. Verdade que, do outro lado, Vargas e sua súcia também não lhes agradavam. O socialista em Lévi-Strauss ficou evidentemente constrangido perante o círculo "um pouco pretensioso"[41] dos Mesquita, diante do qual ele e seus colegas se veem "em posição de clientes, no sentido romano do termo"[42]. Os jovens professores, por sua vez no papel de novos-ricos com seus salários triplicados[43], suas grandes mansões, seus empregados e seus carros, dirigem-se a um auditório de estudantes modestos que, embora os admirem, tendem a vê-los como "serviçais da classe dominante"[44]. A propósito, são incentivados a "viver a vida de [seus] novos senhores, isto é, frequentar o Automóvel Club, os cassinos e os hipódromos"[45]. Ao contrário de Jean Maugüé, induzido a isso por uma longa caçada sentimental, Lévi-Strauss não frequentará os salões paulistas, salvo para fazer algumas observações irônicas sobre as regras brasileiras do "grande jogo da civilização". Quando, no fim dos anos 1950, os paulistas lerem *Tristes trópicos*, torcerão o nariz para a metáfora vegetal e o registro botânico utilizados para descrevê-los: "Ao abrigo dessa fauna de pedra, a elite paulista, igual às suas orquídeas favoritas, formava uma flora despreocupada e mais exótica do que ela julgava"[46]. A descrição seguinte não melhora as coisas: nela, refere-se a um "minueto sociológico", distribuindo os papéis sociais (o grande burguês), políticos (o revolucionário, o anarquista, o conservador) e culturais (o artista de vanguarda) numa sociedade restrita, em que cada espécie é representada por um único indivíduo. Esse diagnóstico ácido sobre a alta sociedade brasileira (embora correto, segundo alguns brasileiros, mas que o dizem a *mezza voce*) é igualmente compreensível pelo imbróglio sociológico vivido pelos professores franceses: para eles, o Brasil é um trampolim profissional, porém, a despeito das autoridades francesas e brasileiras, a formação que eles fornecem a essa juventude estudantil será a alavanca do Brasil do futuro, inclusive contra a aristocracia mecenas do empreendimento universitário. Astúcia da história que somente as duas décadas que separam a missão no Brasil da redação de *Tristes trópicos* permitem interpretar.

Por fim, para Lévi-Strauss, encarregado de ensinar sociologia na USP, acrescenta-se a tudo isso um mal-estar tipicamente intelectual, que se deve precisamente à definição e ao uso dessa disciplina na pátria que adotou Auguste Comte. No Brasil, cuja bandeira nacional estampa, a partir de 1889, a divisa

CONFERENCIAS PUBLICAS PROMOVIDAS PELA FACULDADE DE PHILOSOPHIA

O prof. Claude Levi-Strauss realizou hontem a primeira dissertação da série que vae levar a effeito, sobre "A crise do progresso"

Ao alto, o prof. Claude Levi-Strauss, quando proferia a sua conferencia — Em baixo, aspecto da assistencia

Em proseguimento ao cyclo de conferencias promovido pela Universidade de São Paulo e que está a cargo dos professores da Faculdade de Philosophia, Sciencias e Letras, falou hontem, no salão João Mendes Junior, da Faculdade de Direito, o prof. Claude Levi-Strauss, cathedratico de Sociologia daquelle instituto de alta cultura.

Levando a effeito a primeira prelecção, da série, que, sobre "A crise do progresso", vae alli realizar, dissertou o conferencista sobre "Progresso e retrocesso".

Inicialmente, diz que o progresso como resultante de trabalhos e realizações do homem, é, por isso mesmo, a essencia do espirito humano.

Salienta, depois, que o bem e o mal, já occorridos, não podem ser considerados desta ou daquella forma, ou seja como um bem ou como um mal. Porque tudo quanto occorreu constitue etapas da civilização, phases do progresso.

Rebateu a seguir o conceito segundo o qual a concepção do progresso pode ser comparada á evolução do homem. Este, frisou o conferencista, tem uma trajectoria que pode, mais ou menos, ser predeterminada, pela propria idade.

O progresso, no entanto, tem fluxos e refluxos, retrocessos e avanços, periodos de fastigio e épocas de decadencia, ou melhor — marchas e contramarchas.

Essas contramarchas, no entanto, nunca vão até o ponto de partida. E, sempre, antecedem um avanço maior, que vae alem do ponto em que se verificou o retrocesso.

Depois de se referir ás diversas phases do progresso humano, até a segunda metade do seculo XIX, quando teve inicio o desenvolvimento das industrias e da machina, observou que, após a conflagração européa, entrou a humanidade num periodo de duvidas e incertezas. Não se pode prognosticar, ao certo, se, doravante, o progresso será maior na Sciencia, ou na Arte.

Não pode haver duvida, comtudo, de que, em virtude desse phenomeno, estamos numa época de retrocesso.

E' evidente a ansiedade que empolgou, totalmente, os povos. Ha incertezas e hesitações, entre a humanidade.

Tudo está a indicar, no entanto, que, passada esta phase de agitações, entrará a humanidade num periodo de progresso ainda maior, que determinará uma evolução que attingirá, por certo, limites hoje imprevisiveis.

A CONFERENCIA DE SEGUNDA-FEIRA

A proxima conferencia será feita pelo prof. Pierre Hourcade, na segunda-feira vindoura, ás 21 horas, no mesmo local. O seu thema será: "Baudelaire e Verlaine, precursores do movimento poetico contemporaneo."

Conferência pública de Claude Lévi-Strauss, "A crise do progresso", perante uma seleta plateia paulista, noticiada por *O Estado de S. Paulo* (9 de agosto de 1935).

positivista *Ordem e progresso*, a tradição positivista e, depois dela, a sociologia durkheimiana – pois "os brasileiros cultos haviam passado de Comte a Durkheim"[47] – servem, segundo Lévi-Strauss, de "base filosófica ao liberalismo moderado, que é a arma ideológica habitual das oligarquias contra o poder pessoal"[48]. Ora, Lévi-Strauss chega ao Brasil em "estado de franca insurreição contra Durkheim e contra toda tentativa de utilizar a sociologia com fins metafísicos"[49]. Esse antidurkheimismo momentâneo, partilhado por outros filósofos de sua geração, explica-se, em Lévi-Strauss, pela maneira como Durkheim "chegou" até ele. Com efeito, cavou-se um "fosso"[50] entre os discípulos de um durkheimismo "vivo" – Mauss no Collège de France, Granet nas Línguas Orientais, Simiand na École Pratique des Hautes Études (todos, exceção feita a Halbwachs, professor na universidade, trabalham em institutos de pesquisa) – e os outros discípulos, Bouglé, Fauconnet, Davy, não raro próximos do partido radical e do poder republicano, professores universitários instalados na Sorbonne, professando uma filosofia misturada com direito e um moralismo tacanho insuportável para os jovens dos anos 1930. Ora, é por intermédio destes, e não daqueles, que Lévi-Strauss toma conhecimento de Durkheim. Daí sua fidelidade "inconstante"[51] a este último, ao qual voltará após descobrir sua verdadeira herança. Daí igualmente a paradoxal compatibilidade do rapaz com Marcel Mauss, não obstante sobrinho de Durkheim e primeiro discípulo do seu tio, a quem, justamente, Lévi-Strauss escreve: os brasileiros consideram a sociologia "uma espécie de técnica acessória da administração municipal ou da administração parlamentar"[52]. A guinada para as novas ciências sociais é, para ele, na época, o meio de derrubar as muralhas metafísicas e ideológicas a fim de abarcar a complexidade de um real que escapa ao sistematismo. Eis por que, ao chegar ao Brasil, justamente quando está em plena descoberta da tradição empírica da etnologia anglo-saxã, ele não tem pressa em pregar essa sociologia domesticada. Essa dissensão intelectual logo se traduz num conflito disciplinar e institucional com seu colega Paul Arbousse-Bastide, titular da outra cadeira de sociologia.

A missão francesa: grandeza e decadência

Quando a cadeira de sociologia, à qual os paulistas são muito apegados, é desdobrada, Paul Arbousse-Bastide, já instalado, escreve: "Infelizmente não tenho nenhum nome de sociólogo a lhes propor para a segunda cadeira de sociologia. Conviria evidentemente um jovem (mas não muito jovem) que demonstrasse algum interesse por pesquisas sociológicas e suscetível de se arraigar no Brasil como campo de investigação"[53]. Por intermédio de Célestin Bouglé e Georges Dumas, como vimos, esse posto coube a Claude Lévi-Strauss, porém, ao chegar ao Brasil, este último não demonstra a mínima vontade de ensinar sociologia, uma vez que veio para fazer etnografia. Na volta às aulas, na primavera de 1935, o conflito disciplinar ganha ares de uma disputa de poder. Bastante escrupuloso quanto à questão das liberdades acadêmicas, Lévi-Strauss se insurge contra a autoridade de Arbousse-Bastide, investido de um vago título de "chefe de missão", sem com isso ter o direito de ostentá-lo, e que se gaba igualmente de dirigir o departamento de sociologia, ainda em estado virtual. Em suma, Lévi-Strauss recusa-se secamente a que lhe ditem o conteúdo de seu ensino e persevera, fazendo uma contraproposta ao mesmo tempo científica e pedagógica: cerca de quinze páginas, cujo título, "A sociologia cultural e seu ensino"[54], exibe ambições programáticas. Nesse texto curto, ele acusa os sociólogos de ainda estarem na ordem especulativa e de considerarem a sociologia uma "filosofia das ciências sociais". Pois, ele prossegue, "na impossibilidade de submeter os problemas a um tratamento real, o tratamento especulativo continua a se afigurar um refúgio reconfortante". É o próprio estatuto de ciência que ele nega à sociologia, ainda balbuciante segundo ele; as duas únicas disciplinas das ciências sociais a produzir resultados positivos são, a seu ver, a arqueologia e a etnologia. De toda forma, toma algumas precauções retóricas, preservando a tradição durkheimiana e, no caso, citando o próprio mestre: "A etnografia quase sempre determinou, nos diferentes ramos da sociologia, as mais fecundas revoluções", frase extraída de *As formas elementares da vida religiosa*. A revolta de Lévi-Strauss, que não hesita em pleitear uma cadeira de antropologia cultural independente do departamento de sociologia, é malvista pelas autoridades brasileiras, bem como pelo Quai d'Orsay, embaraçado ante essa situação. Georges Dumas fica louco de raiva: "Fui envenenado pela Faculdade de São Paulo [...]. Lévy-Strauss [*sic*] pretende criar para si uma cadeira de etnografia e ensina etnografia em suas aulas. Arbousse-Bastide quer que ele dê sociologia, uma vez que foi contratado para isso. Daí o conflito [...]. Minha opinião é que Lévy-Strauss é um arrivista um pouco acerbo e que faríamos bem em prescindir de seus serviços, mas se lembre de que ele foi o único que encontramos"[55].

Em 1936, o "caso Lévi-Strauss" chega a ser evocado na presença do diretor da USP, Antônio de Almeida Prado, bem como dos dois principais envolvidos, aos quais se acrescenta François Perroux, que chegara em 1936 para ensinar economia política[56]. Estão à beira da infração disciplinar. A situação é ainda mais espinhosa na medida em que a missão se divide entre os partidários de Arbousse-Bastide e os que apoiam Lévi-Strauss, a saber, Maugüé, Monbeig e, sobretudo, Braudel, que defende com toda a sua autoridade seu jovem colega, como Lévi-Strauss voltará a lembrar, cinquenta anos mais tarde, por ocasião da entrega da espada ao novo acadêmico. Essa frente nada tem de fortuita: todos esses professores partilham uma visão da ciência fundada no estudo de campo e, na medida do possível, emancipada dos dogmatismos (positivista, durkheimiano, metafísico...), preocupada mais com métodos do que com conteúdos, em suma ignorando expressamente a demanda local das elites brasileiras que os empregam. Tudo se desenrola com a imprecisão semântica típica do campo das ciências sociais emergentes, no qual Lévi-Strauss se debate (entre etnografia, sociologia cultural, sociologia primitiva, etnologia, antropologia). A discussão se acirra com a chegada ao poder da Frente Popular, que inquieta a oligarquia paulista na mesma medida em que alegra Claude Lévi-Strauss. Numa atmosfera cada vez mais tempestuosa politicamente, é possível que Lévi-Strauss – cujo coração à esquerda não é segredo para ninguém, como atestam seus laços com Paul Rivet e o Museu do Homem – tenha sido vítima de uma pequena caça às bruxas. Seja como for, o caso continua a degenerar durante o ano de 1937 e se conclui com uma não renovação de contrato em dezembro de 1937, ao fim dos três anos de docência firmados.

Tudo isso tem um pouco de aldeia gaulesa, principalmente para os outros professores estrangeiros, dado que a jovem Faculdade de "Filosofia, Ciências e Letras" se orgulhava de contar entre seus membros, além dos oito franceses, com seis italianos, entre eles o poeta Ungaretti, o matemático Luigi Fantappié e um físico antifascista, Occalini, bem como três judeus alemães fugidos do nazismo e um britânico. Como a New School for Social Research, que Lévi-Strauss integrará em Nova York, a USP é, portanto, uma instituição plenamente internacional em sua escala. Em contrapartida, cada missão, em especial a francesa, parece caricaturar seus pendores nacionais. Vários professores franceses apontam a concorrência existente entre eles na obtenção da excelência e na conquista dos ouvintes, cuja evolução todos acompanham em detalhe. "Todos nós tínhamos a sensação de jogar nossas carreiras no sucesso ou fracasso no Brasil. Todos tentavam então cercar-se de uma corte que fosse exatamente a sua e que fosse mais coesa que a do vizinho. Isso era tipicamente francês, tipicamente universitário, porém, transportado para os trópicos, um pouco ridículo e não muito saudável."[57] Modelo cortesão, comportamento de divas estimulado pelas aulas magistrais: "Deixávamos nossos anfiteatros como virtuoses deixando a sala de concerto"[58]. Nesse joguinho, Jean Maugüé parece ter impressionado particularmente os ouvintes com sua verve e seu anticonformismo prodigioso[59].

Seis aulas de cinquenta e cinco minutos por semana ministradas de março a novembro: é este o cronograma de um professor da USP, encarregado de dar aulas perante um auditório compósito, metade mulheres da sociedade (sobretudo no primeiro ano), metade estudantes. No segundo ano, a instalação da nova universidade balança e reconfigura todos os mecanismos de ascensão social, contribuindo para atrair igualmente "jovens de olho nos empregos abertos pelos diplomas que conferíamos; ou advogados, engenheiros e políticos estabelecidos que temiam a concorrência próxima dos títulos universitários se não tivessem eles mesmos a sabedoria de lutar por eles"[60]. Duzentos e nove alunos são matriculados em 1936, dos quais 33 no primeiro ano em ciências sociais, mas apenas dois no segundo.

UM LABORATÓRIO A CÉU ABERTO OU A FELICIDADE SOCIOLÓGICA

Se o microcosmo francês gosta de frequentar o cinema Odéon para ver os filmes com Gabin e Jouvet[61] e cultiva certas paixões bastante gaulesas, nem por isso é menos verdade que suas sensíveis antenas apontam avidamente para a realidade brasileira. Monbeig e Lévi-Strauss, além de Braudel, veem imediatamente o "terreno experimental único oferecido pelo Novo Mundo"[62].

No limiar de suas carreiras, vindos de disciplinas e horizontes distintos, todos aspiram a efetuar um verdadeiro trabalho de campo capaz de fundar ou refundar ciências humanas vivas. Filósofo, Lévi-Strauss é tragado pela realidade brasileira, suas formas de desenvolvimento urbano, a projeção ampliada, a violência de suas metamorfoses, que ele observa com seu gosto pronunciado pelo que emerge e desaparece. A amizade travada com Pierre Monbeig exprime esse tropismo geográfico que caracteriza seu momento brasileiro não só em seu ensino, como também, mais profundamente, em sua cosmogonia pessoal.

Ensino no vendaval

Professor de sociologia na Universidade de São Paulo e malgrado as dificuldades encontradas, Claude Lévi-Strauss desenvolve um programa de ensino e pesquisa coerente tanto em seus conteúdos como em sua pedagogia, inteiramente centrado na observação atenta do real e no primado do empírico em detrimento de toda tentação especulativa. Ao fazer isso, quer se libertar galhardamente da ortodoxia positivista-durkheimiana; compreende-se a fúria de Arbousse-Bastide.

Contra uma sociologia que ele qualifica de "metafísica", defende a ideia segundo a qual o conhecimento dos povos primitivos, isto é, a etnografia, é indispensável a toda boa formação sociológica. Em 1935, dedica então um curso às "Formas elementares da vida social"[63]. Na bibliografia básica, encontramos quatro clássicos: *As formas elementares da vida religiosa*, de Durkheim; *Primitive Society*, de Robert Lowie; *L'état actuel du problème totémique* [O estado atual do problema totêmico], de Van Gennep; e *History of Human Marriage* [História do casamento], de Westermarck[64]. Mas tampouco se limita a isso. Seu leque de interesses e de disciplinas vai "da sociologia primitiva à antropologia urbana, passando pela linguística, a etnolinguística e a antropologia física"[65], como atestam os resumos de aulas conservados nos anuários da universidade.

Contra o confinamento escolástico, Lévi-Strauss despacha seus alunos para pesquisarem na cidade: "À guisa de trabalhos práticos, eu lhes propunha a rua onde eles moravam, o mercado, a esquina, e só dependia deles observar a sucessão no espaço dos tipos de hábitat, das características econômicas e sociais dos moradores, das atividades profissionais etc."[66]. São Paulo muda vertiginosamente. Uma chance extraordinária para o *social scientist* novato, que pode observar a olho nu processos vultosos que levaram séculos para resultar na Europa. É não só a fibra andarilha, como a fibra científica de Lévi-Strauss, que está fascinada por São Paulo; e ambas se juntam, como ele explica a Célestin Bouglé: "São Paulo é uma cidade que dizem feia e que eu acho profundamente atraente, em sua desordem e incoerência. É o 'fenômeno urbano' em estado puro, e é possível, vagando através de seus bairros, encontrar todos os estágios de irrupção da cidade, desde os casebres de taipa até os arranha-céus mais norte-americanos. Do ponto de vista sociológico, é uma experiência magnífica, e o estudo da cidade, a análise de seu crescimento e de suas estagnações, a distribuição espacial de suas profissões e das nacionalidades constituem a própria base do meu ensino"[67]. A inspiração e o tropismo urbano juntam-se ao antigo interesse que a tradição sociológica francesa demonstra pelo que chama de "morfologia social", a organização social das sociedades.

O jovem professor privilegia a observação direta e a pesquisa de campo, pratica um ensino fundado na coleta de documentos, na interpretação e na iniciação aos métodos científicos. Um de seus ex-alunos, depois crítico de teatro, Décio de Almeida Prado, lembra-se dessa pedagogia prática muito pouco francesa: "Um dos primeiros trabalhos que ele nos pediu foi proceder a uma análise social da cidade de São Paulo nos anos 1820, tal como ela figurava nos documentos da época que ele tomara o cuidado de identificar. Em seu curso sobre as leis do parentesco nas sociedades primitivas, em vez de insistir nas divagações, distribuiu a seus alunos uma série de árvores genealógicas individualizadas. Determinou as regras sociais do grupo e nos perguntou quem esposaria determinada pessoa"[68]. Estamos longe da aula magistral e das divas. De resto, o professor Lévi-Strauss não procura brilhar, mas fazer refletir. Não dá palestras, dá aula, nuance importante descrita pelo antropólogo brasileiro e ex-aluno Egon Schaden: "A exposição não era intensa, mas as ideias eram sempre claras. O mais admirável era sua maneira de fazer trabalhar e ler por meio de exposições, seminários e discussões. Não era alguém conhecido, mas muita gente assistia às suas aulas"[69]. Declarações reiteradas por Almeida Prado: "Para Lévi-Strauss, a palavra era como que um canal transparente que nos dava a possibilidade de entrever o desenrolar da argumentação. Se havia efetivamente alguma coisa que aprendíamos, era a raciocinar. Mesmo durante longos raciocínios, não nos perdíamos e distinguíamos seus encadeamentos, de tal forma eram bem articulados". Esse registro da fala professoral, que encontraremos em outras instituições onde Lévi-Strauss ensinará, promove no mesmo sentido um ensino que estimula a pesquisa em vez da apresentação de saberes estabilizados.

Coroando seu ensino e sua reivindicação de uma cadeira de antropologia, Claude Lévi-Strauss, sempre ambicioso (e pugnaz), imagina o projeto de um Instituto de Antropologia Física e Cultural, que ele apresenta num artigo em *O Estado de S. Paulo* de 17 de outubro de 1935: "Em prol de um Instituto de Antropologia Física e Cultural". A ideia é orientar e centralizar, enquanto ainda é tempo – pois Lévi-Strauss sente-se numa conjuntura de etnologia de emergência –, as pesquisas etnográficas no Brasil no âmbito da universidade, a exemplo dos grandes institutos de pesquisa estrangeiros; promover pesquisas comparativas sobre o espaço americano e formar pesquisadores aguerridos; com esse fim, propõe a criação de um "grande arquivo antropológico americano" e a elaboração de um grande atlas, "no qual os mapas do continente americano mostrariam as zonas de distribuição [dos traços culturais] e as variações de densidade"[70]. Não nos resta senão constatar a espantosa energia programática desse jovem professor, que concebe conjuntamente a pesquisa e a tecnologia do conhecimento (arquivo, atlas, levantamentos, estrutura institucional). Encontramos em São Paulo, no outono de 1935, o esboço de um sonho científico que veremos parcialmente concretizado vinte e cinco anos mais tarde com o Laboratório de Antropologia Social. Desde o início, a prática da ciência e suas bases materiais são pensadas inseparavelmente.

O campo antes do campo

A cidade não é o único campo de caça de Lévi-Strauss. A paixão pela descoberta empírica conduz o pequeno grupo de cientistas franceses, bem como suas esposas, ao entorno de São Paulo, onde, como modernos exploradores (possuem alguns de seus atributos vestimentares), interessam-se por tudo: "Aquele país e aquela sociedade, feitos inteiramente de contrastes, eram para nós objeto de uma curiosidade apaixonada. No seio da missão francesa, Fernand Braudel, o historiador, Pierre Monbeig, o geógrafo, Jean Maugüé, o filósofo, e eu, além de nossas esposas (Maugüé era o único solteiro), formávamos uma pequena equipe bastante coesa. Não perdíamos uma ocasião de percorrer os arredores de São Paulo em busca de descobertas, seja para os lados do mar, em meio a despenhadeiros atravessados por tênues passarelas, seja ao norte da cidade, em áreas ainda ocupadas por cafezais, para satisfazer nossas veleidades de buscas arqueológicas"[71]. Duas fotografias ilustram fielmente esse depoimento. Numa delas, Dina Lévi-Strauss, sempre liderando o pequeno grupo, entra com ousadia numa ponte de cipós (frágil, com efeito); na outra, aponta para Braudel (de terno e gravata, mas com botas de couro altas que lhe dão um aspecto de cavaleiro britânico) e Jean Maugüé (um eterno cigarro na comissura dos lábios), com algum caco de cerâmica, sinal de uma antiga presença indígena num cafezal[72]; Monbeig, Braudel e Lévi-Strauss, como uma École des Hautes Études en Sciences Sociales miniaturizada e ambulante, e a quimera de uma interdisciplinaridade vivida em campo...

Muito além dessas excursões dominicais, a interdisciplinaridade se desenvolve na amizade que liga Claude Lévi-Strauss a Pierre Monbeig, geógrafo das incursões pioneiras no oeste paulista e no norte do Paraná, que se interessará trinta anos mais tarde pela "integração" da Amazônia ao Brasil. Ao longo de sua extensa temporada no Brasil, de 1935 a 1948, Monbeig tomou consciência dos fenômenos americanos, redefiniu as escalas, distâncias e ritmos, para conceber um grande trabalho sobre as "paisagens nômades" que são as franjas pioneiras. É a pé e a cavalo, às vezes num caminhão, que Lévi-Strauss, na falta de expedição etnográfica (impossibilitada pela ausência de índios nos subúrbios de São Paulo...), acompanha seu colega e amigo nos desbravamentos florestais e na companhia movente dos pioneiros, um mosaico étnico europeu: "É após uma longa noite de viagem que a floresta se torna realmente um elemento da paisagem. Ela é entrecortada por grandes fazendas ou pequenas lavouras de algodão, arroz e milho. O aspecto das cidades muda ao mesmo tempo. Percebemos casas de madeira, cidades de tábuas que parecem grandes demais para exíguas estações ferroviárias. E pouco a pouco aparecem os descampados, com árvores juncando o solo, algumas ainda erguendo seus troncos calcinados por cima das novas culturas"[73]. Em Monbeig, é geralmente uma metáfora de campo de batalha que descreve a zona desmatada. Lévi-Strauss pensa no Brasil primeiramente como um "perfume queimado"[74]. Ambos, caminhando juntos, "sentem, olham e escutam as novidades dos espaços percorridos"[75].

As protocidades que crescem ao longo da ferrovia (Londrina, a decana, Nova Dantzig – atual Cambé –, Rolândia, Arapongas...) fascinaram especialmente Lévi-Strauss. Ele assiste, no calor da hora, ao nascimento de uma cidade, sua polarização inconsciente entre os quatro pontos cardeais, a estruturação progressiva de suas funções, o ponto de junção da evolução orgânica e da criação estética. É "a coisa humana por excelência"[76], percebida em seu caráter mais simples, mais elementar e esclarecido pela dádiva heurística dos começos. "Nesses quadriláteros arbitrariamente escavados no coração da floresta, as ruas em ângulo reto são a princípio todas iguais: traçados geométricos, desprovidos de qualidades próprias. No entanto, algumas são centrais, outras, periféricas, algumas, paralelas, outras, perpendiculares à ferrovia ou à estrada; assim, as primeiras são no sentido do tráfego, as segundas o cortam e interrompem. O comércio e os negócios escolherão as primeiras, necessariamente concorridas; e, pela razão inversa, as habitações privadas ou determinados serviços públicos preferirão as segundas ou ali serão rejeitados. Por sua combinação, essas duas oposições entre central e periférico de um lado, paralelo e perpendicular do outro, determinam quatro modos diferentes de vida urbana que modelarão os futuros habitantes, estimulando uns, desanimando outros, geradores de êxitos ou fracassos."[77] É um Lévi-Strauss claramente geógrafo que fala, tendendo a espacializar a reflexão, adotando um léxico facilmente traduzível num esquema. Entre esse croqui, que Lévi-Strauss não desenhou, e outro, alguns meses mais tarde, célebre, que dispõe no espaço as estruturas sociais de uma aldeia bororo, o tropismo geográfico é evidente[78]. Desse ponto de vista, as cidades de franjas pioneiras operam uma espécie de transição entre uma velha inclinação infantil

Claude Lévi-Strauss (à esquerda), Jean Maugüé (no centro) e René Courtin (à direita) posando diante do Ford que os levará aos confins do estado de Goiás, 1,5 mil quilômetros ao norte de São Paulo (verão de 1936).

à observação da superfície da terra e a descoberta das sociedades indígenas, cristalizando o aporte de uma disciplina, a geografia, à tradição ainda jovem porém ilustrada na França pela geografia humana de Vidal de La Blache e seus discípulos. Ocorre que um deles, Emmanuel de Martonne, visita o Brasil em setembro de 1937.

Sua vinda é pretexto para uma excursão com alguns professores e estudantes ao pico das Agulhas Negras, em Itatiaia, então considerado o ponto culminante do Brasil, a cerca de trezentos quilômetros a nordeste de São Paulo, na serra da Mantiqueira. Algumas fotos de *Saudades do Brasil* evocam a lembrança dessa memorável aula de pedagogia geográfica; em primeiro lugar, o esforço para alcançar esse caos rochoso de cerca de 2,8 mil metros de altitude, de carro, por estradas precárias, depois a cavalo, por fim a pé. Uma curiosa fotografia fora de foco imortaliza as botas de Emmanuel de Martonne na chaminé que leva ao pico, como uma homenagem aos arroubos de campo de uma geografia de pernas compridas. No topo, é a iluminação: "Martonne improvisou então uma palestra que – para mim, de formação literária – pareceu uma admirável explicação de texto. Compreendi que uma paisagem, vista e analisada por um mestre, pode ser uma leitura apaixonante, tão apta a formar o espírito quanto uma peça de Racine"[79]. Observemos que, para Martonne também, o Brasil é um momento epistemológico importante. Aqui, ele revisita a questão dos pães de açúcar, isto é, a influência do clima nos fenômenos de erosão, para desembocar numa concepção nova em seu pensamento geográfico, uma geomorfologia zonal que só o descentramento da península europeia lhe permitiu imaginar[80].

Antes disso, duas excursões combinaram os encantos da descoberta com a abordagem da realidade indígena. Comecemos pela segunda, cronologicamente, que se dá no verão* de 1936, por ocasião das curtas férias de inverno universitárias. Claude Lévi-Strauss propõe então a Jean Maugüé e René Courtin, que acaba de chegar, sucedendo a François Perroux na cadeira de direito e economia política, acompanhá-lo numa viagem até os confins do estado de Goiás, em linha reta para o norte através do planalto brasileiro, na esperança de encontrar índios nas margens do rio Araguaia; o itinerário passa por Campinas, Uberlândia, Goiânia, autoproclamada cidade nova, ainda um canteiro de obras, Goiás, antiga capital do diamante, agora ronronando em sua decoração colonial. Courtin, um dos futuros fundadores do jornal *Le Monde*, concorda tanto em ir tão longe quanto a os levar em seu Ford novo, que ele está pronto a sacrificar no altar da aventura. Está então "fascinado por Claude Lévi-Strauss. A ideia de que os indígenas possam obedecer, em suas regras matrimoniais, por exemplo, à matemática mais sutil, deixava-o pensativo. Como se Lévi-Strauss o introduzisse num universo ao mesmo tempo moderno e cabalístico. Quando se abriu com Braudel, este, que era um ás em matemática, não deixou de ironizar as pretensões científicas dos etnógrafos, que, ele dizia, são o mais das vezes incapazes de resolver uma modesta equação algébrica"[81]. Partem então os três. Lévi-Strauss carrega "a tiracolo uma bela câmera fotográfica e usa um chapéu estranho, de pano, entre boné de Sherlock Holmes e barrete frígio. Courtin, por sua vez, partiu como se estivesse indo caçar nas Cévennes, calça de flanela e paletó de lã, carregando, como único meio de defesa, sua comprida espingarda de cartucho"[82]. Mil e quinhentos quilômetros à frente, a expedição desemboca no lugar pretendido, através das mil paisagens e mil facetas desse grande país em transição; de manhã, após dormirem em sacos de dormir diretamente no chão, surgem dois vultos de índios carajás, que os levam à aldeia, onde Lévi-Strauss empreende imediatamente seu trabalho de etnógrafo, fazendo perguntas, tentando se fazer compreender, tomando notas. Uma garotinha confecciona duas bonequinhas que exibem um falo desproporcional, bonecas sobre as quais Lévi-Strauss escreverá um de seus primeiros textos de etnologia. Retorno ao mesmo tempo melancólico e jubiloso à civilização: "Do fundo do carro, eu observava Lévi-Strauss, sentado ao lado de Courtin. Seu rosto sério não conseguia esconder o regozijo que partilhávamos de, em breve, reencontrar a metrópole, seu conforto e, antes de qualquer outra coisa, o banheiro!"[83].

No entanto, um ano antes, no verão de 1935, o batismo etnográfico já acontecera. Em companhia de outros professores, ao longo de uma excursão ao Paraná qualificada por ele de "turismo universitário", depois sozinho, na companhia de uma funcionária do Serviço de Proteção aos Índios (SPI), ele se embrenha na floresta úmida de coníferas da cordilheira oceânica. Viaja durante

* No verão europeu, ou seja, no período que abarca o mês de julho. [N.E.]

dez dias a cavalo pela reserva de São Jerônimo, que acolhe os índios caingangue, tribo certamente aparentada aos jês e repelida para o sul pelos tupis-guaranis; protegidos pela densidade das florestas do sul do Brasil, foram mesmo assim expulsos pela incursão pioneira dos imigrantes alemães, poloneses, ucranianos, antes de serem protegidos numa reserva pelo SPI, que, em 1935, dispensa uma atenção negligente a essas populações, em contato efêmero com a civilização moderna, mas que regressam inelutavelmente a formas de vida arcaicas. Daí a decepção que vem coroar a expectativa de um encontro com o grande Outro: "Para minha grande decepção, os índios do Tibagi não eram então nem completamente 'verdadeiros índios', nem, sobretudo, 'selvagens'"[84]. Lévi-Strauss, estupefato, descobre o bricabraque surrealista brotado do choque das civilizações, que alinhava admiráveis pilões de pedra polida ao lado do que restava de uma máquina de costura. Não estamos longe de Lautréamont. O discurso que reveste essa passagem em *Tristes trópicos*, primeira formulação lévi-straussiana do Ocidente como força devastadora, talvez não seja contemporâneo desse cara a cara inaugural entre um etnólogo autodidata e seu objeto de estudos, que o enche de perplexidade amarga, mas não resta dúvida de que ele tem, na hora, a sensação de ter chegado tarde demais; não que não pudesse extrair apaixonantes lições etnológicas daquele sincretismo bufão, mas é tarde demais para o sonho de Jean de Léry. Neste último, a cena era heroica, ao passo que, aqui, o primeiro contato com os índios inscreve-se antes no registro "tragicômico"[85]. Em contrapartida, a passagem se conclui com uma escapatória sensível, como se o contato fosse finalmente assegurado pelo compartilhamento possível de um deleite gustativo, por intermédio de uma grande larva branca, o coró, do qual "sai uma gordura esbranquiçada, que provo não sem hesitação: ela tem a consistência e a delicadeza da manteiga e sabor de leite de coco"[86].

NO CORAÇÃO DO BRASIL 7

Eu me sentia revivendo as aventuras dos primeiros viajantes do século XVI.

CLAUDE LÉVI-STRAUSS, *De perto e de longe*[1].

No começo de sua estadia em São Paulo, os Lévi-Strauss, naturalmente, encontram amiúde os outros professores franceses e frequentam durante certo tempo grandes famílias paulistas, que, em torno da figura de Júlio de Mesquita Filho e do jornal *O Estado de S. Paulo*, constituem, no fim das contas, seus patrões. Entre a avenida São João, sede do jornal, e a Caetano de Campos, na praça da República, que abriga, no centro da cidade, a nova Faculdade de Filosofia, Ciências e Letras, seu espaço paulista continua bastante europeu. Com o passar do tempo, ao longo de 1935 e, principalmente, 1936, tudo indica que o casal toma suas distâncias com relação a esse círculo duplo para se aproximar de um polo muito mais profundamente brasileiro.

Essa guinada deve-se amplamente a Dina Lévi-Strauss. Com efeito, por razões profissionais e institucionais, ela entra em contato com a grande figura de seus anos paulistas: Mário de Andrade (1893-1945). Sua personalidade fosforescente e a riquíssima gama de afinidades sobre a qual essa amizade pode se edificar arrastam os Lévi-Strauss para o coração do Brasil e, acima de tudo, de seu folclore, de seu povo e de sua música.

Cercado por seu séquito de amigos modernistas reunidos em torno do recentíssimo Departamento de Cultura da Prefeitura de São Paulo, Mário de Andrade é não só o iniciador ideal, como também o homem que vai facilitar os trâmites para a primeira expedição. Entre novembro de 1935 e março de 1936, o casal Lévi-Strauss passa por um batismo de fogo, vivido na tonalidade conradiana que acompanha constantemente a sensibilidade e o desejo de aventuras do etnógrafo. Ao fim da expedição, delineiam-se, finalmente, as primeiras silhuetas de "verdadeiros" índios, com um efeito de real que surpreende o imaginário europeu do "bom selvagem" ou aquele, mais norte-americano, do "pele-vermelha". Claude Lévi-Strauss vive algumas semanas num "estado de excitação intelectual intensa"[2]. Desse primeiro trabalho de campo, restam-nos não só as meditações de uma candente amargura, bem posteriores, de *Tristes trópicos*, como igualmente inúmeros documentos brasileiros recém-exumados. De volta a São Paulo, em março de 1936, parece que os vigorosos trançados cadiuéus e as magnificências dos rituais funerários bororos o converteram definitivamente à etnologia.

DINA, MÁRIO, SÃO PAULO, 1935-1938

"Um pequeno milagre cultural"

Como disse Antonio Candido, um verdadeiro "pequeno milagre cultural"[3] viu nascer simultaneamente a Universidade de São Paulo (1934) e o Departamento de Cultura (1935) da prefeitura paulistana no momento exato em que os Lévi-Strauss chegaram ao Brasil. Essas duas instituições são parceiras do casal Lévi-Strauss e, se a primeira os fez vir, é a segunda que lhes permite ficar.

O Departamento tem como finalidade "efetuar pesquisas destinadas a amparar as políticas públicas no campo da cultura e da preservação do patrimônio histórico e artístico da cidade"[4]. Sua ação nos domínios da documentação histórica, da educação, das bibliotecas, da divulgação literária e artística acompanha a evolução da cidade e tenta unificar sua cultura. Por certas iniciativas – ônibus-bibliotecas, colônias de férias... –, o Departamento de Cultura lembra a política da Frente Popular; pela convergência de pontos de vista entre artistas de vanguarda e construção cultural nacional, São Paulo não está tão longe de Paris, onde etnógrafos e poetas tentam revalorizar as artes e tradições populares como cadinho de uma nação definida pela esquerda. A configuração política decerto é diferente em São Paulo. Como vimos, para mostrar que é "a ala dinâmica de uma nação adormecida"[5] e reconquistar posições perdidas no plano político, a oligarquia paulista patrocinou um certo número de instituições científicas e culturais. Entre essas instituições, o Departamento de Cultura é fruto de uma aliança paradoxal entre essa elite liberal paulista em vias de marginalização e o modernismo artístico dos anos 1920, fundado num movimento de redescoberta das raízes brasileiras que constitui o pano de fundo da efervescência cultural dos anos 1930.

Com efeito, esse modernismo, nascido simbolicamente em 1922 com a Semana de Arte Moderna no Theatro Municipal de São Paulo, expande-se graças à publicação, em 1928, do "Manifesto Antropófago"[6], de Oswald de Andrade. No modo radical das vanguardas, esse texto não só estimula a rejeição da racionalidade ocidental em prol de um "primitivismo libertário", como, acima de tudo, propõe uma visão da cultura brasileira como um processo de "canibalização" das culturas díspares herdeiras da história brasileira[7]. O elogio da diversidade e da mestiçagem, aqui fortemente tingido de primitivismo surrealista, faz eco a diferentes tentativas contemporâneas de sondar, identificar e inventar a realidade brasileira em toda a sua profundidade. Em 1933 é publicado o livro de Gilberto Freyre *Casa-grande e senzala*, que será traduzido para o francês por Roger Bastide em 1952 com o título *Maîtres et esclaves* [Senhores e escravos] (com prefácio de Lucien Febvre): nele, Gilberto Freyre, aristocrata do Recife, tendo feito o curso de Franz Boas na Universidade Columbia de Nova York, homossexual, propõe sua tese sobre a formação da sociedade brasileira, enfatizando as múltiplas consequências das relações sexuais dos patriarcas brancos com suas escravas durante o sistema da *plantation*[8]. A questão sexual está no âmago do livro, corajosamente abordada, bem como a vontade de combater o complexo dos brasileiros enquanto povo mestiço. Se esse livro constitui uma guinada essencial, é porque a "valorização da mestiçagem como característica nacional contrasta fortemente com a longa série dos escritos dos autores brasileiros, desde 1870, associando mestiçagem e degenerescência da população"[9], como escreve Afrânio Garcia. Jorge Amado, em seus romances sobre a Bahia, as pinturas de Tarsila do Amaral, bem como as composições musicais de Heitor Villa-Lobos e sua inspiração regionalista, todos imprimem a esse momento da cultura brasileira a energia de um começo, consolidando orgulhosamente a nação. Contudo, na segunda metade dos anos 1930, esse nacionalismo cultural transforma-se em matéria inflamável, prenhe de ambiguidades, a partir do momento em que o Estado Novo de Vargas, de 1937 em diante, patrocina sistematicamente as escolas de samba e se apropria, visando seus próprios fins autoritários, da ideologia da nação mestiça.

Quando é criado o Departamento de Cultura, Mário de Andrade é convidado a dirigi-lo, o que não surpreende ninguém. "Mário", como ainda o chamam em São Paulo, de tal forma sua memória continua viva[10], é um dos líderes do movimento modernista, romancista, poeta, crítico literário, historiador da música e professor no conservatório. Seu romance *Macunaíma* (1928) confere-lhe notoriedade, mas não celebridade. Ele não é nem rentista nem membro da oligarquia paulista, e nunca saiu do Brasil, ao contrário dos filhos da burguesia, que vão tradicionalmente aperfeiçoar sua educação na Europa. Mário de Andrade é uma espécie de primo pobre, autodidata, solteiro, vivendo entre a mãe e a irmã, homossexual discreto cercado de mulheres e com um carisma à altura de sua figura ingrata. Tem a pele escura e o humor instável[11]. É o líder incontestável do improvável encontro, ocorrido no âmbito do Departamento de Cultura, entre artistas e intelectuais inventivos, mecenas dispostos a apostar neles, financiando-os, e um fenômeno de reapropriação do acervo primitivo indígena como fermento de uma nova "brasilidade". Além de sua atividade como polígrafo, é um pioneiro da pesquisa etnomusicológica, que desenvolverá no seio do Departamento de Cultura, formando coleções de arquivos sonoros (em especial de procedência nordestina) no momento em que, nos Estados Unidos, John Lomax grava os últimos cantos de escravos e prisioneiros negros e preserva uma parte da memória musical do velho Sul negro norte-americano. Essa personalidade fora do comum está no centro de uma nebulosa de intelectuais paulistas, em especial Sérgio Milliet e Paulo Duarte, que logo constituirão o primeiro círculo dos Lévi-Strauss, os quais aos poucos vão abandonando o microcosmo francês. Dina é a principal intermediária entre esses dois mundos e, nessa condição, desempenha papel importante nessa história.

A Sociedade de Etnografia e Folclore

"Diante do círculo um tanto pretensioso do *Estado de S. Paulo*, muito ligado ao poder político (Júlio de Mesquita Filho era, se não me falha a memória, cunhado do interventor do Estado, Armando Sales de Oliveira), meus colegas e eu nos víamos na posição de clientes no sentido romano do termo. Como alguns outros, eu me sentia infinitamente mais à vontade no Departamento de Cultura da prefeitura. Em torno de Mário de Andrade, grande poeta, espírito profundamente original, apaixonado pelo folclore e pelas tradições populares, agrupavam-se homens de grande cultura, historiadores, eruditos, ensaístas, como Sérgio Milliet, Rubens Borba de Moraes e especialmente Paulo Duarte, a quem me uniu uma amizade fraterna que se prolongou em Nova York e Paris."[12] Lévi-Strauss não atribuía a condição de amizade a torto e a direito, ele que afinal teve poucos amigos ou que parecia, aos que conviveram com ele após seu retorno à Europa no fim dos anos 1940, não ter absolutamente nenhum[13]. Décadas mais tarde, quando é instado a falar sobre Mário de Andrade ou Paulo Duarte, seu olhar se acende[14]. Todos percebem nessa hora uma eletricidade afetuosa, lembrança do que o aproximou inesperadamente desses irmãos mais velhos (têm então entre 30 e 40 anos, ou seja, alguns anos a mais que os Lévi-Strauss) tão profundamente brasileiros, mas igualmente europeus: "Fui muito amigo de Mário e Oswald de Andrade. Eles iam sempre lá em casa, saíamos juntos. Minha comunicação com os modernistas brasileiros era muito fluida e se dava em pé de igualdade porque eu estava a par dos movimentos intelectuais e literários franceses"[15]. Decerto existiam afinidades profundas entre eles: uma sensibilidade artística mesclada à pesquisa etnográfica, a curiosidade pelas produções de uma vanguarda artística com a qual Lévi-Strauss continua sintonizado, um interesse pela cultura popular e pela descoberta da realidade brasileira.

Durante os três anos de vida do Departamento de Cultura, de 1935 a 1938, o casal convive bastante com Mário de Andrade, então seu principal iniciador no folclore brasileiro. Frequentam-se, apreciam-se, fazem excursões aos vilarejos nos arredores de São Paulo, atentos à riqueza do folclore apresentado por ocasião de festas tradicionais; leem-se e escrevem-se. Por exemplo, quando Claude Lévi-Strauss recebe um livro de etnomusicologia de Mário de Andrade[16], escreve-lhe, ainda sob o encanto (destilado lentamente, pois lê com dificuldade o português nessa data): "Quantas coisas admiráveis o senhor recolheu! Com um instrumento improvisado, fabricado com uma única corda, passei uma noite inteira decifrando essas canções, que são de uma riqueza melódica, de um sabor, de uma poesia extraordinárias. O senhor permitiu que eu me aproximasse de um novo aspecto do Brasil; sou-lhe mil vezes grato"[17].

Essa amizade insólita e tão rica se traduz pela inserção do casal Lévi-Strauss nas malhas das redes do departamento e no projeto de uma "Sociedade de Etnografia e Folclore", que vê finalmente a luz em 1937. De um lado, a instituição dirigida por Mário de Andrade tem como vocação produzir um saber sobre a cidade, sua evolução, suas transformações sociais, culturais, físicas, e formar especialistas aguerridos na pesquisa etnográfica. De outro, o interesse dos Lévi-Strauss é motivado por dois elementos independentes, mas que combinam seus efeitos. No momento da partida para o Brasil, Dina Lévi-Strauss parece ter obtido uma concordância tácita de Georges Dumas no sentido de se beneficiar de um posto, se não na USP, pelo menos no liceu franco-brasileiro de São Paulo. Entretanto, ao chegar ao Brasil, ela se vê sem trabalho e sem salário pessoal. A questão torna-se menos vital pela condição estável do marido, mas esse casal moderno, alinhando diplomas idênticos, não se satisfaz em absoluto com a situação. Claude Lévi-Strauss manifesta em diversas ocasiões, junto a Jean Marx e às autoridades locais, sua preocupação com relação à carreira da mulher, que não é menos *agrégée* de filosofia do que ele. Desejosa de fazer outra coisa além de ser a mulher de seu marido, ainda mais que as tarefas domésticas não são responsabilidade sua (a mãe de Claude, que chegou na companhia do esposo em 1935, cuida disso com a ajuda de empregados), Dina está então disponível. Quanto a Claude, suas dificuldades na universidade e o conflito que o opõe a Paul Arbousse-Bastide o impedem de realizar, no seio da USP, seu projeto do Instituto de Antropologia. Em contrapartida, achará seu espaço no Departamento de Cultura, resolvendo de uma tacada uma equação com várias incógnitas: Mário vê no Instituto de Antropologia o lugar de afirmação da missão etnográfica de sua instituição, Dina encontra nele oportunidade de uma inserção profissional, e Claude, um espaço capaz de acolher seu programa científico. É, aliás, o departamento que financia a primeira expedição do casal, empreendida em novembro de 1935. Progressivamente, a municipalidade e seu Departamento de Cultura se tornam então o espaço intelectual e institucional onde a atividade do casal Lévi-Strauss, especialmente a de Dina, se recicla.

A partir de abril de 1936, ela ministra, duas vezes por semana, um curso de etnografia para cerca de cinquenta alunos e funcionários municipais. O afluxo

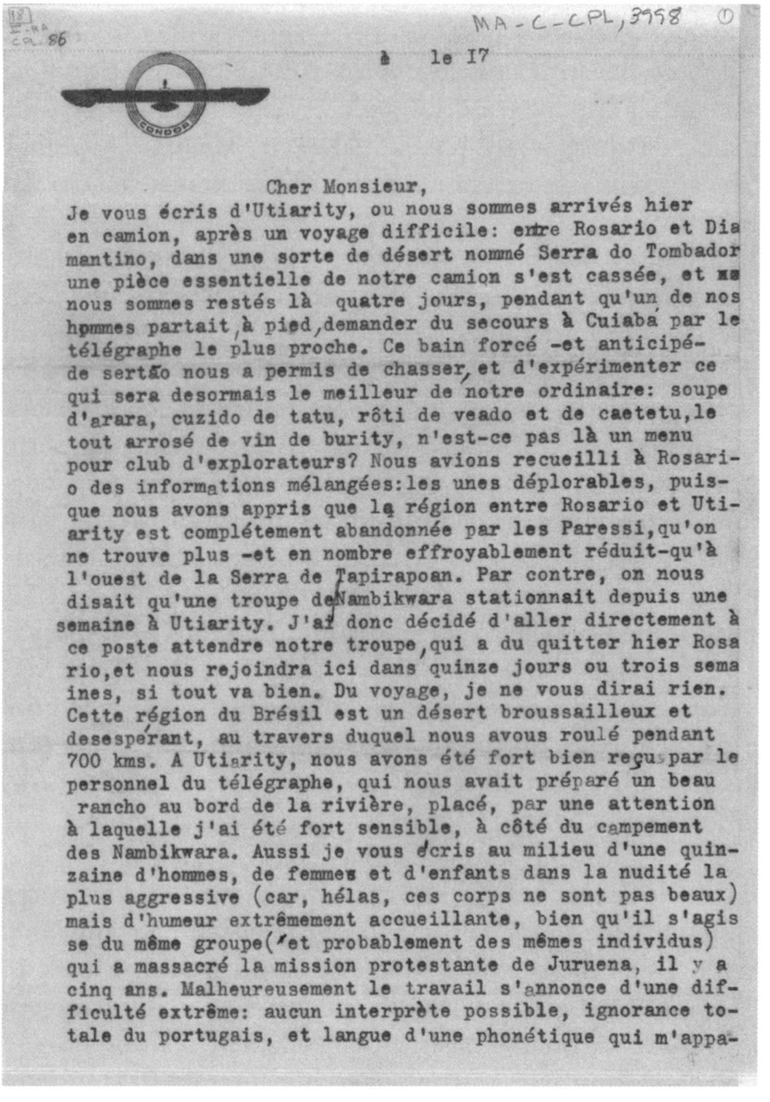

MA-C-CPL, 3958 ①

à le I7

Cher Monsieur,

Je vous écris d'Utiarity, ou nous sommes arrivés hier en camion, après un voyage difficile: entre Rosario et Diamantino, dans une sorte de désert nommé Serra do Tombador une pièce essentielle de notre camion s'est cassée, et nous sommes restés là quatre jours, pendant qu'un de nos hommes partait à pied demander du secours à Cuiaba par le télégraphe le plus proche. Ce bain forcé -et anticipé- de sertão nous a permis de chasser, et d'expérimenter ce qui sera desormais le meilleur de notre ordinaire: soupe d'arara, cuzido de tatu, rôti de veado et de caetetu, le tout arrosé de vin de burity, n'est-ce pas là un menu pour club d'explorateurs? Nous avions recueilli à Rosario des informations mélangées: les unes déplorables, puisque nous avons appris que la région entre Rosario et Utiarity est complétement abandonnée par les Paressi, qu'on ne trouve plus -et en nombre effroyablement réduit- qu'à l'ouest de la Serra de Tapirapoan. Par contre, on nous disait qu'une troupe de Nambikwara stationnait depuis une semaine à Utiarity. J'ai donc décidé d'aller directement à ce poste attendre notre troupe, qui a du quitter hier Rosario, et nous rejoindra ici dans quinze jours ou trois semaines, si tout va bien. Du voyage, je ne vous dirai rien. Cette région du Brésil est un désert broussailleux et desespérant, au travers duquel nous avous roulé pendant 700 kms. A Utiarity, nous avons été fort bien reçus par le personnel du télégraphe, qui nous avait préparé un beau rancho au bord de la rivière, placé, par une attention à laquelle j'ai été fort sensible, à côté du campement des Nambikwara. Aussi je vous écris au milieu d'une quinzaine d'hommes, de femmes et d'enfants dans la nudité la plus aggressive (car, hélas, ces corps ne sont pas beaux) mais d'humeur extrêmement accueillante, bien qu'il s'agisse du même groupe (et probablement des mêmes individus) qui a massacré la mission protestante de Juruena, il y a cinq ans. Malheureusement le travail s'annonce d'une difficulté extrême: aucun interprète possible, ignorance totale du portugais, et langue d'une phonétique qui m'appa-

do público a obriga a redobrar seu curso, "essencialmente prático", como ela explica a Jean Marx, voltado para a aprendizagem de métodos de trabalho de campo[18]. Com alguns alunos mais bem formados, ela lança uma pesquisa coletiva de antropologia física sobre a "mancha mongólica na cidade de São Paulo"[19], tema que fazia parte dos questionários contemporâneos na antropologia francesa. No ano seguinte, o departamento adquire um equipamento antropométrico completo e Dina Lévi-Strauss redige um primeiro volume de instruções (essencialmente de antropologia física) destinado aos seus alunos[20]. Observemos aqui a importância da antropologia física nas preocupações ao mesmo tempo intelectuais e pedagógicas não só de Dina, como

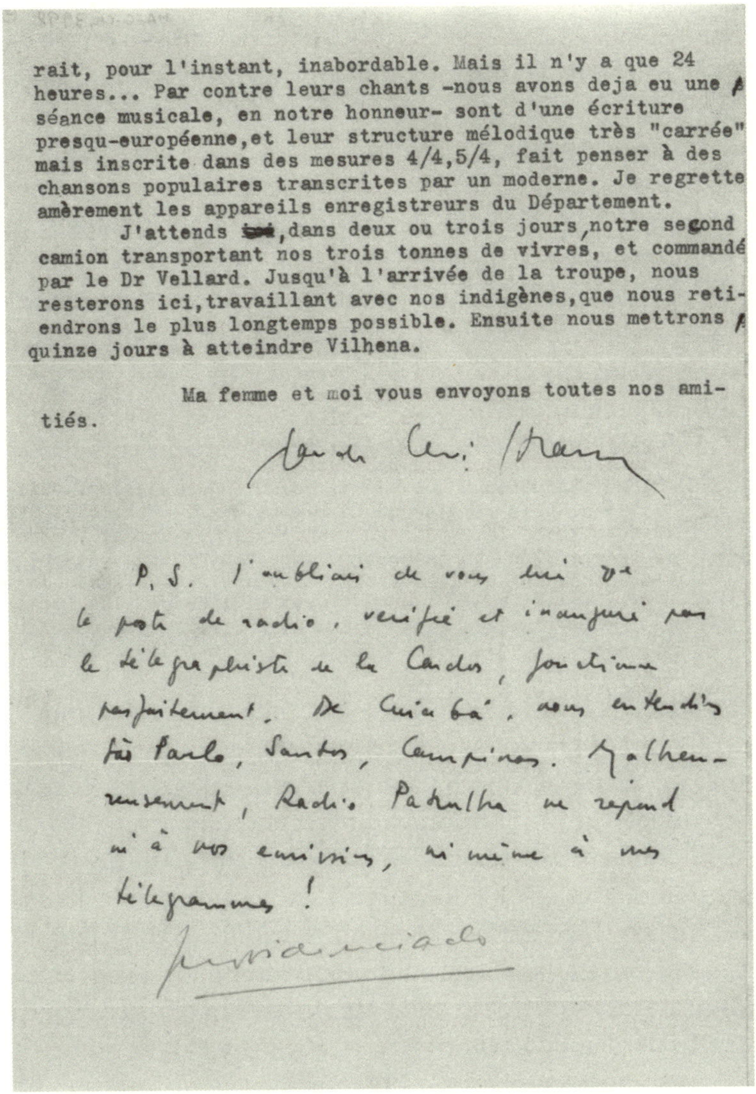

rait, pour l'instant, inabordable. Mais il n'y a que 24 heures... Par contre leurs chants -nous avons deja eu une séance musicale, en notre honneur- sont d'une écriture presqu-européenne, et leur structure mélodique très "carrée" mais inscrite dans des mesures 4/4,5/4, fait penser à des chansons populaires transcrites par un moderne. Je regrette amèrement les appareils enregistreurs du Département.

J'attends, dans deux ou trois jours, notre second camion transportant nos trois tonnes de vivres, et commandé par le Dr Vellard. Jusqu'à l'arrivée de la troupe, nous resterons ici, travaillant avec nos indigènes, que nous retiendrons le plus longtemps possible. Ensuite nous mettrons quinze jours à atteindre Vilhena.

Ma femme et moi vous envoyons toutes nos amitiés.

P.S. J'oubliai de vous dire que le poste de radio, vérifié et inauguré par le télégraphiste de la Candos, fonctionne parfaitement. De Cuiabá, nous entendîmes São Paulo, Santos, Campinas. Malheureusement, Radio Patrulha ne répond ni à nos émissions, ni même à nos télégrammes!

Correspondência enviada a Mário de Andrade em 17 de janeiro de 1936, na qual relata o primeiro encontro com os nambiquaras.

sem dúvida de seu marido. Embora este último só raramente aluda ao fato, ambos tentaram efetuar, com grandes dificuldades e resultados quase nulos, medidas antropométricas durante suas expedições[21]. Contudo, em conformidade com a atualidade muito viva da noção de raça na época, e sobretudo com o prestígio da antropologia física, esta nunca está ausente do horizonte lévi-straussiano nos anos 1930.

O curso ministrado por Dina, com sucesso crescente, dá impulso à criação da Sociedade de Etnografia e Folclore (SEF). Sua futura implantação é anunciada nos jornais paulistas por ocasião de uma "homenagem" prestada por seus alunos a "Madame Lévy-Strauss [*sic*]". Um retrato enriquece o artigo entusiasta. Nele, identificamos "Gina Lévy-Strauss [*sic*]", radiante no centro da imagem, os alunos – Maria Stella Guimarães, Mário Wagner Vieira da Cunha, Cecília de Castro e Silva, Rafael Grisi, Annita Castello, Marcondes Cabral, Seráfica Marcondes Pereira... – alinhados em torno de uma mesa abarrotada de salgadinhos, e Claude Lévi-Strauss delineando-se apenas em segundo plano[22]. A legenda indica: "Fundado por iniciativa de Mário de Andrade, um *club* de etnografia que será o primeiro em seu gênero no Brasil". Esse "clube" – cuja conotação um tanto esnobe Dina lamenta – transforma-se em "sociedade" erudita, cujos estatutos (relidos e corrigidos pelo advogado aprendiz Claude Lévi-Strauss)[23] são aprovados em 1937: Mário é presidente, Dina, primeira-secretária, e Mário Wagner, tesoureiro.

Como aponta sua historiadora, Luísa Valentini[24], a SEF tem como referência a Sociedade dos Americanistas ou a Royal Anthropological Society. Visa profissionalizar a pesquisa, modelizar a coleta de informações, constituir recursos e sistematizar as fontes. Dina Lévi-Strauss está envolvida a fundo na organização cotidiana da SEF: define suas instruções e pesquisas com um misto de autoridade e bom humor, em que transparece a relação de amizade que tem com Mário de Andrade.

Durante sua curta existência, a SEF torna-se um polo intelectual importante em São Paulo. Num ambiente mais livre e vibrante do que a universidade, ali se discute, na prática e em voz alta, folclore, etnografia, ciência e arte, segundo um coquetel sutil, devido aos interesses compartilhados de seus iniciadores. Conferências são realizadas no local: em maio de 1937, Dina Lévi-Strauss pergunta: "O que é o folclore?"; seu marido expõe alguns trabalhos recentes: "A civilização material dos índios cadiuéus" e "Algumas bonecas carajás". Um boletim é criado, que publica, por exemplo, essa palestra sobre as bonecas carajás. A *Revista do Arquivo Municipal* é outro escoadouro que acolhe vários textos de Claude Lévi-Strauss: "Cubismo e vida cotidiana", um artigo de seus jovens anos parisienses sobre a incidência do cubismo no olhar de seus contemporâneos; mas também seu primeiro artigo verdadeiro de etnólogo, publicado igualmente no *Journal de la Société des Américanistes*[25], "Contribuição para o estudo da organização social bororo"[26]. Os métodos científicos e os suportes mais elaborados são ali incentivados e praticados, especialmente o recurso às técnicas audiovisuais. Dina, por exemplo, está munida de uma câmera quando, na companhia de Mário de Andrade, vai a uma cidadezinha colonial nos arredores de São Paulo para assistir à "festa do Espírito Santo", um grande momento do catolicismo brasileiro, poderosamente sincrética: cortejo dos reis negros cristianizados simbolizados por homens vestidos de branco, depois a cavalhada, cavalgada seguida da cerimônia da congada, que imita a coroação. Esse é o tema de um dos filmes rodados por

Dina Lévi-Strauss e redescobertos na Cinemateca Brasileira[27], em São Paulo. Esse interesse pelo folclore paulista justifica sua presença no Congresso Internacional do Folclore, que se realiza em junho de 1937 em Paris, no qual ela representa a SEF de São Paulo.

Dina, querida por todos os seus alunos e por Mário de Andrade, não deixou ninguém indiferente em São Paulo. Um de seus colegas, Mário Wagner, recorda-se do casal contrastado que formam os Lévi-Strauss: uma, calorosa, expansiva, afetuosa; o outro, reservado, grave, às vezes presunçoso: "Mário tinha um fraco por ela, como todos nós, pois ela era uma garota bonita, mais ou menos da nossa idade. Lévi-Strauss tinha ciúmes dessa situação – com razão. Eu ia muito à casa deles na rua Cincinato Braga, pois lá se realizavam muitas reuniões ligadas à SEF. As conversas com Dina não tinham fim. Lévi-Strauss passava regularmente para nos ver. Nunca entrava no cômodo onde estávamos. Mas zanzava ao lado como que nos dizendo: 'Estou aqui e gostaria que a conversa terminasse agora!'"[28]. As afinidades eletivas entre Mário de Andrade e Dina Lévi-Strauss, encarnadas no nascimento da SEF, a ação de Dina e o papel que ela desempenha no seio dessa sociedade explicam que o Departamento de Cultura tenha sido a instância de recepção de parte das coleções trazidas pelas duas expedições etnográficas de Lévi-Strauss no Brasil. A historiografia brasileira, portanto, tende atualmente a reavaliar, talvez até superestimar, o papel de Dina. Contudo, podemos efetivamente concluir que, por seu investimento paulista e os laços estreitos que estabeleceu com a municipalidade e seus funcionários, ela literalmente tornou possíveis a programação e a realização dessas expedições[29].

O BATISMO ETNOGRÁFICO (NOVEMBRO DE 1935 – MARÇO DE 1936)

Hipóteses e condições de partida

Como explica Lévi-Strauss a Marcel Mauss, em 10 de novembro de 1935, às vésperas de sua partida, o momento não é ideal para uma expedição ao Mato Grosso, pois é a estação das chuvas. Mas é também o único período livre de que dispõe em seu emprego universitário, que impõe um ensino em tempo integral. Eis por que escolheu visitar índios "em regiões relativamente acessíveis"[30]. Num primeiro momento, pretende ir ao Pantanal, na região dos cadiuéus, "que, embora muito desculturados, conservaram uma admirável cerâmica, da qual esperamos encontrar, ademais, espécimes antigos num sítio arqueológico, de cuja exploração e estudo o Museu Nacional nos encarregou"[31];

num segundo momento, entre os bororos do rio Vermelho, mais ao norte. Nota-se a importância do argumento arqueológico na tentativa de reconstituição da pré-história americana, que é propriamente a moldura epistemológica geral dessa expedição.

Desde o início, ela adquire certa notoriedade com alguns artigos na imprensa brasileira e, do outro lado do Atlântico, uma nota redigida por Paul Rivet no *Journal de la Société des Américanistes* informando à comunidade acadêmica aquela "Missão no Brasil", copatrocinada pelo Ministério da Educação francês. No entanto, segundo Luís Donisete Benzi Grupioni, "a primeira expedição que Lévi-Strauss empreendeu no Brasil central não difere das outras do mesmo gênero que se desenrolaram nesse período. Todas elas baseadas num feixe de hipóteses, fruto de preocupações teóricas do momento, tinham, entre outros objetivos, o de formar coleções"[32]. Quais são essas hipóteses? Por ocasião de uma entrevista concedida a *O Jornal*, Lévi-Strauss explica que sua atenção foi atraída por um velho artigo publicado no *Journal de la Société des Américanistes*. Segundo esse artigo, existiria um elo entre as pinturas corporais dos cadiuéus e os padrões decorativos presentes na cerâmica da bacia de Santarém e Marajó, bem conhecida dos arqueólogos. "Que curiosa ligação poderiam ter tido no passado os cadiuéus [últimos descendentes dos guaicurus] com as tribos industriais que produziram a magnífica cerâmica do vale do Amazonas?" Essa problemática consta de um questionário "clássico" de geografia das populações e civilizações: com efeito, trata-se de determinar intercâmbios no povoamento da América, ao mesmo tempo incursionando no espaço das terras baixas amazônicas, nitidamente menos documentado do que o oeste do continente, povoado pelas grandes civilizações andinas, cujas espantosas realizações atraíram bem mais os pesquisadores. Curiosamente, prestes a partir, o jovem etnógrafo revela a Mauss: "Claro, preferiríamos infinitamente trabalhar nos planaltos andinos". Nunca mais Lévi-Strauss exprimirá o desejo de se orientar para os Andes, como se a experiência vindoura houvesse varrido suas dúvidas. O mestre, aliás, o encoraja a perseverar em seu formulário teórico assim como em sua escolha geográfica: "Cautela com a busca excessiva para o lado dos Andes; inversamente, você tem razão de procurar por aí. Pois tudo que sei da arqueologia pré-histórica do Brasil, sobretudo do curso inferior do Amazonas, me prova a existência de uma grande civilização. A arte das terracotas, extremamente desenvolvida, é mais aparentada com a da América Central do que com a da América peruana"[33]. Trata-se, portanto, em especial entre os cadiuéus, de contribuir para estabelecer o mapa de uma antiga e grande civilização que iria da América Central às terras baixas americanas, mediante um balizamento arqueológico preciso e medidas antropométricas.

DIARIO DE S.

Um casal de scientistas francezes em visita ás tribus remanescentes de uma grande nação indigena

As ligações dos guayanans com as tribus industriaes que produziram a ceramica do Marajó — Curiosas observações do sr. e sra. Levy-Strauss, que acabam de regressar de Matto Grosso

A EXIGUIDADE DE TEMPO

A CERAMICA DO VALLE DO AMAZONAS

SANTOS

INDIOS ESCULPTORES

Matéria no *Diário de S. Paulo* (14 de março de 1936) noticiando a expedição de Claude e Dina Lévy-Strauss [*sic*] ao Mato Grosso (novembro de 1935 – março de 1936).

Mauss termina sua missiva acrescentando: "Naturalmente, esta carta também se dirige à sua mulher. Confundo-a com o senhor, inclusive no meu espírito"[34]. *Post-scriptum* que podemos interpretar de diferentes maneiras, mas que nos lembra a existência, desde que o "campo" veio a ser um imperativo, de "casais etnográficos", constituindo uma unidade de trabalho e conhecimento, como não temos exemplo em nenhuma outra disciplina. Por ser ainda pouco institucionalizada, a etnologia está predisposta a acolher uma proporção respeitável de mulheres – Denise Paulme, Germaine Tillion, Deborah Lifschitz nos anos 1930 – e às vezes na forma de um casal: uma maneira de resolver problemas familiares inevitáveis causados pela longa ausência de um dos dois. O casal etnográfico permite igualmente uma eficaz divisão do trabalho, uma vez que as mulheres etnógrafas às vezes têm acesso mais fácil às mulheres indígenas. O casamento resiste ao teste de campo? Sai dele reforçado ou questionado? Perguntas que o jovem casal não parece fazer na hora da partida, mas que voltarão feito um bumerangue alguns anos mais tarde.

Arabescos cadiuéus

Um pequeno grupo de três pessoas, relativamente equipadas (alguns baús e uma barraca) deixa São Paulo no fim de novembro de 1935: Claude e Dina Lévi-Strauss estão acompanhados de René Silz, personagem dessa célebre equipe que caiu no esquecimento. Engenheiro-agrônomo vindo da França para o evento, é um ex-colega de liceu de Claude. Os cadernos desse primeiro trabalho de campo desapareceram. Devemos então nos contentar com o relato posterior que Lévi-Strauss fez em *Tristes trópicos* e com algumas notas de Dina conservadas nos arquivos[35].

A viagem começa num trem até Porto Esperança, última estação da linha da Estrada de Ferro Noroeste. Após a travessia dos rios Paraná e Três Lagoas, três dias de trem os conduzem pelo Mato Grosso, cuja paisagem monótona se torna o insuportável e indispensável diorama dos anos passados no interior do Brasil: "Planaltos sem acidentes ou tenuamente ondulados; horizontes distantes, vegetação arbustiva com, de tempos em tempos, rebanhos de zebus que debandam à passagem do trem"[36]. De Porto Esperança, linhas secundárias atravessam, como frágeis passarelas, os charcos do Pantanal, o maior pântano do mundo, que ocupa toda a parte central do sul do Brasil e vai até as fronteiras com a Bolívia e o Paraguai. É ali, nessa paisagem de sonho, que vivem os cadiuéus, protegidos pelas colinas da serra da Bodoquena, numa reserva que lhes foi atribuída no início do século pelo Estado brasileiro: "Os rebanhos de zebus se refugiam como sobre arcas flutuantes no cocuruto dos morros, enquanto nos charcos submersos bandos de grandes aves: flamingos, garças, garças-reais formam ilhas compactas, brancas e cor-de-rosa..."[37]. Os aprendizes de etnógrafo estabelecem sua base numa fazenda dirigida por franceses, a "Fazenda Francesa", a uma centena de quilômetros ao sul de Porto Esperança. É lá que Dina os encontra, pois, adoentada, fora obrigada a dar meia-volta. Lévi-Strauss descreve a ociosidade dessa propriedade, que vive de modo austero, sem deixar de citar o consumo do chimarrão, mate ingerido numa cuia duas vezes por dia, às 11h da manhã e às 7 da noite, "um rito social e um vício privado"[38]. De lá, são necessários três dias a cavalo para alcançar a nação cadiuéu, que conta com cerca de duzentos índios distribuídos entre três centros de povoamento. Nalike, o assentamento principal, alinha cinco casebres miseráveis. Os viajantes chegam no fim de dezembro, sob uma tempestade tropical de excepcional violência.

O que os impressiona de cara é o contraste entre a existência miserável de índios muito "degenerados", vivendo como camponeses pobres, e a sobrevivência de uma brilhante civilização material, comovedora pela "tenacidade com que [os cadiuéus] haviam conservado alguns traços de seu passado"[39]. Parece a Lévi-Strauss que, pela destreza de seus trabalhos cotidianos, tecelagem e cestaria, mas também fabricação de cordas e jogos de barbante, os cadiuéus do presente estabelecem um elo direto e profundo com a tribo aristocrática e guerreira que ainda eram no século XIX, tomando parte na Guerra do Paraguai (1864-1870) e exibindo a orgulhosa silhueta de seus cavaleiros. Mais uma vez, percebemos nesse comentário o "dom-quixotismo" típico de Lévi-Strauss, que o faz procurar o ouro do passado sob a lama do presente. Mas nessa lama resplende imediatamente o belo artesanato, que ele não demora em coletar, mostrando um vivo interesse pela formação de coleções de objetos, verdadeira pedra angular do trabalho etnográfico; retorna, portanto, carregando em seus baús estatuetas de madeira esculpida (cujo uso permanece um mistério), joias, leques, redes, cerâmicas com motivos delicados. Quanto aos jogos de barbante que enchiam os cadernos da outra expedição, constituem um dos temas dos estudos americanistas da época.

O essencial, contudo, reside numa característica extraordinária da cultura cadiuéu, que literalmente fascinou Lévi-Strauss: as pinturas corporais desenhadas pelas mulheres, jovens ou velhas, num traço seguro, utilizando como tinta suco de jenipapo[40]; seus corpos e rostos, como mostram as fotos e desenhos realizados por Lévi-Strauss, são cobertos por delicados labirintos de arabescos assimétricos que lhe recordam os motivos de ferro fundido do barroco espanhol. Durante os quinze dias da estadia entre os cadiuéus, Lévi-Strauss fica enfeitiçado pelos arabescos. Tenta copiá-los e incentiva as mulheres a pintar aqueles motivos em folhas de papel que levará consigo: cerca de quatrocentos desenhos expondo até a vertigem uma lógica de falsas simetrias e inversões, que, contudo, permanece enigmática para ele. Nos dois filmes conservados que Claude e Dina Lévi-Strauss realizaram entre os cadiuéus, vemos a vaidade das mulheres entretidas com a arte do adorno. A firmeza da mão traçando linhas tênues sobre as irregularidades do rosto impressiona[41]. Instantaneamente, o olho do pintor em Lévi-Strauss aprecia a alta qualidade dessa arte sutil tão milagrosamente preservada. Observemos, aliás, nas fontes mobilizadas por Lévi-Strauss para a escolha dos cadiuéus como primeira experiência de campo, a preeminência da mediação de um pintor amador italiano, Guido Boggiani, que, no fim do século XIX, tinha "deixado indicações tentadoras e sugestivas"[42] a seu respeito.

Itinerário das duas expedições ao Mato Grosso. A primeira (novembro de 1935 – janeiro de 1936) leva Claude e Dina Lévi-Strauss aos cadiuéus e depois aos bororos; a segunda (maio de 1938 – janeiro de 1939) aos nambiquaras, ao longo da linha Rondon.

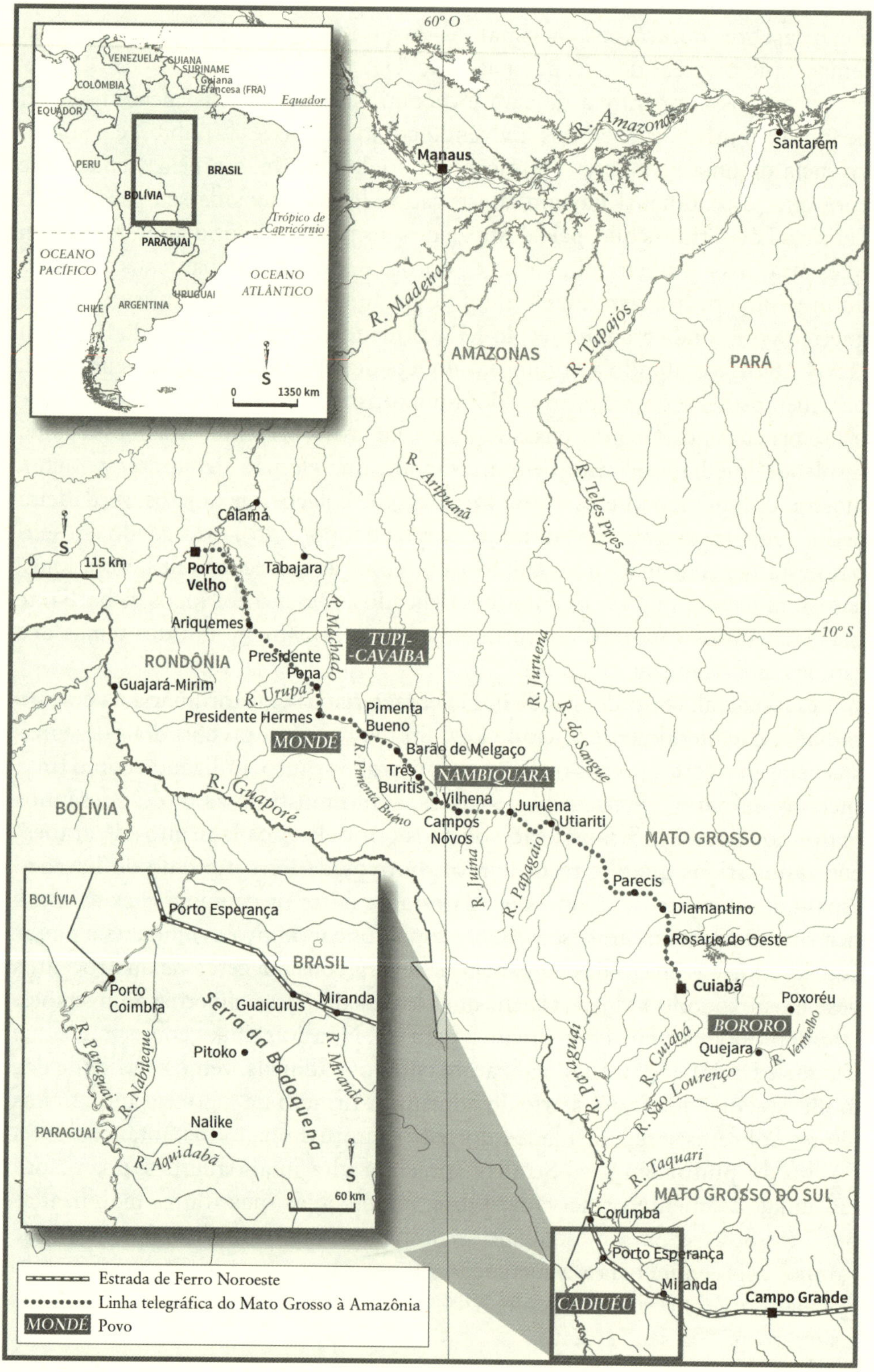

Motivos cadiuéus desenhados por Claude Lévi-Strauss em seus cadernos, reproduzindo os arabescos sofisticados e a falsa simetria que as mulheres pintavam sobre seus corpos e, principalmente, seus rostos.

A esses procedimentos de composição de uma abstração sem falhas, a esses emaranhados refinados e sistemáticos, Lévi-Strauss voltará a vida inteira como a um enigma que exige solução, produzindo interpretações diferentes e tão sofisticadas quanto seu objeto de estudo. Partindo de uma problemática difusionista, ele derivará, graças aos arabescos cadiuéus, para horizontes teóricos completamente diversos, interrogando o dualismo das pinturas, sua assimetria e a função social da arte indígena, em exposições que podemos ler em *Tristes trópicos*, mas que ainda não estavam formuladas. Serão necessários anos de reflexão a Lévi-Strauss para "ler" esses misteriosos desenhos que alimentarão toda a sua vida intelectual. Embora, sem dúvida alguma, sejam uma das fontes da inspiração estruturalista, eles não conseguem mascarar o fato de que, em 1936, Lévi-Strauss não é estruturalista.

No fim da estadia, em 15 de janeiro de 1936, ele descreve Nalike a Mário de Andrade: "Aqui, as mulheres pintam sempre seus rostos com desenhos de um requinte prodigioso, e fazem uma belíssima e sóbria cerâmica, da qual estou levando inúmeros exemplares. E subsistem interessantes testemunhos das lendas e da organização social do passado. As condições materiais são evidentemente árduas: no Pantanal, o calor é quase sempre inclemente – o que não nos impediu de tiritar, certas noites, em Nalike! – e os mosquitos são como imaginamos. Mas há aqui tantos objetos de interesse e admiração que todo o resto adquire uma importância muito restrita. Daqui a pouco partimos para o alto São Lourenço e os bororos"[43].

A ópera bororo

Se a visita aos cadiuéus se conclui com a surpresa de uma arte gráfica estarrecedora, o encontro com os bororos promete igualmente uma colheita estética de imensa qualidade, mas de outra ordem: enquanto os cadiuéus são desenhistas e pintores, os bororos gostam de trabalhar com materiais frágeis, plumas, flores, formando coroas que vêm colorir os prolíficos rituais. Lévi-Strauss já espera tudo isso, pois, ao contrário dos cadiuéus, os bororos são uma sociedade que foi regularmente visitada desde o século XIX. São célebres nos arquivos da etnologia sul-americana e constituem uma espécie de "iguaria"[44] para os etnólogos, a quem oferecem uma organização social muito complicada, uma produção estética de alto nível, um complexo sistema religioso constituído de um rico panteão e uma ritualidade absolutamente espantosa. Todo dia é dia de festa para os bororos, assim como para os visitantes presentes, extasiados com aquelas cerimônias sem fim! Os bororos são um sonho de etnólogo e Lévi-Strauss espera muito deles enquanto a pequena expedição se dirige, de caminhão primeiro, depois de canoa pelo rio Paraguai, de Corumbá até o rio São Lourenço e seu afluente, o rio Vermelho. Nas margens, para seu alívio, pois lhes haviam comunicado um surto recente de febre amarela, os Lévi-Strauss avistaram "duas formas nuas se agitando na ribanceira: [seus] primeiros bororos"[45].

A despeito de assíduos contatos com os missionários salesianos, os bororos se afiguram aos olhos de Lévi-Strauss como um mundo suficientemente isolado para parecer ainda virgem. Com efeito, os padres salesianos, que alguns anos mais tarde produzirão a imponente *Enciclopédia bororo*, foram mais convertidos pelos bororos do que os converteram, de modo que estes últimos, aos olhos dos três europeus, mostram poucos sinais de aculturação, em conformidade com a maneira como a filosofia ocidental imaginou o bom selvagem: um grande corpo nu e belo, impregnado de fé religiosa e dedicando a maior parte do seu tempo a adornar-se e dançar, em meio a grandes gargalhadas. Os orgulhosos homens todos emplumados se transformam então em pintinhos[46]! Lévi-Strauss está "embasbacado com a riqueza e fantasia de uma cultura excepcional"[47]. Como quando, criança, ia escutar Wagner na ópera, é arrebatado pelo espetáculo total que se oferece a ele, um "novelo de mil cores"[48].

Desde a primeira noite, os cantos bororos vão impressionar o ouvido educado de Lévi-Strauss. "Era uma maravilha ouvi-los; ora disparando ou interrompendo as vozes numa pausa seca; ora mobiliando o silêncio com a crepitação de seu instrumento, modulado em crescendos e diminuendos prolongados; ora, por fim, regendo os dançarinos com alternâncias de silêncios e ruídos cuja duração, intensidade e qualidade eram tão variados que um maestro de nossos grandes concertos não teria sabido indicar melhor sua vontade."[49] Esse concerto de vozes viris – apenas os homens cantam –, ele ouvirá todas as noites durante as três semanas de sua estadia. Com efeito, todas as noites aqueles orgulhosos guerreiros avermelhados pela semente de urucum entregam-se a diversas cerimônias religiosas; uma delas, a dança do *marid'do*, é um ritual funerário, registrado em filme por Claude e Dina Lévi-Strauss: nele, vemos a confecção do *marid'do*, um disco de palha trançada com 1,5 metro de diâmetro, que o dançarino usa como diadema; a preparação da canção da dança, as invocações, as oferendas, as danças, que, aqui também, são exclusividade dos homens, enquanto as mulheres, sentadas, assistem[50]. Dina Lévi-Strauss usará muito esse filme em suas aulas.

Rituais (principalmente funerários), cosmologia, regras do casamento, mitologia: não só objetos clássicos da etnologia, como aqueles com que Lévi-Strauss trabalhará a vida inteira são explorados na intensidade dessa curta temporada, durante a qual, graças à ajuda de seu intérprete e principal informante, "maravilhoso professor de sociologia bororo"[51], ele acumula um material considerável. A presença de um intérprete é evidentemente crucial para o etnólogo, pois os bororos não falam uma palavra em português. Contudo, a par da rotina do trabalho de campo, uma espécie de iluminação condensa os diversos aportes empíricos numa intuição teórica ainda imperfeitamente formulada. Ela se deve à disposição geográfica das ocas na aldeia bororo de Quejara, que conta com cerca de 140 pessoas. É uma aldeia circular, cujo diâmetro, paralelo ao rio, divide teoricamente o espaço em duas metades e a população em dois grupos: cera e tugaré. No centro, a casa dos homens, onde dormem os solteiros e onde os homens passam o tempo durante o dia; em volta, as ocas se escalonam em círculo. Nesse esquema, uma geometria complexa e tão sutil quanto os arabescos cadiuéus preside às alianças e aos deslocamentos: um indivíduo pertence sempre à mesma metade da mãe, só podendo casar com um membro da outra metade. "Quando se casa, um indivíduo masculino atravessa então a clareira, transpõe o diâmetro ideal que separa as metades e vai residir do outro lado."[52] Essa geografia da vida social é complicada por subgrupos hereditários, bem como pela incipiente especialização profissional. Como nas cidades pioneiras, Lévi-Strauss lê a céu aberto a espacialização das formas sociais e culturais e decodifica o "balé em que duas metades de aldeia empenham-se em viver e respirar uma pela outra", edificando um equilíbrio instável entre hierarquia social (os bororos não são iguais entre si) e reciprocidade. Nesse caso também, o trabalho empírico de 1936, inacessível devido à falta de arquivos, é coberto pelas hipóteses dos anos seguintes e a abundante literatura à qual a estrutura dualista das aldeias bororos deu origem. Na época, parece realmente que o questionário dos Lévi-Strauss limita-se a circunscrever a extensão do grupo jê, que constituía um dos objetos de estudo e uma das atualidades da etnologia americanista, por meio dos trabalhos de Curt Nimuendaju. Mais tarde, Lévi-Strauss investe os bororos de uma autoridade teórica – eram "grandes teóricos estruturalistas", escreverá – que teria encontrado seu próprio estruturalismo de espírito, então inconsciente[53], para cristalizar o programa científico homônimo. Fantasia da reconstrução *a posteriori*, mas que indica o papel singular desempenhado pelos indígenas de Quejara na construção pessoal de Claude Lévi-Strauss.

RETORNO DA EXPEDIÇÃO

Uma expedição sob controle

Em 2005, Claude Lévi-Strauss teve a surpresa de contemplar objetos que não via há setenta anos, "quando, de volta do campo, os desembal[ou] na sede do Departamento de Cultura da Prefeitura de São Paulo para poder proceder à divisão entre Brasil e França"[54]. No âmbito do Ano do Brasil na França, uma exposição veio milagrosamente reunir peças coletadas em 1935-1936 e as ofereceu à admiração do público, bem como à lembrança do velho antropólogo.

Essas peças, soterradas em seu passado brasileiro, representavam, no essencial, o butim etnográfico da primeira expedição, o qual permanecera em São Paulo, navegando de uma instituição a outra e praticamente perdido durante cinquenta anos, antes de emergir novamente graças a Luís Donisete Benzi Grupioni, curador da exposição e historiador das expedições etnográficas. Por que essa regra da divisão, que está longe de se impor em todos os campos de pesquisa? É somente dois anos antes da primeira expedição, em 1933, que o decreto nº 22.698 estabelece a competência de um "Conselho de Fiscalização das Expedições Artísticas e Científicas"[55] no Brasil. Durante mais de três décadas, até 1968, esse conselho fiscaliza e controla os estrangeiros e brasileiros que empreendem expedições, dando especial atenção à preservação dos bens culturais e artísticos, mas também botânicos, mineralógicos, animais, no momento do retorno dos estudiosos. Esse conselho, como explica Luís Donisete, "era fruto de um período da história do Brasil em que o caráter nacional procurava se assentar na formulação de ideias nacionalistas, na apropriação do território e na unificação da administração do Estado, processo que dava ênfase à preservação do artesanato indígena como constitutivo do patrimônio histórico e cultural da nação brasileira"[56]. Talvez fosse igualmente uma ramificação do caso Malraux, escândalo recente na época; lembremos que o jovem escritor aventureiro subtraíra algumas estatuetas khmer, extraídas do sítio arqueológico de Angkor Vat. Embora desenvolvendo uma forma de burocracia neurótica contra a qual Lévi-Strauss se esgrimirá por ocasião de sua segunda expedição, o Conselho de Fiscalização visa evitar toda forma de predação colonial, estabelecendo as condições de uma verdadeira cooperação franco-brasileira. Nesse sentido, garantiu a legitimidade e a estabilidade de coleções que, vindas de fora (da África, por exemplo), são hoje fortemente questionadas, justamente em razão das circunstâncias de sua formação[57]. Além disso, esses entraves burocráticos tão desagradáveis para o etnólogo têm, para o historiador, a imensa vantagem de produzir textos e, logo, fontes, hoje conservadas no Museu de Astronomia e Ciências Afins (Mast), do Rio de Janeiro.

A primeira expedição aos cadiuéus e aos bororos foi submetida a um simples acordo de licença facilmente expedido pelo conselho, que permitiu aos Lévi-Strauss empreenderem sua missão circulando livremente pelo país. O patrocínio científico do Museu Nacional do Rio de Janeiro facilitou o processo. Na volta da expedição, o *Inventário das peças etnográficas deixadas no Brasil pela missão Lévi-Strauss* (novembro de 1936) menciona 161 objetos bororos, 164 cadiuéus, 2 terenas e 1 caingangue, ou seja, 328 peças que permaneceram no Brasil, não no Museu Nacional, como previsto, e sim no Departamento de Cultura, onde Dina e Mário de Andrade haviam decidido criar um Museu Etnográfico. A repartição entre São Paulo e Rio é, como diz Lévi-Strauss a Heloísa Alberto Torres, diretora do Museu Nacional, uma "negociação exclusivamente brasileira", na qual ele não deve interferir, embora lute para convencer sua interlocutora de que os objetos trazidos são muito inferiores – inclusive no caso da cerâmica, que lhe interessa particularmente – aos que ela já possui no Rio[58].

Em *Tristes trópicos*, Lévi-Strauss ironiza a suspeição que pairava, "no caso de eu, alimentando tenebrosos desígnios, tentar escapar do país com um carregamento de arcos, flechas e cocares de plumas excedendo a parte atribuída à França..."[59]. Na realidade, é exatamente o que acontece: a parte francesa depositada no Museu do Homem perfaz 602 objetos (341 bororos, 230 cadiuéus, 31 guaranis/caingangues), ou seja, bem mais da metade... Verdade que, além das peças etnográficas propriamente ditas, os Lévi-Strauss deixaram os filmes 8 mm à disposição dos brasileiros, o que representava um elemento importante na balança.

A sagração do etnógrafo

Na volta dos etnólogos a Paris, no inverno de 1936-1937, a parte francesa da coleção é exposta, em sua presença, na galeria Wildenstein, esquina da rua do Faubourg-Saint-Honoré com a rua La Boétie, de 21 de janeiro a 3 de fevereiro de 1937, sob o título "Os índios do Mato Grosso" (missão Claude e Dina Lévi-Strauss). A tutela científica do Museu do Homem, concretizada com uma nota introdutória de Paul Rivet no catálogo, deveria ter gerado uma das primeiras exposições no novo museu. Os atrasos na construção do Palais de Chaillot impedem esse desígnio. No fim, esse *status* emblemático potencial da exposição dá lugar a uma localização talvez mais significativa: a galeria de arte vem lembrar o papel relevante desempenhado pelo sentimento estético na motivação etnográfica e, ao mesmo tempo, a importância dos meios artísticos no projeto da etnologia da época, justamente no momento em que a fundação do Museu do Homem prepara-se para reconfigurar todo esse microcosmo.

Rememorando esse momento de guinada, Lévi-Strauss insiste espontaneamente na beleza dos objetos recolhidos: "Era uma boa coleção etnológica – posso dizer isso agora que tenho termos de comparação. Havíamos recolhido entre os cadiuéus cerâmicas decoradas e peles pintadas com motivos singulares que não existiam em outra parte da América. Os objetos bororos consistiam sobretudo em ornamentos de plumas, dentes e garras de animais, pois os bororos decoram ricamente inclusive suas armas de caça e utensílios. Havia peças realmente espetaculares"[60]. Esse primeiro e principal fruto da expedição, a exposição, é um sucesso ao mesmo tempo artístico, mundano e científico, em conformidade com o coquetel de uma etnologia ciosa de reconstituir o lado *espetacular* das sociedades primitivas. Os adornos de plumas bororos são verdadeiramente "objetos que merecem ser vistos" e estão em condições de rivalizar com as mais belas máscaras dogons.

A própria constituição de uma coleção (composta de mais de seiscentos objetos), destinada a abastecer os magros acervos do Museu do Homem sobre a América pré-histórica, corresponde a um dos objetivos essenciais das expedições da época: coletar objetos exóticos considerados condenados a desaparecer. Esse sentimento de intervir antes da catástrofe, de que Lévi-Strauss era profundamente imbuído, é compartilhado pela profissão e suscita discursos que constituem uma espécie de etnologia de emergência. Assim, no catálogo da exposição, Lévi-Strauss conclui: "Poucos anos nos restam para coletar o que ainda subsiste e logo desaparecerá". Essa urgência deve-se à progressiva conquista das terras indígenas e à sua integração nacional – momentaneamente desaceleradas pela crise mundial da cotação da borracha e das matérias-primas –, bem como à corrosão demográfica induzida pelo eficaz controle de natalidade praticado pelos índios. Essa vocação de salvaguarda (de objetos, rituais, mitos), embora derive de uma preocupação humanista, é eivada de ambiguidades. Lévi-Strauss não tem a mesma reação que Michel Leiris por ocasião da missão Dacar-Djibuti[61], que descreve uma verdadeira operação de extorsão, facilitada pela situação de dominação colonial. De toda forma, tem escrúpulos: "Sinto vergonha de tirar desses homens, tão desprovidos de tudo, qualquer pequeno utensílio, cuja perda constitui para eles uma falta irreparável"[62]. O gesto científico assumido da coleta choca-se às vezes com a troca impossível; eis por que o homem impaciente que é Lévi-Strauss suporta as manhas da negociação sem chiar: "Essa índia quer me vender esse pote? Claro, quer muito. Infelizmente, ele não lhe pertence. É de quem então? Silêncio. Do seu marido? Não. Do seu irmão? Tampouco. Do seu filho? Também não. Ele é da garotinha. A garotinha possui inevitavelmente todos os objetos que queremos comprar. Voltamos nossos olhares para ela – tem 3 ou 4 anos –, de cócoras próxima à fogueira, absorta com o anel que, ainda há pouco, enfiei-lhe no dedo. E entro então em longas negociações com a senhorita, nas quais os pais não têm nenhuma participação. Um anel e quinhentos réis a deixam indiferente. Um broche e quatrocentos a convencem"[63].

O segundo resultado da expedição é a produção acadêmica. Em paralelo à exposição, Lévi-Strauss realiza em Paris algumas conferências e seminários que entronizam o jovem etnógrafo no mundo da sociologia parisiense. Em 9 de janeiro, por exemplo, faz uma palestra com projeção sobre os índios do Mato Grosso no grande anfiteatro do Museu Nacional de História Natural. Para um público nitidamente mais selecionado, é convidado, em 11 de janeiro, por Célestin Bouglé para "vir conversar com nossos jovens sobre suas pesquisas etnológicas. São quatro ou cinco filósofos que querem se iniciar na sociologia fora dos cursos que fazem na Sorbonne". Marcam encontro no Centro de Documentação Social, dirigido por Célestin Bouglé. Antes, porém, o medalhão o convida para tomar uma "chávena de chá com vários colegas sociólogos"[64]. Enquanto Bouglé o introduz na sociabilidade acadêmica, Mauss é mantido a par dos resultados da expedição. Lévi-Strauss relata ao "mestre" alguns pontos que, segundo ele, estão estabelecidos: "A existência, na vida econômica e religiosa, das prestações recíprocas e obrigatórias de clã a clã, do tipo das que conduziram o senhor a estender a era do *potlatch*; a subdivisão dos clãs em classes e um sistema análogo, pelo menos em linhas gerais, aos sistemas australianos; por fim, a coexistência de uma hierarquia econômica lado a lado com uma hierarquia de classes"[65]. Sem aprofundar mais esse balanço, observemos simplesmente que o jovem cientista continua amplamente dentro de uma lógica de discípulo: ele participa do desenho do mapa do *potlatch* iniciado pelas pesquisas de Mauss. Um dos objetivos do trabalho de campo é

Capa do "guia-catálogo" da exposição organizada na galeria des Beaux-Arts (Wildenstein), de 21 de janeiro a 3 de fevereiro de 1937. Nela, vemos um índio bororo, informante de Lévi-Strauss e "professor de sociologia bororo". A exposição obtém um grande sucesso e consolida a reputação de Lévi-Strauss.

confirmar as hipóteses levantadas pelo mestre, o que ele faz aqui, ao mesmo tempo já levantando alguns problemas claramente políticos, aos quais retornará no futuro (hierarquia e reciprocidade, relações de poder e sistemas de dominação nas sociedades indígenas).

Mais importante: a primeira publicação científica de Claude Lévi-Strauss, "Contribuições sobre a organização social dos índios bororo", que sai poucos meses depois no *Journal de la Société des Américanistes*[66], revista de referência, é saudada pelo mundinho dos etnólogos franceses, em cujo seio a seriedade de sua contribuição, bem como o chá sociológico, agora o integraram. Lévy-Bruhl, o mais célebre dos etnólogos da época, tira-lhe o chapéu, admirando sua presteza na execução e sua eficácia no campo: "E foi sua primeira experiência de *fieldwork*, o senhor nasceu para fazer etnologia, tem um belo futuro científico"[67]. Mais surpreendente é a acolhida que lhe reserva um grande etnógrafo alemão, Curt Unckel. Este passou anos, solitário, no Brasil central e terminou adotando o nome índio que lhe deram os guaranis de São Paulo em 1906: Nimuendaju; este nome, na disciplina antropológica, já representa não só uma referência douta como um estilo de investigação solitário, uma erudição enciclopédica e uma arte de viver em osmose com seu objeto. Em 1936, Nimuendaju (que morre em 1945 numa aldeia indígena) é um mito da disciplina; em todo caso, é o maior especialista nas populações indígenas do Brasil, das quais conhece inúmeras línguas. Bastante logicamente, o jovem etnólogo, admirativo e cheio de deferência, envia-lhe seu artigo. Ora, em 10 de novembro de 1936, Nimuendaju responde, agradecendo-lhe, e enceta sem rodeios uma discussão em torno da divisão em metades exogâmicas, dirigindo-se a seu jovem colega como a um igual. Incentiva-o igualmente, assim que tiver oportunidade, a fazer um trabalho de campo mais extenso. E logo no dia seguinte, dirigindo-se a seu colega Herbert Baldus, que era professor da Escola de Sociologia e Política de São Paulo, Nimuendaju conta a impressão que o artigo daquele jovem desconhecido lhe suscitou: "Quem é Claude Lévi-Strauss? [...] Li dele um artigo no *Estado* [*de S. Paulo*], 'Entre os selvagens civilizados', que me interessou muito pelo seu posicionamento sobre a questão indígena. Em seguida, foi publicada sua 'Contribuição ao estudo da organização social dos bororos', no *Journal de la Société des Américanistes*, na qual [...] ele apresenta um material de grande valor e que chegou às minhas mãos como se eu tivesse encomendado... O que mais podemos esperar dele no futuro?"[68]. Alguns meses mais tarde, em 17 de janeiro de 1937, ele volta à carga e sublinha: "O que é notável é que esse homem [...] que só recentemente chegou à etnologia tenha se impregnado dela em tão pouco tempo a ponto de expor com grande precisão a situação sociológica dos bororos. Quando penso em como me digladiei durante seis anos com a sociologia dos canelas, a forma concisa de sua apresentação chama a atenção"[69]. Nimuendaju não deixará de chamar a atenção de seu colega e correspondente norte-americano Robert Lowie para o surgimento dessa nova estrela. Por intermédio de Lowie, toda a rica rede da antropologia norte-americana se abre para Lévi-Strauss; tal conexão, embora ainda não passe de promessa de realização científica, irá revelar-se crucial alguns anos mais tarde. No momento do exílio, o nome de Lévi-Strauss não soará desconhecido aos meios etnológicos norte-americanos, e as portas dos Estados Unidos se mostrarão mais propensas a se abrir.

Nesse ínterim, não custa devanear sobre essa sagração epistolar deveras significativa. Sem o conhecer, Nimuendaju percebe de imediato o tipo de pesquisador que é Lévi-Strauss, alguém que assimila rapidamente as situações e é capaz de construir modelos a partir de materiais fragmentários. O *zoom out* intelectual não impede de forma alguma o *close*. Nimuendaju elogia o olhar de águia do iniciante, a atenção empírica, a precisão das análises através de intuições fulgurantes mais do que pela imersão na duração. A "visão" de Claude Lévi-Strauss...

MASSIMO LÉVI ENTRE OS NAMBIQUARAS 8

Uma expedição ao Brasil central é preparada no cruzamento Réaumur X Sébastopol.

CLAUDE LÉVI-STRAUSS, *Tristes trópicos*[1].

Se a longa expedição que Lévi-Strauss prepara durante o ano de 1937 é um teatro, suas coxias são escorregadias e a montagem, acrobática. Ir às regiões mais remotas do Brasil central para visitar diferentes grupos de índios é um projeto complicado: dificuldades financeiras, burocráticas e, enfim, políticas se acumulam ao longo de um ano de preparação rico em peripécias, batalhas renhidas e vencidas, com um misto de obstinação e candura, por Claude Lévi-Strauss. Justamente no momento da partida, a infraestrutura institucional que deveria sustentar o projeto se esboroa na pessoa de Mário de Andrade, agora *persona non grata* para as autoridades no poder. A expedição vê-se então órfã, ou melhor, adotada por uma mãe extremosa, quase além dos limites, Heloísa Alberto Torres, diretora do Museu Nacional do Rio de Janeiro. Partindo finalmente em maio de 1938, Lévi-Strauss regressará em 12 de janeiro de 1939.

Dessa célebre expedição aos nambiquaras, podemos agora fazer o relato graças a novos subsídios, vozes alternativas ao extenso canto crepuscular que é *Tristes trópicos*, publicado em 1955, quase vinte anos após os fatos e comprometido numa complexa releitura retrospectiva do trabalho de campo no Brasil. É um texto que tanto mascara como revela os desafios dos anos brasileiros. Mais tarde, nos dois volumes de *Saudades*, publicados em 1994 e 1996, o olhar de Lévi-Strauss é mais ameno; mais cedo, o jovem etnólogo, com seu capacete de explorador enfiado na cabeça, seus cadernos de expedição e sua Leica, aprende seu ofício no deslumbre e no sofrimento, físico e moral. Os que o acompanharam nesse périplo, o etnógrafo brasileiro Luiz de Castro Faria e o biólogo Jehan Albert Vellard, também exprimiram seu ponto de vista acerca dessa longa caravana do conhecimento que foi a "Missão Serra do Norte".

Essa revisitação da expedição brasileira, agora possível, é também ensejo de uma reavaliação da experiência de campo na vida intelectual e na obra de Claude Lévi-Strauss, das quais ela é uma das bases mais sólidas, apesar de nem sempre visível. Em suas próprias ambiguidades e na recepção crítica diversificada com que é acolhido, ontem como hoje, esse "campo" representa, como diz pertinentemente Eduardo Viveiros de Castro, uma forma de "encontro frustrado" entre Lévi-Strauss e o Brasil[2].

ARQUIVOS DE UMA EXPEDIÇÃO. A MISSÃO SERRA DO NORTE

Preparativos

De volta ao Brasil em março de 1937 para um terceiro e último ano de magistério, até novembro, Lévi-Strauss compreende que seu contrato não será renovado. Os conflitos com Paul Arbousse-Bastide, bem como a nova conjuntura política do fim de 1937, lhe são completamente desfavoráveis. O ambiente deteriora-se ao longo do ano: no Rio, manifestam-se os "integralistas", ostentando um estilo nazista (com o emblema lembrando a suástica); a propaganda antissemita torna-se mais flagrante, ao passo que, à esquerda, a agitação comunista, as greves e as passeatas se sucedem desde 1935. Lévi-Strauss se abre com Marcel Mauss numa carta de 25 de setembro de 1937: "Quanto ao Brasil, vive horas muito agitadas na expectativa de uma eleição presidencial a cujo respeito ainda não se sabe se algum golpe de Estado a tornará inútil. A Faculdade de Filosofia quase soçobrou nessa briga. Não resta dúvida de que seu futuro, de maneira imediata, depende do resultado da luta"[3]. A luta se conclui, dois meses mais tarde, em 10 de novembro, com a instituição golpista do Estado Novo, regime autoritário cujos destinos Getúlio Vargas preside até 1945. A USP, nascida sob os auspícios de seu adversário político, está diretamente na alça de mira do novo regime. Em São Paulo, Lévi-Strauss, francês, judeu e socialista, parece ter se desentendido, por razões ao mesmo tempo profissionais e políticas, com os oligarcas da USP. Segundo Roger Bastide, que lhe sucede em 1938, a decisão de não renovar seu contrato procede do próprio Júlio de Mesquita Filho: "Claude Lévi-Strauss teria sido afastado da faculdade por intervenção direta de Mesquita Filho, que considerava Lévi-Strauss um elemento 'perigoso', ligado à Frente Popular francesa, que Mesquita tachava de 'comunista'"[4]. Mais tarde, Claude Lévi-Strauss se lembra de ter recepcionado Júlio de Mesquita, que viera saudá-lo no Collège de France após sua eleição, "maneira (que muito [o] tocou) de [lhe] fazer compreender que reconhecia seus erros"[5].

Nessa conjuntura política e institucional complicada, Lévi-Strauss vê-se então obrigado a deixar a Universidade de São Paulo para dedicar-se integralmente à preparação de sua segunda expedição, que ele concebe numa escala muito mais ambiciosa do que a primeira. O sucesso da exposição sobre "Os índios do Mato Grosso" em Paris, bem como os sinais de reconhecimento procedentes de seus pares, incitam-no a prosseguir, a fim de recolher material para um futuro doutorado. A Mauss, ele afirma ter "levado, tão longe quanto permitiu a riqueza das bibliotecas locais, a preparação bibliográfica de [sua] tese. As grandes molduras estão desenhadas. Resta saber o que o trabalho de campo permitirá encaixar nelas"[6]. Lévi-Strauss é um doutorando muito organizado, que avança em diversas frentes: confecção de uma matriz, de um questionário, em suma, do arcabouço intelectual de sua aventura; primeiras sondagens para reunir uma equipe com mais estofo do que na primeira missão. Fez contato, por exemplo, a conselho de Rivet e Métraux, com o dr. Vellard, médico, diretor do Instituto de Biologia de Pernambuco, e também com Curt Nimuendaju; este último declinou a proposta, alegando um levantamento de fôlego sobre a sociologia das populações jês do planalto oriental, que o deixaria indisponível durante pelo menos um ano. Na realidade, Nimuendaju não aprecia Vellard e, acima de tudo, tem o hábito de trabalhar sozinho, repugnando-lhe expedições coletivas do tipo da que Lévi-Strauss estava em vias de preparar. Estamos nesse ponto quando, em novembro de 1937, Lévi-Strauss retorna à França.

Esse intermédio parisiense é fugazmente evocado em *Tristes trópicos* ao longo de algumas páginas que interrompem o fluxo de um mergulho no coração cada vez mais profundo do Brasil e de toda a humanidade. No entanto, abrindo a sétima parte, sobre os "nambiquaras", essas páginas surpreendem pelo paradoxo de sua frase inaugural: "Uma expedição etnográfica ao Brasil central é preparada no cruzamento Réaumur X Sébastopol"[7]. Nelas, Lévi-Strauss evoca outro momento estratégico da preparação da expedição: a compra da quinquilharia necessária às trocas com os índios, de cujo gosto difícil ele teve a prova: "Num bairro de Paris, tão desconhecido para mim quanto o Amazonas, entreguei-me então a estranhos exercícios sob o olhar de importadores tchecoeslovacos. Ignorando tudo sobre seu comércio, faltavam-me termos técnicos para esclarecer minhas necessidades. Só me restava aplicar os critérios indígenas. Eu me empenhava em selecionar as menores contas de bordar conhecidas como '*rocaille*' [miçangas], cujas pesadas fieiras enchiam escaninhos. Eu tentava mordê-las para testar-lhes a resistência; chupava-as a fim de verificar se eram coloridas na massa e não ameaçavam desbotar ao primeiro banho de rio; variava a importância dos meus lotes, combinando as cores segundo o cânone indígena: primeiro, o branco e o preto, em partes iguais, depois o vermelho; muito atrás, o amarelo; e, por dever de consciência, um pouco de azul e verde, que seriam provavelmente desdenhados"[8]. Imaginemos o olhar pasmo desses comerciantes, quase todos vindos da Europa central, entre os quais muitos judeus que trabalhavam não longe dali, no Sentier, sobre aquele cavalheiro tão sério, mordendo e chupando seus artigos! Como observa Vincent Debaene, essa passagem resulta numa perturbadora inversão da experiência etnográfica: "O etnógrafo é um índio entre os tchecoeslovacos de Paris"[9]. Recorrendo a critérios sutis próprios dos indígenas, ele se distancia ainda mais de seu próprio mundo, na medida em que se encontra deslocado num bairro popular, longe dos *arrondissements* da zona oeste de Paris, que lhe são familiares.

Também aproveita esses poucos meses em Paris para consolidar seus apoios logísticos institucionais e definir seu *status* profissional junto à administração do Ministério da Educação. Em 5 de junho de 1937, um decreto da rua de Grenelle, assinado por Jean Zay, delega a Claude Lévi-Strauss a responsabilidade de uma missão científica na "serra dos Parecis" (a denominação muda repetidas vezes) e recomenda toda ajuda possível a seu favor. Desvincula-se, portanto, do Ministério da Educação e o Service des Œuvres continua a lhe pagar a parte francesa de seu salário (3 mil francos), bem como 1,5 mil francos mensais à sua mulher (soma que correspondia às atividades que ela desenvolvia para a Prefeitura de São Paulo). Após algumas oscilações devidas à não renovação do contrato com a USP, Lévi-Strauss e a mulher garantem um salário mais ou menos equivalente ao que recebiam nos anos anteriores. No plano institucional, Paul Rivet, diretor do Museu do Homem, que agora exibe sua silhueta moderna sobre a colina de Chaillot, é um apoio importante e infalível. Aceita investir oficialmente aquela nova missão Lévi-Strauss da autoridade do Museu do Homem e acompanha passo a passo os complicados trâmites, como veremos, do lado brasileiro, valendo-se de toda a sua reputação. Enaltece, assim, junto ao Ministério das Relações Exteriores, "o caráter desinteressado dessas missões de pura ciência, que tocam profundamente os povos sul-americanos que tendem a se julgar ou ignorados ou desconhecidos das grandes nações europeias. Provar-lhes por meio de atos que a França se interessa pelo estudo de seus países é o meio mais seguro de conquistar corações. Uma experiência de 38 anos me convenceu de que esta é a melhor forma de propaganda, pois ela lisonjeia e exalta o patriotismo fervoroso e suscetível desses povos"[10].

Por fim, após Jean Marx e Paul Rivet, o terceiro homem decisivo – que, alguns anos mais tarde, será mais ainda na vida de Lévi-Strauss – é Henri Laugier, cientista de renome, fisiologista, além de amigo das artes, que, por meio das relações (e do dinheiro) de sua companheira Marie Cutoli, conhece bem toda a malta dos artistas franceses mais famosos e vanguardistas. Ele é, como Rivet, um desses teóricos de esquerda espontaneamente confiantes nas virtudes de uma ciência emancipadora e democrática. Em 1936, dirige o recentíssimo Service de la Recherche Scientifique, antes de presidir os destinos do Centre National de la Recherche Scientifique, criado em 1939, no mesmo estado de espírito. Graças a Laugier e à rede Frente Popular de Lévi-Strauss, sua missão é em parte financiada pelos precursores do CNRS.

SPI, etnologia, nação, exploração

Como no caso da primeira expedição, a escolha do território e das tribos visitadas é objeto de extensas sondagens, subordinadas a múltiplos fatores ao mesmo tempo materiais e intelectuais. As hipóteses se integram num questionário mais geral e criam expectativas que beiram às vezes as mais loucas especulações. O americanismo da época ainda é muito pobre em material documental, o que autoriza todo tipo de elucubrações intelectuais sobre o grande programa da época: "compreender a América", isto é, compreender seu povoamento, a distribuição de suas populações, seus intercâmbios e suas migrações através de uma história que ainda se imagina relativamente curta – alguns milhares de anos[11]. Igualmente, emite a hipótese da unidade de todo o mundo americano, ao Sul e mesmo ao Norte, a despeito dos diferenciais de civilizações entre os ricos mundos andinos e as populações que Lévi-Strauss se prepara para visitar nos confins ocidentais do planalto brasileiro.

Com efeito, ele gradativamente planeja uma expedição itinerante, conforme os modelos da época, que tangenciaria a parte ocidental, mais erma, do Mato Grosso, uma diagonal Norte-Oeste partindo de Cuiabá rumo à fronteira boliviana e à bacia do rio Madeira. Essa "espécie de corte"[12] através da geografia e da etnografia brasileiras é concebida para encontrar não uma população, mas diferentes tribos de língua jê, tupi, aruaque, sociedades diversas e colorações variadas que permitam o desenho do mapa brasileiro[13]. Como ele mesmo formula, "mais preocupado em compreender a América do que em aprofundar a natureza humana em cima de um caso particular"[14], Lévi-Strauss privilegia o *travelling* em detrimento do *zoom*. Na realidade, vai encontrar essencialmente índios nambiquaras.

Destes, espera muito, tanto mais porque são mal conhecidos. Os exploradores do século XVI lidaram sobretudo com os tupis-guaranis, que viviam na proximidade da costa e eram recém-chegados a esse anel litorâneo brasileiro. A noroeste dos territórios dos tupis, os caraíbas e os aruaques formam igualmente a base das populações das ilhas do Caribe, que operam a transição para a América Central e do Norte; a oeste, no interior das terras, vivem populações mal identificadas, os jês, estudados por Nimuendaju, que Lévi-Strauss, após sua experiência entre os bororos, julga "constituírem os sobreviventes de uma cultura notavelmente homogênea, caracterizada por uma língua diversificada em dialetos de mesma família, um nível de vida material relativamente baixo, fazendo contraste com uma organização social e um pensamento religioso muito desenvolvidos. Não convinha reconhecer neles os primeiros habitantes do Brasil [...]?"[15]. Aqui também Lévi-Strauss encontra uma forma de introduzir no questionamento acadêmico da época sua própria sensibilidade sôfrega pelos começos: esperando encontrar os "representantes mais ocidentais do grupo jê", parte igualmente em busca de uma espécie de "mundo perdido" – para repetir o título do romance de Conan Doyle e do capítulo 24 de *Tristes trópicos* –, de uma "*Ur-Kultur*" à qual seu temperamento intelectual confere

A "picada": uma trilha no sertão que constitui o único ponto de referência numa extensão de 700 quilômetros: a linha Rondon.

virtudes tanto heurísticas quanto estéticas: trata-se de ir ao fundamento das coisas e dos seres, à origem.

Se Lévi-Strauss decide assim, é igualmente por outras duas razões. De um lado, existem fontes, embora pouco numerosas, o que constitui uma boa estratégia de conhecimento. Essas fontes datam todas dos anos 1910 e são ligadas à personalidade do general Rondon, grande figura do Brasil no início do século XX, ainda vivo durante a viagem de Lévi-Strauss. Trata-se dos dossiês da Comissão Rondon, das memórias de Theodore Roosevelt, *Through the Brazilian Wilderness* [Através da selva brasileira] (1917), relato de consonância conradiana de uma expedição de quatro meses empreendida junto com Rondon em 1914, e, finalmente, da obra *Rondônia* (1917), do etnólogo Edgar Roquette-Pinto, que atravessou a região na companhia de Rondon em 1912, antes de assumir a direção do Museu Nacional do Rio de Janeiro[16].

Cândido Rondon (1865-1957) é um engenheiro militar imbuído da fé positivista, fenômeno comum no Brasil republicano[17]. Criador do Serviço de Proteção aos Índios (SPI) em 1910, pretende integrá-los à sociedade brasileira por meios pacíficos e melhorias técnicas, estabelecendo núcleos de colonização. Essa política indigenista, generosa na medida em que se opõe aos planos de extermínio por parte dos colonos, é igualmente uma política de controle territorial e "conquista do oeste" do Brasil. Como homem da fronteira, Rondon mostra-se particularmente atento às comunidades indígenas localizadas perto da Bolívia, como os nambiquaras. Para ele, trata-se de "terminar" o Brasil, ao mesmo tempo sedentarizando as comunidades indígenas a fim de transformá-las em mão de obra rural neobrasileira. Para os militares positivistas envolvidos na criação do SPI, cumpria fazer os índios progredirem no caminho da civilização, exercendo sobre eles o que o historiador Antônio Carlos de

O sertão na estação seca (Mato Grosso), uma paisagem de cerrado, selvagem e desolada.

Souza Lima chama de "poder tutelar": outorgam-lhes terras públicas de que eles dispõem apenas do usufruto; o Código Civil de 1917, revisado em 1928, transforma-os em menores, cujas relações com os "nacionais" ou os etnólogos estrangeiros são, portanto, necessariamente mediadas pelo SPI. Antes que o SPI perca sua soberba, pois nunca disporá dos meios financeiros e administrativos para seus objetivos, a década de sua criação é ilustrada pela grande obra do general Rondon, que cristaliza todas as suas ambições na temerária construção de uma linha telegráfica de setecentos quilômetros ligando Cuiabá à fronteira boliviana. Entre 1914 e 1922, no cerrado ou na selva, atravessando rios pequenos e grandes, milhares de postes são erguidos pelas populações indígenas supervisionadas por Rondon, que realiza, numa espécie de epifania técnica, a obra de sua vida. Simultaneamente, identifica uma região que, até hoje, levará seu nome: Rondônia.

A ironia da história quer que a linha telegráfica, instalada à custa de mil esforços por índios arrancados da vida selvagem, torne-se quase imediatamente obsoleta pela invenção do rádio de ondas curtas no início dos anos 1920. O resultado dessa epopeia positivista é uma tênue cicatriz, a "picada", uma trilha empoeirada através do sertão, único acesso a essa região ainda remota nos anos 1930, que escalona as etapas graças às estações telegráficas – uma pequena cabana ocupada por uma pessoa ou uma família – dispostas a intervalos regulares ao longo da linha. Essa pequena equipe, formada por caboclos e índios parecis, também pode fornecer informantes de primeira ordem sobre as tribos acantonadas nas proximidades. Essa é a segunda razão pela qual Lévi-Strauss escolhe seguir a linha Rondon para explorar essa parte do Brasil central. A linha, aliás, é em si mesma um precipitado dos paradoxos do etnólogo: serve para integrar os índios, conquistar territórios, unificar a população e o espaço brasileiros, mas é concebida por Lévi-Strauss para penetrar num espaço hostil e obter acesso a mundos que ele augura inexplorados, intocados, relegados.

O emaranhado das tutelas brasileiras. Dona Heloísa e o Museu Nacional

Lembremos que, para a primeira expedição, o Conselho de Fiscalização, criado em 1933, concedera sem problemas uma licença que permitia a livre circulação de seus idealizadores por terras brasileiras. É, portanto, sem maiores preocupações que Claude Lévi-Strauss, em conformidade com a lei, submete um novo pedido de autorização ao mesmo conselho para seu segundo projeto: "Esta expedição propõe-se alcançar a região das nascentes do rio Juruena e do Ji-Paraná e lá passar uma temporada de cerca de um ano, em meio às populações indígenas, com a finalidade de proceder a observações e recolher coleções no domínio da etnologia e das ciências naturais"[18]. A equipe científica prevista é composta de cinco pessoas: "uma antropóloga" (sra. Lévi-Strauss), um "etnógrafo" (sr. Lévi-Strauss), um naturalista e médico (dr. Vellard, do Instituto de Biologia de Pernambuco), um linguista (trata-se de Curt Nimuendaju, que Lévi-Strauss, nessa data, 10 de abril de 1937, espera integrar a sua equipe); e um "chefe de material e cartógrafo", René Silz, engenheiro agrícola e companheiro da primeira expedição.

O pedido é entregue à conselheira Heloísa Alberto Torres, representante do Museu Nacional no Conselho de Fiscalização, e, em 28 de maio de 1937, recebe uma resposta positiva a princípio, todavia submetida a três condições: a presença de um delegado do Museu Nacional no seio da expedição; a obrigação de exportar pelo Rio de Janeiro o material coletado (e não por Santos) e a aprovação necessária do Serviço de Proteção aos Índios (SPI). Numa carta de 11 de junho de 1937, Claude Lévi-Strauss declara-se ciente de tais condições e assegura que serão escrupulosamente respeitadas[19]. As coisas parecem relativamente claras e o desfecho do processo, próximo. No entanto, tudo se complica quando o chefe do SPI, coronel Vicente Teixeira Vasconcellos, comunica, mediante carta de 24 de setembro de 1937, a recusa de sua instância em conceder a autorização requerida, pelo seguinte motivo: a expedição ameaçaria perturbar relações pacíficas e um equilíbrio ainda frágil instituídos com os índios naquela região, após inúmeros esforços do SPI. Segue um memorando de páginas resumindo os diferentes artigos do regulamento e da missão do SPI, que pretende salvaguardar os índios da ação nefasta dos "civilizados", quer se trate de cientistas, quer de missionários. O conjunto é redigido num tom enérgico e paternalista. Lévi-Strauss retorna à França no outono de 1937 e, a princípio, não parece ciente das tratativas que proliferam entre as diferentes tutelas brasileiras. É um bilhar de três tabelas: o Conselho de Fiscalização, o

Museu Nacional e o Serviço de Proteção aos Índios; as três instituições estão intimamente ligadas por sua história e uma sociabilidade comum, em cujo centro se destaca a forte personalidade de Heloísa Alberto Torres.

Nas fotos em que ela aparece, em companhia de jovens etnólogos em vias de partir, geralmente nos jardins adjacentes ao Museu Nacional do Rio, ela parece exercer sua benevolência tutelar num corpo de mulher madura, burguesa de coque e colar de pérolas, olhando direto para a lente. "Dona" Heloísa é uma mulher de caráter e de poder[20]. Diretora do museu de 1938 a 1955, é filha do célebre advogado Alberto Torres, uma das grandes figuras da República brasileira, e por isso integrou, muito jovem, a elite política e intelectual carioca. É antropóloga de formação, trabalhou ao lado de Roquette-Pinto, seu antecessor na direção do museu, e se forjou nesse universo positivista (Rondon, Roquette-Pinto) que considera a ciência uma maneira de pensar a sociedade. Primeira mulher a dirigir essa instituição museológica, toma suas rédeas no mesmo momento em que Vargas instala um poder ditatorial, com o qual sua destreza política e saber social sabem negociar. Solteira, dona Heloísa se tornou a rainha do museu e uma espécie de matrona da etnologia brasileira. Durante vinte anos, ela é incontornável, "encenadora mais que atriz no *script* antropológico"[21], ligada por um pacto epistolar a inúmeros etnólogos que empreendem trabalhos de campo, não raro totalmente isolados e por vezes às voltas com terríveis crises de melancolia, com os quais ela contribui para revitalizar, reconectar ao mundo pelo cordão umbilical de suas cartas. Ela concentra, divulga, seleciona, organiza as informações segundo estratégias típicas da ciência, mas também, e acima de tudo, em conformidade com os interesses de seu país. Todo etnólogo estrangeiro, queira ou não, deve passar por dona Heloísa. Lévi-Strauss não escapa à regra. Suas relações não foram simples, ainda mais se considerarmos que Heloísa Torres não é destituída de uma forma de antissemitismo simplório que reina no Brasil da época.

Na condição de diretora do museu, ela faz parte do Conselho de Fiscalização e é muito próxima dos círculos do SPI: as duas instituições participam plenamente da gestão culta da difícil construção nacional brasileira. Embora o museu seja a primeira instituição de pesquisa criada no Brasil, em 1818, e originalmente destinada ao estudo da história natural, torna-se, sob a República, a grande instância de reflexão antropológica, constantemente mobilizada pelas elites republicanas para emitir pareceres sobre um problema fundamental para o Brasil da época: formar um povo unido a partir de todas as suas populações diversamente mestiçadas (nativos índios, negros alforriados, imigrantes europeus). Logo, não é um lugar de ciência pura, e sim, efetivamente, uma instituição produtora de saberes ligados a uma política nacional, o SPI sendo o ramo indigenista desse conjunto[22].

Enquanto do lado brasileiro a expedição é embargada – mas Claude Lévi-Strauss sabe disso? –, ele escreve de Paris a Heloísa Alberto Torres, em

O porto de Corumbá: partida para Cuiabá em vapor pelo rio Paraguai.

12 de fevereiro de 1938, fazendo-lhe uma proposta que visa transformar o *status* da expedição – e que lhe permitiria desvencilhar-se de um delegado que ele julga inoportuno: "Acabo de ser avisado pelo cabo de que a cidade de São Paulo aceita, como eu lhe propusera há vários meses em nome das autoridades francesas, participar da expedição, que, de puramente francesa (foi, a senhora se lembra, a forma sob a qual teve a bondade de obter sua autorização junto ao Conselho de Fiscalização), torna-se assim franco-brasileira. [...] Não sei quais são as consequências práticas que, a seu ver, devem decorrer da efetivação de uma colaboração que julgo extremamente valiosa. De minha parte, creio que, uma vez que a expedição ganha um caráter franco-brasileiro e compreenderá membros brasileiros que representarão a cidade e a Universidade de São Paulo, o Museu Nacional e o Serviço de Proteção talvez pudessem lhes delegar seu poder fiscalizador. O que acha disso?"[23]. O que ela acha? Escreve preto no branco, numa caligrafia tempestuosa, na própria carta daquele que julgou prescindir dela: "O Museu Nacional fazia questão absoluta de enviar uma pessoa para os trabalhos científicos. Uma vez que a expedição ganha outro aspecto, que satisfaz a legislação em vigor, o Museu não pode senão aceitar a proposta que lhe é feita de retirar seu delegado. Porém, o senhor Strauss, em suas cartas anteriores, parecia plenamente informado de que não é o lado puramente fiscalizador que interessa ao museu"[24]. Com efeito, dona Heloísa conta com esse tipo de colaboração para formar em campo aprendizes de etnólogo brasileiros. Nessas condições, retirando seu delegado, o museu retira igualmente seu apoio junto ao SPI, o que significa que a expedição fica duplamente embargada. Heloísa tem um conhecimento muito mais sutil do

Cuiabá: capital do Mato Grosso, ponto de partida da "Missão Serra do Norte" (junho de 1938).

imbróglio institucional do que Claude Lévi-Strauss, sem dúvida insuficientemente informado de toda a extensão do aparelho burocrático que preside aos destinos de seu projeto; em todo caso, passado um tempo, ele percebe o passo em falso que deu; uma estratégia sobressalente é imediatamente adotada graças aos amigos de São Paulo, à frente deles Mário de Andrade, que, mais uma vez, salva-o. Em 22 de março de 1938, este último informa ao Conselho de Fiscalização (bem como a Heloísa) que a expedição dirigida por Lévi-Strauss passa a ser um empreendimento dirigido "integralmente" pelo Departamento de Cultura. Solicita a concessão de uma licença e a designação de um membro para a fiscalização. Com isso, o processo se conclui em meados de abril. O que equivale a dizer que a expedição fica em suspenso até as vésperas da partida, não sem angústia da parte de Lévi-Strauss, que, de volta da França no fim de março de 1938, envia um bilhete de pânico, do navio em escala no Rio, a Mário de Andrade, que está na cidade: "Senhor, soube por Monbeig que estava aqui – e infelizmente nos desencontramos. O *Flórida* segue viagem às 4h. Haverá um meio de nos encontrarmos? Monbeig me comunica grandes dificuldades para a expedição. Não estou entendendo absolutamente nada. Creia, por favor, em toda a minha amizade"[25]. A carreira final é ainda mais acrobática, visto que não só Mário de Andrade como também Paulo Duarte encontram-se naquele momento em desgraça política em razão do golpe de Estado de Vargas. O Departamento de Cultura agoniza.

A primeira conclusão dessa batalha burocrática é transformar uma expedição francesa em expedição brasileira, depois de passar pela etapa franco-brasileira. É compreensível a vontade de Lévi-Strauss de multiplicar as tutelas brasileiras, sempre sem se dar conta das rivalidades que pudessem existir, por exemplo, entre o Museu Nacional e as instituições paulistas. Essa "desnacionalização" seguida de uma "renacionalização" denota com acuidade os dilemas profundamente políticos do trabalho antropológico no Brasil nessa época. Segunda conclusão: a equipe científica viu-se modificada com relação ao plano inicial. O casal Lévi-Strauss e o dr. Vellard permanecem no projeto, mas Nimuendaju declinou pelas razões mencionadas e René Silz desapareceu, enquanto Luiz de Castro Faria, jovem pesquisador do museu, é designado como "fiscalizador" com as seguintes instruções: "Manter-se sempre à frente da expedição, fiscalizar constantemente as circunstâncias de abordagem e as relações com os indígenas, e arbitrar todas as medidas tomadas pelos pesquisadores, inclusive o retorno imediato da expedição, se necessário"[26]. Além disso, Castro Faria é incumbido de telegrafar regularmente a Heloísa e ao museu sobre os avanços e o desenrolar da expedição. Enquanto Lévi-Strauss possui a liderança intelectual e financeira – é a ele pessoalmente que é alocada a verba francesa do Service de la Recherche e a ele também que são entregues os sessenta contos de réis da municipalidade de São Paulo –, Castro Faria tem a liderança estratégica, uma vez que tem o poder (e o dever) de cancelar a expedição e mudar seu itinerário, se julgar indispensável. Nessas condições, nada mais compreensível do que a reticência de Claude Lévi-Strauss ao partir. A propósito, ele preferiria ser o único etnógrafo do grupo, por razões que todo doutorando captará imediatamente; afinal, pretende coletar e explorar, para um trabalho de doutorado, um material que gostaria de ter em sua posse exclusiva. Diz isso muito claramente a Heloísa Alberto Torres numa carta de 10 de abril de 1937: "Minha mulher me disse que a senhora deseja me pedir uma sugestão sobre a orientação científica do cientista brasileiro que acompanhará nossa expedição. A senhora é, naturalmente, o melhor juiz. Talvez um etnógrafo encontrasse poucas oportunidades de trabalho pessoal, considerando que os resultados científicos da missão, nesse domínio, estão destinados a constituir meu trabalho de doutorado"[27]. E sugere um biotipologista! Na realidade, nem Lévi-Strauss nem Castro Faria utilizarão os dados coletados durante a missão para seus trabalhos de tese; no caso de Lévi-Strauss, a tese enfeixará um material mais amplo e é efetivamente em *Tristes trópicos* que o trabalho de campo brasileiro ressurgirá em toda a sua plenitude, embora com quinze anos de defasagem e outras reverberações. Contudo, em 1938, Castro Faria é ao mesmo tempo um rival potencial e, como o chama ironicamente Lévi-Strauss, o "olho do Rio"[28]: posição altamente delicada no equilíbrio frágil da pequena equipe, que parte finalmente no início de maio de 1938.

A LINHA RONDON

Cuiabá

A imprensa paulista acompanha os últimos preparativos dessa expedição de vulto. O aparelho de rádio, a máquina de escrever com teclado alemão, a câmera, as pistolas de caça (após obtenção de porte de armas), as munições, os brinquedos, a quinquilharia... Um material com 1.470 quilos parte de São Paulo com Luiz de Castro Faria, viaja de trem até Corumbá e, em seguida, embarca no vapor que sobe o rio Paraguai até Cuiabá. O itinerário já fora percorrido por Lévi-Strauss para chegar aos bororos. A outra parte acompanha o casal Lévi-Strauss diretamente de avião até Cuiabá, plataforma logística dos empreendimentos etnográficos no Brasil central. Todos chegam ali simultaneamente, em 9 de maio de 1938, à exceção de Vellard, que se junta a eles, com um atraso cada vez mais irritante, em 23 de maio. A cidade, dominada por uma igreja barroca do século XVIII, tem a aparência sonolenta de um distrito colonial. Ganha vida para celebrar o cinquentenário da abolição da escravatura (1888-1938), mas agora, e durante um longo mês, assiste à rotina da preparação minuciosa de uma expedição, com visita às autoridades locais, busca de informações sobre os índios, escolha das mulas que carregarão os homens e compra dos bois para levar o equipamento e, eventualmente, pela carne destes. Daí a necessidade de contratar muleiros e boiadeiros. Isso é feito prestamente graças à ajuda de Fulgêncio, o chefe boiadeiro, que recruta homens de confiança. Finalmente, quinze mulas e cerca de trinta bois comprados com tato e discernimento, além de quinze homens, transformam a empreitada científica numa caravana heterogênea. Devemos compreender que os "visitantes" serão com frequência mais numerosos do que os índios visitados. Um caminhão está previsto, enquanto a estrada oferecer condições, até o posto de Utiariti.

Ao longo dos dias vazios que escoam, Dina Lévi-Strauss revela seu desânimo em seus cadernos. Encontrados nos arquivos pessoais de seu ex-marido, eles cobrem as semanas que ela passa ao seu lado até o fim de julho de 1938[29]: "Teste do rádio, mais ou menos coroado de sucesso, conversas sobre os procedimentos para tornar os baús impermeáveis e procura de marceneiros por toda a cidade que se disponham a fazer esse trabalho o mais rapidamente possível... Encomenda de provisões ontem, não definitiva... Arrumações diversas, costura, discussões e conversas. Sobretudo, tomada de contato necessária com Vellard.

Escolha de animais, testes com as mulas. A coisa mais ínfima levanta montanhas de dificuldades". Fatigante sarabanda que consiste em fazer e refazer contas, fazer e refazer baús, arriar os bois e não esquecer nada: "As cangalhas e as bruacas, o calção de banho e as caixas de fósforos, os 3 mil quilos de alimentos (arroz, feijão, açúcar, sal, café, mate, farinha de milho, farinha de mandioca, polvilho, bolachas, pimenta e condimentos, banha, macarrão), sem falar nos caixotes de São Paulo: o sabonete e o papel higiênico, as munições que faltam, o milho para os animais", mais as redes e as montanhas de farmacopeias, que não terão utilidade alguma chegado o momento...

É mentira dizer que as agruras da expedição nunca aparecem em *Tristes trópicos*[30]. Elas estão presentes, mas num modo irônico, até mesmo farsesco (o episódio dos bois e dos caprichos bovinos), como circunstâncias contingentes, ao passo que, justamente, são essenciais. Essa infraestrutura pesada da expedição Lévi-Strauss, seus recursos financeiros significativos – não obstante faz-se necessário pedir um aditivo a Paul Rivet em razão do aumento geral dos preços observado em Cuiabá –, sua base material e humana (vinte pessoas no total) definem um tipo de projeto científico que lembra as grandes expedições artístico-científicas do século XIX, cujo modelo é a do Egito, no rastro de Bonaparte, ou as expedições de Humboldt. Estas pretendem trabalhar na orla do etnográfico, do biológico e do natural, associando cientistas vindos de diferentes especialidades para coligir documentos destinados a formar coleções nos museus. Esse modo de levantamento "extensivo" privilegia a visita rápida em detrimento da profundidade do conhecimento adquirido por uma imersão longa, a qual definiria uma forma "intensiva" de trabalho de campo. Nos anos 1930, na França, o modelo predominante permanece o da expedição científica do século anterior, como atesta o exemplo da célebre missão Dacar-Djibuti, liderada por Marcel Griaule, divulgada na imprensa, subvencionada pelos poderes públicos, que atravessou a África de oeste a leste como uma coluna científica, colhendo aqui ou ali as flores raras analisadas no retorno ao museu. A antropologia britânica, por sua vez, institui-se sobre protocolos de campo completamente diferentes. Bronisław Malinowski, por exemplo, passa anos na Melanésia, sozinho nas ilhas Trobriand, antes de escrever *Os argonautas do Pacífico Ocidental* (1922).

Curiosamente, esse modelo de imersão malinowskiano é encarnado no mesmo momento por um jovem antropólogo norte-americano, Buell Quain, que Luiz de Castro Faria acaba de encontrar no rio Paraguai. Durante sua estada comum em Cuiabá, ele vai cultivar uma breve amizade com Claude Lévi-Strauss. Vindo da Universidade Columbia de Nova York, é um aluno que Ruth Benedict encaminhou a Heloísa Alberto Torres e que se prepara para passar vários meses solitariamente na região do Xingu entre os índios trumais. Outros etnólogos norte-americanos, aliás, estão presentes em território brasileiro no mesmo momento: Charles Wagley, aluno de Franz Boas, reside entre os índios tapirapés, e William Lipkind entre os índios carajás do rio Araguaia, onde Lévi-Strauss esteve no verão de 1937. Dina Lévi-Strauss acha Buell Quain "esquisito"; este se julga acometido pela sífilis porque foi para a cama com uma mulher no Rio e entra num "verdadeiro delírio de mortificação". Terá um destino trágico: alguns anos mais tarde, se suicidará no Rio. Sombra efêmera e cativante, que, no calor de Cuiabá em maio de 1938, deve ter observado, pasmo, a agitação dispendida para uma empreitada científica, decerto, mas que sem dúvida não pertencia ao seu horizonte de etnólogo anglo-saxão[31].

A missão Lévi-Strauss procura informar-se sobre a situação e posição dos índios, pois desse lado também tudo é incerto. Um questionário é enviado aos funcionários das diferentes estações telegráficas da linha Rondon, Parecis, Ponte de Pedra, Capanema, Utiariti, Juruena, Nambiquara, Vilhena: "1) Há índios nos arredores? Que índios são esses? 2) São amistosos ou agressivos? 3) Trazem objetos para trocar? Pedem presentes? 4) Aparecem com frequência? 5) Falam português? 6) Vestem-se como os civilizados? 7) Onde ficam suas aldeias? 8) Convidam os civilizados a visitar suas aldeias?"[32]. As respostas chegam, mais ou menos animadoras; quando índios são assinalados, os correspondentes da linha, intermediários decisivos na gênese da missão, advertem contra o perigo potencial que eles podem representar. Todo mundo se lembra do ciclo ainda recente de massacres e represálias, o último sendo o assassinato de missionários protestantes em 1930 em Juruena. A tensão cresce diante da incerteza persistente. O risco real que representa aquela expedição por terras desconhecidas aparece de repente como o avesso da aventura. Dina Lévi-Strauss se preocupa: "A aventura parece cada vez mais arriscada. Nossos nambiquaras têm decididamente a pior reputação possível. Ferozes. Histórias de massacres terríveis. Não estou disposta a morrer e desejo voltar dessa aventura. Caso contrário, não seria mais uma aventura"[33]. Afora o grande ponto de interrogação sobre a presença dos índios e, em especial, quanto às suas disposições, o itinerário não está inteiramente definido, em razão dos inúmeros obstáculos que podem, num piscar de olhos, pôr um termo à viagem: "Entramos na estação seca e parece que as chuvas recomeçam em setembro, já sendo muito fortes em outubro. Talvez fiquemos imobilizados pelas chuvas, muito antes de estarmos no caminho de volta. E então não nos moveríamos até o ano que vem. Mas não é possível precaver-se nesse caso, nem quanto à comida, nem quanto à farmácia, nem quanto a nada. Há tantos lados aleatórios nessa viagem que este sequer me causa preocupação"[34].

É antes uma espécie de torpor depressivo que se abate sobre Dina, à medida que a estada em Cuiabá se estende desmesuradamente. Manchas vermelhas cobrem seu corpo. Ela sonha com um olho gigantesco, cercado por uma luz vermelha flamejante, verdadeiro "olho de Lúcifer", que não podemos deixar de aproximar da oftalmia purulenta que a fará debandar semanas mais tarde. Preocupada com o que tem pela frente, mas também com o que deixou, às vésperas de partir ela se vê às voltas com uma crise sentimental que exprime de forma romanesca, descrevendo-se sob o personagem Inês, tendo "perdido a paz do coração", retratando Mário de Andrade sob o de Emanuel, "pederasta, juventude religiosa depois revolucionária; período de esforços, tentativas, poesia, literatura, música. Será ele um grande escritor, um grande precursor ou simplesmente nada?"[35]. Dina está muito preocupada com o que se passa em São Paulo: "Por um jornal do dia 11, fico sabendo que o Departamento de Cultura está nas mãos de um novo diretor. Não o conheço. O que será de Mário? O que será do Departamento?"[36]. A alternância entre ficção e diário propriamente dito é uma prova de como essa geração de jovens intelectuais recorre à literatura, e mais precisamente à forma romanesca, para tentar desemaranhar o novelo de sua relação com o mundo quando este mergulha na confusão. No fim, tudo se desata: "Só tenho um desejo: partir, triunfar, voltar. Não me arrependo de nada. Não vejo o que seria atualmente minha vida, nem em São Paulo, nem em Paris, sem esta aventura. Eu só queria ter cinco anos a menos. [...] Estou pronta para o desprendimento completo e espero apenas um sinal; ainda não sei qual: a partida, o trabalho, uma experiência nova e perturbadora que não seja de ordem sentimental"[37].

Utiariti: o encontro etnográfico

No momento em que os Lévi-Strauss, acompanhados por Castro Faria, partem de caminhão, ao raiar do dia 6 de junho, a expedição, na realidade, perdeu seu principal apoio brasileiro, que é também o patrocinador da operação, o Departamento de Cultura. É portanto uma expedição quase órfã a que começa naquela manhã, seguindo a estrada do Rosário rumo ao norte.

Os carregadores e o grosso dos animais já partiram há mais de uma semana quando o caminhão junta-se a eles, a apenas cinquenta quilômetros de Cuiabá. Fúria de Lévi-Strauss: "Foi o meu primeiro acesso de raiva, que não viria a ser o único. Mas eu precisaria de outras decepções para compreender que a noção de tempo não tinha mais lugar no universo em que eu penetrava"[38]. Primeira etapa em Rosário Oeste, vilarejo com mil habitantes, "na maioria negros, anões e portadores de bócio"[39]. Os primeiros contrafortes da serra do Tombador aparecem. A estrada é ruim, esburacada. No alto da serra, num lugar chamado Caixa Furada, quebra uma junta do eixo de transmissão. O caminhão fica imobilizado no meio do mato por alguns dias, o tempo de os motoristas comunicarem o incidente ao vilarejo seguinte, que, por sua vez, encomendaria a peça em questão no Rio de Janeiro. "Banho forçado de sertão", tomado com certa filosofia por Lévi-Strauss, como ele explica a Mário de Andrade: "Esse banho forçado – e antecipado – de sertão nos permitiu caçar e experimentar o que de agora em diante será o melhor da nossa rotina: sopa de arara, cozido de tatu, assado de veado e de caititu [intermediário entre um javali e um ouriço], o conjunto regado com vinho de buriti, já viu melhor cardápio para um clube de exploradores?"[40]. Algumas fotos de Castro Faria ilustram esse breve interlúdio, embalado pelas histórias da noite, "histórias de caçadas e vinganças, de ataques à la *Macunaíma*"[41], que lhes prodigalizam os motoristas. O caminhão parado bloqueia o caminho. Dina faz anotações. Claude, que veste um capacete colonial, a observa, ar distante. Em 14 de junho, chegam a Parecis. A paisagem agora é a de um planalto arenoso salpicado de arbustos baixos, mas cortado profundamente por cursos d'água que vão para o norte abastecer os afluentes do Tapajós ou do Madeira, a bacia amazônica; toda a região é chamada de serra de Parecis ou serra do Norte; matas de galeria forram as margens dos rios que o caminhão atravessa, com grandes dificuldades – é preciso descarregar, depois recarregar. A presença de bancos de arenito muito duros explica magníficas cachoeiras, como a do rio Sacre, ou a grande catarata de Utiariti, no rio Papagaio, onde eles chegam em 16 de junho, após percorrerem cerca de quinhentos quilômetros. "Na outra margem já avistamos dois corpos nus: nambiquaras."[42]

Passado o momento de deslumbre (igualmente sentido e anotado por Castro Faria), os três etnógrafos põem-se ao trabalho. Estão ali cerca de vinte índios nambiquaras, atraídos pelo barulho da chegada de homens brancos e a perspectiva de presentes. Eles mantêm um contato bastante frequente com os guardas do posto telegráfico de Utiariti e os jesuítas de Juruena. Um desses jesuítas está presente por ocasião do primeiro encontro e oferece seus serviços, seu conhecimento e os rudimentos de linguagem nambiquara que pode colocar à sua disposição. Pois este é, de cara, o problema número um: ao contrário das tribos anteriormente visitadas, aquele grupo não oferece nenhum indígena falante de português, nenhum informante privilegiado, nenhum intermediário de qualquer tipo. Daí certa apreensão e até um desânimo inicial: "Infelizmente, o trabalho se anuncia de uma dificuldade extrema: nenhum intérprete possível, ignorância total do português, e língua de uma fonética que me parece, por ora, inabordável", escreve Lévi-Strauss a Mário de Andrade, no dia seguinte à sua chegada, misturando em suas frases observações mais animadoras relativas aos cantos nambiquaras, "de uma escrita quase europeia, e estrutura melódica bem 'quadrada', porém embutida em compassos 4/4, 5/4, fazem pensar em canções populares transcritas por um moderno"[43]. Quanto a Dina, observa os corpos das mulheres, nuas, como os homens, "seios bem pequenos, mas proeminentes e precocemente caídos em 'úbere de cabra'"; assiste à confecção dos bolinhos de mandioca, às técnicas de fiação e de fabricação de pingentes de orelhas: "Todos os dias, depois de tomar o café da manhã, vou me sentar entre os índios, passo ali quase o dia inteiro observando. É a única coisa possível por enquanto, diante da impossibilidade em que nos encontramos, sem um intérprete, de empreender um trabalho metódico". Alguns dias mais tarde: "Trabalhamos muito, mas sem grandes resultados, pois, em primeiro lugar, é difícil fazer as perguntas sem compreender a língua e, mais ainda, compreender as respostas". Castro Faria observa os índios retesarem seus arcos, fotografa muito; em 19 de junho, coloca a vitrola para tocar a fim de divertir os índios, dão-lhes folhas de papel de desenho, mas os nambiquaras não fazem nada... Nesse mesmo dia, Vellard junta-se a eles com o segundo caminhão, ao passo que os bois e burros que substituirão os caminhões, a partir de agora inúteis, só chegarão dali a quinze dias, em 9 de julho. Com seu olhar de médico, Vellard estuda as doenças oftalmológicas ligadas a uma abelha minúscula (*Melipona ducki*), conhecida como "lambe-olhos", que pousa nos olhos e propaga a doença[44]; nus e dormindo diretamente na terra, os nambiquaras cobrem os corpos com cinza durante a noite. Será esta a razão de inúmeras doenças de pele diagnosticadas por Vellard? Grande especialista na farmacopeia indígena, consegue aprender, não sem dificuldade, a receita do curare empregado pelos nambiquaras, célebres por seu talento de envenenadores. Em 30 de junho, Vellard testa seu curare num cachorro, que morre por asfixia. Operação bem-sucedida...

A oftalmia comum observada no início da estadia se transforma ao longo das semanas numa epidemia de oftalmia purulenta, que acomete primeiramente os índios, depois alguns muleiros e, por fim, Dina Lévi-Strauss, que, no começo, tenta se tratar com os meios disponíveis, mas é finalmente obrigada a abandonar a expedição em 22 de julho. Seu marido a acompanha até Cuiabá, de onde ela é evacuada para São Paulo, depois para Paris, seu estado exigindo cuidados contínuos. Ela se despede para sempre do Mato Grosso e do Brasil, ao mesmo tempo que da etnologia e do esposo, mas esta é outra história. Nesse ínterim, Castro Faria dirige-se a Juruena com o grupo de nambiquaras de Utiariti, onde Lévi-Strauss e Vellard, voltando de Cuiabá, os encontram em 1º de agosto. Ali, observam as práticas de trocas entre os índios, enquanto Castro Faria acaba igualmente acometido pela oftalmia e é tratado por Vellard. Claude Lévi-Strauss, único "sobrevivente" desse campo de ruínas, retira-se para Campos Novos, onde passa quinze dias na solidão, na companhia de dois bandos de nambiquaras, a princípio hostis a seu respeito e que, finalmente, o acompanham, fornecendo-lhe uma nova safra de observações; por fim, cerca de duas semanas em Vilhena (entre 4 e 18 de setembro) na companhia de outros grupos, o que encerra o ciclo nambiquara, cujo trabalho de campo durou algo em torno de três meses.

No começo, Claude Lévi-Strauss fica profundamente desestabilizado ante a pobreza que percebe. Os parcos atrativos estéticos da cultura nambiquara têm algo de patético e doloroso. Suas primeiras impressões são "perturbadoras", como explica a Marcel Mauss: "Essas pessoas que vagueiam em pequenos bandos, através de um cerrado arenoso, à cata de cobras, lagartos e morcegos, fazem-nos pensar facilmente na Austrália, mas elas afirmam ter, ao lado de aldeias informes, hortas bem cultivadas. Ao mesmo tempo, uma cultura material miserável, sem dúvida sem rival nesse sentido na América do Sul, e uma vida coletiva que parece extremamente maleável, em contraste com vigorosas proibições pessoais"[45]. Percebemos que a princípio ele não encontra nenhum ponto de contato, nem estético, nem litúrgico, nem sociológico: nem bela cerâmica, nem artesanato admirável; nem estojo peniano, nem cocares de plumas deslumbrantes; nem ritual complicado, nem leis sociais ou regras de parentesco sofisticadas. Ao contrário dos cadiuéus e dos bororos, os nambiquaras remetem o etnólogo ao desnudamento que lhes é próprio. Apesar de tudo, Lévi-Strauss está "intrigado", como diz a Mauss, ao concluir sua carta. Põe-se ao trabalho, e seus cadernos cobrem-se de fichamentos linguísticos e glossários, atestando sua vontade de domesticar ao máximo aquela língua que constitui obstáculo. Progressivamente, vivendo em meio àqueles homens e mulheres, é conquistado, segundo um roteiro de afeição cujas etapas é difícil restaurar, mas que transparece através de três poderosos filtros, os quais exprimem e exprimirão, ao longo de sua vida, o choque daquele trabalho de campo entre os nambiquaras: a infância da humanidade, o imaginário do encontro, a "ternura humana".

Ao contrário dos grupos bororo e cadiuéu, que ele qualifica de "sociedades eruditas", "os nambiquaras induzem o observador ao que ele consideraria de bom grado – porém erroneamente – uma infância da humanidade"[46]. Claude Lévi-Strauss transforma em positivo o negativo de uma cultura material e de uma sociedade reduzidas à sua mais simples expressão, para então partir em busca do elementar, da essência mesma da vida social. Estratégia profícua, que ele reivindicará a vida inteira, descartando sempre as questões sobre as nossas sociedades, complexas demais para esperar compreender o que quer que seja. As sociedades elementares – os nambiquaras constituindo seu paradigma – são modelos. Elas ganham em virtude heurística o que perdem em aura exótica. Para Lévi-Strauss, esse é um dos trunfos do americanismo das terras baixas, em oposição, por exemplo, aos estudos africanistas: "O material que eu mesmo e meus colegas encontrávamos na América do Sul era realmente de uma natureza diversa daquele encontrado por nossos colegas africanistas, isto é, sociedades relativamente desenvolvidas e com uma organização social muito complicada, já com formas de Estado, aparelhos jurídicos e policiais. Ao passo que as pequenas populações que encontrávamos na América do Sul nos colocavam na presença de um tipo de experiência sociológica completamente diferente. Em primeiro lugar, tínhamos que procurá-los muito longe, vencer o obstáculo da língua. Achávamo-nos um pouco na posição do astrônomo diante de um corpo muito distante e do qual ele percebe apenas certas propriedades, as mais essenciais. E depois, nessas sociedades minúsculas, alguns mecanismos [...], a aliança, as regras de casamento ou outras, aparecem em primeiro plano"[47].

Vetores apontados para o elementar, os nambiquaras satisfazem plenamente seu imaginário quanto ao encontro etnográfico inaugural, constantemente reativado pela leitura de seu catecismo pessoal, Jean de Léry. Ao contrário dos bororos, os nambiquaras foram muito pouco visitados pelos brancos. Segundo o depoimento de Tito – uma criança de cerca de 10 anos que fazia parte do grupo de Utiariti em 1938, encontrado pelo documentarista Marcelo Fortaleza Flores –, Claude Lévi-Strauss, que ele chama de "Massimo Lévi", era o segundo homem branco que seus pais tinham visto depois do marechal Rondon, vinte anos antes[48]. Entre os pressupostos teóricos de Lévi-Strauss, ver o que nenhum "civilizado" viu e sentir-se na posição dos primeiros europeus do Renascimento é uma figura recorrente. Vemos funcionar essa poderosa motivação intelectual por ocasião de um encontro posterior com os mondés. Estes "jamais tinham sido mencionados na literatura"[49], presságio de uma virgindade do olhar que faz o etnólogo fantasiar, sem por isso ignorar o "círculo intransponível"[50] que ele tão bem expôs: a ausência de intermediário, sinal de um grupo preservado, sela igualmente a impossibilidade de apreendê-lo. "Meu intuito era chegar à ponta extrema da selvageria; não estava saciado com aqueles graciosos indígenas que ninguém vira antes de mim, que ninguém mais, talvez, veria depois? Ao fim de um exaltante percurso, eu tinha meus selvagens. Ai de mim, eram selvagens demais! [...] Tão próximos de mim quanto uma imagem no espelho, eu podia tocá-los, mas compreendê-los, não."[51]

No fim, com o passar dos dias e noites vividos em sua companhia, Lévi-Strauss parece ter sido conquistado pela gentileza, a despreocupação, a abertura de espírito e o desejo de colaborar dos nambiquaras, aqueles mesmos que lhe haviam sido anunciados como ferozes e sanguinários. Dedica-se, como bom etnógrafo discípulo de Mauss, a captar a atmosfera erótica que impregna a vida nambiquara, os jogos amorosos públicos e audaciosos, o banho das crianças, o ambiente pueril que caracteriza a sociedade das adolescentes, a solicitude geral para com os animais, a doçura dos pais com os filhos, jamais punidos, toda uma tonalidade feliz da vida coletiva que salta, num registro noturno, desta passagem extraída de seus cadernos da época e fielmente reproduzida em *Tristes trópicos*: "Na escuridão do cerrado, as fogueiras do acampamento brilham. Em volta do fogo, única proteção contra o frio que desce por trás do frágil biombo de folhas de palmeira e galhos fincados apressadamente no chão do lado de onde se teme o vento ou a chuva; junto aos cestos cheios de míseros objetos que constituem uma imensa riqueza terrestre; deitados diretamente na terra que se estende ao redor, ocupada por outros grupos igualmente hostis e amedrontados, os esposos intimamente abraçados, percebem-se como sendo um para o outro o apoio, o reconforto, o único socorro contra as dificuldades cotidianas e a melancolia sonhadora que, de tempos em tempos, invade a alma nambiquara. O visitante que, pela primeira vez, acampa no mato com os índios sente-se tomado de angústia e piedade diante do espetáculo daquela humanidade tão profundamente desamparada, parecendo esmagada contra o solo de uma terra hostil por algum cataclismo; nua, tiritante, junto ao fogo vacilante. Ele circula às apalpadelas por entre as moitas, evitando esbarrar numa mão, num braço, num torso, cujos vibrantes reflexos vislumbram-se à luz das fogueiras. Mas sussurros e risadas dão vida a essa miséria. Os casais se enlaçam como que nostálgicos de uma unidade perdida; as carícias não se interrompem com a passagem do estranho. Pressentimos em todos uma imensa gentileza, uma profunda despreocupação, uma ingênua e encantadora satisfação animal e, reunindo esses sentimentos variados, algo como a expressão mais comovente e verídica da ternura humana"[52].

O etnógrafo trabalhando

Os cadernos de campo permitem que nos aproximemos bastante do que foi a experiência etnográfica junto aos nambiquaras, a meio caminho dessa expedição. Esses pequenos cadernos, alguns encadernados, outros avulsos, são o frágil vestígio do trabalho efetuado; a rigor, são os arquivos do etnógrafo, caixa-preta de sua interpretação posterior assim como memória de uma experiência estranha de coabitação[53].

Como Lévi-Strauss reconheceu várias vezes, seus cadernos são "pessimamente mantidos"[54], misturando despreocupadamente o diário de bordo e as informações, alinhando em dezenas de páginas listas de vocabulário, fichamentos linguísticos (às vezes separados), transcrições fonéticas e musicais (observa-se a importância das partituras, sinal de seu interesse pela etnomusicologia e seu saber musical), muitos desenhos, esquemas (mapa da aldeia, desenhos das mãos e do corpo nos jogos de barbante, desenhos de macacos: zogue-zogue, cuxiú, guariba, barrigudo), além de plantas, ângulos de cumeeiras, rostos com indicação da tatuagem, esquemas de trançagem de suportes para manter os bambus juntos, bibliografia e fichas de leitura – lê *Rondônia*, de Roquette-Pinto, na edição de 1935 –, inúmeros esquemas de parentesco e tabelas de dupla entrada, alguns dados antropométricos. Textos com regime de escrita bem diferentes coexistem: a descrição etnográfica do "parto da mulher de cócoras segurando, lateralmente, com ambas as mãos, um pau vertical. O cordão umbilical é cortado rente e cauterizado com uma brasa, depois com um emplastro de brasa quente"; a maneira de "fazer suas necessidades (*tarnikititta*): cavam um buraco na areia com as mãos, ficam de cócoras em cima, fazem o que tem de fazer, depois, com um pedaço de bambu, limpam-se segurando a haste por uma ponta e seguindo o ânus com a outra ponta, da frente para trás e de cima para baixo"; as considerações mais sociológicas sobre os seringueiros, isto é, coletores de borracha, seu uso do tempo, os volumes armazenados, o número de árvores derrubadas, as variações do preço do quilo da borracha; as anotações demográficas registram o inelutável desaparecimento da população indígena; os haicais de campo: "Cuiabá-Rosário. Uma vaca marrom e uma grande baba de cana verde-clara que lhe sai a boca/ O cheiro ácido do cerrado queimado/ Depois de Brotas, rochas vulcânicas"; os pequenos ou grandes dramas meteorológicos: "O trovão estrondeia, o céu escurece e vemos a chuva mascarar com uma barra vertical metade do horizonte. Virá?"; "Ao raiar do sol, ocorre uma preparação do dia. Toques de luz, nuvens fugazes; deslocamentos, retornos, erros e retoques. Tudo isso para no final conceber a fisionomia do que será o dia". Mas também encontramos nesses cadernos "Apontamentos para um romance jamais escrito", em que vemos um homem, Platão, e uma mulher, Odila, presos nos impasses da Paris dos anos 1920, que se instrumentalizam mutuamente num cenário da América do Sul. Esse amálgama entre um ambiente conradiano e o Nizan de *A conspiração* é uma espécie de transbordamento em que se misturam os últimos anos vividos (a política, o socialismo, o fascismo), a expedição em curso, os medos históricos (a guerra), a ação política (no modo do complô e do tráfico de armas), a sensualidade e o esbanjamento, outros possíveis com que sonha Lévi-Strauss em suas horas solitárias. Esses cadernos, em que não obstante prevalecem os esquemas de parentesco, as anotações linguísticas e as imagens, são objetos de dimensões variadas, bonitos por si sós, variegados e barrocos, cadernos de pintor e fichas eruditas ao mesmo tempo, nos quais se exprime a imaginação científica de Claude Lévi-Strauss. Com eles, seria possível etnografar o etnógrafo em ação.

Mostram também que aquela expedição é um verdadeiro trabalho de campo etnográfico e não um passeio filosófico, como às vezes se insinuou a respeito da atividade de um etnólogo que seria mais especulativo do que empírico, como se uma coisa impedisse a outra. Se a exaustividade não está no programa, ficamos impressionados, em contrapartida, com a perspicácia da observação de Lévi-Strauss, a precisão meticulosa tanto dos termos técnicos como das formas, a atenção ao real em todo o seu desdobramento: os aspectos materiais, simbólicos, a atmosfera, os sonhos, rastreados com o faro de um entomologista. Esse trabalho de campo é documentado por inúmeras imagens, fotografias tiradas tanto por Claude Lévi-Strauss (com sua Leica e sua câmera 6 X 6 Voigtlander Superb) como por Luiz de Castro Faria (com sua Contaflex). Insistiu-se muito no contraste espantoso entre esses dois *corpus* fotográficos, um (o de Lévi-Strauss) muito artístico, centrado na população índia captada em planos fechados, na beleza às vezes dolorosa da simples presença no mundo e imortalizada em *Tristes trópicos*; o outro (o de Castro Faria) registra os segundos planos, as interações entre os índios e os pesquisadores, o conjunto da equipe e a logística de transporte. As fotografias de Castro Faria são mais reflexivas no sentido de que documentam tanto a prática etnográfica como os "etnografados". O que vemos nelas? "Percebemos que algumas cenas que, nas fotografias de *Tristes trópicos*, parecem se desenrolar no meio do cerrado na realidade se passam a poucos metros de um posto telegráfico"[55]. Já apontamos a importância dos mediadores nesse tipo de expedição itinerante – aqui, os missionários, os funcionários da linha telegráfica, os índios aculturados. Sua presença na primeira parte da expedição garante um relativo sucesso. Sua ausência, na segunda parte, explica, quando não o fracasso, pelo menos o impasse, como entre os mondés, que Lévi-Strauss não compreende, ou, mais tarde, entre os tupis-cavaíbas, onde sua estada é abreviada por um acidente. O verdadeiro trabalho etnográfico brasileiro de Claude Lévi-Strauss é feito numa zona de contato bastante estreita entre os índios e os diferentes "outros" que eles podem encontrar. Como observa Benoît de L'Estoile, a expedição do Mato Grosso não se beneficia da proteção do poder colonial, ao contrário das empreendidas na África na época; pior, deve enfrentar um Estado com pretensões patrimoniais escrupulosas e suscetíveis. Condições, portanto, extremamente difíceis.

O trabalho de campo é vivido como uma prova de fogo, não só como ritual de iniciação ao qual se submetem os etnógrafos em potencial, mas também como preço a pagar por serem arrancados de seu mundo. E a conta chega sob quatro grandes formas: a doença, a depressão, o tédio e o perigo. Dina anota, ao chegar a Utiariti, que Claude Lévi-Strauss tem um "eczema na virilha, com pus". Um indício entre outros da dureza do trabalho de campo, que, nesse plano, é realmente um substituto da guerra; após a epidemia de oftalmia purulenta, todos os membros da expedição, uns depois dos outros, são contaminados, salvo Lévi-Strauss, sem dúvida protegido pelo uso dos óculos. É uma hecatombe. Dina, gravemente afetada, está semicega quando abandona a luta. Os cuidados físicos são elementares, como a alimentação, que, apesar de uma preparação meticulosa, às vezes falta, constituindo, como anota Vellard, um pano de fundo obsessivo. Falta de comida e falta de sono torturantes. Mas o pior jaz nos tempos vazios, nos atrasos, nas morosidades, nas recusas que implicam, de ambos os lados, uma relação diferente com o tempo. A impaciência de que dá mostras Claude Lévi-Strauss em diversas oportunidades não passa de um sintoma psicológico; ela é a face amarga da medalha da aventura. Quanto tempo perdido!, suspira volta e meia o etnógrafo. O que fazer quando não há nada a fazer? "Esperamos, zanzamos, giramos em círculo; relemos anotações antigas, passamos a limpo, interpretamos; ou, ainda, nos impomos uma tarefa minuciosa e vã, verdadeira caricatura da profissão, como medir a distância entre as fogueiras, ou recensear uma por uma as ramadas que serviram para a construção dos abrigos abandonados. Acima de tudo, nos interrogamos: o que viemos fazer aqui? Com que esperança? Com

Desenho de Lévi-Strauss após o acidente com Emídio, relatado em *Tristes trópicos*: "Passamos o desjejum a contemplar Vellard extraindo lascas de osso da mão de Emídio e reconstituindo-a simultaneamente. Esse espetáculo tinha algo de repulsivo e fascinante; na minha mente, combinava-se com o da floresta, repleta de formas e ameaças. Comecei a desenhar, tomando minha mão esquerda como modelo, paisagens feitas de mãos emergindo de corpos contorcidos e emaranhados como cipós...".

que finalidade? O que é ao certo uma pesquisa etnográfica?"[56] É então que vem a onda depressiva, como a que viveu Lévi-Strauss por ocasião de sua estada solitária em Campos Novos, entre 15 e 30 de agosto de 1938. A ociosidade forçada faz aflorar a lembrança do que foi abandonado e a comparação é sempre desfavorável: "Eu havia deixado a França já fazia cinco anos, abandonara minha carreira universitária; durante esse tempo, meus colegas mais sensatos subiam degraus; os que, como eu antigamente, se haviam inclinado para a política eram hoje deputados, logo ministros. Enquanto eu corria os desertos à cata de refugos de humanidade"[57]. Comparação desfavorável e, na realidade, mentirosa, pois Lévi-Strauss, como vimos, não "abandonou" em absoluto a carreira universitária, uma vez que sua vinda ao Brasil permitiu-lhe ingressar nela diretamente e seu trabalho de campo é uma porta aberta para sua tese de doutorado, que vai lhe assegurar uma rápida inserção no ensino superior francês numa época em que outros colegas vegetam em liceus de província. Mas o sentimento de abandono é tão forte nesse instante que varre tudo em sua passagem. É também o momento em que, num misto de raiva e angústia, Lévi-Strauss escreve uma peça, *A apoteose de Augusto*, espécie de espelho de sua experiência no momento[58]. No entanto, esse interregno não é tão somente negativo, permitindo considerar toda a plenitude da experiência etnográfica e do deslocamento que ela opera. Desse ponto de vista, é igualmente um perigoso momento de verdade. Alguns – pensemos em Buell Quain, mas não exclusivamente – não se recuperam, e a profissão é fértil em suicídios.

O risco moral evidente, sobretudo quando se está sozinho, convive no trabalho de campo com um perigo imediato, inclusive, como entre os nambiquaras, quando os indígenas parecem receptivos ao etnógrafo. Lévi-Strauss conta um episódio que ilustra não só a reversão sempre possível de um clima pacífico, como principalmente a rapidez, a imprevisibilidade e, em suma, a fatalidade que pode subitamente pôr em risco a própria vida daquele que se tornou um intruso. Tendo levado em sua bagagem grandes balões multicoloridos, do tipo que soltam em São Paulo nos festejos de São João, ocorreu-lhe a ideia de oferecer esse espetáculo aos índios: "Um primeiro balão que pegou fogo no solo suscitou uma grande hilaridade, como se o público tivesse uma noção qualquer do que deveria ter acontecido. Ao contrário, o segundo foi um sucesso: subiu rapidamente, tão alto que sua chama se confundiu com as estrelas, passeou demoradamente sobre nossas cabeças e desapareceu. Mas a alegria do início deu lugar a outros sentimentos"[59]. Ao clima de alegria infantil sucede uma hostilidade manifesta dos homens, enquanto as mulheres estão aterradas. Esse incidente poderia ter acabado muito mal. Como vemos, o trabalho de campo não se resume a uma coleta de dados, é igualmente ação, experimentação, criação de situações que visam suscitar reações que se esperam instrutivas, às vezes sem que se calcule direito seus efeitos secundários. Por exemplo, Claude Lévi-Strauss participa da iniciativa de uma reunião tradicional entre diferentes grupos nambiquaras, organizada para ele pelo chefe do grupo de Utiariti. Nela, espera observar as práticas de trocas e negociação no seio de uma sociedade mais vasta. É nesse espírito que, após dois dias de viagem a partir de Juruena, se encontra na presença de aproximadamente 75 nambiquaras[60]. Previamente, observara que os índios nambiquaras, quando ele lhes dava papel e lápis, traçavam linhas sinuosas imitando o gesto de escrever. Naquela noite, no momento de distribuir os presentes, o chefe tira do seu cesto um papel com "linhas tortas" traçadas de próprio punho e finge lê-las, antes de entregar a cada um o que lhe é devido. Estupor do etnólogo diante dessa encenação inesperada, que lhe inspira algumas profundas reflexões sobre as funções propriamente políticas da escrita, instrumento de dominação, antes mesmo de ser memória artificial ou instrumento de conhecimento, e uma conclusão iconoclasta: "É preciso admitir que a função primária da comunicação escrita é facilitar a servidão"[61].

Terminemos a revista dessas coerções e dispositivos do trabalho de campo, que fazem dele uma prova necessária que o etnógrafo impõe a si mesmo, com uma observação que, embora mais alegre, nem por isso é menos problemática, constituindo um verdadeiro tabu profissional. Lévi-Strauss evoca a atmosfera erótica que permeia a sociedade nambiquara, cujos membros, homens e mulheres, andam completamente nus; descreve os jogos amorosos, que lhe parecem "menos de ordem física do que lúdica e sentimental" – nunca registrou um início de ereção – e reflete, como etnólogo, sobre as fronteiras sociais do pudor e o deslocamento das normas que essas sociedades propõem. Não obstante, ele exprime claramente seu embaraço: "Por exemplo, é difícil permanecer indiferente ao espetáculo oferecido por uma ou duas belas meninas, prostradas na areia, nuas como minhocas e se contorcendo e rindo da mesma forma aos meus pés. Quando eu ia ao rio para tomar banho, ficava frequentemente constrangido diante do ataque que me infligiam meia dúzia de pessoas – jovens ou velhas – unicamente preocupadas em arrancar meu sabonete, pelo qual eram loucas"[62]. Portanto, o corpo do etnólogo é fustigado de outra maneira que não pela doença, a fome e a sede. Até onde cumpre ser iniciado? As relações sexuais entre etnólogos e indígenas devem ser proscritas? Curt Nimuendaju tem filhos com uma mulher índia. É um caso singular. Em *A África fantasma*, Michel Leiris conta ter se apaixonado, na Etiópia, por Emawayisch, filha de uma possuída que ele estava inquirindo[63]. Para Lévi-Strauss, essa passagem de *Tristes trópicos* indica simplesmente uma liberdade de apreciação de problemas que ele viveu, sem sequer pretender resolvê-los. Avesso da relação etnológica, o etnólogo é por sua vez instrumentalizado como companheiro de jogos pelas adolescentes nambiquaras. Questão de distância adotada e reciprocidade, que abala os códigos eróticos e morais veiculados pelo europeu. Diferentemente de Lévi-Strauss, Vellard se mostra bastante perturbado por esses ataques cotidianos, o que parece suscitar a irritação de Lévi-Strauss. Este, confiando-se aos seus cadernos, vilipendia em seu companheiro os danos de uma educação católica sobre o desenvolvimento da sensualidade e a harmonia no casal[64]. Nesse sentido, mostra-se um perito nas coisas do amor e um espírito livre, em contraste com o ar protestante de suas maneiras.

Fim de percurso. Rumo ao mundo amazônico

Após Vilhena, tem início a segunda fase da expedição, ainda mais incerta, cujo itinerário não está totalmente definido e que se vê ameaçada pela estação das chuvas. O começo destas últimas torna inimaginável uma meia-volta. A partir de Pimenta Bueno, a expedição restringe-se aos três cientistas – Lévi-Strauss, agora na companhia de Lucinda, a macaquinha que ganhou de presente dos nambiquaras, que se agarra à sua bota; Castro Faria e Vellard – e progride basicamente por via fluvial. A tropa de burros e bois, ao menos os que sobreviveram, dá marcha a ré e volta a Utiariti, tangida por Fulgêncio. A paisagem transforma-se paulatinamente; a Amazônia se anuncia a cada dia no caminho para o norte. Em Três Buritis, as cabanas já são construídas sobre palafitas. Os homens se abastecem mais facilmente do que no planalto – arroz, abacaxi, milho, mandioca –, enquanto a fauna e a flora mudam e proporcionam uma caça abundante ao longo dos rios: porcos-do-mato, veados, antas, araras, papagaios...[65]. Chegam a Pimenta Bueno em 1° de outubro, após viajarem parte do mês de setembro. Lévi-Strauss pretende encontrar índios para "delimitar a extensão dos nambiquaras desse lado e, se possível, estudar os tupis do Ji. Sequer conseguimos saber se este último grupo ainda existia"[66].

Isso se revela possível graças a seis índios tupis que trabalham para a linha telegráfica. Durante a última parte da expedição, Lévi-Strauss estará em contato com dois grupos diferentes. O primeiro grupo é contatado após cinco dias de viagem, subindo o rio Pimenta Bueno; o barulho dos remos orquestra a viagem; convém prestar atenção para não tocar nos galhos da margem ao usar os remos, caso contrário arriscam-se a mordidas de formigas. Os viajantes permanecem seis dias, de 9 a 15 de outubro, entre os mondés, que nunca tinham visto homens brancos. Esses índios são totalmente depilados, têm suas franjas queimadas na horizontal com a ajuda de tições e dispensam grandes cuidados aos seus corpos. Falam uma língua desconhecida, que, na ausência de intermediário, torna a comunicação quase impossível num tempo tão curto. Um beco sem saída, portanto. Retorno a Pimenta Bueno. Enquanto Vellard, vítima de uma crise de malária, segue na frente para Urupá, Lévi-Strauss e Castro Faria, acompanhados de cinco homens, descem o rio Machado e, em 27 de outubro, chegam aos tupis, que os recebem afavelmente; estavam deixando sua aldeia, mas, pressionados amistosamente pela missão etnológica, dão meia-volta. No dia seguinte, um homem da tropa, Emídio, fere-se acidentalmente na mão com sua espingarda, perdendo vários dedos. Castro Faria o acompanha até Urupá, onde Vellard poderá cuidar dele, enquanto Lévi-Strauss passa alguns dias com os tupis. É um grupinho de vinte indivíduos, unidos pelo sistema poligâmico, um ritual elaborado, uma sociedade misteriosa, da qual Lévi-Strauss tenta arrancar os últimos segredos. Ele nota que esses índios, ao contrário dos nambiquaras, detestam o fumo. A temporada termina com duas noites de possessão do chefe, que representa uma espécie de opereta, "A farsa do Japim" – fielmente transcrita por Lévi-Strauss em seus cadernos –, em que encarna diversos personagens. "No fim da segunda sessão, Taperahi [o chefe], sempre cantando, levantou-se bruscamente de sua rede e pôs-se a circular de maneira incoerente pedindo cauim[67]; fora 'agarrado pelo espírito'; de repente, empunhou uma faca e se precipitou sobre Kunhatsin, sua mulher principal, que com grande dificuldade conseguiu escapar dele, fugindo para a floresta, enquanto os outros homens o dominavam e obrigavam a voltar para sua rede, onde ele dormiu imediatamente"[68]. A pesquisa etnográfica de Lévi-Strauss termina então num registro tragicômico com esse final homicida, que encerra a missão propriamente dita[69].

Todo mundo se reúne em Urupá, no rio Machado, à espera de uma balsa a motor (cuja data de passagem eles ignoram); quinze dias de fastio, pescando e visitando os arredores, o tempo de se familiarizar com o universo patético dos diferentes exploradores da borracha, seringueiros mais ou menos arruinados pela queda dos preços mundiais. O cansaço é geral, a malária campeia. Vellard discute com Castro Faria, exteriorizando todos os conflitos desses meses passados juntos, num último duelo verbal, que, todavia, é esquecido quando o barco chega finalmente em 27 de novembro[70]. A descida do rio não enfrenta outro problema senão o fraco volume de água após a estação seca. Uma belíssima paisagem onde se descortinam inúmeras pequenas ilhas. Castro Faria, que durante toda a expedição chamou Lévi-Strauss de "professor Lévi", aventurou-se finalmente a tratá-lo de "Claude"[71]. De tempos em tempos, veem alguns índios empregados nas lavouras. A cada etapa dessa expedição, Lévi-Strauss observa com melancolia que restam muito poucos, ao passo que vinte anos atrás ainda eram numerosos, daí o sentimento, partilhado pelos colegas, de encontrar os últimos, o que confere um tom crepuscular ao fim da expedição. Últimos índios, mas também últimas figuras de um mundo amazônico em pleno desmanche, em que heróis e pioneiros deram lugar a "personagens dignos de pena"[72], "nutridos por excentricidade e desespero"[73], de uma pobreza que não tem muita coisa a invejar à dos índios.

Em Calama, onde o Machado deságua no Madeira, eles trocam a balsa por um pequeno vapor, o *Cannamary*, rebatizado *Vaticano* em razão de seu conforto; alguns dias mais tarde, em 7 de dezembro, chegam a Porto Velho, com sua população de cerca de 4 mil habitantes e seu *english touch* devido à construção britânica da estrada de ferro que transformou o porto amazônico em *dominion* inglês, com *cottage* e *tea time*. Em 11 de dezembro, Vellard e Lévi-Strauss pegam um barco da Companhia Amazônica que os leva à fronteira boliviana, de onde tomarão o avião para Cuiabá. Quanto a Castro Faria, retorna ao Rio de barco pelo anel amazônico, Manaus e Belém. De volta a Cuiabá nove meses após sua primeira ida, Lévi-Strauss retorna à nação nambiquara, onde reencontra o caminhão que transporta as coleções etnográficas para São Paulo, esperando a divisão franco-brasileira. Tendo partido de São Paulo em maio de 1938, Lévi-Strauss está de volta em 12 de janeiro de 1939.

"UM FILÓSOFO ENTRE OS ÍNDIOS?"

Detenhamo-nos por um instante nesse "trabalho de campo" brasileiro, recém-terminado – objeto, *a posteriori*, de constantes depreciações, às vezes da lavra de seu próprio autor, demasiado inclinado a se definir como um cientista "de gabinete". A publicação em 2001 de *Um outro olhar*, diário mantido por Luiz de Castro Faria durante a segunda expedição, relançou uma polêmica lancinante que ilustra, entre outros sinais, a recepção ambivalente da obra de Lévi-Strauss no Brasil.

"O outro olhar" de Castro Faria

Já em 1988, Castro Faria se abrira com Mathieu Lindon no *Libération*, por ocasião dos 80 anos de Claude Lévi-Strauss; a intenção do jornal era revisitar aquele trabalho de campo brasileiro: "Essa expedição foi o preço que Claude Lévi-Strauss pagou para ser reconhecido como verdadeiro etnólogo. Mas, como dizem, ele não tinha o '*physique du rôle*'. Tinha dificuldades para se comunicar e aborrecia-o estar tão longe da civilização, de seu conforto. Ele era introspectivo e silencioso. Não tinha nenhuma relação mais profunda com Vellard ou comigo. Era o individualismo absoluto; cada um fazia seus apontamentos. Vellard não sabia nada do que Lévi-Strauss anotava, e a recíproca era verdadeira. Para um brasileiro, era uma experiência um pouco diferente. Na realidade, a expedição consistiu mais em viajar do que em trabalhar em campo: houve meses e meses de preparação para relações brevíssimas com os indígenas [...]. Para Lévi-Strauss, era difícil aceitar condições de vida tão desconfortáveis. Montar tudo, desmontar tudo o tempo todo, ele estava cheio. Era realmente um 'filósofo entre os índios'"[74]. Castro Faria acrescenta: "Os resultados teriam sido bem diferentes se Dina tivesse permanecido conosco", subentendendo que "Dina era uma 'verdadeira' etnóloga, ao contrário do marido, nunca muito à vontade em campo"[75]. Descartar Claude para promover Dina é, ainda hoje, uma atitude compartilhada por alguns brasileiros na discussão sobre a condição do trabalho de campo em Lévi-Strauss. Castro Faria parece ter se impressionado com Dina, simpática e amistosa com ele, ao passo que Claude lhe manifestava frieza. Em contrapartida, o interesse etnológico de Dina Lévi-Strauss não sobreviveu à volta para a França e à separação do marido. Mais tarde, numa entrevista filmada, ela afirma nunca ter tido vocação e ter se contentado em acompanhar seu esposo[76]; lembra-se de que o trabalho de campo era duro fisicamente e de que penou para suportá-lo, finalmente sucumbindo muito rápido no curso da segunda expedição. A continuação de sua carreira confirma essa visão das coisas: Dina, reconvertida em Dina Dreyfus, torna-se, após 1945, professora de *khâgne*, depois inspetora geral de filosofia, entregue às atividades pedagógicas mais audaciosas, como uma série de programas para a televisão escolar dos anos 1960, nos quais os "mestres" (todo o planeta filosófico está presente: Georges Canguilhem, Raymond Aron, Michel Foucault, Jean Hyppolite, Paul Ricœur; mas também Pierre Bourdieu, Jean-Claude Passeron, ou Jean-Pierre Vernant e Michel Serres) prestam-se ao jogo de um diálogo com vários interlocutores ou a um debate, muitas vezes entrevistados pelo jovem Alain Badiou. Ao longo dos anos, Dina Dreyfus tornou-se uma personagem da instituição filosófica não por sua produção intelectual, e sim por sua paixão pedagógica e pela "força ao mesmo tempo luminosa e quase violenta que imprime ao engajamento filosófico"[77].

Em 2001, Castro Faria volta à carga e decreta: "A Missão Serra Norte foi um fracasso total"[78]. Na realidade, a publicação de seu diário, recheado de numerosos documentos, dos telegramas que ele envia a Heloísa Alberto Torres e, principalmente, de fotografias fazem desse livro um testemunho muito mais interessante do que essa única, e muito discutível, asserção. Ao fornecer a cronologia detalhada da expedição, bem como de sua trajetória geográfica, descrevendo sua logística, centrando o olhar sobre os atores, todo um rico contexto ressurge em sua complexidade. Nele, vemos especialmente como dois homens podem compartilhar uma experiência a partir de premissas completamente distintas: enquanto Lévi-Strauss aborda os mundos indígenas com Jean de Léry na cabeça, Castro Faria tem preocupações típicas da etnografia de seu país: lê Roquette-Pinto e o grande escritor Euclides da Cunha, numa lógica de construção do Brasil moderno pela redescoberta do Brasil profundo (o sertão). A esse uso nacional e histórico da antropologia, Lévi-Strauss opõe uma busca redentora de sociedades primitivas e ameaçadas de extinção, das quais espera preservar parte das línguas e dos objetos[79].

Recuperar o campo perdido

Indo de encontro à vulgata anterior, alguns etnólogos franceses ou brasileiros procuram repensar a questão do trabalho de campo em Lévi-Strauss. Com efeito, embora tenha sido, num certo sentido, curto, com apenas seis meses efetivos, de julho a dezembro de 1938, e embora não tenha fornecido, como previa Lévi-Strauss, a base documental de sua tese (mas somente de sua tese complementar), o trabalho de campo brasileiro foi decisivo sob diversos aspectos, ainda que tenha permanecido um pouco evanescente até a publicação, em 1955, de *Tristes trópicos*.

Na realidade, Lévi-Strauss foi mais homem de campo do que ele próprio julgava. Já apontamos seu forte tropismo empírico, seu senso agudo tanto do detalhe como do plano aberto, sua atenção sensível ao que o cerca, o poderoso apelo do real que representa para ele toda a experiência brasileira. Nimuendaju, a própria face da erudição empírica, julgou-o como tal[80]. Mas o foi segundo os cânones da época e, sem dúvida, segundo suas próprias inclinações. O modo de expedição escolhido, essa grande máquina científica com seus bois, burros e a imagética da exploração que ela veicula, pertence ao horizonte da época e, ao mesmo tempo, bem no momento em que se põe em marcha, representa, como vimos, um modelo científico em vias de ser superado pelo modelo de imersão malinowskiano. Um dos mal-entendidos principais vem desse descompasso: Lévi-Strauss é criticado por não ter vivido meses, sozinho, na companhia dos índios, e ter-lhes consagrado apenas algumas semanas, ou mesmo dias. Mais tarde, ele explicará que esse lado "ciência do século XIX", um pouco retrô, agradava-lhe infinitamente, mesmo que fosse possível imaginá-lo mais à vontade como navegador solitário e de longo curso. Embora pareça a Castro

Faria um "filósofo entre os índios", constantemente nas nuvens, na verdade ele não se mostra especialmente movido por motivações teóricas fulgurantes em seus anos brasileiros. As questões que ele se coloca encaixam-se bastante classicamente num questionário de época, em torno das modalidades e etapas da implantação humana no continente, a partir de enigmas que o estimulam particularmente: por exemplo, o contraste observado nos bororos ou cadiuéus entre uma cultura material rudimentar e uma organização social e ritual sofisticada, essa "anomalia jê" em torno da qual circula igualmente Nimuendaju. O artigo que ele produz em 1936 "não antecipa em nada as ousadias especulativas que, nos anos 1950, marcam a reflexão de Lévi-Strauss sobre as populações do Brasil central"[81]. Entre os dois, o estruturalismo reconfigurou o conjunto de suas problemáticas. Da mesma forma, os métodos de trabalho e o "misticismo do objeto" herdados de Mauss não são questionados pelo jovem etnólogo, muito ocupado, como vimos, com a coleta em detrimento do estudo dos fatos imateriais – o que lhe censura implicitamente Castro Faria. Com efeito, Lévi-Strauss permanece no quadro epistemológico traçado pelo Museu do Homem: "Quando eu preparava minhas missões principais no Brasil, o Museu do Homem estava em gestação e Mauss lhe instilara um verdadeiro misticismo do objeto. Não sem razão, ele achava que o menor objeto, se soubéssemos lê-lo convenientemente, refletia como um microcosmo toda a economia material e moral de uma sociedade. Em campo, intimidado por essas normas, dediquei à coleta, ao estudo e à descrição dos objetos e de suas técnicas de fabricação um tempo que hoje lamento ter subtraído às crenças e instituições"[82].

Inútil, portanto, como observa maliciosamente Eduardo Viveiros de Castro, opor o "bom" Nimuendaju [ou o bom Castro Faria] próximo dos índios, empírico, e o "mau" Lévi-Strauss, teórico, distante do concreto e do vivido, fraco trabalhador de campo, sempre de olho nas glórias acadêmicas[83].

A brevidade da permanência em cada etapa é o preço a pagar por uma maior diversidade dos grupos visitados. Aí reside outra riqueza desse tipo de trabalho de campo. Nos nambiquaras, ele dirá mais tarde, o "trabalho de campo [é] levado ao seu limite negativo. Era preciso tentar fazer alguma coisa com pouco material"[84], situação diferente da profusão etnológica dos bororos; daí um "leque"[85] muito rico não só das práticas indígenas como das posturas, protocolos e paradigmas da pesquisa etnológica, que "deve constantemente adaptar seus ângulos de visão, as questões que ela se coloca, ao tipo de realidade particular e insubstituível que ela encontra"[86]. Trata-se, no caso, de uma vantagem de natureza epistemológica, que permite uma apreensão mais correta do "trabalho de campo" dos outros[87].

Por fim, essa especialidade criada pelo trabalho de campo de Lévi-Strauss, a etnologia das terras baixas americanas, se não lhe forneceu material para uma tese fundamentada exclusivamente sobre esse *corpus* construindo uma competência regional, influenciou seu desenvolvimento intelectual de outra maneira, mais sinuosa e essencial. Segundo Anne-Christine Taylor, o encontro com o campo "indianizou o imaginário científico"[88] de Lévi-Strauss, fornecendo as "bases" intelectuais e sensíveis do estruturalismo vindouro, através das características desvendadas por Lévi-Strauss nos índios que ele estuda: a abertura para o outro, o primado da relação sobre a substância, o valor atribuído à afinidade etc. Em outras palavras, se Lévi-Strauss não é estruturalista no Brasil, não se teria tornado um sem os índios do Brasil. Tivesse sido africano, seu trabalho de campo não lhe teria permitido desenvolver as hipóteses teóricas que o caracterizarão poucos anos mais tarde. Essa apreciação é outra maneira de reavaliar o lugar do trabalho de campo na vida e obra de Claude Lévi-Strauss.

Primavera de 1939. "Uma subida do fundo dos tempos"[89]

O retorno "à civilização", a São Paulo, depois à Europa, é vivido por Lévi-Strauss como um retorno ao presente. E o presente, naquela primavera de 1939, é a guerra que desponta, os anos escuros anunciados por alguns episódios policiais marcando um começo doloroso, uma série de separações, uma atmosfera melancólica. De volta a São Paulo, sozinho no hotel Esplanada, onde se hospeda até sua partida, em 8 de março, Claude Lévi-Strauss deve ter especulado sobre aquela longa peregrinação alucinante como um vasto parêntese que o faz reintegrar um mundo descontrolado. Teria sonhado? Claro que não, os baús e o material etnográfico coletado provam que alguma coisa aconteceu.

"Três baús, seis caixas e um embrulho de pano"

Mais uma vez, o procedimento de partilha se impõe ao etnólogo, com seu cortejo de mal-entendidos, dissabores e postergações[90]. Dois dias depois de sua chegada à capital paulista, em 14 de janeiro, ele escreve a Heloísa Alberto Torres para agradecê-la por ter transmitido regularmente notícias à sua mulher graças aos telegramas de Castro Faria. Lamenta não ter podido levar consigo as "máquinas de gravação do museu. Em poucas horas, belos documentos poderiam ter sido coletados...". Contudo, globalmente, volta "encantado" com a viagem, ele diz, com "uma bela documentação científica", da qual em breve enviará um inventário detalhado[91]. Apesar do tom afável dos interlocutores, a suspeição é a regra, em especial da parte do Conselho de Fiscalização, cujo responsável envia, em 23 de janeiro, uma missiva destinada ao inspetor da alfândega de Santos: "Dado que há um material de grande valor, chamo sua atenção e lhe peço que mostre todo o zelo necessário, a fim de que nossa parte do material, de direito, não deixe o território nacional pelo porto e junte-se às coleções patrimoniais"[92]. Pouco depois, Claude Lévi-Strauss propõe um plano de divisão em partes iguais: 760 itens para o Brasil, 745 para a França, as 15 peças extras da parte brasileira representando peças únicas que, por conseguinte, devem permanecer no país. Os 1.505 itens são classificados num "registro" com dupla entrada franco-brasileira, em função dos locais onde foram coletados[93]. Os objetos do lote brasileiro devem agregar-se às coleções do Museu Nacional ao lado das de Roquette-Pinto, o que nunca ocorrerá: como vimos, permanecerão em São Paulo, primeiro no Departamento de Cultura, depois em diferentes instituições, até desaparecerem completamente durante mais de cinquenta anos. Do lado francês, o certificado de exportação é expedido em 2 de março, mas surge um problema com as coleções de Vellard, que não foi tão escrupuloso quanto Lévi-Strauss e, não tendo entregue inventário detalhado, vê-se privado de seus itens zoológicos. As coleções etnográficas reunidas por Lévi-Strauss são destinadas ao Museu do Homem; o conjunto contém "três baús, seis caixas e um embrulho de pano", como ele escreve a Heloísa Alberto Torres, em 1º de março de 1939, fazendo suas despedidas, sem esquecer de "transmitir [sua] amistosa saudação a Castro Faria". Um último imbróglio a respeito do porto de partida das coleções, na realidade Santos em vez do Rio, provoca "suores frios"; depois, em 8 de março de 1939, acontece finalmente a partida, com escala no Rio, onde Lévi-Strauss ainda espera encontrar-se mais uma vez com Mário de Andrade, mais ou menos exilado na capital carioca, jogado no ostracismo e naufragando pouco a pouco no alcoolismo e na depressão.

"Voltaremos todos ao normal?"

Em Paris, Dina, em tratamento oftalmológico, recupera-se aos poucos, sempre atenta às notícias do Brasil. Entregue a si mesma e a uma forma de deriva existencial, é uma interlocutora para o seu amigo brasileiro, Mário, que ela tenta consolar, antes de lhe confessar as próprias desilusões: "Você pode facilmente imaginar meu desespero por ter abandonado meu marido e a missão. Se for apenas uma prova, eu a aceitarei como tal. Também estou um pouco deprimida moralmente, mas sem dúvida isso passará. Voltaremos todos ao normal?". A partir de 1º de outubro de 1938, é nomeada professora de filosofia no liceu feminino de Besançon, mas parece que seu estado de saúde não lhe permite assumir o posto. Nessa data, mora em Paris, rua des Plantes, 26, e leva, como diz a Mário, uma "vida ociosa e inútil", reencontrando "todo tipo de sentimentos e sensações de 'juventude'". Tem então 27 anos. Mistura dos tempos: "Deixei o Brasil há dois meses ou dez anos?". Sente-se velha e "amargamente isolada", "mesmo sem levar em conta o plano sentimental". Longas cartas se sucedem. Nelas exprime-se uma personalidade inquieta, às voltas com todo tipo de interrogações, mas também ardente, aspirando a exercer o mais plenamente possível o ofício de viver:

"O universo inteiro me causa o efeito de um sistema de chaves. Há boas e melhores. Más e piores. A religião é seguramente uma das melhores, na forma de uma revelação, um pouco arranjada e revista. O pensamento político e social correto é outra boa, excelente chave. Infelizmente, está um pouco enferrujada nestes últimos tempos e não roda bem na fechadura. A etnografia também é uma chave. Boa, um pouco fina apenas. Ou melhor, ela abre apenas uma pequena fechadura, e, mesmo assim, quantos esforços para abri-la". Fuma escutando discos, lê muito, sai muito, entrega-se à vaidade, vê gente. Curiosamente, em sua vertigem, lembra uma personagem existencialista *à la* Simone de Beauvoir[94].

Uma atmosfera de desastre preside à partida, atrasada, de Claude Lévi-Strauss desse Brasil a cujo respeito ele dirá mais tarde, como Braudel, que foi "a experiência decisiva" de sua vida, mas com o qual, até o fim, cultiva relações ambíguas. Um mês antes dessa partida, em fevereiro de 1939, encontra-se com Alfred Métraux, de passagem rumo à Argentina. Vê-o pela primeira vez em Santos, para onde viajou a fim de encontrá-lo no cais; durante um dia inteiro, deambulam pelo porto, observam o carregamento e o descarregamento dos cargueiros antes de excursionarem às praias desertas do litoral, "mas que eram, para nós, ainda frequentadas pela sombra daqueles índios junto aos quais viveram Jean de Léry e Hans Staden e dos quais Métraux foi o inesquecível historiador"[95]. O que conversaram? Em seu diário, Métraux nos dá uma ideia e fornece suas primeiras impressões sobre alguém que se tornará um amigo: "Lévi-Strauss chega. Juraríamos um judeu de uma pintura egípcia: até o nariz e a barba modelada à moda semita. Acho-o frio, compenetrado, muito professor universitário francês. Ele me guia ao longo das praias. [...] Lévi-Strauss está desgostoso com o Brasil. Vargas é um ditador sem princípios, que só faz questão de durar. Sua ditadura é essencialmente policial. [...] Lévi-Strauss não vê nenhuma esperança para a América do Sul. Está quase inclinado a ver nesse fracasso uma espécie de maldição cósmica. Está decidido a deixar o Brasil, onde qualquer trabalho parece impossível. [...] Vadiagem inconsequente pelas ruas de Santos. Botequim com prostitutas franzinas com os dentes estragados. *Dancing* no segundo andar, com orquestra de *jazz*. Nos botecos abjetos, os rádios tocam músicas de Carnaval, ritmadas e rápidas. Pessoas sentadas na soleira das portas, observando a rua vazia e escura"[96].

A tonalidade bastante melancólica, até mesmo crepuscular, da cena, os episódios policiais narrados em *Tristes trópicos* – como na Bahia, onde Lévi-Strauss, em escala, é extorquido por ter fotografado um menino de rua maltrapilho –, a ditadura tóxica de Vargas, a figura de Métraux: os últimos momentos da partida são balizados por signos que anunciam os tempos futuros, a repressão farsesca de Vichy no Caribe, a guerra, o exílio.

A CRISE [1939-1941] 9

Exorcizar o infortúnio é agir como se ele não existisse...

CLAUDE LÉVI-STRAUSS, *Le Figaro*,
22-23 de julho de 1989.

Tendo partido de Santos em 7 de março de 1939[1], Claude Lévi-Strauss chega a Paris no fim do mês, duas semanas depois de as tropas nazistas invadirem a Boêmia e Morávia, exatamente um ano após a anexação da Áustria a um Reich germanófono, que existe doravante como uma ameaça no coração da Europa. O ainda jovem etnógrafo – tem 30 anos –, amadurecido por seus anos de aventura, o rosto sempre sério emoldurado por uma "barba duvidosa"[2], volta a Paris com um lastro de novas coleções e sua macaca Lucinda. Para ele, é hora de desembalar seus objetos. Mas não haverá exposição: "Até eu classificá-los e analisá-los, a guerra estourou. Foi também nesse momento que Dina, minha primeira mulher, e eu nos separamos"[3].

Entre o retorno em 1939 e a partida para o exílio em 1941, intercalam-se dois anos que constituem, literalmente, um episódio de crise. A crise é o momento de uma doença caracterizado por uma mudança súbita e decisiva: ou se sara ou se morre. Para Lévi-Strauss, embora não para o mundo circundante, será a cura: o reencontro perplexo com um mundo à beira do abismo, mobilização, guerra, derrota, revolução política de Vichy extinguindo setenta anos de República francesa, exoneração, repressão, separação de Dina... e depois, finalmente, o exílio quase milagroso abrindo novos horizontes. Lévi-Strauss atravessa essa sequência ao mesmo tempo triste e extravagante, pois impensável para os contemporâneos que a viveram, feito um "zumbi"[4], sem compreender, sem antecipar. Daí a marca de loucura desses dois anos, durante os quais a marcha dos acontecimentos e a trajetória das vidas são completamente imprevisíveis. Para Lévi-Strauss, a ruptura desejada de 1934 opõe-se à ruptura sofrida de 1941. Porém, curiosamente, a segunda será sem dúvida mais auspiciosa que a primeira, e seguramente tão fecunda quanto ela. Outro paradoxo: a História, que Lévi-Strauss, como pensador, quererá desesperadamente pôr à distância, governa sua biografia com uma férula muito mais severa que a de outros intelectuais que se dirão "engajados" no mundo histórico.

RETORNO A PARIS, AO PRESENTE E À HISTÓRIA

O cheiro de creosoto

De um ponto de vista administrativo, Lévi-Strauss permanece desligado até a volta às aulas de 1939. Segundo uma carta dirigida a Marcel Mauss, deveria beneficiar-se de uma interinidade no liceu feminino de Versalhes, enquanto sua esposa seria designada para o liceu de Troyes[5]. A guerra, evidentemente, vem varrer essas combinações. Por enquanto, contudo, ele dispõe de vários meses para efetuar o trabalho normal de retorno de expedição: desembalar, catalogar, etiquetar os cerca de 650 objetos trazidos de sua segunda expedição, decerto menos espetaculares que os da primeira, porém abundantes e igualmente significativos. Não há diadema de plumas equivalente ao dos bororos, e sim artefatos mais modestos, cestaria, botoques, cinturões, cerâmicas pequenas...

Ei-lo então instalado no Museu do Homem, absorto na tarefa laboriosa e minuciosa que consiste em fichar e documentar cada objeto a fim de poder apresentá-lo numa exposição futura, depois integrá-lo às coleções latino-americanas do museu, junto às de seu professor e orientador de tese Paul Rivet. Esse longo trabalho preparatório, com efeito, é considerado o sustentáculo da publicação científica que há de seguir, descrevendo precisamente o trabalho de campo efetuado e propondo resultados de pesquisa que devem constituir a base da competência regional e da legitimidade acadêmica do jovem etnólogo. Façamos história no condicional: se a guerra não tivesse estourado, Lévi-Strauss teria possivelmente publicado uma tese de doutorado sobre os índios do planalto central brasileiro, região ainda mal conhecida, e se tornado o grande especialista nessa parte do globo. Teria então alimentado o americanismo com trabalhos diversos e talvez até mesmo feito escola, revalorizando, no âmbito do espaço antropológico francês, o continente latino-americano, relativamente a uma etnologia africanista muito mais dinâmica, em especial por razões de proximidade colonial. Mas a guerra estoura. Um de seus minúsculos efeitos é interromper essa prática do trabalho antropológico à qual o antropólogo jamais voltará, separado de suas coleções e obrigado a romper com a epistemologia do objeto em que Mauss iniciou toda uma geração.

Nesses meses de espera, entre abril e julho de 1939, Lévi-Strauss passa horas em contato íntimo com seus objetos. Enquanto os desembala, o cheiro de creosoto impregna a sala e volta a mergulhá-lo, como que por magia, nos meandros de seu périplo brasileiro. O líquido oleoso, mistura de fenol e cresol, era de fato utilizado como desinfetante e abundantemente aspergido sobre os cadernos de apontamentos, fotografias e diferentes objetos, a fim de protegê-los de insetos daninhos. Esse cheiro, com seu perfume acre, é um poderoso veículo para o passado[6]. Nele, cinquenta anos mais tarde, Lévi-Strauss ainda reconhece o aroma da aventura, funcionando como um amortecedor entre ele e seu presente. Nesse longo ascetismo parisiense da primavera de 1939, o creosoto, muito mais do que encerrá-la, prolonga a experiência brasileira. Lévi-Strauss está e não está ali. "Eu estava distante"[7], ele diz. Um presente-ausente que, todas as noites, após longas horas de classificação, sai do Museu do Homem, agora majestosamente instalado, e aspira o ar do topo da colina de Chaillot. O que sente?

O mundo de 1939 chega a ele com dificuldade. No entanto, foi ali, diante de seus olhos, que, em 1937, a Exposição Universal patrocinada pela Frente Popular acolheu o célebre cara a cara entre o pavilhão nazista e o pavilhão soviético. A arquitetura monumental, agressivamente neoclássica, a competição quanto à altura dos prédios e seu caráter colossal resumem, para os contemporâneos, a bipolarização ideológica do entreguerras e a concorrência acirrada entre as duas potências totalitárias. Mais precisamente, seus anos no coração do Brasil indígena fizeram de Lévi-Strauss um homem que, momentaneamente, não é mais contemporâneo de seus contemporâneos: um fantasma. Ele ilustra essa relação fluida com o presente numa apaixonante entrevista de julho de 1989, realizada por ocasião do cinquentenário do verão de 1939: "Eu soube do Acordo de Munique na Amazônia, ao encontrar um velho jornal jogado no chão da cabana de um seringueiro"[8]. Respondendo ao jornalista, que estava estupefato diante de tanta alienação e irresponsabilidade, Lévi-Strauss postula claramente a coexistência possível de múltiplas maneiras de estar ou não conectado com seu presente. Não somos todos contemporâneos de um mesmo presente. A defasagem muito forte vigente nesse episódio de crise aguda marcará a sequência do itinerário do etnólogo de uma maneira essencial: de agora em diante ele se inscreverá sempre além ou aquém de seu presente, raramente em sincronia de adesão, o que é novidade com respeito à sua juventude militante. Assim é que, em 1939, ele não vê chegar nada, como admite com simplicidade: nem a guerra nem o antissemitismo histérico, a cujo respeito ainda dá a Métraux algumas explicações de um marxismo sumário[9]. Não antecipa nada e não compreende nada. Como muitos outros. A chegada ao Museu do Homem de alguns novos recrutas, exilados judeus alemães ou russos, como Boris Vildé ou Anatole Lewitsky, não o alerta[10]. Sistema de proteção autista, sem dúvida, mas igualmente postura de descentramento: "Eu estava muito mais preocupado com os índios do que com a situação do mundo"[11]. Lévi-Strauss não raro brande como explicação para sua fraca perspicácia uma espécie de falha genética: a falta de imaginação. Essa falta de imaginação histórica, que o preserva momentaneamente das angústias do pior, aparece como o avesso da relação de respeito encantado diante da riqueza do real que vimos se estabelecer na infância.

Ele não sente qualquer necessidade de imaginar quando o real, em sua grandeza, fomenta as mais loucas especulações.

Tentações romanescas e ruptura sentimental

Essa falta de imaginação consubstancial à psique, segundo o próprio Lévi-Strauss, não seria apenas histórica, como literária, até mesmo existencial. Com efeito, nesta sequência que precede a guerra insere-se uma experiência de escrita romanesca que ele aborta, igualmente por falta de vitalidade inventiva na descrição e ação dos personagens. Seja como for, esse esboço de romance nos interessa. Em primeiro lugar, porque legou seu título, *Tristes trópicos*, a uma obra bem diferente que se tornou célebre quinze anos mais tarde. Desse abortamento, portanto, nada restou salvo o título e a tentação literária. Os "dois" *Tristes trópicos*, desse ponto de vista, ilustram, cada qual à sua maneira, a história das querelas entre literatura e antropologia. Em 1954, o desejo de escrita é percebido num texto de *status* dúbio, esse famoso "segundo livro" estudado por Vincent Debaene[12], exprimindo o avesso mais subjetivo do discurso objetivo exigido pelo *opus* acadêmico. Em 1939, é a subjetividade assumida do gênero romanesco que é a contraparte do trabalho de pesquisa efetuado, dia após dia, no Museu do Homem, e sem dúvida uma forma de evasão diante da seriedade da ciência. Essa tentativa, logo interrompida, segundo seu autor, assinalaria a inquietude do jovem cientista e a insatisfação sentida com relação à empreitada exclusiva de conhecimento científico. Mas é um impasse.

O romance, naturalmente, não é alheio ao que acaba de viver o jovem etnólogo: "Ele respirou profundamente. Tudo certo agora. No momento de colocar o pé no barco, cujo cheiro superaquecido de pintura, linóleo e comida lhe havia dado engulhos, pensara por um instante – mais uma vez – em voltar para Vayras. E, como uma nova e lúgubre fantasia, as massas nebulosas que irrompiam no céu emolduraram um fundo de montanhas medíocres, intumescidas por uma vegetação monótona, um primeiro plano de escarpas pedregosas e, sob a sombra ingrata das castanheiras, grandes galpões escuros, construídos sem argamassa, empilhando-se as pedras recolhidas do leito de ribeirões adjacentes"[13]. Desfilam no romance, assim como na vida de Lévi-Strauss, o Velho e o Novo Mundo, partidas da Europa e novas fundações, Oceania e a região das Cévennes, descrita nas linhas acima, pátria do personagem principal, um jovem protestante chamado Paul Thalamas, o da "barba duvidosa". O *incipit* do romance apresenta-o debruçado na amurada de um navio de partida para a América do Sul. A história origina-se de uma notícia trivial lida na imprensa: um viajante dirige-se à Oceania e utiliza um fonógrafo para enganar os indígenas e se fazer passar por um deus[14]. No romance, essa trama inicial era transformada e se tornava "um caso de refugiados escapando da ocupação alemã e tentando criar outra civilização no Pacífico"[15]. Não só o viajante como mistificador, como as utopias de refundação profundamente ligadas ao imaginário do Novo Mundo: tudo está conectado nesse romance, que, em seu inacabamento, exprime a necessidade para o etnólogo principiante de reproduzir de outra forma sua experiência de campo, além de exorcizar os medos históricos dos quais ele afirma não ter consciência. Nessa história, o cataclismo histórico – no caso, a guerra – é concebido como uma falência do Velho Mundo e uma chance para o Novo. Não é espantoso encontrar nesse esquema a antecipação de seu exílio vindouro?

Ao contrário de Nabokov em Harvard, que classifica suas borboletas com uma das mãos e escreve suas histórias com a outra, Claude Lévi-Strauss cataloga seus objetos, mas peleja para manter vivo outro aspecto de sua vida interior. Esta é abalada pelo rompimento com sua esposa, Dina. O retorno de Claude põe fim a mais de nove meses de separação, vividos dolorosamente por Dina, como sabemos pela correspondência que ela mantém com Mário de Andrade. Mergulhada na inquietude e na culpa por ter desertado a missão etnográfica, recebendo poucas notícias, Dina sofre de uma angústia moral que só faz piorar sua saúde e o choque causado pela cegueira parcial que ela julgou definitiva. O fato é que o reencontro é morno, sobretudo da parte dele, ao que parece. Entre estratégias amorosas e tentações da indiferença, o casal não consegue recosturar sua história: "Tudo o que você disse a [...], e me repetiu em parte, sem ser uma revelação, me mostrou a profundidade do abismo que nos separava. Eu não sabia que você não me amava mais há tanto tempo, que, na realidade, você mal me suportava, e que eu não era mais nada para você. Ainda agora, após ouvi-lo dizer isso duas vezes num dia, acredito com dificuldade e vivo num sonho. Se eu soubesse, teria partido muito antes, uma vez que não se tratava em absoluto de reconquistá-lo. Eu ainda não sabia que nosso casamento lhe parecia um erro e que o decepcionara a tal ponto. Você deveria ter me dito antes. Eu lhe pedi tantas vezes. Teria sido menos sofrido... Se em suas palavras houvesse subsistido qualquer coisa que pudesse me dar uma esperança, eu teria tentado de novo. Teria tentado fazê-lo menos infeliz. Mas não posso tolerar viver sem ser amada; e temo que, sem amor, toda nova tentativa esteja fadada a um fracasso"[16].

Chega então o acontecimento dramático, conclusão tradicional de impossíveis escolhas numa ou noutra direção: Dina tenta suicidar-se, em casa, à rua des Plantes, e é salva *in extremis* pela sogra, mãe de Claude, que, morando no mesmo prédio, percebe o que está acontecendo e vem em seu auxílio[17]. Esse desfecho coloca um ponto-final à vida conjugal, ainda que, durante os meses seguintes, os esposos se encontrem em Paris ou, mais tarde, nas Cévennes e permaneçam oficialmente casados até 1945. As circunstâncias do estouro da guerra, a mobilização e o exílio impedem o divórcio. Em algumas cartas de 1940 e 1941, Lévi-Strauss ainda se refere a "minha mulher" e Dina, a "meu marido". Contudo, a partir da primavera de 1939, cada qual recupera sua liberdade, e Lévi-Strauss começa um relacionamento com Rose-Marie Ullmo, cunhada de seu amigo Pierre Dreyfus, a qual, depois da guerra, virá a ser sua segunda mulher. Sobre as motivações profundas desse desligamento assimétrico, não podemos senão especular. Interrogado no fim da vida sobre o assunto, o ancião disse simplesmente: "Ela vivia na cabeça dela. Eu nunca sabia o que ela pensava"[18]. Sete anos de casamento consumados e despedaçados no altar da antropologia e dos descompassos espaçotemporais da experiência amorosa.

A GUERRA

Farsa (guerra de mentira)

Como milhões de franceses, Claude Lévi-Strauss é convocado pela pátria. Tem 31 anos. Por ter concluído seu serviço militar no setor de logística, é primeiramente lotado no Ministério dos Correios, Telégrafos e Telefones, no serviço de censura telegráfica. Durante algumas semanas, deve "assinalar todos os telegramas que [lhe] pareçam suspeitos a um superior, o qual logo imaginava estar com o caso mais escabroso nas mãos, do qual dependia seu salário. Era uma tremenda farsa"[19]. O tom está dado. De sua experiência da "guerra de araque" e depois da guerra em si, não dispomos senão de algumas cartas e relatos posteriores, mas o registro ao mesmo tempo patético e burlesco adotado por Lévi-Strauss corresponde precisamente a certos depoimentos da época, em especial o de seu contemporâneo Louis Poirier (vulgo Julien Gracq), em seus *Manuscrits de guerre* [Manuscritos de guerra] recém-publicados[20]. O discurso de ambos encaixa-se num gênero literário ao qual, por esse mesmo período, André Breton daria sua chancela, com um senso agudo de oportunidade histórica: o humor negro[21].

Lévi-Strauss pleiteia ser agente de ligação junto ao corpo expedicionário britânico, função ocupada igualmente pelo historiador Marc Bloch. "Primeiro me encaminharam para a escola dos agentes de ligação, em algum lugar no Somme, e fui submetido a exames. Meu inglês era rudimentar; mesmo assim, me saí bem. Despacharam-me para a fronteira luxemburguesa, atrás da linha Maginot, numa zona onde não havia ingleses, mas poderia haver. Eu estava lá com outros três ou quatro agentes para eventualmente recebê-los.

Não tínhamos nada para fazer. Eu aproveitava o tempo livre para passear no campo."[22]

O fim do parágrafo tem um lado declaradamente *A costa das Sirtes*: espera-se o aliado; depois, espera-se o inimigo. Um vem, o outro não. Ou melhor, sim: quando começa a ofensiva alemã, chega um regimento escocês, porém dotado de seus próprios agentes de ligação, o que torna a presença de Lévi-Strauss e seus companheiros inútil e até mesmo inoportuna[23]. Lambança completa. Escolhido por razões erradas (inglês praticamente nulo), enviado para onde não tem utilidade (sem tropas inglesas), é finalmente evacuado sem ter visto combate, geralmente alienado e não obstante roçando o acontecimento: essa evacuação "talvez tenha nos salvado a vida, pois o regimento foi dizimado alguns dias mais tarde"[24].

Como ele viveu esses meses de espera na Ardena? "A coisa quase se encadeava com o Brasil. Era uma experiência etnológica que continuava sob outra forma. Isso significa que eu me acostumara com situações bizarras, estranhas, singulares, e que me via como soldado em situações bizarras, estranhas, singulares. Encadeava-se muito bem."[25] Essa analogia não repousa tanto na dimensão da provação física, o trabalho de campo brasileiro parecendo ter sido muito mais duro do que a guerra para Lévi-Strauss, e sim numa comum experiência de *estranhamento*. Se a etnologia em campo é a guerra, logo a guerra passa a ser uma prática etnológica.

Ao fim desse período de inação, expectativa, incompreensão e absurdo sucede um episódio deveras significativo: a lição do dente-de-leão[26]. Logo antes da ofensiva alemã, Lévi-Strauss, passeador solitário em tempos de guerra, percorre o campo e se entrega, como Jean-Jacques Rousseau na ilha de Saint-Pierre, a devaneios eruditos. "O dente-de-leão tremula numa pradaria do norte da França. Lévi-Strauss observa essa flor: como arrombar seu enigma? Podemos dizer que sua forma é perfeita, mas ganhará então em inteligibilidade? Uma única saída: confrontar o dente-de-leão com outras flores, compará-lo, opô-lo de maneira a lhe atribuir uma classe nessa série de similitudes e diferenças que compõem a ordem vegetal."[27] O que concluir dessa pequena fábula? A encenação da invenção de um método estruturalista tem a força de convicção de um lampejo poético. Se o estruturalismo é um produto intelectual da guerra, o é sem dúvida de outra forma, que abordaremos adiante. Mas esse episódio de êxtase naturalista, bem no centro de uma experiência de autodepreciação, é absolutamente verossímil, a guerra de araque e até mesmo a guerra podendo, paradoxalmente, ser ensejos de viver na natureza e junto com ela. O tenente Poirier conhece epifanias semelhantes nas plantações de linho de Flandres Ocidental, bem no centro dos combates do bolsão de Dunquerque, onde é finalmente feito prisioneiro. Não foi este o caso de Lévi-Strauss, que, não tendo oportunidade de aproximar-se do local dos combates, não é sequer Fabrice* em Waterloo.

Fantasmagoria (maio-junho de 1940)

Com efeito, o soldado Lévi-Strauss viveu a chamada "batalha da França" sem praticamente ouvir o som do canhão. Após a Ardena e a chegada dos escoceses, reencontra, depois de muitos desvios, sua unidade num vilarejo do Sarthe (perto de Évron). Ali, são embarcados num trem com destino a Bordeaux. Mais uma vez, caos total: "Aquele trem ziguezagueou através da França", ricocheteando entre duas alternativas possíveis, que eram as dos oficiais de seu regimento, mas também do exército inteiro: ou obedecer às ordens e dirigir-se a Bordeaux para se render, conforme as cláusulas do armistício firmado em 22 de junho de 1940; ou desobedecer e atravessar para a zona sul a fim de ser desmobilizado. É a segunda opção que se impõe afinal, e o trem para em Béziers. Os soldados vão acantonar no planalto do Larzac antes de estacionar em Montpellier. À pergunta "Você nunca participou de uma batalha?", Claude Lévi-Strauss responderá: "Não. Afora a rajada de metralhadora de um avião que quebrou algumas telhas acima da minha cabeça, jamais fui exposto"[28]. A combatividade dos soldados franceses foi recentemente reavaliada, por ocasião da batalha da França, sendo constatado que as primeiras semanas foram devastadoras, que alguns regimentos travaram verdadeiros combates. Contudo, mesmo os que participaram da luta exprimem a sensação de irrealidade que permeia igualmente a experiência de guerra de Lévi-Strauss: desorganização, comando errático, ordens contraditórias, peregrinações deploráveis através da França, soldados e civis misturados, no pânico do êxodo, todo mundo procurando todo mundo. Julien Gracq fala de "fantasmagoria"[29] da guerra. Alguns meses mais tarde, Marc Bloch, em seu *A estranha derrota*, fará o diagnóstico implacável dessa estarrecedora confusão; mas naquele momento é uma espécie de apatia perplexa que predomina. Em 2 de junho, Lévi-Strauss informa a Mauss que "atravessou Paris em excursão" e que agora vegeta: "Somos aqui um bom número que não sabe o que fazer por enquanto, o senhor sabe por quê. Ocupam-nos, enquanto isso, com todas as maçadas da rotina de guarnição: marchas, patrulhas, guardas, chamadas etc. Ignoro completamente quanto tempo isso pode durar"[30]. Como se a guerra não tivesse começado... Mais tarde, Lévi-Strauss traduzirá de outra forma essa impressão de inconsistência do real: "A guerra, a gente não acreditava

* Referência ao protagonista de *A cartuxa de Parma*, de Stendhal. [N.T.]

que era de verdade. Tínhamos a impressão de que encenavam uma comédia, um *remake* de 1914. O coração não estava presente"[31]. Julien Gracq, que sente as balas zunirem e também atira as suas, utiliza exatamente os mesmos termos e rouba involuntariamente a metáfora da ilusão: "Tudo é falso, todo mundo percebe isso, tudo é simulacro – todos 'fazem de conta'. Imitam os gestos, as ordens julgadas decentes de serem dadas segundo a tradição de uma 'defesa heroica'. [...] Nada de autêntico sairá dessa guerra senão o sumo grotesco de macaquear nos ínfimos detalhes 1870 e 1914. Talvez uma vaga esperança de uma conjuração mágica"[32]. Essa sensação de irrealidade, que vem quase sempre acompanhada pela intuição do desastre iminente, participa igualmente do trauma da derrota e do olhar, incrédulo, que pousamos sobre essas semanas de loucura. Para os franceses do ano 1940, esse atordoamento, tão brutal, é pura e simplesmente da ordem do inimaginável. Criados no culto patriótico, convictos da força de seu exército, supostamente o mais eficiente da Europa, protegidos pela linha Maginot, compartilham uma forma de crença comum na invencibilidade de seu país, inclusive, e este é o caso de Lévi-Strauss, quando são socialistas e pacifistas. Diante dessa representação sólida, a realidade da derrocada deixa-os num estado de total vacilação, que, alguns dias mais tarde, possibilita a revolução política de Vichy, quando, em 10 de julho de 1940, a Assembleia Nacional da Frente Popular se sabota e vota os quatro atos constitucionais que fundam o novo regime. Difícil saber o que Lévi-Strauss pensou desse haraquiri da parte de seus camaradas e veteranos deputados socialistas e radicais[33].

Em seu "Depoimento de um derrotado", Marc Bloch corrobora o sentimento de Lévi-Strauss e Gracq: essa derrota, declara, foi fundamentalmente uma derrota do espírito, uma derrota da estratégia. O estado-maior do Exército francês reencenou a guerra de 1914, ao passo que os líderes alemães fizeram uma guerra do presente, sob o signo da velocidade. "De modo que, na verdade, foram dois adversários pertencentes a eras distintas da humanidade que se chocaram em nossos campos de batalha." E conclui, em termos que Lévi-Strauss não desaprovaria: "Nós, em suma, repetimos os combates, comuns em nossa história, da azagaia contra os fuzis. Mas, dessa vez, éramos nós que fazíamos o papel de primitivos"[34].

Para terminar essa odisseia como começou, juntemo-nos a Lévi-Strauss em Montpellier em julho de 1940: "Pulei o muro da caserna e fui à reitoria oferecer meus serviços para o caso de eles precisarem de um examinador de filosofia para o *baccalauréat*, cujas provas estavam começando. Cheguei na hora certa, me desmobilizaram com alguns dias de antecedência"[35]. O que prova que tudo pode desmoronar na França, exceto o *baccalauréat*.

O REFÚGIO

No Sul

O terceiro *round* desses dois anos de crise acontece no Sul. Um Sul histórico, geográfico, mas sobretudo o Sul da linha de demarcação que, até novembro de 1942, divide a França em duas. O ponto cardeal reveste-se agora de uma realidade política vital: ao norte, a zona ocupada e a tutela direta dos nazistas; ao sul, a França de Vichy, que garantia uma segurança aparente e uma proteção relativa, sobretudo nos contrafortes das Cévennes, onde Lévi-Strauss encontra refúgio junto aos seus pais, que foram para a casa da família em Camcabra, perto de Vigan. Nesse momento, e durante os próximos meses para ele e próximos anos para os seus pais, aquela casinha comprada dez anos antes torna-se um dique protetor: nela, recuperam-se, encontram-se, recebem sua correspondência e trocam notícias. As Cévennes, bloco de xisto e gnaisse que opôs sua geografia de fortaleza às dragonadas de Luís XIV, voltam ao serviço e oferecem aos novos proscritos sua memória resistente cimentada pelo brio protestante. Não há dúvida de que, ao lado de André Chamson[36], seu vizinho de Valleraugue, ele evoca, em seus longos passeios pela região, a história de recusa exalada pelo solo daquela terra.

No entanto, nem todos compreenderam, nessa data (verão de 1940), que eram os novos proscritos. Como vimos, Claude Lévi-Strauss mencionou diversas vezes a estranha diligência que ele arrisca fazer em setembro de 1940. Nomeado para o liceu Henri-IV, está preocupado com a volta às aulas próxima: "Pois bem, sabe o que faço? Vou a Vichy a fim de obter autorização para voltar a Paris e assumir meu posto! O ministério estava instalado numa escola comunal e a direção do ensino secundário ocupava uma sala de aula: o responsável me olhou, estupefato. 'Com o seu sobrenome', ele me disse, 'ir a Paris? O senhor não pensou nisso?' Só naquele momento comecei a compreender"[37]. Mas não completamente, ainda. Retorna às Cévennes e recebe outra nomeação, dessa vez para o liceu de Perpignan. Lá, outro sinal de advertência: seus novos colegas esquivam-se dele e evitam as conversas sobre as leis raciais, a cujo respeito se começa a falar. "Exceto o professor de educação física, que fazia questão de me manifestar sua simpatia: futuro resistente, sem dúvida."[38] Em 1988, Didier Éribon, interrogando Lévi-Strauss sobre esse tema, se espanta: "A gravidade da situação dos judeus não era então conhecida?". Pergunta histórica infinitamente delicada e constantemente debatida: o que se sabia e quem sabia o quê? Lévi-Strauss analisa sua conduta negacionista e a exibição de normalidade, que hoje nos parece extravagante: "Penso que uma maneira de não enxergar o perigo ou se proteger contra o perigo é conservar seus hábitos. Enquanto conseguimos continuar a viver como vivíamos, o perigo não está presente. E, no fundo, foi provavelmente por isso que pedi para voltar a Paris: por espírito caseiro"[39]. Hoje, que inúmeros depoimentos escritos e orais se acumularam, nada é mais compreensível do que essa atitude aparentemente tão pouco razoável. Em 1940, os franceses nascidos judeus haviam crescido no culto republicano e muitos deles não concebiam a possibilidade de um antissemitismo de Estado. Decerto já veem a repressão abater-se sobre os judeus estrangeiros, às vezes com cidadania francesa, porém desnacionalizados pela lei de 22 de julho de 1940; no entanto, sentem-se afastados, social, ideológica e economicamente, de seus correligionários provenientes da Europa oriental. Não esqueçamos que, mesmo depois dos decretos antijudaicos de outubro de 1940 e da estigmatização sinalizada pelo porte obrigatório da estrela amarela, a confiança permanece suficientemente forte para que a maioria aceite ir registrar-se junto às autoridades policiais francesas. Lendo o *Diário* de Hélène Berr[40], sentimos ao mesmo tempo a fraqueza da identidade judaica numa adolescente da grande burguesia parisiense e o progressivo arrocho, que acompanha uma lucidez dolorosa que Hélène faz de tudo para recusar. Tudo, menos compreender o que estão tramando... E quando a verdade se revela por estilhaços, a moça continua se recusando a deixar Paris. Na escrita picotada de seu presente de sobrevivência, o leitor toma consciência da diferença entre "saber" e "compreender". Nos últimos dias do *Diário*, ela "compreendeu", mas não considera partir. Quer estar no coração da História. Nessa grande burguesia judaica patriota, o exílio é fortemente depreciado: seria uma covardia e uma confirmação do preconceito do judeu errante.

Lévi-Strauss estampa então a normalidade aparente. Após Perpignan, está novamente em Montpellier, onde ensina nas classes preparatórias científicas ("*taupe*") a disciplina de filosofia para estudantes que não poderiam ligar menos para ela. Este é o último curso de filosofia da carreira de Claude Lévi-Strauss: um professor que renegou sua disciplina e finge dar aulas; estudantes que fingem escutar. Uma pura caricatura do ensino, frágil refúgio para uma caricatura de existência cotidiana, logo encerrada com a publicação do Estatuto dos Judeus de 3 de outubro de 1940 e a carta de exoneração que a sucede. Durante esse curto lapso de tempo, quando ainda é professor em Montpellier, Lévi-Strauss faz uma leitura importante, que alimenta sua reflexão do lado da etnologia francesa e o inspira sem satisfazê-lo. Trata-se do livro de Marcel Granet *Catégories matrimoniales et relations de proximité dans la Chine ancienne* [Categorias matrimoniais e relações de proximidade na China antiga] (1939), que o desperta para os problemas do parentesco. Apaixonado por essa leitura, admira a desmontagem, a que se dedica Granet, dos sistemas complicados de parentesco, bem como a ambição intelectual que sustentava o conjunto: "Eu descobria uma reflexão objetiva aplicada aos fatos sociais. E, ao mesmo tempo, exasperava-me, porque, para explicar sistemas muito complexos, Granet punha-se a imaginar soluções que o eram mais ainda. Do meu ponto de vista, por trás do complexo, devia haver o simples"[41]. Convicção perspicaz afirmada numa situação histórica que contradiz esse parâmetro cristalino como um desmentido contundente às aspirações da vida do espírito.

Pois, doravante, nada é mais simples nem normal. De volta ao bastião das Cévennes, Lévi-Strauss tenta, durante o outono e o inverno de 1940, resolver uma equação de várias incógnitas. O que fazer? Partir ou ficar? Se resolver partir, que direção tomar? Várias opções se lhe oferecem, as quais, no jogo instável de suas respectivas incertezas, cobrem o leque das possibilidades oferecidas aos proscritos do ano 1940. Em primeiro lugar, uma carta de Georges Dumas o alcança em dezembro: aquele que o enviou ao Brasil propõe-se a fazer pressão para que ele usufrua do artigo 8 da lei de 3 de outubro de 1940: esse artigo isentava das interdições profissionais os judeus que prestaram "serviços excepcionais" à nação francesa. Ora, isso equivalia a aceitar Vichy e suas depredações, mas com um *status* derrogatório que permitia a Lévi-Strauss continuar a lecionar e ganhar a vida. Manifestamente, e tendo em vista os vinte e poucos professores eminentes que obtiveram parecer positivo do Conselho de Estado entre 1941 e 1943 – entre os quais o historiador Marc Bloch, o médico Robert Debré e o físico René Wurmser[42] –, o jovem etnólogo não impressionaria muito. Com isso, a opção da recusa e do exílio interior se oferece a ele com mais força e encanto do que a ideia da partida: "Eu ainda era prodigiosamente romântico... Meus pais possuíam uma casinha nas Cévennes, para onde se haviam retirado no momento dos combates, e eu imaginara que, em caso de necessidade, me recolheria numa região que eu conhecia bem, vivendo escondido na montanha, me alimentando da coleta e da caça, como fizera no interior do Brasil. Minha visão das coisas era muito poética"[43]. Já é uma ideia de resistência, mas na forma ingênua de excursão nas montanhas. Essa fantasia, contudo, capta a dimensão de aventura que fez tantos jovens cogitarem recusar o STO[*] e irem juntar-se ao *maquis*. O outro lado da alternativa ao refúgio é a partida para o exílio. Como no caso dos huguenotes do século XVII, a escolha é entre o culto clandestino no deserto ou a expatriação nas nações protestantes. Às vezes, uma opção sucede à outra num equilíbrio sutil, em que toda escolha se vê momentaneamente impossível. "Os pratos da balança estão praticamente equilibrados

---

* O *Service du Travail Obligatoire* [Serviço de Trabalho Obrigatório] foi imposto à população francesa pela ocupação alemã, com cumplicidade do governo de Vichy, a partir do outono de 1940, e mais intensamente entre junho de 1942 e julho de 1944. Na França, na Polônia e em outros países ocupados, centenas de milhares de homens foram enviados à força para participar do esforço de guerra nas indústrias da Alemanha, em condições de trabalho sub-humanas. [N.E.]

e assim ficam por muito tempo."[44] Em suma, a decisão de partir, fortemente ilegítima no imaginário francês e mais ainda nas famílias judias, integra-se num sistema de representações que supõe uma avaliação das chances e impasses em função de um saber parcial, de uma cultura política e de uma imaginação histórica do que o futuro pode reservar.

Durante esses meses do inverno de 1940, dois roteiros de saída se delineiam. Um, mais imediatamente ao seu alcance, consistiria em retornar ao Brasil. O conhecimento do país e das autoridades, os amigos que lá deixou são um trunfo considerável, mesmo que a situação política lhe seja objetivamente desfavorável. Contudo, nesses tempos de vistos raros e valiosos, Lévi-Strauss provavelmente não teria hesitado. Contou em *Tristes trópicos* como essa opção fechou-se brutalmente no exíguo piso térreo da embaixada do Brasil em Vichy: "O embaixador Luís de Souza Dantas, que eu conhecia bem e teria agido da mesma forma se eu não o conhecesse, erguera seu carimbo e se preparava para carimbar o passaporte, quando um conselheiro deferente e glacial o interrompeu, advertindo-o de que seu poder acabava de lhe ser cassado por novas disposições legislativas. Durante alguns segundos, seu braço permaneceu no ar. Com um olhar ansioso e quase suplicante, o embaixador tentou obter de seu colaborador que ele desviasse a cabeça enquanto o carimbo se abaixasse, permitindo-me assim deixar a França, quando não, talvez, entrar no Brasil. Nada disso aconteceu. O olho do assessor não desprendeu da mão, que, mecanicamente, voltou a cair ao lado do documento. Eu não teria o meu visto, o passaporte me foi devolvido com um gesto pesaroso"[45]. O gesto interrompido do embaixador descreve aqui com grande força visual as reviravoltas drásticas da História em situação de crise aguda.

Mais uma vez, não convém reificar a escolha do exílio. É uma opção, entre outras, no jogo instável das soluções, que escasseiam progressivamente. Marc Bloch estava prestes a partir, com o visto no bolso e portador de um convite para ensinar nos Estados Unidos; na última hora, termina ficando, pois dois filhos seus, submetidos às obrigações militares, não podem mais acompanhá-lo[46]. A fragilidade e complexidade do dispositivo fazem com que um piparote permita a partida – um encontro *ad hoc*, a condescendência de determinado funcionário etc. – e, da mesma forma, a bloqueie: no caso, a demissão do embaixador.

No entanto, a partida aconteceu. Lévi-Strauss conta como os funcionários de Vichy ficaram satisfeitíssimos por deixá-lo sair da França, o que pode espantar. Na realidade, a política de Vichy é constantemente ambígua, mas, até 1942, a emigração dos judeus e outros indesejáveis permanece a estratégia preconizada nos altos escalões. Essa conjuntura abre uma janela de oportunidade entre o inverno de 1940 e maio de 1941, meses durante os quais é possível pegar a rota caribenha para viajar à América, o que fará Lévi-Strauss. Ao mesmo tempo, a grande desordem administrativa de Vichy cria frequentes entraves à obtenção, a tempo, dos papéis necessários, em especial do visto de saída. Daí a cronologia temerária das datas de expiração dos diferentes vistos (de saída, de travessia de um país terceiro e de entrada), uma vez que, tanto em Vichy como em Washington, pratica-se, voluntária ou involuntariamente, a obstrução burocrática.

Em poucas semanas, a despeito de todas as dificuldades, a opção norte-americana vai se impor. A carta convite para ensinar na New School for Social Research, que ele recebe nas Cévennes da parte de Alvin Johnson, ao que tudo indica em janeiro ou fevereiro de 1941, funciona como o telefonema de Célestin Bouglé em outubro de 1934: como acelerador da História e uma credencial para o Novo Mundo. Antecedendo essa carta, que não foi conservada nos arquivos pessoais de Claude Lévi-Strauss, existe, como a parte oculta do *iceberg*, todo um trabalho de tomada de contato, de sociabilidades universitárias, bem como de diligências mais pesadas, a serem creditadas à mobilização da sociedade e da filantropia norte-americanas para ajudar a Europa sob o jugo nazista.

Do lado norte-americano: a equação do resgate

A partir de 1933, a Fundação Rockefeller criou um plano de resgate destinado aos cientistas germanófonos demitidos de suas funções pelo regime nazista. Cerca de 250 postos foram oferecidos e os professores, distribuídos no âmbito das universidades norte-americanas. Nesse programa, a fundação atuou como provedora de verbas para universidades ou institutos acadêmicos suscetíveis de empregar esses professores universitários em perigo, cabendo-lhe pagar os dois primeiros anos de salário na forma de uma bolsa. Um agente institucional norte-americano abraçou especialmente esse processo: a New School for Social Research, instituição original, nascida em 1918, com um viés à esquerda, espécie de universidade popular sediada em Nova York, que oferece cursos à noite para assalariados e se pretende uma alternativa ao ensino acadêmico norte-americano. Aproximadamente sessenta professores exilados juntaram-se à New School a partir de 1933. Reconfiguraram radicalmente o teor de seus currículos, criando um lugar intelectual cosmopolita e estimulante, com ênfase nas novas ciências sociais. Quando, no verão de 1940, o novo programa de emergência – Emergency Program for European Scholars [Programa Emergencial para Acadêmicos Europeus] – é reativado com bases similares e objetivos idênticos para estendê-lo à França e aos países europeus caídos sob o tacão nazista, a New School e seu dinâmico diretor Alvin Johnson voltam a se tornar os interlocutores diretos dos conselheiros da Fundação, desempenhando no dispositivo a função de uma "estação de triagem"[47], na qual chegam os novos professores universitários europeus, com a exigência de se inserirem, em geral após dois anos, no mercado de trabalho norte-americano.

Claude Lévi-Strauss irá se beneficiar desse programa ao mesmo tempo generoso, pragmático e calculista. No espírito de seus idealizadores, trata-se de uma operação quase botânica: enxertar os melhores galhos da inteligência europeia no ramo, ainda tosco, da América. Dado que apenas uma centena de bolsas é disponibilizada, o processo de seleção se revela drástico e se efetua segundo critérios precisos, que o percurso de Lévi-Strauss e a escolha de seu perfil permitem explicitar.

Na apreciação da qualidade do professor postulante, o exame do *curriculum vitae* é escrupuloso, mas as cartas de recomendação dirigidas a Alvin Johnson são ainda mais estratégicas. Muitas cartas apoiam o processo de Claude Lévi-Strauss[48]. A primeira data de 20 de setembro de 1940; nela, Robert Lowie, professor em Berkeley, explica em poucas linhas a impressão muito favorável produzida pelo seu "excelente artigo sobre os índios bororos", que ele leu, alguns anos antes, graças a Alfred Métraux. A segunda, escrita pelo próprio Métraux, em 2 de outubro de 1940, é mais longa e desenvolve uma argumentação ainda mais eficaz, na medida em que calcada nos critérios da fundação: o primeiro trunfo do jovem Lévi-Strauss, segundo seu colega de Yale, é sua contribuição ao conhecimento da América do Sul, que está fadada a se tornar um dos alvos estratégicos das ciências sociais na América em guerra. Métraux tem plena consciência do interesse da Fundação Rockefeller pelo continente sul-americano, considerando seu papel tradicionalmente paradiplomático no âmbito da Política de Boa Vizinhança. Ademais, Nelson Rockefeller acabava de ser nomeado coordenador dos Negócios Interamericanos, uma das agências de guerra mais dinâmicas. Muito claramente, esse tropismo (ao mesmo tempo cultural e político) latino-americano joga a favor de Lévi-Strauss. Segundo argumento poderoso: o candidato é um pesquisador jovem e promissor; como diz sutilmente Métraux, "*he is a coming man*". Ora, a Fundação privilegia nitidamente esse tipo de personalidade, que parece ser um investimento melhor do que veteranos egressos da Sorbonne... O critério etário não é impeditivo, mas depõe contra professores a cujo respeito julga-se já terem dado o melhor de si mesmos. Terceiro argumento: o bom conhecimento de inglês de Lévi-Strauss, que Métraux enverniza com a impregnação da literatura antropológica no jovem francês. Na realidade, como sabemos, seu inglês na época é meramente rudimentar. Essa ênfase na avaliação de suas competências linguísticas mostra simplesmente que os norte-americanos pretendem recrutar intelectuais capazes de ensinar. Por fim, o critério do risco é primordial, mas de forma alguma excludente; necessário, não chega a ser suficiente. Desde o começo, Métraux havia sido um dos apoiadores mais fervorosos de Lévi-Strauss. Em 1937, ao avaliar seu artigo sobre os bororos, dissera-lhe o quanto achava seu estudo "*refreshing*" e "*stimulating*"[49]. Em 1940, ele confere um sentido concreto e decisivo à sua opinião.

A terceira carta, de 10 de outubro de 1940, emana do professor John P. Gillin, colega de Métraux no Institute of Human Relations de Yale: ela recorre a um argumento de estratégia acadêmica nacional, na medida em que Claude Lévi-Strauss é um especialista em regiões muito mal conhecidas: "A integração de seus conhecimentos e talentos no polo de pesquisa sobre etnologia sul-americana seria de grande importância para a ciência norte-americana". Essa carta destaca o interesse da antropologia norte-americana pela América do Sul, mal representada entre os cientistas norte-americanos, assinalando a existência de um esboço de equipe em Yale, engajado numa reflexão sobre a unidade do mundo americano, a qual Lévi-Strauss contribuiria para reforçar. Essa evolução positiva das coisas é vista *a posteriori* pelo interessado como um "concurso de circunstâncias: os etnólogos norte-americanos começavam a pensar que haviam dado conta dos índios da América do Norte e que precisavam encontrar outra coisa. Voltavam-se para o hemisfério Sul. Meu trabalho chegava na hora certa"[50]. A quarta carta de apoio vem de Georges Devereux, etnólogo franco-americano procedente da comunidade judaica romena com escala em Paris, onde se formou junto a Mauss e Rivet; no início dos anos 1930, prossegue sua formação etnológica em Berkeley com Lowie e Kroeber, antes de empreender um longo trabalho de campo entre os índios mohaves. É, portanto, um jovem antropólogo (nascido, como Lévi-Strauss, em 1908), futuro pai da etnopsiquiatria, que acrescenta seu parecer favorável aos já coligidos[51]; além dos critérios já enunciados, ele se vale de um argumento de sociabilidade, uma vez que amigos de São Paulo lhe descreveram o casal Lévi-Strauss como "pessoas bem-educadas e muito simpáticas"[52]. Essa observação banal visa tranquilizar os americanos quanto à capacidade de Lévi-Strauss, caso escolhido, de participar do círculo social acadêmico norte-americano, mais exigente (ou mais cerimonioso) que na França. Roman Jakobson, que chega a Nova York no mesmo momento que Lévi-Strauss e se beneficia do mesmo programa, quase tem seu requerimento negado, pois, sendo reconhecido como um brilhante linguista porém dotado de temperamento forte e desconfiado, é difícil vê-lo "integrado à equipe permanente de uma universidade"[53]. Portanto, para ter uma chance de ser selecionado, cumpre não só ser excelente, produtivo, anglófono e jovem, como também afável, a fim de se mostrar à altura de honrar devidamente as regras da vida do *campus*. Nesse ponto, Lévi-Strauss preenche insuficientemente as condições exigidas: embora de uma cortesia irrepreensível, é ferozmente cioso de sua independência e solidão, sendo difícil imaginá-lo indo tomar chá na casa de colegas ou escutar as mágoas de amor de alunos ou alunas... Em 6 de novembro de 1940, vem a carta de Julian H. Steward, do Instituto Smithsonian, Bureau of Ethnology, Washington, que reitera a oportunidade, nessa data, de recrutar etnólogos especialistas na América do Sul. E, com efeito, assim que chegar aos Estados Unidos, Lévi-Strauss será solicitado por esse escritório, encarregado da redação de uma grande obra coletiva, *The Handbook of South American Indians* [O manual dos índios sul-americanos], a ser dirigida, entre 1940 e 1947, pelo mesmo Julian H. Steward.

Nesse estágio, Alvin Johnson julga-se suficientemente informado sobre o caso Lévi-Strauss. Conclui, numa carta de 13 de novembro de 1940: "Ele é indubitavelmente um homem de grande qualidade e trabalha num campo que requer mais pessoal"[54], e se diz favorável a um convite. Resta, no entanto, convencer os conselheiros da Fundação Rockefeller, manifestamente mais perplexos diante da fraca produção científica do jovem etnólogo, que não publicou nem sequer escreveu sua tese. Convocada a fazer arbitragens difíceis, a Fundação Rockefeller preocupa-se com a "falta de provas de suas capacidades científicas"[55]. É quando chega uma carta de Paulo Duarte, de 2 de janeiro de 1941, endereçada a Tracy B. Kittredge, encarregado da divisão de ciências sociais da Fundação Rockefeller. Embora não inove no plano dos argumentos, essa carta de apoio tem um peso político. Lembremos que Paulo Duarte, amigo de Mário de Andrade e do grupo de São Paulo, é um ex-membro do corpo diplomático brasileiro na Europa. Tendo permanecido muito ligado a Lévi-Strauss, enfatiza as circunstâncias históricas da derrota da França, que impediram o curso normal do trabalho científico do candidato, bem como a publicação esperada dos resultados de sua pesquisa de campo. Duarte, como verdadeiro amigo, não poupa esforços: viaja várias vezes para confabular com Alvin Johnson e os dirigentes da fundação. Vencidos esses momentos de paralisia, Tracy B. Kittredge emite finalmente uma recomendação positiva e a fundação compromete-se a pagar uma bolsa de 5 mil dólares para um período de dois anos. Um montante de mil dólares é destinado às despesas de viagem, enquanto um salário anual de 2 mil dólares é transferido para a New School a fim de que ela remunere diretamente o novo docente. Na realidade, Alvin Johnson se antecipara e enviara uma carta convite antes mesmo que a fundação desse sua aprovação oficial. Consciente da urgência da situação e tendo à disposição fundos privados reunidos pela tia de Lévi-Strauss, Aline Caro-Delvaille, de longa data radicada nos Estados Unidos, Alvin Johnson teria enviado essa carta em janeiro de 1941. Essa ligeira confusão corresponde aos ritmos diferentes das duas instituições, uma, a New School, sensível aos dramas pessoais e capaz de reagir rapidamente com um convite que faz as vezes de contrato, a outra, a Fundação Rockefeller, seguindo uma lógica de integração na universidade norte-americana e de verificações múltiplas, necessariamente mais lenta.

O dinheiro é o *x* do problema, mas ainda resta providenciar o visto do Departamento de Estado, num momento em que este adota uma política timorata, amparado por uma opinião pública e um Congresso bastante isolacionistas e pouco desejosos de acolher refugiados da velha Europa em seu país. Roosevelt e a conjuntura de guerra não mudarão muita coisa nisso. Ao vigor com que se mobilizam determinados segmentos da sociedade civil norte-americana opõem-se a lentidão da burocracia consular e as tendências abertamente xenofóbicas de alguns membros do Departamento de Estado. Eis por que nada nunca é certo. Em geral, o convite para ensinar e a obtenção, para os professores universitários refugiados, de vistos fora da cota simplificam o procedimento, mas ninguém está ao abrigo das argúcias administrativas: um passado político um pouco "vermelho", um futuro financeiro não totalmente garantido, e pode dar adeus ao seu visto. No entanto, Alvin Johnson está vigilante, e o visto de Claude Lévi-Strauss é finalmente obtido sem contratempos. Ninguém parece ter se dado conta de que ele fora um militante socialista na juventude.

A equação do resgate se resume então a uma complexa negociação entre a Fundação Rockefeller, a New School e o Departamento de Estado, na qual intervêm legitimidade acadêmica e capacidade financeira, perfil sociopolítico aceitável e avaliação de risco. Na França, tudo depende da política vacilante de Vichy para com aqueles que o regime considera indesejáveis. A triagem é severa, permitindo a raros eleitos escapar da barragem do sul da França, em especial de Marselha, onde estão acuados os párias da Europa inteira. Lévi-Strauss é um deles. De posse de seu *affidavit* e de seus vistos, ainda falta arranjar um navio.

O EXÍLIO

A "partida dos forçados"[56]

Circulando pelos cais de Marselha em fevereiro de 1941, chega-lhe aos ouvidos que um navio deve partir em breve para a Martinica. Trata-se, por coincidência, de um cargueiro da Companhia dos Transportes Marítimos, da qual ele foi passageiro fiel durante seus anos brasileiros. Reconhecido por um velho funcionário que ainda enxergava nele "um embaixadorzinho da cultura francesa"[57], consegue embarcar no *Capitaine Paul Lemerle*, que larga as amarras em 24 de março de 1941 na direção do Caribe. Ao contrário de seus companheiros de infortúnio, Lévi-Strauss não precisou recorrer aos serviços de Varian Fry e de seu Emergency Rescue Committee, instância importante na evacuação de exilados[58]. Munido de seu convite e de suas próprias relações náuticas, beneficia-se em várias oportunidades de um tratamento privilegiado, propiciado pelo seu rico passado transatlântico com a Companhia dos Transportes Marítimos. Nada poderia ser mais útil, pois, dessa vez, o cruzeiro não transcorre pacificamente. Mudança drástica de cenário com relação às partidas dos anos anteriores: "Só comecei a compreender no dia do embarque, atravessando os cordões de guardas motorizados, de capacete e empunhando metralhadoras, que emolduravam os cais e isolavam os passageiros de todo contato com os parentes ou amigos presentes, abreviando as despedidas com empurrões e palavrões: tratava-se efetivamente de aventura solitária, era na verdade uma partida de forçados. Mais até que a maneira como nos tratavam, nosso número me causava estupor. Pois espremiam aproximadamente 350 pessoas num pequeno vapor que – eu constataria prontamente – não compreendia senão dois camarotes contendo ao todo sete beliches"[59]. Privilégio exorbitante, Lévi-Strauss dispõe de uma cama num dos dois camarotes da embarcação. Além de sua carga humana, o *Capitaine Paul Lemerle* embarca um material clandestino que será progressivamente entregue ao custo de inúmeras escalas na costa mediterrânica e depois africana.

À medida que se avança rumo aos trópicos e o calor aumenta, a permanência nos porões torna-se impossível e a embarcação transforma-se num zoológico flutuante, todas as atividades humanas sendo transferidas para o convés: não só secagem da roupa e preparação da comida, como um problema mais crucial, os "cuidados higiênicos", muito precariamente assegurados por dois galpões de pinho resinoso encharcados de urina, um verdadeiro martírio para os delicados. Várias imagens irrompem no prisma dessa galera de reses à deriva através do Atlântico: o modelo tanto do comércio escravagista como das migrações econômicas do início do século para Nova York. Na biografia de Lévi-Strauss, essa travessia é compreendida como uma paródia da viagem etnográfica: dessa vez, são os futuros refugiados, "rebanho de campo de concentração"[60], que formam as tribos potencialmente em vias de extinção. Ao conforto sucede o incômodo, ao pequeno número, o excesso, ao luxo, a pobreza, e à busca do outro, a fuga de seu país. Independentemente de como seja compreendida, essa travessia a partir da velha Europa a bordo de um navio fantasma afigura-se não só o avesso da epopeia do alhures, como a metonímia do exílio de massa dos anos de guerra; mais que isso, para Lévi-Strauss, o périplo de 1941 torna-se retrospectivamente – quinze anos mais tarde, quando escreve *Tristes trópicos* – a última e caótica travessia anunciadora dos novos tempos, símbolo de uma modernidade do excesso, de um mundo que lhe é hostil e que ele não reconhece mais como seu.

Essa galera maltrapilha é também uma embarcação recheada de passageiros distintos, artistas, intelectuais, sindicalistas, políticos, jornalistas, médicos, advogados, toda uma elite de profissões intelectuais compelida a deixar a Europa de Hitler, seja porque são judeus, seja em razão de sua oposição política, que faz deles inimigos a serem abatidos. Desfilam no convés, por exemplo, vultos cujos nomes prestigiosos – Anna Seghers, Victor Serge, André Breton, para citar apenas alguns – contrastam com o semblante atordoado que a situação (e o jogo da embarcação) lhes confere: Victor Serge, ex-companheiro de Lênin, parece aos olhos arregalados do antigo militante socialista como "uma velha senhorita com princípios"[61], cujas maneiras grã-finas não condizem com a imagem que temos de um revolucionário. Quanto a André Breton, "muito pouco à vontade naquele barco, zanzava de um lado para o outro pelos raros espaços vazios do convés; vestido de pelúcia, parecia um urso azul"[62]. Lévi-Strauss relatou esse encontro a céu aberto com André Breton. Durante uma escala em Casablanca, escuta-o declinar sua identidade e decide se apresentar, como um discípulo teria feito junto a um mestre. Dessa desigualdade de condições entre o jovem etnólogo de 32 anos e o cabeça do surrealismo, de "notoriedade considerável"[63], o primeiro reporta o impacto que sente diante do personagem célebre, de quem aprecia a cortesia, tão deslocada e anacrônica nas condições que lhes são oferecidas: seu lado *Grand Siècle*[64]. O jovem, pasmo porém curioso, faz chegar ao "mestre" um bilhete, que se estende em intermináveis conversas sobre as relações entre a obra de arte e o documento, tema crucial tanto para os surrealistas como para os etnólogos e já submetido à interrogação no início dos anos 1930 na revista *Documents*[65]. Espanta esse colóquio estético no meio do nada: imaginamos os dois homens, num misto de gravidade imperturbável e frivolidade irrefletida, mergulhados no puro amor da discussão, como um luxo que não lhes seria mais permitido, mas do qual mesmo assim usufruiriam. A cena é tão plausível quanto extravagante. Da mesma forma, os flertes e aproximações com jovens exiladas alemãs, os quais Lévi-Strauss, não obstante avaro em confidências, confessa sem hesitar: são sinal dos atropelos históricos que enlouquecem as bússolas sentimentais, num grande arroubo de viver finalmente o presente. Não era lugar nem hora de começar um romance. Uma vez que abertamente liberado na circunstância, o amor, erótico e/ou sentimental, torna-se então necessário. São ainda as duas alemãs que viram a cabeça de Lévi-Strauss quando o navio atraca, um mês depois da partida de Marselha, na baía de Fort-de-France.

Vichy nos trópicos

Na Martinica, os refugiados são recebidos como prisioneiros, alojados em residências vigiadas ou confinados em campos fora de Fort-de-France, em Balata, na Pointe-Rouge ou no Lazareto. É com um humor sardônico que Claude Lévi-Strauss descreve a chegada do vapor a Fort-de-France, numa

Martinica em que os círculos oficiais sentem-se confusamente culpados por uma derrota da qual não participaram. Mais petainistas do que Pétain, os oficiais veem desembarcar aquele concentrado de antifranceses, judeus, estrangeiros, surrealistas e anarquistas, como um "carregamento de bodes expiatórios para saciar sua bile"[66]. André Breton lembra-se dos insultos lançados a cada um por ocasião do desembarque: "A um jovem pesquisador dos mais distintos, convidado para prosseguir seus trabalhos em Nova York [trata-se de Claude Lévi-Strauss]: Para a Pointe-Rouge (é o nome de um dos campos da ilha)... 'Não, o senhor não é francês, é judeu e, para nós, os judeus franceses são piores que os judeus estrangeiros.' [...] A mim mesmo: 'Escritor. Supostamente convidado para dar conferências e publicar livros de arte. Vai ser muito útil na América! Francês? Desembarque, vá, mas com vigilância discreta'"[67].

Em *Tristes trópicos*, assim como em *Martinica encantadora de serpentes*, colagem de textos de Breton ilustrada com desenhos de André Masson (publicada em 1947), percebemos uma verdadeira discrepância de sensações. Pois a Martinica, tal como a descobre Lévi-Strauss, antes de qualquer coisa, significa a dureza de uma ordem colonial revigorada pela imposição da revolução nacional sob os trópicos[68]. Longe do teatro de operações da guerra, e ao mesmo tempo pequena ilha estratégica ao largo da qual cruzam navios britânicos e norte-americanos, a Martinica, assim como Guadalupe, é alvo de repressão feroz e propaganda agressiva. Breton zomba do "grotesco elogio, em linguagem *petit nègre*, das últimas medidas tomadas pelo 'paizinho Pétain'"[69]. A arbitrariedade colonial investe contra os refugiados, franceses e estrangeiros, tratados como prisioneiros, objetos de abusos de poder e humilhações: sua nacionalidade lhes é negada e os judeus entre eles são forçados a abraçar uma identidade única, que, até então, julgaram poder considerar com certa indiferença.

Ultrajados e humilhados, os refugiados são igualmente intimados a não fazer contato com os "elementos de cor. São crianças grandes. O que disserem a eles, eles vão entender atravessado"[70]. A polícia francesa, de bermudas, ostenta um zelo caricato, oferecendo o espetáculo de uma autoridade de pacotilha, meticulosa e impotente, corroída pelos mosquitos. Lévi-Strauss nota a mesma forma de febre obsidional – "uma soldadesca às voltas com uma forma coletiva de desarranjo cerebral que mereceria a atenção do etnólogo"[71] –, que atribui à insularidade e ao abuso do ponche. Essa polícia francesa evoca o que Breton imagina serem atributos da polícia alemã. Quer dizer, ainda no estágio de metáfora, já aflora a comparação entre nazismo e colonialismo – que reencontraremos mais tarde –, a qual se exprime em crendices populares que Lévi-Strauss registra sem comentar: alguns martinicanos "explicavam que Hitler não passava de Jesus

Cristo descido à Terra para castigar a raça branca por ter, durante os 2 mil anos transcorridos, desobedecido a seus ensinamentos"[72].

Mas a Martinica não se restringe a esse pequeno inferno insular; ela orquestra o reencontro de Lévi-Strauss (e dos surrealistas) com o Novo Mundo. Com liberdade para circular – outro privilégio excepcional devido à sua condição de contumaz viajante da linha transatlântica –, ele reencontra "com arrebatamento inúmeras espécies vegetais que [lhe] eram familiares desde a Amazônia"[73]; ocupa-se inventariando as coleções arqueológicas acumuladas por uma ordem religiosa de Fort-de-France e perde-se próximo ao monte Pelée em "inesquecíveis passeios por essa ilha de um exotismo muito mais clássico do que o do continente sul-americano: escura ágata herborizada engastada numa auréola de praia de areia preta lantejoulada de prata, enquanto os vales engolidos numa bruma leitosa mal deixam vislumbrar – e através de um gotejar contínuo, mais ao ouvido que à vista – a gigante, emplumada e macia espuma dos arbustos arborescentes acima dos fósseis vivos de seus troncos"[74].

Ao deixar Fort-de-France, Lévi-Strauss é admitido como imigrante em San Juan, Porto Rico. Em *Tristes trópicos*, ele narra um último episódio policial, que vem fechar a série de vinhetas caribenhas, por sua vez enxertada nas memórias brasileiras, todas visando denunciar esse novo governo dos homens por administrações cuja histeria vai de par com a ineficiência. A polícia norte-americana não é mais culta que a polícia francesa: os documentos etnográficos que Lévi-Strauss leva consigo, anotações de campo, fichas bibliográficas (algumas em alemão!), vocabulário em língua indígena, são vistos com a maior suspeição pela alfândega norte-americana, pronta a detectar ali mensagens codificadas. Ei-lo retido em prisão domiciliar até que um perito do FBI se deixe convencer, após intervenção de Jacques Soustelle – ex-colega do etnólogo no Museu do Homem, agora um dos principais *missi dominici* da França livre na América do Sul. Lévi-Strauss deixa esse enclave norte-americano, marcado para sempre pelo perfume espanhol que doravante terá para ele a América do Norte, e chega finalmente a Nova York em 28 de maio de 1941, mais de dois meses depois de sua partida de Marselha.

Nessa data, Dina está em Camcabra, na casa das Cévennes dos pais de Claude, de onde escreve uma última carta a Mário de Andrade: igualmente exonerada pelo Ministério da Educação, por ser judia, vive em Montpellier, de aulas particulares de filosofia, ao deus-dará; descreve o racionamento, as sandálias com sola de madeira (que ela detesta), a fila para os cigarros; continua a apreciar os tecidos vistosos e os belos vestidos, e tira coelho da cartola para se virar desse lado. "O Brasil e a vida larga estão bem longe! Muitas outras coisas também estão longe e definitivamente abolidas: a alegria de viver (e o senhor sabe que ela já não era tão profundamente enraizada em mim), a confiança no futuro dos seres humanos."[75] Dina fala da mentira generalizada, dos vícios morais que descobrimos nos outros e em nós mesmos, como se a guerra atuasse como um cruel revelador. "O senhor sabe que meu marido deixou a Europa. Chegou a Nova York após uma viagem de 65 dias! Está fora de perigo, quando não fora de circuito, e talvez ainda venha a precisar de seus amigos brasileiros."[76] Essa atenção mostra que Claude e Dina Lévi-Strauss se separaram, senão em bons termos, pelo menos cordialmente, nas circunstâncias dramáticas que fazem de sua separação não só o fim de sua história, como o fim de um mundo. Por que Dina não acompanhou o marido? Este lhe propôs isso, aproveitando-se de seu convite? Tudo indica que sim. Em 8 de maio de 1940, quando o casal está, de fato, separado há vários meses, Lévi-Strauss, numa carta a Marcel Mauss a respeito de uma eventual bolsa norte-americana, insiste para que a partida não represente uma ruptura na carreira profissional de sua mulher e sugere um arranjo idêntico ao do Brasil, propondo que ela fosse desligada do Ministério da Educação e remunerada pelo Service des Œuvres[77]. Em 21 de julho de 1941, Lévi-Strauss, de Nova York, escreve ao dr. Rivet: "Devo lhe comunicar que minha mulher e eu estamos separados desde o início da guerra [...]. Antes de eu deixar a França, nos encontrávamos com frequência, pois a administração nos reunira em Montpellier, onde ela morava. Ela não quis aproveitar minha partida e vir igualmente tentar a sorte nos Estados Unidos"[78]. A própria Dina escrevera a Mauss alguns meses antes: "Acho que não posso me incluir nas fileiras com vistas ao posto na América. O senhor sabe por quê. O senhor sabe a situação moral em que me encontro. Se aceitar hoje, não tenho certeza de cumprir esse compromisso dentro de um ou dois meses. O próprio esforço da decisão supera o que sou capaz de fazer atualmente. [...] Talvez esteja deixando escapar uma oportunidade única. Mas duvido que ainda possa ser suscetível a arrependimentos. [...] Recusando, eu quase realizo – na medida em que posso ser capaz disso atualmente – um dever intelectual"[79].

Por que Dina Lévi-Strauss ficou, quando, a partir do outono de 1940, tudo indica que a situação vai deteriorar-se? Sem que possamos afirmar com certeza, sem dúvida não quis acompanhar um marido que não o era mais de fato. Legítimo orgulho de uma mulher independente e igualmente diplomada. Ficar também é afirmar que podia viver e, acima de tudo, sobreviver sem ele. Como mostram suas cartas a Mário de Andrade, Dina ainda é uma jovem exaltada, com certas quedas de pressão, mas uma vitalidade e um temperamento intelectual que não aceitam que ditem seu comportamento. Sem dúvida também desejou, sem o perceber nitidamente, viver a História, mesmo a mais trágica, como um ator presente. Ela permanece próxima dos pais de Lévi-Strauss, que se escondem nas Cévennes, depois no Gard, sob a atenção vigilante da família de Pierre Dreyfus.

Última frase da última carta a Mário de Andrade: "Minha personalidade deixou de me parecer um centro privilegiado e intangível e me dissolvi rapidamente, como a Inês de meu romance, que provavelmente jamais será escrito: 'Um dia, Inês desapareceu. Nunca mais foi encontrada: transformara-se em rio'"[80]. Essa dissolução fantasiada é notável sob todos os aspectos, não só como presságio de sua vida clandestina vindoura, como também de seu desaparecimento dessa história, uma vez que ela sai definitivamente da vida de Claude Lévi-Strauss, o qual, mais uma vez, bifurcou rumo a novos horizontes[81].

A FRENCHMAN IN NEW YORK CITY. EXÍLIO E INVENÇÃO CIENTÍFICA [1941-1944] 10

Eu não deixava de me sentir remontando as eras quando ia trabalhar todas as manhãs na sala das 'Americana' da New York Public Library e, sob suas arcadas neoclássicas e entre suas paredes com lambris de velho carvalho, sentava ao lado de um índio com cocar de plumas e vestindo uma pele com miçangas, ainda que fizesse suas anotações com uma caneta Parker...

CLAUDE LÉVI-STRAUSS, "Nova York, pós e pré-figurativa"[1], 1977.

Ao contrário da temporada brasileira, os seis anos em que Claude Lévi-Strauss reside em Nova York, de 1941 a 1947, são praticamente omitidos da autoanálise que é *Triste trópicos*; afloram, em estado de vestígios, num parágrafo sobre a beleza mineral de Nova York, por ocasião de uma reflexão mais ampla sobre o fato urbano americano. Por sorte, dispomos de numerosos documentos, além de alguns textos, entre os quais o originalíssimo "Nova York, pós e pré-figurativa", escritos posteriormente. Pois em Nova York, tal como no Brasil, a maneira como o exílio é percebido e vivido no calor da hora pode diferir das recordações tardias.

Com efeito, o exílio é uma experiência fundamentalmente ambivalente. Em 1941, Lévi-Strauss, assim como seus companheiros de destino e infortúnio, escapou do pior, porém ao preço de um desenraizamento de seu mundo e de um mergulho no desconhecido. Como dirá mais tarde Patrick Waldberg, um amigo do grupo surrealista, eles "carreg[avam] no rosto os alarmes e tormentos de 1940"[2]. Perplexos, atônitos, emagrecidos, desembarcam numa cidade enlouquecedora. Estranhamente, e por razões não somente pessoais, Lévi-Strauss encontrará sua felicidade em Nova York. Ele sempre disse isso. De todos os pontos de vista, aqueles anos foram de uma grande intensidade e lhe instilarão uma forte atração por tudo que é americano. Jovem professor universitário promissor, circula com desenvoltura por entre os estratos da cidade, assim como nos do exílio europeu e do mundo norte-americano; sabe conjugar, de maneira produtiva, seu apetite por descobertas, seu ardor pelo trabalho e o descompromisso de uma vida boêmia, pela primeira vez sem nenhuma responsabilidade familiar. Lévi-Strauss é um dos mais jovens entre os exilados: 32 anos em 1941. Tornou-se muito cedo arrimo de família, obrigado a prover a subsistência dos pais[3]; mais tarde, em sua volta à Europa, quando se aproximar dos 40, parecerá mais velho do que a idade que tem. Jovem entre os velhos, será em seguida um veterano não tão velho, mas que assim parecerá; depois, por sua longevidade, sempre o mais idoso. A existência de Lévi-Strauss se desenrola a contratempo das idades da vida: em Nova York, com dez anos de atraso, leva uma vida de rapaz de 20 anos, sem filho, sem esposa, mas não sem aventuras, que ele encadeia – com uma predileção pelas jovens e belas russas com educação francesa[4] – no turbilhão sentimental do exílio.

Para o biógrafo, o grande desafio dessa etapa nova-iorquina é, evidentemente, revisitar a genealogia não só intelectual, como social, política, institucional e histórica do estruturalismo, oficialmente nascido com a gênese do que virá a ser *As estruturas elementares do parentesco*. Referência teórica concebida em Nova York e não em Paris, nos anos 1940 e não nos anos 1960, o estruturalismo foi recentemente objeto de novos estudos, que revisam a ideia da autonomia da criação científica para mergulhá-la em suas configurações materiais, sociais, ideológicas e epistemológicas[5]. Uma nova história, inspirada nos *science studies* e na sociologia das ideias, autoriza uma abordagem menos idealista e mais rica da invenção científica[6]. Neste capítulo, o estruturalismo, ao mesmo tempo um método e uma visão de mundo, um paradigma no sentido forte do termo, é confrontado com a experiência do exílio em toda a sua pluralidade. Não se pode reduzi-lo à explicação habitual: Lévi-Strauss concebe o estruturalismo em Nova York porque lá conhece o linguista Roman Jakobson e bebe na riqueza das bibliotecas norte-americanas. O processo é mais complicado e interessante. Vamos acompanhá-lo colados nos arquivos.

NA TEPIDEZ DO VERÃO NOVA-IORQUINO (VERÃO DE 1941)

Claude Lévi-Strauss chega a Nova York em 28 de maio de 1941, mas a bruma de calor que paira nesse dia sobre a cidade lhe mascara o esperado espetáculo da chegada à ilha de Manhattan; embora já um ícone do imaginário ocidental, a experiência não deixa de ser um choque cerebral. Na cerração, o jovem etnólogo tem apenas a impressão de estar "diante de uma maravilhosa maquete, sem poder conceber as dimensões reais"[7]. O comitê de recepção está presente: sua tia Aline Caro-Delvaille[8], que fez o diabo para o sobrinho conseguir vir para a América, a filha de Aline, Thérèse, metade norte-americana, os Duarte (Paulo e Juanita) e Rirette Nizan, sua prima, que logrou deixar a França com os filhos, sem qualquer notícia de seu marido, Paul, de cuja morte só será informada oficialmente alguns anos mais tarde[9].

Essas circunstâncias são conhecidas graças a um maço de cinquenta cartas enviadas por Claude Lévi-Strauss a seus pais, de 25 de abril de 1941 a 13 de setembro de 1942[10]. Escritas a cada semana, constituem uma fonte de primeira mão para documentar o começo da aventura nova-iorquina, propondo um olhar que difere de alguns textos sobre esse período escritos posteriormente. As cartas são de um grande frescor; o rapaz é rapidamente conquistado pela cidade e o sentimos empolgado em meio a suas fibras urbanas; desenvolve grande capacidade de adaptação ao meio ambiente norte-americano, que ele percebe como imediatamente favorável. De modo que, ao lê-las, delas emana uma crônica feliz, leve, às vezes frívola, não obstante a preocupação sempre presente com respeito aos parentes, a seus pais, a Dina, aos amigos, aos Dreyfus, bem como aos Cahen, amigos belgas de seus pais, também refugiados em Camcabra. Acrescentemos a precaução com as diversas censuras, que às vezes codifica as missivas, em especial quando se trata de relações internacionais e política geral, além da vontade de tranquilizar os pais sobre sua sorte. Cartas "em forma de charadas"[11], percorridas por tensões entre o polo feliz e o dilaceramento, a descoberta e a nostalgia, o trabalho e a política, exprimem a tentação do afastamento profissional e a entrada na arena social, a típica situação do exilado, que doravante é a de Claude Lévi-Strauss pelos próximos anos.

Prof. Claude L. Strauss, 51 W 11th Street, Greenwich Village

Em 8 de junho de 1941, Lévi-Strauss avisa a seus pais que, de agora em diante, podem lhe escrever no seguinte endereço: "51 W 11th Street [...] em nome de Prof. Claude L. Strauss, tendo a New School me desbatizado porque Lévi-Strauss é o nome de um popular fabricante de impermeáveis [*sic*]". Novo endereço, nova identidade profissional, nome transformado. A incômoda homonímia com o gigante dos *blue jeans* (que o etnólogo francês parece não conhecer) serve de pretexto para fazer o recém-chegado passar pelo crivo rotineiro de entrada nos Estados Unidos para inúmeros imigrantes cuja consonância patronímica é obscura demais para o ouvido norte-americano. Na hora, ele não diz nada; mais tarde, fingirá divertir-se com aquela mudança de nome brutalmente imposta, mas é óbvio que a mutilação do sobrenome é o eco significante de uma identidade igualmente "mutilada", como Theodor W. Adorno, também refugiado em Nova York, qualificará a vida do exilado[12].

Com seu salário de 180 dólares por mês – que ele engordará progressivamente com alguns "*jobs*" – e uma posição garantida, o jovem professor não rola no ouro, mas tampouco sofre empobrecimento drástico, achando o custo de vida bastante módico, por exemplo, o da comida (sempre uma preocupação dominante nele): é possível comer bem e suficientemente por um dólar por dia.

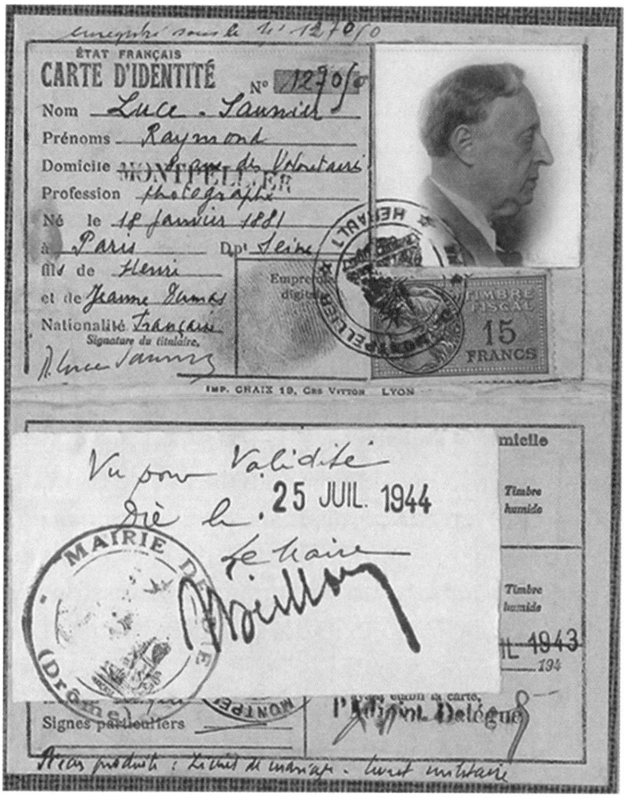

Falsa carteira de identidade do pai de Claude, "Raymond Luce-Saunier", durante a guerra, escondido nas Cévennes, enquanto o filho se encontra nos Estados Unidos, com o nome Claude L. Strauss.

Como alguns outros, está admirado com a faustosa abundância e modalidades das refeições: os bares com balcões, as *delicatessen*; sem horário, uma cultura de *self-service* que lhe apraz. Sempre minucioso sobre o tema, é comum ele empreender a descrição de suas refeições, com a intenção visível não só de tranquilizar os pais, como de iniciá-los nos atrativos da vida norte-americana. A refeição típica: "Uma grande fatia de rosbife ou lombo de porco assado, ou pernil, ou um *hamburger steak* (carne moída) com purê de batata e espinafre, ou alguns outros legumes, com manteiga e, à escolha, pãezinhos, pão de centeio ou pão inglês. É raro eu acrescentar uma sobremesa, mas, quando o faço, é ritualmente uma '*pie*' de fruta: mirtilo, maçã ou abacaxi, às vezes com um *ice cream* por cima"[13]. À guisa de arrependimento diante da ostentação desses faustos, ele acrescenta ao fim da descrição de outra carta: "Fico louco de irritação e dor quando penso na Europa"[14].

O grande acontecimento na semana de sua chegada é a procura de moradia. A facilidade com que a encontra, a surpresa de descobrir tais oásis no coração de Nova York, tudo o encanta e lhe inspira uma comparação com a Paris romântica. Escreverá mais tarde: "Os surrealistas franceses e seus amigos instalavam-se em Greenwich Village, onde, a poucos minutos do Times Square

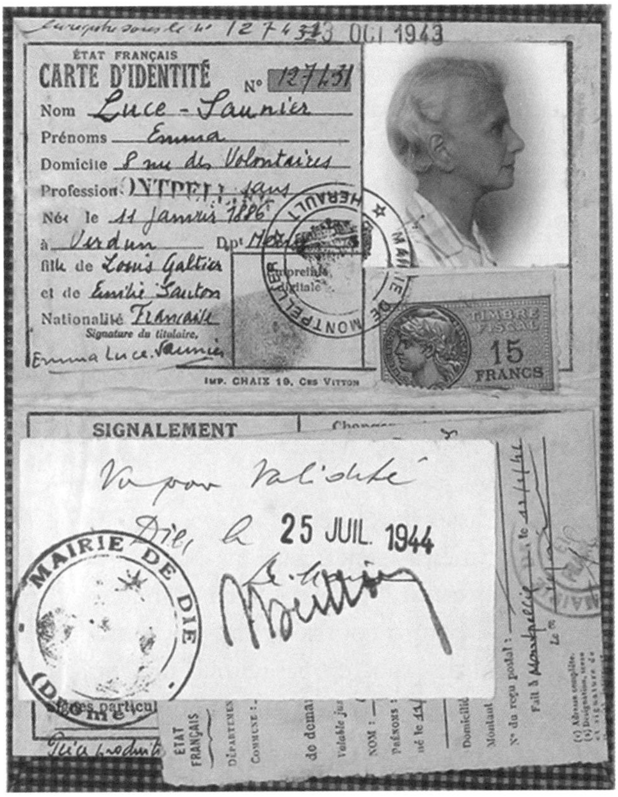

Falsa carteira de identidade da mãe de Claude, "Emma Luce--Saunier". Os prenomes e iniciais do sobrenome verdadeiro (Lévi-Strauss) são conservados em ambos os casos.

pelo *subway*, ainda era possível morar, como na Paris da época de Balzac, numa casinha de dois ou três andares com um quintalzinho atrás. Poucos dias depois da minha chegada, indo fazer uma visita a Yves Tanguy, descobri e aluguei imediatamente, na rua onde este morava, um *studio* cujas janelas davam para terrenos baldios. O acesso era feito por um longo corredor subterrâneo que levava a uma escada privada, nos fundos de uma casa de tijolos vermelhos"[15]. A fisionomia do conjunto, combinando sossego e existência secreta, furtada aos olhos do transeunte por uma passagem subterrânea, corresponde às expectativas do novo inquilino. O apartamento o seduz na mesma hora por sua "fantasia", na "parte elegante de Greenwich Village, entre as 5ª e 6ª avenidas (digamos a região do bulevar Raspail, na direção da rua du Bac, rua de Grenelle...)"; o aluguel barato – cinquenta dólares por mês com os serviços de uma faxineira "que é uma magnífica negra", o telefone automático no corredor da entrada e a anotação de todas as mensagens recebidas em sua ausência entre as 8h da manhã e as 10h da noite.

Mas o que lhe agrada acima de tudo é o fato de o *studio* ser na realidade um ateliê de artista, como tantos no bairro: um grande espaço num cômodo único, sob os telhados, com amplas janelas que formam uma vidraça. Ateliê de artista num bairro, o Village, que, desde antes de 1914, é o centro da vitalidade cultural nova-iorquina, zona de programas noturnos, com seus bares de *jazz* e, resumindo, a incomparável encarnação do bairro de artistas, a despeito das comparações mais ou menos legítimas que Lévi-Strauss, a exemplo dos outros refugiados, multiplica com a Paris que ele deixou, e segundo as quais Greenwich Village seria "o Montparnasse local, algo intermediário entre o Point du Jour e a Porte d'Orléans". Cogita fugazmente morar no bairro mais universitário de Columbia, na zona noroeste de Manhattan, mas o espírito de boemia e os aluguéis baratos do Village o convencem, ainda mais que seu domicílio é colado na New School, situada no cruzamento da rua 12ª com a Quinta avenida.

Nova York, primeiras impressões

Tornar-se estrangeiro aguça, como se isso fosse necessário, seu olhar de etnólogo da vida urbana. Durante as primeiras semanas, Lévi-Strauss percorre Manhattan em todas as direções, realizando "fantásticas caminhadas noturnas"[16]. Como em São Paulo, admira-se com o contraste entre a vontade geométrica e racional do recorte ortogonal das ruas e o irracional urbano. Nova York é um "enorme bazar"; "quando imaginamos que tudo aqui é uniforme e padronizado, na realidade, há muito mais espaço para a fantasia do que na Europa"[17]. Alguns apartamentos que ele visitou e as vitrines de algumas lojas são de um "pitoresco inverossímil"[18]. Já se interessa pelos nichos exóticos, que, do ônibus de dois andares, descobre no grande caos multicultural da cidade: "bazares orientais atulhados de tecidos estampados ou de lã hindus, mexicanos, indonésios" que lembram "nossos bazares marroquinos, mas mais sofisticados. O que encontramos neles é quase como, na Europa, nos antiquários"[19].

Descreve a arquitetura de um arranha-céu e do conjunto do Rockefeller Center, onde trabalha sua tia Aline, acha a estação ferroviária central "surpreendente", pois nela não se vê um trem: as plataformas são subterrâneas; fica admirado com a "dignidade e cortesia do povo mais simples. Nunca temos a impressão de uma diferença social". A rua, em si mesma, é um "espetáculo suntuoso e incessantemente renovado"[20]. No auge da efervescência e arrastado por alguns amigos do grupo surrealista, frequenta barzinhos "onde vadiam marujos e reles prostitutas, espécie de simulacro de Mac Orlan", para escutar música negra. É arrebatado pelos embalos de sábado à noite no grande *dancing* do Harlem, o Savoy. Essa cena de baile evoca o mesmo episódio que o recebe, em pleno Carnaval, à sua chegada a São Paulo seis anos antes; dessa vez, porém, é toda a energia da Nova York afro-americana, como ainda não se dizia, que lhe é revelada em uma noite: "Uma turba negra inacreditável dançava admiravelmente ao som de uma orquestra magnífica, mas sem nada daquele lado africano do Carnaval brasileiro; mesmo assim, no gênero norte-americano, totalmente possuída. Mas a coisa só começou a ficar extraordinária por volta das 2h da manhã, com o concurso de dança. Os concorrentes são adolescentes de 15 a 18 anos, da arraia-miúda do Harlem, e as garotas criaram para elas uns figurinos curtos, metade ginastas, metade bailarinas, e suas danças são a coisa mais prodigiosa que eu vi no gênero: uma improvisação frenética e acrobática, em que os rapazes agarram suas dançarinas (ou o oposto), lançam-nas no ar, inventam mil saltos perigosos, sem jamais, naturalmente, perder o compasso ou sair do ritmo"[21]. Na apreciação da dança, como no resto, Nova York é julgada pela régua de São Paulo, por uma sensibilidade já impregnada da América e que ali encontra material para variações. Desse ponto de vista, é verdade que a experiência norte-americana, e isso desde o início, estabelece um terceiro termo entre o Velho e o Novo Mundo, obrigando "a uma forma de triangulação"[22] que torna caduca a simples comparação frontal.

Em suma, Lévi-Strauss escapa espontaneamente aos dois tipos de reducionismo que contaminam as histórias de exilados sobre Nova York: um propõe a oposição termo a termo com a Europa, num registro ranzinza, geralmente em detrimento do país de acolhida, suprassumo da desumanidade, do materialismo, da uniformidade, que se inscrevem num discurso antigo e bastante articulado do antiamericanismo francês[23]; o outro, aparentemente mais risonho, estabelece equivalências que remetem o desconhecido ao conhecido. Gustave Cohen, por exemplo, ex-professor de literatura medieval na Sorbonne e futuro colega de Lévi-Strauss na New School e na École Libre des Hautes Études, vê os edifícios como modernas catedrais[24]; quanto ao suíço Denis de Rougemont, projeta em Nova York, de maneira mais original, uma cidade "alpina"[25] feita de cristas admiráveis, o Empire State, o Chrysler, o Rockefeller, e vales profundos, varridos pelo vento. Mais raros são aqueles capazes de apreciar a desmedida própria de Nova York, que lhe dá seu aspecto especificamente norte-americano e requer o ajuste da visão. Lévi-Strauss, desde o início, pertence a estes últimos, pois, em sua primeira carta de Nova York, passa rapidamente sobre a chegada e acrescenta: "A escala é muito desproporcional"[26]. Segundo ele, é preciso tomar ciência dessa mudança de escala para compreender a Big Apple: "Os que declaram Nova York feia são simplesmente vítimas de uma ilusão da percepção. Não tendo aprendido a mudar de registro, obstinam-se a julgar Nova York como uma cidade, e criticam as avenidas, parques e monumentos. E, sem dúvida, objetivamente, Nova York é uma cidade, mas o espetáculo que ela oferece à sensibilidade europeia é de outra ordem de grandeza: a de nossas próprias paisagens, ao passo que as paisagens norte-americanas nos arrastariam, por sua vez, para um sistema mais vasto e para o qual não possuímos equivalente. A beleza de Nova York não se deve à sua natureza de cidade, mas à sua transposição, inevitável para o nosso olho, se renunciarmos a nos empedernir, de cidade para o nível de paisagem artificial, onde os princípios do urbanismo não mandam mais: os únicos valores significativos são o aveludado da luz, a sutileza das distâncias, os precipícios sublimes ao pé dos arranha-céus, e vales sombreados salpicados de automóveis multicoloridos como flores"[27].

Essa visão de Nova York como excedendo a escala da cidade será mais tarde conceitualizada pelo termo "megalópole", inventado por Jean Gottmann, geógrafo francês exilado nos Estados Unidos e que ali permanecerá durante grande parte de sua carreira. Sem dúvida era preciso um olhar estrangeiro para poder efetuar a "mudança de registro" da visão, à qual convida Claude Lévi-Strauss, e para saber apreciar o caráter inédito dessas formações urbanas da costa leste. Essa apreensão de uma cidade que estaria ao mesmo tempo aquém – Rougemont sentia-se ali "contemporâneo da pré-história" – e além da modernidade urbana ocidental permite identificações geológicas e incita a devaneios baudelairianos sobre Manhattan como "paisagem imensa de mineral e água".

O cientista social como artista nova-iorquino

Afora os grandes passeios e a iniciação à vida nova-iorquina, Claude Lévi-Strauss, de maneira pensada e voluntária, lança uma tripla ofensiva no verão de 1941: a realização de seu primeiro trabalho etnológico de envergadura, o aprendizado linguístico acelerado e a incursão vigorosa na esfera acadêmica norte-americana.

A redação de *A vida familiar e social dos índios nambiquaras* deriva de uma dupla exigência. Por um lado, Lévi-Strauss compreendeu a necessidade de impor-se rapidamente no mercado acadêmico norte-americano com uma publicação importante em inglês – daí a decisão conexa e fundamental de se autotraduzir, a fim de, no mesmo movimento, robustecer sua produção bibliográfica (ainda limitada a muito poucas coisas) e domesticar a língua inglesa, da qual só possuía rudimentos. Por outro lado, trata-se, por assim dizer, de uma questão pendente. Lévi-Strauss escreve duzentas páginas durante o mês de julho a partir de seus apontamentos de campo, numa lógica de desenvolvimento monográfico clássico. Esse texto, concebido como passaporte de entrada na academia norte-americana, constituirá, na realidade, sua tese complementar e será publicado em francês em 1948, mas não em inglês. Extenso demais para um artigo, curto demais para um PhD, o formato escolhido não era dos mais oportunos, mas, naquele momento, o essencial para Lévi-Strauss é finalmente analisar aquela expedição etnológica efetuada vários anos antes. E ele exclama, impaciente, em certas noites de labor: "Estou cheio desses índios com quem tanto convivi, que arrasto há tanto tempo atrás de mim e sobre os quais tanto falei"[28]. Quando sabemos que até ali não redigira senão um artigo sobre os índios bororos, compreendemos que a exasperação exprime acima de tudo a sensação de um atraso no seguimento de seus trabalhos após os dois anos perdidos desde o retorno do Brasil.

Tal qual seu amigo André Masson, "monge moderno"[29], a quem ia visitar em sua casa em Connecticut, Lévi-Strauss se fecha em seu apartamento e se confronta com seus sistemas de parentesco, numa espécie de cara a cara com a matéria mesma da obra futura. Seu apartamento torna-se então um autêntico gabinete de estudos: "Já há um grande mapa das duas Américas na minha parede e, nas prateleiras das estantes, alguns livros que começo a comprar nos sebos, que ocupam um bairro inteiro[30]. [...] Mas por enquanto meu trabalho consiste principalmente em estudar meus sistemas de parentesco, no que avanço lentamente, pois preciso preparar enormes folhas de papel, fazer colagens engenhosas e quadriculados intermináveis antes de poder simplesmente começar a colocar o material em ordem. Quando isso terminar, espero forrar minhas paredes com elas!"[31]. Qual um Jackson Pollock da ciência, Lévi-Strauss se lança de corpo e alma nesse trabalho longo e árduo de dissecação dos sistemas de parentesco; a economia do saber, sua materialidade (papel, tesoura e cola) e a natureza do lugar que o abriga (um ateliê de artista) aproximam a produção científica do gesto artístico.

Lévi-Strauss comprou uma clarineta. Toca nos intervalos. Escuta num aparelho de rádio de ondas curtas "magníficos concertos de música gravada", bem como notícias do ataque surpresa à Rússia perpetrado pelos nazistas – estamos em 22 de junho de 1941: "Inverossímil série de acontecimentos que é essa guerra!". O cientista esteta gostaria muito de recuperar "seu cachimbo peso de papel indiano esculpido em pedra negra": "Não tenho nenhum objeto um pouco refinado para olhar ou tocar na minha casa, e sofro com isso"[32]. Ao longo das semanas e dos meses, reconstitui um universo de trabalho que lisonjeia seu gosto e satisfaz sua necessidade de imergir na atmosfera do Belo para parir o Vero; sobre a mesa de centro, ao lado do cinzeiro – pois Lévi-Strauss fuma um tabaco preto porto-riquenho comprado no East Harlem –, duas estatuetas: "Uma era de madeira clara. Representava um guerreiro com olhos de ouro, de cócoras, prestes a saltar, com uma lança na mão. A outra era um pequeno totem tendo em cima dois triângulos alongados que reproduziam as asas abertas de um pássaro"[33], procedentes da Colúmbia Britânica.

Embora mergulhado nessa ciência artesanal, percebemos que Lévi-Strauss, consciente de suas dificuldades para tratar apropriadamente a massa de documentos, já experimenta algumas associações com disciplinas vizinhas. Assim, antes mesmo de convocar o matemático André Weil, tentou convencer seu colega belga Barzin a "tratar os sistemas indígenas de parentesco com os métodos da lógica matemática, em que ele era especialista"[34]. Trabalho perdido, contudo. A aplicação matemática é muito mais lenta do que seus próprios procedimentos empíricos e a elucidação de um sistema de parentesco levaria meses; ligeira decepção por parte de Lévi-Strauss, mas interesse prolongado em Barzin: "Esse flerte com os selvagens o empolga bastante e ele tem a impressão de estar fazendo palavras cruzadas ou decifrando um romance policial"[35]. Da mesma forma, um certo sr. Herzog, professor (húngaro) de linguística em Columbia, acaba de lhe dar sua "primeira aula de 'fonemia', que é a última palavra da ciência linguística norte-americana". Após seis horas de dedicação, sai dali "ligeiramente esclarecido e totalmente aniquilado"[36]. Esses episódios, anedóticos talvez, ligam-se ao romance picaresco do saber moderno, mas apontam sobretudo uma configuração favorável (os colegas de outras disciplinas ao alcance da mão) que tornará possíveis outros encontros posteriores, dessa vez mais frutíferos, embora não os primeiros. Revelando mais tarde que, no mesmo momento, no mesmo endereço e no mesmo prédio, Claude E. Shannon, matemático e engenheiro, se esfalfava em cima da codificação da informação e começava a formular sua teoria matemática da comunicação[37], Lévi-Strauss nos faz sonhar[38]. Shannon, pai da cibernética, é uma mente imaginosa, um brincalhão, não conformista, em quem Jakobson se inspirou para estruturar suas seis funções da linguagem. Vemos aqui, em plena guerra, ao abrigo das frondes do Greenwich Village, um mesmo paradigma científico de decodificação que se enuncia na forma de uma coincidência de endereço.

Exílio-refúgio ou exílio-emigração?

A escolha de traduzir pessoalmente seu artigo é uma decisão precoce, fecunda e significante. Lévi-Strauss se violenta – é um "verdadeiro martírio"[39] –, mas a competência linguística adquirida nesse parto a fórceps é um investimento no longo prazo. Por sorte, pode contar com a revisão de sua tia Aline (tradutora nas horas vagas) e amparar-se numa "maravilhosa publicação": o *Roget's Thesaurus*, numa edição barata que acaba de comprar[40]. Esse aprendizado do idioma é solitário e escrito; para a parte oral, faz "orgias de cinema", não tendo ainda muitas oportunidades de conversas aprofundadas. Na volta às aulas universitárias, cabe-lhe dar um curso em inglês sobre a sociologia da América do Sul na New School. Aqui também, ele se joga sem paraquedas, decidindo falar diretamente em inglês e sem anotações, com medo de ficar paralisado pelos papéis perante um auditório de seminário (dez estudantes), que, além do mais, é bastante cosmopolita e pouco exigente quanto à pureza da língua, a qual os norte-americanos, de toda forma, não fetichizam. Resultado: Lévi-Strauss e seus alunos "tartamudearam consensualmente"[41] numa "base assaz cordial"[42]! A relação com a língua inglesa traduz uma decisão profunda quanto ao sentido que se dá ao próprio exílio: pode ser considerado um refúgio temporário, conservando uma identidade nacional intacta e, para os franceses, um fortíssimo sentimento de superioridade intelectual. É o caso de André Breton, encerrado em sua fortaleza, rejeitando o inglês, com medo de "poluir" seu francês. Esse tipo de exílio é uma migração de manutenção, onde o país de acolhida é um simples "espaço sobressalente" enquanto se esperam dias melhores[43]; o exílio pode significar, ao contrário, uma permanência mais longa, que envolve mestiçagens mais substanciais e transforma duradouramente a identidade social, cultural, profissional, bem como nacional, do exilado. Os exilados alemães da Segunda Guerra Mundial se encaixam, em sua maioria, nesse quadro de exílio-emigração, que, para muitos deles, se conclui com uma naturalização norte-americana. Os franceses, ao contrário, não desgarram o olhar da pátria-mãe, além de cultivarem um exclusivismo nas relações muito pouco curioso com relação às realidades norte-americanas. Como os emigrados nobres da Contrarrevolução, muitos exilados franceses partiram novamente após a guerra sem nada terem aprendido ou esquecido, para repetir as palavras de Talleyrand. Como vemos, o jovem Lévi-Strauss distingue-se desse esquema nacional. Ele amadurece rapidamente "sob o sol do exílio"[44] e investe o espaço acadêmico norte-americano com o ardor de um rapaz impaciente, não sem sucesso.

Esse verão da aculturação norte-americana e do mergulho no inglês por intermédio da escrita gera um certo cansaço e até, às vezes, a sensação de esgotamento físico, mas no final é bastante produtivo. Com efeito, no fim do verão, ele entrega suas duzentas páginas, para serem lidas em inglês, a Robert Lowie. Este relê o original e faz alguns comentários: faz-se necessário enxertar observações mais concretas e descritivas nas passagens demasiado teóricas, mesmo para o etnólogo mediano... Lévi-Strauss cogita transformá-lo para adequá-lo ao formato da tese norte-americana. Coloca-se então o espinhoso problema da equivalência dos diplomas: "Os franceses nos Estados Unidos estimam em geral que, sendo a *agrégation* muito superior ao doutorado norte-americano, não devemos depreciá-la pelejando pelo título mais baixo"[45]... Mas para Lévi-Strauss, ao contrário, parece "que, se devemos fazer carreira na América, seria mais político alinhar-se com os futuros colegas"[46]. O outro personagem-chave desses primeiros meses é Alfred Métraux, cujo papel na escolha favorável da Fundação Rockefeller Lévi-Strauss não ignora. No verão de 1941, Métraux, até ali professor na Universidade Yale, deixa seu posto para juntar-se, em Washington, ao Instituto Smithsonian, a fim de supervisionar, sob a direção de Julian Steward, a vasta empreitada coletiva sintetizando os saberes adquiridos sobre as sociedades indígenas da América do Sul: o *Handbook of South American*

Indians, que sem dúvida será, como explica Lévi-Strauss a seus pais, "a mais alta autoridade em matéria de etnografia sul-americana durante o próximo meio século"[47]. Lévi-Strauss julga então urgentíssimo fazer parte da aventura. Como lembramos, sua vinda aos Estados Unidos foi, aliás, em parte condicionada por essa colaboração. A zona atribuída a Lévi-Strauss na economia geral da obra é "limitada ao norte pela fronteira do estado do Amazonas, a oeste e sudoeste pelo curso do Guaporé, a leste pelo Xingu, ao sul por uma linha passando ao sul de Cuiabá, logo, em suma, quase todo o Mato Grosso"[48]; trabalho imenso pela frente, mas que o inscreverá diretamente na ciência antropológica internacional: "pouco dinheiro, mas muita consideração"[49]. Alguns meses mais tarde, em 27 de novembro, ele volta de uma viagem de três dias a Washington. Seu lado "cidade de águas opulenta e um pouco antiquada" o deixa indiferente, mas a Biblioteca do Congresso o enlouquece. Métraux dispõe de um gabinete ali: "é realmente a imagem alucinante de um formigueiro intelectual", todos trabalhando em suas pequenas células idênticas; o prédio do Smithsonian é construído "como uma úlcera no meio dos palácios da esplanada" (o Mall), ele tem o encanto da velha América coberta por novas realizações, em especial as novas construções destinadas a acolher as agências de guerra recém-criadas. Ali, pôde conhecer Julian Steward, encantador, típico professor universitário norte-americano, "alto, bigode em escovinha e muito colegial em suas piadas"[50]. Lévi-Strauss viu, com certa ingenuidade, sua participação no *Handbook* como uma porta para o reconhecimento acadêmico: "Eis-me seguro de passar à posteridade numa obra que sem dúvida fará autoridade durante um século". Segundo ele, a visita ao Smithsonian consuma sua aceitação "como um homem da casa no venerável templo da ciência oficial americana"[51]. Em paralelo, pedem-lhe para publicar parte de seu original na *American Anthropologist*, o que anuncia, igualmente, uma entrada bem-sucedida e rápida na cena universitária norte-americana, graças à ajuda fraternal de Métraux.

Durante esses primeiros meses, e transcorrido o laborioso verão de quase cenobitismo, Claude L. Strauss desenvolve uma sociabilidade ativa e seleta. Certo oportunismo guia às vezes suas relações sociais, que ele multiplica, à vontade em vários mundos: o meio antropológico norte-americano, para o qual já aspira a servir de cabeça de ponte francesa, por exemplo quando pede aos pais o favor de dizerem a Mauss (bulevar Jourdan, 95) que ele "trabalha muito e que todo mundo aqui, especialmente Boas e Lowie, pensa nele e lhe pergunta se pode fazer alguma coisa"[52]; os latino-americanos, com quem os laços se estreitaram depois que o convidaram para cuidar de um Latin American Center, que de fato verá a luz e, pensa ele, o estabelecerá ainda mais como especialista a ser consultado em Washington, onde, afirma, há uma grande demanda por centros culturais. "Meus velhos colegas me tratam com uma consideração cada vez maior e a cada dia mais ridícula. [...] Mas tudo isso (escrever cartas para os quatro cantos da América do Sul para o futuro instituto), que neste momento é deveras vão e inútil, pode um dia vir a ganhar importância e me ajudar a estabelecer contatos e me valorizar." Ambição de jovem professor universitário matizada de lucidez fatalista. Apartado da vida social nova-iorquina, à qual ele cede em jantares organizados por Mima Porter, rica amiga de sua tia Aline, nos quais conhece, entre outros, o célebre jornalista intervencionista Walter Lippmann, ele mantém-se à margem de certos meios literários do exílio francês, em torno de Henry Bernstein: "Todas essas pessoas vivem numa esfera luxuosa demais para que eu me aproxime delas. Nova York é uma cidade tão grande que diversos meios sociais constituem cidades independentes que se superpõem sem se misturar. Acrescento que, por mil razões, mantenho grande distância dos círculos muito agitados, não sabendo a que ponto, se me misturasse, seria logo arregimentado, e nem tudo é simpático desse lado, longe disso"[53]. Desconfiado dos gaullistas de Nova York, almoça com Pierre Cot, ex-ministro da Aviação da Frente Popular, que ele chama de "Pierre de Maille"[54] em suas cartas, para driblar a censura, e a quem o ligam afinidades socialistas. Em relação aos professores universitários franceses, acantona-se à mesma distância ressabiada, em especial quando entra em pauta uma Escola Franco-Belga que seria encampada pela New School. Consultado, tenta recusar seu aval, mas ao fim o concede, já se arrependendo e guardando "o primeiro pretexto para [se] retirar honradamente". Além disso, o que lhe importa é a New School. Além disso, os norte-americanos não veem com bons olhos a criação dessa instituição. "A orientação que pretendem dar ao empreendimento não me agrada, perto demais de André L.[55] para o meu gosto, e oito dias de intrigas, conciliábulos e picuinhas me deixaram completamente enojado. Eu, que fizera tantos esforços para viver em total isolamento e que jurara a mim mesmo não voltar a nenhuma atividade mais ou menos pública! Além disso, tenho mais o que fazer do que dar telefonemas, preparar regulamentos e adular lamentáveis anciões que estão doentes de neurastenia só de pensar que não têm mais certificados de licença para distribuir. [...] Decididamente, as honras da vida parlamentar que tanto apreciei outrora não me atraem mais nem um pouco e não desejo outra coisa senão continuar, sem aborrecimentos ou complicações, nesse ritmo de trabalho regular que mantenho há três meses e que pode durar ainda um ano, tantos são os documentos para esmiuçar e publicar."[56]

Após um primeiro momento bastante norte-americano e bem pouco francês, o que constitui um posicionamento original no campo do exílio, o itinerário de Lévi-Strauss vai evoluir ao longo dos anos. Permite, em todo caso, vislumbrar desde os primeiros meses sua "grande capacidade de atravessar mundos sociais diferentes, ou mesmo afastados"[57]. Como observa Laurent Jeanpierre, a descrição retrospectiva de Nova York ilustra sua percepção aguda das oportunidades de encontros (ou de retraimento) proporcionadas pelo exílio no seio da grande metrópole. "Qual o tecido urbano, o tecido social e cultural oferecia uma textura crivada de buracos."[58] Malha esburacada da cidade que promete descobertas, cavernas de Ali Babá, mas que também representa uma intermediação possível entre setores, blocos estranhos uns aos outros. A tradução psicológica dessa mobilidade social e dessa identidade "de homem plural"[59] se exprime claramente aos olhos de sua tia Aline, que julga seu sobrinho "muito humanizado, mais indulgente, mais tolerante, mais amável"[60]. Mordaz, Claude Lévi-Strauss sabe ser um conviva agradável. Durante um passeio no campo organizado pela New School (e financiado por seus ricos patronos), não hesita em divertir seus anfitriões "contando histórias de selvagens" e simulando um explorador. Nos círculos franceses, comenta a situação nacional e internacional com uma tirada de humor negro: "O chiste de Tristan Bernard foi espalhado sob meus auspícios e todo mundo acha graça [...]: bloqueiam-se as contas e contam-se os Bloch"[61]. Uma maneira entre outras de vencer a angústia e a culpa, avesso do feliz exílio nova-iorquino.

O BOÊMIO EM NOVA YORK

Amizades surrealistas

No fim da primavera de 1941, Nova York, já habitada por centenas de artistas europeus, conta então com uma comunidade surrealista inteiramente reconstituída, cuja chegada, contrariando a lenda, não gerou a superexposição midiática que lhe atribuíram *a posteriori*. "É difícil reconstituir a atmosfera de Nova York no início dos anos 1940, com sua turba heterogênea dos artistas refugiados, entre os quais Dalí ocupava o alto do pódio, perseguido de perto por Pável Tchelíschiev e Eugène Berman, cenaristas e figurinistas dos balés russos, Lyonel Feininger, norte-americano da Bauhaus recém-retornado da Alemanha, George Grosz, cujo expressionismo outrora feroz ganhava tons cor-de-rosa para se integrar numa *American scene* em plena atividade. [...] Nessa afluência, a vinda de estrelas internacionais: Chagall, Léger, Mondrian; e a dos surrealistas: Matta, Tanguy, Max Ernst, Breton e Masson, citados por ordem de chegada, passou inicialmente despercebida."[62] Robert Lebel, historiador da arte e perito em quadros antigos, que ficou amigo do grupo surrealista em Nova York, descreve a incômoda reciclagem dos mestres, polidamente rechaçados; fala até em "semiclandestinidade".

À exceção de Max Ernst, recém-casado com Peggy Guggenheim, e de Tanguy, cuja mulher Kay Sage é rica, os outros vegetam. O tempo distinguirá nitidamente a capacidade de inserção dos pintores e escultores, mais aptos a se adequarem à mudança de país e venderem sua arte, da dos poetas, que, a exemplo de Breton ou Péret, no México, permanecerão numa situação econômica precária. Misto de reflexo de sobrevivência e condição de criação, a sociabilidade típica dos surrealistas no entreguerras não é difícil de ser reconstituída, na medida em que moram todos, mais ou menos, no Village: Tanguy e Breton na rua 11ª, Roberto Matta na 9ª, Marcel Duchamp não longe dali... Em todo caso, não existe verdadeira vida de bar em Nova York. Os membros do grupo que a energia de Breton consegue reunir – a despeito das partidas para o interior de Masson e Tanguy, a quem eles visitam no fim de semana – encontram-se uns nas casas dos outros.

O jovem etnólogo integra-se nesse *underground* francófono de "estrelas" um tanto decadentes. Além de Breton, Max Ernst, com quem simpatiza imediatamente e a quem permanecerá ligado, Duchamp, o primogênito benevolente, e Tanguy, personagem cuja pintura ele admira, mas que julga "incômodo", o neonova-iorquino Lévi-Strauss encontra igualmente, em sua casa na margem leste do Hudson, um "personagem extraordinário": André Masson. Não longe, mora um "homem curioso e artista ainda mais curioso. [...] Ele fabrica extraordinárias criações sonoras e articuladas com arame e chapas metálicas. São edifícios muito complicados, às vezes semelhantes a salgueiros chorões, às vezes a cachos de glicínias ou orquídeas pendendo do teto, mas sempre puramente geométricos, e giram, movem-se ao menor sopro..."[63]. Calder, naturalmente. Além dos centros do núcleo surrealista, Lévi-Strauss é igualmente apresentado a seus satélites: Robert Lebel, sua mulher Nina, Georges Duthuit, crítico de arte e genro de Matisse, a escultora Isabelle Waldberg e seu marido Patrick Waldberg, personagem romanesco que Lévi-Strauss descreve nos seguintes termos aos seus pais: "Ele vive da renda de uma pensão que recebe não sei de quem nem por que motivo, sua herança provavelmente, da qual um banco lhe paga os juros com parcimônia, pois ele é muito 'pirado'. [...] É um sujeito muito doido, brigão, que teve as existências mais inverossímeis, ora dormindo em banco de praça, ora esbanjando dinheiro, mas muito simpático"[64]. Waldberg, com olho de historiador da arte, tendo frequentado o Museu do Homem nos anos 1930, não decepciona a curiosidade admirativa de Lévi-Strauss; a par de suas múltiplas existências, ingressará, em 1943, no Office of Strategic Services, acrescentando portanto a profissão de agente dos serviços secretos a todas as que já exercera. Muito ligado ao jovem pesquisador, que ele vê participar cada vez mais das atividades do grupo, Waldberg deixa por sua vez um belo perfil do Lévi-Strauss dessa época: "Ele me parecia investido do que eu chamaria de dignidade física: o corpo esbelto, esguio, o rosto com os traços cinzelados, o olhar ao mesmo tempo profundo e penetrante, ora pensativo e melancólico, ora, inversamente, apontado como em alerta, uma expressão de gravidade bastante assídua cedendo às vezes ao mais nervaliano dos sorrisos, tudo isso me fazia pensar em algum Grande de Espanha, inquisidor da ciência, que teria substituído o estudo do ponto de honra pelo do ponto supremo"[65].

Lévi-Strauss e os surrealistas (sobretudo Breton) partilham essa elegância de maneiras que confere à sua conversação uma urbanidade um tanto cerimoniosa, já obsoleta na época, uma sensibilidade aristocrática com uma pitada de dandismo[66]. Este é rapidamente integrado às atividades habituais dos jogos importados da Paris surrealista do entreguerras – as charadas, a leitura do tarô, os "*cadavres exquis*", para não falar no "jogo da verdade, em que a arte consistia em confessar tudo porém sem jamais cair na obscenidade ou na vulgaridade. Guardadas as proporções, aquilo às vezes me fazia pensar nas Précieuses ou no Hôtel de Rambouillet"[67].

Vagueiam juntos pela cidade, correm os restaurantes exóticos. As tradicionais peregrinações surrealistas ao mercado de pulgas são substituídas pela descoberta de artefatos primitivos. Claude Lévi-Strauss contou diversas vezes como Max Ernst desencavara na 3ª avenida um pequeno antiquário alemão que lhe vendera um objeto indígena: "Max Ernst nos alertou. Tínhamos pouquíssimo dinheiro, e aquele que dispunha de alguns dólares comprava o objeto cobiçado. Avisava aos outros quando ficava liso. Nosso antiquário tendo encontrado um escoadouro, os objetos foram se multiplicando. Na realidade, [...] provinham de um grande museu que se livrava do que julgava serem cópias. Como se pudesse haver cópias! Assim que o pequeno antiquário compreendeu que havia um mercado para aqueles objetos, fez-se intermediário entre o museu e nós". Última etapa do processo: todo o grupo surrealista embarca para o Bronx, onde se aninha um armazém do Museum of the American Indians, e escolhe diretamente as peças que, alguns dias mais tarde, aparecem milagrosamente na loja da 3ª avenida. Esse tipo de sorte define Nova York e a "sintonia fundamental"[68] entre Breton e Lévi-Strauss, que ainda dá o que falar nos dias de hoje, mediante a aliança renovada entre artes e ciência[69]. Essa espantosa amizade é modelada no convívio de uma vida vadia, tonificada pelo "clima de exaltação intelectual"[70] reinante no grupo. Claro, ambos têm um pé no século XIX e trabalham um material comum, o irracional, o mito, mas segundo caminhos próprios a cada um. Essa política de troca entre surrealismo e etnografia não é novidade, porém, na atmosfera da Nova York dos anos de guerra, Lévi-Strauss reconhece sua dívida: deve aos surrealistas, a exemplo do faro de Breton, espécie de perdigueiro puro-sangue do Belo, a aprendizagem de um juízo estético abalizado sobre os objetos etnológicos, a educação do olhar, a audácia das justaposições brutais que fazem

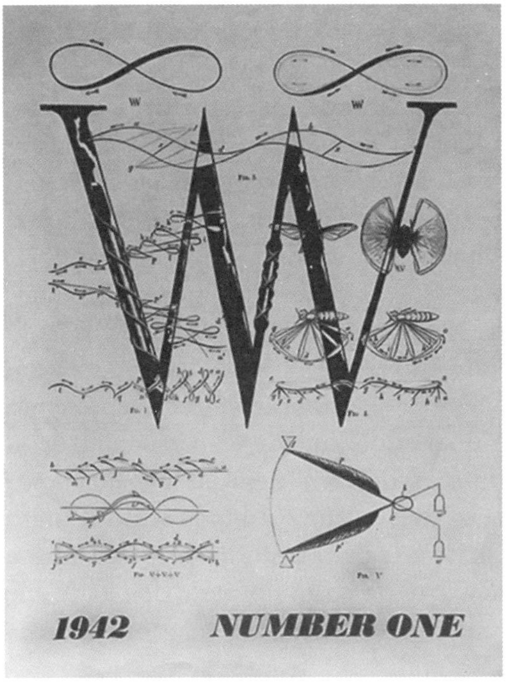

Capa do primeiro número da revisa surrealista *VVV*, publicada em Nova York durante a guerra. Claude Lévi-Strauss colaborou com um artigo, intitulado "Indian Cosmetics".

explodir o sentido: "Foi dos surrealistas que aprendi a não temer as aproximações abruptas e imprevistas como as que Max Ernst cultivou em suas colagens"[71]. Essa estética da colagem é integrada na bagagem do estruturalismo nascente, que recusa as teses difusionistas e prefere proceder por decupagem e justaposição.

A tentativa de recriar a vida de boêmio é um semifracasso para Breton, guardião do templo surrealista, que não logra salvaguardar a homogeneidade do grupo, malgrado o lançamento de uma revista surrealista em Nova York, cujo primeiro número é publicado em junho de 1942. À guisa de editorial, o acrônimo do título é explicitado: "VVV: isto é V + V + V. Nós dizemos Triplo V, isto é, não só V como voto – e energia – de retorno a um mundo habitável e pensável, Vitória sobre as forças de retrocesso e morte desencadeadas atualmente sobre a Terra, mas também V para além dessa primeira Vitória, pois este mundo não pode mais, não deve mais ser o mesmo, V sobre o que tende a perpetuar a servidão do homem pelo homem, e para além dessa VV, dessa dupla Vitória, V também sobre tudo o que se opõe à emancipação do espírito, da qual a libertação do homem é a primeira condição indispensável". Lévi-Strauss publica um artigo na revista, "Indian Cosmetics" [Cosmética indígena], que revisita os desenhos cadiuéus num texto emoldurado por um poema de Aimé Césaire e uma série de imagens surrealistas; arrebatado por esse clima, ele cede ao mistério desses arabescos e apresenta as pinturas faciais sem propor análise nova. É somente dois anos mais tarde que, num texto inédito que lhes é dedicado, "O desdobramento da representação nas artes da Ásia e da América"[72], ele retoma e explicita o motivo da "*split-representation*" [imagem desdobrada]: a partir de um vasto *corpus* extraído das artes dos cadiuéus, bem como das tribos do Noroeste Pacífico, da China antiga e dos maoris da Nova Zelândia, Lévi-Strauss aborda o enigma das analogias sem contato comprovado para sugerir uma interpretação, crítica, do esquema difusionista, fundada numa primeira "análise estrutural das formas"[73]. Agora, e contrariando suas primeiras intuições de 1936, ele não julga mais os desenhos cadiuéus passíveis de serem vinculados a uma influência espanhola, demasiado tardia; sociologicamente, esse desdobramento remete à representação espacial das hierarquias invisíveis; psicologicamente o "desdobramento da representação é função de uma teoria sociológica do desdobramento da personalidade"[74] (biológico *versus* social, profano *versus* sagrado etc.). Essa permanência estilística escorada numa geografia tão vasta que descarta a hipótese do contato impôs-se a ele após a descoberta das máscaras de transformações kwakiutl e das decorações sobre madeira tsimshian, arte da costa noroeste dos EUA que ele descobre fascinado na loja da 3ª avenida, assim como nas salas organizadas por Franz Boas no Museu de História Natural.

Do outro lado do espelho: as "saídas furtivas" de Nova York

"Há em Nova York, escrevi em 1943, um lugar mágico, onde os sonhos de criança marcaram encontro; onde troncos seculares cantam e falam; onde objetos indefiníveis espreitam o visitante com a ansiosa fixidez dos rostos. [...] Esse lugar, ao qual métodos museográficos desusados, mas singularmente eficazes, conferem os prestígios suplementares do claro-escuro das cavernas e da vetusta aglomeração dos tesouros perdidos, pode ser visitado diariamente de 10h às 5h, no American Museum of Natural History: é a vasta sala do térreo consagrada às tribos indígenas do litoral norte do Pacífico, que vai do Alasca à Colúmbia Britânica"[75]. O encontro com essa arte, então desdenhada, do litoral noroeste é um dos tesouros oferecidos pela experiência nova-iorquina. E não é o único. Em "Nova York pós e pré-figurativa", texto de feição nitidamente surrealista, Lévi-Strauss se lembra das "mil e uma cavernas de Ali Babá"[76] prodigalizadas por uma cidade que terminara por reunir o patrimônio artístico da humanidade e o oferecia a quem soubesse nele se esgueirar, como Alice, "do outro lado do espelho"[77]: apareciam então os galpões repletos de vasos mochicas, nazcas e chimus, as caixas de ouro incrustadas com rubis e esmeraldas, relíquias da emigração russa após a Revolução de Outubro, séries inteiras de Utamaro em tiragem de época, das quais algum rapaz em necessidade estava disposto a se separar, ou antiguidades peruanas de grande valor, liquidadas por um barão alemão...

Capa de um livro de André Breton, publicado em Nova York em 1946. A fotomontagem é de Marcel Duchamp.

Nova York, longe de corresponder aos clichês da cidade absolutamente moderna, é uma cidade da complexidade, que organiza um amálgama não só de espaços como de tempos. Se ela prefigura, sob muitos aspectos, as cidades europeias dos anos 1970, pela publicidade onipresente ou por seu gosto pelo *kitsch*, faz igualmente reviver os tempos idos da Monarquia de Julho, descritos magistralmente por Balzac nas primeiras páginas de *A menina dos olhos de ouro*. Numa análise visionária, essas páginas, que Breton reverenciava, comparam as esferas da sociedade parisiense aos círculos do inferno, e descrevem com pujança o jogo de forças em transformação, a brutalidade das ascensões e declínios sociais produzidos, em especial na especulação imobiliária, por essa fase do capitalismo francês[78]. Temos ali uma visão orgânica de uma Paris em movimento perpétuo, definida por forças de assimilação e rejeição que, segundo Lévi-Strauss, a Nova York de 1941 lembra. Assim como os fluxos e refluxos da maré, as reciclagens, reclassificações, colapsos e reaparições de segmentos sociais produzem seu lote de refugos, armazenados em algum nicho da grande cidade e que não resta senão redescobrir quando não valem mais nada. Jogo contrapontístico promovido pelos surrealistas acompanhados do etnólogo íntimo das salas de leilões: convém saber estar o mais perto possível do vácuo depressivo do gosto e lucrar com os avatares do Belo. Eis o antropólogo-esteta transformado em "mascate"[79] da sociedade de seu tempo.

Passando de um tempo a outro, é igualmente fácil se deslocalizar indo de um quarteirão a outro. Lévi-Strauss descobre a realidade multicultural da metrópole norte-americana, por sua vez prefiguração da situação europeia pós-1945, mas por ora completamente nova para o olhar parisiense. Paradoxalmente, essa cidade lhe permite viver a etnologia em todas as suas fibras sensíveis; descobre assim a Ópera Chinesa, que frequenta regularmente, mais tarde levando lá Albert Camus. Sediada sob o primeiro arco da ponte do Brooklyn, uma trupe vinda há muito tempo da China perpetua diariamente no local, da metade da tarde até a meia-noite, as tradições do repertório clássico. Lévi-Strauss frequenta igualmente com assiduidade e conhecimento os restaurantes exóticos, especialmente os chineses. Uma jovem amiga da época conta que ele costumava levá-la para jantar em restaurantes chineses, "onde pedia pratos que não constavam do cardápio"[80]. Ele mesmo prepara algumas receitas de sua lavra, após comprar um pato laqueado e se munir de condimentos em Chinatown. Admiração da moça... Volta ao mundo culinária em oitenta pratos: "Um dia íamos ao Harlem comer frango grelhado com sêmola de cevada. Outra vez, experimentávamos em outro lugar os ovos de tartaruga panamenhos, o ragu de alce, os *kefirs* da Síria, os caranguejos moles com passas, a sopa de ostras, as larvas de palmeira do México, o polvo com olhar de seda"[81]. Em Nova York, Lévi-Strauss está na América do Norte; também está na China, na Europa, no passado e no futuro. Sem dúvida não no presente. Essa máquina de voltar ou avançar no tempo em espantosas coreografias é um eficaz apagador do tempo presente; talvez seja este um de seus encantos mais venenosos.

Nova York, portanto, é a cidade de todos os possíveis. Engastada entre uma cultura de massa prestes a engoli-la e culturas populares de que a grande cidade cosmopolita é o implausível conservatório – ópera chinesa, teatro iídiche, estilo *Early American* –, Nova York afigura-se uma cidade "surrealista", ainda que, paradoxalmente, não fosse de forma alguma inspiradora para Breton, que não lhe dedicou uma linha sequer. É também, segundo Vincent Debaene, uma cidade muito estruturalista, no sentido de que sua estratigrafia urbana e o amálgama dos tempos e espaços que nela se produz constituem um "laboratório de uma teoria das formas simbólicas a partir da variação dos universos perceptivos e da análise de suas relações"[82]. Isso atribui a Nova York e à intensa experiência urbana que Lévi-Strauss, segundo ele mesmo, ali viveu a importância que lhe cabe[83]. A matriz nova-iorquina junta-se igualmente à estética surrealista e à epistemologia estruturalista por uma outra ponta:

suas brechas, suas correspondências fugidias, suas "saídas furtivas" abolem a ditadura do tempo. De um lado pelo sonho, pelo acaso, pelo jogo, de outro pela plenitude sensível e inteligível, subtrai-se às coerções de uma História que "obtura sucessivamente as fissuras abertas no muro da Necessidade"[84]. E como esquecer que, diante dessa cidade de Nova York pródiga em belas escapatórias, a França encontra-se ocupada, bloqueada, aferrolhada, adstrita às dimensões da pura lógica repressiva? Lá é impossível atravessar para o outro lado do espelho.

CIÊNCIA E POLÍTICA

Em 14 de fevereiro de 1942, a École Libre des Hautes Études (ELHE) é inaugurada em Nova York perante 3 mil pessoas. A despeito de sua curta existência, indexada pelo tempo da guerra, a instituição ficou célebre por dois motivos: adornou com seu prestígio intelectual a epopeia da França Livre[85]; abrigou em seus muros no número 66 da Quinta avenida o nascimento histórico do estruturalismo graças ao encontro, que se tornaria mítico, entre Claude Lévi-Strauss e Roman Jakobson, que ali lecionavam.

A École Libre des Hautes Études: gaullismo e política científica

A decisão de criar a École Libre foi tomada nos meios gaullistas de Nova York, independentemente da Fundação Rockefeller; vai reunir grande parte dos professores universitários francófonos refugiados em torno da ideia de uma "Internacional de Ciência de Língua Francesa". Essa iniciativa de erudição militante visa demonstrar a perenidade da cultura francesa e representá-la com essa espécie de universidade exilada no coração de Nova York. É compreensível o fato de o jovem antropólogo socialista ter se entusiasmado apenas moderadamente por esse projeto. Não obstante, participará dele, e cada vez mais ativamente: tendo a princípio declinado a oferta de ser o secretário-geral da escola em prol de Alexandre Koyré, acabou assumindo o cargo em 1944, num momento de crise da instituição. Misto de universidade e Collège de France, essa instituição particular viverá agitada por tensões na interseção do intelectual e do político, do nacional e do internacional, suscitadas pelo próprio estatuto do exílio. Escola perene ou criação de guerra? Lugar de produção científica ou puro órgão de representação política? Espaço internacional de pesquisa ou valente arauto, um pouco vacilante, de uma França que não baixaria a guarda, o que era exatamente a École Libre des Hautes Études?

Folheto de apresentação da École Libre des Hautes Études (ELHE), com algumas das personalidades docentes.

Segundo seu decreto de criação, de 7 de fevereiro de 1942, adotado pela França Livre, ela é efetivamente uma universidade habilitada a fornecer diplomas e se impõe celeremente como instituição inserida na rede de estabelecimentos de ensino superior local: conta com 326 alunos para 40 aulas e 19 professores em fevereiro de 1942; o efetivo dos alunos passa a 851 no primeiro semestre de 1943. Nessa data, 95 professores permanentes ou temporários ministraram 548 aulas. A organização geral em três faculdades (letras, ciências, direito) é diretamente calcada no sistema universitário francês. A escola ostenta alguns membros prestigiosos. Eles atraem, quando não as massas, pelo menos parte do grande público culto, que se reúne em aulas públicas e abertas. O filósofo tomista Jacques Maritain ou Gustave Cohen eram conhecidos por lotar salas com mais de cem pessoas. A grande reputação dos cientistas Jean e Francis Perrin, do matemático Jacques Hadamard, dos juristas Bonnet ou Mirkine-Guetzevitch garante, ao mesmo tempo que um auditório, certa visibilidade intelectual da escola no espaço nova-iorquino. Alguns, mais jovens e menos conhecidos, como Claude Lévi-Strauss, reúnem, em aulas mais restritas, alguns fiéis. Isabelle Waldberg, a escultora, assiste frequentemente a suas aulas de etnologia, na companhia de Robert e Nina Lebel: "Afora nós, há dois alunos no máximo, mas a aula é dada como se ele se dirigisse a um auditório cheio"[86]. Em 1942, cinco alunos estavam inscritos no curso de Claude Lévi-Strauss[87].

1

© BnF

© BnF

3

© BnF

4

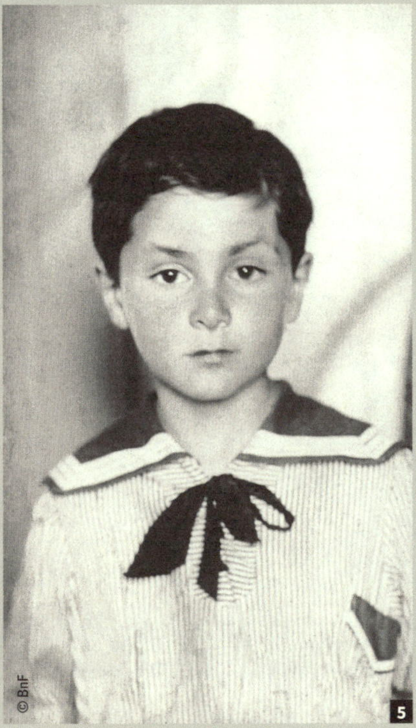

1 Claude Lévi-Strauss ainda jovem, na rua Poussin, no fim dos anos 1920: os óculos de intelectual, o ar obstinado do militante socialista.

2 Cartão-postal colorizado do berço familiar: Ingwiller (antiga Ingweiler, Alsácia) com sua igreja católica, sua igreja protestante e sua sinagoga.

3 Isaac Strauss, bisavô de Claude, músico, diretor de bailes da Ópera, com seu violino, sua esposa e seus cinco filhos, assim como seu irmão "tio Schreiber"; fotografia feita em Vichy em 1858. Ele era *spalla* (primeiro-violino) da estância termal e iniciador de seu renascimento.

4 Isaac Strauss, o "Béranger da música de dança".

5 Claude Lévi-Strauss, menino sério.

6 Claude Lévi-Strauss, menino travesso.

7

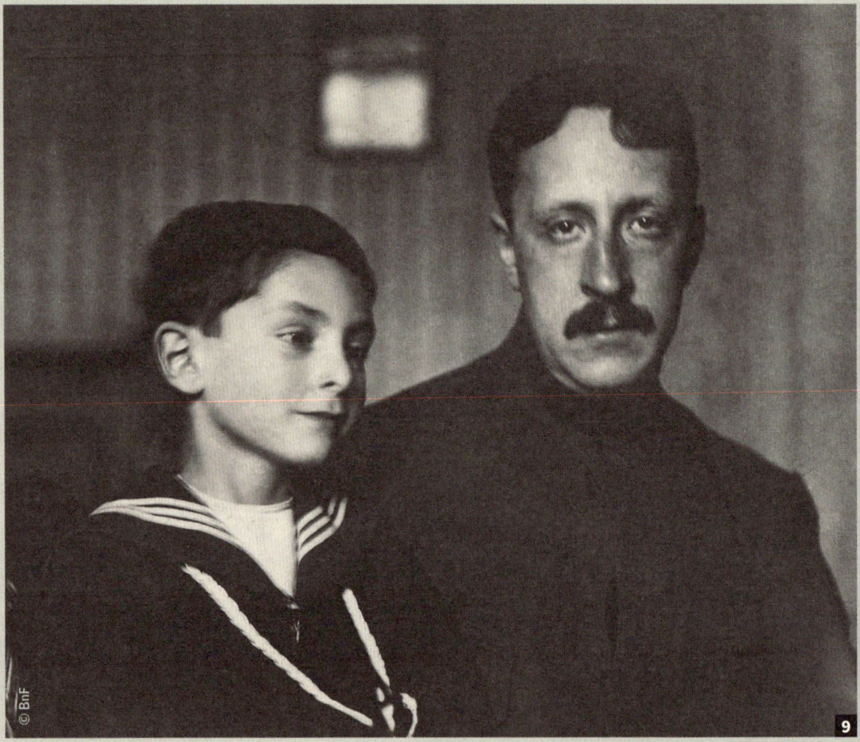

9

8

7 Retrato fotográfico de Léa Strauss, uma das cinco filhas Strauss, esposa de Gustave Lévi e avó de Claude, que viveu até 1932, quase centenária.

8 Gustave Lévi, filho de Flore Moch e Isaac Lévi, pai de Raymond e avô de Claude. Ele fez maus negócios na Bolsa e morreu precocemente, em 1890.

9 Raymond Lévi-Strauss e seu filho Claude, vestido de marinheiro, em 1915.

10 *Claude Lévi-Strauss sobre seu cavalo mecânico*, óleo sobre tela pintado em 1912 por seu pai, que larga o comércio para se dedicar a sua arte.

10

11

11 A casa de Camcabra, nas Cévennes (Valleraugue): os pais de Claude tiveram a posse dessa antiga propriedade sericícola desde o fim dos anos 1920, na qual ele passou seus verões até 1964.

12 Foto da companhia 158º do regimento de infantaria, em dezembro de 1931, quando Claude Lévi-Strauss (na última fila, o sexto homem partindo da direita) prestava serviço militar em Estrasburgo, na caserna Stirn. Ele circulou todos os seus camaradas do pelotão. Na primeira fila, "o telescópio, o canhão de 37, o morteiro Stokes, o telefone, a TSF e os aparelhos óticos" (conforme carta a seus pais de 7 de janeiro de 1932).

12

13 Emma Lévi-Strauss, mãe de Claude, em São Paulo com um gato persa. A casa era cheia de animais.

14 Em seu escritório de casa, em São Paulo.

15 Rua Cincinato Braga, casa dos Lévi-Strauss com o carro estacionado em frente. Um novo patamar para o casal de jovens professores que lecionava em escolas do interior de seu país. “A viagem movimenta e reposiciona – para o melhor e para o pior.” Aqui, é para o melhor.

16 Um macaquinho coabitava a casa dos Lévi--Strauss em São Paulo. Ele era alimentado com uma mamadeira e cuidado como um bebê.

17 Toque musical e conjugal. Claude e Dina Lévi-Strauss em São Paulo. No Brasil, ela abraça a etnologia e seu marido ao mesmo tempo, separando-se dos dois em 1939.

18 Avenida São João, fotografada por Lévi--Strauss em um dia de Carnaval. Ao fundo, seu primeiro “arranha-céu” americano, o edifício Martinelli. São Paulo, Chicago brasileira: cidade do Novo Mundo que Lévi-Strauss ama em sua selvageria.

19 Raymond Lévi-Strauss em São Paulo.

20 Primeira excursão fora de São Paulo. Em companhia de Pierre Monbeig, Lévi-Strauss percorre a cavalo a grande floresta temperada do norte do estado do Paraná [mata dos Pinhais], zona pioneira estudada pelo geógrafo.

21, 22, 23 A segunda expedição etnográfica para o Brasil central necessitou de uma logística pesada: muleteiros, vacas e um caminhão que era carregado e descarregado a cada passagem de vau de rios; em seguida, o caminhão foi substituído pelas pirogas nas corredeiras do rio Pimenta Bueno.

24 Quedas do rio Papagaio, rio de águas claras em cujas margens surgiram os primeiros nambiquaras encontrados pelo etnólogo.

22

23

24

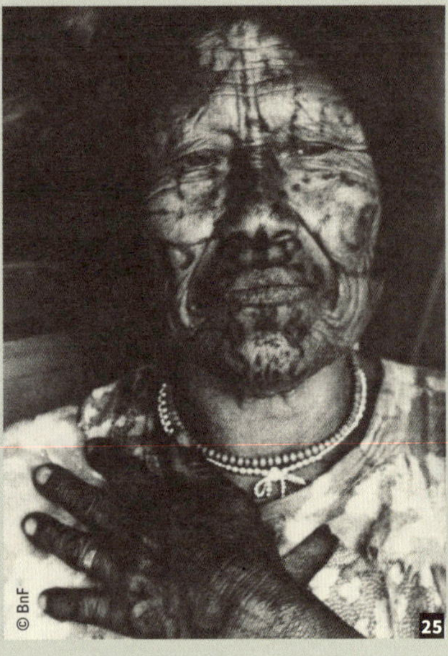

© BnF 25

© BnF 26

© BnF 27

© BnF 28

25, 26 Jovem e idosa cadiuéus cujas faces são ornamentadas por um "labirinto de arabescos assimétricos alternando com motivos de uma geometria sutil", pintado com uma espátula de bambu encharcada com o sumo do jenipapo. É um dos primeiros mistérios que atiçaram a curiosidade etnológica do jovem Lévi-Strauss.

27, 28 "Trama de mil cores", a sociedade bororo arrebata o etnólogo pela riqueza de suas cerimônias, notadamente as funerárias. Entre essas, a saída e a dança do marid'do, um disco de palha trançada que o dançarino carrega como diadema. Essa cerimônia foi filmada por Claude e Dina.

29 Uma mulher nambiquara e seu bebê dormindo na terra, nus. Fotografia de Lévi-Strauss publicada em *Tristes trópicos* que se tornou a expressão do desnudamento dessa humanidade ameríndia ao mesmo tempo que da "ternura humana" celebrada pelo etnólogo em seu livro.

30, 31, 32 Arte de cestaria, a primeira entre todas dos povos sem escrita. Arte nobre que Lévi-Strauss homenageou em seu último livro, *Olhar Escutar Ler*. As mulheres nambiquaras carregam grandes cestos em seus deslocamentos entre duas clareiras de queimada. Esses grandes cestos são objetos sensíveis que, para o antropólogo, representam um estado de equilíbrio instável entre natureza e cultura.

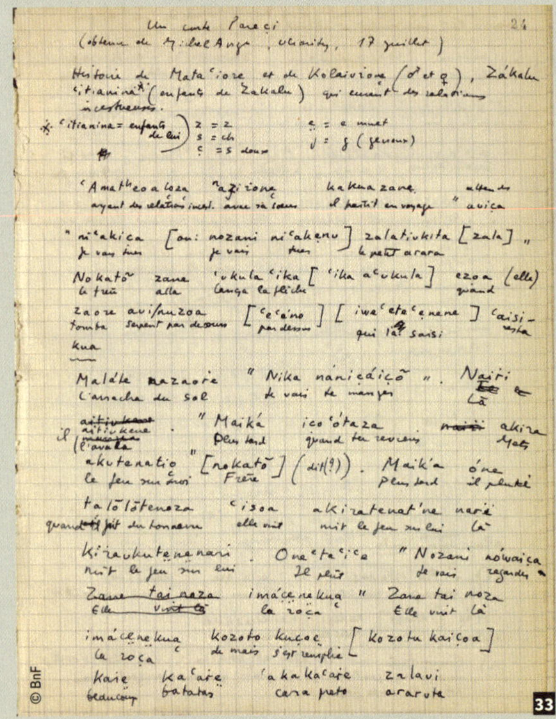

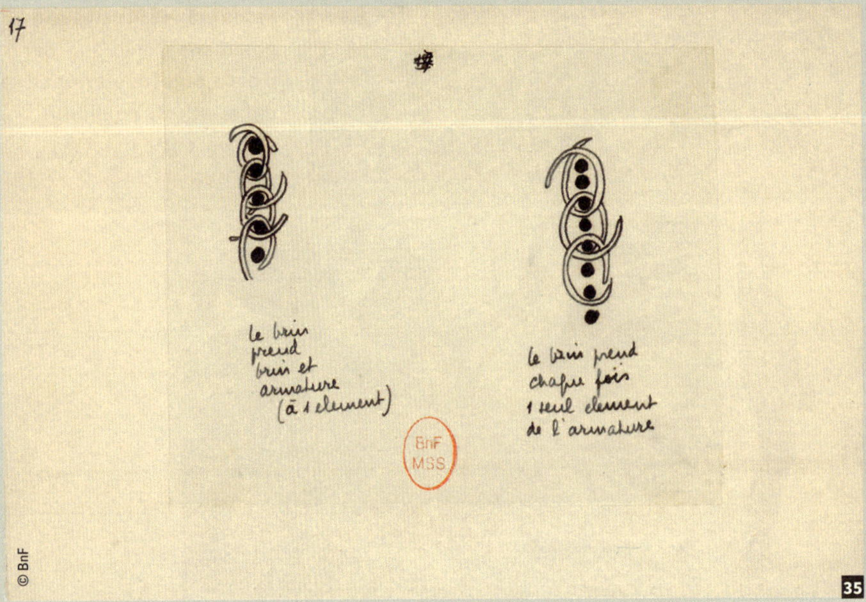

33, 34, 35, 36, 37, 38, 39
Documentos extraídos dos cadernos de expedição de Lévi-Strauss: transcrições musicais, léxico das cores, fichas linguísticas, esquemas de entrançamento de armações, glossário animal, ilustração de brincadeiras com cordéis, desenhos (o macaco zogue-zogue). Este conjunto de cadernos “horrivelmente malfeitos” constitui a verdade do trabalho de campo etnográfico e o material que sustentará a reflexão do etnólogo quando retornar para casa.

36

37

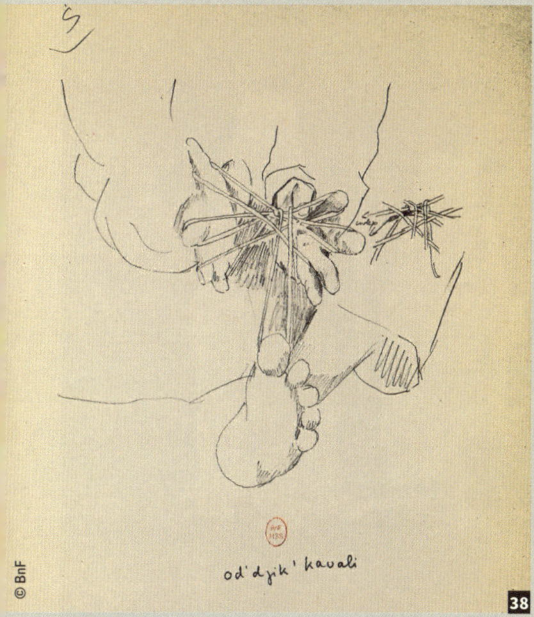

38

39

© BnF

40

© BnF

41

40, 41 Apartamento nova-iorquino de Lévi-Strauss, rua 11ª Oeste, 51, em Greenwich Village. O imóvel é uma espécie de grande ateliê com teto de vidro. Na parede, ele pendurou os mapas da América do Norte e do Sul. Seu arquivo ficava sobre uma mesa em meia-lua.

42 Grupo surrealista reunido na casa do galerista Pierre Matisse. Entre os presentes, distinguem-se Denis de Rougemont (segundo ao fundo a partir da esquerda), Aimé Césaire e sua esposa Suzanne (no canto direito).

43 Rose-Marie Ullmo, esposa de Claude (a partir de 1946), e Laurent Jacquemin Lévi-Strauss, nascido em Nova York em março de 1947.

A ELHE é também uma instituição de pesquisa e elaboração de saber. Ao lado dos cursos públicos e gratuitos, seminários fechados são coordenados nos centros e institutos de pesquisa que constituem propriamente seu cerne científico. Três "centros de pesquisa" e quatro "institutos" foram criados, entre eles o dinâmico Centro de Arte Dramática e Cinematográfica, dirigido pelo cineasta Jean-Benoît Lévy; o Instituto de Direito Comparado, dirigido pelo irrequieto Boris Mirkine--Guetzevitch; o Instituto de Sociologia, espécie de prolongamento do Centro de Documentação Social fundado em 1920 por Célestin Bouglé e financiado pela Fundação Rockefeller, que, por intermédio de Georges Gurvitch, mantém uma relação transatlântica de ajuda à pesquisa sociológica. Georges Gurvitch, participante da Revolução Russa de fevereiro de 1917, ex-titular da cátedra de sociologia da Universidade de Estrasburgo, se tornará um dos patronos da sociologia francesa do pós-guerra e saberá fazer frutificar essa herança norte-americana. Claude Lévi-Strauss, evidentemente, colabora no Instituto de Sociologia (que agrupa 32 estudiosos franceses e norte-americanos, entre os quais Kingsley Davis, Florian Znaniecki, Pitirim Sorókin, bem como Alfred Métraux e o geógrafo Jean Gottmann), mas é principalmente o secretário-geral do Latin American Center, que ele disseminará em diversas seções locais, formando uma rede de correspondentes filiados a Nova York: a seção haitiana com o etnólogo Jacques Roumain, a seção brasileira com André Ombredane e os ex-colegas de São Paulo Roger Bastide, Paul Arbousse-Bastide e Pierre Monbeig, a seção argentina com Roger Caillois, representante do Instituto Francês de Estudos Superiores de Buenos Aires, e Robert Weibel-Richard; uma seção mexicana surge mais tarde sob a direção de Alfonso Reyes, nela se destacando Octavio Paz. Esse centro é particularmente estratégico do ponto de vista dos norte-americanos, engajados na Política de Boa Vizinhança[88], mas também do lado francês, uma vez que muitos estudantes latino-americanos de Nova York são suscetíveis de se matricular nos cursos de francês, língua tradicional da cultura na América do Sul. Lévi-Strauss se manifesta várias vezes na imprensa francesa de Nova York e conduz com talento esse exercício de equilibrista entre a França, os Estados Unidos e a América do Sul: "Talvez venham a dizer [...] que os laços que antigamente uniam estreitamente Buenos Aires, Rio de Janeiro e Paris se enfraquecem a cada dia em prol de novos laços estabelecidos com Washington e Nova York. Com efeito, esses novos laços existem. Com efeito, eles se reforçam a cada dia. Eu diria que, do ponto de vista francês, não devemos nos abalar e que, muito pelo contrário, podemos, devemos, ajudar com todas as nossas forças a sua consolidação. Pois mesmo da grande obra pan-americana a França não pode estar ausente"[89].

No funcionamento cotidiano da ELHE, dois modelos pedagógicos se complementam, mais do que se enfrentam: o curso e o seminário. Um, mais francês, o outro, mais familiar ao léxico pedagógico norte-americano. Um mais suscetível de representar o "brilho" da cultura francesa em sua continuidade, vinculado à função pública de representação intelectual: a École como ponta de lança da causa francesa nos Estados Unidos; o outro, fruto de um trabalho mais obscuro, modesto e sem fronteiras, resolutamente voltado para a inovação intelectual. No ano letivo de 1942-1943, Lévi-Strauss ministra, na seção filosofia e sociologia, ao lado de Georges Gurvitch, Alexandre Koyré e Raymond de Saussure, dois cursos públicos – no primeiro semestre, às quintas-feiras, das 8h às 9h, "As raças e o racismo" (cinco aulas) e, no segundo semestre, "A elaboração de uma nova concepção do homem" (cinco aulas) – e dois seminários fechados – no primeiro e segundo semestres, às quintas-feiras, das 9h às 10h, "Etnografia geral" (duas vezes quinze sessões)[90]. Duas maneiras jamais estanques de conceber um trabalho de resistência intelectual: na continuidade da representação do que na França é desprestigiado, ou na crítica de um patrimônio cultural e político que exige revisões.

Pois a ELHE, claramente, teceu "um laço moral muito forte" com a França Livre, como reconhece René Cassin, comissário para a Educação em Londres. Desse ponto de vista, a polissemia do adjetivo "livre" acoplado à École permite reunir os defensores das liberdades acadêmicas, temendo sempre uma tutelagem, e os gaullistas declarados. É verdade que a França Livre financia em parte essa instituição, com uma subvenção anual acrescida dos 10 mil dólares que lhe dá o governo belga no exílio. Logo, não é um acaso que, em 20 de março de 1943, Jacques Maritain, não obstante um gaullista pouco entusiasmado, agradeça o general De Gaulle pelo seu telegrama de pêsames após a morte do professor Focillon, ex-presidente da ELHE que agora ele substitui: "A École lhe assevera que prosseguirá com a mesma fé a obra empreendida para a união de todas as forças intelectuais na resistência e o comum esforço na luta contra a opressão"[91]. Sem ser a universidade francesa no exílio que René Cassin teria desejado, a ELHE é efetivamente, sem contudo limitar-se a isso, um instrumento da mobilização gaullista nos Estados Unidos, pelas personalidades explicitamente engajadas com que conta, pelos numerosos debates e conferências que ela organiza, difundidos na imprensa francófona e, não raro, também na grande imprensa nova-iorquina, e, por fim, pelas análises intelectuais que produz. Através dos institutos de pesquisa e das publicações da ELHE, alguns professores universitários juristas, sociólogos ou economistas tencionam assumir a função de peritos em todos os problemas relativos à reconstrução da França. Claude Lévi-Strauss é um deles.

Éthos interdisciplinar, Lévi-Strauss, Jakobson: a cristalização

É então nesse exato lugar e nesse exato momento que acontece o encontro com Jakobson. A intuição primordial e fulgurante do estruturalismo daí resultante foi contada mais tarde por Lévi-Strauss ao modo de uma revelação: "Na época eu era um estruturalista ingênuo. Eu praticava o estruturalismo sem saber. Jakobson me revelou a existência de um corpo de doutrina já constituído numa disciplina que eu jamais praticara: a linguística. Para mim, foi uma iluminação"[92]. Relendo em 1976 as aulas dadas em Nova York e já datadas de meio século que Jakobson enfim decidira publicar, Lévi-Strauss experimenta a "excitação sentida há 34 anos"[93]. Encaminhado a Roman Jakobson por intermédio de Alexandre Koyré, para lhe pedir uma ajuda técnica a fim de "pelejar, sem formação alguma, com certas línguas desconhecidas do Brasil central"[94], extrai da conversa "a revelação da linguística estrutural, graças à qual [ia] poder cristalizar em um corpo de ideias coerentes todos os devaneios inspirados pela contemplação das flores selvagens em alguma parte próxima à fronteira luxemburguesa[95] [...]".

Essa fertilização transdisciplinar é igualmente fruto de uma indefectível amizade com um homem que, doze anos mais velho do que Lévi-Strauss, torna-se uma espécie de irmão mais velho tonitruante, um mentor, um modelo intelectual que suscita em seu pupilo uma admiração imediata e jamais decepcionada. Jakobson é um judeu russo antifascista. Instalado em Praga, onde participa do círculo homônimo, enfrenta uma verdadeira odisseia através da Europa em guerra, via Copenhague, Noruega e Suécia, antes de alcançar a costa norte--americana. O estruturalismo de Jakobson mergulha na Moscou revolucionária do início dos anos 1920, caldeirão cultural onde o formalismo russo, os futuristas, o cubismo pictórico e as pesquisas folclóricas formam um coquetel de vida, cidade e saberes comparável ao mundo nova-iorquino do Lévi-Strauss dos anos 1940, uma mistura de professores universitários e artistas surrealistas, belas bibliotecas e arte primitiva, seminários especializados e vida boêmia[96]. A presença ao seu lado de um homem como Jakobson durante os anos de guerra infletiu o modelo nacional do intelectual. Admira nele uma energia física vital – o homem, ao contrário do pupilo, é um grande bebedor e gosta de conversar até altas horas da noite –, que se manifesta num poliglotismo estarrecedor – sete a oito línguas manejadas com desenvoltura –, na extensão de sua curiosidade, no caráter imponente de uma obra escrita quase ilimitada, espraiando-se por todas as línguas e todos os países. É um orador e um escritor, um verdadeiro atleta da inteligência, cuja biografia transnacional é o ponto de cruzamento de diferentes tradições intelectuais. Jakobson é um mundo em si. É a encarnação de um modelo científico que alia a erudição generosa à ambição teórica mais rigorosa, o cosmopolitismo das referências e o universalismo potencial das questões. É esse "grande homem" que Lévi-Strauss frequenta assiduamente de 1942 a 1945, uma vez que ambos, a partir do outono de 1942, assistem aos seus respectivos cursos. Jakobson lhe oferece a linguística em partilha, mas também o apresenta a outras pessoas: Franz Boas, a quem voltaremos, bem como os meios psicanalíticos, em primeiro lugar Raymond de Saussure, igualmente professor na ELHE, ao qual Jakobson revela toda a grandeza da obra linguística de seu pai, além dos emigrados psicanalistas Kris, Loewenstein e Spitz[97]. É assim que, perante algumas pessoas, se constrói semana após semana, nos seminários fechados da ELHE, uma das obras importantes do século, resultante de uma conversão científica que conduz Claude Lévi-Strauss a pensar os sistemas de parentesco como uma linguagem, a apreciar cada elemento como um fonema destituído de significação intrínseca, mas cujo sentido se desvela por sua posição com relação aos outros elementos constitutivos. A atenção às invariantes e a primazia atribuída aos fenômenos inconscientes surgem como tropismos da pesquisa importados não só da linguística, como da psicanálise.

Sem a amistosa insistência de Jakobson, Lévi-Strauss não teria encontrado o ardor nem a convicção suficientes para deitar no papel a matéria de seu ensino, dirá mais tarde. Assim, o que virá a ser sua tese de doutorado, "As estruturas elementares do parentesco", acha-se, de ponta a ponta, ligado a esse contexto intelectual, institucional, amistoso, pedagógico da École Libre des Hautes Études, marcado por fortíssima interdisciplinaridade. Esta é precipuamente uma necessidade do exílio, uma comunização dos saberes e recursos numa estratégia de sobrevivência intelectual: forma-se uma biblioteca comum, frequentam o curso um do outro, encontram-se num lugar único. Para as ciências sociais francesas, a exigência de interdisciplinaridade também é fortemente incentivada pela Fundação Rockefeller e ilustrada pela instituição que abriga a ELHE, isto é, a New School for Social Research. É nessa configuração institucional singular que nasce o estruturalismo. Ele se acha incrustado numa instituição inédita e profundamente homóloga do tipo de inovação intelectual que ele enceta: a importação do modelo linguístico para a antropologia. É exatamente nesse ponto que Lévi-Strauss inventa[98]. Nesse ponto exato, num *lugar* exato: pela circulação e descompartimentação dos saberes que organiza e estimula, a ELHE permite a "iluminação"; coloca à disposição do antropólogo um corpo de doutrina constituído que podia ser aplicado com grande rigor teórico aos problemas de parentesco, cuja coerência ele não conseguia deslindar. A história das ciências recente, ao se interessar pelos mecanismos da inovação científica, evidenciou a dialética que escora esta última nas instituições. Disposto a descontextualizar a história do estruturalismo e fiel à sua paixão pessoal, Claude Lévi-Strauss sempre lançou luz à magia da amizade com Jakobson, em detrimento da singularidade e das propriedades do lugar que acolheu esse encontro intelectual.

Um antropólogo político

Outra surpresa que dá uma nova cor à imagem convencional do pesquisador desengajado, retraído da política: o forte envolvimento de Claude Lévi-Strauss nos debates políticos dentro e fora da ELHE. A derrocada de 1940 é quase sempre apresentada por ele como o impacto que fez implodir seu pacifismo e sua fé socialista dos anos 1930. Pano caído sobre sua vida política, que se limitaria doravante à de um espectador curioso, atento, mas definitivamente vacinado: "Ter-me engando tão redondamente me inspirou uma desconfiança definitiva com relação às minhas opiniões políticas"[99]. Na realidade, o personagem que se perfila em Nova York não corresponde senão muito parcialmente a esse retrato de soberano alheamento. Pela ação, pela *expertise* e, em suma, pelas contribuições de antropologia política, Lévi-Strauss sem dúvida "esperou uma rearticulação entre reflexão política e reflexão sociológica, mas numa vertente bem diferente da do socialismo de sua mocidade"[100].

No interior da ELHE, Lévi-Strauss desponta como um gaullista próximo de Alexandre Koyré e do arqueólogo Henri Seyrig, um dos emissários de Londres na América ao lado de Jacques Soustelle. Como tal, é favorável a registrar a escola junto às autoridades norte-americanas como uma instituição da França Livre, ainda que isso comprometa sua legitimidade intelectual. Esse posicionamento se inscreve num debate em que se enfrentam duas atitudes opostas entre os professores quanto ao destino a ser dado à escola depois da guerra: "Os que se consideravam integralmente franceses só tinham uma ideia na cabeça: voltar à França e retomar seus trabalhos. A seus olhos, após a guerra, a École não teria mais razão de ser; convinha dissolvê-la. Outros colegas, naturalizados recentemente ou estrangeiros que haviam encontrado refúgio na França antes da guerra, estavam incertos quanto à sorte que lhes seria reservada. Perguntavam-se o que ia acontecer na França e preferiam esperar para ver, fazendo durar a École, que mantinha seu elo com a França e, ao mesmo tempo, lhes permitia permanecer ao abrigo nos Estados Unidos"[101]. É como representante do primeiro grupo que Lévi-Strauss sucede a Koyré como secretário-geral da escola. Agirá nesse sentido durante os poucos meses que passará em Paris no inverno de 1944. Ao voltar, atrairá as críticas de alguns de seus colegas e pedirá demissão do posto, antes de formular outras propostas como adido cultural da França Livre, nomeado em dezembro de 1945.

Ressaltemos, além disso, que Lévi-Strauss é uma das "vozes" dos programas franceses da *Voice of America*, elemento-chave do dispositivo do Office of War Information, difundindo cerca de 350 programas semanais pelo mundo inteiro, em especial na França ocupada. Dirigida por Pierre Lazareff, ex-chefão da imprensa nos anos 1930 e futuro diretor de *France-Soir*, a seção francesa é um concentrado de personalidades de todos os horizontes: Lévi-Strauss, ao contrário de Denis de Rougemont, Julien Green ou do filósofo e sindicalista Paul Vignaux, não escreve crônicas, limitando-se, como na época da Radio Tour Eiffel, a ser um locutor numa equipe que conta com André Breton e Georges Duthuit, o etnólogo sendo especializado nos discursos de Roosevelt, pois, parece, sua voz resiste melhor ao chiado. *Voice of America* é uma imensa torre de Babel, rumorejando em plena Nova York, à altura da rua 57ª, em diferentes línguas (27, entre elas o suaíli!), nas quais difunde seus programas. Emprega muitos exilados. Trabalhar ali é ao mesmo tempo participar do esforço de guerra norte-americano e arredondar o fim do mês; tomar parte na guerra das ondas e na "Resistência a distância"[102], que é a sina dos exilados.

Lévi-Strauss é gaullista: assinou um compromisso junto às Forças Francesas Livres e está lotado na Missão Científica Francesa nos Estados Unidos; é amigo de inúmeras personalidades gaullistas ou vistas como tais, a começar por Henri Seyrig, a quem o liga uma amizade profunda. O que não significa que seu gaullismo seja ortodoxo, longe disso, como podemos perceber em dois documentos que, a propósito, atestam uma competência política clara. O primeiro é um memorando datado de julho de 1942, endereçado a Jacques Maritain, presidente da ELHE, que procura fazer um diagnóstico da derrota e traça algumas perspectivas para a França.

Essas poucas páginas destoam por seu conteúdo e tom revolucionários: colocam no banco dos réus a história colonial das democracias francesa e britânica, apontam a contradição entre seus objetivos de guerra e seus interesses coloniais, bem como defendem a ideia de que aquela guerra mundial sobrepõe-se a uma guerra civil internacional. Citemos algumas passagens desse vigoroso texto, até hoje inédito[103]. Ele começa com uma discordância central com relação aos argumentos gaullistas: a ilegitimidade do armistício, a derrota provisória, mas não definitiva. O antropólogo afirma, ao contrário, que a França foi vencida em 1940: "Em 17 de junho de 1940, a França ainda podia travar batalhas, mas perdera a guerra. [...] Assim como o tristemente célebre 'Venceremos porque somos os mais fortes' não nos trouxe, pelo valor propriamente mágico da afirmação, nem a força que nos faltava, nem a vitória que não conquistamos, da mesma forma a proclamação estéril de que a França não foi vencida não é capaz, apenas pela força de repetição, de modificar uma realidade dolorosa, porém oposta". Seca estocada no credo gaullista. A presente guerra é, segundo ele, uma luta segundo dois eixos que, decerto, opõem as democracias aos totalitarismos, mas também, no interior de cada lado, o movimento revolucionário à ordem estabelecida, "os paladinos de um novo humanismo aos defensores interessados dos valores tradicionais". Nesse conflito, as democracias têm a grande desvantagem de estar em contradição com alguns de seus objetivos de guerra: "O desenvolvimento histórico dos movimentos totalitários se resume a uma representação dramática – contração no tempo em menos de duas décadas [*sic*] e no espaço no teatro europeu – do espetáculo encenado pela própria Europa no palco do mundo durante um século e meio. A Europa quis reduzir o mundo ao estado de fornecedor de matérias-primas e consumidor de produtos manufaturados, do mesmo modo, o fascismo quer condenar a Europa a uma vocação agrícola, diante de uma Alemanha que pretende assumir essa exclusividade industrial que a Europa quis tomar para si". Combatendo em nome de princípios sociais aos quais elas não se conformam, é na luta que as democracias devem fazer advir a nova sociedade, a única em condições de ganhar a guerra: "A independência das nações, a emancipação do povo, a igualdade das raças, prometidas como a recompensa da vitória, são na realidade as condições preliminares da vitória. [...] Não serão as democracias que vencerão a guerra, e sim uma sociedade nova, cujo advento elas têm o poder e o dever (que é também sua única chance) de preparar, realizando, em seu próprio ser, sua encarnação antecipada. A vitória militar não pode ser o ponto de partida da transformação do mundo, mas seu ponto de chegada". Dessa reversão, a França deveria ser o mensageiro. Como aponta ironicamente o autor, mais que reproduzir "numa escala tristemente reduzida" o esforço militar de seus aliados, é na promoção intelectual dessa transformação social que a França pode e deve participar da guerra.

Essa antecipação de um novo regime social e colonial Lévi-Strauss explicita ainda na resenha que faz de um livro de Julien Benda, *La Grande épreuve des démocraties* [A grande prova das democracias], publicado em Nova York em 1942. O ponto de vista é muito crítico, ao mesmo tempo que insiste na grandeza dessa defesa e na ilustração da liberdade e da democracia num contexto que realizava sua privação total: "A imagem mais radiosa que a democracia liberal pode oferecer de seu próprio crepúsculo é, sem dúvida, a de um ancião às voltas, como seus compatriotas, com os sofrimentos do frio e da fome, e meditando num quartinho de hotel em Carcassonne"[104]. Para Lévi-Strauss, a democracia liberal na versão que o século XIX legou não foi capaz de integrar as massas ao seu sistema, o que faz dela um modelo condenado e impõe "o advento de uma democracia afinal válida e viável"[105].

Um terceiro documento permite descobrir ao mesmo tempo a postura de Claude Lévi-Strauss e a visão política que ele desenvolve para a França do pós-guerra. Com efeito, ei-lo consultado como especialista político pelos norte-americanos por ocasião da 23ª reunião do Peace Aims Group Council of Foreign Relations, que se reúne em 8 de fevereiro de 1943 em Nova York, na presença de diferentes personalidades norte-americanas do Departamento de Estado[106]. À frente delas, dois jovens franceses representantes de uma nova geração, pertencentes à esquerda política, no caso de Claude Lévi-Strauss, membro da SFIO até 1935, e à esquerda sindical, no caso do segundo, Paul

Vignaux, fundador do Sindicato Geral do Ensino Nacional (SGEN) em 1937. Na ocasião, Lévi-Strauss faz uma série de considerações sobre o futuro próximo e distante da França e da Europa, mas com um pressuposto: é inútil tentar imaginar a sociedade europeia vindoura sobre uma base do pré-guerra. Nesse documento, Lévi-Strauss pensa a ruptura em todos os planos, econômico, político, colonial e mental: sua opinião, segundo a ata da reunião, "é a de que a Europa do pós-guerra corre o risco de ser uma *tabula rasa* em virtude das prodigiosas revoluções institucionais. O novo sistema não será tão difícil de estabelecer, pois o antigo terá sido destruído. A revolução social se disseminará por toda parte na Europa e o fato de advir ou não da Rússia dependerá da capacidade dos trabalhadores ocidentais de inventar antes o seu próprio sistema"[107]. Primeiro, o futuro próximo: os dois franceses concordam em reprovar uma eventual imposição por parte dos Aliados de um governo provisório, que seria, em sua opinião, contraproducente. Lévi-Strauss prefere imaginar a administração provisória assegurada por um corpo constituído de conselhos gerais e departamentais, em cujo seio líderes naturais se distinguirão necessariamente na conjuntura revolucionária que seguirá a libertação da França. O nome de De Gaulle não é pronunciado. Ao longo dessa conversa, Lévi-Strauss mostra-se um fino conhecedor da vida política local. Julga que o enfraquecimento da França foi causado por uma centralização fortíssima herdada da era napoleônica, quando era sem dúvida indispensável para construir a nação; mas já há muito tempo essa superconcentração parisiense é causa de muitos danos. Ele elogia os homens da administração local, dos conselhos municipais, e afirma que os melhores homens do partido socialista eram prefeitos de pequenas e grandes cidades. Adepto de uma descentralização arrojada, Lévi-Strauss, em contrapartida, permanece ligado ao parlamentarismo da III República, caso se disponham a corrigir o poder dado ao Senado, coveiro de todas as reformas durante o entreguerras. Com relação ao império, pensa que toda colônia "pronta para a independência" deveria conquistá-la, por exemplo a Indochina ou, com mais dúvidas, Madagascar; quanto ao Magreb – Argélia, Tunísia e Marrocos misturados –, deveria ser dada plena cidadania aos "súditos" muçulmanos, alinhando-os assim ao *status* de que gozam os judeus na Argélia: "Todo mundo deveria gozar dos direitos de cidadão, independentemente de seus hábitos religiosos" (por exemplo, a poligamia entre os árabes muçulmanos). Imbuído desse pluralismo cultural outorgado por e baseado numa generosa política de cidadania, Lévi-Strauss pensa que o mundo árabe irá preferir permanecer na França a requerer a independência.

O último tema abordado lembra o programa socialista do grupo Revolução Construtiva: a luta contra o nacionalismo, que ameaça ressurgir na França com a Libertação (em especial por causa da humilhação), e os meios disponíveis para contra-atacá-lo, fora das tradicionais instâncias internacionais inúteis, segundo Lévi-Strauss, como demonstrou a patética SDN: "A desintegração da soberania nacional deve começar de dentro, mediante um processo de federalismo de um lado e a criação de corpos econômicos do outro, que destruirão as diferenças entre grupos nacionais", como, por exemplo, associações de trabalhadores ou de empresas.

Fora desse exercício oracular – totalmente desmentido pela Libertação e no pós-guerra –, a política lévi-straussiana se exprime em textos de etnologia teórica, mas que tocam em problemas explicitamente políticos, tais como o poder, a autoridade, a guerra, a relação com os estrangeiros e as relações entre os grupos. Três artigos publicados durante esses anos nova-iorquinos, que reaparecem sob forma de vestígios em *Tristes trópicos*, nunca foram reproduzidos em coletâneas posteriores. Daí a impressão de descobrir uma verdadeira antropologia política, ao lado do *corpus* estético, mais citado, ou do trabalho em curso, para sua tese, sobre as questões de parentesco[108].

Em "A teoria do poder numa sociedade primitiva", texto primeiramente apresentado em inglês em 1943, depois em francês em 1947, Lévi-Strauss mostra a fecundidade de um desvio pelas sociedades primitivas para examinar com novos olhos o tempo presente. O exame da posição do chefe nos nambiquaras resulta numa teoria do Estado e mesmo numa justificação antropológica do Estado-providência. O estudo da troca de prestações entre o grupo e seu chefe mostra que "a concepção do Estado como um sistema de garantias, renovada pelas discussões sobre um regime nacional de seguridade (tal como o Plano Beveridge e outros), não é um fenômeno puramente moderno. É um retorno à natureza fundamental da organização social e política"[109]. Nesse mesmo artigo, Lévi-Strauss se interroga sobre a origem e a função do poder, atribuindo à noção de reciprocidade uma importância fundamental e ao "consentimento" a legitimidade principial de todo poder. Assim, longe de ratificar as teorias psicanalíticas segundo as quais o chefe é uma espécie de pai simbólico e o Estado o desenvolvimento de um modelo patriarcal, a etnologia vem antes em apoio às teses de Rousseau e dos filósofos do século XVIII, para quem o "contrato" e o "consentimento" não são formações secundárias como afirmavam seus adversários, principalmente Hume. São "as matérias-primas da vida social e é impossível imaginar uma forma de organização política na qual elas não estariam presentes"[110]. Essa conclusão vai ao encontro da de Marcel Mauss no *Ensaio sobre a dádiva*, laço intelectual que Lévi-Strauss explicitará anos mais tarde. Da mesma forma que o poder do chefe repousa sobre a capacidade de trocar, a guerra é fundamentalmente uma troca, mesmo em se tratando de uma troca de violências.

Em "Guerra e comércio entre os índios da América do Sul" (1943), o etnólogo mostra que a guerra e o comércio são duas atividades ligadas reciprocamente, sendo impossível pensar em estudá-las separadamente. Às vezes a guerra acontece, mas, entre bandos nambiquaras, a conclusão normal do conflito resulta numa troca de presentes. Assim, quando Lévi-Strauss escreve, em tempos de guerra mundial e total, "uma imagem completamente diferente da guerra se esboça através da leitura dos livros antigos: não mais apenas negativa, mas positiva; não traindo necessariamente um desequilíbrio nas relações entre os grupos e uma crise, mas, ao contrário, fornecendo o meio regular destinado a assegurar o funcionamento das instituições; opondo sem dúvida alguma, psicologicamente, as diversas tribos; mas, ao mesmo tempo, estabelecendo entre elas o vínculo inconsciente da troca, talvez involuntário, mas, em todo caso, inevitável, das prestações recíprocas essenciais à manutenção da cultura"[111]. Em todos esses textos de antropologia política, Lévi-Strauss é um anti-Hobbes. Otimismo do desespero? Em plena guerra mundial, ele mostra "a primazia lógica das relações sociais de reciprocidade sobre as relações guerreiras ou de poder"[112].

Segundo Laurent Jeanpierre, essa minimização do fato guerreiro e essa maximização da atividade de troca na produção teórica de Claude Lévi-Strauss traduzem igualmente uma psicologia específica do exilado; metade aqui, metade lá, ele se coloca espontaneamente na posição de mediador entre duas culturas nacionais, conhecendo as depredações e sofrimentos de que padece a pátria-mãe, mas sem *saber* verdadeiramente. Entre conhecer e saber, especialmente a destruição dos judeus europeus, há toda a distância que requer uma imaginação histórica que o antropólogo afirma não ter. Dito isso, não é possível reconhecer nem integrar o que acontece pela primeira vez, salvo na forma de imagens foracluídas que reaparecerão dez anos mais tarde em *Tristes trópicos*, na sequência de um "*travelling* mental" em direção às descrições boschianas da Ásia superpovoada e de corpos deslocados à deriva[113].

Estar e não estar. Essa relação cindida em seu presente já é um dado corriqueiro da biografia de Lévi-Strauss. Como vimos, quando ele vagueia no sertão brasileiro em busca de formas de vida rudimentares, pensa em Chopin; na França da mobilização e da guerra, ainda está no Brasil. A condição de exilado, às vezes definida como uma "dupla ausência"[114] (a de seu país de origem e a de seu país de acolhida), apresenta portanto afinidades com sua subjetividade. Ele deambula por Nova York, poliniza as flores acadêmicas (bibliotecas, universidades) e as flores selvagens norte-americanas para fabricar seu próprio mel. Essa bolha nova-iorquina, no entanto, é tudo menos autônoma. Tendo desembarcado, como todo exilado, com "sua história de infortúnio"[115], constantemente preocupado com o destino dos seus, vive às voltas não só com os deslumbres, mas também com os dilaceramentos do exílio. E, chegado o momento, quando fica sabendo do desembarque aliado de 6 de junho de 1944, o presente e a França o alcançam: "Lembro-me desse dia. Eu estava no meu apartamento do Greenwich Village e, ao acordar de manhã, tinha ligado meu radinho e pegado as notícias no meio. O que eu ouvia era tão estranho que no início me pareceu ininteligível. Pouco a pouco, compreendi e explodi em soluços"[116].

Voltar? Ficar? A pergunta campeia entre os exilados franceses de Nova York. Denis de Rougemont explica no seu *Diário*: "Devo regressar? Dizem-me que Mauriac escreveu: 'Devo partir?' (pensando nos jovens franceses, respondendo não). Que Bernanos exclamou: 'Ora, parta então, a terra é vasta!'. Que outros protestaram que esse debate era antipatriótico, ou anticomunista, não sei mais. Escreveram-me isso de Paris e acrescentaram que eu faria bem em voltar, sob pena de não compreender a realidade europeia em geral, e francesa em particular. Eu poderia me contentar em responder: na verdade, vocês é que deveriam sair, sob pena de não compreenderem a realidade mundial. Afinal de contas, há 40 milhões de franceses para 3 bilhões de habitantes do planeta"[117]. A questão da volta implica uma problemática muito mais vasta em torno da identidade nacional[118]. No caso de Lévi-Strauss, embora desejoso de voltar e indiferente às sereias norte-americanas, a alternativa é superada por uma terceira posição: ele volta à França para passar alguns meses no inverno de 1944, a fim de acertar em Paris a questão do destino da ELHE, e retorna como adido cultural nomeado pelo governo provisório da República francesa. Em outras palavras, Lévi-Strauss circula. Encarna a figura da mediação, aqui transatlântica, que ele não cessou de trabalhar durante seu exílio.

Com efeito, como confessa a Roger F. Evans, coordenador da Divisão de Ciências Sociais na Fundação Rockefeller, seus anos nova-iorquinos – ao contrário dos de outros personagens do exílio francês (especialmente Breton) – se revelaram particularmente produtivos. Sai deles duradouramente transformado, marcado perenemente em seu *habitus* científico, sua maneira de considerar amplamente os problemas, suas referências teóricas e bibliográficas, sem falar na sua aparência, suas roupas – por muito tempo conservará suas camisas nova-iorquinas –, que matizam sua urbanidade e comportamento, vistos como muito franceses, com uma pitada de *efficiency*, espírito democrático e simplicidade norte-americanos. Claude L. Strauss, o americano... Em todo caso, é efetivamente uma dívida que ele reconhece solenemente ter contraído junto à América e a instituições como a Rockefeller: "Ao longo dos últimos meses, enquanto eu estava na França, pude me dar conta do enorme valor da ajuda que recebemos. Pudemos gozar da segurança física e mental de que eram privados os que permaneceram na Europa. E, mais que isso, esses últimos quatro anos, longe de serem desperdiçados na simples tarefa de fuga e sobrevivência, foram fecundados e enriquecidos pelos contatos com os colegas norte-americanos, a vida universitária norte-americana e as bibliotecas norte-americanas"[119].

Em 1945, Lévi-Strauss, munido de vários artigos publicados e prenhe da obra vindoura, já em parte elaborada, constitui o melhor exemplo dessa "fertilização cruzada" almejada pela Fundação Rockefeller. Eis por que espera devolver o inestimável valor dessa dívida contraída junto aos Estados Unidos na forma de uma "cooperação cultural franco-americana"[120] renovada, repensada, da qual ele se pretende o exigente artífice em seu posto de adido cultural, reinando no palacete da Quinta avenida.

ESTRUTURALISMO, ANOS AMERICANOS 11

Conquistei muita coisa intelectualmente durante esses três anos e provavelmente precisarei do resto da vida para pôr em execução o programa que preparei para mim. Tudo que desejo é uma existência que me permita realizá-lo.

Carta de CLAUDE LÉVI-STRAUSS aos pais,
15 de novembro de 1944.

É na lógica de quitação de uma dupla dívida que convém compreender os dois anos suplementares que Claude Lévi-Strauss passa em Nova York, de 1945 ao outono de 1947. Dívida para com os Estados Unidos, que o protegeram durante a guerra e lhe permitiram ser o que é; mas também dívida para com seu país, a França, salva e renovada pela França Livre e a equipe de intelectuais, geralmente procedentes do exílio, que presidem a nova política de diplomacia cultural. Graças aos mosqueteiros idealistas que são Henri Laugier, Henri Seyrig e Louis Joxe, Claude Lévi-Strauss, novo adido cultural em Nova York, acha-se em condições de remodelar o intercâmbio cultural franco-americano num sentido de maior reciprocidade.

Adido cultural de meio expediente, leva uma vida ligeiramente esquizofrênica, entre os compromissos sociais, a dedicação frenética de uma energia de organização – pois o funcionamento dos novos serviços culturais parte do zero – e a reflexão intensa, envolvendo uma energia de outra natureza, exigida pela finalização da primeira versão de sua tese principal. Embora plantando a revolução epistemológica, convém aqui também falar em dívida com respeito a seus precursores e inserir *As estruturas elementares do parentesco* na cadeia dos saberes[1]. Essa súmula, terminada em março de 1947, foi gestada durante muito tempo e parida progressivamente, numa lenta porém irremediável emancipação com relação aos paradigmas da etnologia dos anos 1930. Por um lado, fruto do isolamento, por outro, de novas ramificações (com a grande antropologia cultural norte-americana), a antropologia estrutural de Lévi-Strauss cultiva uma relação complexa e paradoxal com a época que a viu nascer: uma época de tormentos e tragédias.

Após 1945, podemos, com um pouco de boa vontade, sonhar com outro mundo, no qual a arte e a ciência seriam as alavancas de um novo internacionalismo prático. Talvez seja isso que se forja durante esse curto intervalo chamado "pós-guerra", em Paris e Nova York, do lado da ONU e, mais tarde, da Unesco. Os inventores são esses intelectuais apaixonados por arte que constituem o círculo profissional e social de Lévi-Strauss, todos desejosos de construir uma nova ordem das relações internacionais[2], todos "homens do Renascimento"[3]. Criar laboratórios internacionais, organizar pequenas ou grandes exposições entre países, permitir intercâmbios de bolsistas, visar a excelência universitária e o compartilhamento da inovação: inúmeras maneiras de não entregar o universalismo às forças de destruição. O antropólogo participa de tudo isso, de perto e de longe, inclusive trazendo de seus anos norte-americanos um livro contendo todo o saber do mundo, um livro que pretende, em todo caso, refundar a ciência antropológica sobre novas bases, promessas de modernidade assim como diques contra as derivas que ela conheceu. Uma vida nova começa então para Lévi-Strauss, em Nova York decerto, porém no Upper East Side; ele troca a vida de boêmio do Village pela vida de família, agora com uma nova companheira e, em breve, um primeiro filho.

A LIBERTAÇÃO A DISTÂNCIA

Angústia, alegria, tremores: os tormentos do silêncio da Europa

Para Lévi-Strauss, assim como para muitos exilados, a emoção do Dia D, depois a da Libertação de Paris, são vividas a distância e não sem certa culpa, tornada ainda mais ácida pelo silêncio persistente da família. Em outubro de 1944, ele continua sem nenhuma notícia. Sabe que a pequena cidade de Vigan (nas Cévennes), e portanto Valleraugue – onde estão refugiados seus pais (ou, pelo menos, é o que ele supõe) –, foi libertada em 1º de setembro. Foi informado de que seu amigo René Courtin, cuja propriedade de família no Drôme recebeu os Lévi-Strauss, que se tornaram os "Luce-Saunier"[4] durante a guerra, foi nomeado para um posto importante[5]: isso é um bom augúrio. Tenta se tranquilizar, argumenta, monologa, numa conversa de mão única, mas se confessa vencido pelos "mil pontos de interrogação"[6] que o atormentam: "O que aconteceu afinal? Vocês saíram de Camcabra e por quê?"[7]. A retomada de contato com os entes próximos que haviam ficado na França é difícil e demorada, mais fácil nas zonas libertadas pelo exército norte-americano, que encaminha a correspondência para os Estados Unidos. Em 11 de outubro, ainda nada: "Penso constantemente em vocês". O avanço das tropas faz soar o dobre de seu exílio. Em todo caso, sonha com a França (que confessa conhecer tão pouco) e sente-se novamente estrangeiro em Nova York. Em 15 de novembro de 1944, quando chegam algumas cartas via Portugal, ele continua sem nenhuma notícia e se "rói de inquietude", ao saber de "tantas mortes, tantos trágicos infortúnios", numa espécie de perda de ingenuidade histórica que agrava ainda mais seus temores.

Somente em 30 de novembro recebe finalmente um telegrama de seus pais, que o alivia do peso da incerteza. Em contrapartida, nada da parte de Pierre Dreyfus nem de sua cunhada Rose-Marie Ullmo; nada tampouco de Marcel Mauss, a quem escreveu em 20 de outubro uma longa carta de reencontro, ignorando, parece, a doença que acomete, há vários anos, "seu velho mestre"[8]. Essa carta, entregue em mãos pelo dr. Rivet, expõe a situação do exilado: "Inútil lhe exprimir os sentimentos que todos nós experimentamos durante esses últimos meses: um misto de alegria e angústia, esperança e tormento, que não passava de uma fraca imagem do que o senhor mesmo, do outro lado do oceano, devia estar sentindo"[9]. Dando testemunho da afeição e admiração de todos os colegas norte-americanos pela pessoa e pelo trabalho de Mauss, Lévi-Strauss quer ao mesmo tempo expor sua maneira própria de ter tentado estar à altura do drama ao qual escapava: o trabalho assíduo, redentor, produtivo; criar uma obra e extrair da guerra um butim intelectual. Lendo essa carta, percebemos que ele julga ter muito a ser perdoado por ter vivido nos Estados Unidos, entre os "bem-aventurados" do mundo em guerra: "Durante esses três anos, minha justificação aos meus próprios olhos foi um trabalho encarniçado, orientado pelo desejo de ser útil e poder contribuir, o mais breve possível, para o renascimento do pensamento e da ciência na Europa. Logo, trabalhei muito e creio que frutiferamente [...] um livro sobre a vida familiar e social dos nambiquaras, completamente terminado; outro, de dimensão e pretensão mais consideráveis, está já bem avançado". Este último, ele anuncia, é redigido para um terceiro e destinado a ser sua tese, "num domínio um pouco diferente do seu, um prolongamento do seu pensamento". Explica então que tentou estabelecer uma "tipologia dos sistemas de parentesco e uma sistemática das regras de casamento". Investindo nesse objeto clássico da etnologia – o parentesco e a aliança –, Lévi-Strauss calcula o valor agregado de seu trabalho em dois planos, ambos fundamentalmente ligados à sua situação de exílio: a abundância ("sem todavia ser exaustivo") da documentação e da bibliografia mobilizadas e a originalidade de um método que propõe uma teoria organizadora dessa impressionante matéria empírica. De um lado, bibliotecas norte-americanas, do outro, o distanciamento das bases de um modelo de conhecimento etnológico dos anos 1930, fundamentado no museu, no objeto-testemunho e nos "conselhos do Mestre". Lévi-Strauss naturalmente não formula as coisas assim. Comunicando sua passagem próxima por Paris, exprime a "alegria de rever [Mauss] e poder [lhe] pedir conselhos que [lhe] fizeram tanta falta enquanto [seu] livro se organizava". No entanto, na gênese do livro que se tornará sua tese, *As estruturas elementares do parentesco*, não será justamente o distanciamento dos esquemas europeus aquilo que cria as condições da ruptura epistemológica que ganhará o nome de estruturalismo, assim como o contato com hipóteses disciplinares (a fonologia estrutural), um material desconhecido (os recursos documentais sobre os índios do norte da América), sem esquecer um ambiente institucional (a New School) e social (círculo de amigos surrealistas) novo? Lévi-Strauss termina se desculpando por essa carta "tão egoísta" e renova seus votos de reencontro próximo em Paris, para onde deve viajar a fim de resolver os problemas ligados ao destino da École Libre des Hautes Études, da qual se tornou o secretário-geral em junho de 1944, substituindo Alexandre Koyré.

Paris, inverno de 1944-1945

São raros os que desfrutam do privilégio de voltar tão cedo. Mas a presença de Lévi-Strauss é julgada útil em Paris. Daí ser autorizado, em plena guerra, a embarcar num comboio da marinha norte-americana, que, após uma escala na costa inglesa em dezembro de 1944, ruma para Dieppe, na França, de onde Lévi-Strauss alcança Paris "num caminhão norte-americano[10]": três semanas de viagem ao todo.

O reconhecimento por parte de Roosevelt do governo provisório da República francesa, em 23 de outubro de 1944, prepara as condições de exercício de uma nova relação franco-americana, na qual os exilados radicados nos Estados Unidos desempenham um papel importante. Henri Bonnet, ex-refugiado e ex-professor da ELHE, é nomeado embaixador da França em Washington. Paralelamente, Henri Laugier, igualmente ex-exilado no Canadá, empenha toda a sua fervilhante energia em transformar o antigo Service des Œuvres Françaises à l'Étranger (Sofe) numa moderna Direction Générale des Relations Culturelles Extérieures (DGRC), nova direção do Quai d'Orsay, tendo sua autonomia administrativa e orçamentária aprovada pelo decreto de 13 de abril de 1945[11]. A experiência do exílio alargou seu espaço de referência e, segundo Laugier, passou a época em que a França podia se permitir "brilhar" apenas graças a seus escritores, artistas e cientistas. Laugier, assim como Lévi-Strauss, ensinados pelo mundo norte-americano que eles descobriram e praticaram, concebem os problemas num nível internacional, plenamente conscientes do *status* degradado de seu país na hierarquia das potências. Ora, a diplomacia cultural ocupa um lugar singularmente importante, à altura do papel histórico atribuído pelo general De Gaulle ao pensamento francês no exílio, um dos "molhes" – o outro sendo o "toco de espada" – aos quais a França desgovernada podia se agarrar. Foi por esse motivo que ele saudou a École Libre des Hautes Études em Argel, em 30 de outubro de 1943, por ocasião do 60° aniversário da Aliança Francesa[12]. Na nova França ainda combatente do inverno de 1944, a questão da diplomacia cultural e, em seu seio, da École Libre des Hautes Études é portanto muito simbólica.

Inúmeros e acirrados debates invadiram a vida da escola a partir do momento em que, na primavera de 1944, o Departamento de Justiça norte-americano lhe impôs a obrigação de submeter-se ao Foreign Agents Registration Act, na medida em que ela abrigava diversos professores envolvidos nas atividades políticas da França Livre. Essa exigência da legislação norte-americana precipita a tensão intrínseca à natureza desse estabelecimento de ensino superior, ao mesmo tempo instituição científica potencialmente apta a integrar-se no sistema acadêmico norte-americano após a guerra e, como vimos, instituição militante, nascida da guerra e para a guerra, a fim de reunir as energias em torno do general De Gaulle.

Claude Lévi-Strauss é daqueles que pensam que o valor moral e político da ELHE é sem dúvida superior ao seu valor no plano científico e universitário, e que, numa conjuntura de paz, essa forma híbrida político-científica não pode subsistir intacta. Eis por que se encontra em Paris a fim de estatuir sobre o futuro da escola. Entre os que gostariam de permanecer numa escola progressivamente americanizada e os que pregam seu fechamento, persuadidos de que seu tempo se esgotou e sua missão terminou, Lévi-Strauss sugere uma terceira via, que preconiza a integração da escola, reduzida em seu efetivo (em especial pelo retorno de vários professores à França) e transformada em suas motivações, num conjunto mais vasto, um "Centro de Ação Cultural na América", denominado também French European-American Foundation, que pilotaria e presidiria os intercâmbios intelectuais e culturais entre a França, a Europa e os Estados Unidos. Esse projeto de saída honrosa do problema da ELHE é, aliás, apresentado por Lévi-Strauss aos seus interlocutores da Fundação Rockefeller, da qual espera apoio, inclusive financeiro[13]. Propõe uma fundação cujo organograma inclui quatro departamentos: departamento de relações humanas (ciências sociais, representantes da sociedade civil, associações, municipalidades...); departamento do homem e seu meio ambiente (geógrafos, geólogos, ciências aplicadas); departamento da vida coletiva (expressão do pensamento, difusão do pensamento, cinema, rádio, imprensa, edição...); por fim, a École Libre repensada como Centro de Estudos Superiores Franco-Americano, que ofereceria "não a um simples público de estudantes, mas, de um lado, ao grande público culto e, de outro, aos especialistas qualificados, uma espécie de 'amostragem' do ensino francês de altíssima qualidade, sem limitação de currículo ou exame"[14].

Claude Lévi-Strauss permanece vários meses em Paris, até maio de 1945. Como de praxe, minimiza seu papel e as peripécias de sua presença com um relato defasado e gaiato. Lembra-se, por exemplo, daquele inverno passado "num pequeno gabinete da Direção das Relações Culturais, que estava instalada num hotel – não um palacete, mas uma antiga pensão – da rua Lord-Byron, perto dos Champs-Élysées"[15]. O que ele fazia ali? Estava encarregado de ajudar visitantes desejosos de ir aos Estados Unidos. Entre eles, Merleau-Ponty, que lhe explica o que é o existencialismo – "uma tentativa de restabelecer a grande filosofia, na tradição de Descartes e Kant"[16] –, e "Jeanne Micheau, então célebre cantora. Ela chegou ao meu gabinete toda perfumada, segurando dois cães enormes pela coleira"[17]. Ele se apresenta como subalterno esquecido nas mansardas de uma administração francesa indigente. Na realidade, participa plenamente da renovação em curso, que vê homens novos engajados em repensar, racionalizar e reequilibrar a ação cultural da França no estrangeiro. A partir de janeiro de 1945, Henri Laugier, chefe da nova direção, nomeia para catorze postos adidos ou conselheiros culturais, entre os quais vários ex-professores da École Libre de Nova York. Nos Estados Unidos, Henri Seyrig está no posto desde setembro de 1943. Arqueólogo renomado, especialista em antiguidades sírias, dotado de uma sensibilidade artística e um patriotismo discreto mas a toda prova, é uma personalidade pouco comum, um homem da têmpera de Laugier, amigo de vários artistas e homem de ciência e ação[18]. Desejoso de retomar suas atividades no Líbano, onde vai fundar o Instituto Francês de Arqueologia do Oriente Médio em Beirute (que ele dirigirá até 1967), Seyrig deixa suas funções, e é Lévi-Strauss, a quem o liga um laço de grande amizade, que lhe sucede em dezembro de 1945. Os dois homens estão reunidos numa fotografia publicada em 1945 pela imprensa norte-americana, por ocasião de uma exposição em Nova York dedicada a Le Corbusier. Sua cumplicidade é manifesta, brincalhona, feita de estima e sedução[19]. No que diz respeito à École Libre, como vimos, Lévi-Strauss já atua como adido cultural, mobilizando suas redes junto às fundações norte-americanas, empreendedor dinâmico e imaginativo da política cultural nos níveis nacional e internacional. Quando volta para os Estados Unidos, em maio de 1945, embora ainda não oficialmente nomeado em suas funções, já as exerce oficiosamente.

Esses poucos meses parisienses são importantes de outra maneira na vida de Lévi-Strauss. Ele revê os membros de sua família, a avó – "extraordinária em petulância e lucidez"[20] –, tias, amigos e também Dina, a cujo respeito fica aliviado ao saber que está disposta ao divórcio. Por que divorciar? A volta a Paris é igualmente ocasião de reencontrar Rose-Marie Ullmo, com quem tivera um caso antes da guerra[21]. Como ele explicará mais tarde aos seus pais, não imagina mais sua vida sem ela: "Durante os quatro anos de guerra, percebi, apesar dos encantadores entreatos que povoaram esse período, que eu gostava muito mais de Rose-Marie do que acreditava. Eu contava com a minha volta à França para confirmar essa impressão; não tive nenhuma decepção, muito pelo contrário, e para mim agora é praticamente inconcebível viver sem ela. É provavelmente uma escolha surpreendente do ponto de vista dos outros, mas é assim. Nunca tive um momento de fastio com ela e aprendi a que ponto era possível confiar em sua coragem, bom humor, ternura e generosidade. Ela está sempre alegre, fica feliz com facilidade, é instintivamente solícita e paciente, e o fato de não ser uma intelectual, tão pródiga ainda em ingenuidades e criancices, é infinitamente repousante para mim. Enfim, na idade em que estou, na qual aprendemos a desconfiar dos próprios sentimentos, a duração de nossa ligação e o fato de nossa afeição recíproca ter resistido à ausência e a tantas outras coisas são para mim uma garantia de que não estou cometendo um novo erro"[22].

Por que é uma escolha surpreendente? Em primeiro lugar, os pais de Lévi-Strauss conheciam muito bem Rose-Marie, cunhada de Pierre Dreyfus e oriunda, como eles, do judaísmo alsaciano e daquelas vastas parentelas israelitas parisienses que formavam um mundinho coerente, até mesmo autárcico. Escolhendo Rose-Marie Ullmo, Claude Lévi-Strauss, que partira dez anos antes, volta à sua casa. O pai de Rose-Marie, Édouard Ullmo, deixou a Alsácia na esteira de 1870 e, em vez de rumar para a capital francesa, foi tentar a sorte em El Salvador com seu primo, pai de Pierre Dreyfus. Os dois criaram uma empresa comercial e fundaram o Banco das Missões de El Salvador. Fortuna feita, voltaram a Paris. Rose-Marie teve a juventude despreocupada, até mesmo dourada, de uma adolescente da alta burguesia, numa dessas famílias judias fortemente estruturadas em torno de ritos, hábitos, ajuda mútua e, às vezes, parentescos de substituição. Claude Lévi-Strauss, amigo de infância de Pierre Dreyfus, faz parte de sua paisagem familiar. Todo esse mundo cresceu junto. O ano de 1940 faz soar o dobre dessa parte feliz de suas biografias. Para Rose-Marie, então casada com Jean-Pierre Kahn e mãe de dois filhos, a guerra e a vida errante que ela anuncia foram precedidas de uma tempestade mais íntima: seu marido a trocou por uma de suas irmãs. Trauma duplo. Mesmo assim, ela não perde completamente seu temperamento alegre. Quando, no inverno de 1944, reencontra Lévi-Strauss, após vários anos passados na clandestinidade junto a Pierre Dreyfus e sua mulher Laurette, irmã de Rose-Marie (seu pai estando refugiado num hotel de Monte Carlo – do qual, aliás, não sairá mais), continua aquela mulher sedutora, alegre, um pouco infantil e leviana que Lévi-Strauss descreve e que seus amigos e parentes conheceram. Gosta de sair, se divertir, e quer recuperar o tempo perdido dos anos obscuros. Não é uma intelectual, e compreendemos o que dita a lógica dessa escolha: ela é a anti-Dina Dreyfus. Eis por que, talvez, amigos e parentes se interroguem sobre a oportunidade de tal escolha[23].

Na Paris mal aquecida e mal alimentada do fim da guerra, Claude Lévi-Strauss, informado pelos "relatos de uns e outros"[24], estremece *a posteriori* só de pensar no que se padeceu. Aqueles poucos meses são para ele um grande momento de recapitulação de uma história de três anos de opressão e torpezas, uma espécie de tomada de consciência acelerada dos perigos atravessados, em especial por seus pais. Vai visitar o apartamento do número 22 da rua Lavoisier, para onde estes últimos haviam se mudado no início da guerra. Encontra ali uma senhora ocupando o local e que não demonstra qualquer intenção de partir, inclusive ao saber que os locatários legítimos estão bem vivos. Enquanto os Lévi-Strauss continuam em Camcabra, ele decide abrir um processo a fim de obter uma ordem de despejo, como fizeram muitos judeus espoliados. Mais uma vez a guerra e seu cortejo de violências o atingem feito um bumerangue. Seus pais não têm mais nada. Seu apartamento foi esvaziado. Eis por que ele pede para eles fazerem um inventário do mobiliário a fim de robustecer um pedido de reparações. Esse inventário nos revela um interior burguês composto de móveis de família e repleto de *chinoiseries* (bandejas laqueadas); porcelana de Saxe, um estereoscópio, um gramofone Pathé com um lote de discos, 160 volumes encadernados, entre eles vários originais, dois quadros modernos assinados por Caro-Delvaille, dois xales de caxemira antiga das Índias, um vaso de Sèvres, uma lamparina judaica de pendurar de cobre cinzelado, cerca de trinta telas e pastéis de Raymond Lévi-Strauss, uma coleção de selos. De tudo isso, não resta nada. Mundo soterrado da infância. É somente em 1961 que Emma Lévi-Strauss, então viúva, receberá 20.140 francos novos como compensação pelas espoliações alemãs durante a guerra, graças à ação impetrada pelo Fundo Social Judaico Unificado junto à República Federal Alemã[25].

Esses poucos meses parisienses, de uma grande intensidade afetiva e histórica, contrastam com a vida que Lévi-Strauss pretende levar. Com efeito, os anos nova-iorquinos que ele acabara de viver no isolamento relativo da guerra são provavelmente uma guinada, não só pela cristalização científica que acompanham, como por finalmente consolidarem a decisão do etnólogo de assumir uma vida investigativa, na qual reconhece uma necessidade superior e a promessa de uma satisfação que nem a filosofia nem a política lhe haviam proporcionado: "Conquistei muita coisa intelectualmente durante esses três anos e provavelmente precisarei do resto da vida para pôr em execução o programa que preparei para mim. Tudo que desejo é uma existência que me permita realizá-lo. Isso me satisfaz plenamente e vocês me encontrarão sem dúvida com um equilíbrio que eu não possuía, creio, antigamente"[26]. A certeza da vocação de etnólogo e da obra a realizar não foi nem imediata nem conquistada de supetão nas matas do sertão brasileiro, mas destilada pouco a pouco na sala de leitura das "Americana" da New York Public Library, frequentada diariamente durante anos.

REFUNDAR A ANTROPOLOGIA

Esse programa ao qual ele afirma querer devotar sua vida, qual é? Através da gênese de *As estruturas elementares do parentesco* elabora-se um novo paradigma científico, consolidado em sua ambição teórica, mas cuja problemática política não é menos prenhe de sentido. O estruturalismo antropológico é um produto intelectual do exílio transatlântico, cujo universalismo exprime uma das grandes esperanças do pós-guerra. Mas é em primeiro lugar fruto de um enxerto bem-sucedido da antropologia norte-americana.

O encontro com a antropologia norte-americana

De 1941 a 1944, sob chuva ou sob vento, Lévi-Strauss vai todas as manhãs à New York Public Library, realizando um ritual de trabalho que, no início, é um mergulho na imensidão da literatura norte-americana acumulada sobre os índios da América do Norte, bem como em todos os escritos etnológicos disponíveis, as grandes coleções, os relatos de exploradores e missionários. Trabalha não na grande sala da NYPL, mas na seção das "Americana", hoje extinta, uma sala de proporções mais restritas – há uma dúzia de mesas disponíveis. É uma espécie de gabinete erudito típico do século XIX, ao mesmo tempo fechado e acessível a todos. Lévi-Strauss prefere-a às bibliotecas universitárias da Columbia ou da NYU, privilegiadas por seus colegas. Acessível aos cidadãos, ela dispensa, numa moldura vetusta e cheia de encanto, tesouros a seus leitores assíduos: não só a promessa de jazidas documentais aptas a saciar a voracidade do etnólogo, como, em suas prateleiras, as grandes obras metodicamente classificadas de uma ciência ainda jovem e que não desertou o ideal de exaustividade. Protegido do mundo pelas muralhas de livros, descolando-se do presente rumo ao alhures do encontro, Lévi-Strauss lê; devora. Exatamente um século antes, outro exilado, Karl Marx, estava da mesma forma confinado na sala de leitura de outra biblioteca pública, a British Library de Londres[27]. O que os exilados devem às bibliotecas e o que a criação teórica contemporânea deve aos exilados em imersão de leitura, os exemplos de Marx e Lévi-Strauss, bem como de Walter Benjamin e muitos outros, nos demonstram.

A biblioteca substitui então as expedições, que Lévi-Strauss praticamente não fará mais; ela compete com o museu como lugar de aquisição do saber etnológico (funcionamento de tal sociedade específica) e promete as chaves de um saber propriamente antropológico (que se estenda às leis de funcionamento da humanidade inteira). É na guerra e no exílio norte-americano – essa coincidência não se daria se Lévi-Strauss houvesse aterrissado em outro local de exílio – que ele toma consciência da amplitude do material etnográfico disponível e da tarefa que, por conseguinte, se apresenta à sua frente: "esclarecer", "dar sentido", "ordenar", "desvendar", todas as metáforas utilizadas para qualificar a operação da ciência: "Se a guerra não tivesse acontecido, eu teria provavelmente partido novamente em missão", ele escreve. "O destino me conduziu aos Estados Unidos, onde eu não estava em condições de montar expedições por falta de recursos e em razão da conjuntura internacional, mas onde, em contrapartida, eu tinha toda a liberdade para fazer um trabalho teórico. Lá, as possibilidades eram, posso dizer, ilimitadas. Eu também tomava consciência de que, nos últimos vinte ou trinta anos, os elementos se haviam acumulado em proporções consideráveis, mas numa tal desordem que não se sabia por que ponta abordá-los nem como explorá-los. Pareceu-me urgente esclarecer o que aquela massa de documentos nos havia trazido."[28]

O encontro com a antropologia norte-americana não se desenrola somente no orbe encantado das bibliotecas. É também fruto de encontros e, globalmente, para Lévi-Strauss, de uma inserção singularmente bem-sucedida na esfera acadêmica norte-americana. Frequenta toda a nata da antropologia, e isso muito rápida e voluntariamente: Ruth Benedict e Ralph Linton, ambos professores na Columbia – "cada qual me convidava separadamente para almoçar para falar todo o mal que pensava do outro. Era a fábula de Columbia. Eles se odiavam"[29]; Alfred Kroeber e Robert Lowie, cujo papel decisivo já apontamos na vida de Lévi-Strauss. Os dois lecionam na Califórnia, mas Lévi-Strauss não deixa de vê-los por ocasião de suas frequentes viagens a Nova York. Sem esquecer Margaret Mead. Todos orientam doutorandos que, por sua vez, produzem escritos que alimentam a máquina de conhecimento norte-americana, sem termos de comparação com o que existe na França à mesma época. Nos Estados Unidos, a disciplina acha-se consolidada, já profusa em diversidade, ramificações, instituições e periódicos. Lévi-Strauss, como Georges Gurvitch em sociologia, participa ativamente dessa máquina, publicando artigos na *American Anthropologist*, na *Social Research* ou na *Transactions of the New York Academy of Science*[30]. Como vimos, é igualmente um dos autores do *Handbook of South American Indians*, pilotado por Julian H. Steward e Alfred Métraux, contraparte para a América do Sul do que Franz Boas fizera para a América do Norte, o *Handbook of American Indians*, redigido de 1907 a 1910. Cultiva uma amizade fiel com Alfred Métraux (1902-1963) – poucos anos mais velho do que ele, a quem conhecera em Santos na véspera de sua partida do Brasil em 1939 –, etnólogo suíço radicado nos Estados Unidos desde o fim dos anos 1930. Como Lévi-Strauss e há muito mais tempo, Métraux frequenta os surrealistas, a começar por Georges Bataille, um amigo de juventude. Personalidade instável e inquieta, é um grande trabalhador de campo, multiespecialista em áreas regionais diversas, a Oceania (a ilha de Páscoa), mas também os Andes, o Chaco argentino e, mais tarde, o sincretismo haitiano através do estudo fascinado do vodu. Uma parte de seu arco biográfico coincide com o de Lévi-Strauss: o exílio norte-americano, o horizonte universal das instituições internacionais (a Unesco), três esposas sucessivas. Mas vemos o benjamim adquirir certa ascendência sobre o mais velho por uma ambição teórica de que Métraux é destituído; em contrapartida, seu saber enciclopédico é frequentemente mobilizado por Lévi-Strauss. Eles não se largam, até a morte por suicídio, em 1963, de Métraux, cuja vida privada seu amigo estima, *a posteriori*, ter sido uma "aclimatação"[31]. Podemos ter uma noção do que essa expressão enigmática encerra lendo os diários íntimos e cadernos de expedições de Métraux, que exprimem no mais alto grau a síndrome do etnólogo, eterno estrangeiro das sociedades que atravessa e verdugo da sua, sem trégua nem reconciliação possíveis[32]. Entre os relatórios de viagens e as frivolidades nova-iorquinas ou parisienses, a inquietude, a solidão e a depressão pairam no horizonte.

Uma personalidade completamente diferente domina o mundo da antropologia norte-americana qual uma figura tutelar com sombra gigantesca: Franz Boas (1858-1942). "Era um dos titãs do século XIX, como não veremos mais."[33] Titã pela amplitude de suas pesquisas etnográficas e curiosidades eruditas pelas direções que deu a uma obra proteiforme e ao mesmo tempo estruturada em torno da noção de "cultura" e da rejeição de todo evolucionismo. Antropologia física, linguística, etnografia, arqueologia, mitologia, folclore... "Nada lhe era estranho. Sua obra cobre a integralidade do domínio etnológico. Toda a antropologia norte-americana saiu dele."[34]

Boas é um judeu asquenaze alemão emigrado para os Estados Unidos, embora conservando a vida inteira um forte sotaque germânico e uma fidelidade, muitas vezes atormentada, à sua pátria. Começa seu trabalho de campo nos anos 1880 na ilha de Baffin entre os inuítes, para mais tarde trabalhar na Colúmbia Britânica, da qual se torna um eminente especialista. Em Boas, Lévi-Strauss admira a generosidade de um trabalho empírico repleto de imensa erudição e de um enciclopedismo otimista que lhe parecem ser as melhores heranças da antropologia norte-americana. Estima igualmente o cientista democrata, inimigo das derivas da antropologia nazificada, que, em 1940, publica uma argumentação cerrada contra as teorias racistas vigentes na Alemanha, *Race, Language and Culture* [Raça, língua e cultura]. Para ele, a noção de "cultura" é uma totalidade que organiza o conjunto dos fatos de uma dada sociedade e se opõe à noção biológica de raça. Produz uma crítica argumentada do conceito por ocasião de um estudo sobre as populações migrantes, cujas transformações corporais ele observa e avalia[35]. Essa antropologia conduz então a um relativismo cultural estrito, que Boas ilustrava contando a história de um de seus informantes kwakiutl, que, levado por ele a Nova York, reagia de maneira totalmente singular aos artefatos da cidade; apaixonado pelos espetáculos de monstros encenados então em Times Square, exibindo anões e mulheres barbadas, ele se mostrava completamente indiferente aos arranha-céus, ao metrô e ao vapor que aureolava a cidade[36]. Lévi-Strauss era eventualmente recebido junto com Jakobson em sua casa, em Grantwood, do outro lado do Hudson: "Ele tinha na sala de jantar uma soberba arca esculpida e pintada pelos índios kwakiutl, aos quais dedicara grande parte de sua obra. Admirei aquele móvel e disse estouvadamente que viver com índios capazes de tais obras-primas devia ter representado uma experiência única para ele. Ele me respondeu secamente: 'São índios como os outros'. Seu relativismo cultural não lhe permitia, imagino, estabelecer uma hierarquia de valores entre os povos"[37]. Por fim, o terceiro elemento que chama a atenção de Lévi-Strauss para Boas é a importância da dimensão linguística em sua reflexão. Boas falava várias línguas indígenas e foi o primeiro, já em 1911, a insistir no caráter inconsciente dos fenômenos linguísticos, justificando a posição privilegiada atribuída a esses fenômenos no estudo dos fatos sociais.

Claude Lévi-Strauss, autodidata em etnologia, sem verdadeiro mestre declarado, multiplica os atos de filiação: para com Mauss, como vimos, mas também Boas, tal como exprime a cena muito simbólica e teatral da morte deste, em 1942, no Faculty Club da Universidade Columbia: "Era inverno", ele escreve, "fazia um frio incrível e Boas chegou tendo na cabeça um velho gorro de pele que devia datar de suas expedições aos esquimós, sessenta anos antes. Estavam presentes a filha de Boas e vários colegas de Columbia, todos ex-alunos seus: Ruth Benedict, Ralph Linton, alguns outros. Boas estava muito alegre. No meio de uma conversa, empurrou violentamente a mesa e caiu para trás. Eu estava sentado ao seu lado e me precipitei para levantá-lo. Rivet, que começara sua carreira como médico militar, tentou em vão reanimá-lo: Boas estava morto"[38]. Diante dos irmãos inimigos (Benedict *vs.* Linton), dos filhos pródigos e do filho primogênito, herdeiro direto (Kroeber), Lévi-Strauss se autoconstrói metaforicamente como o herdeiro legítimo. Essa postura filial se exprimirá, aliás, pela curadoria do destino de sua biblioteca, que Lévi-Strauss, em conformidade com os desejos de Boas, tentará encaminhar ao Museu do Homem, em Paris, mediante financiamento[39]. Filho de Mauss e de Boas, a cavalo entre dois continentes do saber, ele teria a missão de extrair disso o melhor a fim de destilar uma nova essência.

A rasura estrutural: a lógica da descoberta

A micro-história de um fato de escrita – o surgimento inopinado e inaugural, ao nosso conhecimento, da palavra "estrutura" em Lévi-Strauss, numa carta dirigida a Paul Rivet – nos permite "seguir de perto a lógica da descoberta"[40] e assistir quase ao vivo a uma revolução epistemológica em forma de rasura, hesitação ou remorso. Ela nos mergulha num problema clássico da história das ciências: como um dia mudamos de paradigma?

Em 10 de fevereiro de 1943, Claude Lévi-Strauss adverte Paul Rivet, seu potencial orientador de tese, de que, "sob o golpe de uma inspiração súbita", começou um livro sobre a "proibição do incesto": "É um trabalho muito técnico porque se baseia na análise dos sistemas de parentesco; temo que sua edição seja um pouco difícil. Creio no entanto que ele traz, para um problema clássico, novos ângulos, os quais estabelece em termos novos”[41]. Problema clássico, ângulos novos, termos novos. É exatamente assim que podemos definir a tentativa empreendida. Com efeito, os sistemas de parentesco são um objeto clássico da etnologia, que, de Lewis Morgan a Radcliffe-Brown, passando por Marcel Granet, para citar apenas alguns nomes, conheceu uma ampla acumulação de dados sobre as regras de casamento e filiação, mas sem que nenhuma teoria unificada viesse esclarecer essa fascinante profusão de práticas em que, não obstante, se observam regras quase universais. O tema, portanto, está longe de ser novo e representa, por si só, uma pequena biblioteca. Contudo, a antropologia do parentesco vai constituir, ao lado do *corpus* menos conhecido da etnologia política e dos textos estéticos, o terreno primordial de afirmação da hipótese estruturalista, justamente porque Lévi-Strauss sabe que dispõe aí de uma massa de documentos e informações hauridos num espaço planetário, escala que é propriamente a de seu espírito ambicioso e do modelo teórico que ele se prepara para formular.

Em 6 de dezembro de 1943, Lévi-Strauss escreve ao seu “querido mestre”, que deixou a França em 1941 e foi para a Colômbia, depois para o México, a fim de lhe explicar a profunda mudança de seu plano de trabalho. Sua tese complementar será dedicada à organização social dos nambiquaras; quanto à sua tese principal, tudo mudou: “O senhor talvez se lembre de que, originalmente, ela devia ser dedicada à sociologia do Mato Grosso. Mas desde então o livrinho que eu começara a escrever sobre o incesto se transformou numa obra de dimensões consideráveis, que me parece mais apropriada a uma tese, bem como às necessidades intelectuais da França após a vitória. [...] Tentei elaborar um método positivo para o estudo dos fatos sociais, que eu caracterizaria sumariamente dizendo que é um esforço para tratar os sistemas de parentesco como ~~setores~~ [estruturas], e para transformar seu estudo da mesma forma e se inspirando nos mesmos princípios que a fonologia no caso da linguística. Em outros termos, procuro apresentar uma ‘sistemática das formas de parentesco’”[42].

De onde vem o termo “estrutura”[43]? A noção é preparada em certos aspectos da obra de Saussure. O *Curso de linguística geral* (1916), sem atribuir nomes, considera a língua um sistema, a ser estudado como uma forma e não como uma substância. Está presente, dessa vez usando o próprio termo, em alguns pensadores da *Gestalt Psychologie* (ou teoria da forma) nos anos 1920. Mas a fonte essencial se encontra evidentemente nos trabalhos do Círculo de Praga, tendo-se escolhido a data de 1928 como certidão de nascimento do que se tornará a fonologia estrutural, com um ensaio assinado por Roman Jakobson, S. Karcevski e Nikolai Trubetzkoi[44]: os diferentes sons de uma língua formam uma estrutura, uma vez que só significam em suas relações recíprocas e de oposições e distinções. Nos anos 1940, a noção de estrutura está, portanto, “no ar”, embora ainda arrimada na disciplina linguística[45].

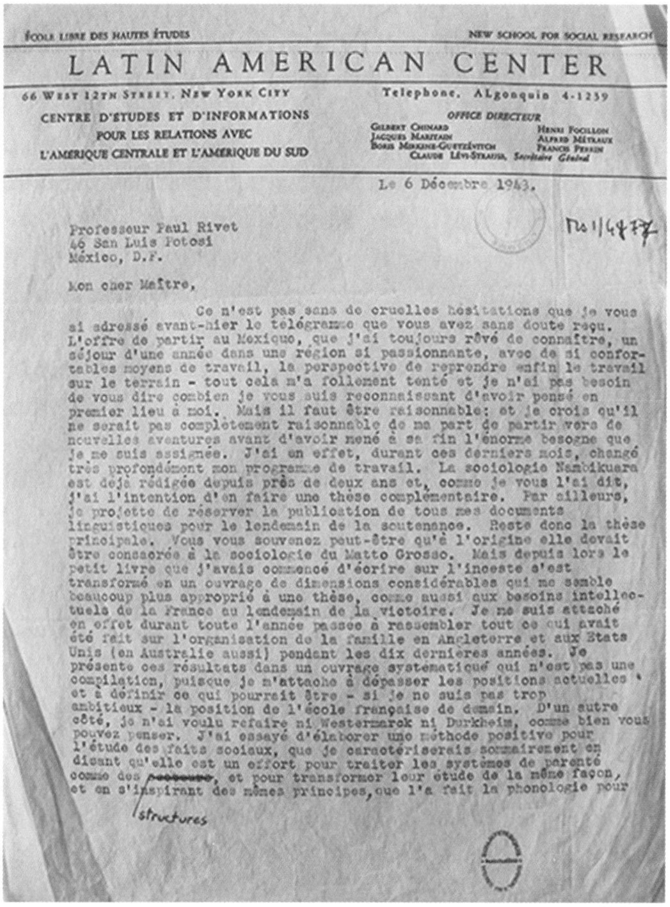

ÉCOLE LIBRE DES HAUTES ÉTUDES — NEW SCHOOL FOR SOCIAL RESEARCH

LATIN AMERICAN CENTER

66 West 12th Street, New York City — Telephone, ALgonquin 4-1239

CENTRE D'ETUDES ET D'INFORMATIONS POUR LES RELATIONS AVEC L'AMÉRIQUE CENTRALE ET L'AMÉRIQUE DU SUD

OFFICE DIRECTEUR: Gilbert Chinard, Jacques Maritain, Boris Mirkine-Guetzévitch, Henri Focillon, Alfred Métraux, Francis Perrin, Claude Lévi-Strauss, Secrétaire Général

Le 6 Décembre 1943.

Professeur Paul Rivet
46 San Luis Potosi
México, D.F.

Mon cher Maître,

Ce n'est pas sans de cruelles hésitations que je vous ai adressé avant-hier le télégramme que vous avez sans doute reçu. L'offre de partir au Mexique, que j'ai toujours rêvé de connaître, un séjour d'une année dans une région si passionnante, avec de si confortables moyens de travail, la perspective de reprendre enfin le travail sur le terrain - tout cela m'a follement tenté et je n'ai pas besoin de vous dire combien je vous suis reconnaissant d'avoir pensé en premier lieu à moi. Mais il faut être raisonnable: et je crois qu'il ne serait pas complètement raisonnable de ma part de partir vers de nouvelles aventures avant d'avoir mené à sa fin l'énorme besogne que je me suis assignée. J'ai en effet, durant ces derniers mois, changé très profondément mon programme de travail. La sociologie Nambikuara est déjà rédigée depuis près de deux ans et, comme je vous l'ai dit, j'ai l'intention d'en faire une thèse complémentaire. Par ailleurs, je projette de réserver la publication de tous mes documents linguistiques pour le lendemain de la soutenance. Reste donc la thèse principale. Vous vous souvenez peut-être qu'à l'origine elle devait être consacrée à la sociologie du Matto Grosso. Mais depuis lors le petit livre que j'avais commencé d'écrire sur l'inceste s'est transformé en un ouvrage de dimensions considérables qui me semble beaucoup plus approprié à une thèse, comme aussi aux besoins intellectuels de la France au lendemain de la victoire. Je me suis attaché en effet durant toute l'année passée à rassembler tout ce qui avait été fait sur l'organisation de la famille en Angleterre et aux Etats Unis (en Australie aussi) pendant les dix dernières années. Je présente ces résultats dans un ouvrage systématique qui n'est pas une compilation, puisque je m'attache à dépasser les positions actuelles et à définir ce qui pourrait être - si je ne suis pas trop ambitieux - la position de l'école française de demain. D'un autre côté, je n'ai voulu refaire ni Westermarck ni Durkheim, comme bien vous pouvez penser. J'ai essayé d'élaborer une méthode positive pour l'étude des faits sociaux, que je caractériserais sommairement en disant qu'elle est un effort pour traiter les systèmes de parenté comme des ~~[illegible]~~ structures, et pour transformer leur étude de la même façon, et en s'inspirant des mêmes principes, que l'a fait la phonologie pour

A rasura estrutural: carta de Claude Lévi-Strauss a Paul Rivet, 6 de dezembro de 1943.

Lévi-Strauss explica o que justifica a importação do léxico e do modelo da fonologia estrutural – descoberta graças a um de seus idealizadores, Jakobson – para a antropologia do parentesco num artigo publicado um pouco mais tarde, que explicita a homologia profunda entre os fonemas (em linguística) e os termos de parentesco (em etnologia): "Como os fonemas, os termos de parentesco são elementos de significação; como eles, só adquirem essa significação com a condição de se integrar em sistemas; os 'sistemas de parentesco', como os 'sistemas fonológicos', são elaborados pela mente no estágio do pensamento inconsciente; por fim, a recorrência, em regiões distantes umas das outras no mundo e em sociedades profundamente diferentes, de formas de parentesco, regras de casamento, atitudes identicamente prescritas entre certos tipos de parentes etc., dá a entender que, num e noutro caso, os fenômenos observáveis resultam do jogo de leis gerais, porém ocultas. O problema pode então ser formulado da seguinte maneira: *numa outra ordem de realidade*, os fenômenos de parentesco são fenômenos *de mesmo tipo* que os fenômenos linguísticos"[46]. Daí a proposta de recorrer a um método "análogo, quanto à forma (senão quanto ao conteúdo)", ao utilizado pela fonologia. O sistema de parentesco é então uma linguagem que espera ser decodificada a fim de tornar compreensíveis as leis inconscientes que regem os casamentos, nascimentos e filiações, cerne íntimo e afetivo da vida social[47].

A posteriori, é possível ler muitas coisas nessa rasura ao mesmo tempo banal e revolucionária, que substitui "setores" por "estruturas", lançando assim a participação de nascimento do estruturalismo: ela assina um programa de solidificação teórica da antropologia em busca de uma legitimidade verdadeiramente científica, isto é, como escreve Lévi-Strauss um pouco adiante, de um princípio de unificação, simplificação e explicação do panorama terrivelmente confuso das configurações de parentesco[48]. Essa ambição sistemática é registrada por Alfred Métraux, ao anotar em seu diário que vai visitar Lévi-Strauss, com quem discute o estado de etnologia: "Ele quer um retorno à filosofia, a uma concepção de conjunto"[49]. O estruturalismo, mesmo abstraindo-se a antropologia do parentesco que ele vai marcar duradouramente como uma subdisciplina hermética caracterizada por uma formalização matemática e gráfica – os diagramas de parentesco – imponente e até mesmo intimidante, é portanto uma tentativa de refundação mais global das ciências sociais, a partir de uma maior exigência de cientificidade, tecnicidade e eficácia, que as aproxima das normas das ciências exatas.

Estruturalismo e exílio de guerra: as questões políticas da refundação antropológica

Esse "tratado de lógica" que Lévi-Strauss anuncia se produz num contexto de intensa politização, no fim da guerra. Rivet é então uma das personalidades da França Livre e se prepara para ir a Argel. Nas cartas que seguem esse *aggiornamento* estruturalista, Lévi-Strauss tem o sentimento de construir uma coisa sólida e nova, não só para ele como para a França. "Tenho o sentimento sem dúvida ilusório (mas os erros concebidos no jogo do trabalho podem ser perdoados) de estar construindo um 'grande livro'. Se eu conseguir levá-lo para a França libertada, os jovens antropólogos e sociólogos encontrarão nele uma base que os colocará em pé de igualdade com seus colegas estrangeiros. Eles encontrarão não só tudo que se fez durante os últimos anos nos outros países, como talvez mais ainda."[50] Megalomania de um jovem pesquisador às voltas com a *hybris* da criação científica? Convém antes ler nessas profissões de fé reiteradas a expressão de uma ciência ambiciosa, inventiva, "professando um pensamento teórico sem pejo" e um "gosto filosófico audacioso"[51], a definição para a França de uma vocação fundamentalmente erudita, intelectual, para uma nação doravante privada dos outros atributos do poder. Lévi-Strauss não tem nenhuma ilusão a esse respeito e seu gaullismo de guerra termina no ponto em que começam os zurros patrióticos do orgulho nacional a meio pau.

Deve-se, portanto, ver o estruturalismo como um tributo de guerra intelectual carregado, com proveito, nos baús de um cientista exilado desejoso de elevar o nível de conhecimento bibliográfico, documental, cognitivo de seu país numa lógica de recuperação após o deserto da guerra. Mas o cientificismo militante que subscreve o estruturalismo em primeira versão, o de *As estruturas elementares do parentesco*, com sua formalização matemática, seus esquemas gráficos e seu rigor lógico, é igualmente um esforço de legitimação científica de uma disciplina antigamente instrumentalizada pelos imperialismos coloniais e os fascismos fanáticos de antropologia física. Na realidade, durante todo o entreguerras, o paradigma raciológico é consubstancial à apreensão da humanidade, à grade de interpretação da diversidade humana, de modo que é muito difícil livrar-se dele, mesmo para os etnólogos de esquerda, como Rivet e Boas[52]. No fim dos anos 1930, Rivet lançou *Races et Racisme*, que se pretende uma revista de divulgação progressista, insistindo na instabilidade dos tipos físicos, na antiguidade da mestiçagem e na imprecisão da categoria raça. Os trabalhos de Boas são citados. No entanto, "combatendo o racismo com as mesmas armas que seus adeptos, eles não deslocam os termos do debate, situam a reflexão nos mesmos quadros interpretativos e não propõem uma concepção radicalmente diferente que permita superar o conceito de raça..."[53]. Isso é precisamente o que faz o estruturalismo: ele não opõe "cultura" a "raça"; muda as coordenadas da reflexão opondo "estrutura" a "conteúdo", redescobrindo o universal pela circunscrição de práticas observáveis em toda parte – a proibição do incesto – que não são nem "fundamentos" nem "origens", mas regras universais que possibilitam o jogo da humanidade se desdobrando em infinitas declinações. O mesmo Claude Lévi-Strauss que com uma das mãos constrói seu tratado de lógica, com a outra revitaliza as questões políticas da etnologia, tornadas mais urgentes ainda com a deflagração da guerra.

Assim, em seu programa curricular do primeiro semestre do ano escolar de 1943-1944 dedicado a "O lugar dos povos primitivos no mundo do pós-guerra", seis pontos são examinados: "1. A definição das culturas ditas primitivas e a distribuição atual das populações ditas primitivas ou atrasadas. 2. Os direitos econômicos, sociais, culturais dos povos ditos primitivos. A noção de direito natural perante a sociologia moderna. 3. A manutenção do regime colonial é indispensável à civilização moderna? Os diferentes aspectos políticos do colonialismo e as nuances da exploração econômica colonial. 4. A situação das populações ditas primitivas ou atrasadas em regime de economias superpostas. Países de regime colonial e países de regime não colonial. 5. Os problemas do contato cultural em regime colonial e em regime não colonial. Extinção e colaboração. As formas da assimilação. Cooperação e antagonismo.

6. O problema filosófico e sociológico da coexistência de culturas fundamentalmente diversas. Universalização cultural ou regionalismo"[54]. Observemos a força do questionamento do modelo colonial e, em todo caso, a vontade de se interrogar sobre sua legitimidade. Em nenhuma outra parte, na mesma época, do lado das forças resistentes, nem entre os homens da França Livre nem na Resistência interna, vai-se tão longe nesse terreno, até onde sabemos. Como em outros domínios do pensamento político, o centro intelectual de Nova York é uma espécie de ponta de lança da reflexão crítica do modelo colonial, articulada a uma interrogação de sobrevivência e proteção que, subitamente, se reveste de uma terrível atualidade[55].

Pois o estruturalismo também é produto desse tempo, aquele que assistiu a uma inversão, já apontada, no valor da viagem para o Ocidente. Lévi-Strauss, ao embarcar em 1941 no *Capitaine Paul Lemerle*, não é um etnógrafo de partida rumo a povos em vias de extinção; ele e os seus é que, dessa vez, são populações ameaçadas de extinção. Da mesma forma, na Martinica, os exilados brancos são tratados segundo as regras da ordem colonial, que, numa mesma inversão histórica, lhes são aplicadas. Daí a amizade possível entre um André Breton e um Aimé Césaire, equalizados na condição de párias[56]. É essa conjuntura de desastre que aponta Jacques Derrida, exprimindo-se acerca do nascimento do estruturalismo: "Percebemos a estrutura na instância da *ameaça*, no momento em que a iminência do perigo concentra nossos olhares sobre a pedra angular de uma instituição, sobre a base em que se resumem sua possibilidade e sua fragilidade. [...] É nas épocas de *deslocação* histórica, quando somos expulsos do *lugar*, que se desenvolve por si mesma certa paixão estruturalista que é ao mesmo tempo uma espécie de fúria experimental e um esquematismo proliferante"[57]. A "deslocação histórica" designa a guerra civil europeia, o aniquilamento sistemático de parte da humanidade e da nata de sua cultura.

Lévi-Strauss compreende intimamente sua significação ao saber do desmantelamento da Rede do Homem e da execução de Boris Vildé e Anatole Lewitsky, em 23 de fevereiro de 1942, no monte Valérien[58]. A tenebrosa notícia chega a Nova York meses mais tarde, em julho de 1942, e Lévi-Strauss volta-se imediatamente para Rivet, a quem remete, em nome de todos, um telegrama de reconforto. O velho mestre, prostrado em sua solidão colombiana e numa culpa histórica sem fim, não dá sinal de vida[59]. Finalmente, em 17 de agosto de 1942, Lévi-Strauss, "transtornado", tenta infundir força e coragem em Rivet, neutralizando o remorso e projetando-o no futuro: "Entre aqueles que sempre enxergaram certo, o senhor é um dos únicos e sou tentado a dizer o único que conservamos. Pois os que estão na prisão, ou nos campos de concentração, em que estado os reencontraremos? Há, portanto, uma razão primordial que deve proibi-lo, querido mestre, de se torturar com essa horrível crise de consciência a que se refere: o senhor não se pertence, o senhor nos pertence, pertence à França de amanhã. E, ainda que assim não fosse, por acaso tem noção do quanto somos tentados a criticar sua atitude tão heroica, que o expôs aos maiores perigos, os mesmos sob cujos golpes sucumbiram nossos camaradas, e que nada podia acrescentar às chances de salvação deles? [...] E por mais longe que o senhor arranjasse um motivo de remorso – pois como isso poderia se dar? –, parece-me, ao contrário, que esse pensamento deveria lhe proporcionar, em sua imensa dor, aquela calma resignação com que acolhemos esses grandes cataclismos contra os quais não podemos irredutivelmente nada. Mas erro falando em resignação, que não pode aplicar-se senão a mim mesmo. Pois nossos amigos serão, o senhor sabe, vingados". Lévi-Strauss acrescenta então o texto, redigido sob seus cuidados, de uma nota comemorativa que acompanha uma exposição sobre a Resistência francesa realizada em Nova York: "Havia em Paris uma grande instituição científica dedicada, por sua própria natureza, à luta contra o racismo e suas mentiras: o Museu do Homem. Seu diretor, o professor Paul Rivet, conselheiro municipal de Paris, é o primeiro intelectual francês a se dedicar, de corpo e alma, ao combate antifascista. Seu vice-diretor, Jacques Soustelle, juntou-se, desde o primeiro dia, às Forças Francesas Livres. Seus colaboradores se dedicavam a uma única tarefa: divulgar, em sua inesgotável diversidade, as inumeráveis criações do Gênio humano. Os alemães se vingaram. Após tê-los mantido prisioneiros e incomunicáveis durante meses, eles terminaram por massacrar os colaboradores do dr. Rivet, que, seguindo seu exemplo, mantinham na Paris ocupada o museu aberto, como um desafio: Boris Vildé, Anatole Lewitsky, Pierre Walter, Jules Andrieu, René Sénéchal, Léon-Maurice Nordmann, Georges Ithier[60]. Os milhões de humildes homens que seus trabalhos contribuíram para que fossem conhecidos e amados castigarão os verdadeiros bárbaros"[61].

De fato, é esse momento preciso, essa historicidade trágica, que paradoxalmente constitui a condição de possibilidade do estruturalismo antropológico: "Com efeito, podemos considerar que a etnologia só pôde nascer como ciência no momento em que se operou um descentramento: no momento em que a cultura europeia – e por conseguinte a história da metafísica e de seus conceitos – foi esfacelada, expulsa de seu lugar, devendo então parar de ser concebida como cultura de referência. Esse momento não é a princípio um momento do discurso filosófico ou científico, é também um momento político, econômico, técnico etc."[62]. O estruturalismo é então igualmente uma forma de combate intelectual, a contraparte da melancolia sonhadora diante de mundos primitivos prestes a desaparecer que as "estruturas" contribuem para reintegrar numa humanidade ao mesmo tempo una e diversa[63]. A evolução da disciplina, o encontro com novos horizontes e, por fim, o exílio do saber ocidental expulso da Europa pelo nazismo conjugam-se para dar sentido a esse novo produto intelectual autenticamente transatlântico: a antropologia estrutural.

O trabalho documental está bem adiantado no fim de 1943: 1,5 mil artigos e livros foram selecionados, 1,2 mil já foram dissecados. Lévi-Strauss prevê ainda três meses de leituras e um ano de redação. Mas a pesquisa padece em virtude das questões complicadas da École Libre des Hautes Études, que o ocupam durante todo o ano de 1944. Esta é uma das razões que explicam a volta de Lévi-Strauss como adido cultural a Nova York em maio de 1945. Ele pretende acumular sua missão diplomática e o término do seu trabalho.

ENTRE CIÊNCIA E ADMINISTRAÇÃO

Uma nova vida

O verão e o outono de 1945 arrastam-se numa incerteza um tanto monótona. Do lado profissional, Lévi-Strauss tem as funções de adido cultural, mas não seus atributos oficiais. Sua principal incumbência consiste em reformar (por 60 mil dólares) o belo palacete da Quinta avenida, comprado pela França às vésperas da guerra e finalmente atribuído em 1945 aos serviços culturais, com o consulado se mudando para outro endereço, segundo uma arbitragem em conformidade com a ambição da política cultural externa de Laugier[64]. Lévi-Strauss junta-se aos serviços de Jacques Carlu, arquiteto do Palais de Chaillot refugiado em Nova York, e não é sem certo prazer que dá uma de *designer* e decorador de interiores. A primeira versão de sua tese – "terminei o calhamaço"[65] – e o prédio da Quinta avenida são objeto de seus cuidados, segundo uma metáfora arquitetônica espalhada por toda a sua correspondência. Os arquitetos franceses são, aliás, moeda corrente em Nova York, para onde acorrem, ansiosos para estudar as novas técnicas e novos materiais utilizados nos Estados Unidos. Na mesma época, uma exposição é dedicada a Le Corbusier. Lévi-Strauss vai visitá-la, na companhia de Seyrig. É visto meditando, cigarro na mão, debruçado sobre as maquetes apresentadas, sonhando-se talvez um Corbusier da ciência social[66]...

Na realidade, esse novo posto que infringe a vocação científica recém-declarada é fruto de um cálculo profissional, que ele explica aos pais: "Hesitei e refleti muito. Como vocês sabem, meu maior desejo era voltar à França após tantos anos de exílio; mas aí as perspectivas não se afiguravam tão atraentes para mim. Rivet é um patrono pouco seguro, eu teria sem dúvida que passar um punhado de anos numa universidade de província antes de alcançar Paris. O posto de Nova York é considerável e representa, ao contrário, uma grande promoção. Em dois ou três anos, se eu for bem-sucedido, poderei trocá-lo sem dificuldade por uma bela cátedra em Paris". Entre as vantagens de um belo salário e os inconvenientes de uma separação prolongada da família, há também a questão do tempo e de seu rascunho deixado de molho: "Finalmente eu disse sim, um pouco melancólico, à ideia de um prolongamento de minha estadia nos Estados Unidos e de um abandono temporário, pelo menos parcial, da ciência em prol da administração"[67]. Em sua mente, é uma oportunidade que ele não pode deixar escapar, uma bênção, que não deixa de ser, de maneira bem diferente do telefonema de Georges Dumas em outubro de 1934, uma pisada no acelerador.

Em 1º de janeiro de 1946, escreve em papel timbrado da embaixada da França: "adido cultural". Ei-lo oficialmente em ação. Instala-se em meio ao entulho do palacete onde residirá, as obras terminando na primavera de 1946 num certo caos – "Cada corporação de ofício destrói o que a precedente acaba de fazer"[68]. Mas finalmente goza de um prestigioso endereço no Upper East Side: 934 Fifth Avenue, bem defronte ao parque: "Imaginem aproximativamente uma avenida de Villiers que estivesse no lugar do bulevar Suchet para os lados do Bois, muito chique, muito esnobe, muito bonita e muito tediosa"[69].

Novo endereço, nova atividade e nova mulher, atributo necessário à sua nova função e consequência de uma afeição séria e sólida. O desejo de ter uma esposa – e uma esposa francesa – se explica também por um cansaço de Don Juan enfastiado: "Minha próxima carta será possivelmente a de um homem casado. Francamente, isso me alegra infinitamente. Uma última aventura, na mais venerável e alta aristocracia europeia, me pareceu tediosa e realmente me cansou da vida de solteiro"[70]. Após tratativas complicadas com seus respectivos cônjuges, Rose-Marie Ullmo, que chega a Nova York em abril de 1946, e Claude Lévi-Strauss se casam em 16 de abril, "felizmente à moda americana", acrescenta o recém-casado: "A cerimônia durou uns cinco minutos"[71]! Não obstante, um mês mais tarde, é oferecida uma grande recepção, que dá a medida da mudança social em curso na vida do antropólogo: salgadinhos, empregadas, uma centena de pessoas desfilando nos aposentos pessoais do adido cultural, notáveis franceses, o representante da França na ONU, Alexandre Parodi, o cônsul-geral, artistas, Chagall, Jacques Lipschitz, professores universitários e escritores norte-americanos, uma dançarina negra, Jean Cassou, tudo isso até 2h da manhã[72].

Os mencionados aposentos foram inteiramente mobiliados (a preços baixos) por Lévi-Strauss, extasiado com a riqueza dos leilões públicos nova-iorquinos, que oferecem coisas compradas em todos os cantos da Europa, cuja origem e valor ninguém sabe. Resultado: "Isso se vende ora a preços exorbitantes, ora por uma ninharia: as flutuações são incompreensíveis"[73]. Essa irracionalidade lhe permite comprar "belíssimos móveis italianos Renascença, sempre no estilo austero e rústico que preside nosso mobiliário": uma mesa grande, cadeiras, um baú, um armário, uma credência, todos de grandes dimensões, procedentes dos palácios de ricos norte-americanos vítimas de um golpe do destino que liquida sua estorvante mobília; uma escrivaninha, quase certamente um móvel espanhol colonial com motivos sincréticos esculpidos nos pés. Calder, a propósito, ofereceu um de seus "móbiles" delicados e graciosos, "pendurado no teto de uma sala, harmonizando-se admiravelmente tanto com os objetos primitivos como com os móveis Renascença"[74]. Esse universo deveras singular – bem estruturado em torno de três polos: a arte moderna (Calder), os objetos primitivos e os móveis de madeira maciça – será o cenário de uma vida. Juntam-se nele um passado imemorial, a época do encontro colonial e do humanismo renascentista (século XVI) e uma contemporaneidade frágil. Três temporalidades diferentemente habitadas pelo espírito de Lévi-Strauss numa dosagem engenhosa de enraizamento radical e leveza vaporosa e lábil. Em equilíbrio instável, como as estruturas de parentesco que ele estuda em seu *opus* doutoral, entre retraimento e reciprocidade absoluta, entre coerções contraditórias que o homem tenta desesperadamente reduzir; equilíbrio instável dos móbiles de Calder, que é a própria forma do estruturalismo lévi-straussiano.

"Duas vidas em uma"

A vida se organiza no 934 Fifth Avenue. Rose-Marie Ullmo não veio sozinha para Nova York. Ela tem dois filhos, de 8 e 10 anos, que Lévi-Strauss recebe de bom grado, ainda mais que são "bonzinhos e tranquilos", a casa é grande e, acima de tudo, seu escritório é isolado, no subsolo. Em contrapartida, ele não pretende que eles sejam um novo ônus financeiro e pede a seu sogro Ullmo que "faça o necessário para que suas necessidades sejam asseguradas numa base inteiramente independente"[75], o que não parece ser um obstáculo, considerando os recursos significativos da família de sua mulher. Embora Lévi-Strauss agora ganhe bem a vida, seu orçamento é sempre limitado pela ajuda mensal que concede aos seus pais, insistindo em várias oportunidades para que eles a aceitem sem reclamar e desistam de procurar atividades remuneradoras. "Em hipótese alguma autorizo-os a solicitar um emprego a Rivet ou a outro de meus amigos. Não quero que eles pensem que ocupo um cargo importante em Nova York e que me recuso a tomar conta de vocês."[76]

Nos primeiros meses, é uma corrida contra o relógio: "Tenho o diabo para fazer entre memorandos, relatórios e telegramas para trocar com Paris sobre questões de bolsas, intercâmbios de professores e estudantes, turnês de conferências, envios de livros, exposições francesas na América e vice-versa, e pessoas que desfilam no meu escritório a tarde inteira para assuntos da mesma ordem. Espero poder organizar o serviço de maneira mais eficaz e fecunda, o que não é o caso neste momento, mas me falta pessoal e ainda não conheço as disponibilidades orçamentárias (sem dúvida reduzidas por causa da desvalorização) para 1946. Além disso, há as visitas de grife, que me fazem perder um tempo valioso: Sartre e Le Corbusier chegam por esses dias, em breve Camus etc.". De um lado, a atividade claudicante da escrita de artigos ou de sua tese[77], do outro, as múltiplas tarefas vinculadas às suas funções, diversas, às vezes divertidas, mas também frustrantes – a coisa não anda, ele não tem datilógrafas em número suficiente, trunfo vital do burocrata –, até mesmo tediosas. A vida social, componente essencial do seu posto, o enfastia e embota: "Os almoços e jantares que se sucedem são, no geral, mortalmente entediantes. O contato com os grandes homens é decididamente decepcionante, mesmo quando é Jean-Paul Sartre, mesmo quando é Stravinsky, que me deu a impressão de uma velha senhora russa cheia de dedos e desconfiada"[78]. Stravinsky, um dos deuses de sua mocidade...

O novo adido cultural é um responsável dinâmico que se gaba de estar à altura de uma função que ele é o primeiro a honrar (em tempos de paz). Assim, ao lado de um discurso de lamentação assaz constante, e sem dúvida sincero, sobre a falta de tempo, sentimos que esse turbilhão temporário não lhe desagrada completamente. Sua fibra artística é solicitada, quando, por exemplo, ele vai a um concerto de John Cage, assiste a uma apresentação de *Tristão*, prepara a exposição de um artista francês que tinha inventado uma nova técnica de vitral. Os dias transbordam de reuniões, às vezes de descobertas, de decepções também: "Daqui a pouco vou visitar um grande antiquário internacional que quer vender ao Museu do Homem um museu inteiro que ele comprou no Alasca; em seguida, vou ver o ensaio de um balé negro para o qual tento organizar uma turnê na França. E há também questões de concertos, exposições, conferências, sei lá mais o quê... Volta e meia sinto saudades do lazer, da calma da minha vida anterior, mas bolas, devemos experimentar de tudo"[79]. Esta última frase ressoa como se, inconscientemente, ele precisasse acumular suficientes experiências e agitação para a vida inteira, estender ainda mais sua paleta de atividades antes da grande conversão à vida científica.

No entanto, progressivamente, tenta se organizar a fim de não trabalhar o dia inteiro para os serviços culturais e guardar um pouco de tempo para uso próprio. Todas as manhãs, desce ao escritório de 9h às 13h30, depois sobe para almoçar; trabalha em seguida em sua tese em seu gabinete pessoal, das 14h às 17h30; por fim, depois das 17h30, se inteira dos telefonemas com a sua secretária e assina a correspondência. Essa maneira de comprimir "duas vidas em uma" funciona, mas "é evidentemente um equilíbrio frágil"[80]. Mesmo assim, Lévi-Strauss manterá esse ritmo durante grande parte de sua vida, sempre dividido entre a escrita e a pesquisa pura, de um lado, e a administração (da ciência), de outro. Na época, essa balança poderia ter pendido definitivamente para o lado administrativo. Com efeito, quando Henri Laugier é nomeado secretário-geral adjunto da ONU, na primavera de 1946, tenta atrair para lá o seu jovem protegido. No fim, não dá certo e Lévi-Strauss, no fundo, fica aliviado. Teria sido difícil não seguir Laugier, e o antropólogo sem dúvida teria feito carreira na alta administração internacional, um pouco como Stéphane Hessel, cuja mulher, Vitia, é uma grande amiga de Claude Lévi-Strauss em Nova York.

O duplo nascimento da primavera de 1947

No começo de março de 1947, reinam na escrivaninha do adido cultural dois robustos volumes de 300 a 350 páginas cada um, 1,2 mil notas, 80 figuras, recém-datilografados. O título geral: "As estruturas elementares do parentesco; volume 1: A troca restrita; volume 2: A troca generalizada". A Rivet, ele escreve: "Eu esperava lhe anunciar duas boas notícias ao mesmo tempo: mas Rose-Marie hesita em produzir seu bebê, que no entanto esperamos de um dia para o outro, há uma semana. E como a ultrapassei com folga, não quero mais lhe omitir que o meu livro está definitivamente terminado há quinze dias"[81]. Como aquele bebê iminente e desejado, a conclusão das *Estruturas* foi constantemente adiada durante os últimos dois anos, como se, por sua própria força, o livro engendrasse a cada vez novos desdobramentos, novas verificações, novas correções. Finalmente, fica pronto, precedendo em alguns dias o nascimento de seu filho Laurent, em 16 de março de 1947. O relato do parto se limita à expulsão brutal do pai da sala: ele não viu nada, não ouviu nada e lhe apresentaram o bebê trinta segundos antes de lhe pedirem para chispar dali. "Quanto ao bebê, achei-o de manhã absolutamente horrível; um pouco menos às 4h, mas ainda bastante pavoroso. Pesava 4,100 kg ao nascer, parece comigo de uma maneira aflitiva e até mesmo chocante – pois parece comigo como sou agora e de forma alguma (suponho) como eu devia ser com sua idade."[82] Quinze dias mais tarde, revisa o segundo volume de sua tese, ao mesmo tempo lançando um olhar irônico sobre sua prole: "Espero que ele adquira, com os meses, uma alma que ainda lhe falta completamente"[83]. Em 15 de abril de 1947, Laurent é circuncidado, como seu pai. Pouco a pouco, Lévi-Strauss adota um tom divertido, de uma ternura ainda um pouco irônica: "Sinto-me mais à vontade com ele do que eu imaginava, um pouco como se fosse um macaco de um novo modelo, sem dúvida ainda menos interessante do que os verdadeiros, mas em quem já vislumbramos progressos nesse sentido. Nossas relações se situam sobretudo em torno da emissão de ruídos, que lhe interessam prodigiosamente e que ele tenta, aliás em vão, repetir com uma mímica apropriada à medida que eu os emito"[84]. A linguística estrutural debruçara-se particularmente sobre a aprendizagem da linguagem, mistério imenso, desafio lançado à ciência[85]... É certo que Lévi-Strauss observa com um ouvido bastante atento os primeiros balbucios emitidos pelo filho, a quem embala, dá mamadeira e às vezes troca como fazia antigamente com Lucinda, sua macaca trazida do Brasil. Em seu aprendizado da paternidade, ele dispõe de dois modelos que lhe são diretamente acessíveis e convergem para uma grande doçura de comportamento: de um lado, seu pai, homem grave mas pouco autoritário; do outro, os pais nambiquaras, cujas relações de grande ternura física com os filhos ele ressaltou. Entre os dois, encontra seu caminho de pai, além do de padrasto um pouco distante, mas brincalhão, que já era para os filhos de Rose-Marie[86].

UMA NOVA POLÍTICA CULTURAL DA FRANÇA NOS ESTADOS UNIDOS

A requalificação e reorganização da política cultural externa da França foram tornadas possíveis, como dissemos, pelo lugar ocupado, no seio da França Livre, pelas elites intelectuais. Henri Laugier e, depois, a partir de 1946, seu sucessor Louis Joxe vão traduzi-la em atos que rompem com as práticas frívolas do entreguerras e consolidam uma profissionalização dos postos, bem como uma democratização das atividades, que agora incluem as missões científicas e profissionais, os intercâmbios universitários e o recebimento de bolsistas. O período presta-se a isso: entre o fim da guerra e a exposição do Plano Marshall (junho de 1947), a ciência e a arte surgem como alavancas privilegiadas do diálogo a ser reatado ente as nações. O plano de bolsas do senador Fulbright (1946) acompanha, com objetivos internos próprios, a implementação dessa nova ação cultural da França nos Estados Unidos.

Embora adido cultural "de meio expediente", Claude Lévi-Strauss dispende grande energia de ação, uma busca de eficiência e de reformas visando racionalizar e unificar uma política pública cuja filosofia geral, visivelmente transformada, lhe é próxima. Não é uma sinecura. Percebe-se, na diversidade dos rastros que deixou nesse posto, o grande administrador potencial – embora um pouco impaciente talvez – que poderia ter sido. O problema dos conferencistas franceses, por exemplo, ilustra o tipo de ações que Lévi-Strauss tenta promover. Nesse domínio, ele argumenta, é preciso sair do feudo da Aliança Francesa, enviando um grande escritor para evangelizar as velhas norte-americanas francófonas. Seyrig já notara certa "decrepitude" das Alianças Francesas, pouco amáveis com os novos homens oriundos da França Livre, em razão de um pessoal dirigente nos Estados Unidos que permanecera amplamente pétainista[87]. No entanto, as Alianças Francesas, pela antiguidade de sua implantação, a densidade de suas redes, suas bibliotecas (mesmo no interior), permanecem incontornáveis. Isso faz com que os serviços culturais cogitem a criação de um serviço único para a organização de conferências francesas nos Estados Unidos: "Acrescentei que a fórmula das Alianças Francesas não podia mais prestar os mesmos serviços que no passado; que as relações culturais não eram mais apanágio de pequenos grupos de amadores ociosos; que era indispensável orientar-se para novos círculos, principalmente os círculos universitários"[88]. Lévi-Strauss propõe fundir num único organismo as Alianças Francesas, os comitês da France Forever[89], os departamentos de francês e também as Maisons Françaises das universidades norte-americanas, a fim de economizar recursos e ampliar a ação de cada um. Em diversas oportunidades, insiste na escolha dos conferencistas, que preferia jovens, enérgicos, não muito exigentes e falantes de inglês. Sempre preocupado com a eficiência, preconiza uma exploração máxima dos conferencistas, cuja viagem a França pagou, apontando o interesse de penetrar não só nas terras conquistadas da costa leste, como também nas pequenas cidades do Oeste e do Meio-Oeste. Lista alguns sucessos: o obtido pela conferência de Albert Camus e de Vercors, que lotaram a sala sob os auspícios do Comitê Universitário Franco-Americano. Segundo ele, e independentemente da onda existencialista à qual assiste impávido, esse sucesso "confirma nossa convicção de que os métodos tradicionais estão ultrapassados e de que nossa ação de conferências deve ser reorganizada segundo uma fórmula [...] ampla, universitária e publicitária, cuja experiência foi inaugurada ontem"[90]. Às vezes, fatalista, limita-se a registrar a realidade dos fatos. Por exemplo, a sra. Guilbert atrai multidões com sua palestra "*Paris, its artists, its G.I.s and I*". Comentário: "O talento da sra. Guilbert é sem dúvida de um nível especialmente baixo. Sou obrigado a constatar que é, no entanto, bastante eficaz e que esse aspecto da postura norte-americana não pode ser negligenciado nas ocasiões em que nos propomos a atingir os clubes de mulheres ou as associações locais"[91].

Na mesma lógica de racionalização, Claude Lévi-Strauss acarinha o projeto de um Centro do Livro Francês nos Estados Unidos, que coordenaria e centralizaria as vendas dos livros franceses, utilizando ao máximo as redes de distribuição norte-americanas. Preconiza métodos específicos, o envio de malas diretas focadas (em universidades, professores de francês, sociedades acadêmicas) para alcançar um público especial, quase totalmente privado de provisões, pois a venda de livros franceses é então praticamente nula, em razão dos preços proibitivos e da escassez de papel[92]. Claro, os serviços culturais conservam missões tradicionais – organizar grandes exposições artísticas francesas nos Estados Unidos, uma turnê da Comédie-Française etc. –, mas o espírito e os meios de ação estão mudados. Como contrapartida à Comédie-Française, Lévi-Strauss propõe levar os Balés de Martha Graham a Paris. Está, a propósito, bastante atento ao surgimento de uma nova arte coreográfica que lhe parece "representar hoje nos Estados Unidos uma forma particularmente fecunda e original da atividade artística"[93].

Lévi-Strauss gosta de enumerar algumas lembranças irônicas de seu trabalho à frente dos serviços culturais: "Tive algumas ideias, mas lamentavelmente todas fracassaram. Em primeiro lugar, quis organizar uma exposição de *Early American Art* em Paris. Porém, o Departamento de Estado mostrou-se bastante reticente, julgando que aquilo oferecia uma imagem desfavorável dos Estados Unidos. Em seguida, tentei comprar uma coleção de arte indígena da costa noroeste que o dono queria trocar por alguns Matisses e Picassos. Mas aí foram as autoridades francesas, em especial o diretor dos museus, Georges Salles, que se opuseram"[94]. Mesmo com o fracasso dessas tentativas, vemos claramente em ação a revolução de pensamento que acompanha tais projetos: trocar algumas telas da grande arte moderna francesa por obras, a muito custo reconhecidas como tais, do mundo indígena. Justamente quando a nova política cultural vê seus meios institucionais expandidos (postos de adidos culturais espalhados pelo mundo) e ainda busca às apalpadelas se demarcar de uma política essencialmente linguística (as Alianças Francesas, a aprendizagem do francês como símbolo do poder cultural do país), ela rompe muito mais radicalmente com a tradicional política de irradiação assentada sobre ações de prestígio.

O que compreendem os atores da diplomacia cultural do pós-guerra, Lévi-Strauss em primeiro lugar, é que a França, durante a guerra, viu desmoronar não só seu prestígio externo, como, mais fundamentalmente, seus valores identitários de grande nação cultural, de mãe das artes e das letras, e que convém agora trocar a política universalista de irradiação por uma política de reciprocidade. As numerosas missões acolhidas pelo conselho cultural após a guerra (professores universitários, médicos, arquitetos, empresários...) exprimem um ideal de transversais profissionais, mas em que são os franceses que vêm aprender, e não o oposto. Outra intervenção, pequena mas significativa, exprimindo a preocupação de inserir a França na internacional do saber e da cultura, mas sem nenhuma prerrogativa: Lévi-Strauss pleiteia que o concurso para o prêmio James Hyde, que recompensa uma obra sobre a história das relações franco-americanas ou a história francesa do século XIX, seja aberto aos autores não franceses, o que então não ocorria.

No mesmo espírito, combate assiduamente a ênfase retórica de determinadas apresentações da arte francesa, e mais globalmente um tom de autossatisfação que lhe parece ao mesmo tempo ridículo, obsoleto e contraproducente: "Uma política saudável de relações culturais consiste, a meu ver, em suscitar os elogios e a admiração de nossos amigos estrangeiros, mas deixando que isso parta deles. Jogando-lhes na cara afirmações que lhes parecem muitas vezes exageradas, nós os chocamos e produzimos um efeito diametralmente oposto ao que procuramos. [...] Não é proclamando que a pintura é uma arte especificamente francesa ou que a literatura francesa é a primeira do mundo que persuadimos o público dessas verdades"[95]. O antropólogo Lévi-Strauss está bem situado para questionar essa "missão civilizadora"[96] que foi a doutrina oficial da República nas colônias e, mais genericamente, em suas relações com a cultura dos outros países, em especial na América do Sul. Em todo caso, a derrocada de 1940 pôs um fim a essa ambição messiânica de outras eras.

Por outro lado, o pós-guerra vê cintilar uma nova geração no firmamento das letras internacionais. Sem muito esforço, a literatura francesa está novamente no auge. Mas dessa vez são Sartre, Simone de Beauvoir, Camus, Vercors e Malraux, e não mais Georges Duhamel, Maurois ou Gide. É instigante ver Claude Lévi-Strauss, adido cultural em Nova York, receber sem piscar as novas glórias das letras francesas, surgidas brutalmente de uma França ocupada a cujo respeito ele ignora tudo. Ele tem mais ou menos a idade deles. Em Nova York, acontecem alguns encontros significativos, vinhetas simbólicas da vida intelectual e artística do século XX. Se o encontro em Nova York de Breton (que lá residia) com Sartre em janeiro de 1945 evoca a passagem de bastão entre um surrealismo envelhecido e o existencialismo em pleno desabrochar, um outro, num âmbito oficial, de Lévi-Strauss, então desconhecido, com um Sartre na aurora da glória prefigura o futuro ofuscamento do existencialismo perante um estruturalismo por sua vez dominante nos anos 1960.

Nesse ínterim, durante o resto do ano de 1947, Lévi-Strauss morde o freio. Tem agora o imperioso desejo de voltar à França. Insiste junto a Louis Joxe para que lhe arranje um substituto o mais rápido possível, mas essa busca dura vários meses[97]. Tenta igualmente preparar sua chegada à França, tomando pouco a pouco consciência de que seu plano não passa de uma aposta; revela-se muito mais difícil do que ele esperava "negociar" uma cátedra em Paris. Lévi-Strauss está voltando de dez anos no estrangeiro. Ainda é desconhecido, e o mundo universitário do pós-guerra foi amplamente reformado sem ele, além do mais em bases ideológicas que lhe são em parte desconhecidas. Embora munido de uma *maîtise de conférences*[*98] que lhe permitirá defender sua tese na Sorbonne, ele não terminou de desencantar-se. Não obstante, mesmo complicado, o retorno à França é agora uma necessidade vital: "A escolha que fiz várias vezes de voltar à França ou de lá ficar não afeta em nada os sentimentos de profundo reconhecimento que sinto para com os Estados Unidos. Sua ajuda provavelmente me salvou a vida, e lá encontrei durante vários anos um clima intelectual e meios de trabalho aos quais, em larga parcela, devo o fato de ser o que sou. Sabia pertencer, entretanto, por todas as minhas fibras, ao Velho Mundo; irrevogavelmente"[99].

* Posição anterior à do professor universitário, com atribuições semelhantes de docência e pesquisa.

III

[1947 • 1971]

O VELHO MUNDO

OS FANTASMAS DE MARCEL MAUSS 12

No fundo da sala, percebo nosso professor Marcel Mauss. Em seu espiritual rosto semita inscreve-se um estranho sorriso, eterno como o de Buda.

AGNÈS HUMBERT, *Notre guerre*, 1946[1].

Neste capítulo da vida de Lévi-Strauss, circulam espectros, cadáveres no armário, xamãs, inconsciente individual e coletivo. No outono de 1947, o etnólogo, prestes a entrar na casa dos 40, volta como filho pródigo a uma Europa ainda coberta pelas cicatrizes da guerra. Faz igualmente seu retorno à etnologia francesa, ainda não de todo desvencilhada das lembranças da Ocupação, às voltas com o silêncio e um mal-estar que se prolonga além da conta pela segunda metade do século. Em razão de seu aspecto de *social scientist* norte-americano, seu nome, sua história, ele está em defasagem com a cena acadêmica francesa, ao mesmo tempo esperando nela desempenhar um papel à medida da obra "de grande estilo"[2] que traz em sua bagagem.

Em 1947, o que é a ciência social francesa? Decerto as instituições prestigiosas – o Museu do Homem, o das Artes e Tradições Populares para a etnologia –, alguns novos centros de pesquisa abrigados pelo jovem CNRS, mas, na falta de uma verdadeira integração à universidade, sobretudo alguns mestres respeitados e tradições intelectuais desigualmente identificadas a disciplinas em vias de constituição. A guerra chacoalhou essas posições e esses homens (há poucas mulheres, ou nenhuma, no poder na ciência da época): alguns partiram; outros resistiram; há até os que prosperaram. Todos se reencontram após a Libertação num campo francês em plena recomposição, "à sombra da História emudecida dos anos negros"[3]. A peça que eles encenam juntos ganha às vezes o aspecto de um drama shakespeariano.

Marcel Mauss, mestre genial e generoso, imaginativo e fulminante, por sua vez fulminado pela Ocupação e o antissemitismo, perdeu o tino. Entre 1945 e 1950 (data oficial de sua morte), com sua presença-ausência, encarna uma espécie de Rei Lear refugiado no silêncio e na inocência; Paul Rivet, rei destronado, que partiu para o exílio e voltou, é incapaz de impor um herdeiro. O desmoronamento desses dois pilares permite o reinado dos pequenos marqueses, que se forjaram um feudo durante a guerra. O historiador Lucien Febvre, único herdeiro da obra dos *Annales* após o assassinato de Marc Bloch pelos nazistas, opera de um reino vizinho, com uma clara ambição federativa, nisso apoiado por um primogênito dinâmico, Fernand Braudel. Por fim, Georges Gurvitch, patrono da sociologia, faz o papel de um tio irascível e poderoso, reinando sobre a Sorbonne[4], aureolado por um exílio norte-americano que, não obstante, não o transformou profundamente[5]. Nesse torneio ainda indeciso – quem terá o papel principal? –, irrompe tardiamente, no outono de 1947, Claude Lévi-Strauss, de volta de longas viagens aos confins do mundo. Após doze anos passados no exterior de seu reino, o filho exilado volta ao redil.

Para ele, é hora da defesa da tese de doutorado, último rito acadêmico, que ele cumpre em 5 de junho de 1948 e que lhe permite apresentar seu *As estruturas elementares do parentesco*, publicado em 1949. É hora também de alguns artigos retumbantes que, construindo uma filiação intelectual, programática e epistemológica com Marcel Mauss, por ele escolhido como figura tutelar, constituem uma verdadeira guinada nas ciências sociais francesas. Esses poucos anos são, portanto, estratégicos, fecundos, produtivos e, ao mesmo tempo, assombrados pelo fracasso profissional e, em suma, sentimental, como que obscurecidos pela ausência senil no mundo na qual soçobra Mauss até sua morte, em 1950[6]. Claude Lévi-Strauss recebe "um golpe duríssimo"[7] ao ver que Mauss perdeu a lucidez. Durante sua visita ao mestre, ele contará mais tarde, este último o confundiu com Jacques Soustelle[8]. Não reconhecimento inaugural e simbólico de outras desilusões. Convém lembrar que Lévi-Strauss, consagrado e coberto de honrarias, conheceu inúmeras derrotas na luta pelo reconhecimento dos pares, o que sempre faz parte de uma carreira acadêmica.

O PARENTESCO SEGUNDO LÉVI-STRAUSS

O ritual da defesa de tese na Sorbonne

Quando o candidato se apresenta na Sorbonne, em 5 de junho de 1948, para defender sua tese de doutorado, tem 39 anos. É a última prova universitária, fortemente ritualizada no mundo acadêmico francês. Como tese principal, ele apresenta um calhamaço datilografado intitulado *As estruturas elementares do parentesco*, uma volta ao mundo pelas regras e sistemas adotados pelas sociedades primitivas para organizar suas relações de filiação e, principalmente, de aliança; como tese complementar, "A vida familiar e social dos nambiquaras" é propriamente uma monografia etnográfica, fruto direto de seu trabalho de campo empreendido dez anos antes[9].

O trabalho principal rompe com a lógica tradicional da tese que transforma o etnólogo de regresso em especialista de uma área regional e seu trabalho de doutorado numa formalização refletida de fichas de campo. As *Estruturas* não correspondem a essa forma de exposição clássica da etnografia francesa, nem ao regime teórico de avaliação do trabalho efetuado a ela associado. Daí uma primeira dificuldade na constituição da banca, que deve ser composta de membros competentes para julgar de diferentes partes do mundo. Finalmente, Lévi-Strauss defende a tese perante um areópago composto de Marcel Griaule, africanista renomado, membro da banca da tese complementar, do jurista Jean Escarra, especialista em direito chinês, de Albert Bayet, sociólogo da religião e das questões morais, de Émile Benveniste, linguista ligado a Roman Jakobson, competente acerca do espaço indígena e cujo nome Lévi-Strauss soprou àquele que aceitou presidir essa banca heteróclita, de Georges Davy, o último dos durkheimianos ainda vivo, sociólogo das formas arcaicas do contrato, além de decano da Sorbonne e com "temperamento ranzinza"[10].

Vimos que Lévi-Strauss escolhera inicialmente Paul Rivet como orientador de tese, mas esta última escolha torna-se impossível com a aproximação da aposentadoria do diretor do Museu do Homem. Da mesma forma, pensara em Mauss, mas, dessa vez, é o estado de saúde do mestre que o impede de convidá-lo. Davy é então uma solução pragmática, que não corresponde a qualquer aliança intelectual. Muito pelo contrário, Lévi-Strauss permanece avesso a parte da herança durkheimiana, eminentemente representada por Davy. Muito mais tarde, explica ao seu interlocutor inglês Rodney Needham o emprego, em *As estruturas*, de expressões durkheimianas inapropriadas, como "solidariedade mecânica" e "solidariedade orgânica": "Com efeito, lembro-me por que introduzi intencionalmente esses termos durkheimianos, em três ou quatro ocasiões, no meu livro. *Grosso modo*, era a fim de que minha banca de doutorado achasse alguma coisa que lhe fosse vagamente familiar na minha terminologia e não sentisse uma estranheza muito grande com relação ao meu livro"[11]. Esse uso puramente retórico e calculista de Durkheim poderia nos espantar. Lévi-Strauss sentia-se tão deslocado que precisou ostentar uma linguagem comum? Em todo caso, ele prossegue, "a troca generalizada" não tem nada a ver com a "solidariedade orgânica" no sentido durkheimiano. Em seu próprio título, *As estruturas elementares do parentesco* são um eco e um desafio ao clássico da sociologia durkheimiana *As formas elementares da vida religiosa* (1912): mesma ambição teórica, mesma inclinação a apreender o social pelo "elementar", mesma erudição bulímica. E, no entanto, Lévi-Strauss, qual um condenado levado ao cadafalso, espera uma total incompreensão (à exceção de Benveniste, "sem dúvida o único a ter compreendido o que eu quis fazer"[12]), como se tivesse total consciência de ser portador de uma espécie de objeto acadêmico não identificado.

A defesa não o desdiz completamente. Na falta de um relatório de tese, não encontrado, nos baseamos numa carta de Mariel Jean-Bruhnes Delamarre[13], geógrafa e etnóloga da vida rural, ligada aos círculos do Museu do Homem, filha do geógrafo Jean Bruhnes e muito a par das mundanidades acadêmicas, como atesta o tom ágil da longa e vívida missiva que ela envia ao etnólogo André-Georges Haudricourt, então em missão oficial em Hanói, um marxista aberto e bem-informado sobre a linguística e seus usos em etnologia. Segundo Mariel Jean-Bruhnes Delamarre, a discussão em torno da tese complementar corre bem, ainda que Griaule "tivesse querido uma análise mais aprofundada de determinadas concepções indígenas (noção de pessoa, papel da tradição)". É com a tese principal que as coisas encrespam. Os ataques configuram-se com maior precisão após uma exposição bastante clara do candidato sobre o seu método e as relações estreitas que unem os sistemas de parentesco e a linguagem:

> Davy (presidente da banca da grande tese) – após os elogios de praxe do começo – atacou L.-S. em vários pontos. Trabalho monumental, trabalho de um filósofo – mas por que haver tão furiosamente sistematizado – certas afirmações não evidentes mas postuladas – Como Descartes, o senhor parte de uma evidência, mas, ao contrário de Descartes, sua evidência não é clara nem evidente – o casamento lhe parece um fenômeno de troca e reciprocidade porque responde a necessidades que, segundo o senhor, correspondem a disposições psicobiológicas inatas, por exemplo, a necessidade de regra enquanto regra. Em que bases o senhor apoia essa certeza de tal bagagem inicial do homo socius? Ademais, o seu método é curioso – o senhor estabelece primeiro um certo número de dados – e é apenas depois de um enorme volume dedicado a estes que o senhor apresenta três monografias, como se pensasse: "Ih! Agora vamos ver a experiência, vou ou não encontrar meu sistema nos fatos?". O senhor é um matemático algebrista muito especializado – suas evidências deixam supor uma lógica, um dirigismo de parentesco efetivamente prodigioso – As mulheres estão no cerne da troca – mas elas são como que um objeto –, são passadas da esquerda para a direita, depois da direita para a esquerda – é o que, segundo o senhor, preside as regras do casamento – e lhe permite inclusive estabelecer fórmulas algébricas indicando as posições da mulher nas estruturas sociais – Mas o senhor se esquece complemente, de um lado, do ponto de vista das classes – e, de outro, de que um elemento místico se esconde por trás das trocas (no casamento: mística da mulher, do filho) – Para o senhor, é exclusivamente um sistema de signos combinados etc.

Benveniste lhe sucede e afirma, ao contrário, sentir-se "familiarizado com [seu] procedimento". Em seguida, Escarra: "Em seu exemplo da China, o senhor se baseia em regras, num código, nas interdições – mas convém prestar atenção, pois esse sistema edificado pelos nobres só é observado por eles. Todas as vezes que falamos em regras matrimoniais, está especificado que são ritos reservados ao clã nobre. Lendo tal código, tenderíamos a crer que toda a China se casa segundo essas regras promulgadas – ora, percebemos que o povo nunca seguiu nenhuma dessas regras – e trata-se da imensa maioria". Após as críticas de lógica girando no vazio, de formalismo matemático, vem esta, contrária e complementar, de uma falha de controle empírico. Após "tudo é artificial", segunda crítica: "Tudo é falso". É impressionante ver aqui formuladas, no limiar da produção intelectual de Lévi-Strauss, duas das grandes críticas que permanecerão tão estáveis quanto sua própria argumentação.

Como a discussão já dura cinco horas, Bayet não diz senão poucas palavras. Resultado: menção muito honrosa. Essa carta dá a impressão de que nem sua autora nem a banca captaram verdadeiramente a novidade nem sequer as considerações de Lévi-Strauss. Essa opacidade persistente que a tese opõe não se extingue com sua publicação. Nesse ínterim, após a defesa, Benveniste lhe passa por escrito algumas correções de detalhe, erros de transcrição do sânscrito, e termina abaixando um pouco a crista do moço impetuoso: "Mais uma palavrinha. A posição que o senhor assume lhe dá incontestavelmente o direito de julgar seus antecessores. Será que a justiça coincide com o juízo que enuncia: 'Malinowski, com a displicência que o caracteriza...'? A obra de Malinowski realmente só se caracteriza por sua displicência?"[14]. Três cartas e dez dias mais tarde, após explicação de Lévi-Strauss sobre seu juízo crítico mantido (e justificado) a respeito de Malinowski, o mestre é convencido pelo discípulo: "Temos então de nos resignar, como vejo, a só reter de Malinowski os dados de observação. Enfim, é sinal de que a etnologia ganha rigor. Seu belo trabalho é prova disso"[15].

"The Rules of the Game"

Esse "belo trabalho" conservou, lendo-o hoje, seu caráter exorbitante: livro-mundo, livro-monstro, inclassificável, embora inserindo-se no domínio completamente identificado da antropologia do parentesco. "Por volta de 1942-1943", escreve Lévi-Strauss, "quando eu [o] abordava, tinha atrás de mim um século de estudos sistemáticos do parentesco sobre os quais podia me apoiar. Eu dispunha de materiais descritos e organizados numa linguagem técnica relativamente homogênea – diríamos hoje normalizada – que permitia passar à fase seguinte: a da comparação."[16] Na época, a tese de Lévi-Strauss tinha à disposição duas bibliotecas, uma francesa (até meados dos anos 1930) e a outra norte-americana, particularmente abundante e nova para o leitor francês. O frescor do material faz parte do *deal* de novidade prometido pela introdução, recusando com altivez uma nova "trituração de exemplos já fatigados pelas discussões anteriores de Frazer, Briffault, Crawley e Westermarck"[17].

Mas cunha igualmente um tom inédito, experimental, interdisciplinar. O autor admite as lacunas, as hipóteses às vezes temerárias, mas o que importa, o essencial está na audácia da interpretação e na progressão da discussão. De Lewis Morgan, um de seus predecessores, a quem o livro é dedicado, Lévi-Strauss conclui: "Acima de tudo, ela [sua obra] foi grande numa época em que o escrúpulo científico e a exatidão da observação não lhe pareciam incompatíveis com um pensamento que se confessava despudoradamente teórico e com um sabor filosófico audacioso"[18]. Decerto não é uma obra de filosofia, ainda que nela encontremos grandes questões que articulam o tema: uma hipótese sobre a cultura, uma contribuição à teoria do incesto, uma reflexão sobre a base intelectual do dualismo e da reciprocidade, uma análise da implicação estrutural dos diferentes tipos de casamento, com arroubos teóricos e momentos de ascensão em generalidade que, mais tarde, os críticos anglo-saxões considerarão "*tipically French*". É profundamente um trabalho antropológico mergulhado num material denso, volumoso – o autor se gaba de ter fichado 7 mil artigos e livros –, a fim de mostrar o valor e a extrema sofisticação das soluções encontradas pelas humanidades selvagens para lograr viver e sobreviver em sociedade. Daí sua *hybris* de ambição lógica, assim como de "ordenação" do real.

Segundo Lévi-Strauss, a proibição do incesto não tem fundamento natural, embora seja observável em quase todas as sociedades empíricas. É, portanto, uma regra que emana da esfera da "cultura", mas cuja universalidade deriva da ordem natural. "Onde termina a natureza? Onde começa a cultura?"[19] A solução de um problema com o qual a tradição filosófica (Rousseau) e a psicanálise se digladiaram passa, em Lévi-Strauss, por uma lógica de inversão em que ele era contumaz: a proibição do incesto, de conteúdo negativo, se transforma num convite à reciprocidade. "Projetando" as mulheres e as meninas para fora do clã consanguíneo e atribuindo-lhes esposos vindos de outros grupos, a proibição ata entre esses grupos os primeiros laços de aliança artificiais, de essência social: "Considerada do ponto de vista mais geral, a proibição do incesto exprime a passagem do fato natural da consanguinidade ao fato cultural da aliança"[20]. Constitui, por conseguinte, "o passo fundamental graças ao qual, pelo qual, mas sobretudo no qual se realiza a passagem da natureza à cultura"[21]. Torna-se assim a Regra com maiúscula, a suprema lei da dádiva. A interpretação estrutural faz da proibição do incesto, na linguagem do parentesco, um "fonema zero", que não tem significação enquanto tal (nem fundamento natural nem fundamento moral), mas que obriga a prescrições positivas (os laços com outros clãs). É, portanto, na constituição dessas regras e desses laços, o operador primordial. Por que essas regras de exogamia e proibição são adotadas com tanto rigor pelas sociedades tradicionais? Tal rigor é proporcional à "paixão endogâmica"[22] dessas sociedades: é porque há desejo incestuoso (natureza) que há regra (resposta da sociedade), e não em virtude de um horror espontâneo ao incesto.

A dificuldade resulta do fato de que essa teoria universal raciocina sobre culturas regionais específicas – essencialmente as sociedades localizadas na Ásia e no sudeste da Ásia, mas também na Melanésia e na África –, além de compreender exceções, como as sociedades árabes, nas quais é muito mais difícil aplicar tal raciocínio. Para conciliar a busca de lei universal e a infinita diversidade das regras de casamento, Lévi-Strauss se entrega a um esforço de modelização, tendendo a condensar a profusão dos fatos de parentesco em alguns princípios simples, em algumas nomenclaturas que constituem sistema e são suscetíveis de formar entre si uma verdadeira "gramática" do parentesco, um quadro sistemático, em que todas as opções possam ser logicamente deduzidas, pois não são infinitas. Contudo, essa gramática, esse sistema dos sistemas, só faz sentido uma vez considerada em sua globalidade. Concretamente, isso passa por uma estratégia de redução por meio do estabelecimento de tipologias. Em primeiro lugar, a distinção entre "estruturas elementares do parentesco", que prescrevem certo tipo de cônjuge, e, por oposição, "estruturas complexas", em que o casamento é deixado à livre escolha do indivíduo, como em nossas sociedades contemporâneas. Trata-se de um gradiente: o primeiro tipo nunca é totalmente prescritivo e o outro nunca totalmente livre (sabemos que escolhemos nosso cônjuge em nosso meio, dotado de um nível cultural e educacional equivalente etc.). A escolha de se concentrar exclusivamente nas estruturas "elementares" procede, aqui também, de uma estratégia e um temperamento de pesquisa que, em Lévi-Strauss, privilegia as "ilhotas de organização"[23] na vasta "sopa empírica"[24]. No que se refere às estruturas elementares, a energia classificatória do autor concebe três soluções possíveis, em parte decalcadas da tipologia de Granet: o dualismo, a troca restrita, a troca generalizada. A ideia básica é que "um homem só pode obter uma mulher de outro homem, que lhe cede esta sob forma de filha ou irmã"[25]. Ao fazer isso, os homens, tomadores e doadores de mulheres, abrem "ciclos de reciprocidade" mais ou menos longos: de uma geração a outra no primeiro caso (troca simples, ou *chassé-croisé*), de algumas gerações no segundo, de *n* gerações no terceiro – por essa razão denominado por Granet "troca diferida", que supõe certa confiança, pois a mulher recebida virá finalmente compensar sob forma de doação a mulher cedida, mas com atraso. Ao contrário, nas sociedades dualistas, a reciprocidade é exemplar. Mas se as organizações dualistas ilustram perfeitamente o princípio de reciprocidade, elas são um caso particular da troca restrita, por sua vez uma restrição da troca generalizada. Em todas essas trocas, cujo intercessor privilegiado é a mulher – o objeto e não o ator –, o casamento se situa sempre entre dois casos-limite: da reciprocidade absoluta (na troca generalizada) ao fechamento absoluto (no incesto).

Continuando a aumentar a distância focal, as *Estruturas* se pretendem as premissas de uma teoria geral da troca que considera o social como um vasto sistema de comunicação. Qualquer que seja o material utilizado – o parentesco, mais tarde os mitos, os ritos, a cozinha –, trata-se de descobrir "*the Rules of the Game*". Esse jogo descortina em seu próprio princípio a universalidade da troca e da reciprocidade nas sociedades estudadas: troca de mulheres em primeiro lugar, troca de palavras, troca de bens. Esses três grandes tipos são signos que circulam numa semântica social combinando códigos próprios a cada um. "Os ingredientes dessa teoria são conhecidos de há muito. É em sua fusão e na elevação da reciprocidade e da troca ao *status* de leis 'newtonianas' do movimento social que se situa a inovação lévi-straussiana."[26] Revisitando e alargando a intuição maussiana do *Ensaio sobre a dádiva*, reutilizando a tipologia das trocas matrimoniais de Marcel Granet, Lévi-Strauss inova graças à conexão com a linguística estrutural. Naturalmente, presta mais homenagem a Mauss que a Granet. Fica muito claro que esse "esquecimento" de Granet permite a Lévi-Strauss pensar e apresentar a antropologia estrutural mais em suas rupturas do que em suas continuidades – em especial no que se refere à herança durkheimiana, de que Granet é um dos representantes mais originais –, mais em suas novas alianças (com a fonologia) do que em suas filiações antigas[27].

Esse mundo de leis e obrigações, de prescrições e proscrições, de regras emaranhadas e infinitamente declinadas, é propriamente o regime do parentesco de que nossas sociedades contemporâneas saíram, sob efeito do feminismo, do individualismo, das novas técnicas de procriação[28]... O ato matrimonial é hoje visto como a expressão em si do jogo dos sentimentos, da emoção íntima e da escolha amorosa altamente individual. Daí o caráter precariamente audível da voz do antropólogo do parentesco, com seus esquemas, seus diagramas de parentesco, suas fórmulas matemáticas. Não obstante, elas não excluem voos de meditação devaneadora, como a que fecha o livro com uma fantasmagoria da idade de ouro, uma era em que, segundo o mito andamanês da vida futura, as mulheres não serão mais trocadas: "Quer dizer, empurrando para um futuro ou um passado igualmente fora de alcance a doçura, eternamente negada ao homem social, de um mundo em que seria possível viver *entre si*"[29]. Fantasia de pequena endogamia (o entre si) como conclusão desse grande tratado de exogamia...

O monumento solitário das *Estruturas*

Logo, nesse tecido de trocas no qual se desvela a essência do social, as mulheres são objetos valiosos. Como as palavras e os bens, elas são signos; é por que se lhes atribui um valor que elas se tornam dignas de ser trocadas, e não o oposto. Mais tarde, essa qualificação das mulheres como "signos" foi muito mal digerida pelas feministas. Lévi-Strauss se defendeu à sua maneira séria e impertinente ao mesmo tempo: "A discussão é fútil: também seria possível dizer que as mulheres trocam homens; bastaria substituir o sinal + pelo sinal – e vice-versa, nem por isso a estrutura do sistema se veria alterada. Se empreguei a outra formulação, é porque ela corresponde ao que pensam e dizem as sociedades humanas em sua quase totalidade"[30]. Acontece que são os homens, na grande maioria dos casos, que trocam as mulheres, e não o contrário. Nesse sentido, como observa Didier Éribon, impressiona constatar que uma das primeiras leitoras de *As estruturas elementares do parentesco*, Simone de Beauvoir, não ficou nem um pouco abalada quanto a esse ponto.

Com efeito, a resenha elogiosa do livro que Simone de Beauvoir escreve para *Les Temps Modernes*, pouco após sua publicação em junho de 1949, lança o calhamaço teórico e erudito num círculo intelectual ampliado. A resenha de Georges Bataille na revista *Critique* o estenderá[31]. Portanto, é primeiramente nesses meios "progressistas" da *intelligentsia rive gauche* que é lida a tese de Lévi-Strauss – meios a que ele não é totalmente alheio. Existem pontes. Dessa vez, é Michel Leiris, recém-conhecido e logo adotado por Lévi-Strauss – "Eu ignorava sua obra e li-a com deleite"[32] –, que fala a Simone de Beauvoir desse trabalho monumental, na época em que ela está terminando de escrever *O segundo sexo*. Desejosa de atualizar suas próprias fichas antropológicas, ela vai ler as provas das *Estruturas* na casa de Lévi-Strauss. Nelas, encontra em primeiro lugar uma descrição empírica das relações entre homens e mulheres na diversidade de seus emparelhamentos e uma reflexão sobre a costura entre natureza e cultura, problemática central de seu próprio *opus*. Sua leitura denota uma compreensão sutil do trabalho de Lévi-Strauss, ainda que alguns aspectos metodológicos essenciais tenham passado sob completo silêncio – nada sobre a linguística estrutural – e ela opere inflexões filosóficas que, hoje, fazem sonhar: "Seu próprio pensamento [de Lévi-Strauss] se inscreve manifestamente na grande corrente humanista que considera a existência humana como portadora de sua própria razão". Nele encontrando ressonâncias marxistas, mas também husserlianas, confessa-se da mesma forma "singularmente impressionada com a coincidência de certas descrições com as teses defendidas pelo existencialismo"[33].

Puro rapto intelectual? Frédéric Keck sem dúvida tem razão em ver nesse texto um horizonte "de compatibilidade entre a filosofia da existência e o método estrutural aplicado aos fenômenos humanos"[34]. Quinze anos mais tarde, as controvérsias opondo Sartre e Lévi-Strauss e, no mesmo movimento, constituindo-os em paradigmas antitéticos fecharão esse horizonte. Antes disso, apontemos em 1949 a publicação concomitante desses dois livros – *O segundo sexo* e *As estruturas elementares do parentesco*; dois livros de vulto, frutos de uma longa dissecação bibliográfica e ao mesmo tempo solidamente aparelhados no plano conceitual, amarrados em quadros teóricos. Os dois autores, lembremos, são *agrégés* de filosofia. A celebridade imediata de uma contrasta com a obscuridade, num primeiro momento, do outro. Além de reformar, revigorar e reorientar um movimento feminista histórico, *O segundo sexo* é mais passível de ser resumido em poucas fórmulas e teses: "Não se nasce mulher. Torna-se uma". Nada disso se oferece nas *Estruturas*, que se pretende uma obra acadêmica publicada por uma editora acadêmica: a Presses Universitaires de France (PUF).

O destino editorial de *As estruturas elementares do parentesco* ilumina o que essa obra veio a ser: um monumento, embora nem sempre lido, uma espécie de totem aterrador da disciplina, fracamente distribuído, mas progressivamente esgotado, antes de conhecer uma segunda vida com a segunda edição, de 1967. A tiragem inicial prevista pelo contrato, assinado em 16 de fevereiro de 1948, é de 2 mil exemplares. A PUF aceita publicá-lo graças a uma verba do CNRS. Quando, dez anos mais tarde, em 1958, a tiragem finalmente se esgota, o editor se recusa a reimprimir um volume "infelizmente pesado demais"[35] e oferece ao seu autor a possibilidade de recuperar a livre disposição do título; o que ele fará. O livro, após várias tentativas frustradas que resultaram num claro esfriamento das relações do antropólogo com a PUF, só será traduzido para o inglês vinte anos após ser escrito, na esteira de uma crescente notoriedade[36]. A recepção propriamente acadêmica e científica do livro não é má: algumas resenhas (Roger Bastide, além de Simone de Beauvoir e Bataille) o atestam; o prêmio Paul-Pelliot Júnior, dotado de 50 mil francos, lhe é conferido e entregue por ocasião de um almoço na Rôtisserie Périgourdine, na praça Saint-Michel. É ensejo de uma fotografia na *Combat* de 11 de novembro de 1949[37]. Esse jovem prêmio de historiadores e acadêmicos dá a Lévi-Strauss uma pequena glória, à altura do eco ponderado que acolhe o livro. Nada, em todo caso, do acontecimento intelectual que alguns comentadores viram *a posteriori*. Alguns, no entanto, enxergam a força de seu impacto no longo prazo: "Quero", escreve-lhe Benveniste, "com uma palavrinha pelo menos, lhe dizer o quanto me despertou interesse a releitura de seus dois trabalhos, desta vez objetivados pela forma impressa, a descrição tão sugestiva dos nambiquaras, em que uma análise bastante rigorosa não prejudica a simpatia humana, e sobretudo o belo livro sobre o parentesco. Não sei a acolhida que lhe darão os etnólogos qualificados, mas creio que cedo ou tarde o método de análise estrutural se imporá aqui e em toda parte e o senhor terá o mérito de haver aberto um novo caminho. Seu livro alimentará as discussões mais fecundas, das quais não só esse problema como uma quantidade de outros sairão transformados"[38].

Émile Benveniste, como profeta indulgente da posteridade científica do trabalho de Lévi-Strauss, compreende como o livro vai incubar durante uma década e adquirir progressivamente um valor de "fundamentos", inclusive nas críticas que suscita periodicamente. A primeira delas data de 1950, quando o filósofo Claude Lefort ataca em *Les Temps Modernes* a abstração do livro, a redução exacerbada do real a modelos e categorias[39]. Lévi-Strauss responde um ano mais tarde: "O princípio fundamental é que a noção de estrutura social não se relaciona com a realidade empírica, mas com os modelos construídos a partir dela"[40]. As *Estruturas* desenvolvem inclusive uma forma de *aura* que estimula a indisponibilidade do livro durante anos. Emmanuel Terray conta ter pegado emprestada a primeira edição de Alain Badiou em 1957, pois era difícil arranjar um exemplar: "Copiei uma centena de páginas que ainda tenho. E quando terminei de copiar essas cem páginas, levando em conta o esforço que aquilo representava, Alain não podia senão me dar seu livro. É desse jeito que tenho a primeira edição. Para mim, na época, e continuo fiel a essa opinião, é um avanço comparável, em seu domínio, ao de *O capital* de Marx ou de *A interpretação dos sonhos* de Freud"[41]. Além da onda de choque que ela constitui, a leitura deslumbrada do livro repousa em sua manifesta dimensão fetichista, explicitada na recepção anglo-saxã do livro em francês: "[Os exemplares] das bibliotecas se desmantelavam (a encadernação era precária) ou eram roubados, e os poucos exemplares restantes eram considerados tesouros por seus proprietários, da mesma forma que colecionávamos secretamente os livros de Henry Miller"[42]. Entre o esgotamento da tiragem em 1958 e a nova edição de 1967, *As estruturas elementares* existiram, portanto, em plena voga estruturalista, como um monumento solitário e orgulhoso, sublime em sua quase clandestinidade.

Outsider

Voltemos dez anos, ao outono de 1947. Claude Lévi-Strauss, recém-desembarcado dos Estados Unidos, não participa da grande redistribuição de postos que advém com a Libertação. Por ocasião de sua primeira passagem por Paris, no inverno de 1944, tivera a intuição de que o retorno seria uma batalha e se abrira sobre isso com Jakobson, que na época queria regressar à Europa, antes de desistir do seu plano: "Todo mundo se virou muito bem sem a gente, e os lugares estão ou ocupados ou visados por reles personagens aferrados às engrenagens"[43]. Se a posição de exilado comporta trunfos – ser detentor de uma experiência, de uma rede norte-americana –, tem também o inconveniente de isolar num mundo difuso e atrasar a reintegração. Essa situação de *outsider* do mundo acadêmico francês sem dúvida explica parte dos fracassos profissionais vindouros.

A defesa de tese abre as portas da Sorbonne para Lévi-Strauss. Mas, na realidade, esta jamais foi uma opção verdadeira. Em contrapartida, enquanto o etnólogo é nessa data simples *maître de recherches* no CNRS (do fim de 1947 a março de 1949), lhe seria possível investir em duas instituições: uma lhe é próxima, trata-se do Museu do Homem, cuja direção está vaga com a partida de Rivet. A outra é o Collège de France. Durante dois anos, de 1948 a 1950, Lévi-Strauss fracassa em ambas, terminando por se integrar, no início de 1951, à École Pratique des Hautes Études, não na dinâmica seção VI, das ciências históricas e sociais, com a qual já estabeleceu laços intelectuais fortes, mas na mais discreta seção V, das ciências religiosas.

Panorama do Museu do Homem

Quem sucederá na direção do Museu do Homem a Paul Rivet, com 71 anos de idade e que pretende se aposentar em breve? Lévi-Strauss é um candidato potencial, vice-diretor do museu, ao lado, contudo, de Jacques Soustelle, discípulo querido de Rivet, ademais engrandecido pelo papel político de primeira ordem que lhe proporcionou uma muito precoce e firme adesão ao general De Gaulle.

De seu novo apartamento, avenida d'Eylau, 13, num prédio suntuoso a dois passos da praça do Trocadéro, Lévi-Strauss pode lançar ternos olhares ao objeto de sua cobiça, como ele diz sem dizer ao seu amigo Roman Jakobson: "Tenho um apartamento muito bonito, magnificamente situado, com vista para a praça do Trocadéro, o Palais de Chaillot e a Torre Eiffel, a duzentos metros do Museu do Homem e de sua biblioteca; entretanto, não tem banheiro e a calefação não funciona. Tudo isso será reparado com o tempo"[44]. Num inverno parisiense especialmente frio e no qual a comida continua racionada, os dissabores materiais não contam, todavia, diante da garantia de satisfação prometida por aquela incomparável perspectiva. No entanto, Lévi-Strauss não paira sobre sua pequena nuvem. Ele sabe (apenas em parte) a que se ater: "Nesse ínterim, beneficio-me (por três meses) no Museu do Homem do gabinete da diretoria, que é aquecido e permanecerá vazio até a eleição do sucessor de Rivet, por sua vez no México e, depois, quando voltar, aposentado em casa. Não tire nenhuma conclusão daí: a eleição do sucessor se anuncia uma confusão de intrigas inimagináveis. Mas não estou brigando pelo posto, nem sou considerado um candidato possível, ignorado que sou pelos todo-poderosos eleitores do Museu. Segundo tudo indica, é Millot que será nomeado, como aliás já se esperava. O privilégio do suntuoso gabinete que me coube durante o período de interinato me foi concedido, justamente, porque não estou no bolo"[45].

Essa sucessão dificultosa traz à baila uma longa história institucional. A velha antropologia física conservadora herdada de Paul Broca ainda se expande numa rede ativa de sociedades eruditas e periódicos, revitalizada pelo regime de Vichy. Fazendo-lhe frente, cresce, desde o início do século, uma etnologia cultural alimentada pela ofensiva durkheimiana, que, graças a Mauss, Rivet e Lévy-Bruhl, se implantou às margens da universidade – no Instituto de Etnologia, na École Pratique des Hautes Études – e é solidamente subordinada ao Museu do Homem. No entanto, este último permanece sob a tutela do Museu de História Natural, o posto de direção estando vinculado a uma cadeira de professor neste último[46]. Ora, os diretores do Jardin des Plantes atribuem grande importância à fundamentação biológica e às medidas antropométricas, que permanecem a matriz de uma raciologia endossada pela guerra e insuficientemente questionada após o término dela, que permite, além disso, enxertos disciplinares na pré-história, na paleobotânica etc. Rivet, por sua vez, médico militar, é um somatista tardiamente convertido à etnologia linguística. Não ser médico, portanto, constitui um obstáculo praticamente intransponível para dirigir o Museu do Homem[47].

Não obstante, as coisas evoluem: "Rivet (isso estritamente entre nós)", segreda Lévi-Strauss a Jakobson, "fez uma grande campanha para me legar sua sucessão; mas é tarde demais. A coisa poderia ter dado certo se ele a tivesse empreendido um ano atrás. Agora, ele ficou desacreditado por inverossímeis combinações anteriores, que fracassaram. Sou obrigado, portanto, a despender mais esforços para não ser candidato do que seria necessário para ser eleito [...]. Agora, não há mais nada a fazer: é Vallois ou Soustelle"[48]. Finalmente, mas de toda forma a coisa durou dois anos, em 27 de janeiro de 1950, Lévi-Strauss comunica a Jakobson que "Vallois foi eleito sem dificuldade contra Soustelle", conduzindo o finado Museu do Homem rumo à "antropologia física mais tacanha"[49]. Alguns dias depois, tendo a notícia atravessado o Atlântico, Lévi-Strauss recebe um convite de Alfred Kroeber, seu colega de Berkeley, para voltar a trabalhar nos Estados Unidos, primeira oferta desse tipo, as quais vão se suceder tão regularmente quanto os fracassos profissionais de Lévi-Strauss, na França, durante esses anos.

O dr. Henri Victor Vallois não é outro senão o autor de uma *Antropologia da população francesa* em três tomos, aplicação de uma forma de etnorracismo em continuidade com a política de Vichy, quando, no seio da poderosa Fundação Alexis Carrel, as categorias raciológicas visavam um controle da população com uma finalidade higienista (versão moderada) ou categoricamente eugenista (versão radical). Como aponta Daniel Fabre, o saber etnológico foi diretamente mobilizado pelo regime vichista, bem como pelos nazistas, aliás[50]. Não é indiferente que o mesmo Henri Vallois tenha sido em 1943 o sucessor prático de Rivet após a partida deste último para o exílio, no momento das primeiras prisões que desmantelaram a rede do Museu do Homem[51]. Após esse desmantelamento, foram tantos golpes e manobras entre a etnologia e o regime de Vichy que este, em reconhecimento, aceitou em 1942 que fosse finalmente criada, pela primeira vez, uma cadeira de etnologia na Sorbonne. Faltou pouco para que Georges Montandon, o anjo mau da etnologia francesa, representante das piores derivas antissemitas de certa antropologia física, fosse eleito para esse posto, que coube ao africanista Marcel Griaule. O retorno de Vallois à direção do Museu do Homem é o retorno dessa história vergonhosa, bem como um sinal da incapacidade de Rivet de impor seu sucessor[52].

Judeu e chegando de fora, daquela América detestada tanto pela extrema direita como pelos comunistas, Lévi-Strauss não viveu essa história, ou a viveu a distância. Os acertos de contas simbólicos do pós-guerra não foram quitados com o expurgo institucional discreto – Georges-Henri Rivière e Marcel Griaule, por exemplo, tiveram de deixar momentaneamente suas funções, antes de ser reintegrados – que recobre todo esse período com sua violência limpa; esta se deixa trair no desvario de Marcel Mauss, no contraste entre a integridade de seu corpo e o libelo de acusação de seu espírito em fuga. Ele continua a assombrar o campo da etnologia francesa como um remorso. A catarse será longa. Vallois é eleito no ano da morte de Mauss, em 1950.

Nessa data, Lévi-Strauss se prepara para abandonar sua função de vice-diretor[53], após mais de dois anos durante os quais frequenta diariamente o Palais de Chaillot, instalado num gabinete de diretoria que terminou por perder. Contratado pelo CNRS como *maître de recherches* para ensinar no Instituto de Etnologia, passa a maior parte do seu tempo no Museu do Homem, a dois passos de sua casa. Oficialmente, contudo, existe outro vice-diretor encarregado da pré-história, André Leroi-Gourhan; este último, retido em Lyon, onde ensina, só raramente vai a Paris. "Os dois vice-diretores só se entendem a uma boa distância."[54] Com o tempo, o convívio prudente que eles instituem tornou-se uma lenda das ciências sociais francesas. Embora seus domínios sejam próximos – as vastas e remotas regiões das sociedades sem escrita e longínquas no tempo da pré-história, para Leroi-Gourhan, ou nos espaços exóticos, para Lévi-Strauss –, seus horizontes teóricos são antagônicos; um parte da cultura material (especialmente as técnicas, as ferramentas) e coloca no centro o *Homo faber* a fim de atingir a organização social; o outro parte das representações e da atividade de simbolização característica do homem para apreender as coisas (técnicas, produções, parentescos, mitos, ritos). Logo, estão reunidos os ingredientes de uma inveja armada que ambos terão a inteligência de transformar, com o passar dos anos, numa aliança razoável. Como lembra Leroi-Gourhan, não sem humor: "Nós nos suportamos com amizade após termos nos aturado com suspeição"[55].

Duplo fracasso no Collège de France

Durante os mesmos anos, e mais ou menos paralelamente, Lévi-Strauss concorre a uma cátedra no prestigioso Collège de France – templo do saber, "lugar temível, proibido, aonde, quando estudante, eu não me permitia ir"[56]. A ideia veio de seu mentor, o fisiologista Henri Laugier. Este entra em contato com seu colega Henri Piéron, "ilustre psicólogo, comunista"[57], amigo e parceiro de Henri Wallon, ambos professores no Collège. Aspirar a essa célebre instituição aos 40 anos não é especialmente raro. Recém-chegado à França, é portanto com confiança e serenidade que o motor arranca, bem como com certa despreocupação: "Pensei que tudo estava arranjado por forças misteriosas; que bastava eu me deixar levar"[58]. Essas lufadas de ingenuidade se exprimem nas cartas a Piéron, marcadas pela deferência e um grande otimismo[59]. Vem então a desilusão, repetida em 1950. O candidato duas vezes malogrado dá a seguinte interpretação para isso: "Eu tinha morado fora da França nos últimos treze anos e não estava em condições de compreender que ia ser o centro de uma luta de clãs no interior do Collège entre conservadores e liberais"[60]. Acrescenta, porém, que no mesmo momento (em fevereiro de 1949) Dumézil é eleito. Em abril de 1950, será a vez de Braudel. Ambos, junto com Benveniste, o historiador modernista Marcel Bataillon e o geógrafo Pierre Gourou, tornam-se seus mais sólidos aliados, mas em vão. Lévi-Strauss, atordoado depois desse duplo fracasso, risca um traço sobre "o que se chama uma carreira"[61]. Diz isso a Jakobson, que se queixa de seu silêncio: "O fracasso no Collège foi muito duro de suportar, tanto mais que o considero como definitivo, tendo decidido de uma vez por todas não me envolver mais com candidaturas, onde quer que seja e por quem quer que seja. Mas essa decisão me fez pensar muito e fui obrigado a alterar todas as minhas perspectivas sobre muitas coisas, inclusive sobre mim mesmo"[62]. Quanto ao desenrolar e à interpretação dessa dupla desventura, o roteiro é um pouco mais complicado do que a configuração que lhe dá Lévi-Strauss. Nele, o fracasso é, a cada vez, de natureza diferente e ligado à prática da escolha de uma cátedra à frente de um nome de candidato: em 1949, ela é disciplinar, a sociologia é vencida pela história da arte; em 1950, é uma questão de pessoa e Lévi-Strauss é vencido, mas seu concorrente, o historiador Louis Chevalier, bem como a argumentação exposta na ocasião, não correspondem verdadeiramente a uma querela dos Antigos e dos Modernos, ou então, paradoxalmente, sim, mas de maneira invertida[63].

Tudo começa quando Henri Wallon, titular da cátedra de psicologia da infância, se aposenta. Essa cátedra é uma "cátedra de fundação" patrocinada pela Prefeitura de Paris e pelo Departamento do Sena (que, logo, a financiam) e é objeto de um acordo com a Assembleia dos Professores do Collège de France, bastante ciosa de suas prerrogativas quanto à escolha dos titulares. No momento de reinstituí-la, dois partidos se opõem: um, liderado pelos professores de literatura Jean Pommier e Edmond Faral e pelo sociólogo-geógrafo André Siegfried, gostaria de criar uma cátedra de "psicologia das artes plásticas" (tendo na alça de mira a candidatura de René Huyghe). O outro, em torno de Piéron, gostaria de ressuscitar uma cátedra de "sociologia comparada" na linha da ocupada por Marcel Mauss e extinta com Maurice Halbwachs (à qual seria candidato Lévi-Strauss). Uma campanha sem dúvida insuficiente da parte de Piéron e uma mobilização mais dinâmica do lado oposto explicam um fracasso bastante honroso de Lévi-Strauss, uma vez que, na Assembleia dos Professores de 27 de novembro de 1949, a psicologia das artes plásticas angaria 21 votos (a maioria absoluta é 20) e a sociologia comparada, 16. É, contudo, uma surpresa. Teoricamente, tudo terminava aí.

Mas a natureza específica dessa cátedra explica uma reação que permite uma segunda candidatura: em março de 1950, o conselho municipal rejeita a cátedra de psicologia das artes, sem dúvida distante demais das preocupações dos edis que haviam preconizado sua criação. Instala-se uma confusão que resulta no seguinte compromisso: a cátedra de artes plásticas é mantida, enquanto uma nova cátedra de sociologia será criada[64]. E é assim que, em 26 de novembro de 1950, todos os professores se reúnem para eleger um candidato. Do lado de Lévi-Strauss, é Benveniste que, dessa vez, conduz a dança: após ter feito o elogio da escola sociológica francesa e mostrado a fecundidade da escola antropológica anglo-saxã, ele defende a continuidade de uma tradição e a promessa de inovação que representaria a candidatura de Lévi-Strauss. Apresentado como "formado na dura escola do *fieldwork*", sua longa experiência norte-americana é, segundo Benveniste, uma vantagem comparativa evidente. Argumento que pode ser uma faca de dois gumes... Henri Piéron limita-se a acrescentar algumas palavras a respeito do nome da cátedra pleiteada, "sociologia comparada", a comparação situando-se entre as sociedades primitivas e as sociedades atuais; trata-se de uma verdadeira ciência, acrescenta, talvez dirigindo-se a seus colegas cientistas, pois agora ela vai a campo!

Do outro lado, Roger Dion propõe uma cátedra a ser intitulada "história e estrutura social de Paris e da região parisiense". O discurso de Dion manifesta uma ambição idêntica à de Benveniste: reivindicando a filiação de Halbwachs e da sociologia urbana, trata-se de determinar as leis de desenvolvimento da sociedade graças a vastas pesquisas empíricas. Ora, Paris regurgita materiais arquivísticos, fontes desconhecidas não utilizadas. O crescimento da capital é um esplêndido objeto de história e sociologia urbana insuficientemente explorado. Dion consegue delinear um tema de interesse histórico, geográfico e sociológico capaz de federar essas diferentes disciplinas no Collège, orientando seu discurso para a modernidade das técnicas de pesquisa, especialmente estatísticas, e as possíveis parcerias com o Ined. Essa nova instituição, criada em 1945 "sobre as ruínas da Fundação Carrel", é herdeira de um saber demográfico influenciado pela psicologia dos povos, com substrato racista implícito (ou explícito), mobilizado por Vichy sob o verniz de uma forte retórica modernizadora[65]. É dela que vem Louis Chevalier[66]. Logo, não é o lado dos "Antigos" no sentido estrito, como atesta a intervenção do biólogo Jean Roche. Este último vê no uso da estatística o vetor dos progressos científicos vindouros, que ele já observa em seu próprio domínio. E conclui: "Nossa missão é não tanto ajudar o desenvolvimento das ciências cujas bases já estão estabelecidas [a sociologia e a etnologia], mas estimular o de novas disciplinas [a estatística urbana]". Ao fim dessas duas intervenções, temos a impressão de que é Lévi-Strauss que representa a perpetuação, decerto brilhante, de uma tradição, enquanto Chevalier desbrava intrepidamente seu caminho na selva dos mistérios inexplorados. A carta de André Siegfried, lida na sessão, desfere o golpe fatal: "Creio [...] que a sociologia deveria figurar entre os currículos do Collège de France, mas não tanto na forma da sociologia dos primitivos ou da etnografia, por mais interessantes que possam ser as pesquisas feitas nesse sentido, e mais na forma de uma observação científica dos fenômenos sociais atuais. [...] O Collège não poderia se desinteressar dessas questões [demográficas] que comportam uma ciência em vias de se constituir, uma ciência de vanguarda, o que está justamente no espírito de nossa casa. Ora, acontece que toda uma equipe de pesquisadores, estatísticos e cientistas se apaixona atualmente na França por esses problemas"[67]. Resultado da votação: de 37 eleitores, 22 escolhem a história de Paris e 13 a sociologia comparada, dois se abstêm. Esse veredito cai feito um cutelo sobre Lévi-Strauss, pego de calças curtas. Efeito de um antissemitismo larvado, como ele sugeriu em meias palavras? Um antissemitismo com uma pitada de antiamericanismo, como mostra suficientemente esta carta de Jean Pommier (que se absteve) dirigida a seu velho amigo Henri Laugier, após o segundo fracasso: "Um dos correligionários de Lévi-Strauss no Quai d'Orsay, aliás, deu a saber que, se não o pegássemos, os Estados Unidos lhe ofereceriam uma posição digna dele. Logo, ele não perderá nada. Você me escreve que ele é da minha classe. Isso é dizer muito pouco. Um de seus correligionários no Collège de France nos leu ontem um parecer de não sei que cientista estrangeiro comparando a obra de Lévi-Strauss sobre o parentesco à *Origem das espécies*. Logo, não foi um Pommier que a maioria jogou fora, foi um Darwin. Onde ela estava com a cabeça?"[68]. De notoriedade pública, uma hostilidade do mesmo quilate emana de Edmond Faral, administrador do Collège de 1937 a 1955. Esse latinista conservador, ferozmente contrário à ciência linguística e a quem o nome de Jakobson faz espumar, é portanto um inimigo irreconciliável de Lévi-Strauss[69], mas que soube forjar para si uma relação de forças favorável, aliando-se estrategicamente a homens que representavam igualmente "a ciência em vias de se constituir" e que podiam se gabar de um projeto historiográfico útil à condução dos negócios públicos, de um diálogo entre pesquisa e *expertise* sobre temas demográficos candentes naquele início de IV República.

Após dois anos de agitação eleitoral, em que as candidaturas ao Museu e ao Collège se cruzam nefastamente, vem a debandada em todas as direções. Após seus últimos reveses, Lévi-Strauss escreve a Piéron para lhe agradecer, a despeito de tudo, por ter intercedido a seu favor: "O golpe foi brutal e duro demais para que eu me resolvesse a evocá-lo durante esses poucos dias que acabam de transcorrer. Mas seria muita ingratidão adiar por mais tempo o momento de lhe escrever. Em toda a minha tristeza, de que estou certo que compartilha, sou-lhe grato por ter concebido esse belo plano, por ter procurado amadurecê-lo ao longo desses últimos anos, em suma, por ter me defendido no último domingo de maneira tão ardorosa e convincente, segundo todos os que me escreveram ou telefonaram. Sei que o sr. Benveniste e o senhor fizeram tudo que era possível fazer. No momento de pôr o ponto-final a essa vã e sedutora iniciativa, quero lhe agradecer mais uma vez de todo o coração". Não lhe resta mais senão "tentar, se for possível, afastar até mesmo a lembrança de tal experiência"[70].

Sessão de recuperação: a seção V

Entre os dois turnos da eleição no Collège de France, durante o inverno de 1949-1950, a instituição que se prepara para descartar Lévi-Strauss, não obstante, o convidou para fazer uma série de conferências sob a égide da Fundação Loubat de Antiguidades Americanas. Esse tipo de convite é geralmente sinal de um reconhecimento que augura uma possível futura contratação. Para Lévi-Strauss, são igualmente os primeiros passos na mitologia norte-americana, como ele conta ao seu fiel correspondente e amigo Jakobson: "Pois eu também me engolfei na mitologia! Atualmente dou no Collège de France as conferências da Fundação Loubat de Antiguidades Americanas e escolhi como assunto o tema do Glutão na América do Norte, do qual tento fazer uma análise estrutural. Isso quer dizer que estudo em correlação: 1) a extensão do personagem (glutonaria, clownismo, obscenidade, escatologia, canibalismo, mendicância etc.); 2) o nível sociológico em que ele se manifesta em cada cultura (comportamento coletivo, vocação individual, personificação ritual, tema folclórico, tema mítico etc.); 3) a relação entre o "território" definido por esses dois eixos de coordenadas e o resto da estrutura social. Isso dá resultados absolutamente cativantes, absolutamente imprevistos e que me pegam de surpresa; pois sou quase reconduzido a Engels, *As origens da família* etc. [...]

O ciclo arturiano entra nesse assunto porque estou praticamente convencido de que o personagem de Percival foi construído segundo um Glutão análogo aos que encontramos nos rituais norte-americanos"[71]. Por ocasião de uma dessas conferências, assistidas por um público especialista temperado por algumas notabilidades artísticas, "Max Ernst veio me escutar. Calhou de eu descrever uma divindade hopi, exprimindo o pesar de não poder projetar um *slide* para ilustrar minha exposição. Na semana seguinte, Max Ernst trouxe um desenho grande o suficiente para afixarmos no quadro. Ainda o conservo comigo"[72].

Durante os anos 1948-1950, Lévi-Strauss procurou uma colocação em todos os quadrantes. As portas da universidade, do Museu do Homem e do Collège de France progressivamente, depois definitivamente, se fecharam à sua frente. Somente a da École Pratique des Hautes Études permanece entreaberta. Após seu retorno a Paris, ele estabeleceu fortes relações intelectuais com o polo modernista dessa escola. A criação da seção VI da EPHE no outono de 1947 é um dos grandes projetos institucionais da época, fadado a redesenhar o rosto das ciências sociais na França. Essa criação é resultado de uma iniciativa militante da filantropia norte-americana em tempos de Guerra Fria, que encontrou interlocutores desejosos de se beneficiar de sua ajuda, assim como "empreendedores" decididos a promover seu próprio projeto intelectual. É assim que podemos resumir a história do nascimento e desenvolvimento do que virá a ser, em 1975, a École des Hautes Études en Sciences Sociales[73].

A iniciativa é um sucesso, a despeito de uma dupla restrição que deixa uma margem de manobra estreita a seus atores. Por um lado, as faculdades de letras e direito não veem com bons olhos a constituição extrauniversitária de um polo de ciências sociais. A instituição universitária, que sempre excluiu uma parte dessas disciplinas, foi constantemente hostil a quem pretendesse lhe escapar, daí a "lei de criação periférica" de instituições de ciências sociais na França, a começar pela École Pratique des Hautes Études, criada em 1868. Por outro lado, os objetivos dos financiadores, isto é, basicamente e até o fim dos anos 1950, a Fundação Rockefeller, constrangem essas novas instituições. Quais são esses objetivos? No plano político, a princípio os responsáveis norte-americanos dão prova de um grande liberalismo, embora sendo, por sua vez, objeto de pressões ideológicas do Departamento de Estado. Essas pressões se intensificarão ao longo dos anos 1950. Contudo, a Fundação Rockefeller pretende se instalar "numa posição intermediária entre o macarthismo histérico e o apoio a Josef Stálin..."[74]. Por fim, a criação da seção VI, sob a direção de Lucien Febvre, depois, a partir de 1956, de Fernand Braudel, consegue agregar disciplinas e saberes desdenhados (a antropologia, a sociologia, a demografia), promover um verdadeiro programa científico (insistindo nos problemas de

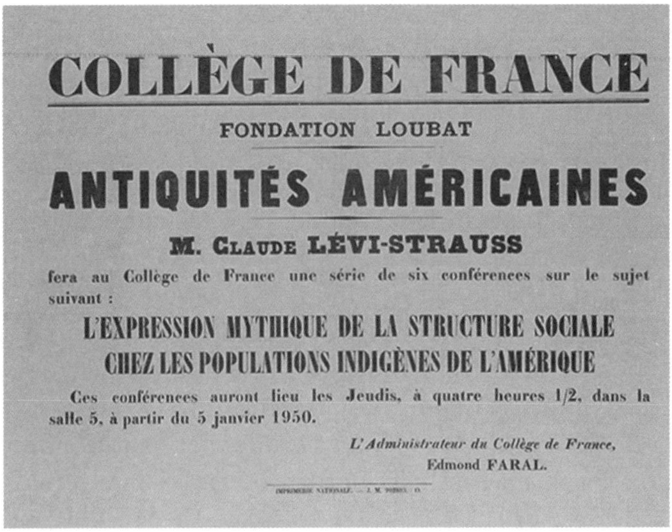

Anúncio das "Conferências Loubat", ministradas por Claude Lévi-Strauss no inverno de 1949-1950 no Collège de France.

método) e recrutar pesquisadores com perfis atípicos com relação ao currículo acadêmico tradicional. Graças a uma verba, não considerável mas decisiva, pois imobiliza quase automaticamente a do Ministério da Educação, a nova instituição se encarna rapidamente em homens, lugares, periódicos, estudos coletivos, obras, angariando um prestígio que rivaliza diretamente com o da universidade. Na realidade, as verbas da Fundação Rockefeller nunca cobriram mais de um quarto do orçamento da seção VI. Contudo, no campo universitário muito polarizado desse período de Guerra Fria, os *social scientists* da seção VI são pintados como lacaios do imperialismo norte-americano. Como conta Jean Gottmann, geógrafo francês exilado nos Estados Unidos durante a guerra, próximo da fundação, que retorna de Huron à Paris universitária de 1948, os membros da seção VI são considerados "representantes dos milhões de norte-americanos que tentam subjugar o pensamento francês"[75].

Perante um polo marxista, dominante na Sorbonne e ligado à aura intelectual do partido comunista, a seção VI representa um polo claramente "americano", embora a maioria dos homens nela implicados seja tão claramente de esquerda (não comunista) quanto o é ainda o próprio Lévi-Strauss. Este participa de perto do nascimento de uma instituição que ele acompanhará a vida inteira. Foi Lucien Febvre, no oceano de suas leituras, que percebeu o interesse do artigo publicado em 1943 por Lévi-Strauss na revista *Renaissance* em Nova York sobre "O desdobramento da representação das artes da Ásia e da América"[76]. Febvre associa o autor desse artigo aos destinos da instituição nascente. Em novembro de 1948, Lévi-Strauss é convidado a juntar-se à seção VI como colaborador, sem que, aliás, nenhum *status* oficial venha sancionar essa situação de fato. A heterodoxia administrativa vai então de par com a invenção institucional. Ele participa da primeira temporada oficial da seção VI, com um curso sobre "A vida religiosa dos primitivos". No ano seguinte, 1949-1950, discorre sobre "o lugar e o futuro das populações primitivas no mundo"[77]. No âmbito da nova instituição, foram os historiadores que conquistaram o controle das operações. Inovadores, saídos de duas décadas de trabalho fecundo na escola dos *Annales*, são ao mesmo tempo membros de uma disciplina antiga e academicamente legítima, o que não é o caso nem da sociologia nem da etnologia.

Lévi-Strauss, embora próximo dos historiadores da seção VI, vai terminar obtendo um posto no âmbito da seção V, a das "ciências religiosas": Maurice Leenhardt, detentor da cátedra das "Religiões dos povos não civilizados", que Mauss ocupou de 1901 a 1940, está para se aposentar. No final de 1950, após seu segundo fracasso no Collège de France, Lévi-Strauss é finalmente eleito para a cátedra de Leenhardt. Tampouco nesse caso as coisas foram simples. Mas a ação conjugada de Koyré e Dumézil, aliada à pressão amiga de Braudel e Febvre, prevaleceu sobre a hostilidade declarada de Leenhardt.

A silhueta longilínea e austera do missionário Leenhardt, que partira para evangelizar os canaques da Grande Terra (Nova Caledônia), foi por muito tempo esquecida. Sua figura ressuscitou recentemente como ramo lateral e fecundo da etnologia francesa, porém estranho à grande filiação clássica da história nacional, de Mauss a Lévi-Strauss[78]. Com efeito, é difícil imaginar dois temperamentos intelectuais tão opostos: Leenhardt é geralmente visto como um grande pesquisador de campo, atuando como tal durante duas décadas, de 1902 a 1926. Sua força de sedução, no quesito oral, deve-se a uma espécie de incorporação de uma fenomenologia religiosa indígena – parece um canaco pensando![79] – completamente oposta à tradição racionalista. Com sua mulher e seus numerosos filhos, é amado e reverenciado na Nova Caledônia, onde ainda hoje é apresentado como um ancestral e defensor do movimento canaco. Mas esse pastor convertido à etnologia é igualmente uma figura típica de um mundo colonial complexo fundado em alianças entre o administrador, o missionário e o pesquisador. Maurice Leenhardt situa-se "no cruzamento do reformismo colonial com um estudo científico das sociedades indígenas"[80]. Faz uma brilhante carreira etnológica paralela, tornando-se após a guerra não só o sucessor de Mauss, como presidente da Sociedade dos Oceanistas e diretor do Departamento Ultramar do Museu do Homem. Claude Lévi-Strauss é exatamente o oposto desse perfil de cientista colonial.

A eleição para a seção V no começo de 1951 permite a Lévi-Strauss deixar o CNRS e a vice-diretoria do Museu do Homem. Ele é agora *directeur d'études* na EPHE e diretor "cumulativo" na seção VI, isto é, continua a dar aulas na seção VI sem fazer parte dela oficialmente, segundo a prática adotada na instituição. Esse estado de coisas revela os limites de sua eleição: Claude Lévi-Strauss não é eleito para a seção VI, coração pulsante da modernidade científica da EPHE. Esse meio sucesso é bem claro aos olhos de seus contemporâneos: "O lugar de Claude Lévi-Strauss é na seção VI. De minha parte, só aceitaria um posto na VI, pois na IV e na V só há pobres-diabos que não fazem qualquer ideia de ciência"[81]. Esse juízo incisivo de André-Georges Haudricourt tem o mérito da clareza, mesmo que entre os "pobres-diabos" figurassem os nomes de Koyré, Dumézil e Louis Massignon, grande estudioso do mundo árabe, e mesmo que a cadeira ocupada por Lévi-Strauss seja a de Marcel Mauss, que expira meses antes de sua nomeação, estabelecendo, mais uma vez, uma filiação espectral privilegiada com aquele que não era seu parente.

Essa eleição no apagar das luzes tem outras consequências. Nela, vê-se geralmente o começo de uma inflexão, um "desvio de rota" das preocupações de Lévi-Strauss do parentesco para a mitologia, que lhe seriam ditadas pelo título de sua nova cátedra e pelo programa de suas aulas: "Também precisei começar minhas aulas na Hautes Études", ele reconhece, a propósito, numa carta a Jakobson, "o que me arrastou para questões de etnologia religiosa que eu pouco estudara até aqui. Ocupo-me de diferentes tipos de relação entre os mortos e os vivos; também há sistemas nesse caso. Do lado do parentesco, encontro-me totalmente bloqueado, e de maneira, para mim, bastante inesperada, por problemas cuja dificuldade eu não suspeitava. Percebi que, para passar das estruturas elementares para as estruturas complexas, é preciso levar em conta sistemas intermediários que derivam ao mesmo tempo de umas e outras, isto é, que funcionam simultaneamente sobre uma base estrutural e sobre uma base estatística (é possível tanto escolher seu cônjuge segundo regras quanto escolhê-lo ao acaso, à condição de que esse tipo de escolha não infrinja as regras). Ora, não consigo fazer a teoria desses sistemas, pois cada um deles admite um número muito grande de soluções para que seja possível estudá-los de maneira intuitiva. De umas semanas para cá, um matemático indulgente está trabalhando comigo em suas horas vagas, mas temos dificuldade para encontrar uma linguagem comum"[82]. Se a obra de Lévi-Strauss é frequentemente pensada como monolítica, por causa de suas continuidades (em especial metodológicas e sistemáticas), podemos igualmente, como aqui, apreendê-la a partir de suas rupturas e bifurcações. A primeira, a do doutorado, rompe com o modelo acadêmico da tese de etnografia; a segunda reside no abandono da antropologia do parentesco e de sua reflexão – não obstante planejada, jamais realizada – sobre as estruturas complexas, e a abertura simultânea, como um vaso comunicante, do campo dos mitos, de que alguns prolegômenos foram lançados nas Conferências Loubat.

PAIS E FILHOS DA CIÊNCIA SOCIAL FRANCESA

Lévi-Strauss e os historiadores

Amigo e aliado dos historiadores da seção VI, Claude Lévi-Strauss inscreve-se ao mesmo tempo, e cada vez mais, como seu *challenger*. Não resta dúvida de que lhe apraz identificar-se com o *éthos* teórico do pequeno grupo. Assim, é convidado a assumir a direção de uma revista que agruparia etnólogos, linguistas e geógrafos, *L'Homme*. Teria a seu lado, na direção, Pierre Gourou e Émile Benveniste. Esse projeto toma bastante tempo de Lévi-Strauss durante os anos seguintes, como atesta a abundante correspondência trocada sobre esse assunto com Benveniste e longas negociações junto a potenciais editoras (Hermann, Plon). É igualmente encarregado por Lucien Febvre de acompanhar pessoalmente a pesquisa "Tensões", patrocinada pela Unesco em parceria com a seção VI. Ele se integra plenamente, portanto, na vida da instituição numa base de reflexão comum e com uma vontade de prática interdisciplinar. Dá regularmente sugestões a Braudel: por que não fazer uma reunião mensal com os representantes das diferentes disciplinas? Uma fé comum no trabalho coletivo os une: "A complexidade das ciências sociais tornou-se tão grande que o progresso só pode ser esperado da obra coletiva"[83]. O principal trunfo de Lévi-Strauss com relação aos seus colegas historiadores é conhecer perfeitamente o universo das fundações norte-americanas (e inclusive, pessoalmente, alguns de seus membros), o que se revela útil em diversas ocasiões[84]. Braudel e Lévi-Strauss falam a mesma linguagem, sabem estabelecer laços com outras instituições, como o Insee, além da Unesco, grande provedora de fundos para as ciências sociais nos anos 1950. Os dois homens conhecem os arcanos da burocracia e se safam com as questões financeiras, a contabilidade básica que envolve o trabalho de pesquisa, sobretudo quando é coletivo e de campo.

Em 1949, a *Revue de Métaphysique et de Morale* publica um artigo, escrito em 1948 por Claude Lévi-Strauss a pedido de Raymond Aron, intitulado "História e etnologia". Embora todo o começo do artigo seja uma defesa do necessário procedimento histórico na atividade etnográfica e uma crítica afiada do funcionalismo malinowskiano – Lévi-Strauss confessa-se chocado pela atitude de Malinowski e de seus discípulos, que não querem "estragar o olho"[85] preparando seu trabalho de campo com leituras sobre a história das sociedades que vão estudar –, o que é lembrado desse texto, e com razão, é sua afirmação principal: "Propomo-nos mostrar que a diferença fundamental entre as duas [história e etnologia] não é nem de objetivo nem de método, mas que, tendo o mesmo objeto, que é a vida social, o mesmo objetivo, que é uma melhor compreensão do homem, e um método em que varia apenas a dosagem dos procedimentos de pesquisa, elas se distinguem sobretudo pela escolha de perspectivas complementares: a história organiza seus dados com relação às expressões conscientes, a etnologia com relação às condições inconscientes da vida social"[86]. Posição das mais leoninas, mas que Lévi-Strauss justifica com a célebre formulação de Marx: "Os homens fazem sua própria história, mas não sabem que a fazem". À história, o primeiro termo: o consciente; à etnologia, o segundo: o inconsciente[87]! Estranhamente, Lévi-Strauss empreende essa reflexão no momento em que começa a ler Lucien Febvre e logo quando o tipo de historiografia descrito pelo artigo é precisamente o que os historiadores dos *Annales* pretendem superar. Mais tarde, explicará a Didier Éribon que sua intenção era raciocinar sobre "casos-limite", isto é, justamente sobre a história mais tradicional, a dos reinos, tratados, alianças e guerras, que Braudel e seu círculo rejeitavam. Todo o seu artigo, ele prossegue, "tendia a mostrar que uma oposição nefasta e caduca devia dar lugar ao trabalho que historiadores e etnógrafos podem doravante realizar lado a lado em estreita colaboração"[88].

Essa interpretação *a posteriori* de um diálogo entre as disciplinas assemelha-se mais, em 1949, a uma ofensiva da jovem etnologia. Referindo-se a essa época, Lévi-Strauss também esclarece a Didier Éribon que, se por um lado lia Febvre, por outro lia, no mesmo momento e com "delícias", uma série de livros de Albert Franklin dedicada à vida privada dos franceses do século XIII ao XVIII, livros de erudição pura, elaborados pelo curador da Biblioteca Mazarine e que, para Lévi-Strauss, além do prazer da leitura, constituíam ainda o que a história podia lhe proporcionar de melhor: um manancial de detalhes e episódios passíveis de ser dotados de significações sociais profundas graças a um procedimento de interpretação rigoroso. É o que a etnologia histórica efetivamente fará décadas depois. Seja como for, o artigo audacioso e presunçoso de 1949 marca a primeira etapa de uma série de discussões movimentadas entre Claude Lévi-Strauss, a história e os historiadores. Feitas de causas comuns – a seção VI, as ciências sociais e a interdisciplinaridade –, concorrências e "mal-entendidos" (como aqui, o uso ambíguo feito da noção de "caso-limite"), essas discussões implicam igualmente, porém *a mezza voce*, a própria relação de Lévi-Strauss com a História, entre sensação de contingência pura e tentações de esquiva.

Retorno a Mauss

No plano intelectual, a reinserção de Claude Lévi-Strauss no campo socioetnológico francês dá-se sob o signo de um "retorno a Mauss", através de dois textos gêmeos importantes: um, "A sociologia francesa", publicado em inglês em 1945 (em francês em 1947), bem pouco conhecido, é dedicado a Mauss; o outro, célebre "Introdução" à primeira edição de uma seleta de artigos do mestre (1950), lhe é dedicado. Em ambos os casos, trata-se não só de um balanço e de uma história, como de discussões cerradas sobre as perspectivas e esperanças de uma ciência social francesa, o todo conduzido com uma inteligência sintética e crítica capaz de nela inscrever um novo nome. Esse "retorno a Mauss" inaugura um fenômeno duradouro na invenção teórica contemporânea, que experimentará outros "retornos": o de Lacan a Freud, o de Althusser a Marx... Invariavelmente, a releitura crítica de um antecessor visto como fundador visa uma superação em forma de reconfiguração, operação que exige muitas vezes um recorte privilegiado do autor, aqui o "jovem Marx", ali o "velho Mauss". O caso de Mauss apresenta todavia a seguinte particularidade: se ele é amado por seus discípulos, amigos e colegas, não tem em seu domínio a celebridade de Freud ou Marx nos seus. Os grandes homens da disciplina na época são antes Durkheim e, sobretudo, Lévy-Bruhl, o filósofo-sociólogo mais célebre do entreguerras e o mais conhecido do triunvirato fundador da etnologia francesa[89].

Esse retorno a Mauss, portanto, é ao mesmo tempo um gesto de exumação e de afirmação da parte de Lévi-Strauss, tanto mais que a obra escrita do mestre acha-se em grande parte inacessível[90]. Mesmo assim, a questão da herança de Mauss é uma questão essencial na "profunda reestruturação teórica, prática e metodológica, em especial na confrontação às vezes violenta que opõe os etnólogos defensores de um marxismo preso à materialidade das sociedades àqueles que se voltaram, principalmente, para a análise das representações e dos sistemas de símbolos"[91]. No debate então em curso sobre a definição da disciplina, de seus pressupostos, métodos e procedimentos, os dois textos de Lévi-Strauss constituem intervenções vigorosas. São essenciais em sua biografia, pois, na aurora de sua carreira universitária francesa, marcam época ligando seu nome a um amplo programa intelectual de refundação das ciências sociais sob a chancela de Mauss.

O texto "A sociologia francesa", dedicado a Mauss, lhe foi encomendado por Georges Gurvitch, quando ambos ainda estão no exílio em Nova York. Esse texto está destinado a fazer parte de uma obra coletiva organizada por Gurvitch, *A sociologia no século XX*, empreitada de amplitude internacional, com vocação para marcar época[92]. Logicamente, Lévi-Strauss empenha-se em caracterizar determinadas especificidades nacionais da disciplina; o descompasso, desde a origem, entre uma postura teórica ambiciosa e a falta de dados concretos – traço histórico constantemente evidenciado e criticado pela antropologia norte-americana; o fato de que na França, ao contrário dos países anglo-saxões, não há dissociação entre etnologia e sociologia, como mostra o exemplo de Durkheim e depois dele o de Mauss, ainda que este último faça uma clara inflexão para o estudo das sociedades primitivas; o caráter sempre crítico da filosofia e das ciências sociais, impermeáveis, na França, a um uso "integrador" do saber.

Essa sociologia, considerada em termos de método e atitude, torna-se capaz de fecundar outras disciplinas, além de, mais surpreendentemente, trabalhar em colaboração com artistas: "Durante os anos que precederam imediatamente a Segunda Guerra Mundial, o 'Colégio de Sociologia', sob a direção de Roger Caillois, tornou-se um ponto de encontro para os sociólogos de um lado e os pintores e poetas surrealistas do outro. A experiência deu certo. Essa estreita colaboração entre a sociologia e todas as tendências ou correntes de pensamento tendo como objeto o Homem e o estudo do Homem é um dos traços mais característicos da escola francesa"[93].

Nesse artigo, Claude Lévi-Strauss mostra-se em plena posse de seus recursos, ao travar uma discussão cerrada com o Durkheim de *As formas elementares da vida religiosa*, criticando a noção de "elementar", que, segundo ele, denota uma confusão entre os pontos de vista lógico (elementar = simples) e cronológico (elementar = originário); criticando também a apreensão durkheimiana da dimensão simbólica, como se o símbolo não passasse da tradução de uma "exterioridade", ao passo que, segundo Lévi-Strauss, é "uma propriedade inerente aos fatos sociais". E já se afirma o que será retomado com força na "Introdução" às obras de Mauss: "A sociologia não pode explicar a gênese do pensamento simbólico, devendo tomá-lo como dado"[94]. *A priori*, tudo significa na vida social. Mas, ainda que tudo signifique, daí não resulta que seu sentido seja claro para os homens. Ao "progressismo" de Durkheim, Lévi-Strauss opõe a ideia de uma finalidade inconsciente da história, que deveria ser propriamente o campo de jogo das ciências sociais, pois é nesse nível intermediário, o do pensamento inconsciente, que "desaparece a oposição aparente entre indivíduo e sociedade"[95]. Porém, na história da sociologia francesa vista por Lévi-Strauss, depois do tio Durkheim ("que permaneceu um mestre da velha escola. Ele chega laboriosamente às suas conclusões e as afirma de maneira dogmática"[96]), eis o genial sobrinho Mauss, igualmente filósofo de formação, mas quão mais dotado, dispondo de "materiais recentes, mais precisos e mais ricos" graças à "sua memória fabulosa e sua curiosidade intelectual infatigável, que lhe permitiram forjar-se uma erudição na proporção do mundo e da história": "'Mauss sabe tudo'. [...] Não só 'sabe tudo', como uma imaginação ousada e um faro quase genial da realidade social o autorizam a fazer um uso altamente original de seus conhecimentos ilimitados"[97]. Em sua conversa e suas aulas, irrompem "comparações imprevistas" que o tornam obscuro "por causa do uso constante de antíteses, atalhos e paradoxos aparentes, nos quais mais tarde reconhecemos o fruto de intuições fulgurantes que, durante meses, farão refletir". O panegírico de Mauss prossegue: "Em tais casos, percebemos que alcançamos o fundo das coisas, que, como ele disse em algum lugar, 'tocamos na rocha'"[98]. Fica bem claro que o autor não se limita aqui a obedecer ao programa do ensaio que redige: fazer um balanço das características, problemas e perspectivas. A meio caminho, pretende se situar na história que está contando, superar as antinomias detectadas em Durkheim, cumprir o programa delineado por Mauss[99] – reapresentando o que é efetivamente o trunfo essencial da sociologia francesa, após ter sido seu principal obstáculo: a ousadia de seus pressupostos teóricos[100].

Ao empreender um retrato coletivo da disciplina em 1945, Lévi-Strauss dedica duas páginas laudatórias a seu cliente, Georges Gurvitch, nas quais procura avaliar uma obra satélite do sistema durkheimiano, dividida entre duas inspirações: de um lado, o pensamento de Bergson e a fenomenologia, do outro, a realidade do movimento social e da luta sindical. Com efeito, ele nos explica, esse judeu russo exilado, egresso da Revolução Russa, é um teórico, bom conhecedor de Marx e influenciado pelo longo diálogo com Proudhon e o socialismo utópico, tendo desenvolvido uma reflexão original, abastecida por um abundante material jurídico, sobre a sociologia do direito, da propriedade e do trabalho. Faz então o retrato sedutor de um homem que representa uma experiência histórica e política autêntica, bem como de um pensador cujo "pluralismo ontológico" repousaria na visão de uma multiplicidade das formas sociais. Fácil imaginar que essa qualificação filosófica e metodológica agradou a Gurvitch e que esse estudo benevolente o tenha tocado: "Fiz um grande esforço para compreendê-lo e ele me disse que não haviam escrito nada melhor sobre ele"[101]. Essa satisfação do ego permite explicar que resta um enigma da erudição sociológica: por que Gurvitch, alguns anos mais tarde, incumbiu Lévi-Strauss de escrever uma introdução à antologia de textos de Mauss numa coleção que ele dirigia para a Presses Universitaires de France[102], quando Lévi-Strauss não era nem próximo nem discípulo de Mauss e esteve com ele apenas três vezes? Outros nomes se ofereciam: Georges Davy, Maurice Leenhardt, Gabriel Le Bras ou mesmo Georges Dumézil. Será que Gurvitch, que no fim dos anos 1940 tornou-se um dos mandachuvas da sociologia francesa, diretor do Centro de Estudos Sociológicos[103] e da revista *Les Cahiers Internationaux de Sociologie*, em breve professor na Sorbonne e diretor de coleção, igualmente durkheimiano heterodoxo, preferia alguém que não fizesse parte desse círculo próximo? Outro mistério paira sobre essa edição e seu aparato crítico: trata-se da escolha dos textos de Mauss, uma operação delicada, considerando a natureza singular de sua obra, marcada pela dispersão, o efeito de assinatura coletiva, a diversidade de seus objetos e a variedade de suas formas (minuta, artigo, discussão, resenha). Em sua "Introdução" à edição das *Obras* (quase) completas de Mauss empreendida pelas Éditions de Minuit a partir de 1968, o historiador Viktor Karady julga que a seleção dos textos, resultado de um "compromisso sem dúvida laborioso"[104] entre o prefaciador e o editor, emana amplamente de

Lévi-Strauss: são os textos de um Marcel Mauss tardio[105], emancipado da tutela durkheimiana, o que lhe parece uma escolha mais lévi-straussiana do que gurvitchiana[106]. Contudo, Lévi-Strauss corrigirá Karady quanto a esse ponto: "Na realidade, não tive nenhum papel na preparação desse volume, do qual só tive conhecimento quando o editor me enviou um jogo de provas diagramado, com o pedido de uma introdução que eu devia escrever em três semanas"[107].

Não há motivo para questionar essa afirmação, reiterada diversas vezes, mesmo que, de fato, ela não "bata" com um texto que se tornou, na história das ciências sociais, uma espécie de "convite ao estruturalismo"[108].

Convite ao estruturalismo

A "Introdução" é uma leitura plena de fervor da figura de Mauss, do estilo de seu pensamento "todo crivado de lampejos"[109], de seu ardor em desbravar novos territórios, tais como as técnicas do corpo e a arqueologia das atitudes corporais. Segundo Lévi-Strauss, a leitura de Mauss é uma descoberta transformadora: "Poucas pessoas foram capazes de ler o *Ensaio sobre a dádiva* sem sentir toda a gama das emoções tão bem descrita por Malebranche ao evocar sua primeira leitura de Descartes: o coração palpitante, a cabeça fervilhante e o espírito invadido por uma certeza ainda indefinível, porém imperiosa, de estar assistindo a um acontecimento decisivo da evolução científica"[110].

Goste-se ou não, essa leitura admirativa é indissociavelmente uma leitura de apropriação ativa, entremeada por formulações que carregam a marca dos interesses, das referências e do imaginário teórico de Lévi-Strauss. Observamos o surgimento, em notas de rodapé, de duas figuras que ele conhece na época, Michel Leiris e Jacques Lacan; a discussão sobre a psicologia e a etnologia, a loucura e o xamanismo são temas lévi-straussianos desses anos; a explicação do "fato social total", uma das noções-chave da herança maussiana, desemboca numa conclusão segundo a qual "pela primeira vez [o] social [...] se torna um sistema, entre cujas partes é possível descobrir conexões, equivalências e solidariedades"[111]. Comentando, após Mauss, o rigor das regras de troca dos presentes nos casamentos polinésios, Lévi-Strauss observa uma dessas variantes e conclui: "Logo, poderíamos tê-la deduzido, caso ela não tivesse sido observada"[112].

Essa "Introdução", com efeito, é constantemente permeada por uma efervescente lógica de transbordamento. Lévi-Strauss detecta em Mauss os prenúncios do método estrutural; observa, aliás, a contemporaneidade do *Ensaio sobre a dádiva* e dos *Princípios de fonologia* – ao mesmo tempo admitindo que Mauss não tinha conhecimento destes últimos[113]; em seguida, constata que a "posição do problema" era a correta, como mostrou a mais recente pesquisa (a sua...) sobre a antropologia do parentesco; por fim, anuncia que a associação linguística/etnologia deveria resultar numa "vasta ciência da comunicação". Toda leitura viva é predadora; ela prolonga, critica, ultrapassa. Foi exatamente o que fez Lévi-Strauss, delineando, sob os olhos esbugalhados de Gurvitch, um Mauss pré-estruturalista. Atentemos para uma etapa suplementar da apropriação: nela, Claude Lévi-Strauss se autodesigna discípulo privilegiado, aquele que se atribui a missão de "não permitir que se perca ou se corrompa a parte mais fecunda de seu ensinamento"[114]. "Mauss deteve-se à beira dessas imensas possibilidades, como Moisés ao conduzir seu povo até uma terra prometida cujo esplendor ele jamais contemplaria."[115] É extremamente raro Lévi-Strauss empregar metáforas bíblicas. Mas só mesmo isso para descrever a genealogia reconstruída do estruturalismo em novas tábuas da lei! Se Lévi-Strauss pode tão firmemente operar o que Georges Gurvitch, na "Advertência" da primeira edição, chama, não sem humor, de uma "interpretação bastante pessoal da obra" de Mauss – alguns diriam uma verdadeira captação de herança –, é porque ele já pisou na terra de Canaã: *As estruturas elementares do parentesco* pretendem-se exemplares do "programa forte" definido para a antropologia, uma consumação/superação das promessas e intuições do mestre.

Com efeito, se por um lado a grande descoberta de Mauss, a centralidade do princípio de reciprocidade na vida social, é retomada, por outro é igualmente criticada numa nova análise do "mana" (termo polinésio, mas também utilizado na Melanésia, que designa o desconhecido antes que ele seja nomeado, um "negócio" ou um "troço" cheio de mistério e sagrado), que fecha o texto da "Introdução". Lévi-Strauss se abre a esse respeito com Jakobson: "Proponho uma nova teoria do 'mana' bastante inspirada na fonologia. Faço do 'mana' um valor simbólico zero, sem qualquer significação simbólica própria, mas tendo a função de marcar que, em tal ocasião ou para tal objeto particular de uma classe, há mais significação presente do que a relação normal entre significante e significado comporta. Em suma, alguma coisa como o seu 'fonema zero' em francês, que eu cito no texto"[116]. "Fonema zero", "significante flutuante": Lévi-Strauss encontra no registro linguístico equivalentes desses símbolos em estado puro que o etnógrafo encontra na vida indígena. Seja o "hau" na magia ou o "mana" na troca, trata-se de duas atividades simbólicas que se definem por sua natureza relacional – abstração feita do conteúdo do que é trocado: relações entre os homens (troca de presentes), relações entre os homens e os deuses (magia). Esse "caráter relacional do pensamento simbólico"[117] o aproxima de uma linguagem que significa, de imediato, totalmente, muito antes que um conhecimento ou um significado lhe sejam pespegados[118]. Logo, é porque os objetos dos etnólogos são signos (em especial o "mana", o "hau", o parentesco...) que a "Introdução" à obra de Mauss reconfigura o projeto antropológico como semiologia geral.

Esse texto-chave é igualmente importante porque inaugura, *via* Mauss, um diálogo com Merleau-Ponty e a filosofia. A antropologia aqui delineada se pretende um saber reflexivo que pensa sua prática e seus métodos. Ela também precisa "tocar a rocha". No fim, é com uma imagem astronômica que Lévi-Strauss resume essa tripla redefinição teórica, epistemológica e programática do que ele começa a chamar de "antropologia"[119], devolvendo a palavra a Marcel Mauss e fechando assim o arco de uma exemplar criação em filiação: "Cumpre em primeiro lugar elaborar o maior catálogo possível das categorias; cumpre partir de todas aquelas de que sabemos que os homens se serviram. Veremos então que há muitas luas mortas, ou pálidas, ou escuras, no firmamento da razão"[120].

Etnologia e psicanálise: "... dos confins mais remotos do nosso universo e dos recantos mais secretos do nosso pensamento..."[121]

A psicanálise é uma velha conhecida de Lévi-Strauss, que, como dissemos, leu Freud muito cedo. Seu impacto teórico é decisivo, visto que o que ele retém dessa leitura é, acima de tudo, que os fenômenos aparentemente mais delirantes ou fantasiosos podem ser passíveis de análise racional[122]. Mais tarde, a imersão no meio surrealista e a amizade com Raymond de Saussure em Nova York o sensibilizaram para os problemas práticos e teóricos da psicanálise, seus desdobramentos estéticos e sua inflexão existencial. É lícito, contudo, falar num "momento psicanalítico" no fim dos anos 1940, quando Lévi-Strauss, que acaba de conhecer Jacques Lacan, publica simultaneamente três artigos (em 1949) unidos pela noção de inconsciente. É como etnólogo que ele dialoga com a psicanálise, e como antropólogo que aponta o inconsciente como "a rocha", a verdade das sociedades antigas e exóticas acessíveis às ciências sociais, sem jamais abrir mão de um ceticismo declarado a respeito do tratamento terapêutico em si e de seus efeitos[123].

O primeiro texto, já evocado aqui, aborda o divisor de águas entre a história – à qual é atribuído o estudo da expressão consciente das sociedades – e a etnologia – sua expressão inconsciente[124]. O segundo texto, "O feiticeiro e sua magia", publicado em *Les Temps Modernes*, conta diversas histórias de xamãs. Um deles, Quesalid, é um informante índio kwakiutl de Franz Boas na ilha de Vancouver. Promovido, quase à sua revelia, a xamã reputado, é bastante lúcido quanto ao grau de encenação de suas operações, ao mesmo tempo que se admira com sua capacidade de aliviar os sofrimentos[125]. Descobre então o poder da *performance* e a "eficácia simbólica" que reside num fenômeno de "consenso"[126], na crença mútua entre um feiticeiro, um doente e uma dada coletividade.

No terceiro texto, publicado igualmente em 1949 e dedicado a Raymond de Saussure[127], "A eficácia simbólica", acompanhamos o sortilégio ritual de um xamã diante de um parto difícil. A cena foi descrita por um etnógrafo sueco e coletada numa aldeia da República do Panamá. Nela, o xamã acompanha o trajeto do bebê, do útero à vagina, até a expulsão, e ajuda na liberação do mau espírito *Muu* que formou o feto e recusa separar-se dele. Todo o artigo constrói um sistema de oposição entre o trabalho xamânico de acompanhamento e um tratamento psicanalítico. Neste último caso, o doente, revivendo, intermediado pelo psicanalista, determinados fatos dolorosos de seu passado, consegue se dissociar deles; no outro, é o xamã que ab-reage, fala em nome do paciente, enquanto o psicanalista se cala. Em ambos os casos, o inconsciente é um universo logicamente estruturado e passível de aflorar. Lévi-Strauss mostra a identidade dos processos. A eficácia das práticas xamânicas atesta o vigor das sociedades primitivas, por sua vez detentoras de saberes funcionais. Certa ironia lévi-straussiana é visível numa dupla inversão: o xamã, que, mediante seus comportamentos "anormais", poderia ser comparado a um "doente" acometido por distúrbios psicopatológicos, é aqui confrontado com sua figura simétrica, o psicanalista de nossas sociedades. Observemos que, em ambos os casos, o doente tratado torna-se potencialmente apto a ministrar um tratamento (o psicanalista também precisa ter feito uma análise; o xamã precisa ter sofrido ritos de conjuração de espíritos funestos). Por fim, Lévi-Strauss se empenha em mostrar a psicanálise como uma mitologia contemporânea de nossas sociedades, sobretudo quando vista da América, funcionando como um eficaz sistema de interpretação coletiva. Publicado em *Les Temps Modernes*, revista em que retrospectivamente Lévi-Strauss aparece bastante presente nesses anos pós-guerra, o texto sobre o xamã também pode ser lido como uma discreta e irônica glosa a respeito do intelectual-guru, xamã dos Tempos Modernos, na revista de um dos seus.

Nos dois textos de "retorno a Mauss" analisados anteriormente, surge uma mesma exigência: a própria natureza do conhecimento sociológico não pode se deter no que os homens, mesmo selvagens, dizem ou julgam que fazem. Ela se dissolveria então "numa fenomenologia verbosa"[128]. A explicação não se situa nunca no nível consciente, na fala dos atores, e sim nos confins de estruturas mentais inconscientes, terra prometida, para repetir a metáfora bíblica, das ciências sociais do século XX. É igualmente nesse nível intermediário do pensamento simbólico – nem alto demais (metafísica) nem baixo demais (história factual) – que a inteligência da ciência social pode exercer-se plenamente, postulando no comportamento dos homens uma finalidade e uma coerência, mas que lhes é imediatamente inacessível. Esse estágio do inconsciente oferece então ao mesmo tempo um objeto e um acesso, um programa e um reino. Desse ponto de vista, uma nítida convergência reúne os procedimentos etnológico e psicanalítico: "É uma abordagem de mesmo tipo que, na psicanálise, permite reconquistarmos para nós mesmos nosso eu mais estranho e, na pesquisa etnológica, nos faz acessar o mais estranho dos outros como um outro nós"[129]. Ambas disciplinas mediadoras entre "ora um *eu* subjetivo e um *eu* objetivante [psi], ora um *eu* objetivo e uma *outra* subjetividade [etnologia]"[130], também estão ambas em busca de expansão da razão humana, nas zonas obscuras e desconhecidas, "nos confins mais remotos do Universo e nos recantos mais secretos do nosso pensamento"[131].

Lévi-Strauss conhece Lacan durante o ano de 1949, por ocasião de um jantar oferecido pelos Koyré. Esse encontro é ao mesmo tempo essencial e assimétrico. Essencial para Claude Lévi-Strauss, que, graças a Lacan, trava conhecimento com Monique Roman, a qual alguns anos mais tarde será sua terceira mulher. Os Lacan e os Lévi-Strauss desenvolverão uma amizade que o bom entendimento das duas companheiras, Sylvia Bataille e Monique Roman, reforça, e na qual a arte desempenha papel importante. O lado grão-senhor de Lacan e sua sedução natural fazem o resto: "Íamos com os Merleau-Ponty almoçar em Guitrancourt, onde ele tinha uma casa. Quando minha mulher e eu quisemos encontrar um refúgio no campo, Lacan tinha acabado de comprar um DS que ele tinha vontade de colocar na estrada. Saíamos os quatro em expedição, era muito alegre. Tinham que ver Lacan desembarcar num hotel abjeto de vilarejo e ordenar do alto de sua majestade imperial que lhe fizessem entrar na banheira! Não falávamos de psicanálise ou filosofia; mais de arte e literatura. Ele tinha uma cultura muito vasta, comprava quadros e obras de arte; isso tinha um espaço em nossas conversas"[132]. Se Lévi-Strauss não deve a Lacan seu conhecimento da psicanálise, é à leitura de *As estruturas elementares do parentesco* que Lacan relaciona o choque da descoberta da linguística estrutural e do uso próprio que poderia fazer dela, o que Élisabeth Roudinesco chamou de uma "substituição ortodoxa do freudismo": "com a entrada em cena do pensamento lévi-straussiano, Lacan encontrava finalmente uma solução teórica para uma reforma de conjunto da doutrina freudiana. Nessa refundação, o inconsciente escapava em grande parte à impregnação biológica em que Freud o enraizara, na linha direta da herança do darwinismo, para ser designado como uma estrutura linguageira"[133]. Essa estrutura linguageira aparece claramente em alguns textos fundamentais de 1953, em especial no "Discurso de Roma" de 27 de setembro, que inaugura a corrente de reforma lacaniana da psicanálise. Nos seminários dos anos seguintes, esta se expandirá num gesto de retorno aos textos de Freud, reinterpretados sob o prisma da linguística estrutural e da antropologia lévi-straussiana. Para Lacan, o encontro com Lévi-Strauss é, portanto, um choque fundador, repousando numa admiração jamais desmentida. Para Lévi-Strauss, trata-se de uma ligação afetiva fortalecida por um senso da sedução, uma sociabilidade e gostos comuns, mas nenhuma influência intelectual[134]. A amizade durará uma década, por fim atacada e vencida sob o peso de mal-entendidos da celebridade nascente. Mas terá encarnado, no fim dos anos 1940, o diálogo privilegiado e ainda muito aberto que Lévi-Strauss estabelece com a psicanálise.

Em 21 de junho de 1951, uma bela coleção de objetos classificados como de "alta curiosidade" é posta à venda na casa de leilões Drouot. Desfilam sob os olhos dos potencias compradores várias séries de proveniências diversas: das tribos da Colúmbia Britânica (haida, tsimshian, tlingit, kwakiutl), um mastro totêmico, a parte superior de um elmo, uma estátua de xamã, máscaras articuladas e grandes máscaras com abas acionáveis; dos índios pueblos (hopis), estatuetas de madeira policrômicas; bonecas kachinas, uma máscara da Nova Guiné, mas também vasos e cerâmicas do México e do Peru antigos; destacavam-se igualmente um manuscrito em pergaminho – o *Livro de Ester*, datado do século XVIII – e "três livros hebraicos encadernados em antigo marroquim dourado a ferro quente, dois deles fazendo parte da Bíblia editada pelos Estienne (século XVI) e o terceiro em espanhol, intitulado *Orden del Selihoth*, impresso em Amsterdã no século XVII". A peça mestra é incontestavelmente aquela reproduzida na capa do catálogo: "Uma estátua de xamã de madeira patinada. Um joelho no chão, os braços trazidos ao peito, tem a cabeça ligeiramente voltada para a esquerda. Sua roupa em duas peças é feita de peles decoradas com motivos faciais policrômicos e debruados com franjas recortadas; seu barrete de couro é adornado com um diadema formado por garras de urso. Os olhos são incrustados de cobre, os dentes feitos com dentes de cachorro, as sobrancelhas e o bigode com pele animal. Tsimshian". É vendida por 75 mil francos, em meio a um total de 1.534.000 francos, o que não representa um montante excepcional[135]. Assim se vê dispersada a coleção Lévi-Strauss, arrematada pelo Museu do Homem e pelo Museu de Leiden, além de alguns compradores individuais: o próprio leiloeiro, bem como André Malraux, aferrado na época em suas *Vozes do silêncio*, e Jacques Lacan, muito mais rico que o amigo.

Lévi-Strauss e sua mulher Rose-Marie acabam de se separar e ele se vê desprovido de tudo, dinheiro, apartamento e material de trabalho. Em 11 de junho de 1951, escreve a Jakobson: "Neste momento, encontro-me no caos mais completo: sem domicílio, isolado do meu trabalho e obrigado, por necessidade de dinheiro, a fazer biscates mercenários para a Unesco, mas espero resolver antes do verão o problema mais urgente, isto é, o da moradia". Tarefa difícil na Paris do pós-guerra... Dessa nova separação, não sabemos muita coisa: Rose-Marie Ullmo é, como dissemos, uma mulher alegre, rica, despreocupada, mas ao mesmo tempo marcada pela guerra e traumatizada por ter sido trocada pela irmã. Quando as relações se degradam entre os esposos, ela não sabe reagir diante de um marido que, por sua vez, torna-se cada vez mais lacônico – "Vivo num túmulo"[136], ele confidencia então a Monique Roman. Em sociedade, fala cada vez menos, Rose-Marie cada vez mais. Basicamente, ela não parece compreender (ou não quer aceitar) a preeminência do trabalho, da obra a ser realizada pelo marido. O retorno malogrado, no plano profissional, à França sem dúvida não ajudou. Quando Lévi-Strauss evoca essa nova ruptura, o faz aliás na esteira do relato de seus fracassos profissionais, como se ela os tivesse coroado: "Após esse duplo fracasso [Collège de France], eu estava convencido de que nunca mais faria o que chamam de uma carreira. Rompi com meu passado, reconstruí minha vida privada e escrevi *Tristes trópicos*..."[137].

Lévi-Strauss caminha para a ruptura, tanto em sua vida como em sua obra. A renúncia à carreira universitária, à confortável vida burguesa que lhe permitia o pecúlio de Rose-Marie e à escrita sob a batuta exclusiva da ciência abre novas perspectivas. E, ao mesmo tempo, temos a estranha impressão, no começo dos anos 1950, de que está tudo pronto para o que só virá a acontecer uma década mais tarde. Lévi-Strauss pede a Braudel para mudar o título de seu curso na seção VI. Deseja passar de "Civilizações primitivas" para "Antropologia estrutural", que "corresponde exatamente às pesquisas que realizo nesta direção de estudos e oferece a vantagem suplementar de introduzir na nomenclatura etnológica francesa um termo cujo uso se generalizou no estrangeiro ao longo dos últimos vinte anos"[138]. O desenvolvimento institucional da disciplina abrigado pela mudança semântica, o reconhecimento e a realização soberana da obra são coisas vindouras. Imaginemos: no fim dos anos 1940, Lévi-Strauss poderia ter sido eleito para o Collège de France, ter criado seu laboratório de pesquisas (previsto em sua candidatura), bem como a grande revista antropológica, *L'Homme*, cujo título e editores já foram encontrados, e que ele se limitará a retomar. Constatamos nisso tudo como que uma longa suspensão, uma paralisia de dez anos, que ele lembrará implicitamente, em 1960, por ocasião de sua aula inaugural.

13 A MATURIDADE

Na verdade, não existem povos crianças; são todos adultos, mesmo os que não mantiveram um diário de sua infância e adolescência.

CLAUDE LÉVI-STRAUSS, *Raça e história*[1].

"Fazer minha tese não só me abria as portas do ensino superior, como me dava a sensação de que eu me tornara adulto."[2] O circuito acadêmico, as circunvoluções da História e do exílio fazem com que Lévi-Strauss, embora tenha se tornado responsável muito cedo, sobretudo financeiramente, se veja tardiamente às portas da maturidade. Seu pai morre em 1953.

Os fracassos do retorno da América fecharam um período. Tendo ido ao fundo do poço, do ponto de vista profissional e sentimental, Lévi-Strauss vê chegar a ele o que seu amigo André Breton chama de "socorros extraordinários"[3]: em primeiro lugar, uma nova companheira, em seguida, um relaxamento no plano da carreira nacional, que é acompanhado de uma projeção para um horizonte internacional.

É o momento de afirmação de um paradigma estruturalista *made in France* mas com ambição internacional, que Lévi-Strauss apresenta nos Estados Unidos em algumas rajadas teóricas nos anos 1952, 1953 e 1954. Pensar numa escala diferente produz efeitos não só científicos, como políticos; e sobretudo engendra consequências quanto à maneira de articular os dois. De diversas formas, Lévi-Strauss se acha nesse período ligado à instituição ainda recente da Unesco, agência da ONU para a educação e a cultura. Pois esse desejo de pensar grande e adiante faz momentaneamente o *éthos* etnológico coincidir com um programa de reflexão sobre o mundo legado pelo pós-guerra, sobre as raízes do mal, as questões demográficas e o problema do "subdesenvolvimento" em pleno momento de luta descolonizadora. É nesse contexto que, em 1952, ele publica, na coleção "Raça e História" da Unesco, um folheto que relê a história da humanidade numa perspectiva antropológica. Quando adotamos essa luneta, "o Ocidente não aparece mais como um termo, e sim como um acidente"[4], como observa muito escrupulosamente Roger Caillois, brilhante detrator de um texto que, involuntariamente, ele contribuiu para divulgar para um público mais amplo.

VITA NOVA

No começo dos anos 1950, a aspiração a uma *vita nova* se funda numa "nova distribuição" das cartas da vida sentimental e profissional. Essa expressão "nova distribuição", oriunda do vocabulário e da teoria dos jogos, tem um uso muito lévi-straussiano: ela combina a sensação de fraca margem de manobra e a consciência duradoura das possibilidades, decerto em número reduzido, mas nunca nulo; ela compreende assim a probabilidade do acaso ou da sorte.

Mudar a distribuição

A sorte, sem dúvida, mas também poderosos determinismos, uma sociabilidade e gostos comuns o fazem conhecer Monique Roman, aquela que se tornará sua terceira esposa em 1954 e partilhará os próximos (e últimos) cinquenta anos de sua vida. Lévi-Strauss, homem de mulheres? "Um dia", conta Gilles Lapouge, "ele me confessou que era polígamo, mas que, por causa das leis francesas, em vez de juntar todas as suas mulheres no mesmo momento, ele as distribuía ao longo dos anos, 'como pérolas num colar.'"[5]

Detenhamo-nos por um instante na terceira pérola do colar[6]: Monique Roman nasceu em 1926 em Paris (mas foi concebida em Xangai!) de uma mãe, Ruth Emma Rie, norte-americana porém oriunda do judaísmo vienense culto, poliglota por talento e necessidade[7]. Do lado do pai, o exotismo é mais discreto, uma vez que Jules Roman é de origem belga. Se Claude Lévi-Strauss é um francês nascido em Bruxelas, Monique Roman é uma belga nascida em Paris. Quiasma franco-belga sobre o qual se enxertarão alguns mal-entendidos burocráticos. Seu pai vem de um meio mais modesto que o de sua mãe, mas, por ser engenheiro, proporciona à sua família uma verdadeira prosperidade econômica, que permite a Monique e seu irmão caçula viverem uma infância confortável no 16º *arrondissement*. O grande apartamento da rua des Marronniers onde ela passa sua infância é o mesmo para o qual os Lévi-Strauss se mudarão algumas décadas mais tarde.

A *success story* paterna termina de maneira incongruente e trágica: desdenhando os conselhos horrorizados da família e só escutando sua vontade de prosperar e facilitar o aprendizado de línguas para os seus filhos, ele não hesita em ir trabalhar, a partir de 1939, na Alemanha nazista, onde atua como consultor em engenharia, importando uma técnica de fôrmas metálicas de origem norte-americana. Ele é belga, sua mulher, norte-americana. É preso em 10 de maio de 1940. Durante a guerra, prisioneiros na malha alemã, os pais vivem ao deus-dará, vigiados e sem um tostão; sua saúde piora, enquanto as crianças continuam na escola e se viram para sobreviver na Alemanha em guerra e sob o jugo nazista. Esse episódio incrível é objeto da história que Monique Lévi-Strauss, mais de cinquenta anos depois, resolveu revelar em *Uma infância na boca do lobo*[8].

Após uma infância banalmente burguesa passada em Paris, esse episódio extravagante da guerra inflete o arco biográfico de Monique Roman segundo uma lógica de sobrevivência. No fim de seus anos alemães, e após uma passagem por um campo de pessoas repatriadas, a adolescente está de volta a Paris: já é uma mulher-feita apta a "encarar" um meio hostil e resistir ao desespero. Entre 1946 e 1947, vai para os Estados Unidos, onde reside parte de sua família materna, e faz sua *graduation* no Simmons College, em Boston. Nessa data, Lévi-Strauss ainda está em Nova York. Sem se conhecerem, voltam ao mesmo tempo para Paris, em 1947. Vinte anos e um corpo de jovem heroína norte-americana, esguia, esbelta, alta para sua geração, com uma liberdade de maneiras e uma franqueza nas relações tipicamente americanas, que constituem um charme; um temperamento forjado no aço, revestido por uma intensa curiosidade intelectual e artística. Assim que desembarca em Paris, conhece, por intermédio de Clara Malraux – amiga próxima de sua mãe –, a família Jolas, que a adota como uma terceira filha, na companhia de suas duas, Betsy, futura compositora, e Tina, que veio a ser etnóloga, mas também entrou para os anais da poesia francesa por ter sido esposa de André du Bouchet e amante incansável de René Char[9]. Eugene Jolas é um escritor e crítico literário de origem norte-americana, instalado em Paris, mas que acaba de passar os anos de guerra nos Estados Unidos. Amigos de Joyce nos anos 1930, Maria e Eugene Jolas recebem, após a guerra, em seu amplo apartamento da avenida Kléber, toda a nata da arte moderna europeia. Suas filhas compartilham seus gostos com o entusiasmo de seus 20 anos. Durante dois anos, Monique vive com eles nesse mundo turbilhonante de intelectuais e artistas que não está tão longe – nem social nem espacialmente – do de Claude Lévi-Strauss quando este retornou. Ela conhece bem os Masson, em cuja casa passa férias, mas também os Leiris, os Merleau-Ponty e, por fim, os Lacan, que, como vimos, irão apresentá-la ao futuro marido. Ela frequenta Royaumont, assiste a algumas sessões do Collège de France e circula pela zona do 16º *arrondissement* – mora à rua de Magdebourg – que se situa à sombra do Palais de Chaillot e do Museu do Homem. Os futuros esposos se encontram no cruzamento desses itinerários e desses múltiplos fios comuns, sob o duplo signo das línguas e da biblioteca.

Com efeito, além de seu visual sedutor e seu inalterável bom humor, Monique Roman possui uma arma secreta: seus dotes linguísticos – é perfeitamente trilíngue em francês, inglês e alemão, e compreende muito bem o italiano, o que a torna uma colaboradora concorrida num mundo francês de intelectuais monolíngues. Lacan a contrata para trabalhos de tradução. É quando, também ao convidá-la para traduzir obras etnológicas alemãs, Lévi-Strauss vai se afeiçoar à moça, que, entre 1949 e 1950, vem trabalhar todas as manhãs no Museu do Homem, no vasto escritório da diretoria de que dispõe momentaneamente o vice-diretor em assento ejetável. O interesse pela matéria-prima da língua e o valor atribuído aos dotes linguísticos distinguem Claude Lévi-Strauss da miscelânea intelectual francesa, ainda persuadida de que o francês "irradia" como no século XVIII. Lévi-Strauss lê, escreve e fala inglês muito honrosamente (com um inexpugnável sotaque *frenchy*); compreende perfeitamente o português e lê em espanhol. Sem ser um gênio das línguas como Jakobson, pretende não se ver provincializado pela impossibilidade de acesso a uma literatura etnológica internacional. Mais uma vez, é a consciência de uma mudança de escala que o faz dizer a uma de suas alunas, desolada por não poder aprofundar seu tema em razão de não saber alemão: "Ora, senhorita, alemão se aprende!"[10]. Essa relação benevolente e voluntarista com as línguas reata com a prática e a erudição espantosa de Mauss, cujas notas de rodapé indicam a amplitude e a diversidade linguísticas da dissecação bibliográfica.

Monique Roman se torna sua colaboradora de outra forma: ajuda-o a organizar sua biblioteca. Com efeito, Lévi-Strauss volta dos Estados Unidos com uma biblioteca profissional de 12 mil volumes. Essa biblioteca é seu antro pessoal, o recurso essencial (junto com suas fichas) para a obra realizada e vindoura. Ela o segue, com sua obesidade própria, em seus diferentes domicílios. Às vezes dócil, quando arrumada; às vezes indócil e impraticável, quando não. Dócil é a certeza ao alcance da mão, a garantia de uma impecável erudição e um saber atualizado, graças ao papel especial desempenhado pelos periódicos e inúmeros suplementos. Indócil é um peso morto. Ora, Lévi-Strauss se queixa de não ter tido tempo nem energia de catalogar sua biblioteca desde a sua volta de Nova York. Solicita Monique para um grande trabalho de fichamento, que fornece o roteiro perfeito para o encontro amoroso... A tarefa se revela em parte vã, uma vez que Claude deixa o apartamento da avenida d'Eylau e se instala no pequeno conjugado de Monique, a dois passos, antes de comprar um apartamento para onde o novo casal se muda no outono de 1951. Irão casar-se três anos mais tarde, tão logo pronunciado o divórcio de Rose-Marie.

Seu novo domicílio, à rua Saint-Lazare, 11, é adquirido em parte graças ao leilão da coleção de objetos exóticos, de que Lévi-Strauss se separou "com dor mas sem vacilar"[11]. É um amplo apartamento de 150 metros quadrados, cinco cômodos dando para dois pátios muito calmos, com os atributos de uma opulência extinta: frisas, mas sem calefação central; um simulacro de banheiro, mas uma sublime estufa de faiança. Na rua Saint-Lazare, os horticultores vêm apregoar seus produtos sob as janelas. Lévi-Strauss adora o seu novo bairro, cheio de surpresas e biroscas insólitas, com cheiro bom de um passado clandestino de garotas de programa e um fantástico urbano surrealístico. Breton não está longe, à rua Fontaine. O leiloeiro Drouot fica a dois passos e, nessa época, Lévi-Strauss passa lá quase diariamente. O fim de semana é reservado ao mercado de pulgas. Tanto o bairro como o estilo de vida mudaram: são mais boêmios que burgueses, e contrastam com sua vida pregressa, mais abastada. Na rua Saint-Lazare, instala-se pouco a pouco um acampamento improvisado que deve muito à engenhosidade e aos talentos de cozinheira da dona da casa. A mesa era aberta aos amigos: Henri Seyrig quando chega de Beirute, Jakobson em escala em Paris, bem como Alfred Métraux, que tem seu lugar cativo à mesa e um lendário fraco pelo cozido, Georges-Henri Rivière, diretor do Museu das Artes e Tradições Populares, muito respeitosamente ligado a Lévi-Strauss, que, no entanto, era mais moço, os Leiris, Pierre Gourou, o etnólogo Henri Lehmann, os Schaeffner... Lévi-Strauss recebe calorosamente aqueles com quem realmente tem assunto para conversa. "Mas nada de *small talk*."[12]

É precisamente esse estilo de vida que ele colocará na balança quando, no mesmo momento, em 1952 e 1953, lhe chegam sérios e cativantes convites dos Estados Unidos, que ele terminará recusando: "Eu estava feliz com a minha vidinha boêmia, preferia ir ao mercado de pulgas todos os sábados do que morar em Cambridge, Massachusetts"[13].

Retrato de um desconhecido

O afável anfitrião da rua Saint-Lazare não corresponde em nada ao retrato do novo professor que os alunos descobrem na Sorbonne ou no Museu do Homem. Françoise Héritier conhece-o nessa primeira metade dos anos 1950: ainda tem o rosto bem cheio; os cabelos ficaram grisalhos e ralos; uma calvície no cocuruto, combinando com o intelectual. Parece mais velho do que é e tem, segundo sua futura discípula, uma forma de beleza bastante notável, com seu "olho de elefante", a pálpebra pesada e o olhar sagaz de um mamífero, que a etnóloga africanista aprenderá a apreciar. Como essa espécie de árvores "tímidas" que encontramos na África, cujos troncos e folhagem se soltam, ele geralmente contrai o torso, provocando uma distância emocional que talvez não desejasse impor, mas que toda a sua postura confirma[14].

De Lévi-Strauss, alguns alunos ouviram falar vagamente, mas pouco, na verdade. No entanto, ele constrói progressivamente uma reputação. Michel Tournier, num texto de homenagem, lembra-se dos aprendizes de filósofo que, como ele, frequentavam o Museu do Homem para assistir a cursos com vistas a obter um diploma em etnologia. Esses "seres lunares" eram postos em contato com o real, o concreto, obrigados a manipular crânios e acumular alguns conhecimentos naturalistas. Tudo isso lhes proporcionava um fascínio um pouco barroco diante de um universo de coisas e pessoas tão poéticas quanto bizarras. "Mas tudo mudava nas terças-feiras, dia em que Claude Lévi-Strauss ministrava seu curso de etnologia. Em primeiro lugar, sua distinção de príncipe assírio educado em Oxford contrastava com o aspecto '*off-road*' de seus colegas. Com ele, porém, era principalmente uma nova linguagem que tínhamos de assimilar. Chega de confundir primos cruzados e primos paralelos, filiação patrilinear e patrilocal, casamento bilateral e organização dualista, regimes desarmônicos e trocas generalizadas. Quando estava em pauta determinada tribo de índios do Brasil central, o quadro-negro cobria-se imediatamente de sinais de aspecto algébrico reproduzindo sua organização social. Assim como os corpos têm suas fórmulas químicas, as sociedades se viam atribuir uma fórmula diferente de qualquer outra. Mas havia outra coisa. Aqueles índios, nós aprendíamos de repente que quinze anos antes Lévi-Strauss caminhara e acampara com eles, que na época já não passavam de uma centena, tendo sem dúvida se extinguido desde então. Foi aí que ouvi falar em etnocídio pela primeira vez. Assistíamos portanto ao seguinte paradoxo: no exato momento em que tomava o aspecto de uma ciência exata, a etnologia ganhava uma dimensão trágica."[15] Distinção, distância, timidez, reserva – Métraux julgava sua aparência "capitolina"[16] –, seja qual for o vocabulário escolhido, o personagem é imponente. Ninguém ousa ser informal com ele, nem seus pupilos, nem seus mestres, nem seus contemporâneos etnólogos, com quem parece não ter história em comum. Isso decerto é mentira, mas não custa lembrar que ele se formou intelectualmente longe de Paris. E subitamente está ali, ao mesmo tempo exótico e amadurecido: "Não o vimos crescer", dirá Françoise Héritier. "Ele surge armado, como Atena com seu capacete."[17]

A forja das *Mitológicas*

À parte os cursos ministrados no âmbito do Instituto de Etnologia no Museu do Homem, sua atividade docente essencial repousa no seminário que dá uma vez por semana na seção V da École Pratique des Hautes Études, na Sorbonne, escada E. Esse curso, que reproduzirá o da seção VI, se deslocará, em função das exigências de local, do Quartier Latin para a rua de Varenne. Todas as quartas-feiras, de 14h às 16h, durante dez anos, reúnem-se umas quinze pessoas segundo um ritual imutável: a primeira hora é dedicada à aula de Lévi-Strauss propriamente dita; a segunda ganha a forma de seminário, recebendo convidados, pesquisadores estrangeiros ou vindos de disciplinas conexas. Jakobson, certamente, Benveniste, mas também, por exemplo, um jovem etólogo especialista em babuínos são convidados a apresentar seus resultados, ao lado de etnólogos voltando de missão, como Georges Balandier, Louis Dumont, Georges Condominas ou Isac Chiva, cujas pesquisas em Sologne Lévi-Strauss "apadrinha", como se dizia na época. Na plateia, amigos: Jacques Lacan, o físico Pierre Auger, Alfred Métraux, além de estudantes com os olhos esbugalhados, prontos para se converter à etnologia que descobrem, como Françoise Héritier e Michel Izard. No fim dos anos 1950, eles é que estarão ali para falar de seus respectivos trabalhos de campo. Em sua escala, ainda modestamente, esse seminário torna-se um lugar relevante, impregnado de um "encantamento intelectual"[18] especial, pois ali se pensa ao mesmo tempo escrupulosamente e com ambição, num coquetel eclético que mistura atenção aos detalhes e seriedade empírica, audácia teorizante e diagonais interdisciplinares. O seminário logo muda sua denominação obsoleta, que se tornara francamente reacionária – "Religiões dos povos primitivos" –, adotando uma etiqueta mais afim do horizonte político de seu saber ambicioso. "Um dia em que eu falava dos costumes de uma população africana, um ouvinte negro que eu desconhecia levantou-se e me disse: 'Pertenço a essa sociedade e não concordo com sua interpretação'. Outros dois ou três incidentes desse tipo me levaram a mudar o nome da cadeira para 'Religiões dos povos sem escrita'."[19] O novo título, oficializado por um decreto ministerial de 9 de fevereiro de 1954, é mais satisfatório, embora defina de maneira privativa as sociedades estudadas. Mas isto é um fato, não um juízo de valor, e a escrita aliás não é particularmente valorizada em Lévi-Strauss. A preeminência do oral é uma constatação, não uma deploração, que suscita inúmeros comentários sobre seus efeitos antropológicos.

É nesse seminário que ganham forma as ideias de Lévi-Strauss sobre a mitologia, que alimentarão o segundo grande ciclo da obra, nos anos 1960, constituído dos quatro volumes das *Mitológicas*[20]: o resumo das aulas permite fotografar uma "reflexão captada no calor da hora"[21], enquanto ela investe, com sua potência de raciocínio e sua propensão ao risco, no vasto império dos mitos. Esses anos de seminário são uma forja no sentido de que o procedimento é sempre experimental: trata-se de ver de muito perto "como isso funciona", de pôr à prova hipóteses sobre um material etnográfico que também é preciso reunir.

Em 1951-1952, Lévi-Strauss opta por dedicar seu curso, "A visita das almas", a uma cartografia completa das relações possíveis entre os vivos e os mortos: mortos gratos, que estabelecem uma espécie de *modus vivendi* entre aqueles que partiram e os que sobrevivem, ou reino de uma especulação desenfreada na qual, ao preço de sua quietude, os vivos se envolvem à custa dos mortos que os fazem pagar. Para Lévi-Strauss, oportunidade de voltar aos seus anos brasileiros, uma vez que os suntuosos rituais funerários dos bororos fornecem o exemplo de uma fórmula que associa as duas atitudes, complementares e opostas. A progressão do curso faz emergir a existência de configurações duais, ternárias ou mesmo quinárias através de uma operação de redução de símbolos e objetos recorrentes. Todo o jogo consiste em operar em seguida uma correlação entre esses sistemas cosmológicos e as estruturas sociais: "A representação que essas sociedades fazem da relação entre os vivos e os mortos não passa da projeção, na tela do pensamento religioso, das relações reais que prevalecem entre os vivos"[22].

De 1952 a 1954, Lévi-Strauss e seus alunos se concentram na mitologia dos índios pueblos, examinando as diferentes versões do mito de emergência, primeiro nos índios pueblos ocidentais e centrais (hopis, zunis e acomas), depois nos pueblos orientais (keres, tiwas e tewas), sem descartar comparações mais vastas a partir das primeiras conclusões. Durante esses três anos, auxiliado por um jovem e promissor filósofo, Lucien Sebag, e pelo arqueólogo Jean-Claude Gardin, ele instaura verdadeiramente os princípios de seu método, comprovando, enquanto avança, sua fecundidade e força de inovação. Não se trata aqui de se perder nas delícias de um pitoresco mitológico, de ceder ao comparativismo sem direção ou ainda imaginar um conteúdo etnológico do mito. É preciso dar prova de paciência e suspender a atribuição precipitada de sentido para almejar reconstituir a "lógica mítica" em seu "caráter de necessidade e universalidade"[23]. Os princípios gerais? Todo discurso mítico será tratado "como uma espécie de metalinguagem, cujas unidades constitutivas seriam temas ou sequências"[24] análogos aos fonemas, insignificantes em si mesmos mas adquirindo sentido na articulação de um com outro. Em segundo lugar, o mito consiste no conjunto dessas versões, sem que se atribua qualquer primazia a uma versão mais precoce ou mais rica. Não existe mito original, e sim uma mecânica de reprodução ao infinito, que confere ao mito uma "estrutura folheada"[25]. Qual uma máquina de Tinguely, em que cada elemento interdepende dos outros, tudo está em tudo na produção mítica. Essa nova visão permite igualmente repensar uma velha questão da etnologia teórica, a das relações entre a mitologia e o ritual, que constitui o objeto do curso de 1954-1955. Aqui, analogamente, as conclusões desalojam as crenças da disciplina, tentada a ver no mito o que fundava o ritual em seu conjunto. Segundo Lévi-Strauss, não há nem antecedente nem duplicação, e sim uma complementaridade na maneira de significar um mesmo sistema psicossociológico: essa diferença é traduzida na oposição entre a "metalinguagem" do mito e a "paralinguagem" do rito. Nos resumos de aulas publicados mais tarde, a formulação exprime claramente o aspecto experimental do procedimento: "Levantamos a questão de saber..."; "Julgamos constatar..."; "Submeteremos o mito...". Mas a convicção profunda que preside a inauguração dessa investigação é efetivamente a de que há uma homologia de estruturas entre a vida social e a vida mitológica, ambas elaboradas segundo as mesmas leis, as quais é plausível descobrir em seus ecos recíprocos. Como Lévi-Strauss escreve a Georges Balandier: "Podemos assim, me parece, escapar ao dilema durkheimiano: a religião pode ser uma ilusão e oferecer 'obliquamente' um meio de acesso à realidade"[26].

Após seu primeiro ano de seminário, Lévi-Strauss oferece um codicilo desse conhecimento *oblíquo* num artigo publicado em *Les Temps Modernes* e republicado em 2013: "O suplício do Papai Noel"[27]. Nele, aventura-se numa descrição etnológica de uma notícia extraída de sua própria sociedade, gênero com o qual reatará apenas quarenta anos mais tarde. Trata-se de um incidente ocorrido em Dijon, cidade do cônego Kir, em 24 de dezembro de 1951: diante das crianças dos patronatos, um Papai Noel é enforcado no pátio da catedral por recomendação das autoridades eclesiásticas católicas e apoio da Igreja protestante, desejosas de mostrar sua desaprovação do que consideram ser uma paganização da festa da Natividade, impulsionada pelo sucesso crescente do bom velhinho Noel. Essa interpretação é reiterada pelo parecer da etnologia, após uma ampla digressão sincrônica (comparação com as bonecas kachinas) e diacrônica (saturnais do mundo romano, personagem do abade de Liesse na Idade Média) visando interpretar a aparição relativamente moderna, na Europa, do Papai Noel (século XIX) não só como a importação bem-sucedida de uma prática norte-americana, mas também, mais profundamente, como uma modalidade de gestão das relações entre os vivos e os mortos, mais ainda que um rito de iniciação, o qual ele é também, pois os presentes dados aos nossos filhos correspondem a presentes dirigidos ao além por seu intermédio. Os dignos prelados de Dijon enxergaram certo: a crença no Papai Noel alimenta um fogo ativo de paganismo. "Resta saber se o homem moderno também não pode defender seus direitos de ser pagão."[28]

A DIMENSÃO DO MUNDO

Além de seu ensino, Lévi-Strauss opera em outros terrenos e escalas. Está muito presente nos Estados Unidos nesse início dos anos 1950. Se a sua atividade se desenvolve na cena internacional, é evidentemente porque encontrou obstáculos institucionais e intelectuais na França, mas também porque ele propõe uma oferta teórica rigorosa. Para ele, este é um momento de crença na ciência como alavanca universal do conhecimento. As ciências humanas e sociais, as ciências naturais e físicas, todas são parte integrante de um diálogo que ele organiza, intelectual e praticamente, no seio do Conselho Internacional das Ciências Sociais da Unesco, do qual se torna secretário-geral em 1953. A mudança de escala é resultado da guerra, do exílio e de uma percepção dos problemas conforme a dimensão do mundo na segunda metade do século XX, um mundo unificado, interconectado e às voltas com um crescimento demográfico que se torna, nesse momento preciso, para Lévi-Strauss (mas também para muitos outros), a própria imagem do cataclismo por vir. A promoção do saber demográfico e da questão da população a problema social e político importante se dá no âmbito de sua atividade na Unesco, mas sem dúvida foi deflagrada por uma viagem ao Paquistão, feita em 1950 e organizada pela mesma instituição.

Big Science

Alguns encontros internacionais, em especial em 1952, são oportunidade para ofensivas científicas pensadas como tais, como se a condição de estrangeiro permitisse uma liberdade maior de proposta e crítica. Pensar grande, bater forte. Comparando o etnógrafo Rivers a um Galileu de uma etnologia que teria descoberto em Mauss o seu Newton, tudo indica que Lévi-Strauss se veria com satisfação como Einstein da ciência social internacional[29].

Percebemos isso, por exemplo, em Bloomington, Indiana, onde se realiza, em julho de 1952, a Conference of Anthropologists and Linguists, cujas conclusões ele é incumbido de pronunciar: em si, uma honra e uma recompensa. O tom é de síntese. Lévi-Strauss ganha altura, sua mente joga com as diversas perspectivas abordadas, hábil em distinguir os diferentes problemas, mas também em hierarquizá-los. O professor francês permite-se encenar, dramatizar, montar um enredo em seu roteiro de unificação das ciências. Segundo ele, a linguística é a única ciência humana capaz de rivalizar em rigor com as ciências exatas, a única que abre uma estreita porta para o sagrado científico: "Assim, portanto, durante um ou dois séculos, as ciências humanas e sociais se resignaram a contemplar o universo das ciências exatas e naturais como um paraíso cujo acesso lhes fosse para sempre proibido. E eis que, entre os dois mundos, a linguística conseguiu abrir uma pequena porta"[30]. Esperando que, na sua esteira, durante a década seguinte, críticos literários, psicanalistas e filósofos enveredem efetivamente por essa pequena porta, os antropólogos e linguistas perdem seu tempo correndo uns atrás dos outros num "carrossel diabólico"[31], em que uns estão em busca do concreto das sociedades e outros carecem de modelização. Todo o jogo dessa conclusão consiste em mostrar as possíveis correlações entre linguagem e cultura, distinguindo diferentes níveis de abordagem: entre uma língua e uma cultura, porém mais globalmente entre a linguagem e a atividade simbólica de representação[32]. A questão essencial do programa lévi-straussiano é a seguinte: como disciplinas diferentes podem se encontrar num "terreno comum"? Todo esse texto brota de correlações, relações/permutações entre termos linguísticos e estruturas sociais, relações de parentesco, regras de casamento ou mitos, como em uma vasta câmara de ecos, para terminar, como é frequente, numa ascensão em generalidade de tonalidade dramática, vibrando com grande fervor. Tratar-se-ia de fundar uma "ciência ao mesmo tempo muito antiga e muito nova, uma antropologia entendida no sentido mais largo, isto é, um conhecimento do homem associando diferentes métodos e diferentes disciplinas, que nos revelará um dia as molas secretas que movem esse hóspede, presente sem ter sido convidado aos nossos debates: o espírito humano"[33].

Um mês antes, em Nova York, Lévi-Strauss participava de um amplo congresso organizado pela Fundação Wenner-Gren, agrupando cerca de oitenta intelectuais, entre eles os cabeças da antropologia anglo-saxã, Margaret Mead, Alfred Kroeber, Robert Lowie, Julian Steward... Aqui também ele se faz o corifeu da unificação científica através das estratégias de pesquisa adaptadas, cuja proposição estrutural é a mais produtiva. A antropologia não faz funcionar em seus domínios culturais próprios (roupas, artes, mitos) o princípio de diferenciação, a exemplo da história natural, através de suas ramificações em espécies? Lévi-Strauss multiplica as metáforas. O antropólogo é um botânico de outro naipe: ele colheu ao acaso algumas amostras para guardá-las em seu herbário, mas as sociedades selvagens são mais frágeis do que as flores campestres. Daí a defasagem entre documentos etnográficos, decerto desigualmente distribuídos entre sociedades, porém muito fragmentários, e uma modelização teórica "bastante avançada"[34] que singulariza esse momento especial da antropologia. É uma anomalia na história das ciências, a qual costuma passar pela situação oposta. Botânico, o antropólogo é igualmente catador de lixo, percorrendo as lixeiras da história e se alimentando dos dejetos das outras disciplinas, isto é, da poeira da vida concreta. Essa afirmação e o uso da palavra "*garbage*" causa certo rebuliço no congresso, cuja espinha corporativa tem um calafrio. Os colegas não apreciam em nada essa comparação. "Margaret Mead veio até mim e disse: 'Há palavras que nunca convém pronunciar'. É desse dia que data nossa amizade, que durou até sua morte."[35] Lévi-Strauss fala como teórico do estruturalismo, estabelece sua genealogia norte-americana (entre outras, numerosas, ao longo dos anos), apontando o lugar central de Kroeber e o paradoxo de Boas, o papel decisivo de Lowie etc. A fim de esclarecer a noção de "modelo", passível de desencadear polêmicas estéreis, insiste na natureza de construção intelectual do que ele chama de "estrutura" e que não é de forma alguma observável na realidade empírica[36].

Essas duas intervenções, seguidas e precedidas por outras, a cujo respeito não é indiferente terem sido produzidas em terreno norte-americano, são portanto intensamente programáticas e epistemológicas. Nelas, Lévi-Strauss faz um trabalho de definição, de esclarecimento, que ele concebe como o embasamento retórico de uma verdadeira interdisciplinaridade internacional. Quer se volte para a linguística, quer para as ciências da natureza, as pontes estão em toda parte; na genética, na teoria dos jogos, na cibernética: aproveita tudo que é lenha para o seu fogo, persuadido de viver um momento de "convergência teórica avassaladora"[37] sob o signo do estruturalismo, em cuja divisa gostaria de ver desfraldada a bandeira da ciência em marcha. Em 11 de junho de 1951, por exemplo, escreve a Jakobson: "Meu sonho foi precisamente, ao longo destes últimos dois anos, poder criar na França um laboratório de pesquisas estruturais, no qual aplicaríamos um método básico a todos [ilegível] das ciências do homem, independentemente da ordem, onde ele parecesse suscetível de adaptar-se imediatamente. Tenho projetos muito precisos para a estilística (nas artes plásticas e na música) e para a mitologia comparada. E tenho também três ou quatro jovens bem preparados e prontos para trabalhar comigo"[38]. Mais tarde, em 9 de janeiro de 1952: "Penso cada vez mais na criação de um laboratório de análise estrutural em que realizaríamos simultaneamente estudos de parentesco, mitologia e linguística"[39]. Quando Jakobson o pressiona para ir a Harvard, Lévi-Strauss responde que preferiria constituir a "filial europeia" de um futuro centro estruturalista com sede em Paris.

O que nos dizem esses sonhos de laboratório? Em primeiro lugar, que a ofensiva estruturalista se dá em nível internacional, ainda que Claude Lévi-Strauss pudesse ser sua cabeça de ponte na Europa; maneira de ele escapar da cena francesa, que lhe permanece hostil, sem deixar de fazer alianças com os estudiosos norte-americanos. Observemos igualmente que esse laboratório estruturalista sonhado não corresponde ao que será o futuro Laboratório de Antropologia Social, que não imporá nenhuma "disciplina estruturalista" a seus membros. Nesse ínterim, o humor teórico de Lévi-Strauss o faz estabelecer laços com todas as disciplinas e, sobretudo, todas as linguagens capazes de unificar ao máximo as ciências sociais. É o caso da matemática, já mobilizada nas *Estruturas* para formalizar as relações de parentesco. Na mesma época, aderiu a um projeto internacional coordenado pelo MIT, financiado pela Fundação Ford e inspirado por Jakobson, que gostaria de acolher, numa coleção que dirige, um futuro volume organizado pelo amigo Claude: *Mathematical Trends in the Social Sciences* [Tendências matemáticas nas ciências sociais]. Um seminário é organizado em Paris, denotando a ambição dessa iniciativa, uma vez que os matemáticos Georges Guilbaud e Penrose, este britânico, bem como o psicólogo Piaget, o sociólogo Chombart de Lauwe, o físico Auger, Lacan (que seria encarregado de um capítulo sobre "Afasia e comunicação"), todos se encontram todas as quartas-feiras, às 18h30, a partir de março de 1953. "Até Benveniste aceitou vir!" O projeto é abortado e o livro nunca virá a lume, embora um relatório das atividades do pequeno grupo seja publicado sob o título "A matemática do homem"[40] no *Bulletin International des Sciences Sociales*, revista editada pelo Conselho Internacional das Ciências Sociais (CISS).

Essa *hybris* científica constitui a beleza da correspondência com Jakobson. Instalado em Harvard em 1949, o linguista russo sonha criar um *dream team* formado por ele mesmo e seu "irmão" Claude, Talcott Parsons, o grande sociólogo adepto de uma abordagem semântica dos problemas sociais, e Clyde Kluckhohn, diretor do Departamento de Relações Sociais. É nesse contexto preciso, tornado ainda mais favorável pelo reconhecimento crescente de Lévi-Strauss na cena acadêmica norte-americana, que chega às suas mãos, no outono de 1953, por intermédio oficial de Parsons, uma oferta de *full professorship with tenure*, em Harvard, isto é, o topo da hierarquia universitária norte-americana[41]. Essa proposta é a última em data e a mais lisonjeadora de uma série, resultante do intercâmbio com seus colegas do outro lado do Atlântico. A crescente defasagem entre um reconhecimento nacional incipiente e uma legitimidade internacional em vias de consolidação deixa a opção norte-americana aberta[42]. Margaret Mead exprime-se nestes termos: "As pessoas não compreendem o que o impede de ter a situação que merece. [...] Em todo caso, lembre-se de que minha posição universitária é agora bastante forte para apoiar ativamente sua carreira aqui, caso deseje isso"[43]. Kurt Lewin, depois Kroeber em Berkeley, já haviam se manifestado nesse sentido em 1950.

Na mesma época, Lévi-Strauss se torna Fellow of the Royal Anthropological Institute of Great Britain and Ireland, em 1948; em 1952, é Corresponding Member of the American Museum of Natural History; em 1955, Honorary Fellow of the Royal Anthropological Institute of Great Britain and Ireland; e, em 1956, Membro da Academia Real Holandesa (Classe das Letras). Como diz Parsons em sua carta de convite, os intelectuais estrangeiros parecem conscientes da "grande qualidade e originalidade" de sua contribuição aos estudos antropológicos, mas também da "extensão" (*breadth*) e da universalidade (*catholicity*) de seus interesses[44]. É uma forma de honraria científica que lhe outorgam com estas palavras. Mesmo assim, Lévi-Strauss declina Harvard.

Por que essa recusa? Ele reitera sua escolha da França, mesmo tendo sofrido vários reveses profissionais. Em seu caso, como no de outros intelectuais franceses, podemos dizer que os Estados Unidos são um local de reconhecimento prévio, e no entanto, se sua ambição internacional é evidente, sua inscrição biográfica é irremediavelmente nacional. A propósito, viajará bem pouco na sequência, excetuando-se alguns tropismos particulares e significantes (para o Japão e a Colúmbia Britânica). E depois, não gosta da vida de *campus*. O horizonte social tacanho, o conformismo da bolha estudantil e o conforto prosaico da pequena cidade norte-americana o fazem refugar. Pedestre de Paris, se entediaria mortalmente em Cambridge ou Cornell. Se for para escolher, diz a Jakobson, prefere as universidades britânicas, Oxford, Cambridge, que lhe parecem "oferecer uma maravilhosa síntese do que apreciamos dos dois lados [do Atlântico]"[45]. De toda forma, contudo, seu filho Laurent, seus pais – seu pai doente exige cuidados, até sua morte em janeiro de 1953[46] – e sua nova vida o prendem em Paris. Razões políticas acrescentam-se a isso: o macarthismo histérico dos anos 1952-1953 é um poderoso desestímulo. Abre-se com Kluckhohn, que lhe responde: "É absolutamente verdade que há forças na vida política norte-americana que o senhor achará detestáveis", mas acrescenta que há "fortes contracorrentes"[47], sobretudo em Harvard, uma universidade mais liberal do que o *mainstream* da vida pública norte-americana. Pouco desejoso de estar duplamente confinado num microcosmo do qual brotaria a ciência universal, Lévi-Strauss reage igualmente como homem de esquerda, hostil à América inamistosa que assume então o rosto do senador do Wisconsin. Logo, não é de um *campus* norte-americano, sequer de Harvard, que ele pretende açambarcar o mundo, mas da Unesco, agência da ONU à qual, desde a sua criação em 1945, ele é ligado de diversas maneiras.

O Conselho Internacional das Ciências Sociais. O argumento demográfico

Foi Wiktor Stoczkowski o primeiro a se admirar com o pouco-caso que os comentadores da obra de Lévi-Strauss faziam de seu longo estágio na Unesco. A nova instituição (criada em 1945) fica nas vizinhanças do Museu do Homem, uma vez que, antes de se mudar em 1958 para o novo prédio que lhe é reservado na praça de Fontenoy, está instalada nas dependências do hotel Majestic, à avenida Kléber. No início dos anos 1950, circula por essa esquina do 16º *arrondissement* um amplo grupo internacional de *social scientists*, etnólogos de volta de missão, demógrafos, economistas, um pequeno mundo viajante cosmopolita, estruturado em torno das ciências sociais e das redes de exílio, e decidido a trabalhar pelo futuro do mundo. Desse enclave poliglota no coração da capital parisiense, Lévi-Strauss participa com suas amizades – com Otto Klineberg, diretor do Departamento de Ciências Sociais da Unesco no fim dos anos 1940, mas sobretudo com Alfred Métraux, à frente do Escritório das Questões Raciais – e com suas convicções: concorda plenamente com a ideia de uma Internacional da Ciência que viesse substituir as outras, pulverizadas pela guerra. Desse ponto de vista, segundo Stoczkowski, o antropólogo dos anos 1950 permanece fiel ao jovem socialista dos anos 1930[48].

Em 1949, Lévi-Strauss integra o painel dos intelectuais signatários de uma primeira "Declaração sobre a raça", que será seguida de uma segunda. No mesmo ano, supervisiona uma das oito pesquisas programadas pela Unesco sobre o estudo dos mecanismos de tensões entre os grupos sociais. Essa última pesquisa é realizada na aldeia de Nesle-Normandie, escolhida, por sua escala reduzida e seu caráter semirrural, semioperário, pelo psicólogo René Blancart e o etnólogo Lucien Bernot – um aluno de Lévi-Strauss que este último enviará igualmente para as colinas de Chittagong, no Paquistão Oriental [atual Bangladesh][49]. O projeto "Nouville"[50] (pseudônimo da aldeia) antecipa os que serão empreendidos com mais recursos ao longo dos anos 1960, em locais investidos por uma ambição interdisciplinar, mas onde a antropologia aplica à vida rural europeia métodos utilizados nos mundos exóticos[51]. Se o componente psicológico interessa medianamente a Lévi-Strauss, que o considera uma "servidão imposta" pela Unesco, em contrapartida a pesquisa etnográfica, pela primeira vez aplicada em terras próximas, o "apaixona" por razões práticas e teóricas: "A empreitada se chocaria com obstáculos que a fariam fracassar? Enriqueceria os conhecimentos sobre um mundo tão próximo do observador que este julgaria tudo saber? Os métodos da pesquisa etnográfica seriam capazes, sem sofrer alterações, de ser transpostos de pequenas sociedades ditas primitivas ou arcaicas para uma aldeia francesa moldada na história?"[52].

Coerentemente, Lévi-Strauss faz parte de uma comissão de especialistas que se reúne em 1951 para implementar, sob a égide da Unesco, um Conselho Internacional das Ciências Sociais, presidido por Donald Young. Não surpreende que ele venha a ser seu secretário-geral em 1953. Suas conexões norte-americanas, seu trânsito junto às fundações, o interesse por programas científicos de caráter teórico e sistemático, tudo o induz a isso, sem esquecer as vantagens materiais, que, nesse momento de sua vida, não podem ser desprezadas. Esse posto lhe oferece uma fonte complementar de renda – 80 mil francos antigos por mês (ou seja, cerca de 1,5 mil euros); ele dispõe de uma secretária e de assinaturas dos principais periódicos científicos internacionais[53].

Essa nova posição é igualmente um lugar de poder, que confirma Lévi-Strauss como um valor em ascensão junto àqueles com quem fala a linguagem da ciência moderna, isto é, essencialmente Braudel e a seção VI, que, aliás, ele associa intimamente às suas atividades. Por exemplo, o projeto internacional dirigido por Georges Balandier: "O objeto da pesquisa será o estudo de uma amostra de duzentos-trezentos livros ou artigos relacionados às transformações rápidas que se deram nos países ditos 'subdesenvolvidos' na esteira da introdução das técnicas industriais e agrícolas modernas". Quais são as conclusões? Além disso, quais são os "postulados lógicos e princípios metodológicos" que movem essas pesquisas? "O objetivo final é levar as diferentes disciplinas envolvidas (historiadores, geógrafos, economistas, sociólogos, psicólogos, juristas, etnólogos etc.) a trabalhar com modelos no mesmo nível de abstração."[54] Decerto esse trabalho de síntese bibliográfica se pretende uma contribuição prática à ação, mas o trabalho de avaliação não se dissocia de uma dimensão reflexiva notável: quais são os postulados? Do que estamos falando quando falamos em "subdesenvolvimento"? etc.

Logo, não devemos acreditar cegamente em Claude Lévi-Strauss quando ele descreve seus oito anos à frente do CISS, de 1953 a 1961, data em que se exonera de suas funções: "Eu tentava dar a impressão de que um organismo sem finalidade e sem função tinha uma razão de ser"[55]. Essa desvalorização contumaz de suas atividades administrativas paralelas não faz justiça à verdade de seu envolvimento cotidiano. Ao contrário, segundo Wiktor Stoczkowski, "a análise dos arquivos do Conselho Internacional das Ciências Sociais mostra que Lévi-Strauss desenvolveu durante todos esses anos uma atividade intensa, rica e certamente não desprovida de um engajamento muito pessoal, sobretudo no início"[56]. Revalorizar a significação de seu trabalho na Unesco é também fornecer os meios de compreender a gênese do que alguns consideram uma verdadeira obsessão demográfica em Lévi-Strauss. Fica claro, ao contrário, que, bem longe de ser "uma extravagância idiossincrática"[57], a temática neomalthusiana é uma preocupação amplamente partilhada desde o início do século e promovida no seio das organizações internacionais, do Escritório Internacional do Trabalho nos anos 1920[58] à Unesco nos anos 1950, a um dos principais problemas do século XX. Essa ansiedade crescente em matéria de população não impede a eclosão de uma angústia oposta, em especial na França, diante da estagnação e mesmo do declínio demográfico, ambas podendo combinar-se na antecipação apavorante de uma inversão da geopolítica mundial mediante uma versão revisada do "perigo amarelo". Pois é a Ásia que, há muito tempo, constitui a razão de ser dessa retórica alarmista. E é da Ásia que provém o primeiro grande choque pós-Segunda Guerra Mundial: a publicação traumatizante dos números do *Indian Census*. A Índia, recém-independente, acabava de alcançar, em 1951, 312 milhões de habitantes[59].

Como secretário-geral do CISS, Lévi-Strauss é encarregado de definir os programas e as estratégias de pesquisa em matéria de ciências sociais. Muito depressa, opta por sugerir problemáticas demográficas, ao mesmo tempo apresentando propostas de um "caráter extremamente provocador e não conformista"[60]. Num relatório de dez páginas apresentado em 27 de fevereiro de 1953 perante os membros do comitê executivo, lembra a urgência e a necessidade de coligir conhecimentos sobre "a estrutura demográfica das sociedades humanas"[61]. Em seguida, esboça três grandes portas de entrada para esses fenômenos: a análise interdisciplinar dos fenômenos de superpopulação, levando em conta os fatores subjetivos, os limiares de consciência e tolerância de uma densidade demográfica diferindo segundo as sociedades; em segundo lugar, uma análise das consequências da mudança de escala política devido à existência de Estados multinacionais como a União Soviética e os Estados Unidos, além de Índia e China, e uma reflexão sobre o tamanho ideal dos agrupamentos nacionais no mundo moderno – os superestados são sua forma mais idônea? Em terceiro lugar, uma reflexão sobre os efeitos sociais e culturais das campanhas de alfabetização promovidas pela Unesco: em que medida a alteração induzida das sociedades tradicionais corresponde ou não aos objetivos iniciais? Wiktor Stoczkowski sublinha a que ponto essas interrogações vão "a contrapelo"[62] dos principais artigos de fé da Unesco. Para Lévi-Strauss, já nessa época, a causa primeira das derivas totalitárias e genocidas é de essência demográfica, ao passo que a Unesco, em seu próprio princípio, considera que o mal é imputável à ignorância e ao analfabetismo; ali onde a Unesco fomenta o credo do supranacional, Lévi-Strauss fica perplexo e percebe um risco de destruição do laço de interconhecimento pela diluição do que chamará de "níveis de autenticidade" da vida social. Por fim, ousando passar pelo crivo da análise das políticas de alfabetização, mexe com um dos grandes cavalos de batalha da Unesco, praticamente sua razão de ser.

Se, portanto, a problemática demográfica é essencial nos primeiros anos do CISS, por intermédio de diversos colóquios e seminários internacionais, é porque ela reflete uma das preocupações principais de seu secretário-geral, que, de maneira bastante voluntarista, torna-se um de seus ativos promotores como problema número um, tanto numa perspectiva de pesquisa como de governança. Essa construção do argumento demográfico e a tonalidade não raro trágica que ele assume em Lévi-Strauss, e que conservará ao longo de toda a sua vida, são contemporâneas de uma viagem ao Paquistão, efetuada sob os auspícios da Unesco em 1950, e das quais tudo indica ter sido ela o motor determinante. Esse périplo pelos trópicos abarrotados imprimiu para sempre nas estatísticas do "crescimento" demográfico as imagens da superpopulação como um pesadelo claustrofóbico.

A prova pelas Índias

Incumbido por Alfred Métraux de fazer *in loco* um balanço do estado da pesquisa e do ensino das ciências sociais, Claude Lévi-Strauss viaja ao Paquistão, onde permanece de 3 de agosto a 23 de outubro de 1950. "A tarefa nada tinha de estafante, considerando a quase inexistência de ciências sociais no Paquistão nessa época."[63] Esse parecer é confirmado nos três cadernos[64] que guardam seus apontamentos de viagem e às vezes deixam transparecer sutis diferenças com relação às páginas que ele dedica ao tema em *Tristes trópicos*, nos capítulos 14, 15 e 16, inseridas antes da evocação de suas expedições brasileiras, bem como na passagem célebre (e muito criticada) da conclusão, arquitetada sobre uma oposição termo a termo entre o islã e o budismo. Para as necessidades de seu levantamento, Lévi-Strauss consulta: encontra basicamente funcionários (titulares dos novos ministérios) e professores universitários, numa interface constantemente ambígua entre os mundos político e acadêmico. A situação não é favorável. Não lhe escapa que a Unesco e ele mesmo são vistos no Paquistão como lacaios dos Estados Unidos. Perde muitas vezes a esperança, chocado com o absurdo de sua missão. Os dois problemas mais urgentes são, manifestamente, a distribuição das terras e a mobilização dos capitais: "Para que falar de outra coisa?"[65]. Esses poucos meses de viagem o veem percorrendo as duas metades desse novo país hemiplégico, de oeste para leste (Karachi-Déli-Daca), depois de leste para oeste (Daca-Lahore-Peshawar), reservando para si dez dias, de 28 de agosto a 8 de setembro, que ele passa nas colinas de Chittagong, na fronteira da Birmânia, enclave hindu num Paquistão muçulmano. Momento de epifania numa estadia globalmente opressiva, essa semana passada junto às tribos kuki e mogh é oportunidade para a descoberta dos primeiros tempos budistas. Lévi-Strauss finalmente respira; e ali se dedica, num trabalho de campo relâmpago, a algumas observações comparativas sobre aquelas sociedades de línguas tibeto-birmânicas. "Trata-se menos", escreve Vincent Debaene, "de explicar uma totalidade do que de apreender as diferenças pertinentes sobre pontos particulares e teoricamente isolados."[66] Por exemplo, os kukis apresentam aldeias sobre pilotis, bem conservadas, no topo das colinas, enquanto os moghs, que chegaram mais tarde, têm aldeias mais rústicas, em fundos de vales úmidos. No entanto sua vida religiosa é de uma sofisticação muito superior à dos kukis. Lévi-Strauss também aproveita para aprofundar e nuançar certas conclusões das *Estruturas* concernentes ao sistema kuki[67]. Essa maneira de manejar as diferenças, no âmago da empreitada estruturalista, é a matriz intelectual do viajante Lévi-Strauss, que a aplica espontaneamente, segundo constantes jogos de oposições e espelhos que dão sentido à sua viagem ao Oriente e consistência ao seu choque da Ásia[68].

Com efeito, os "trópicos abarrotados" do Oriente são opostos, no refletor de sua memória, aos "trópicos vazios" da América e deflagram a reflexão demográfica, que é um dos verdadeiros campos de afirmação de seu olhar político. Analogamente, a oposição entre civilização muçulmana e budismo não resulta apenas de sua simpatia por Buda e da conformação de seu espírito. Essa oposição estrutural lhe é igualmente imposta como grade de leitura pela situação histórica recente da divisão de 1947, tão pouco mencionada em *Tristes trópicos*, o que fez com que, pertinentemente, lhe criticassem essa tendência desistoricizante. Na realidade, ele não ignora nada acerca da dolorosa história da independência do subcontinente indiano, dos imensos deslocamentos de população que ela acarretou, dos massacres e fomes que a guerra civil engendrou. Chega a Karachi, outrora 99% hindu, e observa que todos os professores partiram com suas bibliotecas e documentações. Diante de cada novo fenômeno ou sensação, os cadernos mostram que ele hesita em relacionar essa experiência à questão do islã ou à questão "asiática". Entre essa oscilação, essa confissão de ambivalência, presente nos cadernos, e um discurso assaz insultante e crítico a respeito do islã em *Tristes trópicos*, houve uma evolução, como que uma obliteração da hesitação inicial. Esse endurecimento é observado em diversas oportunidades. Na mansidão toda aquática do interior bengali, Lévi-Strauss detém-se subitamente para descrever o aquartelamento dos trabalhadores de juta; alguns anos mais tarde, embora repetindo sua descrição palavra por palavra, ele acrescenta um parágrafo comparando esse fenômeno à ceva dos gansos que ele observou em sua juventude nas Landes[69]. Da mesma forma, quando vai ao templo venerado da deusa Kali, em Calcutá, descreve a *rest house* como um açougue; mas a referência aos campos de concentração é de 1955, não de 1950[70].

No Paquistão, Lévi-Strauss mantém seu olhar aguçado, atento a detalhes cuidadosamente registrados: "No hotel Metrópole [em Karachi], fala-se urdu e inglês, mas a indicação dos WCs *Messieurs-Dames* está em francês"; "Parece que em urdu a mesma palavra quer dizer 'ontem' e 'amanhã'"[71]. Fuma o tabaco local e gostaria de provar todas as comidas da rua. Observa a presença de produtos contraceptivos bem à mostra nas farmácias ("*vaginal jelly*"). Descreve precisamente a composição e os termos do código vestimentar dos homens e das mulheres, mas não se autoriza a fotografá-los. No entanto, ainda que permaneça etnólogo, reage, muitas vezes violentamente, como ocidental alérgico à densidade demográfica do Oriente. Esta, para ele, resulta numa negação permanente da própria noção de relações humanas, isto é, da capacidade de ser solícito, de acreditar na boa-fé do outro. Nos mendigos, inumeráveis, dos quais desvia o olhar, não se pode ler senão a "nadificação" no outro de sua humanidade. Relações humanas desse tipo, canalizadas por uma sociedade tão profundamente iníqua que não alinha mais senão potentados e suplicantes, são, para ele, a rigor, intoleráveis. Como aponta Vincent Debaene, esses momentos críticos fazem estranhamente surgir um vocabulário sartriano feito de "nadificação", "coisificação", como se só ele fosse apropriado nessa situação "tão perfeitamente, tão totalmente insuportável"[72]; verdadeiro insulto à epistemologia da Unesco, cujo programa "Tensões" não passa de uma piada ridícula: "Faz muito tempo que tudo que podia estar tenso se quebrou ou parte em estado de ruptura"[73].

Em meados de sua vida, o Paquistão funciona então como um ativador de inquietude moral sobre o destino do nosso mundo, uma vez que, se a América é a imagem do nosso passado, a Ásia é a do futuro do Ocidente, e uma antecipação da superpopulação crescente em escala mundial. Mas Lévi-Strauss evidencia constantemente outro perigo, o do controle autoritário (isto é, estatal) da religião nesse Estado recém-criado. Essa exasperação do religioso em sua versão puritana, carola (tendência Lourdes ou Lisieux), provincial, lhe parece ser apanágio das novas elites estabelecidas, moles, passivas, tirânicas, irresponsáveis. O governo não liga para as ciências sociais. "O islã basta para tudo!", lhe explica um colega sociólogo. Conclusão de Lévi-Strauss: "Seu 'Trabalho. Família. Pátria' é 'Unidade. Fé. Disciplina'"[74]. Alguns colegas seus, em Daca, por exemplo, onde os laços com as universidades britânicas ainda são fortes, não hesitam em dizer que a tutela inglesa era muito menos coercitiva para os professores universitários. Portanto, Lévi-Strauss vive uma experiência muito negativa da emergência dos novos Estados descolonizados, o que explica sua prudência posterior, mas também cristaliza, em torno do sectarismo religioso e do autoritarismo bufão, tudo que melhor poderia alimentar sua visão pessimista. E, de fato, passado o encantamento proporcionado pela viagem de avião, em que a vista aérea é propícia aos devaneios felizes sobre a face da Terra, ele retorna à França lastreado por uma angústia que não terminou de alimentar sua visão crítica e às vezes tóxica da modernidade.

O OCIDENTE COMO ACIDENTE

Tornar-se antropólogo, para Lévi-Strauss, é, como ele disse mais tarde, "pensar e escrever numa escala diferente. Em primeiro lugar, geograficamente, considerando que nossa sociedade não passa de uma sociedade entre outras. Em seguida, numa escala temporal muito mais ampla"[75]. É exatamente essa a óptica do pequeno texto de cerca de cinquenta páginas publicado em 1952 numa coleção da Unesco e intitulado *Raça e história*.

Raça e história

Mais que qualquer outro texto, *Raça e história* é solidário com seu contexto de produção, na própria capacidade que tem de emancipar-se dele: obra de encomenda e tarefa em parte alimentar (do ponto de vista de seu autor)[76], *Raça e história* tornou-se, ao longo dos anos, um clássico do antirracismo[77].

Se já apontamos, ao longo destes últimos capítulos, a força de uma visão racializada das sociedades, inclusive entre os antropólogos, é certo que o discurso antirracista, talvez ainda minoritário após 1945, é doravante dotado de uma legitimidade política dolorosamente consolidada pelo conflito mundial. A ideia de que as guerras se enraízam primeiro "no espírito dos homens"[78] está no fundamento do que Wiktor Stoczkowski chama de a nova "*doxa* internacional", que se exprime na Conferência de Londres da ONU com vistas à criação da Unesco, e do voluntarismo educativo da nova instituição. Em 1949, por exemplo, é lançada uma campanha para combater o racismo. Um dos componentes essenciais do dispositivo consiste em reunir um areópago de cientistas com a missão de definir a noção de raça e fundar o antirracismo na ciência e na razão, o que relegaria o racismo a uma espécie de obscurantismo caduco. O areópago se reúne em Paris, de 12 a 14 de dezembro de 1949. Lévi-Strauss, como vice-diretor do Museu do Homem, faz parte dele. Esse trabalho, cujo objetivo é a redação coletiva de um texto aceitável, concebe a "Declaração da Unesco sobre as questões de raça"[79], divulgada em junho de 1950. Numerosas críticas emanando de cientistas conhecidos solaparam rapidamente a autoridade do texto, amplamente baseado num discurso performativo: o racismo é essencialmente cultura, as diferenças dos homens são menos importantes do que suas semelhanças, a aparência física é negligenciável etc... "Assim, a Declaração sobre as questões de raça da Unesco proclamava tudo o que se queria que a ciência demonstrasse, mas certamente não reunia os conhecimentos científicos sobre a questão."[80] Daí a convocação, por parte do diretor-geral da Unesco, de uma nova comissão de especialistas e a redação de uma nova declaração, aprovada em 26 de maio de 1952, que não difere essencialmente da primeira, embora adote um tom mais moderado.

É no contexto dessa gênese laboriosa que Alfred Métraux, nomeado em abril de 1950 para ficar à frente da Direção para o Estudo da Raça do Departamento de Ciências Sociais da Unesco, encomenda diversos fascículos que declinariam diferentes aspectos da questão racial, numa óptica ao mesmo tempo pedagógica e rigorosamente científica. O etnólogo (e escritor) Michel Leiris, o zoólogo norte-americano Leslie C. Dunn, o antropólogo mexicano Juan Comas, o sociólogo norte-americano Arnold M. Rose e Otto Klineberg (diretor do departamento) são solicitados, além de Lévi-Strauss, que corrige as provas de seu texto justamente quando é publicada a segunda Declaração da Unesco, em maio de 1952. Impressiona o fato de praticamente todos esses textos terem ficado obsoletos, exceto o de Lévi-Strauss, que ainda hoje conserva toda a sua força de impacto. Por quê? Sem dúvida por razões quase psicológicas: da mesma forma que, em 1940, ele ironiza o célebre "Vamos ganhar pois somos os mais fortes", da mesma forma que o credo gaullista segundo o qual a França não foi vencida não o comove, ele não pretende desenraizar o racismo no terreno biológico para que este – o que não deixará de ocorrer – ressurja no plano cultural. Alérgico à retórica de exortação, o etnólogo se lança, em cinquenta páginas, num pequeno ensaio que pretende tomar a peito o problema da diversidade humana.

Para começar, desloca o centro de gravidade da encomenda: "Seria vão consagrar tanto talento e tantos esforços para mostrar que nada, no estado atual da ciência, permite afirmar a superioridade ou a inferioridade intelectual de uma raça com relação a outra, se fosse apenas para restituir sub-repticiamente consistência à noção de raça, parecendo demonstrar que os grandes grupos étnicos que compõem a humanidade trouxeram, como tais, contribuições específicas ao patrimônio comum"[81]. Toda articulação entre uma raça, ou mesmo uma sociedade, e uma propriedade psicológica é anticientífica. Cumpre romper a relação entre o significante (ser preto, amarelo ou pigmeu) e o significado (preguiça, apatia etc.). E, não obstante, a diversidade existe! Como conciliar essa constatação com a da desigual realização das sociedades, ao mesmo tempo recusando a hierarquização tanto racial quanto cultural? A demonstração passa essencialmente pela denúncia do que Lévi-Strauss chama de "falso evolucionismo", isto é, uma espécie de darwinismo autorizada no plano social e cultural, que, desde o século XVIII (Vico, Condorcet) e ainda no XIX (Comte), constrói uma representação do percurso da humanidade segundo a imagem simples de uma grande escada que todos os povos, em velocidade desigual, subiriam passo a passo. Nessa representação, as sociedades primitivas são os vestígios do que foi a sociedade ocidental, uma vez que estamos todos destinados à mesma ascensão. Como é comum nesse texto, a argumentação investe na metáfora. À imagem da escada, Lévi-Strauss opõe a do cavalo, que, no xadrez, avança em diagonal. Com efeito, segundo ele, não devemos conceber a evolução humana segundo um esquema (etnocêntrico, por certo) de progresso único e homogêneo, mas visar antes – e a expressão subitamente gaiata lembra Montaigne – um progresso "por saltos, pulos ou, como diriam os biólogos, mutações"[82]. De um lado, o duro destino de um progresso unilinear; do outro, as sociedades humanas se dispersam "com saltos e cambalhotas" em diferentes direções, algumas privilegiando as produções estéticas, outras a integração dos jovens, outras a produção de energia mecânica etc. Se o progresso existe – e como negar que ele existe? –, convém então repensar sua concepção segundo uma nova tipologia. Nesse caso também, é uma imagem o que permite engatar a fase seguinte do raciocínio. Qual um jogador cuja sorte está distribuída em vários dados (isso funciona também para a roleta) e que, lançando-os, gera inúmeros cálculos diferentes, acontece, não obstante, de "as contas se adicionarem para formar uma combinação favorável"[83]. Da mesma forma, segundo Lévi-Strauss, as sociedades progridem em função do caráter mais ou menos cumulativo de suas histórias respectivas; certos momentos são propícios à acumulação – é o caso da revolução neolítica e da Revolução Industrial, e, nesses dois casos, a acumulação é tão nítida que engloba, seja qual for sua origem rapidamente esquecida, o mundo inteiro. Essa metáfora do jogo permite introduzir a noção de probabilidade e estratégia, as civilizações não estando apenas às voltas com o acaso, mas concebendo planos, fazendo cálculos e podendo até "agir como sindicato" para maximizar seus resultados. É sem dúvida, para Lévi-Strauss, a razão essencial dos maiores sucessos do Ocidente, quando, por exemplo, no início do Renascimento e durante grande parte do século XVI, a Europa se encontra num *optimum* de diversidade, lugar de encontro e fusão de diferentes influências (grega, romana, germânica, anglo-saxã, mas também árabe e chinesa), capaz de fazer frutificar esse conjunto de culturas, ao passo que, diante dela, o mundo americano, sob certos aspectos não menos desenvolvido (pensemos no império inca) porém mais homogêneo, menos diferenciado, é igualmente menos cumulativo. A "coalizão" europeia revela melhor desempenho do que a "coalizão" americana: outra maneira de falar, mas sobretudo de explicar a grande derrota da América pré-colombiana. Observemos que essa noção de "coalizão" coloca esse texto em sintonia com a doutrina da Unesco, que pretende reconstruir o mundo do pós-guerra com base na cooperação de seus diferentes atores.

Outro ponto comum: a valorização da mestiçagem como condição da história cumulativa, fundada nas trocas, migrações e, às vezes, até nas guerras, que permitem a circulação dos homens, bens e ideias. Entretanto, *Raça e história*, em sua conclusão, faz uma curva menos confortável, identificando uma verdadeira antinomia do progresso: a diversidade que era o trunfo essencial de uma história cumulativa também se torna, caso "a partida venha a se estender"[84], seu maior obstáculo, pois resulta numa inelutável uniformização. As diferenças se atenuam, o potencial diferencial se reduz. Estamos nesse ponto, diz Lévi-Strauss (e hoje mais ainda, seis décadas mais tarde, no início do século XXI). Mas já em 1952 ele constata a existência, pela primeira vez, de uma civilização mundial, pois os países considerados "subdesenvolvidos" não querem mais permanecer em seu ser, mas "se desenvolver". Os órgãos internacionais, como a Unesco, são os teatros desses dramas patéticos: ali onde o Ocidente, embora preconizando o "progresso", quer conservar as identidades das culturas, essas sociedades e dentro em pouco esses novos Estados, por sua vez, não têm mais a escolha de não se integrar ao grande jogo mundial do desenvolvimento. Quando Lévi-Strauss explica, *in fine*, que a maneira de recriar um potencial diferencial é diversificar o corpo social mediante o surgimento de classes (como, no momento da revolução industrial, o surgimento do proletariado) ou a agregação de elementos externos (pela colonização), ele descreve como soluções para a continuação do jogo os dois grandes fenômenos históricos corolários da preeminência ocidental: o capitalismo e o imperialismo. É a esse preço que até o presente, isto é, 1952, foi preservado "esse estado de desequilíbrio de que depende a sobrevivência biológica e cultural da humanidade"[85]. Difícil não ver nisso uma ironia mordaz, uma vez que, das duas forças antagônicas que são a diversificação e a unificação, é efetivamente a segunda que, no fim, terá a última palavra. No entanto, Lévi-Strauss conclui com o "dever sagrado da humanidade [que] é o de conservar seus dois termos igualmente presentes no espírito"[86]. Porém, e esta é uma crítica *ex ante* de certas tendências futuras da Unesco, não se trata de adular determinadas tradições locais nem de folclorizar determinados costumes estranhos, mas de preservar estruturalmente o próprio fato da diversidade, mais do que seu ou seus conteúdos históricos. A edulcoração final – "Convém, portanto, escutar o trigo que brota..." – não é uma aposta otimista, mas um imperativo moral, sempre presente em Lévi-Strauss, a ideia de que, diante das forças inelutáveis da entropia, "homens – certos homens – podem desacelerar seu avanço, ainda que temporariamente"[87]. Como o vigia de *A costa das Sirtes* (1951), o intelectual crítico pode escrutar o fim que se aproxima. E talvez seja esta a única postura heroica que lhe resta: a de sentinela.

Em 9 de janeiro de 1952, Lévi-Strauss conta a Jakobson que escreveu para a Unesco "uma pequena introdução à filosofia da história, concebida naturalmente num espírito estruturalista e von neumanniano"[88]. Essa frase exprime igualmente a modéstia ("introdução") e o foco ("filosofia da história") desse texto, ao mesmo tempo nos orientando para uma questão essencial, mas raramente colocada: qual é a articulação entre o aparato teórico e epistemológico do estruturalismo e a concepção do progresso por "saltos e pulos", o relativismo cultural? É realmente o autor de *As estruturas elementares do parentesco* e da "Introdução à obra de Marcel Mauss" que escreve *Raça e história*, ou seria um espírito independente, cujos pontos de vista políticos são autônomos? Em primeiro lugar, encontramos nos três textos uma grande constelação de imagens comuns, organizadas principalmente em torno da metáfora do jogo; as condições de cumulatividade em história são formalizadas graças à teoria dos jogos, central, como vimos, na construção estruturalista; da mesma forma, e mais profundamente, as civilizações humanas são vistas como entidades complexas, onde o todo é mais importante que as partes, onde as relações e as trocas são mais decisivas do que as entidades, onde o princípio de diferenciação é o motor de toda a invenção: "Procuramos mostrar que a verdadeira contribuição das culturas não consiste na lista de suas invenções particulares, mas no afastamento diferencial que oferecem entre si"[89]. Em ambos os casos, portanto, o pensamento teórico e a visão política são congruentes, elaborando uma escala universal para apreciar as sociedades em sua diversidade e comum humanidade, como conjuntos complexos, incomensuráveis e num estado de frágil desequilíbrio, como um móbile de Calder, que incumbe aos homens sustentar.

Controvérsias e ataques

Em suma, o texto cai feito uma bomba. Não espanta nada que esse livreto suscite alguns ataques virulentos: sem ser em absoluto um escrito militante, *Raça e história* é um texto político no sentido de que, num modo novo, o do argumento científico, ele reconfigura em algumas páginas toda uma visão de mundo solidamente enraizada na maioria dos contemporâneos de Lévi-Strauss. Dupla transgressão.

O primeiro a desembainhar e o mais virulento é Roger Caillois, que publica, com certo atraso – é a temporalidade própria do combate intelectual entre revistas –, "Ilusões às avessas", um artigo em duas levas na *Nouvelle Revue Française* (NRF) de dezembro de 1954 e janeiro de 1955. Caillois é hoje uma figura um pouco esquecida. Normaliano, *agrégé*, próximo dos meios surrealistas durante o entreguerras, colega de Bataille e membro eminente do Colégio de Sociologia – a respeito do qual lembramos que Lévi-Strauss disse, em seu panorama da sociologia francesa, que era uma experiência bem-sucedida –, tem uma formação, um temperamento intelectual e um itinerário não tão distantes dos de Lévi-Strauss. Como este último, passa a guerra no exílio, mas na Argentina. Mesma expatriação, depois mesmo retorno à pátria e inserção no âmbito da Unesco; mesma paixão pela mitologia, mesma proximidade de Dumézil. Em suma, uma espécie de gêmeo que se transforma em "irmão inimigo"[90], como concorda Lévi-Strauss: "Caillois era um homem de grande cultura, um espírito curioso, com abordagens imprevistas, feitas, como ele dizia, 'na diagonal'. Ele assistira aos cursos de Marcel Mauss. Era para nos entendermos"[91]. Todavia, e embora a relação de forças esteja invertida atualmente, Caillois, na primeira metade dos anos 1950, ocupa espaços cardeais do poder, que fazem dele um intelectual que conta mais que o etnólogo: é membro do conselho editorial da Gallimard; dirige a coleção La Croix du Sud, dedicada à literatura latino-americana, para a mesma editora; por fim, é diretor da Unesco, posto mais importante que o de Lévi-Strauss. A propósito, estão todos embaraçados, na avenida Kléber, com essa luta intestina entre dois dirigentes da instituição[92]. Mas já faz alguns anos que Caillois abandonou suas velhas obsessões pelo irracional, o sagrado e o primitivo, num movimento de retorno acrimonioso sobre sua velha querela com o surrealismo.

"Ilusões às avessas" é um texto brilhante, mas amador, ingênuo, que soa muito conformista hoje em dia sob sua fachada de diatribe inflamada. Inscreve-se num gênero nascido no entreguerras, que poderíamos qualificar de "Defesa do Ocidente". Com efeito, Caillois censura não só Lévi-Strauss, como, igualmente e antes dele, Paul Valéry, Dadá, Spengler... pelo rancor a respeito de sua própria civilização. Acusa o cientista de preconceitos – "A recusa precedeu o estudo". Segundo Caillois, os etnólogos (Lévi-Strauss e também Leiris estão em sua mira) são hipócritas eivados de má-fé e, para resumir, ingratos. Com efeito, o argumento essencial para provar a superioridade (de resto, religiosa, moral) do Ocidente é ter inventado sozinho a ciência, em especial a ciência etnológica. Que lugar o relativismo cultural dá ao racionalismo e ao espírito científico? Ao lado dessa questão, que tem sua importância, a estocada de Caillois é um ataque *ad hominem*, violento, marcado por um saber fora de moda, que sabe, contudo, espicaçar seu destinatário. Este replica com um vigor polêmico, uma vitalidade furiosa que lhe são totalmente incomuns, e leva Caillois a nocaute, logicamente, retoricamente, cientificamente, em 33 páginas cerradas. Esse texto, intitulado "Diógenes deitado"[93], publicado na primavera de 1955 em *Les Temps Modernes*, absolutamente singular na produção lévi-straussiana e jamais reeditado desde então, revela talentos terríveis, dos quais fica bem claro que Lévi-Strauss se proibiu de fazer uso, em seguida, na discussão intelectual[94]. Este é um ponto a que voltaremos.

"Diógenes provava o movimento andando. O sr. Roger Caillois se deita para não vê-lo."[95] Assim começa a resposta contundente de Lévi-Strauss, estigmatizando no texto de seu oponente um "exercício híbrido que começa com gracejos de mesa de pensão, prossegue como declamação de pregador para terminar com lamentações de penitente"[96]. Apoiando-se em exemplos, denuncia as colagens de citações truncadas e as reduções falsificadoras. Chamar de ingratos os etnólogos críticos de sua própria civilização é um argumento que irrita sobremaneira Lévi-Strauss. Porém, refuta ele, a julgar por esse padrão, a ciência inteira é que seria a "grande muda. A América tem seu MacCarthy. Nós temos nosso MacCaillois"[97]. Tirada assassina, que fez algum sucesso nos salões, e não o impede de responder com uma longa digressão sobre a condição dilacerada do etnógrafo, entre subjetividade e objetividade (é a mesma textura dos capítulos que ele acaba de escrever, no inverno de 1954, em *Tristes trópicos*). É nesse texto publicado em março de 1955 que surge pela primeira vez o motivo do etnólogo como Lázaro, "vítima de uma espécie de desenraizamento crônico", "psicologicamente mutilado", que "regressa de entre os mortos", em suma, um "ressuscitado"[98]. A oposição dos dois homens pode ser resumida por duas metáforas do jogo: ali onde Lévi-Strauss pôs em cena a imagem de um jogo de dados ou uma roleta, cujas partidas são sempre necessariamente inacabadas, Caillois vê a evolução do homem como um quebra-cabeça, em breve completo, do qual o Ocidente seria a imagem em sua completude perfeita[99]. Após lembrar algumas etapas de um raciocínio ao longo do qual procurou "tratar gravemente um assunto grave", Lévi-Strauss remete finalmente Caillois aos seus próprios demônios: o "surrealista volúvel, etnógrafo amador, agitador confuso"[100] a que Caillois o resume é muito mais um autorretrato do ex de *La Révolution Surréaliste*, em plena tentativa conjuratória nesse ímpeto odiento que Lévi-Strauss reduz cruelmente a uma crise de acne intelectual: "E ele que vá procurar suas *imagos* em outras plagas"[101].

Esse texto de etnologia "no estômago" é publicado em *Les Temps Modernes*, aliás, com uma referência a Sartre[102]. Deveríamos por isso inscrever essa controvérsia num campo literário dividido entre uma velha guarda representada pela revista de Paulhan e Gide, ex-*NRF*, republicada finalmente após as derivas antissemitas da guerra, e *Les Temps Modernes*, revista criada por Sartre, bandeira do existencialismo e da literatura engajada, politicamente mais à esquerda? Em outros termos, esse duelo é uma "clássica batalha entre conservadores e progressistas nas guerras culturais francesas dos anos 1950"[103]? A resposta é claramente não. Com efeito, a ideia de relativismo cultural, segundo a qual cada cultura tem um valor próprio, é verdadeiramente uma "ideia nova", diante do que subsiste a crença mais amplamente partilhada de um evolucionismo e uma superioridade, se não racial, pelo menos cultural, técnica e mesmo moral do Ocidente. As posições não se alinham de forma alguma numa grade política e ideológica direita/esquerda ou conservadores/progressistas. A despeito da veemência que caracteriza a voz de Caillois e da significação pessoal de que ela pode se revestir, na época sua posição é essencialmente banal, de senso comum. O evolucionismo progressista pertenceria inclusive ao código genético da esquerda republicana, a da "missão civilizadora" dos anos 1880. Mais globalmente, essa nova percepção dos tempos (o otimismo do progresso, o futuro intensamente investido) que Lévi-Strauss denuncia em sua crítica do progresso unilinear e finalizado constitui, a bem dizer, a modernidade ocidental pós-revolucionária. Decerto esta última se declina em diferentes versões, entre o tempo das elites urbanas e o dos povos rurais, entre as raças, das quais algumas são relegadas aos armários da História ou fadadas a um iminente encontro com a civilização. O que não muda é a crença louca no futuro[104]. O próprio comunismo é um rebento dessa modernidade ocidental cuja visão ele partilha, como mostra a resenha muito negativa de *Raça e história* escrita por Maxime Rodinson em *La Nouvelle Critique*, revista intelectual do comunismo francês.

Incluindo outros atores afora os dois protagonistas, a controvérsia se espalha, transformando-se num verdadeiro "caso"[105]. Aimé Césaire acrescenta um apêndice significativo à segunda edição, de 1955, revista e aumentada, do *Discurso sobre o colonialismo*. Grande amigo de Michel Leiris, ele faz ouvir, ao lado de Lévi-Strauss, mas independentemente dele e sem tê-lo encontrado, uma voz singularmente forte, a de um intelectual negro produzindo um dos primeiros escritos de tonalidade "pós-colonial": ele aponta como a obra colonizadora e violenta da Europa ricocheteia sobre ela "tornando selvagens" suas práticas e representações; no médio prazo, essa violência integrada preparara o nazismo – intuição desenvolvida por Lévi-Strauss num memorando de 1942[106]; ele empreende a crítica dos "saberes coloniais", à frente dos quais a etnografia. Essa disciplina, segundo Césaire, não chafurdou uniformemente nos miasmas de uma ciência deturpada; pelo menos extirpou-se deles graças a etnólogos como Leiris e Lévi-Strauss. É justamente nisso que lhes critica Caillois: "A grande traição da etnografia ocidental, a qual nos últimos tempos, com uma deterioração deplorável do senso de suas responsabilidades, faz de tudo para colocar em dúvida a superioridade onilateral da civilização ocidental sobre as civilizações exóticas". Césaire, igualmente em sua melhor forma, sabe ser sarcástico, colérico, violento. Demole a posição de Caillois, que qualifica de trivial, filistina, ao mesmo tempo captando perfeitamente a que ponto, em 1954-1955, ela é plenamente significativa. "De quê? Do estado de espírito de milhares e milhares de homens da Europa, muito exatamente do estado de espírito da pequena burguesia do Ocidente. De quê? Disto: de que jamais o Ocidente, na própria época em que mais arrotava tal palavra, esteve mais longe de poder assumir as exigências de um humanismo verdadeiro, o humanismo do tamanho do mundo."[107]

A controvérsia Caillois-Lévi-Strauss, escreve Métraux, "foi o grande acontecimento dos meios literários parisienses"[108]; antes de *Tristes trópicos*, e como que em preâmbulo, projeta Lévi-Strauss no campo intelectual e, por ora, do mesmo lado que Sartre e *Les Temps Modernes*, que promovem a peleja. Os Lévi-Strauss são, aliás, convidados para a estreia de *Nekrássov*, como conta com ironia Lévi-Strauss a Dolores Vanetti, grande amor de Sartre em Nova York e que permanecera sua amiga (e de Lévi-Strauss): "'Diógenes deitado' me valeu deferências que nenhuma publicação merecera, o que não deixa de ser um pouco triste"[109].

Essa saída do incógnito pela via do debate intelectual público não apaga a falta de reconhecimento universitário nacional em contraste com uma legitimidade crescente (até mesmo tumultuosa) no plano internacional. Um pé na Unesco, um pé nos Estados Unidos para colóquios e seminários, uma produção agressiva de artigos teóricos e programáticos fazem de Lévi-Strauss um personagem conhecido de inúmeros intelectuais do mundo inteiro. Se em Paris, do lado existencialista, a salvação se dá pelo engajamento, na Unesco ela se elabora nas mesas de um credo antirracista e confraternizador, que espera extirpar o mal da raiz dos espíritos. Michel Leiris, participante dos dois mundos, passa com facilidade de um ao outro, intelectualmente, amistosamente, geograficamente. É um fervoroso do ônibus 63, apelidado de "paquete", que o leva de seu domicílio (cais dos Grands-Augustins) e de sua sociabilidade em Saint-Germain-des-Prés ao Museu do Homem, onde trabalha e frequenta outras pessoas. Para Alfred Métraux, por exemplo, o bairro de Saint-Germain é tão exótico que o deporta para a América do Sul: "Estranheza de Saint-Germain à noite. Longa avenida que me faz pensar na Argentina"[110]. Lévi-Strauss se inclina mais para o lado do Trocadéro do que de Saint-Germain, mas permanece, na realidade, tão afastado de uma como de outra dessas duas galáxias intelectuais.

AS CONFISSÕES DE CLAUDE LÉVI-STRAUSS 14

Toda pesquisa etnográfica tem seu princípio em 'confissões' escritas ou inconfessas.

CLAUDE LÉVI-STRAUSS,
"Jean-Jacques Rousseau, fundador das ciências sociais", 1962.

No momento de abordar um dos episódios proeminentes da obra e da vida de Lévi-Strauss, *Tristes trópicos*, redigido na raiva e recebido como uma "deflagração"[1] naqueles meados dos anos 1950, é tentador ver nele primordialmente um grande "Livro do desassossego". Sua mistura singular de desencantamento, deboche e sabedoria, a vibração moral contínua revestida por uma exigência introspectiva inquietam tanto quanto seduzem. Seduzem inquietando. Ao contrário de Fernando Pessoa, que assinou seu livro com um de seus inúmeros heterônimos, *Tristes trópicos* tem um autor: Claude Lévi-Strauss, antropólogo, 46 anos, em férias de si mesmo por alguns meses, professor universitário marginalizado em seu país e em estado de flutuação; *midlife crisis* que acarreta um colocar em crise o mundo, a si e o pensamento em geral, depois da qual nada mais será como antes. Nem para ele, nem para aqueles, numerosos, que o terão lido. Dez anos após o fim da guerra, esse livro faz da etnologia uma "passagem e uma paixão"[2]; dá celebridade ao etnólogo que se tornara escritor por acaso.

Centro da vida, centro da obra, *Tristes trópicos* é um livro-eixo, que reorganiza o tempo em torno de si e em si. Relato de retorno, grande livro proustiano, impõe sua própria relação com o tempo, o amor dos começos e a inquietude do futuro, cujo presente obstruído augura claramente a ladeira escorregadia. As núpcias com sua época, que continua a revelar, mesmo *a posteriori*, um "*best-seller*", contrastam com a nítida dissociação biográfica e política operada por Lévi-Strauss com seu presente: "Um homem vive duas vidas. Até os 45 anos, absorve os elementos que o cercam e pronto, de repente terminou e ele não absorve mais nada. Então vive a contraparte de sua primeira vida e procura harmonizar os dias que se sucedem aos ritmos e cheiros de sua vida ativa"[3]. A predição de Pierre Mac Orlan, autor fetiche dos jovens anos de Lévi-Strauss e um dos subtextos confessos de *Tristes trópicos*, se aplica a seu autor? Seja como for, esse teórico modernista, enérgico renovador das ciências humanas, é clássico em sua língua e, doravante, conservador em seus gostos estéticos, ao mesmo tempo professando a admiração que conhecemos pelas culturas exóticas. É também nessa inserção histórica paradoxal que lemos a unidade de seu percurso intelectual no século.

TRISTES TRÓPICOS, UMA VIAGEM NO TEMPO

Esvaziar o saco

Na largada de *Tristes trópicos*, temos o polo Norte, na pessoa de Jean Malaurie. No começo dos anos 1950, Jean Malaurie é um ambicioso rapaz com físico de explorador: acompanhou duas expedições polares francesas (em 1948 e 1949) dirigidas por Paul-Émile Victor à Groenlândia, depois se embrenhou entre os inuítes, dos quais elabora a primeira genealogia ao longo de várias gerações de trezentos indivíduos. Sua formação de geomorfologista o impele a investigações cartográficas, enquanto seu gosto pela aventura o leva, em trenó de cães, até Thulé, onde descobre a existência de uma base militar norte-americana construída secretamente e sem consulta às populações autóctones. Isso será objeto de um primeiro livro, *Les Derniers rois de Thulé* [Os últimos reis de Thulé], que inaugura a coleção Terre Humaine.

Com efeito, em 1954, o rapaz propõe à editora Plon criar uma coleção de "viagens filosóficas". É um momento duplamente propício: no plano editorial, o público culto está pronto para o grande salto fora da literatura, para essas ciências humanas cujo rigor se adorna com um conteúdo existencial que falta à argumentação filosófica. Eis por que, antes mesmo de "Terre Humaine. Civilisations et sociétés. Collection d'études et de témoignages", já foram criadas, pela mesma editora, outras duas coleções: uma, sob responsabilidade de Éric de Dampierre, "Recherches en Sciences Humaines", começou em 1952, e a outra, um pouco mais tarde, dirigida pelo historiador Philippe Ariès, propõe uma historiografia renovada em torno das "Civilisations d'hier et aujourd'hui". Na Gallimard, a "Bibliothèque de Philosophie" e a "Bibliothèque de Psychanalyse", bem como coleções de história, pegam andando o trem da não ficção, antes da grande ofensiva das ciências humanas nos anos 1960. Mas o humor da época é igualmente favorável a Malaurie e à sua coleção de outra maneira. Historicamente, os impérios coloniais estão em vias de desagregação. Ou estão num momento de transição para formas nuançadas de independência e fidelidade para com a metrópole (versão inglesa), ou estão em plena derrocada, embarcados em guerras de descolonização perdidas de antemão (versão francesa). Em 1954, o trauma de Điện Biên Phủ é vivido ao vivo por todos os franceses. O paradigma colonial não existe mais, mesmo sendo preciso tempo, muito tempo, antes que esse desaparecimento gere todos os seus efeitos. A descolonização progressiva das terras e dos espíritos muda evidentemente o *status* do relato de viagem, que, durante quase um século, acompanhou a exploração, depois a conquista, desses "continentes negros", desses orientes "médios" ou "extremos", dessas Ásias das "monções". A toponímia do globo ainda carrega seus vestígios[4]. A conquista e a apropriação tanto material como simbólica dão lugar a uma forma de compreensão etnológica e sociológica. A "missão civilizadora" confrontada com a "selvageria" pode ser substituída por um discurso científico sobre a diversidade dos povos, a importância de preservá-los e encontrar interlocutores legítimos nos indivíduos recém-libertados. Ao mesmo tempo que o *status* da etnografia, a vocação profunda da viagem muda: durante muito tempo, os cidadãos europeus viveram a viagem por procuração, em relatos codificados, ilustrados, que bastavam para lhes proporcionar alguns deliciosos calafrios[5]. Doravante, esse *ersatz* de viagem, que foi por muito tempo o relato de mesmo nome, está obsoleto. Os progressos técnicos, em especial da aviação, e a nova riqueza dos Trinta Gloriosos* tornam teoricamente viável a mobilidade democrática. Decerto, ainda é caro sair das fronteiras. "Bloqueado por uma barreira que não é mais técnica, mas econômica, o desejo se exaspera", escreve Lévi-Strauss. "Ser obrigado a ficar em seu país deixa de ser uma necessidade física para se tornar uma injustiça social, e o direito à viagem adquire uma significação moral."[6] O Club Méditerranée vem dar sua resposta a esse novo direito não incluído na Declaração dos Direitos do Homem. Nesse ínterim, essa coleção de livros autobiográficos e reflexivos, engajados, alimentados por um vasto saber etnológico, geográfico e histórico, tem tudo para agradar e dar certo. A associação vencedora do "subalterno e do acadêmico"[7], que constituirá a originalidade de Terre Humaine, está num bom *timing* com sua época. E também com Lévi-Strauss.

É por intermédio do geógrafo Pierre Gourou, professor no Collège de France, amigo e apoio de Claude Lévi-Strauss[8], que este último conhece Jean Malaurie[9]. Ele mesmo tinha ficado impressionado com as fotografias que ilustram a tese complementar de Lévi-Strauss, *A vida social e familiar dos nambiquaras* – livro que, por sinal, tinha considerado "tedioso"[10]. Mas não seja por isso! As fotografias são um trunfo essencial da coleção e de seu espírito. Contatado mais por seus talentos de fotógrafo que pelos de etnólogo, Lévi-Strauss aceita, na primavera de 1954, essa proposta que vem bem a calhar[11]. Não é tanto que ele quisesse se proporcionar uma pausa ou mesmo, como ele nomeará mais tarde esse momento e esse livro, um "entreato"[12]: esse vocabulário pertence à reconstrução *a posteriori* da curva de uma obra, com seus tempos fortes e seus "divertimentos". *Tristes trópicos* é tudo menos um divertimento. É uma espécie de erupção escriturária que surge de uma mistura de culpa, fúria e niilismo fulminante. A psicologia profunda que preside a

* Referência aos trinta anos de "milagre econômico" vividos pela França (1946-1975). [N.T.]

escrita do livro é de fato o sentimento de queimar seus navios e saltar no vazio. Persuadido de não ter mais futuro universitário, Lévi-Strauss pode se dar ao luxo de "escrever sem precaução"[13]. Como confessa a Merleau-Ponty, que, em torno de 1954, concebe a ideia de uma terceira candidatura ao Collège de France: "Estou escrevendo um livro (*Tristes trópicos*) e, quando o senhor e os professores do Collège o tiverem lido, não pensarão mais em tentar me fazer eleger"[14]. Essa lógica transgressiva e libertadora se reveste do "remorso" de não trabalhar no segundo tomo das estruturas complexas do parentesco, que ele ainda cogita escrever: "Eu julgava estar pecando contra a ciência"[15]. Obra subsidiária que toma o lugar da obra maiúscula (e, por isso mesmo, permitirá o desabrochar posterior dela), *Tristes trópicos* cumpre muitas outras funções na economia pessoal de seu autor, a começar pela não identificação com um eu erudito radical, percebido como mutilador: "Eu estava farto", ele diz, "de me saber rotulado nos arquivos universitários como uma mecânica sem alma, boa somente para encaixar os homens numa fórmula"[16]; e a realização de uma tentação literária até então frustrada: "Sem me dar conta direito, eu cedia a um desejo jamais realizado de fazer uma obra literária"[17]. Lévi-Strauss transforma essa tentação, que às vezes se consuma em tentativas, num dos objetos de seu livro, integrando voluntariamente certas passagens que significam seu desejo de literatura – o trecho memorável sobre o pôr do sol –, mencionando seu romance (algumas páginas) e sua peça de teatro (*A apoteose de Augusto*, três atos)[18] abortados.

Dessas núpcias secretas com a literatura resta o título, *Tristes trópicos*, o mesmo que ele escolhera para o romance[19]. Essa maneira de viver a literatura como se faltasse com o dever sagrado da ciência não explica tudo. Tudo se passa como se Lévi-Strauss, nesse momento da sua vida, tivesse um "saco para esvaziar", subjetiva e objetivamente: "Eu possuía um saco cheio de coisas que tinha vontade de despejar... No fim, me desincumbi [*Tristes trópicos*] em quatro meses, e num estado permanente de exasperação intensa, colocando ali tudo que me passava pela cabeça, sem qualquer precaução"[20]. Entre as vontades inconfessas e os impasses profissionais, mas também intelectuais (do lado das estruturas complexas do parentesco), o sentimento de crise convive com uma aflição mais geral: "Na época, predomina em mim um sentimento de impotência perante um mundo em que as variáveis se tornaram numerosas demais para que o pensamento pudesse dominá-las"[21]. Uma vez na vida, Claude Lévi-Strauss opta por *relaxar*. Com isso, abre o jogo[22]. Em seguida, isso não será mais necessário. De supetão, conta e diz tudo, seus sonhos, aquilo em que acredita[23]. Acolhendo as crises íntimas e políticas de seu autor, *Tristes trópicos* é uma grande síntese transgressiva, cuja escrita urgente e vulcânica, vivida como uma catarse, permitirá resolvê-las em parte.

"O fundo de gaveta da memória"[24]

Em 31 de janeiro de 1955, Lévi-Strauss escreve à sua amiga Dolores Vanetti: "Trabalho furiosamente no meu livro, que deve estar totalmente terminado em março para ser publicado na volta às aulas; assim, não saímos mais, não vemos mais ninguém. [...] Portanto, fim do mercado das pulgas. Fim dos leilões na Drouot"[25]. Iniciado no fim de outubro, o livro é entregue no fim de março. Em cinco meses, quase quinhentas páginas produzidas numa espécie de delírio que trai a adrenalina psicológica e a fúria de sua gênese. O original carrega os vestígios desse *speed-writing*, mas também da pequena empresa que turbina a rua Saint-Lazare, entre Lévi-Strauss e sua mulher Monique[26], para entregar a mercadoria a tempo: "A rigor, não existe rascunho anterior a *Tristes trópicos*: Lévi-Strauss bate diretamente o texto numa máquina portátil com teclado alemão, comprada num bazar de São Paulo e que ele utiliza desde sua viagem ao Brasil. Esse texto inicial é bastante denso: é constituído de 465 páginas de texto contínuo em caracteres pequenos; as passagens de capítulos não são indicadas. A primeira leitora é a esposa de Lévi-Strauss, a quem ele passa o datiloscrito em blocos de exatamente trinta páginas à medida que vai redigindo. Monique Lévi-Strauss não anota diretamente o texto, mas o devolve acompanhado de folhas avulsas com observações e comentários de ordem essencialmente formal, apontando eventuais repetições, contradições ou obscuridades. Lévi-Strauss inspira-se nessas anotações antes de fazer numerosas correções a lápis no original datilografado"[27]. Nesse casal em processo de escrita, observemos duas coisas. De um lado, a inversão da ordem costumeira num trabalho desse tipo: não é a mulher que é a datilógrafa do marido. Aqui, o próprio homem escritor datilografa um texto que ela relê e retrabalha como editora. Paralelamente – e Monique Lévi-Strauss nesse caso está num papel mais tradicionalmente feminino –, tranquiliza-o constantemente quanto ao interesse do texto que ele está em vias de engendrar. Leitora tão entusiasta quanto minuciosa, ela desempenha um papel crucial durante o tempo da escrita, caracterizado por momentos de desânimo (acentuado pelo cansaço) e sobretudo de dúvida sobre o valor e a oportunidade do trabalho em curso[28].

O original nos revela outras operações. Sua velocidade de execução se explica também pelo fato de que ele repousa na colagem-reciclagem de materiais pouco ou nunca utilizados. Os trechos colados com fita adesiva, os fragmentos aproveitados não sabemos de que apontamentos de aulas (sobre Rousseau, por exemplo), bem como capítulos inteiros reproduzidos textualmente de sua tese complementar sobre os nambiquaras denotam *Tristes trópicos* como uma obra de montagem, à maneira de um filme de Jean-Luc Godard. Diferentes excertos de seus cadernos de campo do Brasil ou do Paquistão são transcritos sem mudar uma palavra. Por exemplo, a descrição inspirada pela vista aérea do deserto arábico,

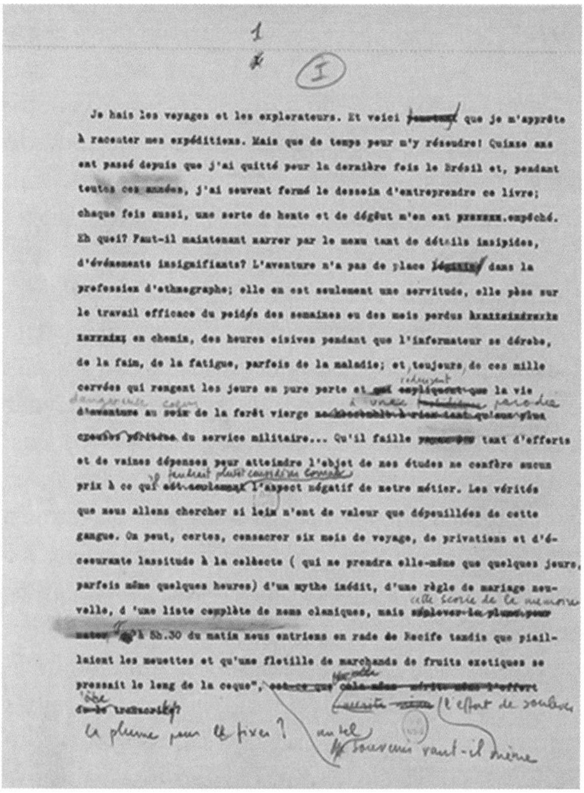

Primeira lauda dos originais (465 páginas) de *Tristes trópicos*, batidos diretamente a máquina. O texto foi escrito em poucos meses, de 12 de outubro de 1954 a 5 de março de 1955.

que ele sobrevoa pouco depois da escala no Cairo, a caminho de Karachi: "Primeiro, castelos [*ilegível*] elevando-se acima de uma imensa opala de areia. Depois dura e seca, depois como que pisoteada por um monstruoso animal que teria se obstinado em extrair dali um suco batendo os calcanhares. A areia esgueira-se imperceptivelmente dentro da bruma, por sua vez areia celestial... [...] O que é inaudito é a ternura de cor dessas areias: um verdadeiro deserto de carne. Casca de pêssego, madrepérola, opala, peixe cru"[29]. Nos documentos preparatórios à redação, encontramos também[30]: anotações de aulas efetuadas na New School for Social Research durante seus anos nova-iorquinos, como a digressão sobre os seringueiros e os altos e baixos da economia da borracha na Amazônia; velhos artigos de imprensa do período brasileiro, recortados para ser integrados, como o dedicado aos índios do Tibagi[31]. Nesse *patchwork*, o trabalho de redação se limita praticamente às transições e conclusões, e atesta uma "atenção extrema à língua – 'essa divindade a quem devemos render culto'"[32].

Isso nos faz compreender melhor a empreitada e o objeto de *Tristes trópicos*: "A evocação de lembranças de quase vinte anos atrás assemelha-se à contemplação de uma fotografia esmaecida. Ao menos possa oferecer um interesse documental: despejo os fundos de gaveta da minha memória nos

"Máquina em que *Tristes trópicos* foi escrito. É um teclado alemão, mas eu ignorava que existissem teclados diferentes quando a comprei de segunda mão em São Paulo, achando conveniente dispor de uma máquina de escrever quando estivesse em expedição, sem desconfiar de que as condições de vida entre os nambiquaras seriam tais que me faltariam as comodidades mais elementares para fazer uso dela. Foi minha única máquina de escrever durante os vinte anos seguintes. Depois disso, tive sempre que usar teclados alemães modificados a meu pedido para as necessidades do francês."

arquivos municipais"[33]. De um lado, a reciclagem, os "fundos de gaveta", o aspecto supletivo de uma experiência e de escritos esperando seu lugar; do outro, o tempo que se escoou entre o trabalho de campo brasileiro e sua reconstituição, mais de quinze anos depois. E a aposta de que a memória não é apenas a faculdade de esquecer ou rememorar, mas, profundamente, uma faculdade de decantação, compreensão e significação: "O que se passou senão a fuga dos anos? [...] Acontecimentos sem relação aparente, provenientes de períodos e regiões heterogêneos, deslizam uns sobre os outros e subitamente se imobilizam num arremedo de pequeno castelo, cuja planta teria sido meditada por um arquiteto mais sábio que minha história: 'Todo homem', escreve Chateaubriand, 'carrega consigo um mundo composto de tudo que ele viu e amou, e para o qual ele volta incessantemente, mesmo quando percorre e parece habitar um mundo estranho'. Agora a passagem é possível. De maneira inesperada, entre a vida e eu, o tempo estendeu seu istmo; foram necessários vinte anos de esquecimento para me conduzir ao conciliábulo com uma experiência antiga, da qual uma perseguição do tamanho da terra me havia recusado o sentido e confiscado a intimidade"[34]. Essa tectônica das placas memoriais é igualmente valorizada na conivência biográfica que Lévi-Strauss sente com um de seus autores favoritos, Jean de Léry: este último parte para o Brasil aos 22 anos – Lévi-Strauss tem 26. Espera 18 anos antes de redigir sua *Viagem* – Lévi-Strauss, mais de quinze anos antes de escrever *Tristes trópicos*. Entre os dois, o que se passou? "Para Léry: as guerras de religião, as desordens de Lyon, de Charité-sur-Loire, o cerco de Sancerre – que ele viveu e sobre o qual escreveu um livro. E para mim: a Segunda Guerra Mundial, igualmente a fuga diante das perseguições"[35].

Eis por que *Tristes trópicos* é profundamente um relato proustiano: uma série de decepções – o real não está à altura das esperanças de um espírito e um coração bem-nascidos –, um relato retrospectivo, uma busca de correspondências e a superação das contradições na passagem do tempo, na epifania da rememoração[36]. Só compreendemos de verdade quando rememoramos. Então, tudo é possível, a aventura ganha sentido, o amor também, a vocação de escritor ou etnólogo pode advir. Essa escrita da lembrança, no entanto, é feita atropeladamente, sem respeito pela arquitetura temporal ou espacial objetiva, porém fiel às escalas do eu, o que lhe dá uma liberdade de composição que todos os leitores notaram. Michel Leiris vê na recusa do tempo cronológico, em Lévi-Strauss, uma "experiência de apropriação do fluxo do tempo", à maneira da "iluminação proustiana"[37]. Os "*travellings* mentais" e a fluidez geral lembram também os "fluxos de consciência" de Virginia Woolf. A trama principal conta a formação do narrador, a escolha ou a vocação da etnologia, os anos paulistas e as duas expedições ao Mato Grosso ao encontro dos cadiuéus, dos bororos, dos nambiquaras, depois, mais rapidamente, dos tupis e dos mondés. A descrição dessas sociedades "efetuada como no quadro-negro"[38] é o coração do livro, cujas demonstrações são posteriores ao trabalho de campo em si. Os nambiquaras ocupam um lugar especial: é o momento feliz do livro, uma espécie de verde paraíso dos amores infantis, uma tonalidade idílica seguida de perto pelo fracasso da ambição científica no esvaziamento em direção ao elementar entre os mondés. A verdade (estrutural) aí surge como uma série de desmistificações, resultando numa reflexão sobre o sentido e seu oposto (a falta de sentido), daí a tonalidade final budista do livro. O saber junta-se ao não saber. No que é igualmente um relato iniciático, há lugar para o episódio do exílio norte-americano, o Paquistão e as considerações sobre os "trópicos abarrotados", as depressões do trabalho de campo e a peça de teatro; a marcha inelutável da humanidade rumo ao "cardápio de prato único", o pecado de uma modernidade ocidental glutona ingerindo o mundo inteiro e expectorando seus dejetos. Enfim, a vaidade da busca de um sentido que fecha o livro, aberto por um começo bombástico e devastador – "Odeio as viagens e os exploradores" –, com uma suspensão doce e contemplativa: o olhar de um gato.

Eu e os outros. O "memorial de uma busca"[39]

Tristes trópicos é também um livro de etnologia. Integra-se, ao mesmo tempo que a subverte, a uma tradição francesa identificada por Vincent Debaene como "segundo livro" e que é a contraparte literária dos trabalhos científicos, monografias especializadas, artigos eruditos, previamente publicados. Esse segundo livro – no fim, cronologicamente, trata-se do primeiro – tenta reconstituir o trabalho de campo, mas também a atmosfera das sociedades visitadas, usando recursos literários mais aptos a compreender o incompreensível, a captar a estranheza, a dar toda a sua dimensão poética à experiência de campo. Logo, é sempre mais que um *ethnographic account*. Para Leiris, em *A África fantasma*, trata-se de ressuscitar uma "vida paradoxal"[40]; para Métraux, em *A ilha de Páscoa*, a "grandeza"[41] com que são aureoladas as estátuas misteriosas.

Tristes trópicos, já se falou muito isso, é o relato decepcionado de um trabalho de campo malogrado, de uma experiência de alteridade que se furtou ao etnólogo, antes de lhe ser restituída, muito mais tarde, na recomposição operada pelo tempo transcorrido e pela passagem à escrita. Com efeito, com suas praias de tédio e lassidão, sua deambulação errática, seus episódios grotescos – quando Lévi-Strauss se perde no sertão –, trágicos – o incidente com a mão de Emídio –, dramáticos – a infecção ocular generalizada –, não se pode dizer que a aventura seja glorificada nem a etnologia exaltada. Pois é sobretudo aí que jaz a decepção. Em vez de o estudo paciente e escrupuloso levar ao conhecimento do Outro, ele, ao contrário, é apresentado como um impasse: ou a alteridade buscada está corrompida – os índios não são mais o que eram... –, ou a alteridade radical os torna inacessíveis "sem um Sexta-Feira", como entre os mondés, por exemplo. "A viagem revelou que a realidade não se dá na experiência."[42] É precisamente essa impostura da viagem que teatraliza *A apoteose de Augusto*, a peça-catarse esboçada em Campos Novos, num momento de intenso desânimo. Variação da peça de Corneille – que Lévi-Strauss sabia quase de cor, assim como vários trechos de Racine –, trata de um viajante, Cina, que, após ter sulcado o vasto mundo, volta para casa aureolado de glória, mas sabendo muito bem a que se ater quanto à sua experiência verdadeira. O etnólogo exorciza com Cina suas próprias obsessões: a "enganação"[43] da viagem e de seus ensinamentos, o sentimento de que "os meios de que dispomos, como observador e como escritor, nunca estão à altura do que vemos e tentamos descrever"[44].

Alguns anos antes do choque da publicação do *Diário* de Malinowski[45] – que deslustra severamente a visão do trabalho de campo de um de seus praticantes consagrados –, *Tristes trópicos* é, depois de *A África fantasma*, de Michel Leiris, um dos primeiros relatos de bastidor da condição de etnólogo. E é tão crítico quanto aquele. Relata os incidentes, e não somente o conteúdo etnográfico da expedição, mesmo sendo verdade que as pessoas que acompanham o narrador são reduzidas a silhuetas. É essa exigência introspectiva que constitui seu caráter "precocemente pós-moderno"[46], inovador e paradoxal, ainda que mais tarde venha a ser criticado pelo pós-modernismo antropológico na pessoa de Clifford Geertz[47]. Mas funda igualmente um modelo de etnografia crítica e reflexiva cujo eco fervoroso é fácil de captar em *As lanças do crepúsculo*, de Philippe Descola, volume dedicado aos índios jivaros, publicado na mesma coleção quase quarenta anos mais tarde[48].

Qual a saída possível para o impasse do trabalho de campo e a mistificação do exotismo? "Seria isso então a viagem? Uma exploração dos desertos da minha memória mais do que daqueles que me cercavam"[49], pergunta-se o narrador, quando está obsedado por uma frase de Chopin (estudo nº 3, *opus* 10), de que ele sequer gosta muito. É finalmente ao termo de uma viagem de escrita que descobrimos a verdadeira contribuição do primeiro périplo inacabado: a conquista de um olhar novo sobre as criaturas e as coisas. Então, "a viagem etnográfica se faz arqueologia de si"[50]. Através da arquitetura do livro, sua "associação desenfreada", suas mudanças de escala, suas comparações extravagantes, suas compressões de tempo e espaço, Lévi-Strauss tenta reconstituir uma "geografia interior" que não seja a expressão de um eu, mas o lugar de conversão e apreensão dessa "lógica das sensações" que ele virá a explorar anos mais tarde[51]. Como o Roquentin de *A náusea*, o narrador troca a aventura abastardada da literatura de viagem pela "aventura do ordinário", em que a banalidade e a trivialidade das coisas (uma cestaria, um gesto) são assumidas e sua significação revelada pela verdadeira aventura, que não pode ser senão intelectual. Em *A náusea*, o historiador Roquentin, voltando de viagem, não acredita mais em sua empreitada historiográfica nem na acumulação dos conhecimentos; em contrapartida, tudo que é conhecido da cidadezinha da qual ele é cidadão lhe parece subitamente estranho, absurdo ou mesmo entediante. Frédéric Keck joga novas luzes sobre o projeto de *Tristes trópicos*, propondo a comparação com *A náusea* (1938). Em ambos os casos, "não há aventuras", como dizia uma tarja publicitária sobre os exemplares de *A náusea*[52]. Os dois livros, ele conclui, resultariam de uma crise similar da filosofia e do sentido, resolvida de maneira, se não idêntica, pelo menos paralela, pela inteligibilidade conferida aos fenômenos visíveis, graças à consciência fenomenológica, de um lado, e ao modelo musical de uma apreensão das relações lógicas, do outro. Em ambos os casos, uma odisseia do olhar[53].

É na reintegração do sujeito da observação que a ciência etnológica pode alcançar a única objetividade ao seu alcance. Lévi-Strauss acaba de escrever isso num texto de síntese dedicado ao lugar da antropologia nas ciências sociais (1954): a jovem ciência etnológica "não se distingue das demais ciências humanas e sociais por um tema de estudos que lhe seria próprio, [...] ela procede de certa concepção do mundo ou de uma maneira original de colocar os problemas"[54]. Mais tarde, rematará: *Tristes trópicos* "mostra não só o que está diante da câmera fotográfica, como o que está atrás. Não é uma visão objetiva de minhas experiências etnográficas, mas um olhar sobre mim mesmo vivendo essas experiências"[55]. Esse exercício de ex-centramento – ver-se olhando-se, ver-se como um outro – é uma das razões que explicam o fascínio intelectual experimentado, há gerações, com a leitura de *Tristes trópicos*. O modelo assumido e reverenciado por Lévi-Strauss é, no caso, aquele que ele considera o "fundador das ciências do homem": Jean-Jacques Rousseau.

Assim como reconhecemos muitas vezes melodias de Chopin ao escutar as canções de Serge Gainsbourg, quando lemos Lévi-Strauss relemos, às vezes sem saber (pois nem sempre ele é explicitamente citado), Rousseau. Não é plágio; é impregnação profunda. Embebido de Rousseau, por sua vez encharcado da literatura etnográfica de sua época, Lévi-Strauss prestou reiteradas homenagens ao seu "mestre" e "irmão", o vigário saboiano, no próprio texto de *Tristes trópicos*, depois, alguns anos mais tarde, em Genebra, por ocasião de uma reflexão sobre as afinidades profundas que ligam a etnologia à empreitada intelectual de Jean-Jacques. Pois, segundo Lévi-Strauss, Rousseau é profundamente etnólogo bem ali no paradoxo que ele encarna em sua vida e sua obra: "Que Rousseau tenha logrado, simultaneamente, preconizar o estudo dos homens mais distantes, mas sobretudo se dedicado ao estudo desse homem particular que parece o mais próximo, isto é, ele mesmo"[56]. Essa contradição é familiar ao etnólogo que, num ou noutro momento, se reconhece em Rousseau, na estranheza de si mesmo diante da dureza do trabalho de campo, da prova física e moral que ele constitui. A misantropia irascível de Rousseau é uma experiência etnográfica: "E eu, separado deles [meus contemporâneos] e de tudo, o que sou eu mesmo? Eis o que preciso procurar antes de qualquer coisa". Que etnólogo nunca se fez essa pergunta? O que sou e o que vim fazer e procurar entre os selvagens? Para Lévi-Strauss, este é o ponto essencial de um programa etnográfico digno do nome. Só o descentramento de si, o que ele chama de subtração "às evidências do eu", pode fundar, racionalmente, o acesso ao outro. É sentindo-se estrangeiro a si mesmo, como um "ele", que o etnólogo pode compreender o outro como um "eu". Mesma operação, porém simétrica, permitida pela psicanálise[57]; daí a comparação recorrente do trabalho de campo com o tratamento analítico. O outro pilar do pensamento de Rousseau, a piedade, remete a uma perspectiva mais diretamente política do saber etnográfico, que, em Jean-Jacques, é muito mais revolucionária do que reacionária[58]. Em Rousseau, Lévi-Strauss aprecia conjuntamente o etnólogo, "o índio profeta da Revolução", como o chama, o botânico feliz, o músico, o suscetível, o sensível, o escorchado vivo, o apaixonado pela natureza, o pensador político, mas sobretudo o que descobriu, "com a identificação, o verdadeiro princípio das ciências humanas e o único fundamento possível da moral: também nos restituiu seu ardor, há dois séculos, e para sempre fervente nesse crisol onde se unem seres que o amor-próprio dos políticos e dos filósofos faz de tudo, em toda parte, para tornar incompatíveis: o eu e o outro, minha sociedade e as outras sociedades, a natureza e a cultura, o sensível e o racional, a humanidade e a vida"[59].

Recepção: "Um momento da consciência ocidental"

O livro é publicado em outubro de 1955. Para os leitores de *Les Temps Modernes* que acompanharam a polêmica com Caillois alguns meses antes – "Diógenes deitado" é publicado em março de 1955 –, *Tristes trópicos*, do qual algumas páginas foram pré-publicadas na mesma revista durante o verão[60], é a resposta definitiva de Claude Lévi-Strauss. Esse contexto de recepção contribui para dramatizar e politizar a compreensão do livro. Ele é igualmente o sinal, espantoso hoje em dia, de uma aliança mantida entre Lévi-Strauss e Sartre, o qual sabemos ter se "deslumbrado"[61] com *Tristes trópicos*, e isso apesar da crítica e das tiradas retóricas contra o existencialismo, qualificado de "metafísica para mocinhas"[62].

Esse horizonte de expectativa histórica, filosófica e política faz da publicação do livro um acontecimento. Toda a imprensa francófona publica resenhas[63]. O *clipping* de 1956 atesta isso. Não só a imprensa nacional como a regional, a imprensa suíça e a belga, as diversas revistas, inumeráveis recomendações de leitura, bem como um longo artigo abrindo o *Times Literary Supplement*, quando o livro ainda não está traduzido, que desloca *Os mandarins* de Simone de Beauvoir e *A queda* de Camus para as páginas internas[64]. No entanto, serão necessários dois meses até que a crítica se ponha em marcha – sinal, talvez, de que o livro foi lido! –, e Lévi-Strauss, sempre em sua síndrome do fracasso, escreve a Dolores Vanetti, em 28 de novembro de 1955, que está "muito abatido pela desatenção geral que acolheu *Tristes trópicos*: três ou quatro críticas vagamente simpáticas dos jornais, e depois mais nada. Nos próximos dois meses só vão falar do Femina, do Goncourt e dos outros prêmios". E ele engata num assunto mais inebriante: "Você encontrará nos livros de culinária antigos da New York Public Library receitas afrodisíacas absolutamente sensacionais a ser adaptadas em termos de *canned food*..."[65]. Sua esposa Monique lembra-se da referência desencantada à venda medíocre de *As estruturas elementares* como um *leitmotiv* na boca de seu marido: "Você vai ver, oitocentos exemplares..."[66].

Enquanto Lévi-Strauss se exaspera e pensa nos paraísos artificiais, as grandes penas da imprensa e da intelectualidade francesa se movem: Georges Bataille, François-Régis Bastide, René Étiemble, Roger Grenier, Maurice Blanchot, Michel Leiris, Jean Lacroix, Jean Cazeneuve, Gaëtan Picon, Claude Roy. Todos vão elogiar o livro e manifestar um choque com a aliteração do título. Um desses comentadores desempenha um papel singular, pois é o primeiro (ou quase) a se exprimir, pondo fim ao que o impaciente autor tomava como indiferença.

O artigo de Raymond Aron, publicado no *Figaro Littéraire* de 24 de dezembro de 1955, expõe um eixo francamente político da compreensão do livro. Todos os artigos, ou quase todos, remetem explicitamente aos desastres da guerra, que são igualmente os da ciência, em Auschwitz e Hiroshima. O título da resenha de Blanchot, "L'homme au point zero"[67] [O homem no ponto zero] é igualmente uma referência ao retorno dos campos de concentração[68]. Esse retorno em bumerangue, dez anos depois, do choque da descoberta dos campos que cobre de luto o orbe da civilização ocidental impressiona ainda mais na medida em que o motivo concentracionário aparece apenas "de viés" em *Tristes trópicos*, como imagens do inconsciente histórico. À maneira de *Hiroshima meu amor* (1959), no qual Resnais registra sob forma ficcional essa inquietude, reverberada por um lapso de quinze anos, *Tristes trópicos* é lido como o livro-sintoma de um retorno crítico, dez anos depois do fim da guerra, do Ocidente sobre si mesmo[69].

Raymond Aron é o primeiro a insistir nesse desprezo radical pelo roteiro progressista que delinearam, ainda, Auguste Comte e Durkheim e que, na época de Lévi-Strauss, é invalidado, pois "a estrada que leva à civilização europeia, soberana, triunfante" deixou de ser uma opção depois que "o ponto de chegada está, no mínimo, comprometido pelos fornos crematórios de Auschwitz"[70]. Mas Aron prossegue sua análise de uma política lévi-straussiana forjada "na experiência das *Cartas persas*", isto é, a partir de Montesquieu, com os olhos do outro. Ao fazer isso, dá credibilidade à ideia, perceptível em outras resenhas, de que os grandes problemas contemporâneos exigiriam um novo pensamento do homem, fruto de novas (ou antigas, mas renovadas) ciências do homem; estas se veriam em melhores condições de imiscuir-se no emaranhado do presente do que uma filosofia devolvida à sua dimensão "provincial", pois emanando da civilização ocidental. Segundo Aron, Lévi-Strauss busca "nas sociedades ditas primitivas [...] um modelo teórico da sociedade humana com a ajuda do qual conseguiremos deslindar o que há de ordinário e artificial na natureza atual do homem". A respeito do progresso técnico que ele não deseja interromper, embora não ignore seu custo, Lévi-Strauss "não acredita mais no advento de uma comunidade reconciliada consigo mesma". Desse ponto de vista, está mais do lado de Rousseau que de Marx. Aron percebe a que ponto o relativismo de Lévi-Strauss, já manifestado em *Raça e história*, é inaceitável para muitos: "Nenhuma sociedade é completamente boa ou completamente má, e a proporção das vantagens e dos males não muda nada – conclusão que provavelmente escandalizará mais os marxistas que os conservadores". Por fim, o pessimismo de Lévi-Strauss é partilhado por Aron, que conclui igualmente que o nosso mundo começa "a ficar pequeno demais para os homens que o habitam".

A peroração do livro é célebre: Lévi-Strauss dá novo vigor à metáfora da entropia empregada por alguns pensadores do declínio do Ocidente (como Valéry), reimergindo-a nas fontes da jovem ciência da informação de Norbert Wiener: as trocas numerosas demais, como ele já expôs em *Raça e história*, nivelam o mundo e o orientam inelutavelmente para uma inércia crescente "e que um dia será definitiva"[71]. Daí o jogo de palavras "leirissiano" sobre a antropologia, que se chamaria mais pertinentemente "entropologia", nome de uma disciplina "dedicada a estudar em suas manifestações mais elevadas esse processo de desintegração"[72], ciência da entropia. O *pathos* singular de *Tristes trópicos* acerta na mosca ao denunciar, numa lamentação sublime, a maneira como o Ocidente se apropria de, transforma e cimenta as orlas debruadas das ilhas polinésias, a maneira como os mundos salvaguardados viraram um subúrbio sórdido no que ainda não se chama – a palavra acaba de ser inventada por Alfred Sauvy[73] – terceiro mundo. Ele formula, numa língua anacrônica e suntuosa, um presente que não se sabia tão doente, embora desconfiasse disso. Não obstante, esse grito, que podemos facilmente inserir num contexto histórico, ideológico e intelectual, nem por isso deixa de ser único e, às vezes, deveras escandaloso. Por exemplo, a interpretação lévi-straussiana do Holocausto: no cruzamento das experiências dos trópicos do Ocidente e do Oriente, do exílio e do Caribe, ele vê o exercício regular de expulsão da humanidade por uma porção dela mesma, "quando os homens começam a se sentir espremidos". "Nessa luz, os acontecimentos de que há vinte anos a Europa é o teatro, os quais resumem um século ao longo do qual sua população dobrou, não podem mais se afigurar a mim como resultado da aberração de um povo, de uma doutrina ou de um grupo de homens. Vejo neles antes um sinal anunciador de uma evolução para o mundo terminado de que a Ásia do Sul fez a experiência um milênio ou dois antes de nós e do qual, a menos que tomemos grandes decisões, talvez não consigamos nos libertar."[74] É esse pessimismo atrelado à fatalidade que repugna a alguns. Georges Balandier, muito próximo de Lévi-Strauss nessa época, não assume as consequências políticas que lhe parecem induzidas por tal posição. Para ele, assim como, ele acha, para Lévi-Strauss, o etnólogo é uma "espécie de revolucionário, mas seu protesto prefere a fuga para fora das fronteiras conhecidas"[75], com uma nítida tendência à marcha a ré mais do que à projeção no futuro. Contudo, ao contrário de Lévi-Strauss, que extrai sua alegria da "grandeza indefinível dos começos"[76], Balandier atribui às sociedades "primitivas" uma capacidade de evoluir, mudar, integrar-se na história, ao mesmo tempo que um ardor em perseverar, em não variar. Quanto a Michel Leiris, amigo de Lévi-Strauss, vê um certo excesso de devaneios desencantados no fim do livro, preferindo prender-se à edulcoração otimista que combina mais com seu humor engajado do momento: "Nada está decidido; podemos retomar tudo. O que foi feito errado pode ser refeito"[77]. Esse elogio dos começos a que se resume, no fim de *Tristes trópicos*, a única salvação é atestado pelas elegantes fotografias do livro, como um contraponto melancólico que ilustraria não só o pessimismo histórico de Lévi-Strauss, como também a função profunda da antropologia como

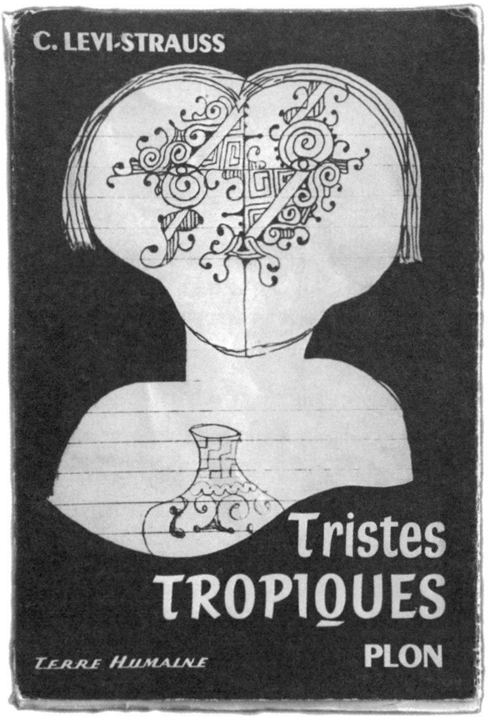

Capa em preto e branco da edição original de *Tristes trópicos*. Em 1956, uma cinta vermelha é acrescentada: "Todos os Goncourt falaram dele com entusiasmo".

ciência dos últimos dias. Essas fotografias de índios com enquadramento bem cuidado tornaram célebres a obra e seu autor. Na capa original de 1955, que não trazia a fotografia do jovem nambiquara com botoque e adorno nasal, figura um motivo cadiuéu contra um fundo escuro, escolhido por Lévi-Strauss, que imaginamos, enquanto escreve uma carta a Malaurie, como pintor holandês do século XVII, empunhando o pincel: "[...] Eu daria importância, de um lado, à forte proporção de branco que sugeri (que diminui, me parece, o lado de luto que receio) e, de outro, ao efeito 'rendado espumante' que tentei indicar no decote da jovem pessoa..."[78].

A DIVISÃO DAS ÁGUAS, ENTRE ARTE E CIÊNCIA

A outra grande temática de compreensão na recepção do livro deriva do que poderíamos chamar de uma nova "divisão das águas", em alusão ao título de um romance de Alejo Carpentier* publicado pouco antes de *Tristes trópicos*. Lévi-Strauss é um cientista? Um escritor? É possível ser um e outro? Um sem

---

* *Le Partage des eaux* [A divisão das águas] é o título da tradução francesa de *Os passos perdidos*, romance do escritor cubano Alejo Carpentier publicado em 1953. [N.E.]

o outro? Embora se encaixe no gênero da "viagem filosófica", nem por isso *Tristes trópicos* deixa de destruir uma divisão progressiva dos saberes que toda a obra, à sua maneira, interroga.

Ruído no gênero

"*Tristes trópicos* não é nem um estudo monográfico, nem um relato de viagem, nem uma autobiografia. É tudo isso e ainda algo mais. Não podemos classificar a obra em nenhum gênero, muito menos no gênero entediante."[79] Recebido pela imprensa como um objeto inclassificável, embora quase sempre associado à tradição da viagem filosófica, de Montaigne a Montesquieu, ele surpreende pelo caráter híbrido, indeciso, entre ciência e literatura. Desse ponto de vista, é um bom "posto de observação"[80] da reconfiguração das relações entre a literatura e as ciências humanas, nascidas no século XIX, num duplo gesto de recalcamento do teórico e de alinhamento a um "rigor" científico que desenha, por longo tempo, seu horizonte ideal[81]. O objeto desconcerta, pois é efetivamente o livro de um cientista, etnólogo por profissão, porém escrito na língua do escritor ou dos que assim consideramos. A imprensa não para de se extasiar com seu estilo e de evocar grandes nomes. Com o frescor do olhar de Montaigne, e sob o olhar fraternal de Rousseau, é Chateaubriand, seu irmão gêmeo, que volta na pessoa do etnólogo: "Lévi-Strauss é um Chateaubriand, mas que viu o Meschacebe"[82]. Michelet, Claudel, bem como as orações fúnebres de Bossuet, são citados. É o que Vincent Debaene denomina com propriedade o "diálogo dos faróis", os quais, com o uso do grande estilo clássico, convertem *Tristes trópicos* em literatura, ao mesmo tempo conferindo-lhe sua força de estocada política. É esta também a análise de Pierre Nora: "O recurso ao grande estilo do repertório clássico arrancava *Tristes trópicos* da arbitrariedade da experiência individual para dar a esse literato cientista o tom e a estatura do Comendador. Pela graça das palavras, era o Ocidente, do mais alto de sua tradição, que parecia falar por sua voz"[83].

Existem várias maneiras de exprimir essa tensão; e várias maneiras de considerar o recorte histórico dos saberes tal como se constituiu na França, desde o "beletrismo" da idade clássica, que integrava todos os conhecimentos, até o recentramento contemporâneo sobre o puro trabalho da escrita, a que se resume a concepção moderna da literatura, de Flaubert a Roland Barthes. A recepção de *Tristes trópicos* revela essas diferenças; ou se trata de reatar com o antigo regime das belas-letras, ou assistimos a uma nova ofensiva da literatura na ambição de federar o pensamento, ou ainda a expropriação da literatura está definitivamente consumada. No primeiro caso, Lévi-Strauss é comparado a uma época da ciência em que os cientistas detinham o uso da palavra: "Ah! O maravilhoso século XIX, em que a resenha equivalia à experiência, em que o relato estava à altura da viagem, e a expressão em pé de igualdade com a descoberta; ou muito simplesmente, de Ampère a Pasteur, de Renan a Taine, o cientista conhecia o segredo de expor sua verdade numa língua bela e comum a todos"[84]. No segundo registro, encontramos um artigo de Gaëtan Picon que faz de Lévi-Strauss um "escritor em ato", pelo estilo, decerto, mas sobretudo por sua "ligação constante com os próprios movimentos da vida". "Acima de tudo, é o vínculo da pesquisa e da experiência, essa ressonância afetiva confundindo busca da verdade e autoanálise, que alça à literatura esse livro de cientista."[85] Mas é sobretudo Georges Bataille que, em sua resenha na revista *Critique*, "Un livre humain, un grand livre"[86] [Um livro humano, um grande livro], desenvolve a ideia de que a literatura deve se reapropriar do homem por inteiro. Se tudo o que engaja a dimensão do homem é literatura, então "a literatura", segundo Bataille, "aparece *in fine* como o futuro das ciências humanas"[87]. *Tristes trópicos* é a prova ululante disso. A terceira opção transparece com nitidez em Jean-Claude Carrière, que, sem se pronunciar sobre o *status* de escritor de seu autor, escreve que *Tristes trópicos* "humilha o romance moderno tacanhamente especializado e incapaz de derrubar as barreiras entre o público literário e o grande número de leitores"[88].

Na posição diametralmente oposta, encontramos Maurice Blanchot, para quem manifestamente Claude Lévi-Strauss está do lado da ciência, pois a literatura, para ele, vigora para além do grande estilo. Ao seu lado, porém implicitamente, pois não se exprimiu, encontramos Roland Barthes, cujo silêncio Vincent Debaene tenta compreender. Ele nunca escreveu uma linha sobre *Tristes trópicos* e refere-se muito pouco ao livro. Esse silêncio paradoxal – Barthes e Lévi-Strauss em breve se verão frequentemente associados na tribo estruturalista – significa igualmente que Barthes e Lévi-Strauss, apesar de suas datas de nascimento, "não são contemporâneos"[89]. No momento em que Barthes escreve *O grau zero da escrita* (1953) e acompanha a aventura do *nouveau roman*, Lévi-Strauss não tem qualquer afinidade com as letras contemporâneas, das quais, dez anos mais tarde, estigmatiza "o insuportável tédio"[90] que exsudam. E, de certa maneira, a coleção Terre Humaine inteira toma partido, retrospectivamente, nesse debate, com Jean Malaurie não escondendo seu desdém pela literatura moderna (como Lévi-Strauss), mas também pela ciência moderna (encarnada por Lévi-Strauss), ambas igualmente "áridas", "desumanizadas". Contra essa etnologia exacerbadamente científica que se construiria, sobretudo no projeto estruturalista, ao longo dos anos 1950, e contra uma literatura vista como excessivamente cerebral, Malaurie celebra sua coleção como um espaço de resistência e expressão de uma palavra livre, quer ela emane daqueles a quem chama de "cientistas épicos", quer de nativos falando em nome próprio. Com efeito, uma das forças da coleção está em misturar obras etnológicas com relatos da esfera da autobiografia indígena, como a que Lévi-Strauss prefacia um ano depois de *Tristes trópicos*, *Soleil hopi* [91] [Sol hopi].

Apesar de sua linguagem eminentemente clássica, *Tristes trópicos* é ainda assim apresentado pela jornalista Sonia Orwell ao público anglo-saxão como uma das três obras relevantes na cena literária francesa em 1956, ao lado de Michel Leiris, que publica *Fourbis*, e do *Square* de Marguerite Duras[92]. Da mesma forma, a obra é às vezes resenhada em paralelo com um livro magnífico do escritor cubano Alejo Carpentier, *Os passos perdidos*, a quem está ligado por laços misteriosos, como se o romancista tivesse querido descrever esse grande movimento de volta no tempo que, à sua maneira, *Tristes trópicos* encarnava. O fato é que essa querela sobre o gênero do livro é ressuscitada devido a uma última circunstância. Três dias antes do almoço do júri do Goncourt que discernirá o prêmio, os membros expõem aos jornalistas um caso de consciência: teriam adorado coroar *Tristes trópicos*, mas isso não era possível, pois o livro de Claude Lévi-Strauss é um ensaio e não um romance: "escapa de sua jurisdição"[93]. Por fim, derradeiro sobressalto, em 30 de novembro de 1956, Lévi-Strauss recusa o prêmio da Pena de Ouro, prêmio dos exploradores da sala Pleyel, discernido por um júri composto de vários exploradores, entre os quais Paul-Émile Victor, Maurice Herzog, Frison-Roche, Max-Pol Fouchet. O prêmio vem acompanhado de um envelope com 250 mil francos. Por telefone, o etnólogo declara que "vários votos não lhe convinham". Essa recusa bombástica lhe vale imediatamente um extra de credibilidade literária, pois ele é associado dessa vez a um escritor, igualmente recusador de prêmios (tinha recusado o prêmio Goncourt por *A costa das Sirtes*). Nascia um "novo Julien Gracq"!

A querela da arte mágica

Um episódio significativo, situado entre o fim da escrita de *Tristes trópicos* e sua publicação, no verão de 1955, chacoalha novamente essas reflexões, colocando em jogo as definições de arte e ciência – e sobretudo de suas fronteiras e respectivas legitimidades –, a respeito da aceitação da palavra "mágica". André Breton recebera a encomenda de uma obra sobre "A arte mágica", que devia integrar uma série que incluiria outros quatro volumes, dedicados à arte religiosa, à clássica, à barroca e à arte pela arte. Para Breton, a "arte mágica" constitui uma categoria pertinente e injustamente desvalorizada na história da arte. Nela, ele inclui inúmeras formas (de civilizações antigas ou mais recentes): arte "primitiva", arte popular ocidental, período romântico, arte dos loucos, arte moderna, mas também Uccello, Arcimboldo, Leonardo da Vinci, Dürer, tudo o que para ele representa uma autêntica "arte de criação" (por oposição a uma "arte de imitação"), portadora de radiações enigmáticas específicas que a identificam prontamente.

Entretanto, segundo Lévi-Strauss por falta de inspiração[94], conforme o próprio Breton diante de tormentos e cioso de se informar "de tudo o que pode constituir a opinião autorizada"[95], este último decide enviar um questionário sobre arte mágica a cerca de sessenta amigos e conhecidos. "Na presença de um objeto derivado da *arte mágica*, quais são seus métodos de análise ou de conhecimento aproximativo?" "Objetos de ordem mágica têm possibilidade de inserção em sua vida pessoal?" Uma terceira pergunta sugere classificar, entre os documentos reproduzidos, aqueles que parecem pertencer à categoria da arte mágica e os que não parecem: 1) um desenho egípcio 2) uma moeda gaulesa 3) um pictograma haida (Colúmbia Britânica) 4) motivos das ilhas Marquesas 5) o mercúrio filosófico 6) uma figura da lua no tarô do século XVIII 7) um vaso de Paolo Uccello 8) um quadro de Hans Baldung, *O valete enfeitiçado* 9) *O grito*, de Munch 10) um quadro de De Chirico, *O espectro* 11) um frontispício de Kandinsky. Ao receber o questionário, Lévi-Strauss finge-se de morto. Cobrado por Breton, pede ao seu filho Laurent, de 7 anos, que responda em seu lugar, julgando que a reação de uma criança pudesse interessar ao surrealista, ainda mais que seu filho "fez a classificação sem qualquer hesitação"[96]. Breton fica mortificado com o que toma como uma "provocação" com todas "as marcas visíveis do desprezo": "Deixe-me pensar que suas objeções não teriam perdido nada se formuladas de maneira menos inamistosa e menos sistematicamente destrutiva. A essas palavras arte e magia, que, segundo o senhor, eu esvazio de todo valor, você não lhes restitui o que lhes é próprio, o que pelo visto seria uma brincadeira de criança para si". Termina sua missiva com um sequíssimo: "Lamento ter sido para o senhor um motivo de impaciência e chacota"[97].

Como interpretar essa querela? No plano estético, os dois homens têm numerosos pontos em comum. Lévi-Strauss é um companheiro de aventuras antiquárias do surrealista, admira "o olho infalível" de Breton e, sobretudo, sua concepção do "achado" como reencontro entre uma sensibilidade e um objeto que lhe era destinado. Logo, é menos a concepção da arte, no caso, da arte mágica mesma, que causa problema do que uma competição sobre o uso do termo "mágica". A não resposta de Lévi-Strauss é um gesto de delimitação do domínio da ciência: "Para mim, o termo 'mágica' tinha uma definição precisa. Derivava do vocabulário etnológico. Não me agradava que fosse usado a torto e a direito"[98]. Em suma, para Breton, o termo "mágica", com toda a sua confusão, com seu lado versátil que deu calafrios em Lévi-Strauss, é acima de tudo a alavanca que permitiria refundar a história (especialmente ocidental) da arte através de novas hierarquias de valores. O etnólogo reconhece isso de boa vontade, porém dois anos mais tarde, após ter recebido um exemplar de *A arte mágica*, com dedicatória ao seu filho! Numa carta de reconciliação, ele admite haver saboreado belas páginas sobre Gustave Moreau, De Chirico e o Douanier Rousseau: "Mas, sejamos francos – sem conseguir concordar sempre com o senhor no que se refere à arte ante-histórica, primitiva, ou selvagem, termo – seja dito *en passant* – que eu também disse preferir ao outro. Quanto à palavra 'mágica', triste ensejo de nossas dissensões, está claro que o senhor lhe dá uma acepção bem diferente da nossa. Mas, enfim, é uma designação como outra qualquer e só guardo dessa leitura que ela contribui admiravelmente para circunscrever essa nova dimensão que o surrealismo conseguiu extrair das artes plásticas, criando atalhos entre obras aparentemente muito distantes umas das outras, e que possuem todas um 'não sei quê' muito profundo em comum. É esse 'não sei quê' que o senhor chama de mágica, escolha em que os etnólogos não podem segui-lo, uma vez que o termo recebe em sua linguagem uma especificação técnica e restrita ao mesmo tempo. Mas, seja como for, admito a derrota, confessando-me incapaz de encontrar melhor nome para isso"[99].

Double twist. **A fórmula mágica do mito**

No exato instante em que o lamento elegíaco de *Tristes trópicos* faz ressoar seus poderosos acordes, quando a "solene eloquência" e a "retórica drapejada"[100] de Lévi-Strauss conseguem tocar o grande público, um artigo do etnólogo é publicado em *The Journal of American Folklore*, o qual percorre o caminho inverso, da literatura à matemática. Esse texto denso e cintilante, de um teoricismo acachapante, é o fundamento dos quatro volumes vindouros das *Mitológicas*. Em "The Structural Study of Myth"[101] [O estudo estrutural do mito], Lévi-Strauss postula uma dupla proposição metodológica: em primeiro lugar, a unidade sintática do mito é composta do "mitema", que, como o fonema ou morfema, só significa em relação com outras unidades; em segundo lugar, o mito deve ser lido à maneira de uma partitura de orquestra, horizontal e verticalmente, isto é, de forma diacrônica e sincrônica, analisando-se todas as versões do mito sem qualquer preeminência de origem ou importância. Essa demonstração é ministrada tomando como exemplo o mito de Édipo (que tem a vantagem de ser conhecido de todos), inclusive em sua interpretação freudiana, que, nessa perspectiva, Lévi-Strauss acolhe como uma última versão do mito. Pois se trata sempre de obter correlações significativas e "desembocar finalmente na lei estrutural do mito". No caso do mito de Édipo, uma dupla oposição entre duas séries de dois termos é extraída da análise, o que leva a uma estrutura contraditória do mito entre crença na autoctonia humana (o homem nascido da terra) e reconhecimento efetivo de que todos nascem da união de um homem e uma mulher. O mito tem então como função mediar, abrandar essa constatação, dificilmente contestável e que ao mesmo tempo não deixa de assombrar, de que um nasce de dois. É uma "espécie de ferramenta lógica" que propicia passagens não só entre os diferentes domínios vegetal, animal e humano, como entre os vivos e os mortos, entre os registros aparentemente inconciliáveis da cosmologia indígena. Após um longo desenvolvimento sobre a mitologia pueblo, seus "*ashboys*" e seus "*tricksters*" (bufões, palhaços), chega-se à ideia de que, no grupo constituído por todas as variantes do mito, as versões extremas são simétricas, invertidas por uma lógica de dupla torção (*double twist*), um pouco à maneira de uma imagem que se inverte saindo da lente de uma câmera fotográfica. A vertigem de erudição da demonstração se conclui de forma abrupta, com uma exposição lançada de maneira bastante presunçosa: "Sejam quais forem as precisões e modificações a serem propostas à fórmula abaixo, parece desde agora aceito que todo mito (considerado como conjunto de suas variantes) é redutível a uma relação canônica do tipo: Fx (a) : Fy (b) = Fx (b) : Fa (y)"[102].

Essa fórmula cabalística, quase mágica, que parece estabelecer as coordenadas de um tesouro em alguma ilha misteriosa, é dotada de um "*status* incerto", talvez mais "objeto moral" que "científico"[103], segundo Denis Bertholet. Ainda que recentemente toda uma corrente da etnologia brasileira (em torno de Manuela Carneiro da Cunha) tenha restituído atualidade a essa fórmula, ainda que alguns etnólogos façam dela um uso teórico (os trabalhos de Pierre Maranda em especial)[104] e matemáticos a tenham declarado válida, digamos simplesmente que ela visa igualmente *significar* a formalização matemática possível da análise dos mitos e, justamente por isso, estabelecer sua lógica rigorosa analogamente à da ciência moderna. Essa famosa "fórmula canônica", espécie de mantra da etnologia moderna, será mencionada discretamente no tomo 2 das *Mitológicas*, antes de Lévi-Strauss retornar a ela mais tarde, em *A oleira ciumenta* (1985) e *História de Lince* (1991). A ideia talvez lhe tenha ocorrido por ocasião do seminário realizado em 1952-1954 sobre a matemática das ciências humanas, em companhia do matemático Georges Guilbaud[105]. No entanto, não foi sem certo humor que seu autor a introduziu, descrevendo-se como um "camelô" que gostaria de explicar, "o mais rapidamente possível, o funcionamento da engenhoca que tenta vender aos basbaques"[106].

Da mesma forma que, a crer em Gaëtan Picon, a linguagem de *Tristes trópicos* alçava a obra do cientista ao patamar da literatura, carimbar nas operações míticas o selo da ciência matemática é inegavelmente, para Lévi-Strauss, "alçá-la" à dignidade mais indiscutível e elevada do pensamento.

Um paradoxo

Com Lévi-Strauss, estamos portanto diante de uma das pontas de lança do vanguardismo teórico, numa vontade explícita de modernização das ciências humanas e sociais pautada num modelo científico encarnado pelas ciências exatas, ao passo que o homem professa gostos estéticos antigos, pintura figurativa e música tonal, e que a prosa de *Tristes trópicos* impressionou seus contemporâneos por seu classicismo, seu perfume de anacronismo no seio da literatura de sua época[107]. As críticas que ele dispara contra a arte moderna são as mesmas que lhe são dirigidas, a ele e seu trabalho (abstração, formalismo árido, significantes vazios etc.).

Essa conexão antagônica às épocas é ainda mais intrigante na medida em que o estruturalismo, como construção intelectual, poderia legitimamente parecer solidário com o projeto artístico modernista, de maneira geral, e com aquele dos anos 1950, em particular. Alguns autores apontaram suas afinidades com a composição musical de Stockhausen, Xenakis, Boulez, Messiaen, todos em Paris no mesmo momento, concebendo obras cujos títulos – "Perspectivas", "Estruturas", "Sintaxes", "Configurações", "Quantidades"... – deixam clara a integração num mesmo humor cultural[108]. O valor da repetição, da série, do rigor matemático, da austeridade lhes é comum. Em pintura, a abstração, ao esvaziar o conteúdo da representação, dissocia o significado do significante, como faz, num primeiro momento, a operação estruturalista. Ao contrário de Lévi-Strauss, Jakobson institui uma genealogia do estruturalismo cujo impulso vem da arte moderna. É no futurismo literário moscovita do início do século XX e no cubismo pictórico que ele situa essa origem: "Talvez o impulso mais forte para mudar a abordagem no estudo da língua e da linguística tenha vindo – para mim, pelo menos – da atmosfera artística fervilhante dos primeiros anos do século XX. [...] Aqueles dentre nós que nos debruçávamos sobre a língua aprenderam a aplicar o princípio de relatividade no domínio das operações linguísticas; foram a teoria e a prática plástica do cubismo, em que 'tudo se funda em relações', que nos impeliram constantemente nessa direção"[109].

Essa cumplicidade benevolente com a vanguarda artística de seu tempo contrasta com a distância professada por Lévi-Strauss nas *Entrevistas* radiofônicas dadas a Georges Charbonnier em 1958. Nelas, ele se exprime livremente não só sobre seus gostos, como, pela primeira vez, sobre o que constitui, segundo ele, "o impasse" da arte moderna. Aprecia os quadros de gênero de Joseph Vernet, paisagens de portos que, vistas no âmbito do Museu da Marinha, lhe oferecem meios de reviver a relação entre o mar e a terra no século XVIII. Todavia, sua bulha com a arte moderna – que começa com o impressionismo em pintura, Flaubert em literatura (mas ele sabe Baudelaire de cor) – é compreensível principalmente na oposição com o que caracteriza a arte primitiva: a harmonia profunda com um grupo que compreende a significação das manifestações de uma arte plenamente sua; uma arte que significa bem mais do que representa; uma arte que se relaciona bem mais com os objetos do que tenta inovar nas formas, pois a tradição se impõe naturalmente. De maneira implícita, surgem os "becos sem saída" da arte moderna: uma arte que representa mas não significa, em que o artista joga com as "linguagens" (nas diferentes "maneiras" desse ou daquele pintor) como significantes vazios que, no plano sociológico, não asseguram nenhuma comunicação com o grupo. Para Lévi-Strauss, a experimentação voluntária de novas formas não é em absoluto sinal de fecundidade; é antes presságio de crise. Em suma, a pintura abstrata "não passa de um sistema de signos, mas 'fora da linguagem'", uma vez que esse sistema de signos é afinal criação de um indivíduo, o qual, aliás, está exposto a mudá-lo frequentemente[110]. Daí o esgotamento da modernidade pictórica prisioneira de si mesma. No mais, não hesita em considerar a extinção total da atividade artística, que nasceu, viveu e pode expirar. Esse "academicismo do significante" lhe parece obturar toda a arte moderna[111].

O que dizer dessas declarações que, ontem como hoje, parecem sacrílegas e rompem um dos consensos mais bem defendidos de nossas sociedades contemporâneas, sôfregas de "cultura"? No plano estritamente geográfico, observemos que essa postura, que vai se consolidar ao longo dos anos, nem sempre foi a dele. Lembremos do rapaz dos anos 1920, entusiasmado por Stravinsky e indo "fazer suas devoções" a Picasso. Lembremos também que seus gostos modernistas da época se construíam contra o seu pai. Tudo se passa como se a morte de Raymond Lévi-Strauss, em 1953, reconduzisse progressivamente o filho às concepções tradicionais: a modéstia, o artesanato, que, tanto na arte como na literatura, a figura paterna encarnava. Como se ele fosse alcançado por seus mundos subjacentes, agora simultaneamente homem do século XIX e do XX. Convém igualmente dar razão à exceção do surrealismo, que, a despeito de sua disputa com Breton, constitui uma experiência partilhada jamais negada. Aqui também, a biografia e os anos nova-iorquinos desempenham um papel, mas o essencial é uma cumplicidade estética que, para Lévi-Strauss, extirpa praticamente o surrealismo da arte moderna do "demiurgismo", a que tanto o surrealismo como Lévi-Strauss se opõem frontalmente. Dos anos nova-iorquinos data igualmente a verdadeira descoberta da arte primitiva, que relativiza a arte moderna.

Doravante é esta tripla polaridade que o define: cultura primitiva (contra a cultura ocidental), arte clássica (contra a arte contemporânea) e ciência moderna. É a carteira de identidade de uma sensibilidade plural que, em todo caso, em meados dos anos 1950, indica uma desvinculação mais generalizada, e voluntária, de seu tempo – e menos na informação, na cidadania, na inserção socioprofissional do que na afirmação de sua temporalidade própria: o amor dos começos e uma espécie de repugnância estética cada vez mais flagrante pelo seu presente. Não esqueçamos a radicalidade de *Tristes trópicos* em sua denúncia da modernidade ocidental: "Ao lado dele [Lévi-Strauss], Frantz Fanon parece decididamente reconfortante"[112]. Nessas condições, não espanta nem um pouco que a arte, porta de entrada privilegiada numa sociedade, seja solidária dessa rejeição flamejante: uma era de decadência não pode alimentar senão uma arte corrompida. Lévi-Strauss começa muito cedo a não ser mais um homem de seu tempo, mas o é de maneira profundamente original, o que torna sua obra "disponível", de uma "persistente 'inatualidade'"[113], situada no tempo e, não obstante, permanecendo-lhe inacessível.

Essa mistura de "em sintonia" e em descompasso assinala o que foi, quase instantaneamente, *Tristes trópicos*: um "clássico enigmático"[114]. Claude Roy destaca a acumulação da experiência posta em cena ("Tendo percorrido o mundo..."), o que produz um efeito de sabedoria e dá um aspecto conclusivo ao livro, em contraste com a rapidez e precariedade assumida de sua fabricação, seu lado colagem e fundo de gaveta. É a metamorfose peculiar da recepção de *Tristes trópicos*: sabe-se que o livro projeta uma obra por vir, ao passo que, lendo-se as resenhas, tem-se a impressão de que ele a fecha. Na realidade, ele não a inaugura nem a fecha. O livro reverbera todas as luzes presentes tanto nos textos anteriores – *As estruturas elementares do parentesco*, "Introdução a Marcel Mauss", *Raça e história* – como nos que virão depois, sobretudo o ciclo das *Mitológicas*. *Tristes trópicos* não representa em absoluto uma "distração" fora da ciência, uma pausa bem-vinda num itinerário de escrita linear ligando dois maciços, um, desigualmente alcançado, as *Estruturas*, e o outro, obra-prima, as *Mitológicas*. Se por um lado se considera a obra de Lévi-Strauss como a elucidação e reformulação de grandes problemas etnológicos – o parentesco, o totemismo, a mitologia – segundo um paradigma capaz de desvelar um mesmo funcionamento humano, por outro postula-se a estabilidade total do programa estruturalista, de 1947 a 1971, o qual sabemos que, ao contrário, evoluiu. Por essa óptica, *Tristes trópicos* está fora do circuito. Ao contrário, como sugere Clifford Geertz[115], cumpre contemplar a obra a partir de *Tristes trópicos*, considerado um eixo, um centro em cuja órbita cada um dos livros anteriores e vindouros puxa um fio de seu tecido rajado, exuberante de várias costuras que formam uma unidade: o fio político, o fio propriamente etnológico, o fio moralista e filosófico, o fio simbolista em busca de correspondências e de um lance de dados que aboliria o acaso.

Estranhamente, ainda que o termo "estruturalista" se ache praticamente ausente do livro, *Tristes trópicos*, por seu próprio sucesso, encarna, em toda a sua singularidade, uma expressão poética possível do estruturalismo pelo tipo de pensamento que desenvolve: o surgimento do sentido pelas manobras sensíveis, as estases contemplativas, os efeitos de conjunção ou disjunção, o repertório das oposições/inversões e os arabescos da simetria, os sortilégios da arte e as realizações da ciência, pensados como distintos mas não radicalmente separados[116]. Manifesto *a posteriori* do estruturalismo, esse livro da crise produz seu próprio mito: o do antropólogo à procura de seu Graal, o que explica o enorme impacto de *Tristes trópicos* nos anos seguintes à sua publicação.

Alavanca para a promoção da disciplina, ele exerce um verdadeiro poder de conversão sobre certos jovens que se identificam ardorosamente com a busca intelectual e sensível, com os dilaceramentos de um autor que soube se colocar em perigo. Muitos o leram num estado de exaltação, como esses livros que mudam uma vida, tal como descrevera admiravelmente Walter Benjamin: "O primeiro foi *O camponês de Paris*, de Aragon, do qual nunca podia ler mais de duas ou três páginas à noite na cama, porque o meu coração batia tão rápido que eu tinha de largar a leitura"[117]. Quer se trate de Pierre Clastres, Luc de Heusch, Jean Pouillon, Emmanuel Terray, Michel Izard, Olivier Herrenschmidt ou tantos outros após eles, todos atestam a guinada existencial em primeiro lugar, profissional em seguida, operada pelo encontro com *Tristes trópicos*. Embora nem todos os leitores se tornem etnólogos, o livro vai, ao longo dos anos e das reedições, angariar um público excepcionalmente amplo para as ciências humanas e, com ele, gerar uma reconfiguração da paisagem editorial das disciplinas nos anos 1960.

A conquista do grande público é comprovada pelos diversos usos que o livro conhece, inclusive os mais curiosos: um excerto de *Tristes trópicos* é apresentado como tema de redação para os alunos em estágio na rádio France d'Outre-Mer em julho de 1956[118]. Logo as páginas de *Tristes trópicos* entrarão nos programas escolares, antes de figurar nos clássicos do pensamento do século XX. Em maio de 1956, trechos são lidos na tribuna da Maison Internationale da Cidade Universitária por ocasião da festa de Vesak, cerimônia comemorativa do 2.500º aniversário da morte de Buda, na presença do embaixador da Tailândia[119]! Portanto, a seus títulos de glória, devemos acrescentar que *Tristes trópicos* é um marco na recepção do budismo na França e no Ocidente.

No estrangeiro, uma tradução em inglês é publicada em 1961, *A World on the Wane*[120], por John Russell, a partir de um texto truncado (editora Hutchinson). Contudo, antes da edição anglófona, os brasileiros traduzem o livro em 1958, os alemães em 1959 (Suhrkamp) – *Traurige Tropen* –, assim como os italianos na mesma data (Mondadori); os israelenses em 1960, os húngaros em 1974 etc. Um movimento de notoriedade internacional deflagra-se progressivamente, acarretando novas traduções de obras mais antigas, que são pretexto para novos artigos em torno de Claude Lévi-Strauss, segundo os círculos concêntricos de uma celebridade que se alimenta de si própria. Pois doravante o etnólogo tornou-se um personagem público. No verão de 1956, ganha uma página na revista *Elle*, coroado por uma legenda lisonjeadora: "O homem mais inteligente da França"[121]. É entrevistado, consultado. Seu rosto severo fica mais familiar. Esse coroamento "literário" irrita certos colegas, em especial Paul Rivet, a cujo respeito Lévi-Strauss contou como, de um dia para o outro, lhe fechara a porta, esperando uma reconciliação posterior.

Mas Émile Benveniste reage muito favoravelmente: "Sentimo-nos instigados a imaginar, para além do que lemos, o destino possível de uma obra que abre tantos problemas". Lévi-Strauss deve ter se sentido reconfortado por essa tirada – estava absolvido do lado da ciência –, ainda que Benveniste se mostrasse elegantemente detalhista em *post-scriptum*: "Sou afligido por um olho que não consegue saltar nada numa leitura. Espero que, para uma nova edição do seu livro, uma graciosa nambiquara consinta em desviar a última letra do '*poux*' (p. 298 fim) e que o senhor transfira a '*sans que je m'aperçus*' (p. 315) o apêndice incômodo do seu '*se départissait*' (p. 384). Será para preparar a tarefa de um futuro tradutor que há um anglicismo à p. 337 '*il s'exprima par et trouve... dans un peu...*'? Desculpe essas minúcias"[122].

Em julho de 1956, em *Les Temps Modernes*, é publicado um longo texto claro e aprofundado, que é o primeiro estudo do que seu autor, Jean Pouillon, não hesita em chamar "A obra de Claude Lévi-Strauss", levando em conta o conjunto de seus textos e não somente o último livro, bem como as críticas que atraiu (Claude Lefort, os marxistas na pessoa de Maxime Rodinson). Essa longa análise ao mesmo tempo benevolente e meticulosa de um novo paradigma é, por si só, um reconhecimento intelectual. Que ele tenha se dado na revista de Sartre e Simone de Beauvoir, que faz e desfaz reputações desde o fim da Segunda Guerra Mundial na França, acrescenta mais a esse reconhecimento. *Tristes trópicos*, desse ponto de vista, consuma, por seu sucesso, a entrada em concorrência e a emancipação do estruturalismo com relação ao planeta existencialista, do qual, como vimos, Lévi-Strauss é em parte solidário. Publicado em diversas ocasiões em *Les Temps Modernes*, defendido pela revista, nela tomando a palavra contra Caillois, é igualmente nela, terreno ainda não inimigo, que ele é reconhecido como interlocutor válido para o sartrismo do fim dos anos 1950, em desaceleração.

Nos anos 1957-1958, Lévi-Strauss parece sair do estado de crise que acompanhou a gênese de seu *opus*. Sua vida privada se transforma. Se Laurent, seu primeiro filho, é objeto da dedicatória de *Tristes trópicos*, um segundo, Matthieu, nasce em 1957 de sua união com sua terceira esposa. Pouco depois, eles deixam a rua Saint-Lazare e se mudam para um vasto apartamento (pertencente aos pais de Monique) à rua des Marronniers, num 16º *arrondissement* tipicamente burguês – que Lévi-Strauss não aprecia. Livre de suas tentações literárias, ele resume o episódio *Tristes trópicos* com o autodesprezo que lhe é peculiar: "Quis escrever uma obra de ficção e não consegui. Os etnólogos me acusam de ter feito um trabalho de amador e o público, um livro erudito. Isso, aliás, me é indiferente. Quando termino um livro, ele morreu para mim. Digamos que eu tenha me dedicado a um ritual de feitiçaria, rosto do meu pensamento"[123].

A CRISTALIZAÇÃO ESTRUTURALISTA [1958-1962] 15

As ideias em nós são um sistema completo semelhante a um dos reinos da natureza, uma espécie de floração, cuja iconografia será retraçada por um homem de gênio que talvez passe por louco.
HONORÉ DE BALZAC, *Louis Lambert*, 1832[1].

A "cristalização" é uma metáfora recorrente, mas não unívoca, sob a pena de Lévi-Strauss: ela evoca a súbita mudança de estado de uma solução saturada ou, ao contrário, a lentidão do processo descrito por Stendhal, ao longo do qual um sedimento mineral reveste a arborescência de um ramo[2]. Esse duplo sentido se aplica perfeitamente à biografia do antropólogo. Com efeito, subitamente, em poucos anos, tudo se desbloqueia. E se até então tudo em sua carreira foi uma série de atribulações, a partir do fim dos anos 1950 essa defasagem estrutural termina e dá sentido a essa "*différance*"* de dez anos.

Em 1959, Claude Lévi-Strauss é finalmente eleito para o Collège de France. Sua eleição torna possível a realização de dois projetos concebidos desde o fim dos anos 1940: um laboratório e uma grande revista francesa de antropologia. Além disso, publica três livros em quatro anos: um manifesto estrutural (*Antropologia estrutural*), um pequeno volume crítico e reflexivo (*O totemismo hoje*) e um grande livro luxuriante, plenamente antropológico, que subverte o mapa intelectual da época (*O pensamento selvagem*). O que se "cristaliza" nesse êxito institucional e editorial é a maneira de colocar os problemas, a visão de mundo e o modelo de compreensão, em suma, o paradigma estruturalista, doravante presente no mercado dos bens teóricos.

Essa sequência auspiciosa da vida de Lévi-Strauss está muito ligada à instituição do Collège de France. O reconhecimento científico e os meios materiais proporcionados pelo Collège transformam duradouramente o cotidiano do etnólogo e, com ele, o da antropologia. A ligação se opera de outra maneira: Georges Dumézil, um dos apoiadores mais fiéis de Lévi-Strauss no Collège, lhe passa a encomenda, para uma coleção que ele dirige, de uma obra sobre o totemismo que se metamorfoseia em dois livros. A bifurcação operada rumo ao

---

* Grafado com um "a" para distinguir de "*différence*" [diferença], como seria usual. Conceito criado por Derrida a fim de chamar a atenção para a importância da escrita não mais considerada simples representação da fala, mas compartilhando uma origem comum com esta. No caso, invade igualmente o campo semântico de "*différence*", no sentido de "distância", "adiamento". [N.T.]

pensamento mágico produz então seus primeiros frutos. E, com a publicação de *O pensamento selvagem*, confirma-se a espécie de fascínio produzido pelo estilo intelectual de Lévi-Strauss, sua mistura de rigor, audácia teórico-política e vibração existencial: "É deliberadamente que retomo o termo *selvagem*", diz ele a propósito de seu último livro. "Ele exprime uma carga emocional e crítica, e penso que não convém tirar a paixão dos problemas."[3] Esse coquetel inebriante e essa nova respiração antecipam a atração mais geral que então exercem na França as jovens ciências sociais, desafiando o magistério da filosofia e do humanismo teórico. O Collège de France, que, poucos anos depois de Lévi-Strauss, receberá Roland Barthes e Michel Foucault, depois Pierre Bourdieu, torna-se um novo centro da vida intelectual francesa. Agora é na praça Marcelin-Berthelot, e não mais no Café de Flore, que se criam novas formas de colocar os problemas – e de não lhes tirar a paixão.

PRAÇA MARCELIN-BERTHELOT

Há um lugar em Paris que, em sua discrição estudada, a meia altura da colina Sainte-Geneviève, encarna desde o século XVI uma espécie de paraíso erudito. Ali se ensina livremente, sem programa nem avaliação obrigatórios. Quando Lévi-Strauss alcança finalmente a praça Marcelin-Berthelot, o público, heterogêneo e bastante escasso nesse fim dos anos 1950, se prepara para conhecer melhor essa prestigiosa instituição.

"Atravessar meu Rubicão"

Em 26 de outubro de 1958, Lévi-Strauss escreve a Fernand Braudel pedindo que o informe acerca dos "novos desdobramentos que, dessa vez, parecem – não sem [lhe] inspirar muita angústia – incitá[-lo] a atravessar o [seu] Rubicão..."[4]. Decidido a apresentar, pela terceira vez, sua candidatura ao Collège de France, ele reata com as formalidades de praxe: enviar sua bibliografia e seus trabalhos, efetuar as visitas de cortesia. Nessa ocasião, descobre que *As estruturas elementares do parentesco*, sua tese, está esgotada, e se desculpa por isso junto a Braudel: "Um rápido levantamento me convenceu de que não restava mais um único exemplar na praça em Paris. Mandei procurar no interior e nos sebos"[5].

Depois do seu duplo fracasso de 1949-1950, a situação evidentemente mudou: a sua, em primeiro lugar, uma vez que o sucesso de *Tristes trópicos* transformou o ambicioso e jovem pesquisador num intelectual que conta na cena pública. Seu rosto grave começa a ser conhecido por uma plateia que ultrapassa amplamente os círculos acadêmicos consagrados. O contraste agora é violento entre essa notoriedade nascente e a modéstia de sua situação profissional, uma *direction d'études* numa instituição brilhante, cujas promessas foram confirmadas pela história, decerto, mas que, na época, permanece marginal. Nessa data, a seção VI da EPHE limita-se a algumas dezenas de pessoas; embora alimentando um forte ativismo científico, ela é confrontada com o colosso da Sorbonne, rica de seus ensinamentos, de seus alunos, de suas tradições e de sua solidez universitária. Ao mesmo tempo que conhece os obstáculos que se opõem a isso, Lévi-Strauss não exclui a possibilidade de juntar-se a ela.

Em 1955, o filósofo Merleau-Ponty, a quem o une uma amizade fraterna, lhe propõe ajudá-lo numa ou noutra das direções que se lhe oferecem: "O senhor sabe que percebi claramente a atitude de alguns professores universitários para consigo. Eu gostaria de lhe dizer de uma vez por todas que abraço antecipadamente qualquer tentativa de dar às suas pesquisas a difusão a que elas têm direito. Se, portanto, seja na Sorbonne, no fim deste ano, seja no Collège, alguma coisa puder ser feita por mim nesse sentido, considere sempre que estou pronto a fazê-la"[6]. Quando Marcel Griaule, detentor da cadeira de etnologia na Sorbonne, morre em 1956, a questão se coloca... mas é Roger Bastide quem lhe sucede. Os antagonismos são suficientemente fortes, em especial da parte de Georges Gurvitch, e radicais para que as portas da *Alma mater* se fechem definitivamente para ele. Em contrapartida, o Collège de France se transformou, com a extinção e criação de cátedras que, em uma década, modificaram sua fisionomia científica e política. Braudel foi eleito em 1950, Merleau-Ponty em 1952. Essa nova geração se acrescenta a Gourou, Benveniste e Dumézil, apoiadores incondicionais de Lévi-Strauss, enquanto o "lado Faral", adversário, tornou-se minoritário. E, desde 1955, o hispanista Marcel Bataillon, favorável a Lévi-Strauss, é o administrador do Collège.

Nessas condições favoráveis, era preciso, no entanto, toda a amizade "tão franca quanto tardia"[7] e toda a paciente convicção de Merleau-Ponty para fazer com que Lévi-Strauss voltasse atrás em sua decisão de desistir de qualquer "carreira" e nada solicitar[8]. O Rubicão era tão largo quanto a humilhante comoção após a dupla derrota. Literalmente contemporâneos (ambos nascidos em 1908, embora Lévi-Strauss parecesse mais velho...), os dois *agrégés* de filosofia se conheceram em 1930, num estágio pedagógico comum no liceu Janson-de-Sailly (na companhia de Simone de Beauvoir), depois se esbarraram em 1945 e, por fim, conviveram no começo dos anos 1950 no círculo de amigos de Lacan, Leiris e Jakobson. Os membros desse pequeno grupo são igualmente ligados por suas respectivas mulheres, Sylvia Bataille-Lacan, Suzanne Merleau-Ponty, Louise Leiris e Monique Roman – que já conhecia "Merleau", por sua vez. Merleau-Ponty encarna o projeto fenomenológico, que domina a filosofia francesa do pós-guerra. Porém, ao contrário de Sartre, mostra um interesse cada vez mais agudo pelas ciências do homem, a psicologia e também a etnologia, das quais espera que possam lhe fornecer material para construir uma "nova maneira de ver o Ser"[9]. A ruptura com Sartre (a propósito do comunismo) e a aproximação com Lévi-Strauss, no começo dos anos 1950, sancionam essa espécie de "companheirismo de estrada"[10] intelectual com as ciências sociais. Como afirma François Dosse, Merleau-Ponty é uma das raras "passagens"[11] entre a filosofia existencial e as ciências sociais. É igualmente em cima desse programa de abertura que ele conduz, com mão de mestre, uma eficaz operação de *lobby* no Collège de France, trazendo em sua esteira homens como Gaston Bachelard e Martial Guéroult (cátedra de história e tecnologia dos sistemas filosóficos), conscientes de uma possível marginalização da filosofia e dispostos a dar uma chance ao projeto estruturalista de Lévi-Strauss, que Merleau-Ponty define perante seus colegas como uma grande aventura secular, de Mauss a Lévi-Strauss, que se desenrolaria sob seus olhos.

Pois é Merleau-Ponty, em 30 de novembro de 1958, que apresenta o "Relatório para a criação de uma cátedra de antropologia social" perante a assembleia geral dos professores[12]. Não deixou nada ao acaso e sua argumentação se desenvolve num amplo programa intelectual, moral, filosófico, que contrasta com relatórios feitos às pressas para determinadas candidaturas mais imediatamente consensuais. Em primeiro lugar, alinha a eventual criação de uma cátedra de antropologia social, apesar da consonância ainda exótica do nome, à tradição da escola sociológica francesa de Durkheim, Halbwachs e, sobretudo, Mauss, por sua vez professor na mesma instituição e cujo processo de filiação é facilitado pela "Introdução" às suas obras escrita por Lévi-Strauss oito anos antes. Merleau-Ponty lembra a constante interrogação sobre a natureza dos fatos sociais, as relações do homem com o outro, as relações entre sujeito e objeto, à qual nem a ambição sistemática de Durkheim nem o gênio intuitivo de Mauss foram capazes de responder de maneira totalmente satisfatória: "Faltava à escola francesa esse acesso ao outro que, não obstante, é a definição da sociologia. Como compreender o outro sem sacrificá-lo à nossa lógica e sem sacrificá-la a ele?"[13]. Segundo o filósofo, o interesse da antropologia estrutural é precisamente "substituir em toda parte as antinomias pelas relações de complementaridade"[14]: "Os fatos sociais não são coisas nem ideias, são estruturas". O interesse da estrutura (cujo sentido ele já observa ser degradado por um uso intempestivo desde 1958) é que ela permite sair da contradição entre um pensamento objetivante (o do etnólogo) e o pensamento indígena: "Não se trata de ter razão contra o primitivo ou de lhe dar razão contra nós". Trata-se, ao contrário, de um projeto em que possam encontrar seus lugares "o ponto de vista do indígena, o ponto de vista do civilizado e os erros de um com relação ao outro"[15]. Essa compreensão muito profunda do regime de pensamento estruturalista se conclui com o falso enigma exigido por esse gênero oratório (que consiste em propor uma cátedra fazendo abstração daquele ou daquela que a ocuparia): "Que esse esboço de antropologia social seja igualmente a descrição abstrata de alguém, que haja um intelectual para realizar entre nós essa pesquisa e esse ensino, se os senhores decidirem por isso, a coisa é ainda menos duvidosa, na medida em que esse relatório é feito de reflexões em torno de uma obra em que brilha uma inteligência severa, pessoal, sensível"[16]. Em 30 de novembro, dois dias depois do seu quinquagésimo aniversário, Lévi-Strauss conhece o "presente" que acaba de lhe ser dado e anuncia isso a Jakobson em 26 de dezembro: a criação da cátedra de antropologia social no Collège de France[17]. Nenhuma outra proposta de cátedra foi oposta a Merleau-Ponty e a Martial Guéroult, que tomou a palavra depois dele. Da mesma forma, nenhum outro candidato postulará essa cadeira, tão absolutamente identificada com a pessoa de Lévi-Strauss – mesmo que, como o costume exige, um candidato de segunda linha, Jean Guiart, se apresente *pro forma*[18]. Tudo isso assemelha-se mais a uma eleição-consagração do que a uma eleição-combate.

Cheio de angústias, supersticioso, Lévi-Strauss submete-se, no entanto, a todos os protocolos e prepara cuidadosamente a segunda etapa do processo. Após a definição da cátedra, resta ainda, com efeito, a eleição daquele que a ocupará. Solicita uma visita junto a seu antigo algoz, Louis Chevalier[19]. "Nenhuma intriga à vista", segundo Dumézil. De fato, em 1958-1959, o roteiro não é mais absolutamente o mesmo de dez anos atrás: simplificou-se ao extremo e tudo se passa como se agora a candidatura de Lévi-Strauss derivasse da evidência. O geógrafo Roger Dion, ex-torcedor de seu concorrente, o dispensa de uma nova visita, estimando-se suficientemente esclarecido para poder, "com pleno conhecimento de causa, propor a [seus] colegas aceitar [sua] candidatura à cátedra de morfologia social [*sic*] que ninguém na França [lhe = R.D.] parece mais bem qualificado que [ele = C.L.-S.] para ocupar"[20]. Por fim, em 15 de março de 1959, Merleau-Ponty volta à carga. Dessa vez, cai o véu: "Ao lhe propor apresentar em primeira instância o sr. Claude Lévi-Strauss à escolha do ministro, tenho consciência de recomendar à sua atenção uma bela, uma grande tentativa intelectual"[21]. Lévi-Strauss é eleito com um total de 36 votos em 44[22]. É o fim de um longo "purgatório"[23] que ele sabe o quanto lhe custou, e cujo feliz desenlace lhe virá à mente todas as vezes que seu olhar pousar no retrato de Merleau-Ponty, afixado em seu escritório pelo resto da vida. Sua dívida de gratidão é ainda mais incomensurável na medida em que o filósofo morre abruptamente de um infarto, em 3 de maio de 1961, no ano seguinte à entrada de Lévi-Strauss no Collège.

A escolha do nome da nova cátedra, "antropologia social", é, sob diversos aspectos, anormal, bizarra. Corresponde à escolha primordial que Lévi-Strauss faz em sua volta à França de adotar o termo, inusitado na época, "antropologia". No momento de gravá-la no mármore do organograma do Collège de France, essa denominação constitui uma operação semântica de envergadura para toda a disciplina etnológica. Como assinala Jean Jamin, o emprego desse termo instala prontamente a disciplina num campo semântico internacional. Seu uso é, ao mesmo tempo, uma maneira de reatar com a ambição teórica da antropologia do século XIX como estudo da natureza e da espécie humana no quadro da evolução, ainda que Lévi-Strauss, como sabemos, se demarque visceralmente do quadro evolucionista[24]. Através do emprego estratégico desse termo, ele coloca várias tradições intelectuais em comunicação: não só a da sociologia francesa durkheimiana, voltada às relações entre indivíduo e sociedade, como a da antropologia cultural norte-americana (aliás, carregada de influências alemãs, através do magistério boasiano), centrada na dialética da natureza e da cultura. Assim, a renovação da etnologia por parte de Lévi-Strauss se assume como uma síntese que seu trajeto de vida e pensamento lhe permitiu deduzir, ao mesmo tempo lhe atribuindo certa grandeza filosófica pela ressonância kantiana desse vocábulo polissêmico. Pierre Bourdieu, então jovem filósofo em vias de deslocamento sociológico, atesta o sucesso dessa operação e o "prestígio extraordinário que essa disciplina adquirira, inclusive junto aos filósofos, graças à obra de Lévi-Strauss, que também contribuíra para esse *enobrecimento*, substituindo a designação tradicional da disciplina pelo rótulo inglês de antropologia e acumulando assim os prestígios do sentido alemão – Foucault traduzia nesse momento a *Antropologia* de Kant – e a modernidade do sentido anglo-saxão"[25].

"O campo da antropologia"

Ao entrar para o Collège de France, Lévi-Strauss se vê preso não só no antro da inovação científica, como também, e não sem prazer, num mundo de tradições, protocolos e rituais. O primeiro deles exige dar uma "aula inaugural", introdução ao ensino vindouro, a qual, para Lévi-Strauss, acontece em 5 de janeiro de 1960 às 14h15, perante uma plateia impressionante, que alia a ciência em marcha à mundanidade intelectual.

Teríamos de reencontrar o grão da voz do orador, mas, lendo-a hoje, essa aula inaugural, publicada como livreto pelo Collège de France, ressoa como um texto bastante típico de seu autor, com suas bruscas turbinagens teóricas, suas referências inesperadas, seu fervor e, subitamente, uma calmaria sonhadora e melancólica: o remanso da maré após a tempestade. É, como é comum, um texto com gatilho duplo ou triplo, com uma estratigrafia de significações, entre as quais esta em primeiro lugar: essa eleição impõe a antropologia no centro do saber contemporâneo[26].

Pela amplitude de seu questionamento, pela envergadura do domínio, do "campo" abordado, por sua capacidade de síntese e abrangência[27], a antropologia é definida como uma ciência do século XX em diálogo com as outras disciplinas, porém com um olhar específico, constantemente aguçado pela sensibilidade artística de seu tempo; oportunidade para Lévi-Strauss pagar publicamente seu tributo ao surrealismo: "Nós lhe somos devedores por ter, no âmago de nossos estudos, descoberto ou redescoberto um lirismo e uma probidade"[28]. Nas dependências do Collège de France, Lévi-Strauss, engomado em seu fardão protocolar, permite-se todas as audácias, apresentando sua disciplina de maneira revolucionária, como uma mistura de objetividade radical e subjetividade radical, como já sugeria Michel Leiris em *A África fantasma*[29], aliando um procedimento empírico específico – o trabalho de campo, uma autoprovação – a um procedimento especulativo ambicioso: "A antropologia pratica a observação integral, aquela depois da qual não existe mais nada exceto a absorção definitiva – e isso é um risco – do observador pelo objeto de sua observação"[30]. Assim, do trabalho de campo ao laboratório e do laboratório ao trabalho de campo, a alternância entre o método indutivo e o método dedutivo, entre a individualidade de um ser e o estabelecimento de uma sistemática, essas passagens sucessivas através do espelho, inerentes ao ofício de etnólogo, o autorizam a definir a antropologia como "a única ciência a fazer da subjetividade mais íntima um meio de demonstração objetiva"[31]. Programa sedutor.

Por um lado, Lévi-Strauss se lança numa demonstração teórica vertiginosa, comparando, a golpes de inversões lógicas, os mitos de tipo edipiano, mitos do enigma, constituídos de uma pergunta para a qual se postula não haver resposta, e os mitos de tipo Graal-Buda, mitos da resposta sem pergunta: seriam uns a transformação dos outros? Nessa viagem ao âmago do Lego estruturalista na companhia de Édipo, Buda e da coruja algonquina, a conclusão cai feito um cutelo: Percival é um Édipo invertido. Um vasto jogo de construções e interpretações relaciona a solução do enigma ao incesto (Édipo), enquanto a resposta sem pergunta é semanticamente associada à castidade (Percival). Por outro lado, o eleito despacha sua armada teórica de volta ao porto: "Contra o teórico, o observador deve sempre ter a última palavra; e contra o observador, o indígena"[32]. Conclui sua aula com o *native's point of view*, reportando-se aos selvagens que lhe ensinaram o essencial, esses selvagens "com quem contraí uma dívida da qual não me livrarei, nem que eu fosse capaz de, no lugar onde os senhores me colocaram, justificar a ternura que eles me inspiram e a gratidão que sinto por eles, continuando a me mostrar tal como fui entre eles e como, entre nós, eu não gostaria de deixar de ser: seu aluno e sua testemunha"[33]. Testemunha, o orador pretende sê-lo no sentido forte do termo, com a inflexão fúnebre, crepuscular, característica da antropologia lévi-straussiana; se, no mesmo momento, Siegfried Kracauer define a história como a ciência "das penúltimas coisas"[34], para Lévi-Strauss, a antropologia é efetivamente a ciência dos últimos homens[35].

Na plateia, ninguém ignora estar assistindo a um momento histórico. Essa aula é um marco não só na construção da disciplina, como na definição alternativa da "ciência em vias de ser feita", resistente ao objetivismo simplório que pode servir de viático para as jovens ciências humanas. Integrando a subjetividade, mas também o ponto de vista indígena num mesmo movimento de superação das antinomias, a antropologia estrutural engrena um segundo movimento, caracterizado pela introdução da noção de "transformação", ao mesmo tempo se inserindo numa dinâmica disciplinar que a entrada no Collège de France de seu "pontífice"[36] não pode senão beneficiar. Eis por que Lévi-Strauss também se esforça, à sua maneira, para compreender de forma reflexiva todos os momentos dessa disciplina. A longa e matreira deambulação sobre o algarismo 8 que serve de preâmbulo à aula é decerto uma homenagem prestada ao pensamento supersticioso, sem por isso deixar de ser uma forma defasada de se inserir numa genealogia: 1858, nascimento de Franz Boas e Émile Durkheim; 1938, George Frazer pronuncia a aula inaugural da primeira cátedra de antropologia social no mundo, na Universidade de Liverpool, vinte anos antes da decisão dos professores do Collège de France de criar uma em Paris. E Claude Lévi-Strauss nasceu em 1908, data subliminar que não encontramos no texto, mas que Merleau-Ponty decifra com facilidade, embaraçado com aquela contemporaneidade que era um fardo para ele![37].

Para "Lévi-Strauss, o norte-americano", inscrever-se numa história era primeiro reencontrar a sociologia francesa; não só afirmar que, "criando esta cátedra de antropologia social, foi a de Marcel Mauss que os senhores quiseram restaurar"[38], mas igualmente reatar com aquele do qual ele foi um "discípulo inconstante": Durkheim. Lévi-Strauss dá uma de bom-moço ao lamentar seu esquecimento na França, sua "perda" até, ocultando sua própria rebelião antidurkheimiana dos anos brasileiros[39]. No momento em que o novo professor do Collège de France lhe presta uma homenagem expressa, Durkheim é objeto de uma disputa de poder no seio da ciência social francesa. Com efeito, o centenário do seu nascimento deve ser comemorado na Sorbonne, alguns meses mais tarde, em 30 de junho de 1960, sob a batuta de Georges Gurvitch. Ora, este vetou a participação de Lévi-Strauss. Privado da palavra, este último aproveita-se do eco de que se beneficia a aula inaugural para saudar o "demiurgo", autor de um "poderoso arcabouço lógico", de um "prodigioso edifício" pelo qual circulam alguns "fantasmas metafísicos" que seu sobrinho Marcel Mauss soube oportunamente expulsar[40].

Essa desfeita traduz não só a virulência do conflito intelectual, simbólico, pessoal, entre Lévi-Strauss e Gurvitch, como, em filigrana, a rivalidade de suas respectivas instituições. Nos anos 1960, era de conhecimento público que o nome de Lévi-Strauss não devia ser pronunciado na Sorbonne. A um de seus correspondentes anglo-saxões, Lévi-Strauss fala de Gurvitch: "*He positively hates me*"[41]. Lembramos, Gurvitch já tomara suas distâncias com relação à "Introdução" à obra de Marcel Mauss escrita em 1950 por Lévi-Strauss[42]. Em 1955, atacou frontalmente seu colega num artigo, "O conceito de estrutura social"[43], no qual criticava as tendências estáticas, exageradamente redutoras, abstratas do estruturalismo versão Lévi-Strauss. Este reage em 1956 num texto acerbo – o último dessa estirpe, parece – que começava demolidor: "O sr. Gurvitch, que confesso compreender cada vez menos a cada vez que me ocorre lê-lo..."[44]. Em seguida, Lévi-Strauss enfrentava um novelo de problemas ligados à estrutura e respondia a diversos tipos de crítica, mas acima de tudo se insurgia contra o que considerava ser má-fé de seu adversário: "Com que direito, a que título o sr. Gurvitch se institui nosso censor? E o que sabe ele das sociedades concretas, ele cuja filosofia inteira se associa a um culto idólatra do concreto (glorificando sua riqueza, sua complexidade, sua fluidez, seu caráter para sempre inefável e sua espontaneidade criadora), mas permanece imbuída de tamanho sentimento de reverência sagrada que seu autor nunca mais ousou empreender a descrição ou a análise de uma sociedade concreta qualquer?"[45]. Perante um sociólogo que permaneceu, segundo ele, muito filósofo, não tendo nenhuma experiência de qualquer trabalho de campo, Lévi-Strauss falava em nome dos etnólogos e de seu contato com a "realidade palpitante", ao mesmo tempo ministrando uma lição de estruturalismo: "Mas, efetivamente, nosso fim último não é tanto saber o que são, cada qual em si, as sociedades que constituem nosso objeto de estudo, e sim descobrir a maneira como elas diferem umas das outras. Como em linguística, esses afastamentos diferenciais constituem o objeto próprio da etnologia"[46]. Gurvitch é uma personalidade inquieta, volúvel e megalomaníaca, como admitem seus próprios amigos. Reputado por seu dogmatismo, está persuadido de ser o grande pensador da sociologia contemporânea. Embora aureolado com um poder autocrático sobre a Sorbonne e a fidelidade de um pequeno grupo de sociólogos de esquerda, próximos do marxismo e refratários ao reino estruturalista – Jean Duvignaud, Lucien Goldmann, Henri Lefebvre, Roger Establet, Georges Balandier –, seus últimos anos foram dolorosos. Com efeito, em 1957, Raymond Aron é eleito para a Sorbonne para uma segunda cátedra de sociologia e constitui rapidamente um polo de atração para os estudantes. E, do outro lado da rua Saint-Jacques, Lévi-Strauss, eleito para o Collège de France em 1960, constitui uma ameaça ainda mais temível[47].

O Collège de France costuma consagrar itinerários complicados, às margens ou fora da universidade, dos quais a carreira de Lévi-Strauss é um exemplo perfeito. Desenhando-se primeiramente no estrangeiro, depois na École Pratique des Hautes Études, sua trajetória docente é duplamente excluída do *cursus honorum* nacional. Nesse aspecto, Lévi-Strauss encarna perfeitamente o que

Pierre Bourdieu, em *Homo academicus*, chama de "heréticos consagrados"[48], que, nos anos 1960, cultivam "rusgas" com a Sorbonne, cada qual baseando-se em experiências de ensino, posturas e éticas científicas distintas das da universidade. Em outras palavras, os novos mestres do Collège de France, não só Lévi-Strauss como Benveniste ou Dumézil, à espera de Michel Foucault e Roland Barthes, permanecem em parte marginais. Em todo caso, o perigo existe. O oximoro empregado por Pierre Bourdieu denota que a instituição da praça Marcelin-Berthelot não está livre de vir a ser uma prisão dourada. O professor do Collège de France não pode ter doutorandos nem pode presidir bancas de tese; não tem nenhum poder universitário, tampouco equipe de pesquisa. Calejado por seu passado de empreendedor científico em São Paulo ou na New School e pela recente experiência como perito científico na Unesco, Lévi-Strauss tem plena consciência do caráter vital da armadura institucional e da importância da logística: é bom entrar no Collège de France, com a condição de sair dele... É exatamente o que ele faz ao impor a criação de um laboratório de pesquisas vinculado à cátedra do Collège, o Laboratório de Antropologia Social (LAS), e ao conceber uma revista de envergadura internacional, *L'Homme*, cuja ambição é dotar a França de uma publicação de alto nível, equivalente a *Man* na Grã-Bretanha ou *American Anthropologist* nos Estados Unidos. Laboratório e revista são os dois braços armados da nova cátedra, surgindo tão rapidamente como se já estivessem ali, ao menos no cérebro de seu idealizador, desde sua primeira candidatura ao Collège de France em 1949. Tanto o título da revista como o nome do laboratório já estavam previstos, os homens são os mesmos (a revista será dirigida por um triunvirato formado pelo próprio Lévi-Strauss, Pierre Gourou e Émile Benveniste) e as funções idem.

Mas sem dúvida convinha que o Collège aguardasse a chegada de um ano em "8", 1958 então. Última chave do subtexto biográfico da "aula inaugural": Lévi-Strauss lembra aos seus novos colegas que "aquela aula que eles aplaudiam agora poderia ter sido pronunciada dez anos antes"[49].

A CRISTALIZAÇÃO DO PARADIGMA

Em poucos anos, de 1958 a 1962, são publicados três livros de Lévi-Strauss: *Antropologia estrutural* (1958), *O totemismo hoje* (1962) e *O pensamento selvagem* (1962). Ou seja, um manifesto com uma proposta programática e epistemológica forte, um pequeno volume teórico-crítico e, por fim, um tratado plenamente antropológico, que, naquele início dos anos 1960, impõem o estruturalismo como um novo paradigma, em método e em atos, antes do mergulho em águas profundas das *Mitológicas*.

Um manifesto estrutural

O projeto de uma coletânea de artigos já é antigo. Remonta ao início dos anos 1950, quando Lévi-Strauss submetera essa ideia à editora Gallimard. Conhecemos sua desventura, que se tornou uma gafe tão tremenda na história dos fracassos da célebre editora quanto a recusa do primeiro tomo de *Em busca do tempo perdido*, de Marcel Proust: recebido por Brice Parain, promovido em seguida a "inimigo da etnologia"[50], ele tem seus originais recusados a pretexto – e a palavra ficou – de que seu pensamento não está "maduro"[51]. Fiasco editorial que se acrescenta a outros da mesma época, alimentando um forte rancor pela Gallimard[52]. Porém, em 1957, após o sucesso de *Tristes trópicos*, Lévi-Strauss pode considerar as coisas com olhos mais otimistas. A organização de uma antologia de artigos se revela ainda mais legítima na medida em que o percurso errático de seu autor, entre Novo e Antigo Mundo, toma muitos deles, publicados principalmente nos Estados Unidos, inacessíveis aos leitores franceses. Dezessete textos são reunidos e agrupados segundo temáticas que abrangem os interesses de pesquisa evidenciados pelo etnólogo de 1945 a 1956. Entre eles, encontramos os artigos fundadores do enxerto entre análise fonológica e estruturas de parentesco ("Linguagem e parentesco"); depois, textos mais centrados no material brasileiro e na "organização social", em especial um artigo que causou grande polêmica no mundo da antropologia brasileira: "As organizações dualistas existem?" (1956). Uma terceira parte é constituída pelas reflexões em torno da etnologia religiosa e do xamanismo, "Magia e religião", principalmente "O feiticeiro e sua magia" (1949); depois, os textos sobre "A arte", alguns dos quais remontam aos anos nova-iorquinos ("O desdobramento da representação nas artes da Ásia e da América", 1945); por fim, uma última parte ateia fogo nas pólvoras metodológicas, publicando, *in extremis*, uma resposta às diferentes críticas suscitadas pela noção de "estrutura" no campo intelectual.

A opção de incluir esse texto de resposta sobriamente intitulado "Posfácio ao capítulo 15" imprime ao conjunto uma tonalidade agressiva que confirma o título que "estala feito uma bandeira"[53]: *Antropologia estrutural* constrói um espaço de combates para a disciplina etnológica e sua liderança estruturalista. Nele, Lévi-Strauss realiza um trabalho de definição e esclarecimento dos termos: delineia genealogias, aponta os inimigos, o "progressismo marxista" (de Maxime Rodinson na *Nouvelle Critique*)[54] ou a sociologia filosofante de Gurvitch. Em ambos os casos, defende-se atacando: de um lado, afirma ser mais fiel ao marxismo do que seus arautos oficiais[55] e recusa o farisaísmo do argumento comunista, como se a sua relativização da ideia de progresso tivesse que, segundo a fórmula consagrada, "desesperar Billancourt". Do outro, recusa, como vimos, reconhecer em Gurvitch o monopólio do concreto em nome da epistemologia do trabalho de campo, do levantamento empírico paciente, doravante central no dispositivo da etnologia.

Há um terceiro inimigo, de natureza bem diversa, que surge em 1957: Jean-François Revel, jovem filósofo arrogante e com trânsito na imprensa, assina um panfleto, *Por que filósofos?*, que em um de seus capítulos tem como alvo o estruturalismo de Lévi-Strauss[56]. Este, da mesma forma, remete-o à leitura de Marx e Engels e, mais globalmente, indica-lhe a porta das bibliotecas etnológicas antes de denunciar sua veleidade filosófica: "Se um de meus colegas vier me dizer que minha análise teórica dos sistemas de parentesco murngin ou gilyak é contestada por suas observações ou que interpretei mal, quando me encontrava entre estes índios, a chefatura dos nambiquaras, o lugar da arte na sociedade dos cadiuéus, [...] eu o escutarei com deferência e atenção. Mas quando o sr. Revel, que negligencia a filiação patrilinear, o casamento bilateral, a organização dualista ou os regimes desarmônicos, me censura [...] por 'achatar a realidade social' porque, para ele, achatado é tudo que não se traduz instantaneamente numa linguagem da qual ele talvez tenha razão de se servir para falar da civilização ocidental, mas à qual seus criadores recusaram expressamente qualquer outro uso, é minha vez então de exclamar: sim, decerto, por que filósofos?"[57].

Para além do aspecto estritamente polêmico em que insistimos aqui, pois este desaparecerá, em seguida, da produção lévi-straussiana, doravante não sem inimigos mas sem urgência de enfrentá-los, *Antropologia estrutural* é um escrito de combate, como compreende lucidamente Roman Jakobson, que, assim que o lê, medita sobre "*the present and forthcoming struggle for anthropology and linguistics*"[58]. O livro é publicado pela Plon, os primeiros contatos tendo sido estabelecidos por Éric de Dampierre, que dirige para a editora a coleção Recherches en Sciences Humaines. No entanto, após *Tristes trópicos*, Gaston Gallimard alimenta esperanças de resgatar Lévi-Strauss: "Sabia que Gaston Gallimard arde de vontade de conhecê-lo, de admirá-lo, de lhe confiar qualquer coleção que o senhor deseje dirigir na editora dele?", escreve-lhe Étiemble em 8 de maio de 1956[59]. Os dois homens se encontram, mas Lévi-Strauss opõe uma recusa obstinada a quaisquer tratativas com Gallimard. Outra chave de seu itinerário intelectual divergente: toda a nata da literatura francesa é publicada na célebre editora; as ciências humanas preparam-se para estrear no catálogo, com Pierre Nora. Lévi-Strauss, por sua vez, escolhe a Plon. Irrevogavelmente. Embora menos prestigiosa no campo intelectual, a Plon será sua única casa editorial, mas sob certas condições, que ele esclarece desde cedo: "Melhor do que ninguém, o senhor sabe que meu livro estava originariamente destinado a outro editor, que concebera essa ideia, e que os senhores lograram reservá-lo para si exercendo certa pressão sobre mim, infinitamente civilizada, decerto, e à qual cedi de bom grado, mas que inverte as relações entre autor e editora"[60]. Essa carta irritada, enviada em plenas férias de verão ao editor literário da Plon, coloca os pingos nos is: Lévi-Strauss não suporta nenhuma ingerência em seus originais, nem atraso, nem silêncio. Exige igualmente liberdade total para revisar seu texto até o último minuto, o que fazia de maneira maníaca. O contrato, assinado em 23 de setembro de 1957, dá-lhe plena liberdade para negociar sozinho os direitos de tradução em inglês e não concede nenhuma prioridade à Plon no que se refere a seus próximos livros. Além disso, recusa que *Antropologia estrutural* seja publicado em uma coleção, seja ela qual for. Em outras palavras, e esta é a chave de sua fidelidade à editora, não pretende estabelecer uma relação de igualdade com seu editor. Na realidade, se sentirá cada vez mais à vontade, com o passar dos anos, para ditar sua lei. Essa posição de total autonomia sem dúvida não teria sido possível na Gallimard. É, portanto, conscientemente que prefere ser soberano com relação à sua obra, numa editora mais modesta, a ser um convidado entre outros sob os lambris editoriais da rua Sébastien-Bottin.

Dois livros gêmeos

Com a publicação de *Antropologia estrutural*, o estruturalismo tem seu manifesto. Muitos estudantes o adquirem e uma primeira tiragem se esgota. No verão de 1961, 4,5 mil exemplares foram vendidos e os direitos de tradução em inglês cedidos à Basic Books, que publicará o livro em 1963 (numa tradução de Claire Jacobson). A referência às "estruturas" torna-se onipresente nas ciências humanas: ela organiza as questões, tanto as maneiras de colocar os problemas como de resolvê-los, propõe métodos e estilos de abordagem, repousando, em suma, numa certa visão de mundo que, com a chegada da nova década, é progressivamente partilhada, inclusive de maneira crítica. Dois encontros interdisciplinares atestam esse fenômeno. Ambos acontecem em 1959[61]. O primeiro é um colóquio organizado por Roger Bastide, na Sorbonne, reunindo desde o especialista em embriologia Étienne Wolff até o linguista Émile Benveniste, passando pelo psiquiatra-psicanalista Daniel Lagache, os sociólogos Henri Lefebvre e Raymond Aron, o historiador Pierre Vilar e o próprio Lévi-Strauss, todos convidados a refletir sobre o "Sentido e uso do termo estrutura"[62] e, ao fazê-lo, a demonstrar a fecundidade quase universal do conceito tanto nas ciências naturais como nas sociais. O segundo encontro se dá em Cerisy, que acolhe as famosas "décadas", dez dias de debates intensos na atmosfera calorosa do famoso castelo. Ele é ainda mais emblemático do caráter doravante onipresente da referência estruturalista, com relação à qual todos se posicionam. Com efeito, o colóquio é realizado sob a batuta de Lucien Goldmann, Maurice de Gandillac e Jean Piaget, que não são estruturalistas, e tenta abrir um caminho rumo a um estruturalismo genético, mais receptivo à história e à diacronia, à conciliação das dinâmicas e das permanências. É um dos caminhos críticos mais frequentados na época, em especial por Goldmann, que acaba de publicar seu *Deus escondido* (1957). Também é apresentada uma palestra de Jean-Pierre Vernant sobre o mito das raças nos poemas de Hesíodo[63].

Essa cristalização do paradigma estruturalista prossegue com a publicação, em 1962, de dois livros gêmeos, concebidos como uma unidade, escritos rapidamente, que formam uma espécie de díade entre os dois maciços lévi-straussianos – do parentesco de um lado, da mitologia do outro –, constituindo uma espécie de "prelúdio"[64] a este último. Tal como Lévi-Strauss reconstrói *a posteriori* seu itinerário de pesquisa, ele vê esse momento como uma "espécie de pausa"[65] que lhe permite "recuperar o fôlego entre dois esforços"[66]. Nessa metáfora fisiológica da atividade científica, o atleta que é o estudioso inclina-se a minimizar o papel da pura contingência, a saber, aqui, a intervenção de Georges Dumézil.

Pois, inicialmente, seu colega encomenda-lhe um volume para uma coleção que ele dirige na PUF, Mythes et Religions. Trata-se de pequenos ensaios introdutórios a uma questão controvertida, destinados a um público amplo, sem aparato crítico abundante. Vernant contribui com um volume sobre *As origens do pensamento grego* (1962); Dumézil, três anos antes, contribuíra com *Les Dieux des Germains* [Os deuses dos germanos]; Leroi-Gourhan também está no programa. O diretor da nova coleção sugere a Lévi-Strauss fazer um balanço do totemismo, domínio que o etnólogo nunca abordou, mas que oferece certo atrativo para um temperamento intelectual como o seu. A complexidade da matéria (o grau de sofisticação intelectual dos sistemas totêmicos parece aberrante aos observadores, incapazes de desvendar seu uso e função), a centralidade do tema na literatura etnológica e a dificuldade de apreender seu sentido profundo: elementos que formam um enigma digno de suscitar curiosidade. Além disso, Lévi-Strauss sente-se em dívida com respeito a Dumézil, que facilitou sua eleição para o Collège: não há como recusar. Em 1960-1961, portanto, as aulas do Collège servirão pela primeira vez para engendrar uma obra futura, uma fórmula que Lévi-Strauss adotará nos próximos vinte anos. Com efeito, em conformidade com a vocação profunda da instituição que o recebe, sua atividade docente será vivida e praticada como uma "plataforma de testes"[67] da reflexão em curso, a palavra da cátedra ganhando rapidamente a forma de obra publicada. Essa forma de escrita forçada, da qual a aula magistral é a etapa intermediária, é extremamente produtiva. A rapidez de execução dos dois livros atesta isso: *O totemismo hoje* é iniciado na primavera de 1961 e terminado em julho, enquanto a redação de *O pensamento selvagem* (ao qual ainda falta o título), deslanchada em julho, conclui-se em novembro de 1961; Lévi-Strauss escreve a Jakobson em 17 de novembro: "Terminei o segundo livro".

Esse "segundo livro" é irmão ou filho do primeiro? Na realidade, tudo sugere que, à medida que se desenrolava o curso, a temática tenha agregado cada vez mais material, de modo que parecia impossível integrá-lo no formato restrito da coleção da PUF. Progressivamente, o segundo livro ganha autonomia e estilo próprio: após a varredura teórica, o exame pedagógico das diferentes teorias antropológicas do primeiro, eis o manancial de novas ideias, a exploração paciente e apaixonada das lógicas classificatórias, o encontro científico com as corujas, castores, salmões, lontras, esquilos e doninhas, os carcajus e as vontades de mulheres grávidas... "Uma pequena obra científica e pedagógica deu assim origem a um livro volumoso, ao mesmo tempo filosófico e literário, sobre as relações entre o espírito, a natureza e a história."[68] Lévi-Strauss antecipou essa dupla gestação e se abriu com Dumézil, que, por sua vez, reportou-se à PUF: "A PUF recebeu o choque dos dois volumes com a reação prevista"[69]. Na realidade, segundo Dumézil, o editor aceitaria os dois volumes, mas com um título um pouco restritivo, que indicaria a ligação íntima entre os dois, "O totemismo" e "Para além do totemismo", por exemplo. "Torço para que o senhor encontre as palavras mágicas"[70], incentiva-o Dumézil. Como sabemos, a fórmula mágica será: "O pensamento selvagem". O segundo livro, portanto, é completamente emancipado do primeiro, publicado por uma editora generalista, a Plon, e destinado a um público mais amplo, aquele que já provou do sabor bastante especial de uma escrita cinzelada por protocolos cultos e escapadas filosóficas permeadas por inquietudes, que exprime uma voz muito pessoal, agora reconhecível: uma voz única.

O fim de uma ilusão

De Durkheim a Van Gennep, de Frazer a Malinowski, uma geração inteira de etnólogos foi fascinada pela diversidade e riqueza das formas rituais do totemismo, especialmente as dos aborígenes da Austrália do Sul, de que Spencer e Gillen se tornaram os cronistas escrupulosos[71]. Seriam os totens símbolos dos animais e das plantas úteis à perenidade do grupo (os de que ele se alimentava, por exemplo)? Seriam representações mais complexas, filhas da ignorância acerca dos mecanismos de reprodução e fantasiando uma gênese entre homens e animais? Não funcionariam antes como puro objeto de identificação de tal clã ou fratria? Mas então, segundo que lógica profunda? Entre 1870 e 1910, numerosas hipóteses foram formuladas a respeito do totemismo, verdadeira pedra angular do ofício de etnólogo, que suscitou um espantoso "*rush* teórico" antes de declinar no entreguerras. Portanto, paradoxalmente, é uma questão obsoleta que Lévi-Strauss ataca em 1960. Ele lhe restitui sua profundidade cronológica, devolve-lhe uma centralidade esquecida na disciplina, mas para, no fim, enterrá-la por morte natural!

Com efeito, a tese principal de *Totemismo hoje* leva à dissolução total de uma noção analisada como uma "miragem". Lévi-Strauss interroga-se detidamente sobre o porquê de tão longo fascínio por uma instituição que, no fim de seu percurso, ele considera uma ilusão. "Dá-se com o totemismo o mesmo que com a histeria."[72] A frase liminar do livro compara os dois conceitos surgidos no século XIX com uma finalidade idêntica: circunscrever a razão ocidental por oposição a tudo que ela não é, a religião primitiva e a neurose. Em *Totem e tabu*, Freud estabelecia a equivalência entre as crenças das populações primitivas e as dos neuróticos. O livro de Lévi-Strauss destoa e perturba, uma vez que aponta os funestos efeitos de ilusão etnológicos. Numa entrevista contemporânea à publicação do livro, o autor martela: "Até aqui eu tinha evitado atacar esse ninho de cobras. Contudo, mais dia, menos dia, era preciso limpar a casa etnológica, isto é, livrá-la da noção de totemismo"[73]. E é um fato que, depois desse livro, o conceito de totemismo tornou-se definitivamente ilegítimo no debate antropológico, em prol de um novo interesse pelas lógicas classificatórias. Lévi-Strauss, de fato, empenha-se nesse salto conceitual: passa do totemismo como instituição ao totemismo como lógica e operador intelectual, seguindo as intuições não só de Boas e Radcliffe-Brown, como, acima de tudo, de Marcel Mauss e Durkheim no ensaio "Algumas formas primitivas de classificação" (1902)[74]. A solução para o enigma totêmico sugerida por Claude Lévi-Strauss é a seguinte: o totem não é nem utilitário nem analógico, não é uma instituição religiosa e não é de ordem psicológica; é um instrumento que serve para associar, por homologia, duas séries de relações, uma na natureza (as espécies naturais), a outra na cultura (os grupos sociais, clãs, fratrias, castas...). Trata-se, de certa maneira, de imitar a combinatória da vida natural (as diferenças entre gato/leão/lince etc., ou as oposições entre a águia e o carcaju, por exemplo) para pensar a vida social em sua diversidade, conflitualidade e unidade. Logo, não é a característica desse ou daquele animal que explica que um clã o adote como totem (segundo uma lógica simbólica), são as relações de analogia, diferença e oposição que formam um código totêmico homólogo ao código social, em sua unidade e diversidade. As populações primitivas encontrariam assim, no imenso repertório da natureza com o qual estão em íntima familiaridade, espécies naturais escolhidas não porque são "boas para comer", mas "boas para pensar".

O arcabouço lógico cerrado a que Lévi-Strauss habituou seus leitores não impede algumas comparações trocistas, que se tornam igualmente a marca registrada do etnólogo, entre a filosofia de Bergson e a de um velho sioux dacota, ambas caracterizadas por um "mesmo desejo de apreensão global desses dois aspectos do real que o filósofo designa com os termos contínuo e descontínuo"[75]. Esse esforço para unir as duas perspectivas, que faz de Bergson um "filósofo de gabinete, mas que, sob certos aspectos, pensa como um selvagem"[76], Lévi-Strauss designa-o como "totemismo vindo de dentro". E todo mundo pode experimentá-lo em si. Com efeito, é justamente dessa maneira que Dumézil, que encomendara o livro, acolhe sua lição profunda, como escreve a Lévi-Strauss mal termina sua leitura: "No abstrato e no concreto, tudo isso reveste-se de humanidade. O espírito está em seu lugar de honra: exsudando sempre do mesmo cérebro, ele constrói mundos bem vizinhos. Que os jovens seres protegidos pelo senhor das fronteiras fáceis possam enxergar em si mesmos o australiano – ou o viking"[77].

Odds and ends: O pensamento selvagem

O "segundo livro" arranca, vertiginosamente, a partir das conquistas do primeiro: pretende explorar "o avesso do totemismo". Como numa tapeçaria, o lugar demasiado liso das teorias etnológicas (varridas) dá lugar a uma explosão de cores com contornos ainda imprecisos.

Na abertura, o leitor faz um périplo (Filipinas, Califórnia do Sul, Gabão, Rodésia do Norte...) pelos léxicos etnobotânicos e etnozoológicos das populações primitivas, descobrindo, maravilhado, a precisão dos termos, a atenção ao detalhe e a preocupação com as distinções que caracterizam um saber enciclopédico, cujo rigor e riqueza nada têm a invejar ao saber científico ocidental. Essa é a tese essencial e revolucionária do livro, destilada, com base em exemplos, num turbilhão de referências etnográficas: as quinze espécies de morcegos distinguidas pelos negritos das Filipinas; as centenas de espécies vegetais conhecidas pelo léxico navajo (América do Norte); os conhecimentos médicos dos povos siberianos, que utilizam aranhas e larvas brancas para esterilidade, barata esmagada para problemas de hérnia, minhocas vermelhas maceradas para reumatismos etc.; as sete virtudes terapêuticas da carne do urso, bem como as doze de seu cérebro e as cinco de seu sangue, reconhecidas pelas populações buriates (povos siberianos); o diagnóstico da aproximação da primavera pelo exame do estado de desenvolvimento do feto do bisão nos índios blackfoot. Essa iridescente introdução à matéria insiste tanto na extraordinária erudição quanto na rigorosa classificação revelada por um saber obediente a exigências não utilitárias, e sim estritamente intelectuais: "Introduzir um começo de ordem no universo"[78]. Esse primeiro capítulo, denominado "A ciência do concreto", é, a exemplo do resto, mirabolante: coladas no *zoom* etnográfico, são introduzidas algumas noções essenciais do raciocínio de Lévi-Strauss, como a bricolagem ou a transformação. Encontramos também, entre a análise do vaporoso colarinho de Isabel da Áustria num retrato de Clouet e a de um tacape haida, uma verdadeira teoria da arte, concebida na defasagem entre esses dois objetos e situada "a meio caminho entre o conhecimento científico e o pensamento mítico ou mágico"[79]. O que vem fazer aqui esse colarinho? Da emoção estética profunda que lhe suscita a reprodução "fio por fio" e de um "escrupuloso *trompe-l'oeil*" do colarinho em questão, Lévi-Strauss deriva para a análise do modelo reduzido, da integração do acontecimento na estrutura e das partes no todo, amparando-se na sensibilidade estética para pensar o apetite de compreensão total do universo que lhe parece ser a marca mesma do que chama de "pensamento selvagem"[80].

O estudo de plantas, animais, constelações, rochas, bem como o fato de agrupá-los, opô-los, distingui-los, compõem um exercício de pensamento no qual o totemismo não passava de um caso particular no seio do problema geral das classificações. Essa combinatória gigante extraída do livro da Natureza torna as sociedades humanas capazes de jogar o "grande jogo da diferenciação", que, graças a operadores como o totem, mas também à noção de espécie, permite estabelecer as diferenças, ao mesmo tempo preservando sua unidade. Lévi-Strauss introduz então a noção de bricolagem para descrever certos mecanismos do pensamento selvagem, a formação de agenciamentos inéditos a partir de "resíduos e refugos" (*odds and ends*) e sob instância de improvisação[81]. Trata-se de reutilizar materiais dispersos e reduzidos para enfrentar uma disfunção e resolvê-la como um enigma qualquer, rearticulando-a num conjunto: "Na ordem especulativa, o pensamento mítico opera como a bricolagem no plano prático"[82]. O motivo da bricolagem está profundamente enraizado na vida de Lévi-Strauss, como vimos[83]. Erigida em verdadeiro valor da família (como o bricabraque), é praticada pelo pai de Lévi-Strauss, pelo próprio Lévi-Strauss e por seu filho Matthieu, que toma gosto pela coisa. Não só o antropólogo se confessa um grande *bricoleur*, como assume igualmente o termo no plano intelectual, quando, num procedimento tipicamente surrealista, descreve seu trabalho como uma distribuição de suas fichas à maneira de cartas, deixando o espírito e os objetos se encontrarem sem a interferência de um sujeito. Em seu trabalho de importação e transplante de modelos de inteligibilidade tomados da linguística, o próprio estruturalismo poderia ser comparado ao trabalho inventivo da bricolagem[84].

Outro elemento que dinamiza o falso hieratismo da análise estrutural: a observação segundo a qual a significação dos elementos míticos pode se transformar quando nos deslocamos no espaço, de uma sociedade a outra. Essa noção de transformação, já introduzida num artigo anterior, é retomada em *O pensamento selvagem*, antes de ser sistematizada nos volumes das *Mitológicas*. Ela fornece uma flexibilidade teórica ao não reduzir a estrutura ao sistema, dando a possibilidade de passar de um sistema de significação a outro por meio de relações invariantes e do que Lévi-Strauss chama de uma "transformação"[85]. Na verdade, não há estrutura sem transformações, cujo estudo é o único meio de revelar as propriedades idênticas dos diferentes sistemas. Nesse estágio, Lévi-Strauss gosta de citar Goethe: "Todas as formas são semelhantes e nenhuma é igual à outra. De modo que o conjunto conduz a uma lei oculta"[86]. Podemos imaginar esses códigos de significação moventes em sua natureza caleidoscópica, que faz do "pensamento selvagem" um jogo de espelhos infinitos, decompondo e recompondo o prisma das relações entre natureza e cultura[87].

O próprio título do livro reverbera uma pluralidade de sentidos, ou pelo menos de conotações canalizadas pela poética singular da obra, bastante erudita, porém se abrindo para o formidável trocadilho do título, quebra-cabeça magistral para todas as traduções: o fino debruado da *Viola tricolor* (amor-perfeito, erva-da-trindade)* tira um rico partido da homonímia francesa com o termo que define a operação de pensar, engendrando uma capa brilhante para o livro, convite ao humor e ao universo botanizante de seu autor. Ele é compreendido, em sua simplicidade universal, em diálogo com os grandes livros que constituíram a disciplina: *Primitive Culture*, de Tylor, *Primitive Society*, de Lowie, que converteu Lévi-Strauss à etnologia, mas também, e sobretudo, em oposição a Lévy-Bruhl e seu *A mentalidade primitiva* e contra a ideia de um princípio "pré-lógico" que regeria sociedades dominadas pela afetividade. Tomando a opção contrária, Lévi-Strauss não se cansa de apontar que "o pensamento selvagem é lógico, no mesmo sentido e da mesma maneira que o nosso"[88]. Em plena descolonização, a substituição do termo "primitivo" por "selvagem" tem algo de "incongruente"[89]. É decerto um sinal da recusa obstinada do modelo evolucionista, mas o "selvagem" exala perfeitamente a literatura de viagem do século XVIII, os Paul e Virginie de nossos imaginários ocidentais. Lévi-Strauss assume e explica: "É intencionalmente que retomo o termo 'selvagem'. Ele exprime uma carga emotiva e crítica e penso que não devemos tirar a paixão dos problemas"[90]. E o pensamento selvagem, segundo ele, não deve ser confundido com o pensamento do selvagem, uma vez que seu funcionamento é universal. Ele não distingue nem um tipo de população nem uma era da humanidade, e sim um estrato do espírito universal. A iconografia do livro, o mais das vezes "em suspenso", sem relação de explicitação direta com o texto, é deixada à imaginação do leitor, ao mesmo tempo arrastando-o para uma modulação excêntrica, uma inclinação pelo bizarro, como atestam as "Cabeças fisiognomônicas" de Charles Le Brun ou os desenhos de Grandville, ilustrando as continuidades entre reino animal e humano, não sem provocar no leitor de hoje "um riso nervoso"[91].

* Cujo nome vulgar em francês é "*pensée sauvage*". [N.T.]

Essas audácias envolvem *O pensamento selvagem* num perfume de escândalo e o transformam numa "peça central no dispositivo estruturalista"[92]. Seu potencial subversivo é descoberto ao longo da leitura, na capacidade que tem de mudar a visão de mundo de seus leitores. Foi essa a experiência avassaladora de muitos deles. Com efeito, esse livro de antropologia nos fala igualmente de nós: a ideia é mostrar que "não existe um fosso entre o pensamento dos povos primitivos e o nosso"[93]. Formas de pensamento supersticiosas, crenças estranhas, práticas como a bricolagem, a arte, a poesia, os saberes populares, tudo isso forma um modelo de inteligibilidade que existe na sociedade ocidental e convive com outros tipos de pensamento em vez de a eles se opor. Assim, primeira afirmação escandalosa, o ocidental médio pensa selvagem. O alcance filosófico e epistemológico dessa odisseia é ainda mais vasto: Lévi-Strauss pretende superar a oposição, tornada clássica desde o *cogito* de Descartes, entre a ordem do sensível (do falso, da ficção) e a ordem do inteligível (da verdade, do real). Ao fazer isso, recusa a história das ciências tradicionais fundada na ruptura fundadora entre o sensível e o inteligível, entre "qualidades secundárias" e "qualidades primárias". Aí se revela uma audácia invulgar da parte de um cientista tão cioso de sua legitimidade científica como Lévi-Strauss. Ora, essa hipótese coincide com uma visão bastante atual da história das ciências, segundo a qual a modernidade científica não repousa em absoluto num corte drástico com os saberes antigos, e sim, ao contrário, em reciclagens, reutilizações, adaptações e uma lenta demarcação de um *corpus* de ideias e posturas tradicionais[94]. Lévi-Strauss agrava seu caso, pois conclui afirmando que os dois caminhos, do pensamento selvagem e do pensamento científico, estão fadados a se juntar: afinal, descobertas recentes – telecomunicações, microscópios e calculadoras – não deram novo vigor a significações (mesmo se as interpretações não eram corretas) que as populações primitivas já atribuíam a certos fenômenos dos quais discerniam toda a importância?

Dizer que a ciência contemporânea e o pensamento selvagem convergem para formar o processo integral do conhecimento humano, numa reconciliação esperada do corpo e do espírito, não é uma coisa óbvia. E, de fato, essa visão iconoclasta da ciência é moderadamente apreciada por alguns de seus leitores, inclusive entre seus próximos. É o caso do grande especialista em física nuclear Pierre Auger, um conhecido de longa data, célebre nos Estados Unidos: "Seu livro vence todas as resistências, e sua estratégia deixa pouco espaço à objeção. No entanto, e talvez o senhor espere por isso, sua conclusão não corresponde à minha própria maneira de 'situar' reciprocamente as duas vias do pensamento – as duas fontes da decisão e do comportamento, se ouso dizer! O senhor fala em 'encontrar-se' e 'cruzamento', o que parece implicar uma chegada ou, quando não, uma passagem por um mesmo ponto; e isso eu não poderia subscrever. Se a via domesticada permite, num desvio do caminho, perceber subitamente – graças ao senhor – uma grande porção da via selvagem, é a partir de uma altitude superior, e que impede a recíproca"[95]. Ele prossegue exprimindo seu temor de que o livro seja mal interpretado, como uma espécie de defesa e ilustração do irracional...

A recepção reservada ao livro, que é publicado em maio de 1962, aproveita-se do efeito cumulativo ligado à publicação quase simultânea de *Totemismo hoje* (em março do mesmo ano). É recebido como um verdadeiro acontecimento pela imprensa francesa, em razão especialmente do nono e último capítulo, "História e dialética", apêndice explosivo que ataca o existencialismo sartriano e desenha, no espírito do leitor, um roteiro de passagem de bastão intelectual. Antes de examinar detidamente o que estava em jogo nessa querela filosófica, convém avaliar o impacto imediato de *O pensamento selvagem*, que, mesmo não poupando seu leitor de dificuldades, prossegue o impulso de *Tristes trópicos* em direção a um público desconhecido, bem além do círculo antropológico, reforçando assim a irradiação do programa estruturalista, doravante considerado uma das grandes contribuições do pensamento do século[96]. Claude Roy, no *Libération*, fala em "um grande livro civilizado" e compara seu autor ao da *Psicopatologia da vida cotidiana*: "Freud demonstrou com gênio que nossas desrazões têm razões que a consciência não sustenta. Eis que Claude Lévi-Strauss faz a demonstração, profunda e nova, de que o aparente caos dos mitos e rituais primitivos obedece na realidade a uma ordem e a princípios que estavam até então invisíveis"[97]. Claude Mauriac, em *Le Figaro*, Robert Kanters, em *Le Figaro Littéraire*, bem como Jean-François Revel, ex-adversário igualmente rendido, em *L'Express*, tomam da pena para saudar a originalidade, a virtuosidade e a amplitude do propósito. Em *Le Monde*, é Jean Lacroix, professor de filosofia em Lyon, cristão de esquerda, cofundador da revista *Esprit* junto com Emmanuel Mounier, que resenha a obra (como todas as seguintes, nesse jornal): "Seus livros de antropologia, como dizem os anglo-saxões, são ao mesmo tempo acontecimentos filosóficos"[98], pois, prossegue, filosofia e ciências sociais acham-se, desde Durkheim, profundamente ligadas na França. Após jogar luzes sobre algumas das teses centrais dos dois trabalhos, Lacroix observa: "Quaisquer que sejam as diferenças de perspectivas e métodos, as posições de Lévi-Strauss ecoam profundamente as de Foucault sobre a loucura e o sonho"[99]. Mas o interesse principal do artigo de Lacroix consiste em explicitar (mais do que faz o próprio Lévi-Strauss) os horizontes filosóficos de tais perspectivas antropológicas: "Quanto a determinadas expressões, sem dúvida polêmicas acima de tudo, de Lévi-Strauss, não podemos nos abster de sentir certa inquietude, de tal forma elas parecem derivar precipuamente do que às vezes é designado como 'materialismo vulgar'"[100]. Lacroix refere-se aqui à passagem em que Lévi-Strauss exprime a ideia de que a lógica original de associação que caracteriza o pensamento selvagem é "uma expressão direta do espírito e, por trás do espírito, sem dúvida do cérebro". Apesar de tudo, "a grandeza de Lévi-Strauss, o segredo de sua grande audiência, tanto no estrangeiro como na França, e junto a toda uma juventude de diversas disciplinas, é realizar uma obra rigorosa, estritamente científica, e ao mesmo tempo refletir sobre essa obra, escrutar seu método, mais profundamente não extrair dela a filosofia, mas ser guiado em sua busca por uma filosofia que nela se encarna com toda a naturalidade. [...] De modo que, no fim das contas, sem agressividade, sem provocação, mas como se no próprio chão de sua busca, Claude Lévi-Strauss talvez esteja em vias de constituir a filosofia mais rigorosamente ateia desta época"[101].

O TEMPO DO ESTRUTURALISMO

No começo dos anos 1960, agora implantado no espírito de um público amplo, ilustrado por grandes livros, o estruturalismo lévi-straussiano fascina e irrita, chegando a inquietar. Ele opera um tipo de sedução singular, num contexto histórico e sociológico favorável à sua cristalização, ao mesmo tempo se posicionando com firmeza, mediante grandes "duelos"[102] filosóficos, na cena intelectual francesa. O paradigma estruturalista – seu método, sua visão de mundo, seus tipos de questões e pontos de vista – é agora partilhado por outros pensadores de novas disciplinas – Roland Barthes, Michel Foucault, Jacques Lacan –, mas indiscutivelmente Lévi-Strauss encarna sua própria essência.

Fascinações: um messianismo de substituição?

Como explicar que, inopinadamente, em poucos anos, os arcanos da análise de pequenas tribos isoladas da América do Sul comecem a inspirar leitores e atrair vocações? Por que a linguagem cifrada dos sistemas, códigos e regras substituiu o discurso sobre o sujeito, sobre a consciência? Como Bernard Pingaud escreverá mais tarde, não se diz mais que "o homem faz o sentido, mas que o sentido advém ao homem"[103]. Escutemos os que foram convertidos. Mas convertidos a quê? Convém distinguir aqui a atração exercida pela etnologia e, de maneira geral, pelas jovens ciências sociais na adoção de uma linguagem e de uma problemática estruturalistas. Se nem todos os etnólogos são estruturalistas – muitos são e permanecem marxistas –, é certo que o estruturalismo, conduzido por Lévi-Strauss, orquestrou uma escalada de poder da etnologia.

A antropologia estruturalista magnetiza por acumulação de atrações contraditórias, tanto estéticas como epistemológicas e, por fim, políticas. Para alguns, encerrados em pesquisas monográficas claustrofóbicas, é em primeiro lugar uma sensação de ar livre e diáfano que uma dose de Lévi-Strauss aplica: "Há vinte anos, eu voltava do trabalho de campo desorientado. A leitura de *Estruturas elementares* e *Tristes trópicos* me fez descobrir um horizonte no qual finalmente era possível respirar, uma extensão pela qual era possível caminhar com passos largos. Nesse lugar, sinto-me sempre melhor do que em outros"[104], escreve-lhe, por exemplo, o etnólogo africanista Luc de Heusch. Muitos sentiram uma verdadeira embriaguez intelectual diante do alargamento de perspectivas que prometia a antropologia segundo Lévi-Strauss. A isso se acrescenta a elegância, para alguns perfeita demais, das demonstrações da análise estrutural, as relações de simetria, os esquemas em espelho, as lógicas de inversão, que adquirem, pela mão do mestre, "uma tal força de evidência que sentimos uma espécie de júbilo ao acompanhar as relações ali entretecidas. Ao mesmo tempo, reencontramos as ideias políticas de *Raça e história*. É um 'viver entre si' a boa distância, mas ao mesmo tempo uma forma de paraíso da teoria"[105]. Assim se exprime Catherine Clément, jovem filósofa precocemente conquistada pela antropologia lévi-straussiana, da qual virá a ser uma exegeta zelosa e propagandista lúcida[106].

As jovens ciências sociais estão de vento em popa contra a filosofia, pois prometem, num gesto idêntico, a felicidade teórica, o rigor científico e a subversão política: "Por mais diferentes e antagônicos que fossem", constata o africanista Marc Augé, "os etnólogos da minha geração, marxistas ou egressos do marxismo, tinham a sensação de que, com suas preocupações e trabalhos, participavam de uma atualidade mais ampla, ao mesmo tempo num plano estritamente intelectual, validando, adotando ou invalidando a teoria marxista, e, num plano prático, se pronunciando sobre as condições do desenvolvimento econômico ou sobre a defesa das sociedades em vias de extinção. Éramos todos, nesse sentido, engajados – essas formas variadas e às vezes opostas de engajamento tendo o seguinte de notável e, em certa medida, de paradoxal: elas se consolidavam numa atmosfera intelectual em que se exprimia paralelamente a convicção de que as ciências sociais eram ciências a mesmo título que as ciências da natureza e podiam aspirar à mesma objetividade"[107]. A substituição possível do homem primitivo, ou melhor, do homem selvagem, como nova instância da alienação, em lugar do proletário, aparece, implicitamente, na comovente carta que Régis Debray, *agrégé* de filosofia, ligado aos guerrilheiros latino-americanos e recém-libertado da prisão, escreve a Claude Lévi-Strauss para lhe agradecer por ter intercedido junto ao presidente boliviano, em 25 de dezembro de 1969: "Junto com outros livros (romances em sua maioria ou contos), *Tristes trópicos* me incitou a abandonar as trilhas da École e a conhecer a América. Mas isso foi no início dos anos 1960, e lá não encontrei primitivos, e sim a revolução, encontro afinal tão pouco banal e tão impactante quanto com um povo esquecido. Como todos os estudantes do curso de filosofia, fiz minha formação na *Antropologia estrutural*, da mesma forma que se fazia antigamente no *Discurso do método*, para aprender a pensar. Como todos os docentes no fim do ano escolar, tentei me manifestar sobre *O pensamento selvagem*. As circunstâncias e faculdades intelectuais limitadas não me permitiram em seguida acompanhar suas pesquisas científicas sobre o mundo do mito americano. Dezenas de milhares de jovens poderiam lhe contar a mesma história e não tenho mais direito de fazê-lo perder meia hora de trabalho do que qualquer um de seus leitores, sejam da França ou de outros lugares"[108]. A revolução ou os povos primitivos: essa alternativa já era, em parte, a da juventude de Lévi-Strauss para apreender a realidade do mundo. Nesse ínterim, contudo, a revolução se deslocou para outros terrenos que não a Europa; ela convive mais de perto com os povos esquecidos da História. Entre as guerrilhas dos "barbudos" da Revolução Cubana e os "trabalhos de campo" dos etnólogos, algumas pontes, mesmo frágeis, indicam que ambos podiam se situar do mesmo lado da recusa da ordem do mundo.

Não obstante, na mesma época, a aventura do estruturalismo se instalou frequentemente no seio de um contexto de refluxo ideológico avassalador, quando, no fim dos anos 1950, a morte do stalinismo, o XX Congresso do Partido Comunista da União Soviética e a chegada dos tanques soviéticos a Budapeste abalam o maciço comunista e tornam possível a expectativa de outra coisa. É este literalmente o espírito de um artigo incisivo redigido por François Furet e publicado na revista *Preuves* em 1967, na esteira das intuições desenvolvidas por Raymond Aron dez anos antes[109]. Ao fim de uma análise cerrada, o historiador termina por associar a voga estruturalista a um novo "ópio" de intelectuais franceses propensos aos vícios ideológicos, tendo substituído a cocaína marxista pelo LSD estruturalista[110]... Furet descreve com talento essa esquerda intelectual francesa decepcionada, desmoralizada por uma História "amante [...] por tanto tempo tirânica, antes de se tornar infiel"[111], que pisoteou todas as suas esperanças, inclusive do lado dos novos países independentes – a Argélia de Ben Bella e Boumédienne se encarregando, a partir de 1965, de desencantar os mais fanáticos *porteurs de valises**. A essa decepção se acrescenta a situação da França, reduzida ao hexágono e, a despeito dos discursos fanfarrões de Charles de Gaulle, compreendendo que não faz mais parte das potências deste mundo. "Essa França expulsa da história aceita melhor ainda

* "Carregadores de malas": apelido dado aos militantes franceses que transportavam dinheiro e documentos falsos por conta da Frente de Libertação Nacional durante a Guerra da Argélia. [N.T.]

expulsar a história"[112], continua Furet. Depois do tanque cheio ideológico do marxismo, eis o chamado do vazio estruturalista. E a injunção humanista do pós-guerra se vê jogada às traças: os intelectuais param de ser "obrigados a esperar alguma coisa", como dirá Michel Foucault[113]. "Os analistas da 'dissolução' do homem sucederam os profetas de seu advento."[114] Às vezes, aliás, são os mesmos, que haviam passado diretamente do marxismo ao estruturalismo "segundo uma contaminação curiosa e (creio) especificamente francesa"[115]. Furet tenta mostrar, não sem ironia, que o fascínio exercido por Lévi-Strauss sobre muitos intelectuais ex-marxistas não deriva nem de uma fraternidade política nem de uma proximidade filosófica, e sim "de uma relação de inversão a que a nostalgia do marxismo impeliu. Simplesmente, e ponto a ponto, a descrição estrutural de um homem tornado objeto substituiu o advento histórico do homem-deus"[116]. Sob uma cortina de oposições (estrutura *vs.* processo, modelo das ciências da natureza *vs.* modelo histórico), encontramos a mesma ambição determinista, a mesma concepção da verdade como desvelamento para além do sentido aparente ou mesmo consciente, o mesmo "velho sonho totalizante"[117]. Falsa oposição, portanto, e verdadeira substituição, que explicariam não só o sucesso do estruturalismo, como o abandono de certos jovens intelectuais comunistas do partido para juntar-se às fileiras da etnologia sob a bandeira estrutural, como Alfred Adler, Michel Cartry, Pierre Clastres e Lucien Sebag.

Confrontos I: Sartre

Lucien Sebag é justamente um dos protagonistas do confronto intelectual mais importante desse começo dos anos 1960, entre o magistério sartriano, invicto desde o fim da guerra, e a proposta estrutural orquestrada pelo *challenger* antropólogo. Como Sartre (e como Lévi-Strauss), Lucien Sebag é *agrégé* de filosofia, mas, como o antropólogo (e ao contrário do filósofo), não é normaliano. Brilhante, elegante, belo e tenebroso, é um judeu sefardi com destino trágico, que, por si só, representa um concentrado das aspirações contraditórias dos anos 1960[118]. Loucamente apaixonado pela filha de Lacan, Judith, e em análise com seu pai, se suicidará em janeiro de 1965, aos 31 anos de idade. Logo, é um verdadeiro cometa que atravessa o mundo da antropologia lévi-straussiana, disposto a todas as audácias e, tudo indica, muito apreciado pelo mestre. Embora de luto pelo partido comunista, não desiste de promover um diálogo entre a análise estrutural – a qual é um dos primeiros a praticar, com o exame coletivo dos mitos pueblos – e o marxismo[119]. Claude Lévi-Strauss o escolhe, ao lado de Jean Pouillon, outro homem-ponte, para tonificar seu seminário na École Pratique, dedicado durante todo um período à leitura coletiva do livro de Sartre publicado em 1960, *Crítica da razão dialética*. Essa resposta aos argumentos de Merleau-Ponty, tentando conciliar existencialismo e marxismo num todo coerente, é o segundo (e último) grande *opus* teórico do filósofo depois de *O ser e o nada* (1943). Sartre enviou um exemplar a Lévi-Strauss, com uma dedicatória amistosa: "A Claude Lévi-Strauss, como testemunho de fiel amizade, este livro, no qual verá que as principais posições se inspiram naquelas que o ocupam e sobretudo em sua maneira de formulá-las. Com toda a estima". Lévi-Strauss, aliás, é citado em várias passagens da *Crítica* e sempre de maneira elogiosa[120].

Assinalemos a originalidade que caracteriza então as formas do debate intelectual: um seminário se constitui âmbito de uma discussão cuja seriedade Lévi-Strauss aponta, como marca de respeito[121]. Não estamos mais na polêmica intelectual epidérmica. O seminário aparece pela primeira vez na vida intelectual francesa como lugar de discussão de ideias novas. O que exatamente ele disse ao longo desse seminário? O último capítulo de *O pensamento selvagem* é um reflexo fiel das considerações feitas ali? A Jakobson, um pouco cético quanto à oportunidade de concluir um grande livro de antropologia com uma polêmica com Sartre, Lévi-Strauss responde com veemência: "Quanto ao capítulo sobre Sartre, ele pode parecer bizarro e '*out of tune*', mas, para julgá-lo, cumpre ressituá-lo no contexto francês, em que as teses defendidas por Sartre em seu livro repousam sobre um fundo doutrinal cuja base é muito ampla. Não, o capítulo não é '*sketchy*'[122], uma vez que resume a matéria de um seminário de vários meses; porém, em virtude disso, é aborrecidamente alusivo. Por fim, eu observaria que nele não entra dialética, a não ser de maneira negativa. O verdadeiro objetivo do capítulo é mostrar que o conhecimento histórico não está acima, e fora, do pensamento selvagem, uma espécie de privilégio do homem branco e civilizado, mas que, muito pelo contrário, faz parte dele"[123].

Suas digressões sobre a "razão analítica" e a "razão dialética", suas passagens incontornáveis sobre a "práxis" e a "estrutura" inscrevem o capítulo nas discussões da época, muito mais que o resto do volume. Ele está preso ao horizonte de expectativas do início dos anos 1960 e, em virtude disso, é "talvez o mais difícil de ser lido por um leitor de hoje"[124]. Com sua força lapidar habitual, em sua carta a Jakobson, Lévi-Strauss resumiu sua problemática maior: a defesa do pensamento selvagem "analógico" contra a razão ocidental dialética; ataque ao sujeito, às "armadilhas da identidade pessoal" e às "evidências do eu", é sobretudo uma vigorosa investida contra a preeminência não da história, mas da filosofia da história, e um protesto contra o *diktat* da historicidade como modo exclusivo de inteligibilidade. Lévi-Strauss dedica-se a um processo de englobamento/recobrimento do sujeito e da relação com o tempo para mostrar, em Sartre ou em outros, o caráter parcial, limitado, que generalizações exageradamente universalizantes escondem, quando manifestam sobretudo seu etnocentrismo. A filosofia sartriana (e a filosofia em geral) é restrita à visão de um único modo histórico do homem, enquanto a antropologia visa dar conta de todos. Lévi-Strauss está em situação confortável para apontar o caráter tópico dos exemplos da argumentação sartriana – as filas de ônibus, os garçons de cafés, as greves, as lutas de boxe: o processo de provincialismo é eficaz e a vitória é total quando, numa inversão fulgurante, ele destrona a filosofia, metamorfoseando-a num mero arquivo da modernidade ocidental. Sartre pretendia fazer da etnologia, bem como da psicanálise, "ciências auxiliares" da filosofia? Lévi-Strauss responde em eco invertido que a filosofia sartriana "representa (como todas as outras) um documento etnográfico de primeira ordem, cujo estudo é indispensável se quisermos compreender a mitologia do nosso tempo"[125]! Esta se liga por um arco à história, que, "no sistema de Sartre [...], desempenha muito precisamente o papel de um mito"[126].

Esse duelo se revela, retrospectivamente, de grande alcance. Frédéric Worms vê nele uma "guinada de conjunto" para um novo momento filosófico na história do século[127]: após o momento da existência, o da estrutura. A controvérsia não opõe, com efeito, duas soluções para o mesmo problema, mas contribui para reformular o próprio problema. Aparentemente, trata-se de opor ao procedimento subjetivo, centrado na liberdade e no ato criador (que seria, *grosso modo*, a filosofia sartriana), o procedimento objetivo de Lévi-Strauss, fundado nas ciências humanas, cujo objetivo "não é constituir o homem, mas dissolvê-lo"[128]; dissolvê-lo no sentido químico do termo, isto é, não eliminá-lo, e sim decompô-lo em elementos mais fundamentais, capazes de oferecer um extra de inteligibilidade[129]. No fundo, portanto, é outra problemática que irrompe aqui: o que significa compreender. A controvérsia registra assim a passagem de um modelo de sentido a outro – um sentido que, em Lévi-Strauss, embora não dependa do sujeito nem da interpretação, é, contudo, um fato de cultura, depositado num sistema de signos igual ao que a linguística estrutural desvenda: "A língua tem razões que própria razão desconhece"[130].

Sartre não responde. Nem imediatamente, nem mais tarde[131]. Nesse sentido, a controvérsia é assimétrica, embora Sartre encarregue Pierre Verstraeten de dar o troco em *Les Temps Modernes*, no qual este escreve, em julho de 1963, "Claude Lévi-Strauss ou a tentação do nada"[132]. Apesar de tudo, Lévi-Strauss sai vencedor no ringue. Nada pode impedir, nessa data, a sensação de passagem de bastão geracional, muito embora os dois homens, com apenas três anos de diferença entre si, sejam contemporâneos. A imprensa apodera-se do fenômeno: "De *A náusea* de Sartre a *O pensamento selvagem* de Claude Lévi-Strauss"[133], pode-se ler em *La Tribune de Genève*. Com efeito, do ponto de vista de uma antropologia do mundo intelectual, a ruptura é total: de estilo, de imagem, de modelo, de lugares. Da fumaça dos cafés da Rive Gauche ao laboratório do Collège de France, do intelectual onisciente ao teórico austero, do pequeno "camarada" crescido entre os livros e no claustro da rua d'Ulm ao esteta do 16º *arrondissement* explorador dos novos mundos. Essa passagem de bastão intelectual é também uma passagem de bastão disciplinar. Está claro que o ataque contra o magistério sartriano é igualmente uma insurreição contra o magistério da filosofia. Em 1960, o intelectual-profeta parece obsoleto. A controvérsia com Sartre deriva de uma mudança estrutural do mundo intelectual: a terminologia e os protocolos de pesquisa das ciências sociais preparam-se para "tornar caduca" a imagem de uma filosofia francesa, ainda muito alemã na inspiração, que parece progressivamente fora de combate.

Um ano mais tarde, contudo, é a outro filósofo que se confronta (mais do que enfrenta) Lévi-Strauss, numa discussão que, mantida mais confidencial à época, denota um diálogo mais sereno com a filosofia.

Confrontos II: Ricœur

Em novembro de 1963, é publicado um número da venerável revista *Esprit* dedicado ao estruturalismo, método reconhecido pelos filósofos cristãos como "original e fecundo"[134], mas que parece se desenvolver num "vasto e coerente sistema do espírito humano"[135], o que "constitui problema"[136]. Da mesma forma que Lévi-Strauss discutiu em seminário a tese de Sartre, um volumoso trabalho preparatório à publicação do número foi organizado durante um ano, seguido por uma mesa-redonda da qual Lévi-Strauss é convidado a participar. Sua postura é modesta, não belicosa: "Parece-me que um livro é sempre um filho nascido prematuro, que me causa o efeito de uma criatura assaz repugnante em comparação com a que eu teria desejado pôr no mundo, e que não sinto muito orgulho em apresentar aos olhares dos outros"[137]. A discussão, e mais especificamente o diálogo com Paul Ricœur, gira em torno de três pontos: a validade do que Ricœur considera uma "generalização excessiva" do estruturalismo, a questão de um novo modelo de sentido e, por fim, a identificação filosófica de Lévi-Strauss.

O artigo de Ricœur, "Estrutura e hermenêutica", questiona a extensão progressiva dos saberes implicados pela análise estrutural, que valeria para todos os domínios do conhecimento humano, o conjunto das ciências sociais, até mesmo das ciências em geral. "A princípio", escreve Ricœur, "o estruturalismo não pretende definir a constituição inteira do pensamento, mesmo no estado selvagem, e sim delimitar um grupo bem determinado que, por assim dizer, tem afinidade com o tratamento estruturalista."[138] O estruturalismo não funcionaria unicamente sobre um material previamente estrutural, como as tribos amazônicas? Lévi-Strauss não considera que o pensamento selvagem seja limitado geograficamente a este ou aquele território, afirmando, ao contrário, que é uma espécie de "denominador comum"[139] entre um "eles" e um "nós". Paul Ricœur, impregnado de pensamento bíblico e tradição judaica, tenta opor estilos de pensamento para os quais as dimensões diacrônica e hermenêutica têm uma eficácia maior do que apenas o tratamento estrutural.

Essa última observação resulta em divergências quanto ao novo modelo de sentido proposto pelo programa estruturalista, no qual nada faz sentido a não ser pela relação ou oposição com outra coisa. Para Ricœur, hermeneuta, cristão, existe efetivamente um "sentido do sentido"; para Lévi-Strauss, o sentido nunca é primeiro e essa busca não faz sentido... A discussão se conclui com uma preocupação manifestada por Ricœur: "Para o senhor, não existe 'mensagem' [...]; o senhor está no desespero do sentido; mas o senhor se salva pelo pensamento de que, se as pessoas não têm nada a dizer, pelo menos o dizem tão bem que é possível submeter seu discurso ao estruturalismo. O senhor salva o sentido, mas é o sentido de um não sentido, a admirável combinação sintática de um discurso que não diz nada. Vejo-o nessa conjunção do agnosticismo com uma hiperinteligência das sintaxes. Por isso o senhor é ao mesmo tempo fascinante e inquietante"[140].

Em contrapartida, quando Ricœur considera o que designa como a filosofia estruturalista como uma ordem sem sujeito, um "kantismo sem sujeito transcendental", Lévi-Strauss concorda plenamente com ele, julgando que sua busca se aparenta à do kantismo na medida em que se interessa pelas condições e normas do funcionamento do espírito humano. De toda forma, Lévi-Strauss diz sem rodeios que a caracterização de sua orientação filosófica lhe é mais ou menos indiferente. Apraz-lhe conservar uma imprecisão voluntária. *O pensamento selvagem* não é um livro de filosofia, e sim um momento "em que me permito contemplar a paisagem circundante, porém, precisamente, uma paisagem aonde eu não iria, aonde não posso, aonde não quero ir: uma paisagem filosófica que avisto ao longe, mas que deixo na imprecisão, pois não está no meu itinerário"[141]. Não nos julgaríamos num quadro de Caspar David Friedrich? Viajante romântico, o etnólogo envereda por caminhos distintos do "sentido único"[142] da filosofia.

Destronar a filosofia

Kantiano vulgar? Marxista? Inveterado materialista ou hiperlógico patológico? Quais são as fundações filosóficas da obra de Lévi-Strauss? Essa questão o atormenta à sua volta; ele não cessará de devolvê-la com um safanão, num gesto de impertinência eloquente a respeito da filosofia. Na "Abertura" de *O cru e o cozido*, dois anos mais tarde, qualifica de "pequena infração" a passagem filosófica do nono capítulo de *O pensamento selvagem*, ligeiro desvio num caminho que pretende efetivamente "não se aventurar nas terras de caça muito bem vigiadas da filosofia"[143]. Para seu infortúnio, a partir dos anos 1960, ele é quase sempre lido como o filósofo que não pretende ser. A irritação transparece numa resposta dada a Jacques-Alain Miller, alguns anos mais tarde, por ocasião da publicação de um número que lhe é dedicado dos *Cahiers pour l'Analyse*, nova revista criada por um grupo de normalianos filósofos, próximos de Lacan e Althusser[144]: "Preciso lhe dizer como fiquei tocado e lisonjeado com o interesse que sua recente publicação demonstra por mim. Não obstante, não consigo me esquivar de um constrangimento, pois não seria representar uma farsa filosófica escrutar meus textos com uma minúcia que só se justificaria se procedessem de Spinoza, Descartes ou Kant? Com toda a franqueza, não estimo que o que escrevo valha tantas considerações, sobretudo em se tratando de *Tristes trópicos*, em que não pretendi expor verdades, mas pura e simplesmente os devaneios de um etnólogo em campo. Eu seria o último a postular sua coerência. [...] Para resumir, espanta-me que espíritos tão sofisticados como os seus, supondo que tenham desejado se fazer questões a meu respeito, não tenham se perguntado por que faço da filosofia um uso tão impertinente, em vez de se admirarem com isso. Mas é que não tenho em relação a ela qualquer respeito, permitindo-me, de um livro a outro, de uma frase a outra do mesmo livro, mudar de abordagem – idealista, materialista, realista... – à maneira de um pintor ou músico volúvel. Meu objetivo não é formular um sistema, e sim, aproveitando tudo que for possível, recorrer a qualquer esquema caído no domínio público da tradição filosófica, se ele puder servir à minha intenção profunda de conduzir meus contemporâneos a perceber o sabor único de uma instituição ou uma crença. As considerações filosóficas não passam de pedestais improvisados sobre os quais erijo os mais preciosos objetos"[145]. A carta, cujo rascunho conservado nos arquivos é, como de costume, escrito no verso da missiva de seu destinatário, foi redigida de uma tacada só. É de uma grande clareza: nela, Lévi-Strauss assume seu lado "predador" de um *corpus* do qual ele faz um uso puramente instrumental, pouco preocupado, por sua vez, em construir uma obra filosófica. O tom é iconoclasta, próximo de Montaigne na reconhecida incoerência de sua filosofia "ondulante"[146]; Lévi-Strauss professa uma espécie de "lunatismo" que faz as vezes de provocação a respeito da jovem equipe normaliano.

Na realidade, essa indiferença um pouco altiva esconde a violência de um ajusta de contas drástico com a filosofia como disciplina dominante. A elocução da aula inaugural e, depois, o final de *O pensamento selvagem* não deixam qualquer dúvida sobre o projeto imperialista lévi-straussiano, visando incluir a filosofia numa perspectiva antropológica, apropriando-se de todas as formas de racionalidade, a razão raciocinante do Ocidente moderno (a filosofia) não formando mais que uma província, e não a mais extensa nem a mais fundamental. Merleau-Ponty, a quem *O pensamento selvagem* é dedicado, teria, nesse estágio, aprovado seu amigo? Não, sem dúvida alguma. Se Merleau--Ponty despertou toda uma geração de jovens filósofos para a importância e o desafio das ciências sociais (e justamente por isso estimulou a reconversão profissional de alguns), nem por isso transigia quanto à proeminência da filosofia e sua missão de regente da orquestra. Ora, fica claro que Lévi-Strauss não tinha nenhuma necessidade de um filósofo para refletir sobre o sentido e os métodos de seu projeto de conhecimento. A morte abrupta de Merleau-Ponty em 1961 impediu o conflito potencial de explodir, a dedicatória imortalizando uma aliança ambígua na franqueza de uma amizade tardia e um reconhecimento eterno.

A complexidade da relação com a filosofia cultivada por Lévi-Strauss também advém, sem dúvida, do fato de que ela não se reduz a uma ofensiva disciplinar, alimentando-se de uma idiossincrasia mais pessoal, derivada do ajuste de contas com o normaliano (que ele não é), com o intelectual-profeta (que ele não quer ser) e finalmente com a corporação filosófica inteira, encarnada então pela voz de sua ex-mulher, Dina Dreyfus, que desponta um pouco como a estátua do comendador para castigar aquele que a traiu (a filosofia). Ela é autora, em fevereiro de 1963, de um artigo áspero com uma dezena de páginas no *Mercure de France*, "De la pensée prélogique à la pensée hyperlogique" [Do pensamento pré-lógico ao pensamento hiperlógico][147]. Ao mesmo tempo que revela uma compreensão sutil de *O pensamento selvagem*, o artigo recusa com todas as fibras suas conclusões e coloca Lévi-Strauss e Lévy-Bruhl de costas um para o outro. Para Dina Dreyfus, a aproximação entre pensamento científico e pensamento selvagem é inaceitável, pois infringe uma hierarquia da verdade e da influência sobre o real: "Longe de constituir uma 'ciência do sensível e do concreto', as fantasias formais das classificações do pensamento selvagem perdem de vista o real"[148]. Mais adiante, acrescenta: "O neurótico obsessivo passa a vida arrumando seus armários e gavetas, inventariando seu conteúdo, inventando classificações metódicas cada vez mais precisas e sutis. Confundiremos esse delírio classificatório com alguma força especulativa? O espírito lógico entregue a si mesmo, e não sendo moderado pelo juízo, resulta na hiperlogicidade, a qual não tem consequências menos absurdas do que a 'lei de participação' pré-lógica, à qual Lévy-Bruhl pretendia reduzir as operações de pensamento dos primitivos. Lévy-Bruhl via no primitivo crianças grandes, todas ainda banhadas na afetividade. Lévi-Strauss os reduz a máquinas bem condicionadas"[149]. À acusação de formalismo justapõe-se a de subjetivismo do pesquisador – "Às vezes, aliás, é difícil discernir se o delírio classificatório do pensamento selvagem reside no objeto descrito pelo sociólogo ou no próprio sociólogo" – para desembocar num processo contra as ciências humanas, que tomam o homem como objeto e cultivam inconfessos "devaneio(s) de uma formalização total". No fim, o texto acerta o centro do alvo: "A bem da verdade, o etnólogo se inclina nada menos do que a delinear uma nova hierarquia das ciências, em cujo topo se acha a etnologia, que, embora recém-chegada, vai constituir, à maneira da matemática para as ciências da natureza, o instrumento universal das ciências do homem, isto quando não, por intermédio das noções de mensagem e informação, ou seja, da linguística e da cibernética, leva suas pretensões ainda mais longe, até se tornar a ciência das ciências, englobando a própria filosofia"[150]. Daí o espanto de Dina Dreyfus ao encontrar o nome de Merleau-Ponty na dedicatória. Não conhecemos nenhuma reação a esse artigo...

Essa dedicatória, como vimos, pertence antes à esfera da dívida de gratidão, da amizade humana e da admiração, do que a uma fraternidade filosófica inexistente. Pouco depois da morte de Merleau-Ponty, Lévi-Strauss se abrira com Jakobson: "Constato melhor ainda a intensidade da perda, agora que se trata de substituí-lo, pois eu me sentia muito longe de sua filosofia, e não obstante, para ocupar uma cátedra intitulada 'filosofia', não há mais ninguém. Só dele podia-se dizer que pensava. Com sua partida, não temos mais senão historiadores ou exegetas. Sem dúvida será preciso transformar a cátedra..."[151]. Uma semana mais tarde, Lévi-Strauss informa Fernand Braudel do resultado da espantosa sondagem de que fora encarregado: "Não sem dificuldade, obtive finalmente – e indiretamente – algumas indicações sobre as disposições eventuais de Sartre. Parece completamente excluído que ele considere o projeto, sob qualquer forma que seja. Lamento profundamente, mas não julgo útil insistirmos. Só ele, na minha opinião, poderia fazer jus a uma cátedra intitulada 'filosofia'. Seja como for, o campo está livre para outros projetos"[152]. Portanto, fora a filosofia[153]!

"A hero of our time"

A tradução em inglês de *O pensamento selvagem* é realizada por Sybil Wolfram, filósofa de Oxford recomendada pelo etnólogo inglês Rodney Needham[154]. Ao longo de vários meses, a troca de cartas entre ela e Claude Lévi-Strauss é cada vez mais acrimoniosa. Este questiona a capacidade de compreensão de sua tradutora, aquela, o domínio do inglês de seu autor. A polêmica não demora a vir a público: "A tradução de *O pensamento selvagem* está se tornando um assunto de preocupação internacional"[155]. Finalmente Sybil Wolfram abandona o barco. A cópia é revisada por uma equipe de tradutores dirigida por Ernst Gellner, historiador antropólogo da London School of Economics, cujo nome foi sugerido por Julian Pitt-Rivers. O resultado é não raro julgado dramático, do ponto de vista da língua. A escolha do título é um concentrado das dificuldades da tradução: *The Wild Pansy*? *Untamed Thinking*? Lévi-Strauss sugere *Mind in the Wild*. O livro é finalmente publicado em 1966, após quatro anos de idas e vindas, sob o título *The Savage Mind*.

Esse laborioso processo é sem dúvida um "caso etnologicamente interessante de mal-entendido entre as tradições culturais"[156]. Ele ressalta, distorcendo-as, as posições e relações singulares entre filosofia e antropologia na França e na Grã-Bretanha. Sybil Wolfram censura Lévi-Strauss pela obscuridade de sua linguagem e sua proximidade com a "filosofia continental", cujos eflúvios especulativos ele abraçaria. Na Grã-Bretanha, com efeito, a antropologia se inscreveu precocemente na paisagem universitária sobre uma firme base empírica. Logo, é nesse terreno que a obra de Lévi-Strauss será asperamente discutida em países de ciência anglo-saxã, sem que jamais se dissipe completamente certa suspeição no que se refere à prosa poética e ao tom filosófico de Lévi-Strauss. Ao passo que em meados dos anos 1960 quase toda a obra de Lévi-Strauss estava traduzida para o inglês – *A World on the Wane* [Tristes trópicos] em 1961, *Structural Anthropology* em 1963, *Totemism Today* em 1964, *The Savage Mind* em 1966 e *Elementary Structures of Kinship* em 1967 –, sua recepção crítica anglo-saxã passa pela controvérsia teórica no seio de uma disciplina fortemente internacionalizada que ele está em vias de remodelar profundamente. Ao contrário do horizonte de recepção francês, os argumentos são muitas vezes técnicos e necessitam de uma boa erudição etnográfica.

A querela dos *happy few* da ciência etnográfica transpõe, no entanto, os muros dos *colleges* ingleses ou dos *campi* norte-americanos. Lévi-Strauss é visto pela grande imprensa, às vezes não sem ironia, como um puro produto de exportação francês, uma "*ultracivilized Gallic mind on the way of the 'savages'*", segundo um folheto publicitário, acrescido de um retrato do etnólogo, de terno príncipe de Gales, um livro aberto sob os olhos e parecendo vagamente surpreso[157]. Marshall Sahlins, igualmente antropólogo, apresenta assim o homem do Collège de France: "Claude Lévi-Strauss é um antropólogo francês. Mais que isso, é um homem culto e de grande estilo, dotado de uma percepção aguçada e de uma propensão à Razão. Em outros termos, é possível que Lévi-Strauss seja mais francês do que antropólogo, talvez inclusive um tesouro nacional francês: um filósofo"[158]. Esse começo de artigo bastante cáustico na *Scientific American* compara a presença estelar de Lévi-Strauss no 300º aniversário do Smithsonian, em setembro de 1965, à de outra estrela "francesa" do ano: a Mona Lisa emprestada ao Metropolitan pela França (e por Malraux, ministro da Cultura). Mona Lisa era italiana, mas, como o de Lévi-Strauss, seu sorriso é misterioso.

Lévi-Strauss foi lançado no meio intelectual nova-iorquino e, mais amplamente, norte-americano, alguns anos antes, por uma observadora sagaz e simpatizante da *intelligentsia* francesa, a romancista, ensaísta, militante, radical e feminista Susan Sontag, discípula de Simone de Beauvoir, que frequentou a Rive Gauche durante seus anos parisienses, em meados dos anos 1950. Em novembro de 1963, na badalada *New York Review of Books*[159], ela apresenta bombasticamente Lévi-Strauss como a última grande figura intelectual produzida por uma França que não é avara nesse aspecto. Segundo ela, ao contrário de Sartre, a quem é oposto em tudo, Lévi-Strauss se prenderia a uma tradição nacional que preconiza "o culto da *frieza* e do espírito geométrico"[160]. Numa manobra sedutora, mas falsa, ela o associa ao *nouveau roman* e ao modernismo literário, com o qual, sabemos, Lévi-Strauss tem poucas afinidades. Dramatiza essa entrada em liça, concluindo com o engajamento moral e político representado pelo antropólogo. "Gemendo entre as sombras, lutando para distinguir o arcaico do pseudoarcaico, ele é o ator de um pessimismo moderno complexo, assumido e heroico."[161] No mesmo momento, no *Times Literary Supplement*, George Steiner troca a "frieza" pela "altivez" da empreitada lévi-straussiana e faz dele um "moralista" no sentido do século XVII, o que ele peleja para traduzir para seu público anglo-saxão[162].

Eis então Lévi-Strauss transformado, no início dos anos 1960, e após um noivado por muito tempo adiado, num "herói do [seu] tempo". A despeito da dificuldade de seus escritos, a juventude estudantil está fascinada tanto pelo seu estilo de pensamento como por suas promessas. Como dirá Michel Foucault na epígrafe de *As palavras e as coisas*, "o estruturalismo não é um método novo: ele é a consciência desperta e inquieta do saber moderno". O frêmito de inquietude e a "dúvida antropológica" a que Lévi-Strauss se referiu em sua aula inaugural promovem a disciplina ao *status* das que merecem uma vida dedicada a ela. Se Michel Foucault, filósofo de formação, porém instalando-se no âmago do programa das ciências humanas dos anos 1960, não se coloca a questão de sua disciplina, Lévi-Strauss vai consagrar parte não desprezível de sua vida de então a canalizar as jovens (e menos jovens) energias e a organizar coletivamente o trabalho, segundo o exemplo de Durkheim e de seu grupo de discípulos reunidos na *L'Année Sociologique*, essa "prestigiosa oficina, onde a etnologia contemporânea recebeu parte de suas armas"[163].

A FÁBRICA DA CIÊNCIA 16

Science is not the work of one man.

CARTA DE CLAUDE LÉVI-STRAUSS a Howard Gardner, 10 de abril de 1970.

Todas as manhãs durante vinte anos, de 8h ao meio-dia, encontramos Claude Lévi-Strauss no Laboratório de Antropologia Social, que ele fundou com Isac Chiva em 1960, no embalo de sua eleição para o Collège de France. Inicialmente situado na avenida d'Iéna, depois na praça Marcelin-Berthelot, no prédio Chalgrin, o LAS – a sigla se impõe rapidamente –, primeiro laboratório de ciências sociais do Collège de France, abriga a revista *L'Homme* (1961) e se torna, nos anos 1960 e 1970, o centro paradigmático da antropologia francesa.

Ali, à medida que o laboratório ganha prosperidade, esbarra em etnólogos, linguistas e historiadores, orientadores de pesquisa, bibliotecários-documentalistas, professores estrangeiros convidados, secretários, "autônomos", jovens e menos jovens, homens e muitas mulheres e, no meio desse pequeno mundo fervilhante de ciência social em vias de profissionalização, a esguia silhueta de um homem na casa dos 50, que não só é o líder intelectual do estruturalismo, como o reformador da etnologia francesa. Neste capítulo, nos instalaremos no cerne da fábrica da ciência, em seu centro simbólico e material – o laboratório – e em sua prática institucional – a disciplina –, tentando fazer a etnologia de um local de conhecimento, composto de uma tribo específica de pesquisadores, com seu governo, ritos, conflitos, valores e crenças[1]. Ou seja, uma etnologia dos etnólogos...

Em sua própria maneira de se inserir nessa luta pelo reconhecimento da disciplina, Lévi-Strauss mantém distância com relação à instituição e ao governo dos homens, ao mesmo tempo promovendo a ciência como um processo cumulativo de adição e partilha dos conhecimentos. É o próprio princípio desses lugares do coletivo que ele inspira – revista, laboratório, seminário –, de que todos que os frequentaram guardam a lembrança de um indefinível *Lévi-Strauss touch*, feito de cortesia, ironia, rigor e gentileza sem intimidade. Haveria então uma contradição entre a prática científica solitária, artesanal, até artística, de Lévi-Strauss e a nova ordem científica que ele faz emergir, a menos que ele resolvesse essa contradição com um equilíbrio bem articulado do uso do tempo, de que ele já teve a experiência: de manhã, para os outros, no laboratório; à tarde, para si, em sua casa.

RE-NASCIMENTO DE UMA DISCIPLINA

De sua experiência norte-americana, Claude Lévi-Strauss adquiriu a consciência da historicidade e da diversidade desses agrupamentos de problemas e temas que se chamam "disciplinas". O que é uma disciplina[2]? É um conjunto de saberes que oscila em função das tradições acadêmicas nacionais, das instituições de pesquisa, e que pode ser abalado pela irrupção súbita de um paradigma interdisciplinar (o estruturalismo) exigindo novas ligaduras teóricas. A ciência moderna se edificou sobre um sistema de disciplinas desse tipo e um longo processo de profissionalização de suas atividades. Logo, nada está fixado no mármore da verdade. Uma disciplina nasce; uma disciplina expira.

Nos anos 1960, o voluntarismo de Lévi-Strauss encontra o do Estado renovado da V República, que se gaba de modernização e pretende apoiar sua ação sobre novas ciências sociais – sociologia, economia, demografia –, das quais se espera a possibilidade de decisões racionais. É um momento de crença profunda na capacidade dos cientistas de contribuir com políticas ambiciosas, lua de mel que se paga igualmente em dinheiro vivo.

Identificação

Quando Lévi-Strauss, no auge de seu reconhecimento intelectual, decide refundar a antropologia francesa, já tem atrás de si uma longa reflexão institucional e pedagógica e uma visão panóptica do campo internacional dessa disciplina: uma "ciência em devir"[3], cujas fronteiras ele traça ciosamente (com relação à filosofia e à sociologia), bem como as alianças (com a linguística, a geografia e a história, a psicologia). Um vasto território é assim configurado (o conhecimento do homem em geral) com ferramentas intelectuais e argumentativas, princípios metodológicos e problemáticas. Essa operação intelectual de "matrícula"[4] é decisiva, e Lévi-Strauss a conduz com mão de mestre. Doravante, e a despeito de certa imprecisão semântica, a etnologia/antropologia existe no mapa dos saberes da época na França, onde tinha sérios rivais[5].

Em 1954, num texto encomendado pela Unesco e dedicado ao "Lugar da antropologia nas ciências sociais e problemas colocados por seu ensino"[6], Lévi-Strauss clareou as coisas: a antropologia, segundo ele, é menos definida por um objeto específico – machadinhas de guerra, poligamia, canibalismo e, de maneira geral, as sociedades primitivas – do que por "certa concepção do mundo ou maneira original de colocar os problemas"[7]. No entanto, alguns antropólogos apoderam-se de fenômenos de sociedades ditas "civilizadas" e, inversamente, os artefatos citados podem ser objeto de investigação dos pré-historiadores. A partir do começo do século XX, a disciplina vai encontrar na experiência de um trabalho de campo extenso, meticuloso, sofrido, junto às populações estudadas sua Pedra de Roseta metodológica, instalada no âmago do projeto de conhecimento etnológico.

Contudo, embora o levantamento empírico do *fieldwork* se torne indispensável, ele é apenas o primeiro estágio, o que Lévi-Strauss propõe chamar "etnografia", isto é, a reunião de informação oral ou escrita e do material, dos objetos destinados geralmente a ser expostos num museu após classificação. O segundo estágio, a "etnologia", representa um primeiro passo para a síntese, resultando em conclusões no plano geográfico, histórico ou sistêmico, isolando esse ou aquele tipo de costume ou instituição e tentando dar-lhe sentido localmente. O terceiro estágio, a antropologia, visa realizar a síntese por meio de conclusões que seriam válidas para todas as sociedades humanas. Na França, ele prossegue, "o estágio posterior da síntese era relegado a outras disciplinas: sociologia (no sentido francês do termo), geografia humana, história, às vezes até filosofia"[8]. A operação Lévi-Strauss, consagrada com a aula inaugural no Collège de France em janeiro de 1960, consiste em repatriar esse estágio da síntese generalizante para a matriz da antropologia e não entregar às outras (disciplinas) a tarefa de concluir em termos universais. O antropólogo é então primeiramente míope, no sentido corriqueiro e intelectual, depois, presbita: após colocar os óculos do etnógrafo, ele vê as coisas do alto e, refugiado em sua oficina teórica (laboratório), produz modelos universais aptos a explicar os fenômenos observados.

Durante a década anterior, Lévi-Strauss não cessou de reformular e determinar (não sem algumas defasagens ocasionais) a ambição programática, a definição metódica e a promessa heurística da antropologia, mas o essencial está agora claramente identificado, inclusive de maneira polêmica, como aqui: "O erro dos adversários da etnologia [...] resulta de que imaginam que o objeto de nossa disciplina seja adquirir um conhecimento completo das sociedades que estudamos. [...] A inquietude cresce quando nos veem tão pressurosos em substituir por esquemas essa realidade que nos escapa. Contudo, na realidade, nosso fim último não é tanto saber o que são, cada qual em si, as sociedades que constituem nosso objeto de estudo, e sim descobrir a maneira como elas diferem umas das outras. Como em linguística, esses *afastamentos diferenciais* constituem o objeto próprio da etnologia"[9].

Profissionalização

Diante de certos colegas de volta do trabalho de campo, aconteceu de Lévi-Strauss exclamar: "Em nosso país, não formamos etnólogos, nós os descobrimos!"[10]. Ainda que a etnologia reivindique objetos, métodos e questões, por ser uma ciência que chegou tardiamente ao *status* de disciplina ela só conheceu, por muito tempo, um autodidatismo mais ou menos bem-sucedido. Georges-Henri Rivière se formou nos cabarés e nos museus, Alfred Métraux estudou na École des Chartes. Os etnólogos franceses de antes de 1945 compunham um grupo heterogêneo: "Do pastor ou do padre desencantado ao filósofo improvisado e ao escritor frustrado, do administrador sem vocação ao aventureiro arrependido, eles não constituíam uma ordem profissional, no máximo uma ordem, se admitirmos que o móbil da vocação não raro prevaleceu sobre o da formação"[11]. O próprio Lévi-Strauss corresponde a esse modelo: *agrégé* em filosofia (como Jacques Soustelle), não frequentou nenhuma das raras instituições de ensino etnológico. O trabalho de campo brasileiro o fez etnólogo.

Em 1960, no entanto, a substituição da vocação pela formação está na ordem do dia. Que fórmula pedagógica parece a mais apropriada? Numa revisão mundial das formas pedagógicas da etnologia, Lévi-Strauss é bastante crítico quanto à ideia de um departamento autônomo, como é corriqueiro nos países anglo-saxões. Aparentemente ideal, essa fórmula é dificilmente aplicável nas tradições acadêmicas com forte distinção entre ciências e letras (em que faculdade instalar tal departamento?), como é o caso da França, onde os diplomas de etnologia estão espalhados entre as faculdades de letras, ciências e direito. Ora, já dizia ele em 1954, "um antropólogo, seja qual for sua orientação, não poderia ser dispensado de conhecimentos básicos de antropologia física"[12]. Sem decidir, o etnólogo dá sua preferência a uma organização em escola ou instituto, sensível ao "espírito interfacultário"[13] dessa disciplina que prospera escanchada em outras. Essa "fórmula de contrabando"[14], na realidade, é a que rege, desde sua criação, o Instituto de Etnologia da Universidade de Paris (1925): uma mínima institucionalização, embora decerto acarrete um menor reconhecimento da formação etnológica, está mais em conformidade com o espírito da disciplina, que requer uma multiplicidade de conhecimentos.

Portanto, é do Instituto de Etnologia que Lévi-Strauss vai liderar a ofensiva institucional, pedagógica e política destinada a construir ao mesmo tempo uma oferta de formação coerente e uma plataforma para a disciplina. Numa carta quase testamentária de 5 de maio de 1957, Rivet, doente (e reconciliado com seu ex-orientando), transmite-lhe uma herança familiar – os outros dois protagonistas da aventura, Mauss e Lévy-Bruhl, já tendo morrido nessa data: "Eu lhe confio o Instituto de Etnologia: com o senhor e minha irmã, fico tranquilo quanto ao seu futuro. Quando eu morrer, penso que o senhor terá de se associar ao secretário Leroi-Gourhan, apesar de seus defeitos, em virtude de ele ser professor na Sorbonne e o Instituto ser um órgão de ligação entre o Museu de História Natural e a universidade"[15]. É o que faz Lévi-Strauss, com a morte de Rivet em 1958.

A partir de 1960, dois diretores presidem os destinos do instituto, que é então uma espécie de centro de triagem entre os diferentes cursos etnológicos da praça de Paris. Não há graduação em etnologia enquanto tal antes dos anos 1970. Os diversos cursos são avaliados mediante diplomas complementares para outras graduações (sociologia, filosofia, história... ou "graduação livre"). Na Sorbonne, os cursos são dados por André Leroi-Gourhan e Roger Bastide. Todos os cursos apresentados no programa do Instituto de Etnologia são divididos em cursos gerais e cursos mais especializados destinados ao nível doutoral, já que um terceiro ciclo de estudos (doutorado de terceiro ciclo) acaba de ser criado em 1958[16].

Nessa pradaria um pouco anárquica, com seus principados assombreados, Lévi-Strauss insufla um espírito de reforma que torna público num pequeno texto: nele, denuncia o "regime colonial" que pesa sobre o instituto e prega uma emancipação do instituto da tutela exclusiva da universidade, sobretudo para o terceiro ciclo; além disso, propõe remediar a dispersão dos cursos criando uma Assembleia de Professores (22 membros em 1958) que permitiria certa negociação. A reforma é aceita pelos professores envolvidos e aprovada pela reitoria. O Instituto passa a ser, por dez anos, governado por uma Assembleia de Professores que constitui uma nova plataforma de estímulo e definição da política científica para a etnologia. Nessas circunstâncias, Lévi-Strauss mostrou-se um zeloso agregador de energias, uma força motriz da disciplina. Codiretor do Instituto de Etnologia, além de membro da comissão "Antropologia, etnografia e pré-história" do CNRS, desempenha um importante papel de incentivador institucional da disciplina, ao mesmo tempo internamente e perante os poderes públicos.

Com relação a estes últimos, Lévi-Strauss às vezes deixa explodir cóleras represadas contra uma administração julgada, no caso, suscetível, minudente, por exemplo quando impede um instituto de receber verba de uma direção da qual ele não depende diretamente. É o caso do Instituto de Etnologia, cuja subvenção, porque concedida pelo diretor da Cooperação no Ministério da Educação, Stéphane Hessel, a fim de financiar os trabalhos de publicação, não pode ser endossada. Lévi-Strauss fica furioso com isso[17]. Propõe contornar a dificuldade junto ao controlador das Finanças e conceder a subvenção à Associação Marc Bloch, que, como ele escreve ao amigo Hessel, serve de "banqueiro oficioso" para a seção VI e cujo "papel é mantido escondido do público por razões evidentes"[18]. Lévi-Strauss não é apenas um habilidoso negociador com os poderes públicos, é também um empreendedor científico com uma cultura de *fundraising* adquirida nos Estados Unidos e a quem não desagrada uma pequena manobra pirata quando se trata de uma boa causa. Como o Vaticano, a EPHE tem então seu banco oficioso... não obstante, a França sendo o que é, é para as finanças públicas que as ciências sociais, em especial a etnologia, devem se voltar nesse início dos anos 1960, tanto mais que o Estado francês, pela primeira vez, prepara-se para investir numa verdadeira política de pesquisa.

Socialização

Após a Libertação, as ciências sociais na França se beneficiaram de certas iniciativas individuais e díspares, ao mesmo tempo permanecendo, no nível da pesquisa, bastante periféricas com relação à universidade[19]. Não se para de deplorar a "miséria" das ciências sociais, mesmo com a Unesco tendo se revelado uma provedora de fundos e uma consumidora de pesquisas. A esquerda marxista não vê com bons olhos essas ciências "norte-americanas" de instrumentalização do capitalismo. Os atores das ciências sociais francesas estão portanto muito sozinhos diante de um Estado que aspira à Libertação, a imperiosas transformações, mas é muito rapidamente ultrapassado pela derrocada colonial e a Guerra Fria. Com o advento do gaullismo, o cenário muda subitamente. É verdade que essas transformações, no início dos anos 1960, se inserem, na França, numa longa história dos saberes de Estado, burocráticos, centralizados, que a forma absolutista da monarquia incentivou desde o século XVII[20]. Essa vontade de saber se afirma com novo vigor na aurora do período mais florescente dos Trinta Gloriosos. Ela se baseia numa crença otimista na capacidade das novas ciências humanas de apreender a realidade social e, sobretudo, acompanhar transformações rápidas ao mesmo tempo toleradas e desejadas (ou apresentadas como tais). A "modernização" é o fetiche desses tempos de planejamento e mudança social acelerada. A abertura das universidades aos filhos das classes médias resulta num afluxo de novos estudantes que justifica a criação de novos postos e a diversificação das fileiras universitárias.

O dinheiro aflui, os postos se multiplicam, menos na universidade, sempre reticente a se abrir às novas disciplinas, do que no CNRS ou na EPHE, cuja seção VI, que contava com 48 *directeurs d'étude* em 1956, lista 80 em 1962. Uma graduação em sociologia e uma graduação em economia são criadas. Créditos são desbloqueados para equipar laboratórios que, pautados pelas ciências exatas, veem seu pessoal aumentar e se diversificar: *chargés de recherche*, peritos em informação, técnicos da documentação, um exército de auxiliares povoa agora o mundo das ciências sociais. O problema dos mercados não se coloca, pois a sociedade e o Estado demandam essas novas profissões, requeridas para tentar resolver, ou em todo caso esclarecer, os novos problemas da sociedade industrial: demógrafos, economistas, sociólogos, psicólogos sociais... e etnólogos, mesmo estes últimos não sendo requeridos pelas mesmas razões na vasta ofensiva da modernização. Em 1962, é criada a Délégation Générale à la Recherche Scientifique et Technique (DGRST), estrutura interministerial cujo modo de financiamento é original, procedendo por contratos plurianuais, como no caso das famosas "Actions concertées" [ações combinadas]. Uma delas é agora um lugar de memória da pesquisa coletiva, às vezes sua lenda negra, que de tal forma cristaliza não só suas euforias como seus dissabores: é a pesquisa sobre Plozévet, uma aldeia do *pays* Bigouden, escolhida pois, acredita-se, trata-se de uma povoação isolada que permite estudar "o mundo agrícola e rural francês em sua adaptação às condições da vida moderna". O CNRS lança por sua vez "RCP" (Recherches Coopératives sur Programme, pesquisas cooperativas baseadas em programa), que constituem suporte para outras pesquisas interdisciplinares importantes nas regiões de Aubrac, Châtillonnais, Baronnies, Margeride e na Córsega. Tem-se assim um panorama da "França esvaziada" dos anos 1960-1970: os etnólogos abordam-na como observatório de um mundo rural visto como agonizante, os sociólogos e economistas como laboratório de uma inelutável modernização. Essa ação incentivadora do Estado, emane ela da universidade, do CNRS ou da DGRST, faz as práticas científicas evoluírem na direção de pesquisas coletivas, se possível interdisciplinares (aliando, como em Plozévet, ciências da natureza e ciências da sociedade).

Como a antropologia e, mais especificamente, seu mentor se situam diante desse novo mundo? No plano estritamente pessoal, é evidente que Lévi-Strauss está assustado com a ideia de tropas de pesquisadores (uma centena para Plozévet) trabalhando numa aldeia durante meses ou anos. A reação imediata desse solista é de ordem estética: "Elas [as pesquisas] podem ter dado bons resultados. Eu não as adotaria para mim. A etnologia me parece pertencer à esfera da criação artística. É uma conversa privada entre um homem e uma sociedade. Além disso, as sociedades selvagens mais puras são objeto de tal delicadeza que seria muito perigoso assustá-las, sob o risco de estragá-las, despendendo um aparato de pesquisa demasiado espetaculoso. Em contrapartida, no caso de sociedades robustas, sólidas, concebo esse tipo de estudos. Mas, repito, não é uma coisa do meu gosto"[21]. Contudo, o Lévi-Strauss responsável por e incentivador da disciplina contribui com uma participação estratégica para esse tipo de iniciativa provedora de fundos e postos. Envia o etnólogo africanista Michel Izard a Plozévet, o que permite ao seu laboratório participar do projeto[22]. Da mesma forma, pesquisadores do Laboratório de Antropologia Social participam da RCP dita do Châtillonnais, lançada em 1967[23]. Quatro etnólogas, Françoise Zonabend, Marie-Claude Pingaud, Yvonne Verdier e Tina Jolas, todas integrantes do Laboratório de Antropologia Social, são enviadas a Minot, uma comuna de 370 habitantes situada no sudeste do Châtillonnais. A princípio, trata-se de trabalhar numa monografia sobre uma aldeia francesa, na trilha do que Lucien Bernot fizera com Nouville[24]. As "damas de Minot"[25], que, ao chegar em campo, se transformam nas "damas de Paris", vão então pesquisar as estruturas de parentesco, as estratégias matrimoniais, as terminologias parentais, mas também, ao sabor de suas temporadas *in loco*, as adaptações e costumes do passado, os ofícios, as práticas culinárias etc., e empreender, atentas à "relevância do detalhe"[26], uma verdadeira antropologia do mundo camponês contemporâneo. O modelo de pesquisa difere do de Plozévet, onde hematologistas esbarravam com demógrafos, botânicos discutiam com etnólogos e sociólogos eram relegados pelos economistas. Em Minot, quatro etnólogas pesquisam ao longo de vários anos (de 1967 a 1975) num ritmo de vários dias por mês, terminando por escrever quatro livros pessoais que puxam os diferentes fios de uma pesquisa decerto coletiva na partilha dos materiais de campo, mas individual em sua escrita e meditação profunda[27]; quatro livros, e não milhares de páginas de uma literatura estéril e não publicável. Os escritos etnológicos da proximidade foram recebidos em Minot tão dolorosamente quanto em Plozévet pelas populações concernidas, hostis à operação de objetivação socioetnológica de que eram objeto à revelia e pouco desejosas de se verem caricaturadas como "índios da Borgonha" ou da Bretanha[28].

De maneira geral, como vimos, Lévi-Strauss é um ator-chave da dinâmica disciplinar. Inteirado da política científica em geral, conhece bem todos os homens que a promovem e participa plenamente de sua elaboração. Contudo, paradoxalmente, a questão da "utilidade" das ciências humanas permanece em aberto para ele: nos últimos tempos, ele escreve na época, ei-las solicitadas "para que, por seu turno (após as da natureza), se resolvam a dar provas de sua utilidade". Segundo Lévi-Strauss, essa mobilização em todas as direções é um perigo: as ciências humanas, afirma em 1964, estão "em sua pré-história. Supondo que um dia possam ser colocadas a serviço da ação prática, não têm, no presente, nada ou quase nada a oferecer. O verdadeiro meio de lhes permitir existir é dar-lhes muito, mas sobretudo nada lhes pedir"[29]! Mas é preciso distinguir nele a argumentação estratégica (para obter financiamentos) e as convicções pessoais que moderam as expectativas criadas a respeito das ciências humanas, ao mesmo tempo formulando a partitura específica que elas poderiam tocar no concerto acadêmico. Segundo ele, as explicações das ciências humanas são o mais das vezes vagas ou aproximativas, o erro lhes é contumaz e suas previsões, aleatórias. "Mas compreendendo um quarto ou metade, e prevendo uma vez em duas ou quatro, nem por isso deixam de ser aptas, pela íntima solidariedade que instauram incipientemente, a proporcionar àqueles que as praticam alguma coisa de intermediário entre o conhecimento puro e a eficácia: a sabedoria ou, em todo caso, uma forma de sabedoria, que permite agir menos mal porque se compreende um pouco melhor, mas sem jamais poder fazer a partilha exata entre o que se deve a um ou outro aspecto. Pois a sabedoria é uma virtude equívoca que deriva ao mesmo tempo do conhecimento e da ação, ao mesmo tempo diferindo radicalmente de cada uma delas tomada em particular"[30]. É, aliás, em função do grau de "conivência" com sua sociedade de origem que Lévi-Strauss propõe uma tipologia que separe as "ciências sociais" estabelecidas no próprio âmago dos grupos sociais que elas estudam (economia, estudos jurídicos, ciência política, psicologia social e alguns ramos da sociologia) das "ciências humanas", muito mais extrínsecas a cada sociedade específica (pré-história, arqueologia, história, antropologia, linguística, filosofia, lógica, psicologia). Só estas últimas podem se permitir a "intransigência" da ciência verdadeiramente fundamental, disposta a subverter todo um *corpus* de hipóteses e representações do mundo[31].

Lévi-Strauss, portanto, é um homem de ação que cria instituições destinadas a se dedicar (e sobretudo a permitir que outros se dediquem) a uma pesquisa desvinculada da ação eficaz. Com ele, estamos muito longe de um sonho de tecnologia do social, em que engenheiros proporiam soluções práticas. Quando, em 1968, os estudantes radicais de esquerda – entre os quais alguns, e não dos menores, eram sociólogos – questionarem veementemente as ciências humanas e sociais como ciências de ajuda à decisão, Lévi-Strauss, refratário a essa auxiliarização ambígua, não se sentirá em absoluto atingido pela crítica, pois nunca abraçou tal concepção.

UM LABORATÓRIO MÍTICO: O LABORATÓRIO DE ANTROPOLOGIA SOCIAL (LAS)

Por que um laboratório de antropologia? Essa nova instituição corresponde à guinada epistemológica que Lévi-Strauss promove na disciplina: não se trata mais de descrever (material e simbolicamente) uma dada sociedade, mas de lhe fazer determinadas perguntas. A finalidade agora é construir objetos teóricos (os modelos), e não colecionar e depois expor artefatos materiais. Eis por que, na história da disciplina, o Laboratório de Antropologia Social fundado por Claude Lévi-Strauss em 1960 é o novo lugar de centralidade simbólica, como o Museu do Homem era o da etnologia dos anos 1930. No mesmo momento, eclodem outras oficinas de pesquisa: o Centro Europeu de Sociologia (CES) de Raymond Aron, por exemplo. No entanto, se o CES não existe mais, o LAS, por sua vez, continua vivo. Tornou-se uma instituição de referência mais que cinquentenária, uma espécie de "bem comum" da disciplina, onde um grande número de etnólogos franceses e estrangeiros contemporâneos se formou e trabalhou[32].

A grandeza dos começos...

O começo é acrobático, mas é dessa falta inicial de recursos que a narrativa encantada das origens extrai sua força. Com efeito, o poder do mito fundador, que, diante das dúvidas ou questionamentos, é regularmente reativado, é uma das originalidades do LAS. Tudo começa em 1960, entre fichas documentais e encanamentos de banheiro.

No início, há um "golpe" de Lévi-Strauss, que, graças à sua posição na Unesco, consegue persuadir seus diretores (em especial Gaston Berger) da oportunidade de dotar a Europa de um exemplar dos *Human Relations Area Files*, um arquivo publicado pela Universidade Yale com tiragem de apenas 25 exemplares[33], e lhe delegar a responsabilidade pela exploração desse conjunto documental composto materialmente de cerca de 2 milhões de fichas (em 1961), reunidas em 380 arquivos metálicos duplos com um peso de 7,5 toneladas e um volume de 18 metros cúbicos[34]. Essas fichas são codificadas linha a linha a partir de itens pré-selecionados, permitindo assim extrair agilmente uma documentação básica relativa a qualquer problema etnológico repertoriado na época. Ao sonho de uma erudição sistemática acrescenta-se a sedução de uma ferramenta infrainformática, uma tecnologia então bastante eficaz da documentação, capaz de aumentar a legitimidade científica de toda a disciplina. Esse "Centro Documental de Etnologia Comparada" é a base, a justificativa e o turborreator do laboratório, primitivamente concebido e organizado em torno dos *Files*. Esses armários com gavetas repletas de fichas classificadas em pastas de papelão encontram-se ainda hoje no centro do espaço do LAS, nas dependências que ele ocupa desde 1982, como a lembrança perenizada da importância simbólica que tiveram.

Para Lévi-Strauss, é "um instrumento científico comparável, no plano das ciências humanas, ao que podem ser um telescópio ou um microscópio eletrônico no domínio das ciências naturais. [Esses fichários] representam a substância integral de 3 mil livros e artigos relativos a 289 populações. Desse instrumento científico, só existem 25 exemplares, dos quais 23 ficam nos Estados Unidos, um no Japão e um (o nosso) na Europa. Ele se expande regularmente mediante uma assinatura contraída junto ao fabricante: assim, nós recebemos, entre junho de 1960 e fevereiro de 1962, 232 mil fichas novas relativas a 47 populações. A taxa de expansão é, portanto, de 150 mil fichas por ano"[35]. Claude Lévi-Strauss joga aqui com a estratégia aritmética. Tampouco hesita em anotar os leitores dos *Files*, inclusive os mais prestigiosos. Raymond Aron, por exemplo, veio consultá-los para uma pesquisa sobre "a guerra nas sociedades primitivas", Gabriel Le Bras sobre "as marcas de prestígio nas sociedades sem escrita", enquanto Jacques Lacan neles rastreou os "gestos que acompanham o assentimento ou a negação no mundo"[36]. Quanto a Pierre Bourdieu, vice-diretor do Centro de Sociologia Europeia, e ainda tateando entre etnologia (pesquisas na Argélia e na região do Béarn) e sociologia (práticas culturais), tem a honra de "solicitar que se efetue por gentileza uma pesquisa sobre os mitos de origem do fogo, da técnica e da mulher nas civilizações indo-europeias e africanas", pois, prossegue, realiza "atualmente uma pesquisa sobre as relações entre mito e rito nas civilizações indo-europeias"[37]. O tom imperativo e a vastidão impertinente do pedido de informação espantam Lévi-Strauss, não obstante entusiasmado em poder demonstrar o interesse que suscitam os *Files* para além da disciplina.

De ano para ano, como um animal monstruoso, os *Files* ganham volume e peso, enquanto o espaço a eles atribuído continua o mesmo: o "banheiro do sr. Guimet". O LAS dos primeiros tempos é um laboratório boêmio, lugar irreverente, economia do improviso, onde reina dignamente o já célebre professor Lévi-Strauss. A disparidade entre a aura do cientista e a indigência de recursos do jovem laboratório salta aos olhos dos visitantes, salvo, aparentemente, aos de Susan Sontag, que o descreveu como um "*richly endowed research center*"[38]. Na verdade, como lembra seu fundador, "no princípio, nos alojávamos num anexo do Museu Guimet, na avenida d'Iéna: o antigo casarão de Émile Guimet[39]. Com três ou quatro colaboradores, eu ocupava um cômodo que tinha sido o banheiro: tocos de canos ainda saíam das paredes forradas de louça e eu tinha o que restava do ralo da banheira sob os pés. Mal se conseguia circular naquele cubículo atulhado. Eu recebia minhas visitas no corredor, onde logramos instalar duas velhas poltronas de jardim bem estropiadas"[40].

Afora isso, o que vemos? Escrivaninhas, armários, arquivos de fichas metálicos, caixas para imagens (portáteis), caixas para microfilmes, um banquinho, um cabide, duas escrivaninhas para datilografia, dez poltronas, além de aparelhos mecanográficos e científicos: um duplicador para estêncil; duas fotocopiadoras (Arcor e Polymicro); um projetor de *slides*; dois leitores de microfilmes; uma calculadora elétrica; um eletrófono estereofônico; uma câmera fotográfica; três gravadores; máquinas de escrever elétricas Olivetti, Everest "com carro grande", Olympia, Royal etc.; uma navisfera[41]. Logo, aparelhos de reprodução, de registro de imagens e sons para trabalhos de campo, cuja origem é o laboratório, enfeixando os resultados sob forma de relatórios, depois teses e livros. Todo um ambiente material para a pesquisa em ciências sociais, a qual, esperando coisa melhor, sedimenta.

Ao lado de Lévi-Strauss, menos de dez pessoas dividem as dependências do LAS: Isac Chiva, vice-diretor, Françoise Flis (Zonabend), sua colaboradora na revista *Étude Rurales*, Nicole Belmont, encarregada dos *Files*, Solange Pinton, chefe de produção, Tina Jolas, documentalista, Jean Pouillon, secretário-geral da revista *L'Homme*, Michel Izard, chefe de produção, Lucien Sebag, colaborador técnico encarregado do eixo "Mitologias", Robert Jaulin, etnólogo africanista. Em breve vão se agregar outros nomes, pois, a despeito dos parcos recursos, muitos jovens almejam participar da aventura: Anne Chapman, Arlette Frigout, Olivier Herrenschmidt... Contudo, entre biblioteca, *Files*, sede da revista, secretaria e escritório do diretor, os noventa metros quadrados na avenida d'Iéna estão lotados, e a pequena empresa espremida. Chiva volta e meia se queixa a Clemens Heller, homem-chave da logística da seção VI da EPHE: "Pessoalmente, disponho de meia mesa de trabalho num cômodo que divido com o sr. Claude Lévi-Strauss, diretor do laboratório, Jean Pouillon, secretário de redação de *L'Homme,* e a sra. Françoise Flis, minha colaboradora. As cinco pessoas encarregadas dos trabalhos de contabilidade, correspondência, documentação e arquivamento, bem como a recepção pessoal e telefônica, estão amontoadas, junto com as outras colaboradoras da secretaria do laboratório, numa única sala. As três máquinas de escrever que percutem nesse espaço, simultaneamente à única linha telefônica de que dispomos, criam uma atmosfera barulhenta e promíscua que torna impossível qualquer trabalho contínuo"[42]. O provisório vai se estender por muitos anos, e só em 1965-1966 o LAS virá a dispor de novas dependências e de uma nova existência.

Três homens num banheiro

Só nos resta admirar o contraste entre essa longa busca do lugar ideal da pesquisa e o êxito imediato na escolha dos colaboradores mais próximos. Ao convidar Isac Chiva e Jean Pouillon para assessorá-lo, Lévi-Strauss assenta duas pedras muito sólidas no edifício que está em vias de construir. A longevidade de suas duas "parelhas", "associações", "embarcações" – metáforas usadas para qualificar o trabalho em comum de duas décadas – comprova a perspicácia de seu olhar de chefe de equipe. Dois homens muito diferentes que, junto com o próprio Lévi-Strauss, formam um trio espantoso, imprevisível, inseparável, que desde o início confere ao LAS essa cor de modernidade, eficiência (a despeito das dificuldades) e sedução. Três homens sérios, mas cultivando o trocadilho – uma trindade em que a inteligência é soberana –, escrupulosos nas responsabilidades que lhes incumbem, mas que nunca se levam completamente a sério, com interstícios de silêncio e liberdade que constituem a própria atmosfera do ecossistema lévi-straussiano.

Isac Chiva é um sobrevivente do massacre de Iasi, de 22 de junho de 1941, um dos primeiros *pogroms* da Segunda Guerra Mundial[43]. Após a guerra, decide fugir do antissemitismo romeno e da cortina de ferro comunista. Parte a pé de Bucareste, em novembro de 1947, atravessa toda a Europa, via Budapeste e Viena, até chegar a Paris em 20 de janeiro de 1948. Tem 22 anos e está acompanhado de dois colegas, Paul Celan e Serge Moscovici. Os três resolvem não falar mais romeno. Falante de iídiche na infância, tendo adotado em seguida a língua romena, Chiva associa o aprendizado das línguas a um poliglotismo de sobrevivência. Em sua nova existência francesa, opta pela etnologia da proximidade, dedicando-se a estudos sobre a região de Sologne, depois de Touraine, mais tarde da Córsega. Incentivado por Lévi-Strauss, se interessa, igualmente como pioneiro, em colaboração com o Centro para a Energia Atômica (CEA), pelas transformações socioeconômicas induzidas pela implantação de uma central nuclear nos sítios de Bagnols-sur-Cèze e Marcoule, uma antropologia da alta tecnologia. No Museu das Artes e Tradições Populares (ATP), onde é *chargé de recherches*, convive, naturalmente, com Georges-Henri Rivière, mas sobretudo com Marcel Maget, seu orientador de tese, e Claude Lévi-Strauss, que se torna seu "fiador" no CNRS no início dos anos 1950. Chiva e Lévi-Strauss jamais comentarão (ou muito pouco) sua judeidade comum; Chiva tampouco se estende sobre sua incrível odisseia de juventude. Porém, quando se faz necessário, em 1955, mobilizar Jacques Soustelle, então representante do governo francês na Argélia, para ajudar Chiva a obter a nacionalidade francesa, Lévi-Strauss o faz com todo o vigor e a diligência de que é capaz. Em 1959, Chiva deixa o CNRS para ingressar na seção VI da EPHE, encarregado por Fernand Braudel de fundar a revista *Études Rurales* e dirigi-la ao lado do jovem historiador medievalista Georges Duby. Concomitantemente, Lévi-Strauss convida-o a acompanhá-lo na aventura do LAS, criado um ano mais tarde. Ele aceita os dois, com vistas a "fazer convergirem as máquinas"[44].

A partir desse instante, Chiva exerce seus talentos de embaixador e primeiro-ministro do LAS. Coloca a serviço do jovem laboratório o vasto trânsito de que goza nos círculos da pesquisa, bem como nos ministérios, toma chá de cadeira nas salas de espera se necessário, negocia aqui e ali, demonstra uma excepcional inteligência na montagem institucional, nas negociações financeiras e na gestão dos "recursos humanos", como ainda não se diz. É, com efeito, uma espécie de "correia de transmissão" para os pesquisadores e etnólogos do laboratório e, junto com o próprio Lévi-Strauss, seu principal interlocutor. Embora às vezes alvo de reações hostis, Chiva sabe desemaranhar as situações e representa uma figura paterna de substituição, inclusive para o próprio filho de Lévi-Strauss, Laurent, que ingressa no laboratório no fim dos anos 1960. Chiva o aconselha e ajuda; é muito próximo dele e o considera um filho adotivo, junto com o filho de Celan. É igualmente muito amigo de Pierre Bourdieu, cujo primeiro texto publicará, em 1962, em *Études Rurales*, "Célibat et condition paysanne en Béarn" [Celibato e condição camponesa no Béarn].

Parcialmente hipotecada no altar da administração da ciência, toda a atividade científica de Chiva desenvolveu-se então no universo das comunidades rurais europeias, um mundo camponês que fora totalmente fechado ao jovem judeu do Leste que ele era. Fascinado por um objeto que o rechaçava, Chiva, no fim de sua vida, dizia continuar a sentir-se "profundamente meteco"[45]. Entre esse judeu romeno sobrevivente e o israelita francês, oriundo de um meio antiquadamente burguês, a harmonia foi quase perfeita, fundada numa dívida de gratidão que Lévi-Strauss exprime em diversas ocasiões, em especial quando acontece de Chiva atravessar alguma crise, problemas de saúde ou ressentimentos de fundo moral: "Eu não disse que o laboratório tinha me ajudado num trabalho pessoal", ele lhe escreve em 1976, "mas que jamais teria conseguido realizar este último se o senhor não tivesse tão amplamente me desobrigado de sua direção. E isso é tão evidente que o senhor não contestará. Não costumo falar isso, mas lhe sou profundamente grato do fundo do coração, desejando ao mesmo tempo, ainda que o laboratório deva sofrer com isso, que nos próximos anos o senhor decida viver um pouco para si mesmo, e em condições de trabalho menos drásticas do que as que padeceu até o presente"[46]. Chiva se censura por não construir uma obra, Lévi-Strauss o reconforta; Chiva cai doente, Lévi-Strauss se culpa. Ainda em 2003, Lévi-Strauss aplica esse eficaz bálsamo do escrito, com uma caligrafia então trêmula: "Não me eximirei de dizer que, antes desses vinte anos, houve outros vinte, quando – para repetir sua expressão – sua presença ao meu lado não foi em absoluto simbólica. Pois eu nunca teria me lançado na aventura do laboratório se o senhor não tivesse se mostrado disposto a me acompanhar"[47].

Jean Pouillon foi "meteco" de outra maneira. Vem de outros quadrantes, não só no plano profissional, como também no plano político e ideológico. Estudante de filosofia, Pouillon se torna, em 1945, secretário de debates na Assembleia Nacional, um observatório privilegiado para a análise da política francesa e uma função que lhe deixa tempo livre (e o alimenta). Tempo para escrever um livro sobre o tempo – cuja óptica estrutural Lévi-Strauss apontará mais tarde[48] –, mas também para participar da vida literária e intelectual do pós-guerra. Faz parte dos próximos de Sartre e Simone de Beauvoir e constitui um dos eixos de *Les Temps Modernes*. Cultiva, o que é menos sabido, sólidas amizades patafísicas e, com Georges Perec, uma cumplicidade de longa duração[49]. Em *Les Temps Modernes*, publica em 1956 um longo artigo sobre "L'œuvre de Claude Lévi-Strauss", manifestando uma compreensão em profundidade da iniciativa estruturalista, traduzida numa linguagem concisa e precisa. Em 1958, aos 42 anos, empreende seu primeiro trabalho de campo etnológico nos maciços montanhosos do Chade central, onde procura desvendar a lógica da organização político-religiosa das populações hadjerai.

Quando, em 1960, Lévi-Strauss lhe oferece a chefia de redação da revista *L'Homme*, que pretende lançar no ano seguinte, Pouillon é conhecido como um "*porteur de valises*", colaborando diretamente com a luta armada da FLN; é, além disso, um dos signatários mais ativos do "Manifesto dos 121", que pregava a deserção dos convocados do contingente diante da Guerra da Argélia e um dos cinco primeiros indiciados após a assinatura desse texto, junto com Maurice Blanchot, Dyonis Mascolo, Jean-Paul Sartre e Maurice Nadeau. É nesse momento preciso que Lévi-Strauss agrega exatamente esse colaborador, ele que se impõe um afastamento espetaculoso da vida política dos intelectuais engajados – e se recusou a assinar o Manifesto dos 121. O que isso quer dizer? Esses dois homens se escolheram, pois, de certa forma, é tão improvável Lévi-Strauss ter chamado Pouillon quanto Pouillon ter aceitado, nessas circunstâncias, cuja gravidade e cujo poder divisório, em pleno processo dos "*porteurs de valises*", o conhecido processo Jeanson[50], não devemos esquecer.

Durante os anos 1960, Pouillon divide seu tempo entre *Les Temps Modernes* e *L'Homme*, entre existencialismo e estruturalismo, tentando uma impossível conciliação, antes de se resolver a aceitar suas próprias contradições, o que ele chamava de seu "estrabismo divergente"[51]. Torna-se o editor "vigilante, afável, discreto e firme"[52] de uma revista a princípio transdisciplinar (antropologia, linguística, geografia), mas que vai se desenvolver mais, como era previsível, no flanco etnológico, como atesta a adesão, alguns anos mais tarde, de André Leroi-Gourhan, Georges-Henri Rivière e André-Georges Haudricourt. Em meados dos anos 1960, graças ao seu visual atraente, à seriedade de seus artigos e ao nome de Lévi-Strauss, *L'Homme* consegue infiltrar-se no campo internacional das revistas de ciências sociais. Ligada ao paradigma estruturalista, mas sem antolhos teóricos, é, como o LAS, ao qual é vinculada, uma plataforma unificadora de uma disciplina em pleno desenvolvimento, escorada numa instituição fervilhante, a seção VI da EPHE.

Durante 35 anos, Pouillon será "o homem de *L'Homme*"[53]. Por ocasião do primeiro número, uma nota discreta pede aos autores envolvidos que lhe encaminhem suas correspondências de todo tipo. Doravante uma figura central do espaço estruturalista, ele transforma a referência à obra pessoal de Lévi-Strauss numa pesquisa coletiva, atraindo numerosos pesquisadores que encontram na revista um ouvido atento e um escoadouro prestigioso para seus trabalhos. Esse fidalgo de óculos, um pouco curvado, brilhante, inquieto, preza a amizade e a atividade coletiva, em experiências intelectuais que se estenderão até a década seguinte, quando sucumbirá ao encanto de seu amigo Jean-Bertrand Pontalis e aceitará novas responsabilidades na *Nouvelle Revue de Psychanalyse*, criada em 1970. Homem de revistas, é um passador e um passante: como lembra Michel Izard, "há uma inimitável maneira *à la* Pouillon de abordar um problema antropológico como que *en passant*"[54]; o que Françoise Héritier chama de seus "trocadilhos etnológicos"[55] e outros, de sua "malícia epistemológica"[56], maneira peculiar de admitir o "prazer de não compreender", a bizarrice das situações etnológicas em que o mal-entendido é soberano: "O prazer que descobrimos em não compreender incita a tentar consegui-lo assim mesmo e não impede um eventual sucesso, conservando no entanto, tão viva quanto possível, a lembrança do espanto inicial"[57].

Pouillon e Chiva são personagens muito pouco acadêmicos[58]. Carregam em si mundos plurais que os preservam de todo sectarismo e salvaguardam as instâncias do sonho e do lúdico. Como o próprio Lévi-Strauss, esses homens guardam dentro de si, vivo, o gosto infantil da descoberta e formam uma pequena gangue de cumplicidade masculina, no interior de um laboratório que conta com tantas mulheres quanto homens. É essa equipe que parte em conquista do reconhecimento científico, mas, antes de mais nada, de uma nova sede e novos recursos.

1966. Uma (dupla) nova partida

Uma longa série de reclamações, cifras, subidas de tom e justificativas pontua os primeiros anos do LAS, tendo como temática a questão crucial da sede. Se Lévi-Strauss consegue finalmente realojar seu laboratório nas dependências do Collège de France, na praça Marcelin-Berthelot, isso é fruto não só de seu voluntarismo e do de Chiva, de uma argumentação repetida ano a ano, como da vontade de reforma do Collège e do novo planejamento que reitera o desejo do Estado de investir nas ciências.

Em 1962, Lévi-Strauss pleiteia junto a Marcel Bataillon, então administrador do Collège, a disponibilização de um espaço de quinhentos metros quadrados a fim de alojar decentemente os *Files*, a sala de leitura contígua, os dois escritórios de documentalistas e uma oficina para câmeras fotográficas, o resto sendo distribuído em cerca de 15 gabinetes para os pesquisadores e uma sala de leitura e reunião[59]. Desde logo fica patente o que esse novo espaço significa na evolução da atividade teórica: as ciências humanas e sociais, com Lévi-Strauss, confessam ambições de pesquisa coletiva que exigem certa logística documental e editorial. Essa reflexão está em sintonia com a tomada de consciência do Collège de France de sua grife, decerto prestigiosa, mas em parte desgastada. Marcel Bataillon e, depois, seu sucessor Étienne Wolff desejam promover uma reforma da instituição, incentivada pelo Estado, e sair do estágio artesanal da pesquisa, "abstendo-se de enxergar pequeno demais"[60]. A verba do 5º Plano (28 milhões de francos novos), nesses tempos de prosperidade, está ali para bancar a empreitada. Com ela, Lévi-Strauss goza de toda a latitude para colocar em votação, pela Assembleia dos Professores, o *status* de "cátedra de laboratório" para a antropologia social, o que lhe dá direito a dependências mais amplas. Observemos que, em 1966, de 52 cátedras, 38 não possuem laboratório[61]. Para as ciências humanas, os professores pedem em geral de 150 a 200 metros quadrados; é o caso de Benveniste, Braudel, Berque; em contrapartida, Jean Filliozat (línguas e literaturas da Índia) reivindica mil metros quadrados, bem como René Labat (assiriologia); François Perroux (análise dos fatos econômicos e sociais) pretendia 950. Sem pestanejar, Lévi-Strauss solicita 2 mil metros quadrados e acrescenta, à parte, para Chiva: "Não abrir mão de uma polegada sequer!"[62]. Essa postura agressiva da jovem disciplina colhe o produto de sua obstinação, de sua ambição e de seu ardor em justificar com minúcia as necessidades requeridas. As dependências começam a ser ocupadas em outubro de 1965, porém numerosos trabalhos (financiados pela seção VI) encetados em várias frentes estendem-se até 1967, e mesmo até 1970, data em que a pintura das paredes foi finalmente retocada.

A princípio, embora as salas sejam vetustas e mal iluminadas, a situação é incomparável, no coração do Quartier Latin e num local que remete a uma época mais antiga da ciência, o que encanta Lévi-Strauss. Esse cenário suntuoso e venerando satisfaz nele um devaneio sapiencial, que o instala, com suas ambições modernistas e seu vanguardismo científico, num gabinete de curiosidades baudelairiano: "Lembro-me de que, por ocasião de minhas visitas de candidatura, em 1959, eu tinha sido recebido pelo titular da cátedra de geologia. Seu laboratório ocupava, no último andar, uma ala do prédio edificado no fim do século XVIII por Chalgrin. Além do escritório do professor e dos sótãos, ele se compunha, basicamente, de duas alas majestosas, onde alguns escassos indivíduos trabalhavam em grandes mesas de carvalho. Ao longo das paredes cujos ângulos eram decorados com colunas, viam-se móveis de mogno à guisa de aparadores, num estilo despojado, mas admiráveis pelo desenho e pelas proporções. Sob a Restauração, ele devia ter simbolizado o *nec plus ultra* do que chamamos hoje em dia de mobiliário de escritório. Soube que eles guardavam as coleções mineralógicas do rei Luís XVIII. [...] Senti como que um soco no coração. Em nenhum outro lugar, pensei, eu gostaria mais de passar meus dias do que naquele ambiente espaçoso, silencioso e secreto, que permanecera tal como era possível imaginar um lugar de trabalho coletivo em meados do século XIX. Para mim, era isso o Collège de France, onde eu aspirava ingressar: a casa de Claude Bernard, de Ernest Renan..."[63]. Lévi-Strauss, que ali se instala, resolve colocar divisórias em parte daquelas vastas salas, mas, enquanto as coleções mineralógicas partem para Sceaux, ele conserva intacto o escritório inicial do professor, "com seus armários-estantes de antigamente e as madeiras pintadas imitando carvalho: trabalho de artista que onera um pouco o orçamento"[64]. A nova localização tem outra consequência: afasta definitivamente o LAS do Museu do Homem (do qual era geograficamente próximo) e consagra a autonomia simbólica do laboratório como nova instituição antropológica, solidária, em contrapartida, do Collège de France, cujo ensino é considerado indissociável dos trabalhos do laboratório e vice-versa. O LAS da praça Marcelin-Berthelot sacramenta o fim da fórmula museológica.

Originalmente, ele é uma criação conjunta do Collège de France e da École Pratique des Hautes Études (seções V e VI), duas instituições onde Lévi-Strauss ensina. Globalmente, graças à aliança com Braudel, a combinação era a seguinte: a EPHE financiava a maior parte dos salários, das despesas de funcionamento e das publicações, enquanto o Collège se encarregava do alojamento e das despesas conexas, equipamento básico etc. A partir de 1º de janeiro de 1966, o LAS efetiva sua associação com o CNRS – a amizade antiga que liga Lévi-Strauss ao geógrafo Pierre Monbeig (o homem de São Paulo), diretor adjunto do CNRS, deve ter facilitado as coisas. A instituição nacional agora contribui amplamente com o financiamento, as pesquisas e o recrutamento do pessoal científico. Embora o laboratório seja fruto da seção VI, com a qual partilha um programa científico forte, o vínculo com o CNRS (Convenção nº 51), bem como a instalação em sua nova sede, o fazem passar à idade adulta das estruturas científicas, dispondo agora de recursos financeiros mais robustos, um espaço importante e o prestígio exterior do ensino catedrático. O LAS é o primeiro laboratório de ciências sociais na França.

Essa tripla tutela (EPHE, Collège de France, CNRS) é uma originalidade administrativa, um arranjo complicado, mas provedor de fundos. As verbas e os quadros aumentam: em 1962, o laboratório tinha um orçamento de 174.292 francos novos, dos quais 9 mil provinham do Collège de France; em 1966, o Collège contribui com 108.891 francos novos, enquanto o CNRS provê 100 mil (55 mil para despesas de funcionamento e equipamento, 11 mil para horas de trabalho, 34.200 para despesas de missão) e a seção VI continua, mas numa escala desconhecida, a financiar o laboratório[65]. O LAS torna-se progressivamente uma máquina de vulto: em 1967, umas 15 teses estão em preparação, 80 revistas são recebidas em assinatura, diversos pesquisadores franceses e internacionais são acolhidos a título temporário ou permanente, com maior comodidade na medida em que o laboratório acaba de recuperar as mansardas e transformar quartos de empregada em escritórios. Observemos que os sete membros permanentes de 1960 se transformarão numa equipe de 59 pessoas em 1982, entre as quais 33 pesquisadores.

Por esse crescimento rápido, Lévi-Strauss e Chiva pagam um preço alto. O dinheiro suplementar drena consigo uma burocracia mais pesada. A correspondência se avoluma a partir de 1966: relatórios de atividades, de missões, recibos, presença nas instâncias dirigentes de diferentes autoridades de tutela, bem como previsões de despesas, exposições de motivos, justificações de créditos, projetos e objetivos de médio prazo. Os arquivos administrativos do LAS apresentam ao leitor uma rotina científica que prenuncia a de hoje. Discute-se dinheiro, equipamento, pessoal. Cada laboratório é uma pequena empresa e deve demonstrar a legitimidade dos investimentos que recebe. Trata-se de dinheiro público. Eis por que Lévi-Strauss, tão meticuloso no assunto, é particularmente atento à importância extrema da "transparência, da necessidade de prestar contas publicamente, no detalhe e com grande cautela na forma, das atividades múltiplas de um organismo científico com financiamento público"[66]. Os relatórios anuais de atividade são redigidos, ou pelo menos sistematicamente relidos, por ele. Se por um lado têm a clareza elegante de seu estilo, por outro exibem seu caráter lapidar, do ponto de vista das exigências de hoje, uma vez que cada relatório contém cerca de vinte páginas, não mais que isso.

Ao lado dessa nova contabilidade pública induzida pelo CNRS, o LAS conserva uma cultura inicial de *fundraising* que a seção VI de Braudel não cessou de estimular. Com efeito, a filantropia norte-americana financia com mais boa vontade, na França, laboratórios ou centros de pesquisa do que estruturas universitárias públicas, cujo manejo contábil e a produtividade são mais aleatórios[67]. Monique Lévi-Strauss é mobilizada para organizar diversos jantares no domicílio do casal, à rua des Marronniers, a fim de receber os emissários das fundações Ford ou Rockefeller, homens que Lévi-Strauss conhece da época de Nova York e que sabe atrair para sua empreitada com um misto de seriedade e mundanidades, respaldadas com talento por sua esposa, excelente cozinheira e anglófona. Ela se presta de boa vontade a essas recepções, cuja importância estratégica compreende[68]. Diferentes fundações contribuirão, ao longo dos anos, para o desenvolvimento do LAS, mas há uma cuja fidelidade e o incentivo iniciais foram decisivos: a Fundação Wenner-Gren for Anthropological Research, importante patrocinadora da pesquisa antropológica internacional. Lévi-Strauss estabelece relações de confiança com Paul Fejos, seu diretor-produtor, e, depois da morte dele, com sua mulher Lita Binns Fejos[69]. Em 1960, é essa mesma fundação que paga o aluguel anual de 2 mil dólares alocado à seção V da EPHE pelas instalações do LAS, no anexo do Museu Guimet. Essa bolsa é renovada ano a ano até 1965. Mais tarde, a Wenner-Gren concede igualmente bolsas de missão, tudo isso em troca, da parte de Lévi-Strauss, de um trabalho de assessoria, avaliação de dossiês e consultorias diversas.

Mais de cinquenta anos após a fundação do laboratório, constata-se a grande prudência institucional de Lévi-Strauss, que optara por um esquema improvável: um laboratório atrelado a três instituições, cativo de um labirinto de tutelas às vezes pesado, mas que propicia uma forma de perenidade ao conjunto. Em sua mistura assumida de cultura pública e financiamento privado, bem como em sua concepção coletiva da ciência, "esse organismo complexo deve muito às suas experiências anteriores através do mundo, ao mesmo tempo como pesquisador, docente e diplomata da cultura"[70]. É uma espécie de invólucro de parte de sua biografia, profundamente seu.

A VIDA DE LABORATÓRIO

De 1960 a 1982, data de sua aposentadoria do Collège de France, Claude Lévi-Strauss está intimamente envolvido na vida do LAS desde a sua fundação. A correspondência com Chiva atesta essa nova tarefa: fazer funcionar a "máquina do laboratório". Seja em Paris ou no campo, na França ou no estrangeiro, o fio da correspondência nunca é cortado com um laboratório que ele vê crescer, dividido entre a satisfação e a impaciência, o divertimento e a irritação. Pois a vida de laboratório não é nada repousante. Entre as partidas em missão, a mistura de pequenos e grandes dramas humanos e a intendência cotidiana, cumpre administrar as turbulências políticas e sentimentais de um coletivo bastante singular. O LAS é um ecossistema que se distingue dos outros grandes laboratórios de ciências sociais criados na mesma época, o Centro de Estudos Africanos (1957) de Georges Balandier ou o Centro Europeu de Sociologia (1960) de Raymond Aron, por exemplo.

Uma tribo de "pessoas com eclipses"

Françoise Zonabend, que se junta oficialmente ao LAS em 1964, diz misteriosamente: "Somos pessoas com eclipses"[71]. Os etnólogos partem e depois voltam, diferentes. Em virtude disso, o trabalho de campo é o coração ausente do LAS, assim como os *Files* são seu centro simbólico.

Lévi-Strauss, surpreendentemente, sempre martelou para seus alunos a imperiosa necessidade da experiência do trabalho de campo. Todos se lembram: era muito liberal em tudo, mas era preciso realizar um verdadeiro trabalho de campo, se possível junto às populações menos expostas a qualquer contato com a civilização. Pierre Clastres, por exemplo, que chegou ao LAS no começo dos anos 1960, prepara, sob a orientação de Lévi-Strauss, uma tese de doutorado: "A vida social de uma tribo nômade: os índios guaiaquis do Paraguai". Depois do Paraguai, ele vai para o Brasil, onde ainda hesita quanto ao caminho a tomar. "Quanto aos seus projetos, compreendo que desista dos bororos, mas me parece indispensável o senhor passar alguns meses numa população ainda intacta e ativa. Caso contrário, essa experiência lhe faltará para sempre."[72] Alguns meses mais tarde, Lévi-Strauss insiste na recomendação: "Continuo convencido de que sua formação etnológica permanecerá incompleta enquanto o senhor não passar alguns meses numa tribo que tenha conservado o essencial de seu gênero de vida tradicional. Senão, o senhor se arrisca a ser sempre criticado por não ter, em sua bagagem intelectual e moral, essa experiência que estimo tão fundamental quanto é uma [análise] 'didática' em psicanálise"[73]. Com efeito, no início dos anos 1950, ele exprimiu essa concepção elevada do trabalho de campo, único em condições de "vertebrar" a formação etnológica. Segundo ele, o etnólogo não pode penetrar num nível de interpretação interpessoal a não ser por intermédio de uma experiência pessoal intensa, uma "revolução interior que fará dele, verdadeiramente, um homem novo"[74]. O trabalho de campo é um "momento crucial de sua educação, antes do qual ele pode possuir conhecimentos descontínuos, mas que jamais formariam um todo, e só depois do qual esses conhecimentos 'pegarão'"[75]. Ele surrupia a metáfora psicanalítica, definindo a missão do orientador de tese como propiciadora de uma "experiência de campo 'sob controle'"[76]. E, com efeito, através da correspondência com os pesquisadores que partiram em campo, vemo-lo agir como um irmão mais velho, em contato estreito com o aprendiz de etnólogo, numa experiência de comum transformação interior, vivida por um e revivida a distância pelo outro.

Os aprendizes de pesquisador partem então. Não é a menor atração do ofício. Ainda é preciso financiar e organizar essas missões ao fim do mundo, não raro delicadas e às vezes perigosas. Essa é uma das vocações essenciais do laboratório, ao lado da documentação, da formação intelectual e dos trabalhos de publicação. Lévi-Strauss repete isso em todos os tons às autoridades de tutela ou aos colegas: o LAS deve ser "permanentemente regenerado mediante o aporte de documentos 'frescos' pelas missões de campo de pesquisadores formados para esse fim"[77]. Daí a injunção ao financiamento e os relatórios regulares das operações já lançadas. Anne Chapman, por exemplo, efetua em 1963-1964 uma missão à Terra do Fogo, onde descobriu "a última índia ona, de 95 anos de idade, ainda falando sua língua, conhecendo os costumes, os cânticos tradicionais que ela [a etnóloga] gravou em fitas magnéticas, deixando assim o derradeiro testemunho, e o mais rico, de uma cultura outrora famosa e da qual a morte da velha Lola marca o aniquilamento definitivo"[78]. Nessa data, uma dezena de pesquisadores está em missão ou voltando de uma: Ariane Deluz na Costa do Marfim, Lucien Sebag e Pierre Clastres no Paraguai, Bernard Saladin d'Anglure na terra dos inuítes, na baía de Hudson, Arlette Frigout entre os índios pueblos no Arizona, Robert Jaulin está de volta da Colômbia (índios baris), Maurice Godelier parte para a Nova Guiné...

Às vezes o vaivém de uns e outros dá ao laboratório um aspecto de estação de triagem: na plataforma, discutem-se incidentes de percurso, contam-se anedotas, faz-se o balanço. Os dois chefes de estação, Chiva e Lévi-Strauss, administram, de Paris, uma logística às vezes acrobática entre os problemas de dinheiro, as crises morais e os acidentes. Recebem filmes para revelar, fazem o acompanhamento intelectual das hipóteses em curso, levantam o moral em baixa – quando, por exemplo, Pierre Clastres perde todos os seus pertences, pois a cabana onde estavam guardados pega fogo. Não é, aliás, o fim de suas desventuras. Em São Paulo, onde se encontra no rastro do mestre, uma confusão burocrática o faz ficar sem dinheiro e com o passaporte vencido. Aguarda então o CNRS lhe enviar uma ordem de pagamento. Isso vai durar vários meses, para grande nervosismo de Lévi-Strauss, que convoca um verdadeiro "conselho de guerra" para desbloquear a situação: Pouillon chegou a alertar Sartre, que intercedeu junto a ricos amigos brasileiros para que estes adiantassem dinheiro a Clastres! Na outra ponta do mundo, em consequência de uma derrapagem devido a um temporal, o carro de Maurice Godelier capotou e ele foi transportado para o hospital de Port Moresby, onde uma fratura feia do fêmur é diagnosticada. Lévi-Strauss se atormenta, se desespera: "Realmente não temos sorte com as nossas missões!"[79].

Apesar de tudo, dia após dia, ele forma com Chiva uma dupla de amas de leite indulgentes, zelando pela sorte de seus petizes. O cordão umbilical da correspondência é decisivo: Clastres chama Lévi-Strauss de "senhor"; este lhe concede o "caro amigo". Ele junta-se ao mestre na decepção de um trabalho de campo que não corresponde às suas expectativas; a propósito, relê *Tristes trópicos*... "Asseguro-lhe que, comparados aos guaiaquis, os nambiquaras afiguram-se uma sociedade altamente desenvolvida. E é precisamente aí que reside o problema que me preocupa, é que a cultura guaiaqui (tanto a vida econômica, religiosa, como a arte, a chefatura, a mitologia etc.) me parece justamente pobre demais para ser primitiva."[80] Tendo partido de um universo eminentemente lévi-straussiano, Clastres hesita e cogita propor um tema de tese em antropologia política. Lévi-Strauss, liberal, responde: "De acordo. A antropologia política é um terreno quase virgem, para o qual o senhor contribuirá muito"[81]. Alguns anos mais tarde, em 1971, em missão com Jacques Lizot à Venezuela junto aos índios ianomâmis, fica bloqueado em Caracas, quase "liquidado" por uma virulenta malária, mas se diz satisfeito com sua missão e pede a Chiva para avisar a Lévi-Strauss, em especial no plano que o interessa: "O poder político e as relações entre chefatura e sociedade", futuro tema de sua tese de doutorado. Finalmente, com vários anos de atraso, Clastres obedece aos conselhos de seu orientador de tese, sem deixar de seguir seu próprio caminho, uma vez que são tribos quase intactas que ele visita e junto às quais vive "uma experiência marcante". Em Caracas, dois anos antes, Jean Monod tem o braço atingido por uma bala perdida após participar de manifestações estudantis. Fica imobilizado durante dois meses.

O tom das cartas dirigidas aos dois chefes parisienses não é o mesmo: mais caloroso e íntimo com Chiva, mais contido e cerimonioso com Lévi-Strauss. Mas os dois homens comentam juntos as cartas recebidas de seus protegidos, lamentam-se ou alegram-se, não sem um humor comum: "A carta de Monod é um belo texto literário; vou guardá-la para ele, que pode achar um espaço para ela em seu próximo livro!"[82].

O imperativo do financiamento das missões leva Lévi-Strauss e Chiva a recorrer a todo tipo de expediente e a organizar às vezes perigosas montagens. Por exemplo, Jean Monod, atraído ao LAS pela "envergadura"[83] e o estímulo intelectual lévi-straussianos, e "convertido"[84] ao americanismo, vê-se embarcado numa estranha missão à Venezuela em 1967-1968. Ele acompanha a parte francesa de uma empreitada internacional, composta de médicos, cujo objetivo essencial parece ser genético. Do lado francês, a pesquisa é pilotada pelo Comitê de Energia Atômica. Um forte estafe norte-americano com cerca de 15 indivíduos está mobilizado em torno de Napoleon Chagnon, especialista nos índios ianomâmis, um dos maiores grupos étnicos isolados, que vivem nas montanhas remotas da Venezuela e nos confins do Brasil, e de um geneticista especialista em contaminação atômica. Os dois jovens etnógrafos que Lévi-Strauss conseguiu envolver no projeto, Jean Monod e Jacques Lizot, veem-se desamparados nessa missão obscura, com a profunda sensação de serem "álibis etnológicos" para objetivos bem diversos e nebulosos (relativos à hipótese de uma guerra nuclear)[85].

Por conseguinte, o LAS é um laboratório com geometria variável, cuja vida é igualmente ritmada pelas estações: a chegada de grupos de colegas estrangeiros (em junho) assinala a chegada do verão. Lévi-Strauss recebe-os de boa vontade – quando não foge deles... – permitindo-se algumas ausências à medida que avança em idade. Mas há eclipses de outro gênero, de que o laboratório não é avaro: eclipses morais, existenciais. A profissão de etnólogo predispõe a esse tipo de ausências? De fato, o LAS é permeado por fantasmas, suicídios e *nervous breakdowns* ou a combinação dos dois, "mortes não muito católicas"[86]. Paira a sombra de Métraux. Este pôs fim aos seus dias em 1963. Mais dramática ainda, pois a vítima era mais jovem e promissora, a morte por suicídio, em 1965, de Lucien Sebag, o discípulo, se houvesse um, de Lévi-Strauss: "Com Sebag, ele se via plenamente compreendido"[87]. Para homenagear esse morto que lhe era caro e para que tudo não fosse em vão, Lévi-Strauss faz um pedido muito curioso a uma jovem estudante argentina que vem encontrá-lo em busca de conselhos: propõe a Carmen Bernand (então Muñoz, seu sobrenome de solteira), à guisa de tema de tese, "dar uma forma" aos cadernos de apontamentos do trabalho de campo deixados por Sebag e executar uma espécie de ventriloquismo doutoral póstumo, o que ela aceita. O livro, *Os ayorés do*

Chaco setentrional. Estudos críticos a partir das anotações de Lucien Sebag (1977), faz o morto falar pela última vez[88].

Por fim, num modo mais melodramático, mas afinal igualmente trágico, há a lembrança de Arlette Frigout, etnóloga especialista nos índios pueblos e hopis[89], que se julga amada por Lévi-Strauss (mas também por De Gaulle) e irrompe um dia em seu escritório armada com um revólver. Este, lívido, conserva toda a sua calma e consegue acalmar a jovem, antes de desmaiar ao chegar em casa. Frigout é intimada a deixar o LAS; se suicidará alguns anos depois[90]. Essa fixação obsessiva pelo mestre é uma idiossincrasia individual fruto de uma fragilidade comprovada, aliás revelada por um trabalho de campo muito difícil[91], mas sem dúvida também esclarece o contexto de um laboratório onde a energia intelectual e afetiva provoca faíscas.

As damas do laboratório

O LAS, desde o início, conta com muitas mulheres, não só nos habituais postos de secretaria e documentação, como na pesquisa etnológica, sinal de uma disciplina ainda pouco institucionalizada. Os itinerários de formação podem ser diversos e chega-se à etnologia de muitas maneiras. Françoise Héritier fez estudos de geografia e ingressa como "chefe de produção"; Nicole Belmont se descreve como uma "moça de boa família" que tinha algumas horas de trabalho no museu das ATP. "Emprestada" por Georges-Henri Rivière ao amigo, ocupa-se da documentação pessoal de Lévi-Strauss até que este lhe sugere um trabalho de tese sobre "a criança nascida de touca"[92]. Há Edna Lemay, a secretária de Lévi-Strauss no Conselho Internacional das Ciências Sociais, que o acompanha no LAS antes de se tornar secretária de Fernand Braudel. Mais tarde, Janine Kevonian e Évelyne Guedj se encarregarão de seu secretariado pessoal. Todas elas são personalidades fortes e mulheres muito bonitas[93], como atestam as diferentes fotografias coletivas tiradas com o passar dos anos. Lévi-Strauss e Chiva têm uma maneira muito particular de selecionar o pessoal: encaram antes de julgar, num silêncio total. Marion Abelès lembra-se desse exame de admissão quando postulou, após a partida de Liliane Poëtte, o cargo de bibliotecária do LAS[94]. Um olhar viril, mas sempre cortês, sejam quais forem as circunstâncias. Lévi-Strauss chama as mulheres por seus prenomes e os homens pelos sobrenomes. Elas usam "senhor" com um misto de deferência e reverência. Depois de 1968, com Nicole-Claude Mathieu e algumas outras, o LAS adquire uma cultura feminista consolidada, mas, embora esta modifique as relações com os homens do laboratório, não muda muita coisa nas relações com seu diretor. Nesse ínterim, nos anos 1960, as mulheres usam saias. "Nunca teria ocorrido a ninguém a ideia de ir ao laboratório de calça comprida. As mulheres que trabalham devem ter compostura."[95] Essa interiorização de certa maneira de ser mulher no trabalho não passa do reflexo do que acontece no lado externo. Claude Lévi-Strauss evidentemente nunca impôs nada, mas também anda sempre impecável; nessa época, não usa mais gravata, mas um cordão passando por uma argola de cobre, que anacroniza um pouco seu *look*. Essa preocupação vestimentar exprime igualmente uma forma de galanteria e respeito ao outro cultivada por Lévi-Strauss e Chiva.

Os conflitos não estão ausentes: rivalidades profissionais, ódios proverbiais ou pequenas rusgas cotidianas. "No laboratório, as damas parecem novamente mergulhadas em picuinhas. X se queixa de contínuas desavenças. As outras estão chocadas porque, sem avisar a ninguém, ela arranjou uma colaboradora temporária, quando poderiam ter lhe oferecido outras opções. Mais uma vez, os erros são compartilhados. Faço o que posso para lubrificar as engrenagens, esperando que as coisas se concluam com a saída para as férias"[96]. Nos momentos de tensão, reina uma "atmosfera de serralho"[97], pois nada é dito abertamente. Contudo, são muitas as situações que desafiam a hierarquização das tarefas e a profissionalização e podem resultar em certa acrimônia. Em primeiro lugar, a fluidez profissional espantosa que caracteriza esse tipo de instituição pioneira, em que as questões de *status* pesam menos e as fronteiras entre "técnico" e "pesquisador" não são impermeáveis. É possível começar a carreira na documentação e terminar como etnólogo contratado pelo CNRS, situação hoje impossível. Por outro lado, essa pequena tribo intermitente de mulheres e homens parece cultivar entre si relações que são de profunda sedução e sociabilidade. "Havia ali homens e mulheres muito sedutores, inteligentes e às vezes muito bonitos."[98] De fato, como em toda parte na universidade e na pesquisa, uma endogamia muito forte emana do mundo dos etnólogos do LAS. Muitos casais se formam, desmancham e recompõem. Um verdadeiro balé sentimental, em que o exercício da profissão está sempre vinculado a decisões pessoais, em especial por ocasião de partidas em missão. Françoise Héritier casa-se primeiro com Michel Izard, depois com Marc Augé, igualmente etnólogo africanista, porém mais próximo de Balandier. Michel Izard, por sua vez, encontra uma nova companheira na pessoa de Marie Mauzé, etnóloga, membro do LAS e especialista nos índios da Colúmbia Britânica. Isac Chiva se casa com a africanista Ariane Deluz. O LAS conta com outros casais: Pierre Maranda, colega canadense muito próximo de Lévi-Strauss, e sua mulher, a etnóloga Elli Köngäs, Pierre e Hélène Clastres. Mesmo divorciados, os membros do casal convivem nas dependências do laboratório. A formação dos casais é às vezes digna do rapto de Helena. Robert Jaulin, etnólogo africanista (*La Mort Sara*, 1967), depois americanista, inteligência inquieta e brilhante, que no fim dos anos 1960 vai introduzir o tema do "etnocídio" e revisar as missões antropológicas à luz de sua tendência esquerdista, viaja para a Colômbia arrastando Solange Pinton, documentalista do LAS, numa partida absolutamente romanesca. Desaparecem durante vários meses entre os índios baris, na fronteira venezuelana. Outro personagem pitoresco do laboratório, uma amiga de Monique Lévi-Strauss, contratada para cuidar dos *Files*: Tina Jolas. É uma mulher culta, extrovertida, bilíngue, que traduz obras de antropologia britânica, em especial o famoso "Diário" de Malinowski[99]. Mas o grande assunto de sua vida é o amor. Casada com o poeta André du Bouchet, apaixona-se por René Char, com quem cultiva uma relação ardente, sacrificial e de longo curso até sua morte[100]. É uma das quatro pesquisadoras no campo de Minot. "Todas as manhãs, ela ia buscar a carta de Char."[101]

Uma instituição lévi-straussiana

Coisa espantosa, não houve linha teórica ortodoxa no LAS. Se Raymond Aron, líder carismático da sociologia francesa nos anos 1960, não tinha efetivamente um paradigma a oferecer a seus alunos, Lévi-Strauss, líder da antropologia, tem um à disposição, cuja base operacional poderia ser seu laboratório. Este, no entanto, não é o caso. Questão de temperamento, sem dúvida: Lévi-Strauss não se sente inclinado a ser um guru do pensamento, menos ainda da vida. O LAS, "comunidade de solitários" como definiu Isac Chiva, nunca foi, portanto, o "intelectual coletivo" da escola durkheimiana, nem o grupo coeso que funcionava como uma grande família eletiva do Centro de Sociologia Europeia, fundado por Pierre Bourdieu em 1968[102]: todos ali comungam a visão de mundo e os princípios da sociologia bourdieusiana, ao passo que Lévi-Strauss às vezes chega a dizer que "no LAS, não há um único estruturalista"[103]!

O LAS, portanto, é definido não como oficina teórica, e sim como um lugar que proporciona meios operacionais a pesquisadores livres para escolher tanto seu tema como seu método de trabalho. Em outras palavras, o instrumento é coletivo, porém destinado a pesquisas pensadas como pessoais, o que vai de encontro à lógica impulsionada pelo CNRS, que consiste em pensar coletivamente numa pesquisa cada vez mais integrada. Desse ponto de vista, o LAS, no espírito de Lévi-Strauss, é sem dúvida mais um ateliê do que um laboratório. No entanto, o laboratório e o seminário que ele abriga são lugares do coletivo teórico, uma vez que pessoas ali se esbarram, trocam ideias, comparam experiências e resultados procedentes do mundo inteiro.

Pois ao pluralismo teórico, fonte de discussões às vezes "ásperas"[104], acrescenta-se uma vocação generalista que é outra característica do LAS: embora nem todas as regiões do globo estejam ali representadas (em especial o Extremo Oriente, que pertence a outras especialidades e instituições na tradição orientalista francesa), a América, a África e a Oceania têm seus etnólogos. Outra escolha determinante: a grande divisão entre sociedades exóticas e sociedades europeias não existe, uma vez que a presença no LAS de Isac Chiva e da revista *Études Rurales* atrai especialistas dos mundos rurais europeus, aos quais o *revival* regionalista somará novos recrutas, arrancando definitivamente a etnologia da proximidade do âmbito dos estudos folclóricos. No laboratório, Françoise Zonabend, Marie-Claude Pingaud, Yvonne Verdier, Nicole Belmont e outros são europeístas que, ao mesmo tempo, promovem uma discussão dinâmica com a história medieval ou a história moderna em plena guinada antropológica. Claude Lévi-Strauss se interessa de perto por ela e, mesmo jamais a tendo praticado, considera essa etnologia igualmente legítima, pois similar no método à etnologia do distante. *A priori*, os africanistas são menos esperados no LAS, pois Lévi-Strauss é americanista (esquece-se disso) e, sobretudo, existem outros laboratórios especializados – em particular o de Georges Balandier; por fim, porque os etnólogos africanistas confrontados com sociedades que conheceram o fato colonial, em plena transformação histórica resultante das independências, sentem-se menos espontaneamente à vontade no universo estruturalista construído a partir de outras premissas empíricas. Muitos são marxistas ou aparentados. No entanto, a lógica agregadora lançada a partir do LAS por Lévi-Strauss obtém, em meados dos anos 1960, um certo sucesso. O laboratório fica mais rico, é dirigido por um antropólogo de renome internacional à frente de uma revista que, como o laboratório de que ela depende, não impõe nenhuma linha oficial. Jovens e brilhantes pesquisadores já elegeram ali seu domicílio. Logo, não surpreende ver certos *directeurs d'études* da seção V ou VI, especialmente africanistas, virem juntar-se ao LAS. É o caso de Claude Tardits, bem como de Julian Pitt-Rivers e Hans Dietschy. Embora os africanistas sejam tradicionalmente mais numerosos no seio da etnologia francesa, eles não são dominantes no LAS nos primeiros anos, mas ganharão espaço mais tarde, nos anos 1980.

Pois está claro que, se o laboratório e a revista *L'Homme* consolidam sua vocação generalista, isso não impede que uma das missões iniciais do LAS, na mente de Lévi-Strauss, seja a revitalização do americanismo francês: "Como talvez o senhor saiba, nosso laboratório se esforça para dar vida nova às pesquisas francesas no domínio americano, que haviam caído no torpor desde a morte do dr. Rivet"[105]. A figura de Rivet decerto catalisava os estudos americanistas, mas, na época da juventude de Lévi-Strauss, essa especialidade já tinha um lado "caduco", que não deixou de seduzir o etnólogo e guiar sua escolha[106]. Entretanto, no início dos anos 1960, ele pretende transformar esse déficit (ao mesmo tempo empírico e intelectual) em ativo: mergulhar naquelas terras ainda virgens e estimular jovens pesquisadores a realizarem lá seus trabalhos de campo. Junto ao diretor-geral do CNRS, milita nesse sentido com sua habilidade costumeira: "Os estudos americanos sofrem atualmente na França de uma grave crise de recrutamento e me parece indispensável que um esforço seja feito para reconstituir quadros de pesquisadores num domínio em que a França sempre ocupou um lugar de primeiro plano"[107]. Nos anos 1960, Lévi-Strauss autoriza (direta ou indiretamente) diversos etnólogos a partirem para realizar um trabalho de campo americano: Arlette Frigout (Arizona), Pierre Clastres e Lucien Sebag (Paraguai), Robert Jaulin (Colômbia), Jacques Lizot (Colômbia/Venezuela), Jean Monod (Venezuela), Simone Dreyfus-Gamelon (Amazônia brasileira), Carmen Bernand e Marina Le Clézio (México)...

Contudo, paira como que uma maldição sobre o americanismo francês. Uma série de mortes, afastamentos ou conflitos literalmente dizimou a geração que deveria suceder a Rivet e Métraux. Após a morte deste último em 1963 e a de Lucien Sebag em 1965, é Pierre Clastres que vem a falecer dez anos depois, num acidente de carro, mas ele já deixara o LAS estrepitosamente, assim como Robert Jaulin e depois Jean Monod, em consequência de desavenças ideológicas cristalizadas antes ou depois de 1968. Arlette Frigout, por sua vez, é, como vimos, uma náufraga dessa aventura. Serão os netos do americanismo francês, Philippe Descola à frente, que realizarão, com uma geração de atraso, o anseio lévi-straussiano de revitalização dos estudos americanistas na França. Constata-se, porém, na história dessa subdisciplina, um paradoxal elo perdido, o LAS dos anos 1960.

Portanto, o LAS opera segundo uma estratégia de agrupamento das forças disciplinares mais do que de coerência temática: não é nem um lugar de *expertise* de "especialistas", nem uma gangue teórica, e sim uma oficina pluralista que se pretende a melhor vitrine de uma disciplina em pleno desenvolvimento, acumulando o fascínio da aventura, a sedução da literatura e o rigor da ciência. Este último aspecto é particularmente impressionante no franco entusiasmo, constantemente demonstrado, pelo recurso informático, no qual Lévi-Strauss acredita muito e do qual tenta, como pioneiro, dotar o laboratório. Com efeito, alguns problemas, por exemplo em antropologia do parentesco, seriam propícios a um tratamento informático, em especial os trabalhados nos anos 1960 e 1970 por Françoise Héritier-Izard relativos à aliança matrimonial, programa do qual Lévi-Strauss fora obrigado a desistir na falta de um ferramental matemático e informático *ad hoc*. Por conseguinte, fica muito interessado na proposta que lhe faz, em 1967, Francis Perrin, seu colega no Collège de France. Este último acaba de adquirir um computador SDS 9300 para o laboratório de física nuclear e gostaria de estender seu uso aos outros laboratórios, inclusive o de ciências sociais. Já faz muitos anos que Lévi-Strauss entrou em contato com a seção de Automação Documental do CNRS de Marselha e com outros interlocutores em outras cidades, mas os "casos se arrastam, pois tudo acontece como uma partida de xadrez jogada por correspondência"[108]. Na realidade, ele esclarece a Perrin, os esforços esbarram sobretudo na dificuldade de encontrar pessoas versadas em etnologia e em informática. Em 1967, no entanto, Lévi-Strauss e Chiva julgam ter descoberto a *avis rara*: Georges Kutukdjian, um jovem libanês falante de cinco ou seis línguas exóticas e com formação científica. Infelizmente, este não satisfaz às expectativas. Será mais tarde substituído por Marion Selz, que vai elaborar programas gerais de tratamento dos dados genealógicos[109].

Essa ambição informática marcou a cultura do LAS, ainda que, progressivamente, todos os laboratórios de ciências sociais tenham se apropriado, na continuação, das ferramentas mais eficazes[110]. A integração nas dependências do Collège de France e a vizinhança com as ciências exatas desempenharam a função de alavanca. Era preciso estar à altura da norma científica da física nuclear.

Esta é igualmente uma característica mais idiossincrática em Lévi-Strauss, e muito pouco apontada: a ardorosa tecnofilia que o move[111]. Ele ama a técnica, os objetos novos que ela produz, aprecia o conforto eventual que pode dela extrair, mas sobretudo a tecnologia sacia sua fome intensa de curiosidade infantil a respeito das "invenções" e eventualmente satisfaz seu senso do belo. Por exemplo, é fascinado pelas "calculadoras", como as chama, esses volumosos armários interligados, que, na época, ainda são obesos e produzem análise de dados com grande estrépito. "O subsolo da Maison des Sciences de l'Homme foi por um tempo ocupado pelo Computador (com C maiúsculo), que dominava todo o espaço!"[112]

A arte da distância correta[113]

A partir de 1966, o LAS opera num espaço institucional e material prestigioso. O laboratório é dirigido por um homem que governa por sua autoridade moral, mas também pelo silêncio e por certa discrição, sem lograr disfarçar completamente o tédio que às vezes o assola: "Era um homem de deveres. Cumpriu todas as suas obrigações de ensino, pesquisa, administração, mas ser diretor de um laboratório o enfastiava!"[114].

Presente de manhã no laboratório, Lévi-Strauss consagra a primeira hora a um *debriefing* dos assuntos pendentes com Chiva. Recebe e expede a correspondência. Ao meio-dia, sai ao encontro de sua outra vida, do outro lado de Paris, em sua residência: "Ele era visto passando furtivamente pelos corredores, quando ia embora ou quando chegava, mas nunca procurava cruzar o olhar nem estorvar os outros com sua presença. Com seu passo, um pouco curvado para a frente, tinha um lado... um pouco Groucho Marx..."[115]. Todos os seus alunos e colaboradores assinalam sua grande disponibilidade – é muito acessível: basta bater à sua porta –, combinada, não obstante, com uma relação tensa com o tempo: convém explicar em termos escolhidos e concisos o objeto de sua solicitação, sem conversa-fiada. Uma cortesia infalível e sem intimidade e o cerimonial do cenário terminam por transformar a conversa numa experiência intimidante: "Lévi-Strauss ocupava um gabinete (que aliás vim a ocupar em seguida)... um gabinete quadrado, monumental, que infelizmente desapareceu em sua arquitetura de época", explica Françoise Héritier. "[...] Parte do gabinete constituía uma sala de reunião com duas grandes poltronas *club* de couro um pouco deterioradas. Havia uma porta dupla nesse gabinete, uma das quais era acolchoada. Ele vinha receber você entre essas duas portas e o conduzia até uma poltrona com aquela maneira dele de segurar suas mãos... E esperava que você falasse. Evidentemente, isso podia ser muito constrangedor: claro, não havia nenhum desejo de constranger o infeliz que estava ali, mas, pela disposição do local e sua dimensão, era impressionante. Educadamente, ele esperava que colocássemos na mesa o que viéramos buscar. [...] A entrevista nunca durava muito tempo. Mas era extremamente valiosa. Ele tinha sempre, de maneira lapidar, a palavra necessária."[116] Em geral, tudo termina bem, mas Lévi-Strauss nada faz para alimentar a conversa. Mergulhados na famosa poltrona, seus interlocutores, e sobretudo interlocutoras, ficam frequentemente paralisados pelo silêncio do mestre e se esforçam em vão para alinhar três palavras. Em todo caso, ele se mostra muito atento a tudo que lhe dizem e demonstra, a cada entrevista, uma rara qualidade de escuta.

Claude Lévi-Strauss é um orientador de tese recalcitrante e, em certos aspectos, anticonformista. Não é um medalhão tradicional, cujo prestígio se mede pelo número de orientandos, que, ao contrário, ele limita ao máximo. É um orientador liberal que nem distribui os temas nem impõe dogma metodológico. Deposita confiança em todos, no sentido de concretizarem seu plano intelectual: "A noção de *directeur de recherche* não faz muito sentido, pois estimamos que a primeira qualidade de um pesquisador é saber dirigir a si mesmo, por isso limitamo-nos a dar alguns conselhos nesse ou naquele ponto embaraçoso"[117], ele escreve. Em contrapartida, preocupa-se muito com os problemas materiais que seus alunos podem encontrar, e não poupa sua energia para agir nesse nível mais ordinário. Quando Carmen Muñoz, vinda da Argentina, desembarca em Paris para seguir seu curso, ele logo se informa sobre esse aspecto e, descobrindo que ela está sem dinheiro, liga para Alain Touraine, que oferece a ela um posto de docente no departamento da nova universidade de Nanterre. Da mesma forma, Jean Monod, que já tem responsabilidades, é convidado a fazer uma pesquisa sobre os desviantes, que a diretora da revista *Elle*, Hélène Gordon-Lazareff, estaria disposta a financiar. Monod põe-se ao trabalho e pesquisa durante dois anos os "*blousons noirs*"*, produzindo um trabalho original de etnografia

---

* Subcultura juvenil surgida na França nos anos 1950. Influenciada pela cultura norte-americana e pelo *rock'n'roll*, deu origem a vários movimentos jovens posteriores. [N.T.]

urbana. Quando vem à baila publicá-lo, sob o título *Les Barjots* [Os transviados], Lévi-Strauss recomenda a Monod exigir do editor Christian Bourgois o equivalente ao salário de um ano para poder escrevê-lo tranquilamente[118]. Graças a seus contatos norte-americanos, não raro ele está em condições de arranjar bolsas de estudo para seus alunos, emanando de fundações ou universidades de além-mar. Essa sensibilidade notável é especialmente aguçada quando se trata de espíritos independentes e itinerários extravagantes com que simpatiza. No seio do CNRS, está igualmente em todas as frentes da guerra das bolsas e dos postos e escreve cartas de recomendação exaltadas, como se, afinal, fosse nesse plano auxiliar que pudesse ser mais útil.

Recalcitrante em orientar uma tese, ele o é igualmente no que se refere à supervisão de colegas, pesquisadores já consolidados, cuja tutela intelectual imposta pela tese de doutorado ele julga absurda. Quando se vê numa banca de tese, como, por exemplo, na do etnólogo oceanista Jean Guiart, especialista nas Novas Hébridas, embora jogue o jogo da instituição universitária, não deixa de apontar seu lado farsesco: "Após tantos anos que nos viram sentar lado a lado – e espero poder dizê-lo – fraternalmente nas assembleias da EPHE, sinto de maneira particularmente chocante a situação paradoxal que transforma relações tão satisfatórias para nos opor hoje dos dois lados de uma barricada, eu como examinador, o senhor como candidato. Caso não se importe, consideraremos esse momento de gangorra como etnólogos e disso tiraremos sobretudo a lição segundo a qual a singularidade das relações de parentesco não é apanágio exclusivo das sociedades exóticas, uma vez que as regras que prevalecem na grande família universitária ditam que relações colaterais hoje se invertam, para caricaturar aquelas entre ascendente e descendente, colocando-me assim numa posição da qual sinto, creia-me, o ridículo e que me incitaria, se eu tivesse o direito, a me reservar aqui o papel que as universidades suecas atribuem ritualmente a um dos membros da banca de suas teses de doutorado: o papel de um bufão cujas intervenções burlescas têm como finalidade lembrar a todos os participantes – e tanto à própria banca como ao candidato – que as instituições humanas nunca devem ser levadas muito a sério"[119]. Porém, esse professor universitário mordaz, "bufão da banca", redigiu umas 15 páginas cerradas de comentários, o que denota um cuidado e um escrúpulo extremos na concepção do seu papel. Ele se impõe a si mesmo e a seus colaboradores essa preocupação com a perfeição e a forma na redação de um relatório, uma carta ou um artigo. Nenhuma indulgência é tolerada a esse respeito. Se é reticente em orientar, Lévi-Strauss lê e comenta por escrito tudo que desejam lhe submeter, em prazos ágeis que surpreendem os que conhecem sua agenda sobrecarregada.

O modelo político do laboratório espelha, no essencial, uma monarquia esclarecida com liderança carismática. "Havia um mestre e discípulos que faziam o que podiam para estar à altura."[120] É assim, pela admiração e a distância do "chefe", que Maurice Godelier traduz esse modo de governança. Não há qualquer necessidade de legislar para informar o comportamento adequado. Lévi-Strauss, por exemplo, faz questão de que os pesquisadores ocupem seus gabinetes assim que tiverem a sorte de ter um e luta nesse sentido. Quando um pesquisador parte para o trabalho de campo, o gabinete deste é imediatamente ocupado. Não há chave no terceiro andar, reservado aos pesquisadores. Essa lei de ocupação máxima das dependências da República vale igualmente para ele: à tarde, seu gabinete fica disponível para os outros.

Quando estão em pauta determinados pontos essenciais, as decisões são tomadas entre Lévi-Strauss e Chiva. A gestão de crise é uma prerrogativa exclusiva de ambos. Lévi-Strauss decide sozinho se separar de Robert Jaulin, por exemplo, ou mais tarde de Clastres. Em contrapartida, reina, para todo o resto, uma espécie de democracia direta informal, uma vez que uma assembleia geral dos membros do LAS se reúne regularmente, todos com direito a voto, inclusive a faxineira[121]... O funcionamento do LAS é igualmente muito leve comparado às normas atuais. Observemos que Lévi-Strauss, a despeito de seu devotamento, dedica-lhe apenas metade de seu expediente. Naturalmente, preocupa-se em usar bem o seu tempo e racionaliza ao máximo as operações burocráticas cotidianas, driblando todos os formalismos na matéria. Eis também por que tenta neutralizar todos os conflitos que podem surgir numa pequena coletividade em que os egos, como em outros campos no mundo intelectual, são facilmente exacerbados. A divisão das verbas (para as missões ou eventualmente as publicações), discutida em assembleia geral, não dá margem a nenhum protesto, considerando que Lévi-Strauss se empenha na maior imparcialidade na atribuição dos recursos a cada um. Sua autoridade moral, eminente e um pouco aterrorizante, protege-o de contestações, que, quando manifestadas, voltam-se mais para Isac Chiva.

De maneira geral, antes de 1968, quando "todo mundo é de esquerda no LAS"[122], nada ou pouca coisa é dita abertamente. As discordâncias políticas e a discussão crítica são neutralizadas pelo carisma intelectual do mestre e pelas formas de *gentleman's agreement* que, não obstante, não resistem aos torvelinhos mais profundos, no caso de Jaulin, Clastres ou Monod. "Lévi-Strauss não procurava a polêmica. Procurava a tranquilidade."[123] Em 1968, voltaremos a isso, após participar de uma ou duas reuniões, não entra em discussão com um movimento que ele não aprecia e se limita a se retirar para o seu Aventino, desertando do laboratório, sem contudo lhe tirar o olho de cima, e voltando para casa. Essa política de defecção de um grande professor muito pouco contestado é um protesto discreto contra o risco de dilapidação de recursos de trabalho obtidos com grande dificuldade para um lugar longamente desejado, um laboratório de ciências humanas e sociais do qual todos reconhecem que Lévi-Strauss não tinha necessidade para levar a cabo sua obra pessoal, mas que se tornou, ao longo dos anos, a ponta de lança da disciplina antropológica na França e no estrangeiro.

PREEMINÊNCIA DA ANTROPOLOGIA

Pierre Bourdieu se lembra do lugar especial ocupado pela revista *L'Homme* e, de maneira geral, pela antropologia nos anos 1960: "Ela exerce uma grande atração sobre parte dos recém-chegados (aos quais pertenço)"[124]. Sedução do paradigma estruturalista, como analisamos? É, sobretudo, em meados dos anos 1960, fruto de uma investida exitosa da etnologia na vanguarda das disciplinas. Ao contrário da sociologia, que ainda permanece, nessa data, relativamente marginal (Bourdieu fala em "disciplina pária"), a antropologia, graças ao combate travado por Lévi-Strauss, conseguiu se fazer aceitar como uma ciência totalmente à parte.

O seminário de Claude Lévi-Strauss

Se, na Libertação e nos anos 1950, Sartre exerce uma autoridade intelectual cujo lugar simbólico seria o café – às vezes fala-se ironicamente na "cátedra do Deux Magots" –, os heróis intelectuais dos anos 1960 e 1970 operam igualmente em demarcação com a *alma mater*, mas de um lugar diferente: Lévi-Strauss, Barthes, Foucault e, sobretudo, Lacan têm seu "seminário". Num primeiro momento, a palavra conota clero, mas é sobretudo um modelo pedagógico alternativo à aula expositiva, que se pratica às margens da universidade, nos lados da EPHE ou do Collège de France. Não é o lugar de irradiação do saber estabilizado, e sim do saber em busca de si mesmo.

Eis por que o seminário está ligado a instituições como a EPHE, marginal porém prestigiosa, que importou a fórmula da Alemanha e mais tarde dos Estados Unidos, onde Lévi-Strauss já a testara. A partir de 1950 e de sua eleição para a seção V da EPHE, o antropólogo conta com um seminário próprio, cuja itinerância – entre a rua de Varenne e a Sorbonne – não impediu sua notoriedade crescente. É, a princípio, um filtro para a disciplina, depois, nos anos 1960, um centro de poder intelectual: procurado pelo acesso que proporciona ao mestre, torna-se o lugar onde todo mundo acha que "as coisas acontecem". Lévi-Strauss se opõe desde o início a um fluxo de demandas, querendo conservar o aspecto protegido de uma pequena assembleia de profissionais: em dezembro de 1968, limita as inscrições a quarenta e faz uma triagem dos novos candidatos, selecionando-os, como explica a um candidato reprovado, por seu nível de formação etnológica e recusando os que viriam "seduzidos por certos aspectos do estruturalismo sob um ângulo filosófico e literário. Meu seminário é reservado em princípio a profissionais da etnologia, e nele fazemos exposições de caráter extremamente técnico sobre resultados de missão que supõem, da parte dos ouvintes, um conhecimento aprofundado da disciplina"[125].

O que se faz ali, exatamente? Lévi-Strauss privilegia os relatórios de missões, ávido pela novidade do material que podem lhe trazer e exigente com a precisão empírica e a erudição etnográfica. Uma vasta cobertura geográfica combinada com uma grande diversidade de objetos – entre os babuínos, os delinquentes e os índios – caracteriza esse programa. Apontemos igualmente a ausência de terminologia estruturalista aposta à apresentação dos dados[126]. Em 1969-1970, à exposição de casos etnográficos acrescentam-se sessões de discussão teórica: três seminários são apresentados por Dan Sperber em torno de uma "crítica das proposições da antropologia estrutural"[127]; Marshall Sahlins, antropólogo norte-americano presente no LAS em 1968-1969, revisita o texto maori a partir do qual Mauss fundamentou grande parte de sua teoria da reciprocidade, para mostrar como Mauss não compreendeu o propósito original. Em folhas de apontamentos conservadas, Lévi-Strauss exclama: "Isso é absolutamente falso!". Sahlins prossegue assim sua apresentação: "Quando Lévi-Strauss desdobrou a 'prestação total' num sistema grandioso de trocas matrimoniais – 'terra prometida' rumo à qual Mauss conduzira seu povo sem que lhe fosse dado contemplar seus esplendores –, um número relevante de antropólogos ingleses e norte-americanos recusou-se prontamente a aceitar essa ideia, relutando, de sua parte, a 'tratar mulheres como mercadorias'". Anotação manuscrita de Lévi-Strauss: "Não são as mulheres que são tratadas como mercadorias, e sim as mercadorias a cujo respeito se descobre que têm algo de 'mulher'"[128]. Como se vê, o seminário pode ser o eco de sólidas disputas teóricas. É igualmente o lugar de leitura crítica de textos: é em seu âmbito que, repetimos, o livro de Sartre *Crítica da razão dialética* foi analisado; Lévi-Strauss, em 1962, consagra igualmente algumas sessões ao livro do antropólogo inglês Rodney Needham *Structuralism and Sentiment*. Na verdade, como resume Françoise Héritier, o seminário de Lévi-Strauss, como sua própria obra, pretende "segurar as duas pontas" da cadeia, a ponta etnográfica e a ponta antropológica, a erudição empírica e a construção de modelos, a descrição meticulosa das realidades sociais mais diversas e a elucidação das lógicas formais da vida coletiva. Progressivamente, e sem que nenhuma disciplina estruturalista reine, alguma coisa se agrega, que é propriamente a obra coletiva do seminário, maneira de abordar os problemas que dá um sentido à extraordinária diversidade das temáticas e regiões do mundo analisadas. Como uma maionese que liga, o trabalho em seminário imprime um tom às pesquisas de cada um. Nele, a etnologia adquire seu vocabulário, seu registro, sua cor, sua unidade nas diferenças.

Lévi-Strauss aprecia as exposições ricas em materiais inéditos, repousando sobre uma reconstituição precisa e fulgurante de extensos levantamentos, como propõe Bernard Saladin d'Anglure sobre as populações esquimós, a respeito das quais desenvolvera um saber notável. Após o fim da exposição, Lévi-Strauss dá a palavra ao público. As intervenções pipocam, as conversas e comparações expressas pelos mais audaciosos prolongam a discussão, antes que o mestre de cerimônias reserve alguns minutos para compilar o conjunto em algumas frases, dizem, "luminosas". Tudo era dito[129]. Mas acontece de o tédio e, bastante rápido, a impaciência eclodirem: "O senhor nos fez sofrer", era capaz de dizer, ao fim do famoso seminário hebdomadário do LAS, ao conferencista a quem o confiara. O tema o aborrecera ou então a coisa fora muito mal preparada e ele tinha sobretudo a impressão de ter perdido seu tempo. Durante a exposição, todo o seu corpo manifestara tédio, em patamares sucessivos: "Primeiro, fumar[130] discretamente; depois, limpar os óculos, com vagar e grande cuidado; por fim, último estágio: apoiar-se no encosto da cadeira e jogar a cabeça para trás, com os óculos na mão. Aquele que detectava esses sinais sentia pena do pobre orador"[131]. A opinião pode ser demolidora, daí ser temida. Para seus jovens colaboradores, falar "no seminário" é uma honra, uma necessidade e uma provação. Françoise Zonabend ali apresenta seus trabalhos sobre a aldeia de Minot, crivada de angústias diante do imperativo de "não decepcionar"[132]. Após o seminário, é convocada ao gabinete do mestre: "Vai ficar muito bom, melhor do que Nouville"[133], ele lhe diz. Michel Perrin fala de sua pesquisa sobre a morte entre os índios guapiros, que aplicava uma forma de método estruturalista. Provação vencida; no entreato, Lévi-Strauss volta-se para ele: "O LAS está aberto para o senhor. É preciso retornar à Venezuela"[134]. Ao sair do seminário, a discussão pode se prolongar, eventualmente no café, mas sem Lévi-Strauss. Ele jamais participa dessas confraternizações com os jovens colegas, ao contrário de outros, como Barthes ou, mais ainda, Lacan.

Para Lacan, com efeito, o seminário funciona, segundo Élisabeth Roudinesco, como o "lugar de uma catarse coletiva"[135], ali reinando, pelo menos no início, uma "atmosfera de banquete socrático"[136]. Para Barthes, a forma seminário é investida de uma utopia pedagógica acoplada a uma projeção amorosa, é o próprio corpo de um estar-junto textual que se sonha na negação de toda autoridade[137]. O seminário de Lévi-Strauss é um laboratório de pesquisas e um lugar "ligeiramente ansiogênico"[138] de afirmação e construção de uma disciplina que, de marginal, passa a ser central no seio das ciências humanas e sociais circundantes.

Um novo mapa disciplinar

A imposição de uma nova disciplina conquistadora no centro atua em suas fronteiras. A preeminência da antropologia sobre a história, disciplina-rainha das ciências humanas na França, pode ser medida pela contaminação de uma ala inteira da historiografia dos *Annales*, provocando uma verdadeira "guinada antropológica" a partir dos anos 1960.

Como escreve André Burguière em sua história da Escola dos *Annales*, o artigo de Braudel sobre a "longa duração" é um texto tático, que, em 1958, visa "preservar os direitos da história diante da erupção do estruturalismo lévi-straussiano"[139]. Distinguindo a longa duração do tempo curto dos acontecimentos e do tempo cíclico das conjunturas, Braudel pretende "mostrar que as estruturas evidenciadas por Claude Lévi-Strauss se situam tão pouco fora do tempo quanto outros aspectos da realidade"[140]. Essa tendência geral à imobilização e ao congelamento do tempo não é nova: Braudel, em 1947, não insistira nas praias imóveis do tempo mediterrânico? Entretanto, a partir do fim dos anos 1950, é de uma verdadeira "antropologia histórica" que podemos falar.

Junto com a de Marcel Détienne, um de seus mais belos florões é certamente a obra de Jean-Pierre Vernant, helenista novo formato, que insere suas pesquisas sobre a Grécia antiga numa perspectiva de psico-história, mostrando ao mesmo tempo uma grande influência dos trabalhos de Dumézil e Lévi-Strauss[141]: ele se interessa pelo "homem interior grego", pelos sistemas simbólicos que depuram e dão sentido ao mundo que o cerca. Analisando o poema de Hesíodo *Os trabalhos e os dias*, ele o investiga à maneira de Claude Lévi-Strauss, pondo a ênfase na trifuncionalidade e retomando as grandes conclusões de Dumézil sobre o espaço indo-europeu. A abundância do material mitológico e, ao contrário, a escassez de dados seriais explicam o fato de os especialistas em sociedades gregas antigas terem sido "pescados" pelo modelo da antropologia estrutural. Jean-Pierre Vernant, bem como Pierre Vidal-Naquet praticam assim, sem complexos, na análise dos mitos, um comparativismo largo e transcultural (narrativas helênicas, textos mesopotâmicos, China, Índia ou América pré-colombiana), legitimado por sua adesão à antropologia estrutural lévi-straussiana.

Outro exemplo dessa contaminação antropológica na escrita e na concepção da história transpareceria na obra de Emmanuel Le Roy Ladurie. Após sua tese sobre *Os camponeses do Languedoc* e sua aula inaugural no Collège de France, intitulada "A história imóvel" (1973), ele escreve um livro que foi um *best-seller* de história dos anos 1970: *Montaillou, povoado occitano* (1975), aplicando a grade de análise da antropologia estrutural à cultura camponesa e rural, assim como a adotará, no caso da cultura urbana, alguns anos mais tarde, em *O Carnaval de Romans*, uma "leitura estruturalista da cena carnavalesca"[142]. Georges Duby é outro historiador que, em *As três ordens ou o imaginário do feudalismo*, digeriu a lição do arquétipo duméziliano para fornecer uma dimensão estrutural à sua análise da teoria social na ideologia medieval. Assim se esboça o que François Dosse chama de "um caminho historial para a estrutura", que, nos anos 1980, resulta em projetos editoriais em comum. É o caso, por exemplo, da *História da família*, codirigida por dois historiadores, André Burguière e Christiane Klapisch-Zuber, e duas antropólogas, Martine Segalen e Françoise Zonabend, e prefaciada, em seu primeiro tomo, dedicado aos "mundos remotos", por Claude Lévi-Strauss e Georges Duby[143]. Esse vasto panorama coletivo de instituições e práticas familiares desde a pré-história até nossos dias representa o diálogo fecundo que, finalmente, pôde instalar-se entre as duas disciplinas.

Enquanto cultiva relações amistosas com historiadores, a quem ajuda a ingressar no Collège de France (Le Roy Ladurie, Duby), Lévi-Strauss não obstante conserva a ideia de que "a história leva a tudo, mas com a condição de sair de tudo"[144]: se ela é um elemento da busca de inteligibilidade, estaria errada em pretender ser seu desfecho. E, de fato, a partir dos anos 1970, produziu-se uma inversão das relações de força: a força de imposição do modelo etnológico faz os historiadores parecerem antropólogos do passado[145].

Uma ciência inserida no debate internacional

O prestígio internacional de Lévi-Strauss vê-se reforçado, nos anos 1960, pela tradução de suas obras em diversas línguas. A recepção crítica do estruturalismo no campo antropológico britânico e norte-americano, a rede de correspondências científicas, as amizades, as honrarias, as polêmicas a respeito de Lévi-Strauss colocam a antropologia e, na sua esteira, os pesquisadores franceses, num horizonte de ambição internacional. Essa "desprovincialização" é um dos elementos-chave da posição dominante adquirida pela disciplina.

Lévi-Strauss conhece, aprecia e recepciona em Paris uma parte do mundo antropológico anglo-saxão, os decanos e os novatos. *Sir* Evans-Pritchard, o ilustre professor, fica encantado com o casal Lévi-Strauss. Em 6 de junho de 1964, recebe-os com todas as honras em Oxford para um *honorary degree* muito ritualizado: *lunch* com o reitor, encontro com os estudantes, código de vestimenta – "*a dark lounge suit but a white tie is not required*"[146] –, retrato público feito em latim... Em retribuição, Lévi-Strauss pleiteia para Edward Evans-Pritchard uma nomeação na ordem nacional da Legião de Honra (reservada aos cidadãos estrangeiros), o que se concretiza em 1971. Sentimental, Evans-Pritchard escreve a Lévi-Strauss que chorou ao receber a notícia! Em 1970, Lévi-Strauss é convidado a ministrar as Frazer Lectures em Oxford. Mantém correspondência, há anos, com Raymond Firth (professor na London School of Economics), mas também com Meyer Fortes (Cambridge), Edmund Leach (Cambridge), grande fã de Lévi-Strauss, embora tenha qualificado *As estruturas elementares do parentesco* de "*splendid failure*"[147]. Acrescenta numa de suas cartas: "Sua lucidez devastadora desperta minha admiração invejosa"[148]. Por fim, Rodney Needham dedica um livro à obra de Lévi-Strauss, *Structure and Sentiment* (1962), e supervisiona a tradução de *Estruturas*, publicada em inglês em 1969.

A posição eminente de Lévi-Strauss na internacional da ciência é consagrada em 1965, quando a medalha do Viking Fund lhe é discernida após uma votação envolvendo o conjunto da comunidade antropológica. Em 1961, ele conspirara para que esta fosse dada a Alfred Métraux, em vão. Quatro anos mais tarde (segundo a periodicidade desse prestigioso prêmio), é a ele que a oferecem, recompensa simbólica e material essencial, que faz dele, em Chicago, aonde vai receber o prêmio em abril de 1966, o representante mundial da antropologia[149]. A consagração internacional se consolida durante essa década com uma série de doutorados *honoris causa* vindos de universidades europeias e norte-americanas; Bruxelas em 1962, Yale em 1964, Chicago em 1965 e Columbia em 1971, oportunidades para ele reatar os fios de seu passado norte-americano, evocando as figuras de Robert H. Lowie e Alfred Kroeber – falecido abruptamente em Paris, em 1960, poucas horas antes de um encontro que teria com Lévi-Strauss, que o convidara para jantar –, bem como de Franz Boas, o patriarca de Columbia, morto em seus braços.

No entanto, e isso não contribui menos para sua reputação, o fogo das críticas alimenta algumas controvérsias científicas, cujos principais protagonistas são seus colegas anglo-saxões. A prosa fulgurante de Lévi-Strauss, "a erudição elefantina desse cientista parisiense"[150] e suas ascensões em generalidade os deixam frequentemente atrapalhados[151]. Leach discute, a esse título, os exemplos extraídos de *As estruturas elementares do parentesco*, que, segundo ele, não representariam senão uma base restrita para uma teoria geral. Ele se apoia em seu próprio conhecimento das populações kachin (Birmânia) para questionar o belo edifício lévi-straussiano. Leach e Needham censuram o emprego confuso que Lévi-Strauss faria do "casamento preferencial" e do "casamento prescrito", travando uma discussão necessariamente técnica que, observemos, não é em absoluto conduzida nos mesmos termos na França. Mas a antropologia do parentesco é um objeto clássico e bastante trabalhado da antropologia anglo-saxã, e Lévi-Strauss, como vimos, exibe um material em grande parte australiano e asiático ao qual os "especialistas" podem facilmente opor contra-argumentos etnográficos. As críticas serão menos virulentas quando o ciclo das *Mitológicas* for publicado, em inglês, pois Lévi-Strauss dessa vez insere-se mais comodamente num domínio de sua competência americanista estrita.

Atacado, ele responde primeiro na Huxley Memorial Lecture, que pronuncia em 1965 perante um areópago seleto de antropólogos britânicos, depois retoma a substância de seu discurso no "Prefácio" da segunda edição francesa das *Estruturas*, publicada em 1967; esse texto provoca certo mal-estar, uma vez que refuta nominalmente Needham, o tradutor oficial do livro; daí a reação irritada deste último, que, consultado, estima esse apêndice "*unnecessary*" e, uma vez terminada a tradução em 1969, cortará relações com Lévi-Strauss[152].

Lévi-Strauss expõe as diferenças que o opõem a alguns colegas, por exemplo sua tese da preeminência da aliança sobre a filiação no funcionamento do sistema do parentesco, bem como as evoluções de seu pensamento diretamente ligadas a determinadas críticas – ele reformulou os capítulos sobre o sistema kachin após as observações de Leach. Lança igualmente um novo programa de pesquisas relativo a alguns sistemas – como os do grupo "crow-omaha" – que ele rebatiza de "semicomplexos" e estima corresponderem a um estado de transição entre as estruturas elementares e as complexas, em que numerosos casamentos são proibidos mas nenhum é prescrito[153]. Mais fundamentalmente, tenta jogar luzes sobre essa controvérsia, condensando-a numa reflexão mais epistemológica: ainda que nem sempre a observação etnográfica sancione as categorias, "a realidade empírica dos sistemas ditos prescritivos só ganha sentido se a referenciarmos a um modelo teórico elaborado pelos próprios indígenas antes dos etnólogos"[154]. Para Lévi-Strauss, a realidade é uma coisa, mas o essencial é a norma: o que os homens fazem é, no plano da heurística antropológica, menos importante do que o que eles pensam que devem fazer (mesmo que o façam desigualmente ou simplesmente não o façam).

As controvérsias científicas, para Lévi-Strauss, geralmente se resumem a uma questão de vocabulário, sobretudo quando se trata de uma discussão internacional, cuja potencial confusão é agravada pelos problemas de tradução. Desse ponto de vista, ele dá mostras de um verdadeiro otimismo com relação à linguagem técnica e sua capacidade de comunicar sem muitos resíduos. Em todo caso, cumpriria "estabelecer a terminologia" e criar um léxico antropológico internacional, tarefa cuja urgência ele apontou várias vezes e a qual reafirma nessa ocasião. Assim estariam reunidas as condições para que se falasse finalmente a língua universal da ciência[155].

Na mitologia da disciplina etnológica, Lévi-Strauss não é propriamente um dos fundadores – ele chega tarde demais no século –, mas o LAS inaugura um novo começo. Graças ao voluntarismo de seu diretor, as verbas e os cargos afluem, não sem dificuldade, mas é hora dos investimentos públicos. A ofensiva institucional empreendida por Lévi-Strauss é um sucesso, mais do que o foi para

Em cima: o seminário de Claude Lévi-Strauss; *no centro e embaixo*: momentos de confraternização no laboratório, após a última aula de Lévi-Strauss no Collège de France, em 1982.

Durkheim e a sociologia no início do século, de resto tudo sendo igual. Embora à margem da universidade, agora a etnologia existe como tal na paisagem das ciências do homem e das ciências[156].

O LAS é o ponto de referência. Do exterior, ele se afigura um laboratório de vanguarda, prolífico em recursos, produções e promessas, enobrecido pela aura de seu diretor. Do interior, apesar das inevitáveis rusgas, o que predomina é a sensação de pertencer a uma comunidade seleta, sacramentada por uma unção de sociabilidade e amizades indefectíveis, uma maneira de viver e trabalhar em conjunto, bem como pela "densidade da perseguição judaica implícita"[157]. É uma honra participar do LAS e todos os membros sem exceção sentem a necessidade de se mostrar dignos disso. As fotografias de grupos que pontuam os anos[158], a dedicatória feita por Lévi-Strauss "aos membros do LAS" para *Antropologia estrutural 2* (1973), a gravação do programa de tevê de Pierre Dumayet, "L'invité du dimanche" [O convidado do domingo], em 20 de junho de 1971[159], nas dependências do laboratório, além das festas e homenagens, desenham um coletivo fraternal e coeso em torno daquele que, à medida que o tempo passa, torna-se uma figura tutelar, cuja sombra gigante protege cada vez mais e sempre o laboratório.

A posição eminente da etnologia e do LAS provém em parte de um reforço disciplinar que se alimenta paradoxalmente da implementação (na revista *L'Homme*, por exemplo) e da valorização da interdisciplinaridade, sinal de modernidade em ciências sociais. Ela se alimenta igualmente da admiração e do prestígio adquiridos, nos anos 1960, pelo próprio Lévi-Strauss, que, em dez anos, vai produzir quatro robustos volumes sobre a antropologia dos mitos, exemplo justamente de uma obra incubada e meditada à margem dos interesses essenciais da disciplina. É o outro lado de Lévi-Strauss, não mais o homem do coletivo teórico, mas aquele, afinal mais familiar, de um grande espírito efetuando uma travessia vertiginosa e solitária do oceano da mitologia ameríndia.

A VIDA CIENTÍFICA 17

O conde de Buffon gostava de dormir. Tivera, contudo, de passar a aceitar uma disciplina rigorosa para não permitir que o sono roubasse um tempo precioso da composição da *História natural*. Joseph, seu criado, recebera ordens para acordá-lo ao raiar do dia, se necessário à força. O servidor recebia todo dia os agradecimentos do cientista, aos quais se acrescentava uma moeda para recompensá-lo por tolerar diariamente suas injúrias matinais.

ANNE COLLINOT, "Entre vie et œuvre scientifique: le chaînon manquant"[1].

É pela evocação dessa tortura matutina autoimposta que a historiadora das ciências Anne Collinot desperta nossa reflexão sobre a díade biográfica, a obra e a vida, e o que ela chama de seu "elo perdido": o trabalho. Como integrar a vida pessoal à antropologia das práticas científicas e não limitar a *persona* científica ao resultado acumulado que constitui a obra em seu firmamento[2]?

Com efeito, a partir do século XIX, consolidou-se um discurso de oposição entre a ciência (ou a arte) e a vida: para construir uma obra de cientista, artista, poeta, impunha-se sair da vida. Como se a vida científica ou literária transcendesse a existência social. E, no entanto, entre berço e túmulo, cientistas, artistas e os demais também precisam viver e trabalhar! Se não nos resolvemos a abstrair a vida pessoal e familiar, os espaços e tempos do trabalho da compreensão de uma obra, então surgem as questões que gostaríamos de abordar neste capítulo: que forma o cientista dá à sua vida? Como ele administra seu tempo – a arbitragem desse recurso sendo particularmente delicada? Que valores vinculamos à busca científica? Paixão, vocação, iniciação, revelação, elevação, acumulação, revolução? Que olhar dirigimos à realização prometida pelo sacerdócio científico?

No caso do Lévi-Strauss dos anos 1960, com efeito, é lícito falar em "sacerdócio científico". Essa década tem a especificidade de congregar o tempo da produção e o tempo do reconhecimento máximo; a celebridade se abate sobre ele e tende a perturbar o emprego rigoroso do tempo. Embora não aceitando esse papel de mosqueteiro do estruturalismo que lhe atribuíram, ele não tem como não participar, ao mesmo tempo refugando. Pois, entre 1964 e 1971, Lévi-Strauss escreve as cerca de 2 mil páginas das *Mitológicas*, sua ópera de papel em quatro atos: *O cru e o cozido* (1964), *Do mel às cinzas* (1966), *A origem dos modos à mesa* (1968) e *O homem nu* (1971); ou seja, um maciço que, em seus próprios hermetismo, polissemia, digressões, plasticidade e homogeneidade de abordagem, constitui uma obra no sentido mais tradicional do termo. Capitalizando os esforços de vinte anos de pesquisas e quase dez de redação, ele produz sua "Tetralogia", sua "Busca do tempo perdido" ou sua "Comédia humana". Essa aventura intelectual em forma de maratona é uma espécie de exceção, uma súmula única e solitária que, em sua própria trajetória, alia-se ao processo de pensamento que ela pretende explicitar: "Em suma, a característica deste livro é não ter nenhum tema"[3].

LÉVI-STRAUSS DA CIDADE, LÉVI-STRAUSS DO CAMPO

Em que espaços, em que lugares os homens de saber trabalham e como os habitam? Algumas imagens surgem imediatamente: o filósofo de Rembrandt em seu gabinete, em estado contemplativo, Kant em passeio (sempre o mesmo), Rousseau herborizando ou o cientista contemporâneo, aprendiz de feiticeiro em seu laboratório. Contudo, o trajeto que leva do gabinete do alquimista ao laboratório moderno não é linear[4]. Lévi-Strauss é um exemplo disso. Sábio retirado em sua biblioteca, professor na cátedra ou flanando na natureza nos arredores de sua casa de campo, ele condensa vários regimes da ciência e participa de diversas temporalidades. Quando passa do Laboratório de Antropologia Social ao seu gabinete pessoal da rua des Marronniers, no 16º *arrondissement*, trata-se menos de uma travessia de Paris (do centro para a zona oeste) que de uma volta no tempo: se o LAS encarna em seu próprio nome – laboratório – a modernidade científica, o gabinete de Claude Lévi-Strauss, onde ele passa grande parte de sua vida e escreve sua obra, derivaria antes, como vimos na introdução, do *studiolo* do Renascimento, no qual, na intimidade mais pessoal, no "*tête-à-tête* com infinitas leituras"[5], se esboça o início de um novo livro.

O gabinete de trabalho

Após o nascimento de Matthieu em 1957, o casal Lévi-Strauss decide deixar a rua Saint-Lazare e um bairro que ele aprecia, mas é pouco propício aos passeios diários com um bebê, considerando a ausência de parques ou jardins nas vizinhanças. Em 1958, surge uma oportunidade de recuperar o apartamento pertencente aos pais de Monique, onde ela cresceu, no número 2 da rua des Marronniers, no 16º *arrondissement* de Paris. É um grande apartamento burguês, no quinto andar, com elevador, situado num bloco de prédios construídos no começo do século, de tijolos e ligeiramente recuados da rua, lembrando um pouco os casarões da costa normanda. Uma opulência de bom-tom – as dependências da zeladora, uma portaria ampla, garagem com vaga para um carro – emana desse fim de rua, longe tanto do luxo de prédios próximos quanto do encanto antiquado de algumas casas (a de

Balzac fica a dois passos). Reina ali uma calma relativa, à sombra do gigantesco canteiro de obras da Maison de la Radio, em vias de construção na época[6]. Indo morar à rua des Marronniers, Claude Lévi-Strauss obedece a uma regra clássica de numerosas tribos que estudou: está numa residência matrilocal. É igualmente, de certa forma, um retorno às origens de sua infância, mas a vida residencial desse bairro próximo de Passy é muito diferente do estilo mais popular e boêmio da rua Poussin. Aliás, ele não gosta dessa parte do *arrondissement*, onde viverá até o fim de sua vida, e suspira frequentemente: "Como essas ruas são entediantes!"[7].

Uma das vantagens do apartamento é o vasto cômodo iluminado a oeste por uma grande janela dupla, que se oferece à esquerda ao entrarmos, e onde Lévi-Strauss instala seu gabinete. Hermeticamente isolado do resto do apartamento por uma porta grossa e paredes cobertas de livros, lembra mais um consultório de psicanalista ou o quarto de Proust, com suas paredes de cortiça protetoras da atividade de escrita. Uma única norma reina na casa, que seus filhos, especialmente o mais jovem, que mora com ele, enquanto o mais velho vem visitar, são intimados a obedecer rigorosamente: "Sem barulho!"[8]. Fora de questão entrar intempestivamente em seu gabinete, como fazia com o pai a filha de Victor Hugo, para lhe contar suas últimas aventuras[9]... Qual um humanista do Renascimento, o antropólogo se retira num espaço de concentração, plenamente seu, onde o acesso ao conhecimento é reservado àqueles capazes de se abstrair da sociedade. Maquiavel, quando entra em seu gabinete, desfaz-se de seus trajes do dia a dia: "Entrego-me por inteiro aos Antigos"[10]. Imaginemos Lévi-Strauss, em seu gabinete, entregando-se por inteiro aos selvagens...

Essa reclusão quase espiritual é destilada por dois estimulantes intelectuais que dão ânimo para começar o trabalho e a reflexão: a música e o tabaco. Pois Lévi-Strauss, e muitos não sabem disso, é um fumante inveterado até meados dos anos 1960: dois maços por dia, quando não três. As cortinas de algodão que decoram sua janela e o *kilim* da porta ficam impregnados. O que o distingue no seio de um mundo intelectual masculino majoritariamente fumante é que, após ter sido um fumante de cigarros, ele deu para cheirar rapé[11]. À sua amiga Dolores Vanetti, que acaba de lhe enviar tabacos de diversas procedências, ele detalha seus gozos tabagistas: "Corro de uma lata a outra, pois, por mais incrível que pareça, todos esses fumos têm aromas dos mais diversos, como se fossem frutas variadas. Sem dúvida, meu gosto pelo fumo preto me leva a atribuir a palma ao Copenhagen, que recende a porto marítimo e a veleiro, com seus cordames alcatroados; mas muito interessante também é o Red Top perfumado com *peppermint*: e o Peach exala realmente pêssego. Quantas volúpias ignoram nossos contemporâneos que não os aspiram!"[12]. Ao contrário, o gosto de Lévi-Strauss pela música é bem conhecido. Não somente é essencial para o seu bem-estar, como acompanha seu trabalho qual uma tela amiga, separando-o do mundo circundante, além de constituir um estimulante. Eis por que tem verdadeiros acessos de fúria contra o falatório nas rádios musicais, em especial a France-Musique, depois Radio-Classique. Não escuta discos: a ideia de que vai terminar e terá de ser trocado o bloqueia. Então, na medida do possível, conta com o rádio. Para se explicar, não hesita em comparar sua escuta distraída da música, quando trabalha, à prática do nu para os pintores: "Mesmo o pintor mais indiferente, habituado a usar modelos para posar, não pode deixar de experimentar, à vista de um belo corpo, certa excitação erótica. Esse leve eretismo o estimula e aguça sua percepção; ele pinta melhor. Consciente ou inconscientemente, o artista procura esse estado de graça. Minha relação com a música é da mesma ordem: penso melhor escutando-a"[13].

Como dissemos, a imponente biblioteca científica de Claude Lévi-Strauss dá a volta ao mundo do conhecimento. Ao lado das revistas e fichamentos, e instalados mais próximo do corpo do cientista, acham-se inúmeros dicionários em todas as línguas, Harraps (inglês), Sachs-Villatt (alemão), bem como em francês, o Grand Robert, o dicionário Bailly, o Littré, o dicionário Bayle e o Trévoux, dicionário de francês arcaico e latim, que lhe facilitam a explicação de relatos etnográficos antigos. A *Enciclopédia* de Diderot e D'Alembert também faz parte da viagem. Ele se refere a ela constantemente: "Observe minha biblioteca. Contém milhares de obras com as quais convivi permanentemente anos a fio. Em geral, não preciso nem procurar o título... Basta a lombada, a aparência do volume, sei imediatamente do que se trata"[15]. Essa relação íntima com os livros pertence a uma longa tradição letrada – citações, referências, verificações – na qual alguém escreve livros cercado de livros[16]. Para escrever as *Mitológicas*, Lévi-Strauss vive sob uma montanha de obras de botânica, astronomia, a *Enciclopédia*, a *Zoologia* de Brehm ou de Plínio, o Velho, um saber antigo (correspondente, *grosso modo*, à soma de conhecimentos adquirida no século XVIII), a fim de documentar o contexto etnográfico dos mitos que estuda[17]. Assim, Lévi-Strauss, esse modelo da ciência moderna, participa igualmente de uma antiga tradição erudita plenamente inserida no universo das belas-letras. O amor pelo conhecimento não faz distinção entre ciência e literatura. Qual um Buffon contemporâneo, Lévi-Strauss trabalha como um cientista literato, meditativo, feliz em seu antro enfumaçado, indo e vindo entre sua escrivaninha e suas prateleiras e, dia após dia, eletrizado por esses "sutis contatos e curtos-circuitos que se produzem entre a ponta da pena e a vasta carga de eletricidade estática da biblioteca"[18].

Professor catedrático

Quando não está nem no LAS nem em seu escritório, Lévi-Strauss naturalmente tem que dar aulas. A partir de janeiro de 1960, todas as terças-feiras às 14h30 e às quartas às 10h (em seguida, esse segundo curso será ministrado às segundas-feiras sob forma de seminário), o encontramos no Collège de France, na sala 6. "Mas que dureza é dar aula! Eu tinha perdido completamente esse hábito!"[19], ele exclama ao seu amigo Jakobson. Com efeito, o Collège de France, embora exterior ao sistema universitário, funciona, a princípio, de maneira análoga a este último, que, na França, é tradicionalmente ligado à aula magistral ou expositiva. Pois é um curso *ex cathedra* que Lévi-Strauss ministra, ao contrário do seminário, no qual a palavra é dada aos alunos. E isso não lhe acontecia desde os remotos anos de Mont-de-Marsan, onde ele ensinava filosofia aos jovens da classe de retórica*.

O público não é evidentemente o mesmo, tampouco as exigências. Ernest Renan dizia que o verdadeiro professor no Collège de France não prepara suas aulas. Com efeito, ele mesmo evitava prepará-las. Na realidade, como vimos, o Collège de France não impõe outra obrigação senão inventar a cada ano. A noção de aula vê-se assim transformada e emancipada da ideia de repetição, capaz tanto de consolar como, ao contrário, assustar. O espírito "neolítico" de Lévi-Strauss se encontra em plena harmonia com essa exigência de criação, de modo que suas "preparações" de aulas, às vezes apenas alguns apontamentos, porém fundamentados em inúmeras leituras, correspondem a uma etapa intermediária rumo a um futuro original de livro, geralmente publicado um a três anos mais tarde. Com efeito, nunca um curso do Collège de France foi tão claramente "plataforma de ensaios" de um projeto intelectual, a redação das *Mitológicas*, do que durante os dez anos que vão de 1960 a 1971, data da publicação do quarto e último tomo. Em 1961-1962, quando acaba de terminar *O totemismo hoje* e *O pensamento selvagem*, ele empreende uma pesquisa sobre os mitos da cozinha, que lhe permitirão escrever *O cru e o cozido* (publicado em 1964); em 1962-1963, analisa os que formam a matéria de *Do mel às cinzas* (publicado no fim de 1966); em 1963-1964, depois em 1966-1967, os mitos analisados em *A origem dos modos à mesa* (publicado em junho de 1968) foram tema de seu curso; em 1965-1966, depois durante mais três anos, de 1967 a 1970, reúne a enorme documentação que optará por apresentar num único volume, o último, *O homem nu*, publicado em 1971[20]. Portanto, para Lévi-Strauss, o curso não é a expressão de um saber estabelecido como tampouco o seminário; é também uma produção semipronta, que preserva todo seu lado experimental. Daí ele recusar ser gravado, não querendo registrar no mármore o que julga não passarem ainda de meras hipóteses. Após cada aula, Jean Pouillon lhe entrega sua estenografia, que constitui a base de partida para o original futuro. Tal concepção de curso é bastante arriscada: trabalha-se sem salvaguarda[21]. Daí a leve angústia perceptível antes de cada aula e a ansiedade ao longo de todo o período em que ele ensina no Collège, de dezembro a junho de cada ano letivo.

---

* Ou seja, do segundo ano do liceu. [N.T.]

Em contraste com essa concentração ansiosa, o extraordinário virtuosismo do orador Lévi-Strauss é atestado por todos os que assistiram a seus cursos na praça Marcelin-Berthelot. O cerimonial do Collège acrescenta mais ainda à dimensão espetacular da representação. O bedel anuncia a entrada em cena de "*Monsieur le Professeur*". Como não há gravação, só podemos nos fiar nos testemunhos dos presentes. Dois aspectos possivelmente contraditórios parecem caracterizar a fala de Lévi-Strauss: de um lado, os altos voos retóricos, com as grandes diagonais mundiais carreando uma quantidade de dados, análises em longas frases proustianas, que todo mundo esperava com angústia para saber como iam aterrissar. Mas ele cai sempre de pé! E quase sempre o fim de um longo período corresponde à conclusão de um raciocínio e, às vezes até, num *timing* perfeito, isso fecha a aula. O feitiço dos arabescos lévi-straussianos, no oral como no escrito, repousa assim sobre as livres associações de um espírito surrealista, um "*free jazz* do espírito"[22], solando a ruptura e o entrechoque, bem como a progressão. No entanto, o lado vertiginoso da frase nunca prejudica a força da exposição, a clareza do que é dito. Desse ponto de vista também, "ele falava como escrevia"[23]. Mão esquerda no bolso, ele explica, às vezes com o giz na mão, as articulações do raciocínio com uma voz clara e sóbria. Sem rosnados, pigarros, autoencenação hiperbólica ou facilidades. Se por um lado é verdade que seduz seu auditório, inclusive o público de etnólogos mais profissional, por outro não se faz de guru das multidões à maneira de Lacan. Ou então seria o guru da clareza, enquanto Lacan é o guru da obscuridade. Lévi-Strauss não gosta muito de escrever, mas o curso o obriga a fazê-lo; tampouco gosta de falar, ao menos em *tête-à-tête*, mas o curso exige uma fala pública que se dirija a todo mundo e a ninguém, o que é mais conveniente para ele[24]. Não esqueçamos também que, aos 20 anos, ele foi um brilhante orador político: da eloquência republicana (o discurso de entrega dos prêmios) à palavra de cátedra, uma reciclagem bem-sucedida lhe permitiu tornar-se um grande professor.

Do Quartier Latin a Passy, esse grande professor é um autêntico parisiense, sempre apaixonado pela capital. Mas sua felicidade suprema é quando se retira para sua casa de campo, longe das aulas e longe dos homens.

A tebaida de Claude Lévi-Strauss

"O momento bom nas casas é quando as desejamos; depois, começam os aborrecimentos!"[25] Claude Lévi-Strauss tenta assim resserenar Isac Chiva, às voltas com telhados que desabam e canos furados em sua nova casa de campo normanda.

A casa de campo adquirida pelo casal Lévi-Strauss em 1964 foi por muito tempo desejada. Visitada pela primeira vez em 1954, foi julgada burguesa demais por Monique: dezenas e dezenas de visitas depois, dez anos mais tarde, o dito "castelo de Lignerolles" se encontra novamente à venda... "Dessa vez, me pareceu perfeito. Tudo leva a crer que fui eu que me aburguesei nesse ínterim!"[26] Lévi-Strauss não tolerava mais as Cévennes, invadidas por um turismo estival ruidoso e um fluxo de automóveis que, nos anos 1950, perturbam a solidão cara ao etnólogo[27]. Inclina-se pela Borgonha, mais precisamente o Châtillonnais, apontado há muito tempo, em Nova York, como uma das regiões de menor densidade demográfica na França. Percebemos o que motiva Lévi-Strauss na carta um pouco embaraçada que lhe escreve Robert Delavignette, velho borgonhês e ex-diretor da École de la France d'Outre-mer (ex-École Coloniale), por ter "lançado suas redes" sobre uma região que ele conhece bem: "Tenho medo, se eu achar alguma coisa, de decepcioná-lo no caso de o senhor ter idealizado além da conta a selvageria do Châtillonnais. Essas aldeias desertadas e ruiniformes do planalto que se estende do Tonnerrois à antiga província borgonhesa da Montanha não são muito silenciosas! Lá, o rádio, a caminhonete e o trator agrícola competem para ver quem guincha mais alto"[28].

Apesar de tudo, Lévi-Strauss fixou sua escolha nesse recanto perdido, uma região de confins (da Côte-d'Or e do Aube) constituída de vastos planaltos calcários e *cuestas* clássicas, recortados por vales arborizados. Não são os campos risonhos da Touraine ou as terras opulentas da Normandia, mas uma região de florestas e antiga metalurgia, esquecida pelo tempo, "onde se sente sob os pés o divisor de águas e onde as florestas são tão vastas que se afirma poder andar até a fronteira suíça sem sair dos bosques e sem encontrar vivalma"[29]. Uma rudeza geográfica e quase gracquiana que contrabalançam a sensação de um tempo histórico longo – "As árvores do Châtillonnais têm odores galo-romanos"[30] – e a proximidade de grandes figuras amigas: a sessenta quilômetros a oeste, Montbard e Buffon, mas sobretudo, a cinquenta quilômetros ao sul, Margelle, terra natal de seu querido Jean de Léry[31], o que termina, no espírito de Lévi-Strauss, de aproximar suas biografias e ratificar sua escolha de Lignerolles.

Nas cercanias do vale do Aube, na parte setentrional do ducado da Borgonha, um talvegue e uma aldeia, Lignerolles, em cuja proximidade se ergue o "castelo de Lignerolles", que, na realidade, é um pavilhão de caça construído no Segundo Império (entre 1864 e 1868), com dimensões relativamente modestas e elegantes proporções, assentado num parque com doze hectares em parte arborizado e atravessado por um rio, o Aubette, que, em alguns invernos, transborda. A paisagem sonora é quase de montanha: água correndo e farfalhar das folhas agitadas pelo vento. A casa dá para uma monumental escadaria, que conduz a um grande salão transversal forrado de verde, cujas vastas vidraças deixam penetrar a imagem ondulante das frondes das árvores; poltronas antigas e profundas, quadros de Raymond Lévi-Strauss – um grande retrato de Léa, a avó, com Claude, seu neto de 2 anos, ao seu lado, ovais estampando alguns ancestrais da família, Élie Moch, Esther Lévy, além de um, menor, de "Dina minha mulher"[32] como intelectual no trabalho, preparando a *agrégation*... Um conforto quase inglês, repetido no escritório de Lévi-Strauss, em ângulo, no térreo, com vista para o parque: uma escrivaninha de tabelião de Chicago, um armário com duas gavetas de madeira de pau-rosa trazido do Brasil; na estante, que cobre uma parede inteira: romances policiais, sobretudo Erle Stanley Gardner, ídolo de sua juventude, em edição inglesa, bem como as obras completas de Conrad (edição Canterbury), uma constelação de leituras seletas – Montaigne, Pascal, o cardeal de Retz, Racine, além do *Diário* de Delacroix, Musset, Gobineau, Eugène Sue, Benda etc. E o essencial: floras, faunas, obras de erudição borgonhesa[33], atlas, guias... Com suas fotos, quadros e móveis trazidos dos novos mundos, a casa de Lévi-Strauss em Lignerolles é uma arca recapitulativa, uma tentativa de resumir as tradições familiares e de transformar os vestígios (as telas de seu pai) num mundo coerente: o de sua vida, que retoma o fio ali onde a prosperidade familiar se interrompera: com o Segundo Império.

Todos os anos, a partir de 1964, Lévi-Strauss migra para Lignerolles a fim de lá passar alguns meses de um longo verão mais ou menos laborioso, de julho a setembro. Volta ao longo de todo o ano durante os feriados escolares, inclusive no Natal, e os rigores do inverno não o desanimam sequer no fim da vida. Momentos essenciais de respiração para esse grande claustrofóbico, as temporadas no campo não são períodos de produção, e sim um tempo mais relaxado de leituras e ócio. "Leio e conserto coisas."[34] Decerto põe em dia várias leituras em atraso, originais diversos acumulados ao longo do ano – "mas nada, afinal, de que eu não pudesse prescindir"[35]. Em contrapartida, relê *O Mediterrâneo*, de Fernand Braudel, numa nova edição luxuosa que seu autor teve a ideia de lhe enviar: "Levo-o para Lignerolles já inalando a grande lufada de ar marinho que ele soprará sobre as florestas borgonhesas, e certo de nele reencontrar inúmeros temas de meditação enriquecedora e descobrir muitos outros que há dezoito anos eu ainda não era suficientemente maduro para apreciar"[36]. É também o momento privilegiado de leitura das provas e, um pouco pior, das traduções de suas obras, em especial inglesas, que ele verifica com zelo de especialista, ajudado nisso pela competência de sua mulher não só em inglês, como em alemão[37]. Mas o essencial não é isso: ele vive ao ritmo do boletim meteorológico e dos altos e baixos de sua paixão por cogumelos. "Continua a fazer aqui um calor acachapante e uma aridez completa. Para os cogumelos, é um desastre."[38] "Invejo o seu sol; aqui só o vimos três dias, por volta de 15 de agosto. Mas, por outro lado, quantos cogumelos! *Girolles*, *trompettes de la mort*, até mesmo *cèpes*, e muitos outros mais ou menos misteriosos. Dividi meu tempo entre a colheita e a correção das provas, confecção de índices etc."[39] Em 1958, Lévi-Strauss ainda mantém contato com o casal Wasson, autores independentes de uma obra em dois volumes intitulada *Mushrooms, Russia and History* [Cogumelos, Rússia e História] (1957), que Lévi-Strauss contribui amplamente para divulgar, mesmo seus autores sendo amadores e o livro, um pouco "delirante". "Contudo, eles descobriram e até mesmo fundaram a etnomicologia e eu queria ajudá-los não só porque sou (segundo a tipologia deles) um 'micófilo', mas sobretudo porque existe aí um belíssimo domínio no qual jovens pesquisadores franceses poderiam encontrar um nicho"[40], escreve a Isac Chiva.

Os passeios cotidianos na natureza circundante constituem um pretexto para lições geológicas. Entrega-se sem pejo ao prazer de identificar cogumelos, aves e plantas: "Ele vivia no Bonnier"[41], lembra sua esposa, em referência à *Flore complète portative de la France, de la Suisse et de la Belgique* [Flora completa portátil da França, da Suíça e da Bélgica], de Gaston Bonnier, uma das obras-mestras de sua biblioteca. Os animais raros da região prendem sua atenção – águia-cobreira, martim-pescador, cegonha negra... –, bem como pequenos gatos selvagens, que ele se empenha em salvar e até mesmo, durante um período, a criar. Pássaros, sapos, morcegos, todos os animais ameaçados que ele encontra ao longo de seus passeios são objeto de cuidados extremosos, assim como de observações. Essa intimidade feliz com os animais, revelada mais tarde por uma fotografia de Lévi-Strauss brincando com a cadela dos caseiros, Fanny, vem da infância, mas também é uma chave para o humanismo reconciliado que ele foi um dos primeiros a pregar. Mais tarde, nos anos 1980, Monique se tornará apicultora, mantendo cinco colmeias que produziam cem quilos de mel por ano. Lévi-Strauss incentiva essa atividade e passa horas a observar a mulher, vestida com o uniforme que ele mesmo usava na Amazônia, capturando enxames zumbidores nas tílias, com a ajuda de um grande saco preso numa vara. Toda a dificuldade está em "morder" o enxame e, sobretudo, agarrar a rainha, depois introduzir esse grupo de 50 mil abelhas despejando-o num pano que conduz até a colmeia.

Calçando botas de couro de cano longo e paletó leve, sempre muito elegante, Lévi-Strauss se agita no campo, caminha nos bosques, contempla o espetáculo da natureza; faz reparos na casa, cata lenha, arranca as heras das árvores. Mas esse *gentleman farmer bourguignon* frequenta pouco a pequena sociedade de patrícios locais, que cultivam a paixão pela equitação. Castelão à revelia, Claude Lévi-Strauss permanece em seu povoado, onde o chamam de "o Professor" e onde nunca se recusa a participar de alguma cerimônia, quando o prefeito lhe pede.

Nos bosques de Lignerolles...

A poderosa sensação de natureza que Lignerolles, mais uma vez na biografia de Lévi-Strauss, permite reativar é decerto um motor essencial, uma espécie de "almofada amortecedora" comparada à sua vida agitada em Paris. Mas é muito mais que isso. A faculdade de sonhar e respirar e a felicidade de uma presença humana rarefeita proporcionam-lhe um acesso ao Ser, de resto julgado incompatível com o sujeito contemporâneo. Os cogumelos de Lévi-Strauss, como as borboletas de Nabokov, permitem uma conexão científica (ambos são eruditos) e imaginária com um tempo antigo, a infância pessoal decerto, porém, mais fundamentalmente, a infância da humanidade.

Quando, nariz ao vento, fareja os cogumelos escondidos sob um arbusto qualquer, Lévi-Strauss reata com o homem neolítico, a intuição olfativa, um modelo de conhecimento por meio de vestígios[42]. Naquelas florestas civilizadas das margens orientais do conjunto borgonhês, que fecham o circuito de um itinerário florestal iniciado na Amazônia, ele põe-se em situação de pensamento selvagem. Itinerário florestal que é igualmente um itinerário de vida, uma vez que a infância se desenrolou no mar e a juventude nas garrigues calcárias das Cévennes, com uma inclinação acentuada pela montanha média. A maturidade lhe oferece a surpresa de um meio natural mais afeito às limitações da idade: "Agora é a floresta que me atrai. Nela, encontro os mesmos encantos que na montanha, mas numa forma mais serena e acolhedora"[43]. Na corrida contra o relógio da modernidade e o encolhimento do espaço vital não urbanizado, a floresta oferece um obstáculo imprevisto, estase feliz que Lévi-Strauss vive plenamente em Lignerolles: "Uma coletividade de árvores e plantas afasta o homem, precipita-se para cobrir os vestígios de sua passagem. Geralmente de difícil penetração, a floresta exige daquele que nela se embrenha o tipo de renúncia que, de maneira mais brutal, a montanha exige do andarilho. Menos extenso que o das grandes cordilheiras, seu horizonte bruscamente fechado encerra um universo reduzido que isola tão completamente quanto as escapadas no deserto. Ali, um mundo de ervas, flores, cogumelos e insetos leva livremente uma vida independente, na qual sermos aceitos depende de nossa paciência e humildade. Algumas dezenas de metros de floresta bastam para abolir o mundo exterior, um mundo dá lugar a outro, menos indulgente com a vista, mas em que a audição e o olfato, sentidos mais próximos da alma, fazem a festa. Bens que julgávamos desaparecidos renascem: o silêncio, o frescor e a paz"[44]. A floresta tem tudo para atrair esse Robinson: não só ela afasta o homem e o relativiza, como prodigaliza um mundo independente em miniatura, uma espécie de pequeno falanstério natural que, em Lévi-Strauss e há muito tempo, constitui o fundamento mesmo de um humanismo renovado e revolucionário. Recordemos estas poucas linhas que concluem sua resenha de *Áden Arábia*, de Paul Nizan. O artigo é de 1931: "O contato com a natureza representa a única experiência humana eterna, a única que estamos seguros de ser uma experiência verídica – o único valor absoluto atual ao qual podemos recorrer para conquistar a segurança que nos permitirá convocar à existência os valores absolutos da organização futura"[45].

FISIOLOGIAS DO SABER. UMA VIDA DE DISCIPLINA

Prossigamos este levantamento sobre Lévi-Strauss no trabalho, não mais no local, mas na forma mesma que ele dá ao tempo, aos hábitos, nos sacrifícios consentidos, nos valores investidos e na maneira como o cientista faz seus próximos compartilhá-los (ou suportá-los).

O homem de ciência e os seus

Uma vida dedicada ao saber também é uma vida a dois[46]. Lévi-Strauss tem a sorte de encontrar em Monique Roman uma mulher não só amorosa, como, ao mesmo tempo, mais do que consciente da disciplina de ferro imposta pela agenda daquele viciado no trabalho: prioridade à ciência e à obra em marcha... "Era o *deal*!"[47], diz ela, num tom de evidência. Esse contrato nunca foi questionado. Monique é a indispensável primeira leitora, lê tudo que ele escreve (inclusive as cartas), assiste às aulas do Collège (mas não aos seminários), porém, acima de tudo, estende à sua volta um cordão de isolamento, poupando-lhe obrigações sociais, como as festas de família; aplaina os problemas da vida material e empenha-se para que seu marido tenha o espírito mais livre possível. Ela esposa, portanto, e também Claude, a visão de um futuro intelectual e científico.

Casal antiquado? A reciprocidade, noção central na obra de Lévi-Strauss, também está no âmago de sua longeva vida a dois: "Claude me deu uma grande autoconfiança. A partir do momento em que o encontrei, ele sempre me solicitou, escutou e fez compreender que eu tinha um cérebro bem constituído; falávamos de tudo e, após uma troca de pontos de vista, tomávamos as decisões juntos. 'Tentemos', ele sempre dizia. Isso é fantástico para uma mulher, essa consideração. É a florzinha japonesa de papel amassado que se expande na água!"[48]. Além da indiscutível autoridade intelectual que impressiona sua mulher, charmes mais idiossincráticos nunca cessarão de prendê-la ao destino desse homem que, com o passar dos anos, tornou-se uma estrela intelectual, um ícone do século. Em primeiro lugar, a independência absoluta de opinião: "No seminário ou em casa, nunca se sabia previamente o que sairia de sua boca!"[49]. Essa imprevisibilidade é um expediente importante contra a rotina e o tédio do cotidiano, cotidiano que ele sabe romper com gestos de amante tímido. Aficionado por Paris, Lévi-Strauss cultiva uma prática andarilha na cidade. Volta sempre com os bolsos cheios de coisas díspares, debulhadas nos antiquários ou no leiloeiro Drouot, as quais deposita displicentemente aos pés da mulher como oferendas triviais. Ao lado do sábio mergulhado nos estudos, o amigo do surrealismo subsiste nele, atento ao acaso objetivo, à "maravilha" – expressão que ele utiliza amiúde –, às coincidências, à dimensão de surgimento das coisas. Essa incursão no sonho colore a vida a dois, depois a três.

Com efeito, após o nascimento do primeiro filho, Laurent, Lévi-Strauss não desejava especialmente outra criança. Mas isso também fazia parte do "*deal*". Assim que Matthieu, filho de Monique e Claude, nasce em 1957, renasce igualmente o fascínio de Lévi-Strauss pela primeira infância, a aquisição da linguagem, o encantamento dos primeiros anos. Manifestamente, ele não é pai da mesma maneira para Laurent e para Matthieu. Na escola, por exemplo, parece mais intransigente a respeito de Laurent, a quem tende a aterrorizar, ao passo que é muito mais liberal com Matthieu, até mesmo francamente anarquista, não atribuindo uma importância descabida aos resultados escolares, fazendo as redações do filho e mostrando-se compreensivo a respeito das doenças surgidas na véspera de uma prova. Os temperamentos dos meninos diferem: um cultiva a culpa dos filhos de divorciados e terá certas dificuldades de abrir seu caminho, embaraçado com o nome do pai; o outro eclode como o Huckleberry Finn do 16º *arrondissement*, empreendendo precocemente, como seu pai fazia, expedições distantes, em sua adolescência aventurosa, à Sicília, à Noruega de moto aos 16 anos, atravessando os Pireneus com mochila nas costas etc. Aos 15 anos, lê *Tristes trópicos*: "Realmente nada mal!", conclui, diante dos pais estupefatos[50]. Cultivando tenras vocações, mais tarde concretizadas com estudos de medicina e biologia, sabe prender a atenção do pai sem se forçar. Os momentos da vida também explicam essa situação clássica: a infância de Matthieu, nos anos 1960, é aninhada numa conjuntura de vida muito mais confortável que a de Laurent, a quem o pai vê, por sinal, menos, pois mora com a mãe. Lévi-Strauss, contudo, é um pai muito pouco autoritário: "Ora, deixe-o em paz!", repete à sua mulher. Preocupado com as maneiras à mesa – o terceiro tomo das *Mitológicas* é dedicado a seu filho Matthieu –, mas em absoluto maníaco, nem sequer muito exigente quanto às regras de polidez e asseio, é muito pouco "educador" nesse sentido. A lembrança sempre viva dos intermináveis almoços dominicais de seus verdes anos o torna extremamente compreensivo com o tédio infantil. Na realidade, é um pai bastante cioso da própria tranquilidade, que não deixa de fazer os filhos brincarem com jogos inteligentes. Lembramos como ele fizera Laurent responder ao questionário sobre a arte mágica enviado por Breton. Pede a Matthieu para fazer listas de correspondências sinestésicas e envia o material a Jakobson: "*Very impressed by Matthieu's synesthesic data, very puzzling*"[51], responde-lhe o linguista.

Matthieu Lévi-Strauss recorda-se de que, durante sua infância, seu pai lhe parecia velho – e de fato era: 49 anos quando ele nasceu – e com a saúde precária, vítima de vários incômodos vagais, frequentes distúrbios e pequenas doenças. Mais tarde, estranhamente, a longevidade prevalece. Lévi-Strauss, nos anos 1960, ainda não imprimiu em seu corpo aquela fragilidade espiritual, aquela pátina ascética que terá em seguida. Por sinal, não é um asceta, nem no que se refere à alimentação nem ao resto. Embora não seja um glutão, é habitado por intensos prazeres gustativos, que são uma das grandes satisfações de sua vida. Como suas duas esposas anteriores já haviam notado – com a diferença de que Monique está em condições de os proporcionar, dia após dia –, Lévi-Strauss tem "enternecimentos gastronômicos" quando uma comida lhe agrada. Chora de gratidão! Cada refeição é uma curta cerimônia que ele vivencia em silêncio (até o queijo) e durante a qual é recomendável não interrompê-lo: "Podem lhe perguntar tudo, mas só depois do queijo", ela aconselha àqueles que dividem a mesa com ele, em especial o filho e o enteado dela.

Em 1968, a conselho da mulher, experimenta um regime sem açúcar que se revela rapidamente eficaz: os espasmos se interrompem. Contudo, em poucas semanas, Lévi-Strauss perde cerca de 15 quilos. Revolução dos corpos, é a época... Todo mundo à sua volta acha que ele está gravemente doente. Desde então, sua silhueta permanecerá, durante os últimos quarenta anos de sua vida, marcada por uma grande esbelteza, até mesmo magreza, que denotam simbolicamente o corpo do verdadeiro intelectual no imaginário (clerical) ocidental, como se a fragilidade do invólucro corporal garantisse a solidez do *corpus*.

Os treze terraços de Montbard

Em Montbard, na propriedade de Buffon, treze terraços separavam seu gabinete da casa, cuja travessia nos dois sentidos ritmava, duas vezes por dia, a passagem do espaço de trabalho à vida familiar. A existência laboriosa do intelectual implica uma organização do espaço e do tempo, uma escolha nas práticas de sociabilidade profissional e afetiva, toda uma fisiologia da vida governada pelo trabalho. Dependendo dos momentos e das personalidades, há muitas "maneiras de subir os treze terraços de Montbard"[52].

Já na rua des Marronniers, a regularidade tipicamente clerical de um cronograma rigoroso organiza os dias: despertar entre 6h e 7h, café da manhã, banho e barba, ida ao laboratório; quando fica em casa, o início da manhã é dedicado à correspondência – o carteiro passa às 9h. Ao meio-dia, Lévi-Strauss almoça quase sempre em casa, e cada vez menos na cidade: os restaurantes parisienses barulhentos e lotados são hostis a esse claustrofóbico tenaz. Além disso, uma boa refeição o espera... À tarde, quando não dá aulas, trabalha em seu gabinete. Por volta das 17h30, desce para comprar os jornais, o tabaco e visita a mãe, que mora a dois passos, num apartamento no térreo. Se determinada luminária está acesa, isso significa que Dina Dreyfus está com a ex-sogra – que ela visitará até o fim, com grande fidelidade de ambas as partes; Lévi-Strauss segue então seu caminho; caso contrário, fica uns dez minutos conversando e fecha os postigos. Esse pequeno código familiar diverte Matthieu, que às vezes acompanha o pai. A visita diária a Emma Lévi-Strauss é uma obrigação que o filho cumpre durante trinta anos, até a morte da mãe, em 1984. À noite, leitura de dois jornais e alguns semanários, jantar; vai cedo para a cama, por volta das 23h, fechando um dia bem aproveitado, muito organizado e sem excessos. A televisão aparece bastante tarde na vida de Lévi-Strauss, em 1974, quando Marcel Jullian, então nomeado à frente da Antenne 2, convida-o para ser um de seus administradores. Para cumprir suas novas funções, Lévi-Strauss pede que lhe forneçam um televisor.

Durante os anos 1960, Lévi-Strauss vive recusando convites para colóquios ou cursos em universidades norte-americanas, o pior sendo os projetos de conferências sobre seu trabalho de antropólogo, que ele faz tudo para desestimular. Sente-se particularmente assustado com a sociabilidade acadêmica norte-americana e suas modalidades específicas: "Para ser franco, a ideia de reunir tanta gente num hotel de Chicago me parece assaz angustiante. Contudo, a menos que o congresso possa ser realizado num pequeno *campus* agradável, distante da cidade e com o campo em volta, não há provavelmente outra solução"[53]. Recusa ensinar um semestre em Harvard, pois lhe "desagrada a ideia de ficar separado da família durante tanto tempo"[54]. Caseiro, portanto, por gosto e por dever. Contudo, embora não raro dê a impressão de escapar, pouco inclinado às mundanidades profissionais e às reuniões antropológicas (que agora ele não precisa mais frequentar como fazia antes), mostra-se, ao contrário, bastante disposto a responder a desconhecidos, rapazes ou moças que o consultam, seja para uma palestra, seja para uma orientação bibliográfica ou uma questão mais pessoal. Por exemplo, uma aluna de liceu o informa de que tem uma pequena exposição a fazer sobre ele para a aula de filosofia, mais especialmente sobre *Tristes trópicos*, e lhe pede uma pequena entrevista. Aceita na mesma hora! No dia seguinte, responde-lhe nestes termos: "Será um prazer conhecê-la. Como não sei suas horas livres e as minhas são bem restritas, pode fazer a gentileza de telefonar para o laboratório a fim de combinar um encontro que seja cômodo para os dois?"[55]. Um aluno da Escola Superior de Comércio lhe escreve em nome de seus colegas, que se debatem com uma citação de *Tristes trópicos*, livro que eles têm em seu programa. Notemos, de passagem, essa integração rápida de *Tristes trópicos* no currículo escolar e universitário dos anos 1960, o que transforma Lévi-Strauss em clássico contemporâneo. O etnólogo responde agilmente: "Fazendo um esforço, parece-me que a chance de a Europa 'ser mulher' evocava a componente afetiva e terna do espírito cristão, que teria sido reforçada por aquela, análoga, do budismo se o islã não houvesse se interposto entre os dois e, por um choque reativo, estimulado na Europa ocidental uma atitude agressiva e conquistadora que se exprimiu, por exemplo, nas Cruzadas"[56]. Em contrapartida, responde com má vontade – mas não deixa de responder – quando os pedidos lhe parecem ditados por considerações espúrias: "Detesto que me chamem de mestre (o que, aliás, ninguém cogita fazer na minha equipe). Para vir me ver, basta telefonar para o laboratório e marcar um encontro. Mas o advirto desde já: o senhor ficará decepcionado. Vivo num isolamento total, não vejo ninguém, não saio e não tenho o menor contato com o que o senhor chama de 'meios literários'. Trabalho dez horas por dia, inclusive sábado e domingo. Eis a minha vida..."[57].

Essa disponibilidade paradoxal dissimula uma relação meditada com o tempo: o cuidado cioso que tem com ele e a hostilidade que demonstra por aqueles que o fazem desperdiçá-lo é o melhor meio de dispor dele para seu trabalho pessoal e seus prazeres. "Não havia margem de manobra para as coisas que o angustiavam ou irritavam."[58] Quer se trate de conferências maçantes, jantares sociais ou engarrafamentos – que o deixam louco –, Lévi-Strauss é um terrível impaciente. Sempre muito angustiado de estar atrasado, chega aos seus encontros com uma antecedência que aqueles que o acompanham acham despropositada. O resultado é sempre o mesmo; desejoso de não constranger seu interlocutor aparecendo antes da hora marcada, dá uma volta no quarteirão mordendo o freio...

Eis por que, afinal, esse homem ocupadíssimo pode parecer, nos anos 1960, aos olhos de seu jovem filho, um pai cheio de tempo livre, continuando a frequentar a Drouot, passando as férias escolares no campo e ainda dispondo de tempo para consertar todo tipo de coisas[59].

Escrever, falar, calar

Lévi-Strauss é conhecido por seus silêncios eloquentes. Em casa, com a mulher, fala pouco, mas possui um "talento de escutar extraordinário"[60]. É igualmente muito bom público para a "resenha" que lhe faz a esposa, por sua vez muito sensível às cenas da vida urbana, à comicidade de determinadas situações, que o fazem rir até as lágrimas. Para acertar o alvo, essas histórias devem ser breves, selecionadas, dinâmicas, como os *cartoons* da *New Yorker* que ele lia nos Estados Unidos. Em sociedade, é um convidado cortês, mas pouco inclinado a brilhar e, na presença de grandes falastrões, capaz de se fechar completamente em seu mutismo, salvo quando se trata de intelectuais amigos a quem admira, como Jakobson, conhecido por fazer as noites não terem fim – coisa que ele é praticamente o único a obter de Lévi-Strauss. De tempos em tempos, Monique pede socorro a Michel Leiris para salvar um jantar, no qual é previsível que o marido não abrirá a boca: "Ele não dizia nada, o que deixava todo mundo gelado!". Não esconde o tédio prodigioso que às vezes se apodera dele e não faz nenhum esforço para escutar as confissões de uns e outros. Em casa, sua esposa ergue uma barreira eficaz às exigências cada vez mais vorazes da sociedade à medida que sua celebridade aumenta. No laboratório, é sua secretária que se encarrega de fazer o filtro. Ele detesta o telefone e se limita ao estrito mínimo do assunto em pauta. Ao fim de trinta segundos, depois que o interlocutor é informado sobre as questões que são objeto de sua chamada, ele simplesmente desliga, gaguejando um vago agradecimento. Experiência cruel... mas que remete, mais amplamente, a um regime da palavra pródigo em nossas sociedades, contra o qual Lévi-Strauss se insurge para celebrar, ao contrário, a economia da raridade das sociedades selvagens: "Nossa civilização trata a linguagem de uma maneira que poderíamos dizer imoderada: falamos a qualquer propósito, recorremos a qualquer pretexto para nos exprimir, interrogar, comentar... Essa maneira de abusar da linguagem não é universal; sequer é frequente. A maioria das culturas a que chamamos primitivas usa a linguagem com parcimônia: nelas, não se fala a qualquer hora e a respeito de qualquer coisa. Nelas, as manifestações verbais limitam-se geralmente a circunstâncias precisas, fora das quais *poupam-se as palavras*"[61]. Em seu uso fundamentalmente parcimonioso da palavra, Lévi-Strauss, aqui também, despe o hábito contemporâneo para reatar com outra maneira de viver e falar como humano.

Não gostando muito de falar pessoalmente ou ao telefone, ele privilegia a correspondência, que em geral ocupa o início de seus dias. A vida de intelectual é uma vida por correspondências. Suportes do trabalho coletivo, bem como dos posicionamentos sociais, profissionais, das controvérsias e da circulação de informações, as cartas traduzem os sobressaltos de um saber geralmente movimentado, em que afloram os saltos de humor, a má-fé e a angústia. Lévi-Strauss não citou o indianista Louis Dumont numa bibliografia? Este último exprime, com grande pudor, aliás, sua decepção, pior, seu sentimento de assassinato simbólico: "É difícil não ser suscetível a esse silêncio, ainda mais que, inconscientemente, o senhor me faz figurar entre os objetos mortos"[62]. A bibliografia de Lévi-Strauss dá o "tom" da excelência científica internacional; não constar dela é deixar de existir: "O senhor é uma pessoa pública, quase uma instituição, e todos dão uma importância muito grande ao que o senhor faz e não faz. Se um autor francês que reivindica o estruturalismo não é mencionado em parte alguma pelo senhor, isso é um ponto negativo para ele"[63]. Nessas condições, compreende-se facilmente que uma das funções essenciais das cartas escritas por Lévi-Strauss seja colocar panos quentes na situação, dissipar ao máximo o que chama comumente de "mal-entendidos", aplacar as suscetibilidades, oferecer um bálsamo para as feridas, leves ou profundas, que campeiam no meio. Justamente quando se tornam teoricamente rivais, até mesmo inimigos, Georges Balandier, em 1966, responde calorosamente a uma carta de Lévi-Strauss: "O senhor não pode imaginar a que ponto me toca sua carta tão cordial. Sou muito sensível ao interesse e à opinião que demonstra pelo meu *Kongo*. Sua apreciação me é a mais cara. Ela prevalece sobre todas aquelas que chegaram a mim"[64]. Lévi-Strauss acusa sempre a recepção dos livros que lhe dão para ler, às vezes deixando claro que só poderá mergulhar neles no verão seguinte, o que faz, enviando então nova carta. Seus correspondentes são muito sensíveis a esse apego às formas, bem como à grande pontualidade nas respostas. Lévi-Strauss compreendeu muito bem que o mundo universitário e intelectual em geral é um mundo de retribuições simbólicas, em que a fome de reconhecimento é insaciável. Mesmo os mais fortes se revelam às voltas com dúvidas. O etnólogo troca uma certa tranquilidade da alma, que lhe é necessária, por uma política do reconforto, que se exprime por bilhetes, cartas, homenagens, dedicatórias tópicas. Sabe também honrar as amizades, à sua maneira discreta e poderosa, mas também elegante e delicada. O etnólogo Georges Devereux, amigo de longa data que Lévi-Strauss ajuda a trazer de volta à França no início dos anos 1960, garantindo-lhe um emprego na EPHE, agradece-lhe por ter comparecido à cerimônia de sua aposentadoria: "Ainda que a emoção me tenha cassado a palavra, eu não teria sido capaz de lhe expressar toda a minha gratidão – e não só por sua calorosa e encantadora elocução"[65].

"Por que trabalhei tanto?"[66]

Toda vida criativa talvez implique renúncias. Em *A prima Bette*, Balzac nos explica que o escultor polonês Wenceslas, conde Steinbock, só logra alcançar os píncaros de sua arte tiranizado pela solteirona; recebido nos braços de um amor compartilhado, ele não passa de um sonhador lascivo e improdutivo. Encontramos essa moral do trabalho, mais ainda, nos mundos da ciência, que cultivam a perseverança, tanto a teimosia quanto a paixão, a inspiração e o talento como virtudes teologais. A equipe de sociólogos reunida filialmente em torno de Émile Durkheim crê nessa austeridade laboriosa, à exceção do sobrinho Marcel Mauss, cujo temperamento boêmio recusa o tempo da ciência, em marcha, ao mesmo tempo decifrando-a sociologicamente. Ele se dirige nestes termos ao seu amigo e integrante de sua equipe Henri Hubert: "Na realidade, meu tio e você conservaram o ideal da École Normale e do liceu. Suas vidas, suas vidas inteiras, voltadas para coisas do intelecto, têm como único objetivo renúncias ou gozos muito elevados, vocês não têm meio-termo. Você tem, caro amigo, hábitos que uma educação muito violenta de escola lhes impõe. [...] Mas é pela mesma razão que o vejo muitas vezes infeliz, eu disse isso a Durkheim, penso efetivamente em dizer a você, sem motivo. Renúncias, meu caro, decerto são necessárias, e há muito tempo que distingui, melhor do que outros, o que devo recusar desejar e o que devo desejar"[67].

Claude Lévi-Strauss não é, como vimos, um puro produto da excelência escolar republicana. A matriz escolar não lhe imprimiu sua marca da mesma forma que a outros. No entanto, é nesses termos de renúncias e sacrifícios que ele se refere à sua vida na época das *Mitológicas*: "Foi um período em que me levantei entre 5h e 6h todas as manhãs, em que não soube o que era um fim de semana. Trabalhei de verdade..."[68]; "A série mobilizou meu espírito, meu tempo, minhas forças durante mais de vinte anos. [...] Eu era um monge"[69]. A necessidade de conhecer praticamente de cor uns bons mil mitos, sem contar as variantes, de capinar o contexto etnográfico, representa um material enorme a ser absorvido, ainda mais que sua apropriação pede tempo: "Devemos incubar o mito durante dias, semanas, às vezes meses, até, subitamente, a centelha irromper..."[70]. O trabalho intelectual, longe de deixar o corpo em repouso, é apresentado como uma verdadeira provação física. O saber científico, ele escreve na "Abertura" de *O cru e o cozido*, "avança a passos trôpegos sob o chicote da contenção e da dúvida"[71]. Essa dimensão de ascese aflora com frequência nas cartas a solicitadores de quem Lévi-Strauss acaba de declinar um convite, na forma de algumas metáforas recorrentes. Constrangido em recusar novamente um convite para o congresso de Burg-Wartenstein organizado pela Fundação Wenner-Gren, ele escreve: "Meus colegas devem compreender que assumi uma tarefa incrivelmente difícil, que consiste em dar coesão a mais de setecentos mitos. E sinto-me parecido a um cocheiro que conduziria setecentos cavalos, aterrado ante a ideia de deixar suas rédeas se embolarem caso ele volte seu olhar para outra direção"[72]. Condutor de uma parelha satânica ou, mais classicamente, explorador conradiano de terras jamais pisadas: "As *Mitológicas* ilustram o desenrolar, quase dia a dia, de um trabalho de descoberta. Eu pelejava numa floresta virgem que, para mim, era um mundo desconhecido. Abria laboriosamente um caminho através de capoeiras e matas pouco permeáveis"[73]. Nos dois casos, e de maneira mais espetacular no primeiro, a metáfora valoriza a violência física do trabalho de concentração intelectual empreendido no projeto de longo curso das *Mitológicas*.

A Raymond Aron, em 1971, quando acaba de sair da floresta virgem, ele confidencia a equação existencial impossível de não ser formulada, ao fim da viagem, entre as satisfações de uma obra edificada e seu "custo de produção": "Se o senhor me dá o crédito de uma obra, supondo inclusive que ela dure, meço sobretudo – e não sem melancolia, creia – a desproporção entre seu valor intrínseco e o preço que tive de pagar por ela. E o que, ao contrário, admiro no senhor é justamente que tenha conseguido produzir uma obra universalmente reconhecida, sem ter sido obrigado a lhe sacrificar as relações sociais, ao passo que eu me sentia incapaz de abarcar as duas empreitadas. É também essa maravilhosa alacridade que o lança à frente de todos os problemas, armado de uma inteligência constantemente informada e pronta a reagir, ao passo que eu me fecho à maioria deles, menos em consequência de uma decisão refletida do que em razão de uma fragilidade que me obriga a poupar meus recursos"[74]. Lévi-Strauss, pensador do recurso finito, aplica a si mesmo a consciência que ele universaliza para o mundo, de uma necessária economia dos meios. Raymond Aron, ao contrário, aparece como uma espécie de gêmeo invertido: mais de uma vez Lévi-Strauss aponta nele sua agilidade mental, essa impecável mecânica de pensamento, produto de uma inteligência bem exercitada na École Normale, todas as qualidades que não reconhece em si mesmo.

Há compensações nessa vida de forçado? As honras, a glória... Advindas tardiamente, elas reconfortam mas não saciam. O contentamento por ter terminado? "Não posso dizer que escrevo com alegria. Seria antes com angústia, e até mesmo desânimo. Antes de começar, passo horas diante de uma folha em branco sem encontrar a frase inicial. – E quando o livro é publicado? – Está morto, terminado, daí em diante é um corpo estranho. O livro me atravessa, sou o lugar onde, durante alguns meses ou anos, coisas se elaboram ou se instalam, depois elas se separam como se fosse uma excreção."[75] Lévi-Strauss pode ter chocado ao escrever que não pretendia "mostrar como os homens pensam os mitos, mas como os mitos se pensam nos homens, e à sua revelia", considerando, "de certa maneira, que os mitos se pensam *entre si*"[76]. Esse horizonte de dessubjetivação é uma das grandes temáticas da época, a "morte do autor" não passando de uma variação dessa morte do sujeito no programa dos estruturalismos althusseriano, foucaultiano ou barthesiano. Lévi-Strauss exprime isso com simplicidade: ele não se identifica com os livros que escreveu: "Não são meus filhos"[77].

Além disso, os escritos científicos não proporcionam sequer a ilusão de eternidade que parece prometer uma obra literária. A ciência, ao contrário da literatura, só pode pretender as verdades provisórias. No máximo, sua obsolescência futura é a garantia de seu valor presente. Lévi-Strauss parece tão sereno quanto Dumézil nessa matéria, que dizia: "Dentro de vinte, trinta anos, isso parecerá completamente ultrapassado"[78]. A uma de suas interlocutoras, ele dá toda a liberdade para criticá-lo: "Os cientistas são um pouco como serpentes; espalham artigos e livros que, um pouco como uma pele velha, após terem sido escritos, tornam-se um material morto e desprovido de sentido. Outros podem então recolhê-la e despedaçá-la. Logo, não hesite em destruir meu papel, é a maneira certa de fazer a ciência progredir"[79].

Mas então por que trabalhar tanto? "Quando eu trabalho, vivo momentos de angústia, mas quando não trabalho sinto um tédio lúgubre e minha consciência me atormenta. A vida de trabalho não é mais alegre do que a outra, mas, pelo menos, não sentimos o tempo passar."[80] Lutar contra o tédio e a culpa, dois motivos centrais da vida de Lévi-Strauss, já é alguma coisa. Na realidade, da mesma forma que não somos obrigados a crer que a renúncia à vida social seja um grande sacrifício para Lévi-Strauss, o retraimento calculado e a vida de monge também podem ser imolações consentidas no altar da ciência. Por fim, o trabalho permite-lhe integrar a um menor custo (para sua consciência) diversas coisas que ele gosta de fazer: escutar música, identificar plantas, cogumelos, animais, constelações, dedicar-se à bricolagem... Observando detidamente os lugares e ocupações concretas de sua atividade, percebemos que Lévi-Strauss tem o talento de converter seus gostos, *hobbies* e obsessões em materiais de trabalho e reflexão (pensemos na bricolagem). Como na *cuisine bourgeoise*, nada se perde. Segredo de uma vida bem-sucedida... Durante duas décadas, ele vive parte de seu tempo na intimidade com os mitos, "como num conto de fadas"[81]. O que isso significa? Escapatória ao aqui e agora, essa longa conversa com os mitos saciaria tanto seu gosto pela beleza como reataria com os prazeres do folguedo e da infância.

No antro de Lévi-Strauss, ao longo dos anos 1960, borboletas estranhas prendem o olhar do visitante: são construções em três dimensões das estruturas míticas em espiral, por meio das quais ele tenta ilustrar a lógica profunda de transformação. Como frágeis testemunhas de uma existência alternativa, muito séria e não séria – passar o tempo decifrando histórias aberrantes o é? –, não obstante ele produz, não sem dor, quatro robustos volumes publicados a cada dois ou três anos, de 1964 a 1971, e aguardados por aqueles que, sempre mais numerosos ao longo dos anos 1960, caíram sob o feitiço da antropologia estrutural.

A "TETRALOGIA" DE CLAUDE LÉVI-STRAUSS

Estranhamente, o momento em que Michel Foucault e Roland Barthes destroem a noção de autor e dessacralizam a obra historicizando-a[82] é igualmente aquele em que o autor Lévi-Strauss, que adentrara com estrépito a arena literária com *Tristes trópicos* em 1955, confirma uma presença ao mesmo tempo central e singular no pensamento da época, reforçada após cada um dos quatro tomos de sua "Tetralogia". Previra tal monumento desde o início? Suas *Mitológicas*, de tonalidade virgiliana pouco comentada[83], parecem ter se autoengendrado, segundo um processo que, de acordo com o próprio autor, em parte lhe escapou e do qual milagrosamente se salvou.

Uma grande voz anônima surgida do fundo das eras[84]

O que é um mito? A essa pergunta, Lévi-Strauss responde (com as populações indígenas) que é "uma história do tempo em que os homens e animais ainda não eram distintos"[85], considerando que essa separação marca a condição humana com um vício original. A mitologia põe em cena um universo antropomórfico dos tempos primevos, quando mulheres-macacos convivem com homens com aspecto de onça; abutres perdem sua túnica de penas para revestir-se da aparência humana; mulheres deitam com serpentes e também copulam com a Lua; ursas-pardas se transformam em jovens senhoritas. A essas metamorfoses que atestam reinos humano e animal não estabilizados se acrescentam inúmeros espíritos maléficos e às vezes canibais, casos de sexualidade, adultérios e incestos, todo um mundo freudiano prolixo em referências escatológicas, opondo o ânus e a boca, abundando em secreções e expulsões corporais, vômitos, menstruações, ejaculações, defecações, escarros etc. Decerto os mitos são diferentes de outras produções da tradição oral, como os contos de fadas e lendas, mas não há critério absoluto de distinção. Por fim, o mito se caracteriza sobretudo por sua aspiração a "explicações que englobem a totalidade dos fenômenos"[86], recusando a divisão cartesiana dos problemas: um mito, ao contrário, abrange um pacote de problemas que ele declina em diferentes planos, cosmológico, físico, social, jurídico, esperando resolver tudo simultaneamente. Em *O pensamento selvagem*, os mitos já eram definidos como "edifícios mentais que [...] facilitam a compreensão do mundo"[87]. Contando histórias de origem – o fogo, a água celestial, o Sol e a Lua, o tabaco, a morte – eles exercem a função de *imagines mundi* e explicam "por que, diferentes no começo, as coisas se tornaram o que são e por que não podem ser de outra forma. Porque, precisamente, se mudassem num domínio particular, em virtude da homologia dos domínios, toda a ordem do mundo se veria subvertida"[88].

De onde vêm os mitos? Os mitos têm um autor? Da mesma forma que, para Lévi-Strauss, um mito funciona sempre com suas variantes, das quais nenhuma tem o privilégio da autenticidade, ele considera que, embora seja possível supor, numa época remota, um emissor, o melhor termina sendo não fazer a pergunta: "Um pouco parecido com os cogumelos, nunca os vemos brotar!"[89]. A questão da gênese do mito é descartada, exemplo típico da pergunta sem resposta, pois o mito é "uma mensagem que, a rigor, não vem de lugar nenhum"[90] e cujo sentido só advém de sua recepção coletiva, não numa eventual emissão individual a cujo respeito nada podemos saber.

No entanto, de uma antropologia bem compreendida da mitologia, podemos esperar muito: "Cumpre tomar seu partido: os mitos nada nos dizem que nos instrua sobre a ordem do mundo, a natureza do real, a origem do homem ou seu destino. Deles não podemos esperar qualquer complacência metafísica: eles não virão em socorro de ideologias extenuadas. Em contrapartida, os mitos nos ensinam muito sobre as sociedades de que provêm, ajudam a expor as molas íntimas de seu funcionamento, esclarecem a razão de ser de crenças, costumes e instituições cuja conjugação pareceria incompreensível à primeira vista; por fim, e acima de tudo, permitem deduzir certos modos de operação do espírito humano, tão constantes ao longo dos séculos e tão geralmente espalhados por imensos espaços que podemos considerá-los fundamentais"[91]. Embora recuse toda interpretação esotérica do mito – varrendo num mesmo gesto os usos políticos contemporâneos (nauseabundos) da mitologia –, Lévi-Strauss aponta dois ensinamentos essenciais do estudo do pensamento mítico, um etnográfico e local (compreender melhor tal sociedade ou grupo de sociedades), o outro de alcance mais universal e referente ao próprio funcionamento do espírito humano, aos mecanismos primários aos quais ele está subordinado e que, paradoxalmente, traduzem essas histórias em forma de charadas sem pé nem cabeça e repletas de incidentes absurdos.

Rosáceas e espirais

Como já assinalado, Lévi-Strauss não desembarca no início dos anos 1960 no mundo dos mitos: já acumula quase uma década de seminários, marcada por dois textos essenciais – "O estudo estrutural do mito" (1955); "A gesta de Asdiwal" (1958-59) –, sem contar o trabalho de experimentação realizado sobre a mitologia pueblo por Lucien Sebag e Jean-Claude Gardin. A caixa de ferramentas da análise estrutural dos mitos já está presente, quase completa, no momento em que Lévi-Strauss decide atacar "um campo de manobra mais vasto"[92]. Quais são suas principais conquistas?

Em primeiro lugar, é a ideia de que os mitos, no quadro de uma mesma concepção do mundo, exploram os recursos de uma dialética de oposições e correlações entre coisas, seres e ações para pensar um real opaco. Por trás do sentido explícito do mito revelado pela trama, existe um sentido implícito, não manifesto, cuja significação, muito mais profunda, só pode ser alcançada pela análise estrutural. Como esta se dá, concretamente? Trata-se primeiramente de recortar a história em sequências que desenham o arcabouço do mito, considerando que a substância mítica não está nem no estilo nem no modo de narração, mas na trama. A esse arcabouço, a análise estrutural acrescenta outras categorias: os códigos (sensível, astronômico, alimentar, sexual...), os eixos, os mitemas, os esquemas que, no fim das contas, estudam as relações de simetria, assimetria, inversão ou homologia, permitindo o acesso ao sentido figurado, latente, do mito. Pois um mito jamais se reduz à sua aparência. A noção de mitema, como vimos, retoma a de "fonema", que emana da linguística estrutural: em ambos os casos, a significação não é de essência, mas de posição. Tal mitema, como a viagem de piroga no tomo III das *Mitológicas*, não significa nada em si. No exemplo em questão, a viagem de piroga realizada pela Lua e pelo Sol ao longo de um rio, na proa e na popa do frágil esquife, é uma metáfora do motivo da "distância correta", nem muito perto nem muito longe, ao mesmo tempo juntos e separados, que permite pensar todas as situações em que o excesso de um termo sobre o outro coloca em perigo o equilíbrio dos dois: casamentos muito próximos (com risco de incesto), muito distantes (entre mulheres e serpentes), estar muito perto do Sol (com o risco de se queimar) ou muito longe (com o risco da putrefação) etc. A metáfora da piroga coloca à disposição termos míticos capazes de unir o espaço – os conceitos de disjunção (longe demais) e conjunção (perto demais) – e o tempo, uma vez que essa descida do rio leva um certo tempo, que se transforma em espaço – o trajeto efetuado entre o local de partida e o local de chegada. O mito é sempre um mediador lógico, mas só o estudo de suas variantes revela, em seus modos de transformação repetitiva e diferencial, sua estrutura profunda, folheada. Trata-se de não omitir nenhuma variante, mas de não considerar nenhuma delas como mais verdadeira que as outras, uma vez que é na declinação diferencial de uma forma em espiral que percebemos a estrutura profunda do mito. Ao fim do périplo, são obtidos diferentes anéis mais ou menos largos, compreendendo grupos de mitos num mesmo conjunto de transformações, que, por sua vez, caracterizam grandes ciclos míticos: no limite, estes se traduzem num único mito. Tal é a conclusão paradoxal a que chega Lévi-Strauss ao fim de sua viagem intersideral no hiperespaço dos mitos.

É também o que o autoriza a começar de maneira quase arbitrária por um mito bororo, conhecido como do "desaninhador de pássaros", M1, e estudar "contágios semânticos"[93] com mitos vizinhos em que certos elementos se correspondem, certos motivos se repetem ou certos vínculos se contradizem, e isso em diferentes níveis de análise; procede assim obedecendo a um método que sua inteligência gráfica denomina "aparições em rosácea": "Seja qual for o mito considerado como centro, suas variantes se irradiam à sua volta, formando uma rosácea que se amplia progressivamente e se complica. E seja qual for a variante estabelecida na periferia que escolhamos para novo centro, o mesmo fenômeno se reproduz, dando origem a uma segunda rosácea que recorta parcialmente a primeira e a transborda. E assim por diante, não indefinidamente, mas até que essas construções em curva reconduzam ao ponto do qual havíamos partido. Resulta daí que um campo primitivamente confuso e indistinto deixa transparecer uma rede de linhas de força e se revela poderosamente organizado"[94].

Essa ordem é refratada em quatro alentados volumes abrangendo 813 mitos e mil variantes, todos coletados em solo americano por etnógrafos, viajantes, missionários, e traduzidos numa língua ocidental. Esse material bruto e pouco explorado por uma etnologia que geralmente não mostrou interesse por eles é um conjunto que, não obstante, exclui (e Lévi-Strauss esclarece esse ponto) uma parte grande da mitologia americana – os mitos navajos, hopis, pueblos, bem como os dos impérios inca, asteca ou maia das altas civilizações americanas, em suma, aqueles que acompanham uma sociedade mais complexa e estratificada, qualificados por Lévi-Strauss de "mitos teológicos" (provavelmente redigidos por letrados a serviço da dominação de um poderoso ou um deus) e menos pertinentes para a análise estrutural[95]. A hipótese subjacente é a de uma população comum em toda a América, que teria chegado por migração através do estreito de Bering, entre 50000 e 15000 a.C.[96]. A unidade, portanto, é dada pela história; ela torna legítima a comparação e aponta o objeto próprio da etnologia, que é dar sentido à diversidade.

Se "a terra da mitologia é redonda"[97], como declarou Lévi-Strauss, os quatro volumes das *Mitológicas* comungam essa forma de esfera: uma dupla progressão geográfica e lógica arquiteta as 2 mil páginas, que se abrem com o Brasil central e se expandem para toda a América do Sul, antes de atravessar, no terceiro volume, o istmo mesoamericano para desabrochar na América do Norte, onde os mitos se infletem diante de uma vida econômica e social mais intensa e onde Lévi-Strauss encontra, numa forma invertida, os mitos do sul, dos quais partira. Após a antinomia do cru e do cozido, no âmago das mitologias culinárias, eis a oposição do mel, isto é, do menos do que cru, e do tabaco, isto é, do mais que cozido. Depois, à refeição sucedem os "entornos" da cozinha; à lógica das qualidades sensíveis – cru/cozido, fresco/podre, úmido/queimado... –, a das formas – vazio/cheio, conteúdo/continente... O terceiro volume, *A origem dos modos à mesa*, apresenta uma verdadeira moral doméstica, depois da cozinha e de seus entornos, e propõe uma mitologia da periodicidade opondo o contínuo e o descontínuo, a conjunção e a disjunção. Essa progressão na abstração prossegue no quarto volume, *O homem nu*, no qual Lévi-Strauss deixa o universo da cozinha e passa ao da vestimenta, num duplo impulso de aprofundamento e retorno ao mesmo, uma vez que o "nu" é o equivalente do "cru" no plano cultural. Esse movimento, de resto, é homólogo ao do mito, em que cada unidade pode se refletir em outras por meio de um procedimento de retomada generalizante que o etnólogo identifica com a forma de uma espiral[98]. Do cru ao nu, seu périplo se conclui com um capítulo final intitulado "o mito único": os cerca de mil mitos considerados não passariam afinal de uma "variação sobre o mesmo tema", o da passagem da natureza à cultura e a consequente ruptura com o universo de comunicação entre todos os seres vivos que a mitologia celebra, ao mesmo tempo que ratifica sua extinção.

O *status* da erudição

Como todas as obras de Lévi-Strauss, os quatro volumes das *Mitológicas* constituem uma súmula erudita. Repetimos: neles, 813 mitos são analisados e cerca de mil variantes coligidas, cuja grande maioria é de origem americana. Todavia, observemos que cinquenta deles vêm da China, do Japão e da Polinésia, e alguns do mundo antigo greco-latino, com certas escapadas na direção da Europa camponesa e cristã dos charivaris. Cerca de 350 tribos são evocadas, sempre com seu cortejo de instituições, ritos, crenças religiosas e organizações sociais[99]. Mas isso não é tudo: Lévi-Strauss empenhou um esforço verdadeiramente colossal para inventariar e identificar as diferentes espécies animais e vegetais, as técnicas e os saberes astronômicos, como se lhe fosse necessário, como antropólogo, igualar os conhecimentos de que dispunham os índios para interpretar corretamente suas representações míticas. Dezenas de esquemas, pranchas, bestiários, índices detalhados, uma bibliografia alinhando centenas de ritos complementam esse dispositivo monumental, exorbitante, espetacular: uma verdadeira *Comédia humana* dos primeiros tempos.

Desse ponto de vista, a matéria das *Mitológicas* constitui uma aposta importante do ciclo, uma vez que, depois de *O pensamento selvagem* e os artigos fundadores, Lévi-Strauss, baseado em documentos etnográficos, deve apresentar as "provas" da validade da análise estrutural dos mitos. O todo é pensado como um estudo de caso em 2 mil páginas. Decerto a erudição afaga o gosto literato de Lévi-Strauss e o instala sentimentalmente num gabinete de curiosidades. Mas ela tem uma situação diferente: é uma engrenagem essencial do método estrutural, sem a qual "a análise cairia no vazio"[100]. Nas três etapas do estudo estrutural detectadas por Maurice Godelier, a constituição do contexto etnográfico é um pressuposto cuja ausência é redibitória. Lévi-Strauss afirmou diversas vezes: na falta de dados etnográficos suficientemente precisos, é impossível realizar uma análise formal séria suscetível de desembocar em significações semânticas mais profundas. É precisamente o que o retém de se apoderar da matéria mítica bíblica. É também o que o opõe visceralmente aos estruturalistas literários, exegetas de contos de fadas e lendas insuficientemente documentados para seu gosto. Assim, o ponto da erudição etnográfica está no cerne de sua crítica da obra pioneira de Vladímir Propp: a erudição é o que afinal distingue o estruturalismo de um simples formalismo, no qual todo conteúdo foi evacuado em prol de uma pura lógica formal. Ao contrário, o estruturalismo pretende enraizar-se num concreto que ele decerto encontra peneirado pelos modelos de interpretação, porém opondo sua força de existência ao valor estritamente tautológico de estudos morfológicos não enraizados num contexto etnográfico[101]. O argumento é essencial no que se refere a Lévi-Strauss, tão amiúde e estranhamente acusado do pecado de teoricismo. Nele, no entanto, o tênue esboço do esquema abstrato é pesadamente lastreado de carga: é mais um cargueiro do que um catamarã.

A análise lévi-straussiana faz uma homenagem especial à grandeza do modelo antigo da erudição, formulando uma verdadeira epistemologia do detalhe: "Os menores detalhes dos mitos têm uma significação e uma função"[102], escreve em *O homem nu*. É a lei moral da análise estrutural, que Lévi-Strauss não cessa de martelar, não só em seus escritos como ao longo dos seminários. Essa "relevância do detalhe" insere-se num modelo de conhecimento por indícios que Carlo Ginzburg pôde identificar tanto na psicanálise do início do século XX como na investigação policial ou na historiografia da arte. Nesses três domínios, a interpretação pode ser sugerida, invalidada, revertida por um detalhe (sintoma, fragmento iconográfico) que orienta a pesquisa para pistas novas. É exatamente nesse quadro que se compreende a valorização do detalhe como "faro" na análise estrutural em etnologia.

Essa forma de reatar com (e renovar) modelos antigos de erudição se conclui com uma prática de pesquisa exigente e cronofágica, da qual o dossiê das correspondências eruditas dá uma ideia. Nela, captamos em ação o antropólogo às voltas com mil questões extraordinariamente sutis, formuladas a especialistas espalhados mundo afora. Junto a Bernard Fontana, por exemplo, um etnólogo da Universidade do Arizona, ele se informa sobre uma referência bibliográfica de 1938 relacionada à produção de mel na era pré-colombiana e que descreve duas espécies de abelhas (as *Trigonae* e as *Melliponae*). Trata-se de confirmar (ou invalidar) o fato de que os índios sabiam coletar o mel antes da colonização, ainda que no Arizona, parece, essa prática não datasse de mais de um século. Daí a hipótese de uma prática autóctone que teria desaparecido, depois reaparecido com outras abelhas introduzidas no momento da chegada dos europeus[103]. Numerosas cartas atestam seu esforço para identificar precisamente as espécies botânicas ou animais que aparecem nos mitos ameríndios. Assim, Jacques Berlioz, professor no Museu de História Natural, responde-lhe em 13 de fevereiro de 1963: "A ave que recebe o nome de *Nomonyx dominicus* é um pato-mergulhão do grupo dos erismatúrios (anatídeos-oxyuríneos). É um pato de água doce, com bico curto e grosso – azulado, com plumagem ruça-castanha passando a branca na barriga, a face negra –, a cauda composta de plumas rígidas e espessas, que a ave arma mais ou menos verticalmente quando nada. Como todos os patos desse grupo, ele mergulha com facilidade para procurar sua comida (esta sobretudo vegetal) e se mostra amplamente espalhado por toda a América intertropical"[104]. No Museu de História Natural, consulta igualmente Claudine Berthe-Friedberg, especialista em etnobotânica. Seguem-se dissertações científicas sobre as classificações das bombacáceas e malváceas (samaúmas), bem como sobre os ciclos de reprodução invertidos da corticeira*. Uma grande amizade com Pierre Maranda começa em 1966 sob os bons auspícios de uma correspondência sobre porcos-espinhos: Maranda mobiliza os recursos da biblioteca de Harvard e do Peabody Museum. Três anos mais tarde, a discussão dessa vez incide sobre os cheiros exalados por certas formigas, as "*odorous ants*"**; uma pesquisa etnográfica e entomológica é realizada por Maranda junto a seus colegas de Vancouver. Em 2 de dezembro de 1969, falando com Melville Jacobs, professor em Seattle, ele fica sabendo da existência de "*pissing ants*"***, que tiram seu nome do forte cheiro de urina que soltam quando esmagadas. Outro pedido do insaciável antropólogo honrado por Maranda: seu colega Michael Kew lhe escreverá em breve para lhe "dar elementos de ordem semântica sobre a classificação das substâncias reprodutivas dos salmões"[105].

* *Ceibo* no original (*Erythrina crista-galli*). [N.E.]

** *Tapinoma sessile*. [N.E.]

*** *Formica rufa* e outras espécies dos gêneros *Formica*, *Forelius* ou *Iridomyrmex*. [N.E.]

A Jean-Claude Pecker, seu colega astrofísico do Collège de France, Lévi-Strauss pede informações sobre o movimento das constelações no céu sul-americano. Pecker consulta o *Annuaire du Bureau des Longitudes* (Gauthier-Villars), base de todos os cálculos das obras de mecânica celeste e trigonometria esférica. Em 31 de janeiro de 1966, responde: "Calculei rapidamente as auroras, culminações e poentes das Plêiades, Áries, Órion e Cruzeiro do Sul, no Chaco (25° sul) e no Equador (a Guiana é próxima). [...] Efetivamente, a sucessão Plêiades-Órion e a sucessão Áries-Plêiades são comparáveis, mas, se buscarmos fazer coincidir os dois grupos por um deslizamento da folha Chaco sobre a folha Equador, a coincidência não se manifesta no que tange às precipitações. O deslizamento do simbolismo da Guiana para o Chaco, indicado na p. 78 de seu texto, não se explica, portanto, pela defasagem da estação das chuvas dessas duas regiões"[106].

É nessa escala e nessa minúcia da pesquisa que o estruturalismo de Lévi-Strauss situa sua exigência erudita, não como uma muleta para elaborações claudicantes, e sim no cerne da operação de pensamento, seja ela científica, seja mítica.

Mito e música

Não é muito comum uma obra consagrada aos mitos dos índios sul-americanos ser dedicada "à música" nem sua "Abertura" desencadear uma longa discussão apaixonada sobre a linguagem musical, seguida de uma demolição em regra das formas musicais contemporâneas. Se Lévi-Strauss mostrara a sensibilidade de sua fibra musical na bela passagem dedicada a Chopin e seu *opus* nº 10 em *Tristes trópicos*, *O cru e o cozido* choca a vanguarda musical da época com suas tomadas de posição radicais contra a música concreta, que "chafurda fora do sentido"[107], e, mais estranhamente, contra a música serial, cuja sintaxe refinada não impediria um extravio idêntico.

Em 1955, Lévi-Strauss já propunha ler os mitos como uma partitura de orquestra, mas nos quatro volumes das *Mitológicas* a metáfora musical torna-se onipresente: "fugas", "sinfonias breves", "cantatas" ou "variações" esposam o caráter barroco do raciocínio (espirais ou rosáceas), organizado em capítulos de amplitude desigual, que nunca sabemos se terminaram realmente: "E tem mais", ele acrescenta regularmente. No fim de cada etapa, uma conclusão provisória é sugerida, imediatamente abolida por uma nova interrogação que reabre o questionário, como se a busca fosse efetivamente in-terminável. Quantas sinuosidades eruditas! "Essas aparências de desvios serão na realidade atalhos"[108], assegura. Acompanhamos o mitólogo como quem se deixa arrastar por uma melodia obsedante. A legitimidade dessa textura musical dada à forma da obra tem algo do "isomorfismo"[109] afirmado entre o sistema dos mitos e o sistema da música: ambos são artes da totalidade, em especial a ópera, que, como o mito, procura resolver simultaneamente todos os problemas segundo diferentes códigos (música, voz, encenação, texto) e reúne, em poucas horas, uma experiência "tão variada como o espetáculo do mundo"[110]. Lévi-Strauss, bem como Michel Leiris, está familiarizado desde a infância com a ópera e aprecia particularmente as de Wagner, enquanto Leiris prefere Verdi[111]. A grande obra wagneriana inspira diretamente sua própria produção e, se Lévi-Strauss afirma sobre Richard Wagner, na abertura de *O cru e o cozido*, que ele é o "pai irrecusável da análise estrutural dos mitos"[112], escreverá, por sua vez, no "*Finale*" de *O homem nu*, que compôs sua "Tetralogia" não com sons, mas com sentidos.

Essas afinidades profundas devem-se, segundo Lévi-Strauss, ao caráter comum do mito e da música "por serem linguagens que transcendem, cada uma à sua maneira, o plano da linguagem articulada, ao mesmo tempo requerendo como ela, e inversamente à pintura, uma dimensão temporal para se manifestar. Mas essa relação com o tempo é de natureza bastante específica: tudo se passa como se a música e a mitologia não precisassem do tempo senão para lhe infligir um desmentido. Uma e outra são efetivamente máquinas de suprimir o tempo"[113]. Por fim, a pertinência dessa analogia transparece no plano histórico: a grande forma musical nasce no século XVII, justamente no momento em que a forma mítica desaparece na Europa, como se uma houvesse expulsado as funções da outra[114]. Nessa perspectiva, enquanto Lévi-Strauss não faz mistério de seu diagnóstico sobre a morte dessa grande forma musical da modernidade europeia, nada proíbe ver (ou melhor, ouvir) em sua "Tetralogia" um prolongamento, uma sobrevivência e um recomeço, substituindo, pela antropologia, a lembrança dessa proximidade com os deuses que ambas, durante alguns séculos, estiveram em condições de prometer.

Seja qual for o destino dessa homologia profunda que Lévi-Strauss julgou ver entre a mitologia e a música, e que muitos musicólogos discutiram e às vezes invalidaram[115], basta-nos observar aqui que, antes mesmo de ser um gosto e traduzir-se em estética, a música opera como um modelo cognitivo da antropologia estrutural – num nível ainda mais profundo do que havia sido a matemática para *As estruturas elementares do parentesco* e a pintura para *O pensamento selvagem*. Comentadores já apontaram que um dos últimos artigos de Lévi-Strauss é dedicado a Rameau[116]. Sua obra se fecha com a música, sagrada em 1964 "supremo mistério das ciências do homem"[117], linguagem ao mesmo tempo inteligível e intraduzível. Ela não terá cessado de interrogar, surpreender e inspirar Lévi-Strauss, que, na linguagem dos mitos, encontra, numa forma simplificada, parte de seus sortilégios.

A revolução lévi-straussiana

Ao contrário do que fizera em *As estruturas elementares do parentesco* ou *O totemismo hoje*, Lévi-Strauss não realiza um trabalho prévio de varredura crítica em suas *Mitológicas*. Não obstante, o conceito de "mito" exigiria um tratamento idêntico ao de "totem". Lévi-Strauss mostra que, assim como há uma "ilusão totêmica", há uma "ilusão mítica"; ele avança mascarado, salvo no "*Finale*" de *O homem nu*, quando se permite algumas palavras duríssimas a respeito de seus antecessores, mas sem nomeá-los nem discuti-los. Às avessas de sua atitude habitual, sua postura agressiva não exige identificação nítida de seus adversários. O parentesco e o totem eram objetos tão tradicionais da antropologia internacional que ele não podia se furtar a um exame das diferentes teorias antes de apresentar as suas. No caso dos mitos, é diferente: se o material mítico foi amiúde coletado por etnógrafos, amadores ou profissionais, o objeto de conhecimento se instalou principalmente fora da disciplina antropológica, na filosofia, na psicanálise ou na filologia e na mitologia comparada, que se construíram como novos *corpora* de saberes no século XIX.

Frente a essas abordagens antigas, a análise lévi-straussiana constituiria, segundo Jean-Pierre Vernant, "uma continuidade, um corte e uma nova partida"[118]. Os jovens pesquisadores de hoje, como Gildas Salmon, tendem a endurecer a reversão efetuada por Lévi-Strauss, o que é igualmente um gesto de reapropriação do objeto mítico pela disciplina etnológica[119]. Com efeito, no que se refere à filosofia, de Platão a Ricœur, ela se interessou pelo mito como o pensamento racional pelo totem: ambos (mito e totem) circunscreviam por contraste os limites da razão filosófica, do "*logos*" oposto ao "*mythos*". A unidade do domínio mitológico era definida no gesto de exclusão da filosofia[120]. Contra essa abordagem instrumental, Lévi-Strauss tem o cuidado de manter o continente mítico dentro de fronteiras que ele assume como difusas, inclusive com relação aos contos de fadas e lendas, recusando-se a definir o mito como uma aberração racional. Ao lado da filosofia, a filologia adotou um procedimento genético, em busca de uma versão original cujos diferentes avatares não seriam senão degradações dessa verdade primeira. Vemos aqui também a que ponto Lévi-Strauss opera uma inversão de perspectiva: para ele, como já dissemos, a versão de origem é uma quimera que não apresenta nenhum interesse heurístico. Só é fecundo o exame das diferentes variantes nas quais se inscrevem as operações do espírito humano, seus esquemas de reconfiguração, que, como quando giramos um caleidoscópio, o método das transformações permite perceber[121]. Por fim, a mitologia comparada, que se erigiu em saber científico no século XIX, é atacada mais frontalmente por Lévi-Strauss, mas em entrevistas posteriores concedidas a Didier Éribon. Ela constitui um tema de refutação ainda mais urgente, pois, segundo Gildas Salmon, uma das contribuições mais importantes de Lévi-Strauss é tornar possível um novo comparativismo, inventar "uma nova maneira de praticar a comparação"[122].

Com efeito, a mitologia desdobrou-se num comparativismo frenético, qualificado de "delírio comparativista"[123] por Lévi-Strauss, expandindo o campo excessivamente e se baseando em vagas semelhanças para produzir significados de vulto, por exemplo o inconsciente coletivo em Jung, ou uma mitologia universal permeada por preconceitos que seu analista projeta sobre ela: "um estudo comparativista dos mitos indo-europeus, americanos, africanos etc. é válido; uma mitologia com pretensão universal, não. [...] Que cada um encontre nos mitos aquilo que neles busca prova que nada disso está ali"[124]. Não é nas semelhanças, sempre mais superficiais à medida que abrimos o enquadramento, que o sentido jaz, e sim nas diferenças, e mais exatamente nas relações entre essas diferenças. Esse primado da diferença intercultural inverte a ordem hierárquica que rege o saber em ciências sociais: primeiro uma monografia sobre um pequeno objeto, depois uma comparação com outras sociedades, e por fim uma síntese. Na realidade, para poder comparar, é preciso encontrar a escala adequada, isto é, começar pela síntese: "Quanto ao método comparativista, ele não consiste, repito, em comparar primeiro e generalizar em seguida. Ao contrário do que poderíamos crer, é a generalização que funda e torna possível a análise"[125]. Desse ponto de vista, a série das *Mitológicas* introduz uma nova maneira de comparar, diferente do comparativismo funcional das *Estruturas*, o que aliás Émile Benveniste enfatiza numa carta de 26 de novembro de 1964, após recebimento do primeiro volume: "Devemos ler este livro ou muito rápido, ou de um fôlego só, o que eu não podia fazer, ou em pequenas etapas e sonhando um pouco, o que fiz, e, sem me gabar de ter conseguido seguir ponto a ponto suas exegeses, estou maravilhado com a engenhosidade e o rigor que o senhor aplica em descobrir, depois interpretar em conexões sistemáticas, os elementos significantes dos mitos. [...] É um trabalho de uma riqueza bastante singular, em que se entrelaçam tantos chamados e ecos que, independentemente das referências musicais que o emolduram, eu pensava incessantemente numa composição de Messiaen, certo ou errado, não sei. Em todo caso, o senhor promoveu o estudo do mito a um plano inédito, que anuncia uma transformação do seu método de análise"[126]. Os chamados e ecos, os entrelaçamentos, a forma musical e os efeitos de adesão atuam diferentemente sobre a inteligibilidade, como se Benveniste percebesse que as *Mitológicas* encarnam uma espécie de segunda fase do estruturalismo.

Nesse estruturalismo renovado, Gildas Salmon reavalia para cima a contribuição da psicanálise na elaboração da análise dos mitos, através das noções de condensação e deslocamento. As querelas de Lévi-Strauss com a psicanálise irrigam toda a sua biografia, até as virulentas críticas expressas em *A oleira ciumenta* (1985). O que não significa que, para sair do problema do aparente absurdo dos mitos, a psicanálise freudiana não seja essencial para o antropólogo. Freud mobilizou um modelo filológico para interpretar o trabalho do sonho, como um texto alterado cujo sentido cumpriria restabelecer em toda a sua verdade. Assim, o sonho é um texto codificado, um texto-rébus, o objeto de uma transformação entre o sonho profundo e o conteúdo manifesto, às vezes anedótico, não raro irracional, que ele apresenta ao despertar. Entre as duas versões, Freud identifica diferentes operações que equivalem a procedimentos de deformação, os quais Lévi-Strauss retrabalha por conta própria: a imagem, a figuração por símbolo, a condensação que concentra num ponto nodal associações de ideias constitutivas do sonho, o deslocamento em que o elemento acessório ocupa o primeiro lugar (para contornar a censura). Da mesma forma que o sonho não existiria sem esse trabalho de reformulação, o mito não existe sem um trabalho de transformação. Segundo Gildas Salmon, essa proximidade do trabalho do mito e do trabalho do sonho, a ideia de que toda alteração é significante, a importância decisiva dos detalhes, a necessidade absoluta de recolher de maneira exaustiva e fiel os relatos (de sonho ou de mito) são outros tantos argumentos para considerar a psicanálise como uma das fontes vivas da análise estrutural. Se Richard Wagner é seu pai "irrecusável", Freud oferece uma paternidade mais incômoda e, por conseguinte, menos reconhecida por Lévi-Strauss, mas no mínimo igualmente produtiva.

À escuta dos mitos

Quando *O cru e o cozido* é publicado, em 1964, a imprensa francesa está em alerta e alguns sólidos artigos atestam uma recepção ao mesmo tempo generalista e aprofundada em direção a outro mito, este bem francês: o "grande público culto". Em *Le Monde*, Jean Lacroix apresenta este primeiro volume como um "tratado do método, ou melhor, o próprio método em exercício"[127]; um pouco de pedagogia estrutural, e ele conta a narrativa primordial do desaninhador de pássaros a partir da qual se desdobra parte dos mitos relativos à cozinha. "Que o leitor apressado não salte as páginas para descobrir a significação única desses mitos – e de todos aqueles que acaba de ler. Ela não existe. E é o que à primeira vista parece decepcionante, pois conservamos sempre a ideia de uma adivinhação, cuja chave o autor deveria nos fornecer"[128], escreve Lacroix para precaver leitores impacientes. Essa suspensão provisória do sentido em Lévi-Strauss e essa pesquisa decepcionante irritam? Mas é para alcançar seu sentido primordial: "Insistiremos em perguntar a que significado remetem essas significações que se significam reciprocamente? Convém então responder que os mitos significam o espírito que os elabora por meio do mundo do qual ele mesmo é uma parte"[129]. Para Lacroix, "toda a grandeza e todo o segredo da influência de Lévi-Strauss advêm de que ele está, por assim dizer, *à escuta*: ele sequer deduz a verdade, deixa-a advir"[130]. E conclui: "Admirável lição de submissão, receptividade e humildade, a do cientista"[131]. Claude Mauriac, grande redator do *Le Figaro*, retrata um Lévi--Strauss cheio de soberba, confrontado com a acusação de interpretação abusiva, que responde: "O que importa? Pois, se o objetivo último da antropologia é contribuir para um melhor conhecimento do pensamento objetivado e de seus mecanismos, no fim dá no mesmo que, nesse livro, o pensamento dos indígenas sul-americanos tome forma sob a operação do meu ou o meu sob a operação do deles"[132]. O jornal *Combat* dedica uma página inteira ao livro, dando a palavra a Brian de Martinoir, professor de antropologia na Universidade de Cambridge, que aponta "este fato capital da história das ideias no século XX: o nascimento de uma nova disciplina, mais exatamente de uma nova atitude científica que está subvertendo de ponta a ponta a concepção e os métodos das ciências humanas"[133]. Ao mesmo tempo, constata o pertencimento de Lévi-Strauss "à vida literária parisiense", destacando uma coisa aparentemente incongruente para um etnólogo anglo-saxão: que um livro tão especializado e técnico, complexo e árduo, se veja destrinchado nos salões intelectuais da capital, nas revistas e, mais que isso, na imprensa diária.

Como que para lhe dar razão, o suplemento literário do *Le Figaro* dá a palavra a Lévi-Strauss, entrevistado por Thérèse de Saint-Phalle: "Tento estabelecer os marcos de uma filosofia do homem que esteja em diálogo com o pensamento científico contemporâneo. Não creio (e esta é uma tendência que me parece extremamente perigosa nos jovens filósofos) que a filosofia deva se rebelar contra a ciência"[134]. Confiante, ele espera que "um dia alcancemos uma teoria unitária do mito comparável à que Einstein enunciou para o universo"[135]. Mas Lévi-Strauss não economiza suas garras: "Um mito é um objeto tão rigoroso quanto um cristal. Dar-lhe um sentido moral é uma tolice"[136]; quanto aos arquétipos junguianos, julga seu lado "chave dos sonhos" escandaloso. *O cru e o cozido* é traduzido para o inglês em 1968, *The Raw and the Cooked*, e para o alemão em 1971, *Das Rohe und das Gekochte*; em 1978, uma oficina de cerâmica, "Le cru et le cuit", abre suas portas à rua Lacépède, em Paris... Lévi-Strauss é um rótulo que se exporta e que não exclui alguns produtos derivados.

Com *Do mel às cinzas*, publicado no fim de 1966, o *clipping* da imprensa se expande. Podemos acrescentar-lhe, para retratar a atualidade de Lévi-Strauss no momento, o número que *Les Temps Modernes* acaba de consagrar, em novembro do mesmo ano, aos "Problemas do estruturalismo". O que caracteriza a recepção crítica do segundo volume é a presença de extensas e meticulosas entrevistas, ao lado dos artigos críticos habituais, por exemplo o de Jean-François Revel em *L'Express*, exprimindo uma perplexidade que não é única: "Diante das oposições e harmonias, divisões e complementaridades, incompatibilidades e convergências com a ajuda das quais o sr. Lévi-Strauss constrói os sistemas estruturais extraordinariamente complexos e sutis de suas sociedades, ficamos divididos entre um sentimento de necessidade e um sentimento de gratuidade. Dedução rigorosa ou arranjo arbitrário?"[137]. Jean Lacroix publica seu ritual artigo em *Le Monde*, no qual saúda cada publicação de Lévi-Strauss interrogando toda a sua obra de um ponto de vista filosófico e com grande benevolência moral e política, identificando-se com o humanismo lévi-straussiano, com a "sensibilidade moral" aguda que o distingue dos outros pensadores estruturalistas[138]. Uma grande entrevista que ocupa várias páginas é publicada em *Les Lettres Françaises*. Poderia nos surpreender o florão da imprensa intelectual comunista acolher tão generosamente um pensador que nunca lhe prestou juramento, constituindo ao mesmo tempo, a cada ano mais claramente, um desafio intelectual para o pensamento marxista. Na realidade, os anos 1960 são uma década de abertura para a *intelligentsia* do partido comunista[139]. Dirigido por Aragon, o semanário pretende estar no centro do debate intelectual e artístico de sua época, de onde surgem aberturas paradoxais para a *nouvelle vague* no cinema e para o *nouveau roman* em literatura[140]. Raymond Bellour começa interrogando Lévi-Strauss sobre suas fontes, mitos frequentemente muito longos recolhidos por informantes indígenas e traduzidos com a ajuda deles por gerações de etnógrafos, e seus métodos de trabalho: "Era preciso resumir, porém sem perder informações. Fui obrigado a aprender essa ginástica: é um exercício intelectual de grande dificuldade, mas proveitoso, pois é ao longo de um trabalho desse tipo que logramos distinguir o que é essencial do que não é. As partes do livro que parecem da esfera da compilação me exigiram um trabalho mais agudo do que aquelas em que falei em meu próprio nome"[141]. A despeito desse deciframento em forma de ascese, o prazer está presente: "Leio os mitos jubiloso. Quando penso nos grandes precursores como Frazer ou Lévy-Bruhl, que consideravam esse contato íntimo com a matéria do mito a parte mais ingrata do trabalho, parece-me que houve uma transformação total da etnologia. Penso que ela se deve em parte ao surrealismo"[142]. Admite evoluções em seu pensamento, em especial no plano crucial da oposição entre natureza e cultura. Mais inclinado a apreendê-la como uma cesura objetiva, em consonância com o real, em *As estruturas elementares do parentesco*, ele a vê nesse momento como "uma antinomia do espírito humano"[143], sob a influência conjugada da psicologia animal, da informação genética em biologia e da teoria dos jogos em física. Suas relações com a filosofia, em contrapartida, continuam ásperas e ele aceita de bom grado o desafio dos ataques da esquerda intelectual: "Querer exigir que o que pode ser verdade para nós o seja para todos e para todo o sempre me parece ser injustificável e derivar de certa forma de obscurantismo. É uma atitude de teólogos e o que não falta são exemplos similares na história da filosofia. [...] Percebemos em alguns a vontade de manter a tirania da filosofia sobre pesquisas que tentam ser positivas. [...] Esta é a origem profunda do mal-entendido que me opõe a certos filósofos: como eu recuso sua problemática para o meu domínio, eles imaginam que pretendo estender a minha para o seu, pois não concebem que se possa mudar de perspectiva conforme os níveis que examinamos na realidade"[144].

Le Nouvel Observateur, semanário concorrente de *Les Lettres Françaises* e representando uma esquerda "moderna" antistalinista e anti-imperialista, também dedica um número especial encorpado a Lévi-Strauss, com fotos, encarte "O que é o estruturalismo?", citações selecionadas e pequeno parágrafo biográfico "Como se tornar antropólogo?", tudo precedido por elogiosa introdução: "Aos 58 anos, Claude Lévi-Strauss, professor de antropologia no Collège de France, é um dos homens que exercem mais fascínio sobre a juventude intelectual"[145]. Guy Dumur, também eminente crítico de teatro, interroga o antropólogo sobre suas relações com o pensamento contemporâneo; aponta o paradoxo entre o uso modernista do estruturalismo e a defesa do passado manifestado por Lévi-Strauss. A política lévi-straussiana é igualmente uma política da memória. Nostálgico de épocas em que um equilíbrio mais claro reinava entre as diferentes culturas, de um lado, e entre o homem e a natureza, do outro, ele não luta "para perpetuar essa diversidade [...] mas para perpetuar sua lembrança"[146]. Como? "Falando abruptamente, faz algumas centenas de anos ou mesmo milhares de anos que o pensamento dito 'primitivo' serviu de capacho para a reflexão filosófica. Considerou-se que o que havia no espírito dos 'bárbaros' (para os gregos e chineses) ou 'selvagens' (mais recentemente, para nós) só tinha interesse na medida em que nos ajudava a compreender o próprio progresso da consciência na civilização ocidental. Eu faço exatamente o contrário. [...] Uso a reflexão filosófica exclusivamente como um meio para fazer com que meus contemporâneos compreendam outra coisa numa linguagem que lhes seja acessível."[147] A filosofia como padrão da riqueza e meio de acessar a contemplação da beleza do pensamento selvagem... Essa instrumentalização da filosofia passa a ser uma constante no discurso de Lévi-Strauss. Um artigo do filósofo François Châtelet em *La Quinzaine Littéraire*, bem como uma entrevista a Gilles Lapouge em *Le Figaro Littéraire* completam esse *clipping* não exaustivo. *From Honey to Ashes*, traduzido por John e Doreen Weightman, é publicado em Nova York em 1973, pela Harper and Row, como o anterior[148].

A origem dos modos à mesa é publicado em junho de 1968; essa data embute o destino imediato menos flamejante de um trabalho que, não obstante, Lévi-Strauss preza particularmente. Fora um novo artigo fascinado de Raymond Bellour em *Les Lettres Françaises* e da esperada resenha de Jean Lacroix em *Le Monde*, é um amigo, Jean Pouillon, que, em *La Quinzaine Littéraire*, explicita a "lição de manutenção" ministrada por Lévi-Strauss em seu terceiro *opus*. Como o próprio estruturalismo, ele explica, o mito é propriamente uma "mediação" que ao mesmo tempo separa e une, mantendo a distância correta. "Logo, é em todos os sentidos da palavra uma lição de manutenção que nos dão os mitos indígenas, lição que – para repetir duas dessas epígrafes que Lévi-Strauss escolhe com um cuidado especial – deveria nos salvar desse 'abismo de extravio no qual vivemos no que concerne às mulheres e às nossas relações com elas' (Tolstói) e nos lembrar de que 'nenhuma sociedade pode existir sem troca, nenhuma troca sem medida comum, e nenhuma medida comum sem igualdade' (Rousseau)."[149]

1

As máscaras da Colúmbia Britânica se tornaram desde o início objeto de fascínio de Lévi-Strauss, que as descobriu no Museu de História Natural de Nova York e passou a colecioná-las com seus amigos surrealistas. Ele retornaria a elas, trinta anos depois, para tomá-las como objeto de uma análise estrutural no livro *A via das máscaras.*

2

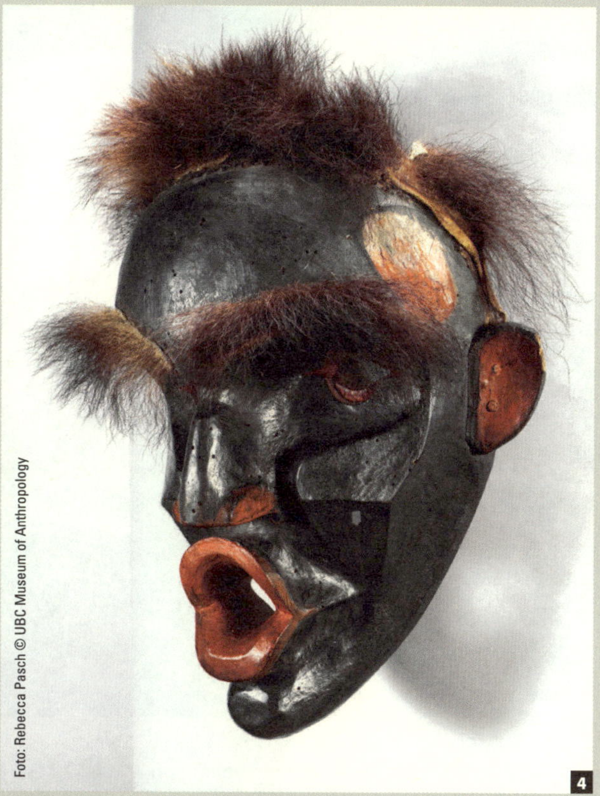

1 Lévi-Strauss com um colete bordado de miçangas (fabricado pelos índios das Planícies norte-americanas), presente de sua amiga de Nova York Dolorès Vanetti em comemoração aos seus 80 anos.

2 Máscara swaihwé (cowichan): assim como na máscara salish (imagem 5), os olhos são protuberantes, mas a cabeça de pássaro substitui o nariz e a boca.

3, 4 Máscaras dzonokwa (kwakiult), representando carrancas ferozes. Elas possuem cabelos avermelhados, olhos fundos, boca com grande abertura.

5 Máscara swaihwé (salish): ao contrário das máscaras dzonokwa, ela é branca, com olhos protuberantes e a língua pendente.

6 Aula de Roman Jakobson em 1972. Na primeira fila, os professores – notadamente seu "irmão Claude" e Georges Dumézil; atrás, os aspirantes.

7 Eminentes *collégiens*: professores do Collège de France em 1966-1967.

8 Os professores do Collège de France, em 1976-1977. A mistura é relativa. Na primeira fila, distingue-se a única mulher, Jacqueline de Romilly. Lévi-Strauss representa a etnologia com André Leroy-Gourhan, e Raymond Aron, a sociologia. Os historiadores são numerosos: Jean Delumeau, Georges Duby, Emmanuel Leroy-Ladurie, Jean-Pierre Vernant, Paul Veyne.

9 Em seu escritório, em 1964.

10 Lévi-Strauss em diálogo com Jean Malaurie em 1974, nos vinte anos da coleção Terre Humaine, na qual o etnólogo publicou *Tristes trópicos* em 1955.

11 Registro do último curso de Lévi-Strauss no Collège de France, em fevereiro de 1982. O professor fala com a mão esquerda no bolso e a outra indicando uma lousa geralmente coberta de esquemas.

9

10

11

12 Em seu escritório no Collège de France, em 1970, o dedo sobre a Amazônia. Ele vivia e trabalhava em meio a mapas geográficos, em particular os das Américas.

13 O etnógrafo "aureolado" pelo lema da Escola Politécnica: "Pela pátria, as ciências e a glória". Em 1982, o laboratório se instalou no antigo anfiteatro da Escola Politécnica, que se mudara para o planalto de Saclay.

14 Lévi-Strauss com os membros do LAS após seu último curso no Collège de France, em 1982. Na primeira fila, a partir da direita: Nicole-Claude Mathieu (apoiada na mesa); logo atrás: Eva Kempinski, Evelyne Guedj, Marie-Claude Beauregard, Marion Abelès, Françoise Héritier, Michel Izard (atrás de Lévi-Strauss), Isac Chiva, Marie-Elisabeth Handman, Yasmina Hamzaoui, Nicole Belmont, Daniel Daho, Françoise Zonabend. Na segunda fila, partindo da direita:

Marc Abelès, Gérard Lenclud, Jacqueline Duvernay, Patrice Bidou, Monique Lévi-Strauss, Jean-Marie Benoist, Marion Selz, Jean Pouillon, Claude Tardits, Sidney Mintz, Florence Decaudaveine, Maurice Godelier.

15 Claude Lévi-Strauss nos *Files*, arquivo documental etnológico enorme e atualizável, único na Europa, que o LAS apresentava como pioneiro em cientificidade *high-tech* à época.

16 "Antropologia familial ou o futuro de uma entropia": fotomontagem realizada por Frédéric Jude em 1988 para os 80 anos de Lévi-Strauss. Trata-se de um instantâneo da vida no laboratório em que figuram técnicos, administradores, pesquisadores e colegas estrangeiros de passagem. De inspiração surrealista, a obra demonstra o convívio e o espírito alegre dessa pequena comunidade intelectual.

© BnF

17

© BnF

18

17 A nova tribo de Lévi-Strauss, 1985.

18 Sessão de trabalho na Academia Francesa, 1985.

19 O acadêmico e suas condecorações. Ele se tornou grã-cruz da Legião de Honra em 1991. Os motivos bordados foram escolhidos de acordo com um modelo antigo de folhas invertidas. Segundo ele, "é uma das raras ocasiões em que um homem pode se vestir como uma mulher".

19

20, 21, 22 Claude e Monique na ilha Oki, em 1977, acompanhados pelo etnólogo japonês Atsuhiko Yoshida. Foi sua primeira viagem ao Japão – outras cinco ocorreram até 1988. O Japão se tornou para ele nesse período “a face oculta da Lua” e reuniu a velhice zen com uma infância afetiva “nipônica”.

23 Com estudantes e jornalistas em uma balsa em direção à ilha de Vancouver, em fevereiro de 1973.

24 Ao lado de um mastro totêmico, diante do museu Victoria de Vancouver, em fevereiro de 1973.

25 Em toga para a cerimônia de doutoramento *honoris causa* em Oxford, em 6 de junho de 1964.

26 A diagonal de gerações em Lignerolles (Borgonha): Lévi-Strauss avô e sua neta Julie a seu lado; Monique e seu neto Thomas atrás. Ao fundo da cena, um quadro pintado por Raymond Lévi-Strauss que representa Léa, a avó de Claude, com o neto no colo.

27 *Gentleman farmer* em Lignerolles, vestindo sapatos Clark e *jeans*. Ao lado, Monique, em botas de cano alto, e Fanny, a cachorrinha.

28 As cestas de Lignerolles. Claude e Monique com Catherine, sua nora, e seus netos na cozinha para selecionar a colheita de cogumelos.

29 Monique Lévi-Strauss e seu filho Matthieu, nascido em 1957 da união com Claude Lévi-Strauss.

30 Monique Roman em Ars-en-Ré, no verão de 1949.

31 Laurent, o filho primogênito, em Camcabra.

32 Em seu escritório, na rua des Marronniers, sendo fotografado por Matthieu, em meados dos anos 1960. Ambos têm o gosto pela fotografia em comum – anos mais tarde, é Matthieu quem fará a revelação das fotos selecionadas para o livro *Saudades do Brasil* (1994).

33 Claude Lévi-Strauss, no campo, tendo ao fundo o castelo de Lignerolles (norte da Borgonha), que ele e Monique adquiriram em 1964.

34 Nos anos 1950 em sua casa na rua Saint-Lazare, 11, área popular e boêmia que o agradava muito.

35 Lévi-Strauss, em capa de cerimônia, no rio Sena. À ocasião da exposição organizada pelo Museu do Homem em consagração das "Américas de Claude Lévi-Strauss", no outono de 1989, o etnólogo navegou em uma piroga de cedro-vermelho (fabricada pelo artista canadense Bill Reid) que, impulsionada por uma quinzena de remadores vindos especialmente da Colúmbia Britânica, percorreu o Sena de Rouen a Paris. Ao final do percurso, foram recebidos pelo então prefeito de Paris, Jacques Chirac.

36 O etnólogo em seu escritório, na rua des Marronniers. Atrás dele, uma grande representação da Tara, divindade indiana assexuada e símbolo de pacificação.

37 Túmulo de Lévi-Strauss no cemitério de Lignerolles. A estela é uma pedra com furos comumente encontrada nos bosques da região.

Uma antropologia zen?

A recepção de *O homem nu*, quarto e último volume das *Mitológicas*, é específica, pois autoriza, com certo recuo, uma apreciação da empreitada inteira. Além disso, o livro termina com um "*Finale*" tão sombrio quanto era a "Abertura", ao mesmo tempo melancólico, sentimental, polêmico, violento e deixando escapar, num murmúrio, algumas confissões pessoais. Segundo as resenhas, toda a obra se afigura, para além da simples excelência científica ou mesmo da inovação teórica, esculpida num material "humano, demasiado humano", e modelada numa forma musical original. Tudo isso lhe dá uma dimensão fechada, definitiva, decerto intimidante, porém igualmente rica de uma "sabedoria" que, na falta de outra significação, exerceria essa função.

Le Nouvel Observateur convoca Michel Izard, etnólogo africanista do Laboratório de Antropologia Social, como se o último tomo, mais difícil e volumoso, requeresse uma forma de introdução, ou mesmo tradução. A publicação de *O homem nu* permite "aferir a medida de uma empreitada hoje levada a seu termo"[150]: vinte anos de estudos e oito de redação para o que será designado, na esteira do próprio Lévi-Strauss, como sua "Tetralogia". No fim, deduz-se uma lição: o autoengendramento perpétuo do mito e a existência de um "metamito", que é uma pura lógica de relações de inversões, paralelos, opostos, imanente à imensa substância revolvida por Lévi-Strauss. A despeito das evoluções e inflexões, em especial o surgimento de uma ética e mesmo uma economia a partir do terceiro volume, a segunda parte de *O homem nu*, dedicada aos mitos do Oregon, fecha o percurso, uma vez que o etnólogo aí reencontra o conjunto dos temas abarcados em todos os volumes anteriores, mas sob formas invertidas. A vestimenta faz eco à cozinha e o nu ao cru, assegurando o fechamento ao menos formal de uma matéria em si infinita.

O "*Finale*" intriga e desconcerta. Dessas cinquenta páginas, emana uma tonalidade budista que começa a identificar o percurso e a pessoa de Lévi-Strauss: de um lado, a recusa da posição de autor, bem como aquela, corolária, de sujeito; de outro, um complexo processo de significação que termina por resultar no "nada" que fecha o livro[151]. Paradoxalmente, justamente quando se torna autor inconteste de uma obra monumental e celebrada, Lévi-Strauss despende suas últimas energias para recusar essa classificação forçada. Nele, isso é acima de tudo a expressão de um princípio metodológico, não apenas modéstia. O etnólogo deveria tentar se ofuscar, se abstrair de seus próprios fundamentos. Essa ascese inicial é a chave de uma etnologia bem-sucedida. Porém, mais essencialmente, a imersão nos mitos lhe permitiu, diz ele, experimentar, no sentido forte, a inconsistência do eu. Contra toda a filosofia ocidental que faz do sujeito "uma criança mimada", ele, ao contrário, vivenciou-se como "o lugar insubstancial oferecido a um pensamento anônimo a fim de que este ali se desenvolva"[152].

Longe de ser o autor de seus livros, ele não passa de um operador suplementar, uma caixa de ressonância, na grande mecânica de transformação do texto mítico: "Se há um momento em que o eu pode reaparecer, é somente aquele em que, tendo terminado sua obra que o excluía de ponta a ponta (uma vez que, ao contrário do que se poderia crer, ele era menos seu autor do que a própria obra, enquanto se escrevia, tornava-se a autora de um executante que não vivia mais senão por ela), ele pode e deve ter dela uma vista de conjunto"[153].

O segundo elemento que formaria o arcabouço de uma "antropologia zen"[154] é a compreensão do processo de significação ilustrado por Lévi-Strauss e o resultado que ele lhe reconhece. O que significa "significar"? O etnólogo explica numa carta a Octavio Paz, após receber um livro que o embaixador do México (na Índia, na época) acaba de lhe consagrar[155]: "Todos aqueles a quem fiz a pergunta nunca puderam oferecer definição que não fosse tautológica ou repousasse num círculo vicioso, e é um belo tema de meditação o fato de que todas as palavras da língua significam alguma coisa, menos esta". Ora, por quê? "Porque significar", prossegue Lévi-Strauss, "é transportar de um código para outro, e a 'significação' consiste na apreensão de uma homologia entre o código de partida e o código de chegada; porém, como o código de chegada pode representar o código de partida com relação a um terceiro, podemos continuar ao infinito e a questão do sentido do sentido é igualmente desprovida de sentido."[156] Não há significação exterior ao homem, a menos que se prefira crer em Deus: esta já era a resposta a Paul Ricœur e à hermenêutica. "Se a empreitada deve ter um sentido..."[157], ele costuma escrever a seus correspondentes, a respeito das *Mitológicas*. Todo o seu procedimento oscila entre a busca assumida de um sentido primordial e a possibilidade de um vazio de sentido que às vezes ressurge, como uma vertigem, varrendo a certeza do saber. Na realidade, esse sentido primordial, cuja tarefa de deduzir ele delega a outros, exprime-se provisoriamente na figura de uma antinomia que resumiria todas as outras, o ser e o não ser, o apagamento inscrito do sujeito, do homem, que ele desenha como um horizonte ao mesmo tempo inelutável e quase um alívio: um crepúsculo em forma de aurora, uma vez sepultadas as quimeras da filosofia ocidental.

Pois o "eu" negado pelo cientista, imerso no "nós" do mito, é reassumido pelo polemista ao longo de algumas páginas de grande violência, uma verdadeira "dança do escalpo", como escreve Michel Izard, uma resposta que é mais uma "retaliação" nem um pouco zen. Deixando de lado as objeções de método – "algumas parecem tão pobres que seria falta de educação citar seus autores"[158] – concernentes à natureza dos textos míticos utilizados pelo etnólogo, ao *status* dos resumos, às observações sobre os "quadros sinóticos", ao pecado etnocêntrico que consistiria em decalcar uma ciência matemática ocidental (fórmula canônica) de uma realidade humana exterior a essa cultura[159], é mais uma vez contra os filósofos que ele se rebela. Ataca seu "obscurantismo", sua teologia humanista, seu misticismo larvado, sua preguiça intelectual, seu "rancor"[160] por um diálogo travado com os mitos "que não precisa deles e para o qual eles nada têm a contribuir"[161]. O existencialismo, "esse empreendimento autoadmirativo no qual, não sem ingenuidade, o homem contemporâneo se confina em *tête-à-tête* consigo mesmo e cai em êxtase diante de si"[162], torna-se uma "chacrinha ideológica", enclausurando-se em "problemas de interesse local para além dos quais a atmosfera enfumaçada de sua tabagia dialética os impede de dirigir a vista"[163]. Essa diatribe inflamada é amplamente reproduzida na imprensa, como ilustra, dentre outros exemplos, a manchete do *Le Figaro*: "Filósofos, não toquem nos mitos"[164]. As poucas páginas incriminadas do "*Finale*" são ali publicadas. Vemos Lévi-Strauss num retrato, portador de uma *gravitas* que confere solidez às suas declarações sacrílegas.

Ao lado das "platitudes e lugares-comuns dos filósofos"[165], algumas observações críticas, em especial por parte dos linguistas, são levadas em conta, por exemplo o problema da língua dos mitos: em que medida trabalhar sobre reconstituições traduzidas e não em sua própria língua constitui um viés? Outras críticas virão da parte dos etnólogos, mais tarde, até hoje. Elas concernem a várias ordens de ideias[166]: as relações entre mito e rito, Lévi-Strauss tendo muitas vezes (mas nem sempre) uma concepção mais pobre do rito, uma "bastardia do pensamento consentido às servidões da vida"[167]; a questão das variações históricas do mito e da capacidade que ele tem de reajustar constantemente sua própria grade; o tipo de relações que une os mitos à sociedade que os produz e acolhe, Lévi-Strauss tendo se limitado a afirmar certa "aderência"[168] do mito à infraestrutura tecnoeconômica, sem, evidentemente, fazer dele o "reflexo" de sua organização social. Por fim, Maurice Godelier observa que Lévi-Strauss nunca se deteve muito no fenômeno da crença nos mitos, que ele parece considerar como dado.

A existência de críticas e controvérsias e a dimensão polêmica, até mesmo polemológica, do "*Finale*" ilustram os remoinhos de uma recepção que, a princípio universalmente elogiosa na grande imprensa, não é unânime nem nunca será, nem no caso das *Mitológicas* nem no do conjunto da obra. A apropriação crítica, bem como as discussões mais ou menos acerbas que ela suscita, terminam por constituir um continente de comentários que, em 1977, eleva-se a 1.384 livros ou artigos dedicados a Lévi-Strauss[169]! O autor é muito ambíguo no que se refere à atitude a ser adotada diante da crítica: "Quando [o artigo] é hostil, isso me irrita, pois penso que eu deveria retificar os erros de fato, dissipar os mal-entendidos. No entanto, quero menos mal ao autor de tais alegações do que à tentação que ele me inspira de interromper meu trabalho para lhe responder. Depois, passado um momento de agitação, tranquilizo-me, sabendo que não o convenceria"[170]. Essa é uma reconstrução bastante irenista de sua trajetória de trabalho. Na realidade, Lévi-Strauss sabe estimular o processo crítico como o único verdadeiramente fecundo em ciência. Logo, não é o último a dar um soco na mesa. Não obstante, essa postura de combate foi progressivamente ocultada por uma consagração universal e uma autorrepresentação como cientista sábio e ponderado, imagem que a televisão passa a veicular no momento de um apogeu de celebridade, no começo dos anos 1970.

ESTRELA DO ESTRUTURALISMO

Da notoriedade à celebridade

Para os pensadores, a celebridade é um horizonte bastante vago e, ademais, desigualmente valorizado[171]. Há uma grande distância do reconhecimento dos pares ao do grande público e, maior ainda, ao reconhecimento quase icônico da celebridade contemporânea. A partir dos anos 1960, a crescente influência da televisão na vida intelectual e social (como a internet nos dias de hoje) transforma as "pessoas célebres" em gente cujo rosto reconhecemos. A glória universitária passa tradicionalmente por outros canais: é a citação dos trabalhos, e não a visualização do autor que proporciona o prestígio intelectual. Foucault, no Collège de France, aceitava os microfones, mas não as câmeras fotográficas. Lévi-Strauss, lembramos, recusa os dois. No entanto, através das fotografias estampadas nos jornais a cada publicação, através sobretudo do rádio e da televisão, a quem ele não recusa sua contribuição, integra-se rapidamente ao novo arsenal de rostos "vistos" pelo homem do cotidiano, não só no plano nacional, como também internacional[172].

Uma primeira etapa desse processo pode ser identificada por um marco, decerto o mais tradicional, da celebridade nacional: a inclusão no *Petit Larousse Illustré*. Lévi-Strauss faz sua entrada nele ao lado de sua contemporânea Simone de Beauvoir, bem como de Pierre Boulez, Maurice Halbwachs e de seu inimigo Georges Gurvitch, na edição de 1965, entre o duque de Lévi-Mirepoix e o Levítico, terceiro livro do Pentateuco. O retrato virá mais tarde, em 1981. Mas o momento em que apreendemos mais nitidamente essa passagem da notoriedade à celebridade se dá em janeiro de 1968. Em 11 de janeiro, Lévi-Strauss recebe a medalha de ouro do CNRS das mãos de Alain Peyrefitte, ministro da Educação. Essa cerimônia, equivalente aos doutorados *honoris causa* que lhe foram discernidos no estrangeiro, é decerto prestigiosa, pois premia pela primeira vez uma pesquisa em ciências sociais, mas não vai além da notabilidade universitária. A imprensa, contudo, repercute o fato: um artigo é publicado em *Le Monde*, em 13 de janeiro de 1968. No menos elitista *France-Soir*, no mesmo dia, ficamos sabendo que o nome de Lévi-Strauss, "que se confunde com o estruturalismo, atrai cada vez mais os alunos que terminam o liceu, assim como os estudantes de nossas faculdades e *grandes écoles**". Alguns dias mais tarde, em 21 de janeiro, esse guru em potencial aparece na televisão no programa "Un certain regard" [Um certo olhar], dedicado a ele[173]. Não é a primeira vez: já participou, em 1959, de uma das "Lectures pour tous" [Leituras para todos] de Pierre Dumayet para falar de *Soleil hopi*, uma autobiografia indígena, publicada na coleção Terre Humaine, que ele acabava de prefaciar[174]; em 1964, Lévi-Strauss dialoga novamente com Dumayet a respeito de *O cru e o cozido*. O jornalista conclui afirmando que esse livro "não é uma leitura para todos". O etnólogo concorda de boa vontade: "Estou, infelizmente, convencido disso!"[175]. É, ao mesmo tempo, um bom comunicador. No rádio como na televisão, Lévi-Strauss impõe-se como um grande pedagogo capaz de simplificar suas proposições, ao passo que, no escrito, não poupa nenhuma dificuldade ao leitor. Permite-se assim algumas declarações anti-humanistas ou comparações ousadas – "devemos estudar o homem como se fosse um molusco" – sem abandonar sua seriedade. Sucesso garantido. A Jakobson, a quem também foram descerradas as portas do estúdio, ele confessa: "O outro programa (aquele em que o senhor aparece sozinho) está anunciado para março, e sem dúvida o verei antes, mas ele ainda não está pronto. O meu passou no último domingo. Como vê, ocupamos a cena parisiense [...]. O estruturalismo torna-se doutrina oficial; em breve, será alvo de ataques..."[176]. Palavra profética em janeiro de 1968. Contudo, enquanto não chegam os paralelepípedos do mês de maio, a força de impacto da telinha no fim dos anos 1960 – agora quase todos os lares franceses possuem uma – transforma Lévi-Strauss em personalidade pública. Com o passar dos anos, aliás, faz o aprendizado dessa ferramenta audiovisual, a qual termina por dominar, a despeito da repugnância que tinha em se ver: clareza, modéstia, compostura, largueza dos pontos de vista; transmite uma postura de grande homem, servido por um físico de intelectual realçado por um toque dândi. A cada participação televisiva, essa impressão de "grandeza" se confirma, e ainda hoje, assistindo a esses programas, é um certo estado de relações entre o mundo intelectual e o mundo midiático que se revela, um equilíbrio mais harmonioso – e agora atrás de nós – entre o legível e o visível.

Junto com a celebridade, vêm as patologias típicas da nova visibilidade: todos julgam reconhecê-lo. O homem célebre tem seus fãs. Uma certa senhorita norte-americana, por exemplo, está persuadida de ter viajado no trem Milão--Paris ao lado do grande homem. Num francês aproximativo e charmoso *à la* Jean Seberg, ela conta sua vida e oferece seus préstimos, datilografia de originais ou trabalhos de tradução, ao mesmo tempo se confessando absolutamente novata. Fidalgo, Lévi-Strauss lhe responde educadamente que não saiu da França

* Estabelecimentos públicos de ensino superior que formam profissionais nas mais diversas áreas, em geral destinados ao funcionalismo público. [N.T.]

naquele ano e que houve um engano: "De toda forma, fiquei tocado por sua carta gentil e, se quiser passar um desses dias no laboratório, discutiremos seus projetos sem que eu lhe possa prometer nada na atual situação universitária"[177]. Permite-se igualmente responder num tom brincalhão e irônico à revista *Playboy*, que dedicou um artigo à tradução *The Raw and the Cooked,* que acaba de ser publicada nos Estados Unidos: "Sua resenha do meu livro *O cru e o cozido*, setembro de 1969, p. 30-32, passa à margem do meu argumento. Longe de subestimar as 'relações que o homem estabelece com seu meio ambiente e os outros homens', afirmo que a única maneira de compreendê-las verdadeiramente exige conhecer suas molduras, tais como a linguagem, o sistema de parentesco, o mito e o ritual. [...] Em outros termos, não podemos estudar o comportamento de um ser vivo, seja qual for, sem conhecer primeiro sua anatomia. O fato de que a anatomia seja um pressuposto não deveria surpreender um leitor de *Playboy*"[178].

Essa nova celebridade, que vem acompanhada de uma verdadeira moda estruturalista – o treinador da seleção francesa de futebol não pretende reorganizar a equipe segundo "princípios estruturalistas"[179]? –, promove a venda dos livros: o acréscimo do adjetivo "estrutural" garante, dizem, uma venda extra de mil exemplares[180]. De fato, a segunda metade dos anos 1960 e, depois, no mesmo impulso, a década de 1970 registraram sucessos de livraria nas ciências humanas e sociais, até então limitadas a um pequeno círculo. Arrastadas pelas produções estruturalistas, as novas disciplinas, especialmente a psicanálise, a etnologia, a linguística e a nova crítica literária, alcançam números de venda que fazem os editores atuais sonharem: os *Escritos* de Lacan, novecentas páginas de uma prosa hermética publicadas em 1966, venderam cerca de 36 mil exemplares. Mais emblemático ainda: a obra de Michel Foucault *As palavras e as coisas*, publicada pela Gallimard, escoa 20 mil exemplares em 1966. Esse éden editorial que se chamou "estruturalismo" estende-se evidentemente ao país lévi-straussiano: se a nova publicação de *As estruturas elementares do parentesco* vende milhares de exemplares, é sobretudo *Tristes trópicos* que se torna um clássico, agora disponível nas novas coleções de bolso: no fim de 1963, 36.818 exemplares vendidos. Lévi-Strauss tem uma reação bastante singular a essa chegada tardia do sucesso, que ele exprime através de uma perplexidade crescente com respeito à legitimidade dessas novas maneiras de democratizar o livro e a leitura. Explica-se sobre isso a Thierry de Clermont-Tonnerre, seu interlocutor na Plon: "Os resultados de *Tristes trópicos*, na coleção 10/18, de acordo com sua comunicação, são honrosos, mas de forma alguma brilhantes. Daí concluo que, como eu estava persuadido desde o início, meus livros podem contar com uma tiragem modesta, porém regular, durante vários anos consecutivos, mas que é contrário aos interesses da editora e do autor procurar uma ampla difusão na forma de uma edição de bolso que mata a edição principal sem proporcionar resultados verdadeiramente interessantes. Estou portanto, de minha parte, plenamente decidido a não repetir a experiência, e lhe seria grato se comunicasse minha recusa à editora Gallimard, no que se refere à publicação de *O pensamento selvagem* em sua coleção Idées"[181]. A Gallimard volta à carga em 1969 com uma nova proposta em termos de direitos autorais, mas recebe a mesma negativa.

Lévi-Strauss, embora não especialmente voraz na questão financeira, faz questão de ser escrupulosamente informado do destino de seus livros, exigindo direitos autorais correspondentes às porcentagens esperadas (que nem sempre as edições de bolso lhe dão) e, sobretudo, de que os contratos sejam fielmente respeitados. Recusa qualquer edição com texto condensado e se mostra bastante atento ao cuidado dispensado às reproduções iconográficas. Em 1965, os 50 mil exemplares de *Tristes trópicos* publicados na coleção 10/18 se esgotam. No entanto, Lévi-Strauss bate o pé, numa atitude então qualificada de elitista, que para ele representa ao mesmo tempo o salário devido ao esforço realizado, já que as edições de bolso são menos vantajosas para os autores, e sobretudo a sensação de que, ao contrário de um romancista, ele não escreve para o grande público. Proíbe, portanto, qualquer publicação em formato de bolso de *O pensamento selvagem* e *O totemismo hoje* na França, mesmo sem poder exercer o mesmo controle no estrangeiro.

Os mal-entendidos do sucesso

"Nunca leio meus críticos, pois, quando não concordam comigo, isso me deixa com raiva, e quando concordam é necessariamente um mal-entendido!"[182] Motivo central da visão lévi-straussiana, não raro invocado e compreendido sob forma de chiste, como aqui, o mal-entendido inerente ao sucesso é retratado por uma caricatura de Maurice Henry publicada por *La Quinzaine Littéraire* em 1º de junho de 1967 e intitulada "O banquete estruturalista". Nela, vemos quatro homens de certa idade, ocidentais de óculos trajando uma simples tanga, reunidos num improvável *pow-wow* intelectual; Michel Foucault, a palavra viva, Jacques Lacan, ar desconfiado e conspirador, Claude Lévi-Strauss, absorto na leitura de um papel, e Roland Barthes, lânguido, sonhador. Quatro ícones dos anos 1960 encarnando a efervescência de uma extensão cada vez mais ampla da noção de "estrutura": Lévi-Strauss, o parentesco e o mito, Barthes, a narrativa literária, Lacan, o inconsciente, Foucault, a episteme teórica; a eles poderíamos acrescentar Althusser, a sociedade em sua totalidade, Christian Metz, o cinema, Greimas, a semântica... Roland Barthes tentou teorizar "a atividade estruturalista" (1963), enquanto Jean-Marie Benoist, filósofo próximo de Lévi-Strauss, descreve, num tom às vezes messiânico que não é o de seu mentor, a "revolução estrutural"[183]. Em 1968, o sociólogo Raymond Boudon se pergunta: "Para que serve a noção de estrutura?"[184].

"O banquete estruturalista": caricatura de Maurice Henry, publicada em *La Quinzaine Littéraire* em 1º de junho de 1967.

A essa situação de moda intelectual, a esses abusos de linguagem e a essa nova exposição midiática, Lévi-Strauss reage de diversas maneiras. Em primeiro lugar, toma rapidamente suas distâncias com relação a um certo culto idólatra manifestado por numerosas cartas que lhe são dirigidas. Acima de tudo, resolve desenhar ele mesmo os contornos do estruturalismo, mediante um jogo de demarcação e integração que procura emancipar a ciência da ideologia – observemos que, nisso, ele não é um *gatekeeper* da disciplina, pois, como vimos, jamais pretendeu que a etnologia se confundisse com a abordagem estrutural. Por fim, adota uma postura de modéstia, declarando não visar senão verdades provisórias em setores determinados e assinalando que o estruturalismo já mudou várias vezes. A um professor de filosofia que lhe pede para explicitar seu procedimento e suas metas, responde: "Não tento formular proposições ou hipóteses sobre a natureza do espírito humano. Empenho-me mais modestamente em resolver problemas etnológicos em setores bastante limitados. [...] É óbvio que isso se produzirá no caso do estruturalismo, assim como no de qualquer outro sistema de interpretação. Por conseguinte, não dou muita importância às implicações filosóficas do meu trabalho etnológico. Elas oferecem uma oportunidade provisória e cômoda de fazer um balanço, e irão se transformar com o passar do tempo. Na realidade, já se transformaram várias vezes"[185]. Lévi-Strauss não conseguiria ser um guru. É igualmente recusando esse nicho possível oferecido pelo mundo intelectual que ele cava uma posição singular.

Nessa estratégia de demarcação, Lévi-Strauss joga tanto com as referências que aceita como com as que rejeita. Sabemos que, com o passar dos anos, as afinidades intelectuais com Lacan arrefecem; ao mesmo tempo que elogia as qualidades de escrita de Foucault e lhe é grato por ter restituído a confiança na filosofia, emite reservas sobre a pertinência e a veracidade histórica de suas análises[186]; chegado o dia, contrariando as recomendações de Dumézil[187], não vota em Foucault por ocasião de sua eleição para o Collège de France. Em contrapartida, foi sarcástico, e até cruel, a respeito de Roland Barthes e do dito "estruturalismo literário"[188].

Lévi-Strauss fez diversas incursões no campo da análise e da crítica literárias. A mais conhecida é o artigo, assinado conjuntamente com Jakobson, sobre "Os gatos", de Baudelaire, publicado em 1962, um *joint study* que eles se oferecem pelos vinte anos de sua amizade. A princípio, é Lévi-Strauss que, como um jogo, se aventura na análise morfológica, sintática e fonética do soneto de Baudelaire; em seguida, Jakobson se apodera dela e ambos deliberam conjuntamente durante um dia em Paris. Esse texto, publicado ao mesmo tempo em *L'Homme* e, nos Estados Unidos, numa coletânea de Jakobson, *Poetry of Grammar and Grammar of Poetry*, é uma confirmação da legitimidade de se apoderar do texto literário e da fecundidade prometida por esse tipo de projeto. Contudo, dois anos antes, em 1960, Lévi-Strauss produzira outro texto importante no cruzamento da antropologia, da semiologia e da análise da narrativa: uma resenha extensa do livro, ainda amplamente desconhecido na França, de Vladímir Propp, *Morfologia do conto de fadas*, datado de 1928, mas traduzido para o inglês apenas em 1958 – será traduzido para o francês em 1965. Lévi-Strauss elogia as intuições de Propp, que, sob muitos aspectos, anteciparam sua própria análise dos mitos – a hipótese segundo a qual não há, a rigor, senão um único conto de fadas, como não há senão um mito, os demais devendo ser tratados como uma série de variantes. Não obstante, esse texto é sobretudo ensejo para ele diferenciar o método estrutural do formalismo ao qual, segundo Lévi-Strauss, Propp está fadado, na ausência de todo contexto etnográfico das sociedades que produziram esses contos. Com isso, a interpretação não pode senão cair no vazio, "condenada a um nível de abstração tamanho que não significa mais nada e não tem mais valor heurístico"[189]. É uma forma sem conteúdo. "Para o estruturalismo, essa oposição não existe. Não há, de um lado, abstrato, do outro, concreto. Forma e conteúdo são de natureza idêntica, derivados do mesmo tipo de análise."[190] Por fim, sua divergência com relação a Propp recobre a divergência com toda a semiologia literária para a qual Propp representa uma obra seminal.

Quando, no início dos anos 1960, Roland Barthes fez uma visita a Lévi-Strauss para tratar de uma eventual orientação de tese que incidiria sobre a semiologia da moda, este último recusou, recomendando-lhe, na ocasião, a leitura de Propp[191]. Alguns anos mais tarde, em 1965, Lévi-Strauss responde a uma pesquisa sobre a aplicação do estruturalismo à crítica literária, e é o mesmo argumento que se repete, em termos ferozes, que ele só se permite por serem destinados a uma revista italiana: "Visionária e encantatória, essa crítica é sem dúvida estrutural na medida em que utiliza uma combinatória em apoio às suas reconstruções. Contudo, ao fazer isso, o que ela oferece à análise estrutural é muito mais uma matéria bruta do que uma contribuição. Como manifestação específica da mitologia de nossa época, ela se presta muito bem à análise, mas ao mesmo título e da mesma forma que poderíamos, por exemplo, interpretar de maneira estrutural a leitura dos tarôs, da borra do café ou das linhas da mão: contanto que se trate de delírios coerentes"[192]. O que ele censura nessa análise estrutural do literário: o círculo tautológico entre o objeto analisado e a análise, o discurso ventríloquo. Como no caso da *Crítica da razão dialética*, de Sartre, Lévi-Strauss relega essa prosa ao *status* de fonte etnográfica que documenta o mundo intelectual francês e suas patologias...

Por outro lado, fica constrangido ao ver repatriadas essas observações pouco caridosas no campo intelectual francês, quando se desencadeia uma espécie de querela dos Antigos e Modernos por ocasião da publicação do livro de Raymond Picard, professor da Sorbonne e especialista em Racine, *Nouvelle Critique ou nouvelle imposture?* [Nova crítica ou nova impostura?] (1965), que refuta violentamente o *Sobre Racine* (1963) de Roland Barthes. O confronto entre "nova crítica" estrutural e antiga crítica universitária, histórica e genética é alçado, não sem ênfase, à categoria de "caso Dreyfus das letras francesas" e constitui um excelente observatório das posições de uns e outros. Como principal chefe de escola do estruturalismo na França, Lévi-Strauss se vê "embarcado" nessa confusão a contragosto; faz mais do que tomar suas distâncias de um Barthes afetado pela amplitude da polêmica[193].

A última etapa desse quiproquó, nas fronteiras do estruturalismo, é marcada pela chegada no LAS de Algirdas Julien Greimas, *directeur d'études* na seção VI da EPHE, e de Christian Metz, que criam uma nova seção semiolinguística a partir da volta às aulas de 1966[194]. Trata-se, todavia, esclarece Lévi-Strauss, de um simples albergamento: um local é colocado à sua disposição, mas eles conservam toda autonomia orçamentária e científica. Durante quatro anos, Greimas e o brilhante coletivo reunido em torno da revista *Communication* (1961) – Barthes, Umberto Eco, Violette Morin, Tzvetan Todorov, Gérard Genette, além de uma nova recruta, Julia Kristeva – frequentam a órbita intelectual e espacial da antropologia estrutural. Em 1970, essa coabitação termina brutalmente. Estrutura da narrativa e estrutura do mito têm efetivamente dificuldade em encontrar uma linguagem comum. Nessa data, Roland Barthes acaba de publicar *S/Z*, obra que Lévi-Strauss não aprecia, de tal forma a retórica estruturalista se lhe afigura exemplarmente uma caricatura de si mesma: "Os comentários de Barthes lembravam muito os do professor Libellule em *À la manière de Racine*, de Müller e Reboux"[195]. Caricatura por caricatura, Lévi-Strauss oferece a Barthes, à guisa de agradecimento, uma "fantasia", na realidade um pastiche de sua análise, e este cai feito um patinho[196]. O que se revela nessa sobreposição de pastiches e na ingenuidade de Barthes é, em primeiro lugar, a admiração e a ascendência exercidas por Lévi-Strauss, com quem, em sua correspondência, Barthes continua em termos de amizade deferente. Do lado de Lévi-Strauss, a recusa estratégica em legitimar e integrar o "estruturalismo literário" fundamenta-se no risco de formalismo que ele impõe ao "verdadeiro" estruturalismo, no qual o conteúdo etnográfico, histórico e linguístico nunca se dissocia da forma. Para Lévi-Strauss, *S/Z* não passa de uma forma sem conteúdo. Eis por que se sente tão à vontade para parodiá-lo, um pouco como em sua juventude arvorava-se a montar um raciocínio em três partes defendendo a superioridade do ônibus sobre o metrô. Barthes representa o perigo de uma retórica estruturalista cuja inautenticidade lhe parece corroborada pela sequência de sua obra e sua mudança de "maneira": "Nunca me senti próximo dele, e fui confirmado nesse sentimento por sua evolução posterior. O último Barthes tomou o contrapé do que fazia o anterior e que, estou convencido disso, não condizia com sua natureza"[197]. Ao contrário de Lévi-Strauss, cujo estruturalismo é o centro de uma vida, em Barthes ele é uma língua que ele falou entre outras (marxista, social, brechtiana, sartriana, blanchotiana...), a despeito de sua biografia expor as bases existenciais profundas desse momento estruturalista – dualismo, figura do vazio – e seu papel, paradoxal, de trampolim para a escrita. Por outro lado, o próprio Barthes reconhecerá mais tarde que o "sonho eufórico de cientificidade" embutido em seus escritos estruturalistas não era afinal "sua verdade"[198]. Isso não impedirá Lévi-Strauss de apoiar sua candidatura ao Collège de France em 1976. Assim, a relação de Lévi-Strauss com o estruturalismo literário assemelha-se à paternidade não desejada de um filho não reconhecido, sem tampouco necessariamente desacreditá-lo[199].

A esses "falsos semblantes", esses rebentos bastardos, Lévi-Strauss prescreve imperturbavelmente sua família eletiva, a biblioteca estruturalista de sua predileção. A um rapaz entusiasta e desejoso de complementar suas leituras, Lévi-Strauss, que adivinhamos pretender testar a pertinência de seus ardores, recomenda em primeiro lugar o *Curso de linguística geral*, de Saussure, "nossa Bíblia". "Depois, se a curiosidade persistir, Dumézil, *A religião romana arcaica* (Payot), Jakobson, *Ensaio de linguística geral* (Minuit), Benveniste, *Problemas de linguística geral* (Gallimard). Por fim, meus próprios livros..."[200] Entre os autores franceses, os que ele mais cita são Dumézil, Benveniste e Vernant. A posteridade estruturalista às vezes é objeto de pequenas rusgas emanando de Dumézil, que resiste a ser anexado à galáxia lévi-straussiana, denotadas pela súbita adoção do "*cher Monsieur*" em vez do "*cher ami*" que Dumézil emprega normalmente: "O que me deixou de mau humor recentemente foi outra coisa", escreve Dumézil a Lévi-Strauss. "Não gosto que seus epígonos ora me anexem ora nos oponham, chamando 'Mito e epopeia' de minhas *Mitológicas*. Não suporto quando alguém em Vincennes elege como tema: 'O estruturalismo de

Lévi-Strauss e o estruturalismo de Dumézil'. Entre aqueles de seus discípulos que aplicam seus pontos de vista ao mundo clássico, o *Orfeu* de Détienne (minha estima por ele não sendo arranhada!) me irrita como um dever escolar malfeito. Tudo isso tem pouca importância [...] pois penso que o senhor se ressente mais do que eu pelos excessos cometidos por tantos autores, jovens e menos jovens, que cultivam o estruturalismo fácil"[201].

Nessa e noutras ocasiões, Lévi-Strauss corre para escrever uma bela carta capaz de apaziguar as inquietudes de seu decano. Este último, em seus momentos de devaneio, repisa o que significa o trabalho coletivo da ciência, a "fertilização" cruzada entre duas obras e, de Princeton, onde, recém-aposentado, passa alguns meses no outono de 1968, presta a mais bela das homenagens ao seu célebre pupilo: "Sempre é difícil dizer o que X deve a Y, Y a X, o senhor a mim, eu ao senhor. Penso que o essencial é a excitação, o reavivar do fogo que proporcionam certas leituras, e não outras, sem dúvida porque nossos dutos secretos passam por elas e não alhures. A cada livro, o senhor me presta, centenas de vezes, esse favor, ao me restituir a inquietude de minha aventura, reabrindo abismos talvez apressadamente aterrados e que podem ser escavados mais fundo. Mas estou velho demais, não tenho mais tempo. Minha única preocupação agora é lavar o cadáver para a autópsia"[202].

"CHEGANDO AO CREPÚSCULO DE MINHA CARREIRA..."

"Chegando ao crepúsculo de minha carreira..."[203]: o "*Finale*" de *O homem nu* afigura-se igualmente um cair de pano sobre a vida de seu autor. Ele tem então 63 anos. Em oito anos, escreveu 2 mil páginas cerradas e se diz "cansado": "*I am written out*", confessa à *New York Times Review of Books*[204]. O esgotamento relativo à distensão intelectual após duas décadas de contenção é compensado pelo sentimento reconfortante do coroamento da obra. Ele superou a síndrome de Saussure! "Durante todo o meu trabalho vivi obcecado pelo que aconteceu com Saussure com os *Nibelungen*, sobre os quais ele trabalhou durante anos, aos quais dedicou dezenas e dezenas de blocos de apontamentos. Lendo-os, nos damos conta claramente de que, à medida que seu estudo, apaixonante, progredia, ele ia ficando de tal forma oprimido, afogado em seus próprios dados, que não conseguia mais comandar seu fio. Era o perigo maior que me espreitava ao longo da composição das *Mitológicas*. Impus-me então como princípio infrangível que não devia sucumbir a isso e que cumpria, a todo custo, mesmo ao de fazer o leitor sofrer, levar a empreitada até o seu termo."[205] A corrida contra o relógio, o perigo de soterramento, ao serem superados, aumentam a sensação de realização, que lhe permite abordar mais serenamente a velhice que chega: "Há um momento na vida de todo homem de ciência, ou que aspira a essa qualificação, em que se tem o sentimento de haver terminado sua obra, de ter dito o que se tinha a dizer"[206]. Logo, nenhuma necessidade de prorrogação forçada. Embora, nas décadas seguintes, ainda venha a publicar muitos livros e textos importantes, Lévi-Strauss sempre considerou estes últimos como *postscriptum* a um *corpus* concluído.

Um ano antes, em 1970, foi agraciado, por ocasião de seus 60 anos (mas com dois anos de atraso) com um dos sinais rituais da amizade acadêmica e da filiação intelectual: um volume de homenagens, em que seus pares e discípulos, colegas e amigos testemunharam seu convívio com o mestre por meio de textos de formato e conteúdo diferentes[207]. Max Ernst ofereceu um desenho em forma de enigma. Patrick Waldberg contou seus anos nova-iorquinos. O sumário é um concentrado da biografia e das redes lévi-straussianas: o conjunto do planeta etnológico acha-se representado, alguns historiadores (mas não Braudel) e linguistas também se fazem presentes. A cerimônia acontece no Collège de France, nas dependências do Laboratório de Antropologia Social, e a diretora de cinema Yannick Bellon filmou-a para uma produção jamais finalizada[208]. Vemos ali esbarrarem-se jovens cabeludos com túnicas laranja e cavalheiros velhos e sérios, mas com ar malicioso: Raymond Aron, Michel Leiris, Jean Pouillon e o próprio Lévi-Strauss, que brincam em torno da ideia de um balé estruturalista, em que os sistemas de parentesco seriam representados pelas trajetórias dos bailarinos; um corpo de baile de oito subseções com oito cabanas no palco, matemáticos dando instruções ao coreógrafo, um espetáculo à la Mark Sennett ou Buster Keaton em cima de uma música de Stravinsky...

Verdade que Lévi-Strauss adorava Chaplin, Keaton, os irmãos Marx e toda essa linhagem do grande cinema cômico norte-americano, cuja sobriedade limítrofe do gênio ele aprecia. A essa veia da comicidade cinematográfica, acrescenta a cultura familiar (em parte geracional) do trocadilho, o humor popularesco do Segundo Império e de Offenbach. Mais tarde, será sensível ao humor singular da série norte-americana *Família Soprano*, da qual não perdia um episódio na televisão. Embora afetando uma gravidade que lhe parece consubstancial, Lévi-Strauss, a par da ironia que todos lhe reconheciam, é igualmente sensível ao riso e a seus acessos, que considera, junto com a música, um dos intermediários possíveis do homem rumo ao estado de beatitude. Uma curiosa passagem do "*Finale*" faz justiça ao riso lévi-straussiano, incidente cômico, chiste, charada engraçada, que, pela concisão que o caracteriza, opõe-se à laboriosa trajetória da existência. Mais um pouco e o riso seria alçado à mesma altitude que a música, outro mistério, outro viático lacrimal[209]: por que rimos? É a interseção entre "campos operatórios"[210] diferentes que gera o riso. Salutar, ele se opõe ao estado de angústia e expulsa *manu militari* as obstruções fisiológicas que volta e meia paralisam nossas existências. Enquanto a sua dá uma nova guinada, a última, Lévi-Strauss se permite gozar, entre risos e lágrimas, de um êxito total, que vinte anos mais cedo sequer teria imaginado: "A música consegue", escreve, "num lapso de tempo relativamente curto, aquilo que a própria vida nem sempre consegue [...]: a união de um projeto ao seu sucesso, que, no caso da música, permite que as ordens do sensível e do inteligível se juntem, simulando concisamente essa exaltação da realização total que, num prazo muito mais longo, só podem proporcionar êxitos profissionais, sociais ou amorosos que exigiram uma mobilização total do ser, cujas tensões, com o sucesso, subitamente relaxam, provocando uma queda paradoxal, bem-aventurada, ao contrário daquelas consecutivas ao fracasso, e que engendra igualmente lágrimas, mas de alegria"[211].

POLÍTICA DA DISCRIÇÃO 18

Tantas mãos para transformar este mundo e tão poucos olhares para contemplá-lo!

JULIEN GRACQ, *Lettrines*[1].

Muitos leitores de esquerda e extrema esquerda vibraram com o poderoso libelo de *Tristes trópicos*. Nos anos 1960, o austero professor do Collège de France atrai para si hordas de jovens raivosos seduzidos pelo radicalismo de seu pensamento. E, no entanto, o homem é tudo menos um incendiário. Poderíamos lhe aplicar o juízo admirativo que ele emitiu, alguns anos antes, a respeito de Don C. Talayesva, um chefe indígena hopi preocupado em preservar as tradições de sua tribo num território pueblo americanizado há muito tempo, chamando-o "conservador esclarecido", "reacionário metódico e aplicado"[2]... Como Lacan desse ponto de vista, existe uma contradição patente entre um temperamento doravante "tocquevilliano" – desconfiança com relação à ruptura revolucionária, proteção das instituições de longa duração... – e um *éthos* do saber que faz explodir a exposição política explícita[3]. Lévi-Strauss, Lacan e também Roland Barthes desfazem a montagem histórica do século XX em que o vanguardismo político e o vanguardismo teórico e artístico coincidiam.

É que talvez não devamos acreditar em Lévi-Strauss quando ele afirma ter renegado seu socialismo de juventude e abandonado definitivamente a arena política. A hipótese levantada neste capítulo segue essa intuição: Lévi-Strauss retirou-se menos da política do que contribuiu para reconfigurar o espaço do político num outro nível. Naturalmente, ele não é um intelectual "engajado" e se recusa a sê-lo. Nele, essa demarcação espetacular com relação ao grande modelo da época implica uma nova maneira de pensar a articulação entre o político e o homem de saber, tributário do terremoto provocado um século antes pelo advento das novas ciências do homem no campo do pensamento político[4]. Certo "pudor" o afasta igualmente da postura reivindicatória e profética do intelectual; uma reticência em explicitar todas as problemáticas e consequências de suas teses, certo senso do enigma e da referência velada[5]. Perante o modelo, de fato aristocrático, que institui a representação por uma minoria autoproclamada (os intelectuais) das opiniões da maioria, Lévi-Strauss promove uma maneira de ser pensador na *pólis* muito mais democrática e confiante na capacidade de discernimento de seus membros. Assiduamente consultado, toma o cuidado de nunca falar em nome de ninguém.

Intelectual ativamente "desengajado", o etnólogo "intervém" menos pela assinatura de manifestos do que pela granada explosiva que a pesquisa etnográfica lhe permite deflagrar contra um humanismo satisfeito, que se torna seu principal alvo. Se *Raça e história* era uma crítica radical à noção de progresso em história, *O pensamento selvagem* e depois o ciclo das *Mitológicas* abalam nossas convicções mais íntimas e dão esse passo lateral, que define a política lévi-straussiana, rumo a um humanismo concreto e reconciliado.

SOCIÓLOGO CONTEMPLATIVO

Recentemente, um filósofo, Pierre Zaoui, reabilitou uma virtude antiquada, a discrição, como forma de acesso à felicidade[6]. Dela, porém, acima de tudo, deduziu a dimensão paradoxalmente política, ou melhor, micropolítica. Pois a discrição é alheia à política contemporânea e às suas ênfases. Não está em pauta salvar ninguém, nem a si mesmo nem aos outros, tampouco o mundo. Essa postura moral e política (para não entrar na psicologia) adequa-se particularmente bem à posição singular de Lévi-Strauss no espaço político de seu tempo. Ele não se julga nem indispensável nem responsável pela sorte de seus contemporâneos, mas se revela disponível ao que acontece, imprevisível também em suas tomadas de posição ou suas recusas. Alérgico ao regime do discurso profético do intelectual engajado, afirma um eu científico impessoal, desconectado de toda competência direta com relação à ação: um cidadão como outro, diante da História, nem mais nem menos.

Recusa do modelo do intelectual engajado

Quando, em 1988, Didier Éribon interroga Lévi-Strauss sobre o refluxo do estruturalismo no início dos anos 1980, após ter dominado a cena teórica dos anos 1960-1970, e o retorno corolário de formas mais tradicionais da filosofia, admira-se com que o antropólogo não pareça mais aborrecido do que isto: "DE: O senhor deve lamentar esse retorno... – CLS: Por que lamentaria? – DE: Porque foi contra essa filosofia tradicionalista que o senhor construiu seu trabalho. – CLS: É verdade, mas não me sinto responsável pela salvação dos meus contemporâneos"[7]. Defecção escandalosa, e característica da recusa epidérmica de Lévi-Strauss de falar em nome de quem quer que seja. Isso é evidentemente um desmentido claro do atributo do intelectual tal como este se constituiu no fim do século XIX, como mediador dos fins da História, como defensor do justo e do bem e, mais tarde, representante privilegiado dos oprimidos. Toda essa história heroica amplamente francesa, de Voltaire a

Sartre, passando por Zola, Lévi-Strauss a varre com um piparote: "Estimo que minha autoridade intelectual, na medida em que me reconhecem uma, repousa na soma de trabalho, nos escrúpulos de rigor e exatidão, que fazem com que, em domínios limitados, eu talvez tenha conquistado o direito a que me escutem. Se me prevaleço disso para julgar questões que não conheço ou conheço mal, cometo um abuso de confiança"[8]. Na realidade, sente um misto de simpatia e admiração pelos combates de Voltaire e Victor Hugo, que arriscaram muito e às vezes pagaram um preço alto por isso – exílio de vinte anos em Guernesey no caso do segundo. Abomina, contudo, a figura mais contemporânea do guru: "É um papel que condena a enganar seu mundo, exceto sendo um santo, e mesmo assim!"[9]. Há nisso, para Lévi-Strauss, uma forma de insuportável impostura.

Todavia, convém ponderar. Com efeito, os primeiros *dreyfusards* não eram majoritariamente intelectuais oniscientes, filósofos ou romancistas, dispostos a reivindicar exacerbadamente[10]. Como Mauss e Durkheim, muitos emanam das fileiras das ciências sociais e o engajamento *dreyfusard* e socialista é vivido por eles numa grande coerência existencial: a relação crítica com sua própria sociedade desenvolvida pela etnologia ou pela sociologia gera a esperança socialista e possibilita uma luta pela justiça que, no caso, se encarna na defesa de um inocente. Mauss examina como intelectual a informação política cotidiana[11]. Nenhuma ruptura vivida, aqui, entre sua prática intelectual e sua atividade militante. O modelo do intelectual engajado recorta, na realidade, duas formas históricas: a do intelectual *dreyfusard* e a outra, posterior, do modelo sartriano. Lévi-Strauss não quer saber da segunda e não pode mais assumir a primeira. Vigora nele o sentimento de uma descontinuidade entre a política e o saber, entre o homem de ação e o homem de ciência. Desconhecer que esses são níveis incomensuráveis da atividade humana leva a um impasse: "Sartre tinha gênio, palavra que eu não aplicaria a Aron. Sartre era um homem à parte, com um imenso talento literário e capaz de se distinguir nos gêneros mais diversos. Dito isso, seu caso demonstra de maneira patente que uma inteligência superior tropeça quando se arvora a predizer a história e, pior ainda, nela desempenhar um papel. Ela pode apenas, como a de Aron, tentar compreendê-la *a posteriori*. As virtudes dos que fazem a história são de natureza completamente diferente"[12].

Se recusamos a função de guru, ainda mais que "o mundo se tornou complexo demais"[13], movido por um "número de variáveis demasiado alto"[14], então só restam duas soluções: a primeira, adotada por Aron, consiste em estudar a coisa política como intelectual e desenvolver uma competência específica que autorize um discurso com algum valor. Mas essa é uma ocupação de tempo integral! A segunda solução é mais radical: decidir ser um simples cidadão, cuja palavra não tem mais nem menos valor do que qualquer outra opinião: "[Suas posições] não serão provavelmente nem menos sentimentais nem mais coerentes, porém, a menos que o intelectual dispense ao estudo de cada assunto político os mesmos cuidados, tempo e competência que lhe valeram sua reputação científica (mas daí quando arranjará tempo para fazer ciência?), não penso que suas opiniões políticas possam se abrigar atrás de sua reputação de intelectual"[15]. Essa defecção abre uma dissidência com o discurso dominante da época. Repudiando a postura do intelectual engajado (pensemos em Frédéric Joliot-Curie, figura importante do partido comunista), ele não pode ser senão um intelectual preocupado, até mesmo consternado, mas em todo caso preocupado com o mundo ao qual, queira ou não, ele pertence.

Sociólogo e cidadão

Preocupado, Lévi-Strauss é em primeiro lugar um cidadão informado e um leitor ávido da imprensa nacional. Sempre foi assinante de dois diários, *Le Monde* e *Le Figaro*, e compra o *France-Soir* diariamente, enquanto esse jornal existe; lê igualmente alguns semanários: *L'Express*, *L'Observateur* (depois *Le Nouvel Observateur*), *Le Figaro Magazine*. O teatro da política lhe interessa e ele o acompanha com um misto de paixão e distância.

De certa maneira, sua posição é coerente com o gesto profundamente democrático promovido pelas novas ciências sociais no limiar do século XX: "O que dizem elas, com efeito, enquanto ciências críticas? Afirmam que, sociologicamente informados, os indivíduos verificam-se capazes, num ato reflexivo superior que a filosofia política não lhes permitia, de pensar na sociedade à qual pertencem e adquirir sobre seu funcionamento uma visão nova ao mesmo tempo que novas possibilidades de ação"[16]. Nas relações que cultiva com seus contemporâneos e na recusa obstinada do papel de guru que não raro o convidam a desempenhar, Lévi-Strauss aposta numa sociedade democraticamente madura em que cada um, adequadamente informado, seria suscetível de formar uma opinião autônoma. Jamais ditará ou decretará uma solução pronta. Acontece-lhe ser consultado, fornecer elementos de reflexão, mas deixa seus interlocutores chegarem pessoalmente a uma conclusão. Há nisso, como explica Bruno Karsenti, uma aposta na emancipação do juízo crítico que é, intrinsecamente, a das ciências sociais.

Como cidadão, é difícil situar Lévi-Strauss no tabuleiro político francês: militante socialista na juventude, torna-se, ao longo dos anos 1960, um gaullista protocolar, após ter sido um gaullista heterodoxo em seus anos nova-iorquinos; recusa-se a assinar quase todas as petições de intelectuais de esquerda, publica por uma editora, Plon, catalogada mais à direita, mas tem muitos amigos surrealistas, além de ser etnólogo, o que nos anos 1950 classificava-o quase automaticamente à esquerda. Não parece incongruente a Michel Leiris, em agosto de 1967, recém-chegado maravilhado de Cuba, convidar Lévi-Strauss a acompanhá-lo ao país de Fidel Castro, onde as "pessoas não são burocratas do progresso, como há tantas, mas fazem verdadeiramente uma revolução dentro da revolução!"[17].

Em política, como em outros domínios, ele é dificilmente previsível, ferozmente independente nas opiniões, que só formula quando lhe pedem expressamente. Tomemos um exemplo: um amigo de André Breton solicita, em 1953, sua assinatura num abaixo-assinado relativo ao caso Finaly. Esse caso, que alimenta então a crônica nacional e internacional há vários anos, diz respeito à guarda de duas crianças judias nascidas em Grenoble em 1941 e 1942, cujos pais foram deportados e assassinados durante a guerra; as crianças, entregues a uma instituição católica pelos pais, são colocadas na casa de uma tutora, ex-resistente e ultracatólica, que se recusa a devolvê-las à sua família próxima após o fim da guerra (no caso, duas tias), argumentando que foram batizadas. Um longo processo judicial e uma verdadeira caça às crianças sequestradas com o apoio de parte do clero católico acrescentam alguns episódios a uma história dolorosa, porém emblemática, que se encerra em 1953: as crianças são entregues às tias. Nesse ínterim, a história se transforma num verdadeiro "caso", que envolve atores religiosos – o consistório judeu e o arcebispado – e forças políticas. Toda a imprensa de esquerda anticlerical, bem como os cristãos progressistas, se envolvem fortemente, ainda mais que o caso se internacionaliza quando as crianças vão para a Espanha franquista. O que diz Lévi-Strauss? Após explicar sua recusa de princípio em assinar qualquer texto, explica-se de bom grado quanto ao teor da coisa, mas de maneira privada: "O caso Finaly oferece para o sociólogo contemplativo que sou o poderoso interesse de trazer à superfície diversas atitudes e formas de pensamento arcaicas. A que o senhor denuncia da parte da Igreja é apenas uma delas, mas não a única. Diante do neojacobinismo formal, já me sinto um pouco hesitante; mais ainda diante da proclamação dos direitos imprescritíveis da família materna, que não é explicitamente formulada em seu texto, mas que tampouco é repudiada. Já se vão vinte anos que ensino a antinomia entre natureza e cultura, e que um bebê chinês criado na França seria um francês sob todos os aspectos... Não se deduz, da condenação legítima dos que o houvessem raptado, que tivéssemos o direito de desfazer o irrevogável. Entretanto, mais uma vez, não considere tudo isso senão uma conversa privada e amistosa"[18].

Por trás da luta anticlerical, Lévi-Strauss reflete como antropólogo preocupado com a vida e o desenvolvimento da criança, a cujo respeito pôde observar em diversas sociedades a precedência da família de adoção sobre os direitos da família biológica. Essa resposta, ao mesmo tempo "hesitante", consciente do dilema e da impossível arbitragem, e ao mesmo tempo provocadora, paradoxal e revelando uma total ausência de preconceitos, combina perfeitamente com o estilo do etnólogo. Embora numa forma epistolar e privada, ele mesmo assim se exprime, pois, nesse caso preciso, estima contribuir com elementos de reflexão, sem com isso decidir pelos outros, recusando simplesmente para si mesmo ir no sentido de seu solicitante. Examinemos algumas situações de embate entre esse cidadão – "sociólogo contemplativo" – e a História que lhe é contemporânea.

Perante a História: Guerra da Argélia, colonialismo, subdesenvolvimento

Em 21 de novembro de 1955, Claude Lévi-Strauss escreve àquele que ainda não se tornou o pária da disciplina, ainda um brilhante etnólogo, novamente engolido pela política, Jacques Soustelle. Então governador da Argélia, este último fica perturbado ao encontrar o nome de seu colega entre os signatários de uma carta em apoio à criação de um Comitê de Ação pela Paz na Argélia, publicada em *L'Express*, em 7 de novembro de 1955[19]. Lévi-Strauss lhe responde: começa por garantir a Soustelle sua plena confiança na ação que ele empreende "para orientar a política francesa numa direção mais saudável. Mas enfim, ela é o que ela é; e há extremidades em que mesmo aqueles que se mantêm mais distantes da política (como eu, que nos últimos dez anos assinei apenas dois documentos: o dos professores universitários contra a CED e este) julgam-se moralmente obrigados a tomar posição. Acrescento que, se houvesse pensado na incidência pessoal que poderia ter, no que lhe concerne, o documento em questão, eu teria crido, em minha grande ingenuidade, que ele não poderia senão apoiar sua ação junto ao governo, num sentido de que eu jamais teria duvidado. O que prova que, quando nos mantemos à distância dos 'casos públicos', o melhor a fazer é jamais nos mexer"[20]. Essa petição de *L'Express* é assinada por um amplo painel de intelectuais, que vai de Dyonis Mascolo, Robert Antelme, Edgar Morin e os ex-comunistas da rua Saint-Benoît ligados a Marguerite Duras até Frédéric Joliot, comunista de carteirinha, além de François Mauriac, Roger Martin du Gard, alguns professores universitários, Georges Gurvitch e Georges Canguilhem, Jean Wahl... o abade Pierre e monsenhor Cazaux, bispo de Luçon. O nome de muitos deles será encontrado em manifestos que vão esmiuçar o curso dos "acontecimentos" na Argélia, mas não o de Lévi-Strauss, muito menos – e por isso lhe criticaram muito – no Manifesto dos 121, a dita "Declaração sobre o direito à insubmissão na Guerra da Argélia", divulgada em 6 de setembro de 1960. A Soustelle, portanto, ele reitera sua confiança.

No entanto, quando este lhe oferece, um ano mais tarde, seu livro sobre a Argélia, Lévi-Strauss exprime certo mal-estar e se recusa a resenhá-lo. Na sequência, suas relações se espacejam com a deriva de Soustelle para a OAS (Organisation Armée Secrète) e sua clandestinidade de uma década (na Itália, no Tirol), que o faz retornar à França apenas em outubro de 1968, sem ter sido julgado, condenado ou anistiado: a Corte de Segurança do Estado terminou por arquivar o processo que alegava seu envolvimento no atentado de Petit-Clamart.

Durante todo esse período, Lévi-Strauss não rompe os laços; corresponde-se episodicamente e defende o direito à reintegração de Soustelle em seus cursos da seção VI da EPHE. O que é feito em 1969.

Voltemos a 1955-1956. Nesse período, Lévi-Strauss tem plena consciência do "desastre" anunciado na Argélia, resultado de uma política imprudente, repugnante e, além de tudo, ignara: "Cinquenta anos de pesquisas modestas e sem prestígio", escreve em *L'Express* em 1956, "conduzidas por etnólogos em número suficiente, poderiam ter preparado, no Vietnã e na África do Norte, soluções similares àquelas que a Inglaterra adotou na Índia – ao menos em parte – graças ao esforço científico que ela despendeu lá durante um século: talvez ainda haja tempo para isso na África negra e em Madagascar"[21]. No que se refere à Argélia, ao poder colonial não resta mais senão partir vergonhosamente, procurando evitar a guerra. É claramente o que se deduz do pensamento de Lévi-Strauss em meados dos anos 1950.

A etnologia francesa saiu dos anos de guerra não completamente livre da memória de suas tentações direitistas e reiterando um enraizamento à esquerda, solidário do antirracismo da Unesco. Os etnólogos, cada qual à sua maneira, participam da erradicação racional dos preconceitos que pesaram não só sobre a etnologia, como sobre a consciência ocidental[22]. É esse o objetivo de alguns textos curtos escritos no início dos anos 1950 – *Raça e história,* de Lévi-Strauss, e *Raça e civilização,* de Michel Leiris, para citar apenas dois títulos da coleção lançada pela Unesco[23]. No entanto, do ponto de vista do colonialismo, a profissão em seu conjunto é mais flutuante, plenamente consciente da solidariedade de destino que vigorou entre sua disciplina e o esforço colonial. Decerto um Paul Rivet denunciará de bom grado os abusos do colonialismo, sem visar com isso uma emancipação imediata[24]. Seu modelo, sob esse aspecto, era o *indirect rule* britânico, que permitia uma saída progressiva da órbita colonial com a ajuda tópica do saber etnológico. Ao longo dos anos 1950, porém, alguns, dentre eles Michel Leiris, rompem com esse modelo. Numa conferência de 1950, "O etnógrafo diante do colonialismo"[25], ele preconiza uma nova função para o etnólogo: não mais a do mediador entre as populações autóctones e a potência colonial, mas a de "advogado natural" dos colonizados. Com isso, uma nova geração em torno de Leiris ou Georges Balandier reorienta a etnologia para uma historicidade mais evidente, requerida por um anticolonialismo doravante explícito.

Aqui também, Lévi-Strauss se distingue no seio de sua disciplina. Com *Raça e história*, rompeu com a lógica da "missão civilizatória" e com o arcabouço intelectual do colonialismo de maneira muito mais bombástica do que qualquer adesão a abaixo-assinado jamais o fará. E, não obstante, mesmo sem estar do lado dos ex-colonos, desconfia dos novos Estados emergentes da independência, imbuídos de uma noção de progresso que ele criticou e sem dúvida ainda mais hostis às suas próprias populações "atrasadas". Eis por que, durante todo esse período, ao mesmo tempo sendo lido como um autor em sintonia profunda com as lutas da descolonização, abstém-se de todo apoio e tomada de posição pública: "Há um contrassenso nisso. As sociedades cuja defesa eu tomava e das quais me esforçava para ser a testemunha estão ainda mais ameaçadas pelo terceiro-mundismo do que o eram pela colonização. Os governos dos países que conquistaram a independência não têm nenhuma benevolência para com culturas ditas atrasadas que ainda existem em seu meio. [...] O colonialismo foi o grande pecado do Ocidente. Todavia, sob o aspecto da vitalidade e da pluralidade das culturas, não vejo, com seu desaparecimento, que tenhamos dado um grande salto à frente"[26].

Lida hoje, essa posição distanciada de seu próprio campo parece menos paradoxal do que contemporânea, fazendo eco a certas orientações do que foi chamado, nos anos 1990, de "*Post-Colonial Studies*"[27]. Exame crítico da matriz intelectual colonial, questionamento das categorias que, no próprio âmbito do processo de independência, podiam englobar o modelo ocidental, por exemplo o "progresso", bem como o Estado-nação, a laicidade, o desenvolvimento econômico etc. Alguns anos mais tarde, em 1961, Lévi-Strauss propõe no mesmo espírito uma crítica radical do "subdesenvolvimento" que passou a ser um paradigma incontornável das instituições internacionais, a ONU em primeiro lugar: "As sociedades que hoje chamamos 'subdesenvolvidas' não o são por sua própria culpa, e estaríamos errados concebendo-as como alheias ao desenvolvimento ocidental ou tendo se tornado indiferentes a ele. Na verdade, foram essas sociedades que, por sua destruição direta ou indireta entre os séculos XVI e XIX, possibilitaram o desenvolvimento do mundo ocidental [...]. O próprio desenvolvimento e suas exigências vorazes as constituíram tais como esse desenvolvimento as descobre agora"[28]. Seguindo uma intuição de Marx, os historiadores atuais mostram como a economia escravagista da *plantation* (de cana-de-açúcar) no Caribe no século XVIII permitiu, por exemplo, uma acumulação de capital necessária à Revolução Industrial na Europa. Assim, capitalismo, colonização e escravagismo estão intrinsecamente ligados numa história violenta e violentamente interdependente. Lévi-Strauss, aqui também, antecipa o que chamamos hoje de "história conectada"[29], restabelecendo, nesse texto insolente apresentado por ocasião de uma mesa-redonda na Unesco, em 1961, a precoce conexão que globalizou o destino de sociedades distantes, arrastando-as para a órbita ocidental. Destinada ao Conselho Internacional das Ciências Sociais, essa análise é evidentemente muito crítica a respeito da ação empreendida sob os auspícios da Unesco e da ONU – industrialização das sociedades ditas "subdesenvolvidas" e alfabetização das populações ditas "atrasadas" –, carimbada com o selo do politicamente correto. Deixando seus interlocutores livres para concluírem ao seu bel-prazer, Lévi-Strauss fornece sua poção amarga na esperança de desencantar os responsáveis cheios de certezas, em sua vontade de agir corretamente... a qual não deixa de ter relação com certa lógica colonial.

Perante a História: Israel e os judeus da França, 1967

Reticente em se exprimir em público, Lévi-Strauss se expõe abertamente em sua correspondência privada. Um dos momentos dramáticos da história contemporânea mundial, a Guerra dos Seis Dias (e suas consequências), encontra-o mais gaullista que De Gaulle e em conflito com a interpretação que lhe dará Raymond Aron um ano mais tarde em *De Gaulle, Israel e os judeus* (1968). Como lembra Pierre Birnbaum, que foi o primeiro a jogar luzes sobre a importância desse intercâmbio entre os dois homens, Aron, por ocasião do conflito de 1967, confessa ter abandonado sua tradicional objetividade e recebido uma "lufada de judaísmo"[30] durante os poucos dias em que o destino de Israel parecia ameaçado pela atitude belicista dos países árabes[31]. Dez anos antes, condenara a incursão israelense-franco-britânica de 1956 no canal de Suez, nacionalizado por Nasser. Mais tarde, em 1982, condenará a invasão do Líbano e os massacres de palestinos. Como se sabe, alguns meses depois, por ocasião de uma célebre entrevista coletiva realizada no Eliseu em 27 de novembro de 1967, De Gaulle, lançando as primícias de uma nova política árabe no Oriente Médio, faz uma exposição sobre a história sionista e deixa escapar uma frase – teria sido meditada ou uma gafe? – que ficou nos anais, enquanto o Estado hebraico triplicava a superfície de seu território com suas conquistas recentes: refere-se aos judeus, da diáspora ou em Israel, como um "povo de elite, autoconfiante e dominador". Aron não perdoa De Gaulle por essa expressão, que considera a expressão de um antissemitismo à francesa, reabilitado pela fala presidencial.

Comentando o livro que Aron acaba de lhe enviar, Lévi-Strauss confessa admirar seu tom e sua elevação moral, ao mesmo tempo discordando completamente dele: "Desde o primeiro momento, com efeito, assistimos a uma campanha sistemática para manipular a opinião pública deste país. Lembre-se da manchete do *France-Soir* ocupando uma página inteira – 'Os egípcios atacaram' –, e isso continuou muito além da Guerra dos Seis Dias. Que franceses, judeus ou não, tivessem sobre os acontecimentos uma opinião diferente da de seu governo, que a tivessem defendido publicamente, nada mais legítimo do que isso. Mas que tivessem se aproveitado de posições de força na imprensa (donde resultava para eles uma obrigação especial de equilíbrio e rigor intelectuais) para espalhar contraverdades e tentar assim modificar a conjuntura, isso cheirava a conspiração e, eu diria, quase a traição. Como judeu, senti vergonha disso e também, mais tarde, dessa impudência escancarada da parte de judeus notáveis ousando pretender falar em nome de todos... Após distorções tão graves, um tiro de advertência era sem dúvida inevitável. Sinto que ele tenha tomado essa forma, ao mesmo tempo reconhecendo que, lamentavelmente, ao menos uma vez os epítetos corresponderam à realidade: pois determinados elementos judeus da França, tirando proveito de seu poder sobre a imprensa escrita ou falada e das posições conquistadas e arrogando-se o direto de se exprimir em nome de todos os outros, mostraram-se 'autoconfiantes e dominadores'"[32]. Aron se confessa surpreso com o vigor dessa resposta e refuta o caráter de manipulação ideológica sistemática, na medida em que a televisão e o rádio são órgãos de Estado. Conclui com a inevitável subjetividade de percepções na matéria, as quais, por sua vez, abundam em Lévi-Strauss.

Na realidade, duas observações se impõem aqui: de um lado, a história mais recente fez justiça à reação de Lévi-Strauss. Sem falar em conspiração, uma nova retórica e uma campanha de imprensa eficaz – invoca-se a luta de Davi contra Golias, usa-se a ameaça de genocídio contra os israelenses – fizeram tremer grande parte da população francesa, judia e não judia, justamente no momento em que uma verdadeira *blitzkrieg* punha em debandada os exércitos egípcio, jordaniano e sírio, derrotados pelos tanques, foguetes e aviões Mirage israelenses (vendidos pela França). Pela primeira vez na França, o sentimento de uma "comunidade judaica" se exprime, o que aliás marca o início de uma pequena emigração para Israel e de um longo processo de rejudaização de uma geração de jovens judeus franceses em busca de suas raízes[33]. Um novo tipo de cidadão francês judeu está em vias de emergir, o qual se esforça para conciliar em si diferentes identidades, entre as quais Israel tem seu espaço. Esse é o objeto de uma segunda observação, que explica o fundo da discórdia entre os dois homens. Se Aron, que faz uma reflexão autocrítica sobre seu silêncio diante do genocídio judeu quando trabalhava na França Livre entre 1940 e 1944, está disposto a acolher essa nova maneira de ser judeu na França, Lévi-Strauss, ao contrário, recusa-a instintivamente.

Ele se sabe judeu, por sua história, por sua experiência da exclusão, por certas características ou atitudes que aceita de bom grado como mais especificamente judaicas, uma "sensibilidade em alerta", por exemplo. Contudo, não transige quanto a seu "israelitismo": "Sinto-me totalmente, integralmente e exclusivamente francês, mesmo sendo importante saber que minhas raízes mergulham num passado multissecular rico em cultura e acontecimentos"[34]. Mas esse passado lhe escapa e, sobretudo, a transição entre o exílio da Palestina e a chegada à Alsácia, onde "encontra seus ancestrais estabelecidos" no século XVIII: "O que aconteceu nesse intervalo?"[35]. A ignorância das sequências históricas torna todo laço sensível com a Palestina completamente abstrato. De fato, quando, após certa hesitação, viaja a Israel em 1984, não tem, em momento algum, o sentimento de "tocar concretamente [suas] raízes"[36]: "Israel me interessou prodigiosamente, menos porque lá eu encontrava um povo de primos de segundo grau (não tenho o sentimento da família) do que como cabeça de ponte do Ocidente no Oriente: a nona cruzada, se preferir"[37].

Esta última metáfora é essencial. Ela faz eco ao trecho de uma segunda carta a Raymond Aron em que o antropólogo expõe o que, intimamente, é para ele um obstáculo a todo sentimento de pertencimento ao destino israelense: "O senhor tem mil vezes razão: não há verdade histórica objetiva para além das diferentes maneiras como indivíduos e grupos percebem situações e acontecimentos. Isso é ainda mais verdadeiro no caso que nos ocupa, pois minha percepção da conjuntura israelense permanece subordinada a uma outra à qual sou ainda mais suscetível: a que se produzia há alguns séculos do outro lado do mundo, quando outros perseguidos e oprimidos vieram se estabelecer em terras ocupadas há milênios por povos ainda mais fracos, os quais eles se apressaram em aniquilar. Não posso evidentemente sentir como uma ferida fresca no meu flanco a destruição dos peles-vermelhas e reagir ao inverso quando os árabes palestinos estão na berlinda, ainda que (como é o caso) os breves contatos que tive com o mundo árabe tenham me inspirado uma inextirpável antipatia"[38]. Mais uma vez, Lévi-Strauss surpreende: agora, tomando como pretexto um imperialismo colonial israelense, em nada diferente em seus pressupostos (especialmente o de vítima) daquele dos europeus (protestantes, judeus, excluídos diversos) que fizeram a conquista do Novo Mundo, ele se posiciona no âmago do antissionismo de esquerda e extrema esquerda que vai florescer nos anos seguintes, desfraldando a figura do palestino como símbolo de uma nova exploração.

Face à História: 1968

Apesar da idade – tem então 60 anos –, Lévi-Strauss talvez pudesse ter sido um sessenta-e-oitista: seu engajamento antropológico e seu relativismo cultural, sua crítica virulenta e persistente do Ocidente ofereciam um espaço intelectual aberto à agitação de 1968. Seus escritos eram um nicho possível para a contestação radical do modelo de civilização ocidental, de seus modos de organização e repressão dissimulada. E, de fato, alguns jovens engajados de Maio foram estruturalistas convictos[39]. No entanto, nem intelectualmente – o movimento de 68 passa geralmente por enterrar o estruturalismo triunfante, interpretação validada por Lévi-Strauss – nem biograficamente foi esse o caso. Desse paradoxo decorrem alguns outros que, aqui também, tornam Lévi-Strauss dificilmente classificável no arco-íris ideológico da época e, de todo modo, a despeito de algumas observações sumárias, de forma alguma identificável com o compartimento "medalhão-desvairado-que-quer-salvar-a-antiga-Sorbonne". Nem ator, nem espectador, ele sai pela tangente.

Lévi-Strauss passa o belo mês de maio no coração do Quartier Latin, em seu laboratório do Collège de France. Um espectador surpreendido pela encenação espetacular em curso, mas que não pediu para estar na plateia e que, rapidamente, deixa o teatro para se refugiar na outra ponta de Paris, ou seja, em sua casa no 16º *arrondissement*. No começo, deambula pela Sorbonne "com um olhar etnográfico"[40]. Os costumes da tribo dos "jovens", nova categoria da sociedade francesa dos anos 1960, não são menos interessantes que outros; e, em todo caso, não menos exóticos. Seguem-se algumas reuniões. Assim, em 14 de maio, Dumézil agradece-lhe pelo apoio: "Fiquei muito tocado pelo senhor ter aceitado participar dessa mesa-redonda, dessa contestação, como se diz agora nos anfiteatros do que foi a Sorbonne. Não sei em absoluto como as coisas se dão. Jacques Le Goff coordena, e espero que o senhor fale em meu lugar!"[41]. No entanto, longe de deambular com o nariz empinado, acolhendo a palavra liberada como nova encarnação daquela dos místicos que ele estudou, como faz Michel de Certeau[42], ou de ler a nova camada de pichações como uma crítica do sistema simbólico, como decodifica Roland Barthes[43], Lévi-Strauss logo sente repulsa e desaparece. "Passado o primeiro momento de curiosidade, cansado de algumas bizarrices, Maio de 68 me repugnou. – Por quê? – Porque não admito que se cortem árvores para fazer barricadas (árvore é vida: isso se respeita), que transformem em lixeiras locais públicos que são bens e responsabilidade de todos, que cubram prédios universitários ou outros com pichações. Nem que o trabalho intelectual e a gestão dos estabelecimentos públicos sejam paralisados pela logomaquia."[44] A grande verborragia sessenta-e-oitista, o que Michel de Certeau chamou de "tomada de palavra", enfatizando seu potencial emancipador, é sentida por esse grande taciturno como um puro escoadouro de palavras ocas e um trampolim para o narcisismo da expressão de si. O que Edgar Morin chamou de "a brecha"[45], uma ruptura excepcional dos tempos e ritmos de determinada sociedade, é aqui pura e estéril "paralisia".

Além da angústia de Lévi-Strauss de ver reduzidos a pó pacientes esforços para construir um laboratório de ciências humanas, não são só sua sensibilidade ecológica e seu respeito pelo espaço público que explicam esse pavor diante de 68. De um lado, o etnólogo que o habita valoriza a continuidade sobre a ruptura. Logo, ele não demonstra nenhuma ternura pelas erupções, das quais sempre pressente os retornos como bumerangues dolorosos. Ele não é mais o jovem socialista que foi, e há muito rompeu com o mito revolucionário da Grande Noite, estranhamente reabilitado pelos esquerdistas (com frequência anticomunistas) do mês de maio. Por outro lado, em sua própria definição da ciência como organização do mundo, ele combate o caráter confuso da vida real. Maio de 68 deve ter se lhe afigurado como a vitória de uma confusão pouco interessante, abrindo a porta para esse uso complacente da palavra que, segundo ele, caracteriza nossa sociedade. No entanto, ao contrário de vários de seus colegas, a cujo respeito não se deve esquecer o trauma de sua brutal deslegitimação pública nos anfiteatros tempestuosos do mês de maio, Lévi-Strauss foi um professor pouco contestado, tanto em suas comportadas assembleias do Collège de France como, menos ainda, no Laboratório, que em 1968 registra a partida de um único membro, Anne Chapman – que questionara a autoridade de Isac Chiva quanto a certas decisões. Nada além.

Espontaneamente alérgico à verborreia das assembleias gerais, Lévi-Strauss não pode se impedir de ver em 1968 um sintoma, um fim mais que um começo. Ao longo dos meses seguintes, desenvolve uma interpretação antropológica original, que se distingue das paranoias da conspiração ou dos temas mais sociológicos de crise civilizacional que se ouvem à direita. Na realidade, Lévi-Strauss não vê em curso uma crise da juventude, e sim o fracasso profundo de nossas sociedades em integrar a juventude; pior, uma renúncia que se consumou com a constituição da juventude em categoria autônoma. Em 1969, enquanto os jornais norte-americanos orquestram a transmissão de poder de Sartre a Lévi-Strauss, este último afirma, ao contrário, que os recentes acontecimentos reconduziram os jovens para posições mais sartrianas. Ao jornalista do *The New York Times*, expõe alguns elementos de seu diagnóstico, ao passo que, note-se, não se exprimirá a esse respeito na imprensa francesa (ou só muito mais tarde): "Não nos demos conta de que não tínhamos nenhum mecanismo de integração da juventude, ao passo que as sociedades que o antropólogo estuda confrontaram-se com o problema e, o mais das vezes, aperfeiçoaram mecanismos extraordinariamente precisos"[46]. Enquanto nas sociedades ocidentais a incorporação dos jovens é muito longa e progressiva, do jardim de infância à universidade, nas sociedades exóticas as crianças gozam de uma liberdade anárquica e, subitamente, "brutais ritos de iniciação os separam radicalmente do que constituiu sua existência"[47]. Na atualidade, segundo Lévi-Strauss, os *mass media* incentivam a ruptura de autoridade e a formação de subculturas jovens, fundadas num suposto interesse econômico: o consumo dos jovens é um mercado promissor. Essa impossível integração é "sinal de que as gerações em comando não estão mais seguras de seus valores"[48], assim como não têm certeza de sua vontade de transmiti-los. "A partir do momento em que elas [as sociedades] se sentem incapazes de transmitir alguma coisa, ou não sabem mais o que transmitir e se fiam nas gerações vindouras, estão doentes."[49] CQD. Essa visão é construída contra um fundo de sentimento íntimo e precoce de decadência política, cultural e intelectual: "Já no liceu eu ruminava que minha geração, incluindo a mim mesmo, não suportava a comparação com a de Bergson, Proust ou Durkheim na mesma idade. Não creio que Maio de 68 tenha destruído a universidade, e sim que Maio de 68 aconteceu porque a universidade se destruía"[50]. O que singulariza essa percepção melancólica é, assim como o tipo de inversão causal tipicamente lévi-straussiana, a espécie de autocrítica que abrange sempre, nesse homem de escrúpulos, a condenação de sua sociedade. Ele não é o médico; faz parte do corpo doente.

No outono de 1968, enquanto o ministro da Educação se prepara para fazer passar sua lei de orientação do ensino superior, Claude Lévi-Strauss parte para a ação e lidera uma campanha no seio do Collège de France a fim de preservar a especificidade desse "cenáculo de especialistas" no seio das instituições acadêmicas francesas. Numa carta de 1º de outubro de 1968 dirigida a todos os professores do Collège de France, exprime-se assim: "Após nossas deliberações da última primavera e prevendo as que se seguirão, senti necessidade de esclarecer a concepção que talvez eu não seja o único a ter a respeito do futuro de nossa casa"[51]. Administrativamente, visa um enxugamento do Collège no que se refere às cátedras, a fim de excluir de sua gestão os membros dos laboratórios vinculados ao CNRS. É este o desígnio material de sua carta. No plano intelectual, vê o Collège como o lugar excepcional de um livre diálogo entre espíritos esclarecidos, "especialistas nas ciências mais diversas: exatas, naturais e humanas; cabe-lhes manter e desenvolver o valor criativo dessa associação"[52]. A inovação científica é, segundo ele, amplamente fundada nesse modelo institucional antigo e original, que convém preservar das turbulências passageiras. Politicamente, ele sem dúvida alguma pretende isolar o Collège de France das novas regras de democracia e cogestão, tanto com receio de um democratismo delirante como por repugnância a reuniões cronofágicas. Essa posição, que poderíamos logicamente qualificar de conservadora, é contudo transformada pelo último parágrafo, que o cobre em parte à sua esquerda: "O signatário destas linhas, ele próprio responsável por um laboratório sem dúvida modesto, mas gerido há muito tempo como democracia direta, sem distinção de título nem de função, está, ao contrário, persuadido de que é fazendo de cada laboratório, instituto ou equipe a coisa comum de todos os participantes que podemos melhor justificar que o Collège, como corpo autônomo, seja e deva permanecer a coisa comum de seus membros"[53].

O que ele critica na lei de orientação sobre o ensino superior, votada em 12 de novembro de 1968, é precisamente a ignorância das escalas de funcionamento democrático. A Raymond Aron, escreve em 20 de novembro de 1968: "Vejo-me, contudo, numa situação paradoxal, tendo há cerca de quatro anos colocado meu laboratório – cerca de trinta pessoas – em regime de democracia direta, sem distinção de título ou função. E ele funciona muito bem assim. Mas é, me parece, que não existe democracia verdadeira e possível senão em formações muito pequenas (Rousseau e Comte já haviam dito isso), em que as torpezas ideológicas são freadas pelas relações entre as pessoas. Para tentar a cogestão com alguma chance de sucesso, teria sido preciso, primeiro, a seleção, para que a qualidade de estudante resultasse de uma chance que se preza, e não de um direito que se desperdiça; e, em seguida, organizá-la na base, isto é, no nível de equipes restritas de ensino e pesquisa, com possibilidade de generalizá-la posteriormente. Em vez disso, entrega-se a universidade à coalizão inevitável que se estabelecerá entre o infantilismo das massas estudantis e o corporativismo dos assistentes"[54].

Conclusão: democracia radical no seio dos laboratórios, aristocratismo intelectual no seio do Collège de France. A cada escala, seu modelo político.

O antropólogo e a pólis

Nos arquivos pessoais de Claude Lévi-Strauss, subsistem vestígios de um diálogo surrealista entre o etnólogo e os atores públicos da planificação. Surrealista e impensável hoje em dia: uma grande compostura de ambos os lados, funcionários que citam Rousseau e Montaigne. O respeito palpável para com "*Monsieur le Professeur*" deve-se sem dúvida não só à autoridade singular de Lévi-Strauss, como a certo estado das relações entre "tecnocracia" e "cientistas" na França dos anos 1960. Aqui, os primeiros estão à escuta, e na escola, dos segundos[55].

O antropólogo, especialista no olhar distanciado sobre pequenas sociedades isoladas e vacilantes, é também intensamente um homem de seu tempo. Embora se recuse a exigir das ciências humanas uma aplicação prática, não se furta a um diálogo com os tomadores de decisão que apelaram a ele. Estamos em 1963. É um grande momento do planejamento francês, impulsionado por uma verdadeira crença na possibilidade de uma previsão (do crescimento urbano em especial) e na necessidade de humanizar e racionalizar a distribuição dos homens, recursos, circulações, atividades no espaço. A questão do dia é a seguinte: a integração dos dados etnológicos na previsão do plano. Ela é possível? Desejável? Lévi-Strauss, percebemos, demonstra profunda afinidade com o esforço despendido pelos atores do planejamento, mesmo podendo duvidar da eficácia real dessa ação. Em todo caso, considera-a sinal de um "estado de grande maturidade intelectual para uma sociedade"[56]. Aliás, "as sociedades sem escrita são inteiramente planejadas e se pretendem planejadas"[57]. Mas enquanto os planejadores modernos, inquietos com a mudança rápida e incontrolável de sua civilização, se interrogam sobre o equilíbrio razoável entre "valores de mudança" e "valores de persistência", as sociedades antigas pretendem colocar-se ao abrigo da mudança e do devir histórico.

Lévi-Strauss diverte-se aproximando alguns *slogans* publicitários da época – "Omo chegou, a sujeira se mandou!" –, de certas formas rituais da literatura védica, atestando uma persistência de fórmulas de proteção contra as doenças, os inimigos, o medo... Contudo, fundamentalmente, trata-se de fazer compreender que um esforço de planejamento, para ser completo, deve levar em conta não só os dados econômicos mais evidentes, como também os níveis mitológicos inconscientes. Por exemplo, uma recente campanha governamental pretendeu reorientar o consumo alimentar para as partes magras da carne bovina. O etnólogo chama a atenção para o caráter sempre ativo do impensado mitológico opondo a carne fervida à carne assada, segundo um sistema de oposições mentais repertoriado: "O assado é macho, o fervido, fêmea. O assado é acampamento, o fervido, aldeia. O assado é carne fresca, o fervido, carne podre; o fervido é a família, o assado, a sociedade"[58].

Por fim, não se trata senão de honrar essa aposta democrática das ciências sociais já evocada, segundo a qual o saber específico e não necessariamente partilhável (erudição, vocabulário técnico, aparato teórico etc.) que foi adquirido deve ao mesmo tempo ser restituído, *de uma maneira ou de outra*, às sociedades que permitiram seu estudo e aspiram ao conhecimento real das bases que o fundam[59]. No caso dos etnólogos, inclusive no do especialista em sociedades exóticas, o gesto de restituição, mesmo adiado, mesmo mediatizado (como aqui), nem por isso deixa de existir – por mais problemático que seja. Outros exemplos mostram que Lévi-Strauss, embora não endossando em absoluto a posição do "*expert*", considera ser seu dever responder a solicitações desse tipo, quando cogita trazer ao debate uma competência técnica e cidadã. Assim, ainda em 1963, responde a um questionário sobre "Civilização urbana e saúde mental"[60]. Nele encontramos algumas de suas "convicções rústicas": a ideia de que não é a vida urbana, mas a proliferação de uma civilização suburbana que, por uma "segregação fora do meio natural", constitui o verdadeiro perigo. Eis por que as "Casas da Cultura", projeto central do novo ministro dos Assuntos Culturais, conduzido pela chama de André Malraux, não representam, segundo ele, um viático universal: "A cultura não é tudo", e suas "casas", sem haver uma tomada de consciência, poderiam muito bem ser simples "álibis", onde as pessoas se contentariam em celebrar uma relação profundamente inautêntica com as artes e a criação. Argumento fadado a uma grande posteridade entre os críticos esquerdistas da política cultural de Malraux[61]. Para estes últimos, a "cultura" impede de pensar na revolução; para Lévi-Strauss, ela afasta a modéstia, o respeito e a relação concreta com a história e a natureza em que todo ser humano deve poder enraizar-se, daí sua sugestão final de instituir "pequenas estações biológicas e arqueológicas" nas reservas naturais, que complementariam vantajosamente, segundo ele, as urbanas Casas da Cultura...

Quer se trate do subdesenvolvimento, do planejamento ou de uma política cultural, a postura de Lévi-Strauss permanece idêntica e em conformidade com sua definição cidadã e democrática do papel do intelectual: ele fornece alguns elementos do processo, reúne fatos e reflexões, mas não transpõe o umbral da significação, menos ainda o da ação política. Cada qual com seu juízo...

"Não existe ciência senão militante"

Embora estabelecendo novas relações entre vida científica e vida política, Lévi-Strauss não pretende elaborar uma obra política, nem produzir uma obra politicamente situada. O mesmo acontece com Jakobson ou Lacan. Ora, ao longo dos anos 1960, as teses ditas estruturalistas representam, ao contrário, um indicador de radicalidade política. Esse fenômeno de recepção politizante é, segundo Frédérique Matonti, uma "requalificação" pela qual agentes sociais dão significação e dimensão políticas a objetos teóricos normalmente destinados a permanecer na esfera intelectual[62]. Fatores externos explicam esse paradoxo: a criação de um público amplo de estudantes em ciências humanas, a densidade do espaço intelectual de novas revistas (*Critique*, *Tel Quel*, *Lettres Nouvelles*, *L'Arc*...) atraindo um discurso da profecia; mas também, como já vislumbrara François Furet, a desestabilização de uma ordem política marcada pela desestalinização e pelo fim da descolonização, o vazio ideológico daí resultante permitindo, segundo o historiador, uma reconversão do marxismo em estruturalismo[63].

Essa politização é particularmente verdadeira no caso de Lévi-Strauss: nela, o olhar etnológico é teorizado como revolucionário em si e portador de um humanismo renovado; a epistemologia estrutural desenvolvida nas *Mitológicas* é menos explicitamente – mas na realidade com igual firmeza – relacionada a uma crítica, dessa vez radical, do humanismo tal como se formulou no Ocidente a partir do século XVI. Em outras palavras, se há politização da antropologia lévi-straussiana, é também (mesmo isso não sendo suficiente) porque há uma evidente política do estruturalismo etnológico. Como escrevera Lévi-Strauss a respeito de Paul Rivet, plenamente consciente do caráter artificial dessas compartimentações: "Não existe ciência senão militante..."[64].

Revolução etnográfica e humanismo generalizado

O encontro da ciência etnológica com a política se organiza, no pós-guerra, por intermédio da inelutável questão do humanismo; ela se coloca, ou melhor, impõe-se, para Sartre, Merleau-Ponty, Camus... Foucault diz ter fugido dela por essa mesma razão. Quanto a Lévi-Strauss, apropria-se dela com os instrumentos críticos novos de que dispõe sua disciplina: "Colocado como aqueles de minha geração [...] diante do postulado do humanismo, porém convencido de seus limites pela experiência etnográfica, parti primeiro em busca das condições nas quais um humanismo renovado seria possível"[65].

Com efeito, a etnologia extrapola todo domínio disciplinar específico para ser fundamentalmente uma "técnica de desenraizamento"[66]. Assim concebida, essa atitude etnológica de autodescentramento corresponde a uma necessidade fundamental de toda cultura que aspire a se colocar em perspectiva com relação a uma cultura diferente, seja ela antiga no tempo ou distante no espaço. Num texto impressionante de 1956, publicado no semanário *Demain*, Lévi-Strauss identifica esse motor etnológico à própria dinâmica humanista: "A etnologia não é nem uma ciência, nem uma ciência nova: é a forma mais antiga e geral do que designamos pelo nome de humanismo"[67]. Os "três humanismos" anunciados no título desse artigo correspondem a três momentos de perspectivação por um desenraizamento ativo: o humanismo clássico do Renascimento se constrói ao redescobrir os textos gregos e latinos do mundo antigo; os clérigos são seus primeiros e únicos beneficiários. Nos séculos XVIII e XIX, o mundo se expande graças à exploração geográfica; novos espaços – a Índia, a China, o Japão... – se integram e dão um relevo particular ao humanismo "exótico" do Iluminismo: pensemos em Montesquieu ou Voltaire, a referência ao persa ou ao huroniano é mobilizada de maneira crítica para ver de outra forma os usos e costumes de sua própria sociedade. Por fim, a esse humanismo burguês sucede, no século XX, um humanismo democrático mediante o jogo não só de uma extensão sempre maior dos espaços considerados, como das esferas de recepção da nova percepção: o retorno (no tempo e no espaço) às sociedades primitivas estudadas pela etnologia promete a todos um olhar corrosivo sobre nosso mundo. Esse humanismo democrático engendra um humanismo generalizado. Esta é a trama ainda otimista tecida por Lévi-Strauss em 1956. O verme está na fruta; a constituição da humanidade num reino separado (da natureza) e soberano já levou aos piores abusos. Mesmo assim, nem toda esperança de renovação é vã.

Em 1962, na homenagem que Lévi-Strauss presta a Rousseau, o tom sobre o estado do mundo é mais alarmista: "Neste mundo mais cruel para o homem, talvez, do que jamais o foi; onde campeiam todos os procedimentos de extermínio, os massacres e a tortura, jamais renegados sem dúvida, mas a cujo respeito nos comprazíamos em crer que não contavam mais simplesmente por estarem reservados a populações remotas... agora que, aproximada pelo efeito de um povoamento mais denso que encolhe o universo e não deixa nenhuma porção da humanidade ao abrigo de uma violência abjeta, pesa sobre cada um de nós a angústia de viver em sociedade..."[68]. A separação do homem de sua matriz natural, bem como sua promoção a um lugar definitivo da verdade, fundam historicamente um humanismo pervertido, que, instalando fronteiras entre a humanidade e o resto do vivo (reinos animal e vegetal), inaugurou um "ciclo maldito": aquele que, com a ajuda da "mesma fronteira constantemente recuada, serviria para afastar os homens de outros homens". Uma vez que a humanidade foi alçada a um privilégio, não surpreende nem um pouco vê-lo confiscado por uma minoria decretada mais humana do que outras, desde então relegadas ao purgatório da animalidade. Não faltam exemplos históricos, especialmente nesse século XX, de massacres em massa. Mas a evolução não data sequer do século XVI: o etnólogo Emmanuel Terray tem razão em apontar a influência, nesse processo, dos grandes monoteísmos, em que o homem é o interlocutor privilegiado de um deus único[69].

Pouco a pouco, sob efeito de diversos fatores, Lévi-Strauss evolui rumo a um pessimismo cético: a obsessão cada vez mais entranhada da "catástrofe demográfica", que, segundo ele, reduz o humanismo a uma categoria fútil; mas também a consciência das contradições internas desse humanismo, que o esvaziam de toda significação. É, no fim, a antropologia, "esse humanismo sem restrição e sem limite"[70], a única capaz de enfrentar suas aporias. Como lembra

Wiktor Stoczkowski, o socialismo de Lévi-Strauss desaparece progressivamente nos anos 1950. O vocabulário marxista, as desigualdades, as classes se retraem para dar lugar ao Ocidente, colonizador, imperialista: culpado. A destruição das tribos indígenas, o risco de sua extinção fazem eco a uma política de conservação, inclusive da simples lembrança da diversidade evanescida. A originalidade de Lévi-Strauss, nessa reorientação, consiste em estender a lei moral, por círculos concêntricos, não mais somente a uma espécie humana que ela distinguiria, mas ao conjunto do mundo vivo. É o que ele chama de "humanismo generalizado": a identificação com a natureza, o esquecimento de si e a aptidão à piedade são virtudes tão além dos termos do humanismo tradicional que ele foi frequentemente recebido por seus contemporâneos como um "anti-humanismo".

Coração corrompido do humanismo histórico, a centralidade do homem no universo é denunciada pela moral dos mitos ameríndios, moral da discrição – para voltar a esse termo, que é igualmente a última palavra em *A origem dos modos à mesa*: "Habituaram-nos desde a infância a temer a impureza externa. Quando proclamam, ao contrário, que 'o inferno somos nós mesmos', os povos selvagens dão uma lição de modéstia que seria desejável crer que ainda somos capazes de ouvir. Neste século em que o homem se obstina em destruir inúmeras formas vivas, após tantas sociedades cujas riqueza e diversidade constituíam desde tempos imemoriais a parte mais relevante de seu patrimônio, jamais, sem dúvida, foi tão necessário dizer, como fazem os mitos, que um humanismo bem ordenado não começa por si mesmo, mas coloca o mundo antes da vida, a vida antes do homem, o respeito aos outros seres antes do amor-próprio; e que sequer a permanência de 1 ou 2 milhões de anos nesta terra, uma vez que de toda forma ela terá um fim, poderia servir de desculpa para uma espécie qualquer, mesmo a nossa, apropriar-se dela como uma coisa e nela comportar-se sem pudor ou discrição"[71]. Essa sentença formulada num estilo *Grand Siècle* ressoa fortemente na época e, muito mais, nos dias de hoje. Uma vez que a "deferência para com o mundo" guia menos do que nunca certos usos e práticas, a advertência de Lévi-Strauss é politicamente significante, razão pela qual o etnólogo pode parecer mais decisivo do que muitas filosofias subversivas. "Mas sobretudo", prossegue Pierre Zaoui, "ele é mais radical, sua lição leva mais longe."[72]

Política do estruturalismo

Mais que a etnologia enquanto tal, a antropologia estrutural seria portadora de uma crítica radical do humanismo. Decerto, como vimos, Lévi-Strauss não deixa de denunciar a "prisão" que o homem se infligiu ao construir, pedra sobre pedra, esse *tête-à-tête* carcerário consigo mesmo como um "dos maiores obstáculos ao progresso da reflexão filosófica"[73]. As declarações cada vez mais intempestivas de Lévi-Strauss, ao longo dos anos 1960 e depois, não são apenas a continuação de uma polêmica contra um humanismo arrogante e imbecilizante: são igualmente "correlatas de uma radicalização do método utilizado por Lévi-Strauss em suas obras propriamente científicas"[74]. Com efeito, segundo o filósofo Patrice Maniglier, se *As estruturas elementares do parentesco* ainda pertencem à esfera do projeto de uma antropologia humanista fundado na busca de uma invariante cultural universal – a proibição do incesto – e de uma oposição entre natureza e cultura, que, de fato, institui a humanidade em ordem separada, esta não é mais a ambição do ciclo das *Mitológicas*: essa "empreitada antropológica [...] não é comandada pela questão do critério da humanidade"[75]. Esse segundo estruturalismo não é mais obcecado pela passagem entre natureza e cultura, as quais não concebe mais como impermeáveis uma à outra. A arbitrariedade do começo e a ausência do fim, o *corpus* indefinido dos mitos e a análise das variantes fazem da análise estrutural dos mitos um operador que esvazia a mitologia de todo conteúdo, de todo significado simples. O jogo de espelhos que ela expõe na interminável tradução de um mito para outro inclui sua consequência derradeira: considerar que o próprio livro antropológico é uma variante do mito[76]. "Isso significa que o texto de Lévi-Strauss não inibe a essência do mito como tal nem as estruturas do pensamento mítico em geral."[77] Em outras palavras, o objeto da antropologia não é mais identificar uma invariante universal, espécie de Deus escondido que permitiria definir uma humanidade: visa, ao contrário, o próprio trabalho do pensamento em ação no mito, intangível a não ser como dinâmica, "irradiação"[78], insuflando o espírito humano porém sem jamais circunscrever de maneira terminal o que é humano e o que, por exclusão, não é. Um humanismo reconciliado, generalizado, não pode se contentar com ciências sociais que objetivam o humano. Eis por que a segunda fase da antropologia estrutural, a das *Mitológicas*, é o lugar de renovação do humanismo. Ciência e política andam aqui de mãos dadas. Essa interpretação que vê na análise estrutural dos mitos uma verdadeira matriz política para pensar o mundo contemporâneo é uma leitura radical do estruturalismo, mas que os últimos textos publicados de Lévi-Strauss – aos quais voltaremos, em especial a coletânea de artigos *Somos todos canibais*, na qual o etnólogo reflete sobre as novas formas da parentalidade – parecem autorizar.

"ESCOLHER O NEOLÍTICO"

Lévi-Strauss tem interesse pela história, mas pouca fé nela. Ela só emana, a seu ver, parcialmente da esfera da inteligibilidade, e ninguém pode prever seus avatares e menos ainda seus fins. Em *O pensamento selvagem*, ele toma o exemplo da revolta aristocrática da Fronda no século XVII, mostra a complexidade das relações de força sociopolíticas que ela expõe e as incertezas que reserva. Não obstante, os diferentes partidos da época viveram plenamente seus compromissos, até a morte. Assim, o homem concreto vive na história e "para ele a sabedoria consiste em se ver vivê-la, ao mesmo tempo sabendo (mas num outro registro) que o que ele vive tão completa e intensamente é um mito que se apresentará como tal aos homens de um século próximo"[79]. A distinção entre esses diferentes níveis de percepção é a alavanca de um desencantamento político que, gradativamente, faz Lévi-Strauss passar de um certo *pathos* da modernidade, perceptível em *Tristes trópicos*, a uma rejeição livre e assumida do "progresso": "No que denominamos progresso, há 90% de esforços para remediar os inconvenientes ligados às vantagens proporcionadas pelos 10% que restam"[80].

As sociedades selvagens põem em prática um esforço desmesurado, surpreendente a um espírito moderno, para resistir à transformação. O distanciamento do olhar leva Lévi-Strauss a sair do regime de historicidade de seus contemporâneos: ao contrário deles, não valoriza a mudança, teme a extinção e aspira à conservação. A aceleração dos tempos e ritmos sociais lhe parece o grande perigo, indo de par com a integração geral de uma humanidade una e indivisível, para seu infortúnio. Essa maneira de colocar (e deslocar) os problemas é, a rigor, política, mesmo que (ou melhor: porque) subverta as categorias da política clássica: o "progresso", a "esquerda", a "direita", a "reação", a "reforma", a "revolução"... Se Lévi-Strauss é um reacionário na medida em que prega um "retorno a", então é um ultrarreacionário: longe de querer um retorno ao Antigo Regime, gostaria, se fosse possível, de um retorno... ao neolítico, como confidencia a Raymond Aron, que imaginamos estupefato: "A salvação do homem teria consistido em recusar a tempo esse papel de objeto, ou de agente [da mudança, da transformação], isto é, em escolher o neolítico, se me permite essa simplificação"[81]. Radicalismo neolítico que exigia toda a convicção de um simples cidadão contemplativo, soberanamente livre, para ser afirmado com tanto candor nesse período pós-68. Nesse aspecto, o velho professor é mais subversivo que os subversivos. Aos amanhãs que cantam, aos sonhos de um mundo novo, de um corpo liberado, de relações de classe e em breve de gênero emancipadas, ele opõe seu próprio mito político: a deferência com relação ao mundo, o respeito aos costumes, a reciprocidade das cortesias, a distância correta, a discrição, a antiguidade das instituições, o valor da permanência, a identificação com a natureza. Ao "goze sem freios", ele prefere o êxtase do sentimento de existir no silêncio e na solidão de um passeio na floresta.

IV

[1971 • 2009]

O MUNDO

O meio de ter razão no futuro é, em certas horas, saber se resignar a ser antiquado.

ERNEST RENAN, *Qu'est-ce qu'une nation?*, 1882[1].

Uma dialética da repetição e do distanciamento instala-se doravante na vida de Lévi-Strauss. A fim de examinar de outra forma certas questões que haviam ficado em aberto e que pedem solução, ele se volta para seu passado. Assim, com *A via das máscaras*, publicado em 1975, ele retorna a seus anos nova-iorquinos, quando, em companhia dos surrealistas, ficou perplexo com a expressão "simplória e veemente"[2] das máscaras da Colúmbia Britânica, das quais se tornou um colecionador especialista – antes de propor, trinta anos mais tarde, uma análise estrutural estendida, pela primeira vez, a um material plástico. O enigma da arte torna-se sua busca do Graal.

Um novo objeto ocupa seus últimos anos de atividade no Collège de France, de 1976 a 1982: as sociedades de casa. Mas aqui também é um retorno, nesse caso preciso, à antropologia do parentesco, abandonada há muito tempo, para abordar uma seção que ficara opaca, uma praia intocada, pois não percebida. Trata-se "menos de planos de futuro que de uma espécie de arrumação [consigo] mesmo"[3]. Quando viaja várias vezes ao Canadá, entre 1973 e 1975, seu périplo pela costa do Noroeste abrange mais reencontros do que descobertas; ele comunga mais do que pesquisa. Em suma, com as máscaras da Colúmbia Britânica, as viagens a Vancouver e Ottawa e as pesquisas sobre a "casa", o estruturalismo antropológico dessa década é bastante canadense.

Nessa estrutura biográfica de retomada prolífera irrompe, em maio de 1973, o episódio da eleição para a Academia Francesa: o antropólogo torna-se imortal num momento de grande fragilidade da antropologia estrutural, atacada de todos os lados, às voltas com uma crítica radical ou setorial que denota o surgimento de uma guinada no mundo das ciências sociais e do pensamento. À mudança de paradigma em curso – os atores sociais contra a estrutura, as estratégias contra as regras, as narrativas plurais e descentradas contra a grande Narrativa única, a liberdade contra as coerções etc. –, Lévi-Strauss opõe, com um senso lúcido da ironia histórica, uma imperturbável perseverança em seu ser e a crença na duração, ainda que seja a da Academia e seus ritos vetustos. Assim, assume pomposamente o efeito de "fossilização" do estruturalismo antropológico já em curso. Provocador, independente, o iconoclasta etnólogo dá uma de advogado do diabo e vai juntar-se à tribo dos fardões verdes, não só para debochar da juventude esquerdista, como para ter o prazer, uma vez na vida, de se fantasiar como um grande chefe índio.

CANIBALIZAÇÃO DO ESTRUTURALISMO

No momento de receber o volume de homenagens que celebra seu sexagésimo aniversário com um atraso de dois anos – portanto, em 1970 –, Lévi-Strauss responde nestes termos ao amável discurso que acabam de fazer, um depois do outro, Jean Pouillon e Pierre Maranda, organizadores da obra, rodeados por toda a equipe do Laboratório de Antropologia Social e por inúmeros colegas e amigos: "Na vida de um homem de estudo, há três estados, como na vida das sociedades: o primeiro é aquele em que não somos conhecidos, durante o qual produzimos o que teremos feito de melhor e é o estado mais positivo; o segundo: ganhamos certa notoriedade, não raro fundada em mal-entendidos, é o estado metafísico; e depois o terceiro, onde me sinto assaz solidamente instalado, é aquele em que somos despedaçados, o do canibalismo; espero e creio que existe um quarto estado, que não deve nada a Comte, nem a Vico, nem a Hegel, é aquele em que nos instalamos a igual distância desses três polos, quando não somos mais conhecidos, estado de semi-indiferença geral no qual seremos para sempre encerrados. Essa obra que chega a mim no segundo estado antecipa o terceiro"[4].

Essa pequena fábula comtiana talvez seja uma piscadela irônica aos jovens (e menos jovens) rebentos que o escutam, perto dele e fora do círculo de amizades do laboratório, dispostos a detonar o estruturalismo que dominou a década anterior com demasiada insolência para não ser derrubado de seu pedestal teórico na seguinte. De resto, isso já começou. Em *O que é o estruturalismo?*, publicado em 1968 – uma série de vários ensaios distribuídos por disciplinas –, François Wahl, editor e idealizador do conjunto, se impede de organizar um refluxo crítico, mas apresenta a iniciativa coletiva como a expressão dos "problemas da segunda geração"[5] – estruturalista, naturalmente. Todavia, o sentido do que os reúne não está mais estabelecido. No interior da disciplina, no nível internacional, as reticências aveludadas e as hostilidades mais francas nunca arrefeceram, e terminaram por agrupar uma legião, como resume com humor o sociólogo nova-iorquino Daniel Bell num retrato vivo desse areópago crítico: os "sociólogos relativistas" rejeitam a ideia de uma natureza humana universal; os "funcionalistas" negam que a coerência da cultura esteja numa estrutura subjacente e não no conjunto das relações interdependentes da vida cotidiana; os "materialistas e evolucionistas" desprezam a abordagem mental do estruturalismo; os "*cultural anthropologists*" (Clifford Geertz) acham que a análise estrutural carece da descrição densa ("*thick description*"), que deve fundamentar o trabalho de campo etnológico[6]. O *status* do estruturalismo, teoria como outra qualquer ou empreendimento solidário da ciência, está no centro dos debates.

No plano nacional, a onda crítica se espalha em diferentes níveis, temporalidades e argumentações, em parte (mas em que medida?) estimulada pela experiência de 1968: do âmbito da etnologia, e às vezes do regaço do LAS – os americanistas Robert Jaulin, Pierre Clastres, Jean Monod, Jacques Lizot –, emana a crítica radical de uma disciplina antropológica cúmplice da colonização e do que Jaulin designa como "etnocídio"; a ressurreição de uma querela com a etnologia de inspiração marxista opera a partir de novas interrogações sobre a história propostas por certos etnólogos próximos de Lévi-Strauss, como Maurice Godelier. Ampliando seu espectro para o conjunto das ciências sociais, o paradigma estruturalista vai se ver discutido e infletido pela sociologia crítica de Pierre Bourdieu, cujo surgimento indica novas orientações, ao mesmo tempo que uma autonomia inédita para a sociologia. Por fim, no plano teórico-filosófico propriamente dito, nunca é demais lembrar como o denominado "pós-estruturalismo" (Derrida-Deleuze-Lyotard e o segundo Barthes...) opera diante do estruturalismo mediante revisões e rupturas. No fundo, é de fato um despedaçamento, que, na imprensa, ganha o aspecto de uma mudança de época, e não atrai comentário de Lévi-Strauss senão um retorno programado ao silêncio do laboratório. Reputado obsoleto, mas feliz em sê-lo, o estruturalista junta-se às catacumbas do saber por duas ou três décadas.

A etnologia culpada

No ano em que Lévi-Strauss recebe os testemunhos de amizade de seus colegas e amigos, é publicado *La Paix blanche. Introduction à l'ethnocide* [A paz branca. Introdução ao etnocídio], livro-manifesto de Robert Jaulin, etnólogo africanista que já lançara um conceituado estudo sobre *La Mort Sara* (1967), de espírito nitidamente estruturalista, antes de converter-se ao americanismo e ir juntar-se a uma tribo ainda praticamente virgem de todo contato, os baris, na fronteira da Colômbia com a Venezuela. Magnetizados pelo carisma de Robert Jaulin, Jean Monod, mas também Jacques Lizot, com quem ele viaja à Venezuela, e por fim Pierre Clastres formam um grupo de jovens (e menos jovens: Jaulin tem 42 anos em 1970, Clastres, 36) brilhantes que evoluem no círculo de Lévi-Strauss e se radicalizam no fim dos anos 1960 –, apesar de quase todos se encontrarem nos desertos remotos da América indígena quando os paralelepípedos voam no bulevar Saint-Michel: eles perdem Maio de 68.

Considerando a etnologia uma ciência auxiliar da dominação colonial e, *in fine*, um agente de destruição das populações selvagens, esses etnólogos questionam da forma mais virulenta não só sua prática de campo, como a própria disciplina e, mais genericamente, suas pretensões científicas. A impermeabilidade estabelecida por Lévi-Strauss entre ciência e política é denunciada como fictícia. Para Jaulin, a política, além de sobredeterminar a ação científica, está no âmago da questão epistemológica, na medida em que o contexto da descrição etnológica é o etnocídio.

Se o ato I dessa rebelião é a publicação de *La Paix blanche*, o ato II se desenrola num número de *Les Temps Modernes* (junho-julho de 1971), em que a discussão internacional sobre "Antropologia e imperialismo" iniciada pela revista norte-americana *Current Anthropology* é repercutida e ampliada. Nele, encontramos "Le clou de la croisière"[7] [O ponto alto do cruzeiro], um conto de Pierre Clastres, espécie de paródia conradiana rascante que mostra um grupo de turistas desembarcando entre os selvagens: a obscenidade se espalha por toda parte e a colaboração (no sentido histórico do termo) se revela entre o etnólogo e o turista "branquinho-cheio-de-bons-sentimentos" apanhado em sua própria armadilha e confrontado com seus preconceitos. No mesmo número, Olivier Manonni efetua uma reflexão sobre os "trabalhos de campo de missão": "Quando Griaule, sem o saber, descrevia os abissínios de uma maneira que podia beneficiar Mussolini..."[8]. Na realidade, para além da estigmatização da etnologia como ciência colonial, é a objetividade que transforma homens em objetos que é definida como violência colonial. Assim, interroga-se Rodolfo Stavenhagen, "como descolonizar as ciências sociais aplicadas?"[9]. Ao lado de artigos relativamente ponderados, a missiva enviada por Jean Monod no mesmo número, pelo violento desespero que manifesta, constitui uma ruptura. Sua "Oração fúnebre para uma velha senhora. Carta a alguns etnó-loucos"[10] chocou: nela, Monod celebra os funerais da etnologia numa espécie de fúria (auto)destrutiva: "Comovente velha senhora: moribunda, julga-se irresistível como nos belos dias de sua Triste Tropificação"[11]. Se Jaulin atacava os "malabarismos" de Lévi-Strauss, Monod investe contra seus discípulos, mas sempre no registro da "gaiatice" e da "fanfarronada".

É um fervoroso admirador de Lévi-Strauss, e seu assistente no Collège de France, que escreve esse texto raivoso contra o mestre e seu culto da ciência. Leu, estupefato, *Do mel às cinzas* em plena selva, reconhecendo nas acrobacias intelectuais da análise estrutural uma pertinência empírica total, que correspondia fielmente ao que ele vivia com os piaroas. Porém, com o tempo, desvia-se da etnologia "necromante" de Lévi-Strauss. Não pretende recolher os últimos vestígios de uma cultura destinada a perecer, mas ajudar os índios a sobreviver[12]. Objetos de estudo ou sujeitos políticos? A figura do índio está no coração dessa crítica política da etnologia, pois tornou-se uma figura alternativa da opressão em relação ao proletário marxista. Ora, os etnólogos radicais da América indígena, assim como Lévi-Strauss, não se identificam com o roteiro evolucionista dos etnólogos marxistas, quase sempre africanistas. Em sua rejeição idêntica do progresso como evolução inelutável das sociedades, eles estão do mesmo lado da barricada. Não obstante, entre admiração e rejeição, o assassinato do pai se efetua. O *gentleman's agreement* entre Monod e Lévi-Strauss está rompido.

Jaulin já se despediu do laboratório para ir fundar em 1970 o Departamento de Etnologia da nova universidade de Jussieu, que, durante alguns anos, forma um polo alternativo, convidando não apenas etnólogos, como representantes do "American Indian Movement". A ideia é produzir uma etnologia descolonizada, não visando uma descrição correta das coisas, mas colocando seu saber à disposição da luta indígena. Em Jussieu, as aulas diferem das eruditas assembleias do LAS: os estudantes executam tanto trabalhos práticos como teóricos. Sob a direção de Jaulin, aprendem a tecer ou a construir uma cabana, a fabricar cerâmica etc. Provocador, Jaulin anuncia em 1974 querer candidatar-se ao Collège de France. Lévi-Strauss recrimina-o por ter "necessidade de uma parede para ricochetear sua bala"[13]. Em seguida, envia-lhe uma carta de reconciliação, à qual Jaulin responde no mesmo tom. Diante dos ataques de seus "filhos" americanistas, Lévi-Strauss se cala. É só mais tarde que concluirá ser efetivamente possível fundir-se numa tribo, como Jacques Lizot terminará por fazer, engajado num "trabalho de campo" permanente; mas, num primeiro momento, "o conhecimento está do outro lado"[14].

Jaulin e Monod se afastam dele, Lizot igualmente, de outra maneira. Resta Clastres, graças a quem a etnologia se coloca no centro dos debates políticos do pós-68, como lembra Yves Cohen, historiador leitor dos etnólogos, por sua vez engajado na esquerda: "Justamente em torno de 1968, a antropologia, que fundou amplamente seu discurso sobre o estudo dos chefes e das chefaturas, acaba por propor outra visão, que questiona a consideração antropológica, típica do século XX, de uma humanidade necessariamente hierárquica. Não que ela negue que haja sempre chefes, mas que sempre tenha havido hierarquias, relações organizadas de chefes por patamares de autoridade de que todos dependem, obrigatoriamente"[15]. Como vimos, Pierre Clastres é um discípulo de Lévi-Strauss que partiu para o trabalho de campo americano, em um movimento minético e admirador do mestre, antes de bifurcar para um espaço pouco frequentado pelo estruturalismo antropológico: a antropologia política[16].

Em 1974, publica uma coletânea de textos que marca época e hoje conhece uma segunda vida, atestada por sua reedição recente e sua redescoberta nos meios alternativos[17]. *A sociedade contra o Estado* mostra que, nas sociedades arcaicas, o poder não está ligado à generosidade do chefe nem ao "consentimento" analisado por Lévi-Strauss no exemplo da chefia nambiquara como fruto de uma reciprocidade fundamental e geradora tanto de sua vida social quanto de sua estabilidade. Ao contrário, Clastres apreende a esfera do poder numa exterioridade ao grupo, como se os índios não vissem no poder senão uma negatividade que deve ser controlada. Mostra que essas sociedades indígenas empenham esforços consideráveis para impedir a formação de qualquer tipo de hierarquia ou, em todo caso, sua perenização. Por fim, para Clastres, o Estado, quando aparece, mesmo no estado de esboço, significa não um avanço rumo à modernidade política, mas o fracasso desses modos eficazes de "desencorajamento" das formações hierárquicas. Pode-se imaginar o quanto essa tese seduziu no contexto que a viu nascer. A subversão das categorias de "infrapolítico" e "político", a habilidade da demonstração fundada na seriedade da pesquisa, o esplendor conferido a essas sociedades à margem do ogro ocidental fizeram a reputação de Pierre Clastres. Concentrado das aspirações libertárias dos anos 1970, o etnólogo morre três anos depois da publicação de seu livro, num acidente de carro numa estrada das Cévennes. Essa escapada da estrada, acidental ou voluntária, é ainda mais trágica na história da etnologia porque sucede às mortes brutais de vários americanistas promissores. No entanto, no momento em que acontece, a ruptura com Lévi-Strauss está consumada. Em razão de uma carta importuna e exageradamente virulenta escrita a um colega sob os auspícios do laboratório – e em papel timbrado deste –, Clastres havia sido convocado pelo patrão, meticuloso ao extremo na questão do respeito às formas, e intimado a fazer as malas. Portanto, uma geração inteira que Lévi-Strauss conquistara para a etnologia americanista, tendo se tornado alérgica à posição sobranceira do etnólogo, deixa com (muitas) perdas e (um pouco de) estrépito as praias do estruturalismo de que se aproximara dez anos antes.

A antropologia estrutural perante Marx

Embora tenha crescido com Marx e dele possua um conhecimento aprofundado, cultivado por leituras regulares – ele nunca escreve sem reler algumas páginas do *18 de Brumário* –, Lévi-Strauss revitaliza uma velha querela com os intelectuais marxistas. Desde *Tristes trópicos*, Maxime Rodinson critica-o por solapar o moral dos proletários de todos os quadrantes[18]. O que está em jogo é sua visão visceralmente antievolucionista da história, que não pode admitir leis gerais, nem mesmo as da revolução. Em 1973, o trabalho de um casal de etnólogos, Raoul e Laura Makarius, *Estruturalismo ou etnologia. Para uma crítica radical da antropologia de Lévi-Strauss*, traduzido do inglês, critica o antievolucionismo do estruturalismo citando Sartre, que via no etnólogo "a última barreira que a burguesia podia erguer contra Marx"[19]. Os esquemas abstratos, a recusa do concreto e o formalismo são sucessivamente brandidos como ouropéis de uma teoria mecanicista, saudosa das "teses estéreis e derrotistas de Lowie e seus discípulos"[20]. A guerra fria ideológica sobrevive nos anos 1970, um pouco anacrônica.

Ao lado da literatura ortodoxa, o marxismo existe em etnologia numa forma muito mais bem construída e dinâmica, que se desdobra essencialmente no terreno africanista. A figura de Georges Balandier e do grupo de pesquisadores que o cercam forma um polo alternativo e crítico importante a partir do fim dos anos 1950.

Os colegas próximos que foram Balandier e Lévi-Strauss – lembremos que este último convidou o primeiro para o Conselho Internacional das Ciências Sociais da Unesco e o apoiou na obtenção de um posto na seção VI da EPHE – se separaram progressivamente por uma "dissensão". Assunto pessoal sem dúvida, mas assunto teórico também: "Eu era sensível à atualidade do mundo africano e dos outros mundos ditos subdesenvolvidos", declara Balandier em 2010. "O estruturalismo de Lévi-Strauss, a partir dos anos 1950, era um projeto antropológico sem consideração explícita pela história. [...] Para mim, o estruturalismo era uma análise que hoje pertenceria à esfera dos *cultural studies*, isto é, uma análise das formas, relações, esquemas, linguagens etc., logo uma análise dissociada das circunstâncias, das pessoas em sua condição real, das sociedades e das culturas em sua condição histórica. Tudo isso foi objeto da dissensão: progressivamente, nos separamos um do outro. Inicialmente, num primeiro momento, à antropologia estrutural eu opus o que chamei de uma antropologia dinâmica e crítica, centrada na mudança e que não considera as coisas relatadas como autoevidentes. Depois, elaborei uma *antropologia dinamista*, proposta paralelamente à *antropologia estrutural*."[21] Projeto alternativo ou concorrente, a antropologia de Balandier pretende-se enraizada no devir das sociedades. Isso está ligado, segundo ele, tanto à sua própria história de refratário ao STO, jovem *maquisard*, quanto às características de uma África que ele descobre após a guerra, em plena luta anticolonial. É evidente que a diferença de campos, portanto das sociedades estudadas, teve um grande peso no engendramento dessa oposição, ainda que não explique tudo. No início dos anos 1970, essa antropologia política e histórica, ao voltar sua atenção para as contradições, os distúrbios, os conflitos e as desordens, obtém as graças de novas gerações de pesquisadores, e hoje Balandier é considerado, em especial por sua análise precoce da "situação colonial"[22], um dos pais dos *post-colonial studies*. Ao mesmo tempo, ele também permite a muito jovens ingressados na carreira, como Emmanuel Terray, conciliar vocação etnológica e militância marxista[23]. No entanto, a maneira como ele cristaliza o anistoricismo de Lévi-Strauss e os mal-entendidos (voluntários ou involuntários) daí decorrentes reverberam periodicamente na discussão. É o caso em 1975, quando Lévi-Strauss se presta a uma discussão, publicada em seguida em *L'Homme*, com Maurice Godelier, etnólogo oceanista, membro do Laboratório de Antropologia Social, mas elétron livre do lévi-straussismo. No plano da antropologia econômica, em que é um dos especialistas, Godelier tenta encontrar recursos no pensamento marxista para dinamizar o estruturalismo e assim desenvolver, segundo seus termos, uma "teoria das transformações estruturais"[24].

Ao longo de toda essa conversa orquestrada por Marc Augé, Lévi-Strauss sente-se constrangido, até mesmo irritado, por uma "querela entre amigos"[25] que Godelier e outros lhe impõem a respeito da história, do marxismo e da prioridade das causalidades. Nela, Lévi-Strauss se exprime de maneira precisa. A história, para ele, é a contingência irredutível. Ele dá um exemplo: o aparato mental dos índios não difere do dos gregos da mesma época. Assim, os índios americanos também poderiam ter passado da mitologia à filosofia e da filosofia à ciência. No entanto, isso não se dá. "A única diferença é que aconteceu alguma coisa no Mediterrâneo oriental numa certa época: alguma coisa que podemos tentar descrever, compreender, mas que de forma alguma podemos afirmar ter sido uma passagem necessária."[26] A unidade do acontecimento e a recusa (política) de colocar os índios a reboque do "milagre" grego explicam essa impossibilidade total de extrair uma lei geral da evolução da história. Lévi-Strauss prossegue com uma expressão recorrente nele: "Não podemos contornar [*court-circuiter*] a história. Afinal de contas, ela existe e somos obrigados a nos *inclinar* diante dela"[27]. Encontramos, de um lado, em Godelier e nos etnólogos mais ou menos estruturalistas-marxistas, a tentação de descobrir leis de transformação de estruturas que levam uma sociedade de um estágio A a um estágio B; de outro, Lévi-Strauss admite que a geração presente sem dúvida terá condições de integrar um maior número de variáveis e correlacionar cada vez mais dados, em especial, podemos acrescentar, nos domínios que permanecem então dois pontos cegos do estruturalismo, a antropologia econômica (relações de produção) e a antropologia política (relações de dominação). No entanto, acrescenta Lévi-Strauss, é verdade que, se podemos compreender *a posteriori* o nascimento da filosofia na Grécia antiga por meio de determinada evolução política ou jurídica, é impossível descobrir "uma lei, isto é, nos assegurar de que, nas mesmas condições, a mesma coisa se reproduziria em outra parte"[28]. A rigor, é esse impossível que é a história em Lévi-Strauss: um causador de distúrbios, o limite definitivo para o esforço de inteligibilidade e o sinal de seu fracasso, até mesmo, talvez, de sua inocuidade. Godelier não está errado em ver nisso uma "homenagem que se volta contra a história"[29].

O "sentido prático" *vs.* o "pensamento selvagem"

Na "Miscelânea" oferecida a Lévi-Strauss por ocasião de seu sexagésimo aniversário, poderia nos surpreender encontrar um artigo já antigo, nessa data, de Pierre Bourdieu: "A casa cabila ou o mundo às avessas"[30] (1963). Lendo-o hoje, descobrimos – primeira surpresa – um etnólogo; por outro lado, o título não pode ser mais claro, esse estudo da casa como um cosmo em miniatura, recorrendo a um registro de oposições especializadas, simetrias invertidas e correlações entre as polaridades do espaço doméstico e os valores a elas atribuídos, lembra que na história das ciências sociais houve um primeiro Bourdieu de inspiração lévi-straussiana. Esse artigo, no entanto, como recorda seu autor, foi seu "último trabalho de estruturalista feliz"[31]. Se não associamos espontaneamente Pierre Bourdieu à galáxia da antropologia estrutural, apesar do reconhecimento de dívida, é porque o *coming out* foi tardio, essencialmente nas páginas de introdução de *O senso prático* (1980): Bourdieu, retraçando o porquê, o como e o entusiasmo desse momento de sua vida, o do trabalho de campo argelino, confessa jamais ter pretendido contribuir para a "glosa" dedicada ao estruturalismo[32]. Logo, como nas histórias de amor, é no momento em que se afasta dele que Bourdieu mostra-se mais inspirado e caloroso para invocar o que foi o choque Lévi-Strauss em sua juventude intelectual. Mais tarde, a despeito das alfinetadas e discordâncias, conserva pela pessoa de Lévi-Strauss e seu *éthos* intelectual uma admiração intacta e presente em sua correspondência[33] – coisa que ele recusará a Aron, um de seus outros pais espirituais, com quem rompe definitivamente em 1968.

No estruturalismo, Bourdieu admite reconhecer como seu o "modo de pensamento relacional"[34] oposto a um modo de pensamento substancialista. A força dos esquemas reprodutores, o caráter proveitoso da regra num modo ao mesmo tempo inconsciente e sistemático e uma espécie de panlogismo são traços do programa estruturalista que Bourdieu assimila[35]. A ideia de que a ciência deve tornar visíveis as leis profundas, portanto ocultas, do funcionamento social é igualmente extraída da epistemologia lévi-straussiana e, de resto, comum a toda uma geração estruturalista, em sua vontade de resistir à complacência pelo "vivido". *A distinção* (1979) é descrito pelo próprio Pierre Bourdieu como uma operação de transferência do modelo estruturalista para sociedades complexas: "Havia [nesse livro] uma intenção tipicamente estruturalista que consistia em dizer: o sentido é a diferença, é o afastamento diferencial. Existir simbolicamente é diferir; isso é Lévi-Strauss"[36]. Mas, ele prossegue, o objeto é inteiramente diferente das sociedades selvagens. Aplicado a sociedades fortemente diferenciadas, não só pelos símbolos como pelas práticas, comportamentos e o terreno social e econômico, o estruturalismo antropológico "produz efeitos diferentes"[37]. Com seus gráficos e esquemas, *A distinção* assume um aspecto estruturalista, mais sociológico com seu copioso aparato estatístico. Estabelecendo-se no âmago do reino de negação do social – o do juízo de gosto –, como outrora Lévi-Strauss para a escolha do cônjuge, Bourdieu mostra como os sujeitos são submetidos a seu destino social[38].

A partir de 1975 e da criação da revista *Les Actes de Recherche en Sciences Sociales*, Bourdieu evolui, altera a rota de seu programa estruturalista inicial, ataca violentamente os althusserianos, ao mesmo tempo que se dedica a uma estratégia de unificação das ciências do homem em torno da sociologia. Como Lévi-Strauss no início dos anos 1960, Bourdieu, em meados dos anos 1970, constrói um projeto intelectual e institucional, inspirado num novo paradigma – o "senso prático" e, junto com ele, o "*habitus*", as "estratégias", o "campo" –, uma revista e um centro de pesquisas[39] que são seus nichos na esfera científica e pública.

O que fundamenta sua crítica do estruturalismo no momento da publicação de *O senso prático*? "Eu pretendia reintroduzir, de certa forma, os agentes que Lévi-Strauss e os estruturalistas, em especial Althusser, tentavam abolir ao fazer deles simples epifenômenos da estrutura. Digo efetivamente agentes, e não sujeitos. A ação não é a simples execução de uma regra, a obediência a uma regra. Os agentes sociais, tanto nas sociedades arcaicas como nas nossas, não são robôs acertados como relógios, segundo leis que lhes escapam. Nos jogos mais complexos, as trocas matrimoniais, por exemplo, ou as práticas rituais, eles engajam os princípios incorporados de um *habitus* gerador... [...] Esse 'senso do jogo' [*sens du jeu*], como dizemos em francês, é que permite engendrar uma infinidade de 'jogadas' adaptadas à infinidade das situações possíveis que nenhuma regra, por mais complexa que seja, pode prever. Substituí então as regras de parentesco pelas estratégias matrimoniais."[40] Constatamos aqui não só o que demarca a epistemologia bourdieusiana do estruturalismo, como o que ela conserva dele, mesmo inconscientemente: a metáfora do jogo é recorrente em Lévi-Strauss. Da mesma forma, o que caracteriza o *habitus* como sistema de esquemas que são ao mesmo tempo "princípios de classificação"[41] e "princípios organizadores da ação"[42] não se encontra no pensamento selvagem, ao mesmo tempo prático e teórico, pensamento classificatório e gestos eficazes (Lévi-Strauss aponta várias vezes o lado operatório, por exemplo, da medicina indígena)[43]?

Seja como for, para Bourdieu, emancipar-se de Lévi-Strauss nesse momento significa sobretudo deixar a posição sobranceira, objetivista, do sociólogo-etnólogo, um "ponto de vista de Deus Pai"[44] que se torna insuportável para ele. Como Jaulin e Monod, de certa forma, mas sem querer abandonar o momento de objetivação necessária, Bourdieu quer inverter o privilégio epistemológico da observação objetivando-a por sua vez[45]. Uma das razões mais profundas, ao menos no plano biográfico, desse deslizamento para as práticas, os atores e as estratégias deve ser procurado na memória recalcada e traumática de seu trabalho de campo etnográfico em plena Guerra da Argélia, ocasião para ele se interrogar *a posteriori* sobre essa "*libido sciendi* tão evidentemente deslocada"[46]. Essa própria inquietude não era alheia a Lévi-Strauss, às voltas com a "dúvida antropológica"[47]. Eis por que, apesar de uma resposta um pouco fria, em que Lévi-Strauss ataca Bourdieu sem nomeá-lo e incrimina o retorno de um "espontaneísmo e um subjetivismo em voga"[48], o antropólogo não julga necessário votar contra o sociólogo no Collège de France, quando este apresenta sua candidatura em 1982.

Sair do estruturalismo: Derrida e o pós-estruturalismo

Da mesma forma que a saída ambígua de Bourdieu da esfera do estruturalismo antropológico anuncia uma mudança em curso nas ciências sociais – atenção maior aos atores, senso do jogo entre liberdades e coerções, micro-história, presença central do corpo etc. –, a origem de tudo que foi chamado *a posteriori* de "pós-estruturalismo" alimenta uma corrente filosófica novamente em diálogo estreito com as ciências humanas e que radicaliza o gesto estruturalista, ao mesmo tempo inflectindo-o até a ruptura[49].

É em 1966 que Jacques Derrida se manifesta sobre o importante "descentramento" efetuado por Lévi-Strauss: "A ausência de significado transcendental estende ao infinito o campo e o jogo da significação"[50]. A própria construção das *Mitológicas* ilustra essa nova lógica do sentido, como referenciamento constante entre diferenças (as variantes dos mitos). O projeto filosófico de Derrida consiste inicialmente em extrair disso todas as consequências metafísicas: "Esta [teoria estrutural do sentido] nos proíbe, com efeito, postular um fundamento qualquer da significação fora desse movimento de signos, para além dos signos"[51]. Derrida, Deleuze e, à sua maneira, Barthes vão desenvolver pensamentos da diferença, do desejo, do fragmento, do nômade, da escrita, opostos a uma estrutura vista doravante como logocêntrica, fechada sobre si mesma, opressiva e, por que não, totalitária e patriarcal, em todo caso assombrada pela fantasia de uma unidade originária.

Essa "desconstrução" do estruturalismo é, na verdade, sua exata contemporânea – o "pós" é mais lógico do que cronológico –, pois é em 1967 que Derrida lustra suas primeiras armas com a publicação simultânea da *Gramatologia* e de *A escritura e a diferença*. Na primeira obra, um dos capítulos apresenta a crítica de uma célebre passagem de *Tristes trópicos*: "Lição de escrita"[52]. Nela, Lévi-Strauss conta a rápida instrumentalização que um chefe nambiquara faz do ato de escrever a fim de reforçar sua autoridade sobre o grupo, redescobrindo, em *fast forward*, o que, segundo Lévi-Strauss, constitui a trajetória histórica da escrita nas sociedades humanas: sua ligação íntima com a dinâmica de escravização e exploração dos homens. Derrida denuncia o "recalcamento" da escrita em Lévi-Strauss, que sucumbiria com demasiada facilidade ao mito rousseauísta de uma fala selvagem idealizada oposta a uma escrita ocidental alienante; no roteiro teórico e histórico que é o seu – uma historicização dessa evacuação da escrita em prol da voz (a *phonê*) –, Derrida vê em Lévi-Strauss um representante do logocentrismo ocidental. O filósofo explora assim as pré-convicções teóricas dessa antropologia e "a vincula a toda uma tradição metafísica com a qual pretendia romper"[53]. No "rousseauísmo declarado"[54] do etnólogo, ele vê a perpetuação da figura do bom selvagem e de uma sociedade originariamente boa e unida, antes do pecado da escrita. Observemos, de passagem, que essa "desconstrução" pelo fenômeno da escrita confere-lhe, paradoxalmente, uma promoção; ela se tornará uma questão epistemológica central da disciplina nos anos vindouros. Com efeito, o etnólogo escreve sobre sociedades que não escrevem. Essa constatação, banal em si mesma, requer doravante uma interrogação sobre a operação de transcrição etnológica e o que está em jogo nela[55].

Com *A escritura e a diferença*, Jacques Derrida introduz um novo conceito, a "*différance*", que em sua grafia heterodoxa exprime a dupla potencialidade significante da palavra em francês, ou seja, o ser diferente, mas também o fato de diferir, temporalizar. A "*différance*" torna-se o conceito mais importante da desconstrução, princípio de subversão de toda metafísica oculta, dinamizando a estrutura e obrigando-a a uma revitalização perpétua, sem fim, in-terminável como diria Lévi-Strauss. No entanto, é ele o primeiro alvo dessa operação, que visa dar uma "mexida", uma "sacudida", uma profundidade de história às estruturas: à suposta grande Narrativa única sucedem histórias plurais, parciais, descompassadas, movidas por identidades individuais e coletivas prolíferas e moventes, lábeis e intermináveis. Nesse trajeto da estrutura à diferença, Michel Foucault, Jacques Derrida, Gilles Deleuze, Jean-François Lyotard e outros (Barthes) rompem com o estruturalismo ao mesmo tempo que prolongam sua tensão interna[56]: saem dele, no duplo sentido da expressão. Essa versão das coisas na qual a antropologia estrutural está do lado de um estruturalismo "duro", até mesmo "violento", impondo um sistematismo autoritário na interpretação, é importada tal qual para os Estados Unidos, ao preço de um contrassenso amplamente produzido pelas defasagens nas traduções. Pois, no momento em que Derrida pronuncia sua célebre conferência "A estrutura, o signo e o jogo no discurso das ciências humanas" na universidade Johns Hopkins, em 1966, poucos livros de Lévi-Strauss haviam sido traduzidos[57] – *Tristes trópicos* (em versão truncada), *Antropologia estrutural* e *O totemismo hoje*. Logo, é curioso constatar que o cerne do lévi-straussismo dos anos 1960 – a empreitada das *Mitológicas* – "penetre" na academia norte-americana peneirado pelo olhar pós-estruturalista.

AS 2 [1973]. O estruturalismo vai para o caixão

A publicação da coletânea de artigos *Antropologia estrutural 2* no outono de 1973 se dá em meio ao processo contraditório que vê, de um lado, o estruturalismo comentado, dilatado, ingerido em doses maciças nos novos departamentos de universidades como Vincennes, onde os estudantes fazem dele a base de seu alimento espiritual; e, paralelamente, criticado, despedaçado no âmbito das ciências sociais ou do campo filosófico por filhos putativos em vias de se separarem mais ou menos violentamente de uma autoridade distante e implacável, quase sempre silenciosa. A tudo isso se acrescenta, em maio de 1973, a eleição de Claude Lévi-Strauss para a Academia Francesa, que termina de lançar a dúvida, teórica e política, sobre o conjunto do estruturalismo lévi-straussiano. No momento em que seu fundador se torna imortal, é a certidão de óbito da antropologia estrutural que os jornais elaboram no outono de 1973.

Em *Le Monde*, Christian Delacampagne observa essa curiosa simultaneidade: "Poderíamos alegar que o estruturalismo precisava dessa consagração oficial. O espantoso, em todo caso, é que ele a tenha obtido no momento em que é, cada vez mais e de todos os lados, contestado. Lévi-Strauss, no entanto, não parece perceber isso, parecendo menos do que nunca desejoso de aceitar uma discussão de seus princípios fundamentais"[58]. O jornalista não se deixa convencer pela estratégia de resposta direcionada do antropólogo, encetando a discussão com Luc de Heusch e Maybury-Lewis, quando estima o diálogo possível, e recusando-a quando se trata de ataques mais frontais e "ideológicos": "No entanto, o problema se coloca com insistência nos dias de hoje: a antropologia estrutural é uma ciência ou não passa da expressão de um ponto de vista filosófico e político (o estruturalismo) numa disciplina por isso mesmo condenada no berço?"[59]. O artigo se encerra com uma dupla afronta: um condensado de tudo que existe no mercado da crítica antiestruturalista (Makarius, Derrida, Jean Monod...) e uma conclusão impertinente e sarcástica sobre o prazer experimentado em estar "na intimidade de um grande homem, de ouvi-lo ao pé da lareira, como é o caso nesse volume, falar familiarmente de Picasso, de cinema, das aldeias-bazar do Oriente...". Eis Lévi-Strauss transformado em amável velhinho, *fireside chatter*: em breve, a casa de repouso e a redação das memórias... Em *Le Nouvel Observateur*, Jean-Paul Enthoven faz um registro mais crepuscular: com o segundo volume de *Antropologia estrutural*, "não temos mais a impressão de assistir à criação do mundo, como era o caso com o grandioso afresco das *Mitológicas*, mas talvez seja melhor assim"[60]. "Após sair da Europa para encontrar um mundo diferente, Lévi-Strauss volta trazendo como única bagagem o desencanto. Manifestamente, alguma coisa em sua obra se consuma, entre o convite à viagem que era como que sua abertura e os devaneios de um etnólogo solitário que são como que seu desfecho. O término da viagem talvez seja o fim da etnologia pela qual Claude Lévi-Strauss vagou em busca de um mundo que perdemos."[61] Longe do som e da fúria das modas intelectuais, Lévi-Strauss "inspira sempre a seu leitor uma espécie de respeito e terror sagrados que não deixam de evocar o que Hannah Arendt diz sobre o 'pensamento totalitário'"[62].

A recepção de *Antropologia estrutural 2* se dá, portanto, numa atmosfera de decepção. Decerto, ao contrário do primeiro volume, que revelou diversos textos inéditos em francês, o segundo parece não revelar nenhuma surpresa: os textos são conhecidos, pois, nesse ínterim, o próprio Lévi-Strauss também o é, e sua obra, desde 1958, amplamente difundida. Contudo, chama a atenção o fato de que, embora certos jornalistas vejam despontar "um outro Lévi-Strauss", moralista, misantropo, desencantado, que transgride as fronteiras da ciência, as passagens sobre o novo humanismo não são em absoluto comentadas[63]. Inaudíveis nesse contexto de refluxo crítico, passam completamente despercebidas. Da mesma forma, teria sido ocioso observar que Lévi-Strauss não tinha mais necessidade do termo "etnocídio" para efetuar um retorno autocrítico à sua própria disciplina, como prova a aula inaugural no Collège de France (1958) que abre o volume. Enquanto isso, a escolha do exílio parece, aos olhos de vários jornalistas, caracterizar a vida de Claude Lévi-Strauss: o exílio nas terras indígenas brasileiras, o exílio em Nova York durante a guerra e, agora, o exílio na Academia Francesa... Em matéria de exílio, ela de fato equivale à Amazônia. Como ela, a Academia é uma floresta perenifólia: sempre verde!

A APOTEOSE

Belo como um etnólogo sob a Cúpula*

Quando a ideia da Academia Francesa passou pela cabeça de Lévi-Strauss? É uma ideia que ele atribui de bom grado a outros, confessando mesmo em certos textos que isso nunca lhe ocorrera[64]. A iniciativa, parece, é fruto de uma

* A "Cúpula" designa a Academia Francesa. [N.T.]

conspiração da família d'Ormesson, o tio Wladimir tendo esboçado nos anos 1960 a operação que o sobrinho Jean teria finalizado em 1972, data em que Maurice Druon sondou os acadêmicos e prometeu a Lévi-Strauss uma candidatura confortável. Com efeito, este não deseja, em hipótese alguma, arriscar um fracasso e não pretende se apresentar senão com garantias de sucesso. Aliás, este é um traço recorrente de sua psicologia, que ele expressa nessa ocasião: "Sou um ansioso nato e [...] todas as situações competitivas me deixam doente"[65]. Lembremos mais uma vez que seu itinerário profissional foi permeado por derrotas. Após 1950, sempre que integra uma instituição, é mediante convite, como no Collège de France em 1958 e na Academia Francesa em 1973. Não encontraremos na economia psíquica de Lévi-Strauss nenhum argumento em defesa de uma suposta fecundidade da competição, nenhum elogio do estímulo pela concorrência. Assim, fica visivelmente aliviado quando seu único *challenger*, Charles Dédéyan, professor de literatura na Universidade de Paris, anuncia sua desistência.

Não obstante, curva-se a todos os ritos acadêmicos, enviando uma carta de candidatura a cada um dos acadêmicos, ou seja, nessa data: Marcel Achard, Marcel Arland, Roger Caillois, André Chamson, René Clair, Jean Delay, Maurice Druon, Pierre Emmanuel, André François-Poncet, Jean-Jacques Gautier, Pierre Gaxotte, Maurice Genevoix, Étienne Gilson, Julien Green, Jean Guitton, René Huyghe, Eugène Ionesco, Georges Izard, Joseph Kessel, Jean de Lacretelle, Louis Leprince-Ringuet, o duque de Lévis-Mirepoix, Thierry Maulnier, Jean Mistler, Paul Morand, Wladimir d'Ormesson, Marcel Pagnol, Jean Rostand, Jacques Rueff, Henri Troyat, Étienne Wolff. Quatro imortais haviam falecido recentemente: Jules Romains, Pierre-Henri Simon, Henry de Montherlant e o cardeal Daniélou. Sua campanha é dirigida por Maurice Druon: "Seu caso, por ora, na medida em que eu possa julgar, é promissor. '*So far so good*'"[66]. No mesmo momento, Druon aceita suceder a Jacques Duhamel no Ministério dos Assuntos Culturais (em abril de 1973), onde ateia fogo na pólvora com suas declarações intempestivas, ameaçando os diretores de teatro julgados subversivos: "Os que vêm à porta deste ministério com uma cumbuca de esmola numa das mãos e um coquetel *molotov* na outra terão de escolher"[67]. É a uma Academia empedernida na defesa da ordem literária e política, escaldada pelo pós-68 em que os ódios históricos entre gaullistas e ex-vichistas se dissolvem no altar de um conservadorismo de bom-tom, que o etnólogo se prepara para integrar.

Finalmente, a eleição é vencida com apenas um voto de diferença, em 24 de maio de 1973: Lévi-Strauss é eleito para a cadeira de Henry de Montherlant com 16 votos de 27 presentes – Paul Morand, retido em Toulouse, não pôde votar –, uma cédula em branco e dez votos marcados com uma cruz, "cruz que convém efetivamente chamar da desonra, uma vez que denota oposição à personalidade do candidato"[68] – um "reflexo que julgávamos abolido desde o período negro da Ocupação"[69], comenta o jornalista do *Le Figaro*. Manifestamente, o antissemitismo não está ausente – ainda que o mais antissemita, Paul Morand, não tenha votado. Além disso, alguns acadêmicos não apreciaram que estivesse sozinho na liça; outros, inclusive os que votaram no "escritor", no autor de *Tristes trópicos*, mal suportam o fundador do estruturalismo, o teórico da antropologia estrutural, do qual os acadêmicos caçoam. Nesse intervalo, recebem como leitura de verão *Antropologia estrutural 2*! Apesar das garantias de Druon, o fato é que a Academia Francesa "deu ao aluno Claude Lévi-Strauss as piores notas de sua carreira"[70]. "Ele quase foi reprovado."[71] Esse trote acadêmico, as próprias circunstâncias de sua eleição (e a eventual surpresa de Lévi-Strauss diante da violência do procedimento das cruzes) talvez expliquem o lado rebelde de seu texto de recepção. Ele é aceito, tolerado, mas não acolhido calorosamente. De sua parte, é de fato a própria instituição, e não seus membros, que ele pretende abraçar. Em seu espírito, independentemente da mediocridade de alguns deles, sem falar em suas convicções ideológicas, Lévi-Strauss não despreza a força simbólica do conjunto[72].

Embora sua mulher e seus filhos o apoiem, do lado dos amigos, dos colegas e da jovem geração do LAS reina a consternação: "Eles tinham a sensação de que eu os traía. Faziam uma ideia mítica da Academia. Achavam que eu ia abandoná-los, entrar num outro universo"[73]. Com efeito, certas cartas desse período exprimem esse misto de reticência, constrangimento e, sobretudo, incompreensão. O que vai fazer Lévi-Strauss nesse vespeiro? Pergunta feita, mais ou menos explicitamente, com bastante delicadeza, por Michel Leiris, que todavia recusa contribuir para a compra da espada do novo acadêmico: "Gaston Palewski de um lado e Claude Tardits de outro haviam me colocado numa situação que – em se tratando do senhor – era bastante desagradável para mim: comunicar a não participação e dar assim à minha abstenção uma conotação ligeiramente polêmica, quando eu desejava que ela fosse coisa previamente entendida e tacitamente acertada. Decerto minha neutralidade comporta uma pequena marca crítica, mas que se limita essencialmente a isto: sinto pelo senhor admiração demais para não julgar que, entrando na Academia, estará lhes concedendo uma honra além da conta!"[74]. No *Nouvel Observateur*, é o mesmo argumento, repercutido por Jean Daniel: "A Academia tem tudo a esperar de sua candidatura e o senhor, nada, pois sua entrada em meio aos 40 só poderia enaltecê-los sem nada acrescentar à sua glória"[75]. A impetuosa Catherine Backès-Clément, então membro do partido comunista, se exprime com mais franqueza: "Pois, compreenda-me, não é a instituição que constitui problema. Nenhum marxista poderia dizer isso. É o contexto atual, reforçado pela orientação cultural recente; são aqueles com quem necessariamente o senhor deve conviver e que parecem, literalmente, indignos do senhor. Eu lhe falava de ameaça à minha geração; ela emana cada vez mais de declarações de acadêmicos. Sem dúvida, convém justamente pesar no outro sentido e, para fazê-lo, tomar posse. Mas qual é a eficácia real desse lugar e do senhor nesse lugar? Minha pergunta não é verdadeiramente reticente, e sim prenhe de nossas inquietudes. E é uma verdadeira pergunta: pretendo não respondê-la e que ela fique posta para o futuro"[76].

Por que ele? Por que ela?

Elegendo Lévi-Strauss, a Academia escolhe uma solução de ruptura, uma maneira elegante de dar um sucessor a um grande escritor, autor de *A rainha morta*, de *As moças*, que por ter caído num relativo purgatório representava na época o *nec plus ultra* das letras francesas do pré-guerra, um artista do estilo cujo gêmeo, com sua mistura de *Grand Siècle* e infâmia política, Paul Morand, sentava-se ao seu lado. É também, para a Academia, com dificuldade de renovar-se, uma introdução das ciências humanas em seu seio, pois, como ele lembrará na primeira frase de seu discurso de recepção, Lévi-Strauss é o primeiro etnólogo a ser admitido nessa companhia. Podemos avaliar o que, em período de maré baixa, para falar como Druon o fez francamente com Lévi-Strauss[77], o Quai Conti tinha a ganhar com a chegada de um grande intelectual que, imprevisível em tudo, não considerava ridículo e deslocado ir deblaterar com outros 39 velhos cavalheiros sobre o sentido e a definição das palavras. Nenhum outro intelectual de sua têmpera teria sequer considerado tal proposta senão como uma piada, sobretudo nesse início dos anos 1970.

Para Lévi-Strauss, ao contrário, embora não a tenha desejado, a Academia se oferece a ele com uma agradável sensação de *kairos*: "Senti que havia chegado o momento"[78]. Em seu discurso de recepção, ele invoca a sedução, como absolutamente natural para um etnólogo, das "concreções históricas"[79], isto é, instituições que, por sua longevidade, são a própria ossatura das sociedades. Essa escala de vários séculos, embutida na Academia Francesa, constitui uma invariante de nossa história moderna e contemporânea. Como dirá a Braudel, entronizado em 1985, Lévi-Strauss responde ao "apelo da longa duração"[80], juntando-se a uma das raras instituições francesas tricentenárias. É também um engajamento cidadão ao mesmo tempo derrisório e solene, que Lévi-Strauss expõe ao relatar uma de suas recentes viagens à Colúmbia Britânica, alguns meses antes, que o fez assistir a um ritual de iniciação noturna: "Aquela noite indígena teria bastado, caso necessário, para me fazer compreender e admirar que, a despeito das cisões de nossa sociedade, quarenta pessoas aceitem esquecer o que talvez as separe para formar uma comunidade cujos membros pretendem permanecer fiéis a alguns valores bastante simples: o amor à sua língua, o respeito à sua cultura e a antiquíssimos costumes que os séculos lhes legaram. Venho aos senhores, cavalheiros, igual a esses velhos índios que conheci, determinados a testemunhar até o fim pela cultura que os fez, ainda que esta esteja abalada e a alguns agrade dizê-la condenada"[81]. Apaixonado pelos rituais e pelas causas perdidas, Lévi-Strauss entremeia seu discurso com outros indícios: acadêmico, escapa à morte social que é a aposentadoria mediante uma imortalidade *ante mortem* (mais que *post-*, pois esta nunca está assegurada). Maneira de preparar uma vida pós-Collège de France perenizando um encontro semanal (as sessões de quinta-feira) a cujo respeito sabemos que Lévi-Strauss foi fiel até o fim. Mais seriamente, o etnólogo refere-se mais de uma vez à sua falta patente de sentimento de identidade pessoal[82]. Na realidade, o que lhe proporciona a Academia é, no plano horizontal, o "princípio de constância"[83], e, no plano vertical, a "exigência de filiação"[84], uma dupla dissolução do indivíduo no corpo acadêmico, de um lado, e na genealogia de uma cadeira, do outro (a de número 29 para ele). O acadêmico não existe de outra forma senão no cruzamento desses dois eixos, como um lugar que, uma vez morto, outros se encarregarão de ocupar. É, ao mesmo tempo, uma maneira de se construir institucionalmente e se livrar do fardo de existir individualmente. Por fim, essa instituição, segundo o etnólogo, "condensa uma superfície como volume. Ela estreita as distâncias, aproxima de maneira imprevista famílias de espíritos e indivíduos"[85]. Não resta dúvida de que entra aqui uma vontade de evasão, de ir ao exato oposto dos meios universitários, da etnologia, das ciências sociais e da esquerda intelectual, que constituem sua sociabilidade natural. Evocando Montherlant, ele não descreve a si próprio ao citar o escritor quando discorre sobre a "volúpia singular que às vezes sente jogando contra seu campo"[86]? Ao entrar na Academia Francesa, é exatamente isso que faz Lévi-Strauss.

O último elemento e o mais evidente é a devoção à língua. Descrevendo o tradicionalismo formal de Montherlant, sua "linguagem forte", sua maestria soberana, Lévi-Strauss conclui: "Temos o dever de tentar manter a língua nesses píncaros"[87]. Muito mais tarde, tentará explicar a um jornalista norte-americano, bastante sarcástico, o sentido daquela assembleia exótica que simboliza o prestígio literário nacional e não tem outra função senão a tutela sobre o vocabulário e a pureza da língua: "O dicionário é apenas a parte visível da função da Academia. Mas ela tem um papel simbólico. Como confraternização (*honorary confraternity*) ela atesta a afeição que a nação francesa tem por sua língua. Podemos aliás igualmente nos dar conta disso por outro viés. Observem todo o circo que se faz aqui para mudar (*all the fuss they make here about changing*) a ortografia de uma palavra. Os senhores raramente veem isso em outros países. Tomem os Estados Unidos. Os norte-americanos abusam de sua língua, adotando termos como '*thru traffic*'. Não penso que os norte-americanos respeitem sua língua. Para eles, é simplesmente um instrumento que adaptam em função de suas necessidades e utilizam com liberdade total. Isso é ruim? Não, não necessariamente. É o que dá seu sabor ao inglês norte-americano. Há constantemente palavras novas, uma incrível criação de novas palavras e expressões. Mas é uma atitude completamente diferente da nossa"[88].

Por fim, todas essas razões explícitas e implícitas levam Lévi-Strauss a considerar mais alegremente sua chegada a esse grupo de velhas esfinges, uma espécie de clube inglês cuja homossociabilidade hipócrita devia lembrar ao etnólogo as serenas atividades da "casa dos homens" entre os bororos[89].

"Lévi-Strauss vai reestruturar a Academia"[90]

A cerimônia de recepção acontece em 27 de junho de 1974. No verão anterior, Lévi-Strauss leu todo Montherlant. "Não é desprezível"[91], ele diz a Chiva. Quem deve recebê-lo sob a Cúpula é seu ex-adversário Roger Caillois, que atacara *Raça e história* num ácido artigo de 1954[92]: "Fiquei sabendo que ele me apoiava. Isso me tocou; uma vez eleito, pedi-lhe que me recebesse, dizendo-lhe: 'A única maneira de lhe agradecer é dar-lhe a última palavra'. Ele fez alguns ademanes, depois aceitou"[93]. O imutável ritual acadêmico e civilizado será ligeiramente abalado por um discurso espantoso, de grande qualidade literária, como reconhece Lévi-Strauss, a quem Caillois encaminhou seu texto para ser lido antes, segundo o costume de praxe: "A língua é soberba, e acho-o transbordante de poesia, charme, alegria até, o que não é um mérito banal sobre um tema tão rebarbativo"[94]; qualidade literária à qual todavia se acrescenta uma crítica áspera (e em parte redundante com relação à feita quase vinte anos antes) daquele do qual supostamente se espera fazer o elogio. Daí a surpresa e o perfume de escândalo dessa recepção um pouco diferente das outras.

Nesse ínterim, Claude Lévi-Strauss dirige-se ao alfaiate Moreau, no bulevar Malesherbes, para provar seu fardão de acadêmico[95]. Filmado e entrevistado por Jean-Claude Bringuier, vemo-lo entregue à sua paixão pelos costumes e rituais. O rigor e a minúcia no cerimonial são de praxe. Sua esposa, ressabiada, se inquieta: "Será que abriram bastante a cava das axilas?"[96]. Os motivos dos bordados foram escolhidos segundo um modelo antigo de folhas invertidas. A capa pesa três quilos, e, com o bicorne, o total perfaz pelo menos quatro quilos de roupa... Ele se contempla no espelho, um fugaz sorriso no canto dos lábios: "Acho que deveríamos nos vestir com mais alegria. Afinal de contas, é uma das raras ocasiões em nossa sociedade em que um homem pode se vestir de mulher"[97].

Portanto, é empenachado como um cavalo que ele se apresenta, em 27 de junho de 1974, para uma cerimônia à qual comparecem, além do público habitual do Quai Conti, e em meio a generais, velhos políticos, escritores e mulheres da sociedade, os membros do Laboratório de Antropologia Social, alguns deles exibindo uma braçadeira negra em sinal de luto! O discurso de recepção de Claude Lévi-Strauss dirige-se primeiramente a eles e, em seguida, aos acadêmicos: "Eu lhes explicava"[98] por que a iniciação acadêmica não diferia daquela vigente nas sociedades estudadas pelos etnólogos. "Igual aos iniciados cobertos até os pés com uma grossa túnica que aparentam reaprender a andar e arriscam os primeiros passos de sua nova vida testando o solo com um cajado eriçado de pontas que lembra um para-raios, eis-me igualmente vestindo uma farda especial, misto de couraça e adorno, e equipado com uma arma, ambas apropriadas para defender seu portador contra os malefícios de origem social ou sobrenatural a que são expostos aqueles que mudam de estado. Vejo-me cercado pela solicitude de dois padrinhos, comparáveis àqueles que os índios, em busca de equivalentes modernos para seus costumes, chamam hoje de *baby-sitters*: prepostos na guarda dos noviços relegados à condição infantil. Como na grande casa cerimonial onde eu me encontrava então – lá, retangular em vez de redonda –, eu ouvi há pouco o toque dos tambores, que, de construção diferente, estimulam aqui e lá o iniciado a proferir seu canto. Aqui, esse canto é chamado de discurso, porém, dando-lhe como tema um elogio, a tradição dos senhores não quereria que ele me seja inspirado pelo meu ilustre predecessor, desempenhando junto a mim o papel de espírito guardião?"[99]

Esse longo paralelo entre a tribo das fardas verdes e a dos selvagens, entre a nova existência acadêmica e o renascimento dos adolescentes iniciados, entre os padrinhos do novo membro e os "*baby-sitters*" era ao mesmo tempo esperado, partindo dele, e muito engraçado, de uma afetuosa irreverência para com velhos senhores cobertos de honrarias e um pouco convictos demais de seus talentos. Ao mesmo tempo que joga o jogo, Lévi-Strauss acrescenta algumas impertinências a esse preâmbulo insólito: "As instituições não valem num dado momento o que valem os indivíduos que as compõem". Felizmente para a Academia Francesa, respingada de ilegitimidade depois de Vichy, em razão do comportamento manifestamente colaboracionista de vários de seus membros[100]. Lição de sociologia, essa afirmação é igualmente uma advertência para a atualidade da cerimônia: Lévi-Strauss não pretende juntar-se aos acadêmicos de 1974, mas ocupar seu lugar, como um pião, na duração de uma instituição que ele contribuirá assim para perpetuar.

O restante do discurso é um elogio de Montherlant. Nele percebemos, se nos dispusermos a espichar os ouvidos, uma espécie de autorretrato oculto. Ou talvez Lévi-Strauss fosse buscar no escritor aquilo que, não encontrando em si mesmo, julgou por bem se dar. Em todo caso, o Montherlant de Lévi-Strauss é "o incomparável restaurador" do grande estilo, aquele que vai de Bossuet e Saint-Simon a Rousseau e Chateaubriand. Sua existência confirma ainda ser possível escrever um francês sublime; o escritor cativa o etnólogo por uma disjunção das temporalidades que lhes é comum: Lévi-Strauss declara ser um homem do século XIX; Montherlant também quis viver fora do seu século, e até mesmo duplamente: "Ele não recomeça apenas a Antiguidade, recomeça o século XVII que recomeça a Antiguidade". Esse "deslumbrante resgate" literário combina com o quixotismo de Lévi-Strauss. Encantam-no igualmente a imprevisibilidade de Montherlant, suas contradições, suas alternâncias, o que ele chama de seu "dioscurismo", negando-se a ver nessa propensão à volubilidade uma das bases de seu comportamento político "complacente" durante a Segunda Guerra Mundial – que ele omite, da mesma forma que não menciona sua homossexualidade. A ética de Montherlant – "a dileção dos seres [...] e o desprezo dos homens" – e sua elevada moral – "recusando todo sentido à vida, impomo-nos a nós mesmos a tarefa rude, mas consequentemente inevitável, de lhe dar um" – ressoam com um eco tipicamente lévi-straussiano. O privilégio que atribui à personalidade de Montherlant de ter sempre sabido "governar [a si] mesmo" é igualmente um ideal que ele sem dúvida trasladou para o prédio da Academia, onde ninguém o esperava. E certamente, tampouco, nem as braçadeiras negras nem a jovem geração que abraçou o estruturalismo nos anos 1960.

Em sua conclusão, Lévi-Strauss dá a palavra ao predecessor de seu predecessor, um de seus ancestrais anjos da guarda da cadeira 29, Ernest Renan, cujo espírito tutelar condiz particularmente com essa fase da vida intelectual francesa e da de Lévi-Strauss: "O meio de ter razão no futuro é, em certas horas, saber se resignar a ser antiquado"[101]. Essa declaração altaneira de uma forma de obsolescência é a grande força de Lévi-Strauss durante essa década crítica. Se o acesso ao Quai Conti o direitiza inelutavelmente no campo intelectual e político, o exílio anunciado não se produz. Ao contrário de Raymond Aron, que, durante a mesma década, perde a posição dominante que conquistara sobre a sociologia francesa, Lévi-Strauss permanece, mesmo atacado, o líder da etnologia nacional e internacional. O refluxo do estruturalismo encontra-o solidamente instalado em seu laboratório no Collège de France, rodeado por uma equipe de etnólogos dentre os quais nenhum é verdadeiramente um discípulo, mesmo infiel. Não tendo reestruturado o LAS, ele tampouco reestrutura a Academia, como profetizava o jornalista do *Canard Enchaîné* por ocasião de sua eleição. Ao seu "dioscurismo" juntam-se agora seus dois lados, o Collège de France e a Academia, que, historicamente, embora possam às vezes se cruzar, representam ambições e itinerários distintos da cultura francesa – mesmo rivalizando em antiguidade.

O estruturalismo saiu de moda. Ponto-final. Seu chefe oficial faz um gesto de provocação elegendo-se entre seus adversários do *bel esprit* francês. Com isso, produz-se uma espantosa metamorfose, como se, progressivamente, o impetuoso (embora austero) teórico estruturalista parisse um intelectual sonhador e melancólico, apaixonado por usos e costumes, um velho sábio zen que vai dominar a cena intelectual nos anos 1980. Aliás, fica bem claro no discurso de Roger Caillois que é o segundo, e de forma alguma o primeiro, que é bem-vindo sob a Cúpula.

Constantemente enclausurado entre a rua des Écoles e o cais Conti, Lévi-Strauss concede-se algumas viagens para ver o vasto mundo. À sua geografia afetiva acrescenta-se um novo tropismo: a Colúmbia Britânica e, mais genericamente, o Canadá. Várias visitas pontuam, entre 1973 e 1975, essa descoberta sob forma de reencontro com um país, uma paisagem e uma mitologia que ele volta a percorrer – eles já estiveram no centro do último tomo das *Mitológicas* –, mas de outra forma, num livro em que o antropólogo interroga o enigma de algumas máscaras, ocas e protuberantes, da costa noroeste do Pacífico. E com elas explora pela primeira vez a via estética como uma das ambições e finalidades da análise estrutural.

O CAMINHO DA ARTE

A Colúmbia Britânica é uma região litorânea espremida entre o oceano Pacífico e uma cadeia de montanhas, do outro lado da qual se estende o imenso planalto do rio Colúmbia até as Rochosas. É uma área habitada desde tempos remotos, como atestam inúmeros vestígios arqueológicos: uma centena de pequenas tribos (entre as quais, do norte ao sul, tlingit, tsimshian, haida, kwakiutl[102], bella coola, nootka, salish...) se estabilizou ali, desenvolvendo uma grande diversidade de línguas, organizações sociais e culturas, bem como uma espantosa vitalidade nos estilos de vida e na produção estética e religiosa. Tal como Boas e seus discípulos as descobriram no início do século XX, é um sonho de etnólogo! E, de fato, a Colúmbia Britânica opera desde então como um laboratório da antropologia americanista, antes de se tornar um de seus mais importantes lugares de memória.

Um itinerário mítico

"Os povos que residem [na costa norte do Pacífico] há milênios, bem como suas instituições sociais e arte, ocuparam um lugar essencial em minha reflexão teórica, e devo-lhes profundas emoções estéticas."[103] Assim se exprime Claude Lévi-Strauss em junho de 2000, entrelaçando numa frase diversas questões que fazem do período canadense mais um núcleo da vida e da obra do etnólogo[104]: questão teórica para uma antropologia estrutural que ali encontrou materiais aptos à comparação significante com os dados amazônicos; sozinhas, essas duas bases documentais terão amarrado a análise estrutural dos mitos a uma realidade empírica que não tardarão a lhe negar. Nessa curiosidade teórica, contudo, incrusta-se uma inseparável emoção artística que interroga o papel desta última na invenção científica e coloca a questão da estética no âmago desse périplo físico e mental. A arte da Colúmbia Britânica acompanha a vida de Lévi-Strauss desde seus anos nova-iorquinos até seu último livro, *Olhar Escutar Ler* (1993), que termina com um texto dedicado à figura do artista ameríndio. Como observa com pertinência Marie Mauzé, Lévi-Strauss recicla um parágrafo de um artigo de 1943 que já abordava a arte da costa noroeste, e assim "reitera o efeito de fecho"[105] biográfico.

Na realidade, embora o encontro com a Colúmbia Britânica se efetue entre 1973 e 1975, ele já se dera muito tempo antes à maneira de um eletrochoque emocional, uma dessas "revelações" que criam paixões de longo curso.

Tudo começou em 1939, com um cachimbo haida de argilito com forma trapezoidal que Lévi-Strauss, de volta do Brasil, adquire na galeria André Le Véel. Os ornamentos mitológicos do objeto atraíram seu olhar. A confrontação magnética com os objetos, formas e cenários da Colúmbia Britânica renova-se alguns anos mais tarde, em Nova York, por ocasião de uma visita à sala central (concebida por Boas) do American Museum of Natural History. O relato que Lévi-Strauss faz na época e permanecerá inédito até sua publicação como abertura de *A via das máscaras* de fato descreve uma sessão de feitiçaria: "Existe em Nova York, escrevi em 1943, um lugar mágico onde os sonhos de infância marcaram encontro; onde troncos seculares cantam e falam; onde objetos indefiníveis espreitam o visitante com a ansiosa fixidez dos rostos; onde animais de uma gentileza sobre-humana juntam suas patinhas como se fossem mãos, implorando o privilégio de construir para o eleito o palácio do castor, de lhe servir de guia ao reino das focas ou de lhe ensinar, num beijo místico, a linguagem da rã ou do martim-pescador"[106]. A continuação do texto descreve uma experiência de confrontação física com os objetos, em especial as máscaras, o estado de medo ou pavor que provocam atestando sua ligação íntima com o sobrenatural. "Sacudindo a placidez da vida cotidiana, essa mensagem primitiva permanece tão violenta que o isolamento profilático das vítimas não consegue, ainda hoje, impedir sua comunicação."[107] O Museu de História Natural e a sala da costa noroeste permanecem, para Lévi-Strauss, uma verdadeira cena primitiva, diferentemente de Boas, que estudava essa arte sem particular apreço: "São índios como os outros!", ele dissera um dia, pouco inclinado a hierarquizar as culturas indígenas. Ao contrário dessa atitude, Lévi-Strauss demonstra uma verdadeira paixão pela estética dessas tribos, das quais alguns objetos serão para ele companheiros de vida: por exemplo, a máscara de libélula tsimshian, um dos objetos vendidos em 1951 e hoje no pavilhão das Sessions do Louvre, um elmo de guerra tlingit (comprado de Max Ernst em Nova York, quando este último, separado de Peggy Guggenheim, estava em apuros financeiros), uma capa cerimonial chilkat e uma maça haida, que figurava nas estantes de sua biblioteca[108].

São esses "pilares vivos" (isto é, mastros totêmicos) e corvos canibais, pescadores de salmão e a ogra Dzonokwa que Lévi-Strauss encontra por ocasião de duas temporadas em Vancouver, que não são, a rigor, nem trabalhos de campo nem simples eventos universitários. Em fevereiro de 1973, o antropólogo francês é convidado pelo Vancouver Institute da Universidade da Colúmbia Britânica a ministrar um seminário de uma semana. Um filme mostra-o manipulando máscaras e comentando-as diante dos estudantes e colegas reunidos[109]. Em julho de 1974, volta com mulher e filho, reservando-se dez dias para viajar num "*camper*" com capacidade para acomodar três pessoas e percorrer centenas de quilômetros por dia. O itinerário leva os Lévi-Strauss até o norte da ilha de Vancouver, depois a Alert Bay na minúscula ilha de Cormorant (um dos santuários da cultura kwakiutl), e de balsa até Prince Rupert, antes de descer novamente para o sul, percorrendo o vale do Skeena e do Fraser – objetivo íntimo da expedição, que corresponde à paisagem mítica da gesta de Asdiwal, jovem chefe tsimshian pescador de salmão que era o personagem central de uma série de quatro variantes de um mito recolhido por Boas e estudado por Lévi-Strauss. No artigo de 1956 que lhe é dedicado, fez dele uma verdadeira lição de método para a análise estrutural. Compreende-se então o *status* singular dessa viagem, vivida como uma "peregrinação" por itinerários míticos que, mais cedo em sua vida, ele detectou, identificou e discutiu[110]. É, aliás, o termo que ele emprega ao narrar seu périplo a Isac Chiva: "Nossa excursão pela Colúmbia Britânica transcorreu admiravelmente: espetáculos feéricos e peregrinações comovedoras aos kwakiutls, tsimshians (onde percorri o itinerário de Asdiwal), thompsons e lilloets. Volto deslumbrado, enriquecido, esgotado também, pois, mesmo dividindo o volante, mais de 2,2 mil quilômetros de '*camping car*' – isto é, um caminhão de

3,5 toneladas com um habitáculo em cima impedindo a visibilidade traseira – é um desafio para os nervos"[111].

São verdadeiros reencontros do espírito com as paisagens extraordinárias do vale do Skeena, do Naas ou do Frazer que sobredeterminam a emoção de um viajante qualificado um tanto insensivelmente de "galáctico"[112] pela imprensa local, ávida por endeusar esse cientista *gentleman* procedente de Paris. Na realidade, essa excursão do outro lado do espelho (dos mitos) garante e renova o "laço quase carnal"[113] com sociedades ameríndias que não disseram sua última palavra.

"*We Kwakiutl*": a guinada canadense

Pois há uma coisa que Lévi-Strauss sem dúvida não considerara ao preparar sua viagem pela costa noroeste: a revelação de uma arte e de uma comunidade de índios canadenses com uma inesperada vitalidade, o que o leva a conjugar a Colúmbia Britânica no presente.

Já em 1973, ele se beneficiara do raro privilégio de assistir a uma *guardian spirit dance* entre os musqueam salish da periferia de Vancouver. Os índios, em contato diário com a cidade grande, vestem-se à moda ocidental, longe de encarnar qualquer integridade cultural imaculada. Mesmo assim, Lévi-Strauss presta "uma homenagem vibrante a uma cultura necessariamente híbrida"[114] que integra parcelas de modernidade, mas conserva as tradições. No ano seguinte, encontra chefes índios: a filha de um deles, Gloria, que é igualmente assistente-curadora no Museu de Antropologia de Vancouver, envia-lhe algumas latas de conserva de gordura de peixe-vela* ("*tlina*"), peixe seco (para mergulhar dentro), bagas, um salmão-vermelho ("*Nimkish River sockeye*") "que nós kwakiutls", ela acrescenta, "com a arrogância que nos caracteriza, consideramos o melhor" ("*which, with typical arrogance, we kwakiutl know to be the very best*"). Essa tomada de palavra na primeira pessoa do plural subverte algumas das coordenadas mais bem-estabelecidas do sistema mental de Lévi-Strauss. Ele descobre com estupor que, como apontará mais tarde Catherine Clément, "ao contrário de seus tristes pressentimentos tropicais, as culturas 'selvagens', martirizadas pela expansão colonial ocidental, não estavam todas mortas. Melhor: elas renasciam, altamente inspiradoras de uma arte contemporânea nova"[115].

Com efeito, Lévi-Strauss relata: "Foi visitando não somente os sítios, como os próprios agrupamentos indígenas, que descobri o que não era uma novidade para os locais: o renascimento prodigioso de uma arte da qual não

---

* *Thaleichthys pacificus*. [N.E.]

posso dizer que tinha desaparecido completamente, mas que – digamos entre 1920 e 1960 – fora perseguida, oprimida pelos missionários, pelas autoridades administrativas canadenses, que proibiam as cerimônias e confiscavam todos os tesouros de famílias que são as máscaras, as caixas, os cobres decorados etc., que representam o tesouro ancestral das casas nobres"[116]. Com efeito, a partir de 1951, a proibição do *potlatch* foi suspensa. Nos anos 1960, tem início um renascimento artístico dos *Native Americans*, diagnosticado em 1965 pelo etnólogo e historiador da arte Bill Holm, que escreve um livro fundamental sobre a *Northwestern Coast Indian Art*[117], conferindo a essa arte de duas dimensões seu vocabulário – a "*form line*", linha sinuosa – e suas cartas de nobreza. Esse livro torna-se uma verdadeira bíblia para os artistas indígenas. Entre estes, Lévi-Strauss tem um encontro fundamental com Bill Reid (1920-1998), um dos exemplos mais fecundos do desabrochar de uma arte autóctone contemporânea.

Nascido canadense de mãe haida e pai de origem escocesa e alemã, Bill Reid morreu "índio", beneficiando-se da nova emenda de 1982 que restituía o *status* de índio a uma criança nascida de mãe autóctone e pai euro-canadense[118]. Esse sincretismo biográfico encontra-se numa arte inteiramente oriunda de uma combinação de técnicas europeias – a ourivesaria e a joalheria – e da inspiração indígena nos motivos e, às vezes, no material (o cedro de seus baús). Lévi-Strauss fica deslumbrado com aquela profusão de talentos: "Devemos a Bill Reid, artista incomparável, ter cultivado e ressuscitado uma chama prestes a se extinguir. Isso não é tudo: pois, com seu exemplo e ensinamentos, Bill Reid suscitou um prodigioso florescimento artístico, cujo espetáculo desenhistas, escultores e ourives indígenas da Colúmbia Britânica oferecem hoje a nossos olhos maravilhados. [...] Com o mesmo talento de seus precursores conhecidos e desconhecidos, Bill Reid cobre toda a extensão do espectro em que estes souberam se exprimir: desde as esculturas de madeira monumentais até as preciosas joias de ouro e prata, passando pela decoração mural, cujo espírito, em escala reduzida, suas estampas em vermelho e preto perpetuam tão bem"[119]. Bill Reid tinha muitos trunfos para seduzir Lévi-Strauss. Por sua própria existência de artista, ele encarna esse renascimento tão prenhe de promessas para o antropólogo, não só no que concerne ao destino dessas comunidades, como à arte contemporânea em geral. Sem hesitar, Lévi-Strauss enxerga aí uma importante fonte de revitalização. A propósito, teria adorado que sua espada de acadêmico fosse trabalhada por Bill Reid. Sendo os prazos muito curtos, mesmo assim consegue que ele confeccione um medalhão de gravata. O artista canadense consulta frequentemente livros de etnologia para deles copiar motivos antigos desaparecidos, aos quais dá vida nova. Essa passagem de bastão entre a busca etnológica e o gesto artístico era uma resposta exemplar ao processo de "etnocídio" impetrado contra a etnologia na mesma época. Ao legitimarem Bill Reid, os etnólogos, bem como a instituição museológica, desempenharam papel importante na integração de artistas indígenas à cena artística, encomendando-lhes obras, financiando-lhes "residências" e, mais globalmente, cofabricando com as comunidades locais um patrimônio comum oriundo de uma história não raro violenta, mas partilhada. É igualmente esse papel histórico e político que Lévi-Strauss sanciona ao aceitar, em novembro de 1975, o convite para inaugurar a nova galeria que o Museu do Homem de Ottawa consagra à exposição de objetos provenientes do mundo indígena da costa norte do Pacífico, "The Children of the Raven" [Os filhos do corvo] – fazendo alusão a um mito fundador dos haida.

O que despontou inesperadamente nesse momento canadense foi um registro inédito do entusiasmo pela glorificação de uma arte que, de certa maneira, arrasta todo o resto, atestando um mundo afinal habitável – como se a sensação de melancolia de Lévi-Strauss fosse (momentaneamente) suspensa. O lamento fúnebre que acompanha a etnologia como resgate é guardado no armário: a etnologia poderia ser a ciência não dos "primeiros" e tampouco dos "últimos" homens, mas de novos primeiros homens. O encontro entre o etnólogo ocidental e o artista indígena (ou que se reconstruiu como tal) volta a lançar Lévi-Strauss num campo de ação possível. Ele está atento ao que está em vias de se inventar no Canadá nesses anos 1970, um novo modelo de relações entre o Estado moderno e os povos autóctones, e passa a ser um apoio indefectível da causa das *Kwakwaka'wakw First Nations* até sua morte. Na biografia de Lévi-Strauss, a "guinada canadense" troca a estética romântica da ruína por uma visão mais otimista de manhãs que poderiam – quem conhece o futuro? – voltar a cantar.

A via das máscaras

Em 1975, como oferenda a esse torrão que lhe é caro, Lévi-Strauss publica um livro de luxo em dois volumes intitulado *A via das máscaras* e dedicado, como o título indica, a uma investigação de determinadas máscaras da Colúmbia Britânica que, durante os últimos trinta anos, vêm perseguindo-o em seu encantamento. Essa obra constitui a primeira do que ele chamará mais tarde de suas três "pequenas mitológicas": *A oleira ciumenta* e *História de Lince* virão em 1985 e 1991. Disponíveis no volume da Pléiade publicado em 2008, esses três trabalhos veem-se doravante agregados de um valor e uma significação que sua modéstia aparente, no tamanho e no propósito, não lhes afiançava. O que representam esses textos na economia global da obra? Que *status* lhes atribuir? Muitos leitores e especialistas concordam em não ver neles meras introduções (ainda que possam exercer tal função) e menos ainda simples refugos. O interesse hoje deve-se à forma inédita que neles se inventa e na lógica luxuriante da produção intelectual de Lévi-Strauss. Frédéric Keck fala de "arrependimentos"[120] no sentido pictórico. Com Lévi-Strauss, nada nunca está fechado. Eduardo Viveiros de Castro aponta a recorrência do seguinte motivo retórico: "Isso não é tudo"[121]. Como se a in-terminabilidade da análise dos mitos contaminasse toda a sua escrita. Assim, "o fechamento dos quatro volumes [das *Mitológicas*] não dava a palavra final"[122]. Após o estouro operístico da tetralogia, eis uma *detective-novel* com um enigma inicial, alguns indícios e a solução pacífica do problema: por que os órgãos das máscaras norte-americanas são ora protuberantes ora côncavos? O próprio autor realiza a pesquisa num campo que ele conhece bem, ministrando uma verdadeira lição de estética que recusa as categorias da arte ocidental.

A documentação do livro é oriunda de um ano de curso no Collège de France em 1971-1972. Lévi-Strauss se interessa pela homogeneidade de um grupo restrito de mitos da Colúmbia Britânica, que ele correlaciona com certas máscaras, bem como com a produção e o comércio do cobre, fonte de riqueza e prestígio para as sociedades ameríndias da costa noroeste. A proposta editorial veio de um homem que Lévi-Strauss aprecia: Gaëtan Picon. Esse professor universitário e ensaísta prolífico, íntimo de Malraux, a quem dedicou um de seus livros, foi em seguida diretor-geral das artes e letras no Ministério dos Assuntos Culturais entre 1960 e 1966[123]. É amigo de inúmeros poetas e pintores, que ele solicita para a coleção que dirige para a editora suíça Skira, Les Sentiers de la Création. Os livros da coleção são volumes elegantes, cujas reproduções, tipografia e todo o aparato iconográfico são objeto de grande esmero. Lévi-Strauss não titubeou em integrar essa prestigiosa coleção, que tinha tudo para seduzi-lo: "*Sentier* [atalho] me fez pensar em *voie* [via, caminho]"[124]. E assim nasceu *A via das máscaras*, num momento de intensa curiosidade pelas artes indígenas – que ainda não se chamavam artes primeiras.

No entanto, *A via das máscaras* não se resume ao *beau livre*, que também é. Sempre erudito, preciso, o antropólogo prossegue sua demonstração da validade da análise estrutural, aplicada, pela primeira vez, a objetos plásticos. Como os mitos, as máscaras não são inteligíveis quando consideradas isoladamente. Só adquirem seu sentido se relacionadas num sistema de transformações (junto com outras máscaras), por sua vez conectado ao contexto etnográfico local. Assim, à pergunta: por que essa máscara *swaiwhé* dos salishs com olhos exageradamente protuberantes e a língua pendente é tão especial, tão singular comparada às outras máscaras que a cercam? Isto será respondido por uma confrontação com outros dois tipos característicos de máscaras. A máscara *dzonokwa* dos kwakiutls aparece como a exata contramáscara da primeira: olhos fundos, boca com os lábios comprimidos, cor negra e dotada de pelos; e a máscara *xwéxwé*, que reproduz as características da máscara *swaiwhé*, mas é detida pelos kwakiutls, opondo-se igualmente, de maneira plástica, à máscara *dzonokwa*. O livro faz dialogar formas estéticas com economias e mitos, salvaguardando uma autonomia relativa da lógica das formas, mas apenas relativa, pois, em Lévi-Strauss, a esfera estética está sempre ligada à sociedade que abriga a eclosão; todavia, essa conexão se dá num modo que não é, como em Marx, o do "reflexo", e sim o da torção, da inversão, da ocultação. Da mesma forma que o mito *déné* da Mulher dos Metais inverte as condições reais da circulação do cobre, "a princípio uma máscara não é o que ela representa, mas o que ela transforma, isto é, escolhe *não* representar. Qual um mito, uma máscara nega tanto quanto afirma"[125]. Tal como se apresenta, *A via das máscaras* pode ser lido como "um discurso do método estrutural"[126]. Não obstante, o aparato teórico sofisticado mobilizado por Lévi-Strauss não põe em risco o poder de sedução artística. Pois, ao mesmo tempo que lhe confere razão, a análise estrutural preserva, e até reforça, a opacidade da invenção artística. Em outros termos, a arte significa sempre o mundo circundante, mas sua significação nunca está numa relação simples de analogia ou duplicação. Ela avança às escondidas.

Rumo a uma estética geral

Esse belo trabalho em dois volumes numa caixa abre incontestavelmente um novo público para o antropólogo: nele, o prazer estético se desvela mais abertamente e a demonstração estrutural, sem deixar de ser rigorosa, parece menos árida. Como resume George Dumézil, "tudo isso é festim"[127]. O amigo dos anos nova-iorquinos, Patrick Waldberg, aponta a qualidade da reprodução e o cuidado com o detalhe: "Detive-me longamente na fascinante lontra-marinha, prisioneiro de seu pequeno olho"[128]. Michel Leiris mostra-se grato a Lévi-Strauss por ter revelado "objetos de devaneio embebidos na corrente de reflexão, que, longe de frear a imaginação, induz a sonhar mais ainda"[129]. Essa revitalização da inteligibilidade pela imaginação e vice-versa é observada por outros e constitui um dos eixos da recepção do livro.

Um volumoso *clipping* denota a acolhida entusiasta de *A via das máscaras* não só na imprensa diária, como nas revistas e semanários nacionais[130]. O livro também se beneficia do período natalino. Embora apontem a mudança de forma daquele que se torna o "Sherlock Holmes da etnografia"[131], muitos jornalistas insistem sobretudo na centralidade da questão estética em seu último *opus*: em que medida a arte é uma alavanca para resolver certos problemas da análise estrutural? Ou para colocar de maneira fecunda questões pouco abordadas, como a temporalidade das estruturas? *A via das máscaras* seria em si mesmo uma etapa suplementar na construção de uma estética que, pela primeira vez, foi formulada nas entrevistas radiofônicas a Georges Charbonnier em 1959[132]? A arte sempre acompanhou o trabalho do etnólogo, das pinturas faciais das mulheres cadiuéus à arte plumária dos bororos. Mas aqui as conclusões antropológicas e certos incisos do texto de Lévi-Strauss parecem dirigir-se à estética ocidental, a cujo respeito sabemos o quanto o etnólogo considera encontrar-se, há muito tempo, num impasse. Em *Le Quotidien de Paris*, o crítico de arte Pierre Daix, ex-comunista, exprime isso claramente: "Tomando um atalho, Claude Lévi-Strauss acaba de dar uma contribuição fundamental a uma estética moderna"[133].

Com efeito, como toda arte primitiva, a arte da Colúmbia Britânica é, mais que uma arte da representação, uma arte da significação. O que interessa aos índios é a relação com o sobrenatural, que, embora seja impossível de representar, é, em contrapartida, possível de significar. Para Lévi-Strauss, a grandeza dessa arte é, portanto, a figuração do que não pode ser figurado (o sobrenatural) por recomposição significante, por uma dialética entre o suporte e o motivo, que fazem de um baú de madeira decorado com um motivo de urso uma verdadeira encarnação desse urso. Dessa relação vital e dialética entre o ornamento (gráfico) e a estrutura (material) nasce a significação: o baú é uma "caixa-que-fala". Ele é o urso reencarnado dentro da casa. A arte significa... É essa "lição de inteligibilidade"[134] que é sugerida. Lévi-Strauss faz aqui um uso da arte indígena completamente diferente daquele que os artistas ocidentais fizeram no início do século XX, confrontando-se com essas formas antigas como fonte de uma nova inspiração moderna. O que significavam esses objetos, esses ornamentos, essas formas para as sociedades que os haviam produzido nunca teve a ver com Picasso, Derain ou Matisse... Lévi-Strauss procura uma significação tópica que lhe é desvelada pela análise estrutural, antes de reimportar essa verdade primeira para a modernidade artística: a exigência de significação, bem como a força de coerção das tradições, das maneiras de fazer, dos passes, das soluções já esboçadas; ao contrário da estética romântica do artista inspirado e solitário, Lévi-Strauss afirma: "Quando o artista julga exprimir-se de maneira espontânea, fazer obra original, ele responde a outros criadores passados ou presentes, atuais ou virtuais. Cientes ou não disso, nunca caminhamos sozinhos no caminho da criação"[135]. A força de subversão de tal frase está à altura da crença romântica, generalizada na arte moderna e contemporânea, no "gênio criador" que inventa *ex nihilo*.

Gaëtan Picon, diretor da coleção, é, como dissemos, amigo de Malraux. A estética deste último, exposta em alguns volumes contundentes que marcaram época – O *museu imaginário* (1947), *La Monnaie de l'absolu* [A moeda do absoluto] (1949), *As vozes do silêncio* (1951) –, constitui, sem dúvida alguma, um polo de referência no que começa a se cristalizar como estética estrutural. Decerto Malraux e Lévi-Strauss estão ambos dispostos a valorizar artes extraocidentais e a elevá-las ao patamar das maiores produções do Ocidente. A diferença reside no uso do Belo. Para André Malraux, a cultura é vivida no modo do deleite estético, um choque emocional que se opõe ao conhecimento teórico. Foi assim, aliás, que ele a pôs em prática no projeto das Casas da Cultura, preocupado em demarcá-las das iniciativas da Educação Popular e, mais ainda, do Ensino Básico[136]. Para Lévi-Strauss, ao contrário, um não prejudica o outro, o conhecimento acompanha e revitaliza a busca de sentido inerente ao prazer estético. Da mesma forma, eles se distinguem na concepção da criação e do artista: para Malraux, contam apenas a inspiração soberana e a onipotência do sujeito criador; Lévi-Strauss desconfia da grandiloquência do artista moderno (desde o século XVIII); para ele, o artista-artesão cria a partir de um substrato cultural, religioso, mítico, material e econômico que ele reorganiza por homologia ou oposição com seu mundo circundante. A intensidade estética reside na força de significação que tal intimidade promete: a arte é do mundo. Ela só se extrai dele para melhor retornar a ele.

Quatro anos mais tarde, *A via das máscaras* é reeditado num formato mais confortável, guarnecido de três apêndices em forma de "excursões" – como um último acréscimo e a verificação dessa impossibilidade de verdadeiramente fechar um dossiê. Dois deles atestam novas incursões na história: seja em razão de um novo objeto comum, a "sociedade de casas", que Lévi-Strauss vê funcionar tanto nos kwakiutls como nas sociedades medievais, seja porque ele vê nela a evolução das estruturas míticas no tempo, estudando as elaborações mais ou menos deformadas às quais a duração dá origem. Isso provoca espanto, ironia: o grande manitu de um estruturalismo a-histórico estaria então se rendendo a Clio? Na realidade, nessa metade dos anos 1970, entre os historiadores e o antropólogo vigora uma *entente cordiale*...

ETNOLOGIA E HISTÓRIA: *JE T'AIME MOI NON PLUS*

É efetivamente uma nova fase que Lévi-Strauss deslancha ao longo dos anos 1970 e 1980 em seu *pas de deux* com a história. O primeiro ato datava de 1949, com seu artigo "Etnologia e história"; o último acontecerá em 1983 com a Conferência Marc Bloch dedicada a "História e etnologia". No bojo da inversão dos termos, quase meio século de debate, contra um fundo de discussão secular mais ampla entre a história e as ciências sociais[137]. Esse novo momento do diálogo entre Claude Lévi-Strauss e os historiadores se consuma através das reflexões e pesquisas empreendidas nos últimos cursos do Collège de France, entre 1976 e 1982. Após mais de duas décadas de imersão nos mitos, ele retoma seus trabalhos sobre a antropologia do parentesco e as organizações sociais.

A noção de "casa"

No começo da segunda incursão acrescentada à reedição de *A via das máscaras* em 1979, Lévi-Strauss retraça o itinerário que o conduziu a formular a hipótese de um novo tipo de organização social: a casa. Esse itinerário passa pelos kwakiutls, um dos grupos da Colúmbia Britânica que já era objeto de certa perplexidade por parte de Boas, cuja obra constitui a base documental de Lévi-Strauss. Este último detecta em seu predecessor "hesitações", "arrependimentos", a desorientação do vocabulário etnológico clássico para qualificar um sistema em parte patrilinear, em parte matrilinear, mais uxorilocal (o casal mora com a família da esposa) mas nem sempre etc. Convém acrescentar a essa sensação de óvni etnológico o fato de Mauss e Durkheim, por sua vez, terem produzido interpretações divergentes das de Boas, que, no fim, se resigna a utilizar o nome indígena *numayn* para qualificar o que tem diante dos olhos[138]. Lévi-Strauss retoma a pesquisa nesse estágio, segundo uma lógica de escrita que agora lhe é familiar: um enigma a ser resolvido se coloca para o etnólogo, seu caráter é limitado por isso e ele, enigma, procede da retomada de um estudo deixado de lado, à margem de investigações mais profundas.

Nos anos seguintes, no Collège de France, entre 1976 e 1982, ele faz uma volta ao mundo por umas quarenta sociedades que apresentam traços similares aos dos kwakiutls, dificilmente classificáveis, pois não recortam nem a "linhagem", nem a "tribo", nem o "clã", nem a "aldeia"... No curso de 1977-1978, a Indonésia é explorada, depois a Melanésia em 1978-1979, a Polinésia em 1979-1980, a Micronésia e Madagascar em 1980-1981, e por fim a África, em seu último ano de docência no Collège de France, em 1981-1982. Contudo, para designar e compreender essa nova realidade ainda não nomeada, o deslocamento epistemológico se dá fora da comparação geográfica: "Seria preciso, para reconhecer a casa, que os etnólogos olhassem na direção da história, a da Idade Média europeia, sem dúvida, mas também a do Japão do período Heian, a da Grécia antiga e muitas outras ainda"[139]. Nesse imperfeito do subjetivo jazem a oferta e o programa de um diálogo possível entre etnólogos e historiadores.

O que recobre exatamente a noção de casa? Assim como nas casas nobres, e também camponesas, da Europa medieval, nas linhagens aristocráticas do

Japão dos Heian (séculos X-XI), nas grandes chefaturas de Fiji ou no antigo reino de Madagascar, a casa é "uma entidade moral detentora de um domínio que se perpetua por transmissão de seu nome, fortuna e títulos em linhagem real ou fictícia, julgada legítima exclusivamente com a condição de tal continuidade poder exprimir-se na linguagem do parentesco ou da aliança, o mais das vezes dos dois juntos"[140]. Essas sociedades de casa manipulam o parentesco sob duas formas, da descendência e do parentesco fictício, isto é, a aliança ou mesmo adoção: na falta de herdeiro homem, a transmissão dos títulos pode ser feita pelas filhas ou irmãs, que realizam então o que Lévi-Strauss redescobre com fascínio numa expressão medieval imagética, "a ponte e tábua"[141]. Geralmente coexistem duas linhagens de transmissão (uma para os nomes, outra para os títulos), como entre os kwakiutls. Daí as tensões e às vezes conflitos nessas sociedades, mais flexíveis, mas que aproximam princípios geralmente antagônicos de exogamia e endogamia, filiação e residência. Para Lévi-Strauss, a natureza inédita dessas organizações repousa no momento em que essas sociedades estão em vias de se abrir para a história e, como Maurice Godelier explica para criticá-lo, travestem todo tipo de manobras sociopolíticas sob os ouropéis do parentesco[142]. Lévi-Strauss formula ainda mais explicitamente sua hipótese sobre essa estrutura social: ela estaria ligada "a um estado da estrutura em que os interesses políticos e econômicos tendendo a invadir o campo social ainda não dispõem de uma linguagem distinta e, obrigados a se exprimir na única disponível, que é a do parentesco, devem inevitavelmente subvertê-la"[143]. Então, "os velhos laços do sangue" terminam por se alterar por considerações matrimoniais e estratégias familiares mais ousadas. Eis por que, na Europa medieval, a noção de casa é bem representada no topo (casas nobres, a "casa de Bourbon") e na base (casas camponesas, em especial nas zonas de montanha do sul da França) da escala social, provavelmente porque são meios mais rebeldes à evolução[144].

Esse "limiar" entre sociedades frias e sociedades quentes representado pela "sociedade de casa", segundo François Hartog, designa ao mesmo tempo o lugar de uma colaboração desejável entre historiadores e etnólogos[145]. Cada vez mais, a antropologia do parentesco vai recorrer à história e dela se alimentar. Dos kwakiutls à corte de Luís XIV, do *oustau* occitano aos yuroks californianos, revelam-se diversas "franjas de interferência"[146] entre história e etnologia. Logo, é com certa solenidade que Lévi-Strauss, em seu último curso no Collège de France, recorre a esse terreno comum das duas disciplinas, não sem insistir na inversão em marcha: não é mais para as sociedades elementares que o olhar se volta para explicar certos aspectos das sociedades mais complexas, e sim o contrário. Última subversão, que o etnólogo retomará, tal qual, na Conferência Marc Bloch, um ano mais tarde: "Já se foi o tempo em que nos voltávamos para a etnologia de maneira quase automática para interpretar costumes antigos ou recentes, cuja significação escapava, como remanescências ou vestígios de um estado social sempre ilustrado pelos povos selvagens. Indo de encontro a esse 'primitivismo' obsoleto, compreendemos melhor que modos de vida social e tipos de organização bem atestados em nossa história podem esclarecer os de sociedades diferentes, nas quais eles se nos afiguram pouco distintos e como que embaralhados, porque mal documentados e observados em períodos demasiado curtos. Entre as sociedades ditas 'complexas' e as designadas erroneamente como 'primitivas' ou 'arcaicas', a distância é menor do que poderíamos crer. Para transpô-la, convém tanto subir daquelas a estas como descer destas àquelas"[147].

"O beijo mortal da fada"

Um programa de televisão coordenado por Didier Éribon em 1988 traduz bem essa osmose entre o etnólogo e certos historiadores: cinco interlocutores, entre eles dois historiadores, Jean-Pierre Vernant e Jacques Le Goff, são convidados a descrever o impacto da antropologia estrutural sobre sua prática teórica, enquanto Lévi-Strauss, por sua vez, repercute com um comentário[148]. Nesse clima de fraternidade intelectual, Le Goff, após ter contado como Vidal-Naquet e ele mesmo haviam submetido um texto de Chrétien de Troyes, *Yvain, ou o cavaleiro do leão*, ao crivo da análise estrutural, faz uma curiosa confissão: "Lendo Lévi-Strauss, senti o beijo mortal da fada". Como se o historiador tivesse sentido um risco de diluição disciplinar pela força de sedução da antropologia estrutural. Lévi-Strauss, por sua vez, reforça: "Chegamos a um ponto em que temos a sensação de fazermos a mesma coisa". A história e a etnologia mutualizariam as experiências de que dispõem as ciências sociais em seus laboratórios específicos: os etnólogos no espaço, os historiadores no tempo.

Ficam descartados tratados leoninos (1949) – o consciente para a história, o inconsciente para a etnologia[149] – ou vigorosas contraofensivas – o artigo sobre a "longa duração" de Braudel (1958). A propósito, um número especial dos *Annales* datado de 1971 não proclama: "A guerra entre a história e o estruturalismo não acontecerá"[150]? Como aponta François Hartog, com uma pertinência divertida, isso é tanto mais verdade que ela já aconteceu[151]! As fronteiras disciplinares estão transgredidas há muito tempo: a antropologia histórica se interessa pelas bases inconscientes das sociedades, quando tenta apreender suas "mentalidades". Os historiadores por sua vez aprenderam de Lévi-Strauss a sair de sua concepção espontânea de um tempo linear, ritmado pela evolução e pelo progresso, passando a integrar a diversidade dos tempos sociais, das historicidades, e começam a fazer disso um objeto de história. Eis por que, num arroubo de entusiasmo, André Burguière podia concluir esse número histórico dos *Annales* com um horizonte de paz perpétua: "Um pouco de estruturalismo afasta a História; muito estruturalismo reconduz a ela"[152].

Ao longo de todos os anos 1970, assistimos então a uma forte antropologização do discurso histórico: a "nova história", oficialmente batizada em 1978 por Jacques Le Goff, se interessa pelos hábitos alimentares, corpos, habitações, estruturas familiares, técnicas, crenças, culturas políticas etc. Respaldados por um sucesso de público cada vez mais evidente e um não menos evidente refluxo do estruturalismo, os novos historiadores mobilizam a grade etnológica de maneira aberta, bastante eclética e predadora: para a maioria deles, são antes os objetos do que uma análise estrutural ortodoxa que eles vão procurar na etnologia[153]. Essa inversão da dominação disciplinar, futuro de uma conversão bem-sucedida dos historiadores ao questionário etnológico, não impede Lévi-Strauss de se tornar o padrinho dos historiadores no Collège de France e na Academia Francesa.

Apoia, por exemplo, a chegada de Georges Duby à rua des Écoles em 1970, de Emmanuel Le Roy Ladurie em 1973, de Jean-Pierre Vernant em 1975, de cuja apresentação ele se encarrega perante os colegas. Na Academia Francesa, onde os historiadores, tradicionalmente, são menos raros que os etnólogos, estimula a vinda de Fernand Braudel em 1984 e de Georges Duby em 1987. Com este último, cultiva uma amizade e uma afeição particulares pelas qualidades literárias do historiador, sua graça, sua ironia, sua riqueza: "Esse dom excepcional que o senhor tem de fazer reviver e tornar fraternal uma história que, sem o senhor, ficaria perdida na noite dos tempos"[154]. O elogio reiterado da fecundidade de Duby e de sua curiosidade multiforme deixa transparecer o que, em Lévi-Strauss, constitui a especificidade da história. É o escritor que ele aprecia em Duby. O "prazer literário e o interesse sociológico"[155] estão sempre presentes em seus livros, ele lhe escreve.

De Braudel, com quem convive há meio século, Lévi-Strauss admira o talento empírico, "o faro de caçador"[156], o estupendo trabalhador das fontes e aquele que, ao contrário do que se pensa, casa todas as histórias, a pequena, a média e a grande. "O senhor mostra que, entre todas as concepções da história, não se trata de escolher"[157], ele afirma ao lhe entregar sua espada de acadêmico em 19 de março de 1985. Os dois velhos cavalheiros enterram a machadinha da guerra disciplinar: "Todas as ciências do homem são alternadamente auxiliares umas das outras"[158]. A cordialidade é então profunda entre o Braudel de *A identidade da França* e o Lévi-Strauss em breve octogenário, atento à longa duração dos ritos e instituições ameaçados por sua própria sociedade. Como nada nunca é simples entre Lévi-Strauss e a história, ele não consegue se abster de terminar seu discurso com uma malícia final: "Como, à luz de suas famosas distinções, convém interpretar esse acontecimento indubitavelmente histórico que é a entrada de Fernand Braudel na Academia Francesa?"[159]. História "acontecimental" sem dúvida: a disponibilidade das cátedras, a hesitação de Braudel; história conjuntural, igualmente: um ciclo maior de representações da história e das ciências sociais se inaugura na Academia Francesa; por fim, longevidade da própria Academia, característica profunda da estrutura da identidade nacional francesa, à qual Braudel não deve ter ficado indiferente.

Essa nova função a contrapelo que Lévi-Strauss se atribui junto aos historiadores, função daquele que lembra o imponderável do acontecimento, encarna-se no ponto de vista de Jéhan, um dos personagens do ciclo dos *Homens de boa vontade* de Jules Romains, que o etnólogo gosta de citar: "De tanto reagir contra os historiadores de antigamente que resumiam tudo a casamentos de reis, caprichos de favoritas, rivalidades de ministros, pergunto-me se não fomos longe demais. [...] O que conta são os movimentos profundos da humanidade, o devir das massas, a civilização obedecendo às suas leis de desenvolvimento secular... Muito bonito tudo isso. [...] Nossa concepção moderna pode ser correta quando vemos a história do ponto de vista de Sírius ou ao longo de um período de dez séculos [...], mas, quando se trata de saber se, nesse exato momento, o tsar Nicolau dá ou não dá ao rei da Sérvia o conselho de marchar contra a Áustria, são outros quinhentos"[160]. Essa atuação de Lévi-Strauss no teatro das relações entre etnologia e história foi inaugurada por ocasião de uma cerimônia solene: a V Conferência Marc Bloch, que a École des Hautes Études en Sciences Sociales promoveu para homenagear os grandes nomes das ciências sociais, franceses ou não. A cena se passa em 2 de junho de 1983. François Furet é então presidente da École, instalada em 1975 no bulevar Raspail. A aposentadoria de Lévi-Strauss é ensejo para despedidas solenes de uma instituição da qual o antropólogo é parte integrante desde sua fundação em 1947 e que ele aureolou com sua glória. É um exercício de envergadura, pois a EHESS tornou-se o templo da nova história. Lévi-Strauss toma a palavra diante de uma plateia amplamente composta por historiadores, sob o olhar das alegorias de Puvis de Chavannes que decoram o grande anfiteatro da Sorbonne. Essa pompa não o intimida. Ao mesmo tempo que menciona a aproximação operada entre a antropologia estrutural e a investigação histórica – elas costumam ser um "casal harmonioso" –, ele opera uma inversão final provocadora: "É hora de a etnologia atacar as turbulências não num espírito de contrição, mas, ao contrário, para estender e desenvolver essa prospecção dos níveis de ordem que ela continua a considerar como sua missão. Para fazê-lo, a etnologia volta-se novamente para a história: não mais exclusivamente para essa história dita 'nova', para cujo nascimento talvez ela tenha contribuído, e sim para a história mais tradicionalista e que às vezes julgam caduca: sepultada nas crônicas dinásticas, nos tratados genealógicos, nas memórias e em outros escritos dedicados aos assuntos das grandes famílias... [...] Pois, entre a história acontecimental e a nova história – uma consignando no dia a dia os atos dos grandes personagens, a outra atenta às lentas transformações de natureza demográfica, econômica ou ideológica que têm sua origem nas camadas profundas da sociedade –, a distância não parece mais tão grande quando comparamos as sutis combinações matrimoniais concebidas por Branca de Castela e aquelas que, até em pleno século XIX, famílias camponesas começavam a arquitetar"[161]. Essa conclusão não deixa de causar efeito. Os historiadores sentem um calafrio na espinha diante do elogio da história dinástica como fonte da nova etnologia...

O paradoxo, no entanto, é que, nesse início dos anos 1980, a "nova história" está, de fato, mudando de paradigma: retorno do acontecimento, retorno à narrativa e à biografia – como em breve mostrará Jacques Le Goff com a construção da vida de São Luís. Mas, acima de tudo, é o momento historiográfico dos *Lieux de mémoire* [Lugares de memória], em elaboração no início dos anos 1980, que efetua uma saída dialética dos impasses da nova história estrutural, conectando a estrutura ao acontecimento, as invariantes históricas a uma instituição, uma data, uma fronteira, numa abordagem micro-histórica remotivada. Com isso, não surpreende muito que seja seu organizador, Pierre Nora, que deduz, não sem ironia, a moral dessa crônica semissecular, narrando as conturbadas núpcias de Claude Lévi-Strauss e da disciplina histórica. Ele lhe escreve após ter lido, previamente, o texto da conferência que pretendia publicar: "É emocionante encerrar assim o ciclo do célebre artigo de *Antropologia estrutural* [publicado em 1949] e deixar para trás, finalmente, a história que lhe foi contemporânea. O senhor terá, no fim das contas, pulado com os pés juntos da crítica da história clássica ao anúncio da futura, recicladora dos [ilegível] da 'pequena história', passando com soberba elegância por cima da história dita 'nova'. Bem jogado"[162]. A Academia Francesa logo irá figurar como uma entrada para o segundo tomo, *La Nation*, dos *Lieux de mémoire*, que Lévi-Strauss qualifica de "livro-museu" e no qual vê "uma maneira totalmente nova e original de escrever a história"[163]. Aliás, Lévi-Strauss ajudará Pierre Nora a juntar-se a ele sob a Cúpula, em 2001, depois que François Furet, falecido poucos meses após sua eleição em 1997, não passou de membro fantasma. O ciclo se encerra igualmente desse lado.

CLAUDE LÉVI-STRAUSS E AS MULHERES, DE MARGUERITE YOURCENAR A FRANÇOISE HÉRITIER

Nos sistemas de casa, Lévi-Strauss descreveu as mulheres como "operadoras de poder"[164]. Por exemplo, o clã Fujiwara no Japão do período Heian assumiu o controle dos assuntos públicos, multiplicando os casamentos estratégicos, às vezes de longe, às vezes bem de perto. Esse entrelaçamento dos cálculos políticos à causa das mulheres se encontra, em sua biografia, em dois acontecimentos estritamente contemporâneos, um dos quais contribuiu imensamente para consolidar a reputação de reacionário e misógino do antropólogo. Em 1980, Marguerite Yourcenar é a primeira mulher eleita para a Academia Francesa, enquanto no ano seguinte Françoise Héritier é entronizada como segunda professora titular no Collège de France. No primeiro caso, Lévi-Strauss se alinha no time dos adversários à chegada de uma mulher; no outro, vota na africanista, impondo-a contra todos os potenciais concorrentes masculinos. Essas posições opostas não se explicam, portanto, independentemente do que tenham dito as feministas na época e depois, por um falocratismo de geometria variável, e sim por uma apreciação diferente das instituições em questão: o Collège de France sempre foi, para Lévi-Strauss, um templo do saber em marcha e, em virtude disso, deve escolher seus membros exclusivamente em função de suas qualidades científicas próprias. Em contrapartida, a Academia Francesa, embora seja mais recente, é, na cosmologia lévi-straussiana, um órgão de desaceleração das temporalidades numa sociedade quente. Ela deve seu prestígio e solidez a um escrupuloso respeito às tradições.

A candidatura de Marguerite Yourcenar provoca uma tempestade sob a Cúpula[165]. A escritora, contudo, era bem conhecida e apreciada pelos acadêmicos, uma vez que acumulou, ao longo dos anos 1970, uma abundante série de prêmios discernidos pelo Quai Conti. O que constitui problema é o seu sexo. Legalmente, nenhum regulamento decreta a exclusão das mulheres do Instituto. Cada academia é soberana na matéria e algumas já deram esse passo. Assim que Jean d'Ormesson, em especial, começa a fazer ruidosa campanha nos jornais e salões parisienses, os acadêmicos se veem divididos em dois clãs, que não se contrapõem pelas oposições ideológicas, e sim por antagonismos geracionais[166]. Os "modernos" (os mais recentemente eleitos), apoiados pela maioria dos jornais, inclusive *Le Figaro*, posicionam-se no sentido da História, desejando adequar suas instituições às evoluções da vida social, que, desde 1945, veem as mulheres maciçamente escolarizadas e progressivamente integradas nos espaços de excelência e poder. A pressão social lhes é favorável após sete anos de giscardismo modernizador, que levou diversas mulheres aos postos ministeriais (Simone Veil, Françoise Giroud). Estranhamente, esses "modernos" usam um registro longe de ser moderno, invocando a excelência literária assexuada de Marguerite Yourcenar, chegando a fantasiar uma virilidade de sua produção e, por via das dúvidas, garantindo a ausência de qualquer vínculo com o feminismo, para concluir, em última instância, que, distante de Paris milhares de quilômetros, Marguerite Yourcenar sem dúvida viria muito pouco! Do outro lado, os contendores são mais discretos, pois absolutamente inaudíveis nesse fim dos anos 1970. Os antigos, em cujo grupo está o "jovem" Claude Lévi-Strauss, baseiam-se no respeito dos costumes e no *esprit de corps* para legitimar a ciosa preservação da intimidade masculina. Segundo Alain Decaux, Claude Lévi-Strauss teria invocado as tribos indígenas: "Quando estas mudavam algo fundamental em sua organização, desapareciam. Para ele, o mesmo se dava com a Academia Francesa, nós éramos uma tribo e estávamos ameaçados de extinção recebendo uma mulher entre nós"[167]. De um lado, "feministas" oportunistas; do outro, um clube britânico em Paris. É a vontade do príncipe que terminará desempatando a partida. Valéry Giscard d'Estaing, em campanha pela reeleição presidencial no ano seguinte, valoriza essa eleição-símbolo e vai jogar todo o seu prestígio a favor de Marguerite Yourcenar[168].

Se os acadêmicos tinham ido buscar bem longe, do outro lado do Atlântico, uma mulher para revigorar a tradição acadêmica, é bem perto que Claude Lévi-Strauss encontra a pessoa que escolhe para sucedê-lo na direção do Laboratório de Antropologia Social. Em 1981, Françoise Héritier é considerada uma das raras discípulas de Lévi-Strauss, tendo realizado seus trabalhos em antropologia do parentesco em campos que, por falta de competência informática, ele mesmo abandonara. Não é apenas a excelência do trabalho etnológico e a fecundidade de seus resultados que prevalecem aqui[169]. É um juízo sobre as competências necessárias à direção de uma equipe científica. Ao contrário de outros, em especial Maurice Godelier ou Michel Izard, Claude Lévi-Strauss julgou que Françoise Héritier era a mais bem equipada para essa tarefa delicada: sucedê-lo. Sua *auctoritas* permite-lhe impor aquela que ele escolheu contra o ranger de dentes dos eliminados. O fato de Françoise Héritier ser uma mulher possivelmente desempenhou um papel, na medida em que o laboratório era bastante feminizado e feminista. Françoise Héritier é uma mulher rigorosa, exigente mas afável, coletivista e sem exclusivismo teórico – embora igualmente de obediência estruturalista. Para pretender dirigir o Laboratório de Antropologia Social, vinculado a uma cátedra do Collège de France, ela precisa tornar-se professora nessa mesma instituição, o que – isso é menos sabido – não é mais fácil do que ser eleita para a Academia Francesa[170]. Os intelectuais só contam então com uma professora titular, a helenista Jacqueline de Romilly. Em 29 de novembro de 1981, Lévi-Strauss faz votar o princípio de uma nova cátedra consagrada ao "estudo comparado das sociedades africanas" para a qual indica François Héritier, cujos trabalhos sobre as estruturas semicomplexas do parentesco ele acaba – sem nomeá-la, conforme a praxe – de descrever e elogiar. É igualmente a escola africanista que o etnólogo pretende homenagear e, em suma, a própria África, relegada tanto em sua *libido sciendi* como em sua biografia, na qual, todavia, afirma ver um "conservatório, um laboratório e um observatório": conservatório de sistemas metafísicos e cosmogônicos muito ricos, laboratório de sincretismos múltiplos organizado por suas terras de passagem, observatório de evoluções do mundo atual[171]. Um "africanismo de ponta" sucede assim a antropologia estrutural – o mesmo e o outro. Françoise Héritier trocará em breve a antropologia do parentesco por uma antropologia simbólica do corpo, que desenvolverá ao longo das duas décadas seguintes.

Fundador de instituição científica, Lévi-Strauss calculou tudo para que sua criação lhe sobrevivesse. Foi o caso: Lévi-Strauss morreu, mas o LAS continua vivo. Ao contrário de outros grandes manitus que deixam atrás de si uma terra calcinada, concebendo dificilmente o futuro de uma arte, ciência ou instituição sem eles, o célebre antropólogo passa o bastão graciosamente. Após a sessão que sancionou a eleição de Françoise Héritier para o Collège de France, ele lhe entrega a chave do banheiro dos professores e sussurra: "Agora vai ter de me chamar de Claude"[172].

Please be apart of the statue when the earthquake occurs.

AVISO DIRIGIDO AOS VISITANTES DO MUSEU NEZU, EM TÓQUIO.

Jacques Le Goff – Qual é sua cor preferida? Claude Lévi-Strauss – Eu diria verde e Le Goff sabe melhor do que eu por quê, porque era a cor dos cavaleiros nômades.

PROGRAMA DE TELEVISÃO "OCÉANIQUES", "Réflexions faites", 31 de outubro de 1988.

Se o tropismo canadense magnetizou a antropologia e a existência de Lévi-Strauss após as *Mitológicas*, nos anos 1980, é o Japão que constitui o grande caso de sua vida, senão de sua obra. Sempre afinado com Madame de Staël, para quem as viagens são, "digam o que disserem, um dos prazeres mais tristes da vida"[1], mesmo assim ele viaja para lá cinco vezes entre 1977 e 1986. Na aurora da velhice – tem 80 anos por ocasião de seu último périplo –, é para ele um lugar utópico de reencantamento do mundo. Como a Itália de Stendhal, o Japão de Lévi-Strauss destila, na fase final de sua vida, um perfume de esperança e alegria. A tal ponto que doravante ele se assemelha a um sábio budista da *intelligentsia* francesa, ligeiramente sarcástico por trás da seriedade de fachada.

Com efeito, numa paisagem intelectual desertada pela morte dos principais "mestres-pensadores" na primeira metade dos anos 1980, Lévi-Strauss torna-se uma figura ao mesmo tempo onipresente e alternativa, uma forma de pensador de terceiro grau, sonhador em vigília, "despertador" que dispara a saída do regime da modernidade política e intelectual. A densidade de suas publicações instala-o numa presença midiática contínua de 1981, data em que é consagrado "o intelectual francês mais influente"[2], a 1991, data da publicação de sua última "pequena mitológica", *História de Lince*. Entre ambas, nada menos do que seis livros[3]! Disponível, tendo desacelerado sua atividade e encerrado seu ofício docente em 1982, Lévi-Strauss se exprime de bom grado na esfera pública, não mais como líder do estruturalismo – que, de toda forma, nunca quis ser –, mas destilando o que ele chama de uma "sabedoria", única promessa que podem cumprir, sem mentir, as ditas ciências humanas e sociais. Os jovens estudantes mais ou menos rompidos com o acadêmico poderiam lhe perguntar, como após 1968: "De onde o senhor fala?". Ele responderia: pelo "olhar distanciado". Olhar distanciado do antropólogo e do ancião que se volta para sua própria sociedade. Lévi-Strauss está então numa posição paradoxal. Último dos moicanos, convocado a preservar uma velha instituição nacional – a do intelectual profeta –, recusa, não obstante, seus termos e sua realidade, produtos de um ecossistema histórico e ideológico (para ser sucinto, o grande roteiro do Progresso) que ele julga severamente.

Outro paradoxo desse momento da vida do antropólogo, sua assídua presença no campo midiático não contradiz uma forma de autodissolução, como se Lévi-Strauss se integrasse em seu *corpus* de mitos até a extinção. Com efeito, espirais amplas e sempre mais largas, isomórficas ao próprio processo mitológico, encarregam-se de amplas metamorfoses: as viagens ao Japão (de 1977 a 1986) fazem reemergir a infância colecionadora do antropólogo: com a viagem a Israel (1985), é o judaísmo da genealogia familiar que é reapropriado e questionado com um novo frescor; o retorno ao Brasil (1985) promove um reencontro ambíguo com o país que simboliza sua obra. Da mesma forma, *A oleira ciumenta* fecha meio século de diálogo esboçado com a psicanálise, enquanto *História de Lince* revisita a parte inaugural de nossa modernidade, remontando até o século XVI, quando o Velho e o Novo Mundo, pela primeira vez, encontraram-se no litoral da América do Sul. Lévi-Strauss criança, Lévi-Strauss bisneto de Isaac Strauss, Lévi-Strauss barbudo brasileiro, Lévi-Strauss como Jean de Léry, Lévi-Strauss como Montaigne.

O SÁBIO ZEN DA *INTELLIGENTSIA* FRANCESA

Na aurora dos anos 1980, Pierre Bourdieu percebe com grande precisão o tipo de autoridade intelectual que Claude Lévi-Strauss soube construir: da mesma forma que Sartre acumulava o prestígio do escritor e o do profissional da filosofia, o antropólogo alia a legitimidade científica de sua cátedra no Collège de France à glória literária da Academia Francesa, ao mesmo tempo polinizando com episódios biográficos agora conhecidos – seus antecedentes familiares, sua vida de boêmio em Nova York, sua amizade com Max Ernst – territórios da vida de artista[4]. Conjuga as honrarias de um intelectual oficial – torna-se grande oficial da Legião de Honra em 1985 e grã-cruz em 1991 – e os caprichos de um espírito rebelde sempre jovem, logo redescoberto por uma geração de jornalistas da imprensa de esquerda, Didier Éribon no *Nouvel Observateur*, Antoine de Gaudemar no *Libération*, para citar apenas alguns.

Em 1981, uma sondagem realizada interrogando seiscentas personalidades do mundo das letras, ciências e artes aponta-o como o intelectual mais influente, à frente de Raymond Aron e Michel Foucault[5]. Será, como ele gosta de dizer ao entrevistador, porque forma mais consenso que seus dois célebres colegas? Será o preço de uma bela longevidade que ainda prosseguirá por mais três décadas, ao

Visita à Faculdade de Filosofia, Letras e Ciências Humanas da USP em 1985. Ao lado, os professores Eunice R. Durham e Egon Schaden.

passo que a primeira metade dos anos 1980 orquestra uma verdadeira hecatombe dos grandes intelectuais franceses que marcaram o século? Em poucos anos, enquanto a esquerda chega ao poder, Jean-Paul Sartre (1980), Roland Barthes (1980), Jacques Lacan (1981), Raymond Aron (1983) e Michel Foucault (1984) vão sucessivamente falecer, sem falar na morte simbólica de Louis Althusser. Várias gerações ficam órfãs.

A figura do "*maître à penser*", tão central na saga intelectual francesa, ao mesmo tempo folclórica e essencial, é enterrada com os que a encarnaram. É em 1980, no primeiro número de uma nova revista, *Le Débat*, que seu mestre de obras, Pierre Nora, assina um editorial em forma de balanço e programa: "O que podem os intelectuais?"[6], ele se pergunta. O período é pródigo em "obituários"[7] para os intelectuais, e Nora não faz exceção apontando o desaparecimento, sem dúvida definitivo, da figura do intelectual peticionário e onisciente, que organiza abaixo-assinados, engajado permanente e voluntário nas causas do século e, em última instância, responsável por uma transferência de sacralidade, tipicamente francesa, uma vez que pós-revolucionária, assegura o historiador, para o mundo secularizado das letras e das artes: "O intelectual-oráculo teve sua época"[8]. O poder intelectual não é mais sacerdotal, prossegue Nora, tornou-se mais científico, porém igualmente menos carismático, ao mesmo tempo continuando muito aristocrático. Dessa reconfiguração do mundo intelectual no início dos anos 1980, Lévi-Strauss é ao mesmo tempo um sintoma e um fator. Lembremos que ele recusou precocemente a figura do intelectual que se lhe oferecia e inventou uma alternativa discretamente subversiva a esse modelo. Sozinho, ele encarna o momento das ciências humanas que abalou as fontes da legitimidade intelectual: passando do Café de Flore às arenas do Collège de France, é a assunção de um saber positivo e teórico sobre os homens em sociedade que doravante assegura o eco do discurso intelectual.

Estranhamente, justamente quando está a mil léguas do vício do abaixo-assinado, quando não considera um imperativo categórico não "desesperar Billancourt"*, quando seu estilo e sua maneira o afastam do profeta engajado, Claude Lévi-Strauss reassume, mesmo à revelia, essa figura histórica nacional do "grande intelectual" promovendo uma guinada considerável: embora alheio ao intervencionismo exacerbado, ele não se recusa a se exprimir sobre a atualidade, mas sempre a partir de um distanciamento reivindicado. Seu "olhar distanciado", título da coletânea de artigos que ele publica em 1983, é sempre explicitamente o do etnólogo, mas também cada vez mais o do idoso, depois do ancião, em processo de desligamento assumido de seu tempo.

Intelectual em órbita: construção midiática de uma grandeza intelectual

Ao longo de todos esses anos, Claude Lévi-Strauss, homem discreto, que dizem secreto, recebe todavia muitos jornalistas, geralmente em sua casa ou no Collège de France. Alguns célebres programas de televisão são testemunho disso: um "Apostrophes" de Bernard Pivot no auge do sucesso lhe é dedicado em 4 de maio de 1984. Françoise Giroud, em *L'Express*, sublinha o caráter excepcional disso: "Há aqueles que se deslocam, a maioria, e aqueles que Bernard Pivot visita em seu domicílio. As joias de sua coleção"[9]. Em 14 de outubro de 1991, o programa de Bernard Rapp, "Caractères", também lhe é integralmente dedicado e filmado no Museu do Homem, em meio a objetos que ele comenta e o fazem relatar: a estátua de um xamã do século XIX, o manto de plumas de um chefe tupinambá do século XVI ou um cocar de viagem de um índio carajá. Várias e extensas entrevistas concedidas aos jornais complementam essa densidade midiática, que costuma acompanhar o lançamento de um livro[10]. E houve muitos nessa década: em 1983, *O olhar distanciado*; em 1984, *Paroles données* [Palavras dadas] (resumos de seus cursos no Collège de France); em 1985, *A oleira ciumenta*; em 1988, *De perto e de longe*, entrevistas com Didier Éribon; em 1989, *Des symboles et leurs doubles* [Os símbolos e seus duplos] (seleção de textos reunidos num *beau livre*); em 1991, *História de Lince*. É preciso acrescentar a exposição que lhe é dedicada em 1989 no Museu do Homem para compreender essa atualidade lévi-straussiana em fluxo constante, que tampouco exclui a visita ao mestre para consultá-lo a respeito dessa ou daquela questão ou mesmo, no fim da década, saber notícias suas e se beneficiar de sua lucidez. O oráculo não fica longe, mas é conjugado mais no modo nostálgico do que profético. Invariavelmente, a força de sedução do homem causa seu efeito. Lévi-Strauss é um ás em transformar uma reportagem de praxe num encontro

---

* Subúrbio de Paris, cujo nome é usado para denotar o proletariado. [N.T.]

inesquecível (ao menos para o jornalista). Recebendo com muita cortesia, dando mostras de humildade, humor inalterável, fala com uma voz clara e constrói seu personagem de um tempo antigo. Fascina seus interlocutores com um coquetel fulminante de pedagogia e bom humor, uma soberana liberdade discursiva que se exprime com infalível senso de provocação. Por fim, parece destilar uma forma de sabedoria, a cujo respeito ele afirma há muito tempo ser a medida exata da contribuição possível das ciências humanas.

Os jornalistas e espectadores parecem surpresos, escutando Lévi-Strauss, ao compreendê-lo! Fala límpida, "soberana simplicidade da *performance*"[11], como escreve Pierre Nora a respeito do programa "Apostrophes", é não só o uso da língua, como um prazer de discorrer que se enaltece em Lévi-Strauss. Gilles Martin-Chauffier exclama na *Paris-Match*: "Estarrecedor: compreendemos tudo. Não há esquema, nem significado, nem cadeias sintagmáticas, nem conjuntos paradigmáticos. Nenhuma fórmula esdrúxula habitual tem vez com Lévi-Strauss"[12]. Essa evacuação do vocabulário estruturalista surpreende e alivia. O manejo da língua clássica, alheia aos idiomas das ciências humanas, faz muito pela sua aura. O contador de histórias que é Lévi-Strauss engasta em seu discurso, à maneira dos mestres zen, apólogos que ele tem a distinção de não comentar, delegando a seu ouvinte cogitar por sua vez sem abusar das palavras: "Uma pequena fábula japonesa aqui, uma velha lenda sioux ali, um breve comentário para ligar as duas e o passe de mágica se faz"[13], continua o jornalista da *Match*. Algumas sentenças fortes pontuam igualmente as entrevistas televisionadas, que no dia seguinte são comentadas na imprensa. Por exemplo, defende junto a Bernard Pivot os homens das construções complicadas que ele estudou no domínio do parentesco e dos mitos: "Não é possível que os homens passem suas vidas divagando". Não hesita, aliás, em concluir: "Tornamo-nos nossos próprios colonizados".

Sob a máscara do cientista austero, os pés de galinha no canto das pálpebras traem um humor irônico que lhe garante sempre um certo sucesso. Por exemplo, quando, diante de um jornalista do *Le Figaro*, compara os homens aos moluscos: "Para fazer uma comparação grosseira, peço desculpas antecipadamente por isso, mas pense um pouco nos moluscos: são criaturas moles, um tanto repugnantes, que secretam conchas que são criações prodigiosas de grande beleza, encarnação das leis matemáticas, aliás. Pois bem, parece-me que a humanidade é algo desse gênero"[14]. Esse tipo de incongruência o regozija, bem como a seus interlocutores pasmos: "Nossa primeira estrela cerebral se diverte à larga"[15]. Falando dos futuros inacabados da infância e de seus ardores de artista abortado, conclui alegremente: "Perdedores? Somos todos, um pouco mais, um pouco menos!"[16]. Associa Freud a Labiche, fustiga os formatos de dignidade artística e cultiva um registro muito especial de "provocação tranquila" que se consolida com a velhice. O jovem socialista admite que se tornou uma espécie de "velho anarquista de direita... fiel a Marx"[17]. Mais arriscado: gosta de citar Gobineau, autor tabu considerado um dos primeiros teóricos do racismo moderno. Lévi-Strauss, ao contrário, o aprecia e declara sem pestanejar: "O que dizia Gobineau? Que caminhamos rumo a uma homogeneização total, de par com uma espécie de imbecilização igualmente total"[18]. Imbuído de sua autoridade específica e sua relação com o tempo, Lévi-Strauss permite-se críticas ultraprovocadoras a respeito do mundo contemporâneo, mas pronunciadas no tom daquele que não faz mais parte dele, ou não mais tanto. É o caso quando discute o catecismo antirracista da Unesco em 1971, depois o do SOS Racismo a partir de 1983, arriscando-se a ser cooptado pela extrema direita emergente. Equiparam-no a Jean-Marie Le Pen: "Não posso dizer que tenho qualquer simpatia por um certo número de declarações feitas pelo sr. Le Pen, mas creio que lhe facilitaram a tarefa deixando instaurar-se a confusão que apontei"[19].

A forma de sabedoria dispensada pelo antropólogo é igualmente um tributo de sua velhice, visível na tela, depois que ele passa por um "terremoto essencial". Françoise Giroud observa: ele fala "com a simplicidade daqueles que a idade libertou de sua parte de encenação"[20]. Esse intelectual que se tornou um monumento do patrimônio nacional cultiva uma celebridade completamente diferente da do guru estruturalista e anti-humanista dos anos 1960. A palavra desse velho monge budista pessimista parece escapar às rugas do tempo e seu raciocínio vivaz, ao conformismo dos anos 1980[21].

Um moderno em liberdade

Nessa época, Lévi-Strauss afirma em diversas oportunidades, quando o interrogam sobre sua filiação a Rousseau, identificar-se a uma espécie de Jano biface constituído do par antitético Rousseau/Chateaubriand, em especial numa grande entrevista concedida em *Le Monde* ao filósofo Jean-Marie Benoist por ocasião da publicação, em 1979, de um caderno especial dedicado à obra do antropólogo[22]: "Eu gostaria de acrescentar uma confissão; essa espécie de relação íntima que sinto com respeito a Rousseau, sinto igualmente com relação a Chateaubriand, que é o oposto de Rousseau, sendo ao mesmo tempo a mesma coisa. De maneira que o personagem de quem me sinto tão próximo não é nem Rousseau nem Chateaubriand, mas uma espécie de quimera, de Jano constituído pela díade Rousseau-Chateaubriand, que me oferece o duplo aspecto do mesmo homem, embora tendo feito coisas diametralmente opostas"[23].

Essa contradição assumida a respeito do destino da democracia racionalizada prometida pela epifania revolucionária aproxima-o daqueles que Antoine Compagnon identificou como os "antimodernos" de nossa literatura: são "os modernos em crise com os tempos modernos"[24], "modernos que o foram a contragosto, modernos dilacerados ou ainda modernos intempestivos"[25]. Depois de Albert Thibaudet, Antoine Compagnon apreendeu e reconheceu a importância de uma categoria que não se mistura à dos conservadores ou reacionários, todos, sem pejo, desencantados com sua época. No antimoderno jaz uma relação mais complexa com o presente. O mais exemplar deles, Baudelaire, teoriza uma arte poética da vida moderna, ao mesmo tempo lhe resistindo. Foi ele que escreveu a seu amigo pintor Édouard Manet uma frase enigmática que Lévi-Strauss gosta de citar: "Você é apenas o primeiro na decrepitude de sua arte"[26]. No posicionamento estético e biográfico de Lévi-Strauss, lembremo-nos de que o rapaz amou a arte moderna e sempre cultivará uma forte tecnofilia; viveu muito profundamente uma intimidade com o presente que continua a irrigar, em sua velhice, uma curiosidade sempre viva – a leitura maníaca de jornais e revistas atesta isso. Ele não enterra a etnologia consigo mesmo e acha lógico, por exemplo, que o etnólogo se interesse pelas calculadoras eletrônicas, uma vez que a disciplina sempre se colocou nas fronteiras que cada época atribuía à humanidade[27].

Tudo isso não impede uma sensação de desligamento cada vez mais forte, porém derivando mais de uma nostalgia e uma ambiguidade do que da simples rejeição. Antoine Compagnon, em seu ensaio, observa com acuidade a força de sedução que têm para nós os escritores antimodernos: Baudelaire, Barbey d'Aurevilly, Léon Bloy, Chateaubriand, Proust, Flaubert, Péguy e muitos outros... Se o gênio antimoderno esgueirou-se na literatura do século XIX, é muito mais difícil encontrá-lo no mundo científico, que professa um otimismo metodológico na capacidade da ciência de acumular conhecimentos. Apontamos a crítica radical feita, em 1952, em *Raça e história*, ao roteiro progressista, isto é, à crença, fundada no humanismo iluminista, de um evolucionismo emancipador. Em 1935, a primeira conferência pública pronunciada pelo jovem professor Lévi-Strauss em São Paulo intitulava-se: "A crise do progresso", fazendo eco a toda uma geração pós-Primeira Guerra Mundial impregnada, em sua carne, do sentimento de crise da historicidade e movida pelo fim do otimismo do século anterior[28]. No que se refere à ciência, Lévi-Strauss sempre reservou um lugar especial para o *status* do progresso científico, que lhe parece indiscutível. Para ele, isso é constantemente um motivo de redenção da civilização ocidental. No entanto, mesmo nesse caso, o progresso das ciências não deixa de apresentar contradições: "Há progressos, porque é para fazer um progresso que aceitamos fazer um retrocesso num outro domínio. E um deles é incontestável. É o conhecimento científico, que considero um progresso absoluto. A contraparte é que três quartos do progresso científico são destinados a neutralizar os inconvenientes que resultam do último quarto"[29].

Lévi-Strauss é um antimoderno do século XX quando exprime sem maquiagem a ligação muito polêmica que ele estabelece entre o humanismo forjado pela tradição judaico-cristã, o Renascimento, o Iluminismo, que faz do homem, segundo ele, um grão-senhor e um soberano, e as catástrofes contemporâneas: "Tenho a impressão de que todas as tragédias que vivemos, primeiro com o colonialismo, depois com o fascismo, finalmente com os campos de extermínio, inscrevem-se não em oposição ou contradição com o pretenso humanismo na forma que o praticamos há vários séculos, mas, eu diria, quase como seu prolongamento natural"[30]. Crítico precoce do que denomina um "humanismo desavergonhado", nem por isso Lévi-Strauss se insere na liquidação do projeto moderno encetada pelo pós-modernismo dos anos 1980, fundado numa leitura desistoricizada do Holocausto e na derrocada das grandes narrativas do projeto revolucionário. O projeto crítico de Lévi-Strauss, oposto ao primeiro universalismo, precede o advento do segundo e lhes opõe um universalismo do mundo vivo. Suas reflexões sobre a condição não excepcional do Holocausto na história das destruições em massa afiguram-se igualmente cada vez mais sacrílegas. Desse ponto de vista, o outro universalismo do século, oposto historicamente a este, democrata-liberal, do Ocidente não lhe parece uma alternativa à modernidade: "Penso que a ideologia marxista comunista e totalitária não passa de uma astúcia da história para promover a ocidentalização acelerada de povos que ficaram fora dela até uma época recente"[31]. Quem dirá o contrário? Não quem tiver percorrido a China atual... Estranhamente, conclui o historiador Christophe Charle, até o fim do século XX, raros são aqueles que, no Ocidente, escapam à influência desse regime de historicidade que associa a ideologia do progresso material, da abundância, à crença no "poder demiúrgico da ciência, da arte ou da técnica para mudar o homem, a mulher e a vida, ambição pedagógica universal"[32]. Lévi-Strauss faz parte dessa pequena falange.

Por fim, o acadêmico partilha com esses antimodernos intempestivos um culto meticuloso da língua, primeira vítima anunciadora de degradações mais amplas, e um recurso fulminante à tradição quando gaba a virtude dos ritos, a necessidade dos corpos intermediários indispensáveis à proteção do indivíduo, o valor das crenças, dos usos e costumes. Se Lévi-Strauss é um antimoderno, é porque extirpa a tradição do conformismo dos conservadores e, como preconizava Walter Benjamin, "acende a mecha do explosivo que jaz no que foi"[33]. Ele é um não conformista tradicionalista e anticonservador.

O OLHAR DISTANCIADO

Uma terceira coletânea de artigos é publicada em 1983, seguindo o mesmo princípio das de 1958 e 1973, embora esta última intitule-se *O olhar distanciado* e não *Antropologia estrutural 3*. O título escópico é estampado numa capa que lembra as pranchas zoológicas de antigamente: apresenta camafeus em miniatura da lavra de Anita Albus, pintora alemã que Lévi-Strauss conheceu alguns anos antes e cuja poética erudita e artesanal ele aprecia, bem como a inspiração naturalista oriunda dos grandes botânicos do Iluminismo. O estruturalismo perdeu espaço. O lado "manifesto" da primeira coletânea e "reiterativo" da segunda não tem mais razão de ser. Doravante é efetivamente essa distância e esse afastamento que assinalam a identidade intelectual e o *punch* político inclassificável de seu autor. Na hora da esquerda no poder e do lirismo mitterandiano, a imprensa "progressista" o vê como um conservador paradoxal. Aliás, ela não lhe é favorável, como mostram o artigo em cima do muro de Jacques Meunier em *Le Monde*, chocado com suas declarações "moralizantes e conservadoras"[34], sua condenação em *L'Humanité* – "uma logomaquia especulativa e obscurantista, ainda mais perniciosa na medida em que mascarada"[35] – e a ausência de qualquer comentário no *Libération*. Na realidade, nesse conjunto de artigos, dos quais certo número constitui "intervenções" cidadãs ou políticas, Lévi-Strauss combate a esquerda em duas frentes: o progressismo da velha esquerda socialista e comunista é primeiramente atacado por seu antievolucionismo radical, sua recusa das filosofias da história e do progresso, bem como uma fibra ecológica e anti-industrial cada vez mais perceptível. Porém, de maneira mais atual, recrimina a visão esquerdista da espontaneidade, o vitalismo cultural do pós-68, o elogio da "criatividade", retomada, amplificada e reciclada no patrimônio da velha esquerda por intermédio do carismático Jack Lang, novamente ministro socialista da rua de Valois. Seja na escola, seja na criação, Lévi-Strauss protesta contra a ideia de uma liberdade espontânea, uma criatividade imediata: enaltece, ao contrário, as necessidades das mediações (pedagógicas), das fronteiras (a distância), a realidade e a fecundidade das coerções em todos os planos, educativo, artístico, político. É uma coletânea, ao contrário das duas primeiras, mais trabalhada pela problemática teórica, profundamente inserida no presente, que ela interroga de maneira ultracrítica, original, fora de todo mapa ideológico conhecido. As crenças e os valores do mundo ocidental do fim do século XX são impiedosamente examinados: A liberdade? A criatividade? A arte? A tolerância? O outro?

O eixo da coletânea é seu texto de abertura: "Raça e cultura", um texto de 1971, porém descoberto pela maioria dos leitores doze anos mais tarde. Originalmente, como explica Lévi-Strauss no prefácio, trata-se de uma encomenda da Unesco, que lhe pedira para inaugurar o ano internacional da luta contra o racismo com uma grande conferência que, no espírito dos organizadores, devia funcionar como complemento ao texto publicado quase vinte anos antes pela mesma organização: "Raça e história" (1952). Escaldado pela "exibição periódica de bons sentimentos"[36] e a futilidade visível da exortação antirracista da Unesco, o etnólogo resolve falar francamente. "Foi um belíssimo escândalo."[37] René Maheu, então diretor-geral, tentou desativar a bomba com um pequeno discurso, que tinha como objetivo não só "exorcizar por antecipação [suas] blasfêmias"[38], como também "burlar o horário previsto" a fim de reduzir o tempo de fala do conferencista herético. Imprevisível Lévi-Strauss... Esse *gentleman* muito digno do *establishment* científico não hesita em se rebelar contra o conformismo onusiano.

Primeiro pecado dessa conferência: o etnólogo introduz "o lobo [da genética] no aprisco [das ciências humanas]"[39] afirmando a necessidade de um novo diálogo entre os dois. Junta o biológico com o cultural, mas invertendo os termos de determinação com relação à velha antropologia física: não é a raça que dita a cultura, e sim os fatores culturais que podem às vezes orientar o curso da seleção natural. Lévi-Strauss sempre disse: não deve existir tema tabu em ciência...

Mas o fundo do problema reside nas últimas páginas. Nelas, o antropólogo posiciona-se contra algumas crenças arraigadas da Unesco: a ideia de que a difusão dos saberes e o desenvolvimento das trocas entre os homens os ajudam a se compreender e comunicar. Conclui, ao contrário, que o incremento das comunicações devido ao crescimento demográfico não pode resultar senão na extinção da diversidade cultural ou em mestiçagens falsificadas. Ainda mais chocante, isenta a hostilidade contra os outros de toda conotação racista e considera "um direito de toda cultura permanecer surda aos valores do Outro, até mesmo contestá-los". Preso aos "velhos particularismos", o etnólogo vê nessa não comunicação relativa o preço a ser pago pela sobrevivência de um *optimum* de diversidade.

O texto "Raça e cultura" (1971) poderia ter sido incluído em *Antropologia estrutural 2* (1973). Lévi-Strauss resolvera não colocar lenha na fogueira e se abstivera disso. Assim, o texto da conferência acaba publicado em 1983. Em vez de ser abafado, o escândalo só redobrou. A esquerda francesa acha-se na época sob o impacto da eleição de um prefeito da Frente Nacional em Dreux. Todo mundo se questiona. Seus alunos se preocupam. "Silêncio na mídia. Aqui e ali, ouvimos dizer que o mestre nunca foi tão reacionário, até que defenderia teses racistas; sussurra-se, mas ninguém fala de verdade."[40] Segundo Catherine Clément, há um engano e tem-se aí uma "reflexão profundamente conservadora, mas igualmente profundamente inovadora"[41], de um "moralista ecológico"[42]. Contudo, o etnólogo africanista Emmanuel Terray lembra-se de ter duvidado[43]. Isso também é consequência de uma recepção defasada e aguçada pelo novo contexto político, com uma extrema direita apoiada num neorracismo particularista. Não cessam de remeter Lévi-Strauss a "Raça e história", como se os dois textos estivessem em contradição, um enaltecendo a fecundidade de hibridização, o outro condicionando as grandes criações a um mínimo de isolamento. Na realidade, exclama um Lévi-Strauss mordaz e muito pouco disposto a voltar atrás nesse ponto: "São as duas faces de uma mesma realidade"[44]. O risco mais provável hoje, segundo ele, é a homogeneização do planeta, "porém mais ainda a virtude doutrinal que lhe atribuem. Por que querem que todo mundo goste de todo mundo?"[45]. Racismo não é xenofobia e xenofobia não é insensibilidade ao outro. À confusão generalizada sobre o uso do termo "racismo", Lévi-Strauss responde com uma higiene lexicológica que lhe parece urgente. Emmanuel Terry conclui hoje: "'Raça e cultura' não era um argumento em favor do autorretraimento. Nos enganamos na época"[46].

Suas "Propos retardataires sur l'enfant créateur" [Proposições retardatárias sobre a criança criadora], que ele esboçara no Odéon por ocasião do centenário da École Alsacienne, também chamam a atenção dos jornalistas. A ironia do título já dava pano para manga. Como diz Catherine Clément, "há nele com que fazer urrar toda a esquerda francesa"[47]. Lévi-Strauss começa explicando que o próprio fato de colocar o problema remete à nossa própria incapacidade de criar: "Pois somos nós mesmos, agora consumidores desenfreados, que nos mostramos cada vez menos capazes de criação. Angustiados com nossa carência, espreitamos a criança criadora"[48]. Ele se constitui o crítico implacável da ilusão da criação *ex nihilo*, e refuta a noção de "criatividade" em nome dessa "servidão" da liberdade necessária tanto à chegada serena da idade adulta como à sobrevivência de nossas sociedades: "O que a liberdade de criação não educada nem refreada pode produzir, nós vemos nas casas, mansões ou chalés, cada um mais horrendo que o outro, que as pessoas constroem no campo"[49]. A coerção da escola, que não pode se resumir a não frear a espontaneidade da criança, não é nem mais nem menos a coerção que toda realidade exerce com relação a seus membros. Um prolongamento demonstrativo desse desencanto diante da liberdade de criar deriva do feito estruturalista: Lévi-Strauss se empenha em mostrar que até mesmo a frase de Lautréamont, célebre eminência do incongruente – "Belo como o encontro fortuito numa mesa de dissecção entre uma máquina de costura e um guarda-chuva" –, ainda é derivada de uma lógica de combinações e que a liberdade de inventar nunca se exerce senão num quadro preestabelecido[50].

Após a defesa e exemplificação das "rudes necessidades do aprendizado"[51], a parte política desse panfleto pedagógico-estético fecha o volume com algumas "Reflexões sobre a liberdade" que Lévi-Strauss, convidado em 1976 pelo presidente da Assembleia Nacional Edgar Faure a depor perante a comissão especial sobre as liberdades, decide tornar públicas. A questão é importante pois, em poucas páginas, Lévi-Strauss propõe nada menos que uma reformulação dos princípios de filosofia política numa nova declaração dos direitos que se fundaria não na natureza do homem, mas na lógica do vivo. Por quê? O etnólogo não tem dificuldade em mostrar o caráter histórico, relativo e variável da ideia de liberdade conforme as sociedades. Na realidade, a liberdade formulada em termos de direitos humanos deriva de uma concepção ocidental da natureza humana, etnocêntrica. Assim, é em nome de uma verdadeira universalidade, que incluiria igualmente os homens e as mulheres dos países ditos "subdesenvolvidos", os do Oriente e do Extremo Oriente – cujo budismo modelou uma concepção de mundo compatível com essa maneira de ver – ou os das tribos primitivas ainda em vida que ele pretende definir o homem não como um ser moral, mas como um ser vivo, tendo direitos enquanto espécie como qualquer outra espécie animal e vegetal. Esse texto de poucas páginas é terrivelmente ambicioso, pois procura, segundo o filósofo Patrice Maniglier, o fundamento do valor: "O valor", afirma Lévi-Strauss em substância, "não reside na conformidade de uma coisa a um ideal – por exemplo, o valor do homem não se deve à sua qualidade moral – e sim, precisamente, no fato de que ela [a coisa] é real, isto é, igualmente singular e efêmera, valiosa nesse sentido. É na medida em que uma coisa é insubstituível que ela é respeitável, infinitamente valiosa por sua própria finitude"[52].

Essa concepção mais concreta e universal tem a vantagem de não colocar o homem no centro, permitindo assim restabelecer as verdadeiras cadeias de causalidade. Assim, "por mais incômodo que seja admitir, a natureza, antes de pensarmos em protegê-la para o homem, deve ser protegida dele. E quando numa declaração recente o sr. ministro da Justiça declara que 'a justiça não pode permanecer indiferente às agressões que o homem sofre em virtude dos transtornos', ele também está invertendo os dados do problema: o homem não sofre a agressão dos transtornos, ele os causa. O direito do meio ambiente, do qual se fala tanto, é um direito do meio ambiente sobre o homem, não um direito do homem sobre o meio ambiente"[53]. Lévi-Strauss opõe o fetichismo conservador que cerca as obras de arte (museus para acolhê-las etc.) à irresponsabilidade total com relação às criações da natureza, cuja destruição acarreta uma perda irremediável. Observemos que essa declaração é recebida como uma verdadeira provocação no momento em que o marxismo a meio-pau dá lugar a uma atmosfera ideológica propícia a uma confusa "ideologia dos direitos humanos" politicamente assentada na crítica do totalitarismo soviético.

Se é para estar na contracorrente (ou à frente do seu tempo), melhor está-lo verdadeiramente. Recusando-se quase sistematicamente a assinar abaixo-assinados ou participar de comícios, Lévi-Strauss escreve em fevereiro de 1982 ao ministro do Interior brasileiro para protestar contra o desmatamento que ameaça atentar contra o território e a vida dos nambiquaras[54]. Dá igualmente seu apoio aos "Amigos das raposas e similares"[55]. É especialmente vigilante no que se refere às questões patrimoniais e se engaja voluntariamente para salvar o Teatro do Ranelagh, manter em Paris as maquetes de Vauban[56] ou restaurar os silos do mosteiro ortodoxo de Malvialle (Puy-de-Dôme)[57]. Por fim, aceita com alegria fazer parte dos 17 professores convidados, em 24 de fevereiro de 1980, a entregar o prêmio, na Sorbonne e na presença do presidente da República, ao melhor operário da França. Claude Lévi-Strauss escolhe homenagear a srta. Marie-Paule Boyer na categoria "Acessórios do vestuário".

Nos anos 1980, Lévi-Strauss forjou-se uma posição absolutamente única: acadêmico, mantém o controle sobre o campo antropológico; visto como anti-humanista nos anos 1960, é agora considerado um moralista profundo, melhorado e como que santificado pela idade avançada, da mesma forma que sua obra está em vias de se tornar clássica, apesar de agir a contrapelo. Pierre Bourdieu, pouco conhecido por sua indulgência, confessa uma admiração pudica ao lhe escrever: "Gostei muito de o senhor exprimir sua 'irritação' relativa à 'exibição periódica de bons sentimentos' em matéria de racismo e de sua recusa a participar do farisaísmo das boas causas: e também do 'abuso de confiança' implicado por certas formas de engajamento. Essa intransigência que podemos chamar de ética foi sem dúvida o que mais me tocou..."[58]. A autoridade intelectual conquistada deve-se tanto à longevidade quanto ao temperamento do homem: é suficientemente idoso para se beneficiar dos privilégios da velhice, mas ainda não o suficiente para que sua sabedoria seja emoliente. Como escreve Pierre Lepape em *Télérama*, todos ficam impressionados com sua boa disposição: "Desde que ele vestiu o fardão, nós o imaginávamos aposentado, limitando-se a gerir seu capital intelectual. [...] Esse livro desmente os prognósticos pessimistas: Lévi-Strauss continua um rapaz. Batalhando, mordendo com dentes pontiagudos, curioso por tudo, vibrando com a polêmica, apaixonado pelo paradoxo... Um dos últimos mestres"[59].

A APOSENTADORIA

Aposentadoria: retirar-se do trabalho, de parte de sua vida e do seu modo social. No entanto, uma retirada (mesmo militar) não é uma derrota. A aposentadoria lévi-straussiana assume antes um aspecto de transição branda para uma vida mais leve, caracterizada por uma rotina de hábitos estabelecidos, porém aliviada dos cursos e responsabilidades administrativas. Embora o ano de 1982 coloque um ponto-final a exatamente meio século de ensino, o professor do Collège de France não pretende dar aula final nem exagerar a solenidade de sua partida. De certa maneira, a Conferência Marc Bloch de maio de 1983 desempenhará essa função. Entre suas duas tardes semanais no laboratório, que ele continua a frequentar como simples membro, e as sessões das quintas-feiras na Academia, Lévi-Strauss reorganiza uma arte de viver que rompe com a austeridade de sua vida científica pregressa. Desligado da angústia das aulas, ainda em forma fisicamente, parece um aposentado bastante lampeiro, espírito arejado, entre a realização de uma obra escrita *piano piano* e lugares que o recebem de boa vontade. Como declara Pierre Maranda, empregando uma velha expressão do Québec, Lévi-Strauss se vê, aos 74 anos, com a "panturrilha leve"[60]. Um crepúsculo que ele sabe transformar em aurora, sem acreditar muito nisso.

Totem da disciplina. "Pela Pátria, as Ciências e a Glória"

Nas tardes de terça e sexta-feira, Claude Lévi-Strauss segue pontualmente ao Laboratório de Antropologia Social, dirigido desde 1982 por Françoise Héritier-Augé. A partir de 1985, seus passos o conduzem não mais à rua des Écoles, mas à rua du Cardinal-Lemoine, onde se localiza a nova sede oferecida ao LAS para sua terceira vida.

Com efeito, a partir de meados dos anos 1970, o laboratório, como toda instituição próspera, começou a sofrer uma crise de crescimento: sobrecarga dos arquivos dos *Files*, escassez de gabinetes, falta de espaço para estudantes e pesquisadores, cada vez mais numerosos. Coloca-se então a questão da "perenização do laboratório"[61], que Lévi-Strauss assume como última missão, em diálogo com a administração do Collège de France. A mudança da Escola Politécnica para Palaiseau em 1976 deixa disponíveis amplos espaços no alto da montanha Sainte-Geneviève: "É então que outro milagre se realiza. Em 1977, o presidente da República concedeu ao Collège parte dos antigos prédios da Escola Politécnica. [...] O Collège decidiu reunir ali alguns laboratórios de ciências humanas, entre eles o nosso. Com a troca, ganhávamos um espaço duplicado. Foram necessários sete anos de esforços para obter a verba e fazer as obras, mas ainda pude, antes de me aposentar em 1982, cuidar da reforma de um local igualmente aureolado de prestígio histórico, com a preocupação de que fossem respeitadas a arquitetura metálica e a decoração do venerável anfiteatro Arago, destinado a se tornar nossa biblioteca e em torno do qual se distribuiriam nossos gabinetes"[62].

Esse anfiteatro, lugar patrimonial da ciência do século XIX, tinha sido edificado entre 1879 e 1883 para receber os cursos de física da Escola Politécnica. Se as mesas de carvalho e os armários de mogno do antigo laboratório remetiam o etnólogo a um imaginário da ciência natural do Antigo Regime, a arquitetura de vidro e ferro do anfiteatro Arago projetava-o no século XIX das estações ferroviárias e exposições universais, o de uma ciência conquistadora, o que atestava a divisa tipicamente comtiana da Escola Politécnica, que ainda hoje sobrevive nas paredes do LAS: "Pela Pátria, as Ciências e a Glória".

Assumida com certa ironia, ele não tem certeza de que essa orgulhosa divisa está completamente deslocada ali. As arquibancadas do anfiteatro são suprimidas, o assoalho é levantado à altura da primeira galeria e o mezanino do segundo corredor transformado em escritório para o ex-chefe do laboratório, com vista panorâmica para o espaço da biblioteca. Pequeno, bastante iluminado, pois coroado por sacadas envidraçadas, o escritório de Lévi-Strauss, que acessamos por uma escada em caracol de 27 degraus, parece flutuar no ar[63]. Posição panóptica e posto de observação único para acompanhar as idas e vindas de uns e outros. Como Deus em majestade nos quadros barrocos, Claude Lévi-Strauss, de seu empíreo, pode agora meditar sobre a Pátria, as Ciências e a Glória... Embaixo, o povo dos pesquisadores e a própria nova diretora o chamam afetuosamente de "Cap Sur"[64] [capitão vigilante]. Françoise Héritier lembra-se da presença sólida daquela sombra chinesa delineando-se no alto: "Eu gostava muito de ver sua silhueta recortada na vidraça"[65].

O chefão do laboratório transforma-se progressivamente numa figura familiar e distante, que abdicou da *potestas* da idade madura para conservar intacta uma *auctoritas* proporcionada pelos laços de solidariedade e respeito, de amizade vigilante e indulgência paciente com as gerações mais jovens. Lévi-Strauss, sempre fiel ao LAS, torna-se ao longo dos anos uma espécie de espírito tutelar, um anjo da guarda. Com sua celebridade crescente, muita gente, conhecidos e desconhecidos, faz sua "visita a Lévi-Strauss". Segundo a bibliotecária Marion Abelès, "é um desfile" – avatar contemporâneo da visita ao "grande escritor" do século XIX[66]. Esse ritual é especialmente praticado pelos colegas estrangeiros, que vêm medir a temperatura da ciência e da *intelligentsia* francesa, passando para saber notícias de Lévi-Strauss. Essa presença ao mesmo tempo fantasmática e majestosa certamente pesou sobre o destino do laboratório, mas ainda é cedo demais para saber em que direção.

Lévi-Strauss recebe, lê muito, acompanha uns e outros, por meio de um bilhete no escaninho atestando uma atenção indefectível, com uma referência bibliográfica, uma crítica ou um elogio. Passa as rédeas da revista *L'Homme*, sem deixar de seguir colaborando na forma de artigos ou resenhas. Todo ano terminado em oito, ele recebe uma homenagem como um ancestral: em 1988, seu octogésimo aniversário é celebrado no LAS na companhia de todos os seus jovens colegas e amigos; um quarteto musical é convidado por Marie-Hélène Handmann, um dos membros do laboratório, e um bolo encimado por um amor-perfeito [*pensée sauvage*] celebram o acontecimento. Salmão e banha de peixe-vela trazidos diretamente da Colúmbia Britânica complementam o festim culinário. A foto que imortaliza esse momento inclui, entre o pequeno grupo, os dois filhos do antropólogo, o caçula Matthieu, 31 anos, e Laurent, 41 anos, que frequentou o laboratório no início dos anos 1970, quando preparava sua tese de sociologia rural[67].

Para um homem da geração de Lévi-Strauss, uma das condições do prosseguimento de certa atividade é a manutenção de uma secretária. A abundância maníaca de suas correções torna indispensável uma ajuda externa. Ora, no momento de sua aposentadora, ele se vê privado dessa pessoa, o que é o caso de todos os professores. Toca no assunto, de maneira incidental, com Bernard Pivot durante o programa que lhe é dedicado. Toda a França se comove! Na correspondência recebida por Lévi-Strauss, encontramos ao menos umas dez cartas de desconhecidas oferecendo-lhe generosamente seus serviços (de forma gratuita) à Ciência indigente. Entre elas, uma pelo menos merece ser citada integralmente.

Atesta a celebridade e a aura do antropólogo: "Vi essa tarde a reprise integral do programa de Bernard Pivot 'Apostrophes' e fiquei bastante admirada ao ouvir o senhor dizer que não tinha secretária, principalmente por falta de recursos. Como muitos telespectadores, imagino, tive a ideia surreal de lhe escrever a fim de lhe oferecer meus 'serviços', gratuitos evidentemente. Surreal, pois não possuo nenhuma referência capaz de seduzi-lo. Não sou estudante de etnologia, não sou *agrégée* em filosofia, sequer sou uma de suas leitoras, pois, esta tarde, querendo comprar *Tristes trópicos*, dei de cara com a minha livraria habitual fechada. Pior: minha profissão é manequim; mas estou prestes a assinar um contrato de exclusividade que me deixará disponível nove meses por ano e 'ao abrigo da necessidade'. Parece-me então razoável dedicar meu tempo a coisas interessantes, uma vez que não terei mais preocupações materiais. Portanto, o senhor compreenderá facilmente que minhas referências são nulas, com a exceção de: minha habilitação de motorista, minha extrema gentileza, minha boa vontade"[68]. Assinado: Inès de La Fressange. A carta é complementada com fotos de moda que têm tudo, sem dúvida, para apoiar e validar a proposta que acompanham... Lévi-Strauss lhe responde: "Senhorita, o eco de sua celebridade chegou a mim e sua proposta me tocou muito. Minha intenção, contudo, era principalmente chamar a atenção para velhos cientistas a quem faltam recursos, mais que para meu caso pessoal. Se viesse trabalhar comigo, eu passaria meu tempo olhando para a senhorita e não faria mais nada"[69].

No fim, é outra mulher bonita e inteligente que vem a ser a secretária de Claude Lévi-Strauss. Como Inès de La Fressange, deixa a desejar na datilografia, mas é jovem, objetiva e franca com o idoso, a quem conta suas histórias de gato, suas desventuras, sua vida tumultuada. Eva Kempinski, segundo todos os testemunhos dos que conviveram com ela, estabeleceu com Claude Lévi-Strauss uma relação única, pois despojada do superego profissional que pesa nas relações com os colegas. Do térreo, era possível vê-los gracejando e às vezes até às gargalhadas. Do alto, Marie Mauzé, que ocupa o escritório no meio do corredor, ouve-os tagarelando, como um pai malicioso divertido com a filha desobediente e cheia de sonhos que ele gosta de partilhar.

Dias tranquilos no Quai Conti

Sabemos pouca coisa sobre a Academia Francesa. Essa instituição, ao mesmo tempo anacrônica e cheia de vida, é secreta e assim lhe apraz permanecer. Louis-Bernard Robitaille, jornalista canadense que se tornou seu cronista mordaz, acha que, uma vez transpostos os portões do pátio de honra, os dois pátios internos e as antecâmaras desertas têm um ar de *O ano passado em Marienbad*[70]... É o lado "rarefeito" da Academia, sem nenhuma dúvida, que o claustrofóbico Lévi-Strauss aprecia: espaço, inclusive para estacionar seu carro num pátio verdejante; alguns pequenos privilégios e proventos, atualizados todo ano, que chegavam a 582 francos por mês em 1977[71]. Numa época de milhões, "eles são quarenta a defender o qualitativo, quando não a qualidade, e a destruir o quantitativo"[72].

Todas as tardes de quinta-feira é realizada a sessão semanal, presidida pelo diretor em exercício. Por ordem de eleição, os acadêmicos entram num salão que lhes é reservado e discutem palavras candidatas ao dicionário; desfilam então as sugestões de definição. Nenhuma pessoa de fora jamais assistiu a essas sessões, pairando certo mistério a seu respeito. Ao contrário de outros mais evanescentes, Claude Lévi-Strauss comparece todas as quintas-feiras, sem exceção. Não descumprirá essa regra a não ser nos dois últimos anos de sua vida, a partir de outubro de 2007. Nessa nobre assembleia, ele exerce a função de "grande homem". É um dos raros fiadores intelectuais da Academia e é escutado "com uma espécie de veneração"[73] sempre que toma a palavra, o que é raro. Suas intervenções incidem geralmente sobre a introdução de termos etnológicos, como "matrilinear", ou sobre nomes próprios[74]. Alguns de seus colegas ficam com um pé atrás. Por exemplo, Alain Peyrefitte se pergunta: convém realmente impor palavras muito complexas, e de maneira geral nomes próprios, e não "privilegiar a intenção, reformulada recentemente com sucesso, de fazer um 'dicionário do uso correto', ignorando toda ambição enciclopédica?"[75]. Lévi-Strauss lhe envia mais uma vez um dossiê completo sobre os inuítes, motivo da discórdia, que derruba a convicção de seu colega. Da mesma forma, o etnólogo se preocupa em desestabilizar as definições espontaneamente etnocêntricas, como no caso do adjetivo "rançoso" [*rance*], sabor desvalorizado no repertório gustativo ocidental, mas que não o é em absoluto nas culturas culinárias selvagens[76]. Fazer existirem palavras e definições que, sem ele, não estariam no dicionário, ou não com a dignidade suficiente e na pluralidade das acepções conhecidas, é um desafio literalmente político da presença de Lévi-Strauss na Academia Francesa. Essa limpeza intelectual é enunciada sem subir o tom – está-se entre pessoas seletas –, mas com uma espécie de intransigência respaldada pelo unânime respeito que o cerca. Em 1991, Bertrand Poirot-Delpech, colega de fardão, certifica: "À minha admiração pelos seus trabalhos e ao seu manejo sutil das palavras se acrescenta, agora faz cinco anos, uma estima de todas as quintas-feiras pela sabedoria irônica de suas observações e por sua precisão tão segura ao lado de nossas aproximações"[77]. Em 1990 foi publicado o primeiro tomo da nona edição do *Dicionário*, cujos trabalhos haviam começado displicentemente... em 1935 e que a atividade desenvolvida por Maurice Druon como secretário perpétuo permitiu apressar.

Ao lado da rotina semanal das sessões do dicionário, a Academia vive alguns momentos febris: por ocasião da eleição de Marguerite Yourcenar, como vimos;

em 1991, com a reforma ortográfica lançada por Maurice Druon, que deflagra uma tempestade num pântano... de *nenúfares** e é enterrada. Entrementes uma nova subida de temperatura acadêmica acontece em 1984, quando Yvette Roudy, nova ministra socialista dos Direitos da Mulher, instala uma comissão de terminologia relativa ao vocabulário concernente às atividades das mulheres e presidida pela "*écrivaine*" [escritora] Benoîte Groult[78]. A Academia Francesa, contrariada de ter suas prerrogativas confiscadas, mesmo assim reage quanto ao teor da questão. Ora, é de notoriedade pública – ele mesmo afirma isso – que Lévi-Strauss "se encarregou do caso"[79]. O texto da declaração pronunciada na sessão de 14 de junho de 1984 baseia-se num raciocínio linguístico, fazendo mofa da política voluntarista de inspiração feminista da ministra: "É de se temer que a tarefa atribuída a essa comissão proceda de um contrassenso sobre a noção de gênero gramatical e que desemboque em propostas contrárias ao espírito da língua. [...] Com efeito, cumpre lembrar que em francês, como nas outras línguas, não existe nenhuma relação de equivalência entre o *gênero gramatical* e o *gênero natural*. O francês conhece dois gêneros, tradicionalmente denominados 'masculino' e 'feminino'. Esses vocábulos, herdados da antiga gramática, são impróprios. O único meio satisfatório de definir os gêneros em francês considerando seu funcionamento real consiste em distinguir entre gêneros respectivamente *marcado* e *não marcado*. Assim, o gênero não marcado é o gênero *extensivo*, por exemplo: 'Todos os homens são mortais' ou 'essa cidade comporta 20 mil habitantes', indiferentemente homens e mulheres. O gênero marcado é o gênero *intensivo* limitado aos seres vivos, instituindo uma segregação dos sexos. Conclusão: 'Daí resulta que, para reformar o vocabulário das profissões e colocar homens e mulheres num pé de completa igualdade, dever-se-ia recomendar que, em todos os casos não consagrados pelo uso, os termos do gênero dito *feminino* – em francês, gênero discriminatório em primeiro lugar – sejam evitados; e que, sempre que a escolha permanecer em aberto, prefira-se, para as denominações profissionais, o gênero não marcado'"[80]. CQD. Paradoxalmente, a guardiã da pureza da língua mostra-se pouco prescritiva: "Único senhor na matéria, o uso aliás não se enganou quanto a isso. Quando desastradamente forjamos os nomes de profissões no feminino, porque supunha-se que faltavam, seu fraco rendimento (devido ao fato de que o caso não marcado já continha em seus empregos os do caso marcado) rapidamente lhes pespegou uma nuance depreciativa: *cheffesse*, *doctoresse*, *poétesse* etc.". A declaração termina assinalando a que ponto o gênero dito feminino não serve senão acessoriamente para designar a fêmea e preconiza grande prudência, pois "mudanças feitas com propósito deliberado num setor podem ter repercussões insuspeitas sobre outros. [...] Elas ameaçam semear confusão e desordem num

* Referência irônica à nova grafia "*nénufar*" proposta para a palavra "*nénuphar*". [N.E.]

equilíbrio sutil nascido do uso, parecendo mais sensato delegar ao uso a tarefa de modificar"[81]. Reconhecemos aí uma recomendação de espírito tipicamente lévi-straussiano: o mundo da linguagem, como o mundo natural ou social, é uma construção sutil e antiga que o homem deveria tentar eventualmente mudar, mas com bastante tato e sem "forçar". Essa tomada de posição, recebida como uma tolice reacionária e machista dos incorrigíveis acadêmicos da "francesa", e em primeiro lugar de Lévi-Strauss, atrai a ira de Philippe Saint-Robert, comissário-geral para a Língua Francesa, vinculado à equipe do primeiro-ministro, que, embora não responda sobre a matéria, julga detectar no caso uma crítica da própria existência das comissões de terminologia e de seu comissariado. Quanto a Benoîte Groult, exprime-se em *Le Monde* de 17 de julho para denunciar o "terrorismo verbal" e estigmatizar essa "manifestação falocrata". Um ano antes, em setembro de 1983, Georges Dumézil, igualmente acadêmico, explicava ao *Nouvel Observateur* que a língua não é um jardim "passível das tosadoras, dos tutores, mas é uma floresta"[82]. Lévi-Strauss partilha profundamente essa visão das coisas e remete os jornalistas a esse artigo, que, segundo ele, põe um ponto-final em toda a questão.

Fora desses surtos marciais, o acadêmico leva uma vida mais tranquila, embora não seja em absoluto de descanso. Envolvido com a vida da instituição, Lévi-Strauss se empenha a fundo para nela fazer entrar determinadas personalidades, e lidera sempre esse tipo de iniciativa com um máximo de eficácia: Georges Dumézil em 1979, Braudel em 1984, Duby em 1987, mais tarde Pierre Nora. Mais explosivo, apoia firmemente o pestífero da etnologia francesa, Jacques Soustelle, que veste o fardão em 1983. Lévi-Strauss é o diretor em exercício em 1987, quando surge o caso Maurice Duverger. O jurista apresenta sua candidatura. Desencadeia-se então uma campanha de imprensa, promovida em especial por André Glucksmann, que traz à tona um artigo do jurista datando de 1941, totalmente complacente com a legislação antissemita de Vichy. Não subsiste nenhum vestígio da reação de Lévi-Strauss, mas Duverger não é eleito. Ao lado dos felizes eleitos, a imensa multidão dos aspirantes a sê-lo acarreta uma correspondência cronofágica dirigida àqueles aos quais, com "trêmula audácia" – é a expressão consagrada –, apresentam candidatura. Lévi-Strauss faz parte daqueles que não "recebem" visitas acadêmicas, em conformidade aliás com o regulamento, mas de toda forma cumpre escrever uma carta para se explicar. Há também a preparação dos discursos de recepção, depois os agradecimentos de livros recebidos dos caros confrades, sempre produtivos e eminentemente sensíveis a toda atenção vinda de seu célebre colega. Por fim, em meio a essa agitação, a calma ronronante das sessões ordinárias das quintas-feiras destila um tédio reconfortante, ainda mais que Lévi-Strauss sabe combater seu pior inimigo reavivando uma tradição de dispersão colegial e ao mesmo tempo cultivando a inteligência. Encontrou no escritor Jean

Dutourd um colega de carteira gaiato a mais não poder. Ambos se enviam pequenas quadras epigramáticas que contam de outra forma a vida rotineira no Quai Conti, das sombrias intrigas: "Nessa dupla eleição/ Eu farejo uma trapaça/ Para introduzir em nossa praça/ O que fora daqui chamam de um bestalhão"; às longas tardes sonolentas: "Para o sr. Claude, meu vizinho/ Que se enfastia mas não berra,/ Eu, autor obscuro do *Bon Beurre*,/ Fiz esta quadrinha". Resposta do destinatário: "O autor dos *Horreurs de l'amour*/ Sabe que o tormento deles é mais curto/ Do que aqueles que durante uma hora e meia/ Suportamos na Academia". Entre duas palavras, o desenho de um cãozinho "para enriquecer com um pequeno vira-lata o zoológico do sr. Lévi-Strauss". O etnólogo responde com desenhos de gatos. Muitos gatos entre esses dois idosos que se saúdam "felinamente". Lévi-Strauss recebe a grã-cruz da Legião de Honra em 1991: "Este poema, eu o burilo/ Para festejar o sr. Claude cujo/ Valorosíssimo peito/ É envolto no grande cordão". Resposta do sr. Claude: "Essas honrarias, caro Jean Dutourd/ Chegadas na grande velhice/ Depois se vão, três pequenas voltas/ Dirá a vida dura soberana". Em 4 de outubro de 2001, a coisa se encomprida: "O tédio dessa controvérsia/ Fez-me, ai de mim, ter saudade/ Do bom velho Café du Commerce/ Que tanto nos enfastiava". Ainda na mesma sessão: "Era decididamente muito comprido/ E, juro, virou uma calamidade/ Helena[83] não é Madelon/ Ela não nos serve bebida". Os papéis pessoais de Lévi-Strauss conservam dezenas.

Arquivos da intimidade acadêmica, essas modestas linhas atestam à sua maneira a afeição paradoxal por uma instituição produtora de tédio. Pois o tédio faz parte do rito, do tempo que se deve passar para entrar na textura da duração. Estranha instituição que acompanha toda essa parte final da vida de Lévi-Strauss, incluindo-o no tempo redescoberto de uma modernidade das belas-letras. O Quai Conti, como diz Druon, não é "a última instituição monárquica sob a República após ter sido a primeira instituição democrática sob a monarquia?"[84]. Ela o instala numa temporalidade feliz, uma cronologia toda britânica que suprime o hiato revolucionário. Lévi-Strauss não acredita na *tabula rasa* nem no plano coletivo, nem no plano individual.

Uma arte de viver

Em 1984, Emma Lévi-Strauss morre aos 98 anos de idade. Seu filho Claude fica órfão aos 76. É-se menos órfão por isso? Maurice Druon escreve-lhe uma bela carta de pêsames: "Sua mãe estava prestes a completar um século. Isso cria para o filho uma situação extraordinária, em que a infância permanece misturada a todas as etapas de um destino amplamente percorrido. Por mais preparados que estejamos para um falecimento, esperado para se produzir a qualquer momento, ao mesmo tempo estamos quase habituados que a mãe seja imortal. E, a despeito de tudo, é uma surpresa. A morte dos pais é sempre uma surpresa a qualquer momento ou como quer que aconteça. É por essa surpresa cruel, pelo dilaceramento da mais antiga lembrança, pelo atentado às raízes do ser moral que desejo lhe exprimir, como amigo, minha profunda compaixão"[85]. Emma é sepultada ao lado do marido no cemitério de Montmartre, mas Claude recusará que reservem um lugar para ele no mausoléu. Desde sempre responsável pelos pais, decidiu que a última separação também significava uma separação de corpos. Quanto a ele, escolhe então ser enterrado no campo[86]. Emma não é apenas a mãe de Claude; é uma personalidade excepcionalmente cativante que, ao longo da vida, continuou a se encontrar com as duas ex-noras, as quais lhe permaneceram fiéis mesmo depois da separação de seu filho. Daí a ideia deste último, quando de sua morte, de dar a cada uma delas uma joia em memória de Emma, coisa feita por intermédio de Monique, que se encontra pela última vez, nessa oportunidade, com Dina Dreyfus e Rose-Marie Ullmo.

Um elo desaparece, fazendo todos subirem na cadeia familiar. Lévi-Strauss espera uma prole – que ele mesmo não desejava tão ardorosamente como pai – que possa contrabalançar a ancestral falecida. Constata, em 1989, que seus dois filhos "parecem empedernir-se no celibato, o que [o] consterna"[87]. A Dolores Vanetti, sua velha amiga de Nova York, "que tem lugar cativo em [seu] coração"[88], confessa outras evoluções. No casal Lévi-Strauss, a hora da reciprocidade soou. Se o marido desacelera sua atividade, a mulher opera uma mudança de regime e se lança numa vida profissional cada vez mais puxada: envolvida há alguns anos em pesquisas históricas sobre o mundo têxtil no século XIX, em especial a indústria da caxemira, publica seus resultados em 1987 em *Cachemires: L'art et l'histoire des châles en France au XIXe siècle*[89]: "Aqui, Monique, agora autora (sobre os xales de caxemira) e diretora de coleção (de livros sobre o têxtil)[90], está muito mais ocupada do que eu mesmo"[91]. Alguns anos mais tarde, em 1989, Lévi-Strauss confirma essa mudança de polaridade entre eles – devido igualmente à diferença de idade, 80 anos para ele, 63 para ela: "Em casa, a vida se modifica: Monique está terrivelmente ocupada: autora, conferencista, especialista nos grandes leilões de xales, diretora de coleção na editora de Adam Biro, que publicou seu livro[92]. Quanto a mim, prometera a mim mesmo não escrever mais; mas fui ficando muito entediado. Comecei então um livro que avança lentamente: consequência da idade avançada. Será uma espécie de *sister book* de *A oleira ciumenta*, mitologia norte-americana portanto, que, se eu viver o suficiente, me tomará dois ou três anos. À parte isso, não vejo praticamente mais ninguém; não almoço nem janto mais fora. De tempos em tempos me fazem uma visita, em casa ou no laboratório, onde conservo um gabinete e uma secretária"[93].

Exagerando seu confinamento – ele vê gente e recebe jornalistas –, explicita essa estratégia da lentidão que lhe permite combater o tédio com uma escrita lenta que acompanha a passagem, desacelerada, do tempo. A desaceleração do ritmo de vida característica desse período da existência é vivida por Lévi-Strauss no modo melancólico e fatalista, como ele explica a Bernard Rapp, diante das câmeras, em 1991: "Escrevo cada vez mais lentamente, cada vez com maior dificuldade e às voltas com dores cada vez mais atrozes. Entretanto, se não fizermos nada e vivermos como aposentados, o tédio é enorme. Então é preferível sofrer e dar-se a impressão de que os dias não são intermináveis, mas que, ao contrário, passaram bem rápido, de tal forma pouco produzimos"[94]. A boia do trabalho funciona ainda por alguns anos. No meio dessa descida, em que as horas seriam vividas em sua duração própria, Lévi-Strauss é tomado por alguns surtos de seiva inspiradora: três livros, entre 1985 e 1991, que atestam essa circulação das ideias e das formas sempre possível, apesar da idade alcançada, mais de 80 anos.

Em seu semiócio sonhador, ele permanece cioso de seu tempo e espaço, e sempre maníaco com a pontualidade, como Jacques Chancel pôde comprovar. Ao chegar atrasado a um encontro, o jornalista não encontrou ninguém e, após se desculpar, recebe esta carta, em 16 de outubro de 1991: "Seus 'quatro minutinhos' são uma desculpa esfarrapada! O senhor me pediu para vir às 11h50, para entrarmos num acordo, achava eu, sobre o tom da gravação, que devia começar às 12h em ponto. O senhor não estava lá. Às 12h, me avisaram que o senhor estava chegando; às 12h05, que era preciso esperar mais um pouco. E era quase 12h10 quando deixei definitivamente o seu andar. O senhor tem, eu sei, compromissos urgentes. Também tenho os meus (mais uma idade que me parece merecer igualmente alguma consideração). [...] Nada disso é grave; vamos esquecer. Teremos outras oportunidades de nos rever, talvez até de dialogar"[95]. Até lá, o etnólogo põe uma cruz em seu programa e assim educa os novos chefões, os *media people*, quanto ao código de conduta. É ele que, de maneira excepcional, ainda detém o poder na midiocracia já bem consolidada nessa data.

O velho homem mantém a silhueta adquirida no fim dos anos 1960, cuja fragilidade lhe dá paradoxalmente um aspecto juvenil e lhe conserva certa saúde, apesar de vários apagões. Com efeito, há uma característica que a velhice conserva sem acentuar: Lévi-Strauss, grande claustrofóbico, grande sensível, tende a desmaiar por qualquer besteira. O espetáculo do sangue correndo ou o calor sufocante de um lugar provocam frequentes vertigens. É especialmente o caso em situações sociais, por ocasião de grandes jantares em que o excesso de gente e o tédio de estar presente o deixam tonto: "Um dia, por exemplo, ele caiu da mesa durante um jantar no Ministério da Justiça oferecido por Alain Peyrefitte. Preocupação geral. Todo mundo achava que ele tinha morrido, de tal forma estava pálido. Recusei chamar os bombeiros, sabendo perfeitamente que, uma vez no carro a caminho de casa, ele melhoraria e voltaria a si!"[96]. Essa maneira um pouco dramática de deixar um ambiente lhe ficou, sinal de um corpo que faz defecção quando a vontade escrupulosa de seu espírito lhe impõe tarefas fastidiosas. Mas, apesar de tudo, seu corpo ainda o carrega valentemente, a despeito do tremor das mãos e dos problemas odontológicos sérios – a julgar pela intensa correspondência que mantém com seu dentista Jean-Claude Albaret[97].

Ao mesmo tempo que confessa não gostar de se mexer, Lévi-Strauss viaja mais do que fez nas décadas anteriores. É a hora das últimas vezes – ele gostaria, diz a Dolores Vanetti em 1989, de ver "mais uma vez" os Estados Unidos; retorna ao Brasil em 1985. Mas é também a hora das primeiras: o Japão, cuja descoberta desempenha um papel essencial nesse momento de sua vida, ou Israel em contraponto. Mais tarde, nos anos 1990, só viajará em suas lembranças.

TRANSFORMAÇÕES MÍTICAS (1). A FÁBRICA DA BIOGRAFIA

Já se notou: é durante os anos 1980 que, através de artigos e programas de tevê, se fabrica uma narrativa biográfica em parte controlada por Lévi-Strauss, que se materializa no livro de entrevistas concedidas a Didier Éribon, saudado unanimemente pela qualidade e pelo interesse das conversas que o jornalista soube orquestrar. *De perto e de longe*, publicado em 1988, é recebido como o livro de memórias que o etnólogo, que é louco pelo gênero, não escreverá. Ao lê-lo, muitos descobrem a personalidade de um homem com modéstia irônica, engraçado e cativante, de uma inteligência não conformista, um esteta refinado e entusiasmado, um pudico que sabe se inflamar. A metamorfose se consuma no espírito público: não é mais o estruturalista, mas o "pensamento delicado"[98] que toca e seduz[99]. De onde vem esse surto biográfico? Daniel Fabre vê nele a vontade de retomar a palavra e esclarecer sua narrativa das origens após o episódio Caillois na Academia Francesa, durante o qual lembramos que ele foi singularmente venenoso[100].

O propósito biográfico é igualmente um fruto tardio do "quixotismo" de Lévi-Strauss, que ele define, como vimos, como "o desejo obsedante de reencontrar o passado no presente"[101]. Para empregar uma metáfora geológica familiar ao imaginário lévi-straussiano, tudo se passa como se a decantação do passado após décadas permitisse, por ocasião de uma falha ou um afloramento de terreno biográfico, uma exumação das camadas profundas de uma estrutura biográfica: "À medida que a idade chega, farrapos do passado sobem à superfície ou, para falar em outros termos, anéis se fecham. As *Mitológicas* me reconduziram a Wagner, em cujo culto fui criado e do qual, adolescente, eu julgava ter me desligado. *A oleira ciumenta* me remete a minhas leituras de criança [Labiche]. Se eu tiver tempo, sem dúvida reencontrarei Dom Quixote, que foi a paixão dos meus 10 anos"[102].

Japão: o tempo redescoberto

A publicação póstuma da coletânea de artigos *A outra face da lua*[103] permitiu documentar esse período japonês de Lévi-Strauss, que realiza cinco viagens ao país do Sol Nascente entre 1977 e 1988. Na existência primordialmente caseira do etnólogo a partir dos anos 1950, esse tropismo nipônico reiterado é notável. No entanto, não devemos cometer um contrassenso. Por mais erudito que ele seja sobre a história passada e presente da sociedade japonesa e sobre suas artes, o Japão não é um campo de pesquisas para ele; não é sequer um objeto de estudos enquanto tal. Recentemente houve quem criticasse sua visão estereotipada da alteridade nipônica e o reinserisse numa literatura extremo-orientalista[104]. Ainda que tais críticas não sejam falsas, isso é desconhecer o papel específico do Japão nesse momento de sua vida. Pois se trata aqui, sem dúvida, de coisa bem diferente: o Japão tem a capacidade de encurtar os tempos biográficos, fazê-lo retornar à sua infância, mas também abri-lo para uma imagem possível do futuro – o Japão portador de uma solução original, escanchando-se entre o antigo e o novo, o que ele chama de "*double standard*" [padrão duplo]. Decerto Lévi-Strauss alucina um pouco seu Japão. É que ele julga esse país, para o qual volta um olhar "deslumbrado" e "quase infantil"[105], infinitamente sedutor.

Cinco viagens, portanto[106]. A primeira é a mais longa: seis semanas, entre 17 de outubro e 26 de novembro de 1977, durante as quais Claude e Monique Lévi-Strauss são convidados da Fundação Nacional do Japão, organismo subvencionado pelo Estado, que os recebe em grande estilo: motorista e intérprete – a sra. Watanabe Yasu – fazem parte do programa, o que é um luxo só, para explorar os meandros de um inescrutável Japão. Os preparativos são minuciosos, o cronograma, puxado; nada é deixado ao acaso, sobretudo os presentes a serem levados para os anfitriões, pequenas joias, cachecóis e diferentes objetos de tradição europeia com tudo para agradar. Como contrapartida: conferências que constituem um conjunto de "escritos japoneses" doravante acessíveis. Textos de circunstância, com redação um tanto "forçada" – é a moeda do viajante –, tratam não só da antropologia e da modernidade industrial, como do próprio Japão, pelo qual Lévi-Strauss cultiva um profundo interesse, mas nenhuma competência profissional[107], como escreve à Fundação Suntory, potência que o convidou para sua segunda viagem, em março de 1980, antes de responder positivamente ao convite, pois a tentação é muito forte: "Se levo muito pouco para a discussão, pelo menos aprenderei muito"[108].

Esse convite constitui um caso totalmente à parte entre os intelectuais que tomam o caminho de Tóquio no fim dos anos 1970. E são muitos! No outono de 1977, quando Lévi-Strauss chega, Paul Ricœur está fazendo conferências lá, bem como Michel Foucault, entrevistado quatro vezes na televisão – o que é contado ao etnólogo... Nesse momento japonês da *intelligentsia* francesa, espécie de avesso do turismo ideológico aos países socialistas do futuro radioso, os intelectuais estruturalistas estão muito presentes. O que vão buscar? Talvez, como sugere o japonólogo Emmanuel Lozerand, a exemplo de Barthes dez anos antes, um espaço de suspensão do sentido e diluição do sujeito[109]. Fato é que, ao contrário dos outros – Barthes, Foucault... –, o etnólogo é convidado pelos japoneses e jamais pelos serviços culturais da embaixada francesa, que se limitam a assessorá-lo durante sua estadia. Muito rápido, em virtude dos interesses fortemente reiterados ao longo de sua primeira viagem, ele é identificado como cultor de uma verdadeira paixão pelo Japão. Não está lá, portanto, de forma alguma como missionário do estruturalismo. Nessa data, sua obra já está traduzida graças a alguns antropólogos divulgadores, em especial Junzo Kawada, que propõe uma nova tradução de *Tristes trópicos* em 1977, vinte anos após a primeira. O estruturalismo viajou sem ele, que o comentem sem ele igualmente! Conferencista reticente que pretende honrar sua dívida junto a seus anfitriões japoneses, mas não mais que isso, Lévi-Strauss chega de mãos vazias (ou quase) para aprender sobre o Japão.

Durante essas seis semanas no outono de 1977, o casal Lévi-Strauss esquadrinha Honshu, a ilha central do Japão. No âmbito de um programa do Laboratório de Antropologia Social sobre a noção de trabalho, Lévi-Strauss encontra uma série de artesãos nos recantos mais ermos do país: doceiros em Quioto (doçaria Tsuruya-Yoshinobu), fabricantes de saquê (Okura Shuzo), ferreiros de sabres em Nara, tecelãs e tintureiras de quimonos em Kanazawa (Kaga-Yusen), carpinteiros e marceneiros nos "Alpes japoneses" em Gokayama e Takayama, pescadores e cozinheiros da culinária *kaiseki* de Quioto, fabricantes de papel, músicos tradicionais. Um dos grandes momentos da viagem, segundo sua tradutora, é o encontro com os artesãos-laqueadores da península de Wajima: a concentração dos diferentes ofícios e a multiplicidade das tarefas para produzir uma tigela laqueada impressionaram Lévi-Strauss, que, talvez se lembrando das lacas de sua infância, faz questão de oferecer um jantar de despedida a toda a companhia. "Esses artesãos eram muito gratos pelo interesse demonstrado por Lévi-Strauss por sua atividade. Sabiam que era um grande pensador..."[110] Conhece também artesãos distinguidos com o título vernacular de "Tesouro Nacional Vivo", como o célebre oleiro da décima sexta geração de *raku* nas cercanias de Quioto.

Essa categoria, lembra a sra. Watanabe, encantara Lévi-Strauss, para quem o saber dos artesãos é efetivamente digno de ser elevado ao firmamento daquilo que um país pode se orgulhar de preservar. Num de seus textos japoneses, ele compara a extraordinária vitalidade da tradição artesanal observada no Japão com seu relativo declínio na França. Para ele, esse contraste provém menos da relativa sobrevivência das técnicas tradicionais do que da manutenção das estruturas familiares antigas no Japão e de sua extinção na França[111]. Claro, ele visita os templos zen de Quioto, prova a cozinha zen à moda chinesa, participa de uma cerimônia do chá – mas aí sua impaciência de ocidental prevalece: ele bate em retirada! Quanto à noitada com as gueixas, abstém-se... A intérprete torna-se amiga do casal, ao qual terá oportunidade de acompanhar novamente. Lévi-Strauss pede a ela que o chame de "Claude", mas ela recusa a informalidade. Irá tratá-lo de "*sensei*", com sua anuência – a palavra lhe agrada, pois é a expressão japonesa para "*Monsieur le professeur*", sem que o etnólogo desconfie da conotação mandarinal do título. Um mal-entendido, coisa em que o Japão é pródigo com seus visitantes mais bem-dispostos – e que, pelo inusitado, acaba tendo seu charme. Entre a paixão micófila – Lévi-Strauss organiza uma pequena colheita de *matze-take*, um cogumelo de outono, nos arredores de Quioto – e o convite aos Lévi-Strauss feito pelo casal imperial para um *garden-party* nos jardins de Akasaka, a primeira viagem é um deslumbramento.

Em março de 1980, retorna para uma temporada mais modesta, de uma semana, em Osaka, a convite da Fundação Suntory[112], empresa de grande porte que, desde 1899, fabrica e distribui bebidas alcoólicas, uísques, cervejas, vinhos... Embora não sendo um grande bebedor ("*Being not much of a drinker*"), Lévi-Strauss aceita e aproveita a viagem para fazer um pouco de "*namazu-e shopping*". Com efeito, Osaka e Quioto contam com algumas lojas particularmente bem providas em estampas da arte popular japonesa do século XIX, representando não só a vida cotidiana como os grandes eventos, a exemplo dos terremotos – estampas que, criança, Lévi-Strauss ia procurar na rua des Petits-Champs na "La Pagode" e constituíam um pequeno tesouro pessoal em meio à grande paixão japonizante da época.

A terceira viagem desenrola-se entre 9 e 21 de maio de 1983, por iniciativa do "Japan Productivity Center", espécie de *think thank* dos industriais japoneses. Em abril de 1986, por ocasião de sua quarta viagem, Lévi-Strauss participa da oitava série das Ishizaka Lectures, conferências públicas financiadas pela Fundação Ishizaka, outra manifestação da filantropia japonesa. Em cada uma delas, as intervenções de Lévi-Strauss se inserem no âmbito de um *brainstorming* empresarial, em que *social scientists* são convidados a dar seus pareceres perante uma plateia de *leaders* a fim de refletir sobre as metamorfoses do mundo[113].

À margem dessas elocuções, Lévi-Strauss organiza sempre um périplo mais ou menos extenso por domínios que o interessam. Em 1983, por exemplo, durante a terceira viagem, vai, em companhia do professor Yoshida, às ilhas do arquipélago Ammami, no sudoeste do Japão, entre Kyushu e Okinawa. O arquipélago de Okinawa desenha um arco com cerca de sessenta ilhas entre o sul do Japão e Taiwan. Durante séculos, essas terras formaram o reino autônomo de Ryukyu, cultivando um forte particularismo, não obstante abalado pela instalação

Foto de Claude Lévi-Strauss (segundo à esquerda) na tribuna, extraída do álbum-recordação "Japan Speaks 1980".

de bases militares norte-americanas durante a Guerra da Coreia. Ainda assim, elas permanecem o santuário de rituais e do culto dos ancestrais, campo privilegiado dos etnólogos japoneses, que Lévi-Strauss vê em ação. Atsuhiko Yoshida, etnólogo especialista nos rituais de possessão e ex-oficial da Marinha, lembra-se de um Lévi-Strauss muito atento e curioso, sempre comparando, mas de forma alguma desejoso de participar: "*I don't want to ask questions. Just watch!*"; observar uma aldeia de pescadores e escutar como os etnólogos japoneses realizam seus levantamentos, que tipo de perguntas eles fazem. A viagem é repleta de surpresas, mesmo sendo penoso, fisicamente, dormir em tatames e ajoelhar-se à mesa. Os corpos ocidentais dos Lévi-Strauss, especialmente o mais idoso de Claude, sofrem um pouco com isso... Em contrapartida, a comida, longe de ser um problema, é prazer constante. Lévi-Strauss não se abstém de provar da cozinha tradicional oferecida nas pequenas pousadas onde se hospedam.

Em 1986, ano de sua quarta viagem, oferecem uma alta soma ao etnólogo por três conferências. Ele aceita e decide gastar tudo *in loco*. Por conseguinte, passa nove dias em Kyushu, sempre acompanhado da mulher e de sua tradutora oficial, que lhe prepara "um grande *tour* em vez de férias de descanso". De 17 a 26 de abril: Kagoshima, Kirishima, Uto, Miyazaki, monte Aso (cratera, santuário), Kumamoto, monte Unzen, Nagasaki, Fukuoka... A ilha de Kyushu é o lugar originário da mitologia japonesa: a gruta de Amaterasu, a deusa do Sol, o santuário Uto ligado à história dos dois irmãos caçadores-pescadores e da mulher-peixe. "Ah, é Melusina!", exclamará o etnólogo. Segundo a sra. Watanabe, Lévi-Strauss percorre esses lugares em estado de êxtase e propenso a uma pulsão comparativa aguda. O etnólogo vigilante não cessa de fazer aproximações, deixando sua inteligência reticular esbaldar-se na natureza e numa dimensão dessa vez mundial – já que o Oriente nipônico era o elemento que faltava entre as Américas e a Europa.

É também durante sua viagem de 1986 que ele sobe o rio Sumida, na companhia especialmente do antropólogo africanista Junzo Kawada. A subida desse rio (numa embarcação tradicional) que atravessa Tóquio é ensejo para algumas fotos: nelas, vemos Monique e Claude Lévi-Strauss agasalhados, cercados pelos jovens rostos de seus anfitriões japoneses. Todo mundo sorri! Até mesmo Lévi-Strauss, a despeito de uma urbanização circundante agressiva (grandes prédios e zona industrial-portuária), que não corresponde em nada às imagens serenas da antiga Edo gravadas em seu cérebro desde a infância. Apesar do "choque", ele conta, "a moderna Tóquio não me pareceu feia"[114] e o bairro antigo dos pescadores de Tsukudajima desperta-lhe uma rara inspiração lírica[115].

O que representa o Japão para o ancião que se tornou Claude Lévi-Strauss? É uma máquina de voltar no tempo, mas indica igualmente o caminho de um futuro mais desejável, outro modelo possível que ele resume na noção de "*double standard*"[116]. Entre passado e futuro, o Japão agrega tudo, satisfazendo em Lévi-Strauss o desejo de continuidade. Da mesma forma, faz um uso epistemológico do Japão: a "face oculta da lua" é um operador de pensamento para melhor apreender sua face visível, assim como o Oriente nipônico é a outra face do Ocidente, numa confrontação que é não só binária, como triangular. O Japão é ora um "mundo às avessas", ora uma ponte entre a Europa e a América.

"O que eu tinha ido buscar no Japão era a imagem provavelmente ilusória de um exotismo, se posso dizer, menos espacial do que temporal"[117], resumirá. Justamente por essa razão, hesitou longamente em empreender tal viagem: não arriscava colocar em perigo seu imaginário infantil das estampas com uma brutal confrontação com o real? O lado "verde paraíso dos amores infantis"[118] que o Japão inegavelmente tem para Lévi-Strauss exprime-se na referência proustiana que aparece espontaneamente sob sua pena para evocar o arroz com *yakinori*, que, "com esse sabor de algas, é tão evocador do Japão para mim quanto a *madeleine* podia ser para Proust"[119]!

Se por um lado o reencontro com o Japão sonhado é às vezes traumatizante, pois a natureza também foi severamente agredida no Japão, por outro a modernidade ali não é vivida como uma catástrofe. Lévi-Strauss decerto se interessa pelo Japão antigo, mas gosta de Tóquio, lá visita prazerosamente o bairro da eletrônica, em Akihabara, vendo no sucesso dessa indústria a recuperação de qualidades ancestrais (minúcia, precisão etc.) do artesanato japonês. O "*double standard*", para o antropólogo, é uma chave para compreender o Japão; é um conjunto de soluções originais que equilibram passado e futuro, que fazem coexistir um universo de crenças muito vivo, ao mesmo tempo que desenvolve um registro científico e técnico sofisticado: "Entre a fidelidade ao passado e as transformações induzidas pela ciência e as técnicas, sozinho talvez entre todas as nações, o Japão soube até agora encontrar um equilíbrio"[120], ele escreve. Nesse aspecto também,

Lévi-Strauss fica encantado com a alternância ideal entre tradição e modernidade, entre fechamento e abertura, que lhe permite introduzir uma nova metáfora: o Japão funcionaria como "um filtro ou, se preferirmos, um alambique destilando uma essência mais rara e sutil"[121]. Nesse panorama, Lévi-Strauss subestima, até mesmo oculta, o que ele chama de "vertigem ideológica"[122] que se apoderou do Japão no início do século XX. Considera essa deriva autoritária um epifenômeno e nega-se a vê-la, como mostra um quiproquó durante uma das conversas que ele trava com o professor Kawada. Lévi-Strauss se entusiasma com a higiene moral dos japoneses, sua disponibilidade, sua consciência profissional visível em todos os serviços, que ele associa temerariamente à franqueza do "sim" japonês: "Nós dizemos '*oui*', vocês dizem '*hai*'. Sempre tive a impressão [...] de que em '*hai*' há muito mais do que em '*oui*'. Que '*oui*' é uma forma de aquiescência passiva, enquanto '*hai*' é um impulso em direção ao interlocutor... – Kawada: [...] Para nossa geração, que conheceu o antigo regime ultranacionalista militar do Japão antes de 1945, a palavra '*hai*' evoca o espírito de obediência incondicional a um poder superior [...]. – CLS: Mas voltemos à beleza da natureza japonesa"[123]...

A teoria do Japão, "duplo invertido", "espelho" do Ocidente, não é nova. Mas Lévi-Strauss repete o clichê, adornando-o com sua inteligência e erudição[124]. Alternadamente, a teoria do sujeito, a língua e a antropologia do corpo vão nesse sentido: sujeito centrípeto *vs.* sujeito centrífugo, como o artesão japonês que puxa a plaina (ou a agulha) para si, enquanto o artesão ocidental a empurra para a frente[125]. Todo visitante pratica esse jogo de oposições[126], pois ele é eminentemente lúdico. O francês dos anos 2010, por exemplo, diverte-se vendo os japoneses fumarem nos bares, enquanto o consumo de cigarros é proibido em determinadas ruas... Mas esse lado "mundo às avessas" não esgota a significação da "outra face da lua", ferramenta heurística em conformidade com a dinâmica estruturalista, que consiste menos em apreender oposições do que diferenças no interior das similitudes. Um dos atrativos mais fortes do Japão para Lévi-Strauss é estimular sua energia comparativa – às vezes quase roçando na mitologia universal – e nela desvendar o jogo da diferenciação: "Apraz-me discernir nela os estados extremos de uma série de transformações"[127], afirma. Por exemplo, contam-lhe a lenda japonesa do príncipe mudo que recupera a fala: "Essa narrativa me causou um choque. Pois um atalho da memória me fez reconhecer nela um episódio da vida de Creso, tal como Heródoto o relatou"[128]. A relação é não só binária, como triangular: a mitologia japonesa não é confrontada exclusivamente com o fundo antigo, mas igualmente com o *corpus* americano. Assim a história da lebre branca de Inaba, episódio inaugural do *Kojiki* (a mais antiga crônica japonesa de mitos e lendas, datada do século VIII) é aproximada de versões sul-americanas de um episódio mítico similar, a figura do padrasto malvado e a do barqueiro do inferno presentes nas duas mitologias, que "se assemelham e diferem"[129].

O que concluir disso? "Tudo se passa como se um sistema mitológico talvez originário da Ásia continental, cujos vestígios teríamos de procurar, tivesse vigorado antes no Japão, depois na América."[130] No imaginário lévi-straussiano, o Japão tem decididamente uma função de ponte, de mediação, entre sua infância e sua velhice, entre a tradição e a modernidade, entre o Velho e o Novo Mundo.

Como o ente amado, o Japão se afigura ao antropólogo paramentado com mil seduções, que são também homologias objetivas entre certas características da cultura japonesa e sua idiossincrasia pessoal. E, como sempre nele, tudo começa pelas papilas: "Quando ele estava no Japão", conta Junzo Kawada, "tive diversas oportunidades de almoçar ou jantar com ele e constatei com admiração sua competência para apreciar os sabores de outra cultura. Por exemplo, o *dojo nabe*, um ragu de pequenos peixes-cobra inteiros numa panela; ou o *koi no arai*, filés de carpa crua cortados bem finos, servidos sobre cubos de gelo e degustados com molho vinagrete e pasta de soja. *Konowata*, vísceras de pepino-do-mar cru e salgado, muito apreciado pelos japoneses para acompanhar o saquê etc."[131]. Quase não há limite para a curiosidade gustativa de Lévi-Strauss no terreno da culinária japonesa – exceto uma grande repulsa à ideia de comer carne de cavalo, "único senão em seu relativismo cultural culinário"[132]. Ao contrário da gastronomia chinesa, mais gordurosa e sintética, a gastronomia japonesa é fundada num "divisionismo"[133] que, segundo Lévi-Strauss, caracteriza tanto a grafia quanto a religião: esse esforço "para manter separado o que deve sê-lo" é uma das chaves de seu amor pelo Japão. É o que ele chama de seu "cartesianismo sensível"[134], uma aplicação extrema em repertoriar e distinguir os diferentes aspectos do real – como as diferentes substâncias vegetais ou animais numa travessa a fim de melhor degustar cada sabor e estabelecer relações sempre renovadas entre os elementos puros.

O sistema de escritas japonesas lhe parece pertencer ao mesmo espírito. Em *A oleira ciumenta*, a meditação final sobre o processo de significação se baseia no exemplo japonês[135]: de um lado, dois silabários (*katakana* e *hiragana*) determinam perfeitamente o som, mas não o sentido, em razão de inúmeras homonímias; de outro lado, ideogramas derivados do chinês (*kanji*) produzem um sentido, embora a tradução fonética possa variar segundo o contexto. Logo, todo leitor japonês deve utilizar simultaneamente dois códigos. O sentido brota de seu ajuste recíproco e progressivo. Como a significação dos mitos ou sonhos, as escritas japonesas não fornecem imediatamente um significado verdadeiro. Diferente do modelo de fabricação de sentido no Ocidente, essa suspensão seguida de um esclarecimento está em consonância profunda com o espírito de Lévi-Strauss, que saboreia essa fragilidade e disponibilidade do sentido, o respeito ao real e a alergia à metafísica. Desse ponto de vista, o Barthes de *O império dos signos* está na mesma frequência de onda[136].

Quando Lévi-Strauss descreve com entusiasmo a arte dos oleiros Jomon, não pode se abster de pensar em seu próprio estilo intelectual e existencial. A rapidez e a segurança de execução, o domínio da técnica, o tempo de meditação e o "dom tipicamente japonês da concisão"[137] são idênticos aos seus. Quando ele admira "a arte do imperfeito" do pintor zen Sengai, contemporâneo de Hokusai, sua precisão, seu rigor, sua sobriedade e elegância, todos são valores eminentemente lévi-straussianos. Logo, não admira que o encontro com a arte japonesa tenha sido, desde a infância, um deslumbre e uma revelação, além de um objeto para repensar a estética ocidental. O gosto pelas matérias ásperas e tigelas imperfeitas cultivado pelos mestres de cerimônia do chá no Japão do século XVI, ao lado da extrema sofisticação das lacas e porcelanas, parecem-lhe o ápice do Belo, esse *wabi-sabi* tão japonês definido pelo requinte na simplicidade. É lícito, portanto, imaginar Lévi-Strauss como mestre-oleiro, calígrafo ou mestre zen, definitivamente livre da ditadura do sentido, a caminho da descoberta do "incondicionado", das coisas como elas são, para além do sujeito e do objeto, para além do bem e do mal, para além de todo juízo. Françoise Héritier constatou com muita pertinência que ele também partilhava com o mestre zen a "maneira de pensar ao mesmo tempo elíptica e não obstante tão precisa"[138], o gosto pelas anedotas, as extravagâncias, os trocadilhos, os exemplos concretos, toda essa "pedagogia oblíqua"[139] em que nenhuma pergunta lograria obter uma resposta definitiva. O *koan* – na tradição zen, uma meditação diligente sobre uma fórmula absurda, do tipo "que barulho faz uma única mão aplaudindo?" – e o *haiku* – poema curto que costuma decorar as aquarelas – detiveram sua atenção: fratura do sentido de um lado, esgotamento do outro. Não que Lévi-Strauss pratique o *koan* com seus discípulos – tampouco os espancava, como podiam fazer os mestres zen! –, mas o caráter enigmático por retração, o uso parcimonioso da fala, sua imperturbável amenidade e a leveza de jogo de construção sempre preservados por suas elaborações teóricas apontam para uma *zenitude* lévi-straussiana que se acentua com a idade.

Em suma, o Japão foi a experiência feliz de uma alteridade relativa que, em contrapartida, o japonizou. Esse mundo em miniatura – que é toda ilha – é um propulsor para o futuro, pois o Japão, nesse momento, é um condensado de valores e configurações que lhe são próximos. É a miniatura de um mundo em que o antropólogo poderia continuar a viver.

Israel e o judaísmo: retorno ao original?

"Com cerca de um ano de intervalo", diz Lévi-Strauss a interlocutores japoneses, "visitei em 1985, pela primeira vez, Israel e os Lugares Santos; depois, em 1986, na ilha de Kyushu, os lugares onde supostamente se desenrolaram os acontecimentos fundadores de sua mitologia mais antiga. Minha cultura e

mishkenot sha'ananim

No. 2 Jerusalem, February 1985 newsletter

News from Mishkenot

The distinguished Jewish-French anthropologist and philosopher, Claude Lévi-Strauss, made his first visit to Israel at the beginning of January and stayed in Jerusalem as a guest of Mishkenot Sha'ananim. The central part of his visit was devoted to an "Encounter" at Mishkenot devoted to the topic "Myth in Contemporary Western Societies". The encounter was chaired by Prof. Zvi Werblowsky and the panel consisted of Professors Nathan Rotenstreich, Shmuel Eisenstadt, Saul Friedlander and Dimitri Segal. The audience consisted of a large group of Israeli personalities including Prime Minister Shimon Peres. In addition to the encounter, Prof. Lévi-Strauss also agreed to an hour-long interview for Israel Television which was conducted by Prof. Saul Friedlander of Tel Aviv University. The following are brief excerpts from Prof. Lévi-Strauss' remarks made in leading off the Mishkenot encounter:

"I've always been very careful to avoid using the word 'myth' in too general a meaning. If you ask an American-Indian, either in North or in South America, what is a myth, he will probably give you the same answer, that is, that myth relates to a time when men and animals were indistinct from each other, could assume each other's form and talk to each other. This is, if I may say so, a kind of super-interpretation of our myth of the Tower of Babel which exclusively concerns mankind and the separation between men, while in the mind of those people the problem is a much wider one; it relates to the tragic moment when living beings ceased to be members of the same community and dispersed and became strangers to each other. In the second place, I think we should be careful when we speak about myth in western contemporary society because our ways of dealing with a problem of a general nature are extremely different from the mythological approach. If, instead of an American-Indian, I *myself* try to express what is a

continued on page 2

Prof. Claude Lévi-Strauss with Prime Minister Shimon Peres at Mishkenot

Claude Lévi-Strauss em Jerusalém na companhia de Shimon Peres por ocasião de sua viagem a Israel de 30 de dezembro de 1984 a 5 de janeiro de 1985 (*Mishkenot Sha'ananim Newsletter*, nº 2, fevereiro de 1985).

minhas origens deveriam ter me tornado mais sensível aos primeiros do que aos segundos. Foi justamente o oposto que se produziu. O monte Kirishima, onde desceu do céu Ninigi-no-mikoto, e o Ama-no-iwa-to-jinja, em frente à gruta onde se confinou Ohirule, a deusa Amaterasu, suscitaram em mim emoções mais profundas do que a suposta localização do templo de Davi, a gruta de Belém, o Santo Sepulcro ou o túmulo de Lázaro."[140] Conforme à lógica estruturalista, o sentido de sua viagem a Israel só pode ser apreendido (aqui negativamente) se for cotejado com a plenitude de sua viagem ao Japão, especialmente a Kyushu. Da mesma forma que em *Tristes trópicos* o judaísmo prosaico de sua infância se opunha à riqueza do universo simbólico bororo, o sagrado bíblico não encontra nele nenhum tipo de ressonância. Em primeiro lugar, como ele próprio sugeriu, porque sofre de uma ruptura de continuidade entre a antiga Palestina judaica de 2 mil anos atrás e a presença de sua família na Alsácia no século XVIII[141]; em seguida, porque, ao contrário dos japoneses, que, segundo ele, vivem naturalmente numa atmosfera mítica, os ocidentais distinguiram nitidamente o que é do âmbito da mitologia e o que pertence à história. Não cultiva, portanto, nenhum sentimento de pertencimento concreto[142]. Independentemente do interesse demonstrado por Israel e do fascínio por certos lugares – em especial o entorno do mar Morto, Massada, ou junto ao rio Jordão –, a corda sensível não vibra.

Fica claro, contudo, que, no decurso dos anos 1980, Claude Lévi-Strauss retorna, por outro viés, à questão judaica. Em 1988, ao mesmo tempo que as entrevistas a Didier Éribon encerram uma "narrativa das origens", ele produz um texto curioso e, sob muitos aspectos, inesperado: "Êxodo sobre *Êxodo*", título enigmático em forma de jogo de palavras erudito – "êxodo" aqui é sinônimo de divertimento, segundo um uso raro do século XVII. É um texto que avança mascarado, uma "fantasia"[143] que, para suscitar a curiosidade do leitor, não deixa de confirmar, num modo voluntariamente menor, as grandes opções teóricas do estruturalismo. Nele, Lévi-Strauss compara o ritual judaico da circuncisão, tal como justificado na Bíblia, e a imposição do estojo peniano nos bororos: "Em vez de excisar o prepúcio, parte natural do membro, os bororos acrescentam a este o estojo, objeto manufaturado que, em virtude disso, passa a ser uma parte cultural. Por conseguinte, impor um estojo peniano cultural ou retirar um estojo peniano natural corresponde ao mesmo projeto: marcar o membro com um signo cultural, por adição ou subtração. O resultado é expor a glande num caso, dissimulá-la no outro. [...] A excisão do prepúcio e o porte do estojo peniano, práticas reciprocamente inversas, vinculam-se a variantes combinatórias de um esquema cuja unidade só aparece num nível mais profundo"[144]. É isso, aliás, que as torna comparáveis.

Daniel Fabre lembra-se do espanto de Jean Pouillon, então diretor de *L'Homme*, a quem Lévi-Strauss oferece o artigo[145]. Com efeito, Lévi-Strauss sempre afirmara: "Não é possível fazer a antropologia do judaísmo antigo". Pois falta o contexto etnográfico – o que em parte o artigo contradiz. Esse texto manifesta outra transformação: embora afigurando-se uma retomada da oposição exposta em *Tristes trópicos*, dessa vez o judaísmo antigo não é desvalorizado, uma vez que a circuncisão funciona como um simétrico invertido da aposição do estojo peniano, numa marcação idêntica do corpo visando a funções absolutamente paralelas. Por fim, efetua um recorte subliminar entre duas coleções de objetos que operam como duas balizas, entre as quais oscila o judaísmo ambíguo e complexo, remodelado por uma autorreflexão de Claude Lévi-Strauss: de um lado a coleção de objetos bororos – entre os quais vários estojos penianos – que em 1937 o antropólogo expôs ao voltar de sua primeira expedição brasileira; de outro, a coleção de objetos litúrgicos judaicos de seu bisavô Isaac Strauss – as facas rituais de circuncisão – que reemergem na vida do bisneto na virada dos anos 1980, por ocasião da reorganização das coleções do Museu de Cluny.

Reiteramos que essa importante e pioneira coleção de objetos de arte religiosos fora adquirida pela baronesa Nathaniel de Rothschild e doada quase integralmente ao Museu de Cluny, do qual ela irá inaugurar a ala ocidental, expandida mais tarde por alguns outros doadores como Camondo, o conjunto testemunhando a história da comunidade judaica na França e na Europa medievais e clássicas[146]. Em 1980, Alain Erlande-Brandenburg, curador-chefe do Museu de Cluny, pede a Victor Klagsbald, conselheiro no departamento *Judaica* do Museu de Israel em Jerusalém, para fazer seu inventário. Em 1986, esse inventário e esse acervo virão alimentar as coleções permanentes do recentíssimo Museu de História e Arte do Judaísmo, abrigado no palacete de Saint-Aignan, à rua du Temple. Para Daniel Fabre, que foi o primeiro a chamar a atenção para essa conjuntura, "tudo repousa num súbito cara a cara com os objetos"[147]. Objetos amados, visitados em sua infância, que retornam sub-repticiamente ao mesmo tempo que a própria textura do tempo passado.

Lévi-Strauss, nessa oportunidade, escreve um "prefácio" ao catálogo: "Quando nasci, vinte anos após sua morte, Isaac Strauss já entrara na lenda familiar. No entanto, meu pai, nascido em 1881, continuava a se lembrar das visitas de sua infância, na Chaussée d'Antin, e que, durante uma delas, Ambroise Thomas[148], presente, o fez sentar em seu colo. Mas é sobretudo pelas declarações de minha avó paterna, a mais jovem das cinco filhas de Isaac Strauss (às quais ele proibia a costura e o bordado, para nada distrair da música), que conheci um pouco esse quase meio século, já banhado numa aura mítica, durante o qual uma modesta família alsaciana conviveu com personagens ilustres pelo talento musical ou literário, ou pelo lugar que ocuparam na história contemporânea na França ou no estrangeiro"[149]. Aureolado por uma poética toda proustiana, esse texto bastante pessoal formaliza uma rica mitologia familiar: os deuses do lar, Rossini (que beija sua avó), Berlioz, os heróis – Isaac Strauss –, os sobrenomes atribuídos. Ao lado da história sagrada, a crônica escandalosa – de registro tipicamente labichiano (um suposto caso de uma das filhas Strauss com um dignitário do Império). Como em Kyushu, onde história e mitologia não se distinguem, sua história pessoal se insere intimamente nessa rica mitologia familiar que ele reivindica, inteiramente sua, proporcionando-lhe uma sensação de pertencimento e continuidade feliz entre essa família (judaica) alsaciana, suas grandezas e decadências, e o indivíduo que ele se tornou.

Da sutura natural que se instaura, os objetos de maneira geral, e os de Isaac em particular, são a encarnação sensível: "Na casa das duas filhas de Strauss, ainda vivas na minha época, e nas dos filhos das outras, eu via alguns quadros, móveis e objetos antigos, vestígios de sua coleção, quase todos desaparecidos desde então, em virtude das espoliações alemãs. Ao mesmo tempo que o amor à música, adquiri naqueles aposentos vetustos meus primeiros conhecimentos em história da arte e um gosto decadente pela antiqualha: duplo laço que me uniu a esse ancestral ao mesmo tempo compositor, regente e colecionador maníaco naqueles tempos idos, quando tesouros desdenhados, mesmo pelos antiquários, só esperavam, para sua reabilitação, a olhadela de um primo Pons"[150]. Ao lado das histórias e mais ainda que elas, são os objetos, curiosamente qualificados de "antiqualha", que abrem de maneira privilegiada para o passado e o reconhecimento de dívida identitária para com esse mundo: "A lembrança de Isaac Strauss volta a fechar para mim os elos de uma corrente. Através daqueles que conheci e que o conheceram, a ele cuja mãe escapou por pouco, parece, mas não sei por quê, da guilhotina, sinto-me pertencer a outros séculos, menos pelo legado de duvidosos cromossomos responsáveis por paixões comuns do que pela intimidade mantida desde a infância com objetos sensíveis de natureza musical, plástica ou decorativa, em meio aos quais figuram estes novamente reunidos por esta exposição, que antigamente me levavam para visitar na sala que o Museu de Cluny lhes dedicava de maneira permanente e onde o nome de Isaac Strauss, inscrito no frontão da porta, me impregnava do sentimento de que não apenas por sua origem primeira, como por sua associação a todo o meu passado familiar, eles eram um pouco parte de mim mesmo, ou melhor, que, em mais de um sentido, eu fazia parte deles"[151]. Esse belo texto é igualmente significativo: embora orquestre o reconhecimento de uma identidade judaica que não teria nenhum vínculo com o Holocausto, menos ainda com a fundação de Israel, mas tudo a ver com o mundo de Isaac Strauss, observamos que ela permanece mais do que lacunar, uma vez que, em nenhum momento, a "antiqualha" encontra seu verdadeiro nome de antiguidades hebraicas e que o termo "judeu" não é empregado nenhuma vez, nem para qualificar sua família alsaciana, nem para descrever os objetos que o catálogo estampa. Vemos aí, entre diversas peças, uma "lâmpada de Hanucá", uma "meguilá" e seu estojo, anéis de casamento ricamente decorados, uma arca santa, um "*keter*"... Silêncios espantosos da reconstituição biográfica lévi-straussiana...

Brasil, o retorno frustrado

Outro país, outra dívida: Lévi-Strauss sempre empregou esse termo para qualificar as relações que mantinha com o Brasil e que, segundo Eduardo Viveiros de Castro, são caracterizadas por uma ambivalência recíproca – ambiguidade que, ainda segundo o antropólogo brasileiro, é a mesma que vigora entre o Brasil e seus povos indígenas, alçados ao pensamento universal do século XX pela obra de Claude Lévi-Strauss[152]. Mais profundamente, nelas se exprime o encontro necessariamente frustrado entre o observador e o observado, rondando como uma sombra imensa sobre o monumento, muito pós-moderno desse ponto de vista, de *Tristes trópicos*. O retorno, várias vezes planejado e sempre adiado (desde 1941, nas circunstâncias trágicas que contamos), de

Claude Lévi-Strauss ao Brasil se dá finalmente em outubro de 1985, mesmo ano em que o vemos ir a Israel, entre duas viagens ao Japão.

Ele acontece no quadro protocolar de uma viagem presidencial de François Mitterrand e parte do governo francês. Após viajar num quase cargueiro nos anos 1930, o grande homem volta ao Brasil num Concorde. Manuela Carneiro da Cunha, antropóloga brasileira professora na Universidade de São Paulo, próxima de Lévi-Strauss, fala num périplo dentro do périplo: "Os donos de *O Estado de S. Paulo*, família fundadora da universidade, tinham tido a ideia de levar Lévi-Strauss aos índios bororos, onde ele fora cinquenta anos antes. Estavam na expedição Claude Lévi-Strauss, sua mulher Monique e não mais Dina, um jornalista do *Estado*, que não falava uma palavra de francês, um fotógrafo, alguém da Universidade [Estadual] de Campinas e eu. O avião era um pequeno bimotor. Fomos primeiro para Rondonópolis, no Mato Grosso. Chegamos. Ninguém sabia onde estavam os índios da aldeia que supostamente deviam estar nos esperando. Os bororos estavam a uma hora de estrada. Chegamos ao posto indígena, a cem metros da aldeia. O chefe do posto estava perplexo. Ele nos disse que uma grande festa fora de fato preparada para nós – mas não ali. Fez contato pelo rádio e Lévi-Strauss, muito cortês, deu meia-volta. Ao cabo de duas horas, chegamos novamente a Rondonópolis. Embarcamos em outro avião com um guia local. Não parecia haver gasolina suficiente. Sobrevoamos uma aldeia indígena, onde ninguém nos esperava. Constata-se que a pista não tem oitocentos metros, mas apenas quinhentos. Forma-se uma tempestade. Voltamos sem ter visto os índios para não chegarmos atrasados ao banquete que Mitterrand oferece em homenagem ao presidente brasileiro em Brasília. A tempestade cai e o ponteiro da gasolina despenca bruscamente. Todo mundo está aterrorizado, mas Lévi-Strauss permanece imperturbável. Descobre-se então que há um segundo tanque de gasolina e aterrissamos em Brasília, onde se encontra uma multidão de jornalistas para interrogar Lévi-Strauss, que lhes responde simplesmente: 'Não tenho nada a dizer e, de toda forma, é uma exclusividade do *Estado*'"[153]. Manuela Carneiro da Cunha acrescenta que, para Lévi-Strauss, ver do alto a natureza e o céu do Mato Grosso fora um prazer suficiente[154]...

Para Eduardo Viveiros de Castro, esse retorno decepcionante representa o ápice dos encontros frustrados com o Brasil, dessa vez derradeiro e definitivo. E, no entanto, essa visita malograda "é exatamente uma atualização, em outras palavras, uma versão do mito bororo do desaninhador de pássaros"[155]: o herói prisioneiro entre céu e terra e a tempestade terrível são elementos essenciais desse mito com o qual se abre o ciclo das *Mitológicas*. Por conseguinte, esse episódio, no gênero "Tintim na América do Sul", inclusive em sua maneira de escapar *in extremis* da morte anunciada, afigura-se na verdade "o maior dos êxitos, na medida em que lhe [Lévi-Strauss] permite viver o mito ao qual dedicara grande parte de sua longa vida, transformando-o ele mesmo em história. São raros os que têm essa sorte"[156].

TRANSFORMAÇÕES MÍTICAS (2). PEQUENAS MITOLÓGICAS

Como dissemos anteriormente a respeito de *A via das máscaras*, os três textos que Lévi-Strauss batizou de suas "pequenas mitológicas" experimentam uma nova forma, voluntariamente mais modesta, assumindo um caráter narrativo mais vivo, destinado a um público leitor mais amplo, sem no entanto transigir nem quanto aos princípios teóricos aplicados nem quanto a uma erudição regularmente qualificada na imprensa de "vertiginosa". Em 1985 é publicado *A oleira ciumenta*, em 1991 *História de Lince*. Essas duas últimas obras "constituem sucessivamente intervenções no campo intelectual francês a partir do olhar distanciado do continente ameríndio"[157]. Lévi-Strauss fala de um país remoto que não existe mais (o dos mitos) para voltar, por caminhos desviados, a falar aos seus contemporâneos, inclusive e principalmente para proferir discursos escandalosos. Em *A oleira ciumenta*, encerra seu diálogo com a psicanálise (iniciado em 1949) derrubando alguns postulados e "jivaroizando" Freud – antes de comparar Sófocles a Labiche numa passagem antológica.

Com *História de Lince*, livro de cabeceira de uma geração de antropólogos amazonistas, ele fustiga a celebração do 500º aniversário do que prefere chamar de "invasão"[158] – em vez de "descoberta" – da América pela Europa, que se prepara em 1992 para festejar faustosamente a epopeia dos Tempos Modernos. Lévi-Strauss estimula o boicote e clama pelo necessário reconhecimento da destruição dos homens e culturas do Novo Mundo com um "ato de contrição e piedade"[159]. Em *História de Lince*, a cena do encontro inaugural entre os dois mundos é relida à sombra de Montaigne, de um lado, e do pensamento ameríndio, do outro. Assombrado pelo espectro de Jean de Léry em sua chegada às praias da baía de Guanabara em 1936, Lévi-Strauss não cessou de ser habitado pela imagem da confrontação primeira entre Velho e Novo Mundo. Com este último livro, conclui igualmente esse percurso intelectual e existencial com uma tentativa final de voltar no tempo – não só de sua vida e do século, mas da modernidade ocidental.

A oleira ciumenta: "Freud entre os jivaros"[160]

A origem de *A oleira ciumenta* é um curso do Collège de France consagrado a "Esboços de um bestiário americano"[161] (1964-1965), no qual Lévi-Strauss examinou um grupo de mitos jivaros, cujas tribos ocupam a fronteira entre o Equador e o Peru. Esses mitos expõem uma série de oposições entre a potência cósmica, simbolizada pela figura do bicho-preguiça, e um "povo ctônico de anões sem ânus"[162]. A retenção anal de uns (o bicho-preguiça) contrasta com a incontinência de outros (o bugio), por sua vez demarcada da avidez oral do bacurau. Reconhecemos aí diversos personagens de *A oleira ciumenta*, seu registro escatológico e seu léxico psicanalítico específicos, o que não surpreende, uma vez que esse curso foi reciclado, ao mesmo tempo se alicerçando num novo esquema, que não é mais a conquista do fogo de cozinha, e sim um desdobramento, ou melhor, uma "ressonância harmônica" deste último: a aquisição da cerâmica, isto é, o cozimento da terra que conterá o alimento a ser cozinhado. Nessa deambulação sobre a cerâmica se atam o ciclo fisiológico – absorção, digestão, dejeção – e o ciclo técnico – extração da argila, modelagem, cozimento.

A princípio o etnólogo estabelece a conexão entre cerâmica e temperamento ciumento em diversos mitos ameríndios, que ele associa a outras conexões, como se arrumasse as peças de um quebra-cabeça: o caráter feminino da cerâmica (ao passo que a agricultura é uma prática masculina), os mitos do bacurau expondo a discórdia conjugal, bem como, segundo um código astronômico, a disputa dos astros. Ao triângulo bacurau-cerâmica-ciúme é acrescentado um quarto elemento, o joão-de-barro, cujos mitos são resultado de uma transformação inversa com relação aos do bacurau. Daí o retorno, trinta anos após ter sido formulada pela primeira vez, da fórmula canônica que, nesse caso preciso, assim se enuncia: "A função 'ciumenta' do bacurau está para a função 'oleira' da mulher assim como a função 'ciumenta' da mulher está para a função 'bacurau invertido' da oleira"[163]. A publicação do livro, aliás, deslancha uma série de trabalhos e estudos reavaliando a pertinência da fórmula canônica, que podia parecer evanescente no *corpus* lévi-straussiano[164].

Através da compilação de um grande número de temas míticos – a disputa dos astros, os excrementos-meteoros, a cabeça cortada e o corpo mutilado –, Claude Lévi-Strauss explora mais uma vez uma das passagens entre natureza e cultura da qual a cerâmica é uma expressão profunda. O ciúme, no plano antropológico, serve para manter um estado de conjunção entre dois elementos quando surge uma ameaça de disjunção. Lembra também, com alguns episódios divertidos, que a elaboração mítica repousa sempre num saber botânico, zoológico, astronômico preciso. Por exemplo, a incontinência anal do bugio é de fato uma realidade, como ele constatou com um macaco guariba que adotou durante sua expedição brasileira: "Se [...] meus companheiros ou eu tentássemos nos aproximar dele, ele produzia na mesma hora um monte de excrementos, com os quais fazia bolas com as patas, e nos bombardeava com seus projéteis"[165].

"Incontinência anal", "avidez oral": *A oleira ciumenta* utiliza certas categorias que a psicanálise popularizou porque, segundo Lévi-Strauss, os mitos as pensaram muito antes de Sigmund Freud. Cada livro do antropólogo oferece uma digressão filosófica, metafísica ou simplesmente contemplativa em forma de retorno crítico a fetiches intelectuais de nossa civilização. Em *O pensamento selvagem*, eram Sartre e a razão dialética; em *O homem nu*, o humanismo ocidental; em *A via das máscaras*, a estética moderna. Aqui, Lévi-Strauss promove um ataque sutil, corrosivo e radical, não desprovido de humor, contra Freud e a psicanálise. Pierre Nora acerta na mosca ao detectar, numa carta ao autor, sua violência oculta: "O senhor faz a cortesia de chamar de diálogo com a psicanálise um ajuste de contas cujo segredo o senhor detém. Esperávamos por isso desde o fim de *As estruturas elementares do parentesco*; ele é definitivo"[166].

De que se trata? Freud, lembra-nos Lévi-Strauss, dera como subtítulo a *Totem e tabu* "Algumas correspondências entre a vida psíquica dos selvagens e a dos neuróticos". Num gesto profanador, que ele já realizou em 1949 por ocasião de seu artigo sobre o xamanismo, Lévi-Strauss inverte o jogo: "[...] Empenhei-me antes em mostrar que existe uma correspondência entre a vida psíquica dos selvagens e a dos psicanalistas"[167]. Segundo ele, a psicanálise, com sua linguagem própria, redescobre elementos da vida psíquica já apreendidos pelo pensamento mítico. Mais que isso: Lévi-Strauss considera que *Totem e tabu* não passa de uma variante de um mito jivaro: "Freud não fez senão – nunca fez nada senão – produzir uma versão atual do mito..."[168]. Isso nada tem de espantoso, uma vez que Freud – e Lévi-Strauss acrescenta perfidamente: é esta sua "grandeza"[169] – possui o dom de "pensar à maneira dos mitos"[170]. Essa ligação iconoclasta entre psicanálise e pensamento mítico (no caso, jivaro) é rematada por um último e irônico artifício linguístico: "Sejamos gratos ao gênio da língua norte-americana que, designando os psicanalistas como *head-shrinkers*, os havia espontaneamente aproximado dos jivaros!"[171]. Logo, é de maneira inapropriada que a psicanálise se arroga o direito de dizer melhor que os próprios mitos o que eles pensam e dizem. Com efeito, enquanto o mito fornece seu sentido declinado numa diversidade de códigos (astronômico, botânico, zoológico, psicossexual...) e sua "mensagem" jaz na convertibilidade de todos os códigos entre si, a psicanálise utiliza uma linguagem muito menos rica, pois limitada exclusivamente ao código psicossexual, que nela faz as vezes de código supremo.

Eis a crítica essencial à psicanálise, que, além disso, tende a reificar esse conteúdo psico-orgânico ou sexual. Ora, justapondo termo a termo o *Édipo* de Sófocles e *O chapéu de palha da Itália* de Labiche, num "pequeno exercício de análise estrutural", Lévi-Strauss pretende mostrar que os dois textos correspondem a problemas similares, embora formulados em códigos diferentes. Por trás da brincadeira, defende a ideia de que o "molde conta mais que o conteúdo"[172]. É esse molde que os mitos desvelam e que a psicanálise se julga obrigada a preencher com um conteúdo de uma única dimensão: a realidade sexual. A diatribe contra a psicanálise dá então lugar a uma reflexão sobre o processo de significação: o que é significar? É sempre, a exemplo dos mitos, traduzir um código em outro – à maneira do dicionário, que explica uma palavra por outra –, estabelecer relações entre termos –, como praticam as escritas japonesas.

Toda a imprensa elogia o novo "*divertissement*"[173] de Claude Lévi-Strauss, o tom de leveza farsesca e a jovialidade provocadora (zombar de Freud) que vêm tornar mais simpática a aridez da análise estrutural. A recepção é amplificada pela publicação, no mesmo momento, em outubro de 1985, de um número do *Magazine Littéraire* editado por Catherine Clément e inteiramente dedicado ao antropólogo. Nesse caso também, o *clipping* é rico: uma grande entrevista em dois números em *Le Nouvel Observateur*[174], um artigo de Robert Maggiori no *Libération*, de Jacques Meunier em *Le Monde*, de Jean-Paul Morel em *Le Matin*, de Pierre Daix em *Le Quotidien de Paris*, de Jean-Maurice de Montremy em *La Croix* etc. As seduções do livro são múltiplas: sua virtude pedagógica é enaltecida, bem como sua dimensão narrativa: um certo sentido do suspense teórico é apreciado, mas sem o peso da análise técnica. "Lévi-Strauss retirou os andaimes"[175], escreve Maggiori. "Lê-se com prazer esse fragmento de análise estrutural"[176], pois, único no seu gênero na paisagem francesa, vê-se agora "desindexado das batalhas teóricas"[177] que confiscavam seu sentido. "Palácio dos espelhos" ou "cubo mágico teórico", *A oleira ciumenta* é, ao mesmo tempo, um "banquete estrutural", como escreve o antropólogo canadense Pierre Maranda, e um pequeno tratado lúdico (escatológico) e às vezes provocador. Diante desse entusiasmo, o comentário científico parece raro: Emmanuel Desveaux e Charles-Henry Pradelles de Latour escrevem dois "À propos" em *L'Homme*[178]. Convém observar que o único senão em *Le Matin de Paris* vem de um antropólogo, Jean Bazin, que confessa sua "perplexidade": "Temos igualmente a impressão de que, deixando seu olhar vagar por essa coleção de mitos que se lhe tornou tão familiar, e praticando talvez mais a associação livre do que a análise estrutural, Lévi-Strauss age mais como criador do que como teórico positivista"[179]. Quando a edição inglesa é publicada em 1988, a *New York Times Review of Books* (22 de maio) publica uma resenha de Wendy Doniger O'Flaherty, historiadora das religiões: "Lévi-Strauss não decapita apenas Freud, mas os jivaros também. [...] ele pensa e age não como um jivaro, autor de mitos, mas como um personagem jivaro, um cortador de cabeças [...]"[180]. Três anos antes, Pierre Enckel, em *L'Événement du Jeudi*, diagnosticara uma "transformação mítica" do autor da análise estrutural: "Não contente em ter se tornado um acadêmico, Claude Lévi-Strauss está em vias de se tornar deus. É o avatar supremo do etnólogo..."[181].

História de Lince: sob a máscara de Montaigne

Com *História de Lince*, publicado pela Plon em 1991, surge o livro definitivo e anunciado como tal do célebre etnólogo. E, de fato, embora não sendo o "último livro", será em todo caso o último volume de antropologia publicado ainda em vida. Nele, a dimensão propriamente antropológica se alia ao manifesto político, que, por sua vez, começa por fazer uma meditação devaneadora, desmascarando, mais do que qualquer outra obra sua, uma "visão de mundo" do autor. Daí o interesse público e crítico desigual[182] (e às vezes tumultuoso) neste último *opus* que abre o jogo.

Mais uma vez, Lévi-Strauss expõe uma história complexa, uma "viagem labiríntica pela densidade da mitologia das duas Américas"[183]. Avança-se passo a passo, entre os fenômenos meteorológicos, a cerração e o vento, o lince do título, o coiote, seu gêmeo, as raízes, as ladras de dentais, a criança raptada pela coruja, as feridas do corpo como adornos, os salmões, os ursos, os lobos, a Lua e os testículos... O enredo às vezes é complicado, como em *O mistério do quarto amarelo*, de Gaston Leroux[184]. Tudo conflui para uma interrogação sobre a existência de uma ideologia bipartite como princípio fundador do pensamento ameríndio. Este é apreendido através da figura da impossível gemelidade[185]. Com efeito, os gêmeos, tão presentes em todas as mitologias, não estão, nas das Américas, do lado da identidade – como Castor e Pólux ou Rômulo e Remo, para citar exemplos europeus –, mas, ao contrário, do lado da diferença absoluta. Assim são Lince e Coiote. Essa gemelidade ameríndia exprime um modelo dicotômico fundado num "equilíbrio instável, num jogo de gangorra perpétuo"[186] que põe em marcha a máquina do universo e que encontramos na organização social ou na arte – um dos primeiros artigos do jovem Lévi-Strauss nova-iorquino já incidia, lembremos, sobre a *split representation*, desdobramento na representação, em ação em diversas produções artísticas das sociedades primitivas (cadiuéus, maoris, China arcaica...)[187]. No fim do percurso, o antropólogo estabelece, no caso da América, a existência de uma lógica bipartite dinâmica, ali onde seu colega e amigo Dumézil associara sua notoriedade à revelação de uma ideologia tripartite estruturante do mundo indo-europeu.

O livro ganha forte ressonância política haja vista que o bipartismo ameríndio permite voltar de maneira crítica à cena do encontro, ocorrido no século XVI, entre Velho e Novo Mundo e apreender por que ele foi tão catastrófico. Como explicar, com efeito, a paralisia de 20 mil homens incas armados diante de 165 espanhóis? Essa questão é um antigo enigma da historiografia e recebeu diversas respostas. Claude Lévi-Strauss fornece a sua, enquanto em 1992 – repetimos – efetuam-se os preparativos para o 500° aniversário dos ditos "grandes descobrimentos". Uma vez que, segundo sua concepção, toda unidade encerra uma dualidade, esse "clinâmen filosófico" arranja um lugar para o Outro "implícito"[188]. Eis por que, sugere Lévi-Strauss, os brancos estavam de certa forma inscritos no pensamento ameríndio, antes mesmo de aparecerem nas praias americanas. Daí uma acolhida atônita, uma vez que os astecas viram em Cortez e seus companheiros conquistadores a encarnação do deus Quetzalcoatl, cujo retorno esperavam. Montezuma enviou então embaixadores encarregados de oferendas reservadas aos deuses. Essa abertura ao outro, que, nessas circunstâncias históricas, foi fatal para os mundos ameríndios, é, no entanto, se estivermos lendo corretamente Lévi-Strauss, uma imagem da grandeza dessas civilizações (as altas civilizações andinas não se distinguem aqui daquelas das baixas terras amazônicas), ao contrário da humanidade europeia, que, ao descobrir que do gênero humano formava apenas metade, correu para apagar a outra como um pesadelo...

Desse primeiro encontro da modernidade, Montaigne é o único, segundo Lévi-Strauss, a ter percebido o caráter crucial. Ao contrário do que poderíamos pensar, todos os bons espíritos da Renascença não foram identicamente sacudidos pelo terremoto americano, uma vez que este foi mediado, e por assim dizer imunizado, pela redescoberta dos mundos antigos. Os contemporâneos pedem essencialmente aos "selvagens" que confirmem o que os autores "antigos" dizem sobre eles[189]. É assim que Lévi-Strauss saca o filósofo de sua cartola para uma aparição tardia, porém decisiva, tanto em sua vida como em sua obra.

Com efeito, a imagem do velho Lévi-Strauss esgueirou-se sob a máscara de Montaigne, após ter, por muito tempo, se identificado com a de Rousseau. De Montaigne ele interioriza, além de um comum relativismo cultural, duas lições: o ceticismo e uma sabedoria prática. No capítulo 18 de *História de Lince*, ele volta ao texto dos *Ensaios*, em especial o da "Apologia de Raimond Sebond", do qual defende uma leitura radical. O Montaigne de Lévi-Strauss é um niilista do conhecimento[190]: recusa entregar todo o poder à razão conquistadora da modernidade. Em virtude disso, Lévi-Strauss compreende essa passagem como "uma formidável empreitada de recusa do saber"[191], uma "crítica devastadora [...] que reduz todo modo de conhecimento racional a nada"[192]. Afinal, Montaigne não escreve (o que Lévi-Strauss considera sua contribuição mais fundamental) "Não temos nenhuma comunicação com o ser"[193]? O fim de *História de Lince* é aureolado por esse refluxo da *libido sciendi*. O antropólogo deixou atrás de si uma forma de cientificismo triunfante que ele cultivava nos anos 1960, ainda que nunca lhe tenha faltado a reflexividade crítica, como atesta *Tristes trópicos*. O tom geral, no entanto, mudou[194]. Como fazer se toda tentativa de conhecer é vã, uma vez que, "quanto mais o saber progride, mais ele compreende por que não pode lograr sucesso"[195]? Como ser um ocidental sereno?

"[...] Nossa maneira de aceitar a existência não pode ser senão uma espécie de compromisso entre o apetite de saber, a conquista laboriosa de conhecimentos, e, de outro lado, a convicção de que, vistos de longe ou nos situando num nível mais profundo, esses esforços são desprovidos de um sentido último. Vivemos na contradição. É preciso tirar partido disso."[196] O convívio com Montaigne é um convite a "administrar lucidamente a esquizofrenia"[197]. A sabedoria, no caso, limita-se a "fazer como se a vida tivesse um sentido, embora a sinceridade intelectual assevere que não é nada disso"[198]. Ou seja, praticar a distinção, como Montaigne, entre as "verdades de conveniência" e as "verdades para uso íntimo" a fim de não tornar a vida insuportável demais para si[199].

É de fato um autorretrato implícito que se desenha quando Lévi-Strauss conclui: "Subversivo em profundidade, esse relativismo que se manifesta por uma retração ganha superficialmente cores de conservadorismo"[200]. É igualmente assim que uma imprensa volumosa e globalmente elogiosa recebe essa reflexão sobre Montaigne, como "o ponto focal onde se cristaliza sua própria filosofia"[201], como escreve Didier Éribon em *Le Nouvel Observateur*. O volume do *clipping* de imprensa se explica pela coincidência da publicação do livro, da exibição na tevê do programa de Bernard Rapp dedicado a Lévi-Strauss em 14 de outubro de 1991 e da publicação da pesquisa que François Dosse dedica à "História do estruturalismo"[202]. O "peso histórico" do que representou esse movimento ligado ao nome do antropólogo contribui para enterrá-lo no cemitério das ideias e facilita a emancipação em curso na mídia – como se Lévi-Strauss não tivesse mais nada a ver com um estruturalismo já fora de moda, duro demais, frio demais, complicado demais. Adeus, sistemas! Adeus, teorias! Jean-Paul Aron liderara o ataque antiestruturalista em *Les Modernes* [Os modernos] em 1984. Mas, paradoxalmente – pois ele não nega nada e multiplica as profissões de fé estruturalistas –, Lévi-Strauss não padece dessa brutal desvalorização. Ao contrário, assume sua herança, ao mesmo tempo que escapa a seus anátemas.

Montaigne à parte, o impacto político do livro é notório, bem como uma nova sensibilidade do antropólogo para com a História (e para com a mais dolorosa), que atesta que nada nunca se congelou em seu pensamento. No espanto que transparece sob a pena de Roger-Pol Droit em *Le Monde*, temos uma noção do risco que cada uma das "pequenas mitológicas" corre: "Prolongar o edifício, perturbando-o, mudar de tática, até mesmo de estratégia, jogar uma nova partida contra si mesmo"[203]. Essa "transformação vital e sutilmente regulada"[204] comprova que "jamais o estruturalismo do antropólogo esteve mais aberto"[205]. E Roger-Pol Droit conclui majestosamente: "No limiar da idade veneranda, um sábio perde suas rugas"[206]. Marc Augé, no *Le Monde des Livres*, insere o livro na categoria fotográfica do "ajuste focal": "Trata-se para o etnólogo de regular a distância e o tempo de pose da poderosa ferramenta, eventualmente demasiado poderosa, que constitui a análise estrutural"[207]. O antropólogo aprecia o cuidado de Lévi-Strauss em se impor limites culturais – o mundo ameríndio – e em recusar as facilidades da mitologia universal.

Se esse "libelo em defesa do Novo Mundo" é tão vibrante, também logra irritar e provocar algumas sólidas oposições, que dessa vez se exprimem claramente. Sob o concerto de elogios, a crítica de inspiração cristã restitui um certo gume, escandaloso, inaceitável, ao pensamento lévi-straussiano: "Isso [o valor da iniciativa] não deve mascarar o fundo de um pensamento que, pretendendo-se humanista, é, na verdade, sob o véu da ciência humana, a afirmação do relativismo, a negação da natureza humana, a recusa do monoteísmo e, acima de tudo, do messianismo cristão. Subsiste um profundo ceticismo que a homenagem prestada a Montaigne em seu livro revela amplamente e que algumas intenções niilistas confirmam: 'O homem encontra satisfações sensíveis em viver como se a vida tivesse um sentido, embora a sinceridade intelectual assevere não ser nada disso. A sinceridade talvez, mas a verdade é que as ciências humanas não podem, por essência, ser substituídas nem pela filosofia nem pela fé'"[208], lastima um colaborador de *Famille Chrétienne*. Convém lembrar que Lévi-Strauss acaba de dar uma entrevista ao *Figaro Littéraire* na qual afirma tranquilamente que "nada é mais perigoso para a humanidade do que as religiões monoteístas"[209]. O judeu-cristianismo, em especial, ele prossegue, talvez seja a condição para o surgimento do racionalismo e da ciência, mas o preço a pagar é pesado: "A intolerância, o imperialismo, a verdade única", como estampa a manchete do *Figaro Littéraire*...

Na extrema direita, em *Valeurs Actuelles*, encontramos o único artigo francamente negativo, recusando em bloco o procedimento e o conteúdo da antropologia lévi-straussiana, chumbada por uma "meticulosidade jargonesca, difícil de ler e compreender" e composta de uma "acumulação de histórias em que os animais se metamorfoseiam para enganar os homens, em que os elementos se tornam seres vivos, em que as mulheres copulam com animais, o conjunto complicado por fórmulas matemático-simbólicas e outras interpretações psicanalíticas"[210].

Por fim, ao lado desses dois inimigos caricatos, parte da "nova filosofia" dos anos 1980, impulsionada por um inventário crítico do que ela chama de "pensamento 68", é completamente hostil ao relativismo antropológico assumido de Lévi-Strauss. Alain Finkielkraut, autor de *A derrota do pensamento*, sucesso filosófico de 1987, desponta na linha de frente nesse combate renovado da filosofia contra as ciências humanas: tendo lido Lévi-Strauss com acuidade, critica a antropologia como negadora da superioridade do gesto filosófico, científico, artístico ocidental, inclusive em seu combate contra a cultura de massa, o qual Finkielkraut não duvida que seja também o de Lévi-Strauss, uma vez que faz dele um "pensador romântico e desesperado cuja própria vocação nasceu de um sentimento de pavor diante da uniformização do mundo moderno"[211]. Para Finkielkraut, a redução provocadora da filosofia à emanação de um particularismo grego é insuportável. Ele está a anos-luz do pensamento lévi-straussiano. Em sua própria maneira de lhe ser hostil, ele revela sua força subversiva, para além das homenagens e da aparente unanimidade elogiosa. Engajado na luta frontal que o opõe ao advento de uma cultura de massa, o arauto de um sujeito livre e dos valores incomensuráveis da cultura erudita não pode perceber na antropologia, seja ela estrutural ou não, nada a não ser um inimigo íntimo introdutor da dúvida, a indefinição solapadora dos próprios termos do enfrentamento: "Por não acreditar na primazia das obras artísticas, literárias e filosóficas sobre as outras práticas ditas culturais, e não dar nenhum espaço à liberdade do indivíduo, não é certo que a antropologia nos ofereça os meios de resistir a esse aterrador projeto de nivelamento"[212]. "Assim, após ter alimentado a consciência pesada da civilização ocidental, o relativismo cultural serve-lhe cada vez mais de álibi[213]", prossegue Finkielkraut num artigo intitulado "Les angoisses d'un anthropologue" [As angústias de um antropólogo].

OS AVATARES DE CLAUDE LÉVI-STRAUSS

Dois anos antes da publicação de *História de Lince*, no outono de 1989, uma exposição realizada sob a direção de Jean Guiart e Bernard Dupaigne é dedicada ao itinerário de Lévi-Strauss entre o Mato Grosso e a Colúmbia Britânica[214]: "As Américas de Claude Lévi-Strauss" está em cartaz no Museu do Homem, que, ainda em obras em 1937, não pôde receber, como vimos, a primeira exposição do jovem etnólogo de volta do Brasil. Nela, encontramos um acampamento de índios nambiquaras, ocas cadiuéus, adornos funerários bororos, estojos penianos, objetos com brasões, arcos e flechas, mas também máscaras, mastros heráldicos, bonecos de animais. No saguão do Museu do Homem reina uma magnífica piroga de cerca de quinze metros, esculpida no tronco de um cedro-vermelho de 700 anos, o "Comedor de Ondas" (*Lootas*), fabricada pelo artista canadense Bill Reid. Dezoito remadores haidas vindos da Colúmbia Britânica tomaram lugar nessa embarcação a fim de subir o Sena, em seis dias, de Rouen a Paris, onde Lévi-Strauss junta-se a eles, envergando uma capa cerimonial vermelha, com sua mulher e Bill Reid, para uma última etapa, gravada pela televisão, que os leva do Palais de Chaillot ao Hôtel de Ville, onde são recebidos pelo prefeito de Paris, Jacques Chirac[215]. A meio caminho, a canoa passa sob a ponte des Arts, em frente ao Instituto, de onde Lévi-Strauss saúda silenciosamente os membros de sua outra tribo. Convém imaginar essa cena.

A imprensa descreve-a parcialmente[216]: durante seis dias, o marulho regular dos remos, as paisagens da Normandia, depois da Île-de-France, desfilam diante desses corpos indígenas; na margem, crianças francesas com cocares de plumas multicoloridas exclamam "Os índios estão chegando! Os índios estão chegando!"; por fim, a chegada incongruente a uma cidade ocidental do fim do século XX. A força política dessa encenação, à qual Lévi-Strauss, imunizado contra o ridículo, submete-se de bom grado, reside no lento retorno ao passado que ela figura, invertendo simbolicamente os termos da descoberta, já que, dessa vez, são os índios que vêm ao encontro dos brancos.

Lévi-Strauss virou índio? Como antropólogo, ele estudou a lógica de transformação interminável do mito, pretendendo, por sua vez, com sua tetralogia, escrever uma nova variante do mito. Analogamente, sua vida parece então arrastada numa lógica de metamorfoses, como se sua biografia representasse todas as variantes possíveis. Nelas, Lévi-Strauss brinca, como um demiurgo, com as leis da humanidade: confessa em diversas ocasiões pensar à maneira de um selvagem e, paramentado com um traje indígena, em meio aos remadores, paga seu tributo à história; torna-se até um personagem de mito, o do desaninhador de pássaros, ou, como escreve com sagacidade Wendy Doniger, personagem de um mito jivaro.

"Uma vida humana é o esgotamento de uma estrutura", escreve o filósofo Patrice Maniglier[217]. Na década de 1980, os avatares de Lévi-Strauss operam numa grande visibilidade midiática, sem, no entanto, se cristalizar numa figura comum de autor em majestade. Lévi-Strauss reintegra a textura do mito, mito de sua própria existência com todas as suas declinações. Como Dom Quixote, seu duplo, seu impossível gêmeo: "O cavaleiro de triste figura quis compreender o mundo a partir dos livros. Tornou-se ele mesmo um romance, isto é, linguagem", escreve o jornalista e escritor Philippe Lançon[218] em 1991. Rosto magro, corpo frágil, o octogenário Lévi-Strauss encarna um Dom Quixote tornado lívido sob os arreios dos séculos. E, simultaneamente, pelo seu *punch* polêmico, sua imprevisível liberdade discursiva e seu interesse por questões contemporâneas, ele voltou a habitar seu presente[219].

CLAUDE LÉVI-STRAUSS, NOSSO CONTEMPORÂNEO 21

A vida é curta: basta ter um pouco de paciência.

CLAUDE LÉVI-STRAUSS, *História de Lince*[1].

Em 2005, Olivier Orban, editor de Claude Lévi-Strauss na Plon, envia-lhe um *layout* para uma nova capa de *O pensamento selvagem*, constantemente reeditado. Deploravelmente, em vez de uma *Viola tricolor*, um vulgar gerânio! O ancião que agora o antropólogo é protesta veementemente contra essa "piada grosseira"[2], acinte tanto à ciência quanto à arte. O diabo mora nos detalhes. No caso, esse minúsculo descuido exibe um mundo (editorial) apressado do qual Lévi-Strauss não quer mais fazer parte, ao mesmo tempo continuando a assistir ao jogo e a refletir sobre suas regras.

O paradoxo dos anos 2000 reside nessa ligeira indecisão que as vidas longevas produzem: ele morreu? Está vivo? É um monumento nacional e internacional, imortal segundo a Academia, imortalizado pelo volume que lhe é dedicado em vida na Bibliothèque de la Pléiade, em 2008, mas também um ícone: no ano 2000, a Bélgica lança um selo postal com sua efígie, ao lado de outras 79 personalidades que "fizeram" o século. Todos esses seguros contra a morte não o impedem de morrer em seu centésimo primeiro ano, em 30 de outubro de 2009. Porém, de certa maneira, o acontecimento de sua morte não muda nada na redescoberta em curso de seus trabalhos, nem na reconsideração de sua herança, arrancados da tentação de embalsamamento ou do decreto de sua perempção: um exuberante *Cahier de l'Herne* publicado em 2004, vários números de revistas e diversos intelectuais voltam a interrogar o estruturalismo, acumulando de um lado e de outro de sua morte uma biblioteca filosófica e antropológica impressionante.

Após 2009, textos póstumos são publicados, os textos "japoneses", bem como uma coletânea de artigos, *Somos todos canibais*, que prossegue e amplifica essa lógica de revisão[3]. Traduzida para inúmeras línguas – *Tristes trópicos* é publicado em turco em 1999, em árabe em 2001; *Raça e história* em lituano, esloveno e catalão nos anos 1990 –, a obra de Lévi-Strauss torna-se um clássico, retornando no nosso século XXI desorientado pelas revoluções tecnológicas, o caos econômico, a inércia política e uma grande sensação de vazio. É um ancião, cidadão do mundo, que às vezes ainda toma a palavra para exprimir numa língua castiça, uma língua de outrora, declarações incongruentes, até

Página inicial do *site* Google France para o 105º aniversário de Claude Lévi-Strauss, em 28 de novembro de 2013.

mesmo subversivas – sobre a clonagem, a procriação artificial, a liberdade de criticar as religiões ou de apontar a nulidade de certa arte contemporânea…

O ENIGMA DO BELO

Lévi-Strauss afirmou inúmeras vezes: longe de estarem acuados nos confins de sua vida científica ou mesmo de um improvável jardim secreto, a arte e o enigma do Belo sempre desempenharam um papel crucial em sua vida e seu pensamento. Após a publicação de *A via das máscaras*, ele se abre em 1976 a Maurice Olender numa entrevista para afirmar a condição primordial da estética nas ciências do homem: "No fundo, são os problemas de estética que despontam como os problemas mais importantes para as ciências humanas, porque – por mais estranho que pareça – quando sentimos uma emoção estética muito profunda – seja escutando uma obra musical ou observando uma quadro ou uma estátua – somos incapazes de justificar essa emoção"[4]. É este o roteiro do último livro que ele publicará em vida[5], *Olhar Escutar Ler*, último desvio para chegar ao seu endereço infantil – a rua Poussin –, mas também introdução erudita à experiência do Belo, em que o furor teórico junta-se ao radar ultrassensível do ouvido e do olhar do antropólogo para conceber uma estética em ruptura com os cânones da época: uma "estética selvagem"[6], como propõe o filósofo Martin Rueff, atestando a completa integração desse *corpus* na obra antropológica de Lévi-Strauss. É igualmente em nome desse longo intercâmbio com o Belo sob todos os seus ângulos que Lévi-Strauss toma partido num debate tumultuoso que divide a comunidade dos etnólogos franceses em meados dos anos 1990: ele constitui a base indefectível do projeto de um novo museu dito "das artes primeiras", depois do Quai Branly, que abre definitivamente suas portas em 2006.

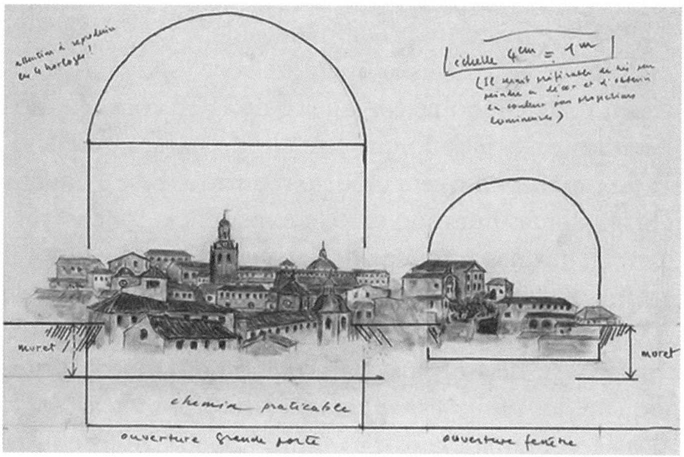

Esboço de próprio punho de Lévi-Strauss: cenário de *A hora espanhola*, ópera de Maurice Ravel, dirigida por René Leibowitz, em Grenoble, em janeiro de 1970.

O OFÍCIO PERDIDO

Todos hão de se lembrar da infância curiosa pelas artes, da educação paterna nas galerias do Louvre, bem como do êxtase wagneriano na ópera, depois, como adolescente da época, dos choques modernistas ao descobrir Debussy, Stravinsky, o cubismo, a fotografia[7]; ou ainda o apetite pelo mundo e seus objetos: por mais humildes que estes sejam nas sociedades selvagens, eles se fazem respeitar. Nas sociedades ocidentais, o culto do objeto é, para Lévi-Strauss, o vestígio de uma remanescência animista[8]. Homem de bom gosto, esteta, o etnólogo é também um colecionador aplicado em Nova York, junto com Breton e Max Ernst, em busca da "maravilha" do dia, do "precipitado do desejo", tal como este se afigura ao olho atento pelo extraordinário impacto que deixa na retina. Mergulhado no universo dos mitos, Lévi-Strauss trabalha como Poussin[9], com maquetes em três dimensões que elaboram sua percepção das variações mitológicas. Em plena finalização de sua obra-prima, no fim dos anos 1960, ele desenha cenários para a ópera *A hora espanhola* (música de Ravel), que René Leibowitz sugere montar. Esse é um episódio novo, pouco lembrado, de sua vida de "pesquisador de arte"[10].

Conhecido como regente e musicólogo, Leibowitz é um aluno de Messiaen que explorou a música de Schoenberg e da escola vienense. Num jantar em 1969 na casa dos Lévi-Strauss, de quem é próximo, confessa seus problemas para encenar a ópera, que são todos problemas de espacialização. Alguns dias mais tarde, Lévi-Strauss lhe encaminha um esquema propondo uma solução. Nesse momento, o etnólogo está terminando *O homem nu*, cujas últimas páginas oferecem uma análise estrutural do *Bolero* de Ravel, conferindo nova dignidade a essa obra ao mesmo tempo celebrada e misteriosa. Leibowitz sugere a Lévi-Strauss seguir em frente desenhando os cenários de sua ópera. *A hora espanhola* é encenada na Maison de la Culture de Grenoble em janeiro de 1970 com cenários (e figurinos) de Claude Lévi-Strauss – mesmo que este último pareça decepcionado com a confecção. Tudo é mais bonito em modelo reduzido. Esse é um dos preceitos da estética lévi-straussiana. Em todo caso, a experiência foi bastante satisfatória e o etnólogo se diz pronto a mudar de carreira! É novamente requisitado para uma ópera inédita escrita por René Leibowitz e suscetível de ser montada no Pequeno Scala de Milão por Luigi Rognoni, mas o compositor morre no mesmo ano, em 1972, e Lévi-Strauss parece não ter dado continuidade ao trabalho[11]. A maquete de *A hora espanhola* é exibida em Nova York, no Lincoln Center, por ocasião de uma exposição sobre Ravel. Um jornalista norte-americano se espanta com essa nova flecha saída de arco profissional já bem provido e sob o selo da excelência... Será apresentada novamente ao público, ao lado de diferentes guaches preparatórios, em 1975, para uma nova exposição sobre Ravel na Biblioteca Nacional da França.

Esse culto da arte engendrou um pensamento cuja centralidade intelectual *Olhar Escutar Ler* mostrará, mas ao mesmo tempo, ao longo dos anos, envolverá Lévi-Strauss em polêmicas que se devem a seu posicionamento estético franco-atirador. Ele será respaldado, nos anos 1980 e 1990, por alguns críticos ou curadores de exposição, como Jean Clair[12].

Com efeito, após a publicação das *Entrevistas* com Georges Charbonnier em 1961, o público descobriu com surpresa um Lévi-Strauss antimodernista em pintura, na contracorrente de suas emoções de adolescente, mas sobretudo hostil à modernidade atribuída à sua própria empreitada teórica[13]. Ele surpreende; ao antropólogo estruturalista teriam atribuído gostos "homólogos", a pintura moderna, o *nouveau roman*, a música serial. Nada disso! Em 1966, faz declarações sacrílegas sobre o ídolo da modernidade (e de sua própria juventude dedicada a Picasso): "É uma obra que traz menos uma mensagem original do que se entrega a uma espécie de trituração do código da pintura. Uma interpretação de segundo grau; um admirável discurso sobre o discurso pictórico, muito mais que um discurso sobre o mundo"[14]. Mesmo continuando a admirar Picasso, o essencial de sua crítica reside nisto: ao recusar a figuração, a arte moderna dissolve o objeto e grava uma inelutável perda do mundo, por sua vez prenúncio de uma comunicação cada vez mais limitada com a sociedade, que não compreende mais seu sentido. Por conseguinte, e para Lévi-Strauss isso remonta ao fim do século XIX e aos impressionistas, a arte moderna cai na armadilha do impasse de um discurso sobre si mesma. Daí a obsolescência e a futilidade crescentes das vogas e vagas artísticas do século XX, a enxurrada de seus movimentos, o frenesi da novidade, a grandiloquência de suas vanguardas, que se desenrolam sob o olhar impávido de um público disposto a fazer fila em todas as grandes exposições, passando levianamente de uma à outra, imunizado contra o vírus da arte[15].

Tudo isso foi dito e escrito, mas, no início dos anos 1980, Lévi-Strauss faz seu verdadeiro *coming out* estético ao publicar na revista *Le Débat* um artigo intitulado: "Le métier perdu"[16] [O ofício perdido]. Provoca escândalo tanto por seus gostos figurativos fortemente afirmados – o *Quattrocento*, o século XV flamengo, a arte japonesa (até o século XIX)... ou mesmo os pintores reputados menores, como Joseph Vernet e seus quadros "marítimos" – como pela exposição de uma estética antimoderna estabelecida sobre dois princípios: o primeiro é a preeminência da natureza ou do objeto sobre a subjetividade do pintor; o segundo coloca a arte como um saber, como um processo de conhecimento.

Do primeiro princípio, Lévi-Strauss conclui que devemos "nos inclinar diante da ordem intangível das coisas"[17] e combater o subjetivismo exacerbado incentivado pela *doxa* da arte moderna: "Uma complacência do homem com relação à sua percepção se opõe a uma atitude de deferência, quando não humildade, diante da inesgotável riqueza do mundo"[18]. Ele se reconhece numa estética clássica, vendo na cópia da natureza uma segunda criação, a mais ambiciosa com que o homem pode sonhar. Para recriar essa "fisionomia das coisas"[19], reconstituir o real e assim revelá-lo a si mesmo, exibir suas leis profundas – é este o saber da arte – o artista deve fazer um longo aprendizado, que uma perniciosa ilusão julgou poder substituir pela espontaneidade do gesto criador caro aos românticos: "Rejeitamos progressivamente o tema em prol do que, com uma discrição reveladora, chama-se hoje de 'trabalho' do pintor; não cometeríamos a afronta de falar em 'ofício'. Em contrapartida, somente se persistíssemos em ver na pintura um meio de conhecimento, o de um conteúdo exterior ao 'trabalho' do artista, é que um saber artesanal herdado dos velhos mestres recuperaria importância e conservaria seu lugar como objeto de estudo e reflexão"[20].

No horizonte, uma diluição almejada por Lévi-Strauss entre o artesão e o artista, uma vez que essa separação histórica parece fazer parte do problema. "Ofício", "artesão", "procedimento", "fórmulas", "exercício manual": o etnólogo faz tudo para agravar seu caso e enervar seus contemporâneos, artistas e críticos. Seu juízo sobre a arte e a estética modernas gera uma tempestade de reações, que se tornam ainda mais veementes pela inclusão de seu artigo num caderno do *Débat* que apresenta igualmente uma reavaliação da arte acadêmica do século XIX por Pierre Vaïsse e um texto de Bruno Foucart sobre a arte religiosa. O conjunto, intitulado "A pintura no século XIX e nós", pode parecer um manifesto contra a deturpação promovida pela modernidade artística, anunciada, na introdução, por um de seus mais brilhantes representantes numa citação pela qual Lévi-Strauss tinha paixão: trata-se de Baudelaire saudando Manet como "o primeiro na decrepitude de sua arte". A redação do *Débat* apresenta o texto de Lévi-Strauss como uma "constatação brutal que [nos] pareceu assaz importante e provocadora para ser levada ao conhecimento de nossos leitores, entre os quais não deixará de suscitar reflexões e reações"[21].

E, com efeito, no número seguinte, uma das glórias da arte contemporânea, Pierre Soulages, replica com um texto furibundo: "Le prétendu métier perdu"[22] [O pretenso ofício perdido]. Para além do panfleto contra os ideólogos que pretendem tiranizar a arte – uma página de Paulhan é anexada: "Onde os pintores fazem os filósofos mentir"[23] – melhor que os próprios artistas, Soulages censura acima de tudo a argumentação lévi-straussiana por ser atentatória à liberdade da pintura e do gesto pictórico. Num registro veemente porém convencional, enaltece a espontaneidade, a criação, e denigre confusamente o "triste ofício", as análises eruditas, as instituições e as academias. O número seguinte acolhe novas reações de Pol Bury, Pierre Daix e Jacques Ellul numa seção doravante intitulada "Debate sobre a pintura moderna"[24]. Lévi-Strauss é comparado aos *apparatchiks* do Partido Comunista soviético! E a comparação merece crédito, visto proceder de um ex-stalinista[25].

Esse texto incendiário era na verdade apenas a primeira parte de um texto que Lévi-Strauss escrevera, um ano antes, para o catálogo da exposição de Anita Albus, jovem pintora alemã que ele conhecera em 1978. Muito isolada no contexto artístico pós-1968, ela trabalha na Biblioteca Nacional de Munique, redescobre técnicas antigas e produz pinturas miniaturizadas que estampam em geral motivos botânicos ou zoológicos. Após a leitura de certos textos de Lévi-Strauss, em especial as *Entrevistas* com Georges Charbonnier, ela lhe envia um de seus livros. Segue uma carta ditirâmbica do mestre, que chega como um milagre. Em 1978, ela decide ir a Paris para lhe mostrar seus originais. O encontro gera uma amizade admirativa: Lévi-Strauss acha deslumbrante a técnica de Anita Albus, compara-a ao Dürer aquarelista – inclusive em sua aparência física, que a aproxima das mulheres do Renascimento alemão –, elogia seu "talento único para interiorizar a natureza"[26], "como se através da senhora assistíssemos a uma segunda criação, mas que reconstitui sob nossos olhos maravilhados a perfeição suprema da primeira: aquela que ela devia oferecer no Jardim do Éden antes da queda"[27]. Fica impressionado com seus "delicados martins-pescadores"[28] e sua "fofa lagarta verde"[29], e aprecia em sua pintura a naturalista exigente, bem como a atmosfera de velhas canções de ninar, "mitos em miniatura"[30]. Tudo isso é acompanhado de discussões sobre Nicolau de Cusa, Van Eyck, Panofsky, Focillon, mas também sobre o *mezzo tinto* e as técnicas dos antigos livros japoneses, em especial os de Utamaro. Irão encontrar-se várias vezes no campo, onde Anita Albus compra, alguns anos mais tarde, uma casa perto de Lignerolles. É lá que ela fará a famosa fotografia do etnólogo com uma gralha no ombro. Ela o descreve como um homem profundamente silencioso: "Não fazemos mais ideia desse silêncio"[31]. Nesse ínterim, Lévi-Strauss a incentiva a organizar uma exposição e propõe, nessa eventualidade, escrever um texto de introdução onde "exporia [suas] ideias sobre a arte em geral e sobre a dela em particular"[32]. A exposição acontece em 1981 em Munique e o catálogo se abre com o texto prometido: "A uma jovem pintora"[33].

O elogio do ofício, o valioso saber ancestral, o amor pelo modelo reduzido, pelo *trompe-l'oeil*, a paixão comum pela natureza, o fantasma de Dürer: harmonia perfeita, como se a arte de Anita Albus viesse expressamente para encarnar uma variante possível da estética lévi-straussiana. Ele fala a seu respeito de "reencontro quase milagroso com uma tradição de dois rostos"[34], o do realismo flamengo e o do fantástico boschiano. Associa sua pintura a tudo que ele aprecia, à tradição flamenga naturalmente, mas também às iluminuras da Idade Média, à arte de Utamaro. Pois os procedimentos e a originalidade de Anita Albus consistem em tirar proveito da constatação esboçada na primeira parte do texto (a publicada em *Le Débat*) e, logo, em "voltar atrás", "retomar as coisas do seu início"[35] e recomeçar a tarefa. Esse programa, reacionário na acepção primeira do termo, é possível no plano artístico, mas não no plano político nem sequer tecnológico. Eis por que a estética de Claude Lévi-Strauss se desenvolve com esse tom proselitista, e até mesmo um pouco messiânico, que não lhe é habitual. Ele gostaria efetivamente de contribuir para essa reorientação maior das artes pela qual ele clama. Anita Albus é, segundo ele, nessa data, seu melhor arauto[36].

Olhar Escutar Ler: uma estética selvagem?

Olhar Escutar Ler: publicado em 1993 e declarado último pelo seu autor, o livro carrega prontamente um peso quase testamentário. Insere-se nessa dupla linhagem polêmica e teórica, denotando várias décadas de uma relação íntima, exigente, entre o antropólogo e a arte que lhe é cara. Numa "*Notice*" de apresentação do livro no volume da Pléiade, Martin Rueff afirma, logo no início, que a recepção do livro exemplifica e prolonga um "contrassenso"[37] sobre a importância do que o filósofo considera a peça central do edifício estruturalista. Esse parecer é idêntico ao que dita o movimento de reavaliação das "pequenas mitológicas" pelas jovens gerações promovido na mesma edição da Pléiade. É verdade que, no verão de 1993, quando o volume é publicado, a imprensa diária e semanal se entrega às delícias desse "capricho"[38], que reata com uma cultura ocidental que o etnólogo não teria criticado com tanta virulência se não fosse profundamente sua. "Passeio radioso"[39], "vadiagem descosida e erudita sobre os arcanos da criação"[40], "deambulação de um explorador"[41], "reflexões de um flâneur", essas meditações sobre a arte delineariam os elegantes entornos da teoria, a fantasia da longevidade, o retorno do filho pródigo. As razões desse capricho? "Eu estava enfastiado da mitologia e precisava arejar o espírito olhando para uma coisa completamente diferente"[42], diz Claude Lévi-Strauss a Didier Éribon no *Nouvel Observateur*, acrescentando que era uma maneira de esvaziar suas gavetas, uma vez que nos últimos quarenta anos acumulara muita coisa sobre o assunto.

Esse aspecto biográfico, a propósito, não é ignorado pela imprensa: o afloramento das lembranças é organizado em dois estratos, a infância, naturalmente, e, menos conhecidas do grande público, as amizades surrealistas em Nova York, documentadas aqui pela publicação dos dois textos trocados por Breton e Lévi-Strauss, em março de 1941, no navio que os afastava da França em guerra[43]. Neles, discutiam, como vimos, a respeito do *status* e da especificidade do objeto de arte, bem como da intencionalidade do artista abalada pelo princípio de automaticidade (a escrita automática) introduzido pelos surrealistas no início dos anos 1920. Certos jornalistas, como Antoine de Gaudemar no *Libération*, rompem com o registro de leveza despretensiosa (em parte secundado pelo autor) insistindo na dupla problemática metafísica e heurística da arte em Lévi-Strauss[44]. Metafísica em primeiro lugar, pois "os homens só diferem e até só existem por suas obras"[45]; só elas trazem a evidência de que, através das eras, "alguma coisa realmente aconteceu"[46]. Heurística em seguida, pois a arte não apenas atenua o pessimismo fundamental de Claude Lévi-Strauss opondo "algo" ao "nada", ela é igualmente para ele, como vimos, fonte de conhecimento, um pensamento em ação, não raro se antecipando às hipóteses das ciências humanas ou naturais. Assim, Lévi-Strauss encontra no *Diário* de Delacroix formulações que antecipam a teoria dos fractais de Benoît Mandelbrot, formalizada em 1975[47]. Embora notando como a genealogia do estruturalismo está embutida nesse último livro, com artistas ou teóricos da estética promovidos a estruturalistas *avant la letre* – Rameau, Poussin, Chabanon...[48] –, os leitores da época insistem essencialmente no prazer proporcionado por esse banquete venerando, na beleza desse "jardim à francesa", que ministra, como quem não quer nada, algumas lições de estruturalismo aplicado. Julgam que Claude Lévi-Strauss envelhece muito bem...

Quinze anos após sua publicação, *Olhar Escutar Ler* é percebido de maneira completamente diferente: um laboratório e não uma aplicação da teoria estruturalista. "Não é o livro de um esteta, ainda que fosse o mais brilhante", escreve Martin Rueff em 2008: "é a estética que permite confirmar certas práticas e certas teses do estruturalismo, bem como reconciliar várias compreensões do simbolismo e resolver alguns grandes enigmas da antropologia estrutural"[49]. O filósofo aponta uma inversão na posição do último livro, não definitiva, e de certa forma marginal (como um belo crepúsculo após um dia chuvoso), mas cardinal e até mesmo inaugural: "Esse último livro pode constituir uma entrada régia no sistema de Lévi-Strauss"[50], homólogo, prossegue Rueff, à posição ocupada pela estética na filosofia de Kant.

O título soa estranho: três verbos, um lado ângulo reto, que pretendem apreender não os autores ou os artistas enquanto tais, mas a própria operação estética, que não se reduz ao processo de criação. Um primeiro capítulo sobre o pintor Nicolas Poussin, um segundo sobre o compositor Rameau e um terceiro sobre o filósofo e crítico de arte Denis Diderot – com quem Lévi-Strauss é pouco caridoso. Da análise estrutural tanto das obras como das variações (pintura, música) à análise dos materiais (os sons e as cores), Lévi-Strauss remata sua busca das estruturas inteligíveis da sensibilidade com um capítulo sobre os objetos tradicionais das sociedades selvagens, nos quais forma, matéria e sentido se cristalizam. Os seis momentos do livro são percursos de passarelas e passagens que fazem ressoar como que uma câmara de ecos. Em sua estrutura, o livro traduz uma de suas conclusões: o que se saboreia com prazer é a percepção de várias ordens de relações formais. Lévi-Strauss mostra esperteza ao desencavar figuras desconhecidas, como Chabanon ou o padre Castel, inventor no fim do século XVIII do cravo ocular. Apraz-lhe associá-los, em sua reflexão, aos neurologistas da visão, para tentar desvendar o mistério do poema de Rimbaud "As vogais" e ouvir o som das cores. Nessa desordem cronológica voluntária, a estética lévi-straussiana demonstra uma indiferença total à história das artes e até mesmo a um sistema das belas-artes. Suas classificações entre artes nobres e artes vulgares, arte e artesanato são substituídas pelo que Martin Rueff chama de uma verdadeira "estética selvagem": essa estética que tem a característica revolucionária de não ser "o triunfo do sujeito sensível, pois não é subjetiva"[51]. É uma estética sem sujeito, pois, segundo Lévi-Strauss, a própria sensibilidade atua segundo operações preestabelecidas. Ela não opõe o "belo natural" ao "belo artístico", uma vez que o segundo aspira a refazer o gesto da natureza por meios diferentes.

Analisando o famoso (na época, em 1754) *fá, lá, mi* que liga na ópera de Rameau *Castor e Pólux* o coro das Espartanas ("*Que tout gémisse*") ao monólogo de Telaíra ("*Tristes apprêts, pâles flambeaux*"), Lévi-Strauss se espanta com o impacto extraordinário dessa modulação tonal que causou polêmica nos salões iluministas. Será por que os ouvintes sabiam mais de música do que nós? Sem dúvida alguma. Muitos eram melômanos, músicos também. A distância entre a competência musical do público e a tecnicidade dos músicos era menor do que hoje, quando nosso prazer musical é de mau gosto maior. "Como pessoas que apreciam uma arte sem a terem estudado, ou sem terem ao menos comparado, apreciávamos todas as músicas e passávamos sem escrúpulo de uma ária de Adam* ao andante da *Sinfonia em lá*." Assim se exprime, já no século XIX, Amaury-Duval, o aluno preferido de Ingres, citado por Lévi-Strauss, que prossegue: "Parece-me que a média das pessoas que se espremem nas salas de concerto e na Opéra-Bastille é um pouco desse tipo"[52]. Para ele, é evidente que a arte é criada por um número restrito de pessoas para um público restrito. Esse pequeno número é a condição de uma comunicação verdadeira, caso contrário degenera em consumo passivo. A natureza da percepção se abastarda na mesma medida.

Encontramos aqui um elogio da minoria, do pequeno número, que reencontramos no plano político e social quando o etnólogo vê nas sociedades que estuda – formadas por grupos de quarenta a duzentas pessoas – o *optimum* de população para uma vida social autêntica e uma política democrática digna desse nome. Adota assim uma posição objetivamente elitista, que o torna muito crítico das políticas de democratização promovidas, por exemplo, pelo ministro da Cultura Jack Lang. Numa entrevista concedida a *Paris-Match*, ele é instigado a reagir às iniciativas da rua de Valois referentes ao *rock* ou à culinária, aos quadrinhos ou à moda: "Eu seria realmente um etnólogo tacanho se ignorasse ou desdenhasse o que chamam de 'cultura popular'. Penso apenas que ela só tem valor se, justamente, permanecer popular, no estado selvagem, se ouso dizer. Toda intervenção dos poderes públicos nesses domínios me parece despropositada"[53]. Ao mesmo tempo, longe de concordar com Alain Finkielkraut, recusa as hierarquias culturais estabelecidas escrevendo páginas inesquecíveis sobre a cestaria, desenhando o horizonte de uma arte autêntica, tal como vivido nas sociedades selvagens, nas quais não se hesita em condenar à morte os artistas considerados sem talento. Questão de vida e morte, a arte é o mediador para o sobrenatural, o *out of this world*[54], território que, segundo Lévi-Strauss, não temos mais sequer a ambição de alcançar.

De um museu a outro: do Museu do Homem ao Quai Branly

A discussão transatlântica de março de 1941 entre o jovem etnólogo e o papa do surrealismo – qual é a diferença entre um documento e uma obra de arte? – reaparece no âmago do intenso debate que acompanha, durante quase uma década, a criação do Museu das Artes Primeiras, nome que foi mudando. Não é apenas um museu suplementar, por sinal grande projeto

---

* Adolphe-Charles Adam (1803-1856), prolífico compositor francês de óperas-cômicas, operetas, balés (*Giselle*), canções e outras obras. [N.E.]

da presidência Chirac. É igualmente uma reorganização completa da oferta científica em matéria de etnologia. A cada etapa de sua gênese, a equipe encarregada do projeto tem a preocupação de associar Lévi-Strauss a toda a operação tecnoburocrática de sua prefiguração. Com efeito, a necessidade de um aval intelectual que faça autoridade se revela necessária num ambiente particularmente conflituoso e num contexto de questões tão emaranhadas quanto candentes, relativas ao destino de objetos considerados espoliados de outras civilizações e que o Ocidente pretende conservar, explicar, expor após tê-los saqueado[55].

Trata-se igualmente do lugar evolutivo do museu na constituição do saber antropológico. Claude Lévi-Strauss pertence em parte à geração do Museu do Homem, do qual foi o efêmero diretor-adjunto após a guerra, junto a Paul Rivet, mas contribuiu para trasladar o lugar de produção antropológico do museu para o laboratório, fundando em 1960 o Laboratório de Antropologia Social. Em todo caso, permanece a vida inteira um companheiro de estrada dos museus, o de Chaillot naturalmente, bem como o American Museum of Natural History, em Nova York, ao qual presta uma vibrante homenagem durante seus anos nova-iorquinos; mais tarde, será próximo de Georges-Henri Rivière – padrinho de seu filho Matthieu – e acompanhará sua reflexão museográfica para o Museu das Artes e Tradições Populares, que é inaugurado em 1972 num prédio moderno situado no Jardin d'Acclimatation do Bois de Boulogne, cuja galeria cultural é amplamente inspirada pelo mestre da antropologia estrutural. Junto a Jean Cuisenier, que sucede a Georges-Henri Rivière, é visto frequentemente apadrinhando exposições, explicando na televisão o papel e o objetivo de tal instituição. No mesmo momento, nos anos 1970, frequenta os grandes museus canadenses e assiste às primeiras tentativas de elaboração de uma museografia em comum com as comunidades indígenas envolvidas.

É, portanto, um homem com o olhar aguçado, apaixonado por museus, que toma partido do novo projeto. Para compreender esse engajamento decisivo, que muitos etnólogos, colegas e amigos, hostis a essa empreitada museológica, vivenciaram como uma traição[56], convém suspender o "silêncio caridoso"[57] sobre a crise crônica por que vinha passando o Museu do Homem havia muito tempo. Afinal, sua glória só se propagou alguns anos após a inauguração em 1937, magnificada pelo engajamento heroico de alguns de seus membros contra o ocupante nazista. Após 1950 e o fracasso de Lévi-Strauss em suceder a Paul Rivet, o Museu do Homem é readotado pela antropologia física sob a tutela do Museu de História Natural. Sofre então com a desconexão com o sistema universitário, pois não fornece diploma, embora mantenha alguns cursos supletivos à formação etnológica oferecida em outras instituições. Por fim, o esfacelamento administrativo em três laboratórios em 1971 é catastrófico para a gestão, doravante nas mãos de um "triunvirato conflituoso"[58]. São só golpes baixos, querelas de paróquia e hostilidade declarada e mútua entre os responsáveis. Na virada dos anos 1990, o Museu do Homem se transformou na bela adormecida do Palais de Chaillot. Apesar do trunfo de suas coleções estupendas, mas não raro invisíveis nas reservas técnicas, de uma história ilustre e de um nome célebre, não é mais senão a sombra de si mesmo: a atividade científica se arrasta, por falta de vontade e verba; com um percurso de visita um tanto obsoleto, permanece um lugar de memória e desperta a afeição passional dos antigos pela matriz da etnologia francesa em farrapos[59].

A certeza da impossível renovação do Museu do Homem, mas sobretudo a mudança de gosto na percepção dos outros, motivam o apoio de princípio de Claude Lévi-Strauss ao projeto do novo museu, que ele formaliza numa carta manuscrita ao presidente da República, Jacques Chirac, escrita de Lignerolles em 16 de agosto de 1996: "Queira desculpar esta carta manuscrita. A velha máquina de escrever de que disponho no campo está definitivamente inoperante. [...] A proposta de síntese elaborada pela comissão parece escrupulosa. Leva em conta a evolução do mundo desde que foi criado o Museu do Homem. Um museu de etnografia não pode mais, como naquela época, oferecer uma imagem autêntica da vida das sociedades mais diferentes da nossa. Com algumas poucas exceções que não irão perdurar, essas sociedades se integraram progressivamente à política e economia globais. Quando revejo os objetos que recolhi em campo entre 1935 e 1938 – e isso também é verdade para os outros –, sei muito bem que seu interesse se tornou seja documentário, seja também e sobretudo estético. Sob o primeiro aspecto, eles pertencem à esfera do laboratório e da galeria de estudo; sob o segundo, do grande museu das artes e civilizações que os Museus da França tanto almejam. E conservando em seu âmbito os laboratórios de antropologia física e pré-história, a comissão se mostra todavia respeitosa para com o espírito do Museu do Homem, que foi um grande momento na história das ideias, e que exposições temporárias, assim viabilizadas, permitirão perpetuar e ilustrar. [...] Por fim, inclino-me a pensar que, numa época em que a Europa está em todos os espíritos, a etnografia europeia estaria melhor alojada no museu das ATP"[60].

O surgimento de um novo museu provoca um efeito dominó sobre as outras instituições e suas coleções: prevê-se, até a abertura de Branly, expor algumas peças espetaculares de arte exótica no pavilhão das Sessions, no Louvre, a fim de aclimatar, por assim dizer, o olho do público a contemplá-las numa perspectiva de história das artes. As coleções do Museu do Homem deveriam juntar-se às do Museu das Artes Africanas e Oceânicas (antigo pavilhão da Exposição Colonial da Porta de Vincennes), enquanto falam em transferir as do Museu Nacional das Artes e Tradições Populares. Quanto aos dois laboratórios (exceto o de etnologia) do Museu do Homem, devem supostamente permanecer e prosperar num Chaillot reformado. Em 1997, Germain Viatte, encarregado da operação de prefiguração, pede a Lévi-Strauss sua anuência para participar de um conselho científico ao lado de Claude-François Baudez, Georges Didi-Huberman, Jean Jamin, Jacques Le Goff, Michel Laclotte, Maurice Godelier, Pierre Rosenberg, Henry de Lumley (diretor do Museu de História Natural) e Jacques Kerchache, *marchand* de arte primeira, amigo pessoal de Jacques Chirac, idealizador do projeto. Alguns meses mais tarde, Lévi-Strauss se confessa um pouco decepcionado ao ler o relatório de orientação que Germain Viatte lhe envia, julgando-o "um retrocesso com relação às ideias que inspiravam o projeto inicial". Contudo, resignado, conclui: "Do jeito que as coisas estão, não podemos esperar mais do que uma distribuição malfeita. Se for assim, o que no início foi uma grande iniciativa perderia muito de seu interesse"[61]. Em 1999, Stéphane Martin, presidente do estabelecimento público do "museu das artes e civilizações", o mantém a par do avanço dos trabalhos de reforma das salas do Louvre que vão receber os objetos de arte não ocidentais. Quando visita, em 15 de abril de 2000, as salas do pavilhão das Sessions, Lévi-Strauss não se convence. Rabisca para si algumas impressões que não tornará públicas, tal a de um "simulacro": "Não foi – como se pretende – o Louvre que adaptamos a esses objetos. Foram esses objetos, pela escolha por que passaram e sua apresentação, que adaptamos ao Louvre. [...] Imitaram o 'gênero Louvre' e essa referência implícita faz com que, sob esses tetos altos e nessa arquitetura monumental, esses objetos que julgávamos glorificar soem ocos"[62]. A sucursal do Louvre, inaugurada oficialmente em 2002, não deveria ser perenizada, segundo Lévi-Strauss. As coisas se aceleram na primeira metade dos anos 2000, que vê a construção do prédio desenhado por Jean Nouvel, depois o fechamento ao público das salas do Museu do Homem e do MAO, enquanto as coleções a serem transferidas são embaladas. Em 2005, é fechado o Museu das Artes e Tradições Populares, cujos acervos irão juntar-se ao novo Museu das Civilizações da Europa e do Mediterrâneo, o MuCEM, que abre finalmente suas portas em 2013, em Marselha.

O que pensa Lévi-Strauss de todo esse caos? Ele só se exprime publicamente para reafirmar seu apoio de princípio. Na realidade, como conta Jean Jamin, "Lévi-Strauss deixou-se conscientemente instrumentalizar"[63], incentivando um projeto que, a despeito de tudo, julgava uma oportunidade imperdível a fim de revitalizar a dinâmica da etnologia: ganho financeiro, público e simbólico. Além disso, não se sensibiliza com nenhuma das duas grandes linhas conflituosas que permeiam o périplo museográfico de Branly. A primeira reside no antagonismo entre a obra de arte e o objeto etnológico – Branly operando uma espécie de "estetização" descontextualizante e pós-moderna do objeto exótico, para grande fúria dos etnólogos. A segunda se organiza em torno de questões políticas pós-coloniais relativas ao *status* de objetos adquiridos num contexto colonial.

Os sociólogos também denominam essa "estetização" processo de "artificação": ela designa a metamorfose conhecida (ou sofrida) pelos objetos tão logo são depositados num museu. Philippe Descola mostra que essa questão é mais ampla e também se coloca para as "culturas de si", e não apenas as culturas dos outros. Com efeito, no Louvre também as obras-primas da pintura ocidental requereriam teoricamente explicações para o espectador comum que, por exemplo, perdeu os códigos de compreensão de grande parte da pintura cristã[64]. E, analogamente nesse caso, pinturas ou objetos que, tendo seu lugar nas igrejas para servir seu ritual ou seu discurso, sofrem essa transformação estética ao chegar a um museu. Na realidade, prossegue Descola, existem agora várias maneiras, que não raro coexistem num mesmo museu, de contextualizar e restituir sentido aos objetos silenciosos. Nessa paleta de estratégias, não deveria haver oposições entre uma apresentação científica e uma apresentação estética. O museu do Quai Branly, desse ponto de vista, participa dessa diversificação e é, segundo ele, uma declinação disso bem francesa, "em sua visão universalista e enciclopedista das culturas do mundo característica da tradição francesa"[65]. Por outro lado, como mostra Lévi-Strauss nas últimas páginas de *Olhar Escutar Ler*, a figura do artista, a virtude puramente estética e o juízo de gosto existem nas sociedades primitivas, ainda que não sejam os mesmos do Ocidente. Lévi-Strauss adota essa argumentação, como repete aos jornalistas que o entrevistam um ano antes da inauguração do museu, em 2006: "Podemos considerar que um objeto isolado de seu contexto ritual, comunitário, preserva seu sentido? – Uma máscara que tem uma função ritual é igualmente uma obra de arte. A abordagem estética não me incomoda em nada. O Museu do Louvre é antes de tudo um museu de belas-artes. Logo, tem um espírito, uma função estetizantes. Isso nunca impediu a história nem a sociologia da arte de se desenvolver, nem os curadores desse museu de serem excelentes especialistas. O fato de suscitar o interesse ou a emoção do público por meio de belos objetos não me preocupa nem um pouco. A estética é um dos caminhos que lhe permitirá descobrir as civilizações que os produziram. E, assim, alguns se tornarão historiadores, observadores, cientistas que se dedicarão a essas civilizações"[66]. A ideia aqui expressa pelo antropólogo, segundo a qual a secularização de objetos rituais antigos que fornecerão as obras de arte do futuro seria um dos três caminhos possíveis para redescobrir o que esses objetos testemunham – essa ideia não se alia, a propósito, ao gesto de seu bisavô Isaac Strauss, colecionador de objetos litúrgicos judaicos[67]?

Se a requalificação estética desses objetos não é uma dificuldade, o que acontece com sua origem colonial? Nesse domínio, os idealizadores de Branly expressaram um desejo de ruptura com o estilo colonial da etnologia francesa dos anos 1930, isto é, do Museu do Homem. Porém, como analisou corretamente Benoît de L'Estoile, não há, na realidade, nenhuma ruptura desse ponto de vista: são as coleções do Museu do Homem e do MAO, em grande parte procedentes das colônias francesas, que alimentaram o acervo permanente de Branly. O elo colonial é ainda mais ativo aqui na medida em que é recalcado, em lugar de ser exibido, o que torna impossível toda história partilhada do passado da coleta etnológica entre a colônia e a metrópole. Ao contrário de alguns museus britânicos, Branly não fez a escolha do museu pós-colonial que assume sua herança de violência – nem mesmo, por exemplo, em seu nome[68]. Talvez porque fosse apenas em parte formado pelo Museu do Homem, talvez também porque o etnólogo Lévi-Strauss trouxe para Paris coleções formadas em contextos não coloniais, seria mais fácil para ele assumir essa continuidade incômoda entre o museu do Quai Branly e o de Chaillot. Da mesma forma, as ligações frequentemente estigmatizadas com o mercado de arte, representado em boa parte por Jacques Kerchache, não podiam se afigurar revoltantes senão para os que ocultavam a existência de uma aliança idêntica entre curadores e *marchands* na época do Museu de Etnografia do Trocadéro e, depois, do Museu do Homem.

Nessas condições, não resta dúvida de que, a exemplo de seus colegas[69], Lévi-Strauss irritou-se com as pequenas frases pretensiosas que piscam na penumbra da galeria de Branly. Nem por isso renega o uso prolífico que fizeram de seu nome – o grande auditório que recebe as sessões da Universidade Popular dirigida por Catherine Clément é batizado "Teatro Claude Lévi-Strauss" – nesse local que se tornou, a despeito de tudo, um novo espaço intensamente lévi-straussiano.

O ANTROPÓLOGO NA *PÓLIS*

Lévi-Strauss lembra que recentemente, "por um curioso retorno das coisas", a relação entre o etnólogo e os povos que ele estuda às vezes se inverteu, estes últimos requerendo o primeiro para assessorá-los nos tribunais a fim de fazer prevalecer seu direito a tal território ou tal prática ancestral[70]. Em seu próprio país também, o etnólogo pode ser útil. Durante toda a sua vida, Claude Lévi-Strauss oscilou entre a tentação do silêncio e a oposição firme à ciência aplicada, ao mesmo tempo encarnando gradativamente, tanto em seu retraimento quanto em sua fala, outra relação com o político. Trata-se para ele, na continuidade da imagem do "olhar distanciado", de jogar ativamente com a defasagem, o afastamento, ao mesmo tempo profissional (a do etnólogo) e pessoal (a de Lévi-Strauss), com relação ao mundo contemporâneo para se situar no âmago do hoje mais radical, mais candente.

Esse aparente paradoxo permeia um *corpus* de "textos de intervenção" publicados postumamente em francês em 2013: trata-se de um conjunto de artigos que Lévi-Strauss escrevera para o grande diário italiano *La Repubblica* entre 1989 e 2000, reunidos sob o título de um deles: "Somos todos canibais"[71]. A eles podemos acrescentar as três conferências pronunciadas em Tóquio no âmbito das Ishizaka Lectures, "A antropologia diante dos problemas do mundo moderno", publicadas em francês em 2011[72]. Não é inútil observar aqui que todos esses textos "antenados" na atualidade mais palpitante – a procriação artificial, as novas parentalidades e filiações, as doenças epidêmicas, as relações com os animais etc. – foram pronunciados ou disponibilizados primeiramente no estrangeiro, como se essa expatriação garantisse um discurso mais livre. É dez anos, às vezes vinte anos depois que o grande público francês, bem como os próximos da antropologia, descobrem essas análises revigorantes: nelas, Claude Lévi-Strauss mostra-se de uma precocidade e audácia notáveis, "bastante aberto às soluções jurídicas, sociais e outras a serem adotadas, atitude que, na época", segundo Maurice Godelier, "alguns de seus discípulos não haviam adotado"[73].

Do além, por assim dizer, e num contexto de grande conflituosidade (em torno das questões levantadas pela lei Taubira de 17 de maio de 2013, abrindo o casamento para as pessoas de mesmo sexo), Lévi-Strauss emite um discurso ao mesmo tempo sereno e radical, escandalosamente relativista, como ninguém mais ousa ser.

Ciência, política, *expertise*

Por ocasião da morte de *lady* Diana, em 1997, e do discurso crítico de seu irmão, o conde Spencer, por ocasião das exéquias da princesa, Lévi-Strauss dispensa uma pequena lição de antropologia do parentesco, mas que vai longe no contexto dos anos 1990: "Não é, com efeito, a consanguinidade que funda a família"[74]. O parentesco é feito de consanguinidade (irmão/irmã), mas também de aliança (marido/mulher) e filiação (pais/filhos). Ao mesmo tempo que defende um relativismo esclarecido em matéria de concepção da família, Lévi-Strauss define sua própria posição de antropólogo na esfera pública: ela não consiste em dar sentido aos "vestígios" do passado, e sim em isolar o que o presente pode ter de arcaico, no caso, a reatualização de uma forma antiga de parentesco. "O longe esclarece o perto, mas o perto também pode esclarecer o longe."[75] Essa captação da *arkhé* do presente define a maneira de ser contemporâneo de Lévi-Strauss.

Na realidade, os etnólogos são os únicos a não se mostrarem completamente desarmados diante das novas realidades da procriação artificial permitidas pela ciência biológica. Por quê? Porque, responde Lévi-Strauss, os povos estudados pelos etnólogos costumam separar a paternidade biológica da paternidade social, eles improvisam suas próprias montagens de parentesco com grande inventividade; por fim, concepção e filiação são coisas distintas e muitas dessas sociedades não procuram nenhuma verdade sobre a concepção, ao contrário da nossa, que é obcecada por isso[76].

Seu consequente relativismo o impele a declarações que podem parecer audaciosas. Por exemplo, comenta o papel desempenhado pelos etnólogos em processos contra imigrantes africanos que excisaram ou mandaram excisar suas filhas. Afasta com um piparote o argumento segundo o qual a ablação do clitóris impossibilitaria o prazer feminino, "do qual nossas sociedades fazem um novo artigo dos direitos humanos"[77], respondendo que, em todo caso, nada se sabe sobre isso... Em contrapartida, a excisão não lhe parece de natureza diversa da circuncisão. Em ambos os casos, trata-se de um atentado à integridade do corpo da criança, que marca culturalmente seu pertencimento, visando eliminar todo vestígio de masculinidade na mulher (o clitóris) e de feminilidade no homem (o prepúcio). Se as sociedades ocidentais se revoltam com um e não com o outro, é, segundo Lévi-Strauss, porque o judeu-cristianismo ambiente faz calar o que haveria de chocante na circuncisão. Na realidade, "não existe padrão comum pelo qual possamos julgar os sistemas de crença e menos ainda condenar este ou aquele, salvo afirmar – baseado em quê? – que um único deles (o nosso, naturalmente) é portador de valores universais e deve se impor a todos"[78]. O caráter incomensurável das culturas não exclui adotar preceitos de moral prática. Embora o etnólogo convocado ao tribunal vá no sentido do relativismo e da afirmação do sentido desses costumes, inclusive quando nos parecem bárbaros, é legítimo que o juiz tenha outras considerações: "Uma escolha ética que envolva a cultura do país de acolhida não pode se exercer senão entre dois partidos: ou proclamar que tudo o que pode se prevalecer do costume é permitido em qualquer lugar, ou devolver ao seu país de origem aqueles que – e é direito deles – pretendem permanecer fiéis a seus costumes mesmo quando, seja qual for o motivo, ferem gravemente a suscetibilidade de seus anfitriões"[79].

Essa escolha, contudo, não cabe ao cientista: "Não incumbe ao cientista enquanto tal fazer escolhas de sociedade, mas – e ele mesmo é um – aos cidadãos"[80]. Essa afirmação de Claude Lévi-Strauss abre um livro coletivo, *Au-delà du Pacs* [Para além do Pacs], dedicado à análise crítica dos saberes mobilizados por ocasião do debate sobre o Pacto Civil de Solidariedade nos anos 1990 e, de maneira geral, ao questionamento da figura doravante onipotente da *expertise*, que pretende fundar na razão e na verdade escolhas que são da ordem da política cidadã. Lévi-Strauss sempre se precaveu diante dessa confusão dos registros, inclusive pelo silêncio. Não obstante, como lembra o sociólogo Éric Fassin, ouvimos a referência a Lévi-Strauss e às *Estruturas elementares do parentesco* tanto na boca de Élisabeth Guigou, ministra da Justiça na época, como na de um deputado de direita hostil ao novo projeto de lei, Renaud Dutreil[81]. Os "*experts*" consultados, como a socióloga Irène Théry, redatora de um relatório[82], fazem igualmente grande uso de uma forma de antropologia aplicada que proveria nossas sociedades sem rumo de "ordem simbólica", espécie de verdade imemorial que ancora a sociedade à família, e esta à diferença dos sexos. Para Éric Fassin, a razão e o sucesso do uso da referência antropológica nesses debates ligados ao Pacs, que repercutiram praticamente idênticos dez anos mais tarde, residem em que a homofobia permanece um tabu do discurso público. Ninguém se arriscaria a isso sem forte prejuízo político e midiático. Daí um contorno da pulsão homofóbica: não podendo ser exprimida, impossibilitam-na tornando-a impensável: "Nenhuma sociedade admite o parentesco homossexual"[83], como se podia ler na primeira página de um grande jornal católico em 1998.

Nem guru nem *expert*, Claude Lévi-Strauss recusa os costumes programados das ciências sociais – até correndo o risco dos "silêncios da ciência"[84]. Na verdade, o pensador não silencia, mas não responde por encomenda, sobretudo quando tem a impressão de que o terreno está minado, que suas explicações serão necessariamente mal compreendidas. Logo, é ele que escolhe o momento e a oportunidade. Por exemplo, em seus artigos de *La Repubblica*, ou por ocasião de entregas de prêmios e distinções, que costumam ser ensejo de uma fala profundamente política. Em 1973, na Holanda, quando lhe discernem o prêmio Erasmus perante uma plateia de cabeças coroadas, ele procura uma conscientização mais aguda diante da deterioração de nossos hábitats, "diminuídos" pela domesticação exacerbada. Mais tarde, entre inúmeras honrarias, ele recebe o prêmio Mestre Eckhart na embaixada da Alemanha em 2003 ou o XVII Prêmio Catalunya da Generalitat da Catalunha em 2005. Invariavelmente, exprime-se sem rodeios e com certa violência metafórica, mas sem jamais adotar o tom apocalíptico em voga no início do novo milênio. Uma espécie de claustrofobia moral se faz ouvir, porém, mais que o suntuoso lamento que acompanhou sua maturidade, uma pedagogia vigorosa. O último Lévi-Strauss é mais tônico do que melancólico.

Todos canibais!

A sociedade francesa dos anos 1990-2000 em plena convulsão é propícia à intervenção dos etnólogos não só porque assiste a "ressurgências" de vestígios antigos, mas porque existem limiares onde se conjuminam, mais do que se pensa, sociedades antigas e sociedades supertécnicas. "A fronteira parece menos nítida do que nos apraz imaginar"[85], explica Lévi-Strauss. Nessas condições, o título da coletânea de artigos de *La Repubblica*, *Somos todos canibais*, exprime um gesto profundo da política lévi-straussiana: a questão não é uma simples aproximação entre "eles" e "nós", e sim uma verdadeira requalificação selvagem do nosso hoje, não para denunciar sua barbárie – o que faria a esquerda tradicional –, mas para se inspirar nas sociedades antigas ou exóticas que puderam enfrentar os mesmos problemas e oferecer soluções "boas de pensar". Lévi-Strauss dá vários exemplos disso em nosso cotidiano contemporâneo. Dá assim uma lição de liberalismo e prudência (em especial para o legislador, a quem exorta que economize sua tinta), de desmistificação de nossos fetiches modernos (a ciência, o progresso), e tira grandes esqueletos do armário da modernidade (a barbárie de nossos açougues e de nosso agronegócio). Esse gesto de universalização do selvagem em nós – mais do que excluí-lo como sub-humanidade – traz em si um programa que se alia, em parte, ao de Bruno Latour: voltar a ser os não modernos que nunca deixamos de ser[86]. Tanto em Lévi-Strauss como em Latour, essa palavra de ordem visa reabsorver a dupla grande divisão que fundou a modernidade: entre eles e nós, entre a natureza e a sociedade.

Em 1993, a notícia é a nova doença conhecida como Creutzfeld-Jacob, surgida em consequência de injeções em pacientes de hormônios extraídos de hipófises humanas ou enxertos de dura-máter, espécie de membrana que envolve o cérebro humano. Em 1996, são as "vacas loucas" que alarmam a imprensa: fica-se sabendo que a doença, da mesma família da de Creutzfeld-Jacob, que acomete as vacas em vários países europeus, foi transmitida por rações de origem bovina com que se alimentavam os rebanhos. Lévi-Strauss pensa os dois fenômenos sob o signo de um "canibalismo expandido"[87]: num caso, o gesto médico de injeção é identificado com práticas antigas de ingestão de produtos humanos. No outro, as vacas foram transformadas pelo homem em canibais, o que confirma, pelo horror que nos inspira tal constatação, o vínculo inextirpável mantido entre o canibalismo expandido e a alimentação carnívora. Para além do lado provocador (que existe em Lévi-Strauss), tal visão das coisas procede de um olhar original sobre os fatos sociais contemporâneos: "Invertamos [a] tendência"[88], ele lança. Não se trata aqui de proscrever nem estigmatizar o canibalismo, e sim, ao contrário, de banalizá-lo, universalizá-lo. Em primeiro lugar, porque o canibalismo é no fundo uma categoria etnocêntrica que "só existe aos olhos das sociedades que o proscrevem"[89]. Para as outras, existe apenas uma série de práticas de exocanibalismo (comer seus inimigos) ou endocanibalismo (comer um membro de sua família) sob formas variadas, em grande ou pequena quantidade, no estado fresco, putrefato ou mumificado, a carne crua, cozida ou carbonizada.

O canibalismo pode ser alimentar (por gosto), político (castigo, vingança) ou mágico, ritual, terapêutico. Esta última função, prossegue Lévi-Strauss, nos aproxima de nossas próprias práticas de enxerto de órgão. Observemos a dimensão iconoclasta dessa análise, que consiste, da parte de um grande e renomado cientista, em aproximar um costume visto como bárbaro de uma prática fundada no saber científico. "Trata-se sempre de introduzir voluntariamente, nos corpos de seres humanos, partes ou substâncias provenientes do corpo de outros humanos. Assim exorcizada, a noção de canibalismo parecerá doravante bastante banal. Jean-Jacques Rousseau via a origem da vida social no sentimento que nos impele a nos identificar com o outro. Afinal de contas, o meio mais simples de identificar o outro consigo mesmo ainda é comê-lo."[90]

O canibalismo expandido permite a Lévi-Strauss representar nossa prática carnívora como uma loucura bárbara quando evoca, com a repulsa de um grande sensível, o horror das bancadas de açougue, onde admiramos pedaços de carne sanguinolenta: "Pois dia virá em que a ideia de que, para se alimentar, os homens do passado criavam e massacravam seres vivos e expunham complacentemente sua carne em postas em vitrines inspirará sem dúvida a mesma repulsa que aos viajantes do século XVI ou XVII as refeições canibais dos selvagens americanos, oceânicos ou africanos"[91]. Lévi-Strauss nos incentiva a sermos todos vegetarianos? O certo é que, para ele, a alimentação carnívora é um luxo que em breve nem os animais nem os homens poderão se proporcionar. No entanto, o etnólogo, em sua rotina, não abandona seu regime de carne. *Gourmand*, aprecia-as com todos os molhos, embora sempre em pequena quantidade[92]. Ao contrário do que se poderia pensar, ele não prescreve o abandono da carne. Adotando um estilo profético, raro sob sua pena, invoca, no futuro, o advento de uma humanidade para a qual comer carne será uma prática rara, onerosa e quase arriscada. "A carne figurará no cardápio em circunstâncias excepcionais. Será consumida com a mesma mescla de reverência devota e ansiedade que, segundo os antigos viajantes, impregnava as refeições canibais de certos povos. Em ambos os casos, trata-se ao mesmo tempo de comungar com os ancestrais e incorporar a si, com todos os riscos e perigos, a substância perigosa de seres vivos que foram ou se tornaram inimigos."[93] Comer carne de seres vivos, sim, mas com o respeito que lhes é devido... Esta é a última lição de sabedoria das vacas loucas.

O segundo grande tema abordado nos artigos de *La Repubblica* incide sobre as novas parentalidades e filiações permitidas pelas técnicas de procriação artificial, que multiplicam as situações extravagantes, com as quais nem o direito nem a moral sabem como lidar. Em 1989, num artigo intitulado "Il segreto delle donne" [O segredo das mulheres], Lévi-Strauss coloca a questão: "Como deveria decidir um tribunal se a mãe de aluguel fornecer uma criança malformada e se o casal que recorreu a seus serviços a recusar?"[94]. Foi exatamente a situação que se apresentou no verão de 2014, quando pais australianos que financiaram uma gestação externa recusaram-se a ficar com uma criança com síndrome de Down que a mãe de aluguel tailandesa pusera no mundo[95]. O tema desse artigo já estava presente na segunda conferência japonesa, pronunciada em 1986, da qual uma parte tratava explicitamente dos problemas de procriação artificial: inseminação artificial, doação de óvulo, empréstimo ou aluguel de útero, congelamento de embrião, fecundação *in vitro* com espermatozoides provenientes do marido ou de outro homem e um óvulo proveniente da mulher ou de outra mulher. "As crianças nascidas de tais manipulações poderão, dependendo do caso, ter um pai e uma mãe, como é normal, uma mãe e dois pais, duas mães e um pai, duas mães e dois pais, três mães e um pai, e até mesmo três mães e dois pais, quando o genitor não é o mesmo homem que o pai e três mulheres intervêm: a que doou o óvulo, a que emprestou o útero e a que será a mãe legal da criança."[96] Não há assunto que desconcerte o etnólogo. Sobre todos esses temas, ele tem muito a dizer, pois as sociedades que estuda, embora não controlem as técnicas de procriação artificial, produziram "equivalentes metafóricos"[97] para resolver os mesmos problemas, em especial de esterilidade.

Por exemplo, os samos do Burkina Faso inventaram o equivalente da inseminação com doador, como mostraram os trabalhos de Françoise Héritier: cada adolescente núbil prometida a um esposo deve obrigatoriamente ter relações sexuais prévias com um amante que a fecundará. Em seguida, ela leva para o seu novo marido a criança que teve e que será considerada a primeira a nascer da união legítima. Em outras populações africanas, um marido abandonado por sua ou suas esposas conserva um direito de paternidade sobre os futuros filhos desta. "Basta-lhe ter com elas, quando elas se tornam mães, a primeira relação sexual *post partum*; essa relação determina quem será o pai legal do próximo filho. Um homem casado com uma mulher estéril pode assim, gratuitamente ou mediante pagamento, obter de uma mulher fértil que ela o designe."[98] Outros exemplos africanos: "Os nuers do Sudão assemelham a mulher estéril a um homem. Na qualidade de 'tio paterno', ela recebe o rebanho que representa o preço da noiva pago pelo casamento de suas sobrinhas e o usa para comprar uma esposa que lhe dará filhos graças aos serviços remunerados de um homem, em geral um estrangeiro. Entre os iorubás da Nigéria, mulheres ricas podem igualmente adquirir esposas que elas impelem a se amasiar com um homem. Quando nascem filhos, a mulher, 'esposo legal', reivindica-os e os procriadores reais, se quiserem conservá-los, devem pagá-las regiamente"[99]. A esses modelos africanos regularmente citados pelos etnólogos, Lévi-Strauss acrescenta o do levirato vigente entre os antigos hebreus, que permite, e às vezes impõe, que o irmão caçula conceba em nome do irmão morto. Temos, nesse caso, um "equivalente da inseminação *post mortem*"[100].

Em nossas sociedades, à medida que a dissociação entre a concepção biológica e a filiação se torna mais clara, observamos estranhamente uma dominação simbólica crescente da filiação biológica, que se encarna em direito, na França, em 1972, quando uma nova lei autoriza as ações de investigação de paternidade, ao passo que, desde o código napoleônico, o direito francês considerava que o marido da mãe era o pai da criança. Nossas sociedades devem tomar os exemplos exóticos como modelo? Podemos permitir a realização de todos os desejos? Longe de prodigalizar soluções positivas, Lévi-Strauss, nesse estágio, se limita a ilustrar a ampla paleta de soluções possíveis. E mesmo em nossas sociedades, a doação de esperma, quando não o empréstimo do útero, não era desconhecido, mas, como ele diz com malícia, "prestava-se esse tipo de serviço sem cerimônia e, se podemos dizer, 'em família'"[101]. É o mesmo que dizer que, se não acha "tudo" possível – pois as possibilidades de uma combinação social não são um conjunto ilimitado –, o antropólogo se revela muito aberto a todas as "montagens" que outros antes de nós experimentaram sem que as sociedades parecessem se comportar pior. Conclui assim: "A sabedoria está sem dúvida em confiar na lógica interna das instituições de cada sociedade e de seu sistema de valores para criar as estruturas familiares que se revelarem viáveis e eliminar as que engendrarem contradições. Só o uso pode demonstrar o que, com o tempo, a consciência coletiva aceitará ou rejeitará"[102].

A impaciência legislativa e a pregação moral são descartadas como não pertinentes. Portanto, Lévi-Strauss demarca-se nitidamente de parte da disciplina instrumentalizada por aqueles que Jeanne Favret-Saada chamou de a "esquerda conservadora"[103] no momento do Pacs, isto é, parte das elites, sociólogos, especialistas, juristas, jornalistas ou conselheiros do governante que produzem uma versão "lacanizada" do pensamento de Lévi-Strauss. Esta visava demonstrar que a ordem simbólica heterossexual constituía necessariamente o fundamento de toda sociedade, a qual seria inelutavelmente solapada pelo Pacs. Lévi-Strauss nunca aderiu a esse evangelho. Em 1956, num artigo sobriamente intitulado "A família"[104], ele não cessa de advertir contra o "espírito dogmático" com relação a um objeto, a família, que, tão logo julgamos apreendê-lo, se furta. "Precisamos nos convencer", acrescenta, "de que a família conjugal não procede de uma necessidade universal, sendo ao menos concebível que uma sociedade possa existir sem ela."[105] Nos anos 1980 e 1990, como acabamos de ver, ele dá mostras da mesma liberdade de juízo, mas evita manifestar-se publicamente na França. Os textos que atestam essa posição – que, na época, intimavam-no, em vão, a assumir – só serão conhecidos após sua morte. A ironia da história quer que essa resposta adiada recoloque as reflexões de Lévi-Strauss numa atualidade candente, uma vez que, nesse plano, a história não fez senão balbuciar nos últimos vinte anos.

Essas intervenções do etnólogo na esfera pública (italiana) impressionam pelo frescor do tom e sua heterodoxia tranquila. Esta explode mais uma vez quando Lévi-Strauss pergunta: por que as sociedades primitivas resistem ao "desenvolvimento"[106]? Porque elas preferem a unidade aos conflitos internos; porque recusam o espírito de competição, o voto majoritário em prol da unanimidade, e lhes repugna engajar-se num devir histórico – o que não significa que não mudem. "Existe apenas um tipo de desenvolvimento?", ele se interroga em *La Repubblica*, em outubro de 1990. E informa seus leitores sobre as recentes revisões do saber pré-histórico sobre o nascimento da agricultura. Longe de a agricultura ter permitido alimentar mais gente, parece terem sido as pressões demográficas que precipitaram a domesticação das plantas e dos animais. Antes disso, os povos sem agricultura levavam uma vida longe de ser miserável, a caça e a coleta prodigalizando um regime alimentar adaptado, na medida em que certo controle demográfico permitia a perpetuação de um conjunto coerente e viável de pequenos grupos. Assim, a agricultura não seria nem desejável nem, sobretudo, necessária. Se ela proporciona mais alimento durante um tempo e num espaço dado, aumenta consideravelmente o tempo de trabalho, exigindo mais labor. "Vista sob outros ângulos, a agricultura", conclui Lévi-Strauss, "representou um retrocesso."[107]

Vinte anos antes de Jared Diamond, que em 2012 se pergunta "o que nos ensinam as sociedades tradicionais?"[108], Lévi-Strauss se limita a abrir o debate, não corroborando de início os postulados do *homo economicus* contemporâneo. A antropologia econômica mostra que o conjunto das atividades humanas não pertence à esfera da produção e que a própria atividade econômica não se reduz a um cálculo racional. Sem subir o tom, Claude Lévi-Strauss desvitaliza totalmente os pressupostos, geralmente implícitos, da ciência econômica moderna – que, diz ele, não é uma ciência, pois se fosse permitiria prever e agir nas sociedades de mercado, o que, manifestamente, não é o caso! Por trás de uma "tela de pretensa racionalidade"[109], a ciência econômica é uma ficção válida dentro do seu próprio modelo, mas que não tem nenhuma autoridade para se universalizar: "O que o antropólogo lembra ao economista, no caso de este vir a esquecer, é que o homem não é pura e simplesmente incitado a produzir mais"[110].

Uma política estrutural?

Esse Lévi-Strauss póstumo que descobrimos, destrinchando algumas das questões mais passionais de nossa modernidade, demonstra "a ética exigente do saber"[111] antropológico no fundamento de uma autêntica política estrutural.

Lévi-Strauss político? A asserção espanta, diante de toda a interpretação despolitizante de seu pensamento e de sua vida ao longo das décadas. Criticam-no, desde Claude Lefort até Pierre Clastres ou Pierre Bourdieu, por conceber a vida social, na continuidade de Marcel Mauss, como um sistema de reciprocidade, uma gramática de signos que abstrai a dominação e a violência. O filósofo Patrice Maniglier, e com ele toda uma geração que refaz os caminhos dos anos 1960 e a história do estruturalismo[112], recentemente negou o valor dessa concepção, que derivaria, acima de tudo, de uma ignorância das problemáticas reais do que seja um sistema de signos[113]. Por muito tempo conclui-se pelo pessimismo, real, de Lévi-Strauss, sem ver que a "descoberta do não sentido não desqualifica o engajamento"[114] nem a busca de sentido. Lévi-Strauss reitera isso no fim de *O homem nu*: essa certeza de sua própria finitude não impede que "incumba ao homem viver e lutar, pensar e crer, acima de tudo conservar a coragem"[115].

Da mesma forma que a consciência da inocuidade do sentido não é um extintor da busca de compreensão, a da finitude não é um desestímulo à ação, uma vez que, ao contrário, ambas jazem no princípio de uma renovação da moral e da política fundada na beleza do mundo e em sua caducidade, e presente em todos os escritos de Lévi-Strauss. Patrice Maniglier insiste pertinentemente num texto escrito pelo antropólogo em 1976 e destinado a alimentar as reflexões da Comissão das Leis da Assembleia Nacional[116]. Nele, podemos ler os delineamentos dessa renovação: fundando o valor de toda coisa em sua "insubstituibilidade" – quer se trate de uma espécie vegetal, animal ou de um indivíduo humano, de um monumento, uma paisagem, uma coisa... –, ele afirma que "o valor está não na conformidade a um ideal, mas nas coisas mesmas, em sua capacidade de desenvolver sua irredutível singularidade, o que Spinoza teria denominado sua 'potência'"[117]. É aqui que a política estrutural se junta à estética selvagem, na celebração das coisas mesmas fora do uso ou da percepção do sujeito, na reconciliação da moral com a estética e do homem com a natureza. Lévi-Strauss nos convida a "encontrar na beleza deste mundo [...], e não nas ideias que fazemos dele, a única fonte de todo apelo à responsabilidade de um sujeito – sendo que o respeito que devemos aos seres humanos não passa de um caso particular daquele que devemos a tudo que é mortal"[118]. Essa aliança, ou melhor, essa *composição* com o real, e não só sua denúncia ou mesmo sua crítica, é um dos legados da antropologia estrutural para sair do desvario do pensamento contemporâneo, exposto, neste início do século XXI, a contradições cada vez mais opressivas, a escolhas impossíveis e a uma inércia visceral, encoberta por uma aceleração patológica dos ritmos temporais e sociais.

ENVELHECER MORRER RENASCER

O holograma esfacelado

Para Claude Lévi-Strauss, ingressar na longevidade (90 anos em 1998), depois na senectude (100 anos em 2008) é, como lhe ensina Montaigne, encarar a morte que chega, preparar-se para ela e, ao mesmo tempo, não pensar muito nela, vê-la como um fim, mas não como uma finalidade da vida: "Quero [...] que a morte me encontre plantando minhas couves"[119]. Na falta disso, o antropólogo se dedica a ocupações sazonais, coloca seus assuntos em dia, faz uma triagem nos papéis e, pressionado pela mulher, decide revelar os 3 mil negativos herdados de suas expedições brasileiras. Monique considera que as fotos devem ser legendadas e que só o marido tem condições de fazer isso. Após refugar, ele termina por obedecer[120]. Monique Lévi-Strauss se encarrega, por sua vez, da revelação desses negativos no pequeno laboratório que seu filho Matthieu instalara no apartamento quando morava ali. Observemos que esses negativos tinham sido igualmente revelados pelos serviços secretos norte-americanos no início da Segunda Guerra Mundial, quando os Estados Unidos se preparavam para entrar no conflito e buscaram acumular uma documentação fotográfica estratégica. Com efeito, Lévi-Strauss, na época, considerava essas fotos tão importantes que levara os negativos para Nova York em 1941, embora o conjunto fosse pesado e estorvante. Mais tarde, dirá ter se desinteressado pela fotografia, mas, em todo caso, jamais teria entregado a ninguém os negativos brasileiros. Eis por que sua mulher e seu filho foram chamados a colaborar no projeto *Saudades*[121].

No outono de 1994, 55 anos depois do retorno de Claude Lévi-Strauss do Brasil, sai pela Plon *Saudades do Brasil*, um *beau livre* com cerca de duzentas fotografias esmeradas escolhidas entre os 3 mil clichês, uma espécie de fotonovela das expedições dos anos 1930, que restituem corpo e sabor aos bororos tão evocados, aos cadiuéus e nambiquaras que haviam se tornado parte integrante da ciência do século. Nele, vemos igualmente o canteiro de obras urbano de São Paulo e algumas vilas adormecidas do interior do Brasil. Embora fascinado por fotografia em sua juventude, Lévi-Strauss confessa certa desconfiança com relação a uma arte que passou a considerar absolutamente menor. Mesmo suas virtudes documentárias não lhe parecem comprovadas: ao *flash* do clichê, Lévi-Strauss diz preferir a longa atenção exigida pelo desenho ou o croqui. Não obstante, toda a crítica elogia esse "*Tristes trópicos* em negativo"[122]. Da melancolia do primeiro, o antropólogo passou a uma nostalgia que as qualidades proustianas de ressurreição da imagem fotográfica tornam ainda mais pungente. O rapaz de barba delineado à margem do acampamento é "Lévi-Strauss do sertão brasileiro", como Proust teria falado da "Albertine de Balbec". Para Emmanuel

Desveaux, etnólogo americanista discípulo de Lévi-Strauss na época, *Saudades* é igualmente uma saudação do ancião ao etnógrafo promissor dos anos 1930 que não existe mais: um "túmulo fotográfico"[123] à maneira dos "túmulos poéticos" prezados no Renascimento. À sua maneira, ele prepara a "próxima cesura, aguardada com serenidade"[124]. Se o túmulo volta a fechar, mais uma vez, o ciclo americanista mediante um retorno às fontes em imagens, o livro lança algumas tênues passarelas esboçadas no meandro de uma fotografia: nela, captamos, em frente à casa de São Paulo, a silhueta do pai de Lévi-Strauss, iniciador do filho na arte fotográfica; e foi Matthieu, um dos dois filhos de Claude Lévi-Strauss, que escolheu e revelou as duzentas fotos do livro. Entre seu pai e seu filho, a película une três gerações de Lévi-Strauss por meio do Brasil.

Em 1994, depois em 1995, nascem dois filhos de Matthieu e Catherine Lévi-Strauss: Thomas e Julie. Chegam tarde na vida do avô, que, contudo, pode projetar sobre eles um desejo de viver que se torna, dia após dia, mais problemático. É ainda uma fotografia que registra essa temporalidade das gerações numa perspectiva icônica: Lévi-Strauss está em Lignerolles, em sua poltrona, atento aos seus dois netos, ainda com poucos anos de vida, sua neta nos joelhos, seu neto com Monique, a cena dominada por um grande quadro (pintado por seu pai) representando-o, criança, no colo da avó.

A morte é aguardada com serenidade, depois com certa impaciência, em todo caso sem drama. Retorno ao pó. Enquanto isso, cumpre viver, ou sobreviver. Essa condicional que é toda vida a partir de certa idade será longa em Lévi-Strauss. Entre 1994, data da publicação de *Saudades*, e sua morte em 2009, nada menos que quinze anos o veem envelhecer. Cada um de seus raros pronunciamentos, nos anos 2000, assinala a inconveniência, até mesmo a impostura, dessa vida longeva: "Acumulando os anos, sinto diariamente que usurpo o tempo que me resta a viver e que mais nada justifica o lugar que ainda ocupo nesta terra"[125]. Após os anos 1990, ele transpõe o ano 2000: "Por razões mais terra a terra", escreve a Isac Chiva (a idade sendo a primeira delas), "eu tampouco teria acreditado chegar ao ano 2000. Não atribuo a isso, aliás, nenhuma significação, convicto de ter vivido minha primeira infância ainda no século XIX; os números não querem dizer nada..."[126]. Recusa-se a ser do século XXI, mas, no fim das contas, já fazia muito tempo que cultivava certo desligamento de seu presente. Não obstante, continua a ler os jornais diariamente, permanecendo um leitor onívoro que percorre muitos livros ao sabor do que recebe, mas apreciando alguns, em especial os de Michel Houellebecq. No cinema, que frequenta pouco, acompanha Éric Rohmer desde seu início. Lévi-Strauss sentiu-se inclusive tentado a fazê-lo entrar na Academia Francesa, mas, após tatear o terreno junto a alguns colegas, compreende que seria um insucesso e desiste[127]. Muitos de seus interesses de outrora continuam vivos. Recusa-se apenas a acompanhar a evolução

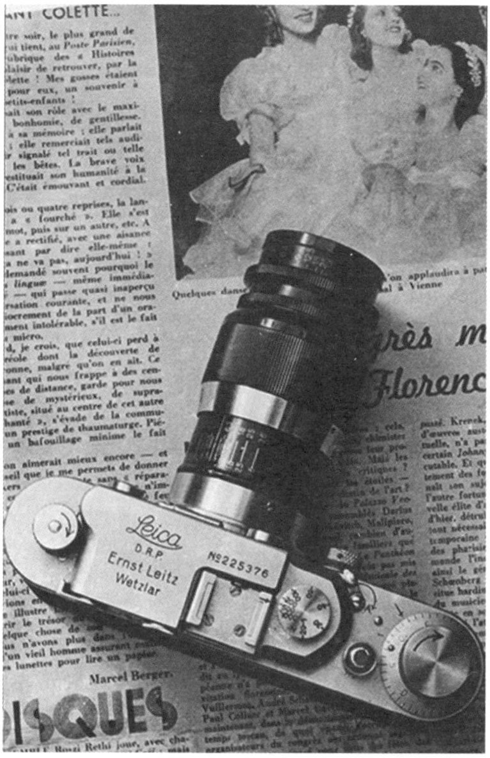

A Leica de Lévi-Strauss, objeto fetiche de suas expedições brasileiras.

contemporânea da música. Seu tempo é contado e, no entanto, nunca dispôs de tanto: entrega-se ao prazer culpado da releitura – *A nova Heloísa* "de ponta a ponta"[128], bem como, fielmente, Balzac e os grandes memorialistas. Tem sempre visitas, é solicitado; pede "piedade para os velhos!"[129]. A correspondência dos anos 2000 não passa de uma longa série de cartas sem resposta: as cerimônias são um suplício. Algumas visitas também. O presidente da República Nicolas Sarkozy se convida para fazer-lhe uma visita relâmpago e forçada, em homenagem aos seus 100 anos, que são igualmente celebrados no museu do Quai Branly em 2008[130]. Em outubro de 2007, ele sofre uma queda e fratura o fêmur. A partir dessa data, quase não sai mais de casa, pregado numa cadeira de rodas, e não deseja que ninguém o veja nesse triste estado.

Tudo que ele queria era que essa nova etapa na degradação de si lhe fosse poupada. No entanto, havia sido esse processo que ele descrevera magnificamente em 25 de janeiro de 1999, no Collège de France, por ocasião da publicação de um número especial da revista *Critique* que, sob a direção de Marc Augé, lhe era dedicado[131]. Tomando a palavra diante de colegas e amigos, prestara, sem anotações, essa nova homenagem a Montaigne: "Montaigne disse que a velhice nos diminui dia a dia e nos ceifa de tal maneira que, quando a morte sobrevém, ela não leva senão um quarto ou metade de homem. Montaigne morreu aos 59 anos e sem dúvida não fazia ideia da extrema velhice em que me encontro hoje. Nessa idade provecta que eu não pensava alcançar, e que constitui uma das mais curiosas surpresas de minha existência, tenho a sensação de ser como um holograma esfacelado. Esse holograma não possui mais sua unidade íntegra e, no entanto, como em todo holograma, cada parte remanescente conserva uma imagem e uma representação do todo. Portanto, para mim, hoje existe um eu real, que não é mais senão um quarto ou metade de um homem, e um eu virtual, que conserva ainda viva uma ideia do todo. O eu virtual faz um projeto de livro, começa a organizar seus capítulos, e diz ao eu real: 'Agora é com você'. E o eu real, que não pode mais, diz ao eu virtual: 'Isso é assunto seu, só você enxerga a totalidade'. Minha vida se desenrola agora nesse diálogo muito estranho"[132].

Esse diálogo termina em 30 de outubro de 2009. "Eu me sobrevivo"[133], ele costumava dizer com certo humor negro. Após ter por muito tempo sobrevivido a si mesmo mais ainda que aos outros, expira finalmente, em toda lucidez. Um mês mais tarde, teria alcançado os 101 anos.

O enterro na aldeia

Sua morte, numa sexta-feira, 30 de outubro, é um segredo bem guardado. Sua esposa, Monique, pede sigilo à enfermeira que vem diariamente e dirá, se a interrogarem, que ele foi hospitalizado; o funcionário da funerária e o funcionário do registro civil na prefeitura aceitam igualmente entrar na conjuração do silêncio, consignando o nome do defunto na segunda-feira seguinte e só o divulgando na terça-feira 4 de novembro, dia da publicação dos anúncios no *Le Monde* e no *Le Figaro*. A zeladora é avisada da chegada de um veículo descaracterizado (e não de um carro fúnebre), que transporta o caixão para a funerária, depois para Lignerolles, local de sua casa de campo. A imprensa é avisada na terça-feira, quando ele acaba de ser enterrado na parte da manhã. A notícia se espalha rapidamente na França e no estrangeiro.

Em conformidade com seus desejos, registrados num sem-número de documentos, o antropólogo é sepultado de maneira informal no cemitério de Lignerolles, na mais estrita intimidade[134]. Foi grande o cuidado em escapar dos inconvenientes da celebridade, com o risco de aborrecer aqueles que, íntimos, não o eram em todo caso o suficiente para assistir aos funerais totalmente privados e familiares, uma vez que, na manhã de terça-feira, o corpo de Claude Lévi-Strauss foi inumado na presença de sua esposa, dos dois filhos e de sua nora, bem como de seus dois netos, por fim do prefeito da aldeia e sua mulher. O etnólogo acariciara a ideia de ser enterrado numa mata perdida no vale do Aubette e inclusive recebera autorização oficial para isso, mas, no fim, opta pelo cemitério para agradar sua mulher, assustada com as dificuldades de todo tipo que aquilo poderia acarretar.

Da mesma forma, não queria ser colocado num caixão e teria desejado uma simples mortalha, mas, nesse caso também, sua esposa se opõe com medo de complicações. Nenhuma cerimônia religiosa precede a inumação.

O túmulo de Claude Lévi-Strauss está localizado no alto do cemitério, do lado da floresta. Saindo do parque do castelo de Lignerolles pela esquerda, um caminho acompanha o muro e contorna a aldeia; atravessa-se uma ponte e, à direita, um bonito lavadouro borgonhês restaurado. O cemitério se situa numa leve encosta e, no aclive, confina com a floresta. É um pequeno quadrilátero, com cerca de cinquenta túmulos, um cemitério aldeão cercado e com vista para o vale, embalado pelo murmúrio do rio, que se vê perturbado, na estação da caça, por frequentes disparos de espingarda – pois a região conta com muitos caçadores. Na parte baixa do cemitério, estão alinhados quatro túmulos de aviadores britânicos da Royal Air Force, cujo avião abatido se espatifou no Châtillonnais em 1944, quando eles voltavam de uma missão de bombardeio na Alemanha. Morreram jovens: os quatro juntos não somavam a idade de Lévi-Strauss. O túmulo do etnólogo, acima, exibe uma simplicidade que se lhe assemelha: não há lápide, apenas uma leve saliência de terra e cascalho encimados por uma "pedra esburacada" (muito comum na floresta da região), uma composição cárstica que dá um aspecto troglodita à sepultura. O túmulo integra-se à terra e invoca a diluição de si, de que subsiste apenas um pertencimento social e institucional: "Claude Lévi-Strauss, da Academia Francesa (1908-2009)". "O eu não é somente abominável: ele não tem lugar entre um nós e um nada"[135], ele escrevera em *Tristes trópicos*.

Ao contrário de Guilherme Marechal, cuja morte pública, assediada e ritualizada Georges Duby descreveu com um luxo de detalhes num livro que Lévi-Strauss adorava[136], o etnólogo sai de cena discretamente. Essa morte voluntariamente privada contrasta com o monumento que ele se tornara. Permite-lhe escapar das exéquias nacionais nos Invalides, que não teriam deixado de lhe oferecer, sendo grã-cruz da Legião de Honra; escapar igualmente ao embalsamamento das cerimônias do grande intelectual – figura com a qual nunca se identificou. Logo, ele morreu como viveu. Na imprensa, nos dias seguintes, o elogio fúnebre de Lévi-Strauss vira a oração fúnebre da cultura francesa. O "século de Lévi-Strauss"[137], "o homem de eternidade"[138] são celebrados, enquanto no estrangeiro acumulam-se as homenagens.

Assim como a morte de Filipe II assinala o fim de uma história (e da tese de Braudel) que não termina em absoluto, pois as dinâmicas estruturais sobrevivem à morte do soberano para desenhar o "Mediterrâneo" que é o tema do livro[139], da mesma forma o falecimento de Lévi-Strauss não muda nada nas forças de redescoberta de seu trabalho que estavam em curso durante os anos 2000. O corpo físico do etnólogo dá lugar ao *corpus* material e simbólico de uma obra que vai se encarnar em dois memoriais de papel: os arquivos pessoais depositados na Biblioteca Nacional da França a partir de 2007 e o volume da Pléiade editado em 2008. Eis o "espírito dos duplos funerais"[140] familiar à etnologia religiosa praticada pelo etnólogo em seus primórdios.

Memorial de papel (1): o arquivamento de si

Confrontado com seu fim próximo, Lévi-Strauss não quis delegar aos outros o cuidado de decidir o que ele pretendia legar aos seus próximos, seus contemporâneos e seus herdeiros. "Quanto aos meus papéis, não consigo me decidir, em luta contra a tentação de destruir tudo", escreve a Isac Chiva[141]. No fim, é Jean-Noël Jeanneney, então diretor da Biblioteca Nacional da França, o primeiro a vir propor a Lévi-Strauss que deposite seus arquivos na BNF, no Departamento de Manuscritos, local eminente de santificação da literatura francesa. Os papéis pessoais constituíam um cacife erudito e patrimonial para diferentes instituições: os Arquivos Nacionais, o Instituto Memória da Edição Contemporânea da Abadia de Ardenne (Imec), os arquivos do Collège de France ou da Academia, por que não? Para Lévi-Strauss, o essencial é organizar o legado de arquivos e livrar seus herdeiros desse "fardo" administrativo, financeiro e existencial. Pretende vender seus arquivos para financiar o imposto sobre transmissão do apartamento da rua des Marronniers e da casa de Lignerolles, o resto figurando como doação. Eis por que, em 2007, o acervo Lévi-Strauss junta-se às coleções da Biblioteca Nacional em três levas: a primeira como aquisição, a segunda como dação dos direitos de transmissão e a terceira como doação. Essa é uma fórmula relativamente clássica, mistura de doação e compra que, embora necessite da anuência do Ministério das Finanças, não mobiliza as somas dispendidas para impedir a saída para o estrangeiro dos arquivos Debord ou dos papéis de Michel Foucault. Entre 2007 e 2015, os arquivos da filosofia e das ciências sociais entraram num regime especulativo novo que alia o das artes e o das letras.

Lévi-Strauss não ignorava nada do valor de uso e troca dos arquivos. Numa passagem pouco comentada de *O pensamento selvagem*, ele analisa a função dos *churinga*, objetos sagrados dos aborígenes do centro da Austrália, de pedra ou madeira, de forma oval, com extremidades pontiagudas ou arredondadas, geralmente gravadas com sinais simbólicos que representam o corpo físico de um ancestral. Eles são a materialização do passado no presente. Atribuídos ao vivo que se julga ser seu ancestral reencarnado, os *churinga* são amontoados em abrigos naturais e retirados periodicamente para serem polidos e receberem sortilégios. "Por sua função e pelo tratamento que se lhes reserva, eles oferecem assim analogias impressionantes com os documentos de arquivos que enfiamos em arcas e entregamos à guarda secreta dos tabeliões e que, de tempos em tempos, inspecionamos com os cuidados devidos às coisas sagradas."[142] Com efeito, o arquivo (*arca* = cofre), como o *churinga*, se distingue, segundo Lévi-Strauss, por um duplo caráter sagrado e probatório. Sagrado pois os arquivos têm uma "função de significação diacrônica que [eles] são os únicos a garantir"[143]; probatório porque os arquivos atestam o que aconteceu. Os *churinga* são um espelho deformado de nossas próprias práticas, que celebra nosso mito da História desde que Michelet inventou seu uso histórico, ao mesmo tempo fazendo dele a garantia documental e afetiva da vida nacional[144].

Essa existência física atribuída à história está presente no corpo arquivístico "Lévi-Strauss": 261 caixas depositadas na BNF, que atestam que a aventura Lévi-Strauss aconteceu, que o século de Lévi-Strauss, em sua diacronia, juntou-se aos arcanos da História. O ambiente das culturas manuscritas da França antiga, com suas bibliotecas de madeira, seus coxins de veludo, seus púlpitos, a consulta erudita, o silêncio religioso, o cuidado com que se compulsam os papéis amarelecidos, conserva o antropólogo numa atmosfera erudita que lhe teria agradado. Ele não entrou na era da desmaterialização. Os arquivos palpitam uma vida ainda recente, atestada pela refinada caligrafia de Lévi-Strauss cobrindo certas peças, anotando-as para esclarecer este ou aquele detalhe da história familiar ou o contexto de conservação (ou perda) de determinado caderno de expedição. Fica bem claro que o acervo foi selecionado, relido e disponibilizado para os usos históricos, dos quais esta biografia é um dos produtos derivados.

Por sua presença póstuma ao lado dos grandes escritores, no Departamento de Manuscritos, é tentador pensar que o legado à Biblioteca Nacional participa de um processo de "literarização" da obra de Lévi-Strauss, que seria consumado com a edição da Pléiade em 2008. Seria possível até alimentar a suspeita de uma fantasia vigente em Lévi-Strauss de juntar-se a Marcel Proust no firmamento das letras francesas. Na realidade, não há lugar que acolha especificamente os arquivos de ciências sociais na França. Só a biblioteca científica de Lévi-Strauss está no museu do Quai Branly. Assim, mais que uma posteridade de grande escritor, a chegada dos nambiquaras e dos esquemas de parentesco ao santuário dos manuscritos talvez não passe de uma nova metamorfose da própria literatura, engajada num novo diálogo com os saberes de seu tempo.

Memorial de papel (2): a edição da Pléiade

Em 22 de setembro de 2004, Antoine Gallimard escreve a Claude Lévi-Strauss que gostaria de "abrir mais amplamente" a coleção da Bibliothèque de la Pléiade e que ficaria feliz, nessas condições, de "dedicar um volume a uma seleta de [suas] obras, que pertencem de pleno direito à literatura"[145]. Essa curta missiva põe fim a uma dissensão histórica de meio século entre o antropólogo e a editora Gallimard. Lembremos que, na esteira de uma recusa de Brice Parain no início dos anos 1950, ele nunca publicou uma página lá – exceto os discursos de recepção na Academia Francesa (Peyrefitte, Dumézil). Alguns meses mais tarde, Lévi-Strauss entrega ao diretor literário da Pléiade um recorte que permite uma travessia de sua obra, ao mesmo tempo levando em conta as normas editoriais da coleção e o seu público, bem como a necessidade de não ultrapassar as 2 mil páginas de um volume único: *Tristes trópicos* (1955), a obra que o tornou célebre, depois um conjunto formado por *O totemismo hoje* (1961) e *O pensamento selvagem* (1962), e por fim as três "pequenas mitológicas" – *A via das máscaras* (1975), *A oleira ciumenta* (1986) e *História de Lince* (1991) –, que Lévi-Strauss considera introduções possíveis à análise estrutural dos mitos; para fechar o volume, *Olhar Escutar Ler*, que instala a arte e a estética em posição cardinal – e final. São, portanto, excluídos, para escândalo de colegas zelosos, os dois grandes maciços da obra científica: *As estruturas elementares do parentesco* (1949) e os quatro volumes das *Mitológicas* (1964-1971) – técnicos e eruditos demais para um público leitor alheio à disciplina etnológica, da mesma forma que são descartados os textos de teor metodológico de *Antropologia estrutural*. Lévi-Strauss tampouco inclui os dois textos escritos no âmbito da Unesco, *Raça e história* (1951) e *Raça e cultura* (1971), pois ambos tinham sido reimpressos pela Albin Michel e reunidos em volume por Michel Izard em 2001, que havia lhes anexado uma introdução substancial[146]. Tal como se apresenta, reciclado, recomposto por seu autor a partir de elementos antigos, o volume da Pléiade é a última criação de Claude Lévi-Strauss, como que um convite a percorrer de outra forma o caminho de sua obra[147].

Na realidade, muitos não haviam esperado o centenário e a Pléiade para interrogar sob outras luzes um estruturalismo antropológico reencontrado intacto após duas décadas de hibernação, no que o etnólogo brasileiro Eduardo Viveiros de Castro chamou graciosamente de "segunda primavera da literatura sobre Lévi-Strauss"[148]. Nos anos 2000, um fluxo inesgotável de releituras adensa, ano após ano, a bibliografia lévi-straussiana, transformando o *status* cultural de sua obra em "clássico" do nosso tempo. Diversas revistas consagram números inteiros ao antropólogo – prática que havia cessado a partir do fim dos anos 1960: *Critique* (1999), *Les Archives de Philosophie* (2003), *Les Temps Modernes* (2004), *Esprit* (2004), *Philosophie* (2008). Um imponente número dos "Cahiers de L'Herne", popularizado pela célebre foto de Anita Albus na capa – Lévi-Strauss e a gralha –, sai em 2004; em 2009 é publicado, sob a direção de Boris Wiseman, um *Cambridge Companion to Lévi-Strauss*[149]. A morte não interrompe esse fluxo, a tal ponto que Bernard Mezzadri, na introdução de um número da revista *Europe* publicado em 2013, pergunta-se em que medida essa produção não participa de uma forma de culto funerário, um ritual que visaria exorcizar a presença tornada estorvante do ilustre defunto[150].

A amplitude da celebração do centenário[151], que o volume da Pléiade consagra em 2008, faz alguns temerem que "esse formidável memorial de papel"[152] seja uma maneira de mumificar a obra, de despolitizá-la (não incluindo *Raça e história*), de descientifizá-la (excluindo *As estruturas elementares do parentesco* e as *Mitológicas*) em nome do puro prazer de um leitor apaixonado por literatura. Uma resenha de Emmanuel Desveaux, publicada na revista *L'Homme,* desenvolve essa dupla crítica: ele invoca uma fossilização possível e lamenta "a aparente cooptação lítero-filosófica à qual se prestou o fundador do Laboratório de Antropologia Social"[153]. Ele se surpreende com a composição da equipe redatora do aparato crítico – um professor de literatura como supervisor, Vincent Debaene, dois filósofos, Frédéric Keck e Martin Rueff, e apenas uma antropóloga de carteirinha, Marie Mauzé. Este último fato, amargo para Emmanuel Desvaux, que nele vê um "rebaixamento da antropologia como disciplina"[154], é absolutamente significativo: a retomada da obra de Lévi-Strauss na França nos anos 2000 não parte primordialmente da antropologia.

A entrada, ainda vivo, na prestigiosa coleção da Pléiade é um privilégio reservado a um punhado de autores, como André Gide, Paul Claudel, Saint-John Perse, Marguerite Yourcenar e Julien Gracq, seu (quase) contemporâneo, sem esquecer Henry de Montherlant, para cuja cadeira fora eleito para a Academia Francesa em 1973. O nome de Lévi-Strauss poderia espantar no meio dessas eminências do panteão literário nacional. No entanto, a Pléiade não conta apenas com escritores tais como nossa concepção da literatura os definiu progressivamente: Rousseau, Diderot, Sartre e Camus estão nela igualmente de pleno direito, bem como André Breton, cujo terceiro tomo das *Œuvres* dedicado à arte é publicado em 2008, ao mesmo tempo que o volume de Lévi-Strauss. Mais do que ver nisso uma consagração balsâmica e adulterada ("des-disciplinarizante", por assim dizer), outros antropólogos (mas acontece que eles são brasileiros) têm uma visão diferente das coisas. Por exemplo, Eduardo Viveiros de Castro saúda essa honra suprema: "Nós, antropólogos do mundo inteiro, podemos nos orgulhar e ser gratos pela homenagem assim feita à nossa disciplina na pessoa de seu mais ilustre representante..."[155]. A escolha da antologia em detrimento das obras completas parece essencial a Viveiros de Castro: longe de congelar e fixar a obra numa configuração definitiva, atesta, ao contrário, uma das características da análise estrutural: seu inacabamento perpétuo, a incapacidade de fechar uma demonstração constantemente revigorada pela "pequena frase"[156] de Lévi-Strauss: "Isso não é tudo". Da mesma forma que a análise estrutural dos mitos estuda o estado particular de um sistema em perpétuo desequilíbrio, o volume da Pléiade apresenta a situação atual do sistema de transformação do pensamento lévi-straussiano. Viveiros de Castro aprecia igualmente que a seleção, bastante amazônica e tardia, dos textos (a maioria datando de depois de 1975), inclua mais uma vez os tupinambás na Pléiade, a primeira com Montaigne, a segunda com aquele que se considerava, através dos tempos, seu interlocutor e mesmo seu discípulo. Por fim, conclui Viveiros de Castro, essa coleção que Jacques Schiffrin, seu criador, vestiu com o nome "Pléiade" em 1931 ressoa de maneira tipicamente lévi-straussiana: "Lembremos que a constelação homônima é, no pensamento ameríndio, um eminente sinal do contínuo"[157]. No final, faz sentido a metamorfose do defunto em volume com capa de pele, juntando-se a uma coleção – entre contínuo da série e descontínuo de cada um de seus artefatos – que carrega em si a ambição bastante francesa de resumir o saber e a arte da humanidade. Como as arcas indígenas que ele explicava *serem* o corpo do animal cujo motivo esculpia a madeira, ei-lo igualmente incorporado à matéria desse objeto-livro discreto, decente, desejável.

A primeira tiragem é de 15 mil exemplares, mas em cinco anos escoam-se cerca de 30 mil. O sucesso, inesperado se pensarmos na dificuldade dessas 2 mil páginas, confirma a atualidade redescoberta de uma obra que proclama constantemente sua in-atualidade ativa. Clássico, é o que Lévi-Strauss se tornou, no sentido em que Barthes definia os clássicos na pessoa dos moralistas do século XVII: "Há também nesses escritores que julgamos sérios – isto é, tediosos – a arte de uma comédia superior, a que podem representar, numa sociedade inteligente, pessoas que se divertem em ser cerimoniosas"[158]. In-terminável como a mitologia ameríndia, complexa, ambígua às vezes, assumindo contradições, a obra se revela, na descoberta ou redescoberta, aberta a todos os quadrantes, disponível a todas as apropriações possíveis[159].

CLAUDE LÉVI-STRAUSS VINDOURO[160]

O que resta de Lévi-Strauss? A questão havia sido colocada antes mesmo de sua morte efetiva, pois o estruturalismo desaparecera da agenda intelectual internacional. De certa maneira, como vimos, Lévi-Strauss acolhera essa dispensa com alívio. Ele mesmo descrevera a obsolescência programada de suas pesquisas como etapa normal do processo de acumulação de conhecimento. Em todo caso, teve a satisfação de ver sua obra não só celebrada, comemorada e glorificada (logo, em parte, embalsamada) como obra de pensamento, mas sobretudo reconsiderada, relida por novas gerações que dela haurem um ar especialmente tônico e restituem ao estruturalismo em seu conjunto uma produtividade que ele perdera. É esse "retorno" de Lévi-Strauss em certos jovens filósofos e em parte da antropologia francesa, inglesa e brasileira que constitui a divina surpresa dos anos 1990-2000.

Uma herança sem testamento

Na ausência de uma escola de discípulos constituída, Lévi-Strauss deixa heranças e herdeiros espalhados mundo afora. No entanto, a recepção antropológica do cientista francês permanece marcada por muitas ambivalências na Grã-Bretanha, onde foi lido de maneira muito crítica nos anos 1960, talvez porque a dimensão teórica de sua obra sempre velasse seus fundamentos eruditos, constantemente questionados. Em suma, como diz Maurice Bloch, a admiração vem acompanhada de certo "desconforto" em situar em seu lugar verdadeiro uma obra inclassificável – desconforto que ressalta, para não dizer mais, na conotação frequentemente irônica que dá o antropólogo britânico Patrick Wilcken a seu ensaio biográfico *O poeta no laboratório*. No fundo, Wilcken vê a produção lévi-straussiana com um misto de simpatia e incredulidade, um pouco como se observasse um aprendiz de feiticeiro inventando novas fórmulas. Vincent Debaene assinala a que ponto, nos Estados Unidos, quatro décadas de crítica pós-estruturalista, pós-moderna e pós-colonial desvalorizaram o estruturalismo ao nível de uma "voga" que o mercado das ideias desgastou, não sem construir uma versão local espantosa e sempre ativa no imaginário acadêmico norte-americano, sinônimo de "violência autoritária de uma ciência sistemática. [...] Ele foi percebido como a última encarnação de uma ciência ocidental logocêntrica"[161].

Na França, a herança é poderosa, embora conflituosa. A antropologia do parentesco, praticamente abandonada em outros quadrantes, conheceu um brilhante desenvolvimento com Françoise Héritier (transmissão das substâncias, construção das relações de sexo), que sucedeu Lévi-Strauss na direção do Laboratório de Antropologia Social do Collège de France. Quer se trate do parentesco quer mesmo da mitologia, dois domínios de grande tecnicidade, os dois grandes livros deixados por Lévi-Strauss – sua tese e os quatro volumes das *Mitológicas* – continuam a se prestar a intensos debates: "O júri permanece em deliberação"[162].

Num alentado número de *L'Homme* dedicado às questões de parentesco, encontramos um "posfácio" particularmente mordaz de Claude Lévi-Strauss, ainda disposto, no ano 2000, a lutar nas trincheiras: de volta à realidade complexa da troca como matriz das relações de parentesco e aliança, ele reafirma ter sempre priorizado a aliança em detrimento da filiação – ao contrário do que pretendiam fazê-lo dizer; e lembra que uma família natural só pode existir integrada a uma sociedade preexistente. Por fim, retoma o processo que incomoda há cinquenta anos, a troca das mulheres: "Quantas vezes terei de repetir que é indiferente à teoria que os homens troquem as mulheres ou o inverso? [...] Não decretei que os homens eram os agentes e as mulheres os objetos da troca. Os dados da etnografia simplesmente me ensinaram que, na grande maioria das sociedades, os homens fazem ou concebem as coisas dessa maneira e que, em razão de sua generalidade, essa disparidade oferece um caráter fundamental"[163].

Esse *punch* polêmico é encontrado em alguns de seus últimos textos, "Voltas ao passado"[164] (1998), no qual se insurge contra uma leitura que julga desonesta de sua antiga polêmica com Sartre; "A sexualidade feminina e a origem da sociedade" (1995), um artigo que investe contra as teorias feministas norte-americanas de um fisiologismo exacerbado, que ele qualifica de "robinsonadas genitais"[165]... Por fim, quando lhe criticam por subestimar a violência da vida social, por apresentar dela uma visão irênica com sua teoria da troca (condição e matriz que instituem a sociedade), ele responde com o "Apólogo das amebas"[166] (2000), esses seres unicelulares que vivem geralmente em estado solitário, mas podem aglomerar-se numa sociedade de milhares de indivíduos se o alimento (as bactérias) vier a faltar. Lévi-Strauss observa que a substância química emitida pelas amebas e que lhes permite se agregar é a mesma que a secretada pelas bactérias de que as amebas se alimentam. Daí lhe é ainda mais fácil extrapolar para uma visão graduada que vai da comunicação à sociabilidade até o devoramento – limite superior da sociedade –, que ele já definiu ao evocar o canibalismo. A violência existe em Lévi-Strauss, mas sempre no pensamento de um *continuum*, feito de gradientes e limiares. Ela é não fundadora, mas inextricavelmente ligada a toda vida social.

Na França, mesmo entre aqueles que se dizem herdeiros do estruturalismo antropológico, a herança é plural, às vezes clivada. Para o resto de uma disciplina que – como todas as outras – se diversificou e segmentou, o paradigma estruturalista não está mais no programa – a não ser na revisita da história disciplinar. Em torno de Alban Bensa, por exemplo, uma "antropologia da ação" que outorga uma participação maior à explicação histórica, às interações dos atores, é concebida como uma ciência social do mundo contemporâneo abertamente crítica da "conceitualização elevada" da antropologia estrutural[167]. Muitos dos que trabalham em campo no Pacífico Sul – especialmente na Nova Caledônia – ou na África se reconhecem nessa vasta historicização do saber antropológico que visa reintegrar a dimensão política posta entre parênteses pela antropologia estrutural[168].

O "impressionante retorno" de Lévi-Strauss à filosofia

Logo, não é do lado da etnologia que vem a espantosa vitalidade dos estudos lévi-straussianos deste início de século XXI. Paradoxalmente, e "por um retorno impressionante das coisas" – para empregar uma fórmula frequente sob a pena de Lévi-Strauss –, é da filosofia, mas não da *philosophia perennis*, da qual o etnólogo fugiu nos anos 1930, isto é, de uma filosofia convicta de suas categorias, especulando com toda autonomia e ignorando as descobertas das ciências da natureza ou da sociedade. O movimento procede de uma nova geração de filósofos que aprenderam a lição do século e reconheceram o fim do primado da filosofia como disciplina. "Diante dos progressos das ciências modernas, a situação [do discurso filosófico] não pode ser mais a mesma"[169], admite por exemplo Bruno Karsenti, um dos artífices desse novo diálogo entre filosofia e ciências sociais.

Este se tornou visível nos diversos números de revistas generalistas ou especializadas no campo filosófico: *Archives de Philosophie* (2003)[170], *Esprit* (2004)[171], *Philosophie* (2008)[172]. Marcel Hénaff, um dos articuladores, junto com Claude Imbert, da reproblematização filosófica do estruturalismo, alertara Lévi-Strauss em 2003: "Há uma nova geração de filósofos muito talentosos que colocam novas questões sobre sua obra e concedem ao seu pensamento toda a atenção conceitual que ele merece"[173]. Jocelyn Benoist, Michaël Foessel, Frédéric Keck, Patrice Maniglier, Jean-Claude Monod, Gildas Salmon figuram entre as assinaturas dessas importantes contribuições que interrogam os efeitos da antropologia estrutural sobre a filosofia e produzem, no mesmo movimento, interpretações novas e mais abertas do estruturalismo. Centradas numa retomada da questão do simbolismo (especialmente através do diálogo entre Lévi-Strauss e Ricœur), elas se beneficiam de um clima intelectual crítico com relação às filosofias da consciência ultradominantes nos anos 1980, além de uma reação antidesconstrucionista, que, embora não se revista das vestimentas do cientificismo, reivindica, a despeito de tudo, o valor da verdade. Essa postura que o estruturalismo assumiu de não ceder diante das bordoadas pós-modernas, arriscando-se a ver-se relegado ao purgatório, é hoje um dos trunfos de seu reexame[174].

Essas leituras recentes de Lévi-Strauss privilegiam a ideia de um estruturalismo dinâmico explicitado com o projeto das *Mitológicas*. No caso de *As estruturas elementares do parentesco*, Lévi-Strauss ainda postulava a proibição do incesto como um fato universal e peculiar à humanidade, desencadeador da passagem da natureza à cultura: sua antropologia instituía uma humanidade separada. Em contrapartida, nas *Mitológicas*, ele tomou suas distâncias com relação à dicotomia entre natureza e cultura. A condução da análise, passando de um mito ao outro por transformação, ilustra, em seu próprio método, o objeto do livro: a apreensão do funcionamento do espírito em operação, recusando todo significado externo. Derradeira e radical consequência das *Mitológicas*: a admissão de que a obra intelectual do antropólogo se insere no ciclo de transformações como uma variante, uma tradução possível da estrutura mítica[175]. Analogamente, no caso do funcionamento da vida social, Lévi-Strauss inverte a herança de Mauss:

postulando a origem simbólica da sociedade (em vez da origem social da função simbólica), Lévi-Strauss não julga necessário atribuir uma significação precisa a tal regra, tal contrato, tal aliança, mas que em si mesma ela faz sentido e institui as relações sociais pela reciprocidade que implica. Nessas condições, é sempre possível substituir uma norma por outra, num sistema em que reina a arbitrariedade do signo: "O caráter subversivo do estruturalismo consiste em formalizar (*i.e.*, esvaziar de todo conteúdo, logo de toda legitimidade) as estruturas da dominação. [...] Se a estrutura estabelece o lugar do chefe, ela o designa igualmente como um lugar a ser tomado"[176]. A igualdade, bem como a permutabilidade dos termos e a natureza contingente das normas, fundam, segundo Jocelyn Benoist, o "destino progressista do estruturalismo"[177]. O estruturalismo lévi-straussiano que emerge nos anos 2000 desses leitores filósofos se opõe a todas as concepções substancialistas da ordem simbólica – quer coloquem no centro de sua construção a família, o casal heterossexual ou Deus... As combinações simbólicas que regem as regras do parentesco ou da dominação fazem-se e desfazem-se, como um caleidoscópio que giramos. Nada permite pressagiar que um seria melhor do que outro – a não ser a força do tempo: os *usos*. É o que responde, em substância, Claude Lévi-Strauss a certo número de questões colocadas pela bioética, num sentido extremamente liberal, como apontamos.

O "retorno à filosofia" pode ser interpretado de várias maneiras: por um lado, Lévi-Strauss, que sempre declarou não ter pretendido fazer obra filosófica, mesmo não se proibindo "caçar" em suas terras, abandona em parte essa posição polêmica para se confessar "filósofo implícito"[178] nos últimos anos, "intérprete"[179] do ensinamento das ciências segundo uma concepção relativista e modesta da filosofia: "Doravante a ciência tem uma função metafísica muito mais eficaz que qualquer filosofia: não só ela expande nosso campo de conhecimentos, como, nesse esforço de expansão, nos faz igualmente compreender que nosso conhecimento tem limites"[180]. Por outro lado, é a própria disciplina filosófica (ou parte dela) que, revolucionada, regionalizada e relativizada, volta na direção da antropologia estrutural como um saber situado disposto a reconhecer outros. Assim, é só trinta anos após o fim das *Mitológicas* que Lévi-Strauss tira uma das lições de sua grande empreitada e anuncia uma terceira interpretação desse retorno à filosofia: "Quer nos rejubilemos ou inquietemos, a filosofia ocupa novamente o proscênio antropológico. Não mais nossa filosofia, da qual minha geração pedira aos povos exóticos ajuda para se desfazer; mas, por um impressionante retorno das coisas, a deles"[181]. Para o etnólogo brasileiro Eduardo Viveiros de Castro, a antropologia estrutural foi e continua a ser uma máquina de guerra, que, após ter solapado os "fundamentos metafísicos do colonialismo ocidental" permite "derrubar os fundamentos colonialistas da metafísica ocidental"[182]. Tal encontro entre a filosofia ocidental e as metafísicas indígenas, pelo viés da antropologia estrutural, só pôde se produzir sob o efeito de uma renovação considerável da etnologia americanista, principalmente amazonista, de inspiração lévi-straussiana.

Subindo o Amazonas

Por muito tempo considerado uma etnologia regional, um pouco caduca, à margem das febres teóricas da disciplina, o americanismo, em especial o das terras baixas amazônicas, também voltou ao proscênio nos anos 1990. Lévi-Strauss aponta isso num número de *L'Homme* codirigido por Anne-Christine Taylor e Philippe Descola, inteiramente dedicado às novas pesquisas etnográficas, arqueológicas, arquivísticas que revolvem o trabalho de campo americanista[183]. Trata-se de uma verdadeira "explosão provocada pelo ardor e zelo"[184] de pesquisadores que não só renovam a compreensão das sociedades amazônicas, como têm efeitos teóricos poderosos. Os trabalhos de Viveiros de Castro e seus alunos sobre a cosmologia dos índios e os de Manuela Carneiro da Cunha sobre a floresta amazônica relativizam a oposição entre consanguinidade e aliança, isto é, entre natureza e cultura – pois as culturas indígenas amazônicas integram-se mais num esquema animista, que confere aos animais e plantas princípios espirituais e modos de vida comparáveis aos dos humanos[185]. O trabalho de campo brasileiro produziu novas reflexões, de um lado em torno do que Philippe Descola chama de antropologia da natureza e formaliza em *Par-delà nature et culture*[186] [Para além de natureza e cultura], de outro em torno do "perspectivismo" concebido por Viveiros de Castro e sua equipe brasileira[187].

Num primeiro momento, esses etnólogos perceberam que o estruturalismo tinha um forte rendimento ao tratar os dados amazônicos: como já notara Lévi-Strauss, o estruturalismo funciona bem na Amazônia! Como se os índios ali fossem espontaneamente estruturalistas... Eis por que Anne-Christine Taylor foi a primeira a insistir na forte "indianização" do imaginário teórico de Lévi-Strauss[188]; sua teoria da aliança, o peso conferido à afinidade com relação ao parentesco no sistema social, tudo isso é bastante ameríndio. Portanto, sob sua retórica universalista, o estruturalismo estava fortemente conectado a seu campo de origem. Observemos que Lévi-Strauss não recusa essa "regionalização" de seu pensamento quando Paul Ricœur parece ir nesse sentido em seu diálogo de 1963[189]. No entanto, a esse primeiro momento de recentramento regional sucede um segundo, de revisita do estruturalismo, a partir das últimas "pequenas mitológicas", em especial *História de Lince*, que aqui se reveste de importância crucial: com efeito, a concepção da abertura à alteridade, da prioridade do não idêntico sobre o idêntico, do dualismo assimétrico, vai permitir relançar uma compreensão relacional e dinâmica, "a contrapelo"[190] do estruturalismo, tendo, no centro, a noção de transformação, que se opõe aos universos ideológicos aos quais ele às vezes foi, em sua história, associado.

Nessa esfera amazônica renovada, antropólogos estruturalistas e ameríndios pensam da mesma forma e participam do mesmo impulso. Em outros termos, a antropologia não tem "nenhum privilégio de princípio sobre as formas de pensamento que ela estuda"[191]. É exatamente isso que diz Lévi-Strauss ao concluir que sua análise pode ser compreendida como uma variante dos mitos que ele estuda. Afirmar, como faz Eduardo Viveiros de Castro, que o conhecimento antropológico é "uma variante estrutural da práxis indígena"[192] é manifesta e absolutamente revolucionário. "É dinamite!"[193] E foi Lévi-Strauss, subindo o Amazonas, que acendeu a mecha: longe de ser um saber violento da alteridade exótica, coisificando seu objeto de observação ao reduzi-lo a diagramas e esquemas de parentesco, a antropologia se afigura, nessa nova versão do estruturalismo, como a tradução, no pensamento ocidental, do choque das metafísicas indígenas. Retorno da filosofia, portanto, não a nossa, mas a deles – a nossa como uma variante da deles. Ou vice-versa, não importa.

Lévi-Strauss, nosso contemporâneo

Na introdução ao livro de Jan Kott, *Shakespeare, nosso contemporâneo*, o encenador Peter Brook explica que um polonês dos anos 1950 está muito bem posicionado para ser impregnado em sua carne pelos dramas históricos shakespearianos[194]: as conspirações e os ódios, o assassinato político na madrugada, o medo, o terror... ele conhece. Ao contrário, os ingleses transformados em pacatos vitorianos não apreendem mais as paixões, a violência e o furor do mundo elisabetano. A defasagem cronológica e geográfica às vezes produz esse tipo de *kairos*, o *aqui e agora* do contemporâneo. É assim, embora em outros termos, que o filósofo Giorgio Agamben define o que "contemporâneo" quer dizer[195]: uma persistente inatualidade, uma defasagem desejada, uma relação difícil com o presente. O verdadeiro contemporâneo não saberia, afirma Agamben, aderir à sua época, nem tampouco a seus valores ou expectativas. E tem mais: "Só pode se dizer contemporâneo aquele que não se deixa cegar pelas luzes do século e consegue captar nelas a parte de sombra, sua sombria intimidade"[196]. Agamben vê na escuridão do presente uma luz que busca se juntar a nós, mas sem sucesso. Eis por que é preciso coragem: trata-se de ser "pontual num encontro a que não podemos faltar". Por fim, terceira e última marca do contemporâneo: ele percebe nas "coisas mais modernas e recentes os indícios ou a assinatura do arcaísmo"[197]. Não reconhecemos nisso o registro pessimista e dom-quixotesco de uma relação com o tempo deslocada que faz da vida de Claude Lévi-Strauss um livro aberto sobre o século XX, mas também sobre outra coisa bem diferente, nossa modernidade ocidental, o imemorial, o pré-histórico ou o hoje?

Esse descompasso existencial com seu presente se traduziu no estruturalismo antropológico através do espaço-tempo relativista, relacional e transformacional das mitologias, não muito longe do universo em expansão da astrofísica ou da física quântica. Com sua urbanização generalizada e sua interconexão intensiva, esta terra tornou-se um mundo na segunda metade do século XX[198]. As primeiras fotos excêntricas foram fornecidas por um satélite em 1957. Em seguida, o "nascer da Lua" ou o "poente da Terra" nos ensinaram a considerá-las um mundo finito.

Ao longo de toda a sua vida, Lévi-Strauss sonhou com uma máquina de voltar no tempo e expandir o espaço, que sua incubação proustiana o fez encontrar na arte e na ciência, únicas chaves da vida verdadeira. A poucos anos de sua morte, num de seus últimos textos, a "Abertura ao 60° aniversário da Unesco", ele mais uma vez nos surpreende, professando um otimismo moderado. Incorpora a teoria do filósofo do século XVIII Giambattista Vico[199]: a história das sociedades humanas repete eternamente os mesmos problemas, mas cada período refaz o caminho por vias diferentes – esses "*corsi*" e "*ricorsi*" que Lévi-Strauss não hesita em generalizar para o conjunto do vivo[200]. Essa história em espirais lhe convém, pois reconcilia várias filosofias do tempo, ocidentais e orientais, e adequa seu lugar a uma certa diacronia, ao mesmo tempo insistindo na periodicidade. Analogamente, a finitude e a entropia do mundo, sua uniformização previsível, podem às vezes afrouxar sua compressão, como mostra o pequeno apólogo histórico servido por Claude Lévi-Strauss com certa gula. Voltemos ao último quarto do século XIV e à primeira metade do seguinte: sob o impacto de trocas crescentes e de uma rede de *marchands* e colecionadores, reina em toda a Europa um estilo gótico internacional identificado (deformação do corpo humano, superabundância de adornos, fascinação mórbida). Esse "estado de indistinção, longe de se estender, foi o meio de onde surgiram e divergiram, embora mantendo contatos, as escolas de pintura flamenga, de um lado, e italiana, de outro; ou seja, as formas mais acusadas da diversidade conhecidas pela arte ocidental"[201]. O pior da globalização nunca é inconteste. Novas diferenciações podem surgir da uniformidade. Deleguemos a Lévi-Strauss a tarefa de concluir: "Dizem: 'Das duas, uma'. E é sempre a terceira"[202].

OBRAS DE LÉVI-STRAUSS

Por razões de comodidade e acessibilidade, utilizei, no caso das obras que dela constam, a última edição das *Œuvres* publicada em 2008 na coleção Bibliothèque de la Pléiade. No caso da *Introduction à l'œuvre de Marcel Mauss*, recorri a última edição em data da Presses Universitaires de France ("Quadriges", 2012). No que se refere a *Les Structures élémentaires de la parenté*, estando a edição original esgotada há muito tempo, foi a segunda edição ampliada de 1967 que me serviu de referência. Por fim, no caso de *Race et histoire* e *De près et de loin*, optei respectivamente pelas edições de bolso Folio-Essais e Points--Seuil. Para todos os demais livros, à exceção dos textos publicados pela Seuil na coleção La Librairie du XXIe Siècle, reporto-me à edição original, da Plon. Cabe notar que *Saudades de São Paulo*, obra que cito nos capítulos brasileiros, não foi traduzida para o francês.

Anthropologie face aux problèmes du monde moderne (L'), Paris, Seuil, "La Librairie du XXIe Siècle", 2011.

Anthropologie structurale [1958, 1973], Paris, Plon, reed. 2010. [ed. bras.: *Antropologia estrutural*, São Paulo, Ubu, 2017.]

Autre Face de la lune. Écrits sur le Japon (L'), Paris, Seuil, "La Librairie du XXIe Siècle", 2011. [ed. bras.: *A outra face da lua. Escritos sobre o Japão*, São Paulo, Companhia das Letras, 2012.]

"Chers tous deux". Lettres à ses parents, 1931-1942, prefácio de Monique Lévi-Strauss, Paris, Seuil, "La Librairie du XXIe Siècle", 2015.

De près et de loin [com Didier Éribon, 1988], seguido de uma entrevista inédita, "Deux ans après", Paris, Seuil, "Points", reed. 1991. [ed. bras.: *De perto e de longe*, São Paulo, Cosac Naify, 2005.]

Des symboles et leurs doubles, Paris, Plon, 1989.

Entretiens avec Claude Lévi-Strauss [1961, Paris, Plon, com Georges Charbonnier], Paris, Les Belles Lettres, "Le Goût des Idées", reed. 2010.

Histoire de Lynx, Paris, Plon, 1991. [ed. bras.: *História de Lince*, São Paulo, Companhia das Letras, 1993.]

Introduction à l'œuvre de Marcel Mauss [Paris, PUF, 1950], PUF, "Quadriges", reed. 2012.

Mythologiques 1. Le Cru et le Cuit [1964], Paris, Plon, reed. 2009. [ed. bras.: *Mitológicas 1. O cru e o cozido*, São Paulo, Cosac Naify, 2004.]

Mythologiques 2. Du miel aux cendres [1966], Paris, Plon, reed. 2009. [ed. bras.: *Mitológicas 2. Do mel às cinzas*, São Paulo, Cosac Naify, 2004.]

Mythologiques 3. L'Origine des manières de table [1968], Paris, Plon, reed. 2009. [ed. bras.: *Mitológicas 3. A origem dos modos à mesa*, São Paulo, Cosac Naify, 2006.]

Mythologiques 4. L'Homme nu [1971], Paris, Plon, reed. 2009. [ed. bras.: *Mitológicas 4. O homem nu*, São Paulo, Cosac Naify, 2011.]

Nous sommes tous des cannibales, Paris, Seuil, "La Librairie du XXIe Siècle", 2013.

Œuvres, prefácio de Vincent Debaene, Paris, Gallimard, "Bibliothèque de la Pléiade", 2008 (esse volume compreende *Tristes Tropiques*, *Le Totémisme aujourd'hui, La Pensée sauvage*, *La Voie des masques*, *La Potière jalouse*, *Histoire de Lynx*, *Regarder Écouter Lire*).

Paroles données, Paris, Plon, 1984.

Pensée sauvage (La), Paris, Plon, 1962. [ed. bras.: *O pensamento selvagem*, Rio de Janeiro, Companhia Editora Nacional, 1976.]

Potière jalouse (La), Paris, Plon, 1986. [ed. bras.: *A oleira ciumenta*, São Paulo, Brasiliense, 1985.]

Race et histoire [Unesco, 1952], seguido de "L'œuvre de Claude Lévi-Strauss", por Jean Pouillon, Paris, Gallimard, "Folio Essais", reed. 1987. [ed. bras.: *Raça e história*, São Paulo, Martins Fontes, 1975.]

Regard éloigné (Le) [1983], Paris, Plon, reed. 2001. [ed. port.: *O olhar distanciado*, Lisboa, Edições 70, 1986.]

Regarder Écouter Lire, Paris, Plon, 1993. [ed. bras.: *Olhar Escutar Ler*, São Paulo, Companhia das Letras, 2010.]

Saudades de São Paulo, São Paulo, Companhia das Letras, 1996.

Saudades do Brasil [1994], Paris, Plon, reed. 2009. [ed. bras.: *Saudades do Brasil*, São Paulo, Companhia das Letras, 2010.]

Structures élémentaires de la parenté (Les) [Paris, PUF, 1949], 2ª ed., com prefácio inédito, Haia/Paris, Mouton, 1967. [ed. bras.: *As estruturas elementares do parentesco*, Petrópolis, Vozes, 1982.]

Totémisme aujourd'hui (Le), Paris, PUF, "Mythes et religion", 1962. [ed. bras.: *Totemismo hoje*, Petrópolis, Vozes, 1975.]

Tristes Tropiques, Paris, Plon, "Terre Humaine", 1955. [ed. bras.: *Tristes trópicos*, São Paulo, Companhia das Letras, 2005.]

Voie des masques (La), Genebra, Skyra, 1975, 2 vol. [ed. port.: *A via das máscaras*, Lisboa, Editorial Presença, 1985.]

ARQUIVOS CONSULTADOS

Os dois principais acervos de arquivos consulados estão indicados nas notas com as seguintes abreviações:

Acervo CLS: acervo Claude Lévi-Strauss, NAF 28150, Departamento de Manuscritos, Bibliothèque Nationale de France.

FLAS: arquivos do Laboratório de Antropologia Social, acervo do LAS, Collège de France.

Os outros centros de arquivos visitados são os seguintes:

No Brasil

Arquivos do Conselho de Fiscalização das Expedições Artísticas e Científicas no Brasil, Museu de Astronomia e Ciências (Mast), Ministério da Ciência e Tecnologia, Rio de Janeiro.

Arquivo Mário de Andrade, Instituto de Estudos Brasileiros (IEB), Universidade de São Paulo, São Paulo.

Casa Heloísa Alberto Torres, Itaboraí, Rio de Janeiro.

Centro de Apoio à Pesquisa em História (Caph) "Sérgio Buarque de Holanda", Universidade de São Paulo, São Paulo.

Laboratório de Imagem e Som em Antropologia (Lisa), Universidade de São Paulo, São Paulo.

Nos Estados Unidos

Arquivos da Fundação Rockefeller, "Intelectuais refugiados", dossiês individuais, 1940-1945, R.G.1.1., série 200.

Arquivos da New School for Social Research, Nova York.

Jacques Maritain Papers, Jacques Maritain Center, Universidade Notre Dame, Southbend, Indiana.

Varian Fry Papers, Butler Rare Books and Manuscripts Library, Universidade Columbia, Nova York.

Na França

Arquivos do Institut National de l'Audiovisuel (Fonds télévisuel), Paris.

Arquivos diplomáticos do Ministério das Relações Exteriores (Amae), Relações culturais, 1945-1970, Service des Œuvres Françaises à l'Étranger (Estados Unidos).

Arquivos do Collège de France, AP IV, atas de assembleias de professores, 1949-1950.

Biblioteca Científica de Claude Lévi-Strauss, Museu do Quai Branly, Paris.

Acervo André Breton, Biblioteca Jacques Doucet, Paris.

Acervo Raymond Aron, NAF 28143, Departamento de Manuscritos, Bibliothèque Nationale de France, Pario.

Acervo Maurice Deixonne, arquivos do Office Universitaire de Recherche Socialiste, Paris.

Acervo Paul Rivet, Biblioteca central do Museu de História Natural, Paris.

Acervo Henri Piéron, Biblioteca Henri Piéron, Universidade Paris V-Descartes, Pario.

ABREVIAÇÕES

Para as obras mais recorrentes, utilizamos as seguintes abreviações nas notas:

AS	*Anthropologie structurale* [1958, 1973], 2 vol., Paris, Plon, reed. 2010.
CC	*Mythologiques 1. Le Cru et le cuit* [1964], Paris, Plon, reed. 2009.
DPDL	*De près et de loin* [com Didier Éribon, Paris, Odile Jacob, 1988], seguido de uma entrevista inédita, "Deux ans après", Paris, Seuil, "Points", reed. 1991.
EP	*Les Structures élémentaires de la parenté* [PUF, 1949], 2ª ed., com prefácio inédito, Haia/Paris, Mouton, 1967.
FdL	*L'Autre face de la lune. Écrits sur le Japon*, Paris, Seuil, "La Librairie du XXIe Siècle", 2011.
HdL	*Histoire de Lynx*, Paris, Plon, 1991.
HN	*Mythologiques 4. L'Homme nu* [1971], Paris, Plon, reed. 2009.
PJ	*La Potière jalouse*, Paris, Plon, 1986.
Pléiade	*Œuvres*, Paris, Gallimard, "Bibliothèque de la Pléiade", 2008.
PS	*La Pensée sauvage*, Paris, Plon, 1962.
RE	*Le Regard éloigné* [1983], Paris, Plon, reed. 2001.
REL	*Regarder Écouter Lire*, Paris, Plon, 1993.
RH	*Race et histoire* [Unesco, 1952], seguido de "L'Œuvre de Claude Lévi-Strauss", por Jean Pouillon, Gallimard, "Folio Essais", reed. 1987.
TT	*Tristes Tropiques*, Paris, Plon, "Terre Humaine", 1955.
VdM	*La Voie des masques*, 2 vol., Genebra, Skira, 1975.

As informações sobre as edições brasileiras encontram-se nas páginas 695 e 696.

NOTAS

Introdução. Os mundos de Claude Lévi-Strauss

1. "Entre Marx et Rousseau", *Die Zeit*, 2 de setembro de 1983.

2. Claude Lévi-Strauss, "Lévi--Strauss en 33 mots", declarações colhidas por D.-A. Grisoni, *Le Magazine Littéraire*, nº 233, outubro de 1985, p. 26.

3. Claude Lévi-Strauss, "Il y a en moi un peintre et un bricoleur qui se relaient", *Le Monde*, 21 de junho de 1974.

4. Cf. sobre essa questão as reflexões de Viktor Karady, "Les intellectuels juifs et les sciences sociales. Esquisse d'une problématique", *in:* J. Heilbron, R. Lenoir e G. Sapiro (org.), *Pour une histoire des sciences sociales. Hommage à Pierre Bourdieu*, Paris, Fayard, 2004, p. 166, bem como P. Birnbaum, *Géographie de l'espoir. L'Exil, les Lumières, la désassimilation*, Paris, Gallimard, "NRF Essais", 2004.

5. Cf. Benoît de L'Estoile, "Genèse d'un 'intellectuel français'", *Slate*, 6 de novembro de 2009.

6. Legenda de uma caricatura de Maurice Henry publicada em *La Quinzaine Littéraire*, em 1º de junho de 1967, representando C. Lévi-Strauss, M. Foucault, R. Barthes e J. Lacan como "selvagens".

7. Pierre Bourdieu, "L'illusion biographique", *Actes de la Recherche en Sciences Sociales*, nº 62-63, vol. 62, 1986, p. 69-72.

8. Emmanuelle Loyer, *Paris à New York. Intellectuels et artistes français en exil aux États-Unis, 1940-1947*, Paris, Grasset, 2005.

9. Sobre a fecundidade heurística da mudança de escala praticada pela microanálise, remetemos simplesmente, de uma bibliografia abundante, a dois textos de Jacques Revel: "Introduction", *in:* J. Revel (org.), *Jeux d'échelle. La microanalyse à l'expérience*, Paris, Hautes Études/Gallimard, 1996; entrevista com J. Revel, "Un exercice de désorientation: *Blow-up*", *in:* Antoine de Baecque e Christian Delage (org.), *De l'histoire au cinéma*, Paris, Complexe, 1998, p. 103 ss.

10. Claude Lévi-Strauss, *L'Anthropologie face aux problèmes du monde moderne*, Paris, Seuil, "La Librairie du XXIe Siècle", 2011, p. 38.

11. Claude Lévi-Strauss, "Préface", *in: Soleil hopi. L'Autobiographie d'un Indien Hopi. Don. C. Talayesva*, textos reunidos por Leo W. Simmons, Paris, Plon, "Terre Humaine", 1959, p. 9.

12. *Ibid*., p. 10.

13. Cf. D. Fabre, J. Jamin e M. Massenzio, "Jeu et enjeu ethnographiques de la biographie", *L'Homme*, nº 195-196, julho--dezembro de 2010, p. 7-8.

14. Cf. Christian Licoppe, *La Formation de la pratique scientifique. Le discours de l'expérience en France et en Angleterre (1630-1820)*, Paris, La Découverte, 1996. Mais recentemente, Simon Schaffer, *La Fabrique des sciences modernes*, Paris, Seuil, 2014, e os trabalhos de Stéphane Van Damme, especialmente *Descartes. Essai d'histoire culturelle d'une grandeur philosophique, XVII--XXe Siècle*, Paris, Presses de Sciences Po, 2002, e *À toutes voiles vers la vérité. Une autre histoire de la philosophie au temps des Lumières*, Paris, Seuil, 2014.

15. Cf. seminário de D. Fabre, C. Laurière e A. Mary, "Entreprises ethnographiques: missions, explorations et empires coloniaux", EHESS, 2014-2015, em especial a primeira sessão ministrada por D. Fabre: "Formes de l'enquête et paradigmes de la curiosité ethnographique".

16. Daniel Fabre, "D'une ethnologie romantique", *in:* D. Fabre e J.-M. Privat (org.), *Savoirs romantiques. Une naissance de l'ethnologie*, Nancy, Presses Universitaires de Nancy, "Ethnocritique", 2010. Daniel Fabre também dedicou um seminário a esse respeito: "Le paradigme des derniers", realizado na EHESS de 2008 a 2011.

17. Texto de homenagem escrito por Claude Lévi-Strauss após a morte de Roman Jakobson, a pedido de Kristina Jakobson, acervo CLS, NAF 28150, caixa 181, "Correspondance reçue".

18. Cf. Patrick Wilcken, *Claude Lévi-Strauss. The Poet in the Laboratory*, Londres/Nova York, Bloomsbury, 2010. [ed. bras.: *Claude Lévi-Strauss. O poeta no laboratório*, Rio de Janeiro, Objetiva, 2011.]

19. Cf. W. Lepenies, "Introduction", *in: Les Trois Cultures. Entre science et littérature, l'avènement de la sociologie* [1985], Paris, Éditions de la Maison des Sciences de l'Homme, 1990, p. 1-3.

20. Marcel Proust citado por Claude Lévi-Strauss, *REL*, p. 1.495.

21. Eduardo Viveiros de Castro, *Métaphysiques cannibales. Lignes d'anthropologie post-structurale*, Paris, PUF, "Métaphysiques", 2009, p. 10. [ed. bras.: *Metafísicas canibais*, São Paulo, Cosac Naify, 2015.]

22. Claude Lévi-Strauss, *DPDL*, p. 134.

23. Claude Lévi-Strauss, "Réflexions sur la liberté", *in: RE*, p. 371-382.

I. OS MUNDOS SUBJACENTES [... • 1935]

1. O nome do Pai

1. Paris, Gallimard, "Bibliothèque de la Pléiade", p. 542.

2. Claude Lévi-Strauss, "Autoportrait", declarações colhidas por C. Clément e D.-A. Grisoni, *Le Magazine Littéraire*, nº 223, outubro de 1985, p. 20.

3. *DPDL*, p. 47.

4. *Ibid.*, p. 48.

5. Ver as notas esclarecedoras dedicadas por F. Keck a essa questão na advertência referente ao *PS*, p. 1.790-1.791.

6. *PS*, p. 751.

7. Nicole Lapierre, *Changer de nom*, Paris, Stock, 1995, p. 95.

8. René Worms citado por N. Lapierre, *ibid.*

9. Acervo CLS, NAF 28150, caixa 210, "Changement de nom".

10. Todas as citações são extraídas da correspondência de 23 de outubro de 1960 endereçada ao ministro da Justiça.

11. Paula E. Hyman, *The Emancipation of the Jews of Alsace. Acculturation and Tradition in the 19th Century*, New Haven, Yale University Press, 1991, p. 7. Agradeço a Jean-Marc Dreyfus por suas sugestivas observações sobre o judaísmo alsaciano.

12. Parágrafo baseado no dossiê "Documents généalogiques. Isaac Strauss", acervo CLS, NAF 28150, caixa 207.

13. Claude Lévi-Strauss citado por Henriette Nizan, *in: Libres mémoires*, Paris, Robert Laffont, 1989, p. 8.

14. Elogio pronunciado por M. Amédée Boudin, "Panthéon de la Légion d'honneur", p. 7, acervo CLS, caixa 207, "Isaac Strauss".

15. "Isaac Strauss, chef d'orchestre et compositeur", *Journal de Vichy*, 19 de junho de 1952.

16. Cf. H. Nizan, *Libres Mémoires*, *op. cit.*, p. 8, e também *Le Temps*, 16 de agosto de 1888, obituário.

17. Hector Berlioz, *Mémoires*, Paris, Symétrie, 2014, p. 313.

18. Ver Jean-Claude Yon, *Offenbach*, Paris, Gallimard, 2000, e entrevista com J.-C. Yon, 21 de março de 2011.

19. H. Nizan, *Libres mémoires*, *op. cit.*, p. 9.

20. Siegfried Kracauer, *Jacques Offenbach ou le Secret du Second Empire* [1937], Paris, Le Promeneur, 1994, p. 367.

21. *Le Temps*, 16 de agosto de 1888.

22. *DPDL*, p. 10.

23. H. Nizan, *Libres mémoires*, *op. cit.*, p. 10.

24. Parágrafo baseado na análise dos arquivos de família do acervo CLS, NAF 28150, caixa 208.

25. Entrevista com Jean-José Marchand, ORTF, 1973, reproduzida *in:* Émilie Joulia, *Claude Lévi-Strauss. L'Homme derrière l'œuvre*, Paris, Jean-Claude Lattès, 2008, p. 167.

26. Claude Lévi-Strauss, "Le retour de l'oncle maternel", *La Repubblica*, 24 de dezembro de 1997, reproduzido em *Claude Lévi-Strauss*, *L'Herne*, "Cahiers de l'Herne", 2004, p. 32-35.

27. Carta não datada precisamente, c.1890, acervo CLS, NAF 28150, caixa 206, "Correspondance familiale", pasta "Lettres de Flore Lévi".

28. Entrevista com Monique Lévi-Strauss, 25 de fevereiro de 2011.

29. Ver Yann Potin (org.), *Françoise Dolto. Archives de l'intime*, Paris, Gallimard, 2008.

30. P. E. Hyman, *The Emancipation of the Jews of Alsace*, *op. cit.*, p. 138.

31. Pierre Birnbaum, *Sur la corde raide, parcours juifs entre exil et citoyenneté*, Paris, Flammarion, 2002, p. 51. Ver também Pierre Birnbaum (org.), *Histoire politique des Juifs de France. Entre universalisme et particularisme*, Paris, Presses de Sciences Po, 1990.

32. Acervo CLS, NAF 28150, caixa 206, "Correspondance familiale".

33. Elementos consignados na "nota" que lhe é dedicada em Jean-Philippe Chaumont e Monique Lévy (org.), *Dictionnaire biographique des rabbins et autres ministres du culte israélite*, Paris, Berg International, 2008, p. 458-459.

34. *DPDL*, p. 13.

35. *Ibid.*

36. Acervo CLS, NAF 28150, caixa 208, "Généalogie familiale".

37. Como notou com perspicácia Denis Bertholet em seu *Claude Lévi-Strauss*, Paris, Fayard, 2003, p. 13.

38. *DPDL*, p. 10.

39. O arauto do antissemitismo e dono poderoso do jornal *La Libre Parole* contesta, com a virulência que lhe é peculiar, a legitimidade de depositar objetos judaicos num museu nacional francês.

40. Descrição da coleção na revista *Connaissance des Arts*, fevereiro de 1980, que lhe dedica um artigo.

41. Cf. Edmund de Waal, *La Mémoire retrouvée*, trad. fr. de *The Hare with Amber Eyes* [2010], Paris, Albin Michel, 2011.

42. Daniel Fabre, "D'Isaac Strauss à Claude Lévi-Strauss: le judaïsme comme culture", *in:* Philippe Descola (org.), *Lévi-Strauss, un*

parcours dans le siècle, Paris, Odile Jacob, 2012, p. 271.

43. *Ibid.*, p. 272.

44. Cf. Nathalie Heinich e Roberta Schapiro (org.), *De l'artification*, Paris, Éditions de l'EHESS, 2010.

45. Entrevista concedida a Victor Malka, em 1984, com vistas à publicação do livro *Aujourd'hui être juif*, Paris, Éditions du Cerf, e reproduzida em estratos em *Information Juive, le journal des communautés*, nº 281, julho-agosto de 2008, p. 15. O grifo é meu.

46. Mickaël Pollak, *Vienne 1900*, Paris, Gallimard-Julliard, 1984.

47. Ver H. Nizan, *Libres mémoires*, *op. cit.*, p. 56.

48. D. Fabre, "D'Isaac Strauss à Claude Lévi-Strauss: le judaïsme comme culture", *op. cit.*, p. 276. Em todo caso, é possível notar que essa operação é realizada no mesmo momento pelo cunhado, igualmente artista, de Raymond Lévi-Strauss, marido da irmã mais velha de Emma, Aline: o pintor Henry Caro-Delvaille, *né* Delvaille.

49. Citações extraídas do acervo CLS, NAF 28150, caixa 206, "Correspondance familiale".

50. Acervo CLS, NAF 28150, caixa 206, "Correspondance familiale".

2. Revelações [1908-1924]

1. Paris, Institut de France, 27 de junho de 1974.

2. D. Fabre, "D'Isaac Strauss à Claude Lévi-Strauss: le judaïsme comme culture", *op. cit.*, p. 268.

3. Acervo CLS, NAF 28150, caixa 210, "Enfance".

4. Claude Lévi-Strauss, "Autoportrait", *op. cit.*, p. 18.

5. *DPDL*, p. 9.

6. Pierre-André Boutang e Annie Chevallay, "Claude Lévi-Strauss par lui-même", DVD 1, Arte Éditions, 2008.

7. P. Wilcken, *Claude Lévi-Strauss. The Poet in the Laboratory*, *op. cit.*, p. 23.

8. Acervo CLS, NAF 28150, caixa 208, "Généalogie".

9. *DPDL*, p. 10.

10. Por ocasião de seu pedido de casamento, Raymond teria dito a Emma: "Quer trocar o seu 'y' pelo meu 'i'?", Matthieu Lévi-Strauss, entrevista à autora, 9 de março de 2015.

11. Jean-Paul Morel, "26, rua Poussin", *Le Magazine Littéraire*, nº 311, junho de 1993, p. 33.

12. *DPDL*, p. 11.

13. *Ibid.*

14. "Une approche de Claude Lévi-Strauss", entrevista a Jean-Claude Bringuier, *Le Siècle de Lévi-Strauss*, DVD 2, Éditions Montparnasse, 1974.

15. *DPDL*, p. 133.

16. *Ibid.*, p. 134: "Para divertir os convidados, sugeria-se a um deles que abrisse o livro ao acaso e lesse uma frase; eu ia em frente sem hesitação, pois sabia de cor minha edição abreviada – ainda vejo a capa em papel cor-de-rosa, levemente acetinada".

17. Texto conservado nos arquivos pessoais de Claude Lévi-Strauss: acervo CLS, NAF 28150, caixa 210, "Enfance".

18. Acervo CLS, NAF 29150, caixa 208, "Généalogie".

19. P. Landau, "La patrie en danger. D'une guerre à l'autre", *in:* P. Birnbaum (org.), *Histoire politique des Juifs de France*, *op. cit.*, p. 77.

20. *DPDL*, p. 15.

21. Ver Stéphane Audoin-Rouzeau, *La Guerre des enfants, 1914-1818*, Paris, Armand Colin, 1993, e Manon Pignot, *Allons enfants de la patrie. Génération Grande Guerre*, Paris, Seuil, 2012.

22. Claude Lévi-Strauss, "Autoportrait", *op. cit.*, p. 18.

23. *Ibid.*

24. Carta de Claude Lévi-Strauss dirigida a Stéphane Clouet, 8 de novembro de 1983, *in:* S. Clouet, "'Révolution constructive', un groupe d'intellectuels socialistes des années 1930", tese de doutorado em história contemporânea, 3 de fevereiro de 1989, Universidade de Nancy II, p. 21.

25. Acervo CLS, NAF 28150, caixa 210, "Enfance".

26. *TT*, p. 222.

27. *Ibid.*, p. 222-223.

28. Cf. André Mary, "In Memoriam Lévi-Strauss (1908-2009)", Archives de sciences sociales des religions [*on-line*], outubro-dezembro de 2009, disponibilizado em 1º de janeiro de 2010.

29. Claude Lévi-Strauss, "Autoportrait", *op. cit.*, p. 19.

30. D. Bertholet, *Claude Lévi-Strauss*, *op. cit.*, p. 13.

31. Claude Lévi-Strauss, "Autoportrait", *op. cit.*, p. 19.

32. *Ibid.*

33. H. Nizan, *Libres mémoires*, *op. cit.*, p. 51.

34. *Ibid.*, p. 55-56.

35. Claude Lévi-Strauss, "Souvenirs d'enfance et d'adolescence", *in: Pierre Dreyfus, 1907-1994*, Paris, Gallimard, 1995, p. 83.

36. "Le 'regard éloigné' de Claude Lévi-Strauss", *Libération*, 2 de junho de 1983, entrevista a Didier Éribon.

37. Claude Lévi-Strauss, "Autoportrait", *op. cit.*, p. 18.

38. Roger Caillois, "Discours prononcé pour la réception de Claude Lévi-Strauss à l'Académie

Française", Paris, Institut de France, 1974.

39. Claude Lévi-Strauss, "Autoportrait", *op. cit.*, p. 18.

40. *DPDL*, p. 242-243.

41. Foto depositada no acervo CLS, NAF 28150, caixa 210, "Enfance".

42. Roger Caillois, "Discours prononcé pour la réception de Claude Lévi-Strauss à l'Académie Française", Paris, Institut de France, 1974.

43. Claude Lévi-Strauss, "Témoignages et souvenirs", *in: Pierre Dreyfus*, *op. cit.*, p. 85.

44. "Lévi-Strauss en 33 mots", art. cit., p. 27.

45. "*L'Express* va pius loin avec Claude Lévi-Strauss", *L'Express*, março de 1971, p. 139-140.

46. Cf. Vladimir Nabokov, "Détails d'un coucher de soleil" [1924], *in: Nouvelles complètes*, Paris, Gallimard, "Quarto", 2010, p. 175-182. [ed. bras.: *Detalhes de um pôr do sol*, São Paulo, Companhia das Letras, 2012.]

47. Claude Lévi-Strauss, "Témoignages et souvenirs", *in: Pierre Dreyfus*, *op. cit.*, p. 84.

48. "Des ratés? Nous le sommes tous plus ou moins", entrevista de Claude Lévi-Strauss a Martin Peltier, *Le Quotidien de Paris*, 6 de maio de 1984.

49. Cf. D. Bertholet, *Claude Lévi--Strauss*, *op. cit.*, p. 15.

50. Stefan Zweig, *Le Monde d'hier. Souvenirs d'un Européen*, trad. fr. de *Die Welt von Gestern. Erinnerungen eines Europeärs* [1942, edição póstuma, 1944], Paris, Belfond, 1982. [ed. bras.: *O mundo de ontem*, Rio de Janeiro, Zahar, 2014.]

51. Entrevista com Monique Lévi--Strauss, 14 de janeiro de 2011.

52. Claude Lévi-Strauss, "Autoportrait", *op. cit.*, p. 18.

53. Entrevista com Monique Lévi--Strauss, 25 de fevereiro de 2011.

54. D. Bertholet, *Claude Lévi--Strauss*, *op. cit.*, p. 16.

55. Carta de Claude Lévi--Strauss a Raymond Aron, 11 de setembro de 1983, acervo Aron. Agradeço a Dominique Schnapper por ter me dado acesso a essa correspondência.

56. Raymond Aron, *Mémoires. Cinquante ans de réflexion politique* [1983], Paris, Presses Pocket, 1990, p. 16. [ed. bras.: *Memórias*, Rio de Janeiro, Nova Fronteira, 1986.]

57. Simone de Beauvoir, *Mémoires d'une jeune fille rangée* [1958], Paris, Gallimard, "Folio", 2011, p. 231-232. [ed. bras.: *Memórias de uma moça bem-comportada*, Rio de Janeiro, Nova Fronteira, 2017.]

58. Claude Lévi-Strauss, "Autoportrait", *op. cit.*, p. 18.

59. V. Karady, "Les intellectuels juifs et les sciences sociales", *op. cit.*, p. 167.

60. R. Aron, *Mémoires*, *op. cit.*, p. 18.

61. *Ibid.*, p. 38.

62. *DPDL*, p. 12.

63. "Claude Lévi-Strauss, le dernier géant de la pensée française", *Le Figaro*, 26 de julho de 1993, p. 9.

64. *TT*, p. 404: "Educado no culto wagneriano, eu tinha descoberto Debussy numa data bem recente, até depois de *As núpcias*, ouvidas na segunda ou terceira apresentação, me terem revelado em Stravinsky um mundo que me parecia mais real e sólido do que os cerrados do Brasil central, fazendo desmoronar meu universo musical anterior".

65. Alex Ross, *The Rest is Noise. À l'écoute du XXe Siècle. La Modernité en musique* [2007], Arles, Actes Sud, 2010, p. 76.

66. "Le 'regard éloigné' de Claude Lévi-Strauss", entrevista a Didier Éribon, *op. cit.*

67. Claude Lévi-Strauss, entrevista concedida a Jean-José Marchand, ORTF, 1972, transcrita em Émilie Joulia, *Lévi-Strauss. L'Homme derrière l'œuvre*, *op. cit.*, p. 175.

68. Claude Lévi-Strauss, resenha de Claude McKay, "Banjo", *L'Étudiant Socialiste*, nº 2, novembro de 1931, p. 14-15.

69. *Ibid.*, p. 29.

70. Walter Benjamin, *L'Œuvre d'art à l'heure de sa reproductibilité technique* [1935], trad. fr. Frédéric Joly, prefácio de Antoine de Baecque, Paris, Payot, "Petite Bibliothèque", 2013. [ed. bras.: *A obra de arte na era de sua reprodutibilidade técnica*, Porto Alegre, L&PM, 2013.]

71. Claude Lévi-Strauss, entrevista concedida a Jean-José Marchand, ORTF, 1972, transcrita em É. Joulia, *Lévi-Strauss. L'Homme derrière l'œuvre*, *op. cit.*, p. 173: "Muito bem, há pouco eu lhe dizia que tinha sido criado num meio extremamente artístico, como se diz, mas bastante conservador com relação ao que estava se passando. Logo, estas são antes descobertas de adolescente, em rebelião – embora essa rebelião nunca tenha sido muito violenta –, mas em reação contra, no mínimo, o seu meio".

3. Revoluções [1924-1931]. Política *versus* filosofia

1. *L'Étudiant Socialiste*, nº 2, novembro de 1930, p. 14.

2. Acervo CLS, NAF 28150, caixa 211, "Notes de philosophie, années de formation".

3. R. Aron, *Mémoires. Cinquante ans de réflexion politique*, *op. cit.*, p. 27.

4. Claude Lévi-Strauss, "Autoportrait", *op. cit.*, p. 18-19.

5. Carta de Claude Lévi-Strauss a Stéphane Clouet, 8 de novembro de 1983, *in:* S. Clouet, "'Révolution constructive', un groupe d'intellectuels socialistes des années 1930", tese cit., p. 39.

6. *DPDL*, p. 16.

7. *Ibid.*, p. 17.

8. Acervo CLS, NAF 28150, caixa 210, "Enfance".

9. *TT*, p. 38-39.

10. *Ibid.*, p. 46.

11. R. Aron, *Mémoires. Cinquante ans de réflexion politique*, *op. cit.*, p. 34.

12. Pierre Bourdieu, *Esquisse pour une auto-analyse*, Paris, Raisons d'Agir, 2004, p. 17. [ed. bras.: *Esboço de autoanálise*, São Paulo, Companhia das Letras, 2005.]

13. Jean Maugüé, *Les Dents agacées*, Paris, Buchet-Chastel, 1982, p. 81.

14. Para todo este parágrafo, ver a tese citada de S. Clouet, "'Révolution constructive', un groupe d'intellectuels socialistes des années 1930", p. 38-39.

15. Agradeço a Maurice Olender por me haver fornecido a cópia dessa brochura: "Gracchus Babeuf et le communisme", *L'Églantine*, nº 6, 1926, p. 23.

16. Jean-François Sirinelli, *Génération intellectuelle. Khâgneux et normaliens dans l'entre-deux-guerres*, Paris, PUF, reed. 1995, e Christian Baudelot e Frédérique Matonti, "Le recrutement social des normaliens, 1914-1992", *in:* Jean-François Sirinelli (org.), *École Normale Supérieure. Le livre du centenaire*, Paris, PUF, 1994.

17. *DPDL*, p. 18.

18. Albert Otto Hirschman, *Défection et prise de parole* [1970], Paris, Fayard, 1995. Nele, o autor teoriza a defecção ("*exit*") como uma resposta possível, ao lado da crítica, a uma situação de crise ou descontentamento numa empresa ou instituição. Expandido para domínios muito mais amplos, o modelo forjado por Hirschman tornou-se uma ferramenta clássica das ciências sociais.

19. *DPDL*, p. 19. Interrogado sobre suas relações com Nizan, Claude Lévi-Strauss responde: "Além do mais, tanto com ele como com os outros, eu tinha a sensação de não estar à altura".

20. *DPDL*, p. 19: "Atravessei tudo isso [os estudos na Sorbonne] um pouco feito um zumbi".

21. *TT*, p. 39. O restante do parágrafo baseia-se na mesma página.

22. Jean-Louis Fabiani, *Les Philosophes de la République*, Paris, Les Éditions de Minuit, 1988.

23. Claude Lévi-Strauss, "Le problème ultime des sciences de l'homme consistera un jour à ramener la pensée à la vie", *Le Magazine Littéraire*, nº 58, novembro de 1971, p. 23.

24. *DPDL*, p. 28.

25. Em suas notas de aulas, esta citação de Maine de Biran, sublinhada por Lévi-Strauss: "Sem esforço não há conhecimento!", acervo CLS, NAF 28150, caixa 211, "Notes de philosophie, années de formation".

26. J.-L. Fabiani, *Les Philosophes de la République*, *op. cit.*, p. 15.

27. *Ibid.*

28. Claude Lévi-Strauss, "Le regard du philosophe", *Le Magazine Littéraire*, outubro de 1985, p. 59.

29. *TT*, p. 6.

30. Para todo este parágrafo, *ibid.*, p. 42.

31. Ver Alexandre Pajon, *Lévi-Strauss politique. De la SFIO à l'Unesco*, Paris, Privat, 2011, p. 32. Ata da conferência de Lévi-Strauss por Georges Lefranc.

32. S. Clouet, "'Révolution constructive', un groupe d'intellectuels socialistes des années 1930", tese cit., p. 84.

33. *L'Étudiant Socialiste*, nº 5, fevereiro de 1934, p. 12, citado por A. Pajon, *Lévi-Strauss politique. De la SFIO à l'Unesco*, *op. cit.*, p. 38.

34. Acervo CLS, NAF 28150, caixa 210, "Activités politiques".

35. Pierre Hanon, *L'Étudiant Socialiste*, maio de 1929, citado por A. Pajon, *Lévi-Strauss politique. De la SFIO à l'Unesco*, *op. cit.*, p. 47.

36. Wiktor Stoczkowski, *Anthropologies rédemptrices. Le monde selon Lévi-Strauss*, Paris, Hermann, p. 123.

37. Carta de Claude Lévi-Strauss a Henri De Man, 17 de outubro, *IIVSG*, Amsterdã, Hendrik De Man Papers, pasta 253, citada por W. Stoczkowski, *Anthropologies rédemptrices. Le monde selon Lévi-Strauss*, *op. cit.*, p. 127.

38. W. Stoczkowski, *ibid.*, p. 129 ss.

39. Esta é uma das teses desenvolvidas em Zeev Sternhell, *Ni droite ni gauche. L'idéologie fasciste en France*, Paris, Seuil, 1983.

40. Entrevista com Monique Lévi-Strauss, 25 de fevereiro de 2011.

41. Georges Lefranc citado por S. Clouet, "'Révolution constructive', un groupe d'intellectuels socialistes des années 1930", tese cit., p. 97.

42. *Ibid.*

43. *TT*, p. 38.

44. Ver sua resenha elogiosa do romance de Chamson, "Héritages", *L'Étudiant Socialiste*, nº 9, junho-julho de 1932.

45. Claude Lévi-Strauss, entrevista a Stéphane Clouet, 11 de dezembro de 1985, *in:* S. Clouet, "'Révolution constructive', un groupe d'intellectuels socialistes

des années 1930", tese cit., p. 138, e A. Pajon, *Lévi-Strauss politique. De la SFIO à l'Unesco*, *op. cit.*, p. 49.

46. Depoimento depositado nos arquivos pessoais de Claude Lévi--Strauss, acervo CLS, NAF 28150, caixa 1.

47. Ver Claude Ravelet (org.), *Trois Figures de l'école durkheimienne. Célestin Bouglé, Georges Davy, Paul Fauconnet*, *Anamnèse*, nº 3, Paris, L'Harmattan/Imec.

48. Claude Lévi-Strauss, carta a S. Clouet, *in:* S. Clouet, "'Révolution constructive', un groupe d'intellectuels socialistes des années 1930", tese cit., p. 73.

49. *DPDL*, p. 18.

50. Claude Lévi-Strauss, entrevista concedida a Jean-José Marchand, ORTF, 1982, transcrita em É. Joulia, *op. cit.*, p. 177.

51. Que concluirão, por sua vez, sua *agrégation* na turma de 1930.

52. Para as duas citações, *DPDL*, p. 21.

53. Acervo CLS, NAF 28150, caixa 211, "Années de formation. Notes de philosophie".

54. Claude Lévi-Strauss, *L'Étudiant Socialiste*, nº 9, junho--julho de 1931, p. 19.

55. *DPDL*, p. 22.

56. Georges Lefranc, "Rétrospective", p. 17, citado por S. Clouet, *in:* "'Révolution constructive', un groupe d'intellectuels socialistes des années 1930", tese cit., p. 176.

57. Claude Lévi-Strauss, resenha de uma conferência de André Philip, "Socialisme et christianisme", *L'Étudiant Socialiste*, nº 2, novembro de 1930, p. 14.

58. W. Stoczkowski, *Anthropologies rédemptrices. Le monde selon Lévi-Strauss*, *op. cit.*, cap. VII.

59. Claude Lévi-Strauss, resenha de uma brochura de Jean Guéhenno, "Lettre à un ouvrier sur la culture et la révolution", *L'Étudiant Socialiste*, nº 6, março de 1931, p. 15, citado por W. Stoczkowski, *ibid.*, p. 167.

60. S. Clouet, "'Révolution constructive', un groupe d'intellectuels socialistes des années 1930", tese cit., p. 162.

61. Jean-Louis Loubet del Bayle, *Les Non-Conformistes des années 1930*, Paris, Seuil, 1969.

62. W. Stoczkowski, *Anthropologies rédemptrices. Le monde selon Lévi--Strauss*, *op. cit.*, p. 165.

63. *Ibid.*, p. 166.

64. Carta de Claude Lévi-Strauss a S. Clouet, 5 de feveiro de 1986, citada em S. Clouet, "'Révolution constructive', un groupe d'intellectuels socialistes des années 1930", tese cit., p. 528.

65. *DPDL*, p. 254.

66. Carta de Claude Lévi-Strauss a Maurice Deixonne (s.d.), acervo Deixonne, arquivos do OURS.

67. Claude Lévi-Strauss, resenha do livro de Jacques Viot, *Déposition de blanc*, *L'Étudiant Socialiste*, nº 7, abril de 1933, p. 14-15.

68. Claude Lévi-Strauss, *L'Étudiant Socialiste*, nº 4, janeiro de 1933, p. 13.

69. Claude Lévi-Strauss, *L'Étudiant Socialiste*, nº 2, novembro de 1930, p. 13.

70. *Ibid.*

71. Claude Lévi-Strauss, artigo sobre a "literatura proletária", primeiro artigo publicado em *L'Étudiant Socialiste*, julho-agosto de 1928.

72. Claude Lévi-Strauss, *L'Étudiant Socialiste*, novembro de 1928, p. 31-32.

73. Claude Lévi-Strauss, "Compte rendu de Paul Nizan, *Aden Arabie*", *L'Étudiant Socialiste*, nº 8, maio de 1931, p. 9.

74. Claude Lévi-Strauss, "Compte rendu d'une conférence faite par M. Déat aux institutrices et aux instituteurs de l'Aube", *L'Étudiant Socialiste*, nº 2, novembro de 1930, p. 14.

75. Claude Lévi-Strauss, "Compte rendu de Paul Nizan, *Aden Arabie*", *op. cit.*, p. 9.

76. *Ibid.*

77. *Ibid.*

78. Carta de Claude Lévi-Strauss a Maurice Deixonne, 3 de setembro de 1931, acervo Deixonne, arquivos do OURS.

79. *Ibid.*

80. *DPDL*, p. 26.

81. Claude Lévi-Strauss, "Compte rendu d'une conférence faite par M. Déat aux institutrices et aux instituteurs de l'Aube", *op. cit.*, p. 14, e "Compte rendu du livre de Marcel Déat, *Perspectives socialistes*", *L'Étudiant Socialiste*, fevereiro e março de 1931.

4. Redenção: a etnologia [1931-1935]

1. *TT*, p. 403.

2. Esse parágrafo e os seguintes são, em grande parte, baseados na abertura da correspondência mantida por Claude Lévi--Strauss com os pais, que Monique Lévi-Strauss, após tê-la organizado, me permitiu consultar em sua casa, pelo que lhe sou grata. Uma cópia das cartas está igualmente depositada no acervo CLS, caixa 178. Essa correspondência, que se estende pelos anos 1931, 1932 e 1933, comporta mais de duzentas cartas, das quais apenas algumas datadas. Em geral, só o dia da semana é mencionado. Todas as citações, portanto, são extraídas desse *corpus*, agora publicado: Claude Lévi-Strauss, *"Chers tous deux". Lettres à ses parents (1931-1942)*,

Paris, Seuil, "La Librairie du XXIe Siècle", 2015. Ali, as cartas são classificadas por cidade de procedência: S para "Strasbourg, service militaire", M para "Mont-de-Marsan", P para "Paris" (entre parênteses, indicamos os números das cartas citadas).

3. Bertrand Saint-Sernin, "Dina Dreyfus ou la Raison enseignante", *Les Temps Modernes*, nº 516, 1989, p. 152.

4. *Ibid.*, p. 148.

5. Depoimentos de Françoise Héritier, Catherine Clément, Sylvie Dreyfus-Asséo, que a conheceram como professora de filosofia em *khâgne* no liceu Fénelon ou como inspetora geral; além de Alain Badiou, muito amigo de Dina Dreyfus e participante ativo de programas pedagógicos que ela apresentou na televisão educativa nos anos 1960.

6. *DPDL*, p. 24.

7. Acervo CLS, NAF 28150, caixa 210, "Activités politiques", "La Conférence à Saint-Martin".

8. Claude Lévi-Strauss, "Compte rendu d'Albert Thibaudet, *Les Idées politiques de la France*", *L'Étudiant Socialiste*, nº 4, janeiro de 1933, p. 14.

9. "Socialisme et laïcité. Discours d'inauguration prononcé à Saint-Martin-de-Seignanx (Landes) à l'occasion de l'inauguration d'une école laïque", texto do discurso de Claude Lévi-Strauss publicado em *L'Étudiant Socialiste*, nº 7, abril de 1933, p. 4-5.

10. Georges Charbonnier, *Entretiens avec Claude Lévi-Strauss* [1961], *"Le niveau d'authenticité"*, Paris, Les Belles Lettres, 2010, p. 53. [ed. bras.: *Linguagem, etnologia. Entrevistas com Claude Lévi-Strauss*, Campinas, Papirus, 1989.]

11. *Ibid.*, p. 54.

12. Depoimento de Robert Lorans, no número especial "Informations" dedicado aos ex-alunos do liceu Victor-Duruy de Mont-de-Marsan, Natal de 1984, arquivos do LAS, FLAS, *clipping*.

13. *Ibid.*

14. *DPDL*, p. 25.

15. Jules Romains citado por Christian Carette, "Claude Lévi-Strauss et le lycée de Laon, 1933-1934", *L'Ami du Laonnois*, nº 46, setembro de 2010.

16. Jean-Paul Sartre citado por C. Carette, *ibid.*

17. Cf. J.-L. Fabiani, *Les Philosophes de la République*, *op. cit.*

18. James Clifford, "Du surréalisme ethnographique", *in: Malaise dans la culture. L'Ethnographie, la littérature et l'art au XXe Siècle* [1988], Paris, École Nationale Supérieure des Beaux-Arts, 1996, p. 129. [ed. bras.: "Sobre o surrealismo etnográfico", *in: A experiência etnográfica: antropologia e literatura no século XX*, Rio de Janeiro, Ed. UFRJ, 2011.]

19. Cf. Vincent Debaene, *L'Adieu au voyage. L'Ethnologie française entre science et littérature*, Paris, Gallimard, 2010, p. 5 ss.

20. J. Clifford, "Du surréalisme ethnographique", *op. cit.*, p. 138.

21. *Ibid.*, p. 137.

22. Expressão de Leroi-Gourhan citada por J. Clifford, *ibid.*, p. 127.

23. Ver o estudo completo que lhe dedica Christine Laurière, *Paul Rivet. Le savant et le politique*, Paris, Éditions Scientifiques du Muséum National d'Histoire Naturelle, "Archives", 2008.

24. Thomas Hirsch revisitou o itinerário de Lévy-Bruhl e, em especial, redescobriu o lugar real que ele ocupava no espaço das ciências sociais francesas. Cf. T. Hirsch, "Un 'Flammarion' pour l'anthropologie? Lévy-Bruhl, le terrain, l'ethnologie", *Genèses*, nº 90, janeiro de 2013; ver também sua tese: "Le temps social. Conceptions sociologiques du temps et représentations de l'histoire dans les sciences de l'homme en France, 1901-1945", sob a orientação de F. Hartog, Paris, EHESS, 2014.

25. Ver Nina Gorgus, *Le Magicien des vitrines. Le muséologue Georges-Henri Rivière*, Paris, Éditions de la MSH, 2003.

26. Apenas Maurice Leenhardt (1878-1954), já em campo na Nova Caledônia há mais de uma década, é exceção: suas lógicas de base (ele é missionário) e sua antecedência geracional o singularizam.

27. Cf. V. Debaene, *L'Adieu au voyage. L'Ethnologie française entre science et littérature*, *op. cit.*, p. 65 ss.

28. Cf. B. de L'Estoile, que dedica um capítulo a esse problema, "Collecter les cultures du monde: des ethnographes en expédition", *in: Le Goût des autres. De l'exposition coloniale aux arts premiers*, *op. cit.*

29. "Instruções" cuja transcrição rigorosa foi realizada por Denise Paulme em 1947 num *Manual de etnografia*.

30. Jean Jamin, "Objets trouvés des paradis perdus (à propos de la mission Dakar-Djibouti)", *in:* Jacques Hainard e Roland Kaer (org.), *Collections Passion*, Neuchâtel, Musée d'Ethnographie, 1982.

31. Claude Lévi-Strauss, "Le socialisme et la colonisation", *L'Étudiant Socialiste*, nº 1, outubro de 1929, p. 7-8.

32. Paul Rivet numa carta a Daladier, 31 de maio de 1938, citado por B. de L'Estoile, *Le Goût des autres. De l'exposition coloniale aux arts premiers*, *op. cit.*, p. 73.

33. *Ibid.*, p. 74.

34. Carta de Claude Lévi-Strauss a Marcel Mauss, 4 de outubro de 1931, arquivos de Marcel Mauss, Imec. Agradeço a Alice Conklin por me haver comunicado a respeito dessa carta e da seguinte.

35. "Rapport sur le travail fourni par les étudiants en 1932", enviado por Georges-Henri Rivière a Marcel Mauss, nº 1.176, 3 de junho de 1932, arquivos Mauss, Imec.

36. Ele lembra isso em *TT*, p. 41: "Eu ignorava tudo acerca da etnologia, nunca fizera um curso e, quando *sir* James Frazer fez sua última visita à Sorbonne e lá pronunciou uma conferência memorável – em 1928, creio –, embora eu estivesse a par do evento, sequer me passou pela cabeça assistir".

37. Georges Monnet (Claude Lévi--Strauss), "Picasso et le cubisme", *Documents*, nº 3, 1930, p. 139--140.

38. *TT*, p. 34. Georges Dumas, grande psicólogo do entreguerras, ficou na memória sobretudo por seu papel na ação cultural da França na América do Sul. A fundação de inúmeros liceus, universidades e centros de pesquisa é obra sua.

39. Carta de Célestin Bouglé a Tracy B. Kittredge, 26 de outubro de 1934, Archives Nationales, 61 AJ 94. Agradeço a Thomas Hirsch por me haver comunicado a respeito dessa carta e da seguinte.

40. Carta de Tracy B. Kittredge a Célestin Bouglé, 7 de novembro de 1934, arquivos Bouglé, ENS rua d'Ulm.

41. *DPDL*, p. 27.

42. Claude Lévi-Strauss, "Ce que je suis, I", *Le Nouvel Observateur*, 28 de junho de 1980, p. 16.

43. *TT*, p. 43.

44. *DPDL*, p. 28.

45. Jacques Soustelle (1912-1990) é normaliano em 1929 e *agrégé* em filosofia em 1932. Formado por e discípulo de Rivet, parte, tão logo obtém sua *agrégation*, para o México a fim de estudar os índios otomis. Ali aprende o nauatle e se familiariza com as línguas maias. Em 1936, publica *Mexique, terre indienne* e defende sua tese em 1937, antes de se tornar vice-diretor do novo Museu do Homem em 1938.

46. *DPDL*, p. 27-29.

47. *TT*, p. 41: "Tenho a inteligência neolítica. Igual às queimadas indígenas, ela às vezes calcina solos às vezes inexplorados; talvez os fertilize para delas extrair prematuramente algumas colheitas, deixando atrás de si um território devastado".

48. Cf. A. Pajon, *Lévi-Strauss politique. De la SFIO à l'Unesco*, *op. cit.*, p. 152-153.

49. Claude Lévi-Strauss, "Marcel Déat. Perspectives socialistes", citado por W. Stoczkowski, *Anthropologies rédemptrices. Le monde selon Lévi-Strauss*, *op. cit.*, p. 164.

50. *TT*, p. 40.

51. "Le 'regard éloigné' de Claude Lévi-Strauss", entrevista a Didier Éribon, *op. cit.*, p. 29.

52. Claude Lévi-Strauss, "Autoportrait", *op. cit.*, p. 20.

53. Claude Lévi-Strauss, "Ce que je suis, I", *op. cit.*, p. 16.

54. Viktor Karady, "Les intellectuels juifs et les sciences sociales. Esquisse d'une problématique", *in:* J. Heilbron, R. Lenoir, G. Sapiro (org.), *Pour une histoire des sciences sociales. Hommage à Pierre Bourdieu*, *op. cit.*, p. 166.

55. *Ibid.*, p. 165.

56. Claude Lévi-Strauss, "Ce que je suis, II", *Le Nouvel Observateur*, 5 de julho de 1980, p. 18.

57. Expressão de Michel Leiris, "La nouvelle ethnographie", citado por V. Debaene, *L'Adieu au voyage. L'Ethnologie française entre science et littérature*, *op. cit.*, p. 76.

58. Sobre todo este parágrafo, ver V. Debaene, *ibid.*, p. 74 ss.: "Le prestige de l'ethnologie".

59. É. Joulia, "Discours de réception, le jeudi 24 juin 1974 à Paris", *in: Claude Lévi-Strauss. L'Homme derrière l'œuvre*, *op. cit.*, p. 106.

60. *TT*, p. 28, "La quête du pouvoir".

61. Cf. Jean-François Bert, *L'Atelier de Marcel Mauss*, Paris, CNRS, 2012, p. 126: "A. G. Haudricourt, seu aluno no início dos anos 1930, lembra que Mauss fazia menção num de seus cursos a um único 'trabalho de campo': sua longa mobilização como intérprete durante a Primeira Guerra Mundial".

62. G. Charbonnier, *Entretiens avec Claude Lévi-Strauss*, *op. cit.*, p. 18-19.

5. O enigma do mundo

1. *TT*, p. 48.

2. Claude Lévi-Strauss, "Des ratés? Nous le sommes tous plus ou moins", *op. cit.*

3. Entrevista a J.-C. Bringuier, *Le Siècle de Lévi-Strauss*, *op. cit.*: "Não estou do lado do poder da criação. Dedico-me integralmente ao estudo da criação".

4. "*L'Express* va plus loin avec Claude Lévi-Strauss", *L'Express*, nº 1.027, 15-21 de março de 1971.

5. *DPDL*, p. 14: "Além do mais, ainda que eu permaneça surdo às respostas religiosas, sou cada vez mais impregnado do sentimento de que o cosmo e o lugar do homem no universo ultrapassam e sempre ultrapassarão nossa compreensão. Acontece que me entendo melhor com os que creem do que com racionalistas

de todos os matizes. Pelo menos os primeiros têm o senso do mistério".

6. *TT*, p. 41.

7. *Ibid.*

8. *Ibid.*, p. 408.

9. *Ibid.*, ver o belo artigo de Nathan Wachtel, "La quête de Cinna, Claude Lévi-Strauss", *Critique*, nº 620-621, janeiro--fevereiro de 1999, p. 123-138.

10. Claude Lévi-Strauss, "Des ratés? Nous le sommes tous plus ou moins", *op. cit.*

11. *Ibid.*

12. "*L'Express* va plus loin avec Claude Lévi-Strauss", art cit., p. 111.

13. *TT*, p. 46.

14. Entrevista com Monique Lévi--Strauss, 29 de outubro de 2011.

15. *TT*, p. 45.

16. *Ibid.*, p. 357.

17. Carta a seus pais de Mont--de-Marsan (s.d.), *in: "Chers tous deux"*, *op. cit.*

18. Luc Boltanski, *Énigmes et complots. Une enquête à propos d'enquêtes*, Paris, Gallimard, "NRF", 2012, p. 15.

19. "*L'Express* va plus loin avec Claude Lévi-Strauss", *op. cit.*, p. 141.

20. Manuela Carneiro da Cunha, "Un diffusionnisme structuraliste existe-t-il?", *in:* Philippe Descola (org.), *Claude Lévi-Strauss, un parcours dans le siècle*, Paris, Odile Jacob, 2012, p. 29. [ed. bras.: "Um difusionismo estruturalista existe?", *in:* Manuela Carneiro da Cunha, *Cultura com aspas*, São Paulo, Cosac Naify, 2014.]

21. *DPDL*, p. 134.

22. Henry James, *Le Motif dans le tapis*, trad. fr. E. Vialetton, Arles, Actes Sud, 1997. [ed. port.: *O desenho no tapete*, Lisboa, Relógio d'Água, 2013.] O motivo, como a carta roubada de Poe, está exposto aos olhos de todos e, não obstante, permanece invisível. Cf. Pascale Casanova, *La République mondiale des lettres*, Paris, Seuil, 1999, p. 11 ss.

23. "Sur Jean de Léry. Entretien avec Claude Lévi-Strauss", declarações colhidas por D.-A. Grisoni, à guisa de introdução à nova edição, *in:* Jean de Léry, *Histoire d'un voyage faict en la terre du Brésil*, Paris, Le Livre de Poche, "Bibliothèque Classique", 1994, p. 7.

24. *TT*, p. 69.

25. *Ibid.*, p. 70.

26. "Sur Jean de Léry. Entretien avec Claude Lévi-Strauss", cap. cit., p. 9.

27. *Ibid.*

28. *Ibid.*, p. 13.

II. OS NOVOS MUNDOS [1935 • 1947]

6. A França em São Paulo

1. Claude Lévi-Strauss, *Loin du Brésil*, entrevista a Véronique Mortaigne, Paris, Chandeigne, 2005, p. 1: "O Brasil representa a experiência mais importante da minha vida, tanto pelo distanciamento e contraste como por ter determinado minha carreira".

2. Lucien Febvre, "L'Amérique du Sud devant l'histoire", texto de introdução a "Quarante-huit études, essais, comptes rendus et mises au point. À travers les Amériques latines", *Annales ESC*, outubro-dezembro de 1948, reproduzido na forma de um número especial do *Cahier des Annales*, nº 4, 1949, 208 p.

3. No que se refere a este capítulo brasileiro, bem como aos seguintes, faço questão de agradecer especialmente a Fernanda Peixoto, professora na USP, pela simpática acolhida que me proporcionou no Brasil; minha dívida intelectual com respeito a seus trabalhos ou aos de seus alunos (Luísa Valentini à frente) pode ser constatada nas notas que seguem.

4. *TT*, p. 8.

5. *Ibid.*, p. 49.

6. Carta de Claude Lévi-Strauss a seus pais, 5 de fevereiro de 1935, escrita a bordo do *Mendoza*, acervo particular Monique Lévi--Strauss.

7. *Ibid.*

8. *Ibid.*

9. *TT*, p. 49.

10. *Ibid.*, p. 50.

11. *Ibid.*, p. 51.

12. J. Maugüé, *Les Dents agacées*, *op. cit.*, p. 81.

13. *TT*, p. 63.

14. Para historicizar e comparar essa experiência, ver Romain Bertrand, *L'Histoire à parts égales. Récits d'une rencontre Orient-Occident, XVI-XVII*[e] *siècles*, Paris, Seuil, 2011.

15. *TT*, p. 66.

16. *Ibid.*, p. 74.

17. *Ibid.*

18. *Ibid.*, p. 80.

19. *Ibid.*, p. 79.

20. Claude Lévi-Strauss, *Saudades de São Paulo*, São Paulo, Instituto Moreira Salles, Companhia das Letras, 5ª ed., 2009, p. 43; tradução de Luísa Valentini, a quem agradeço aqui por sua imensa generosidade comigo durante minha estadia em São Paulo.

21. Cf. Bartolomé Benassar e Richard Marin, *Histoire du Brésil, 1500-2000*, Paris, Fayard, 2000, p. 299.

22. J. Maugüé, *Les Dents agacées*, *op. cit.*, p. 87.

23. *TT*, p. 85.

24. *Ibid.*, p. 82.

25. Claude Lévi-Strauss, *Saudades de São Paulo*, *op. cit.*, p. 8.

26. *Ibid.*, p. 49.

27. Esse quadro está exposto numa das salas de recepção da Maison de l'Amérique Latine à Paris, bulevar Saint-Germain.

28. Claude Lévi-Strauss, *Saudades de São Paulo*, *op. cit.*, p. 16.

29. Ver, sobre essas questões, a tese de Hugo Suppo, "La Politique culturelle française au Brésil entre les années 1920-1950", tese de doutorado IHEAL/Paris III, 1999.

30. Georges Dumas é o autor de *Psychologie des deux messies positivistes: Saint-Simon et Auguste Comte.*

31. Cf. Sergio Miceli, *Les Intellectuels et le pouvoir au Brésil*, "Brasília", Paris, Éditions de la MSH/PUG, 1981. [ed. bras: *Os intelectuais e a classe dirigente no Brasil*, Rio de Janeiro, Difel, 1979.]

32. "Rapport de M. Pingaud, consul de France à São Paulo, à M. de Robien", Amae, Service des œuvres, 1932-1940, "Brésil", vol. 443.

33. Depoimento de Antonio Candido de Mello e Souza, São Paulo, 8 de agosto de 2011. Ele foi um dos alunos de Jean Maugüé, e sua mulher tivera Claude Lévi-Strauss como professor.

34. J. Maugüé, *Les Dents agacées*, *op. cit.*, p. 91-92.

35. *DPDL*, p. 33.

36. Ver Jean-Paul Lefèvre, "Les missions universitaires françaises au Brésil dans les années 1930", *Vingtième Siècle. Revue d'Histoire*, vol. 38, 1993, p. 24-33, e igualmente Guy Martinière, *Aspects de la coopération franco-brésilienne*, Grenoble, PUG, 1982.

37. J. Maugüé, *Les Dents agacées*, *op. cit.*, p. 94.

38. Depoimento de Antonio Candido de Mello e Souza, 8 de agosto de 2011.

39. Conferência mencionada por H. Suppo, "La Politique culturelle française au Brésil entre les années 1920-1950", tese cit., nota 545. Pierre Monbeig, por sua vez, disserta sobre "L'émigration japonaise au Brésil". A "crise do progresso" é um tema já percorrido: é o título de um livro de Georges Friedmann escrito em 1934 e publicado em 1936 pela Gallimard.

40. Cf. Christophe Charle, "Ambassadeurs ou chercheurs?", cap. VIII de *La République des universitaires, 1870-1940*, Paris, Seuil, 1984.

41. Claude Lévi-Strauss, *Saudades de São Paulo*, *op. cit.*, p. 10.

42. *Ibid.*

43. Claude Lévi-Strauss, Pierre Monbeig e Jean Maugüé ganham 2,6 mil francos por mês, enquanto Braudel e Hourcade, mais velhos, têm um salário de 3,5 mil francos por mês. Seu salário é pago metade em francos, metade em mil-réis, o que gerou protestos junto a Jean Marx quando a cotação do mil-réis acarretou uma desvalorização de seus salários, Amae, Service des œuvres, 1932-1940, "Brésil", vol. 443, Universidade de São Paulo.

44. *DPDL*, p. 31.

45. *TT*, p. 8.

46. *Ibid.*, p. 87.

47. *DPDL*, p. 32.

48. *TT*, p. 48.

49. *Ibid.*

50. Para todo este parágrafo, ver o estudo de Johan Heilbron, "Les métamorphoses du durkheimisme, 1920-1940", *Revue Française de Sociologie*, nº 26, p. 203-237, e o resumo efetuado por F. Héran, *op. cit.*, p. 397.

51. Epígrafe da coletânea de artigos publicados em 1958, *AS*, vol. 1: "Com este livro publicado em 1958, ano do centenário de Émile Durkheim, um discípulo inconstante pede licença para homenagear a memória do fundador de *L'Année Sociologique*".

52. Carta de Claude Lévi-Strauss a Marcel Mauss, 10 de novembro de 1935, acervo CLS, caixa 181.

53. Citado por H. Suppo, "La Politique culturelle française au Brésil entre les années 1920-1950", tese cit.

54. Texto conservado em sua integralidade nos Amae, Service des œuvres, 1932-1940, "Brésil", vol. 443.

55. Carta de Georges Dumas a Jean Marx, 1º de dezembro de 1936, Amae, Service des œuvres, 1932-1940, "Brésil", vol. 443, Universidade de São Paulo.

56. Essa discussão é objeto de dois relatórios de Paul Arbousse-Bastide enviados aos serviços de Jean Marx, um não datado, "Note sur le cas de M. Lévi-Strauss et Mme. Lévi-Strauss", e o outro datado de 30 de julho de 1936, Amae, Service des œuvres, 1932-1940, "Brésil", volume 443, Universidade de São Paulo.

57. *DPDL*, p. 37.

58. J. Maugüé, *Les Dents agacées*, *op. cit.*, p. 97.

59. Depoimento de Antonio Candido de Mello e Souza, São Paulo, 5 de agosto de 2011.

60. *TT*, p. 90.

61. Cf. J. Maugüé, *Les Dents agacées*, *op. cit.*, p. 102.

62. *TT*, p. 49.

63. Os capítulos do curso são assim intitulados: "A sociologia doméstica (casamento, proibição do incesto, parentesco, poligamia, organização clânica, matriarcado); a sociologia econômica (formas primitivas de sociedade, comunismo primitivo); a sociologia política

(formas primitivas de governo e justiça); a sociologia religiosa (totemismo) e, por fim, o estudo comparativo dos fenômenos sociais".

64. Ver os artigos pioneiros de Fernanda Peixoto e seus alunos: Fernanda Peixoto, "Lévi-Strauss à São Paulo: la ville et le terrain", *in: Lévi-Strauss*, Paris, L'Herne, "Cahier de L'Herne", 2004, p. 79; e igualmente Fernanda Peixoto e Luísa Valentini, "Lévi--Strauss à São Paulo: l'Université, le département de culture et la Société d'ethnographie et de folklore", *Europe*, nº 1.005--1.006, janeiro-fevereiro de 2013, p. 71-81.

65. F. Peixoto, "Lévi-Strauss à São Paulo: la ville et le terrain", *op. cit.*, p. 79.

66. Claude Lévi-Strauss, *Saudades de São Paulo*, *op. cit.*, p. 14.

67. Carta de Claude Lévi--Strauss a Célestin Bouglé, 20 de novembro de 1935, Archives Nationales, 61AJ93.

68. Décio de Almeida Prado citado por F. Peixoto e L. Valentini, "Lévi-Strauss à São Paulo: l'Université, le département de culture et la Société d'ethnographie et de folklore", *op. cit.*, p. 75.

69. Egon Schaden citado por F. Peixoto, "Lévi-Strauss à São Paulo: la ville et le terrain", *op. cit.*, p. 78.

70. Claude Lévi-Strauss, "Em prol de um Instituto de Antropologia Física e Cultural", citado por F. Peixoto, *ibid.*, p. 79.

71. Claude Lévi-Strauss, *Saudades de São Paulo*, *op. cit.*, p. 18.

72. *Ibid.*, p. 19.

73. Pierre Monbeig, *Pionniers et planteurs de l'État de São Paulo*, Paris, Armand Colin, 1952, p. 12.

74. *TT*, p. 35.

75. Heliana Angotti Salgueiro, "Monbeig, un géographe sur le 'vif'", *Pages Paysages*, "Incarner", nº 9, 2002, p. 47.

76. *TT*, p. 112.

77. *Ibid.*, p. 109-110.

78. Cf. Hervé Théry, "Claude Lévi-Strauss, Pierre Monbeig et Roger Brunet", *EchoGéo* [*on--line*], nº 7, 2008, disponibilizado em 24 de novembro de 2008.

79. Claude Lévi-Strauss, *Saudades do Brasil*, Paris, Plon, 1994, p. 46.

80. Agradeço mais uma vez a Jean-Louis Tissier por me haver guiado no cipoal da história e na epistemologia da geografia.

81. J. Maugüé, *Les Dents agacées*, *op. cit.*, p. 118.

82. *Ibid.*, p. 119.

83. *Ibid.*, p. 121.

84. *TT*, p. 143.

85. Cf. P. Wilcken, *Claude Lévi-Strauss. The Poet in the Laboratory*, *op. cit.*, p. 59.

86. *TT*, p. 149.

7. No coração do Brasil

1. *DPDL*, p. 34.

2. *TT*.

3. Depoimento de Antonio Candido de Mello e Souza, São Paulo, 5 de agosto de 2011.

4. F. Peixoto e L. Valentini, "Lévi--Strauss à São Paulo: l'Université, le département de culture et la Société d'ethnographie et de folklore", *op. cit.*, p. 76.

5. Segundo a expresão de Claude Lévi-Strauss em *DPDL*, p. 31: "As pessoas de São Paulo se consideravam a ala dinâmica de uma nação adormecida num torpor colonial".

6. O texto de Oswald de Andrade foi traduzido para o francês por Michel Riaudel, *Papiers*, nº 60, setembro de 2008, Collège International de Philosophie, *on-line*.

7. Cf. P. Wilcken, *Claude Lévi-Strauss. The Poet in the Laboratory*, *op. cit.*, p. 54.

8. Ver Maria Lúcia Pallares--Burke, *Gilberto Freyre, um vitoriano nos trópicos*, São Paulo, Editora Unesp, 2005, e a resenha que Afrânio Garcia dedica a esse livro em *Annales HSS*, nº 2, março-abril de 2006, p. 476-479.

9. A. Garcia, *ibid.*, p. 476-477.

10. A biblioteca municipal, por exemplo, é batizada "Biblioteca Mário de Andrade".

11. Ver S. Miceli, *Les Intellectuels et le pouvoir au Brésil*, *op. cit.*, p. 3 ss.

12. Claude Lévi-Strauss, *Saudades de São Paulo*, *op. cit.*, p. 10-11.

13. Depoimento de Françoise Héritier, entrevista à autora, 18 de abril de 2012.

14. Entrevista filmada com Manuela Carneiro da Cunha, 1985, projetada no Laboratório de Imagem e Som em Antropologia (Lisa), USP. Eis o que ela diz ao mencionar Mário de Andrade: "Era uma personalidade extremamente inquieta, fervilhante, capaz de mobilizar diversas forças ao seu redor".

15. Citado por F. Peixoto, "Lévi--Strauss à São Paulo: la ville et le terrain", *op. cit.*, p. 80.

16. Trata-se sem dúvida de *Música, doce música*, publicado em 1933.

17. Claude Lévi-Strauss, carta a Mário de Andrade, 25 de outubro de 1936, arquivos Mário de Andrade, arquivos IEB, USP. Essa carta é uma das quatro publicadas em *Les Temps Modernes*, nº 628, agosto-setembro-outubro de 2004, p. 259.

18. Carta de Dina Lévi-Strauss a Jean Marx, 10 de dezembro de 1936, Amae, Service des œuvres, 1932-1940, "Brésil".

19. A mancha mongólica é uma mancha escura de tamanho variável que aparece por ocasião do nascimento nas costas ou nádegas do bebê. É frequente nas crianças de pele escura, especialmente na Ásia, daí seu nome.

20. Dina Lévi-Strauss, *agrégée* de l'Université de Paris, *Instruções práticas para pesquisas de Antropologia física e cultural*, São Paulo, Coleção do Departamento Municipal de Cultura, 1936.

21. "Colhemos apenas algumas medidas antropométricas em índios do sexo masculino, mas as mulheres se mantêm numa tímida reserva. Impossível obter medidas nos esqueletos e ossos tanto entre os cadiuéus como entre os bororos do rio Vermelho. [...] A classificação pelo sangue também foi impossível de fazer, os índios se opuseram a isso, assim como foram reticentes em se deixar fotografar, temendo a morte ou um feitiço." Declarações colhidas pela imprensa brasileira na volta dos Lévi-Strauss, citadas por Luís Donisete Benzi Grupioni, "Claude Lévi-Strauss parmi les Amérindiens. Deux expéditions ethnographiques dans l'intérieur du Brésil", *in: Brésil indien. Les Arts des Amérindiens du Brésil*, Paris, RMN, 2005, p. 315-316.

22. *Diário da Noite*, 4 de novembro de 1936, acervo CLS, NAF 28150, caixa 232, "Presse brésilienne, 1935-1937".

23. Carta de Claude Lévi-Strauss a Mário de Andrade, 29 de abril de 1937, arquivos Mário de Andrade, arquivos IEB, USP.

24. Autora de uma tese de mestrado sob a orientação de Fernanda Peixoto, "Um laboratório de antropologia: o encontro entre Mário de Andrade, Dina Dreyfus e Claude Lévi--Strauss (1935-1938)", USP, 2010, mais tarde publicada sob o mesmo título, São Paulo, Alameda, 2013.

25. "Contributions pour l'étude de l'organisation sociale des Indiens Bororo", *Journal de la Société des Américanistes*, nº 28 (2), 1936, p. 269-304.

26. *Revista do Arquivo Municipal*, nº 3 (27), p. 8-79.

27. *Festa do Divino Espírito Santo. Mogy das Cruzes. 30 mai 1936*, filmada por Dina Lévi--Strauss (sozinha), estado de São Paulo. Filme conservado no Departamento de Cultura de São Paulo.

28. Mário Wagner citado por P. Wilcken, *Claude Lévi-Strauss. The Poet in the Laboratory*, *op. cit.*, p. 55, que não fornece sua fonte.

29. Ver L.D. Benzi Grupioni, "Claude Lévi-Strauss parmi les Amérindiens. Deux expéditions ethnographiques dans l'intérieur du Brésil", *op. cit.*, p. 316.

30. Carta de Claude Lévi-Strauss a Marcel Mauss, 10 de novembro de 1935, acervo CLS, NAF 28150, caixa 181, "Correspondance".

31. *Ibid.*

32. L.D. Benzi Grupioni, "Claude Lévi-Strauss parmi les Amérindiens. Deux expéditions ethnographiques dans l'intérieur du Brésil", *op. cit.*, p. 315.

33. Carta de Marcel Mauss a Claude Lévi-Strauss, 20 de fevereiro de 1936, acervo CLS, NAF 28150, caixa 181.

34. *Ibid.*

35. Acervo CLS, NAF 28150, caixa 11, "Documents", "Récit de voyage São Paulo-Porto Esperança par Dina Lévi-Strauss", 11 p.

36. *TT*, p. 150.

37. *Ibid.*, p. 151.

38. *Ibid.*, p. 156.

39. *Ibid.*, p. 167.

40. Fruta de uma árvore tropical cujo nome significa "fruta que mancha".

41. *Aldeia de Nalike*, serra da Bodoquena, estado de Mato Grosso, dezembro de 1935-janeiro de 1936 (um dos dois filmes conservados na discoteca do Departamento de Cultura de São Paulo). Ver Emmanuel Leclercq, "Quelques fragments de vie primitive: Claude Lévi-Strauss, cinéaste au Brésil", *Les Temps Modernes*, nº 628, agosto-setembro de 2004, p. 329-332.

42. Entrevista com Manuela Carneiro da Cunha, filmada em 1985, cópia do filme conservada no Laboratório de Imagem e Som em Antropologia (Lisa), USP.

43. Carta de Claude Lévi-Strauss a Mário de Andrade, 15 de janeiro de 1936, arquivos Mário de Andrade, arquivos IEB, USP.

44. Entrevista com Manuela Carneiro da Cunha, 1985, ref. cit.

45. *TT*, p. 205.

46. *À propos de Tristes Tropiques*, Jean-Pierre Beaurenaut, Jorge Bodansky e Patrick Menget, 1991, Arte, 46min.

47. *Claude Lévi-Strauss par lui--même*, entrevistado por Jean--Claude Bringuier, Pierre Dumayet, Jean-José Marchand, Bernard Pivot e Michel Treguer, 2008, Arte, 1h33min.

48. *TT*, p. 206.

49. *Ibid.*, p. 210.

50. *Dança do marid'do*, Kejara, fevereiro de 1936, Cinemateca do Brasil, Departamento de Cultura de São Paulo.

51. *TT*, p. 208. Trata-se de um homem de cerca de 35 anos que, educado pelos padres salesianos, aprendera rudimentos de português.

52. *Ibid.*, p. 213.

53. Claude Lévi-Strauss diz que tinha a "sensação de que sempre fora estruturalista, inclusive quando criança", em *À propos de Tristes Tropiques*, ref. cit.

54. Claude Lévi-Strauss, "Préface", *in:* L.D. Benzi Grupioni, *Brésil indien. Les Arts des Amérindiens du Brésil*, *op. cit.*, p. 17.

55. Conselho de Fiscalização das Expedições Artísticas e Científicas no Brasil, cujos arquivos estão conservados no Museu de Astronomia e Ciências Afins (Mast) no Rio de Janeiro.

56. L.D. Benzi Grupioni, "Claude Lévi-Strauss parmi les Amérindiens. Deux expéditions ethnographiques dans l'intérieur du Brésil", *op. cit.*, p. 318.

57. Cf. B. de L'Estoile, *Le Goût des autres. De l'exposition coloniale aux arts premiers*, *op. cit.*

58. Carta de Claude Lévi-Strauss a Heloísa Alberto Torres, 5 de novembro de 1936: "Mas – cá entre nós – não creio que o que eu trouxe dos bororos possa lhe interessar. A senhora tem mil vezes mais e mil vezes melhor"; "Não imagine encontrar uma cerâmica cadiuéu da mesma classe que os dois exemplares do Museu Nacional...". Agradeço a Heloísa Domingues, curadora do Mast, por me haver permitido ler a correspondência entre Claude Lévi-Strauss e Heloísa Alberto Torres. Ver capítulo seguinte.

59. *TT*, p. 18.

60. *DPDL*, p. 35.

61. Ver Jean Jamin, "Objets trouvés des paradis perdus. À propos de la mission Dakar--Djibouti", *in: Collection Passions*, Musée d'Ethnologie de Neuchâtel, 1982.

62. *TT*, p. 147.

63. *Ibid.*

64. Carta de Célestin Bouglé a Claude Lévi-Strauss, 4 de janeiro de 1937, Archives Nationales, 61AJ93. Agradeço a Thomas Hirsch por ter me dado acesso a essa correspondência.

65. Carta de Claude Lévi-Strauss a Marcel Mauss, 14 de março de 1936.

66. Ano 1936, vol. 28, nº 28/2, p. 269-304.

67. Carta de L. Lévy-Bruhl a Claude Lévi-Strauss, 24 de abril de 1937, acervo CLS, NAF 28150, caixa 195, "Correspondance reçue".

68. Carta de Curt Nimuendaju a Claude Lévi-Strauss, 11 de novembro de 1936, citada em Elena Welper, "Curt Unkel Nimuendaju: um capítulo alemão na tradição etnográfica brasileira", dissertação de mestrado, Rio de Janeiro, Programa de Pós-Graduação em Antropologia Social, Museu Nacional, UFRJ. Agradeço a Elena Monteiro Welper por me haver permitido ler essa correspondência e a Luísa Valentini pela tradução das cartas do português para o francês.

69. *Ibid.*

8. Massimo Lévi entre os nambiquaras

1. *TT*, p. 243.

2. Eduardo Viveiros de Castro, "Les rendez-vous manqués" ("Desencontros"), prefácio à edição brasileira de *Loin du Brésil, Longe do Brasil*, Editora Unesp, 2011, agora traduzido em "Claude Lévi-Strauss", *Europe*, nº 105-106, p. 83-90.

3. Carta de Claude Lévi-Strauss a Marcel Mauss, 25 de setembro de 1937, acervo CLS, caixa 181.

4. Roger Bastide, entrevista a Irene Cardoso citada por Luís Donizete Benzi Grupioni, *Coleções e expedições vigiadas: os etnólogos no Conselho de Fiscalização das Expedições Artísticas e Científicas no Brasil*, São Paulo, Editora Hucitec/Anpocs, 1998, p. 139.

5. *Ibid.*

6. Carta a Marcel Mauss, 25 de setembro de 1937, acervo CLS, caixa 181.

7. *TT*, p. 243.

8. *Ibid.*, p. 243-244.

9. Cf. Vincent Debaene, "'Un quartier de Paris aussi inconnu que l'Amazone'. Surréalisme et récit ethnographique", *Les Temps Modernes*, nº 628, agosto--setembro-outubro de 2004, p. 135.

10. Amae, AM, 1918-1940, DG, nº 206, "Note pour M. de Bressy", citada por H. Suppo, "La Politique culturelle française au Brésil entre les années 1920--1950", tese cit., nota 585.

11. *TT*, p. 247-254.

12. *Ibid.*, p. 245.

13. *Ibid.*, nota 6, p. 1.758.

14. *Ibid.*, p. 245.

15. *Ibid.*, p. 246.

16. Ver Vincent Debaene, "Notice", *in: Tristes Tropiques*, Paris, Gallimard, "Bibliothèque de la Pléiade", p. 1.685.

17. Para este parágrafo sobre Rondon e o SPI, ver Antônio Carlos de Souza Lima, *Um grande cerco de paz. Poder tutelar, indianidade e formação do Estado no Brasil*, Petrópolis, Vozes, 1995, e respectiva resenha feita por Benoît de L'Estoile na *Revue de Synthèse*, nº 3-4, julho-dezembro de 2000, p. 489-492; ver também P. Wilcken, *Claude Lévi-Strauss. The Poet in the Laboratory*, *op. cit.*, p. 77-79.

18. Carta de 6 de abril de 1937, dossiê "Lévi-Strauss", arquivos do Conselho de Fiscalização das Expedições Artísticas e Científicas no Brasil, Mast. Remetemos igualmente a L.D. Benzi Grupioni, "Claude Lévi-Strauss parmi les Amérindiens. Deux expéditions ethnographiques dans l'intérieur du Brésil", *op. cit.*, p. 327-329. Nele, o autor retraça a cronologia exata da batalha burocrática que se instala e esclarece suas circunstâncias.

19. Ambas extraídas do mesmo acervo da primeira carta. As demais

cartas citadas neste parágrafo procedem da mesma fonte.

20. Todo este parágrafo é composto a partir de indicações que me foram fornecidas por Heloísa Domingues, responsável pelos arquivos do Mast, e Mariza Corrêa, autora de *Antropólogas e antropologia*, Belo Horizonte, Editora da UFMG, 2003, e de "Lettres d'une femme rangée", *Cahiers du Brésil Contemporain*, nº 47-48, 2002, p. 181-197, bem como co-organizadora do *e-book Querida Heloísa/Dear Heloísa. Cartas de campo para Heloísa Alberto Torres*, Mariza Corrêa e Januara Mello (org.), Núcleo de Estudos de Gênero (Pagu), série Pesquisa, Unicamp, 2008. Agradeço a ambas por sua disponibilidade e generosidade.

21. Mariza Corrêa, introdução a *Querida Heloísa*, *op. cit.*; portal eletrônico que reúne as correspondências de etnólogos sobre o trabalho de campo brasileiro e de Heloísa Alberto Torres.

22. Antônio Carlos de Souza Lima, "L'indigénisme au Brésil. Migration et réappropriations d'un savoir administratif", *Revue de Synthèse*, nº 3-4, julho-dezembro de 2000, p. 381-410.

23. Carta a Heloísa Alberto Torres, 12 de fevereiro de 1938, arquivos do Mast, dossiê "Lévi-Strauss".

24. *Ibid.* Tradução em L.D. Benzi Grupioni, "Claude Lévi-Strauss parmi les Amérindiens. Deux expéditions ethnographiques dans l'intérieur du Brésil", *op. cit.*, p. 328.

25. Carta a Mário de Andrade, não datada, arquivos Mário de Andrade, arquivos IEB, USP.

26. L.D. Benzi Grupioni, "Claude Lévi-Strauss parmi les Amérindiens. Deux expéditions ethnographiques dans l'intérieur du Brésil", *op. cit.*, p. 328.

27. Carta a Heloísa Alberto Torres, 10 de abril de 1937, cópia de carta proveniente dos arquivos Heloísa Alberto Torres.

28. Cf. "Mission Tristes Tropiques", *Libération*, 1º de setembro de 1988. Claude Lévi-Strauss, interrogado por Mathieu Lindon, se explica: "Tínhamos relações extremamente difíceis em campo. Era um 'inspetor fiscal', que representava as autoridades brasileiras. Mas ele tremia de medo, estava esmagado por suas responsabilidades. Tentava o tempo todo reprimir, me impedir de fazer o que eu queria. E continuávamos obrigatoriamente camaradas, pois compartilhávamos o desconforto".

29. Acervo CLS, NAF 28150, caixa 126, "Carnet de notes de Dina, São Paulo, mai 1938, Utiarity, juillet 1938". Todas as citações seguintes são extraídas desse caderno.

30. Crítica feita por Clifford Geertz em "Le Monde dans un texte. Comment lire *Tristes Tropiques?*", *in: Ici et là-bas. L'Anthropologue comme auteur* [1988], Paris, Métaillé, 1996. [ed. bras.: *Obras e vidas. O antropólogo como autor*, Rio de Janeiro, Editora da UFRJ, 2009.] Como lembra Vincent Debaene em "Notice", *in: Tristes Tropiques*, *op. cit.*, p. 1.686, Geertz critica Lévi-Strauss por omitir as condições gerais da prática antropológica e, assim, fornecer uma "versão heroicizada".

31. A misteriosa história de sua morte por suicídio inspirou o livro de um escritor brasileiro, Bernardo Carvalho, *Nove noites*, São Paulo, Companhia das Letras, 2002.

32. Questionário citado em Luiz de Castro Faria, *Another Look. A Diary of the Serra do Norte Expedition*, 2001, trad. ingl. publicada pela mesma editora de *Um outro olhar. Diário da expedição à Serra Norte*, Rio de Janeiro, Ouro Sobre Azul, 2001, p. 50. Utilizei aqui a edição inglesa.

33. Acervo CLS, NAF 28150, caixa 126, "Carnet de notes de Dina, São Paulo, mai 1938, Utiarity, juillet 1938".

34. *Ibid.*

35. *Ibid.*

36. *Ibid.*

37. *Ibid.*

38. *TT*, p. 261.

39. *Ibid.*, p. 263.

40. Carta a Mário de Andrade, 17 de junho de 1938, arquivos Mário de Andrade, arquivos IEB, USP.

41. Acervo CLS, NAF 28150, caixa 126, "Carnet de notes de Dina, São Paulo, mai 1938, Utiarity, juillet 1938".

42. *TT*, p. 267.

43. Carta a Mário de Andrade, 17 de junho de 1938, arquivos Mário de Andrade, arquivos IEB, USP.

44. "Rapport du Docteur Vellard sur la mission de Mato Grosso", 2 de abril de 1939, endereçado a Jean Marx, Amae, Service des oeuvres, 1932-1940, "Brésil", vol. 440, 56 p.

45. Carta a Marcel Mauss, Utiariti, 7 de julho de 1938, acervo CLS, caixa 181.

46. *TT*, p. 271.

47. Claude Lévi-Strauss, entrevista filmada com Manuela Carneiro da Cunha, 1985, ref. cit.

48. *Auprès de l'Amazonie: le parcours de Claude Lévi-Strauss*, documentário de Marcelo Fortaleza Flores, 2008, 52 min.

49. *TT*, p. 348.

50. *Ibid.*, p. 32.

51. *Ibid.*, p. 349.

52. *Ibid.*, p. 292-293.

53. Os cadernos de expedição de Claude Lévi-Strauss no Brasil estão reunidos nas caixas 120 a 125 de seus arquivos pessoais, NAF 28150. As citações a seguir vêm de lá.

54. Ver Vincent Debaene, "Notice", *in: TT*, p. 1.687.

55. B. de L'Estoile, *Le Goût des autres. De l'exposition coloniale aux arts premiers*, *op. cit.*, p. 170. Sobre as fotografias de Castro Faria, ver também Michel Perrin, "Regards croisés", *L'Homme*, nº 165, janeiro-março de 2003 [*on-line*], disponibilizado em 27 de março de 2008.

56. *TT*, p. 403.

57. *Ibid.*

58. O texto encontra-se reproduzido em "En marge de *Tristes Tropiques*", Gallimard, "Bibliothèque de la Pléiade", p. 1.632-1.651.

59. *TT*, p. 291.

60. Setenta e cinco nambiquaras, 17 famílias e 13 abrigos. O episódio é narrado no capítulo 28 de *Tristes trópicos*, "Lição de escrita"; esse capítulo sobre a origem da escrita e sua função política será objeto de uma célebre crítica de Jacques Derrida em sua *Gramatologia*.

61. *TT*, p. 300.

62. *Ibid.*, p. 284.

63. Ver também Georges Devereux, *De l'angoisse à la méthode dans les sciences du comportement*, Paris, Flammarion, 1980.

64. Acervo CLS, NAF 28150, caixa 125, "Carnet (sans couverture) broché, fin de l'expédition", 1 p., 3 cadernos de expedição, "Brésil".

65. "Rapport du Docteur Vellard sur la mission de Mato Grosso", *op. cit.*, p. 28.

66. *Ibid.*

67. Bebida fermentada preparada pelos índios a partir do milho.

68. *TT*, p. 379. Fotografias dos protagonistas em *Saudades do Brasil*, *op. cit.*, p. 193-197.

69. Cf. P. Wilcken, *Claude Lévi-Strauss. The Poet in the Laboratory*, *op. cit.*, p. 105.

70. L. de Castro Faria, *Another Look*, *op. cit.*, p. 185: "Ele se obstina em manter o mesmo comportamento que adotou durante toda a viagem, se isolando. E como nosso chefe não tem nenhuma autoridade e energia, não sei como vamos sair dessa situação".

71. *Ibid.*, p. 192.

72. *TT*, p. 383.

73. *Ibid.*

74. M. Lindon, "Mission *Tristes Tropiques*", *op. cit.*

75. *Ibid.*

76. Entrevista filmada e realizada por Anne-Marie Pessis para *História da antropologia no Brasil*, Universidade de Campinas, 1988: "Eu não tinha nenhuma vocação. Acompanhava meu marido, pura e simplesmente. Além do mais, era impossível não ficar apaixonada. Era tão estranho, tão novo. Eu fazia o que podia".

77. Alain Badiou, *e-mail* de 9 de fevereiro de 2012.

78. L. de Castro Faria, *Another Look*, *op. cit.*, p. 4.

79. Cf. Vassili Rivron, "Un point de vue indigène? Archives de l'"expédition Lévi-Strauss"", *L'Homme*, nº 165, 2003, p. 306.

80. Ver a correspondência entre Lévi-Strauss e Nimuendaju, organizada e estudada por Elena Monteiro Welper, *Curt Unkel Nimuendaju*, *op. cit.*

81. Marcela Coelho de Souza e Carlos Fausto, "Reconquistando o campo perdido: o que Lévi-Strauss deve aos ameríndios", *Revista de Antropologia*, São Paulo, vol. 47, nº 1, 2004. Agradeço a Carlos Fausto por me fornecer a versão francesa, não publicada, desse artigo.

82. Claude Lévi-Strauss, "*L'Express* va plus loin avec Claude Lévi-Strauss", *op. cit.*

83. E. Viveiros de Castro, "Les rendez-vous manqués", cap. cit., p. 86.

84. Claude Lévi-Strauss, "Le coucher de soleil. Entretien avec Boris Wiseman", *Les Temps Modernes*, nº 628, agosto-setembro-outubro de 2004, p. 6.

85. *Ibid.*

86. Entrevista filmada com Manuela Carneiro da Cunha, 1985, ref. cit.

87. "Le coucher de soleil. Entretien avec Boris Wiseman", *op. cit.*, p. 5: "– É necessário fazer trabalho de campo pelo menos uma vez para se tornar etnólogo? – Sem dúvida alguma. – Por quê? – Para saber utilizar melhor os trabalhos dos outros".

88. Anne-Christine Taylor, "Don Quichotte en Amérique. Claude Lévi-Strauss et l'anthropologie américaniste", *Lévi-Strauss*, Paris, L'Herne, "Cahiers de L'Herne", 2004, p. 82.

89. *TT*, p. 391: "Mas o fim próximo de minha viagem ficou claro para mim com essa volta do fundo dos tempos".

90. Para toda esta passagem, mais uma vez, a referência é L.D. Benzi Grupioni, "Claude Lévi-Strauss parmi les Amérindiens. Deux expéditions ethnographiques dans l'intérieur du Brésil", *op. cit.*, p. 330-332.

91. Carta a Heloísa Alberto Torres, 14 de janeiro de 1939.

92. Dossiê "Lévi-Strauss"; CFE.T.2.054, arquivos do Conselho de Fiscalização das Expedições Artísticas e Científicas no Brasil, Mast.

93. "Registro geral da coleção etnográfica da expedição a Serra do Norte", dossiê "Lévi-Strauss"; CFE.T.2.054, arquivos do Conselho de Fiscalização das Expedições Artísticas e Científicas no Brasil, Mast: Utiariti, Índios Pareci; Juruena, Nambiquara, Campos Novos, Nambiquara;

Campos Novos, Nambiquara, grupo setentrional; Vilhena, Nambiquara-Tangnani; Vilhena, Nambiquara-Cabané; Vilhena, Nambiquara-Kabisi; Três Buritis--Barão de Melgaço-Nambiquara; rio Pimenta Bueno-Kabisiana; rio Machado, Tupi; rio Machado, Urumi.

94. Todas as citações são extraídas da correspondência entre Dina Lévi-Strauss e Mário de Andrade, arquivos Mário de Andrade, arquivos IEB, USP.

95. Discurso de Claude Lévi-Strauss em 17 de junho de 1963, para homenagear a memória de Métraux, recém-falecido.

96. Alfred Métraux, *Itinéraires 1. Carnets de notes et journaux de voyage*, Paris, Payot, 1978, p. 42-43.

9. A crise [1939-1941]

1. Numa carta endereçada a Mário de Andrade (4 de março de 1939), ele comunica sua passagem pelo Rio em 8 de março e o convida para almoçar a bordo, torcendo para que ele consiga uma licença: "Tenho muitas coisas para lhe contar". Mas ocorre um desencontro e eles não se veem mais, pois Mário morre em 1945. Arquivos Mário de Andrade, arquivos IEB, USP.

2. Expressão utilizada por Lévi-Strauss para descrever o personagem Paul Thalamas em seu esboço de romance intitulado *Tristes Tropiques*, do qual algumas páginas são publicadas na edição da "Bibliothèque de la Pléiade", p. 1.629.

3. *DPDL*, p. 39.

4. Para usar a expressão que ele aplicava a si mesmo quando estudante, cf. *DPDL*, p. 19.

5. Carta de Claude Lévi-Strauss a Marcel Mauss, 11 de agosto de 1939, Valleraugue, acervo CLS, caixa 181.

6. De acordo com a Wikipédia, o termo "creosoto" vem do alemão *Kreosot*, formado a partir de duas palavras gregas: *kreas*, "carne", e *sôzein*, "salvar", "proteger". O creosoto, portanto, é o que salva a carne, a carne do papel e a do passado.

7. "Claude Lévi-Strauss regarde son passé. Être juif à la veille de la guerre", *Le Figaro*, 22-23 de julho de 1989: "– Como o senhor viu a guerra chegar com a ameaça do mundo hitlerista? – Eu não me questionava. Estava voltando de uma expedição. [...] Estava extraordinariamente ocupado, de um lado, com a classificação das coleções do Museu do Homem e, de outro, com minha reinstalação em Paris. Além disso, foi durante esse mês que minha primeira mulher e eu nos separamos. Enfim... Eu estava longe".

8. *Ibid.*

9. A. Métraux, *Itinéraire 1. Carnets de notes et journaux de voyage*, *op. cit.*, p. 43: "Para Lévi-Strauss, o antissemitismo alemão se explica pela inveja que as classes médias da Alemanha sentem com relação aos judeus que conseguiram prosperar durante o período da inflação".

10. Esses dois homens, futuros fundadores e mártires da Rede do Museu do Homem, são dois judeus russos, naturalizados em 1936 e recrutados na mesma época por Paul Rivet. Boris Vildé passou dois anos na Alemanha, de 1930 a 1932, e assistiu à escalada de poder do nazismo. Ver Julien Blanc, *Au commencement de la Résistance. Du côté du musée de l'Homme, 1940-1941*, Paris, Seuil, "La Librairie du XXIe Siècle", 2010, p. 77.

11. "Claude Lévi-Strauss regarde son passé", *op. cit.*

12. V. Debaene, *L'Adieu au voyage. L'Ethnologie française entre histoire et littérature*, *op. cit.*

13. "En marge de *Tristes Tropiques*", *Pléiade*, p. 1.628.

14. Ver, a esse respeito, "Le coucher de soleil. Entretien avec Boris Wiseman", *op. cit.*, p. 9.

15. *Ibid.*

16. Carta de Dina a Claude Lévi-Strauss, datada de segunda-feira, acervo CLS, NAF 28150, caixa 187.

17. Entrevista de Monique Lévi-Strauss à autora, 24 de setembro de 2011.

18. P. Wilcken, *Claude Lévi-Strauss. The Poet in the Laboratory*, *op. cit.*, p. 113. Entrevista à autora em 2007.

19. Claude Lévi-Strauss, "Être juif à la veille de la guerre", *op. cit.*

20. Julien Gracq, *Manuscrits de guerre*, Paris, José Corti, 2011.

21. André Breton, *Anthologie de l'humour noir*. A primeira edição, publicada pela editora Le Sagittaire, em 1940, é imediatamente proibida pelo novo regime de Vichy.

22. *DPDL*, Claude Lévi-Strauss é então "agente de ligação W na zona do 2º batalhão, 164º RIF, setor postal 193".

23. Carta de 23 de maio de 1940. Trata-se do célebre batalhão de infantaria dos Black Watch do regimento real da Escócia.

24. *DPDL*, p. 40.

25. Claude Lévi-Strauss, "Être juif à la veille de la guerre", *op. cit.*

26. "La leçon du pissenlit", *Le Monde*, 26 de maio de 1973, Gilles Lapouge contando uma confidência de Lévi-Strauss a Bernard Pingaud.

27. *Ibid.*

28. *DPDL*, p. 41.

29. J. Gracq, *Manuscrits de guerre*, *op. cit.*, p. 66.

30. Carta do agente de ligação Claude Lévi-Strauss, CIP, setor

postal 14014, 2 de junho de 1940, acervo CLS, caixa 181.

31. Claude Lévi-Strauss, "Être juif à la veille de la guerre", *op. cit.*

32. J. Gracq, *Manuscrits de guerre*, *op. cit.*, p. 126-127.

33. Como é sabido, apenas oitenta deputados, basicamente de esquerda, mas nem todos, negaram plenos poderes ao marechal Pétain.

34. Marc Bloch, *L'Étrange Défaite. Témoignage écrit en 1940*, Paris, Gallimard, "Folio", 1990, p. 67. [ed. bras.: *A estranha derrota*, Rio de Janeiro, Zahar, 2011.]

35. *DPDL*, p. 41. Ver também a carta que ele envia a Marcel Mauss de Montpellier, em 22 de julho de 1940: "Uma viagem longa e complicada me fez encalhar, com parte de minha formação, em Montpellier. Meu endereço é: pavillon colonial, cité universitaire. Pois, aguardando a desmobilização, e para lutar contra uma inatividade absoluta, não encontrei outro remédio senão ser examinador do *baccalauréat*!". Também dá a entender que Dina, sua mulher, está no Gard, na casa de amigos comuns.

36. Lembremos que André Chamson é seu ex-colega da Assembleia Nacional e escritor protestante ligado à Frente Popular (ver *supra*, p. 79).

37. Claude Lévi-Strauss, "Autoportrait", *op. cit.*, p. 20.

38. *DPDL*, p. 42.

39. Claude Lévi-Strauss, "Être juif à la veille de la guerre", *op. cit.*

40. Texto contemporâneo à guerra e publicado postumamente mais de sessenta anos após os acontecimentos, Hélène Berr, *Journal*, Paris, Tallandier, 2008.

41. *DPDL*, p. 139-140. Para uma leitura crítica dessa "dívida" para com Granet, tardiamente reconhecida no itinerário de Lévi-Strauss, ver "Lévi-Strauss, lecteur de Granet ou la dette refoulée", cap. IX, *in:* François Héran, *op. cit.*

42. Ver Claude Singer, *Vichy. L'Université et les Juifs*, Paris, Les Belles Lettres, 1992, p. 145.

43. Claude Lévi-Strauss, "Autoportrait", *op. cit.*, p. 20.

44. Claude Lévi-Strauss, "Être juif à la veille de la guerre", *op. cit.*

45. *TT*, p. 10.

46. Ver E. Loyer, *Paris à New York. Intellectuels et artistes français en exil, 1940-1947*, *op. cit.*, p. 34-37.

47. *DPDL*, p. 44.

48. As citações a seguir são extraídas das cartas que se encontram no dossiê "Claude Lévi-Strauss", Rockefeller Archives Center (Tarrytown), R.G.1.1, Entry 200, Box 52, Folders 609-610. É uma satisfação renovar aqui meus agradecimentos a Pierre-Yves Saunier e aos arquivistas da fundação. Para todo o processo de seleção aqui descrito, ver E. Loyer, *Paris à New York…*, *op. cit.*, cap. I: "Du refuge à l'exil: la débâcle et les fondations américaines, 1940-1941".

49. Acervo CLS, NAF 28150, caixa 196, carta de 12 de maio de 1937: "Quando penso em seu notável artigo sobre os bororos, vêm-me sempre à boca duas palavras em inglês: '*refreshing*' e '*stimulating*'. Seu estudo é 'refrescante' no sentido de que nos arranca dessa árida lenga-lenga que se tornou a etnografia sul-americana, às voltas com maus diletantes. 'Estimulante' pois inaugura, espero, uma nova era na maneira como as pesquisas devem ser efetuadas".

50. *DPDL*, p. 39.

51. Lévi-Strauss lhe permitirá, por sua vez, atravessar o Atlântico no outro sentido e em outras circunstâncias, ao apoiar sua candidatura à seção VI da EPHE, instituição onde Devereux dará continuidade à sua carreira a partir de 1963.

52. "*Well bred and most likeable persons.*"

53. Carta de Miles L. Hanley, Madison University of Michigan, a John Marshall, 24 de setembro de 1940, RFA, R.G.1.1, Entry 200, Box 46, Folder 530.

54. "*He is undoubtedly a very good man and working in a field which requires more personnel.*"

55. "*Lack of documentary evidence of his scientific capacity.*"

56. *TT*, p. 11.

57. *Ibid.*, p. 10.

58. Ver Laurent Jeanpierre, "Varian Fry et le sauvetage des réfugiés aux États-Unis", *in:* J.-M. Guillon (org.), *Varian Fry, du refuge… à l'exil*, Arles, Actes Sud, 2000, 2 vol.

59. *TT*, p. 11.

60. *Ibid.*

61. *TT*, p. 12.

62. *Ibid.*

63. *DPDL*, p. 45.

64. *Ibid.*

65. Essa "Note sur les rapports de l'œuvre d'art et du document écrite et remise à André Breton à bord du *Capitaine Paul Lemerle* en mars 1941", bem como sua resposta, foram publicadas em Claude Lévi-Strauss, *Regarder Écouter Lire*, Paris, Plon, 1993, p. 139-146.

66. *TT*, p. 15.

67. André Breton, "Eaux troubles", *Martinique, charmeuse de serpents* (1947), *in: Œuvres complètes*, Gallimard, "Bibliothèque de la Pléiade", t. III, Paris, 1999, p. 387.

68. Ver Éric Jennings, *Vichy sous les Tropiques. La Révolution nationale à Madagascar, en Guadeloupe, en Indochine, 1940-1944*, Paris, Grasset, 2004.

69. André Breton, "Eaux troubles", *op. cit.*, p. 393.

70. *Ibid.*, p. 390.

71. *TT*, p. 15.

72. *Ibid.*

73. *Ibid.*, p. 16.

74. *Ibid.*, p. 21.

75. Carta de Dina Lévi-Strauss a Mário de Andrade, 13 de junho de 1941, arquivos Mário de Andrade, arquivos IEB, USP, São Paulo.

76. *Ibid.*

77. Carta de Claude Lévi-Strauss a Marcel Mauss, 8 de maio de 1940, "Agent de liaison W à la zone 2e bataillon, 164e RIF, secteur postal 193", acervo CLS, caixa 181.

78. Carta de Claude Lévi-Strauss a Paul Rivet, 21 de julho de 1941, correspondência Lévi-Strauss/Rivet, acervo Paul Rivet, 2 AP1C, biblioteca central do Muséum National d'Histoire Naturelle.

79. Carta de Dina Lévi-Strauss a Marcel Mauss (s.d.), Archives Nationales, 2 AP 4 2 B2. Essa carta me foi comunicada por Thomas Hirsch, a quem agradeço.

80. Carta de Dina Lévi-Strauss a Mário de Andrade, 13 de junho de 1941, arquivos Mário de Andrade, arquivos IEB, USP, São Paulo.

81. Claude e Dina não se encontrarão mais, exceto nos anos 1980, quando voltam a fazer contato – envio de livros – por ocasião da morte de Emma Lévi-Strauss, mãe de Claude, a quem Dina nunca deixou de visitar.

10. *A Frenchman in New York City*. Exílio e invenção científica [1941-1944]

1. *Paris-New York*, CNAC Georges-Pompidou, Musée National d'Art Moderne, 1977, p. 79-83; reproduzido em *Le Regard éloigné*, Paris, Plon, 1983, p. 355.

2. Patrick Waldberg, "Au fil du souvenir", *in: Échanges et communications: mélanges offerts à Claude Lévi-Strauss à l'occasion de son 60e anniversaire*, textos reunidos por Jean Pouillon e Pierre Maranda, Haia, Mouton, 1970, p. 581.

3. A bem da verdade, ele continua a fazer isso, uma vez que de toda forma o estatuto de outubro de 1940 permite que parte do salário do professor exonerado, proporcional à remuneração na carreira, seja distribuída a membros da família, mulher, filhos ou pais. É assim que os pais de Lévi-Strauss sobrevivem durante os anos de guerra, munidos de falsos documentos de identidade e ao abrigo em sua casa das Cévennes ou no Drôme, onde se refugiam na casa de René Courtin.

4. Cf. P. Waldberg, "Au fil du souvenir", *op. cit.* Durante os anos de exílio, vários casais se formam e se separam no mesmo pequeno círculo, não sem dramas: Matta toma a mulher do jovem artista norte-americano de origem armênia Archile Gorky; David Hare, editor de *VVV*, se une a Jacqueline Lamba, companheira de Breton etc. Lévi-Strauss fala com seu pai de seu "Renoir", e suas novas amigas fazem aparições regulares na crônica sentimental do exílio. Ver Patrick e Isabelle Waldberg, *Un amour acéphale*, Paris, La Différence, 1992, p. 184 ss.

5. Ver os trabalhos de V. Debaene, *L'Adieu au voyage. L'Ethnologie française entre science et littérature*, *op. cit.*; Laurent Jeanpierre, "Des hommes entre plusieurs mondes. Étude sur une situation d'exil: des intellectuels français réfugiés aux États-Unis pendant la Deuxième Guerre mondiale", doutorado, EHESS, 2005; e E. Loyer, *Paris à New York. Intellectuels et artistes français en exil 1940-1947*, *op. cit.*

6. Cf. os trabalhos de e inspirados por Bruno Latour, que, há cerca de trinta anos, vem requalificando, mediante uma abordagem antropológica, uma das atividades mestras da modernidade ocidental: a ciência. Em especial, Bruno Latour e Steve Woolgar, *La Vie de laboratoire. La Production des faits scientifiques* [1979], Paris, La Découverte, 1988 [ed. bras.: *A vida de laboratório. A produção de fatos científicos*, Rio de Janeiro, Relume-Dumará, 1988.]; o mais recente: *Enquête sur les modes d'existence: une anthropologie des modernes*, Paris, La Découverte, 2012.

7. Carta de 30 de maio de 1941, *in: "Chers tous deux"*, *op. cit.*

8. Aline Caro-Delvaille, repetimos, é a irmã mais velha de Emma Lévi-Strauss. É mulher do pintor Caro-Delvaille, a quem acompanhou aos Estados Unidos no fim da Primeira Guerra Mundial. Após a morte do marido, permanece lá, vivendo de trabalhos de edição, tradução e jornalismo; convive com diversas personalidades, às quais recorre para reunir o dinheiro necessário à vinda do sobrinho em 1941.

9. Ver H. Nizan, *Libres mémoires*, *op. cit.*

10. Essas cartas formam o cerne de *"Chers tous deux"* e são datadas. Portanto, as datas são a referência. As citações a seguir são todas extraídas dessa correspondência.

11. Segundo a expressão de Lévi-Strauss, que, cinquenta anos mais tarde, as releu e prefaciou num breve texto reproduzido em *"Chers tous deux"*, *op. cit.*

12. Theodor W. Adorno, *Minima Moralia. Réflexions sur la vie mutilée*: trata-se de uma série de textos curtos redigidos no exílio em Nova York, entre 1944 e 1947. Nem todas as "mutilações" em questão são ligadas à situação de exílio, mas uma forma de alienação da vida moderna é análoga à condição de exilado. [ed. bras.: *Minima moralia. Reflexões sobre uma*

vida lesada, Rio de Janeiro, Azougue, 2008.]

13. Carta de 14 de julho de 1941, *in: "Chers tous deux"*, *op. cit.*

14. Carta de 30 de maio de 1941, *ibid.*

15. Claude Lévi-Strauss, "New York post- et préfiguratif", *in: Le Regard éloigné*, *op. cit.*, p. 347.

16. Carta de 13 de agosto de 1941, *in: "Chers tous deux"*, *op. cit.*

17. Carta de 8 de junho de 1941, *ibid.*

18. *Ibid.*

19. Carta de 13 de agosto de 1941, *ibid.*

20. Carta de 15 de junho de 1941, *ibid.*

21. Carta de 5 de agosto de 1941, *ibid.*

22. Cf. Vincent Debaene, "Comme Alice de l'autre côté du miroir… Claude Lévi-Strauss à New York", *in: Land of Refuge, Land of Exile (Terre d'accueil, terre d'exil)*, The Florence Gould Lectures, vol. 11, inverno de 2009-2010, p. 59.

23. Cf. Philippe Roger, *L'Ennemi américain. Généalogie de l'anti-américanisme français*, Paris, Seuil, 2002.

24. Gustave Cohen, *Lettres aux Américains*, Ottawa, Éditions de l'Arbre, 1943, p. 36.

25. Denis de Rougemont, *Journal d'une époque, 1926-1946*, Paris, Gallimard, 1968, p. 451.

26. Carta de 30 de maio de 1941, *in: "Chers tous deux"*, *op. cit.*

27. *TT*, p. 65.

28. Carta de 14 de julho de 1941, *in: "Chers tous deux"*, *op. cit.*

29. Carta de 16 de outubro de 1941: nela, Masson é descrito como "uma espécie de monge moderno absorto em pesquisas gráfico-metafísicas", *ibid.*

30. Lá, ele encontra, em especial, os volumes originais com encadernação auriverde dos *Annual Reports of the Bureau of American Ethnology*, os quais considera sacrossantos e conservará a vida inteira.

31. Carta de 22 de junho de 1941, *in: "Chers tous deux"*, *op. cit.*

32. Carta de 20 de julho de 1941, *ibid.*

33. Claudine Herrmann, "Claude Lévi-Strauss à New York", *in:* É. Joulia, *Claude Lévi-Strauss. L'Homme derrière l'œuvre*, *op. cit.*, p. 20.

34. Carta de 7 de julho de 1941, *in: "Chers tous deux"*. *op. cit.*

35. Carta de 13 de agosto de 1941, *ibid.*

36. Carta de 9 de dezembro de 1941, *ibid.*

37. Teoria matemática da informação (1949). Nela, Shannon demonstra que toda mensagem, seja qual for seu conteúdo, visual, auditivo etc., pode ser reduzida a uma série de 0 ou 1. Seus estudos sobre as telecomunicações estão manifestamente na origem dos sistemas informáticos e digitais.

38. *DPDL*, p. 46.

39. Carta de 5 de agosto de 1941, *in: "Chers tous deux"*, *op. cit.*

40. *Ibid.*

41. Claude Lévi-Strauss, "Autoportrait", *op. cit.*, p. 21.

42. Carta de 4 de outubro de 1941.

43. Ver, para essa distinção entre "migração de ruptura" e "migração de manutenção", Paul-André Rosental, "Maintien/Rupture: un nouveau couple pour l'analyse des migrations", *Annales*, ESC, julho-setembro de 1990, p. 1.403-1.431.

44. Cf. Victor Hugo: "Tudo sugere que, à sua revelia, os exilados estão perto de algum sol, pois amadurecem rápido", "Océan", *in: Œuvres complètes*, Paris, Laffont, "Bouquins", 1989, p. 273.

45. Carta de 26 de outubro de 1941, *in: "Chers tous deux"*, *op. cit.*

46. *Ibid.*

47. Carta de 22 de junho de 1941, *ibid.*

48. *Ibid.*

49. *Ibid.*

50. *Ibid.*

51. *Ibid.*

52. Carta de 17 de setembro de 1941, *ibid.*

53. Carta de 5 de agosto de 1941, *ibid.*

54. É Claude Lévi-Strauss quem o batiza dessa forma a fim de escapar à censura.

55. Trata-se de André Labarthe; homem da primeira França Livre, mas, banido em Londres, vai para Nova York e forma uma oposição de esquerda a De Gaulle.

56. Carta de 26 de setembro de 1941, *in: "Chers tous deux"*, *op. cit.*

57. Laurent Jeanpierre, "Les structures d'une pensée d'exilé. La formation du structuralisme de Claude Lévi-Strauss", *French Politics. Culture and Society*, vol. 28, nº 1, primavera de 2010, p. 63.

58. Claude Lévi-Strauss, "New York post- et préfiguratif", *in: Le Regard éloigné*, *op. cit.*, p. 63.

59. L. Jeanpierre, "Les structures d'une pensée d'exilé. La formation du structuralisme de Claude Lévi-Strauss", *op. cit.*, p. 65.

60. Carta de 12 de junho de 1941, *in: "Chers tous deux"*, *op. cit.*

61. Carta de 20 de agosto de 1941, *ibid.*

62. Robert Lebel, "Paris-New York et retour avec Marcel

Duchamp, Dada et le surréalisme", *in: Paris-New York*, *op. cit.*, p. 69.

63. Carta de 16 de outubro de 1941, *in: "Chers tous deux"*, *op. cit.*

64. Carta de 10 de outubro de 1941, *ibid.*

65. P. Waldberg, "Au fil du souvenir", *op. cit.*, p. 583.

66. Cf. D. Bertholet, *Claude Lévi-Strauss*, *op. cit.*, p. 144.

67. Claude Lévi-Strauss, "Autoportrait", *op. cit.*, p. 21-22.

68. P. Waldberg, "Au fil du souvenir", *op. cit.*, p. 582.

69. Philippe Sollers, "La nécessaire alliance des intellectuels et des écrivains", *Le Monde*, 10 de fevereiro de 2000.

70. *DPDL*, p. 54.

71. *Ibid.*

72. Artigo publicado com esse título na revista da École Libre des Hautes Études, *Renaissance*, vol. 2 e 3, 1944-1945, reproduzido em *AS*, p. 269-294.

73. *Ibid.*, p. 273.

74. *Ibid.*, p. 285.

75. "The Art of the Northwest Coast at the American Museum of Natural History", artigo publicado em Nova York em 1943 na *Gazette des Beaux-Arts*. O texto foi reproduzido na abertura de *La Voie des masques* [A via das máscaras](1975).

76. Claude Lévi-Strauss, "New York post et préfiguratif", *op. cit.*, p. 348.

77. *Ibid.*

78. Patrick Waldberg prefere situar o equivalente do rebuliço nova-iorquino e da diversidade de seu povoamento nas páginas que Flaubert dedica à descrição do exército de Amílcar em *Salambô*, "Au fil du souvenir", *op. cit.*, p. 581.

79. Para retomar a palavra utilizada por Walter Benjamin para qualificar Siegfried Kracauer em "Un outsider attire l'attention", *in:* S. Kracauer, *Les Employés*, Paris, Les Belles Lettres, 2012, p. 136.

80. C. Herrmann, "Claude Lévi-Strauss à New York", *op. cit.*, p. 24.

81. P. Waldberg, "Au fil du souvenir", *op. cit.*, p. 584.

82. V. Debaene, "Comme Alice de l'autre côté du miroir. Claude Lévi-Strauss à New York", *op. cit.*, p. 60.

83. Numa entrevista concedida aos *Cahiers du Cinéma*, em junho de 1964, Lévi-Strauss explica: "Em todas as minhas opiniões sobre os filmes norte-americanos interfere inevitavelmente o fato de eu ter passado muitos anos nos Estados Unidos, lá ter vivido muito intensamente; portanto, tudo que me lembra esse período constitui para mim uma atração muito forte", p. 22.

84. *TT*, p. 444.

85. De Gaulle reconhecia na permanência do pensamento francês um dos dois "molhes" – o outro sendo o "toco de espada" – a que a França, na derrota, podia se agarrar. É a esse título que ele enaltecia a École Libre des Hautes Études, em *Discours et messages*, Paris, Plon, 1970, p. 335.

86. P. e I. Waldberg, *Un amour acéphale*, *op. cit.*, p. 184.

87. Carta de Claude Lévi-Strauss a Henri Focillon, 2 de março de 1942, arquivos da École Libre des Hautes Études, New School for Social Research, Nova York.

88. A "Política de Boa Vizinhança" iniciada no primeiro governo Roosevelt visa romper com a doutrina Monroe (1823), que pregava a influência legítima dos Estados Unidos sobre o sul do continente.

89. Claude Lévi-Strauss, "Ce que l'Amérique latine attend de nous", *Pour la victoire*, 4 de julho de 1943. Ver também *id.*, "Les Français et le panaméricanisme", *Pour la victoire*, 24 de janeiro de 1942. O antropólogo começa seu artigo com um episódio significativo do alto grau de penetração que a França conquistara na sociedade latino-americana: em 1937, num remoto vilarejo do estado de Goiás, dois franceses encontram um velho que, sabendo que são franceses, exclama sem sotaque: "*Ah Messieurs, la France, Anatole, Anatole!*". Anatole France era objeto dessa homenagem distante...

90. Acervo CLS, NAF 28150, caixa 213, "École Libre des Hautes Études".

91. Telegrama de Jacques Maritain ao general De Gaulle, 20 de março de 1943, acervo Cassin, Archives Nationales, 382 AP55.

92. *DPDL*, p. 62-63.

93. Claude Lévi-Strauss, "Les leçons de la linguistique", prefácio a Roman Jakobson, *Six Leçons sur le son et le sens*, Paris, Les Éditions de Minuit, 1976; texto reproduzido em *Le Regard éloigné*, *op. cit.*, p. 191.

94. Claude Lévi-Strauss, "Claude Lévi-Strauss: histoire d'une amitié", *Le Monde*, 16 de outubro de 1971.

95. *Ibid.*

96. Cf. P. Wilcken, *Claude Lévi-Strauss. The Poet in the Laboratory*, *op. cit.*, p. 137.

97. Claude Lévi-Strauss, "Claude Lévi-Strauss, histoire d'une amitié", *op. cit.*

98. "É nesse ponto preciso que Claude Lévi-Strauss inova no sentido estrito." François Dosse, *Histoire du structuralisme*, t. I. *Le Champ du signe*, Paris, La Découverte, 1991, p. 34. [ed. bras.: *História do estruturalismo*, t. I. *O campo do signo*, Rio de Janeiro, Ensaio, 1996.]

99. Claude Lévi-Strauss, "Ce que je suis", *Le Nouvel Observateur*,

28 de junho de 1980, citado por D. Bertholet, *Claude Lévi-Strauss*, *op. cit.*, p. 123.

100. V. Debaene, "Comme Alice de l'autre côté du miroir. Claude Lévi-Strauss à New York", *op. cit.*, p. 53.

101. *DPDL*, p. 69.

102. Ver E. Loyer, *Paris à New York. Intellectuels et artistes français en exil 1940-1947*, *op. cit.*

103. Memorando de oito páginas datilografado, não assinado e endereçado a Jacques Maritain, encontrado nos arquivos Jacques Maritain, caixa 17, Jacques Maritain Center, Notre Dame University. Uma carta enviada por Maritain a Lévi-Strauss, datada de 23 de julho de 1942 e citando certas passagens do texto, permitiu identificar seu autor.

104. Claude Lévi-Strauss, "Compte rendu de Julien Benda, *La Grande Épreuve des démocraties. Essai sur les principes démocratiques. Leur nature, leur histoire, leur valeur philosophique*", Nova York, Éditions de la Maison Française, 1942, *Renaissance*, vol. 1, outubro-dezembro de 1943, fasc. 4, p. 324-328. Julien Benda permaneceu escondido durante toda a guerra, principalmente em Carcassonne, escapando assim às perseguições antissemitas.

105. *Ibid.*

106. Acervo CLS, NAF 28150, caixa 210, "Activités politiques", "23rd Meeting of the Peace Aims Group Council of Foreign Relations, February 8, 1943", relatório escrito por Dwight E. Dee [classificado como sigiloso].

107. "*He expressed his opinion that Europe after the war would be a* tabula rasa *owing to the prodigious breakdown in institutions. The new system would not be so difficult to establish since the old would have been destroyed. The social revolution would spread all over Europe and whether or not it came from Russia depended upon the capacity of the Western European workers to build their own system first.*"

108. Ver L. Jeanpierre, "Les structures d'une pensée d'exilé. La formation du structuralisme de Claude Lévi-Strauss", *op. cit.* Ver também Vincent Debaene, "À propos de 'La politique étrangère d'une société primitive'", *Ethnies*, nº 33-34, inverno de 2009, p. 132-138.

109. Claude Lévi-Strauss, "La théorie du pouvoir dans une société primitive", *in: Les Doctrines politiques modernes*, Nova York, Brentano's, 1947, p. 51; texto inserido em *TT*, p. 317-318.

110. *Ibid.*

111. Claude Lévi-Strauss, "Guerre et commerce chez les Indiens de l'Amérique du Sud", *Renaissance*, vol. 1, 1943, fasc. 1-2, p. 124.

112. L. Jeanpierre, "Les structures d'une pensée d'exilé. La formation du structuralisme de Claude Lévi--Strauss", *op. cit.*, p. 66.

113. Cf. W. Stoczkowski, *Anthropologies rédemptrices. Le monde selon Lévi-Strauss*, *op. cit.*, p. 7 ss.; *TT*, p. 132-140.

114. Cf. Abdelmalek Sayad, *La Double Absence. Des illusions de l'émigré aux souffrances de l'immigré*, Paris, Seuil, 1999.

115. P. Waldberg, "Au fil du souvenir", *op. cit.*, p. 581: "Ainda estávamos um pouco transtornados, ou melhor, estarrecidos, doentes, mal recuperados do choque do êxodo, do armistício, da catástrofe generalizada e dos incontáveis dramas particulares que ela engendrava. Carregávamos no rosto os alarmes e inquietudes de 1940, a preocupação com aqueles que havíamos deixado para trás, a nostalgia das ilusões perdidas. Todos tínhamos nossas histórias de infortúnio".

116. *DPDL*, p. 68.

117. D. de Rougemont, "Journal d'un retour", janeiro de 1946, *in: Journal d'une époque*, *op. cit.*, p. 581.

118. Ver E. Loyer, "New York-Paris (New York). Retours d'exil", cap. X, *in: Paris à New York, Intellectuels et artistes français en exil 1940-1947*, *op. cit.*

119. Carta de Claude Lévi-Strauss a Roger F. Evans, 29 de maio de 1945, arquivos da Fundação Rockefeller, Series 200, Box 52, Folder 610: "*We were able to enjoy the physical and mental security of which those who remained in Europe were deprived. And, what is more, these last four years, instead of having been lost in the all consuming task of merely keeping alive and in flight, were made profitable and fruitful and were enriched through our contacts with American scholars, with American academic life and American libraries*".

120. *Ibid.*: "*I am certain that the generosity of the Foundation will not have been in vain, that it has served to create a sound basis for permanent and fruitful cultural cooperation between France and the United States. And I am sure that all those who have been fortunate enough to receive the aid of the Rockefeller Foundation have pledged themselves to devote all their efforts to the cause of Franco-American cultural cooperation*".

11. Estruturalismo, anos americanos

1. Ver o livro de François Héran, *Figures de la parenté*, *op. cit.*, que propõe uma releitura crítica dessa dívida "recalcada", segundo o autor, por Lévi-Strauss, em

especial a respeito da obra de Marcel Granet, cap. X, "Lévi-Strauss, lecteur de Granet ou la dette refoulée".

2. Ver, a esse respeito, V. Debaene, "À propos de 'La politique étrangère d'une société primitive'", *op. cit.*, p. 132-138.

3. Expressão utilizada por Monique Lévi-Strauss para qualificar especialmente Henri Laugier numa entrevista à autora, 19 de junho de 2012.

4. Mudança de identidade atestada pelos documentos falsos dos pais de Lévi-Strauss consevados nos arquivos do filho. Observamos que as iniciais do sobrenome verdadeiro foram mantidas para forjar a nova identidade, o que era bastante comum, confirmando a vontade de preservar uma forma de continuidade identitária na nova vida clandestina, que compelia a drásticas rupturas (ver p. 238-239).

5. René Courtin, ex-colega conhecido no Brasil, que Lévi-Strauss reencontra em Montpellier em 1940, é um dos professores que se recusou a prestar juramento de fidelidade ao regime de Vichy. É exonerado, entra para a Resistência e faz parte do Governo Insurreto de Paris (20 de agosto de 1944). Na Libertação, é um dos fundadores do jornal *Le Monde*.

6. Essa citação e as seguintes são extraídas de uma série de cartas escritas por Claude Lévi-Strauss entre 2 de outubro de 1944 e 21 de agosto de 1947 e endereçadas a seus pais. Essa correspondência familiar acha-se conservada no domicílio de Monique Lévi-Strauss. Carta aos pais dele de 2 de outubro de 1944.

7. *Ibid.*

8. Nessa data, Mauss continua em Paris, tendo praticamente perdido o juízo. Cf. "Épilogue: les années de guerre et d'après-guerre", *in:* Marcel Fournier, *Marcel Mauss*, Paris, Fayard, 1994.

9. Carta de 2 de outubro de 1944, acervo CLS, NAF 28150, caixa 181, "Correspondance". Todas as citações a seguir são extraídas da mesma carta.

10. *DPDL*, p. 69.

11. Ver Chantal Morelle e Pierre Jakob, *Henri Laugier, un esprit sans frontière*, Bruxelles, Bruylant, LGDJ, 1997.

12. De Gaulle, *Discours et messages*, *op. cit.*, p. 335: "Quando um dia o historiador, longe dos tumultos em que estamos mergulhados, considerar os trágicos acontecimentos que quase fizeram a França rolar para o abismo sem volta, ele constatará que a resistência, isto é, a esperança nacional, se agarrou, na derrocada, a dois molhes que não cederam. Um era um toco de espada, o outro, o pensamento francês". Mais adiante no discurso, ele saúda "o Institut des Hautes Études de Nova York, magnífica criação francesa realizada no momento em que a tempestade do desespero soprava mais forte".

13. Carta de 13 de novembro de 1944, dirigida a John Marshall, arquivos da Fundação Rockefeller (Tarrytown), Entry 200, Box 52, Folders 609-610.

14. Acervo CLS, NAF 28150, caixas 213-214, "Rapport sur l'avenir de l'École Libre des Hautes Études" (s.d.).

15. *DPDL*, p. 69.

16. *Ibid.*, p. 70.

17. *Ibid.*

18. A propósito, ele é pai da atriz Delphine Seyrig, que Lévi-Strauss conheceu ainda menina, cf. *DPDL*, p. 71.

19. Claude Lévi-Strauss a respeito de Seyrig, a quem entrega uma carta para seus pais, 15 de novembro de 1944: "Gosto dele e o estimo infinitamente". Foto publicada em *L'Illustration* e inserida na carta.

20. Carta a seus pais de 24 de janeiro de 1945, acervo CLS, NAF 28150 (179).

21. Ver cap. 9, p. 216.

22. Carta a seus pais de 3 de dezembro de 1945.

23. Informações biográficas fornecidas por Laurent Lévi-Strauss, a quem agradeço; Sylvie Dreyfus-Asséo, filha de Pierre Dreyfus, confirma que "todo mundo na família [Dreyfus] achava que era uma má ideia". A família não vê com bons olhos essa união, realizada no microcosmo familiar, uma vez que Rose-Marie pertence à família Ullmo, aparentada aos Dreyfus, e que Claude Lévi-Strauss constitui praticamente um membro da família por sua amizade com Pierre. Todas as vezes que ele regressa a Paris durante seus anos vividos no estrangeiro costuma se hospedar na casa de Pierre Dreyfus, e é seu endereço – rua de la Faisanderie – que ele dá como referência. Sylvie Dreyfus-Asséo, entrevista à autora, 6 de outubro de 2011.

24. Carta a seus pais de 24 de janeiro de 1945.

25. Acervo CLS, NAF 28150, caixa 212, "Spoliations allemandes et indemnités de restitution". O acordo entre as organizações judaicas internacionais e a RFA resulta na lei de 19 de julho de 1957, que permite indenizar as vítimas de espoliações mobiliárias promovidas a partir de 1942 e conhecidas pelo nome de Ação M. Sobre essa questão, cf. Jean-Marc Dreyfus e Sarah Gensburger, *Des camps dans Paris. Austerlitz, Levitan, Bassano. Juillet 1943-août 1944*, Paris, Fayard, 2003.

26. Carta a seus pais de 15 de novembro de 1944.

27. Cf. P. Wilcken, *Claude Lévi-Strauss. The Poet in the Laboratory*, *op. cit.*, p. 136.

28. *DPDL*, p. 66.

29. *Ibid.*, p. 60.

30. Alguns exemplos, entre outros artigos publicados em revistas norte-americanas: "Social and psychological aspects of chieftainship", *Transactions of the New York Academy of Science*, vol. 7, 1944, p. 16-32; "Reciprocity and Hierarchy", *American Anthropologist*, nº 46, 1944; "L'analyse structurale en linguistique et en anthropologie", *Word, Journal of the Linguistic Circle of New York*, vol. 1, nº 2, agosto de 1945, p. 1-21.

31. *DPDL*, p. 56.

32. Parte dos cadernos de Alfred Métraux foi publicada sob o título *Itinéraires 1. Carnets de notes et journaux de voyage*, Paris, Payot, 1978.

33. *DPDL*, p. 56.

34. *Ibid.*

35. "Changes in the Bodily Form of Descendants of Immigrants", *American Anthropologist*, vol. 14, nº 3, julho-setembro de 1912. A pesquisa envolvia 17.821 descendentes de imigrantes.

36. P. Wilcken, *Claude Lévi-Strauss. The Poet in the Laboratory*, *op. cit.*, p. 133.

37. *DPDL*, p. 57.

38. *Ibid.*, p. 58.

39. Cf. carta a Paul Rivet, 4 de janeiro de 1943, correspondência Lévi-Strauss/Rivet, acervo Paul Rivet, 2AP1C, biblioteca central do Muséum National d'Histoire Naturelle. Claude Lévi-Strauss informa a Mauss que os filhos de Boas seriam muito receptivos a uma oferta do Museu do Homem no sentido de adquirir a biblioteca americanista de seu pai, muito amigo de Paul Rivet. Com esse fim, Claude Lévi-Strauss sai atrás do dinheiro (8 mil dólares) e evoca uma primeira possibilidade na pessoa de Georges Wildenstein, diretor da *Gazette des Beaux-arts*. Laugier o ajuda em sua atividade de *fundraising*. Mas o negócio não será fechado.

40. F. Héran, "Avant-propos", *in: Figures de la parenté. Une histoire critique de la raison structurale*, *op. cit.*, p. 13.

41. Carta a Paul Rivet, 10 de fevereiro de 1943, correspondência Lévi-Strauss/Rivet, acervo Paul Rivet, 2AP1C, biblioteca central do Muséum National d'Histoire Naturelle. As citações a seguir são extraídas da mesma correspondência.

42. Carta de Claude Lévi-Strauss a Paul Rivet, 6 de dezembro de 1943.

43. Ver o artigo de G. Lanteri-Laura, "Histoire et structure dans la connaissance de l'homme", *Annales ESC*, 22º ano, nº 4, 1967, p. 792-828.

44. "Remarques sur l'évolution phonologique du russe comparée à celle des autres langues slaves", conferência realizada no Congresso Internacional dos Linguistas, em Nimega, em 1928, *in: Travaux du Cercle linguistique de Prague*, Praga, 1929.

45. Claude Lévi-Strauss dirá mais tarde: "Parece-me impressionante que vários etnólogos tenham se voltado independentemente para a noção de estrutura durante esses anos de guerra, quando as circunstâncias nos condenavam a certo isolamento. Essa convergência mostra a que ponto tal noção era indispensável à solução dos problemas com que nossos predecessores toparam", *AS*, p. 359. Claude Lévi-Strauss fala especialmene da obra do etnólogo norte-americano de Yale George Murdock, autor de *Social Structure*, publicado em 1949, mesmo ano de *As estruturas elementares do parentesco*.

46. Claude Lévi-Strauss, "L'analyse structurale en linguistique et en anthropologie", *op. cit.*, reproduzido em *AS*, p. 41.

47. Sobre todo este parágrafo, ver o esclarecedor estudo, de título modesto, de Frédéric Keck, *Claude Lévi-Strauss, une introduction*, Presses Pocket, 2005, p. 7 ss. [ed. bras.: *Introdução a Lévi-Strauss*, Rio de Janeiro, Contraponto, 2013.]

48. "Uma análise efetivamente científica deve ser real, simplificadora e explicativa", em Claude Lévi-Strauss, "L'analyse structurale en linguistique et en anthropologie", *op. cit.*, p. 43.

49. Alfred Métraux, *Itinéraire 1. Carnets de notes et journaux de voyage*, *op. cit.*, 13 de março de 1947, p. 171.

50. Carta de Lévi-Strauss a Paul Rivet, 16 de dezembro de 1943.

51. Expressões utilizadas no original do prefácio de *As estruturas elementares do parentesco* que Claude Lévi-Strauss envia a Rivet numa carta de 9 de março de 1947. A seu ver, elas definem o futuro da sociologia (no sentido lato).

52. Ver os trabalhos de Carole Reynaud-Paligot, *La République raciale. Paradigme racial et idéologie républicaine*, Paris, PUF, 2006, e *Races, racisme et antiracisme dans la France des années 1930*, Paris, PUF, 2007.

53. Ver, para esta passagem, Christine Laurière, *Paul Rivet. Le savant et le politique*, *op. cit.*, p. 511.

54. Acervo CLS, NAF 28150, caixas 213-214, "École libre des hautes études".

55. Ver E. Loyer, *Paris à New York, Intellectuels et artistes français en exil 1940-1947*, *op. cit.*, em especial o cap. VII, "Les exigences du jour", dedicado ao exame da literatura política do exílio.

56. Ver André Breton e André Masson, *Martinique charmeuse de serpents*, *op. cit.*

57. Jacques Derrida, *L'Écriture et la différence*, Paris, Seuil, "Points", 1967, p. 13-14. [ed. bras.: *A escritura e a diferença*, São Paulo,

Perspectiva, 1995.] Citação encontrada em L. Jeanpierre, "La formation d'une pensée d'exilé", *op. cit.*, p. 60.

58. Yvonne Oddon e Agnès Humbert, igualmente detidas, terminaram sendo poupadas, bem como Germaine Tillion. Foram enviadas para campos de concentração e salvaram-se todas.

59. Paul Rivet "dava cobertura" às atividades resistentes de alguns membros de seu museu, o que não significa que participava ativamente. Com efeito, era um homem público vigiado e, além disso, avesso a uma vida clandestina. Acossado, depois ameaçado, deixa a França em fevereiro de 1941, arrasado, abandonando o museu e seus colaboradores à sua sorte. Um ano mais tarde, acontecem as primeiras prisões. Sobre toda essa história, ver C. Laurière, *Paul Rivet. Le savant et le politique*, *op. cit.*; Julien Blanc, *Au commencement de la Résistance. Du côté du musée de l'Homme, 1940-1941*, Paris, Seuil, "La Librairie du XXIe Siècle", 2010; e Anne Hogenhuis, *Des savants dans la Résistance. Boris Vildé et le réseau du musée de l'Homme*, Paris, CNRS Éditions, 2009.

60. Todos foram executados no monte Valérien, em 23 de fevereiro de 1942.

61. Carta a Paul Rivet, 17 de agosto de 1942.

62. J. Derrida, *L'Écriture et la différence*, *op. cit.*, p. 414.

63. O estruturalismo não visa reduzir a diversidade empírica a um pequeno número de formas culturais comuns, como dizem às vezes. Distinguindo-se desse ponto de vista do formalismo, ele joga luzes, segundo Frédéric Keck *(Claude Lévi-Strauss, une introduction*, *op. cit.*, p. 41), sobre as "invariantes num campo de diferenças, isto é, nas leis que regem a distribuição dessas diferenças". Como Claude Lévi-Strauss esclarece mais tarde, o objeto próprio da antropologia estrutural, como na linguística, são "os afastamentos diferenciais": não só o que é cada sociedade, mas como ela se liga às outras e ao mesmo tempo delas difere. Cf. "Postface au chapitre XV", *AS*, t. I, p. 358.

64. *DPDL*, p. 71: "Às vésperas da guerra, a França adquirira, na Quinta avenida, um esplêndido palacete, que um banqueiro norte-americano mandara construir no estilo de um palácio romano. O prefeito de Nova York, radicalmente antivichista, impedira os representantes da França de entrar nele. Quando De Gaulle tomou o poder, o prefeito deu finalmente autorização para que fosse ocupado". O prefeito em questão era Fiorello La Guardia.

65. Carta a seus pais de 8 de setembro de 1945, acervo CLS, NAF 28150 (179).

66. Fotografia de *L'Illustration* recortada e inserida na carta de 23 de setembro de 1945.

67. Carta de 3 de dezembro de 1945.

68. Carta de 24 de fevereiro de 1946.

69. Carta de 3 de dezembro de 1945.

70. Carta de 24 de março de 1946.

71. Carta de 17 de abril de 1946.

72. Carta de 30 de maio de 1946.

73. Carta de 14 de novembro de 1945.

74. Carta de 30 de maio de 1946.

75. Carta de 3 de dezembro de 1945.

76. Carta de 6 de agosto de 1946.

77. A redação do texto "La sociologie française", na obra coletiva de Georges Gurvitch em colaboração com Wilbert E. Moore (org.), *La Sociologie dans le monde*, t. I, *Les Grands Problèmes sociologiques*, t. II, *Les Études sociologiques dans différents pays*, Paris, PUF, "Bibliothèque de la Philosophie Contemporaine", 1947. O artigo de Lévi-Strauss, dedicado a Mauss, abre o tomo II, p. 513-545. O segundo artigo escrito nessa época é uma etnografia da vida norte-americana destinado a um número coletivo da revista *Esprit* dedicado aos Estados Unidos: Claude Lévi-Strauss, "La technique du bonheur", *Esprit*, nº 127, novembro de 1946, p. 643-652.

78. Carta de 24 de fevereiro de 1946.

79. Carta de 10 de março de 1946.

80. Carta de 22 de janeiro de 1947.

81. Carta a Paul Rivet, 9 de março de 1947.

82. Telegrama de 17 de março de 1947.

83. Carta de 1º de abril de 1947.

84. Carta de 7 de maio de 1947.

85. Roman Jakobson, *Kindersprache, Aphasie und Allgemeine Lautgesetze*, Uppsala, Almvist & Wiskell, 1941; trad. fr.: *Langage enfantin et aphasie*, Paris, Les Éditions de Minuit, 1969.

86. Em 22 de janeiro de 1947, comunica ter consertado o barco dos filhos de Rose-Marie graças a um dispositivo elétrico que alimentava diversas furadeiras e rotativas, que fazem a alegria dos aprendizes de mecânico.

87. O diretor da Aliança Francesa em Nova York, Pierre Cartier, por exemplo, é um pétainista convicto. Eis por que Lévi-Strauss se permite "esnobar" com bastante frequência eventos promovidos por ele, o que aliás lhe é censurado, como atesta esta carta do general de Bénouville ao embaixador Bonnet: ele assinala que o adido cultural "julgou poder abster-se de estar presente à minha conferência em Nova York", 30 de abril de 1947, Amae, relações culturais, 1945-1970, obras diversas, intercâmbios culturais, 1945-1959, obras diversas, 1945-1947, Estados Unidos, caixa 55, 0.236.2.

88. Relatório de Claude Lévi-Strauss (3 p.) sobre a organização de conferências nos Estados Unidos, 18 de junho de 1946, Amae, relações culturais, obras diversas, 1945-1947, Estados Unidos, caixa 55.

89. France Forever é uma associação fundada durante a guerra nos Estados Unidos e organizada em todo o território norte-americano em capítulos, que visava apoiar a política do general De Gaulle. Sua ação de *lobby* foi relativamente eficaz no seio de um país muito crítico, durante muito tempo – Roosevelt à frente –, a respeito da França Livre. Ver Raoul Aglion, chefe da delegação gaullista em Nova York, *De Gaulle et Roosevelt. La France libre aux États-Unis*, Paris, Plon, 1984; ver também Julian G. Hurtsfield, *America and the French Nation*, Chapel Hill, University of California Press, 1986.

90. Telegrama de 30 de março de 1946, Amae, relações culturais, 1945-1970, obras diversas, intercâmbios culturais, 1945-1959, obras diversas, 1945-1947, Estados Unidos, caixa 55, 0.236.2.

91. Carta de 11 de abril de 1947, Amae, relações culturais, 1945-1970, obras diversas, intercâmbios culturais, 1945-1959, obras diversas, 1945-1947, Estados Unidos, caixa 57.

92. É espantoso surpreender nesse esboço a ideia que preside, quase cinquenta anos mais tarde (em 1991), a criação do Bureau Français du Livre, em Nova York, em termos não muito distintos.

93. Carta de 3 de junho de 1946, Amae, relações culturais, 1945-1970, obras diversas, intercâmbios culturais, 1945-1959, obras diversas, 1945-1947, Estados Unidos, caixa 58.

94. Claude Lévi-Strauss, depoimento à autora, 2 de junho de 2000.

95. Despacho de Claude Lévi-Strauss, "politique culturelle française aux États-Unis", 17 de janeiro de 1947, Amae, relações culturais, 1945-1970, obras diversas, intercâmbios culturais, 1945-1959, obras diversas, 1945-1947, Estados Unidos, caixa 55, 0.236.1. Texto citado por L. Jeanpierre, "La politique culturelle française aux États-Unis de 1940 à 1947", *op. cit.*, p. 116.

96. Alice Conklin, *Mission to Civilize. The Republican Idea of Empire in France and West Africa, 1895-1930*, Stanford, Stanford University Press, 1997. Ver também, mais recentemente: *In the Museum of Man: Race, Anthropology and Empire in France, 1850-1950*, Cornell University Press, 2013.

97. Por fim, é René de Messières que assume o posto no outono de 1947 e o ocupa até 1952.

98. Ele comunica isso a seus pais numa carta de 25 de junho de 1947.

99. *DPDL*, p. 83.

III. O VELHO MUNDO [1947 • 1971]

12. Os fantasmas de Marcel Mauss

1. Agnès Humbert, *Notre guerre. Souvenirs de Résistance*, Paris, Éditions Émile-Paul Frères, 1946, p. 23: "Houve, na data prevista, uma reunião da 'Société de Folklore'. Uma gente incomum estava presente na pequena sala da École du Louvre. Caras novas e... Deus me perdoe, quase gigolôs. O orador é um desconhecido para mim. Elogia o esforço do nosso museu, fala da pátria com efusão, pronuncia grandes frases ocas e sentimentais. Sobre a ciência, nenhuma palavra. [...] A aprovação transparece na maioria dos rostos; no entanto, no fundo da sala, percebo nosso mestre Marcel Mauss. Em seu espiritual rosto semita inscreve-se um estranho sorriso, eterno como o de Buda. Ao mesmo tempo irônico, calmo e confiante. O de um grande espírito sereno que paira acima de tudo, que sabe tudo e prevê tudo. Nossos olhares se cruzam por um instante. Acabo de ver o que eu queria ver. Finalmente, estou sossegada. Sei que não mudei. Eu não saí dos trilhos, os outros é que enlouqueceram".

2. Segundo o termo empregado por seu colega Robert Lowie para qualificar *As estruturas elementares do parentesco*. Cf. Claude Lévi-Strauss, "Préface à la seconde édition", *SEP*, Haia/Paris, Mouton, 2ª ed., 1967, p. 14.

3. Daniel Fabre, "L'ethnologie française à la croisée des engagements (1940-1945)", *in:* Jean-Yves Bourcier, *Résistances et résistants*, Paris, L'Harmattan, p. 378: "A hipótese que subjaz à minha abordagem é que uma geração inteira da antropologia francesa, no sentido amplo do termo, empenhou muita energia em negar e conjurar as derivas, as tentações e até mesmo as impotências que a caracterizaram durante a Ocupação. Logo, é à sombra da História silenciada dos anos negros que proponho ler certas escolhas de palavras, objetos e metodologias que constituíram durante trinta anos a história da etnologia, especialmente no campo francês".

4. Ele é nomeado *maître de conférences* de sociologia na Sorbonne em 1948, depois professor em 1950. Antes da chegada de Aron em 1955, numa segunda cátedra de sociologia, ele reina como déspota sobre a Sorbonne.

5. Ver a esse respeito Laurent Jeanpierre, "Une opposition structurante pour l'anthropologie structurale: Lévi-Strauss contre Gurvitch. La guerre de deux exilés

français aux États-Unis", *Revue d'Histoire des Sciences Humaines*, nº 11, fevereiro de 2004, p. 13-44.

6. A. Humbert, *op. cit.*, p. 23.

7. Carta a Roman Jakobson, 19 de janeiro [sem dúvida de 1945], correspondência depositada no acervo CLS, NAF 28150, caixa 281. As outras cartas a Jakobson citadas neste capítulo e nos seguintes provêm do mesmo acervo.

8. Carta a Viktor Karady, 22 de abril de 1968, arquivos do Laboratório de Antropologia Social, FLAS F. S1.03.02.035. Agradeço a Marion Abelès por me haver dado acesso a esses arquivos e a Christine Laurière pela boa vontade ao me orientar na pesquisa deles.

9. Trabalho publicado pela Sociedade dos Americanistas, Museu do Homem, em 1948.

10. *DPDL*, p. 76.

11. Carta a R. Needham, 14 de março de 1962: "*As a matter of fact, I can still remember why I purposefully introduced in three or four instances these durkheimian terms of my book. It was, on the whole, so that my doctorate jury would find something vaguely familiar in my terminology and not feel too estranged from my book*".

12. Carta a Roman Jakobson, 6 de março de 1948.

13. Carta datada de 20 de junho de 1948 e encontrada no acervo André-Georges Haudricourt, no Imec. Agradeço a Jean-François Bert por me haver transmitido essa carta, que relata, num segundo momento, a defesa de tese de Pierre Métais, um etnólogo especialista na Nova Caledônia, apresentando um trabalho sobre "o casamento nas sociedades primitivas", num estilo bem diferente do de Lévi-Strauss. Toda a carta é composta num espírito de oposição termo a termo (Lévi-Strauss cerebral e cerimonioso, Métais empírico e informal). Cf. "Sur les soutenances de thèse de Claude Lévi-Strauss et Pierre Métais. Lettre de Mariel Jean-Brunhes Delamarre a André-George Haudricourt (20 de junho de 1948)", apresentado por Jean-François Bert, *Revue d'Histoire des Sciences Humaines*, nº 27, junho de 2015.

14. Carta de Émile Benveniste a Claude Lévi-Strauss, 5 de junho de 1948, acervo CLS, NAF 28150, caixa 183, "Correspondance reçue".

15. Carta de Émile Benveniste a Claude Lévi-Strauss, 16 de junho de 1948.

16. *DPDL*, p. 182-183.

17. *SEP*, *op. cit.*, p. 11.

18. *Ibid.*, p. 13.

19. *Ibid.*, p. 4.

20. *Ibid.*, p. 35.

21. *Ibid.*, p. 29.

22. *DPDL*, p. 142. Claude Lévi-Strauss aliás contesta nessa oportunidade a "pretensa falta de apetite sexual entre indivíduos que viveram sua primeira infância sob o mesmo teto" e questiona os exemplos constantemente apresentados – especialmente o *kibutz* em Israel – como não pertinentes.

23. *DPDL*, p. 143.

24. *Ibid.*

25. "Langage et parenté", 1945, *in: AS*, p. 56.

26. Meyer Fortes, "Exchange and mart", *Spectator*, 21 de março de 1969.

27. Ver a esse respeito, além do livro de François Héran já citado, Yves Goudineau, "Lévi-Strauss, la Chine de Granet, l'ombre de Durkheim: retour aux sources de l'analyse structurale de la parenté", *in:* M. Izard (org.), *Claude Lévi-Strauss*, Paris, L'Herne, "Cahiers de l'Herne", 2004, p. 151-162.

28. Cf. Francis Zimmermann, "Les structures élémentaires", *ibid.*, p. 176-177.

29. *SEP*, *op. cit.*, p. 570.

30. *DPDL*, p. 148.

31. Resenha de Simone de Beauvoir publicada em *Les Temps Modernes*, nº 49, novembro de 1949, p. 943-949; Georges Bataille, "L'inceste et le passage de l'animal à l'homme", *Critique*, janeiro de 1951, p. 43-61, reproduzido em *L'Érotisme*, Paris, Les Éditions de Minuit, 1957.

32. *DPDL*, p. 80.

33. S. de Beauvoir, *op. cit.*, p. 949.

34. Frédéric Keck, "Beauvoir, lectrice de Lévi-Strauss. Les relations hommes-femmes entre existentialisme et structuralisme", *Les Temps Modernes*, nº 647-648, 63º ano, janeiro-março de 2008, p. 243.

35. Carta do diretor literário da PUF, M. Angoulvent, a Claude Lévi-Strauss, 4 de novembro de 1958. Todas as informações referentes às relações com os editores provêm do acervo CLS, NAF 28150, caixa 222.

36. Até então, apenas o livro de um cientista holandês da Universidade de Leiden, entusiasmado com sua leitura das *Estruturas*, lhes dá um acesso indireto em inglês. Trata-se do livro de J.P.B. de Josselin de Jong, *Levi-Strauss's Theory on Kinship and Marriage*, publicado em 1952. Claude Lévi-Strauss lhe agradece por isso calorosamente numa carta de 12 de maio de 1953, acervo CLS, NAF 28150, caixa 193: "Fiquei profundamente comovido e tocado ao receber o estudo que o senhor tão generosamente me dedicou e ao constatar a indulgência com que me julgou. Ao publicar seu trabalho, o senhor primeiramente me prestou um imenso favor de ordem prática: pois, através de sua análise tão fiel e penetrante, o público anglo-saxão poderá ter acesso às minhas teses, que ele geralmente não se

dá ao trabaho de ir buscar num calhamaço escrito num francês difícil. Mas principalmente, como o senhor mesmo sugere em sua conclusão, a atenção que se dispôs a me conceder é para mim um valioso estímulo, ao mesmo tempo que um consolo pela indiferença que encontrei (sobretudo na França). [...] Na verdade, e considerando a uma distância de mais de cinco anos (o manuscrito foi terminado no início de 1947), meu livro se me afigura hoje uma espécie de monstro. Há desculpas para isso: redigi-o nos Estados Unidos, a princípio no isolamento do exílio e sem nenhum contato com colegas, após ter entrado no serviço diplomático, isto é, isolado de outra maneira dos meios científicos. Essas condições anormais explicam em certa medida os erros e lacunas (minha ignorância, no momento em que escrevia, da obra de Van Wouden é sem dúvida um dos mais graves)...".

37. Acervo CLS, NAF 28150, caixa 220, "Prix et distinctions".

38. Carta de Émile Benvéniste a Claude Lévi-Strauss, 6 de agosto de 1949.

39. Claude Lefort, "L'échange et la lutte des hommes", *Les Temps Modernes*, nº 64, 1951, reproduzido em *Les Formes de l'histoire*, Paris, Gallimard, 1978, p. 15-29.

40. Claude Lévi-Strauss, "La notion de structure en ethnologie", 1952, *in: AS*, p. 305.

41. Emmanuel Terray citado por François Dosse, *Histoire du structuralisme*, t. I. *Le Champ du signe, 1945-1960*, Paris, La Découverte, 1991.

42. Robert F. Murphy, "Society Where Only Cross-Cousins Wed", *Saturday Review*, 17 de maio de 1969, acervo CLS, NAF 28150, caixa 235.

43. Carta a Roman Jakobson de 19 de janeiro (s.d.) [1945], acervo CLS, NAF 28150, caixa 193.

44. Carta de Claude Lévi-Strauss a Roman Jakobson, 27 de novembro de 1944.

45. *Ibid.*

46. Ver C. Laurière, *Paul Rivet. Le savant et le politique*, *op. cit.*, p. 359 ss.

47. Com efeito, os sucessores de Paul Rivet, Henri Vallois e Robert Gessain, serão médicos de formação.

48. Carta a Roman Jakobson, 29 de dezembro de 1947.

49. Carta de 23 de março de 1949.

50. D. Fabre, "L'ethnologie française à la croisée des engagements (1940-1945)", *op. cit.*

51. Antes disso, ele já é seu rival derrotado por ocasião da eleição de Rivet para a cátedra de antropologia do Museu de História Natural em 1928. Cf. C. Laurière, *Paul Rivet. Le savant et le politique*, *op. cit*, p. 367-368.

52. Vallois e Rivet se detestam há mais de vinte anos. Assim que chega à direção do Museu do Homem, Vallois faz de tudo para desalojar Rivet de seu belo apartamento funcional. Este recorreu a seus apoios políticos para conservá-lo até sua morte, em 1958.

53. Ele é oficialmente vice-diretor do Museu do Homem de 25 de março de 1949 a 1º de janeiro de 1951. Documentos oficiais biobibliográficos, acervo CLS, NAF 28150, caixa 221.

54. D. Bertholet, *Claude Lévi-Strauss*, *op. cit.*, p. 189.

55. André Leroi-Gourhan, *Les Racines du monde. Entretiens avec Claude-Henri Rocquet*, Paris, Belfond, 1982, p. 109. Citado por D. Bertholet, *Claude Lévi-Strauss*, *op. cit.*, p. 189.

56. *DPDL*, p. 74.

57. *Ibid.*

58. *Ibid.*, p. 75.

59. Carta de 30 de outubro de 1949: Lévi-Strauss realiza suas visitas, dizem-lhe "que [sua] candidatura obteria um sucesso quase certo". Agradeço a Thomas Hirsch por me apontar essa série de cartas depositada no acervo Henri Piéron, biblioteca Henri Piéron, Universidade de Paris V, pasta 14.

60. *DPDL*, p. 75.

61. *Ibid.*, p. 76.

62. Carta a Roman Jakobson, 27 de janeiro de 1950.

63. O parágrafo seguinte é fruto de uma pesquisa realizada nos arquivos do Collège de France, AP IV, assembleias 1949-1950. Agradeço a Paul-André Rosental pelas reflexões e observações sobre o tema.

64. Edmond Faral percorre, em sessão, a série de fatos ocorridos como introdução à assembleia de 26 de novembro de 1950 que deve determinar o título da cátedra (e implicitamente escolher o canditado, como é de praxe no Collège de France).

65. Paul-André Rosental e Isabelle Couzon, "Le Paris dangereux de Louis Chevalier. Histoire sociale et expertise publique au milieu du XXᵉ Siècle", *in:* Bernard Lepetit e Christian Topalov (org.), *La Ville des sciences sociales*, Paris, Belin, 2001, p. 195.

66. P.-A. Rosental e I. Couzon, *ibid.*, apontam a tentativa infrutífera de Louis Chevalier de entrar na Fundação Carrel em 1942. O "fundo biologizante" de seu modelo de história das populações o solidariza com esse momento de surgimento do saber demográfico.

67. Carta de André Siegfried a Edmond Faral, 2 de março de 1950. O conjunto das citações anteriores é extraído do dossiê da assembleia dos professores de 26 de novembro de 1950. André Siegfried é, para Louis Chevalier, um "verdadeiro mestre", apontam

P.-A. Rosental e I. Couzon, cap. cit., p. 198.

68. Carta de Jean Pommier a Henri Laugier, 27 de novembro de 1950, que a remete, anotada, a Lévi-Strauss, acervo CLS, NAF 28150, caixa 199.

69. *DPDL*, p. 75: Edmond Faral "me avisara friamente que eu nunca entraria no Collège!".

70. Carta a Henri Piéron, 30 de novembro de 1950.

71. Carta a Roman Jakobson, 27 de janeiro de 1950.

72. *DPDL*, p. 53.

73. Ver o estudo, agora clássico, de Brigitte Mazon, *Aux origines de l'EHESS. Le rôle du mécénat américain*, Paris, Éditions du Cerf, 1988, bem como os trabalhos de Giuliana Gemelli, em especial *Fernand Braudel* [1990], Paris, Odile Jacob, 1995.

74. Program and Policy, National Security, 1947-1957, RG 3900, arquivos da Fundação Rockefeller, citado por B. Mazon, *ibid.*, p. 126.

75. Citado por B. Mazon, *ibid.*, p. 95.

76. Publicado sob esse título em *Renaissance*, revista trimestral da École Libre des Hautes Études de Nova York, vol. 2 e 3, 1944-1945, p. 168-186; artigo reproduzido em *AS*, t. I, p. 269-294.

77. No âmbito de um curso geral intitulado no cartaz de anúncio: "Civilisations primitives", cartazes da seção VI EPHE, service des archives, EHESS.

78. Cf. James Clifford, *Maurice Leenhardt. Personne et mythe en Nouvelle-Calédonie*, Paris, J.-M. Place, 1987; mais recentemente, Michel Naepels e Christine Salomon (org.), *Terrains et destins de Maurice Leenhardt*, Paris, Éditions de l'École des Hautes Études en Sciences Sociales, "Cahiers de l'Homme", 2007. O segundo livro efetua uma contextualização crítica e histórica e relativiza as opiniões de Clifford, inserindo Leenhardt na ciência colonial de sua época.

79. Michel Leiris ia escutá-lo por essa razão. Intervenção de Michel Naepels no seminário de Daniel Fabre, Christine Laurière e André Marty, "Les ethnologues et le fait colonial", EHESS, 28 de março de 2013.

80. Benoît de L'Estoile, "Une politique de l'âme. Ethnologie et humanisme colonial", *in:* M. Naepels e C. Salomon (org.), *Terrains et destins de Maurice Leenhardt*, *op. cit.*, p. 47.

81. Carta de A.-G. Haudricourt em Pascal Dibie, *Les Pieds sur terre*, Paris, Métaillé, 1987, p. 112, citado por D. Bertholet, *Claude Lévi-Strauss*, *op. cit.*, p. 193.

82. Carta a Roman Jakobson, 15 de março de 1951.

83. Carta a Fernand Braudel, 20 de junho de 1949, acervo CLS, NAF 28150, caixa 181.

84. Por exemplo, a Fundação Rockefeller, Lévi-Strauss comunica a Braudel, dará mil dólares para uma pesquisa sociodemográfica dedicada à cidade de Vienne, França.

85. *DPDL*, p. 168-169.

86. "Histoire et ethnologie", 1949, publicado em *AS*, t. I, p. 25.

87. *Ibid.*, p. 31.

88. *DPDL*, p. 170.

89. Ver o artigo de T. Hirsch, "Un Flammarion pour l'anthropologie? Lévy-Bruhl, le terrain, l'ethnologie", *op. cit.* Esse artigo, baseado na análise de diversas correspondências, dá a medida do que foi a "glória" de Lévy-Bruhl, "chefe dos chefes" da ciência social francesa, detentor de uma legitimidade científica e institucional e de uma "superfície" política (por sua proximidade com os meios socialistas e radical-socialistas) e social únicas. O estudo de Thomas Hirsch propõe uma interrogação sobre as causas da ocultação teórica e histórica após 1945 dessa figura central. É evidente que os dois textos de Lévi-Strauss estudados neste parágrafo participam desse processo de apagamento do nome de Lévy-Bruhl, substituindo-o pelo de Mauss.

90. "Poucos ensinamentos permaneceram tão esotéricos e poucos, ao mesmo tempo, exerceram uma influência tão profunda quanto o de Marcel Mauss." Essa constatação abre a introdução de Claude Lévi-Strauss à coletânea *Sociologie et anthropologie*, de M. Mauss.

91. Jean-François Bert, *Dans l'atelier de Marcel Mauss*, Paris, Éditions du CNRS, 2012, p. 197--198. Outro elemento útil a essa reestruturação: a publicação em 1947 do *Manuel d'ethnographie*, uma transcrição realizada por Denise Paulme das aulas de M. Mauss dedicadas aos conselhos com vistas a um trabalho de campo – o qual ele próprio nunca praticou.

92. Ele faz parte do segundo volume de *La Sociologie au XX*[e] *Siècle*, organizado por Georges Gurvitch em colaboração com Wilbert E. Moore, dedicado aos "estudos sociais em diferentes países", enquanto o primeiro volume ataca os "grandes problemas da sociologia", PUF, "Bibliothèque de Philosophie Contemporaine", 1947. Os dois volumes foram inicialmente publicados em inglês nos Estados Unidos: *Twentieth Century Sociology*, Nova York, Philosophical Library, 1945.

93. Claude Lévi-Strauss, "La sociologie française", *in:* G. Gurvitch (org.), *La Sociologie au XX*[e] *Siècle*, PUF, 1947, t. II, p. 517.

94. *Ibid.*, p. 527. Na introdução à coletânea de textos de M. Mauss: "Mauss ainda julga possível elaborar uma teoria sociológica

do simbolismo, quando evidentemente cumpre buscar uma origem simbólica da sociedade".

95. *Ibid.*

96. *Ibid.*, p. 535.

97. *Ibid.*

98. *Ibid.*

99. *Ibid.*, p. 544. "É pouco útil filosofar sobre sociologia geral quando temos tanto a conhecer e saber, e quando temos ainda tanto que fazer para compreender", extraído do texto de M. Mauss, "Fragment d'un plan de sociologie générale et descriptive", publicado nos *Annales Sociologiques*, fascículo 1, 1934.

100. *Ibid.*, p. 545: "A origem filosófica da sociologia francesa lhe pregou, no passado, algumas peças; é possível que ela seja seu melhor trunfo no futuro". Essa opinião fecha o artigo.

101. *DPDL*. p. 102.

102. Marcel Mauss, *Sociologie et anthropologie*, Paris, PUF [ed. bras.: *Sociologia e antropologia*, São Paulo, Cosac Naify, 2003.], "Sociologie d'aujourd'hui", 1950, precedido de uma "Introduction à l'œuvre de Marcel Mauss" por Claude Lévi-Strauss. O texto de Lévi-Strauss foi recentemente republicado de maneira autônoma pela PUF, "Quadrige", em 2012. É essa nova edição que utilizaremos como referência nas páginas a seguir.

103. Um dos primeiros centros de pesquisas em ciências sociais, no sentido moderno do termo, criado em 1946 no âmbito do CNRS. Ver Francis Farrugia, *La Reconstruction de la sociologie française (1945-1965)*, Paris, L'Harmattan, 2000.

104. Viktor Karady, "Présentation de l'édition", *in:* Marcel Mauss, *Œuvres complètes*, t. I, "Les fonctions sociales du sacré", Paris, Les Éditions de Minuit, 1970.

105. O apagamento da sociologia religiosa e a centralidade dos mecanismos de troca e do princípio de reciprocidade como fundadores da sociedade depõem nesse sentido. Ver V. Karady, *ibid.*, p. 3-5.

106. O mesmo raciocínio, aliás, é seguido por Florence Weber, atualmente encarregada, na PUF, de uma nova edição (ainda mais completa!) da infinita obra de Marcel Mauss. *E-mails* para a autora, 23 de fevereiro e 23 de março de 2013.

107. Carta de Claude Lévi-Strauss a Viktor Karady, 22 de abril de 1968, FLAS, F.S1.03.02.035. Em "Introduction à l'œuvre de Marcel Mauss", Claude Lévi-Strauss refere-se a "razões práticas" como guia para a escolha dos estudos reunidos, escolha qualificada imediatamente depois de "seleção ao acaso", cap. cit., p. 10.

108. Patrice Maniglier, "De Mauss à Claude Lévi-Strauss: 50 ans après. Pour une ontologie maori", *Archives de Philosophie*, número especial "Merleau-Ponty", E. Bimbenet e E. de Saint-Aubert (org.), t. LXIX, caderno 1, primavera de 2006, p. 37.

109. Claude Lévi-Strauss, "Introduction à l'œuvre de Marcel Mauss", *op. cit.*, p. 1.

110. *Ibid.*, p. 33.

111. *Ibid.*

112. *Ibid.*, p. 35.

113. Em seu livro *De Durkheim à Mauss, l'invention du symbolique. Sociologie et science des religions*, Paris, La Découverte, 1999, Camille Tarot mostra que Mauss não leu Ferdinand de Saussure, jamais citado, e que foi em contato com o indo-europeísta Antoine Meillet que ele integrou a necessária apreensão da dimensão linguística na análise dos fatos sociais.

114. Claude Lévi-Strauss, "Introduction à l'œuvre de Marcel Mauss", *op. cit.*, p. 39.

115. *Ibid.*

116. Carta a Roman Jakobson, 27 de março de 1950.

117. Claude Lévi-Strauss, "Introduction à l'œuvre de Marcel Mauss", *op. cit.*, p. 51.

118. "O Universo significou muito antes de começarmos a saber o que ele significava", *ibid.*, p. 53.

119. "[...] o que gostaríamos de chamar (redescobrindo o sentido arcaico de um termo cuja aplicação ao caso presente é evidente) de uma *antropologia*, isto é, um sistema de interpretação que explica simultaneamente os aspectos físico, fisiológico, psíquico e sociológico de todos os comportamentos", *ibid.*, p. 23.

120. *Ibid.*, p. 57.

121. *Ibid.*, p. 51.

122. Ver *supra*, cap. 5.

123. Ver P. Wilcken, *Claude Lévi-Strauss. The Poet in the Laboratory*, *op. cit.*, cap. 6, "On the shaman's couch". Numa entrevista posterior a Gilles Lapouge em *Le Figaro Littéraire*, 2 de junho de 1962, p. 3, Lévi-Strauss reconhece que a etnologia e a psicanálise são ambas disciplinas em que, após a pesquisa, um enigma deve ser solucionado: em que se trata de traduzir de um código para outro código. "Em contrapartida, rejeito completamente a teoria da psicanálise que busca reduzir problemas de ordem intelectual a problemas afetivos. Estou convencido, de minha parte, de que a razão só pode ser explicada pela razão."

124. Cf. "Histoire et ethnologie", 1949, publicado em *AS*, t. I.

125. Quesalid é, aliás, mais exatamente, o principal informante de Boas, formado pelo etnólogo. Segundo Vincent Debaene, acusaram Lévi-Strauss de ter omitido essa informação para "primitivizar" seu personagem.

126. “Le sorcier et sa magie”, *Les Temps Modernes*, nº 41, 1949, republicado em *AS*, p. 185: “A situação mágica é um fenômeno de consenso”.

127. Artigo publicado em *La Revue de l'Histoire des Religions*, t. CXXXV, nº 1, 1949, p. 5-27, e reproduzido sob o mesmo título em *AS*, p. 205-226.

128. Claude Lévi-Strauss, “Introduction à l'œuvre de Marcel Mauss”, cap. cit., p. 50.

129. *Ibid.*, p. 31.

130. *Ibid.*

131. *Ibid.*, p. 57.

132. *DPDL*, p. 107.

133. Élisabeth Roudinesco, *Jacques Lacan*, Paris, Fayard, 1993, p. 283. [ed. bras.: *Jacques Lacan*, São Paulo, Companhia das Letras, 1993.]

134. Conhecemos a resposta que Lévi-Strauss deu à pergunta que lhe fazia Didier Éribon sobre o valor que ele atribuía aos trabalhos de Lacan: “Seria preciso compreendê-los. E sempre tive a impressão de que, para seus fervorosos ouvintes, ‘compreender’ não queria dizer a mesma coisa que para mim. Eu precisaria de umas cinco ou seis leituras. Às vezes eu e Merleau-Ponty falávamos sobre isso, concluindo que nos faltava tempo...”, *DPDL*, p. 108.

135. Informações encontradas na pasta “Vente-collection”, 21 de junho de 1951, e no catálogo ali guardado. Acervo CLS, NAF 28150, caixa 215.

136. Entrevista com Monique Lévi-Strauss, 4 de março de 2011. Claude Lévi-Strauss teria assim se exprimido sobre esse momento doloroso de sua existência, junto àquela que ainda não era mais que sua assistente no Museu do Homem.

137. *DPDL*, p. 76.

138. Carta a Fernand Braudel, 9 de junho de 1951.

13. A Maturidade

1. *RH*, p. 32.

2. *Le Magazine Littéraire*, nº 223, outubro de 1985, p. 23.

3. André Breton, *Arcane 17*, *in: Œuvres complètes*, t. III, Paris, Gallimard, “Bibliothèque de la Pléiade”, org. Marguerite Bonnet, 1999, p. 71: “Sempre acreditei nesses socorros: sempre me pareceu que uma extrema tensão na maneira de passar por uma provação moral, sem querer se deixar distrair mesmo imperceptivelmente por isso ou consentir por um exercício qualquer em limitar suas devastações, era de natureza a suscitar esses socorros, e, ademais, creio ter comprovado isso várias vezes. Quer se trate de provações das quais tudo leva a crer que não conseguiremos nos reerguer ou de aflições menores, julgo que o partido a tomar é encará-las de frente e *se deixar ir a pique*”.

4. Roger Caillois, “Illusions à rebours”, *NRF*, dezembro de 1954, p. 1.011.

5. Gilles Lapouge, *Dictionnaire amoureux du Brésil*, Paris, Plon, 2011, p. 413.

6. O parágrafo a seguir baseia-se em informações a mim fornecidas por Monique Lévi-Strauss ao longo de várias conversas no dia de Todos os Santos de 2011.

7. Monique Lévi-Strauss, *Une enfance dans la gueule du loup*, Paris, Seuil, “La Librairie du XXIe Siècle”, 2014.

8. *Ibid.*

9. Ver o estudo que lhe dedicou sua filha Paule du Bouchet, *Emportée*, Paris, Actes Sud, 2011.

10. Entrevista com Carmen Bernand, 7 de fevereiro de 2013.

11. Entrevista com Monique Lévi-Strauss, 15 de setembro de 2010.

12. *Ibid.*, 29 de março de 2011.

13. *DPDL*, p. 85.

14. Entrevista com Françoise Héritier, 15 de abril de 2012.

15. Michel Tournier, “Claude Lévi-Strauss, mon maître”, *Le Figaro Littéraire*, nº 1.410, 26 de maio de 1973.

16. Entrevista com Monique Lévi-Strauss, 29 de março de 2011.

17. Entrevista com Françoise Héritier, 15 de abril de 2012.

18. *Ibid.*

19. *DPDL*, p. 82.

20. Ver Claude Lévi-Strauss, “Préface”, *in: Paroles données*, Paris, Plon, 1984, p. 14.

21. *Ibid.*, p. 16.

22. Claude Lévi-Strauss, *Paroles données*, *op. cit.*, p. 248.

23. *Ibid.*, p. 254.

24. *Ibid.*, p. 247.

25. *Ibid.*

26. Carta a Georges Balandier, 2 de março (s.d.) [1950], acervo CLS, NAF 28150, caixa 181, “Correspondance”.

27. Claude Lévi-Strauss, “Le Père Noël supplicié”, *Les Temps Modernes*, nº 77, março de 1952, reproduzido como preâmbulo a um novo volume reunindo diferentes textos do mesmo formato e do mesmo gênero publicados em *La Repubblica* de 1989 a 2000, *Nous sommes tous des cannibales*, Paris, Seuil, “La Librairie du XXIe Siècle”, 2013, p. 15-47. É essa edição que utilizo nas referências de paginação. [ed. bras.: *O suplício do Papai Noel*, São Paulo, Cosac Naify, 2008.]

28. *Ibid.*, p. 46.

29. Claude Lévi-Strauss, “Les organisations dualistes existent-elles?”, *AS*, t. I, p. 179-180: “Em Rivers, a etnologia encontrou seu Galileu; e Mauss foi seu

Newton. Esperemos apenas que, num mundo mais insensível do que esses espaços infinitos cujo silêncio apavorava Pascal, as raras organizações dualistas ainda em atividade possam aguardar seu Einstein, antes que, para elas – menos protegidas que os planetas –, soe a hora próxima da desintegração".

30. A transcrição da gravação em inglês foi em seguida traduzida sob o título "Linguistique et anthropologie", *AS*, t. I, p. 80.

31. *Ibid*. Cf. P. Wilcken, *Claude Lévi-Strauss. The Poet in the Laboratory*, *op. cit.*, p. 186.

32. Por exemplo, como articular duas constatações independentes do tipo: os iroqueses dão grande importância às mulheres mediante um direito maternal extremo; no nível linguístico, não há unidade para pensar o gênero feminino e a dicotomia é de regra, como se fosse preciso retirar de um lado o que se dá do outro.

33. *Ibid*., p. 91.

34. "La notion de structure en ethnologie", 1952, *AS*, p. 303-351, é o artigo traduzido e adaptado da conferência original pronunciada em inglês e publicada em inglês em 1953.

35. *DPDL*, p. 171. É possível que tenha havido aí um mal-entendido: os antropólogos norte-americanos teriam pensado que o emprego do termo "*garbage*" qualificava não os objetos da disciplina, mas as próprias populações.

36. "O princípio fundamental é que a noção de estrutura social não se relaciona com a realidade empírica, e sim com os modelos construídos a partir desta. Assim surge a diferença entre duas noções tão vizinhas que foram frequentemente confundidas, isto é, a de estrutura social e a de relações sociais. As relações sociais são a matéria-prima empregada na construção dos modelos que tornam manifesta a própria estrutura social", em "La notion de structure en ethnologie", *in: AS*, p. 305-306.

37. P. Wilcken, *Claude Lévi-Strauss. The Poet in the Laboratory*, *op. cit.*, p. 188-189.

38. Carta a Roman Jakobson, 11 de junho de 1951.

39. Carta a Roman Jakobson, 9 de janeiro de 1952.

40. *Bulletin International des Sciences Sociales*, vol. 6, nº 4, 1954.

41. Espécie de docência universitária com cátedra.

42. Não obstante, Lévi-Strauss não é unanimente apreciado pela antropologia norte-americana. É objeto de virulentas críticas, como a publicada em *American Anthropologist*, escrita por dois jovens linguistas desconhecidos dele e que demolem seu artigo "Language and the Analysis of Social Laws" publicado na mesma revista, vol. 53, nº 2, abril-junho de 1951. Irritado e mesmo magoado, ele pede explicações a Roman Jakobson, julgando haver nisso um "*background*" que ele não conhece, carta de 13 de março de 1952.

43. Declarações de Margaret Mead relatadas por Roman Jakobson numa carta a Claude Lévi-Strauss de 27 de janeiro de 1950: "*People do not understand you and hinder you from having a position which you merit. [...] In any case remember that my position now is strong enough to support vehemently your career here if desired by you*".

44. Carta de Talcott Parsons, 12 de novembro de 1953: "*We are highly cognizant of the great distinction and originality of your contribution to the field and the breadth and catholicity of your interests*". Acervo CLS, NAF 28150, caixa 231, "Voyages à l'étranger".

45. Carta a Roman Jakobson, 10 de maio de 1953.

46. O estado de seu pai exige cuidados, mas também aumenta as despesas que Lévi-Strauss deve assumir. Com efeito, seus pais não estão inscritos na previdência social, e a hospitalização do pai em 1952 gera grandes preocupações financeiras.

47. Carta de Clyde Kluckhohn, 24 de novembro de 1953, acervo CLS, NAF 28150, caixa 231, "Voyages à l'étranger".

48. W. Stoczkowski, *Anthropologies rédemptrices. Le monde selon Lévi-Strauss*, *op. cit.*, p. 192: "A ideologia fundadora da Unesco coincidia em vários pontos com convicções já antigas de Claude Lévi-Strauss".

49. Claude Lévi-Strauss faz um pequeno e comovente perfil de Lucien Bernot em "Pour la réédition de Nouville", que ele apresenta como prefácio à reedição de *Nouville, un village français*, Paris, Éditions des Archives Contemporaines, 1995, p. 3: "Bernot acabava de obter o equivalente do *baccalauréat* e o diploma de chinês das Línguas Orientais. Ao longo de nossas conversas, sua cultura original, adquirida à margem de todas as vias protocolares, me cativava. Além da língua chinesa, esta se estendia desde os vinhedos franceses autóctones (extintos, acreditava-se, depois da filoxera), dos quais seu pai e ele recolhiam espécimes sobreviventes à extirpação nos taludes das ferrovias, até as antigas tradições dos gráficos e as regras mais esotéricas da tipografia". Mais tarde, Bernot publicará uma tese sobre o sudeste da Ásia: "Les Paysans arakanais du Pakistan oriental", Haia/Paris, Mouton, 1967, 2 vol.

50. Lucien Bernot e René Blancart, *Nouville, un village français*, Paris, Institut d'Ethnologie, 1953.

51. Inúmeras "revisitas" a essas pesquisas aconteceram nos últimos anos. Ver, por exemplo, Bernard Paillard, Jean-François Simon e Laurent Le Gall (org.), *En France rurale. Les enquêtes interdisciplinaires depuis les années 1960*, Paris, Presses Universitaires de Rennes, 2010.

52. Claude Lévi-Strauss, "Pour la réédition de Nouville", pref. cit., p. 2.

53. W. Stoczkowski, *Anthropologies rédemptrices. Le monde selon Lévi-Strauss*, *op. cit.*, p. 225.

54. Carta a Fernand Braudel, 7 de julho de 1953, acervo CLS, NAF 28150, caixa 181.

55. *DPDL*, p. 90.

56. W. Stoczkowski, *Anthropologies rédemptrices. Le monde selon Lévi-Strauss*, *op. cit.*, p. 225.

57. *Ibid.*, p. 214.

58. Paul-André Rosental, "Géo-politique et État-Providence: le système-monde des migrations internationales dans l'entre-deux-guerres", *Annales*, HSS, vol. 61, nº 1, 2006, p. 99-134.

59. Em todo este parágrafo e nos seguintes, sigo integralmente as análises de Wicktor Stoczkowski no capítulo que ele dedica a essa questão: "Portrait de Lévi-Strauss en démographe", *in: Anthropologies rédemptrices. Le monde selon Lévi-Strauss*, *op. cit.*

60. *Ibid.*, p. 229.

61. *Ibid.*, p. 227 ss.

62. *Ibid.*

63. *Ibid.*, p. 222. Seu relatório será publicado em sete páginas: "Les sciences sociales au Pakistan", *Bulletin International des Sciences Sociales*, nº 3, p. 885-892.

64. Esses três cadernos Rhodia estão conservados nos arquivos pessoais de Claude Lévi-Strauss, NAF 28150, caixa 128. As citações a seguir são extraídas daí. Em geral, não são datadas.

65. Caderno 1. Karachi.

66. Vincent Debaene, "Notice", *in: TT*, p. 1.688.

67. Esse trabalho de campo dá origem a dois artigos: "Kinship systems of three Chittagong Hill Tribes (Pakistan)", *Southern Journal of Anthropology*, nº 8, 1952, p. 4.051, e "Le syncrétisme religieux d'un village mogh du territoire de Chittagong", *Revue de l'Histoire des Religions*, 1952, 141 (2), p. 202-237.

68. V. Debaene, "Notice", *in: Pléiade*, p. 1.688.

69. *TT*, p. 117: "Quando eu ocupava meu primeiro posto como docente no Departamento das Landes, mostraram-me um dia os terreiros construídos especialmente para a engorda dos gansos. [...] Era exatamente a mesma coisa aqui, com a dupla diferença de que, em lugar dos gansos, eu via homens e mulheres e que, em vez de engordar, a preocupação maior ali era emagrecê-los".

70. *TT*, p. 116: "Nunca sem dúvida – exceto nos campos de concentração – confundiram a tal ponto humanos com carne de açougue".

71. As duas citações vêm do Caderno 1.

72. V. Debaene, "Notice", *in: Pléiade*, p. 1.690.

73. Caderno 1.

74. Caderno 1.

75. W. Stoczkowski, *Anthropologies rédemptrices. Le monde selon Lévi-Strauss*, *op. cit.*, p. 199. Entrevista à autora, 3 de dezembro de 2004.

76. Ele recebeu várias centenas de dólares, o que representa uma soma não desprezível em 1951 (no momento da redação) para Lévi-Strauss, às voltas com problemas financeiros. Cf. W. Stoczkowski, *ibid.*, p. 35.

77. Por exemplo, *Race et histoire*, publicado pela Gallimard, na coleção Folio-Essais, tem 16.323 exemplares vendidos entre 1º de janeiro e 31 de dezembro de 1990. Acervo CLS, NAF 28150, caixa 222, "Contrats d'édition".

78. Ato constitutivo da Unesco: "As guerras nascem no espírito dos homens, é no espírito dos homens que devem ser criadas as defesas da paz".

79. "La déclaration d'experts sur les questions de race", *Bulletin International des Sciences Sociales*, vol. 2, nº 3, 1950, p. 410-413. Para a difícil gênese desse texto, cf. W. Stoczkowski, *Anthropologies rédemptrices. Le monde selon Lévi-Strauss*, *op. cit.*, p. 26-28, bem como Chloé Maurel, *Histoire de l'Unesco. Les trente premières années*, Paris, L'Harmattan, 2010, p. 228 ss.

80. *Ibid.*, p. 30.

81. *RH*, p. 9.

82. *Ibid.*, p. 38.

83. *Ibid.*, p. 39.

84. *Ibid.*, p. 79.

85. *Ibid.*, p. 82.

86. *Ibid.*, p. 83.

87. W. Stoczkowski, *Anthropologies rédemptrices. Le monde selon Lévi-Strauss*, *op. cit.*, p. 210.

88. Carta a Roman Jakobson, 9 de janeiro de 1952. Referência a Neumann, matemático e físico americano-húngaro, cujos trabalhos dizem respeito não só à teoria dos conjuntos, como à física quântica; as implicações dessas pesquisas se estendem à origem da informática. Na profusão de áreas estudadas por Neumann, há duas que interessam especialmente a Lévi-Strauss: a teoria dos jogos e a formalização matemática de modelos de comportamentos econômicos.

89. *RH*, p. 76.

90. Michel Panoff, *Les Frères ennemis. Roger Caillois et Claude Lévi-Strauss*, Paris, Payot, 1993.

91. *DPDL*, p. 122.

92. Carta de Henri Laugier a Claude Lévi-Strauss (s.d.) [1955], dando-lhe seu apoio na controvérsia que o opõe a Caillois e informando-o de que a sra. Myrdal, diretora do Departamento de Ciências Sociais da Unesco, está constrangida com o caso. Acervo CLS, NAF 28150, caixa 195.

93. Intitulando assim seu artigo, Lévi-Strauss pretende estabelecer a filiação entre a argumentação de Caillois e a tradição cínica, herdeira de certa demagogia intelectual ateniense. Além disso, *Diogène* é o título da revista publicada pela Unesco da qual Caillois é o diretor.

94. Claude Lévi-Strauss arrependia-se desse texto (cuja reedição ele jamais autorizou), como confidenciou várias vezes à sua mulher. Nesse arrependimento, é a retórica da polêmica como fundamento do debate intelectual que convém compreender, o que não exclui em absoluto as controvérsias científicas. Entrevista com Monique Lévi-Strauss, 4 de março de 2012.

95. "Diogène couché", *Les Temps Modernes*, nº 110, março de 1955, p. 1.187.

96. *Ibid.*, p. 1.202.

97. *Ibid.*, p. 1.214.

98. *Ibid.*, p. 1.217. Cf., sobre essa imagem de Lázaro, Vincent Debaene, "Portrait de l'ethnologue en Lazare", *Claude Lévi-Strauss*, L'Herne, "Cahiers de l'Herne", 2004, p. 89-96.

99. *Ibid.*, p. 1.188.

100. *Ibid.*, p. 1.219.

101. "Desejemos somente que os progressos de sua autoanálise o levem rapidamente ao confronto com seu passado, não criemos caso com ele e não lhe peçamos nada salvo que nos permita trabalhar em paz. E que ele vá procurar suas *imagos* em outras plagas", *ibid.*, p. 1.220.

102. *Ibid.*, p. 1.216: Lévi-Strauss cita Sartre, afirmando que "a sociologia dos tempos primitivos [...] estuda [...] verdadeiros conjuntos significantes", *Les Temps Modernes*, nº 84-85, outubro-novembro de 1952, p. 729.

103. P. Wilcken, *Claude Lévi-Strauss. The Poet in the Laboratory*, *op. cit.*, p. 192.

104. Cf. Christophe Charle, *Discordance des temps. Une brève histoire de la modernité*, Paris, Armand Colin, "Le Temps des Idées", 2011.

105. Ver Luc Boltanski, Élisabeth Claverie, Nicolas Offenstadt e Stéphane Van Damme, *Affaires, scandales et grandes causes. De Socrate à Pinochet*, Paris, Stock, "Les Essais", 2007.

106. Cf. *supra*, cap. 10, p. 277-278.

107. Aimé Césaire, *Discours sur le colonialisme*, nova edição revista e aumentada, *Présence Africaine*, 1º trimestre de 1955, p. 66.

108. Alfred Métraux, Carta a Pierre Verger, *in: Le Pied à l'étrier. Correspondance*, Paris, Jean-Michel Place, 1994, p. 210, citado por P. Wilcken, *Claude Lévi-Strauss. The Poet in the Laboratory*, *op. cit.*, p. 192.

109. Carta de Claude Lévi-Strauss a Dolores Vanetti, 22 de junho de 1955, acervo CLS, NAF 28150, caixa 182, "Correspondance avec Dolores Vanetti".

110. Alfred Métraux, *Le Pied à l'étrier. Correspondance*, *op. cit.*, p. 295.

14. As confissões de Claude Lévi-Strauss

1. Expressão utilizada por Pierre Nora no prefácio que escreveu para uma nova edição de *Tristes Tropiques*, Paris, France-Loisirs, "Bibliothèque du XXᵉ Siècle", 1990, p. 15. É a mesma palavra escolhida por Claude Lanzmann quando se lembra, quase cinquenta anos mais tarde, do efeito que sua leitura produz: "Lembro-me da deflagração da primeira frase de *Tristes trópicos*", "Envoi", *Les Temps Modernes*, nº 628, agosto-setembro-novembro de 2004, p. 1.

2. Pierre Nora, "Préface", *in: Tristes Tropiques*, *op. cit.*, p. 12.

3. Pierre Mac Orlan, *La Vénus internationale*, 1923, *in: Œuvres complètes*, Paris/Genebra, Gallimard, "Cercle du Bibliophile", p. 398, citado por P. Wilcken, *Claude Lévi-Strauss. The Poet in the Laboratory*, *op. cit.*, p. 194.

4. Ver Pierre Singaravelou (org.), *L'Empire des géographes. Géographie, exploration et colonisation*, Paris, Belin, 2008.

5. Para todo este parágrafo, cf. Sylvain Venayre, *La Gloire de l'aventure. Genèse d'une mystique moderne, 1850-1940*, Paris, Aubier, 2002; *Panorama du voyage, 1780-1920*, Paris, Les Belles Lettres, 2012.

6. Claude Lévi-Strauss, "Le droit au voyage", *L'Express*, 21 de setembro de 1956.

7. Fórmula de Jean Malaurie citada por V. Debaene, *L'Adieu au voyage*, *op. cit.*, p. 441.

8. Cf. *infra*, cap. 12.

9. Depoimento de Monique Lévi-Strauss, 29 de março de 2011. Lévi-Strauss prestará homenagem ao papel desempenhado por este último com a dedicatória que insere em seu exemplar pessoal de *Tristes Tropiques*: "A Jean Malaurie, a quem sou grato por ter me obrigado a escrever este livro", *Pour Jean Malaurie. 102 témoignages en hommage à 40 ans d'études arctiques*, Paris, Plon, 1990, p. 793.

10. Cf. P. Wilcken, *Claude Lévi-Strauss. The Poet in the Laboratory*, *op. cit.*, p. 196.

11. Contrato assinado com a editora Plon em 14 de maio de 1954: 8% de direitos de autor são concedidos sobre os primeiros 10 mil exemplares; depois 10% sobre os 10 mil seguintes; 13% a partir de 21 mil. Acervo CLS, NAF 28150, caixa 223.

12. *DPDL*, p. 86.

13. *Ibid.*

14. *Ibid.*, p. 89.

15. *Ibid.*, p. 87.

16. Claude Lévi-Strauss, entrevista a Jean-José Marchand, *Arts*, 28 de dezembro de 1955, citado por F. Dosse, *Histoire du structuralisme*, *op. cit.*, t. I, p. 168.

17. Claude Lévi-Strauss, "Le coucher de soleil. Entretien avec Boris Wiseman", *Les Temps Modernes*, nº 628, agosto--setembro-outubro de 2004, p. 3.

18. Texto desse esboço de peça transcrito por Vincent Debaene na edição da Bibliothèque de la Pléiade, "En marge de *Tristes Tropiques*", p. 1.632-1.650.

19. Cf. *supra*, cap. 9, p. 214-215.

20. Claude Lévi-Strauss, "Autoportrait", *Le Magazine Littéraire*, *op. cit.*, p. 24.

21. *Ibid.*

22. Palavra literal utilizada por Alfred Métraux e citada por Claude Lévi-Strauss, *DPDL*, p. 89: "Nele, eu me 'desabotoava' demais, como Métraux gostava de dizer".

23. *DPDL*, p. 88: "– A seu ver, era uma espécie de síntese que o senhor tinha feito? – Uma síntese do que eu tinha feito naquele momento, sim. E também de tudo em que eu acreditava ou com que sonhava".

24. *TT*, p. 84.

25. Correspondência com Dolores Vanetti, acervo CLS, NAF 28150, caixa 182.

26. Casaram-se no mesmo ano, tão logo saiu o divórcio com Rose-Marie Ullmo, em 6 de abril de 1954.

27. V. Debaene, "Notice", *in: Pléiade*, p. 1.695.

28. Entrevista com Monique Lévi-Strauss.

29. Acervo CLS, NAF 28150, caixa 128, "Carnet 1".

30. Acervo CLS, NAF 28150, caixa 49, "Documents préparatoires à *Tristes Tropiques*".

31. "Entre os índios civilizados", realizando uma espécie de mistura entre selvageria e civilização, tendo preservado antigas civilizações e ao mesmo tempo estando em contato com a modernidade e lhe fazendo empréstimos. Essa passagem está integrada no cap. 17, "Paraná", da parte V de *Pléiade*, p. 143.

32. V. Debaene, "Notice", *in: TT*, p. 1.695, citando uma expressão de Claude Lévi-Strauss extraída de seu "glossário pessoal" na entrevista com D.-A. Grisoni, *Le Magazine Littéraire*, "Lévi-Strauss en 33 mots", *op. cit.*, p. 26.

33. *TT*, p. 84.

34. *Ibid.*, p. 32-33.

35. D.-A. Grisoni, "Sur Jean de Léry. Entretien avec Claude Lévi-Strauss", prefácio a *Jean de Léry, Histoire d'un voyage faict en terre du Brésil*, Paris, Le Livre de Poche, "Bibliothèque classique", 1994, p. 7.

36. Ver, para todo este parágrafo, V. Debaene, "Tristes tropiques. Quête des correspondances et logique du sensible", *in: L'Adieu au voyage*, *op. cit.*, e mais precisamente p. 320-321.

37. Michel Leiris, "À travers *Tristes Tropiques*", *Les Cahiers de la République*, nº 2, julho de 1956.

38. *Ibid.*

39. *Ibid.*

40. V. Debaene, *L'Adieu au voyage*, *op. cit.*, p. 158.

41. *Ibid.*, p. 166.

42. *Ibid.*, p. 319. Nessa ocasião, Debaene aponta que tal conclusão aproxima ainda mais *Tristes trópicos* de *Em busca do tempo perdido*, de Proust.

43. *TT*, p. 408.

44. Claude Lévi-Strauss, "Le coucher de soleil. Entretien avec Boris Wiseman", *op. cit.*, p. 10.

45. Bronisław Malinowski, *A Diary in the Strict Sense of the Word*, Nova York, Harcourt, "Brace and World", 1967 [trad. fr. em 1985].

46. Eduardo Viveiros de Castro e Marc Kirsch, "Claude Lévi-Strauss vu par Eduardo Viveiros de Castro", *La Lettre du Collège de France*, hors-série, nº 2, 2008.

47. C. Geertz, *Ici et là-bas. L'Anthropologue comme auteur*, *op. cit.*

48. Philippe Descola, *Les Lances du crépuscule*, Paris, Plon, "Terre Humaine", 1993.

49. *TT*, p. 404-405.

50. V. Debaene, *L'Adieu au voyage*, *op. cit.*, p. 325.

51. *Ibid.*, p. 32 ss.

52. V. Debaene, "Portrait de l'ethnologue en Lazare", *op. cit.*, p. 90, aproxima o personagem da peça escrita por Lévi-Strauss do de Sartre: "Cina, no fundo, não passa de outro Roquentin".

53. Ver Frédéric Keck, "L'aventure de l'ordinaire chez Sartre et Lévi-Strauss. *La Nausée* et *Tristes Tropiques*, une lecture croisée", *Les Temps Modernes*, nº 632-633--634, julho-outubro de 2005.

54. "Place de l'anthropologie dans les sciences sociales et problèmes posés par son enseignement", 1954, *in: AS*, p. 378.

55. Claude Lévi-Strauss, entrevista a Boutang e Chevallay, "Claude Lévi-Strauss par lui-même", citado por P. Wilcken, *Claude Lévi-Strauss. The Poet in the Laboratory*, *op. cit.*, p. 202.

56. Claude Lévi-Strauss, "Jean--Jacques Rousseau, fondateur des sciences de l'homme", *AS 2*, p. 47.

57. Cf. *supra*, cap. 12, p. 344-345.

58. Lévi-Strauss refere-se à "força subversiva" do pensamento de Rousseau, à sua "existência orgulhosa e ressentida" como "as alavancas que deviam permitir abalar a moral, o direito e a sociedade". Lévi-Strauss aproveita aqui para dissipar alguns mal-entendidos referentes à interpretação do estado de natureza em Rousseau. Claude Lévi-Strauss, "Jean-Jacques Rousseau, fondateur des sciences de l'homme", *op. cit.*, p. 52-53. Ver *infra*, cap. 18.

59. *Ibid.*, p. 55-56.

60. "Des Indiens et leur ethnographe", *Les Temps Modernes*, nº 116, agosto de 1955, p. 1-50.

61. C. Lanzmann, "Envoi", *op. cit.*, fala no "deslumbramento" de Sartre e Simone de Beauvoir, "de nós todos, na verdade", p. 1.

62. *TT*, p. 47: "Quanto ao movimento de pensamento que iria desabrochar no existencialismo, parecia--me ser o contrário de uma reflexão legítima, em razão da complacência que ele manifesta para com as ilusões da subjetividade. Essa promoção das preocupações pessoais à dignidade de problemas filosóficos ameaça resultar numa espécie de metafísica para costureiras, desculpável a título de procedimento didático, mas bastante perigosa caso deva permitir tergiversar com essa missão atribuída à filosofia até que a ciência seja suficientemente forte para substituí-la, que deve ser compreender o ser com relação a ele mesmo e não com relação a mim".

63. Para todo este parágrafo, ver V. Debaene, "Notice", *in: Pléiade*, p. 1.715 ss., ou *L'Adieu au voyage*, *op. cit.*, p. 400 ss.

64. "Social Anatomy", *Times Literary Supplement*, 22 de fevereiro de 1957.

65. Carta a Dolores Vanetti, 28 de novembro de 1955, acervo CLS, NAF 28150, caixa 182.

66. Entrevista com Monique Lévi-Strauss: Claude Lévi-Strauss vendera oitocentos exemplares de *As estruturas elementares do parentesco* em cinco anos.

67. Maurice Blanchot, "L'homme au point zéro", *La Nouvelle Revue Française*, nº 40, abril de 1956.

68. V. Debaene, "Portrait de l'ethnologue en Lazare", *op. cit.*, p. 93.

69. Sobre esse registro específico da História pelo cinema, no caso não as imagens diretas dos campos (embora elas existam também), mas as imagens "excluídas" que a arte cinematográfica expõe, em sua gramática própria, como "formas cinematográficas da História", ver Antoine de Baecque, *L'Histoire-caméra. Les formes cinématographiques de l'histoire*, Paris, Gallimard, 2008.

70. Raymond Aron, "L'ethnologue entre les primitifs et la civilisation", *Le Figaro Littéraire*, 24 de dezembro de 1955.

71. *TT*, p. 443.

72. *Ibid.*, p. 444.

73. Em 1955.

74. *TT*, p. 139-140.

75. Georges Balandier, "Grandeurs et servitudes de l'ethnologue", *Cahiers du Sud*, nº 337, 1956.

76. *TT*, p. 421.

77. *Ibid.*

78. Carta a Jean Malaurie, 29 de março de 1955, acervo CLS, NAF 28150, caixa 196, citada por V. Debaene, "Notice", *in: TT*, p. 1.697-1.698.

79. *Le Canard Enchaîné*, 31 de outubro de 1956.

80. V. Debaene, *L'Adieu au voyage*, *op. cit.*, p. 402.

81. Ver, além de V. Debaene, *L'Adieu au voyage*, cujo subtítulo é "L'ethnologie française entre science et littérature", Wolf Lepenies, *Les Trois Cultures. Entre science et littérature, l'avènement de la sociologie* [1985], trad. fr., Paris, Éditions de la MSH, 1990.

82. François-Régis Bastide, "Les aventures d'un nouveau Chateaubriand. Adieu sauvages! Adieu voyages!", *Demain*, 27 de dezembro de 1955. Meschacebe é o nome indígena do rio Mississippi.

83. P. Nora, "Préface", *in: Tristes Tropiques*, *op. cit.*, p. 13. Observemos que a editora Plon é igualmente a editora das memórias do general De Gaulle...

84. Jean Marcenac, "Vers une ethnographie sans larme?", *Lettres Françaises*, 16 de fevereiro de 1956.

85. Gaëtan Picon, "*Tristes Tropiques* ou la conscience malheureuse", *in: L'Usage de la lecture*, t. II, Paris, Mercure de France, 1956.

86. Georges Bataille, "Un livre humain, un grand livre", *Critique*, nº 105, fevereiro de 1956.

87. V. Debaene, *L'Adieu au voyage*, *op. cit.*, p. 406.

88. Jean-Claude Carrière, "Compte rendu de *Tristes Tropiques*", *La Table Ronde*, janeiro de 1956.

89. V. Debaene, *L'Adieu au voyage*, *op. cit.*, p. 412.

90. Claude Lévi-Strauss, *HN*, p. 573.

91. *Soleil hopi. L'Autobiographie d'un Indien hopi, Don C. Talayesva*, textos reunidos por

Leo W. Simmons, prefácio de Claude Lévi-Strauss, Paris, Plon, "Terre Humaine", 1956. Um dos grandes sucessos da coleção virá mais tarde de um desses textos "indígenas": Pierre Jakez Helias, *Le Cheval d'orgueil* (1975), testemunho nativo (e em bretão, antes que o autor traduzisse seu texto para o francês) de uma sociedade cuja autenticidade é oposta à percepção extrínseca que dela têm os cientistas que, durante alguns anos, trabalharam com a aldeia de Plozévet. Ver André Burguière, *Bretons de Plozévet*, Paris, Flammarion, 1975.

92. Sonia Orwell, "Literary Scene in Paris", acervo CLS, NAF 28150, caixa 234, "Dossier de presse de *Tristes Tropiques*".

93. Acervo CLS, NAF 28150, caixa 234, "Dossier de presse de *Tristes Tropiques*". Em 1955, é finalmente Roger Ikor que é premiado por seu romance *Les Eaux mêlées* [As águas mescladas]. Em 1956, será Romain Gary por *As raízes do céu*, cujos temas e inspiração, quando não o estilo, lembram fortemente alguns motivos lévi-straussianos evidentes: a denúncia da pilhagem da natureza, a grandiosidade da natureza e do mundo animal, a crítica da onipotência da espécie humana no âmbito de um humanismo repensado etc.

94. Cf. o relato desse episódio por Claude Lévi-Strauss em *DPDL*, p. 52.

95. Citação extraída do documento acrescido de reproduções e do questionário, incluído na correspondência com Breton, acervo CLS, NAF 28150, caixa 185. As outras citações de Breton são extraídas da mesma fonte.

96. *DPDL*, p. 52.

97. Carta de 23 de agosto de 1955.

98. *DPDL*, p. 52.

99. Carta de Claude Lévi-Strauss a André Breton, Valleraugue, 6 de julho de 1957, acervo André Breton, Biblioteca Jacques Doucet.

100. P. Nora, "Préface", *in: Tristes Tropiques*, *op. cit.*, p. 13.

101. "The Structural Study of Myth", *Journal of American Folklore*, vol. 78, nº 270, outubro-dezembro de 1955, traduzido para o francês sob o título "La structure des mythes" [A estrutura dos mitos], publicado neste idioma pela primeira vez em *AS*, p. 227-255.

102. *Ibid.*, p. 252.

103. D. Bertholet, *Claude Lévi-Strauss*, *op. cit.*

104. Pierre Maranda (org.), *The Double Twist. From Ethnography to Morphodynamics*, Toronto, University of Toronto Press, 2001; ver também Lucien Scubla, *Lire Lévi-Strauss*, Paris, Odile Jacob, 1998, bem como os trabalhos do matemático Jean Petitot, "Approche morphodynamique de la formule canonique du mythe", *L'Homme*, 1998, p. 106-107, e do matemático norte-americano Jack Morava. Cf. o apêndice de J. Morava ao artigo de Lucien Scubla, "Structure, transformation et morphogénèse ou le structuralisme illustré par Pascal et Poussin": "Une interprétation mathématique de la formule canonique de Claude Lévi-Strauss", *Claude Lévi-Strauss*, Paris, L'Herne, *op. cit.*, p. 197-198. Por fim, ver recentemente Maurice Godelier, *Lévi-Strauss*, Paris, Seuil, 2013, p. 411-436.

105. Cf. *supra*, cap. 13, p. 360.

106. *Ibid.*, p. 235.

107. Ver V. Debaene, "Préface", *in: TT*, p. 32 ss.

108. Ver P. Wilcken, *Claude Lévi-Strauss. The Poet in the Laboratory*, *op. cit.*, p. 218.

109. Roman Jakobson, *Language in Literature*, Cambridge (MA), Belknap Press, 1987, p. 3-4. Citado por Douglas Smith, "Le structuralisme au miroir. Lévi-Strauss et le modernisme", *Les Temps Modernes*, vol. 59, nº 628, agosto-setembro-outubro de 2004, p. 116-117.

110. G. Charbonnier, *Entretiens avec Claude Lévi-Strauss*, *op. cit.*, p. 84.

111. Outra interpretação, interessante mas em parte forçada: se Lévi-Strauss não aprecia a arte moderna que exibe e manipula a relação entre significante e significado, numa reflexividade explícita, é porque esta última tornaria o estruturalismo "redundante" ao expor, ao constituir sua própria matéria a partir de certas operações intelectuais que caracterizam o estruturalismo. É a ideia desenvolvida por D. Smith, "Le structuralisme au miroir. Lévi-Strauss et le modernisme", *op. cit.*, p. 116-117. Entretanto, o estruturalismo não é essencialmente uma manipulação da relação significante/significado, e sim, em primeiro lugar, uma comparação que recusa separar conteúdo e forma.

112. C. Geertz, *Ici et là-bas. L'Anthropologue comme auteur*, *op. cit.*

113. Cf. V. Debaene, "Préface", *in: TT*, p. 33.

114. Essa expressão é de Paul-André Rosental, que assim qualificava a obra de Louis Chevalier, *Classes dangereuses et classes laborieuses*, 1958.

115. C. Geertz, *Ici et là-bas. L'Anthropologue comme auteur*, *op. cit.*, p. 41 ss.

116. Cf. V. Debaene, *L'Adieu au voyage*, *op. cit.*, p. 343: "A reflexão de Lévi-Strauss não nega a diferença entre a ciência e a arte, mas recusa pensá-la como um corte radical".

117. Walter Benjamin, citado em Werner Spies, "Lévi-Strauss ou le

souci de l'Autre", *Le Monde*, 5 de dezembro de 2003.

118. Acervo CLS, NAF 28150, caixa 234, "Dossier de presse de *Tristes Tropiques*".

119. *Ibid.*; *Combat*, 25 de maio de 1956.

120. As traduções seguintes em inglês conservarão o título francês *Tristes Tropiques*.

121. Citado por P. Nora, "Préface", *in: Tristes Tropiques*, *op. cit.*, p. 16.

122. Carta de Émile Benveniste, 20 de dezembro de 1955.

123. Beatrix Beck, "Claude Lévi-Strauss", *La Revue de Paris*, junho de 1956, p. 14, citado por D. Bertholet, *Claude Lévi-Strauss*, *op. cit.*, p. 220.

15. A cristalização estruturalista [1958-1962]

1. *Œuvres complètes*, Paris, Gallimard, "Bibliothèque de la Pléiade", t. X, p. 396, citado em Claude Lévi-Strauss, *La Pensée sauvage*, *in: Pléiade*, p. 695.

2. Claude Imbert, "Un moment épistémologique", *in:* P. Descola (org.), *Claude Lévi-Strauss, un parcours dans le siècle*, *op. cit.*, p. 226.

3. Claude Lévi-Strauss, "Surtout ne pas confondre 'pensée sauvage' et 'pensée des sauvages'", entrevista a Gilles Lapouge, *Le Figaro Littéraire*, 2 de junho de 1962, p. 3.

4. Carta a Fernand Braudel, 26 de outubro de 1958, acervo CLS, NAF 28150, caixa 181, "Correspondance".

5. *Ibid.*, carta de 3 de novembro de 1958.

6. Carta de Maurice Merleau-Ponty a Claude Lévi-Strauss, 26 de maio de 1955, acervo CLS, NAF 28150, caixa 196, "Correspondance reçue".

7. Claude Lévi-Strauss, "De quelques rencontres", *L'Arc*, nº 46, 1971, p. 43.

8. Cf. *supra*, cap. 12.

9. Claude Lévi-Strauss, "De quelques rencontres", *op. cit.*, p. 43.

10. Termo utilizado por Claude Lévi-Strauss para qualificar o papel desempenhado, segundo Merleau-Ponty, pelos etnólogos junto à filosofia: o de "companheiros de estrada", *ibid.*, p. 45.

11. F. Dosse, "La passerelle phénoménologique", *in: Histoire du structuralisme*, t. I. *Le Champ du signe*, *op. cit.*, p. 58-64.

12. Texto disponível em *La Lettre du Collège de France*, hors-série nº 2, 2008, p. 49-53, revisitado e desenvolvido num dos mais famosos capítulos de seu último livro: "De Mauss à Claude Lévi-Strauss", *in: Signes*, Paris, Gallimard, 1960, p. 143-157. [ed. bras.: *Signos*, São Paulo, Martins Fontes, 1999.] Sua última frase é: "É pelos seus signos que reconhecemos uma grande tentativa intelectual".

13. Maurice Merleau-Ponty, "De Mauss à Claude Lévi-Strauss", *in: Signes*, *op. cit.*, p. 144.

14. *Ibid.*, p. 148.

15. *Ibid.*, p. 150.

16. Relatório lido em assembleia geral, 30 de novembro de 1958, acervo CLS, NAF 28150, caixa 216, "Collège de France".

17. Carta de Claude Lévi-Strauss a Roman Jakobson, 26 de dezembro de 1958, acervo CLS, NAF 28150, caixa 181.

18. Lévi-Strauss lhe será eternamente grato. Apesar das críticas que recebe no Museu do Homem, do qual se torna diretor, Guiart nunca se verá desmentido por Lévi-Strauss, que nem por isso pensava como ele. Entrevista com Monique Lévi-Strauss, 28 de novembro de 2013.

19. Carta de Louis Chevalier, 5 de novembro de 1958, acervo CLS, NAF 28150, caixa 186, "Correspondance reçue".

20. Carta de Roger Dion, 19 de fevereiro de 1959, acervo CLS, NAF 28150, caixa 187, "Correspondance reçue".

21. Relatório de Merleau-Ponty, assembleia geral dos professores, 15 de março de 1959, acervo CLS, NAF 28150, caixa 216, "Collège de France".

22. "Assembleia geral de 15 de março de 1959": 36 votos para Lévi-Strauss, um para Jean Guiart e sete cédulas em branco ou marcadas com uma cruz. Na mesma assembleia, o físico Louis Leprince-Ringuet é eleito para a cadeira de física nuclear por uma pequena margem, obtendo 24 votos de 44, contra 20 de seu concorrente, Hans Halban. Arquivos do Collège de France.

23. Carta a Fernand Braudel, 1º de fevereiro de 1959: "A incansável amizade que o senhor me testemunhou durante esses anos de 'purgatório' não poderia me fazer esquecer que o senhor é igualmente um de meus juízes".

24. J. Jamin, "L'anthropologie et ses acteurs", *in: Les Enjeux philosophiques des années cinquante*, *op. cit.*, p. 112-113; ver também M. Bloch, "Une anthropologie fondamentale", *in:* P. Descola (org.), *Claude Lévi-Strauss. Un parcours dans le siècle*, *op. cit.*, p. 247-263.

25. P. Bourdieu, *Esquisse pour une auto-analyse*, *op. cit.*, p. 57. O grifo é meu.

26. O texto da aula inaugural abre o tomo II de *AS*, "Le champ de l'anthropologie", p. 11-44.

27. O etnólogo depõe momentaneamente as armas perante os historiadores:

"Desdenhar a dimensão histórica, sob pretexto de que os meios são insuficientes para apreendê-la salvo de maneira aproximativa, conduz a se satisfazer com uma sociologia rarefeita, na qual os fenômenos veem-se como que descolados de seu suporte", *ibid.*, p. 23. Lévi-Strauss observa com humor que "essa profissão de fé histórica poderá surpreender", p. 24.

28. *Ibid.*, p. 39.

29. M. Leiris, *L'Afrique fantôme*, *op. cit.*, p. 263: "É pela subjetividade (levada a seu paroxismo) que tocamos na objetividade".

30. "Le champ de l'anthropologie", *AS*, t. II, p. 25.

31. *Ibid.*

32. *Ibid.*, p. 15.

33. *Ibid.*, p. 44.

34. Siegfried Kracauer, *L'Histoire des avant-dernières choses*, prefácio de Jacques Revel, "Un ordre d'idées", Paris, Stock, 2006. O título é a tradução de *History. The Last Things before the Last*. O livro foi publicado nos Estados Unidos em 1969, três anos após a morte de seu autor.

35. Ver Daniel Fabre, "D'une ethnologie romantique", *in:* Daniel Fabre e Jean-Marie Privat (org.), *Savoirs romantiques. Une naissance de l'ethnologie*, Nancy, Presses Universitaires de Nancy, "Ethnocritique", 2010.

36. No sentido metafórico em que o emprega François Hartog em *Croire en l'histoire*, Paris, Flammarion, 2013, para qualificar certos historiadores, fazendo a ponte entre o passado e o presente, o que Lévi-Strauss também faz entre o passado e o presente de sua disciplina.

37. Como dissemos, Merleau--Ponty tem exatamente a mesma idade de Lévi-Strauss, embora sua vaidade o impeça de reconhecê--lo: "Mais de uma vez, surpreendi seu olhar pousado sobre mim como num espelho, o qual ele se recusava não sem razão a admitir que lhe devolvia uma imagem comparável à sua, ou mesmo que anunciava a que ele teria um dia. Nossa data de nascimento comum lhe parecia uma mentira", Claude Lévi-Strauss, "De quelques rencontres", *op. cit.*, p. 44.

38. "Le champ de l'anthropologie", *AS*, t. II, p. 13.

39. D. Bertholet, *Claude Lévi--Strauss*, *op. cit.*, p. 248: "O novo professor dá folga às suas revoltas de adolescente".

40. "Le champ de l'anthropologie", *AS*, t. II, p. 13. Lévi-Strauss também se encarregou de um texto, "Ce que l'ethnologie doit à Durkheim" (publicado em *AS*, t. II, p. 57-62), que foi reunido às outras homenagens graças à intermediação do decano Georges Davy, seu antigo orientador de tese.

41. "Ele me detesta literalmente."

42. Cf. *supra*, cap. 12.

43. Georges Gurvitch, "Le concept de structure sociale", *Cahiers Internationaux de Sociologie*, vol. 19, 2º ano, 1955.

44. Texto de reação escrito em 1956 e publicado na última hora em *AS*, cap. XVI, "Postface au chapitre XV", p. 353.

45. *Ibid.*, p. 356.

46. *Ibid.*, p. 358.

47. Ver Claude Lévi-Strauss, *DPDL*, p. 102-103, e F. Dosse, *Histoire du structuralisme*, *op. cit.*, t. I, p. 284-285.

48. Pierre Bourdieu, *Homo Academicus*, Paris, Les Éditions de Minuit, 1984, p. 142.

49. *DPDL*, p. 91.

50. *AS*, p. 357.

51. *DPDL*, p. 100: "Eu pensava nisso há muito tempo e, antes de escrever *Tristes trópicos*, eu tinha levado o livro, ou melhor, o projeto de livro à Gallimard. Brice Parain, que me recebeu, recusou-o. Ele me disse: seu pensamento não está maduro".

52. Em meados dos anos 1960, Pierre Nora, então editor de ciências humanas na Gallimard, tenta uma aproximação com Claude Lévi-Strauss: "Quando voltei à editora Gallimard, fui visitá-lo a fim de seduzi-lo. Ele me disse: 'Tudo o que o senhor quiser para o senhor, mas nada para a Gallimard'", F. Dosse, *Pierre Nora. Homo historicus*, Paris, Perrin, 2011, p. 179.

53. *Ibid.*

54. Maxime Rodinson, "Racisme et civilisation", *Nouvelle Critique*, nº 66, junho de 1955; "Ethnographie et relativisme", *Nouvelle Critique*, nº 69, novembro de 1955.

55. "Pois M. Rodinson me ataca em nome do marxismo, ao passo que minha concepção é infinitamente mais próxima do pensamento de Marx que a sua", *AS*, p. 369. Ele lembra, nessa ocasião, que a distinção operada em *Raça e história* entre história estacionária, história flutuante e história cumulativa pode reivindicar certos textos de Marx, que ele cita.

56. Jean-François Revel, *Pourquoi des philosophes?*, Paris, Julliard, 1957.

57. *AS*, p. 374.

58. Carta de Roman Jakobson, 10 de julho de 1958, acervo CLS, NAF 28150, caixa 181, "Correspondance".

59. Acervo CLS, NAF 28150, caixa 189.

60. Carta de Claude Lévi-Strauss, 3 de agosto de 1957.

61. Cf. F. Dosse, *Histoire du structuralisme, op. cit.*, t. I, p. 21 ss.

62. Roger Bastide (org.), *Sens et usage du terme de structure*, colóquio de 10 a 12 de janeiro de 1959, Paris, Mouton, 1962.

63. *Entretiens sur la notion de genèse et de structure*, colóquio de Cerisy, julho-agosto de 1959, Paris, Mouton, 1965.

64. *DPDL*, p. 104.

65. Claude Lévi-Strauss, *CC*, p. 17-18.

66. *Ibid.*

67. *DPDL*, p. 110.

68. Frédéric Keck, *in:* Claude Lévi-Strauss, *Œuvres*, Paris, Gallimard, "Bibliothèque de la Pléiade", p. 1.778. F. Keck observa que a publicação de um pequeno volume crítico pela PUF precedendo a de uma obra mais ambiciosa já é um artifício de Jean-Paul Sartre, com *A imaginação* (PUF, 1936) depois *O imaginário* (Gallimard, 1940), e também de Merleau--Ponty, que publica *As estruturas do comportamento* em 1942 pela PUF e *Fenomenologia da percepção* em 1945 pela Gallimard.

69. Carta de Dumézil a Claude Lévi-Strauss, 21 de março de 1961, acervo CLS, NAF 28150, caixa 188.

70. *Ibid.*

71. Baldwin Spencer e F.J. Gillen, *The Northern Tribes of Central Australia*, Londres, 1904. O livro do pastor Elkin é a outra fonte sobre os rituais totêmicos dos aborígenes da Austrália: Adolphus Peter Elkin, *The Australian Aborigines*, 3ª ed., Sydney e Londres, Angus & Robertson, 1954.

72. Claude Lévi-Strauss, *Le Totémisme aujourd'hui*, *in: Pléiade*, p. 449.

73. Claude Lévi-Strauss, entrevista a Gilles Lapouge, *Le Figaro Littéraire*, 2 de junho de 1962.

74. Ver F. Keck, *in: Pléiade*, p. 1.780-1.781.

75. Claude Lévi-Strauss, *Le Totémisme aujourd'hui*, *op. cit.*, p. 542.

76. *Ibid.*

77. Carta de Dumézil a Claude Lévi-Strauss, 28 de janeiro de 1962, acervo CLS, NAF 28150, caixa 188, "Correspondance reçue".

78. *PS*, p. 568.

79. *Ibid.*, p. 582.

80. *Ibid.*, p. 583 ss.

81. *Ibid.*, p. 582. O pensamento mítico, assim como a bricolagem, elabora conjuntos estruturados "não diretamente com outros conjuntos estruturados, mas utilizando resíduos e refugos de acontecimentos: '*odds and ends*' diria o inglês, ou em francês *des bribes et des morceaux*, testemunha fóssil da história de um indivíduo ou de uma sociedade". Aqui também, a etnologia é uma ciência residual.

82. *DPDL*, p. 155.

83. Cf. *supra*, cap. 2.

84. Cf. A. Mary, "In Memoriam. Claude Lévi-Strauss", *op. cit.*

85. Cf. F. Keck, *in:* Claude Lévi--Strauss, *Pléiade*, p. 1.788: "A noção de transformação, que desempenha um papel central em *O pensamento selvagem*, foi descoberta quando ele observava as pranchas morfológicas do matemático e biólogo D'Arcy Thompson, ilustrando a homologia de formas entre espécies naturais diferentes".

86. "Le champ de l'anthropologie", *AS*, t. II, p. 28.

87. *PS*, p. 597. O próprio Lévi--Strauss diz que "essa lógica [mítica] opera um pouco à maneira do caleidoscópio: instrumento que contém cacos e pedaços, por meio dos quais se realizam combinações estruturais".

88. *Ibid.*, p. 847.

89. Cf. F. Keck, *in:* Claude Lévi--Strauss, *Pléiade*, p. 1.782.

90. Entrevista a Gilles Lapouge, *Le Figaro Littéraire*, 2 de junho de 1962.

91. Cf. F. Keck, *in:* Claude Lévi--Strauss, *Pléiade*, p. 1.789: pois ele valoriza uma continuidade entre reino animal e reino humano (pela deformação fisiognômica) que a sociedade ocidental, globalmente, recusa.

92. F. Dosse, *Histoire du structuralisme*, *op. cit.*, t. I, p. 290.

93. *DPDL*, p. 154.

94. Ver, por exemplo, Simon Schaffer e Steven Shapin, *Leviathan and the Airpump: Hobbes, Boyle and The Experimental Life*, Princeton, Princeton University Press, 1985; e, mais recentemente, Lorraine Daston e Peter Galison, *Objectivity*, Nova York, Zone Books, 2007, trad. fr. *Objectivité*, Paris, Presses du Réel, 2012.

95. Carta de Pierre Auger a Claude Lévi-Strauss, 14 de agosto de 1962, acervo CLS, NAF 28150, caixa 183.

96. O livro, ademais, é classificado como um dos dez mais importantes do ano por *France-Soir*, ao lado de títulos mais literários: *O que eu creio*, de François Mauriac; *Le Sud* [O Sul], de Yves Berger; *O século das luzes,* de Alejo Carpentier; *Vents et poussières* [*Ventos e poeiras*], de Henri Michaux; *A tarde do sr. Andesmas,* de Marguerite Duras; *La Fosse de Babel* [*O fosso de Babel*], de Raymond Abellio.

97. Claude Roy, "Un grand livre civilisé, *La Pensée sauvage*", *Libération*, 19 de junho de 1962.

98. J. Lacroix, "*La Pensée sauvage*", *Le Monde*, 17 de novembro de 1962.

99. *Ibid.*

100. *Ibid.*

101. *Ibid.*

102. F. Dosse, *Histoire du structuralisme*, *op. cit.*, t. I, título do cap. XXV.

103. Bernard Pingaud, *L'Arc*, 1966, citado por F. Dosse, *Histoire*

du structuralisme, t. I, *op. cit.*, p. 396.

104. Carta de Luc de Heusch a Claude Lévi-Strauss, 7 de janeiro de 1977, acervo CLS, NAF 28150, caixa 187.

105. Carta de Catherine Backès-Clément a Claude Lévi-Strauss, 3 de fevereiro de 1972, NAF 28150, caixa 186, "Correspondance reçue".

106. Catherine Clément escreveu um livro pioneiro sobre a obra do antropólogo, *Lévi-Strauss ou la Structure et le malheur*, Paris, Seghers, 1970, reeditado e modificado, Paris, Le Livre de Poche, "Biblio Essais", 1985. Nos diferentes órgãos de imprensa em que trabalhou, no *Matin* ou no *Magazine Littéraire* por exemplo, ela publica matérias especiais dedicadas a Lévi-Strauss, seus livros, suas viagens (ao Japão), enriquecidas por longas entrevistas e uma iconografia selecionada. Cf. C. Clément, *Mémoire*, Paris, Stock, 2009, p. 70. Nele, ela conta como a jovem candidata à *agrégation* em filosofia que ela era em 1962 já lera Lévi-Strauss e citara-o em sua prova oral, para grande pasmo da banca ainda pouco familiarizada com a obra do antropólogo. Sua audácia acertou na mosca: "Falei de *O pensamento selvagem*, o recentíssimo Lévi-Strauss. Presidente da banca, Georges Canguilhem não era homem de deixar transparecer o que pensava. Agradeceu-me resmungando, o olho faiscando sob suas grossas sobrancelhas pretas". Resultado: Catherine Backès (seu nome na época) se forma "*cacique*", isto é, em primeiro lugar. Em setembro, Lévi-Strauss, ouvindo falar no episódio, pergunta sobre a jovem audaciosa e deseja conhecê-la.

107. Marc Augé, *L'Anthropologue et le monde global*, Paris, Armand Colin, 2013, p. 12-13. [ed. bras.: *O antropólogo e o mundo global*, Petrópolis, Vozes, 2014.]

108. Carta de Régis Debray a Claude Lévi-Strauss, 25 de dezembro de 1969, acervo CLS, NAF 28150, caixa 187, "Correspondance reçue".

109. François Furet, "Les intellectuels français et le structuralisme" [1967], *in: L'Atelier de l'histoire*, Paris, Flammarion, 1982, p. 37-52; Raymond Aron, *L'Opium des intellectuels*, Paris, Calmann-Lévy, 1955. [ed. bras.: *O ópio dos intelectuais*, São Paulo, Três Estrelas, 2016.]

110. É igualmente a ideia destilada por Pierre Nora quando fala na ação do "feitiço estruturalista" ("Préface", *in: Tristes Tropiques*, *op. cit.*).

111. F. Furet, "Les intellectuels français et le structuralisme", *op. cit.*, p. 42.

112. *Ibid.*

113. M. Foucault citado por F. Dosse, *Histoire du structuralisme*, *op. cit*, t. I, p. 202.

114. F. Furet, "Les intellectuels français et le structuralisme", *op. cit.*, p. 47.

115. *Ibid.*

116. *Ibid.*, p. 50.

117. *Ibid.*, p. 52.

118. Cf. o belo artigo de Bruno Karsenti que ressuscita essa figura incandescente e um tanto esquecida, "L'expérience structurale", *Gradhiva*, 2, 2005, p. 89-107; texto remanejado em B. Karsenti, "Expérience structurale et dépassement du marxisme", *D'une philosophie à l'autre. Les sciences sociales et la politique des modernes*, Paris, Gallimard, 2013.

119. É o objeto de seu livro *Marxisme et structuralisme*, Paris, Payot, 1965.

120. Em seu exemplar pessoal de *La Critique de la raison dialectique*, p. 8, Lévi-Strauss anota na margem: "O que me parece uma verificação para ele constitui uma demonstração. A descoberta da dialética é que a razão analítica também deve explicar a razão dialética: extensão de seu programa, transformação de sua axiomática. Mas não a razão dialética dela mesma e da razão analítica. O objeto real do livro é: em que condições o mito da Revolução Francesa é possível?".

121. *PS*, p. 556: "Deixando de lado as divergências inevitáveis, desejo que Sartre guarde sobretudo, de uma discussão que é fruto de tantos cuidados, que ela constitui de nossa parte reciprocamente uma homenagem indireta de admiração e respeito".

122. "*Sketchy*" significa aqui sumário, superficial, em estado de esboço. "*Out of tune*" [literalmente, desafinado]: fora de propósito, mais informalmente "sem noção".

123. Carta de Claude Lévi-Strauss a Roman Jakobson, 27 de junho de 1962, acervo CLS, NAF 28150, caixa 281, "Correspondance reçue".

124. Cf. F. Keck, *in: Pléiade*, p. 1.791.

125. *PS*, p. 827.

126. *Ibid.*, p. 832.

127. Frédéric Worms, *La Philosophie en France au XXe Siècle. Moments*, Paris, Gallimard, "Folio essais", 2009, p. 472.

128. *PS*, p. 824.

129. Cf. F. Keck, *in: Pléiade*, p. 1.843.

130. *PS*, p. 334, citado por F. Worms, *La Philosophie en France au XXe Siècle. Moments*, *op. cit.*, p. 472.

131. Afora as observações de Sartre no número 30 de *L'Arc* que lhe é dedicado em 1966. Ver F. Dosse, *Histoire du structuralisme*, *op. cit*, t. I, p. 397: Sartre analisa a explosão das ciências humanas e o sucesso do estruturalismo como a adaptação

ideológica de uma sociedade técnica importada dos Estados Unidos e simbolizada pelo gaullismo político.

132. P. Verstraeten, "Claude Lévi--Strauss ou la tentation du néant", *Les Temps Modernes*, nº 206, julho de 1963.

133. P. Secrétan, "De *La Nausée* de Sartre à *La Pensée sauvage* de Claude Lévi-Strauss", *La Tribune de Genève*, 14 de janeiro de 1964.

134. "Éditorial", "*La Pensée sauvage* et le structuralisme", *Esprit*, nº 322, novembro de 1963, 31º ano.

135. *Ibid.*

136. *Ibid.*

137. *Ibid.*

138. Paul Ricœur, "Structure et herméneutique", *in: Le Conflit des interprétations*, Paris, Seuil, 1969, p. 34. [ed. bras.: *O conflito das interpretações*, Rio de Janeiro, Imago, 1978.]

139. Mesa-redonda em torno de Claude Lévi-Strauss, "Réponse à quelques questions", *Esprit*, nº 322, novembro de 1963, p. 634.

140. *Ibid.*, p. 653.

141. *Ibid.*, p. 630.

142. Walter Benjamin, *Sens unique*, Paris, Payot, "Petite Bibliothèque", 2013. [ed. bras.: *Rua de mão única. Infância berlinense: 1900*, Belo Horizonte, Autêntica, 2013.]

143. Claude Lévi-Strauss, *CC*, p. 17-18.

144. "Lévi-Strauss dans le XVIIIe siècle", *Cahiers pour l'Analyse*, nº 4, setembro-outubro de 1966, publicados pelo Cercle d'Épistémologie da ENS. O conselho editorial inclui, além de Jacques-Alain Miller, Jean-Claude Milner, Jacques Bouveresse, Alain Grosrichard, François Regnault, Michel Tort e Alain Badiou. É nesse número que sai o artigo de Jacques Derrida "Nature, culture, écriture. La violence de la lettre, de Lévi--Strauss à Rousseau", publicado em *De la grammatologie*, e ao qual voltaremos.

145. Claude Lévi-Strauss, "À propos de 'Lévi-Strauss dans le XVIIIe siècle'", *Cahiers pour l'Analyse*, nº 8, 1969, p. 89-90.

146. L. Scubla, "Structure, transformation et morphogénèse ou le structuralisme illustré par Pascal et Poussin", *op. cit.*, p. 189.

147. Dina Dreyfus, "De la pensée pré-logique à la pensée hyper--logique", *Mercure de France*, fevereiro de 1963, p. 309-322.

148. *Ibid.*, p. 316.

149. *Ibid.*

150. *Ibid.*, p. 318.

151. Carta de Claude Lévi-Strauss a Roman Jakobson, 10 de julho de 1961, acervo CLS, NAF 28150, caixa 181.

152. Carta de Claude Lévi-Strauss a Fernand Braudel, 17 de julho de 1961, acervo CLS, NAF 28150, caixa 181. A mediação com Sartre foi sem dúvida feita por Jean Pouillon.

153. Na realidade, uma cátedra de filosofia do conhecimento é criada em 1962 e ocupada até 1990 por Jules Vuillemin, enquanto a cátedra de Martial Guéroult, igualmente vaga em 1962, é transformada em cátedra de história do pensamento filosófico por Jean Hyppolite, de 1963 a 1968. É essa cátedra que Foucault ocupa em 1970, transformada em história dos sistemas de pensamento.

154. A novela da tradução de *La Pensée sauvage* é narrada, baseada em arquivos, por F. Keck, *in: Pléiade*, p. 179 ss. Aqui eu apenas conto alguns episódios.

155. Julian Pitt-Rivers, *Man*, 1968, citado por F. Keck, *in:* Claude Lévi-Strauss, *Œuvres*, *op. cit.*, p. 1.801.

156. Cf. F. Keck, *in: Pléiade*, 1.799.

157. Acervo CLS, NAF 28150, caixa 235, "The American Scholar".

158. Marshall Sahlins, "On the Delphic writings of Claude Lévi--Strauss", *The Scientific American*, junho de 1966.

159. S. Sontag, "A Hero of our time", *The New York Review of Books*, 28 de novembro de 1963.

160. *Ibid.*

161. *Ibid.*

162. G. Steiner (assinatura manuscrita), "Orpheus with his myths", *Times Literary Supplement*, 29 de abril de 1965.

163. Epígrafe de *AS*: "Com este livro publicado em 1958, ano do centenário de Émile Durkheim, um discípulo inconstante pede licença para homenagear a memória do fundador de *L'Année Sociologique*: prestigiosa oficina onde a etnologia contemporânea recebeu parte de suas armas e que relegamos ao silêncio e ao abandono, menos por ingratidão do que pela triste persuasão que cultivamos de que a empreitada excederia nossas forças".

16. A fábrica da ciência

1. Nesse ponto, seguimos as recomendações de B. Latour e S. Wooglar, *La Vie de laboratoire. La Production des faits scientifiques*, *op. cit.*, que, há mais de trinta anos, preconizavam o repatriamento "em domicílio" das análises de tipo etnológico, alegando a pertinência desse tipo de abordagem não só sobre o exterior de nossa sociedade, como em seu âmago e, em especial, em seu âmago científico.

2. Cf. Jean Boutier, Jean-Claude Passeron e Jacques Revel (org.), *Qu'est-ce qu'une discipline?*, Paris, Éditions de l'EHESS, 2006.

3. Claude Lévi-Strauss, "Place de l'anthropologie dans les sciences sociales et problèmes posés par son enseignement", *in: AS*, p. 379.

4. "Introduction", *in: Qu'est-ce qu'une discipline?*, *op. cit.*, p. 8.

5. Cf. G. Lenclud, "L'anthropologie et sa discipline", *in: Qu'est-ce qu'une discipline?*, *op. cit.*

6. Claude Lévi-Strauss, "Place de l'anthropologie dans les sciences sociales et problèmes posés par son enseignement", *op. cit.*, p. 377-418. A esse texto podemos acrescentar uma segunda colaboração de natureza idêntica, igualmente publicada no âmbito da Unesco: "Panorama de l'ethnologie, 1950-1952", *Diogène*, nº 2, 1953, p. 96-123.

7. Claude Lévi-Strauss, "Place de l'anthropologie dans les sciences sociales et problèmes posés par son enseignement", *op. cit.*, p. 378.

8. *Ibid.*, p. 388.

9. Claude Lévi-Strauss, "Postface au chapitre XV", *in: AS*, p. 358.

10. Claude Tardits, "Un grand parcours", *L'Homme*, nº 143, julho-setembro de 1997, p. 50.

11. J. Jamin, "L'anthropologie et ses acteurs", cap. cit., p. 104.

12. Claude Lévi-Strauss, "Place de l'anthropologie dans les sciences sociales et problèmes posés par son enseignement", *op. cit.*, p. 312.

13. *Ibid.*, p. 383.

14. *Ibid.*, p. 384.

15. Carta de Rivet a Claude Lévi-Strauss, 5 de maio de 1957, acervo CLS, NAF 28150, caixa 200, "Correspondance reçue". Em toda a sua carreira institucional, Rivet fora ajudado por suas duas irmãs, conhecidas dos etnólogos como "*demoiselles* Rivet". É em razão disso que ele faz referência àquela ainda viva. Cf. Marianne Lemaire, "La chambre à soi de l'ethnologue. Une écriture féminine en anthropologie dans l'entre-deux-guerres", *L'Homme*, nº 200, 2011, p. 83-112.

16. Lista dos docentes apresentados pelo Instituto de Etnologia em 1960: Collège de France (Claude Lévi-Strauss, Georges Dumézil, Émile Benveniste, Jacques Berque, Pierre Gourou); Faculdade de Letras da Sorbonne (André Leroi-Gourhan, Roger Bastide); e EPHE seção IV (linguística), seção V (ciências religiosas), Claude Tardits (África) e seção VI (ciências econômicas e sociais), Claudie Marcel-Dubois (etnomusicologia), Germaine Dieterlen, Georges Balandier, Éric de Dampierre, Denise Paulme (África), Georges Condominas (Vietnã), Louis Dumont (Índia), Jean Guiart (Oceania), Germaine Tillion (Magreb), Maxime Rodinson (Oriente Médio) e Henri Lehmann (civilizações pré-colombianas).

17. Carta de Claude Lévi-Strauss endereçada ao reitor da Academia de Paris, 21 de abril de 1961, arquivos do LAS, FLAS, B.S5, "Correspondance avec l'Institut d'ethnologie".

18. Carta de Claude Lévi-Strauss a Stéphane Hessel, 30 de outubro de 1961, arquivos do LAS, FLAS, B.S5, "Correspondance avec l'Institut d'ethnologie".

19. Para este parágrafo, baseio-me em A. Drouard, "Réflexions sur une chronologie. Le développement des sciences sociales en France de 1945 à la fin des années soixante", *La Revue Française de Sociologie*, 1982, 23-1, p. 55-85; ver também Alain Chatriot e Vincent Duclerc (org.), *Le Gouvernement de la recherche. Histoire d'un engagement politique de Pierre Mendès France au général de Gaulle (1953-1969)*, Paris, La Découverte, 2006.

20. Cf. André Burguière, "Du siècle des Lumières à la Vᵉ République. La longue histoire des enquêtes collectives", *in:* B. Paillard, J.-F. Simon e L. Le Gall, *En France rurale. Les enquêtes interdisciplinaires depuis les années 1960*, Rennes, Presses Universitaires de Bretagne, 2010, p. 21-38.

21. Claude Lévi-Strauss, entrevista a Gilles Lapouge, *Le Figaro Littéraire*, 2 de junho de 1962.

22. É firmado um contrato entre a DGRST, o Collège de France e o LAS. É feita uma encomenda de uma pesquisa de antropologia social com análise mecanográfica dos materiais genealógicos (efetuada por M. Izard) por uma quantia de 62.248 francos novos, soma vultosa comparada aos primeiros orçamentos do laboratório.

23. Cf. Françoise Zonabend, "Minot: du terrain aux textes", *in:* B. Paillard, J.-F. Simon e L. Le Gall (org.), *En France rurale*, *op. cit.*, p. 301-313.

24. L. Bernot e R. Blancart, *Nouville, un village français*, *op. cit.*

25. F. Zonabend, "Minot...", *op. cit.*, p. 302.

26. *Ibid.*, p. 307.

27. Marie-Claude Pingaud, *Paysans de Bourgogne. Les gens de Minot*, Paris, Flammarion, 1978; Yvonne Verdier, *Façons de dire, façons de faire. La laveuse, la couturière, la cuisinière*, Paris, Gallimard, 1979; Françoise Zonabend, *La Mémoire longue. Temps et histoires au village*, Paris, PUF, 1980; T. Jolas, M.-C. Pingaud, Y. Verdier, F. Zonabend, *Une campagne voisine. Minot, un village bourguignon*, Paris, Éditions de la MSH, 1990.

28. F. Zonabend aborda essa dolorosa restauração: *Une campagne voisine. Minot, un village bourguignon*, *op. cit.*, p. 312-313.

29. Claude Lévi-Strauss, "Rapport de l'Unesco sur les sciences sociales", 1º de janeiro de 1964, acervo CLS, NAF 28150, caixa 214.

30. *Ibid.*

31. *Ibid.*

32. Ver o elegante livrinho concebido e organizado por Françoise Zonabend para o cinquentenário do LAS em 2011, *Le Laboratoire d'anthropologie sociale, 50 ans d'histoire, 1960-2010*, Paris, Collège de France, dezembro de 2010.

33. Essa poderosa ferramenta documentária era produzida desde 1937, como iniciativa de George P. Murdoch, por uma instituição independente de New Haven, associada à Universidade Yale. Cf. Isac Chiva, "Une communauté de solitaires: le Laboratoire d'anthropologie sociale", *Lévi-Strauss*, Paris, L'Herne, "Cahier de L'Herne", 2004, p. 66.

34. A seção VI da EPHE e a Maison des Sciences de l'Homme participam igualmente do financiamento dos "*Files*".

35. Claude Lévi-Strauss, "Rapport du 29 mars 1962", arquivos do LAS, FLAS, BS2.01.

36. *Ibid.*

37. Carta de Pierre Bourdieu, 7 de março de 1966, BS1.01. Correspondência com a EPHE, 1961-1971, arquivos do LAS.

38. Cf. I. Chiva, "Une communauté de solitaires: le Laboratoire d'anthropologie sociale", *op. cit.*, p. 61.

39. Na realidade, Émile Guimet, industrial apaixonado pelas artes e civilizações orientais e fundador do Museu Guimet, nunca morou nesse palacete, que foi adquirido em 1955 pelo Ministério da Educação. Cf. Françoise Zonabend (org.), *Le Laboratoire d'anthropologie sociale, 50 ans d'histoire, 1960-2010*, *op. cit.*, p. 6, nota 9.

40. *DPDL*, p. 93.

41. Claude Lévi-Strauss, "Rapport du 29 mars 1962", arquivos do LAS, FLAS, BS2.01.

42. Carta de Isac Chiva a Clemens Heller, 27 de fevereiro de 1964, arquivos do LAS, FLAS, BS1.01.

43. As informações que constam deste parágrafo procedem do depoimento do próprio Chiva, gravado em entrevistas a Christian Braunberger, "L'ethnologie en héritage", DVD conservado nos arquivos do LAS. Ver também *Les Temps Modernes*, 2003, o número dedicado à Romênia e ao antissemitismo.

44. I. Chiva, *ibid.*

45. N. Lapierre, "Lévi-Strauss: le regard rapproché d'Isac Chiva", *site* Médiapart, 5 de novembro de 2009; N. Lapierre, "Déplacements", *in: Pensons ailleurs*, Paris, Stock, 2004, p. 67-69.

46. Carta de Claude Lévi-Strauss a I. Chiva (s.d.) [domingo 25, 1976]. As cartas de Lévi-Strauss a Chiva me foram transmitidas por Monique Lévi-Strauss, que possuía uma fotocópia delas. Agradeço-lhe igualmente por isso.

47. Carta de Claude Lévi-Strauss a I. Chiva, 2 de janeiro de 2003.

48. Claude Lévi-Strauss, "L'homme de *L'Homme*", *L'Homme*, nº 143, julho-setembro de 1997, p. 13-15. Seu primeiro livro intitula-se *Temps et Roman*, Paris, Gallimard, 1946, e aborda autores como Balzac, Stendhal, Dostoiévski, Proust, Joyce, Kafka, Dos Passos, Faulkner, Hemingway.

49. Gilbert Rouget, "Porteur de valise et voyageur sans bagage", *L'Homme*, nº 143, julho-setembro de 1997, p. 37. Como Rouget, Pouillon é amigo de Robillot. Quanto a Perec, seu livro *La Disparition* comporta um episódio africano que, segundo Rouget, deve tudo a Pouillon.

50. O filósofo Francis Jeanson é seu chefe. A rede é desmantelada em fevereiro e o processo, aberto em 5 de setembro de 1960.

51. Jean Jamin, entrevista à autora, 6 de julho de 2011. A última tentativa de fazer dialogar seus dois "lados" remonta ao número 26 de *L'Arc*: "Sartre et Lévi-Strauss. Analyse/Dialectique d'une relation dialectique/analytique", p. 55-60.

52. Luc de Heusch, "Pour Jean Pouillon", *L'Homme*, nº 143, julho-setembro de 1997, p. 57.

53. Claude Lévi-Strauss, "L'homme de *L'Homme*", *op. cit.*, p. 13-15.

54. Michel Izard, "Comme en passant", *L'Homme*, *op. cit.*, p. 35.

55. Françoise Héritier, "Éclat et facettes", *L'Homme*, *op. cit.*, p. 20.

56. C. Tardits, "Un grand parcours", *op. cit.*, p. 47.

57. Jean Pouillon, "Le plaisir de ne pas comprendre", *Le Cru et le Su*, Paris, Seuil, "La Librairie du XXᵉ Siècle", 1993; citado por M. Izard, "Comme en passant", *op. cit.*, p. 36.

58. Chiva conta ter escrito um atestado fantasioso para os serviços veterinários do Ministério da Agricultura a fim de satisfazer um capricho de Lévi-Strauss, desejoso de ter um casal de papagaios africanos: sua importação era proibida em virtude da psitacose... Cf. N. Lapierre, "Lévi-Strauss: le regard rapproché d'Isac Chiva", *op. cit.*

59. Relatório de 29 de março de 1962, arquivos do LAS, FLAS, BS2.01, "Correspondance concernant le Collège de France".

60. Relatório da Assembleia dos Professores, 28 de março de 1963, arquivos do LAS, FLAS, BS2.01.

61. Relatório de Étienne Wolff, 13 de junho de 1966, arquivos do LAS, FLAS, BS2.01.

62. *Ibid.*

63. *DPDL*, p. 110.

64. *Ibid.* p. 111.

65. Arquivos do LAS, FLAS, BS4.02, 1966-1970, "Correspondance avec le CNRS".

66. I. Chiva, "Une communauté de solitaires: le Laboratoire d'anthropologie sociale", *op. cit.*, p. 63-64.

67. Cf. Ludovic Tournès, *Sciences de l'homme et politique. Les fondations philanthropiques américaines en France au XX*[e] *Siècle*, Paris, Classiques Garnier, 2011.

68. Entrevista com Monique Lévi--Strauss, 5 de outubro de 2012.

69. Ver, nos arquivos do Laboratório de Antropologia Social, a correspondência com a Fundação Wenner-Gren, arquivos do LAS, FLAS, F.S.4.07.

70. I. Chiva, "Une communauté de solitaires", *op. cit.*, p. 63.

71. Françoise Zonabend, entrevista à autora, 14 de março de 2012.

72. Carta de Claude Lévi-Strauss a Pierre Clastres, 1º de dezembro de 1965, arquivos do LAS, FLAS, D.01, "Dossier chercheurs". É desse mesmo dossiê que são extraídas as citações das cartas a seguir de ou a Pierre Clastres.

73. Carta de Claude Lévi-Strauss a Pierre Clastres, 18 de abril de 1966.

74. Claude Lévi-Strauss, "Place de l'anthropologie dans les sciences sociales et problèmes posés par son enseignement", cap. cit., p. 410.

75. *Ibid.*, p. 409.

76. *Ibid.*, p. 411.

77. Carta a Clemens Heller, 8 de fevereiro de 1963, arquivos do LAS, FLAS, BS1.01, "Correspondance avec l'EPHE".

78. Relatório de atividades do LAS escrito por Claude Lévi-Strauss (1965-1966), FLAS, B52.01.03, 1966.

79. Carta de Claude Lévi-Strauss a Isac Chiva (s.d.) [18 de agosto].

80. Carta de Pierre Clastres a Claude Lévi-Strauss, 6 de outubro de 1963.

81. Carta de Claude Lévi-Strauss a Pierre Clastres, 13 de dezembro de 1965.

82. Carta de Claude Lévi-Strauss a Isac Chiva (s.d.) [verão de 1968].

83. Jean Monod, entrevista à autora, 26 de fevereiro de 2013.

84. *Ibid.*

85. *Ibid.* Uma controvérsia surgiu nos Estados Unidos contra a conduta de Napoleon Chagnon em nações ianomâmis de 1964 a 1993: a acusação movida por Patrick Tierney, *Darkness in Eldorado* (2000), trad. fr. *Au nom de la civilisation. Comment anthropologues et journalistes ont ravagé l'Amazonie*, Paris, Grasset, 2002, foi amplamente desmontada pela comunidade norte-americana, que, não obstante, registrou certos abusos. Ver, sobre todo esse caso, Robert Borofsky, *Yanomami: The Fierce Controversy and what we can learn about it*, Berkeley, University of California Press, 2005.

86. Marion Abelès, entrevista à autora, 15 de janeiro de 2013.

87. Nicole Belmont, entrevista à autora, 5 de fevereiro de 2013.

88. Carmen Bernand, entrevista à autora, 11 de janeiro de 2013.

89. Arlette Frigout, "Mission chez les Indiens Hopi d'Arizona", *L'Homme*, vol. 5, nº 1, 1965, p. 113-118.

90. Monique Lévi-Strauss, entrevista à autora, 9 de março de 2013.

91. Lévi-Strauss escreve-lhe após sua partida para o Arizona, 18 de junho de 1962: "Pense que as primeiras semanas em campo são sempre terríveis, mas que as coisas terminam sempre por se assentar".

92. Nicole Belmont, entrevista à autora, 5 de fevereiro de 2013. Em seu trabalho de tese, Nicole Belmont reúne um farto material de crenças, rituais e relatos em torno do tema do nascimento, em particular de partos fora do comum, como quando a criança sai do ventre da mãe envolta na bolsa amniótica intacta ou em parte desta ("nascido de touca"). Ela concebe, portanto, uma antropologia do nascimento.

93. I. Chiva gabava-se disso: "O LAS conta com o mais belo rebanho feminino dos laboratórios de ciências humanas franceses"; Nicole Belmont, entrevista à autora, 5 de fevereiro de 2013.

94. Marion Abelès, entrevista à autora, 15 de janeiro de 2013.

95. Nicole Belmont, entrevista à autora, 5 de fevereiro de 2013.

96. Carta de Claude Lévi-Strauss a Isac Chiva (s.d.) [23 de junho].

97. Françoise Héritier, entrevista à autora, abril de 2011.

98. Marion Abelès, entrevista à autora, 15 de janeiro de 2013.

99. B. Malinowski, *Journal d'ethnographe*, traduzido do inglês por Tina Jolas, com prefácio de Valetta Malinowska e introdução de Remo Guidieri, Paris, Seuil, 1985. [ed. bras.: *Um diário no sentido estrito do termo*, Rio de Janeiro, Record, 1997.]

100. Ver o estudo que sua filha, Paule du Bouchet, lhe dedicou, *Emportée*, *op. cit.*

101. Françoise Zonabend, entrevista à autora, 14 de março de 2012.

102. Cf. Marc Joly, *Devenir Norbert Elias. Histoire croisée d'un processus de reconnaissance scientifique: la réception française*, Paris, Fayard, "Histoire de la Pensée", 2012, p. 226.

103. Nicole Belmont, entrevista à autora, 5 de fevereiro de 2013.

104. Philippe Descola, *in: Le Laboratoire d'anthropologie sociale, 50 ans d'histoire, 1960--2010*, *op. cit.*, p. 13.

105. Carta de Claude Lévi--Strauss ao Departamento de Antropologia, Museu Paraense Emílio Goeldi, Belém, 7 de janeiro de 1965, arquivos do LAS, FLAS, F.S5.01.01.003.

106. Cf. A.-C. Taylor, "Don Quichotte en Amérique. Claude Lévi-Strauss et l'anthropologie américaniste", *op. cit.*, p. 83.

107. Carta de Claude Lévi-Strauss ao diretor-geral do CNRS, 7 de abril de 1961.

108. Carta de Claude Lévi--Strauss a Francis Perrin, 26 de janeiro de 1967, arquivos do LAS, FLAS, BS2.01.05., 1968-1969, "Correspondance avec le Collège de France".

109. Cf. *Le Laboratoire d'anthropologie sociale. 50 ans d'histoire, 1960-2010*, *op. cit.*, p. 37.

110. Em *O pensamento selvagem* exprime-se livremente um desses devaneios tecnófilos que Lévi-Strauss adora: "Quanto mais nossos conhecimentos se acumulam, mais o esquema de organização se obscurece, porque as dimensões se multiplicam e a expansão dos eixos de referência para além de certo limiar paralisa os métodos intuitivos: não conseguimos mais imaginar um sistema quando sua representação exige um *continuum* que ultrapassa três ou quatro dimensões. Mas não é proibido sonhar que um dia possamos transferir para cartões perfurados toda a documentação disponível a respeito das sociedades australianas e, com a ajuda de um computador, demonstrar que o conjunto de suas estruturas tecnoeconômicas, sociais e religiosas assemelha-se a um vasto grupo de transformações", *PS*, p. 653.

111. Cf. entrevista com Matthieu Lévi-Strauss, 24 de setembro de 2014.

112. Françoise Héritier, *e-mail* de 23 de novembro de 2013.

113. M. Perrin, "En souvenir de Claude Lévi-Strauss", *La Revue Lacanienne*, novembro de 2010, p. 113-120: "Em toda e qualquer circunstância, ele praticava o que chamava de 'distância correta' e a impunha tacitamente àqueles que com ele conviviam".

114. Françoise Héritier, entrevista à autora.

115. Entrevista com Françoise Héritier, *Raisons Politiques*, nova série, nº 20, novembro de 2005, p. 121.

116. *Ibid.*

117. Carta de Claude Lévi-Strauss a Eliseo Veron, 14 de dezembro de 1967, arquivos do LAS, FLAS, BSO2.O12.

118. Jean Monod, *Les Barjots. Essai d'ethnologie des bandes de jeunes*, Paris, Julliard, 1968, reeditado pela Hachette, "Pluriel", em 2007.

119. Claude Lévi-Strauss, tese de Jean Guiart defendida em 7 de março de 1964, "Notes à l'occasion de lectures ou soutenances de thèses ou de mémoires", acervo CLS, NAF 28150, caixa 217. Ele prossegue assim: "Numa das sociedades em que o senhor é incomparável especialista – quero dizer a das Novas Hébridas –, a passagem de cada notável de uma categoria a outra, num sistema de *status* rigidamente hierarquizados que compreende 15, é celebrada por seus novos confrades por meio do erguimento, em frente à sua cabana, de algum arbusto arborescente esculpido e pintado, cuja complicação e riqueza de ornamentação corresponde aos diferentes graus da hierarquia. Para galgar os da hierarquia universitária, nós invertemos o sentido das funções. É ao impetrante que incumbe depositar à porta de seus novos pares não, pobres de nós, um arbusto, mas um calhamaço de folhas cujo valor de prestígio é tanto maior quanto mais se aproximar da forma do cubo e os caracteres tipográficos que cobrem as páginas forem menores. Não resta dúvida, segundo esses critérios, de que o senhor merece o grau de Khamat, que, como o senhor nos ensinou, ocupa o lugar supremo em Malekula".

120. Maurice Godelier, entrevista à autora, 21 de novembro de 2013.

121. Françoise Zonabend, entrevista à autora, 14 de março de 2012.

122. *Ibid.*

123. *Ibid.*

124. P. Bourdieu, *Esquisse pour une auto-analyse*, *op. cit.*, p. 51.

125. Carta a Henri Agresti, 18 de novembro de 1968, arquivos do LAS, FLAS, CS1, "Séminaire de Claude Lévi-Strauss à l'EPHE". Ouvintes inscritos para o seminário de Claude Lévi--Strauss em 1969-1970: Nicole Belmont; Carmen Bertrand; Xochitl Camblor-Landa; Manuela Carneiro da Cunha; France--Marie Casevitz-Renard; Urzula Chodowiec; Hélène Clastres; Pierre Clastres; Catherine Clément; Robert Creswell; Geneviève Debregeas-Laurénie; Hans Dietschy; Jacqueline Duvernay; Arlette Frigout; Jürg Gasche; Ellen Goyder; Roberte Hamayon; Marie-Élisabeth Handman; Tina Jolas; Michel Jouin; Ward Keeler; Georges Kutukdjan; François Lartigue; Jean-Paul Latouche; Elli Maranda; Pierre Maranda; José Merquior; Roberto Miguelez; Aurore Monod; Alejandro Ortiz-Rescanière; Marie-Claude Pingaud; Jean Pouillon; Ines Reichel-Dolmatoff; Florence Rohen y Galvez; Marshall Sahlins; Bernard Saladin d'Anglure; Maria Dolores Sanchez; Yvan Simonis; Pierre Smith; Valerio Valeri; Yvonne Verdier; Jacqueline Weller; Françoise Zonabend. Arquivos

do LAS, FLAS, BS1.01.03, "Correspondance avec l'EPHE".

126. Em 1966, por exemplo, eis o programa dos expositores e de seus objetos de estudo: Robert Jaulin (índios baris da Colômbia); Anne Chapman (índios lencas e jicaques da América Central); Nicole Belmont (ritos de gravidez e nascimento); Jacqueline Bollens (índios tacanas); Michel Izard (mossis do Alto Volta); Daniel de Coppet (ares das ilhas Salomão); Jean Cuisenier e André Miquel (Centro de Sociologia Europeia, sistemas de parentesco na Arábia e na Turquia); Arlette Frigout (índios hopis); Françoise Izard-Héritier (samos do Alto Volta); Ariane Deluz (dans da Costa do Marfim); Peter Warshall (vida social dos babuínos e *Macaca*); Hugo Zemp (música africana); Jean Monod (jovens delinquentes); Carmen Muñoz (ayorés da Bolívia).

127. Dan Sperber expõe assim o objeto de seu livro já publicado em 1968, *Le Structuralisme en anthropologie*, Paris, Seuil, 1968/1973. Nos anos 1970, ele se torna um crítico do estruturalismo com *O simbolismo em geral* (1974) e, na década seguinte, *O saber dos antropólogos* (1982).

128. O programa do seminário e as apresentações das sessões procedem dos arquivos do Laboratório de Antropologia Social, Collège de France, FLAS, CS1, 1965-1971, "Le séminaire de Claude Lévi-Strauss".

129. É possível assistir a alguns minutos de Lévi-Strauss inseridos no filme (de ficção) de Yannick Bellon, *Quelque part quelqu'un* (1972), bem como no programa de televisão "L'invité du dimanche", transmitido em 20 de junho de 1971.

130. Lévi-Strauss gostava de cheirar rapé.

131. Michel Perrin, "En souvenir de Claude Lévi-Strauss", *op. cit.*, p. 2.

132. Françoise Zonabend, entrevista à autora, 14 de março de 2012.

133. *Ibid.*

134. Michel Perrin, entrevista à autora.

135. E. Roudinesco, *Jacques Lacan*, *op. cit.*, cap. V, "La structure, le nom-du-père".

136. *Ibid.*

137. Roland Barthes, "Au séminaire", *in: Œuvres complètes*, t. IV, *1972-1976*, Paris, Seuil, p. 502-511; texto publicado em *L'Arc*, 1974.

138. Nicole Belmont, entrevista à autora.

139. André Burguière, *L'École des Annales. Une histoire intellectuelle*, Paris, Odile Jacob, 2006, p. 228.

140. *Ibid.*

141. Para todo este parágrafo, ver *ibid.*, p. 27 ss., e F. Dosse, *Histoire du structuralisme*, *op. cit.*, t. I, p. 229.

142. A. Burguière, *ibid.*, p. 179.

143. A. Burguière, C. Klapisch-Zuber, M. Segalen, F. Zonabend (org.), *Histoire de la famille*, 2 t., Paris, Armand Colin, 1986.

144. Claude Lévi-Strauss, *PS*, p. 841.

145. Marc Joly, em *Devenir Norbert Elias. Histoire croisée d'un processus de reconnaissance scientifique: la réception française*, *op. cit.*, p. 289, esclarece que Norbert Elias, considerado um precursor dessa postura, é celebrado na imprensa como tal. As sociedades do passado, por exemplo a sociedade curial europeia dos séculos XVII e XVIII, afiguram-se tão exóticas quanto os nambiquaras.

146. Carta de Evans-Pritchard a Claude Lévi-Strauss (s.d.) [1964], acervo CLS, NAF 28150, caixa 189, "Correspondance reçue": "de terno escuro, mas uma gravata branca não é indispensável".

147. Edmund Leach, "Claude Lévi-Strauss Anthropologist and Philosopher", *New Left Review*, nº 34, 1965, p. 20: "Splendide échec". Mas ele lhe dedica um livro inteiro em 1970, *Lévi-Strauss* (Viking Press). Traduzida para seis línguas, essa obra é um importante vetor de divulgação da antropologia estrutural lévi-straussiana no espaço acadêmico internacional.

148. Carta de Edmund Leach a Claude Lévi-Strauss, 20 de março de 1961: "*Your devastating lucidity arouses my envious admiration*", acervo CLS, NAF 28150, caixa 194, "Correspondance reçue".

149. O feliz laureado do Viking Fund recebe, além de um reconhecimento profissional universal, um prêmio de alguns milhares de dólares, que serão basicamente empregados na reforma de um muro de pedra de quinhentos metros na propriedade que Monique e Claude Lévi-Strauss acabam de adquirir em Lignerolles. Ver capítulo seguinte.

150. M. Sahlins, "On the Delphic Writings of Claude Lévi-Strauss", *Scientific American*, junho de 1966.

151. Cf. Maurice Bloch, "Réflexions sur la réception de deux ouvrages de Claude Lévi-Strauss", *op. cit.*; e também, para o contexto de recepção norte-americano, M.E. Harkin, "Lévi-Strauss en Amérique. L''indigénisation' du structuralisme", *Lévi-Strauss*, Paris, L'Herne, "Cahier de L'Herne", vol. 82, 2004, p. 396-405.

152. No entanto, ele escreve mais tarde a Didier Éribon, tendo terminado a leitura das entrevistas que este realizou com Claude Lévi-Strauss, *De perto e de longe*: "O contato permitido pela leitura de seu livro com seu temperamento pessoal e intelectual me lembrou do encanto e da provocação que tanto nos exaltavam, ao velho *sir*

Edmund Leach e a mim mesmo, muitos anos atrás", 12 de janeiro de 1989, acervo CLS, NAF 28150, caixa 197, "Correspondance reçue".

153. Ver Maurice Godelier, *Lévi--Strauss*, Paris, Seuil, 2013, cap. IV.

154. Claude Lévi-Strauss, "Préface de la deuxième édition", *SEP*, *op. cit.*, p. 19.

155. Às vezes ele é mais pessimista sobre as trocas de ideias no espaço acadêmico: "As trocas de ideias, mesmo de natureza polêmica, seriam certamente mais fecundas se os que têm tal iniciativa se dessem ao trabalho de se informar sobre o que o autor que eles gostariam de refutar escreveu efetivamente sobre o tema", carta ao dr. McKinley (s.d.) [1981], arquivos do LAS, FLAS, FS4.06.02.035.

156. Contudo, há de se notar que a universidade continua a opor uma resistência ferrenha tanto à etnologia quanto ao estruturalismo. A celebridade crescente de Lévi-Strauss irrita os medalhões da Sorbonne. É justamente isso que significa, no outono de 1963, o fracasso de Claude Lévi-Strauss na Academia de Ciências Morais e Políticas, bastião deles, onde alguns o haviam instado a se apresentar. Ele conserva a memória dessa última ofensa. Em 1987, explica a Maurice Le Lannou, vice--presidente da mencionada Academia, a razão de sua recusa em participar de uma de suas sessões: "Sem importuná-lo com o relato circunstanciado de fatos antigos (em todo caso, não seria inútil explicar meu estado de ânimo), estimo que há um quarto de século a Academia de Ciências Morais e Políticas usou para comigo de um procedimento inapropriado. Mais tarde, quando fui eleito na Academia Francesa, ela me convidou a fazer uma palestra. Aceitei de boa vontade, ainda que fosse para mostrar que eu estava sem rancor. Contudo, uma vez realizado esse gesto unilateral de cortesia, não se pode esperar de minha parte que eu vá periodicamente repeti-lo...", carta de 22 de março de 1987, acervo CLS, NAF 28150, caixa 195, "Correspondance reçue".

157. Françoise Zonabend, entrevista à autora, 26 de dezembro de 2013. Muitos pesquisadores no LAS são judeus, embora nenhum tenha se especializado como etnólogo da cultura judaica. Esse dado, como vimos, no caso do próprio Lévi--Strauss, deve ser relativizado pela forte presença dos judeus nas ciências sociais em geral. Ele não é, portanto, específico do LAS.

158. Ver as fotografias no caderno de documentos e, em especial, a fotomontagem realizada por Frédéric Jude em 1988, que estende a tradição das fotos em grupo com uma inflexão para o modo surrealista.

159. "Aujourd'hui, Claude Lévi--Strauss", com a participação dos membros do LAS, 1h32min, arquivos INA. Nele, vemos Lévi-Strauss acompanhado de Maurice Godelier, Michel Izard, Jean Pouillon, Claude Tardits, Françoise Zonabend e, em sequências inseridas, Pierre Clastres e Françoise Héritier em seminário, Jacques Lizot em campo.

17. A vida científica

1. *Critique*, nº 781-782, junho de 2012, p. 576.

2. Anne Collinot, "Entre vie et œuvre scientifique: le chaînon manquant", *op. cit.*, p. 581: "No vasto *a posteriori* da posteridade, a obra é um produto terminado oferecido a outrem. Para seu autor, porém, é antes de tudo uma realidade em vias de se construir através de um labor cotidiano. Essa realidade, sugiro denominá-la obra-trabalho".

3. *CC*, p. 12.

4. Cf. todo o trabalho coordenado por Christian Jacob, *Les Lieux de savoir*, Paris, Albin Michel, 2007, reed. 2011, em especial o tomo I, *Espaces et communautés*, Sophie Houdart, "Un monde à soi ou les espaces privés de la pensée", p. 363-370.

5. Claude Lévi-Strauss, "Há em mim um pintor e um *bricoleur* que se revezam", *Le Monde*, 21 de junho de 1974.

6. A "*maison ronde*", cuja primeira pedra é assentada em 1958 e inaugurada em 1963.

7. Monique Lévi-Strauss, entrevista à autora, 7 de fevereiro de 2012.

8. Matthieu Lévi-Strauss, entrevista à autora, 24 de setembro de 2012.

9. Victor Hugo: "*Elle avait pris ce pli dans son âge enfantin/ De venir dans ma chambre un peu chaque matin;/ Je l'attendais ainsi qu'un rayon qu'on espère;/ Elle entrait, et disait: 'Bonjour mon petit père';/ Prenait ma plume, ouvrait mes livres, s'asseyait/ Sur mon lit, dérangeait mes papiers et riait,/ Puis soudain s'en allait comme un oiseau qui passe*".

Em tradução livre: "Ela pegara essa mania quando criança/ De vir ao meu quarto todas as manhãs;/ Eu a esperava como uma luz que esperamos;/ Ela entrava e dizia: 'Bom dia, paizinho';/ Pegava minha pena, abria meus livros, sentava-se/ Na minha cama, desarrumava meus papéis e ria,/ Depois, subitamente, se ia como um passarinho que passa". [N.T.]

10. Christopher S. Celenza, "Le studiolo à la Renaissance", *in: Les Lieux de savoir*, t. I, *op. cit.*, p. 371.

11. Lévi-Strauss tentou parar de fumar, em vão: não consegue escrever sem sua dose diária de nicotina. É em La Civette, no Palais-Royal, que ele vai regularmente se abastecer de

tabaco. Entrevista com Monique Lévi-Strauss, 31 de março de 2012.

12. Carta de Claude Lévi-Strauss a Dolores Vanetti, 23 de dezembro de 1964, acervo CLS, NAF 28150, caixa 182, "Correspondance avec D. Vanetti".

13. *DPDL*, p. 246.

14. Esses fichamentos ocupam quase trinta caixas dos arquivos de Claude Lévi-Strauss, acervo CLS, NAF 28150, da caixa 135 à caixa 164: fichamentos linguísticos, preparação para seus diversos trabalhos em curso e aulas no Collège de France, fichamento sobre o Japão.

15. Claude Lévi-Strauss, "Il y a en moi...", *op. cit.*

16. Cf. William Marx, *Vie du lettré*, Paris, Les Éditions de Minuit, 2009.

17. *DPDL*, p. 157: "A título de suvenir, conservo no meu escritório o globo celeste vulgarmente apelidado 'cabeça de bezerro'. [...] É um instrumento que os astrônomos não utilizam mais, mas que me serviu muito para situar as constelações presentes nos mitos. Os conhecimentos científicos que eu precisava adquirir não ultrapassavam aqueles de um ou dois séculos atrás!".

18. Julien Gracq, "Julien Gracq, un homme à distance", *Le Monde*, 5 de fevereiro de 2002. Obrigada a Jean-Louis Tissier, que gentilmente me transmitiu essa citação do escritor do Loire.

19. Carta de Claude Lévi-Strauss a Roman Jakobson, 7 de março de 1960, acervo CLS, NAF 28150, caixa 181, "Correspondance reçue".

20. Ver o quadro recapitulativo feito por Maurice Godelier, *in: Lévi-Strauss*, Paris, Seuil, 2013, p. 340. Em 1964-1965, o curso é dedicado ao "Esquisse d'un bestiaire américain" [Esboço de um bestiário americano], que não está diretamente relacionado à redação das *Mitológicas*.

21. A propósito, ele tem dificuldade em oferecer o resumo que a administração lhe pede, explicando que esse curso, o de 1962-1963, "marcava o início de um esforço de fôlego que prosseguirá no ano que vem", relatório de 24 de maio de 1962, arquivos do LAS, FLAS, BS2.01, "Correspondance concernant le Collège de France".

22. P. Wilcken, *Claude Lévi-Strauss. The Poet in the Laboratory*, *op. cit.*, p. 184.

23. C. Bernand, entrevista à autora, 7 de fevereiro de 2013; P. Descola utiliza a mesma expressão, cf. P. Wilcken, *Claude Lévi-Strauss. The Poet in the Laboratory*, *op. cit.*, p. 184.

24. No documentário que lhe é dedicado, ele confessa seu constrangimento a Jean-Claude Bringuier, que viera entrevistá-lo, com uma frase exemplar: "Para mim, é difícil dirigir-me a um interlocutor pois um interlocutor é alguém"; "Une approche de Claude Lévi-Strauss", 1974, DVD 2, "Le siècle de Claude Lévi-Strauss", por J.-C. Bringuier e M. Fortaleza Flores, Paris, Éditions Montparnasse.

25. Carta de Claude Lévi-Strauss a Isac Chiva [Lignerolles, 28 de setembro].

26. Monique Lévi-Strauss, entrevista à autora, 28 de outubro de 2011.

27. Carta de Claude Lévi-Strauss a Dolores Vanetti, 1º de setembro de 1955: "Nenhum lagostim, nenhum cogumelo, montes de frutas e, nestes últimos dias, mais pescadores ainda, famílias e piqueniques fervilhando em nosso rio como num esgoto [...]. É hora de deixar as Cévennes e, depois das 35 propriedades já visitadas na Borgonha, visitaremos mais uma que acabam de me assinalar no caminho de volta".

28. Carta de Robert Delavignette a Claude Lévi-Strauss, 18 de novembro de 1964, acervo CLS, NAF 28150, caixa 187, "Correspondance reçue".

29. Jérôme Garcin, "Claude Lévi-Strauss à Lignerolles", *in: Littérature vagabonde. Portraits 1985-1995*, Paris, Flammarion, 1995, p. 37.

30. *Ibid.*

31. Ver *supra*, cap. 5, p. 122-123.

32. É como chamavam Dina Dreyfus na família, para distingui-la de outra Dinah, amiga dos pais de Lévi-Strauss (Dinah Cahen).

33. Lorey e Duret, *Flore de la Côte d'Or, 1831*, 2 vol.; Gustave Lapérouse, *Histoire de Châtillon*, 1837; *Les Maisons fortes en Bourgogne du Nord*, 2 vol. datilografados de Pierre Maubeuge sobre a geologia do leste da Bacia Parisiense etc.

34. Carta de Claude Lévi-Strauss a Isac Chiva, 29 de julho de 1979.

35. *Ibid.*

36. Carta de Claude Lévi-Strauss a Fernand Braudel, 21 de março de 1967, acervo CLS, NAF 28150, caixa 181.

37. Claude Lévi-Strauss a Isac Chiva, 7 de agosto: "Peguei em julho a tradução inglesa de *A origem dos modos à mesa* para revisá-la".

38. *Ibid.*

39. Carta de Claude Lévi-Strauss a Isac Chiva, 22 de agosto de 1966.

40. Carta de Claude Lévi-Strauss a Isac Chiva, 23 de março de 1958.

41. Monique Lévi-Strauss, entrevista à autora, 28 de outubro de 2011.

42. Cf. Carlo Ginzburg, "Signes, traces, pistes. Racines d'un paradigme de l'indice" [1979], *Le Débat*, junho de 1980, publicado em *Mythes, emblèmes, traces. Morphologie et histoire*, Paris, Flammarion, 1989, reed. Verdier,

2011. [ed. bras.: *Mitos, emblemas, sinais. Morfologia e história*, São Paulo, Companhia das Letras, 1989.]

43. *TT*, p. 358.

44. *Ibid.*

45. Claude Lévi-Strauss, "Paul Nizan, Aden Arabie", *L'Étudiant Socialiste*, nº 8, maio de 1931. Cf. *supra*, cap. 3, p. 85.

46. As informações aqui produzidas provêm de diversas entrevistas que Monique Lévi--Strauss e Matthieu Lévi-Strauss me concederam, 24 de setembro de 2013.

47. Monique Lévi-Strauss, entrevista à autora, 7 de fevereiro de 2012.

48. *Ibid.*

49. *Ibid.*

50. *Ibid.*

51. Carta de Roman Jakobson a Claude Lévi-Strauss, 4 de dezembro de 1974: reação a um material sinestésico recolhido bem antes.

52. A. Collinot, "Entre vie et œuvre scientifique: le chaînon manquant", *op. cit.*, p. 583.

53. Carta de Claude Lévi-Strauss ao professor Harry Levin, 19 de junho de 1972, arquivos do LAS, FLAS, FS404.

54. *Ibid.*

55. Carta de 8 de fevereiro de 1966, arquivos do LAS, FLAS, D.09.02, "Relations avec les étudiants".

56. Carta de 2 de fevereiro de 1967, arquivos do LAS, FLAS, D.09.02, "Relations avec les étudiants".

57. Carta de Claude Lévi-Strauss a Yvan Mouchel, 5 de março de 1968, arquivos do LAS, FLAS, D.09.02, "Relations avec les étudiants".

58. Monique Lévi-Strauss, entrevista à autora, 31 de março de 2012.

59. Matthieu Lévi-Strauss, entrevista à autora, 24 de setembro de 2013.

60. Monique Lévi-Strauss, entrevista à autora, 31 de março de 2012.

61. Claude Lévi-Strauss, "Linguistique et anthropologie", 1952, *AS*, p. 78. O grifo é meu.

62. Carta de Louis Dumont a Claude Lévi-Strauss, 15 de dezembro de 1962, acervo CLS, NAF 28150, caixa 188, "Correspondance reçue".

63. Carta de Louis Dumont a Claude Lévi-Strauss, 20 de dezembro de 1962, acervo CLS, NAF 28150, caixa 188, "Correspondance reçue".

64. Carta de Georges Balandier a Claude Lévi-Strauss, 5 de janeiro de 1966, acervo CLS, NAF 28150, caixa 184, "Correspondance reçue". Trata-se do livro *La Vie quotidienne au royaume de Kongo du XVI*e *au XVIII*e *siècle* [*A vida cotidiana no Reino do Congo do século XVI ao XVIII*], publicado pela Hachette em 1965.

65. Carta de Georges Devereux a Claude Lévi-Strauss, 3 de março de 1980, acervo CLS, NAF 28150, caixa 186, "Correspondance reçue".

66. *DPDL*, p. 136.

67. Carta de Marcel Mauss a Henri Hubert (s.d.), citado em J.-F. Bert, *Dans l'atelier de Marcel Mauss*, *op. cit.*, p. 147-148.

68. *DPDL*, p. 129.

69. Claude Lévi-Strauss, "Autoportrait", *op. cit.*, p. 24.

70. *DPDL*, p. 186.

71. *CC*, p. 15.

72. Carta a Lita Binne Fejos, 12 de março de 1968, arquivos do LAS, FLAS, FS4.07.01, "Correspondance avec la Wenner--Gren Foundation".

73. *DPDL*, p. 133.

74. Carta de Claude Lévi-Strauss a Raymond Aron, 7 de junho de 1971, acervo Raymond Aron, NAF 28060, caixa 207, Departamento de Manuscritos, BNF.

75. *DPDL*, p. 129.

76. *CC*, p. 20. O grifo é de Lévi--Strauss.

77. *DPDL*, p. 130.

78. *Ibid.*, p. 136.

79. Carta de Claude Lévi-Strauss à srta. Coleman, 17 de fevereiro de 1965, arquivos do LAS, FLAS, FS404. Tradução para o francês da autora.

80. *DPDL*, p. 136.

81. *Ibid.*, p. 185.

82. Cf. dois textos famosos dos anos 1960: o artigo de Roland Barthes, "La mort de l'auteur", 1968; e a conferência de Michel Foucault, "Qu'est-ce qu'un auteur?", pronunciada em fevereiro de 1969 na Sociedade Francesa de Filosofia.

83. Aliás, é a impossibilidade de traduzir que leva os anglo--saxões, à revelia da vontade de Lévi-Strauss, a dar como título ao conjunto dos quatro volumes: "Introduction to a Science of Mythology". Lévi-Strauss julgava essa "ciência" balbuciante demais para aspirar a tal designação.

84. *HN*, p. 572: "Essa grande voz anônima que profere um discurso vindo do fundo das eras, oriunda do âmago do espírito". Última frase de *La Potière jalouse*, "Bibliothèque de la Pléiade", p. 1.231: "Surgido do fundo das eras, tutor irrecusável, ele [o pensamento mítico] nos estende um espelho ampliador em que, sob forma maciça, concreta e imagética, refletem--se alguns dos mecanismos aos quais se subordina o exercício do pensamento".

85. *DPDL*, p. 193.

86. *Ibid.*, p. 194.

87. *PS*, p. 842.

88. *DPDL*, p. 195.

89. *Ibid.*, p. 196.

90. *CC*, p. 26.

91. *HN*, p. 571.

92. *DPDL*, p. 177.

93. *Ibid.*, p. 178.

94. *Ibid.*, p. 179.

95. Cf. M. Godelier, *Lévi-Strauss*, *op. cit.*, p. 348-349.

96. Hoje tal passagem seria situada entre 30000 e 2500 a.C.

97. *DPDL*, p. 188.

98. *CC*, p. 12: "Se a pesquisa continuar como almejamos, ela não se desenvolverá sobre um eixo linear, mas em espiral".

99. Cf. M. Godelier, *Lévi-Strauss*, *op. cit.*, quadro recapitulativo "Localisation des tribus et des ethnies".

100. *Histoire de Lynx*, citado por M. Godelier, *in: Lévi-Strauss*, *op. cit.*, p. 479.

101. Ver *infra*, p. 537.

102. *HN*, p. 503.

103. Carta de Claude Lévi--Strauss a Bernard Fontana, 11 de dezembro de 1963, acervo CLS, NAF 28150, caixa 190.

104. Carta de Jacques Berlioz a Claude Lévi-Strauss, 13 de fevereiro de 1963, acervo CLS, NAF 28150, caixa 184, "Correspondance reçue".

105. Cartas de Pierre Maranda a Claude Lévi-Strauss, acervo CLS, NAF 28150, caixa 196, "Correspondance reçue".

106. Carta de Jean-Claude Pecker a Claude Lévi-Strauss, 31 de janeiro de 1966, acervo CLS, NAF 28150, caixa 198, "Correspondance reçue".

107. *CC*, p. 31.

108. *Ibid.*, p. 292.

109. *Ibid.*, p. 34.

110. *REL*, p. 116-117.

111. Cf. J. Jamin, "Leiris, Lévi--Strauss et l'opéra", *Critique*, nº 620-621, janeiro-fevereiro de 1999, p. 26-41.

112. *CC*, p. 23.

113. *Ibid.*, p. 23-24.

114. *HN*, p. 583: "Logo, era preciso que o mito morresse como tal para que sua forma escapasse dele, como a alma deixando o corpo, e fosse pedir à música um meio de reencarnar".

115. Ver o livro benevolente, porém crítico, de Jean-Jacques Nattiez, *Lévi-Strauss musicien. Essai sur la tentation homologique*, Arles, Actes Sud, 2008.

116. Claude Lévi-Strauss, "En écoutant Rameau", *in: REL*.

117. *CC*, p. 26.

118. Jean-Pierre Vernant citado por M. Godelier, *Lévi-Strauss*, *op. cit.*, p. 510.

119. Gildas Salmon, *Les Structures de l'esprit. Lévi-Strauss et les mythes*, Paris, PUF, 2013.

120. *Ibid.*, p. 29.

121. G. Salmon faz essa "crítica da crítica filológica" no cap. II de *Structures de l'esprit. Lévi-Strauss et les mythes*, *op. cit.*

122. *Ibid.*, p. 4.

123. *DPDL*, p. 182.

124. *HdL*, p. 1.428.

125. *DPDL*, p. 179.

126. Carta de Émile Benveniste a Claude Lévi-Strauss, 26 de novembro de 1964, acervo CLS, NAF 28150, caixa 184, "Correspondance reçue".

127. Jean Lacroix, "*Le Cru et le Cuit*", *Le Monde*, 2 de janeiro de 1965.

128. *Ibid.*

129. *Ibid.*

130. *Ibid.*

131. *Ibid.*

132. Claude Mauriac, "Lévi--Strauss et la science des mythes", *Le Figaro*, 14 de outubro de 1964. Passagem reproduzida de *CC*, p. 20.

133. *Combat*, 18 de novembro de 1964.

134. Thérèse de Saint-Phalle, "Claude Lévi-Strauss écoute la mystérieuse musique des mythes", *Le Figaro Littéraire*, 17-23 de setembro de 1964.

135. *Ibid.*

136. *Ibid.*

137. Jean-François Revel, "Le miel et le tabac", *L'Express*, 13-19 de fevereiro de 1967.

138. Jean Lacroix, "Le miel et le tabac", *Le Monde*, 4 de março de 1967.

139. Cf. Frédérique Matonti, *Intellectuels communistes. Une sociologie de l'obéissance politique. La Nouvelle critique (1967-1980)*, Paris, La Découverte, 2005.

140. Em setembro de 1965, Aragon escreve nele, por exemplo, uma "primeira página" espetacular ao longo de três páginas: "Qu'est-ce que l'art, Jean--Luc Godard?".

141. Entrevista de Raymond Bellour com Claude Lévi-Strauss, *Les Lettres Françaises*, 12-18 de janeiro de 1967.

142. *Ibid.*

143. *Ibid.*

144. *Ibid.*

145. Declarações recolhidas por Guy Dumur, *Le Nouvel Observateur*, 25-31 de janeiro de 1967.

146. *Ibid.*

147. *Ibid.*

148. O terceiro volume é traduzido e publicado em 1978, *Introduction to a Science of Mythology 3. The Origin of Table Manners*, Nova York, Harper and Row; e o quarto, *Introduction to a Science of Mythology 4. The Naked Man*, traduzido para o inglês por John e

Doreen Weightman, é publicado pela Jonathan Cape dez anos após seu lançamento francês, em 1981.

149. Jean Pouillon, "Une leçon de maintien", *La Quinzaine Littéraire*, nº 55, 1º-30 de agosto de 1968. O artigo de Pouillon vem acoplado a um texto de Catherine Backès-Clément que resenha o livro que Yvan Simonis dedica ao estruturalismo, *Lévi-Strauss ou la Passion de l'inceste*, Paris, Aubier, 1968.

150. Michel Izard, "À l'écoute des mythes", *Le Nouvel Observateur*, nº 366.

151. O tom crepuscular desse "*Finale*" é inspirado, como confessa Claude Lévi-Strauss a Didier Éribon, admirado de que ninguém tenha notado, na conclusão do *Ensaio sobre a desigualdade das raças*, de Gobineau. Cf. *DPDL*, p. 222.

152. *HN*, p. 559.

153. *Ibid.*, p. 563.

154. P. Wilcken, *Claude Lévi-Strauss. The Poet in the Laboratory*, *op. cit.*, p. 276.

155. Trata-se de um livro dedicado a Lévi-Strauss e Marcel Duchamp: Octavio Paz, *Deux transparents*, Paris, Gallimard, 1970.

156. Carta de Claude Lévi-Strauss a Octavio Paz, 21 de maio de 1967, acervo CLS, NAF 28150, caixa 198.

157. Por exemplo, numa carta endereçada a Roger Bastide, 4 de abril, acervo CLS, NAF 28150, caixa 181: "Se a empreitada deve ter um sentido (do que às vezes duvido), é mais do que provável que eu mesmo seja incapaz de deduzi-lo".

158. *HN*, p. 560.

159. Todas as objeções tratadas no "*Finale*", *ibid.*, p. 564-570.

160. *Ibid.*, p. 572.

161. *Ibid.*

162. *Ibid.*

163. *Ibid.*

164. *Le Figaro*, 24 de setembro de 1971.

165. *HN*, p. 572.

166. Ver M. Godelier, *Lévi-Strauss*, *op. cit.*, p. 43 ss.

167. *HN*, p. 603.

168. Ver M. Godelier, *Lévi-Strauss*, *op. cit.*, p. 453.

169. Cf. F. Lapointe e Claire C. Lapointe, *Claude Lévi-Strauss and his Critics: an International Bibliography of Criticism (1950-1976)*, Nova York, Garland, 1977.

170. *DPDL*, p. 102.

171. Segundo Antoine Lilti, *Figures publiques. L'Invention de la célébrité, 1750-1850*, Paris, Fayard, 2013, a "história da celebridade se enraíza no século XVIII com a criação de um espaço público crítico, do qual a celebridade seria o indissociável lado escuro. Jean-Jacques Rousseau é seu paradigma: ele anuncia tanto as manifestações da celebridade contemporânea quanto seus efeitos, sentidos como nefastos, bem como o discurso de deploração que os acompanha".

172. Ver Nathalie Heinich, *De la visibilité. Excellence et singularité en régime médiatique*, Paris, Gallimard, 2012, p. 164 ss. Ver também Régis Debray, *Le Pouvoir intellectuel en France*, Paris, Ramsay, 1979. Agradeço a Mathilde Majorel por ter feito as pesquisas nos arquivos Larousse.

173. 21 de janeiro de 1968, programa "Un certain regard", "Un essai de Michel Tréguier", Claude Lévi-Strauss entrevistado por Michel Tréguier, 65min., transmissão às 22h30, arquivos INA. Monique, sua mulher, escreve a uma amiga, ao fim do programa de 1968: "É um Godard!".

174. 15 de abril de 1959, "Lecture pour tous", Pierre Dumayet dialoga na companhia de Claude Lévi-Strauss, ao lado de Max-Pol Fouchet, arquivos INA.

175. 14 de outubro de 1964, "Lectures pour tous", arquivos INA.

176. Carta de Claude Lévi-Strauss a Roman Jakobson, 23 de janeiro de 1968, acervo CLS, NAF 28150, caixa 181.

177. Carta a B. Hustedt, 26 de setembro de 1968, arquivos do LAS, FLAS, FS4.03.05.050.

178. Carta de Claude Lévi-Strauss a *Playboy*, *Book Review Editor*, 13 de outubro de 1969, arquivos do LAS, FLAS, FS4.03.05.050.

179. F. Dosse, *Histoire du structuralisme*, *op. cit.*, t. I, p. 385.

180. *Ibid.*

181. Carta de Claude Lévi-Strauss a Thierry de Clermont-Tonnerre, 3 de julho de 1964, acervo CLS, NAF 28150, caixa 222.

182. Citado por J.-J. Nattiez, *Lévi-Strauss musicien. Essai sur la tentation homologique*, *op. cit.*, p. 28. Claude Lévi-Strauss assim se exprimia nas ondas da Radio-Canada.

183. J.-M. Benoist, *La Révolution structurale*, Paris, Grasset, 1975.

184. Raymond Boudon, *À quoi sert la notion de structure? Essai sur la signification de la notion de structure dans les sciences humaines*, Paris, Gallimard, 1968.

185. Carta a J. Mercier, 23 de fevereiro de 1968, arquivos do LAS, FLAS, FS1.03.02.

186. *DPDL*, p. 105-106.

187. Carta de Georges Dumézil a Claude Lévi-Strauss, 19 de novembro de 1969: "O senhor pode imaginar tudo que me separa de Foucault, filosófica e politicamente. Mas se eu ainda fosse vivo, lutaria por ele. Meu problema de eleitor, perante vários candidatos, sempre foi o mesmo: julgar não as opiniões dos candidatos ou mesmo seus

métodos, mas medir tamanhos, observar potenciais. Este fervilha", acervo CLS, NAF 28150, caixa 188, "Correspondance reçue".

188. Quanto a Althusser, admite o seguinte numa carta de agradecimento dirigida a Raymond Aron, 13 de fevereiro de 1969, após recebimento de *De uma Sagrada Família a outra*: "Devo confessar ao senhor que antes de *De uma Sagrada Família a outra* eu não tinha lido uma linha de Althusser? [...] Graças ao senhor, eis-me em primeiro lugar amplamente informado sobre esse autor e, depois, redimido do sentimento instintivo que me desviara dele". Acervo Raymond Aron, NAF 28060, caixa 207, Departamento de Manuscritos, BNF.

189. Claude Lévi-Strauss, "La structure et la forme. Réflexions sur un ouvrage de Vladimir Propp", *AS*, t. II, p. 159.

190. *Ibid*., p. 158.

191. Cf. sobre as relações entre Barthes e Lévi-Strauss, Marie Gil, *Roland Barthes. Au lieu de la vie*, Paris, Flammarion, 2012, p. 237 ss.; e Tiphaine Samoyault, *Roland Barthes*, Paris, Seuil, "Fiction & Cie", 2015, p. 353--362.

192. Texto publicado em *Paragone*, abril de 1965, p. 125--128.

193. Cf. M. Gil, *Roland Barthes. Au lieu de la vie*, *op. cit*., p. 285-293. Christophe Prochasson retoma a análise dessa controvérsia em "Roland Barthes contre Raymond Picard: un prélude à Mai 68", num número coletivo, "Comment on se dispute. Figures de la controverse", *Mil Neuf Cents*, nº 25, janeiro de 2007. T. Samoyault, em *Roland Barthes*, *op. cit*., p. 358-359, cita a carta severa, de 18 de março de 1966, que Claude Lévi-Strauss envia a Barthes por ocasião do recebimento de *Crítica e verdade*, resposta de Barthes a Picard: "Para ser franco, não tenho nenhuma certeza de concordar completamente com o senhor. Em primeiro lugar, porque, defendendo a 'nova crítica' em geral, o senhor parece cobrir muitas coisas que, a meus olhos, não o merecem. Em seguida, em virtude de um ecletismo que se manifesta com muita complacência para com a subjetividade, a afetividade e, sejamos claros, um misticismo com relação à literatura".

194. Cf. F. Dosse, *Histoire du structuralisme*, *op. cit*., t. I, p. 389--390.

195. *DPDL*, p. 106.

196. Cf. M. Gil, *Roland Barthes. Au lieu de la vie*, *op. cit*., p. 343--344. Texto citado por R. Bellour e C. Clément (org.), *Textes de et sur Claude Lévi-Strauss*, Paris, Gallimard, 1979: "Lignerolles, 31 de março de 1970. Caro amigo, Seu deslumbrante *S/Z*, cuja leitura termino no campo, me sugere uma pequena fantasia, da qual, por inversão de homenagem, permito--me tomar parte. Em francês, a palavra *sarrasin* [sarraceno], designa um povo árabe de pele escura, feroz e destruidor (o senhor acrescentaria: castrador). Ora, desde o título, esse significado macho vem se aplicar a um significante fêmea, 'Sarrasine'. Esse significante fêmea cobre na realidade um significado macho, Ernest Jean Sarrasine, o qual se aplica a um significante fêmea, 'a Zambinella', o qual recobre um significado macho apresentado ao leitor sob o aspecto de um ancião que se aplica a um significante fêmea: 'jovem mulher', que não é um significado, o texto tomando o cuidado de desindividualizá--lo, encarnando-o sucessivamente em três personagens diferentes aos quais o ancião se junta: uma desconhecida, depois Madame de Rochefide, depois Marianina.

"A economia de solução, aliada à ênfase matrilinear do texto, implica que Zambinella é o irmão da mãe de Madame de Lanty. A posição 'irmão de Madame de Lanty' está vazia; porém, em contrapartida, há um 'marido de Madame de Lanty', cujo valor sob todos os aspectos negativo não passa de uma contrapartida do irmão (positivo) que falta. Voltarei a isso. Observe-se que a mesma estrutura de três andares é evocada a respeito de Sarrasine, que tem um pai, e um pai do pai, e com relação ao qual Bouchardon desempenha um papel simétrico e inverso ao de M. de Lanty com relação aos filhos de sua mulher.

"Consideremos agora os nomes próprios. Marianina deriva de um 'terceiro andar' como diminutivo de Mariana, por sua vez diminutivo de Maria. Zambinella é igualmente um diminutivo, como seria igualmente Sarras*in(a)* comparado a *Marianina* e Zamb*in*ella. Um único nome próprio exclui a derivação: Philippo, que, por conseguinte, está em oposição primordial com Marianina sob a dupla relação (*1º andar/3º andar*) e (*macho/fêmea*) pelas desinências contrastadas (*o/a*).

"A revelação da castração exclui a aliança: Zambinella não se tornará a amante de Sarrasine, tampouco Madame de Rochefide do narrador. Madame de Lanty só se casou 'pela ordem' e seu marido não passa do oposto do irmão ausente. Logo, podemos prever que Marianina não encontrará com quem casar. Ela está em posição de esposa do velho Zambinella (observação sob todos os aspectos estarrecedora de Madame de Rochefide (138) pois ela deveria ter considerado todas as situações antes desta, a menos que *nos diga* assim algo que convinha destacar). Ora, é Philippo que é aqui o macho em posição de primeira geração e que, na terceira, figura então o velho (por Endimião rumo a Antínoo, mas o último, tendo envelhecido, é caracterizado (75--76) por pernas curtas e magras como dois ossos, o segundo, adolescente, tem (22) formas franzinas). Concluo, portanto, que Philippo e Marianina, cujos nomes ilustram o descompasso máximo compatível com o sistema, se tornarão, pela força das coisas, um casal incestuoso [Em nota: do qual o casamento de sua mãe com alguém que é nada menos que um não irmão já oferecia a imagem em negativo. Madame de Lanty é o inverso de sua filha (20-21) e tem um marido e não um irmão; logo, a filha que tem um irmão não terá, por isso, um marido. O casal Philippo-Marianina fará a síntese positiva dos atributos antitéticos da Zambinella: Philippo é macho, 'tiragem' adolescente do ancião que teve, porque castrado, uma voz de soprano, que possui supremamente (20) Marianina como fêmea: o incesto dos germanos é uma castração ao avesso]. Muito cordialmente, CLS".

197. *DPDL*, p. 107.

198. R. Barthes, "Réponses" (1971), *in: Œuvres complètes*, *op. cit.*, t. III, p. 1.032, citado por M. Gil, *Roland Barthes. Au lieu de la vie*, *op. cit.*, p. 233: "Acreditei então com ardor na possibilidade de me integrar a uma ciência semiológica: atravessei um sonho (eufórico) de cientificidade (cujos resíduos são *O sistema da moda* e os *Elementos de semiologia*): pouco importava então fazer livros; em todo caso, como o senhor notou, eu escrevia muitos artigos, o que alimentava a escrita (o desejo de escrita); a sequência, pelo menos até o presente, mostrou que minha 'verdade' estava na segunda postulação, não na primeira, embora eu ainda precise frequentemente avalizá-la, como 'semiólogo' consagrado aqui, constestado acolá".

199. Cf. Patrice Maniglier, "La vie comme effet", prefácio a Juan Pablo Luchellli, *Lacan avec et sans Lévi-Strauss*, Nantes, nova edição, C. Defaut Éditions, 2013, p. 11.

200. Carta de Claude Lévi-Strauss, 29 de janeiro de 1968, arquivos do LAS, FLAS, D.09.02.

201. Carta de Georges Dumézil a Claude Lévi-Strauss, 24 de junho de 1974, acervo CLS, NAF 28150, caixa 188.

202. Carta de Georges Dumézil a Claude Lévi-Strauss, 29 de outubro de 1968, acervo CLS, NAF 28150, caixa 188.

203. *HN*, p. 620.

204. John Hess, "The Mythical Lévi-Strauss", *New York Times Review of Books*, 20 de fevereiro de 1972. Tradução impossível, por seu caráter lapidar, do inglês: "Estou extenuado depois de ter escrito tanto".

205. Entrevista a Raymond Bellour, *Le Monde*, 5 de novembro de 1971.

206. Catherine Backès-Clément, *Claude Lévi-Strauss ou la Structure et le malheur*, Paris, Seghers, 1970, p. 212.

207. Jean Pouillon e Pierre Maranda (org.), *Échanges et communications. Mélanges offerts à Claude Lévi-Strauss à l'occasion de son soixantième anniversaire*, Haia, Mouton, 1970.

208. Fita VHS, 1970, que Monique Lévi-Strauss gentilmente pôs à minha disposição, pelo que lhe agradeço.

209. *HN*, p. 586: "Presume-se que o fenômeno oferece uma analogia com o riso no sentido de que, em cada caso, certo tipo de agenciamento exterior ao tema, aqui palavras ou ações, ali sons, dispara um mecanismo psicofisiológico cujas molas estão antecipadamente retesadas; mas a que corresponde este, e o que é ao certo chorar de rir ou de alegria?".

210. *Ibid.*, p. 587.

211. *Ibid.*

18. Política da discrição

1. *Œuvres complètes*, Gallimard, "Bibliothèque de la Pléiade", t. II, 1995, p. 210.

2. Don C. Talayesva, *Soleil hopi. L'Autobiographie d'un Indien Hopi*, textos reunidos e apresentados por Leo W. Simmons, prefácio de Claude Lévi-Strauss, Paris, Plon, "Terre Humaine", 1959, p. 9.

3. Cf. E. Roudinesco, *Lacan*, *op. cit.*, p. 270.

4. Cf. B. Karsenty, *D'une philosophie à l'autre. Les sciences sociales et la politique des modernes*, Paris, Gallimard, 2013.

5. Cf. M. Bloch, "Une anthropologie fondamentale", *in:* P. Descola, *Claude Lévi-Strauss, un parcours dans le siècle*, *op. cit.*, p. 250.

6. Pierre Zaoui, *La Discrétion. Ou l'art de disparaître*, Paris, Autrement, "Les Grands Mots", 2013.

7. *DPDL*, p. 131.

8. *Ibid.*, p. 219.

9. *Ibid.*, p. 221.

10. Cf. Christophe Charle, *Naissance des "intellectuels" (1880-1900)*, Paris, Les Éditions de Minuit, 1990; Pascal Ory e Jean-François Sirinelli, *Les Intellectuels français de l'affaire Dreyfus à nos jours*, Paris, Armand Colin, 1986; Jean-François Sirinelli, *Intellectuels et passions françaises. Manifestes et pétitions au XXe Siècle*, Paris, Fayard, 1990.

11. Cf. J.-F. Bert, *Dans l'atelier de Marcel Mauss*, *op. cit.*, p. 48.

12. *DPDL*, p. 117.

13. *Ibid.*, p. 219.

14. *Ibid.*

15. Claude Lévi-Strauss, "Le problème ultime des sciences de l'homme consistera un jour à ramener la pensée à la vie",

Le Magazine Littéraire, nº 58, novembro de 1971, p. 26.

16. B. Karsenty, *D'une philosophie à l'autre. Les sciences sociales et la politique des modernes*, *op. cit.*, p. 20.

17. Carta de M. Leiris a Claude Lévi-Strauss, 21 de agosto de 1967, acervo CLS, NAF 28150, caixa 195, "Correspondance reçue".

18. Carta de Claude Lévi-Strauss, 23 de março de 1953, acervo Bénichou, Biblioteca Jacques Doucet. Agradeço a Grégory Cingal por me haver comunicado essa correspondência.

19. Os signatários da petição fizeram o compromisso solene "de agir de todas as formas que julgarem apropriadas, com probidade, e em todos os domínios que lhes são acessíveis, para pôr um fim, na África do Norte, a uma guerra que é uma ameaça à República e ao mesmo tempo um crime contra o gênero humano". O apelo exige o fim da repressão, negociações imediatas, a suspensão do estado de emergência na Argélia, a libertação do contingente e o fim da discriminação no ultramar e na metrópole. *L'Express* aponta o caráter ecumênico dos signatários e o conjunto faz eco ao "Bloc-notes" do dia de François Mauriac.

20. Carta de Claude Lévi-Strauss a Jacques Soustelle, 21 de novembro de 1955, acervo CLS, NAF 28150, caixa 202.

21. Claude Lévi-Strauss, "Le droit au voyage", *L'Express*, 21 de setembro de 1956.

22. Cf. J. Jamin, "L'anthropologie et ses acteurs", cap. cit., p. 109 ss.

23. Ver *supra*, cap. 13.

24. Cf. C. Laurière, Paul Rivet. *Le savant et le politique*, *op. cit*.

25. Michel Leiris, "L'ethnographe devant le colonialisme", *Les Temps Modernes*, nº 58, 1950, p. 357-374.

26. *DPDL*, p. 213.

27. Ver Marie-Claude Smouts (org.), *La Situation postcoloniale. Les Post-Colonial Studies dans le débat français*, Paris, Presses de Sciences Po, 2007, prefácio de Georges Balandier.

28. Claude Lévi-Strauss, "Les discontinuités culturelles et le développement économique et social", digressão na mesa-redonda sobre "Les prémisses sociales de l'industrialisation", setembro de 1961, *AS*, t. II, p. 368.

29. Cf. Sanjay Subramanyam, *From the Tagus to the Ganges: Explorations in Connected History*, Oxford University Press, 2004.

30. R. Aron, *Mémoires*, *op. cit.*, p. 500.

31. Pierre Birnbaum, *Géographie de l'espoir. L'Exil, les Lumières et la désassimilation*, Paris, Gallimard, 2004, p. 179-182.

32. Carta de Claude Lévi-Strauss a Raymond Aron, 9 de abril de 1968, acervo Raymond Aron, NAF 28060, caixa 207, Departamento de Manuscritos, BNF.

33. Ver Dominique Schnapper, *Juifs et Israélites*, Paris, Gallimard, 1980.

34. Claude Lévi-Strauss, "Ce que je suis", *Le Nouvel Observateur*, 5 de julho de 1980.

35. *DPDL*, p. 217.

36. *Ibid.*

37. *Ibid.*, p. 218.

38. Carta de Claude Lévi-Strauss, 10 de abril de 1968, acervo Raymond Aron, NAF 28060, caixa 207, Departamento de Manuscritos, BNF.

39. Por exemplo Élisabeth Roudinesco, que afirma ter participado de 1968 como estruturalista, entrevista à autora.

40. *DPDL*, p. 115.

41. Carta de Georges Dumézil a Claude Lévi-Strauss, 14 de maio de 1968, acervo CLS, NAF 28150, caixa 188, "Correspondance reçue".

42. Michel de Certeau, *La Prise de parole. Pour une nouvelle culture*, Paris, Desclée de Brouwer, 1968.

43. Roland Barthes, "L'écriture de l'événement", *Communications*, novembro de 1968.

44. *Ibid.*

45. Jean-Marc Coudray, Claude Lefort e Edgar Morin, *Mai 68: la brèche. Premières réflexions sur les événements*, Paris, Fayard, 1968.

46. "French Anthropologist at Onset of 70's deplores 20th Century", *The New York Times*, 31 de dezembro de 1969.

47. *Ibid.*

48. *DPDL*, p. 221.

49. *Ibid.*

50. *Ibid.*, p. 116.

51. Carta de Claude Lévi-Strauss, 1º de outubro de 1968, acervo CLS, NAF 28150, caixa 216, "Collège de France".

52. *Ibid.*

53. *Ibid.*

54. Carta de Claude Lévi-Strauss a Raymond Aron, NAF 28060, caixa 207, Departamento de Manuscritos, BNF.

55. "Compte rendu de réunion du Commissariat général du Plan d'équipement et de la productivité", maio de 1963, acervo CLS, NAF 28150, caixa 214.

56. *Ibid.*

57. *Ibid.*

58. *Ibid.*

59. B. Karsenty, *D'une philosophie à l'autre. Les sciences sociales et la politique des modernes*, *op. cit.*, p. 25.

60. "Civilisation urbaine et santé mentale". Resposta ao questionário do Institut de la Vie, 18 de março de 1963, publicado em *AS*, t. II, p. 333-336. As

citações a seguir são todas extraídas desse texto.

61. Cf. Emmanuelle Loyer, "Les maisons de la culture entre sanctuarisation culturelle et messianisme politique", *in:* Philippe Artières e Michelle Zancarini-Fournel, *68. Une histoire collective, 1962-1981*, Paris, La Découverte, "Poche/ Essais", 2015, p. 144-151.

62. Frédérique Matonti, "La politisation du structuralisme. Une crise dans la théorie", *Raisons Politiques*, nº 18, maio de 2005, p. 49-71.

63. F. Furet, "Les intellectuels français et le structuralisme", cap. cit.

64. Por ocasião de uma resenha do livro de Paul Rivet que, segundo Lévi-Strauss, representava "um símbolo vivo de que não existe ciência senão militante", citado por L. Jeanpierre, "Une opposition structurante pour l'anthropologie structurale: Lévi-Strauss contre Gurvitch. La guerre de deux exilés français aux États-Unis", *op. cit.*

65. Carta de Claude Lévi-Strauss a Denis Kambouchner, 12 de janeiro de 2006, por ocasião da publicação do *Lévi-Strauss Cambridge Companion*, organizado por B. Wiseman, volume coletivo para o qual Denis Kambouchner escrevera um texto justamente dedicado a "Lévi-Strauss e a questão do humanismo", acervo CLS, NAF 28150, caixa 193. A carta continua assim: "Procurei, por tentativa e erro, essas condições em lados bem diversos – daí minhas contradições aparentes – para perceber que elas se destruíam mutuamente e que essa crítica (no sentido kantiano) do humanismo o esvaziava progressivamente de sua substância". Seu pensamento sobre o tema evoluiu muito: "Por exemplo, em 1952, quando eu ainda julgava possível jogar o jogo da Unesco, e em 1971, quando julgava que o melhor serviço que se lhe podia prestar era confrontá-la com suas contradições".

66. Claude Lévi-Strauss, "Les trois humanismes" (1956), *in: AS*, t. II, p. 320.

67. *Ibid.*, p. 319. O semanário *Demain* foi publicado de 1955 a 1957.

68. Claude Lévi-Strauss, "Jean-Jacques Rousseau, fondateur des sciences de l'homme", *op. cit.*, p. 53. As citações a seguir são extraídas desse texto.

69. Emmanuel Terray, "La vision du monde de Claude Lévi-Strauss", *L'Homme*, nº 193, janeiro-março de 2010, p. 32.

70. Cf. W. Stoczkowski, *Anthropologies rédemptrices. Le monde selon Lévi-Strauss*, *op. cit.*, p. 270.

71. *L'Origine des manières de table*, Paris, Plon, reed. 2009, p. 422.

72. P. Zaoui, *La Discrétion. Ou l'art de disparaître*, *op. cit.*, p. 50.

73. Claude Lévi-Strauss, "À propos d'une rétrospective", 1966, *in: AS*, t. II, p. 330.

74. Patrice Maniglier, "L'humanisme interminable de Claude Lévi-Strauss", *Les Temps Modernes*, nº 609, junho-julho-agosto de 2000, p. 231.

75. *Ibid.*, p. 233.

76. *CC*, p. 14: "Assim, este livro sobre os mitos é, à sua maneira, um mito".

77. *Ibid.*, p. 237.

78. *Ibid.*, p. 13.

79. *PS*, p. 833.

80. Claude Lévi-Strauss, "*L'Express* va plus loin avec Claude Lévi-Strauss", *L'Express*, *op. cit.*

81. Carta de Claude Lévi-Strauss a Raymond Aron, 25 de dezembro de 1955.

IV. O MUNDO [1971 • 2009]

19. Imortal

1. Citado por Claude Lévi-Strauss em seu discurso de recepção na Academia Francesa, 27 de junho de 1974.

2. *VdM*, p. 878.

3. Éric Schwimmer, "Claude Lévi-Strauss et le lièvre canadien", *Lévi-Strauss*, L'Herne, "Cahier de L'Herne", 2004, p. 203.

4. Cf. o filme de Yannick Bellon já citado.

5. Dan Sperber, *Qu'est-ce que le structuralisme?*, t. III. *Le Structuralisme en anthropologie*, 1968, reed. 1973, Seuil, "Points", p. 9, prefácio de François Wahl.

6. Daniel Bell, "Lévi-Strauss and the Return to Rationalism", *New York Times Review of Books*, 14 de março de 1976.

7. Pierre Clastres, "Le clou de la croisière", *Les Temps Modernes*, nº 299-300, junho-julho de 1971, p. 2.345-2.349.

8. Olivier Manonni, "'Terrains' de mission?", *Les Temps Modernes*, nº 299-300, junho-julho de 1971, p. 2.352.

9. R. Stavenhagen, *ibid.*, p. 2.362.

10. Jean Monod, "Oraison funèbre pour une vieille dame. Lettre à quelques ethno-loques", *Les Temps Modernes*, nº 299-300, junho-julho de 1971, p. 2.393-2.400.

11. *Ibid.*, p. 2.393.

12. Jean Monod, entrevista à autora, 26 de fevereiro de 2013.

13. Carta de Claude Lévi-Strauss a Robert Jaulin, 2 de janeiro de 1974, acervo CLS, NAF 28150, caixa 192.

14. *DPDL*, p. 214.

15. Yves Cohen, *Le Siècle des chefs. Une histoire transnationale*

du commandement et de l'autorité (1890-1940), Paris, Éditions Amsterdam, 2013, p. 13.

16. Não obstante abordado por Lévi-Strauss em seus anos nova-iorquinos, como atestam diversos artigos parcialmente reaproveitados em *Tristes trópicos*. Cf. *supra*, p. 280-283.

17. Pierre Clastres, *La Société contre l'État. Recherches d'anthropologie politique*, Paris, Les Éditions de Minuit, 1974. [ed. bras.: *A sociedade contra o Estado: pesquisas de antropologia política*, São Paulo, Cosac Naify, 2012.]

18. Cf. *supra*, p. 413.

19. Jean-Paul Sartre, "Sartre répond", *L'Arc*, nº 30, 1966.

20. Citado por Christian Delacampagne, "Du Collège à l'Académie", *Le Monde*, 25 de outubro de 1973.

21. Entrevista com Georges Balandier realizada por George Steinmetz e Gisèle Sapiro, "Tout parcours scientifique comporte des moments autobiographiques", *Actes de la Recherche en Sciences Sociales*, nº 185, p. 48.

22. "La situation coloniale. Approche théorique", *Cahiers Internationaux de Sociologie*, vol. 11, 1951, p. 44-79.

23. Emmanuel Terray, "Anthropologie et marxisme, années 1950-70", *L'Afrique, miroir du contemporain*, jornada de estudos do Institut Interdisciplinaire d'Anthropologie du Contemporain (IIAC UMR8177 CNRS/EHESS), EHESS, Paris, 19 de junho de 2007 [oai:hal.archives-ouvertes.fr:halshs-00207614].

24. "Anthropologie, histoire, idéologie", Claude Lévi-Strauss, Maurice Godelier, Marc Augé, *L'Homme*, nº 15, julho-dezembro de 1975, p. 181.

25. *Ibid.*, p. 180.

26. *Ibid.*, p. 181.

27. *Ibid.* O grifo é meu.

28. *Ibid.*, p. 184.

29. *Ibid.*, p. 180.

30. Pierre Bourdieu, "La maison kabyle ou le monde renversé", *in:* J. Pouillon e P. Maranda (org.), *Échanges et communications. Mélanges offerts à Claude Lévi-Strauss à l'occasion de son soixantième anniversaire*, *op. cit.*, p. 739-758.

31. Pierre Bourdieu, *Le Sens pratique*, "Préface", Paris, Les Éditions de Minuit, 1980, p. 22.

32. *Ibid.*, p. 11.

33. No acervo Lévi-Strauss, conservam-se cerca de dez cartas datadas dos anos 1980; são quase todas de agradecimentos pelo recebimento (e leitura) de livros enviados por Lévi-Strauss. Nelas, o tom, sempre recatado na expressão de seus sentimentos, é de "afetuosa admiração". Acervo CLS, NAF 28150, caixa 184.

34. P. Bourdieu, *Le Sens pratique*, *op. cit.*, p. 11.

35. Cf. F. Dosse, *Histoire du structuralisme*, t. II. *Le Chant du cygne*, *op. cit.*, cap. VI, "Le second souffle des durkheimiens", p. 95 ss.

36. Pierre Bourdieu, programa de televisão de Didier Éribon e Philippe Collin, "Océaniques", "Réflexions faites", transmissão 23h53, arquivos INA.

37. *Ibid.*

38. F. Dosse, *Histoire du structuralisme*, t. II. *Le Chant du cygne*, *op. cit.*, p. 379 ss.

39. O Centro de Sociologia Europeia criado em 1968.

40. Pierre Bourdieu, "Fieldwork in Philosophy", *Choses dites*, Paris, Les Éditions de Minuit, 1987, p. 19.

41. *Ibid.*, p. 24.

42. *Ibid.*

43. Ver Frédéric Keck, "La logique de la pratique est-elle une pensée sauvage? À partir de Bourdieu, relire Lévi-Strauss"; texto escrito por ocasião do seminário de P. Macherey, Universidade de Lille III, "La philosophie au sens large", sessão de 8 de novembro de 2000.

44. *Ibid.*

45. P. Bourdieu, *Le Sens pratique*, *op. cit.*, p. 24: "Nunca cogitei, como se faz a granel nos dias de hoje, passar de uma análise crítica das condições sociais e técnicas da objetivação e da definição dos limites de validade dos produtos obtidos nessas condições a uma crítica 'radical' de toda objetivação, e por conseguinte da própria ciência: sob pena de não ser senão projeção de sentimentos, a ciência social supõe necessariamente o momento da objetivação e ainda são as conquistas do objetivismo estrutural que tornam possível a superação que ele exige".

46. *Ibid.*, p. 11. Cf. Pierre Bourdieu, *Esquisses algériennes*, textos coligidos e apresentados por Tassadit Yacine, Paris, Seuil, "Liber", 2008; ver também Daniel Fabre, "Pierre Bourdieu et la guerre d'Algérie", *in:* Christine Laurière, Daniel Fabre, André Mary (org.), *Les Ethnologues en situation coloniale*, Paris, Éditions du CNRS, 2015.

47. Claude Lévi-Strauss, "Le champ de l'anthropologie", *in: AS*, p. 37.

48. Claude Lévi-Strauss, "Histoire et ethnologie", Conferência Marc Bloch pronunciada em 6 de junho de 1983, *Annales, ESC*, nº 6, 1983, p. 1.230: "Essa crítica, que vemos um pouco em toda parte, inspira-se num espontaneísmo e num subjetivismo da moda. Deveríamos desistir de descobrir na vida das sociedades humanas alguns princípios organizadores, não ver mais nelas senão um imenso caos de atos criadores surgindo todos na escala individual e gerando a fecundidade de uma desordem permanente?".

Ele conclui: "Não nos deixemos enganar pela ingenuidade tão frequente nos dias de hoje que consiste em crer que a procura de uma ordem e a exaltação dos poderes criadores do indivíduo são programas mutuamente excludentes. Muito pelo contrário, a análise das estratégias e das escolhas individuais abre para nossas disciplinas vastos domínios de pesquisa, nos quais, até então, elas não ousavam muito se aventurar".

49. Ver F. Dosse, *Histoire du structuralisme*, t. II. *Le Chant du cygne*, *op. cit.*, cap. II e III, "Derrida ou l'ultra--structuralisme", "L'historicisation derridienne et sa rature". Ver também F. Keck, *Claude Lévi--Strauss. Une introduction*, *op. cit.*, "Jacques Derrida. Structuralisme et déconstruction", p. 214-227.

50. "La structure, le signe et le jeu dans le discours des sciences humaines", *in:* Jacques Derrida, *L'Écriture et la différence*, Paris, Seuil, "Tel Quel", reed. "Points Essai", p. 411.

51. F. Worms, *La Philosophie en France au XXe Siècle. Moments*, *op. cit.*, p. 484.

52. *TT*, cap. 18.

53. F. Keck, *Claude Lévi-Strauss. Une introduction*, *op. cit.*, p. 215.

54. Jacques Derrida, *De la grammatologie*, Paris, Les Éditions de Minuit, 1967, p. 8.

55. F. Keck, *Claude Lévi-Strauss. Une introduction*, *op. cit.*, p. 214: "A questão da escrita tornou--se uma questão antropológica primordial após a leitura de Lévi--Strauss por Derrida, e em grande medida graças a ele". Cf. Jack Goody, *La Raison graphique. La Domestication de la pensée sauvage*, Paris, Les Éditions de Minuit, 1979, e James Clifford e George Marcus (org.), *Writing Culture, Poetics and Politics of Ehtnography*, Berkeley, University of California Press, 1986.

56. Lembremos que o objeto tratado pela antropologia social, segundo Lévi-Strauss, é propriamente o estudo dos afastamentos diferenciais, únicos a dar acesso à estrutura.

57. Ver F. Cusset, *French Theory*, *op. cit.*, e Vincent Debaene, "Claude Lévi-Strauss aujourd'hui", *Europe*, nº 1.005--1.006, janeiro-fevereiro de 2013.

58. C. Delacampagne, "Du Collège à l'Académie", *op. cit.*

59. *Ibid.*

60. Jean-Paul Enthoven, "Les rêveries d'un ethnologue solitaire", *Le Nouvel Observateur*, 10 de dezembro de 1973.

61. *Ibid.*

62. *Ibid.*

63. Cf. *supra*, cap. 18.

64. Em sua "Réponse au discours de réception d'Alain Peyrefitte", Claude Lévi-Strauss opõe aquele que, precoce em tudo, desconfiava de que um dia desfrutaria dessa companhia: "Em contrapartida, a ideia de que eu podia pertencer a ela nunca me passara pela cabeça".

65. "L'horreur de la compétition. Entretien avec Claude Lévi--Strauss", *Le Figaro*, 25 de maio de 1973.

66. Carta de Maurice Druon, 7 de março de 1973, acervo CLS, NAF 28150, caixa 187.

67. Maurice Druon, declaração à Assembleia Nacional, 23 de maio de 1973.

68. "L'horreur de la compétition. Entretien avec Claude Lévi--Strauss", *op. cit.*

69. *Ibid.*

70. *Ibid.*

71. *Ibid.*

72. Um chiste, sem dúvida apócrifo, resume a complexidade das relações de Lévi-Strauss com a Academia. Ele teria dito: "Eles pensaram eleger um judeu; elegeram dois". Daniel Fabre, entrevista à autora, 12 de março de 2012. O segundo, no caso, seria Isaac Strauss [N.E.]

73. *DPDL*, p. 119.

74. Carta de Michel Leiris, 18 de março de 1974, acervo CLS, NAF 28150, caixa 195.

75. Carta de Jean Daniel a Claude Lévi-Strauss (s.d.), acervo CLS, NAF 28150, caixa 186.

76. Carta de Catherine Clément, 5 de junho de 1973, acervo CLS, à qual Lévi-Strauss responde: "E então, não existe acadêmico na União Soviética?".

77. Entrevista com Monique Lévi--Strauss, 28 de novembro de 2011.

78. Claude Lévi-Strauss, "Autoportrait", *op. cit.*, p. 24.

79. "Discours de réception de Claude Lévi-Strauss", 27 de junho de 1974, Academia Francesa: "E no entanto, senhores, todo etnólogo deveria ser seduzido por uma instituição como esta, que reúne as características próprias para essas concreções históricas, sem o reforço das quais nenhuma sociedade poderia subsistir nem sequer se construir, privada que se veria de ossatura".

80. "Discours de M. Claude Lévi-Strauss", *in: Discours de réception de M. Fernand Braudel et réponse de M. Maurice Druon*, Paris, Arthaud, 1986, p. 99: "Na tradição nacional e aos olhos do mundo, a Academia permanece impregnada desses símbolos. Como em sua obra teórica, foi portanto ao apelo da longa duração que o senhor respondeu".

81. "Discours de réception de Claude Lévi-Strauss", 27 de junho de 1974.

82. Claude Lévi-Strauss, "Autoportrait", *op. cit.*, p. 24: "Como não tenho o sentimento da identidade pessoal, para mim os

únicos meios de construí-la são as marcas exteriores".

83. "Discours de réception de Claude Lévi-Strauss", 27 de junho de 1974.

84. *Ibid.*

85. *Ibid.*

86. *Ibid.*

87. *Ibid.*

88. *Smithsonian*, janeiro de 1990, vol. 20, nº 10, acervo CLS, NAF 28150, caixa 218.

89. Eis o que Julien Gracq, outro potencial acadêmico, escreveu em 1967 a respeito do Quai Conti: "A Academia Francesa não serve para nada. Seu dicionário não constitui autoridade, sua gramática nunca veio à luz. Por outro lado, ela não incomoda realmente a ninguém. Por que atacar essa querida e velha coisa, uma das curiosidades mais folclóricas e inglesas que conservamos? Esses homens de muitas ou poucas letras, de espada na cinta e batendo o tambor, não há nenhuma razão para ser contra eles – basta, naturalmente, ficar de fora. Podemos nos divertir com a exibição da troca de guarda no Buckingham Palace sem por isso nos alistarmos nos Horse Guards", *Lettrines*, *op. cit.*, p. 184.

90. *Le Canard Enchaîné*, 30 de maio de 1973.

91. Carta de Claude Lévi-Strauss a Isac Chiva, 19 de julho de 1973.

92. Cf. *supra*, p. 372-374.

93. *DPDL*, p. 122.

94. Carta de Claude Lévi-Strauss a Roger Caillois (s.d.) [maio de 1974], acervo CLS, NAF 28150, caixa 186.

95. Bernard Rosenblum, artesão coureiro, fez a bainha da espada conforme um desenho da lavra de Lévi-Strauss.

96. "Le siècle de Claude Lévi--Strauss", DVD 2, ref. cit.

97. *Ibid.*

98. Claude Lévi-Strauss, "Autoportrait", *op. cit.*, p. 24: "E se no meu discurso de recepção entreguei-me, na abertura, a um paralelo tão extenso entre a Academia e as cerimônias de iniciação – Aron aliás me criticou amistosamente por isso, dizendo que esperavam por esse tipo de digressão e que eu deveria ter sido mais expedito –, foi porque eu o dirigia a meus alunos e colegas, não aos membros da Academia. Eu lhes explicava...".

99. "Discours de réception de Claude Lévi-Strauss", 27 de junho de 1974.

100. Cf. Gisèle Sapiro, *La Guerre des écrivains, 1940-1953*, Paris, Fayard, 1999, cap. IV.

101. Ernest Renan, "Qu'est-ce qu'une nation?", 1882. Essa frase é a última do texto de Renan.

102. Desde os anos 1980, utiliza--se o etnônimo kwakwaka'wakw para designar essa tribo que, não obstante, chamarei de "kwakiutl" nas linhas seguintes, uma vez que é o termo utilizado por Lévi-Strauss em *A via das máscaras*.

103. Claude Lévi-Strauss, "Reflections on Northwest Coast Ethnology", *in:* Marie Mauzé, Michael Harkin e Sergei Kan (org.), *Coming to Shore. Northwest Coast Ethnology, Traditions and Visions*, Lincoln, University of Nebraska Press, 2004, p. 1.

104. Para todo este parágrafo, ver os artigos exaustivos de Marie Mauzé, "Parcours de Claude Lévi-Strauss sur la côte du Nord--Ouest", *in:* P. Descola, *Claude Lévi-Strauss, un parcours dans le siècle*, *op. cit.*, p. 33-60; M. Mauzé, "Esthétique et structure. La rencontre de l'art de la côte nord-ouest du Pacifique dans l'œuvre de Claude Lévi-Strauss", *Europe*, nº 1.005-1.006, janeiro--fevereiro de 2013, p. 196-209.

105. *Ibid.*, nota 34, p. 46.

106. *VdM*, p. 875.

107. *Ibid.*, p. 877.

108. Marie Mauzé, entrevista à autora, 7 de maio de 2014.

109. O filme se intitula *Behind the Mask*, 1974.

110. Cf. E. Schwimmer, "Claude Lévi-Strauss et le lièvre canadien", *op. cit.*, p. 203: a finalidade das visitas de 1973 a 1974 foi, nos termos de Lévi-Strauss, "identificar, para sua edificação pessoal, itinerários míticos que ele analisara e discutira nas *Mitológicas*".

111. Carta de Claude Lévi-Strauss a Isac Chiva, 4 de agosto de 1974.

112. "Walking through the Rain Forest with Lévi-Strauss", *The Vancouver Sun*, 16 de julho de 1974.

113. *VdM*, p. 879.

114. M. Mauzé, "Esthétique et structure. La rencontre de l'art de la côte nord-ouest du Pacifique dans l'œuvre de Claude Lévi--Strauss", *op. cit.*, p. 36.

115. Catherine Clément, "Adieu voyages! Adieu sauvages!", *Le Figaro*, 13 de janeiro de 1990.

116. Claude Lévi-Strauss, *Des symboles et leurs doubles*, Plon, 1989, p. 259; citado por M. Mauzé, "Esthétique et structure. La rencontre de l'art de la côte nord-ouest du Pacifique dans l'œuvre de Claude Lévi-Strauss", *op. cit.*, p. 35.

117. Bill Holm, *Northern Coast Indian Art. An Analysis of Form*, Seattle e Londres, University of Washington Press, 1965.

118. Marie Mauzé, "Bill Reid. 1920-1998", *L'Homme*, nº 151, 1999, p. 7.

119. Claude Lévi-Strauss, "Bill Reid", *in: Bill Reid: A Retrospective Exhibition, Vancouver*, The Vancouver Art Gallery, 1974, retrabalhado em *Des symboles et leurs doubles*, *op. cit.*, p. 255-256.

120. F. Keck, *in:* Claude Lévi--Strauss, *Œuvres*, *op. cit.*, p. 1.854.

121. Eduardo Viveiros de Castro, "Claude Lévi-Strauss vu par Eduardo Viveiros de Castro", *La Lettre du Collège de France*, hors--série nº 2, 2008, p. 34-35.

122. *Ibid.*, p. 1.854-1.855.

123. Cf. Agnès Callu, *Gaëtan Picon, 1915-1976. Esthétique et culture*, Paris, Honoré Champion, 2011.

124. Claude Lévi-Strauss, entrevista a Marie Mauzé, 30 de abril de 2014. Citado por M. Mauzé em *VdM*, "Notice", p. 1.858.

125. *VdM*, p. 978.

126. Jean-Marie Benoist, "Claude Lévi-Strauss entre deux masques", *Le Figaro Littéraire*, 22 de novembro de 1975.

127. Citado por M. Mauzé, "Notice", *VdM*, p. 1.864.

128. *Ibid.*, p. 1.863.

129. Carta de Michel Leiris a Claude Lévi-Strauss, 13 de novembro de 1975, acervo CLS, NAF 28150, caixa 195.

130. Artigos de Dominique Fernandez em *L'Express*, de Claude Bonnefoy em *Les Nouvelles Littéraires*, de Pierre Daix em *Le Quotidien de Paris*, de Roger-Pol Droit em *Le Monde*, de Max-Pol Fouchet em *Le Point*, de Jean-Marie Benoist em *Le Figaro Littéraire*. Convém acrescentar a isso algumas grandes entrevistas, entre as quais, por exemplo, a que Lévi-Strauss concede em 1976 a Maurice Olender para a rádio belga francófona a respeito de *A via das máscaras* e da questão estética em sua antropologia: "Le sensible et l'intelligible", acervo Maurice Olender, Imec, publicada em *La Règle du Jeu*, nº 44, 2010, "Les inédits de l'Imec".

131. José Pierre, *La Quinzaine Littéraire*, nº 224, 1-15 de janeiro de 1976.

132. G. Charbonnier, *Entretiens avec Claude Lévi-Strauss*, *op. cit.*

133. Pierre Daix, "Art indien et structuralisme", *Le Quotidien de Paris*, 16 de dezembro de 1975.

134. *Ibid.*

135. *VdM*, p. 981.

136. Cf. Philippe Urfalino, *L'Invention de la politique culturelle*, Paris, La Documentation Française, 1996.

137. Cf. François Hartog, "Le regard éloigné. Lévi-Strauss et l'histoire", *in: Lévi-Strauss*, L'Herne, *op. cit.*, p. 282-288.

138. Cf. Marie Mauzé, "When the Northwest Coast haunts French Anthropology", *in:* M. Mauzé, M. E. Harkin e S. Kan (org.), *Coming to Shore*, *op. cit.*, p. 63-65.

139. Claude Lévi-Strauss, "L'organisation sociale des Kwakiutl", *in: Trois Excursions. La Voie des masques*, Paris, Gallimard, "Bibliothèque de la Pléiade", p. 999-1.000.

140. Claude Lévi-Strauss, "La notion de maison (année 1976--1977)", *in: Paroles données*, *op. cit.*, p. 190.

141. *Ibid.*

142. Maurice Godelier, "Le concept de maison" cap. V, *in: Lévi-Strauss*, *op. cit.*, p. 197-225.

143. Claude Lévi-Strauss, "La notion de maison", cap. cit., p. 190.

144. "La notion de maison. Entretien entre Claude Lévi--Strauss et Pierre Lamaison", *Terrain*, nº 9, outubro de 1987.

145. F. Hartog, "Le regard éloigné. Lévi-Strauss et l'histoire", *op. cit.*, p. 286.

146. Claude Lévi-Strauss, "Considérations sur l'Afrique (année 1981-1982)", *in: Paroles données*, *op. cit.*, p. 241.

147. *Ibid.*, p. 240-241.

148. "Réflexions faites", 31 de outubro de 1988, programa "Océaniques", preparado por D. Éribon e P. Colin, arquivos INA. Os outros participantes são: o antropólogo Luc de Heutsch, o sociólogo Pierre Bourdieu e o filósofo André Comte-Sponville.

149. Divisão proposta pelo artigo de Claude Lévi-Strauss de 1949, "Ethnologie et histoire", *in: AS*.

150. André Burguière, "Histoire et structure", *Annales*, nº 34, junho--julho de 1971, p. 1.

151. F. Hartog, "Le regard éloigné. Lévi-Strauss et l'histoire", *op. cit.*, p. 286.

152. A. Burguière, "Histoire et structure", *op. cit.*, p. 7.

153. Richard Marin, "La nouvelle histoire et Lévi-Strauss", *Caravelle. Cahiers du monde hispanique et luso-brésilien*, nº 96, junho de 2011, p. 165-178.

154. Claude Lévi-Strauss a Georges Duby, 29 de março de 1981, acervo Georges Duby, Imec.

155. *Ibid.*

156. Claude Lévi-Strauss, "Discours de remise d'épée à Fernand Braudel", 19 de março de 1985, "Discours de M. Claude Lévi-Strauss", *Discours de réception de M. Fernand Braudel à l'Académie française et Réponse de M. Druon*, *op. cit.*, p. 96.

157. *Ibid.*, p. 94.

158. *Ibid.*, p. 97.

159. *Ibid.*, p. 97-98.

160. *Ibid.*, p. 93.

161. Claude Lévi-Strauss, "Histoire et ethnologie", Conferência Marc Bloch, publicada em *Les Annales, ESC*, 38º ano, nº 6, 1983, p. 1.231.

162. Pierre Nora, carta de 17 de maio de 1983, acervo CLS, NAF 28150, caixa 197.

163. Marc Fumaroli, "La Coupole", *in:* t. III, *La Nation*.

Les Lieux de mémoire, Paris, Gallimard, "Bibliothèque Illustrée des Histoires", 1986; P. Nora, entrevista à autora, 9 de outubro de 2014; Claude Lévi-Strauss, "À propos de la République et de la Nation", *Le Figaro*, 1986: "A leitura de *Lieux de mémoire* foi para mim uma espécie de deslumbramento. O método que consiste em tomar blocos maciços de nossas representações e nossas mitologias históricas, em destrinchá-los, em mostrar como eles vieram a existir e as maneiras diferentes como foram utilizados ao longo dos tempos é uma maneira, me parece, totalmente nova e original de escrever a história".

164. *VdM*, p. 1.009.

165. Cf. Delphine Naudier, "L'irrésistible élection de Marguerite Yourcenar à l'Académie Française", *Cahiers du Genre*, nº 36, janeiro de 2004.

166. Por exemplo, estão contra a candidatura de uma mulher o progressista André Chamson, escritor próximo da Frente Popular, e o direitista extremo Pierre Gaxotte, o que não deixa de ser explorado pelos jornais.

167. Citado por D. Peras, dossiê "1980: Yourcenar à l'Académie", *Lire*, 1º de novembro de 2005.

168. Marguerite Yourcenar responderá com muita elegância a seus detratores em seu discurso de recepção, contornando sua argumentação: "Tenho respeito suficiente pela tradição, onde ela ainda é viva, poderosa e, ouso dizer, suscetível, para não compreender os que resistem às inovações às quais os impele o que se chama espírito do tempo, que muitas vezes não passa, admito, de moda do tempo", discurso pronunciado sob a Cúpula em 22 de janeiro de 1981.

169. Como atesta a publicação de seu livro; Françoise Héritier, *L'Exercice de la parenté*, Paris, Gallimard, 1981.

170. Em 2015, de 44 cátedras, apenas cinco mulheres são professoras titulares, uma feminização mais ou menos equivalente à da Academia Francesa...

171. Claude Lévi-Strauss, "Rapport pour la création d'une chaire d'études africanistes au Collège de France", 29 de novembro de 1981 (datilografado), acervo CLS, NAF 28150, caixa 216.

172. Françoise Héritier, entrevista à autora, 18 de abril de 2012.

20. Metamorfoses

1. *DPDL*, p. 126. Citação extraída de *Corinne*, romance de Madame de Staël (1807).

2. *Lire*, nº 68, abril de 1981.

3. *O olhar distanciado* (1983), *Paroles données* (1984), *A oleira ciumenta* (1986), *De perto e de longe* (1988), *Des symboles et leurs doubles* (1989), *História de Lince* (1991).

4. P. Bourdieu, *Homo academicus*, *op. cit.*, p. 280 ss.

5. *Lire*, nº 68, abril de 1981. A pergunta era a seguinte: "Quais são os três intelectuais vivos da língua francesa cujos escritos lhe parecem exercer, em profundidade, maior influência sobre a evolução das ideias, literatura, artes, ciências etc.?".

6. Pierre Nora, "Que peuvent les intellectuels?", *Le Débat*, nº 1, p. 3-19.

7. Jean-François Lyotard, *Tombeau de l'intellectuel et autres papiers*, Paris, Galilée, 1984.

8. P. Nora, "Que peuvent les intellectuels?", *op. cit.*, p. 7.

9. Françoise Giroud, "Bloc-notes", *L'Express*, 10 de maio de 1984.

10. Encontramos cerca de vinte nos diários (*Le Matin de Paris*, *Le Quotidien de Paris*, *Le Figaro*, *Libération*, *La Croix*), semanários (*Le Nouvel Observateur*, *Le Point*, *L'Express*, *L'Événement du Jeudi*) e revistas (*Le Magazine Littéraire*, *Arche*, *La Quinzaine Littéraire*).

11. Carta de Pierre Nora a Claude Lévi-Strauss, maio de 1984, acervo CLS, NAF 28150, caixa 197, "Correspondance reçue".

12. Gilles Martin-Chauffier, "Claude Lévi-Strauss. Depuis Diderot aucun intellectuel n'a fait si bien rire", *Paris-Match*, novembro de 1985.

13. *Ibid.*

14. "Claude Lévi-Strauss, le dernier géant de la pensée française", entrevista a Pierre Blois, *Le Figaro*, 26 de julho de 1993.

15. G. Martin-Chauffier, "Claude Lévi-Strauss. Depuis Diderot aucun intellectuel n'a fait si bien rire", *op. cit.*

16. C. Lévi-Strauss: "Des ratés? Nous le sommes tous plus ou moins", *op. cit.*

17. Philippe Simmonot, "Un anarchiste de droite. *L'Express* va plus loin avec Claude Lévi--Strauss", *L'Express*, 17-23 de outubro de 1986, p. 109-110.

18. *Ibid.*, p. 124.

19. *Ibid.*, p. 120.

20. F. Giroud, "Bloc-notes", *op. cit.*

21. Cf. François Cusset, *La Décennie. Le Grand Cauchemar des années 1980*, Paris, La Découverte, 2006.

22. Trata-se do livro organizado por R. Bellour e C. Clément, *Lévi--Strauss*, *op. cit.*, 1979.

23. "'L'idéologie marxiste, communiste et totalitaire n'est qu'une ruse de l'Histoire', un entretien de Claude Lévi-Strauss avec Jean-Marie Benoist", *Le Monde*, 21-22 de julho de 1979.

24. Antoine Compagnon, *Les Antimodernes. De Joseph de Maistre à Roland Barthes*, Paris,

Gallimard, "Bibliothèque des Idées", 2005, p. 7. Reproduzo a expressão "*moderne en liberté*" [moderno em liberdade] de A. Compagnon, que a utilizou como título de sua introdução.

25. *Ibid.*

26. Charles Baudelaire, carta a Édouard Manet, 11 de maio de 1865, citado por A. Compagnon, *ibid*, p. 8.

27. Claude Lévi-Strauss, *La Revue des Deux Mondes*, junho de 1984.

28. Cf. Georges Friedmann, *La Crise du progrès. Esquisse d'une histoire des idées (1895-1935)*, Paris, Gallimard, "Problèmes et Documents", 1936; ver, a esse respeito, Thomas Hirsch, "Le Temps social. Conceptions sociologiques du temps et représentations de l'histoire dans les sciences de l'homme en France, 1901-1945", tese de doutorado da EHESS, sob a orientação de François Hartog, 2014.

29. Claude Lévi-Strauss, *Lire*, outubro de 1986.

30. "'L'idéologie marxiste, communiste et totalitaire n'est qu'une ruse de l'Histoire', un entretien de Claude Lévi-Strauss avec Jean-Marie Benoist", *op. cit.*

31. *Ibid.*

32. Christophe Charle, "Conclusion provisoire. La modernité dure longtemps", *in: Discordance des temps. Une brève histoire de la modernité*, Paris, Armand Colin, 2011, p. 387.

33. Walter Benjamin, Paris, *capitale du XIXe siècle*, Paris, Le Cerf, 1989, p. 409: "A maneira como o passado recebe a marca de uma atualidade mais elevada é dada pela imagem na qual ele é compreendido. E essa penetração dialética, essa capacidade de tornar presentes as correlações passadas, é a prova de verdade da ação presente. Isso significa que ela acende a mecha do explosivo que jaz no que foi".

34. Jacques Meunier, "Une œuvre désormais incontournable. Les réussites et les patiences de Claude Lévi-Strauss", *Le Monde*, 27 de maio de 1983.

35. Patrick Fougeyrollas, *L'Humanité*, 3 de novembro de 1983. Na mesma página, Danièle Bleitrach exprime a mesma rejeição: "Os trópicos não são mais o que eram. O jogador de xadrez petrificado".

36. *DPDL*, p. 206.

37. *RE*, p. 14.

38. *Ibid.*

39. *Ibid.*, p. 15.

40. Catherine Clément, "La bonne distance", *Le Magazine Littéraire*, julho-agosto de 1983.

41. *Ibid.*

42. *Ibid.*

43. Emmanuel Terray, entrevista à autora, 15 de abril de 2014.

44. "Pourquoi faudrait-il que tout le monde aime tout le monde?", entrevista de Claude Lévi-Strauss a Jean-Pierre Salgas, *Jeune Afrique*, nº 1.171, junho de 1983.

45. *Ibid.*

46. Emmanuel Terray, entrevista à autora, 15 de abril de 2014.

47. C. Clément, "La bonne distance", *op. cit.*

48. Claude Lévi-Strauss, "Propos retardataires sur l'enfant créateur", *in: RE*, p. 369.

49. *Ibid.*, p. 365.

50. Claude Lévi-Strauss, "Une peinture méditative", *in: RE*, p. 328-329.

51. *Ibid.*, p. 369.

52. Patrice Maniglier, "La condition symbolique", *Philosophie*, nº 98, fevereiro de 2008, p. 49.

53. Claude Lévi-Strauss, "Réflexions sur la liberté", *in: RE*, p. 375.

54. Claude Lévi-Strauss, carta ao ministro do Interior do Brasil, 17 de fevereiro de 1982: "*As a scholar who more than forty years ago has known the Nambikwara and shared their life I feel allowed to express a deep concern over their fate and I respectfully urge Brazilian authorities to abide by their decision as published in Diário Oficial of December 2 1981, p. 22.807-22.814*". Claude Lévi-Strauss foi alertado por uma carta do etnólogo David Price, com quem mantém contato. Acervo CLS, NAF 28150, caixa 199, "Correspondance reçue".

55. F. S1.05.02.025, março de 1976, arquivos do LAS.

56. *Le Monde*, 4 de abril de 1986: "Première intervention de M. Léotard. Les plans-reliefs doivent rester à Paris".

57. F. S1.06.01.021, arquivos do LAS.

58. Carta de Pierre Bourdieu a Claude Lévi-Strauss (s.d.) [1988], enviada após ter recebido *De perto e de longe*, acervo CLS, NAF 28150, caixa 184.

59. Pierre Lepape, *Télérama*, 8-14 de outubro de 1983.

60. Carta de Pierre Maranda a Claude Lévi-Strauss, 17 de outubro de 1982, acervo CLS, NAF 28150, caixa 196, "Correspondance reçue".

61. Claude Lévi-Strauss, carta a Isac Chiva (s.d.).

62. *DPDL*, p. 112.

63. As fotografias do escritório e de sua vista vertiginosa feitas por Jean Jamin em 4 de novembro de 2009, alguns dias após a morte de Claude Lévi-Strauss – arquivos de um espaço e de um olhar –, são publicadas em "Fenêtre sur *Files*", *L'Homme*, nº 193, 2010, p. 9-16.

64. Françoise Héritier, entrevista à autora, 18 de abril de 2012.

65. *Ibid.*

66. Cf. Olivier Nora, "La visite au grand écrivain", *Lieux de mémoire*, t. III, *La Nation*, Paris, Gallimard, "Bibliothèque des Histoires", 1986, p. 567-583.

67. Laurent defendeu sua tese, "La Vigne et la société à Corcelles-les--Arts. Une étude des mécanismes des changements économiques et sociaux dans les campagnes françaises", na Universidade de Paris X-Nanterre em 1973 sob a orientação de Henri Mendras.

68. Inès de La Fressange, carta a Claude Lévi-Strauss, 7 de maio de 1984, acervo CLS, NAF 28150, caixa 194, "Correspondance reçue".

69. Claude Lévi-Strauss, carta a Inès de La Fressange (s.d.). Carta comunicada por Inès de La Fressange, a quem agradeço.

70. Louis-Bernard Robitaille, *Le Salon des Immortels. Une académie très française*, Paris, Denoël, 2002.

71. Acervo CLS, NAF 28150, caixa 218, "Académie française".

72. Alain Rey, "Préface", *in:* L.-B. Robitaille, *Le Salon des Immortels*, *op. cit.*, p. 9.

73. Alain Decaux citado por L.-B. Robitaille, *Le Salon des Immortels*, *op. cit.*, p. 176.

74. "Témoignages sur l'académicien. Propos recueillis par Alain Beuve-Méry", *Le Monde*, 5 de novembro de 2009.

75. Alain Peyrefitte, carta a Claude Lévi-Strauss, acervo CLS, NAF 28150, caixa 198, "Correspondance reçue".

76. "Témoignages sur l'académicien. Propos recueillis par Alain Beuve-Méry", *op. cit.* Florence Delay, eleita em 2000: "Conheci-o muito pouco. Mas guardo na memória uma sessão plenária do dicionário dedicada à letra 'R'. Eu fora eleita recentemente. Era a respeito da palavra '*rance*'. A definição submetida pela comissão do dicionário era unicamente negativa. Ela não agradava a Claude Lévi-Strauss. Ele saiu de sua reserva para dizer que, para metade do mundo, o ranço tem um sabor delicado. Por conseguinte, aquela definição era falsa e correspondia a uma visão estritamente europocêntrica".

77. Bertrand Poirot-Delpech, carta a Claude Lévi-Strauss, 16 de julho de 1991.

78. *Journal Officiel*, 3 de março de 1984.

79. O texto datilografado da declaração está conservado nos arquivos de Lévi-Strauss, acervo CLS,
NAF 28150, caixa 218, "Académie française". *DPDL*, p. 124.

80. *Ibid.*

81. Declaração da Academia Francesa feita em sessão, 14 de junho de 1984, acervo CLS, NAF 28150, caixa 218, "Académie française".

82. Georges Dumézil, *Le Nouvel Observateur*, 7-13 de setembro de 1983.

83. A historiadora Hélène Carrère d'Encausse, eleita para a Academia em 1990, é sua secretária perpétua desde 1999.

84. L.-B. Robitaille, *Le Salon des Immortels. Une académie très française*, *op. cit.*, p. 261.

85. Maurice Druon, carta a Claude Lévi-Strauss, 11 de setembro de 1984, acervo CLS, NAF 28150, caixa 187, "Correspondance reçue".

86. Monique Lévi-Strauss, entrevista à autora, 28 de outubro de 2011.

87. Carta de Claude Lévi-Strauss a Dolores Vanetti, 16 de junho de 1989.

88. *Ibid.*

89. Monique Lévi-Strauss, *Cachemires. L'Art et l'histoire des châles en France au XIXe siècle*, Paris, Adam Biro, 1987, reed. La Martinière, 2012.

90. A coleção dirigida por Monique Lévi-Strauss para a editora Adam Biro se chama "Textures".

91. Carta de Claude Lévi-Strauss a Dolores Vanetti, 4 de janeiro de 1982, acervo CLS, NAF 28150, caixa 182.

92. Várias exposições se sucedem no Museu da Moda e do Vestuário em Paris em 1982, depois no Museu Histórico dos Tecidos em Lyon em 1983. Em todas elas, Monique Lévi-Strauss encarrega-se da curadoria, depois supervisiona a redação e publicação de um catálogo.

93. Carta de Claude Lévi-Strauss a Dolores Vanetti, 16 de junho de 1989.

94. "Caractères", 14 de outubro de 1991, programa de Bernard Rapp, Antenne 2, transmissão à meia-noite.

95. Carta de Claude Lévi-Strauss a Jacques Chancel, 16 de outubro de 1991, acervo CLS, NAF 28150, caixa 186.

96. Monique Lévi-Strauss, entrevista à autora.

97. Acervo CLS, NAF 28150, caixa 183.

98. Expressão utilizada por Catherine Clément, *Le Magazine Littéraire*, n° 257, setembro de 1988, p. 92.

99. Daí o título de um artigo de *Télérama* dedicado ao livro de entrevistas e ao programa "Océaniques" transmitido no mesmo período, 26 de outubro de 1988: "Le structuralisme se porte légèrement délavé".

100. Cf. D. Fabre, "D'Isaac Strauss à Claude Lévi-Strauss. Le judaïsme comme culture", *op. cit.*, p. 287-288 e *supra*, cap. 19, p. 372-376.

101. *DPDL*, p. 134.

102. *Ibid.*

103. Claude Lévi-Strauss, *L'Autre face de la lune. Écrits sur le Japon*, Paris, Seuil, "La Librairie du XXIe Siècle", 2011.

104. Michaël Ferrier, "Les écrivains du corail. Ou d'une nouvelle arborescence – possible et souhaitable – dans la réception de la culture japonaise", conferência no colóquio "Paris-Tokyo-Paris. La réception de la culture japonaise en France depuis 1945", Maison Franco-Japonaise de Tokyo, 6 e 7 de setembro de 2013. Ver também, do mesmo autor, *La Tentation de la France. La tentation du Japon. Regards croisés*, Arles, Picquier, 2003; e por fim, "Lévi-Strauss et le Japon: regarder, écouter, lire, fragments d'un corps amoureux", conferência no Fórum Internacional dos Antropólogos realizado em Tóquio em 2013 sob a direção de Junzo Kawada e François Laplantine, "À la recherche d'une anthropologie non hégémonique. La triangulation des cultures", Maison Franco-Japonaise/Universidade de Kanagawa, 16-18 de maio de 2013.

105. Aude Lancelin, "Lévi-Strauss au Japon", *Le Nouvel Observateur*, 24-30 de março de 2011, p. 136.

106. A documentação relativa às viagens ao Japão está no acervo CLS, NAF 28150, caixa 231. Nela Lévi-Strauss reuniu diversos documentos que permitem reconstituir suas viagens, mas também, poderíamos dizer, "saboreá-las" e "cheirá-las": os cartões de convite com os cardápios foram sistematicamente guardados. As informações relativas à organização material e ao conteúdo das estadias no Japão provêm daí, salvo exceção indicada.

107. "*I do not qualify in the least as an expert on Japanese culture and society and I fear to be pitifully unequal to the task*", Claude Lévi-Strauss, carta a Keizo Saji, presidente da Fundação Suntory, 9 de setembro de 1979.

108. "*If I bring very little to the discussion, at least I will learn a great deal*", *ibid.*

109. Emmanuel Lozerand, "La dilution du sujet japonais chez les intellectuels français au tournant des années 1970", conferência no colóquio "Paris-Tokyo-Paris. La réception de la culture japonaise en France depuis 1945", *op. cit.*

110. Watanabe Y., entrevista à autora, 16 de outubro de 2013.

111. Claude Lévi-Strauss, "La face cachée de la lune", *in: FdL*, p. 61.

112. Para participação no colóquio Japan Speaks.

113. É justamente em 1984, no âmbito das Ishizaka Lectures, que Lévi-Strauss pronuncia três conferências que formaram um texto publicado em 2011 sob o título: *L'Anthropologie face aux problèmes du monde moderne*, *op. cit.*, com a primeira parte dedicada a "O fim da supremacia ocidental", a segunda parte estudando no mesmo movimento "três grandes problemas contemporâneos: a sexualidade, o desenvolvimento econômico e o pensamento mítico", e a terceira à escuta "do que nos ensina a civilização japonesa".

114. Claude Lévi-Strauss, "Un Tokyô inconnu", *in: FdL*, p. 152.

115. A quinta viagem é programada para março de 1988 e se desenrola essencialmente em Quioto e arredores.

116. Na história japonesa, duas sequências relevantes estão ligadas a esse modelo e são frequentemente mencionadas por Lévi-Strauss. A primeira é a era Meiji (a partir de 1868), isto é, a entrada na era industrial mediante uma restauração imperial e não, como na França, por meio de uma revolução acarretando a ruptura das antigas solidariedades. O etnólogo, no momento em que a historiografia da Revolução Francesa, com a aproximação de seu bicentenário, acha-se particularmente ativa e dividida, tem uma visão bastante singular do período revolucionário como um drama histórico, exagerando a ruptura total ao tomar ao pé da letra as pretensões revolucionárias. Os historiadores, ao contrário, mostram o peso das tradições e a persistência da velha sociedade dentro da nova. Em todo caso, para Lévi-Strauss, desse ponto de vista, o Japão jogou diferentemente o jogo da modernidade, conservando as tradições, os usos e costumes. A segunda sequência é a era Tokugawa, que viu o Japão, numa decisão histórica sem equivalente, se fechar para o resto do mundo no início do século XVII – antes de se abrir novamente dois séculos mais tarde sob a era Meiji.

117. *FdL*, p. 62.

118. Junzo Kawada, "Préface", *in: FdL*, p. 9.

119. *FdL*, p. 169.

120. Claude Lévi-Strauss, "Un Tokyô inconnu", cap. cit., p. 155.

121. *FdL*, p. 31.

122. Claude Lévi-Strauss, "Place de la culture japonaise dans le monde", *in: FdL*, p. 53.

123. Claude Lévi-Strauss, "Entretien avec Junzo Kawada", *in: FdL*, p. 165.

124. M. Ferrier, "Les écrivains du corail. Ou d'une nouvelle arborescence – possible et souhaitable – dans la réception de la culture japonaise", *op. cit.*

125. Claude Lévi-Strauss, "Sengaï: l'art de s'accommoder du monde", *in: FdL*, p. 124.

126. Elena Janvier faz disso, não sem humor, uma resenha atualizada num livrinho intitulado *Au Japon. Ceux qui s'aiment*

ne disent pas je t'aime, Paris, Arléa, 2011.

127. *DPDL*, p. 127.

128. Claude Lévi-Strauss, "Hérodote en mer de Chine", *in: FdL*, p. 104.

129. Claude Lévi-Strauss, "Le lièvre blanc d'Inaba", *in: FdL*, p. 88.

130. *Ibid.*, p. 89.

131. Participação de Junzo Kawada na apresentação do livro *L'Autre Face de la lune*, debate organizado por Maurice Olender, Maison de l'Amérique Latine, Paris, 17 de maio de 2011.

132. *Ibid.*

133. Claude Lévi-Strauss, "Place de la culture japonaise...", cap. cit., p. 40.

134. *Ibid.* p. 39.

135. *PJ*, p. 1.223.

136. Cf. Maurice Pinguet, "Le texte Japon (Barthes et le Japon)", *Le Texte-Japon. Introuvables et inédits*, reunidos e apresentados por Michaël Ferrier, Paris, Seuil, 2009.

137. Claude Lévi-Strauss, "Sengaï: l'art de s'accommoder du monde", cap. cit., p. 111.

138. Françoise Héritier, "Trois leçons japonaises", dossiê "Claude Lévi-Strauss", *Europe*, nº 1.005--1.006, janeiro-fevereiro de 2013, p. 67.

139. *Ibid.*, p. 116.

140. Claude Lévi-Strauss, "Place de la culture japonaise...", cap. cit., p. 19-20.

141. Cf. *DPDL*, p. 217, e ver *supra*, cap. 18, p. 552.

142. Cf. "Place de la culture juive...", *in: FdL*, p. 20.

143. Claude Lévi-Strauss, "Exode sur *Exode*", *L'Homme*, nº 106-107, abril-setembro de 1988, p. 21.

144. *Ibid.*, p. 14-15.

145. D. Fabre, "D'Isaac Strauss à Claude Lévi-Strauss. Le judaïsme comme culture", *op. cit.*, p. 290.

146. Alain Erlande-Brandenburg, "Les collections d'objets de culte juif du musée de Cluny", *in: Catalogue raisonné de la collection juive du musée de Cluny*, Paris, Réunion des Musées Nationaux, 1981.

147. D. Fabre, "D'Isaac Strauss à Claude Lévi-Strauss", *op. cit.*, p. 292.

148. Ambroise Thomas (1811--1896) era um compositor reputado por suas óperas, que Isaac Strauss sem dúvida conheceu no Conservatório de Paris.

149. Claude Lévi-Strauss, "Avant--propos", *in: Catalogue raisonné de la collection juive du musée de Cluny*, *op. cit.*, p. 7.

150. *Ibid.*, p. 7-8.

151. *Ibid.*, p. 8.

152. Eduardo Viveiros de Castro, "Rendez-vous manqués", dossiê "Claude Lévi-Strauss", *Europe*, nº 1.005-1.006, janeiro-fevereiro de 2013.

153. Manuela Carneiro da Cunha, citada em Mathieu Lindon, "Mission Tristes Tropiques", *Libération*, 1º de setembro de 1988.

154. Manuela Carneiro da Cunha, entrevista à autora, agosto de 2011.

155. E. Viveiros de Castro, "Rendez-vous manqués", *op. cit.*, p. 88.

156. *Ibid.*, p. 89.

157. F. Keck, *in: Pléiade*, p. 1.848.

158. *HdL*, p. 1.270.

159. *Ibid.*

160. Entrevista a Didier Éribon, "Freud chez les Jivaro", *Le Nouvel Observateur*, 27 de setembro-3 de outubro de 1985.

161. Cf. *Paroles données*, *op. cit.*, p. 109-111.

162. Ver, para todo este parágrafo, a apresentação de Marie Mauzé, "Notice", *in: Pléiade*, p. 1.866--1.873.

163. *PJ*, p. 1.102.

164. Trata-se sobretudo dos artigos e livros de Jean Petitot, Lucien Scubia, Pierre Maranda, já citados, bem como do artigo de Mauro W. Barbosa de Almeida, "La formule canonique du mythe", *in:* Ruben C. de Queiroz e Renarde F. Nobre, *Lévi--Strauss, Leituras Brasileiras*, Belo Horizonte, Editora da UFMG, 2008, p. 147-182.

165. *PJ*, p. 1.159.

166. Carta de Pierre Nora a Claude Lévi-Strauss, 8 de outubro de 1985, acervo CLS, NAF 28150, caixa 197, "Correspondance reçue". Citada por M. Mauzé, "Notice", *op. cit.*, p. 1.872.

167. *PJ*, p. 1.213.

168. *Ibid.*, p. 1.217.

169. *Ibid.*

170. *Ibid.*

171. *Ibid.*, p. 1.214.

172. *Ibid.*, p. 1.229.

173. Jacques Meunier, "Un divertissement de Claude Lévi--Strauss", *Le Monde*, 11 de outubro de 1985.

174. Entrevista a D. Éribon, "Freud chez les Jivaro", *op. cit.*

175. Robert Maggiori, "Claude Lévi-Strauss, la potière, les jaloux et l'oiseau triste", *Libération*, 17 de outubro de 1985.

176. *Ibid.*

177. *Ibid.*

178. Citados por M. Mauzé, "Notice", *op. cit.*, p. 1.872.

179. Jean Bazin, "L'enjeu des mythes", *Le Matin*, 8 de outubro de 1985.

180. Citado por M. Mauzé, "Notice", *op. cit.*, p. 1.872.

181. Pierre Enckel, "Loué soit Lévi-Strauss", *L'Événement du Jeudi*, 10-16 de outubro de 1985.

182. Como atesta um volumoso *clipping* de imprensa conservado no acervo CLS, NAF 28150, caixa 236. Ele é o primeiro da lista "Dix essais dont on parle" do *Le Figaro*, 30 de setembro de 1991 – à frente de *A história continua*, de Georges Duby, e de *L'État culturel* [*O Estado cultural*], de Marc Fumaroli.

183. M. Mauzé, "Notice", *op. cit.*, p. 1.875.

184. O autor situa seu livro, como o precedente, "a meio caminho entre o conto de fadas e o romance policial", *HdL*, p. 1.268.

185. Isso se encontra até nos detalhes. Por exemplo, no pensamento ameríndio, até os seios podem não ser idênticos. Em certos mitos do Brasil, um dos gêmeos, ávido demais para mamar, deformou o peito da mãe.

186. M. Mauzé, "Notice", *op. cit.*, p. 1.875.

187. Cf. cap. 10, p. 19: "Le dédoublement de la représentation dans les arts de l'Asie et de l'Amérique". *Renaissance*, vol. 2 e 3, 1944-1945, p. 168-186, reproduzido em *AS*, p. 269-294.

188. *HdL*, p. 1.455.

189. Cf. François Hartog, *Anciens, modernes, sauvages*, Paris, Galaade, 2005.

190. Sob esse aspecto, sua interpretação difere da de Marcel Conche, eminente especialista em Montaigne, o que atesta sua correspondência. Acervo CLS, NAF 28150, caixa 186.

191. *HdL*, p. 1.451.

192. *Ibid.*, p. 1.450.

193. Montaigne citado por Claude Lévi-Strauss, *in: HdL*, p. 1.450.

194. Cf. F. Keck, *in: Pléiade*, p. 1.877-1.878.

195. "Un entretien avec Claude Lévi-Strauss", declarações colhidas por Roger Pol Droit, *Le Monde*, 8 de outubro de 1991.

196. *Ibid.*

197. *HdL*, p. 1.452: "O sábio encontra sua higiene intelectual e moral na lúcida administração dessa esquizofrenia".

198. *Ibid.*, p. 1.451.

199. Cf. a correspondência entre Wiktor Stoczkowski e Claude Lévi-Strauss, acervo CLS, NAF 28150, caixa 202. Lévi-Strauss insiste resolutamente na "*sagesse*" [sabedoria, sensatez] e refuta o termo "*salut*" [salvação], de conotação excessivamente cristã, no que concerne à sua filosofia íntima.

200. *HdL*, p. 1.452.

201. Didier Éribon, "Plaidoyer pour le nouveau monde", *Le Nouvel Observateur*, 5-11 de setembro de 1991.

202. F. Dosse, *Histoire du structuralisme*, *op. cit.*

203. Roger-Pol Droit, "Apologie de Claude Lévi-Strauss", *Le Monde des Livres*, 6 de setembro de 1991.

204. *Ibid.*

205. *Ibid.*

206. *Ibid.*

207. Marc Augé, "Lévi-Strauss ou la volonté de comprendre", *Le Monde des Livres*, 6 de setembro de 1991.

208. *Famille chrétienne*, 11 de outubro de 1991.

209. Claude Lévi-Strauss, "Le prix à payer du monothéisme: l'intolérance, l'impérialisme, la vérité unique", *Le Figaro Littéraire*, 16 de setembro de 1991.

210. Bruno Raccouchot, "Le miroir des primitifs", *Valeurs Actuelles*, 12 de novembro de 1991.

211. Alain Finkielkraut, "Les angoisses d'un anthropologue", *Le Figaro Littéraire*, 20 de setembro de 1988.

212. *Ibid.*

213. *Ibid.*

214. Quando é publicado, no mesmo momento, *Des symboles et leurs doubles* (Plon, 1989), uma antologia de alguns dos textos mais importantes do antropólogo, desde *Tristes trópicos* até *A oleira ciumenta*. Os textos sobre arte formam uma parte notável dessa antologia.

215. Todos são, nessa ocasião, recebidos por Jacques Chirac na Prefeitura de Paris.

216. O périplo é acompanhado pela *Folha de S. Paulo*, 22 de outubro de 1989. A imprensa regional também está atenta: "Des Indiens en pirogue sur la Seine", *Le Havre Libre*, 28 de setembro de 1989; "Des Indiens Haida sur la Seine. Un hommage à Lévi-Strauss", *Le Courrier de Saône-et-Loire*, 3 de outubro de 1989. O *Libération* também publica uma reportagem: Selim Nessib, "Les Haida entrent en Seine", 2 de outubro de 1989.

217. "Préface", *in:* J.P. Luchelli, *Lacan avec et sans Lévi-Strauss*, *op. cit.*, p. 15.

218. Philippe Lançon, "Dis papa, c'est quoi le structuralisme?", *L'Événement du Jeudi*, 5-11 de setembro de 1991.

219. F. Keck afirma o seguinte em sua "Notice", *in: Pléiade*, p. 1.856: "Lévi-Strauss voltou ao seu tempo. [...] Sem dúvida, não é um paradoxo desprezível dessas 'pequenas mitológicas' que, no momento em que Lévi-Strauss parece mais distante de seus contemporâneos, retornando do universo dos mitos como Lázaro de seu túmulo, ele esteja na verdade mergulhado em sua época. Daí o sucesso que esses livros tiveram

junto a um público que soube ver neles mais do que os últimos fulgores do estruturalismo dos anos 1960".

21. Claude Lévi-Strauss, nosso contemporâneo

1. *HdL*, p. 1.452.

2. Claude Lévi-Strauss, carta a Olivier Orban, 20 de setembro de 2005, acervo CLS, NAF 28150, caixa 222, "Édition".

3. Claude Lévi-Strauss, *L'Anthropologie devant les problèmes du monde moderne*, Paris, Seuil, "La Librairie du XXIe Siècle", 2011; *Nous sommes tous des cannibales*, Paris, Seuil, "La Librairie du XXIe Siècle", 2013.

4. "Le sensible et l'intelligible", entrevista concedida a Maurice Olender para a rádio belga, janeiro de 1976, publicada em *La Règle du Jeu*, nº 44, outubro de 2010.

5. *REL*.

6. Martin Rueff, "Notice", *Pléiade*, p. 1.930.

7. Cf. *supra*, cap. 2.

8. "O culto dos objetos (do qual fui adepto desde a infância) restaura uma espécie de animismo na sociedade moderna", citado por A. Mary, "In Memoriam Lévi-Strauss (1908-2009)", *op. cit.*, p. 11.

9. Poussin modelava os personagens em cera antes passá-los para a tela. Cf. *REL*, p. 1.498-1.499.

10. "Lévi-Strauss chercheur d'art", entrevista a Didier Éribon, *Le Nouvel Observateur*, 29 de abril-5 de maio de 1993.

11. Para todo este parágrafo, acervo CLS, NAF 28150, caixa 194, "Correspondance reçue", cartas trocadas com René Leibowitz.

12. A proximidade dos pontos de vista com Jean Clair se reconhece por exemplo em seu livro de 1983, *Considérations sur l'état des beaux-arts*, Paris, Gallimard, bem como em outros posicionamentos polêmicos sobre o *status* da arte e da política artística das instituições museológicas e das políticas públicas. Ver também, recentemente, nesse mesmo tom, *L'Hiver de la culture*, Paris, Flammarion, "Café Voltaire", 2011.

13. Cf. M. Hénaff, *Claude Lévi-Strauss, le passeur de sens*, *op. cit.*, cap. III, "La pensée de l'œuvre d'art: la question du sens et la crise de la figuration". Ver também *supra*, cap. 14.

14. Claude Lévi-Strauss, "À propos d'une rétrospective", *Arts*, nº 60, 16-22 de novembro de 1966, reproduzido em *AS*, t. II, p. 326. O texto provém de uma entrevista concedida por Claude Lévi-Strauss a André Parinaud por ocasião da abertura da exposição "Hommage à Picasso" no Grand e no Petit Palais, novembro de 1966-fevereiro de 1967, Paris.

15. Em *REL*, p. 1.522, Claude Lévi-Strauss cita um historiador da arte, Edgar Wind, que utiliza essa mesma metáfora viral: "Quando tão grandiosas exposições de artistas incompatíveis são recebidas com tanto interesse e apreço, fica claro que aqueles que as visitam adquiriram uma forte imunidade. É por ter perdido sua causticidade que a arte é tão bem recebida [por] um público cujo apetite cada vez maior só tem equivalente na atrofia progressiva dos órgãos receptivos".

16. Claude Lévi-Strauss, "Le métier perdu", *Le Débat*, nº 13, maio-junho de 1981, p. 5-9.

17. *Ibid.*, p. 9.

18. *Ibid.*, p. 6.

19. *Ibid.*

20. *Ibid.*, p. 8.

21. "La peinture au XIXe siècle et nous", *ibid.*, p. 4.

22. Pierre Soulages, "Le prétendu métier perdu", *Le Débat*, nº 14, julho-agosto de 1981, p. 77-82.

23. O texto é extraído de Jean Paulhan, *L'Art Informel*, *in: Œuvres complètes*, Paris, Gallimard, t. V, p. 244-245.

24. *Le Débat*, nº 15, setembro--outubro de 1981.

25. Pierre Daix, "Sur la peinture moderne", *ibid.*, p. 87: "A teoria da decadência da pintura devido ao abandono das regras do Renascimento não é nova. Há cinquenta anos ela faz as delícias dos legisladores do realismo socialista, que, depois de Courbet, só veem degenerescência na 'pintura burguesa'".

26. Carta de Claude Lévi-Strauss a Anita Albus, 9 de janeiro de 1979, correspondência depositada no domicílio de Monique Lévi--Strauss.

27. *Ibid.*

28. Carta de Claude Lévi-Strauss a Anita Albus, 5 de novembro de 1978.

29. *Ibid.*

30. *Ibid.*

31. Anita Albus, entrevista à autora, 4 de fevereiro de 2011.

32. Carta de 9 de janeiro de 1979.

33. Texto reproduzido em *RE*, cap. 19, p. 333-344.

34. Claude Lévi-Strauss, "À un jeune peintre", *RE*, p. 337.

35. *Ibid.*, p. 344.

36. Ele a defende, por sinal, com unhas e dentes, como atesta esta carta de 26 de outubro de 1980 dirigida a Barbara Müller, que acaba de lhe enviar um catálogo de artistas modernos expostos em sua galeria, oportunidade de terçar armas e reafirmar com um vigor especial (devido à irritação provocada pela arrogância da arte contemporânea...) suas convicções na matéria: "Não se trata de forma alguma como a senhora parece crer de recorrer a uma

pintura 'fácil'. Afinal de contas, minha profissão de etnólogo me põe em contato diário com formas de arte bem distantes das nossas, e é meu papel tentar compreendê-las e fazer compreender sua beleza. Ao sair da infância, eu era um admirador apaixonado dos cubistas – naquela época, pintores julgados 'difíceis'; mais tarde, ligado aos surrealistas, fui amigo de Marcel Duchamp, André Masson, Max Ernst, pintores igualmente julgados difíceis na época… Essa longa familiaridade com a pintura dita de vanguarda, do entreguerras, me autoriza, como muitas outras pessoas na França e, sobretudo, pintores da jovem geração, a pensar que as das pesquisas ilustradas por seus catálogos são completamente obsoletas. A senhora classifica com desdém Anita Albus entre os 'artesãos', não entre os 'artistas'. Mas é essa distinção que se trata de abolir. Os velhos mestres do fim da Idade Média e do início do Renascimento julgavam-se artesãos: daí sua grandeza. E é somente quando, retornando à escola deles, reaprendermos a pintar que será legítimo voltar a procurar novos modos de expressão". Acervo CLS, NAF 28150, caixa 196.

37. M. Rueff, "Notice", *Pléiade*, p. 1.917.

38. Expressão utilizada por Claude Lévi-Strauss na entrevista que concede a D. Éribon, *Le Nouvel Observateur*, 29 de abril-5 de maio de 1993.

39. John Jackson, "Le jardin secret de Lévi-Strauss", *Le Journal de Genève*, 14 de agosto de 1993.

40. Pierre Mayol, *Esprit*, fevereiro de 1994.

41. Xavier Lacavalerie, "La ballade d'un explorateur", *Télérama*, 14 de julho de 1993.

42. D. Éribon, "Lévi-Strauss chercheur d'art", *op. cit.*, p. 106.

43. O primeiro emana do jovem Lévi-Strauss: "Note sur les rapports de l'œuvre d'art et du document, écrite et remise à André Breton à bord du *Capitaine Paul-Lemerle* en mars 1941"; o outro: "Réponse d'André Breton". Ambos formam o cap. 20 de *REL*, p. 1.580-1.587.

44. Antoine de Gaudemar, "Son musée", *Libération*, hors-série, março de 1994.

45. *REL*, p. 1.606.

46. *Ibid.*

47. *Ibid.*, p. 1.545.

48. Trata-se de Michel Paul Guy de Chabanon (1730-1792), escritor e musicólogo francês muito esquecido que Claude Lévi-Strauss contribui para redescobrir.

49. M. Rueff, "Notice", *REL*, p. 1.918.

50. *Ibid.*, p. 1.919.

51. *Ibid.*, p. 1.932.

52. *REL*, p. 1.522.

53. Patrice Bollon, "Entretien avec Claude Lévi-Strauss", *Paris-Match*, 20 de maio de 1993.

54. "Não infligimos a morte física (econômica e social talvez) aos artistas que julgamos sem talento porque eles não nos elevam acima de nós mesmos. […] Antigamente se falava do 'divino' Rafael, e o inglês dispõe em seu vocabulário estético da expressão *out of this world*", *REL*, p. 1.603-1.604.

55. Já existe uma bibliografia relevante sobre o tema, isto é, sobre o museu do Quai Branly, mas também e sobretudo sobre os problemas e evoluções de que ele seria o sintoma: Sally Price, *Paris Primitive. Jacques Chirac's Museum on the Quai Branly*, Chicago/Londres, The University of Chicago Press, 2006; Benoît de L'Estoile, *Le Goût des autres. De l'exposition coloniale aux arts premiers*, *op. cit.*; Bruno Latour (org.), *Le Dialogue des cultures. Actes des Rencontres inaugurales du Quai Branly (21 juin 2006)*, Paris, Actes Sud, 2007; caderno especial "Le moment du Quai Branly", *Le Débat*, nº 147, novembro-dezembro de 2007; Herman Lebovics, "The Musée du Quai Branly. Art? Artefact? Spectacle!", *French Politics, Culture and Society*, vol. 24, nº 3, inverno de 2006, p. 96-110.

56. Por exemplo, Louis Dumont, que se exprime em *Le Monde*, 25 de outubro de 1996, "Non au musée des Arts Premiers": "O mais famoso dos etnólogos, presidente de honra da comissão, enaltece o projeto e, segundo o excerto de sua carta publicada em *Le Monde*, pura e simplesmente enterra a etnologia, não somente no plano da exposição e da conservação dos objetos, como também no plano da pesquisa e da comunicação em geral". É igualmente o caso do etnomusicólogo Gilbert Rouget, amigo de Lévi-Strauss, que este último diz não ter conseguido convencer.

57. Philippe Descola, "Passages de témoins", "Le Moment du Quai Branly", dossiê cit., p. 137.

58. Como reconhece o próprio Bernard Dupaigne, diretor do Museu do Homem, em "Un musée qui n'existe pas. Le musée de l'Homme (1880-200?)", *Tribune Libre. Revue des musées et collections publiques de France*, nº 218, março de 1998, 3 p.

59. O Museu do Homem funciona então com um orçamento de 5,5 milhões de recursos próprios, 500 mil francos de subvenções (Ministério da Educação), 350 mil visitantes em 1985 e 175 mil em 1995.

60. Acervo CLS, NAF 28150, caixa 219.

61. Carta (confidencial) de Claude Lévi-Strauss a Germain Viatte, 2 de outubro de 1997.

62. Anotação manuscrita, acervo CLS, NAF 28150, caixa 197, "Arts premiers".

63. Jean Jamin, entrevista à autora, 6 de julho de 2011.

64. P. Descola, "Passages de témoins", *op. cit.* p. 138.

65. *Ibid.*, p. 144.

66. Claude Lévi-Strauss, entrevista a Véronique Mortaigne, *Le Monde*, 22 de fevereiro de 2005.

67. Cf. *supra*, cap. 1 e D. Fabre, "D'Isaac Strauss à Claude Lévi--Strauss: le judaïsme comme culture", *op. cit.*

68. Por exemplo, o British Empire and Commonwealth Museum (sediado em Bristol) assume sua herança colonial em seu nome, segundo B. de L'Estoile, *Le Goût des autres. De l'exposition coloniale aux arts premiers*, *op. cit.*, p. 398.

69. Cf. Carmen Bernand, "Aimer Branly?", "Le moment du Quai Branly", dossiê cit., p. 165-168.

70. Ou simplesente para se reapropriar das tradições perdidas, como aponta Philippe Descola, *in: La Composition des mondes. Entretiens avec Pierre Charbonnier*, Paris, Flammarion, 2014, p. 333: os jovens achuares (grupo jivaro) hispanófonos leem sua tese traduzida para o espanhol, "A Natureza doméstica", a fim de resgatar determinados saberes ou técnicas e assim alimentar as visitas guiadas que promovem no âmbito de um complexo turístico vizinho do qual recebem *royalties*. Impressiona o fato de Descola empregar a mesma expressão que Lévi-Strauss: "É um retorno das coisas um pouco paradoxal, mas que reflete um processo muito comum de circulação dos conhecimentos entre os etnólogos e as populações que estes descreveram".

71. *Nous sommes tous des cannibales*, *op. cit.* Na realidade, entre os artigos descobertos em 2013, três eram conhecidos dos leitores franceses, pois publicados em 2004 no "Cahier de L'Herne" dedicado a Claude Lévi-Strauss: "Nous sommes tous des cannibales" (1993), "Le retour de l'oncle maternel" (1997) e "Pensée mythique et pensée scientifique" (1993).

72. Pela mesma editora e na mesma coleção dirigida por Maurice Olender.

73. M. Godelier, *Claude Lévi--Strauss*, *op. cit.*, p. 26.

74. Claude Lévi-Strauss, "Le retour de l'oncle maternel", *in: Nous sommes tous des cannibales*, p. 237.

75. *Ibid.*, p. 242.

76. Cf. também Françoise Héritier, "La cuisse de Jupiter. Réflexions sur les nouveaux modes de procréation", *L'Homme*, nº 94, abril-junho de 1985, p. 5-22.

77. "Il segreto delle donne" [14 de novembro de 1989], "Problèmes de société: excision et procréation assistée", *in: Nous sommes tous des cannibales*, p. 86.

78. *Ibid.*, p. 89-90.

79. *Ibid.*, p. 90.

80. Carta de Claude Lévi-Strauss a Éric Fassin, publicada em Cristina Ferreira, Daniel Borillo, Éric Fassin, Marcella Iacub (org.), *Au--delà du Pacs. L'Expertise familiale à l'épreuve de l'homosexualité*, Paris, PUF, 1999, p. 110.

81. E. Fassin, "La voix de l'expertise et les silences de la science dans le débat démocratique", *in: ibid.*, p. 96.

82. Irène Théry, *Le Contrat d'union sociale en question. Rapport pour la Fondation Saint--Simon*, outubro de 1997.

83. Artigo publicado em *La Croix*, novembro de 1998, no qual Françoise Héritier, entre outros, se manifestava contra o Pacs. A antropóloga, aliás, assinou a petição "Ne laissons pas la critique du Pacs à la droite!", *Le Monde*, 27 de janeiro de 1999.

84. Expressão de Éric Fassin, "La voix de l'expertise et les silences de la science dans le débat démocratique", *op. cit.*

85. Claude Lévi-Strauss, "Nous sommes tous des cannibales", *in: Nous sommes tous des cannibales*, p. 169.

86. Bruno Latour, *Nous n'avons jamais été modernes. Essai d'anthropologie moderne*, Paris, La Découverte, 1991.

87. "La leçon de sagesse des vaches folles", *in: Nous sommes tous des cannibales*, p. 220. Artigo publicado em *La Repubblica*, 24 de novembro de 1996.

88. "Nous sommes tous des cannibales", *in: Nous sommes tous des cannibales*, p. 173. Artigo publicado em *La Repubblica*, 10 de outubro de 1993.

89. *Ibid.*, p. 172.

90. *Ibid.*, p. 173.

91. "La leçon de sagesse des vaches folles", *op. cit.*, p. 221.

92. Monique Lévi-Strauss, entrevista à autora, 26 de outubro de 2014.

93. *Ibid.*, p. 229.

94. Claude Lévi-Strauss, "Problèmes de société: excision et procréation assistée", *in: Nous sommes tous des cannibales*, p. 93.

95. O casal australiano limitou-se a pegar a gêmea saudável. Toda a imprensa nacional e internacional escandalizou-se com isso. Cf. "L'Australie s'émeut du sort d'un enfant trisomique laissé à sa mère porteuse", *Le Monde*, 3 de agosto de 2014.

96. Claude Lévi-Strauss, "Trois grands problèmes contemporains: la sexualité, le développement économique, la pensée mythique", *in: L'Anthropologie face aux problèmes du monde moderne*, *op. cit.*, p. 64.

97. Claude Lévi-Strauss, "Problèmes de société: excision

et procréation assistée", *in: L'Anthropologie face aux problèmes du monde moderne*, *op. cit.*, p. 94.

98. *Ibid.*, p. 95.

99. Claude Lévi-Strauss, "Trois grands problèmes contemporains: la sexualité, le développement économique, la pensée mythique", cap. cit., p. 71.

100. Claude Lévi-Strauss, "Problèmes de société: excision et procréation assistée", *in: L'Anthropologie face aux problèmes du monde moderne*, *op. cit.*, p. 96.

101. *Ibid.*, p. 98.

102. *Ibid.*, p. 99.

103. Jeanne Favret-Saada, "La pensée Lévi-Strauss", *Journal des Anthropologues*, nº 82-83, 2000, disponibilizado *on-line* em 28 de outubro de 2010, consultado em 26 de setembro de 2014.

104. "La famille", *RE*, p. 65-92. O texto original havia sido escrito em inglês para *Man, Culture and Society*, Harry L. Shapiro, Nova York, Oxford University Press, 1956, p. 261-285.

105. *RE*, p. 71.

106. "Trois grands problèmes contemporains: la sexualité, le développement économique, la pensée mythique", cap. cit, p. 7 ss.

107. "N'existe-t-il qu'un type de développement?", *in: Nous sommes tous des cannibales*, *op. cit.*, p. 77.

108. Jared Diamond, *Le Monde jusqu'à hier. Ce que nous apprennent les sociétés traditionnelles*, Paris, Gallimard, "NRF", 2012. O livro em inglês, *The World until Yesterday. What Can We Learn from Traditional Societies?*, Nova York, Viking, foi publicado em 2012.

109. *L'Anthropologie face aux problèmes du monde moderne*, *op. cit.*, p. 77.

110. *Ibid.* p. 95.

111. Patrice Maniglier, "La condition symbolique", *Philosophie*, nº 98, fevereiro de 2008, p. 38.

112. Cf. Patrice Maniglier (org.), *Le Moment philosophique des années 1960 en France*, Paris, PUF, 2011.

113. É o objeto do artigo de P. Maniglier, "La condition symbolique", *op. cit.*

114. *Ibid.*, p. 48.

115. Claude Lévi-Strauss, *HN*, p. 621, citado *in: ibid.*, p. 48.

116. Cf. *supra*, cap. 20, p. 616-617.

117. P. Maniglier, "La condition symbolique", *op. cit.*, p. 50.

118. *Ibid.*

119. Montaigne, *Essais*, Le Livre de Poche, "La Pochothèque", Librairie Générale Française, 2001,
t. I, 19, p. 135, citado por Antoine Compagnon, *Un été avec Montaigne*, Paris, Éditions des Équateurs, "Parallèles", 2013, p. 128.

120. Monique Lévi-Strauss contou num programa de rádio que seu marido relutava diante da tarefa. Persuadida de sua nececessidade, ela o desafiou: "Sem legendas, não tem jantar!". Relato esse episódio pela graça e também para mostrar em que os historiadores às vezes baseiam sua documentação...

121. Matthieu Lévi-Strauss, entrevista à autora, 9 de março de 2015.

122. Emmanuel Desveaux, "Le tombeau photographique", *Critique*, nº 581, outubro de 1995, reproduzido em E. Desveaux, *Au-delà du structuralisme. Six méditations sur Claude Lévi-Strauss*, Bruxelas, Éditions Complexe, 2008, p. 63.

123. *Ibid.*, p. 70.

124. *Ibid.*

125. Claude Lévi-Strauss, "L'ethnologue devant les identités nationales", discurso pronunciado por ocasião da entrega do prêmio Catalunya, 13 de maio de 2005, acervo CLS, NAF 28150, caixa 220.

126. Carta de Claude Lévi-Strauss a Isac Chiva, 31 de dezembro de 1999.

127. Monique Lévi-Strauss, entrevista à autora, 26 de novembro de 2014.

128. Carta a Isac Chiva, 2 de janeiro de 1997.

129. Carta a Umberto Eco, 10 de outubro de 1996, acervo CLS, NAF 28150, caixa 189. Em sua carta, Eco o convidava para receber um doutorado *honoris causa* da Universidade de Bolonha.

130. Lévi-Strauss, requisitado várias vezes, recusara todas as propostas de visita presidencial, pois não recebera nenhuma solicitação do presidente em pessoa, sendo sempre contatado por assessores. Nicolas Sarkozy terminou por avisá-lo sobre sua chegada. É recebido brevemente, não sem que antes todo o quarteirão fosse isolado. Entrevista com Monique Lévi-Strauss, 26 de novembro de 2014.

131. "Claude Lévi-Strauss", *Critique*, nº 620-621, janeiro-fevereiro de 1999.

132. Texto publicado em *Le Monde des Livres*, 29 de janeiro de 1999, tal como Roger-Pol Droit, presente à cerimônia, o reconstituiu. Com efeito, como esclarece o jornalista, "não havia câmera nem microfone. Ninguém taquigrafou essas palavras".

133. J. Jamin, "Fenêtre sur *Files*", *op. cit.*, p. 9. "Eu me sobrevivo", confidenciava a Eva Kempinski, sua secretária.

134. Matthieu Lévi-Strauss, 9 de março de 2015: "Ele me disse que desejava que chovesse

e que usássemos galochas (isso é, que fosse o mais informal possível...). Ele se entediara tanto em todos os enterros que tivera de comparecer que não queria impor isso a ninguém. Era este o seu argumento".

135. *TT*, p. 444.

136. Georges Duby, *Guillaume le Maréchal ou Le meilleur chevalier du monde*, Paris, Fayard, 1984, cap. I.

137. Primeira página do *Libération*, 4 de novembro de 2009.

138. Editorial do *Le Figaro*, 4 de novembro de 2009.

139. Fernand Braudel, *La Méditerranée et le monde méditerranéen à l'époque de Philippe II*, t. III, reed. 1990, Paris, Armand Colin, "Le Livre de Poche", p. 417: "No relato dos acontecimentos do teatro mediterrânico, não citamos, em seu devido lugar, um acontecimento não obstante sensacional, que correu o mar e o mundo: a morte de Filipe II, ocorrida em 13 de setembro de 1598, no Escorial, na noite do longo reinado que parecera interminável para os seus adversários. Omissão?".

140. A. Mary, "In Memoriam Lévi-Strauss (1908-2009)", *op. cit.*, p. 9.

141. Carta de Claude Lévi--Strauss a Isac Chiva, 10 de julho [possivelmente de 2006].

142. *PS*, p. 817. Agradeço a Yann Potin por ter chamado a minha atenção para esta passagem.

143. *Ibid.*, p. 819.

144. Yann Potin, "L'historien en 'ses' archives", *in:* Christophe Granger (org.), *À quoi pensent les historiens? Faire de l'histoire au XXIe Siècle*, Paris, Autrement, 2013, p. 101-117.

145. Carta de Antoine Gallimard a Claude Lévi-Strauss, 22 de setembro de 2004, acervo CLS, NAF 28150, caixa 191, "Correspondance reçue".

146. Claude Lévi-Strauss, *Race et histoire*, seguido de *Race et culture*, prefácio de Michel Izard, Paris, Albin Michel/Unesco, "Bibliothèque des Idées", 2001.

147. Cf. Marie Mauzé, "Le moment Lévi-Strauss de la Pléiade", *La Lettre du Collège de France*, novembro de 2008; dossiê "Non Fiction, actualité des idées", "Une grande œuvre pour comprendre le millénaire qui s'ouvre à la lumière des millénaires qui le précèdent", entrevista com Vincent Debaene e Frédéric Keck, declarações colhidas por E. Loyer e J.-C. Monod, 5 e 12 de maio de 2008.

148. Eduardo Viveiros de Castro, "Notes critiques", *Gradhiva*, nº 8, 2008, p. 131.

149. Cf. Vincent Debaene, "Claude Lévi-Strauss aujourd'hui", *Europe*, nº 1.005--1.006, janeiro-fevereiro de 2013, p. 11-36. Boris Wiseman (org.), *The Cambridge Companion to Lévi-Strauss*, Cambridge, Cambridge University Press, 2009.

150. Bernard Mezzadri, "Claude Lévi-Strauss a encore son mot à dire", *Europe*, dossiê "Claude Lévi-Strauss", nº 1.005-1.006, janeiro-fevereiro de 2013, p. 3.

151. Especialmente o colóquio realizado em 28 de novembro de 2008, no Collège de France, cujas atas são publicadas alguns anos mais tarde: P. Descola (org.), *Claude Lévi-Strauss. Un parcours dans le siècle*, Paris, Odile Jacob, 2012.

152. B. Mezzadri, "Claude Lévi--Strauss a encore son mot à dire", *op. cit.*, p. 3.

153. Emmanuel Desveaux, "Claude Lévi-Strauss, œuvres", *L'Homme*, nº 190, 2009, p. 200.

154. *Ibid.*

155. E. Viveiros de Castro, "Notes critiques", *op. cit.*, p. 130.

156. *Ibid.*

157. *Ibid.*

158. R. Barthes, "Plaisir aux classiques", *in: Œuvres complètes*, *op. cit.*, t. I, p. 59-61; citado por V. Debaene em seu prefácio, que desenvolve abundantemente o recurso à noção de clássico para qualificar Lévi-Strauss, em especial p. 32-38.

159. *Ibid.*, V. Debaene fala de uma "disponibilidade indiferente à história", prefácio, *Pléiade*, p. 33.

160. Tomo a expressão "Lévi--Strauss vindouro" de Klaus Hamberger ao falar de uma "filosofia vindoura", em "La pensée objectivée", *in: Lévi--Strauss*, "Cahier de l'Herne", *op. cit.*, p. 339-346.

161. V. Debaene, "Claude Lévi--Strauss aujourd'hui", *op. cit.*, p. 20.

162. *Ibid.*, p. 15.

163. Claude Lévi-Strauss, "Postface", "Question de parenté", *L'Homme*, nº 154-155, abril-setembro de 2000, p. 717.

164. Claude Lévi-Strauss, "Retours en arrière", *Les Temps Modernes*, março-abril de 1998, p. 66-77.

165. Claude Lévi-Strauss, "Quell'intenso profumo di donna", *La Repubblica*, 3 de novembro de 1995, reproduzido em francês em *Les Temps Modernes*, março-abril de 1998, p. 78-84, e em *Nous sommes tous cannibales*, *op. cit.*, p. 211.

166. Claude Lévi-Strauss, "Apologue des amibes", *in: En substances. Textes pour Françoise Héritier*, Paris, Fayard, 2000, p. 493-496.

167. Alban Bensa visa antes uma "conceitualização baixa" para as ciências humanas. Ele esclarece sua demarcação crítica a respeito da antropologia estrutural em *Après Lévi-Strauss. Pour une anthropologie à taille humaine.*

Entretiens avec Bertrand Richard, Paris, Textuel, 2010.

168. É o caso, por exemplo, de Michel Naepels, do qual leremos o programático *Conjurer la guerre. Violence et pouvoir à Houaïkou*, Paris, Éditions de l'EHESS, 2013, bem como *Ethnographie, pragmatique, histoire*, Paris, Publications de la Sorbonne, "Itinéraires", 2011.

169. B. Karsenty, *D'une philosophie à l'autre. Les sciences sociales et la politique des modernes*, *op. cit.*, p. 16.

170. "Anthropologie structurale et philosophie: Lévi-Strauss", *Archives de Philosophie*, janeiro de 2003, t. LXVI.

171. "Claude Lévi-Strauss. Une anthropologie 'bonne à penser'", *Esprit*, nº 301, janeiro de 2004.

172. "Claude Lévi-Strauss. Langage, signes, symbolisme, nature", *Philosophie*, nº 98, fevereiro de 2008.

173. Carta de Marcel Hénaff a Claude Lévi-Strauss, 24 de agosto de 2003, acervo CLS, NAF 28150, caixa 192, "Correspondance reçue".

174. Patrice Maniglier, entrevista à autora, 17 de dezembro de 2014.

175. Cf. P. Maniglier, "L'humanisme interminable de Claude Lévi-Strauss", *op. cit.* Do mesmo autor, "De Mauss à Claude Lévi-Strauss: cinquante ans après", *op. cit.*

176. Michaël Foessel, "Du symbolique au sensible. Remarques en marge du débat Lévi-Strauss/Ricœur", "Claude Lévi-Strauss, une anthropologie 'bonne à penser'", *Esprit*, janeiro de 2004, p. 204.

177. Jocelyn Benoist, "Structures, causes et raisons. Sur le pouvoir causal de la structure", *Archives de Philosophie*, janeiro de 2003, t. LXVI, p. 86.

178. "Lévi-Strauss en 33 mots", *op. cit.*

179. Claude Lévi-Strauss, "Le rôle du philosophe", *op. cit.*, p. 59.

180. *Ibid.*

181. Claude Lévi-Strauss, "Postface", "Question de parenté", *op. cit.*

182. E. Viveiros de Castro, "Notes critiques", *op. cit.*, p. 130.

183. Philippe Descola e Anne-Christine Taylor, "Introduction", *in:* "La remontée de l'Amazone", *L'Homme*, nº 126-128, 1993, t. XXXII, p. 13-24.

184. Claude Lévi-Strauss, "Un autre regard", *ibid.*, p. 7.

185. Cf. Eduardo Viveiros de Castro, *Métaphysiques cannibales. Lignes d'anthropologie post-structurale*, Paris, PUF, "Métaphysiques", 2009; Manuela Carneiro da Cunha (com Mauro Almeida), *A Enciclopédia da Floresta: o Alto Juruá. Práticas e conhecimentos das populações*, São Paulo, Companhia das Letras, 2002.

186. Philippe Descola, *Par-delà nature et culture*, Paris, Gallimard, "Bibliothèque des sciences humaines", 2005. Ver também, do mesmo autor, *La Composition des mondes. Entretiens avec Pierre Charbonnier*, Paris, Flammarion, 2014; e, por fim, "Sur Lévi-Strauss, le structuralisme et l'anthropologie de la nature", entrevista com Marcel Hénaff, *Philosophie*, 2008, p. 8-36.

187. Lévi-Strauss, naturalmente, está a par desses trabalhos, que o regozijam, como diz a Didier Éribon numa entrevista, "Visite à Lévi-Strauss", *Le Nouvel Observateur*, 10-16 de outubro de 2002: "É nisso que uma etnologia clássica me parece persistir, ao mesmo tempo com grandes novidades, mas igualmente com uma reflexão teórica de grande amplitude".

188. Cf. A.-C. Taylor, "Don Quichotte en Amérique", *op. cit.*

189. Claude Lévi-Strauss, "Réponses à quelques questions", *Esprit*, novembro de 1963, p. 631-632.

190. E. Viveiros de Castro, *Métaphysiques cannibales*, *op. cit.*, p. 109.

191. V. Debaene, "Claude Lévi-Strauss aujourd'hui", *op. cit.*, p. 29.

192. E. Viveiros de Castro, "Notes critiques", *op. cit.*, p. 131.

193. Anne-Christine Taylor, entrevista à autora, 2 de maio de 1914.

194. Cf. Jan Kott, *Shakespeare notre contemporain* [1962], Paris, Payot et Rivages, 2006.

195. Giorgio Agamben, *Qu'est-ce que le contemporain?*, Paris, Rivages Poche, "Petite Bibliothèque", 2008.

196. *Ibid.*, p. 21.

197. *Ibid.*, p. 33.

198. Cf. Michel Lussault, *L'Avènement du monde. Essai sur l'habitation humaine de la terre*, Paris, Seuil, 2014.

199. Cf. Giambattista Vico, *Principes d'une science nouvelle relative à la nature commune des nations* [1744], Paris, Fayard, 2001, e Alain Pons, *Vie et mort des nations. Lecture de la Science nouvelle de Giambattista Vico*, Paris, Gallimard, 2015.

200. No plano do conhecimento, Lévi-Strauss está cada vez mais persuadido disso. Numa carta dirigida a Isac Chiva em 2 de outubro de 1997, ele escreve: "Se nos déssemos ao trabalho de aprofundar nosso conhecimento de nossos grandes precursores, não escreveríamos mais. Pois não fazemos senão redescobrir o que eles disseram antes de nós".

201. Claude Lévi-Strauss, "Pour le 60e anniversaire de l'Unesco", *Diogène*, nº 215, março de 2006, p. 6.

202. *DPDL*, p. 176.

AGRADECIMENTOS

Ao cabo de vários anos, que agora vejo como um longa e ininterrupta conversa, tenho o prazer de agradecer aqui a Monique Lévi-Strauss, sem a qual, como diz a fórmula, este livro não existiria. Nela encontrei uma qualidade tipicamente antropológica: a capacidade de colocar à distância sua trajetória e a de seu marido, de apreendê-las como objetos de saber. E assim, em mais de uma visita cordial (e culinária), ela me concedeu total liberdade de manobra e interpretação. Só ela sabe o que lhe devo.

Matthieu Lévi-Strauss acompanhou meu trabalho com perplexidade, depois interesse, ao mesmo tempo me prodigalizando aulas de técnica fotográfica e de zoologia borgonhesa, pelo que lhe agradeço. Mais distante, Laurent Lévi-Strauss me concedeu sua confiança benevolente. Quanto a Catherine Lévi-Strauss, progressivamente se revelou uma interlocutora e leitora atenta.

Para realizar esta pesquisa, frequentei assiduamente o Departamento de Manuscritos da Bibliothèque Nationale de France, onde está depositado o acervo Lévi-Strauss, bem como o Laboratório de Antropologia Social, que conserva seus próprios arquivos institucionais e os de alguns de seus pesquisadores. Catherine Faivre d'Arcier me iniciou nos arcanos do primeiro, Marion Abelès, depois Sophie Assal, nos do segundo. Agradeço às três calorosamente. Da mesma forma que a Grégory Cingal na Biblioteca Jacques Doucet e a Frédéric Cépède no Office Interuniversitaire de Recherche Socialiste.

Além dos arquivos parisienses, parti em busca de documentos, informações, testemunhos, seguindo alguns itinerários da geografia lévi-straussiana. No Brasil, sinto-me no dever de exprimir minha dívida para com inúmeras pessoas, que, sem exceção, me ajudaram com grande eficiência e gentileza (não raro num francês impecável...): Fernanda Peixoto, Afrânio Raul Garcia, Heloísa Maria Bertol Domingues, Luís Donisete Benzi Grupioni, Manuela Carneiro da Cunha, Eduardo Viveiros de Castro e Antonio Candido de Mello e Souza, além de Mariza Corrêa, Helena Monteiro Welper e Antônio Carlos de Souza Lima. Sou particularmente grata a Luísa Valentini e Emmanuel Diatkine por terem "traduzido" para mim a cidade de São Paulo e terminado por me fazer amá-la. De Paris, meus amigos franceses Olivier Compagnon, Anaïs Fléchet e Benoît de L'Estoile se dispuseram a servir de intermediários. Em virtude disso, os capítulos brasileiros lhes devem muito.

Quanto aos capítulos nova-iorquinos, renovo meus agradecimentos a Pierre-Yves Saunier e aos arquivistas do Rockefeller Archives Center, em especial à hipereficiente Michele Hiltzik.

No Japão, Michaël Ferrier e Soizic Maubec recepcionaram a francesa *lost in translation*. Yasu Watanabe, Junzo Kawada, Atsuhiko Yoshida me contaram seu Lévi-Strauss japonês.

Em Paris, da mesma forma, inúmeras pessoas também se dispuseram ao jogo, às vezes melancólico, da lembrança e evocação da figura de Claude Lévi-Strauss que eles conheceram – seus antigos colegas do Laboratório ou de outras instituições: Georges Balandier, Nicole Belmont, Carmen Bernand, Philippe Descola, Maurice Godelier, Françoise Héritier, Jean Jamin, Marie Mauzé, Jean Monod, Michel Perrin, Anne-Christine Taylor, Emmanuel Terray, Nathan Watchel, Françoise Zonabend; contemporâneos, amigos ou conhecidos que, nessa ou naquela instituição ou circunstância especial, haviam conhecido Claude Lévi-Strauss e convivido com ele: Anita Albus, Catherine Clément, Sylvie Dreyfus-Asséo, Pierre Nora, Élisabeth Roudinesco, Germain Viatte, bem como, por *e-mail*, Alain Badiou (a respeito de Dina Dreyfus) e Inès de La Fressange. Jean-Jacques Lebel aceitou me emprestar uma de suas fotografias nova-iorquinas e Frédéric Jude, sua "fotomontagem" do Laboratório – digna expressão do pequeno mundo do LAS.

Embora eu tenha praticado muito pouco a discussão acadêmica durante a gestação deste livro, ainda assim numerosos colegas e amigos colocaram seus saberes à minha disposição e lhes sou grata por isso. É o caso de Jean-François Bert, Anne Collinot, Alice Conklin, Jean-Marc Dreyfus, Christine Laurière, Patrice Maniglier, Jean-Claude Monod, Wiktor Stoczkowski e Jean-Claude Yon. Outros levaram a amizade a ponto de ler todo ou parte de um original que não parava de crescer: Antoine de Baecque, Vincent Debaene, Daniel Fabre, Thomas Hirsch, Maurice Olender, Yann Potin, Paul-André Rosental, Jean-Louis Tissier. A todos, meus agradecimentos mais veementes pelo tempo e pela energia que me dedicaram. Da mesma forma, agradeço a minha mãe Denise Loyer e a meu pai Jean-Claude Loyer, profissional gabaritado da indexação. Gostaria igualmente de homenagear a pequena equipe de apoio e discussão do Centre d'Histoire da Sciences Po e a própria instituição, que me concedeu um semestre sabático, no outono de 2013, num momento em que eu precisava muito disso, permitindo-me assim ter esperança de terminar o trabalho. Por fim, um prolongamento palermitano a esse areópago – embora Lévi-Strauss nunca tenha ido à Sicília – para a releitura meticulosa e inspirada realizada por Juliette Blamont, acompanhada de Cristina Fatta del Bosco.

Mas se as pessoas são importantes, os lugares também são. E prometi a mim mesma terminar este reconhecimento de dívidas pela grande sala dos periódicos, ou "salão oval", da Bibliothèque Nationale de France "site Richelieu", onde, ao abrigo do mundo, passei dias felizes escrevendo esta biografia, devaneando sobre os gloriosos nomes de cidades inscritos em mosaico sob a rotunda – Londres, Babilônia, Viena, Tebas, Roma, Cartago, Jerusalém, Paris, Bizâncio, Washington, Florença, Atenas, Nínive, Berlim, Alexandria. Como uma oferenda feita a uma história maior do que nós, essas horas passadas na biblioteca me sequestraram da sucessão dos dias e não vi o tempo passar...

CRÉDITOS DAS IMAGENS

p. 32 – Caricatura de Isaac Strauss, litografia de Paul Hadol (1835-1875), publicada por Bertauts (c.1854): © BnF.

p. 35 – Napoleão III saudando a multidão do terraço da villa Strauss: © BnF.

pp. 38-9 – Árvore genealógica a partir de original de Charles Vallaud.

p. 49 – Cartão-postal, Bruxelas, rua Van Campenhout, com indicações do punho de Claude Lévi-Strauss sobre o apartamento onde nasceu: © BnF.

p. 110 – Carteira de membro da SFIO (1927-1935): © BnF.

p. 141 – Artigo anunciando a conferência de Claude Lévi-Strauss para o público paulista: © BnF.

p. 149 – Claude Lévi-Strauss, Jean Maugüe e René Courtin posando em frente ao Ford que os levará aos confins do estado de Goiás, 1,5 mil km ao norte de São Paulo (verão de 1936): © BnF.

p. 158-9 – Carta enviada ao escritor Mário de Andrade: Arquivo do Instituto de Estudos Brasileiros USP – Fundo Mário de Andrade, código do documento: MA-C-CPL 3998.

p. 163 – Matéria do Diário de S. Paulo sobre a expedição de Claude e Dina Lévi-Strauss ao Mato Grosso (nov. 1935-jan. 1936): © BnF.

p. 166 – Mapa mostrando o itinerário das duas expedições de Claude Lévi-Strauss: Claude Lévi-Strauss, Tristes Tropiques, a partir do original das Éditions Gallimard, col. "Bibliothèque de la Pléiade", p. 1723. Redesenho para a edição brasileira por Sonia Vaz.

p. 167 – Motivos cadiuéus desenhados por Claude Lévi-Strauss: © BnF.

p. 174 – Capa do guia-catálogo da exposição realizada na Galerie des Beaux-Arts (Wildenstein), em 21 janv.-3 fev. 1937: © BnF.

p. 182 – A "picada": uma trilha no sertão: © BnF.

p. 183 – O sertão na estação seca (Mato Grosso): © BnF.

p. 186 – O porto de Corumbá: partida para Cuiabá em vapor pelo rio Paraguai: © BnF.

p. 187 – Cuiabá: capital do Mato Grosso. Partida da "Missão Serra do Norte" (junho de 1938): © BnF.

p. 200 – Desenho de Claude Lévi-Strauss após o acidente com Emidio: © BnF.

pp. 238-239 – Os verdadeiros-falsos passaportes Luce-Saunier: © BnF.

p. 251 – A revista VVV: Max Ernst: © Adagp, Paris, 2015.

p. 253 – Capa ilustrando Breton: Marcel Duchamp: © Espólio Marcel Duchamp/Adagp, Paris 2015; foto © Bridgeman Images.

p. 256 – Folheto de apresentação da École Libre des Hautes Études (ELHE): © BnF.

p. 298 – A rasura estrutural: © BnF.

p. 334 – Conferências Loubat: © BnF.

p. 382 – Uma página do original de Tristes Tropiques: © BnF.

p. 383 – A máquina de escrever de Claude Lévi-Strauss: © BnF.

p. 391 – Capa original de Tristes Tropiques: © Plon.

p. 476 – O seminário de Claude Lévi-Strauss e confraternização no laboratório após a última aula de Claude Lévi-Strauss no Collège de France, em 1982: © BnF/Jean-Pierre Martin/Collège de France.

p. 536 – "O banquete estruturalista", caricatura de Maurice Henry, publicada em La Quinzaine Littéraire, 1° de junho de 1967: acervo Maurice Henry/IMEC © Adagp, Paris 2015.

p. 609 – Claude Lévi-Strauss no saguão do prédio das Ciências Sociais em dezembro de 1985: CAPH – Projeto Memória da FFCL/FFLCH-USP.

p. 633 – "Japan Speaks": © BnF.

p. 638 – Claude Lévi-Strauss com Shimon Peres: © BnF/Mishkenot Sha'ananim Newsletter/Asher Weill.

p. 654 – Página do Google: © Google Inc.

p. 655 – Esboço de Claude Lévi-Strauss: © BnF.

p. 679 – Câmera fotográfica Leica de Claude Lévi-Strauss: © BnF.

Os créditos relativos aos cadernos coloridos estão junto às imagens.

ÍNDICE ONOMÁSTICO

ÍNDICE DOS POVOS CITADOS

Emmanuelle Loyer é especialista em história intelectual e professora de história contemporânca do Centro de História da Universidade Sciences-Po. Em 2015, foi vencedora do Prix Femina Essai pela publicação da biografia de Lévi-Strauss.

Fonte Sabon 11/14 pt
Futura 12/14 pt
Papel Pólen 70 g/m²
Duo Design 300 g/m²
Impressão Colorsystem
Data Março de 2018

MISTO
Papel produzido a partir de fontes responsáveis
FSC® C084825